Proclamação da República Soviética da Hungria, em 1919, em frente ao Parlamento.

PARA UMA ONTOLOGIA
DO SER SOCIAL II

Lukács em 1971, ano de seu falecimento.

GYÖRGY LUKÁCS
PARA UMA ONTOLOGIA DO SER SOCIAL II

Tradução
Nélio Schneider
(com a colaboração de Ivo Tonet e Ronaldo Vielmi Fortes)

Revisão técnica
Ronaldo Vielmi Fortes
(com a colaboração de Elcemir Paço Cunha)

Prefácio
Guido Oldrini

Copyright desta tradução © Boitempo Editorial, 2013
Tradução do original alemão *Zur Ontologie des gesellschaftlichen Seins*, segunda parte,
"Die wichtigsten Problemkomplexe"(Darmstadt, Luchterhand, 1986), Werke, v. 14

Coordenação editorial	Ivana Jinkings
Editores-adjuntos	Bibiana Leme e João Alexandre Peschanski
Assistência editorial	Livia Campos, Marina Sousa e Thaisa Burani
Tradução	Nélio Schneider (caps. II, III e IV), Ivo Tonet e Ronaldo Vielmi Fortes (cap. I)
Revisão da tradução	Nélio Schneider (cap. I)
Revisão técnica	Ronaldo Vielmi Fortes
Preparação	Carolina Domladovac Silva
Revisão	Leila dos Santos
Capa	Isabella Teixeira (com base em projeto gráfico de David Amiel)
Diagramação	Crayon Editorial
Produção	Livia Campos
Assistência de produção	Livia Viganó

CIP-BRASIL. CATALOGAÇÃO NA PUBLICAÇÃO
SINDICATO NACIONAL DOS EDITORES DE LIVROS, RJ

L98p

Lukács, György, 1885-1971
  Para uma ontologia do ser social, 2 / György Lukács ; tradução Nélio Schneider , Ivo Tonet , Ronaldo Vielmi Fortes. - 1. ed. - São Paulo : Boitempo, 2013.
  il.

Tradução de: Zur Ontologie des gesellschaftlichen Seins
Sequência de: Para uma ontologia do ser social
Inclui bibliografia e índice
ISBN 978-85-7559-352-3

1. Lukács, Gyorgy, 1885-1971. 2. Ontologia. 3. Comunismo. 4. Crítica marxista. I. Título.

13-04974   CDD: 335.4
                                                                                          CDU: 330.85

É vedada a reprodução de qualquer parte deste livro sem a expressa autorização da editora.

1ª edição: novembro de 2013
1ª reimpressão: julho de 2024

BOITEMPO
Jinkings Editores Associados Ltda.
Rua Pereira Leite, 373
05442-000 São Paulo SP
Tel.: (11) 3875-7250 / 3872-6869
editor@boitempoeditorial.com.br
boitempoeditorial.com.br | blogdaboitempo.com.br
facebook.com/boitempo | twitter.com/editoraboitempo
youtube.com/tvboitempo | instagram.com/boitempo

Sumário

Nota da editora 7

Em busca das raízes da ontologia (marxista) de Lukács –
Guido Oldrini 9

Segunda Parte: Os complexos de problemas mais importantes 39

I. O trabalho 41
   1. O trabalho como pôr teleológico 45
   2. O trabalho como modelo da práxis social 82
   3. A relação "sujeito-objeto" no trabalho e suas consequências 126

II. A reprodução 159
   1. Problemas gerais da reprodução 159
   2. Complexo de complexos 201
   3. Problemas da prioridade ontológica 252
   4. A reprodução do homem na sociedade 278
   5. A reprodução da sociedade enquanto totalidade 302

III. O ideal e a ideologia 355
   1. O ideal na economia 355
   2. Sobre a ontologia do momento ideal 399

    3. O problema da ideologia 464

IV. O estranhamento 577
    1. Os traços ontológicos gerais do estranhamento 577
    2. Os aspectos ideológicos do estranhamento 637
    3. A base objetiva do estranhamento e da sua superação 748

Índice onomástico 833

Referências bibliográficas 837

Sobre o autor 843

Nota da editora

Em 2010, a Boitempo lançou-se a uma empreitada editorial de fôlego: a tradução e publicação das obras do filósofo húngaro György Lukács. Nesse ano, lançou *Prolegômenos para uma ontologia do ser social*, em 2011 deu continuidade ao trabalho com *O romance histórico* e em 2012 editou mais duas obras: *Lenin: um estudo sobre a unidade de seu pensamento* e o primeiro volume de *Para uma ontologia do ser social*, cujo segundo tomo o leitor tem agora em mãos. O trabalho editorial deste volume volta a contar com a dedicação de dois profissionais competentes: o tradutor Nélio Schneider e o revisor técnico Ronaldo Vielmi Fortes. Nessas funções, eles foram responsáveis pelos capítulos II, III e IV, traduzidos diretamente da edição alemã (*Zur Ontologie des gesellschaftlichen Seins*, segunda parte, "Die wichtigsten Problemkomplexe", Darmstadt, Luchterhand, 1986, Werke, v. 14). O capítulo I tem por base uma tradução já existente e bastante conhecida, feita por Ivo Tonet, da edição italiana (*Per l'ontologia dell'essere sociale*, segunda parte, Roma, Riuniti, 1981), com revisão de Pablo Polese. Para esta edição, ele teve uma revisão da tradução de Nélio Schneider e foi parcialmente retraduzido por Ronaldo Vielmi Fortes, com base na edição alemã.

Da mesma forma que nas publicações alemã e italiana, a edição brasileira de *Para uma ontologia do ser social* – conhecida também como *Grande ontologia* – foi editada em mais de um volume, seguindo a ordem das partes em que se divide o livro original. Por isso, toda vez que Lukács mencionar "a primeira parte do livro", o leitor deve entender que se trata, aqui, do primeiro volume. Para fins de registro: os *Prolegômenos para uma ontologia do ser social* – conhecidos, por sua vez, como *Pequena ontologia* –, que acompanham a primeira parte da *Grande ontologia* em alemão, foram em português publicados em volume autônomo, como em italiano.

Por se tratar da edição de um manuscrito, as notas de rodapé foram mantidas, com poucas alterações, da mesma forma que no original alemão, motivo pelo qual muitas vezes as referências bibliográficas encontram-se resumidas. Entre as poucas alterações feitas, destaca-se a inclusão, entre colchetes, do nome do autor e do título do livro, quando não havia, para evitar dúvidas e a fim de que as referências completas possam ser buscadas na bibliografia localizada ao final do livro, elaborada após cuidadosa pesquisa – por tratar-se de obras às vezes muito antigas, contudo, algumas vezes foi inviável indicar seus dados completos. Sempre que possível foram mencionadas edições brasileiras: inclusive, no caso de citações, suas páginas correspondentes também foram indicadas. Indicações de obras com data de publicação posterior à morte de Lukács foram incluídas pelo editor alemão, a fim de indicar referências mais atuais ao leitor da época.

Eventuais interferências da equipe técnica ou da editora no texto de Lukács foram sinalizadas pelo uso de colchetes. Inserções do próprio Lukács em citações de outros autores também vêm entre colchetes, mas acompanhadas da sigla "G. L.". As notas de tradução "(N. T.)", de revisão técnica "(N. R. T.)", da edição brasileira "(N. E.)" e da edição alemã "(N. E. A.)" vêm sempre precedidas de asteriscos; as notas do autor seguem a numeração da edição original alemã.

Por fim, um esclarecimento de natureza conceitual: os tradutores mantiveram a opção de traduzir, neste segundo volume, os termos alemães *Entfremdung*, *entfremden* etc. por "estranhamento", "estranhar" etc., reservando os termos "alienação", "alienar" etc. para *Entäusserung*, *entäussern* etc.

Mais uma vez, a Boitempo expressa seu reconhecimento aos profissionais diretamente envolvidos, sem os quais não teria sido possível concluir este trabalho, e aos acadêmicos lukacsianos Ricardo Antunes, autor do texto de capa, e Guido Oldrini, autor da Apresentação. A editora agradece também aos presidentes das fundações Maurício Grabois e Perseu Abramo, respectivamente Adalberto Monteiro e Marcio Pochmann, cujo apoio foi indispensável para tornar pública esta obra que, segundo o filósofo romeno Nicolas Tertulian, é a mais ambiciosa reconstrução filosófica do pensamento marxiano registrada na segunda metade do século XX.

Em busca das raízes da ontologia (marxista) de Lukács*

Guido Oldrini

Quem pretende estudar as grandes obras finais de Lukács depara, antes de tudo, com uma arraigada (e, sob certos aspectos, relativamente justificada) desconfiança dos estudiosos para com aquele que é seu eixo central: o conceito de "ontologia". Digo relativamente justificada porque a ontologia, como parte da velha metafísica, carrega consigo uma desqualificação que pesa sobre ela há pelo menos dois séculos, após a condenação inapelável de Kant. Somente com o seu "renascimento" no século XIX, ao longo da linha que vai de Husserl até Hartmann, passando pelo primeiro Heidegger, é que ela toma um novo caminho, abandonando qualquer pretensão de deduzir *a priori* as categorias do real, referindo-se criticamente, desse modo, ao seu próprio passado (ontologia "crítica" *versus* ontologia dogmática). Lukács parte daí, mas vai além: não só critica a ontologia "crítica" de tipo hartmanniano (sem falar de Husserl e Heidegger), como também desloca o centro gravitacional para aquele plano que ele define como "ontologia do ser social".

Surge, desse modo, uma ontologia crítica marxista, acolhida de imediato com a suspeita e a desconfiança de que falei por representantes de todas as orientações da literatura crítica, filósofos analíticos, neopositivistas, fenomenólogos, leigos como Jürgen Habermas, espiritualistas como Ernst Joós, mas também, na

---

* Artigo originalmente publicado no livro *Lukács e a atualidade do marxismo*, organizado por Maria Orlanda Pinassi e Sérgio Lessa (São Paulo, Boitempo, 2002). Traduzido do original italiano por Ivo Tonet. (N. E.)

primeira linha, por marxistas ortodoxos (desde o velho W. R. Bayer, que já em 1969, antes mesmo que fosse publicada, se desembaraçava dela sem muitos incômodos, como de uma "criação idealista em voga", até os muitos ataques dos expoentes da ortodoxia burocrática da República Democrática Alemã, como Ruben e Warnke, Kiel, Rauh, La Wrona etc., que se estenderam até os anos 1980). A *Ontologia*, apesar dos chamamentos e comentários dos intérpretes mais atentos (penso especialmente nos trabalhos de Nicolas Tertulian), teve bastante dificuldade para se impor e somente há pouco tempo começou a obter o lugar que lhe é devido, além de seu justo reconhecimento historiográfico. Hoje vale tranquilamente o que afirmou seu editor, Frank Benseler, no volume publicado em 1995 na Alemanha, na ocasião de seu próprio aniversário de 65 anos, com o título de *Objektive Möglichkeit* [Possibilidade objetiva]: "Ninguém pode contestar o fato de que ela representa uma virada no marxismo"[1]. As acolhidas negativas e as reservas antes apontadas são uma prova *a contrario*.

A *Ontologia* constitui uma "virada" para o próprio Lukács, quando confrontada com suas posições marxistas juvenis, como as que podemos encontrar em *História e consciência de classe*; no entanto, não no sentido de que seria fruto de uma brusca e inesperada inversão de rota, de uma reviravolta que se teria verificado de improviso, sem preparo, na última década da vida do filósofo. Pelo contrário, por trás dela há uma longa história, que merece atenção, e cujas premissas pretendo rastrear com grande cautela, já que, até agora, a crítica praticamente não tratou desse assunto[2]. Com efeito, os in-

---

[1] Frank Benseler, "Der späte Lukács und die subjektive Wende im Marxismus", em Rüdiger Dannemann e Werner Jung (orgs.), *Objektive Möglichkeit. Beiträge zu Georg Lukács "Zur Ontologie des gesellschaftlichen Seins"* (Opladen, Westdeutscher, 1995), p. 143.

[2] Informações cronológicas úteis podem ser encontradas sobretudo em Frank Benseler, "Nachwort", em G. Lukács, *Zur Ontologie des gesellschaftlichen Seins* (Darmstadt/Neuwied, Luchterhand, 1986), v. 2, p. 731-53 (Werke, v. 13-4); duas contribuições de György Iván Mezei, a nota "Zum Spatwerke von Georg Lukács", *Doxa: Philosophical Studies*, Budapeste, Institute of Philosophy, Hungarian Academy of Sciences, n. 4, 1985, p. 31-41, e a "Einleitung" à edição de Lukács, *Versuche zu einer Ethik* (Budapeste, Akadémiai Kiadó, 1994), p. 7-34; e muitos dos trabalhos de Nicolas Tertulian, em especial *Lukács: la rinascita dell'ontologia* (Roma, Editori Riuniti, 1986) e "La pensée du dernier Lukács", *Critique*, n. 517-8, 1990, p. 594-616. Não obstante o seu título, o ensaio de Miklós Almási, "Die Geburt des ontologischen Gedankens", escrito em 1985 como comunicação aos encontros celebrativos de Budapeste e Hamburgo e depois incluído nas respectivas "Atas", não diz quase nada da gênese da *Ontologia*, que ainda, como é frequente, critica de um ponto de vista habermasiano. Ver *Az élö Lukács* (ed. Laszlo Sziklai, Budapeste, Kossuth Könyvk, 1986), p. 106-14; ed. alemã: *Lukács-aktuell* (Budapeste, Akadémiai Kiadó, 1989), p. 157-72; Günter Trautmann e Udo Bermbach (orgs.), *Georg Lukács: Kultur-Politik-Ontologie* (Opladen, Westdeutscher, 1987), p. 222-32.

térpretes se concentraram muito mais sobre o antes e o depois da "virada" ontológica de Lukács. Os que estudaram as fases intermediárias de desenvolvimento, por exemplo os escritos berlinenses ou moscovitas, ou aqueles da volta à Hungria no pós-guerra, fizeram-no, no mais das vezes, isolando-os do seu contexto mais amplo, analisando-os como blocos autossuficientes. São particularmente significativos, nesse sentido, os trabalhos muito úteis de Werner Mittenzwei e de seus alunos (Gudrun Katt, Alfred Klein) na Alemanha Democrática[3] – juntamente com aqueles de László Sziklai[4] – para a reconstrução da atividade de Lukács em Berlim e Moscou, mas que excluem expressamente de suas intenções todo confronto com as "novas dimensões" da obra do Lukács maduro[5].

1. Vejamos, antes de tudo, algumas datas, a partir das notícias fornecidas por Benseler, Tertulian e Mezei, para orientar-nos e mover-nos com facilidade

---

[3] Cf. os dois ensaios do organizador, em Werner Mittenzwei (org.), *Dialog und Kontroverse mit Georg Lukács. Die Methodenstreit deutscher sozialistischer Scriftsteller* (Leipzig, Philipp Reclam, 1975), p. 9-104 e 153-203; Werner Mittenzwei, "Lukács' Ästhetik der revolutionären Demokratie", em G. Lukács, *Kunst und objektive Wahrheit: Essay zur Literaturtheorie und -geschichte* (Leipzig, Philipp Reclam, 1977), p. 5-17; Manfred Nössig, "Das Ringen um proletarisch revolutionäre Kunst konzeptionen (1929-1933)", em Manfred Nössig, Johanna Rosenberg e Bärbel Schrader, *Literaturdebatten in der Weimarer Republik: zur Entwicklung des marxistischen literaturtheoretischen Denkens 1918-1933* (Berlim/Weimar, Aufbau, 1980), p. 467-709; Gudrun Klatt, *Vom Umgang mit der Moderne: ästhetische Konzepte der dreissiger Jahre* (Berlim, Akademie, 1984), p. 43-94; "Zwischen Dekadenz und 'Sieg der Realismus': Georg Lukács' literaturpolitischem Konzept zwischen 1933-1934 und 1938", em Manfred Buhr e József Lukács, *Geschichtlichkeit und Aktualität: Beiträge zum Werk und Wirken von Georg Lukács* (Berlim, Akademie, 1987), p. 233-43; Alfred Klein, *Georg Lukács in Berlin. Literturtheorie und Literaturpolitik der Jahre 1930-2* (Berlim/Weimar, Aufbau, 1990) (com reedição em apêndice dos escritos lukacsianos do triênio 1930-1932, atualmente um material propagandístico difícil de reaparecer).

[4] Cf. László Sziklai, "Die Moskauer Schriften von Georg Lukács", em *Zur Geschichte des Marxismus und der Kunst* (Budapeste, Akadémiai Kiadó, 1978), p. 127-37; "Lukács György kommunista esztétikája", em Lukács, *Esztétikai írások, 1930-1945* (Budapeste, Kossuth, 1982), p. 5-23; "Georg Lukács, Kritiker der faschistischen Philosophie und Kultur", em József Lukács e Ferenc Tökei (orgs.), *Philosophy and Culture: studies from Hungary published on the occasion of the 17th World Congress of Philosophy* (Budapeste, Akadémiai Kiadó, 1983), p. 311-34; *Georg Lukács und seine Zeit, 1930-1945* (Budapeste, Corvina, 1986), no qual podem ser também encontrados os dois ensaios precedentes, p. 7-32 e 169-204, o segundo dos quais um pouco retrabalhado e ampliado para o "Nachwort" a G. Lukács, *Zur Kritik der faschistischen Ideologie* (Berlim/Weimar, Aufbau, 1989), p. 395-453; *Proletárforradalom után. Lukács György marxista fejlödése. 1930-1945* (Budapeste, Kossuth Könyvkiadó, 1986), ed. ing.: *After the Proletarian Revolution: Georg Lukács' Marxist Development, 1930* (Budapeste, Akadémiai Kiadó, 1992); "Georg Lukács in the Soviet Union: Contradiction and Progress", *Dialectics and Humanism*, v. 14, abr. 1987, p. 29-50.

[5] Também Alfred Klein, *Georg Lukács in Berlin*, cit., p. 9.

na selva dos fatos. Lukács só pensa numa *Ontologia* muito tarde, como introdução ao projeto de uma ética marxista, para o qual ele já vinha recolhendo grande quantidade de materiais preliminares pelo menos desde o fim dos anos 1940[6], e que se torna mais forte (mas também é posto temporariamente entre parênteses) com o início do trabalho na grande *Estética*, em 1955, que prosseguiu até l960.

Imediatamente depois, sem interrupções – como nos informam duas de suas cartas daquele ano, uma, de 10 de maio, a Ernst Fischer, e a outra, de 27 de dezembro, à sua irmã Maria (Mici) –, começa o trabalho na *Ética*. Testemunhos de que ele logo sentiu a necessidade imprescindível de um capítulo introdutório e de caráter ontológico são as conversas com os alunos e, mais ainda, o que diz a Werner Hoffmann numa carta de 21 de maio de 1962: "seria necessário avançar ainda na direção de uma concreta ontologia do ser social"[7]. Contudo, na correspondência com Benseler, seu editor, não se refere a isso *apertis verbis* até 19 de setembro de 1964, quando a projetada introdução vai se transformando em um livro autônomo, de dimensões cada vez maiores. Acrescento aqui uma lembrança pessoal: durante uma visita que fiz a ele com minha mulher, em Budapeste, no verão daquele ano, Lukács me falou da esperança de terminar o trabalho dentro de poucos meses. Ora, se nos lembrarmos de que, de fato, a conclusão do manuscrito não se dará antes do outono de 1968 (sem incluir todos os retoques e ajustamentos ulteriores, que se arrastaram até a sua morte), percebemos imediatamente a vastidão e a complexidade do empreendimento: um longo período de trabalho, muito intenso e cansativo, que avança lentamente, em meio a dúvidas, reformulações e também discussões e polêmicas com seus alunos mais próximos, os integrantes da chamada Escola de Budapeste.

Creio que hoje estamos suficientemente documentados acerca da *Ontologia* como obra autônoma. Só que essa documentação está voltada para a frente e não para trás; registra a presença e os sentidos de um conceito já bem

---

[6] Cf. Károly Urbán, "The Lukács Debate: Further Contributions to an Understanding of the Background to the 1949-1950 Debate", em László Illés et al. (orgs.), *Hungarian Studies on György Lukács* (Budapeste, Akadémiai Kiadó, 1993), v. 2, p. 443.

[7] Cito, aqui e a seguir, György Iván Mezei (org.), *Ist der Sozialismus zu retten?: Briefwechsel zwischen Georg Lukács und Werner Hofmann* (Budapeste, Georg-Lukács-Archiv, 1991), p. 21; ed. it.: G. Lukács e Werner Hofmann, *Lettere sullo stalinismo* (ed. A. Scarponi, Gaeta, Bibliotheca, 1993), p. 23. [Há várias edições desse texto no Brasil, entre elas "Carta sobre o estalinismo", *Temas de Ciências Humanas*, São Paulo, Grijalbo, n. 1, 1977. – N. E.]

consolidado de "ontologia", sem perguntar pelo seu vir-a-ser, pela sua gênese. Para descobrir quando de fato começa esse processo é preciso realizar uma investigação *à rebours*, voltando no tempo pelo menos trinta anos, até a crise que o marxismo de Lukács sofreu após sua estadia em Moscou (1930-1931). O crítico soviético Michail Lifschitz, seu amigo e colaborador no instituto Marx-Engels de Moscou, e os húngaros István Hermann, que tinha sido um de seus primeiros alunos, e László Sziklai, diretor do Arquivo Lukács de Budapeste, têm insistido com ênfase particular na "importância histórica" da virada dos anos 1930, no fato de que, sem nenhuma sombra de dúvida, é exatamente ali, em Moscou, que se forma o Lukács maduro[8]. A leitura que lá realizou dos escritos marxianos de juventude e dos *Cadernos filosóficos* de Lenin, então recentemente publicados, o trabalho no instituto e a colaboração com Lifschitz marcaram Lukács tão profundamente que acabaram por alterar de maneira radical sua relação com o marxismo, transformando sua perspectiva filosófica (em relação àquela que estava presente em *História e consciência de classe*); mais tarde, no prefácio de 1967 da reedição desta última obra, ele relembrará a "atmosfera de entusiasmo e de maturação" dos anos da "virada", vivenciada como "um novo começo": e com um impulso tão apaixonado, com uma convicção tão sincera, que teria fixado por escrito, também para o público (num texto que provavelmente se perdeu), a sua nova posição[9].

Se não se compreendem bem os princípios conceituais que fundamentam a "virada", incorre-se facilmente em equívocos, como de fato aconteceu com a maior parte da literatura crítica (incluindo até mesmo Klein): uma literatura sempre pronta apenas para apontar o menor indício da submissão de Lukács ao stalinismo. Para nós é significativo, acima de tudo, o fato de a "virada" a que nos referimos ter, em última instância, um caráter ontológico. Ela se funda naquelas geniais críticas de Marx (e Lenin) a Hegel, por meio das quais, pela

---

[8] Cf. I.stván Hermann, *Die Gedankenwelt von Georg Lukács* (Budapeste, Akadémiai Kiadó, 1978), p. 176s; Michail Lifschitz, *Die dreißiger Jahre. Ausgewählte Schriften* (Dresden, Verlag der Kunst, 1988), p. 10s; *Dialoghi moscoviti con Lukács* (ed. G. Mastroianni, Belfagor, 1990), v. 45, p. 549-50; László Sziklai, *Georg Lukács und seine Zeit*, cit., p. 41s; Michail Lifschitz e László Sziklai, *Moszkvai évek Lukács Györggyel: beszélgetések, emlékezések* (Budapeste, Gondolat, 1989), p. 57s. Este é um ponto com o qual eu mesmo já me entretive algumas vezes, a começar pelo ensaio "Le basi teoretiche del Lukács della maturità", em *Il marxismo della maturità di Lukács* (Nápoles, Prismi, 1983), p. 67s, do qual retomo algumas das considerações que se seguem.
[9] G. Lukács, "Vorwort" (1967), em *Geschichte und Klassenbewusstsein* (Neuwied/Berlim, Luchterhand, 1968), Werke, v. 2, p. 39.

primeira vez, Lukács vê claramente as consequências que derivam dos contorcionismos idealistas hegelianos. Polemizando com Hegel e colocando-o em pé – nas pegadas de Feuerbach –, no sentido materialista, Marx recupera ontologicamente (como conceito de "ente objetivo") aquilo que Hegel havia dissolvido. Ao mesmo tempo, contudo, vai além de Feuerbach, uma vez que sublinha com clareza que a humanidade do homem tem o seu verdadeiro ato de nascimento na história; que o homem, como ente que desde o começo reage à sua realidade primeira, ineliminavelmente objetiva, é um "ente objetivo ativo", produtor de objetivações, um ente que trabalha; que, em suma, a objetividade forma a propriedade originária não somente de todos os seres e de suas relações, mas também do resultado do seu trabalho, dos seus atos de objetivação.

Existe, aqui, o suficiente para que a perspectiva filosófica de Lukács sofra uma transformação. Esse contragolpe tem como efeito, repito, uma reviravolta profunda na sua relação anterior com o marxismo. Baseado na teoria marxiano-leniniana, agora firmemente dominada, ele pode fazer uma impostação inteiramente nova, dialético-materialista (já sem os resíduos hegelianos de *História e consciência de classe*), daquela questão da "totalidade", a respeito da qual Ernst Bloch – como se evidencia em sua correspondência com Kracauer[10] – o tinha questionado em Viena já no inverno de 1929, e pode começar aquele projeto de construção sistemática do edifício filosófico do marxismo, no qual trabalhará ininterruptamente e com extraordinário afinco até o fim da vida. Assim, o empenho construtivo passa a ocupar o lugar do utopismo messiânico e da agitação partidária. Pelo menos nesse sentido se pode afirmar, sem temor de ser desmentido, que toda a investigação de Lukács posterior à virada dos anos 1930 – incluídas as implicações no campo estético – está marcada pela repercussão teórica decisiva que ela lhe imprime.

A "totalidade" no novo sentido (ontológico) marxista tem um papel fundamental nessa investigação. Ela constitui o eixo para a correta compreensão das leis do desenvolvimento objetivo do real, assim como a dialética é o eixo dos nexos entre seus momentos. Filosoficamente, são Marx e Lenin que lhe

---

[10] Ernst Bloch, *Briefe 1903-1975* (org. Karola Bloch et al., Frankfurt, Suhrkamp, 1985), v. 1, p. 323. Bloch retorna em seguida a essa questão no curso do debate sobre o expressionismo propiciado pela revista *Das Wort*. A réplica de Lukács está em "Es geht um den Realismus" (1938), hoje encontrado em seus *Essays über Realismus* (Neuwied/Berlim, Luchterhand, 1971), Werke, v. 4, p. 315s, no qual é mencionada, entre outras, a tese marxiana acerca da "totalidade da economia", "Die Produktionsverhältnisse jeder Gesellschaft bilden ein Ganzes". Ver ainda László Sziklai, *After the Proletarian Revolution*, cit., p. 234-6.

mostram o caminho para satisfazer – dentro dos limites da nossa capacidade de conhecimento – essa "pretensão de totalidade". Escreve Lukács:

> Marx fala muitas vezes do "momento preponderante" (*von dem übergreifenden Moment*), que está objetivamente presente em um nexo dialético e que é tarefa do conhecimento e da práxis tornar explícito; Lenin usa muitas vezes a bela imagem do "elo da cadeia", que deve ser agarrado para segurar firmemente toda a cadeia e preparar a passagem para o elo seguinte.[11]

E todos conhecem os repetidos elogios de Lenin, nos *Cadernos filosóficos*, à genialidade do princípio de fundo que a lógica de Hegel, apesar de seu idealismo, faz valer a respeito da "conexão *necessária* e objetiva de todos os lados, forças, tendências etc. de dado campo de fenômenos". Melhor ainda:

> da universal, omnilateral e *viva* conexão de tudo com tudo e do reflexo dessa conexão – *materialistisch auf den Kopf gestellter Hegel* – nos conceitos elaborados pelo homem, que devem ser certamente afinados, elaborados, flexíveis, móveis, relativos, reciprocamente relacionados, ser um nas oposições, para poder abraçar o mundo.[12]

O quanto os pressupostos e as linhas diretrizes da investigação de Lukács devem à teoria marxiana materialista da objetividade, da totalidade objetiva, pode ser visto examinando o seu trabalho em Moscou e em Berlim, marcado por um retorno muito forte do interesse pela estética e pela teoria crítica da literatura. É característico do seu modo de trabalhar nessa fase que ele se aproxime devagar e cautelosamente das questões de fundo da estética – de suas bases fundamentais, de seu suporte ontológico –, seguindo pelo caminho que leva, pode-se dizer, da periferia ao centro, isto é, da crítica superficial à teoria. Se apenas pouco antes, numa longa série de artigos para a *Linkskurve*, de 1930, Karl August Wittfogel se referira abertamente a *Zur Frage einer marxistischen Ästhetik*, Lukács (que, salvo engano, nunca menciona Wittfogel, apesar de ambos cultivarem os mesmos interesses teóricos) prefere o caminho oposto, por meio de ensaios singulares, de conteúdo definido; exercita-se mais na crí-

---

[11] G. Lukács, "Reportage oder Gestaltung?" (1932), em *Essays über Realismus*, cit., p. 66 (pode ser encontrado também em apêndice em Alfred Klein, *Georg Lukács in Berlin*, cit., p. 394).
[12] Vladimir I. Lenin, *Opere complete* (Roma, Editori Riuniti, 1954-1970), v. 38, p. 97, 137.

tica do que nas discussões acerca de teoria ou estética, e ataca também, sem dúvida, questões relevantes de estética (polêmicas com a literatura proletária, crítica da teoria literária de Lassalle e Mehring, liquidação do marxismo da II Internacional), referindo-se sempre, porém, a casos concretos, partindo de um autor ou de um livro. Os ensaios teóricos só aparecerão mais tarde.

No entanto, Lukács não compreende de modo nenhum teoria e crítica isoladamente. Por sua própria natureza, a crítica parte necessariamente dos fragmentos, mas nunca de forma apartada ou independente da teoria, que, ao contrário, constitui a sua estrutura de fundo. Explica Lukács a Anna Seghers, numa das cartas que trocam em 1939 (e que deve ser lida com seu grande ensaio daquele mesmo ano, "O escritor e o crítico")[13]:

> porque a crítica é, exatamente, uma parte da ciência. Vale dizer: nenhum trabalho crítico pode ser completo e fechado em si. Somente seria completo – relativamente completo – um sistema completo da teoria e da arte que contivesse, ao mesmo tempo, uma história completa da evolução da arte.

Exatamente por isso o crítico não deve se fechar na especialização unilateral. Em cada discussão singular, é preciso que ele faça alusão ao menos "ao quadro geral, ao desenvolvimento sistemático e histórico" e, além disso (e assim retornamos ao princípio fundante da "totalidade"), que deixe sempre claro ter "conhecimento da conexão universal de todos os problemas entre si".

2. Não é preciso muito esforço para entender o que está por trás dessa contínua, obsessiva preocupação do Lukács moscovita com a teoria. Um "completo sistema da teoria" nada mais é do que uma estética. Com efeito, em Moscou, no trabalho com Lifschitz, seu problema teórico central é o da estética do marxismo – ou melhor, se é possível uma estética marxista autônoma e unitária. A resposta ao problema – até então muito pouco aceita mesmo entre os marxistas – recebe dele (e de Lifschitz) um decisivo sim, desde que sejam eliminadas previamente as aporias e as inconsequências da *vulgata* marxista, desde as tradições social-democratas russas (Plekhanov) até o positivismo e o sociologismo da II Internacional (incluídas as heranças soviéticas). Para Lukács, Mehring, Plekhanov e os pseudomarxistas em geral da

---

[13] Ambos os textos podem ser encontrados em G. Lukács, *Essays über Realismus*, cit., p. 345-412, do qual citamos a seguir as p. 370-1; G. Lukács, *Il marxismo e la critica letteraria* (trad. Cesare Cases, Turim, Einaudi, 1953), p. 419-20.

II Internacional caem num ecletismo incoerente; céticos quanto à capacidade do marxismo de resolver internamente os problemas da imanência estética da obra de arte, pretendem completá-lo, na estética, do lado de fora, com Kant (como em Mehring) ou então com o positivismo. Lukács rejeita por completo essa pretensão eclética. Um estudo sério realizado nos primeiros anos da década de 1930 a respeito da posição dos clássicos do marxismo em relação à estética permite-lhe enxergar um caminho entre as falsas polarizações e os dualismos não resolvidos dos teóricos marxistas pré-leninianos. Antes de tudo, ele chama a atenção para o fato de que Marx e Engels, com base no que tinha sido estabelecido em *A ideologia alemã**, defendiam que, em última instância, não existe outra ciência a não ser a "ciência da história", são levados a tratar sempre a literatura "no interior de um grande quadro unitário histórico-sistemático". Como consequência, e baseado na citada virada ocorrida nos anos 1930 em sua concepção pessoal do marxismo, ele aborda a questão da autonomia da estética segundo o princípio de que ela não pode ser resolvida cedendo aos pressupostos da estética idealista ("autonomia idealisticamente inflada da arte e da literatura") ou aos do sociologismo ("identificação vulgar e mecânica de literatura e propaganda política")[14]; ao contrário, ela apenas poderia ser resolvida graças ao *tertium datur* da solução dialético-materialista.

É aqui que se encontra também a raiz da teoria lukacsiana do "realismo", em geral tão mal compreendida até mesmo pela literatura crítica dos marxistas[15]. Entre o "realismo como método de criação artística" e a "teoria materialista marxiana da objetividade" não deformada pelas vulgarizações, há muito mais do que uma simples correspondência; antes, uma deriva da outra,

---

* São Paulo, Boitempo, 2007. (N. E.)

[14] Cf. especialmente seu ensaio de 1935 sobre Friedrich Engels, G. Lukács, *Karl Marx und Friedrich Engels als Literaturhistoriker* (Berlim, Aufbau, 1952), p. 44, encontrado também em *Probleme der Ästhetik* (Neuwied/Berlin, Luchterhand, 1969), Werke, v. 10, p. 505. [Publicado no Brasil na coletânea organizada por Carlos Nelson Coutinho, *Georg Lukács, marxismo e teoria da literatura*, Rio de Janeiro, Civilização Brasileira, 1968; mas merecem ser verificados também muitos dos ensaios reunidos na primeira parte de G. Lukács, *Esztétikai írások*, cit., p. 27s, e em apêndice em Alfred Klein, *Georg Lukács in Berlin*, cit., p. 280s. – N. E.]

[15] É absolutamente mentirosa a tese segundo a qual Lukács nada mais fez do que repetir e elevar a "dogma" o rígido cânone do realismo vigente sob a ortodoxia soviética. Essa tese aparece não apenas na propaganda reacionária, mas também em estudiosos cuidadosos, como Lee Congdon, *Exil and Social Thought: Hungarian Intellectuals in Germany and Austria, 1919-1933* (Princeton, Princeton University Press, 1991), p. 88-9; Arpad Kadarkay, *Georg Lukács: Life, Thought and Politics* (Cambridge-MA, B. Blackwell, 1991), p. 342s; e o próprio Alfred Klein, *Georg Lukács in Berlin*, cit., p. 171-2.

ou, ao menos, ligam-se de modo muito estreito. O realismo, com todos os seus anexos e conexões ("herança cultural", teoria dos "gêneros" etc.), impõe-se muito mais a Lukács como uma necessidade interna da nova teoria que está sendo construída exatamente pelo fato de que, melhor do que qualquer outra tendência artística, ele traz em si a consciência dialética da "totalidade". Se a "representação" realista vale mais do que a crônica e a *reportagem*, se o "narrar" vale mais do que o "descrever", é porque quem narra e representa penetra mais profundamente e com meios artísticos nas "leis dialéticas objetivas" da estrutura do real. O escritor atinge um grau tanto maior de realismo quanto mais consegue trazer à luz, para além dos fenômenos de superfície, as verdadeiras forças motrizes do desenvolvimento social, isto é, a essência – artisticamente configurada – de um determinado momento, situação ou conexão histórico-social relevante para a humanidade. Motivação do agir humano, formação e fixação dos tipos e representação do destino dos indivíduos adquirem força e alimento do reconhecimento de seu pertencimento à totalidade, de sua recondução ao quadro unitário da realidade em movimento.

Portanto, para a estética, a partir dos anos 1930, passa a ser decisivo que a nova teoria forneça os princípios que regerão a construção de uma estética marxista de caráter objetivista. Na esteira de Marx e Lenin, Lukács toma como ponto de partida tanto o objetivismo no sentido por eles definido (isto é, o princípio segundo o qual as categorias do pensamento nada mais são do que expressão das leis do mundo objetivo) como também, correlativamente, o caráter de unitariedade do próprio mundo, apontando a criação artística – a essência e o valor estético das obras de arte – como "uma parte daquele processo social geral e organicamente articulado no curso do qual o homem torna seu o mundo por meio da própria consciência" e acrescentando e exaltando no grande artista, e também no grande crítico (no assim chamado "crítico--filósofo"), "o fundamento universalista e a apaixonada aspiração à objetividade"[16]. Simultaneamente, isso evidencia o lado complementar da teoria: o papel mediador, determinante, que aí desempenha a dialética. Se, de fato, a objetividade do realismo – à qual aspiram o crítico e o escritor (o artista em geral) – quer, por princípio, distinguir-se do naturalismo descritivo, da agitação ou então, no lado ideologicamente oposto (mas esteticamente convergente), do falso objetivismo da literatura burguesa decadente, é preciso que, superando

---

[16] G. Lukács, *Essays über Realismus*, cit., p. 393; *Probleme der Ästhetik*, cit., p. 207.

toda a imediatez tanto no sujeito quanto no objeto, todo o pensamento puramente voluntarista e todo o registro meramente passivo ou fenomênico dos eventos, ela se apresente como resultado da complexa dialética objetiva de essência e fenômeno, na qual tem destaque decisivo a inter-relação que invariavelmente une o escritor à realidade refletida, sua relação de influência recíproca com a concepção de mundo e o estilo artístico.

Não é de surpreender a importância que Lukács atribui ao problema. Seus grandes ensaios crítico-teóricos da primeira metade dos anos 1930 (o ensaio sobre Goethe e a dialética, aquele sobre Mehring, especialmente o de 1935 sobre o problema da forma artística objetiva, publicado originalmente na revista moscovita *Literaturnyi Kritik* e vinte anos mais tarde traduzido do russo para o alemão com o título de "Arte e verdade objetiva"[17], nos quais, note-se, são expressamente utilizadas as anotações de Lenin à lógica de Hegel) nos atingem com particular insistência, sublinhando que o problema teórico central da literatura e da filosofia alemã do período clássico, de Lessing até Goethe, é exatamente a luta pelo desenvolvimento da dialética: claro que uma "dialética idealista", que o marxismo – sem renegar de modo algum sua contribuição – deve tornar materialistamente verdadeira. Também não é de surpreender que a tônica recaia com tanta força sobre a figura de Goethe, sobre o qual ele segue trabalhando sem interrupção até durante os anos mais duros do stalinismo, paralelamente, não por acaso, a seu inovador estudo a respeito de Hegel[18]. Uma vez que, nesse momento, Lukács busca uma alternativa teórica para seu marxismo hegelianizado anterior, apontando para uma assimilação do materialismo

---

[17] G. Lukács, "Kunst und objektive Wahrheit", *Deutsche Zeitschrift für Philosophie*, Berlim, Deutscher Verlag der Wissenschaften, v. 2, fev. 1954, p. 113-48; reimpresso em *Essays über Realismus*, cit., p. 607-50; ed. it.: *Arte e società: Scritti scelti di estetica* (Roma, Editori Riuniti, 1972), p. 143-86.

[18] Devem ser recordados os escritos de 1932, "Der faschisierte Goethe", "Goethe und die Dialektik", "Was ist uns heute Goethe?", "Goethes Weltanschauung" e "Goethe und der Gegenwart", reunidos em G. Lukács, *Esztétikai írások*, cit., p. 256-77 e reimpressos em Alfred Klein, *Georg Lukács in Berlin*, cit., p. 398-444. Ver ainda todos aqueles dos anos imediatamente posteriores, até 1940, reunidos em *Goethe und seine Zeit* (Berlim, Aufbau, 1953). Para a relação entre Goethe e Hegel, é relevante também o ensaio "Lo scrittore e il critico", em G. Lukács, *Essays über Realismus*, cit., p. 403s; o capítulo 2, "Der Humanismus der deutschen Klassik", do póstumo (mas que remonta a 1941-1942) *Wie ist Deutschland zum Zentrum der Reaktionären Ideologie Geworden?* (org. László Sziklai, Budapeste, Akadémiai Kiadó, 1982), p. 73-95; reimpresso em G. Lukács, *Zur Kritik der faschistischen Ideologie*, cit., p. 267-84. Ver ainda a seção conclusiva de *Der junge Hegel und die Probleme der kapitalistischen Gesellschaft* (Berlim, Aufbau, 1954), p. 645-6; László Sziklai, *Georg Lukács und seine Zeit*, cit., p. 91 s; László Sziklai, *After the Proletarian Revolution*, cit., p. 237-8.

que não chega a significar uma renúncia à dialética, Goethe lhe oferece, em muitos sentidos, o apoio que está procurando. Os esforços de Goethe em elaborar uma ciência da evolução da natureza e estabelecer uma estreita ligação entre filosofia da natureza e estética, sua inclinação instintiva, espontânea, para o materialismo, que se comporta também de forma espontaneamente dialética (embora permaneça sempre muito aquém da dialética de Hegel no terreno social), sua fecunda relação de continuidade, mas também de superação nos confrontos com o iluminismo, sua valorização – contra Schiller – do simbólico *contra* o alegórico, ou seja, da categoria da "particularidade" na arte, e outros traços característicos de sua teoria e seu trabalho artístico, enfim, são todos elementos que influenciarão profundamente a estética de Lukács.

Após a virada, Goethe passa a ocupar uma posição singular, privilegiada, extraordinariamente iluminadora para Lukács. Ele entende a superioridade goethiana, por exemplo perante suas fontes iluministas, exatamente porque, como pensador, não menos do que como artista, como grande realista, Goethe pode "movimentar-se [...] de forma inteiramente livre na matéria, refletir o movimento, o automovimento da matéria, essencialmente e ao mesmo tempo de modo sensível, como automovimento". Desse modo, Lukács encontra, em certo sentido, o modelo que o salva das garras idealistas de Hegel, reconectando-o, por meio de problemas concretos, à objetividade, ao estudo da manifestação imanente da dialética no real; de modo correlato, vê como as geniais intuições dialéticas de Hegel servem para influenciar, corrigir e integrar em muitos pontos a tendência apenas espontânea de Goethe em direção à dialética. De todo modo, é comum a ambos essa "ideia fundamental" de "partir do trabalho humano como processo de autoprodução do homem".

Para Lukács, a concretização teórica do problema da dialética, a descoberta e a clarificação do nexo dialético entre essência e fenômeno (elevado pelo marxismo até a "concretização do conteúdo social, do significado de classe de essência e fenômeno"[19], e que em Hegel obviamente inexistem) passam por aqui. Também não se pode ignorar o princípio da "totalidade", sem o qual a teoria literária e a própria arte deixam de existir. Que Goethe e Hegel estejam de modo tão decisivo e prolongado no centro dos interesses do Lukács posterior à virada é apenas mais um indicativo de sua peculiar originalidade de

---

[19] G. Lukács, "Zur Frage der Satire" (1932), em *Essays über Realismus*, cit., p. 89; reimpresso como apêndice em Alfred Klein, *Georg Lukács in Berlin*, cit., p. 305.

marxista e – pense e diga o que quiser grande parte da literatura crítica – outra prova irrefutável da distância quilométrica que o separa, já nos anos 1930, dos *slogans* oficiais do stalinismo.

3. Até mesmo no quadro da problemática constelação que examinamos, parece-nos já ficar claro como não são nem poucos nem irrelevantes os passos que Lukács, sem abandonar o campo da estética, dá no sentido de um programa de tratamento universalista do marxismo, de sua fundamentação e construção como teoria filosófica unitária – ou seja, aquela que, em sua biografia póstuma, ele chamará, referindo-se exatamente à convivência moscovita com Lifschitz, de sua "tendência a uma ontologia geral [...] como a real base filosófica do marxismo"[20]. Quando se rastreia (como está sendo feito aqui) o emergir progressivo dessa tendência, procurando reconstruir seu lento mas irresistível processo de desenvolvimento, dois traços merecem, de modo particular, alguma reflexão. Antes de tudo, como visto anteriormente, o objetivismo de princípio, isto é, a recondução da estética àquela base real, que por sua vez também é o ponto de partida da ciência. Teoria científica e teoria estética têm o mesmo referencial objetivo, refletem a mesma realidade, de tal modo que na doutrina lukacsiana do "reflexo" pôde ser vista precisamente – por parte de Agnes Heller, quando ainda era sua fiel discípula – "a expressão de um fato ontológico: do fato que, sendo a realidade una e contínua, as mesmas categorias fundamentais devem necessariamente comparecer em todas as esferas da realidade – o que não exclui a existência de categorias específicas para cada esfera"[21]. Não se deve esquecer, para o caso, a advertência do capítulo introdutório da grande *Estética*, no qual se lê:

> O materialismo dialético considera [...] a unidade material do mundo como um fato incontestável. Todo reflexo é, pois, reflexo desta realidade única e unitária. Mas é somente para o materialismo mecanicista que toda imagem dessa realidade deve ser uma simples cópia fotográfica.[22]

---

[20] G. Lukács, *Gelebtes Denken: eine Autobiographie im Dialog* (org. István Eörsi, Frankfurt, Suhrkamp, 1981), p. 269; ed. it.: *Pensiero vissuto* (org. István Eörsi, ed. A. Scarponi, Roma, Editori Riuniti, 1983), p. 219 [ed. bras.: *Pensamento vivido*, São Paulo, Ad Hominem, 1999].
[21] Agnes Heller, "Lukács' Aesthetics", *The New Hungarian Quarterly*, Budapeste, Lapkiadó, v. 24, 1966, p. 90; ed. it.: *Lukács* (ed. Guido Oldrini, Milão, Mondadori, 1979), p. 245.
[22] G. Lukács, *Ästhetik I: Die Eigenart des Ästhetischen* (Neuwied/Berlin, Luchterhand, 1963), Werke, v. 11-2, p. 35; ed. it.: *Estetica* (trad. Marietti Solmi e Fausto Codino, Turim, Einaudi, 1970), v. 1, p. 5.

Trata-se do mesmo e preciso conceito que já fundamenta o ensaio moscovita sobre arte e verdade objetiva, citado anteriormente:

> A base de qualquer conhecimento correto da realidade, independentemente de se tratar da natureza ou da sociedade, é o reconhecimento da objetividade do mundo exterior, isto é, da sua existência independente da consciência humana. Qualquer interpretação do mundo exterior nada mais é do que um reflexo, por parte da consciência humana, do mundo que existe independentemente da consciência. Esse fato básico da relação entre consciência e ser também vale, obviamente, para o reflexo artístico da realidade.

E ainda:

> O reflexo artístico da realidade encontra seu ponto de partida nas mesmas contradições da onde parte qualquer outro reflexo da realidade. Sua especificidade consiste em que, para resolvê-las, busca um caminho diferente daquele do reflexo científico; [...].[23]

Isto é, o reflexo artístico está voltado para a criação de uma imagem da realidade capaz de resolver em si o contraste entre essência e fenômeno, entre lei (universal) e caso (singular), despertando assim, no receptor, a impressão de uma unidade espontânea, imediata, inquebrável: de uma nova realidade – a obra de arte – entendida como "conteúdo fechado", acabado em si mesmo. Ora, se já aqui Lukács antecipa tantos e tão significativos temas da grande *Estética*, a unidade/distinção entre reflexo artístico e científico, o predomínio não fotográfico mas dialético da porção da realidade refletida, a "questão da objetividade da forma" e a da "partidariedade da objetividade" (no sentido leniniano) que cada reflexo estético do real necessariamente exprime, o caráter de imanência, compacticidade e "imediata conclusividade" da obra de arte, e assim por diante: se é possível encontrar aí tantas antecipações, é exatamente porque já aqui Lukács entende claramente que a especificidade do estético adquire significado somente em relação à própria diferenciação e separação de sua base ontológica, que, em última instância, é comum a toda práxis. Isto é, somente na medida em que se faça do estético – sem prejudicar sua autonomia –

---

[23] G. Lukács, *Kunst und objektive Wahrheit*, cit., p. 113 e 120; reimpresso em *Essays über Realismus*, cit., p. 607 e 616; ed. it.: *Arte e società: scritti scelti di estetica*, cit., p. 143 e 155.

um momento da complexa imbricação da estrutura geral do real. Pense-se em sua teoria do romance como epopeia burguesa, fixada nos escritos moscovitas do biênio 1934-1935, ou na teoria do trágico (cujo próprio fundamento, segundo Lukács, está "nas contradições do último substrato da própria realidade"), elaborada por ele no período entre o ensaio sobre o polêmico debate de Marx e Engels com Lassalle a respeito do *Franz von Sickingen* (1931-1933), as páginas sobre Hebbel da *Skizze einer Geschichte der neueren deutschen Literatur* (1944-1945) e a introdução de 1952 à *Estética* de Cernysevskij.

Em segundo lugar, percebemos que emergem aqui, delineando-se – embora ainda apenas como pano de fundo –, complexos problemáticos destinados a ter grande relevância no pensamento do Lukács maduro. A exigência da construção de uma estética marxista como disciplina autônoma põe implicitamente, de um lado, o problema – que depois será central na *Estética* e na *Ontologia* – das objetivações de grau superior e, de outro, o da relação das objetivações singulares tanto entre elas como com a unidade do complexo, concebida de tal modo que cada componente dele, autônomo em sua esfera, se mantenha numa ininterrupta troca dialética com as outras. A estética trata exatamente de uma dessas formas de objetivação, do momento do ser (social) que diz respeito à produção das obras de arte – as quais, por sua vez, também gozam de uma objetividade, ainda que *sui generis*, diferente da natural. Novamente, as leituras moscovitas de Lukács o levam ao caminho do esclarecimento desse nó conceitual. É característico que uma das primeiras utilizações que ele faz dos *Cadernos filosóficos* de Lenin, no ensaio sobre Feuerbach e a literatura alemã, de 1932-1933 (publicado quatro anos mais tarde), tenha relação com o comentário leniniano ao destaque dado por Feuerbach ao caráter "irreal" das obras de arte, que soa deste modo: "A arte não exige que as suas obras sejam reconhecidas como *realidade*"[24]. Ou como Lukács deixa ainda mais claro quando discute a teoria estética de Schiller:

> É consequência necessária da "irreal" realidade da arte que aquela forma fenomênica da vida, compreendida e elaborada pela arte, cuja aparência constitui o elemento formal da construção de qualquer arte, deve possuir *uma espécie peculiar de objetividade*.[25]

---

[24] Vladimir I. Lenin, *Opere complete*, cit., v. 38, p. 69, citado por G. Lukács, "Feuerbach e la letteratura tedesca" (1937), em *Intellettuali e irrazionalismo* (ed. Vittoria Franco, Pisa, ETS, 1984), p. 143.
[25] G. Lukács, "Zur Ästhetik Schillers" (1935), em *Beiträge zur Geschichte der Ästhetik* (Berlim, Aufbau, 1954), p. 74; reimpresso em *Probleme der Ästhetik*, cit., p. 82; ed. it.: *Contributi alla storia dell'estetica* (trad. Emilio Picco, Milão, Feltrinelli, 1957), p. 86.

Isso porque ela é exatamente o resultado daquele trabalho, daquele processo criativo realizado pelo homem como "ente objetivo ativo", de acordo com a já citada fórmula de Marx, por meio da qual a objetividade primária, natural, é elevada a um novo patamar, à objetivação de caráter social.

Sem poder explorar, nesse momento, de modo detalhado e aprofundado, realço apenas como, a partir dos anos 1930, no interior desse complexo vão aflorando, aos poucos, uma após a outra, categorias que fazem parte do sistema lukacsiano da maturidade. A literatura crítica mais sagaz, que às vezes se refere a problemas singulares, também assinalou, de algum modo, tal aparecimento. Dénes Zoltai, amigo e colaborador de Lukács de longa data, chama a atenção para as categorias de "homogeneidade" e "particularidade", presentes, em germe, nos escritos moscovitas. Citando um manuscrito fragmentário e inédito, de 1939-1940, no qual Lukács fala da "particularidade" como daquela "zona intermediária" (*Zwischenreich*) que "se torna meio específico da arte somente na medida em que a arte procura impelir (*durchzudrängen*) a imediatez do mundo fenomênico para dentro da legalidade de suas determinações essenciais concretas", ele comenta (sem a mínima dúvida acerca do sentido dessa formulação): "Temos aqui o conceito fundamental da mais tardia propedêutica estética, do 'particular', em forma germinal – e, ainda mais, com um forte tom ontológico"[26].

De modo análogo expressou-se Tertulian a respeito de O *jovem Hegel*, o mais importante dos trabalhos de Lukács publicados em Moscou, destacando a "fundamental continuidade" entre as páginas dedicadas, naquela obra, "ao célebre processo da exteriorização do sujeito e da reassunção dessa sua exteriorização (*Entäusserung und Rückname*)" e as correlativas análises da *Ontologia* que fundamentam uma (marxista) "fenomenologia da subjetividade"[27]: embora – e isto é agregado e precisado, para não perder de vista nem sequer as discrepâncias – em O *jovem Hegel* Lukács ainda não distinguisse bem, linguisticamente – como, ao contrário, fará por ocasião da *Ontologia* –, os termos alemães *Entäusserung* e *Entfremdung*, e, com Hegel, se servisse muito mais do primeiro termo do que do segundo. Desse modo,

---

[26] Dénes Zoltai, "Das homogene Medium in der Kunst", em Günter Trautmann e Udo Bermbach (orgs.), *Georg Lukács: Kultur-Politik-Ontologie*, cit., p. 225. A comunicação "Zwischenreich" reaparece também em "Lo scrittore e il critico", cit., p. 406.
[27] Nicolas Tertulian, "Gedanken zur Ontologie des gesellschaftlichen Seins, angefangen bei den Prolegomena", em *Objektive Möglichkeit*, cit., p. 160-1.

O *jovem Hegel* mostra seu avanço na compreensão dos problemas filosóficos do marxismo de um ponto de vista ontológico. Todo um novo horizonte começa a se abrir, ampliando-se ontologicamente para temas que só mais tarde terão um tratamento adequado – por exemplo, no caso da interação concreta entre mundo natural e mundo social, da socialidade e historicidade da natureza, da troca orgânica com a natureza por meio do trabalho, das repercussões do trabalho sobre o sujeito ativo etc., especialmente (sem falar do resto, pela importância) do nexo dialético, no trabalho, entre teleologia e causalidade, isto é, da valorização da categoria do fim "como uma categoria da práxis, da atividade humana"[28]. Comenta Lukács, com base em sua plataforma marxista:

> A análise concreta da dialética do trabalho humano supera em Hegel a antinomia de causalidade e teleologia, apontando o lugar concreto que a finalidade humana consciente ocupa *no interior* do contexto causal global, sem quebrar esse contexto [...]. Assim, a concreta análise hegeliana do processo de trabalho humano demonstra que a antinomia entre causalidade e teleologia é, na realidade, uma contradição dialética na qual a legalidade de uma relação real da própria realidade objetiva aparece em seu movimento, em sua contínua reprodução.[29]

Neste ponto, é evidente já estarmos em pleno centro de uma problemática ontológica.

Estreitamente ligado a essa problemática, outro filão de pesquisa aparece, paralelamente ao estético e ao histórico-filosófico, atraindo o interesse de Lukács a partir dos últimos anos da década de 1940: o projeto de uma ética marxista. Seu regresso à pátria, ao fim da guerra, se dá sob a bandeira da luta por uma "democracia de novo tipo", fundada numa política de "plano". Ora, nenhum plano econômico-político é possível – afirma Lukács na conferência

---

[28] G. Lukács, *Der junge Hegel...*, cit., p. 379s.
[29] Ibidem, p. 397-8; ed. italiana: *Il giovane Hegel e i problemi della società capitalistica* (trad. Renato Solmi, Turim, Einaudi, 1960), p. 481-3. A importância do papel do "trabalho" para a concepção lógico-filosófica do marxismo é posteriormente reforçada por Lukács na resenha de 1946 à obra de Béla Fogarasi, *Marxismus és logika*, e editada como um apêndice a Béla Fogarasi, *Parallele und Divergenz: ausgewählte Schriften* (ed. Eva Karádi, Budapeste, MTA Filozófiai Intézet, 1988), p. 251.

de 1947, "As tarefas da filosofia marxista na nova democracia"[30] – "sem encontrar preliminarmente uma determinação dialética da totalidade". Com efeito, trata-se, com a totalidade, como já sabemos (para além do condenável abuso do termo na sociologia pré-fascista e fascista, como em Othmar Spann[31], e da marca nefasta que daí deriva), de uma categoria central para a dialética marxista. Lukács não só não renuncia a ela como, antes, serve-se dela para ilustrar melhor, e de modo materialista, o nexo entre causalidade e teleologia no complexo global do trabalho. Diz ele:

> isto pressupõe, de um lado, o reconhecimento do trabalho, de todos os aspectos objetivos independentes da consciência do homem (as qualidades da matéria, as propriedades dos instrumentos etc.) e, de outro, a própria determinação do fim é um produto da situação social objetiva, do desenvolvimento das forças produtivas etc.

Essa dialética lhe parece tão indispensável para uma política clara do "plano" quanto o é, em relação ao problema do método, sua "fundamentação materialista" (isto é, ontológica). Por isso acrescenta:

> No entanto, não podemos atingir a plena compreensão do trabalho que deve ser realizado nesse campo sem o exame filosófico de toda a metodologia do plano. Essa metodologia fundamenta-se, em primeiro lugar, na tomada de consciência da predominância das forças produtivas principais apoiadas no sentido democrático do povo trabalhador e, em segundo, no exame das leis do conjunto da economia em seu movimento concreto [...]. Do ponto de vista metodológico, nenhum plano pode existir sem uma teleologia precisa. Contudo, uma verdadeira teleologia igual-

---

[30] Conferência ocorrida na Casa da Cultura de Milão em 20 de dezembro de 1947, publicada mais tarde em *Studi filosofici*, 1948-1951, p. 3-33, na qual se encontram todas as citações a seguir. Cf. também Dénes Zoltai, "Von Genf bis Wroclaw", em József Lukács, *Geschichtlichkeit und Aktualität: Beiträge zum Werk und Wirken von Georg Lukács* (org. Manfred Buhr, Berlim, Akademie-Verlag, 1987), p. 204-5. No mesmo ano, tratando da questão estética, há "Freie oder gelenkte Kunst?" (reunido com outros ensaios em *Irodalom és demokrácia*, Budapeste, 1947) e que eu cito de Lukács, *Marxismus und Stalinismus: Politische Aufsätze Ausgewählte Schriften IV* (Hamburgo, Rowohlt, 1970), p. 110-34, em que o autor interpõe significativamente um esboço histórico do conceito de "liberdade" até o capitalismo, inclusive (p. 111-6).

[31] Cf. G. Lukács, *Wie ist die faschistische Philosophie in Deutschland entstanden?* (1933) (org. László Sziklai, Budapeste, Akademiai Kiado, 1982), p. 215-7; reimpresso em *Zur Kritik der faschistischen Ideologie*, cit., p. 169-71; *Existentialismus oder Marxismus?* (Berlim, Aufbau, 1951), p. 150-1 [ed. bras.: *Existencialismo ou marxismo?*, 2. ed., São Paulo, Senzala, 1969]; *Die Zerstörung der Vernunft* (Berlim, Aufbau, 1954), p. 507-8.

mente não pode existir sem as leis objetivas e concretas da economia, sem que a base e a orientação sejam abstraídas das condições e possibilidades políticas reais das classes e de seus desenvolvimentos previsíveis.

"Plano" significa programa, e todo programa implica uma escolha; os homens são continuamente chamados – em especial aqueles de uma época revolucionária, que estão lutando por uma "nova democracia" – a tomar decisões repletas de consequências para o seu destino. Compreende-se, então, por que amadurece correlativamente em Lukács o interesse pelo tratamento dos "problemas de ética" aos quais é dedicada a parte IV da Conferência de 1947. Do mesmo modo como, em Moscou, tinha se interrogado sobre a existência de uma estética marxista autônoma, também agora ele se pergunta se existiria uma ética marxista, quer dizer, uma ética particular no interior do marxismo. A resposta, também nesse caso, é imediatamente positiva:

> Acreditamos que é preciso responder a uma tal questão do ponto de vista do método marxista, dizendo que é uma parte, uma fase do conjunto da práxis humana. Aqui, assim como na ética, trata-se de romper com a pretendida autonomia, sustentada pela filosofia burguesa, das diversas posições que o homem toma com relação à realidade em seus diversos domínios.

Se a filosofia burguesa, mesmo a progressista, "isola a ética do resto da práxis humana", caindo no irracionalismo e no niilismo (ética existencialista), o marxismo procura e encontra "na grande tradição da práxis humana [...] uma herança inexaurível para a ética marxista" (teoria da "herança cultural" na ética). Os autores de *A sagrada família*, fundadores do marxismo, tinham apontado o critério ético último como a coincidência do bem moral e do interesse da humanidade[32]; Lukács, sem citá-los, também fala de um "despertar da consciência do gênero humano no indivíduo" (outro tema recorrente na grande *Estética* e na *Ontologia*):

> A autoconstrução do homem tomou novas cores, isto é, estabeleceu-se, seguindo o fluxo geral, um laço entre a autoedificação de si e da humanidade. No conjunto desse processo, a ética é um fator de ligação muito importante. E isso porque ela,

---
[32] Karl Marx e Friedrich Engels, *Die heilige Familie oder Kritik der kritischen Kritik* (Berlim, 1958-1974), Werke, v. 2, p. 138.

precisamente, renuncia a qualquer autonomia; porque ela se considera conscientemente um momento da práxis humana geral, que a ética pode se tornar um momento desse enorme processo de transformação, dessa real humanização da humanidade.

Como se vê, a todos esses interesses e indicativos (não sem relevância pré-ontológica) se acrescentará, logo a seguir, na sequência da crítica ao niilismo formulada na conferência de 1947, a primeira tomada de posição explícita contra o "mito existencialista" do "nada" como categoria ontológica provida de realidade[33].

4. Obviamente, não se pode esperar que, no terreno da ontologia, tudo fique esclarecido e decidido desde o início. Pelo contrário, encontramo-nos, aqui, diante de um lento e complicado processo de maturação, no qual os problemas, os conceitos, os nexos categoriais etc. aparecem em contínuo movimento, mudando gradualmente de significado, e também até a própria terminologia que pretende exprimi-los é móvel e mutável. O andamento da análise, portanto, mostra, na medida em que vai se desenvolvendo, sinais visíveis de transformação interna. É preciso destacar em retrospecto, como se fez anteriormente, o quanto os pressupostos e as linhas diretrizes da investigação lukacsiana após os anos 1930 devem imediatamente à teoria materialista marxiana da objetividade, o quanto essa investigação, embora fragmentária, seja, em cada ponto, guiada, substancialmente, por ela, não significa que se devam deixar de lado os inconvenientes e os limites que derivam da ausência, como fundamento, de um explícito projeto ontológico. Nesse momento, em Lukács, esse projeto está completamente ausente. O novo conceito de "totalidade", elaborado por ele, e a dialética "objetiva" ligada a isso não são suficientes para criar a estrutura básica de uma ontologia sistemática. Não são suficientes porque se Lukács, referindo-se à estética, fala repetidamente da necessidade de "uma compreensão e de uma reprodução objetiva da realidade como processo total" (*Gestaltung des Gesamtprozesses*, *Totalitätsbewusstsein* etc.), enquadrando assim, analogamente, o comportamento ético no processo global do trabalho, ainda não tem esclarecidos os critérios que permitam a transição – assegurando também fundamento – para a construção do edifício da ontologia.

---

[33] Cf. G. Lukács, *Existentialismus oder Marxismus?*, cit., p. 45, e também o ensaio de 1948, "Heidegger redivivus", p. 161-83; "Wozu braucht die Bourgeoisie die Verzweiflung?" (1948), "Sinn und Form" (1951-1954), p. 68-9; reimpresso em G. Lukács, *Schicksalswende: Beiträge zu einer neuen deutschen Ideologie* (Berlim, Aufbau, 1956), p. 153-4.

Poderíamos dizer que mesmo onde a coisa, o nexo conceitual, já existe em germe, falta a palavra para exprimi-lo. Até para com a própria palavra "ontologia" Lukács nutre, desde muito, desconfianças e suspeitas. Para ele, tomando a conotação que lhe foi conferida por Heidegger, a palavra só tem um valor negativo; significa, no melhor dos casos, "pura antropologia", sociologia "mitologizada ontologicamente", "pseudo-objetividade" (como no ensaio sobre *Heidegger redivivus*), isto é, elevação à realidade daquelas que são apenas "formas gerais do pensamento" (como em *Existentialismus oder Marxismus?*); de modo que, quando relembra a definição que Marx dá às categorias como *Daseinformen, Existenzbestimmungen*, de imediato tem o cuidado de especificar que os termos *Dasein* e *Existenz* não devem de forma alguma ser entendidos no sentido do existencialismo[34]. Considera ainda, em seu conhecido ensaio sobre "o realismo crítico", de dez anos depois (1957), a locução "essência ontológica" nada mais que "um termo da moda", não podendo ser usado e ter significado a não ser em relação com a "eterna e universal *condition humaine* utilizada pela arte de vanguarda", isto é, por aquelas correntes decadentes da cultura moderna que incluem ou promovem exatamente a "degradação ontológica da realidade objetiva"[35]. O problema de uma "concepção dialética do ser" apenas aparece (e é por ele discutido) quando referido à esfera da gnosiologia.

Daí a pouco, no entanto, verifica-se uma clara mudança, provavelmente instigada por Ernest Bloch e Nicolai Hartmann: a leitura do primeiro volume da obra *Philosophische Grundfragen*, de Bloch, *Zur Ontologie des Noch-Nicht-Seins*, concluída no inverno de 1961 (quando Lukács já estava trabalhando na *Ética*), e o contato inicial com as grandes obras ontológicas de Hartmann, para as quais chama a sua atenção seu amigo berlinense Wolfgang Harich, correspondente e colaborador. Nesse momento, é Hartmann que exerce uma influência decisiva, claramente revelada pela *Ontologia*. É certo que, já em relação à *Estética*, Lukács demonstra conhecer o pensamento de Hartmann, ao qual não apenas se refere como utiliza e discute muitas vezes, tanto a propósito da reflexão sobre determinadas artes (arquitetura, música) quanto em relação a

---

[34] Cf. G. Lukács, *Existentialismus oder Marxismus?*, cit., p. 133-4, assim como o citado apêndice, p. 166s.
[35] G. Lukács, "Die Gegenwartsbedeutung des kritischen Realismus" (1957), em *Essays über Realismus*, cit., p. 470s; ed. it.: *Il significato attuale del realismo critico* (trad. Renato Solmi (Turim, Einaudi, 1957), p. 20s.

certas questões teóricas de princípio (teleologia do pensamento cotidiano, "meio homogêneo") – ele chega inclusive a fazer uma incidental alusão ao tratamento "objetivamente desantropomorfizante da natureza ontológica do espaço e do tempo, como se encontra na filosofia da natureza de N. Hartmann"[36]. Mas, ao que parece, Lukács não havia dado muita importância ao complexo sistemático da ontologia hartmanniana antes das sugestões de Harich.

Comenta Tertulian:

> É impressionante constatar que o próprio projeto de situar explicitamente a ontologia na base da reflexão filosófica jamais aparece como tal nos escritos que precedem a *Ontologia do ser social*. Pode-se dizer, portanto, que os escritos ontológicos de N. Hartmann tiveram o papel de catalisador na reflexão de Lukács; eles lhe inculcaram, com certeza, a ideia de buscar na ontologia e em suas categorias as bases de seu pensamento.

Com efeito, essa orientação terá, daqui em diante, um sentido tipicamente ontológico-fundante. Com Hartmann, a *intentio recta* prevalece sobre a *intentio obliqua*, a respeito do viés gnosiológico da pesquisa filosófica; Lukács também decide utilizar, pela primeira vez em sentido positivo, "a bela palavra ontologia". Mais ainda: partindo da teoria marxiana da objetividade, ele forja, organiza e faz funcionar um instrumento conceitual que lhe permite elaborar algo análogo ao que é sugerido pela ontologia de Hartmann. Em sua própria ontologia encontram-se elementos hartmannianos. Um tema em especial – e mais ainda porque ele mesmo não parece disposto a admiti-lo – se lhe impõe como resolutivo: o da hierarquia dos estratos de ser do real, no interior de cujo complexo – fundamentalmente unitário – se remonta, por meio de uma série de mediações (nas quais a economia assume a função primária), dos estratos ontologicamente menos elevados até as objetivações humanas superiores, até a ontologia do ser social.

5. Creio que do conjunto dessas considerações fica suficientemente claro que, quando já na maturidade, Lukács, deixando para trás suas grandes obras de crítica filosófica – desde *O jovem Hegel*, passando por *Existencialismo ou marxismo?*, até *A destruição da razão* –, volta a se concentrar intensamente nos problemas da arte com a grande *Estética*, para em seguida passar aos problemas da práxis humana em geral com a *Ontologia*, a diretriz ao longo da qual

---

[36] G. Lukács, *Die Eigenart des Ästhetischen*, cit., v. 2, p. 351.

ele se movimenta permanece coerentemente a mesma do passado. Há um fio condutor preciso que liga todos esses trabalhos entre si e também com sua origem em comum na virada dos anos 1930: os princípios, então descobertos em Marx, do fundamento de um sistema marxista fundado numa concepção do marxismo como ontologia histórico-materialista. Se desde já, por meio da problemática da "zona intermediária" (*Zwischenreich*: prefiguração da categoria do "particular"), fazia-se valer, para a arte, o princípio de sua inelimínável "relação de dependência com a totalidade da vida", a instauração da grande *Estética* supõe, de forma muito mais direta e decidida – como já procurei mostrar mais detalhadamente em outra oportunidade – um preciso fundamento ontológico[37]. O próprio Lukács, *a posteriori*, mostra ter consciência disso, pois em sua autobiografia publicada postumamente ele aponta a *Estética*, sem meias palavras, como a verdadeira e própria "preparação" para a *Ontologia* (*eigentlich die Vorbereitung zur Ontologie*)[38]. Fundamental e claríssimo especialmente no que concerne ao que ele escreve no prefácio de 1969 ao conjunto húngaro de escritos *Utam Marxhoz* [Meu caminho para Marx][39], que cito aqui segundo a tradução francesa de Claude Prévost:

> Se, para a estética, o ponto de partida filosófico consiste no fato de que a obra de arte está aí, que ela existe, a natureza social e histórica dessa existência faz com que toda a problemática se desloque para uma ontologia social. É por isso que a análise da vida cotidiana deve desempenhar, por sua própria natureza e por seu reflexo ideológico, um papel decisivo na elaboração de uma estética nova.

A tese de que a obra de arte "está lá", de que ela existe como ser real anteriormente à análise de suas condições de possibilidade, certamente não re-

---

[37] Ver comunicação sobre o encontro de Bremen, "Il supporto ontologico dell'*Estetica* di Lukács", *Rivista di Storia della Filosofia* (Milão, Franco Angeli, 1987), v. 42, p. 709-19; Gerhard Pasternack (org.), *Zur späten Ästhetik von Georg Lukács* (Frankfurt, Vervuert, 1990), p. 55-65, do qual resgato algumas das considerações que se seguem.
[38] G. Lukács, *Gelebtes Denken*, cit., p. 224. A mesma passagem é mencionada por Karin Brenner, *Theorie der Literaturgeschichte und Ästhetik bei Georg Lukács* (Frankfurt/Berna/ Nova York, P. Lang, 1990), p. 252.
[39] G. Lukács, *Utam Marxhoz: válogatott filozófiai tanulmányok...* (Budapeste, Magvetö könyvkiadó, 1971), p. 9-31; reimpresso em *Curriculum Vitæ* (Budapeste, Magvetö, 1982), p. 355-73; ed. fr.: "Mon chemin vers Marx", em *Nouvelles études hongroises*, Budapeste, Corvina, v. 8, 1973, p. 77-92, do qual se apropria Claude Prévost para sua edição de G. Lukács, *Textes* (Paris, Messidor, 1985), p. 16s.

presenta uma novidade do último Lukács, remontando aos anos de seu pensamento de juventude pré-marxista. Mas somente depois que a virada dos anos 1930 o convence da necessidade de uma fundamentação ontológica do marxismo é que ele pode tirar todas as consequências dessa reviravolta da perspectiva transcendental na estética. Desse modo, a grande *Estética* se torna a primeira de suas obras na qual – baseando-se no que se lê poucas linhas após o trecho autobiográfico citado do prefácio anteriormente referido – "a ambição tornada consciente [...] de conferir uma solução ontológica" à sistemática do marxismo "aparece com toda sua clareza e dá ao problema ontológico um lugar central na metodologia", de modo que, conclui ele, "segundo minha concepção, a estética faz parte integrante da ontologia do ser social"[40].

Basta uma rápida olhada na obra para encontrar essa interdependência. Em primeiro lugar, todos os seus grandes temas e todas as suas teses de fundo, da teoria da arte como "autoconsciência da humanidade" até o esclarecimento do reflexo estético a partir da dialética imanente da própria vida (dialética entre essência e fenômeno, superação da imediatez meramente perceptiva, ulterior potenciação do processo de reprodução mimético-dialético mediante a práxis do trabalho etc.), referem-se sempre às leis objetivas vigentes no interior do contexto geral – ontologicamente fundado – daquele determinado estrato de ser que os engloba e os justifica; fora dele, permanecem completamente incompreensíveis.

Em segundo lugar, o aparato categorial com o qual Lukács descreve a gênese da atitude estética e suas manifestações concretas também tem relação direta com a experiência da vida cotidiana, a começar por aquelas que são, na vida, as formas mais gerais e abstratas do mecanismo cognitivo, os "elementos estruturais elementaríssimos de qualquer imagem do mundo". Categorias como substancialidade e inerência, acaso e necessidade, a complicada dialética que surge do encontro entre causalidade e teleologia, o nexo gênero-espécie, a função da série lógica "em-si/para-nós/para-si" no processo de reflexo e apropriação do real, além de tantos outros complexos conceituais do mesmo tipo, pertencem, mais do que à estética, ao terreno da experiência e da práxis humana, à relação que, conscientemente ou não, o homem instaura em cada um de seus atos com o mundo externo; a respeito do complexo categorial de universalidade, particularidade e individualidade, tão recorrente e tão relevan-

---

[40] Ibidem, p. 63.

te, constitutivo, do seu ponto de vista teórico. Na *Estética*, Lukács é ainda mais claro, escrevendo a Werner Hofmann[41] que as categorias tratadas ali são "categorias ontológicas, que aparecem em qualquer forma de ser".

Dentro desse quadro, a categoria do "trabalho" tem um papel de destaque. Central e decisiva para a ontologia, em que é tematizada expressamente como "modelo de toda práxis social, de toda conduta social ativa", ela já atravessa a grande *Estética* do começo ao fim. O caráter genuinamente ontológico da estética lukacsiana, que a diferencia tanto de qualquer outra forma de idealismo como de qualquer estética marxista pré-leniniana (Mehring, Plekhanov), revela-se exatamente no fato de que está aí evidenciada a função de objetivação primária, mediadora entre ser e consciência, exercida pelo ato teleológico do trabalho, por meio do qual também somente encontram salvaguarda a prioridade ontológica do ser e a autonomia das esferas espirituais superiores (incluída a estética). Já no prefácio, adverte Lukács:

> Para o materialismo, a prioridade do ser é, antes de tudo, a constatação de um fato: pode haver um ser sem consciência, mas não há consciência sem ser. Disto, porém, não se segue uma subordinação hierárquica da consciência ao ser. Ao contrário, somente essa prioridade e seu reconhecimento concreto, teórico e prático por parte da consciência criam a possibilidade de dominar realmente o ser com a consciência. O simples fato do trabalho ilustra essa situação com meridiana evidência.[42]

E mais adiante, referindo-se à "correta afirmação de Ernst Fischer, de acordo com o qual a verdadeira relação sujeito-objeto somente surge mediante o trabalho", reforça:

> Somente no trabalho e por meio dele aquilo que era a princípio apenas percebido se torna conhecido, na medida em que suas propriedades veladas e que não estão operando imediatamente (o nexo interno de sua cooperação, que constitui a própria objetividade concreta de tal objeto, que dá a base objetiva para seu conceito) se manifestam e são elevadas à consciência [...]. Por isso, o trabalho é a base da relação sujeito-objeto no sentido filosófico concretamente desenvolvido.[43]

---

[41] Carta de 6 de janeiro de 1968, em *Ist der Sozialismus zu retten?*, cit., p. 66; ed. it.: G. Lukács e Werner Hofmann, *Lettere sullo stalinismo*, cit., p. 76.
[42] G. Lukács, *Die Eigenart des Ästhetischen*, cit., v. 1, p. 21.
[43] Ibidem, v. 2, p. 22; ed. it.: v. 2, p. 85.

O próprio estético só aparece como resultado desse percurso de desenvolvimento. Com a unidade daquilo que Lukács chama de "ato estético originário" têm origem, certamente, uma intensificação e uma elevação de grau do processo de trabalho da vida cotidiana; mais ainda, uma mudança qualitativa no sentido da "conformidade com o homem" (antropomorfismo evocativo do estético), sem que por isso seja atingida – e muito menos suprimida – a relação com a substância objetiva da realidade:

> A unidade desse ato constitui precisamente um nível superior, mais espiritual e consciente do próprio trabalho, no qual a teleologia que transforma o objeto do trabalho está inseparavelmente unida à auscultação dos segredos da matéria em foco. No entanto, enquanto no trabalho há apenas uma relação puramente prática do sujeito com a realidade objetiva [...], na arte essa unidade recebe, ao contrário, uma objetivação própria; tanto o ato em si mesmo quanto a exigência social que lhe dá origem tendem a fixar, a eternizar essa relação do homem com a realidade, criando uma objetividade objetivada na qual essa unidade deverá encarnar-se de modo sensível, exatamente para evocar essa impressão.[44]

Como se vê, com isso é retomada e posta como fundamento do estético exatamente aquela teoria materialista marxiana da objetividade, que, mais tarde, a *Ontologia* irá desenvolver como sistema. Não deixemo-nos enganar pelas datas de publicação das duas obras, que, de resto, são confirmadas justamente pela cronologia dos fatos. Cronologicamente, há uma precisa ordem de sucessão entre *Estética* e *Ontologia*: a segunda só tem início *após* a conclusão da primeira. No entanto, reexaminando a *Estética* à luz dos resultados obtidos pela *Ontologia*, percebemos que essa ordem é invertida. A ordem cronológica da elaboração das duas obras contradiz a ordem lógica de seus nexos internos. Uma concepção da arte como a que Lukács elabora na *Estética* pressupõe a existência – ainda que apenas latente, não plenamente esclarecida – de uma ontologia social que a sustente e a justifique. Não apenas nas páginas em que aparecem, em primeiro plano, categorias claramente ontológicas, mas já em sua visualização, em sua concepção geral, em sua estrutura, a *Estética* se apoia sobre um entrelaçamento de conceitos de matriz fundamentalmente ontológica, suporte esse que, hoje, não pode mais ser ignorado, julgo eu, nem mesmo

---

[44] Ibidem, v. 1, p. 554-5; ed. it.: v. 1, p. 513-4.

por aqueles que olham com suspeita – ou até rejeitam *a limine* – a ideia da construção de uma ontologia social em chave marxista.

Trata-se, inteiramente, de outra questão, estranha à presente investigação, a de saber e compreender o que a ontologia agrega de específico. Não creio que haja dúvidas acerca da efetiva existência de novidades específicas. No que tange ao esclarecimento da dialética entre os estratos do ser, a *Ontologia* traz todo um aparato e um instrumental conceituais adequados, que antes inexistiam por completo e eram até impensáveis. Atente-se que mudam não apenas os princípios que sustentam a impostação, mas também a elaboração e a organização sistemática do complexo de conceitos que deles derivam. Poderíamos nos exprimir melhor dizendo que ocorre aqui, em toda a carreira precedente de Lukács, uma unidade de continuidade e descontinuidade de desenvolvimento. A unidade está no fato de que, *Estética* e *Ontologia* – continuando, mas também desenvolvendo a batalha teórica iniciada com a virada dos anos 1930 – têm ambas como objetivo a elaboração de uma teoria da completa emancipação humana, da superação da mera singularidade particular (o individualismo burguês) em direção àquilo que, para o homem, é a sua essência, o realmente humano. Talvez descontínua, em relação ao passado, pareça a forma como essa superação acontece. Se antes isso aparecia sob a forma de luta de classes, com contraposições rigidamente classistas (objetividade como "partidariedade" no sentido leniniano), a orientação das últimas obras aponta muito mais e de modo insistente para a teoria da espécie, do "gênero humano". Mas será que isso cria – como equivocadamente se pensa – fraturas, ou contradições, ou incompatibilidades entre as duas fases? De modo nenhum. Deve-se lembrar, no entanto, que uma teoria do "gênero", inevitavelmente presente no marxismo, também está sempre presente, a seu modo, em Lukács e acompanha *pari passu* os desenvolvimentos, desde *História e consciência de classe* até obras como *A destruição da razão*, nas quais – com base na afirmação juvenil de Marx e Engels (*A ideologia alemã*) da unitariedade da ciência da história – se martela continuamente sobre aquilo que a Lukács parece ser "um dos mais importantes resultados da ciência moderna: a ideia de uma evolução dos homens unitária e regida por leis", de uma "história universal unitária da humanidade"[45]. Só que, embora o fundamento permaneça sempre imutável, nas obras maduras essa ideia é plasmada e modelada de forma mui-

---

[45] G. Lukács, *Die Zerstörung der Vernunft*, cit., p. 536 e 544.

to mais articulada, já sem o sectarismo messiânico de *História e consciência de classe* e sem a rigidez determinista que, às vezes, ainda aparece em *A destruição da razão*, exemplificada pelo já citado conceito de uma "legalidade" imanente à história – conceito esse que a *Ontologia* rejeita liminarmente como equivocado e insustentável, como resíduo de hegelianismo ou de qualquer forma de filosofia da história a ele semelhante.

Não há, pois, de modo nenhum, solução de continuidade entre as duas fases. Nem mesmo aqui Lukács abandona o critério marxiano e leniniano da individuação das reais forças motrizes que agem no processo histórico objetivo de desenvolvimento da humanidade, da forma como ele se realiza graças ao conflito das classes; ao contrário, isso representa a *conditio sine qua non* para a elevação à essência, à teoria do "gênero". No entanto, nas obras da maturidade, que se fundamentam conscientemente no princípio ontológico da historicidade do ser social, essa direção de desenvolvimento é ampliada, a fim de mostrar como, por intermédio da luta de classes, trata-se do próprio gênero: sem a "partidariedade" (objetividade como "partidariedade") não pode ocorrer a descoberta da direção do desenvolvimento; todavia, esta última, ao mesmo tempo, investe e ilumina, para além das classes em conflito, a humanidade como "gênero".

Ora, é precisamente esse segundo aspecto que a *Estética* e a *Ontologia*, de acordo com a sua impostação sistemática, sublinham com mais força e realçam insistentemente, sem por isso negar ou contradizer o outro aspecto, que constitui a condição para a transição ao "gênero", o único a torná-lo possível, uma vez que a crença na possibilidade do surgimento de uma generidade humana abstratamente universalista, não dialética, não mediada pelas lutas sociais concretas, pertence à bagagem das mistificações ideológicas típicas da metafísica burguesa.

Uma mistificação, creio eu, também é constituída pelo *slogan* historiográfico acerca da presumida existência de um contraste entre as duas fases do Lukács maduro. Os textos desmentem isso categoricamente. De fato, como fundamento da doutrina marxista de Lukács permanece até os últimos trabalhos, incluídas a *Estética* e a *Ontologia*[46], o pressuposto – irrenunciável para o

---

[46] Como comprovação, cito aqui passagens retiradas tanto da *Estética* (G. Lukács, *Die Eigenart des Ästhetischen*, cit., v. 1, p. 525-6, e v. 2, p. 572; ed. it.: v. 1, p. 584, e v. 2, p. 1.535) como dos *Prolegômenos para uma ontologia do ser social* (ed. it.: *Prolegomi all'ontologia dell'essere sociale: questioni di principio di un'ontologia oggi divenuta possibile*, trad. Alberto Scarponi, Milão, Guerini e Associati, 1990, p. 60-1 [ed. bras.: *Prolegômenos para uma ontologia do ser social: questões de princípios para uma ontologia hoje tornada possível*, São Paulo, Boitempo, 2010].

marxismo – de que a "configuração da conformidade com a espécie" é "determinada em cada caso pelas circunstâncias histórico-sociais"; que "a consciência de que o indivíduo pertence à espécie humana não suprime as relações sociais com a classe"; que a espécie, o "gênero", "é, por sua natureza ontológica, um resultado de forças em luta recíproca postas em movimento socialmente: um processo de lutas de classe na história do ser social"; e, por outro lado, reciprocamente, esse processo somente ganha significado à luz da teoria de seu desenvolvimento em direção ao "gênero".

Ao contrário – explicam com grande clareza os *Prolegômenos para uma ontologia do ser social*, uma vez mais em remissão a Marx e a Lenin –, a aquisição imediata de maior eficácia do método marxiano (a da luta de classes como força motriz decisiva da história do gênero humano enquanto fator operante ontologicamente) não pode ser apreendida plenamente sem o entendimento de que todas as decisões das quais surge a individualidade humana como tal, como superação da mera singularidade, são momentos reais validados e que validam o processo global.

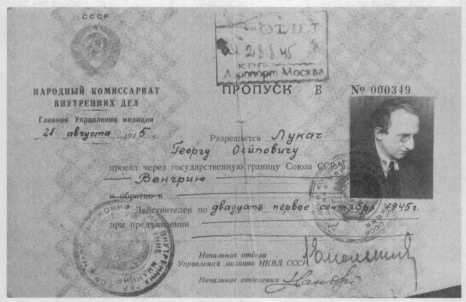
Visto de entrada na Hungria soviética, datado de 28 de agosto de 1945.

SEGUNDA PARTE

Os complexos de problemas mais importantes

I. O trabalho*

Para expor em termos ontológicos as categorias específicas do ser social, seu desenvolvimento a partir das formas de ser precedentes, sua articulação com estas, sua fundamentação nelas, sua distinção em relação a elas, é preciso começar essa tentativa com a análise do trabalho. É claro que jamais se deve esquecer que qualquer estágio do ser, no seu conjunto e nos seus detalhes, tem caráter de complexo, isto é, que as suas categorias, até mesmo as mais centrais e determinantes, só podem ser compreendidas adequadamente no interior e a partir da constituição global do nível de ser de que se trata. E mesmo um olhar muito superficial ao ser social mostra a inextricável imbricação em que se encontram suas categorias decisivas, como o trabalho, a linguagem, a cooperação e a divisão do trabalho, e mostra que aí surgem novas relações da consciência com a realidade e, por isso, consigo mesma etc. Nenhuma dessas categorias pode ser adequadamente compreendida se for considerada isoladamente; pense-se, por exemplo, na fetichização da técnica que, depois de ter sido "descoberta" pelo positivismo e de ter influenciado profundamente alguns marxistas (Bukharin), tem ainda hoje um papel não desprezível, não apenas entre os cegos exaltadores da universalidade da manipulação, tão apreciada nos tempos atuais, mas também entre aqueles que a combatem partindo dos dogmas de uma ética abstrata.

---

* Tradução de Ronaldo Vielmi Fortes, com base na edição alemã, e de Ivo Tonet, com base na edição italiana (*Per l'Ontologia dell'essere sociale*, trad. Alberto Scarponi, Roma, Editori Riuniti, 1976), com revisão de tradução de Pablo Polese e Nélio Schneider. (N. E.)

Por essa razão, para desemaranhar a questão, devemos recorrer ao método marxiano das duas vias, já por nós analisado: primeiro decompor, pela via analítico-abstrativa, o novo complexo do ser, para poder, então, a partir desse fundamento, retornar (ou avançar rumo) ao complexo do ser social, não somente enquanto dado e, portanto, simplesmente representado, mas agora também compreendido na sua totalidade real. Nesse sentido, as tendências evolutivas das diversas espécies do ser, também por nós já pesquisadas, podem trazer uma contribuição metodológica bem determinada. A ciência atual já começa a identificar concretamente os vestígios da gênese do orgânico a partir do inorgânico e nos diz que, em determinadas circunstâncias (ar, pressão atmosférica etc.), podem nascer complexos extremamente primitivos, nos quais já estão contidas em germe as características fundamentais do organismo. Esses complexos, na verdade, não têm como subsistir nas atuais condições concretas, só podendo ser demonstrados em sua fabricação experimental. Além do mais, a teoria do desenvolvimento dos organismos nos mostra como gradualmente, de modo bastante contraditório, com muitos becos sem saída, as categorias específicas da reprodução orgânica alcançam a supremacia nos organismos. É característico, por exemplo, das plantas que toda a sua reprodução – de modo geral, as exceções não são relevantes aqui – se realize na base do metabolismo com a natureza inorgânica. É só no reino animal que esse metabolismo passa a realizar-se unicamente, ou ao menos principalmente, na esfera do orgânico e, sempre de modo geral, o próprio material inorgânico que intervém somente é elaborado passando por essa esfera. Desse modo, o caminho da evolução maximiza o domínio das categorias específicas da esfera da vida sobre aquelas que baseiam a sua existência e eficácia na esfera inferior do ser.

No que se refere ao ser social, esse papel é assumido pela vida orgânica (e por seu intermédio, naturalmente, o mundo inorgânico). Em outros contextos, já expusemos essa direção de desenvolvimento do social, daquilo que Marx chamou de "afastamento da barreira natural". Entretanto, nesse ponto está excluído de antemão o recurso experimental às passagens da vida predominantemente orgânica à socialidade. É exatamente a penetrante irreversibilidade do caráter histórico do ser social que nos impede de reconstruir, por meio de experiências, o *hic et nunc* [agora ou nunca] social desse estágio de transição. Portanto, não temos como obter um conhecimento direto e preciso dessa transformação do ser orgânico em ser social. O máximo que se pode alcançar é um conhecimento *post festum*, aplicando o método marxiano, segundo o qual a anatomia do homem fornece uma chave para a anatomia do macaco e para o qual um estágio mais primitivo pode ser reconstruído – intelectualmente – a partir do estágio superior, de sua direção de desenvolvimento, das tendências de seu desenvolvimento. A maior aproximação possível nos é trazida, por exemplo, pelas escavações, que lançam luz sobre várias etapas intermediárias do ponto de vista anatômico-fisiológico e social (ferramentas etc.). O salto, no entanto, permanece sendo um salto e, em última análise, só pode ser esclarecido conceitualmente através do experimento ideal a que nos referimos.

É preciso, pois, ter sempre presente que se trata de uma transição à maneira de um salto – ontologicamente necessário – de um nível de ser a outro, qualitativamente diferente. A esperança da primeira geração de darwinistas de encontrar o *"missing link"* [elo perdido] entre o macaco e o homem tinha de ser vã porque as características biológicas podem iluminar somente os estágios de transição, jamais o salto em si mesmo. Mas também indicamos que a descrição das diferenças psicofísicas entre o homem e o animal, por mais precisa que seja, passará longe do fato ontológico do salto (e do processo real no qual este se realiza) enquanto não puder explicar a gênese dessas propriedades do homem a partir do seu ser social. As experiências psicológicas com animais muito desenvolvidos, especialmente com macacos, tampouco são capazes de esclarecer a essência dessas novas conexões. Facilmente se esquece que, nessas experiências, os animais são postos em condições de vida artificiais. Em primeiro lugar, fica eliminada a natural insegurança da sua vida (a busca do alimento, o estado de perigo); em segundo lugar, eles trabalham com ferramentas etc. não feitas por eles, mas fabricadas e agrupadas por quem realiza a experiência. Porém, a essência do trabalho humano consiste no fato de que, em primeiro lugar, ele nasce em meio à luta pela existência e, em segundo lugar, todos os seus estágios são produto de sua autoatividade. Por isso, certas semelhanças, muito supervalorizadas, devem ser vistas com olhar extremamente crítico. O único momento realmente instrutivo é a grande elasticidade que encontramos no comportamento dos animais superiores; todavia, a espécie que logrou dar o salto para o trabalho deve ter representado um caso-limite, qualitativamente ainda mais desenvolvido; nesse aspecto, as espécies hoje existentes se encontram num estágio claramente muito mais baixo, não sendo viável lançar uma ponte entre estas e o trabalho propriamente dito.

Considerando que nos ocupamos do complexo concreto da socialidade como forma de ser, poder-se-ia legitimamente perguntar por que, ao tratar desse complexo, colocamos o acento exatamente no trabalho e lhe atribuímos um lugar tão privilegiado no processo e no salto da gênese do ser social. A resposta, em termos ontológicos, é mais simples do que possa parecer à primeira vista: todas as outras categorias dessa forma de ser têm já, em essência, um caráter puramente social; suas propriedades e seus modos de operar somente se desdobram no ser social já constituído; quaisquer manifestações delas, ainda que sejam muito primitivas, pressupõem o salto como já acontecido. Somente o trabalho tem, como sua essência ontológica, um claro caráter de transição: ele é, essencialmente, uma inter-relação entre homem (sociedade) e natureza, tanto inorgânica (ferramenta, matéria-prima, objeto do trabalho etc.) como orgânica, inter-relação que pode figurar em pontos determinados da cadeia a que nos referimos, mas antes de tudo assinala a transição, no homem que trabalha, do ser meramente biológico ao ser social. Com razão, diz Marx: "Como criador de valores de uso, como trabalho útil, o trabalho é, assim, uma condição de existência do homem, independente de todas as formas sociais, eterna necessidade natural de mediação do metabolismo entre homem e natureza e, portanto, da vida humana"[1]. Não nos deve escandalizar a utilização da expressão "valor de uso", considerando-a um termo muito econômico, uma vez que se está falando da gênese. Enquanto não tiver entrado numa relação de reflexão com o valor de troca, o que somente pode acontecer num estágio relativamente muito elevado, o valor de uso nada mais designa que um produto do trabalho que o homem pode usar de maneira útil para a reprodução da sua existência. No trabalho estão contidas *in nuce* todas as determinações que, como veremos, constituem a essência do novo no ser social. Desse modo, o trabalho pode ser considerado o fenômeno originário, o modelo do ser social; parece, pois, metodologicamente vantajoso iniciar pela análise do trabalho, uma vez que o esclarecimento de suas determinações resultará num quadro bem claro dos traços essenciais do ser social.

No entanto, é preciso sempre ter claro que com essa consideração isolada do trabalho aqui presumido se está efetuando uma abstração; é claro que a socialidade, a primeira divisão do trabalho, a linguagem etc. surgem do trabalho, mas não numa sucessão temporal claramente identificável, e sim, quanto à sua essência, simultaneamente. O que fazemos é, pois, uma abstração *sui*

---

[1] K. Marx, *Das Kapital* (5. ed., Hamburgo, 1903), v. I, p. 9; MEW, v. 23, p. 57 [ed. bras.: *O capital: crítica da economia política*, Livro I, trad. Rubens Enderle, São Paulo, Boitempo, 2013, p. 120].

generis; do ponto de vista metodológico há uma semelhança com as abstrações das quais falamos ao analisar o edifício conceitual de O *capital* de Marx. Sua primeira dissolução começará já no segundo capítulo, ao investigarmos o processo de reprodução do ser social. Como ocorre também em Marx, essa forma de abstração, no entanto, não significa que se fazem desaparecer problemas desse tipo – mesmo que de maneira provisória –, mas apenas que aparecem aqui, por assim dizer, à margem, no horizonte, e que a investigação adequada, concreta e total a respeito deles é reservada para os estágios mais desenvolvidos das considerações. Eles só aparecem provisoriamente à luz do dia quando estão imediatamente ligados ao trabalho – considerado abstratamente –, quando são consequência ontológica direta dele.

1. O trabalho como pôr teleológico

É mérito de Engels ter colocado o trabalho no centro da humanização do homem. Ele investiga as condições biológicas do novo papel que o trabalho adquire com o salto do animal ao homem. E as encontra na diferenciação que a função vital da mão adquire já nos macacos:

> Ela é usada principalmente para pegar o alimento e segurá-lo com firmeza, o que já acontece com os mamíferos inferiores através das patas dianteiras. Com as mãos, muitos macacos constroem ninhos em cima das árvores ou até, como o chimpanzé, coberturas entre os ramos para proteger-se dos temporais. Com as mãos eles pegam paus para defender-se dos seus inimigos ou pedras e frutas para bombardeá-los.

Engels observa, no entanto, com a mesma precisão, que, apesar de tais preparativos, aqui existe um salto, por meio do qual já não nos encontramos dentro da esfera da vida orgânica, mas em uma superação de princípio, qualitativa, ontológica. Nesse sentido, comparando a mão do macaco com aquela do homem, diz: "O número das articulações e dos músculos e a sua disposição geral são os mesmos nos dois casos, mas a mão do selvagem mais atrasado pode realizar centenas de operações que nenhum macaco pode imitar. Nenhuma mão de macaco jamais produziu a mais rústica faca de pedra"[2].

---

[2] F. Engels, "Dialektik der Natur", em *Herrn Eugen Dührings Umwälzung der Wissenschaft – Dialektik der Natur* (Moscou/Leningrado, 1935), MEGA Sonderausgabe, p. 694; MEW, v. 20, p. 445 [ed. bras.: *Dialética da natureza*, São Paulo, Paz e Terra, 1979].

Engels chama a atenção para a extrema lentidão do processo através do qual se dá essa transição, que, porém, não lhe retira o caráter de salto. Enfrentar os problemas ontológicos de modo sóbrio e correto significa ter sempre presente que todo salto implica uma mudança qualitativa e estrutural do ser, onde a fase inicial certamente contém em si determinadas condições e possibilidades das fases sucessivas e superiores, mas estas não podem se desenvolver a partir daquela numa simples e retilínea continuidade. A essência do salto é constituída por essa ruptura com a continuidade normal do desenvolvimento e não pelo nascimento, de forma súbita ou gradativa, no tempo, da nova forma de ser. Logo falaremos a respeito da questão central desse salto a propósito do trabalho. Queremos apenas lembrar que aqui Engels, com razão, deriva imediatamente do trabalho a socialidade e a linguagem. Essas são questões que, de acordo com o nosso programa, só trataremos mais adiante. Apontaremos aqui apenas um momento, ou seja, o fato de que as assim chamadas sociedades animais (e também, de modo geral, a "divisão do trabalho" no reino animal) são diferenciações fixadas biologicamente, como se pode ver com toda a clareza no "Estado das abelhas". Isso mostra que, qualquer que seja a origem dessa organização, ela não tem em si e por si nenhuma possibilidade imanente de desenvolvimento; nada mais é do que um modo particular de uma espécie animal adaptar-se ao próprio ambiente. E tanto menores são essas possibilidades quanto mais perfeito é o funcionamento de tal "divisão do trabalho", quanto mais sólida sua ancoragem biológica. Ao contrário, a divisão gerada pelo trabalho na sociedade humana cria, como veremos, suas próprias condições de reprodução, no interior da qual a simples reprodução de cada existente é só um caso-limite diante da reprodução ampliada que, ao contrário, é típica. Isso não exclui, naturalmente, a aparição de becos sem saída no desenvolvimento; suas causas, porém, sempre serão determinadas pela estrutura da respectiva sociedade e não pela constituição biológica dos seus membros.

A respeito da essência do trabalho que já se tornou adequado, Marx diz:

> Pressupomos o trabalho numa forma em que ele diz respeito unicamente ao homem. Uma aranha executa operações semelhantes às do tecelão, e uma abelha envergonha muitos arquitetos com a estrutura de sua colmeia. Porém, o que desde o início distingue o pior arquiteto da melhor abelha é o fato de que o primeiro tem a colmeia em sua mente antes de construí-la com a cera. No final do processo de trabalho, chega-se a um resultado que já estava presente na representação do trabalhador no

início do processo, portanto, um resultado que já existia idealmente. Isso não significa que ele se limite a uma alteração da forma do elemento natural; ele realiza neste último, ao mesmo tempo, seu objetivo, que ele sabe que determina, como lei, o tipo e o modo de sua atividade e ao qual ele tem de subordinar sua vontade.[3]

Desse modo é enunciada a categoria ontológica central do trabalho: através dele realiza-se, no âmbito do ser material, um pôr teleológico enquanto surgimento de uma nova objetividade. Assim, o trabalho se torna o modelo de toda práxis social, na qual, com efeito – mesmo que através de mediações às vezes muito complexas –, sempre se realizam pores teleológicos, em última análise, de ordem material. É claro, como veremos mais adiante, que não se deve exagerar de maneira esquemática esse caráter de modelo do trabalho em relação ao agir humano em sociedade; precisamente a consideração das diferenças bastante importantes mostra a afinidade essencialmente ontológica, pois exatamente nessas diferenças se revela que o trabalho pode servir de modelo para compreender os outros pores socioteleológicos, já que, quanto ao ser, ele é a sua forma originária. O fato simples de que no trabalho se realiza um pôr teleológico é uma experiência elementar da vida cotidiana de todos os homens, tornando-se isso um componente imprescindível de qualquer pensamento, desde os discursos cotidianos até a economia e a filosofia. O problema que aqui surge não é tomar partido a favor do caráter teleológico do trabalho ou contra ele; antes, o verdadeiro problema consiste em submeter a um exame ontológico autenticamente crítico a generalização quase ilimitada – e novamente: desde a cotidianidade até o mito, a religião e a filosofia – desse fato elementar.

Não é, pois, de modo nenhum surpreendente que grandes pensadores fortemente orientados para a existência social, como Aristóteles e Hegel, tenham apreendido com toda clareza o caráter teleológico do trabalho. Tanto é assim que suas análises estruturais precisam apenas ser ligeiramente complementadas e não necessitam de nenhuma correção de fundo para manter ainda hoje sua validade. O verdadeiro problema ontológico, porém, é que o tipo de pôr teleológico não foi entendido – nem por Aristóteles nem por Hegel – como algo limitado ao trabalho (ou mesmo, num sentido ampliado, mas ainda legítimo, à práxis humana em geral). Em vez disso, ele foi elevado a categoria

---
[3] K. Marx, *Das Kapital*, cit., v. I, p. 140; MEW, v. 23, p. 193 [ed. bras.: *O capital*, Livro I, cit., p. 255-6].

cosmológica universal. Dessa maneira surge em toda a história da filosofia uma contínua relação concorrencial, uma insolúvel antinomia entre causalidade e teleologia. É conhecido o fato de o irresistível finalismo atuante do mundo orgânico ter fascinado a tal ponto Aristóteles – cujo pensamento foi sempre e profundamente influenciado pela atenção que ele dedicava à biologia e à medicina – que o fez atribuir, no seu sistema, um papel decisivo à teleologia objetiva da realidade. Também é sabido que Hegel – o qual percebeu o caráter teleológico do trabalho em termos ainda mais concretos e dialéticos do que Aristóteles – fez, por seu lado, da teleologia o motor da história e, a partir disso, de toda sua concepção do mundo. (Já mencionamos alguns desses problemas no capítulo sobre Hegel.) Desse modo, tal contraposição está presente ao longo de toda a história do pensamento e das religiões, desde os primórdios da filosofia até a harmonia preestabelecida de Leibniz.

A referência que fazemos às religiões está fundada na constituição da teleologia enquanto categoria ontológica objetiva. Vale dizer que, enquanto a causalidade é um princípio de automovimento que repousa sobre si próprio e mantém esse caráter mesmo quando uma cadeia causal tenha o seu ponto de partida num ato de consciência, a teleologia, em sua essência, é uma categoria posta: todo processo teleológico implica o pôr de um fim e, portanto, numa consciência que põe fins. Pôr, nesse contexto, não significa, portanto, um mero elevar-à-consciência, como acontece com outras categorias e especialmente com a causalidade; ao contrário, aqui, com o ato de pôr, a consciência dá início a um processo real, exatamente ao processo teleológico. Assim, o pôr tem, nesse caso, um caráter irrevogavelmente ontológico. Em consequência, conceber teleologicamente a natureza e a história implica não somente que ambas possuem um caráter de finalidade, que estão voltadas para um fim, mas também que sua existência, seu movimento, no conjunto e nos detalhes devem ter um autor consciente. O que faz nascer tais concepções de mundo, não só nos filisteus criadores de teodiceias do século XVIII, mas também em pensadores profundos e lúcidos como Aristóteles e Hegel, é uma necessidade humana elementar e primordial: a necessidade de que a existência, o curso do mundo e até os acontecimentos da vida individual – e estes em primeiro lugar – tenham um sentido. Mesmo depois de o desenvolvimento das ciências demolir aquela ontologia religiosa que permitia ao princípio teleológico tomar conta, livremente, de todo o universo, essa necessidade primordial e elementar continuou a viver no pensamento e nos sentimentos da vida cotidiana. E não nos referimos somente, por exemplo, ao ateísmo de Niels Lyhne, que, diante do leito de morte do filho, tenta mudar, com orações, o curso teleológico dirigido por Deus; essa posição conta entre as forças motoras psiquicamente fundamentais da vida cotidiana em geral. N. Hartmann faz uma formulação muito adequada dessa situação em sua análise do pensamento teleológico:

> Existe a tendência de perguntar, a todo momento, "para que" teve de acontecer justamente assim. Ou então: "Para que tenho que sofrer tanto?", "Para que ele morreu tão prematuramente?". Diante de qualquer fato que nos "agride", é normal fazer essas perguntas, mesmo que exprimam apenas perplexidade e impotência. Pressupõe-se, tacitamente, que por algum motivo as coisas devam ir bem; procura-se encontrar um sentido, uma justificativa. Como se fosse pacífico que tudo que acontece devesse ter um sentido.

Hartmann mostra também como, em termos verbais e na superfície expressiva do pensamento, muitas vezes o "para quê?" se transforma em "por quê?", sem eliminar de modo algum, em essência, o interesse finalístico, que continua a predominar substancialmente[4]. Compreende-se facilmente que, estando tais pensamentos e tais sentimentos profundamente radicados na vida cotidiana, é muito rara uma ruptura decisiva com o domínio da teleologia na natureza, na vida etc. Essa necessidade religiosa, que permanece tão tenazmente operante na cotidianidade, influencia também de maneira espontaneamente forte territórios mais amplos que o da própria vida pessoal imediata.

Esse é um dilema que se evidencia fortemente em Kant. Ele caracteriza genialmente a essência ontológica da esfera orgânica do ser definindo a vida como uma "finalidade sem escopo". Demole, com a sua crítica correta, a teleologia superficial das teodiceias dos seus predecessores, para os quais bastava que uma coisa beneficiasse a outra para ter como realizada uma teleologia transcendente. Desse modo, ele abre o caminho para o conhecimento correto dessa esfera do ser, uma vez que se admite que conexões necessárias apenas em termos causais (e, portanto, ao mesmo tempo, acidentais) originem estruturas do ser em cujo movimento interno (adaptação, reprodução do indivíduo e do gênero) operem legalidades que, com razão, podem ser chamadas de objetivamente finalísticas com respeito aos complexos em questão. O próprio

---

[4] N. Hartmann, *Teleologisches Denken* (Berlim, 1951), p. 13.

Kant, porém, fecha o caminho que o levaria dessas constelações até o autêntico problema. No plano metodológico imediato, ele o fecha tentando, como lhe acontece com frequência, resolver questões ontológicas de modo gnosiológico. E, dado que sua teoria do conhecimento objetivo válido está orientada apenas para a matemática e a física, ele é obrigado a concluir que a sua própria percepção genial não pode ter consequências cognitivas para a ciência do orgânico. Com efeito, numa passagem que ficou célebre, ele diz: "É humanamente absurdo até o simples conceber de tal empreendimento, ou esperar que um dia surja um Newton, que torne compreensível nem que seja a produção de um colmo de capim por meio de leis naturais não dirigidas por alguma finalidade [...]"[5]. A índole problemática dessa declaração não decorre apenas do fato de que, menos de um século depois, ela foi refutada pela teoria da evolução, ainda na primeira formulação darwiniana. Engels, depois de ler Darwin, escreve a Marx: "Sob certo aspecto, a teleologia não tinha sido derrotada até o momento, mas agora foi". E Marx, embora fazendo objeções ao método de Darwin, observa que o livro dele "contém os fundamentos histórico-naturais do nosso modo de ver as coisas"[6].

Outra consequência ainda mais importante da tentativa kantiana de equacionar e resolver em termos gnosiológicos as questões ontológicas é que, em última instância, o próprio problema ontológico continua não resolvido e o pensamento é bloqueado dentro de um determinado limite "crítico" do seu campo operativo, sem que a questão possa receber, no quadro da objetividade, uma resposta positiva ou negativa. É assim que, exatamente através da crítica do conhecimento, fica aberta a porta para especulações transcendentes e, em última análise, admite-se a possibilidade de soluções teleológicas, embora Kant as refute no âmbito da ciência. Pensamos especialmente na concepção – depois de importância decisiva para Schelling – do *intellectus archetypus* intuitivo, cuja existência, segundo Kant, "não contém contradição alguma"[7] e que poderia resolver tais questões, embora nós homens não o possuamos. Dessa forma, o problema da causalidade e da teleologia se apresenta, do mesmo

---

[5] I. Kant, *Kritik der Urteilskraft*, § 75; KW, v. 8, p. 513s [trad. a partir do texto original; cf. ed. bras.: *Crítica da faculdade do juízo*, trad. Valerio Rohden e Antônio Marques, 2. ed., Rio de Janeiro, Forense Universitária, 2005, p. 241].

[6] Engels a Marx, c. 12/12/1859, e Marx a Engels, em 19/12/1860, MEGA, v. III/II, p. 447 e 553; MEW, v. 29, p. 524; MEW, v. 30, p. 131.

[7] I. Kant, *Kritik der Urteilskraft*, § 77; KW, v. 8, p. 512s [ed. bras.: *Crítica da faculdade do juízo*, cit., p. 249].

modo, na forma de uma – para nós – incognoscível coisa em si. Kant pode repelir quanto quiser as pretensões da teologia: essa negação se limita ao "nosso" conhecimento, pois a teologia também aparece com a pretensão de ser ciência e por isso, na medida de tal pretensão, fica sujeita à autoridade da crítica do conhecimento. A questão se limita apenas a que, na ciência da natureza, as explicações causais e teleológicas se excluem mutuamente e, além disso, quando Kant investiga a práxis humana, fixa o olhar exclusivamente naquela forma altíssima, sutilíssima, extremamente mediada em relação à sociedade que é a moral pura, a qual, no entanto, para ele não brota dialeticamente da atividade da vida (da sociedade), mas, ao contrário, encontra-se numa substancial e insuprimível oposição a ela. Desse modo, também nesse caso, o verdadeiro problema ontológico não recebe solução.

Também aqui, como no caso de qualquer questão autêntica da ontologia, a resposta correta tem, à primeira vista, um aparente caráter de trivialidade, parecendo tratar-se de uma sorte de ovo de Colombo. Basta, porém, considerar mais atentamente as determinações contidas na solução marxiana da teleologia do trabalho para perceber a grande capacidade que elas têm de produzir consequências bastante relevantes e de liquidar definitivamente grupos de falsos problemas. Diante da posição adotada no confronto com Darwin, é evidente, para qualquer um que conheça seu pensamento, que Marx nega a existência de qualquer teleologia fora do trabalho (da práxis humana). Desse modo, o conhecimento da teleologia do trabalho é algo que, para Marx, vai muito além das tentativas de solução propostas pelos seus predecessores, mesmo grandes, como Aristóteles e Hegel, uma vez que, para Marx, o trabalho não é uma das muitas formas fenomênicas da teleologia em geral, mas o único ponto onde se pode demonstrar ontologicamente um pôr teleológico como momento real da realidade material. Este conhecimento correto da realidade lança luz, em termos ontológicos, sobre todo um conjunto de questões. Antes de qualquer outra coisa, a característica real decisiva da teleologia, isto é, o fato de que ela só pode adquirir realidade enquanto pôr, recebe um fundamento simples, óbvio, real: nem é preciso repetir Marx para entender que qualquer trabalho seria impossível se ele não fosse precedido de tal pôr, que determina o processo em todas as suas etapas. Essa maneira de ser do trabalho sem dúvida também foi claramente compreendida por Aristóteles e Hegel; mas, na medida em que tentaram interpretar de maneira igualmente teleológica o mundo orgânico e o curso da história, viram-se obrigados a imaginar a presença, neles, de um sujeito responsável por esse pôr necessário (em Hegel, o espírito universal), resultando disso que a realidade acabava por transformar-se inevitavelmente num mito. No entanto, o fato de que Marx limite, com exatidão e rigor, a teleologia ao trabalho (à práxis humana), eliminando-a de todos os outros modos do ser, de modo nenhum restringe o seu significado; pelo contrário, ele aumenta, já que é preciso entender que o mais alto grau do ser que conhecemos, o social, se constitui como grau específico, se eleva a partir do grau em que está baseada a sua existência, o da vida orgânica, e se torna um novo tipo autônomo de ser, somente porque há nele esse operar real do ato teleológico. Só podemos falar racionalmente do ser social quando concebemos que a sua gênese, o seu distinguir-se da sua própria base, seu tornar-se autônomo baseiam-se no trabalho, isto é, na contínua realização de pores teleológicos.

Esse primeiro momento, porém, tem consequências filosóficas bastante amplas. A história da filosofia nos mostra que lutas espirituais se travaram entre causalidade e teleologia como fundamentos categoriais da realidade e dos seus movimentos. Toda filosofia de orientação teleológica, para poder operar intelectualmente uma harmonia entre o seu deus e o universo e com o mundo humano, era obrigada a proclamar a superioridade da teleologia sobre a causalidade. Mesmo quando o deus dava simplesmente corda ao mecanismo do relógio, pondo assim em movimento o sistema causal, era inevitável uma hierarquia entre criador e criatura e, desse modo, a prioridade do pôr teleológico. Por outro lado, todo o materialismo pré-marxista, ao negar a constituição transcendente do mundo, devia, ao mesmo tempo, rejeitar a possibilidade de uma teleologia realmente operante. Vimos que até Kant – embora o faça na sua terminologia de caráter gnosiológico – deve afirmar uma inconciliabilidade entre causalidade e teleologia. Quando, ao contrário, como em Marx, a teleologia é reconhecida como categoria realmente operante apenas no trabalho, tem-se inevitavelmente uma coexistência concreta, real e necessária entre causalidade e teleologia. Sem dúvida, estas permanecem opostas, mas apenas no interior de um processo real unitário, cuja mobilidade é fundada na interação desses opostos e que, para tornar real essa interação, age de tal modo que a causalidade, sem ver atingida a sua essência, também se torna posta.

Para compreender com clareza como isso acontece podemos também utilizar as análises do trabalho de Aristóteles e de Hegel. Aristóteles distingue, no trabalho, dois componentes: o pensar (*nóesis*) e o produzir (*poíesis*). Através do primeiro é posto o fim e se buscam os meios para sua realização; através do segundo o fim posto chega à sua realização[8]. N. Hartmann, por seu turno, divide analiticamente o primeiro componente em dois atos, o pôr do fim e a investigação dos meios, e assim torna mais concreta, de modo correto e instrutivo, a reflexão pioneira de Aristóteles, sem lhe alterar imediatamente a essência ontológica quanto aos aspectos decisivos[9]. Com efeito, tal essência consiste nisto: um projeto ideal alcança a realização material, o pôr pensado de um fim transforma a realidade material, insere na realidade algo de material que, no confronto com a natureza, representa algo de qualitativamente e radicalmente novo. Tudo isso é mostrado muito plasticamente pelo exemplo da construção de uma casa, utilizado por Aristóteles. A casa tem um ser material tanto quanto a pedra, a madeira etc. No entanto, do pôr teleológico surge uma objetividade inteiramente diferente dos elementos. De nenhum desenvolvimento imanente das propriedades, das legalidades e das forças operantes no mero ser-em-si da pedra ou da madeira se pode "deduzir" uma casa. Para que isso aconteça é necessário o poder do pensamento e da vontade humanos que organize material e faticamente tais propriedades em conexões, por princípio, totalmente novas. Neste sentido, podemos dizer que Aristóteles foi o primeiro a reconhecer, do ponto de vista ontológico, o caráter dessa objetividade, inconcebível partindo da "lógica" da natureza. (Já nesse momento se torna claro que todas as formas idealísticas ou religiosas de teleologia natural, nas quais a natureza é criação de Deus, são projeções metafísicas desse único modelo real. Esse modelo é tão presente na história da criação contada pelo Antigo Testamento que Deus não só – como o sujeito humano do trabalho – revisa continuamente o que faz, mas, além disso, exatamente como o homem, tendo terminado o trabalho, vai descansar. Também não é difícil reconhecer o modelo humano do trabalho em outros mitos da criação, ainda que tenham recebido uma forma aparentemente filosófica; lembre-se uma vez mais do mundo como um mecanismo de relógio posto em movimento por Deus.)

Tudo isso não deve levar a subestimar o valor da diferenciação operada por Hartmann. Separar os dois atos, isto é, o pôr dos fins e a investigação dos meios, é da máxima importância para compreender o processo do trabalho, especialmente quanto ao seu significado na ontologia do ser social. E exatamente aqui se revela a inseparável ligação daquelas categorias, causalidade e

---

[8] Aristóteles, *Metafísica*, livro Z, cap. 7; ed. al.: [*Metaphysik*] (Berlim, 1960), p. 163s.
[9] N. Hartmann, *Teleologisches Denken*, cit., p. 68s.

teleologia, em si mesmas opostas e que, quando tomadas abstratamente, parecem excluir-se mutuamente. Com efeito, a investigação dos meios para a realização do pôr do fim não pode deixar de implicar um conhecimento objetivo da gênese causal das objetividades e dos processos cujo andamento pode levar a alcançar o fim posto. No entanto, o pôr do fim e a investigação dos meios nada podem produzir de novo enquanto a realidade natural permanecer o que é em si mesma, um sistema de complexos cuja legalidade continua a operar com total indiferença no que diz respeito a todas as aspirações e ideias do homem. Aqui a investigação tem uma dupla função: de um lado evidencia aquilo que em si governa os objetos em questão, independentemente de toda consciência; de outro, descobre neles aquelas novas conexões, aquelas novas possibilidades de funções através de cujo pôr-em-movimento tornam efetivável o fim teleologicamente posto. No ser-em-si da pedra não há nenhuma intenção, e até nem sequer um indício da possibilidade de ser usada como faca ou como machado. Ela só pode adquirir tal função de ferramenta quando suas propriedades objetivamente presentes, existentes em si, forem adequadas para entrar numa combinação tal que torne isso possível. E isso, no plano ontológico, já pode ser encontrado claramente no estágio mais primitivo. Quando o homem das origens escolhe uma pedra para usá-la, por exemplo, como machado, deve reconhecer corretamente esse nexo entre as propriedades da pedra – que no mais das vezes tiveram uma origem casual – e a sua respectiva possibilidade de utilização concreta. Somente assim ele efetua aquele ato de conhecimento analisado por Aristóteles e por Hartmann; e quanto mais desenvolvido o trabalho, tanto mais evidente se torna essa situação. Embora tendo provocado muita confusão com a ampliação do conceito de teleologia, Hegel, apesar disso, compreendeu corretamente, muito cedo, esse caráter do trabalho. Nas suas aulas de Iena de 1805 diz ele: "A atividade própria da natureza – elasticidade da mola de um relógio, água, vento – é empregada para realizar, na sua existência sensível, algo inteiramente diverso daquilo que ela quereria fazer; a sua ação cega é transformada numa ação conforme a um fim, no contrário de si mesma", enquanto o homem "deixa que a natureza se desgaste, fica olhando tranquilamente, governando apenas, com pouco esforço, o conjunto"[10]. Vale a pena notar que o conceito de astúcia da razão, tão importante na filosofia da história de Hegel, aparece

---

[10] G. W. F. Hegel, *Jenenser Realphilosophie* (Leipzig, 1931), v. II, p. 198s.

aqui, na análise do trabalho, talvez pela primeira vez. Ele vê com precisão os dois lados desse processo: por um lado, o pôr teleológico "simplesmente" faz uso da atividade que é própria da natureza; por outro, a transformação dessa atividade torna-o o contrário de si mesmo. Isso significa que essa atividade natural se transforma numa atividade posta, sem que mudem, em termos ontológico-naturais, os seus fundamentos. Desse modo, Hegel descreveu um aspecto ontologicamente decisivo do papel que a causalidade tem no processo de trabalho: algo inteiramente novo surge dos objetos, das forças da natureza, sem que haja nenhuma transformação interna; o homem que trabalha pode inserir as propriedades da natureza, as leis do seu movimento, em combinações completamente novas e atribuir-lhes funções e modos de operar completamente novos. Considerando, porém, que isso só pode acontecer no interior do caráter ontológico insuprimível das leis da natureza, a única mudança das categorias naturais só pode consistir no fato de que estas – em sentido ontológico – tornam-se postas; esse seu caráter de terem sido postas é a mediação da sua subordinação ao pôr teleológico determinante, mediante o qual, ao mesmo tempo que se realiza um entrelaçamento posto de causalidade e teleologia, tem-se um objeto, um processo etc. unitariamente homogêneo.

Natureza e trabalho, meio e fim chegam, desse modo, a algo que é em si homogêneo: o processo de trabalho e, ao final, o produto do trabalho. No entanto, a superação das heterogeneidades mediante a unitariedade e a homogeneidade do pôr tem seus limites claramente determinados. Não nos referimos, porém, àquela situação óbvia, já esclarecida, na qual a homogeneização pressupõe o reconhecimento correto dos nexos causais não homogêneos da realidade. Se houver erro a respeito deles no processo de investigação, nem sequer podem chegar a ser – em sentido ontológico – postos; continuam a operar de modo natural e o pôr teleológico se suprime por si mesmo, uma vez que, não sendo realizável, se reduz a um fato de consciência que se tornou impotente diante da natureza. Aqui se torna palpável a diferença entre pôr em sentido ontológico e em sentido gnosiológico. Neste último sentido, um pôr ao qual falte o próprio objeto permanece um pôr, embora o juízo de valor que se fará a seu respeito deva ser de falsidade ou apenas de incompletude. Ao contrário, quando se põe ontologicamente a causalidade no complexo constituído por um pôr teleológico, este deve captar corretamente o seu objeto, senão não é – nesse contexto – um pôr. É preciso, porém, delimitar dialeticamente essa constatação para que, dado o exagero, não se converta em algo não verdadeiro. Uma vez que todo objeto natural, todo processo natural tem uma infinidade intensiva de propriedades, de inter-relações com o mundo que o circunda etc., o que dissemos só se refere àqueles momentos da infinidade intensiva que, para o pôr teleológico, têm uma importância positiva ou negativa. Se para trabalhar fosse necessário um conhecimento mesmo que somente aproximado dessa infinidade intensiva enquanto tal, o trabalho jamais poderia ter surgido nos estágios primitivos da observação da natureza (quando não havia um conhecimento no sentido consciente). Esse fato é realçado não apenas porque aí está presente a possibilidade objetiva de um superior desenvolvimento ilimitado do trabalho, mas também porque deriva com clareza como um pôr correto; um pôr que apanhe com aquela adequação concretamente requerida pelo pôr do fim concreto os momentos causais necessários para o fim em questão tem a possibilidade de ser realizado com sucesso também nos casos em que as representações gerais acerca dos objetos, dos processos, das conexões etc. da natureza ainda são inteiramente inadequadas enquanto conhecimentos da natureza em sua totalidade. Essa dialética entre correção rigorosa no campo restrito do pôr teleológico concreto e possível erro, até bastante amplo, quanto à apreensão da natureza em seu pleno ser-em-si tem uma importância muito grande no campo do trabalho, da qual falaremos longamente mais adiante.

Contudo, a homogeneização entre fim e meio, da qual falamos acima, deve ser delimitada dialeticamente e assim tornada mais concreta também de outro ponto de vista. Desde já, a dupla socialização do pôr do fim – que, de um lado, nasce de uma necessidade social e, de outro, precisa satisfazer tal necessidade, enquanto o caráter natural dos substratos dos meios que a realizam impele a práxis, nesse momento, para dentro de um ambiente e uma atividade constituídos de outra maneira – cria uma heterogeneidade de princípio entre fim e meio. Sua superação, mediante a homogeneização do pôr esconde, em si, como acabamos de ver, uma problemática importante, o que significa que a simples subordinação dos meios ao fim não é tão simples como parece à primeira vista. Nunca se deve perder de vista o fato simples de que a possibilidade de realização ou o fracasso do pôr do fim depende absolutamente de até qual ponto se tenha, na investigação dos meios, conseguido transformar a causalidade natural em uma causalidade – falando em termos ontológicos – posta. O pôr do fim nasce de uma necessidade humano-social; mas, para que ela se torne um autêntico pôr de um fim, é necessário que a investigação dos meios, isto é, o conhecimento da natureza, tenha chegado a certo estágio adequado; quando tal estágio ainda não foi alcançado, o pôr do fim permanece um mero projeto utópico, uma espécie de sonho, como o voo foi um sonho desde Ícaro até Leonardo e até um bom tempo depois. Em suma, o ponto no qual o trabalho se liga ao surgimento do pensamento científico e ao seu desenvolvimento é, do ponto de vista da ontologia do ser social, exatamente aquele campo por nós designado como investigação dos meios. Já fizemos alusão ao princípio do novo que se encontra até na mais primária teleologia do trabalho. Agora podemos agregar que a ininterrupta produção do novo – mediante o qual se poderia dizer que aparece no trabalho a categoria regional* do social, sua primeira clara elevação sobre toda mera naturalidade –, está contida nesse modo de surgir e de se desenvolver do trabalho. A consequência disso é que, em cada processo singular de trabalho, o fim regula e domina os meios. No entanto, se considerarmos os processos de trabalho na sua continuidade e desenvolvimento histórico no interior dos complexos reais do ser social, teremos certa inversão nessa relação hierárquica, a qual, embora não sendo certamente absoluta e total é, mesmo assim, de extrema importância para o desenvolvimento da sociedade e da humanidade. Uma vez que a investigação da natureza, indispensável ao trabalho, está, antes de tudo, concentrada na preparação dos meios, são estes o principal veículo de garantia social da fixação dos resultados dos processos de trabalho, da continuidade na experiência de trabalho e especialmente de seu desenvolvimento ulterior. É por isso que o conhecimento mais adequado que fundamenta os meios (ferramentas etc.) é, muitas vezes, para o ser social, mais importante do que a satisfação daquela necessidade (pôr do fim). Hegel já tinha compreendido muito bem esse nexo. Com efeito, a esse propósito ele escreve na sua *Lógica*:

> O meio é pois o termo médio exterior do silogismo no qual consiste a realização do fim. Nisto se dá a conhecer a racionalidade como aquela que se conserva *nesse outro exterior* e precisamente *por intermédio* dessa exterioridade. Por isso o *meio* é algo de *superior* aos fins *finitos* da finalidade *externa*; – o *arado* é mais nobre que as satisfações que ele permite e que constituem os fins. O *instrumento* se conserva, enquanto as satisfações imediatas passam e são esquecidas. Com os seus

---

* *Gebietskategorie*. No manuscrito, o termo também poderia ser lido como *Geburtskategorie* [categoria nativa ou genética]. (N. E. A.)

instrumentos, o homem domina a natureza exterior, ainda que lhe permaneça sujeito segundo os seus fins.[11]

Já falamos disso no capítulo sobre Hegel, no entanto não nos parece supérfluo mencioná-lo de novo aqui, porque aí estão expressos com clareza alguns momentos muito importantes desse nexo. Em primeiro lugar, Hegel sublinha, de um modo geral com razão, a duração mais longa dos meios relativamente aos fins e satisfações imediatos. É claro que, na realidade, tal contraposição nunca é tão rígida como Hegel a apresenta. Porque, embora as "satisfações imediatas" singulares certamente "passem" e sejam esquecidas, a satisfação das necessidades também possui persistência e continuidade quando se considera a sociedade como um todo. Se recordarmos a inter-relação entre produção e consumo delineada no capítulo sobre Marx, podemos ver como o consumo não apenas mantém e reproduz a produção, mas também exerce, por sua vez, certo influxo sobre a produção. Naturalmente, como vimos naquele capítulo, a produção é o momento preponderante naquela relação (aqui: os meios no pôr teleológico), enquanto a contraposição hegeliana, em consequência de suas demasiado bruscas confrontações, deixa de lado seu significado social real. Em segundo lugar, é realçado no meio, e de novo com razão, o momento do domínio "sobre a natureza exterior", com a delimitação dialética igualmente correta de que, ao contrário, no pôr do fim, o homem permanece submetido a ela. No entanto, a exposição hegeliana deve ser concretizada, uma vez que a sujeição certamente se refere, no imediato, à natureza – como já vimos, o homem só pode pôr aqueles fins cujos meios adequados à sua efetivação domina de fato –, mas, em última análise, trata-se realmente de um desenvolvimento social, isto é, daquele complexo que Marx chama de metabolismo do homem, da sociedade, com a natureza, no qual não há dúvida que o momento social não pode deixar de ser* o momento preponderante. E com isso, de fato, a superioridade do meio é sublinhada ainda com maior força do que no próprio Hegel. Em terceiro lugar, daí deriva que o meio, a ferramenta, é a chave mais importante para conhecer aquelas etapas do desenvolvimento da humanidade a respeito das quais não temos nenhum outro documento. No entanto, atrás desse problema cognitivo há, como sempre, um problema

---

[11] G. W. F. Hegel, [*Wissenschaftt der*] *Logik*, v. III, 2, 3, C; Werke, v. V, p. 220; HWA, v. 6, p. 453.
* Acréscimo manuscrito: "frequentemente". (N. E. A.)

ontológico. A partir das ferramentas que as escavações descobrem, muitas vezes documentos quase únicos de um período completamente desaparecido, podemos obter, a respeito da vida concreta das pessoas que os utilizaram, conhecimentos muito maiores do que os que parecem esconder-se nelas. O fato é que uma ferramenta pode, com uma análise correta, não só revelar a história da própria ferramenta, mas também desvendar muitas informações sobre o modo de viver, quem sabe até sobre a visão de mundo etc., daqueles que as usaram. Mais adiante também abordaremos esse problema; aqui nos detemos apenas na questão muitíssimo geral do afastamento das barreiras naturais da sociedade do modo como foi descrito com precisão por Gordon Childe na análise da fabricação dos vasos no período por ele chamado de revolução neolítica. Antes de qualquer outra coisa, Childe acentua o ponto central, a diferença de princípio que há entre o processo de trabalho ligado à fabricação dos vasos e aquele utilizado na feitura de ferramentas de pedra ou de osso. O homem, escreve ele, quando fazia "uma ferramenta de pedra ou de osso, era limitado pela forma e pela proporção do material originário: só podia tirar fragmentos. Nenhuma destas limitações freava a atividade do oleiro, que podia modelar a argila a seu gosto e trabalhar na sua obra sem nenhum medo quanto à solidez das junções".

Desse modo, partindo de um ponto importante, torna-se clara a diferença entre as duas épocas; vale dizer, é iluminada a direção na qual o homem se livra da limitação do material originário da natureza e confere aos objetos de uso exatamente aquela constituição que corresponde às suas necessidades sociais. Childe também percebe o caráter gradual desse processo de afastamento das barreiras naturais. No entanto, embora a nova forma não seja limitada pelo material utilizado, mesmo assim tem uma origem a partir de condições bastante semelhantes: "Assim, os potes mais antigos são imitações evidentes de vasilhas familiares, feitas de outros materiais – cabaças, bexigas, membranas e peles, de cestos ou trançados de vime, ou mesmo crânios humanos"[12].

Em quarto lugar, é preciso ainda sublinhar que a investigação dos objetos e processos na natureza que precede o pôr da causalidade na criação dos meios é constituída essencialmente por atos cognitivos reais, ainda que durante muito tempo não tenha sido reconhecida conscientemente, e desse modo contém o

---

[12] G. Childe, *Man Makes Himself* (Londres, 1937), p. 105; ed. al.: *Der Mensch schafft sich selbst* (Dresden, s/d), p. 97 [ed. bras.: *A evolução cultural do homem*, 5. ed., trad. Waltensir Dutra, Rio de Janeiro, Zahar, 1981, p. 101].

início, a gênese da ciência. Também nesse caso vale a afirmação de Marx: "Não o sabem, mas o fazem". Discutiremos mais adiante, neste mesmo capítulo, as consequências bastante amplas das conexões que se originam dessa maneira. Aqui só podemos observar provisoriamente que qualquer experiência e utilização de conexões causais, vale dizer, qualquer pôr de uma causalidade real, sempre figura no trabalho como meio para um único fim, mas tem objetivamente a propriedade de ser aplicável a outro, até a um fim que imediatamente é por completo heterogêneo. Embora tenha havido, durante muito tempo, apenas consciência prática, uma utilização que teve êxito em um novo campo significa que de fato foi realizada uma abstração correta que, na sua objetiva estrutura interna, já possui algumas importantes características do pensamento científico. A própria história atual da ciência, embora aborde muito raramente esse problema com plena consciência, faz referência a numerosos casos nos quais leis gerais, extremamente abstratas, se originaram da investigação referente a necessidades práticas e ao melhor modo de satisfazê-las, ou seja, da tentativa de encontrar os melhores meios no trabalhar. Mas, mesmo sem levar isso em conta, a história mostra exemplos nos quais as aquisições do trabalho, elevadas a um nível maior de abstração – e já vimos como tais generalizações se verificam necessariamente no processo de trabalho –, podem se converter em fundamento de uma consideração puramente científica da natureza. Uma tal gênese da geometria é, por exemplo, universalmente conhecida. Aqui não é lugar para entrar em detalhes acerca desse complexo de problemas; será suficiente citar um caso interessante relativo à astronomia da China antiga, a que Bernal se refere baseado em estudos especializados efetuados por Needham. Somente depois da invenção da roda, diz Bernal, foi possível imitar com exatidão os movimentos rotatórios do céu ao redor dos polos. Parece que a astronomia chinesa se originou dessa ideia de rotação. Até aquele momento o mundo celeste tinha sido tratado como o nosso[13]. É, portanto, a partir da tendência intrínseca de autonomização da investigação dos meios, durante a preparação e execução do processo de trabalho, que se desenvolve o pensamento cientificamente orientado e que mais tarde se originam as diferentes ciências naturais. Naturalmente, não se trata da gênese única de um novo campo de atividade a partir do anterior. Na realidade, essa gênese

---

[13] J. D. Bernal, *Science in History* (Londres, 1957), p. 84; ed. al.: *Die Wissenschaft in der Geschichte* (Darmstadt, 1961), p. 97.

continuou a repetir-se, ainda que de formas muito diversas, através de toda a história da ciência até hoje. Os modelos de representação que estão por trás das hipóteses cósmicas, físicas etc. são – em geral inconscientemente – determinados também pelas representações ontológicas que vigoram na respectiva cotidianidade, que, por sua vez, se ligam estreitamente às experiências, aos métodos, aos resultados do trabalho atuais em cada oportunidade. Algumas grandes mudanças científicas tiveram suas raízes em imagens do mundo que pertenciam à vida cotidiana (ao trabalho), as quais, tendo surgido pouco a pouco, num determinado momento apareceram como radicalmente, qualitativamente, novas. A condição hoje dominante, onde o trabalho preparatório para a indústria é fornecido por ciências já diferenciadas e amplamente organizadas, pode esconder para muitos essa situação, mas do ponto de vista ontológico nada mudou essencialmente; seria até interessante considerar mais de perto, ontológico-criticamente, as influências desse mecanismo preparatório sobre a ciência.

A descrição do trabalho, tal como a apresentamos até aqui, embora ainda bastante incompleta, já indica que com ele surge na ontologia do ser social uma categoria qualitativamente nova com relação às precedentes formas do ser, tanto inorgânico como orgânico. Essa novidade consiste na realização do pôr teleológico como resultado adequado, ideado e desejado. Na natureza existem apenas realidades e uma ininterrupta transformação de suas respectivas formas concretas, um contínuo ser-outro. De modo que é precisamente a teoria marxiana, segundo a qual o trabalho é a única forma existente de um ente teleologicamente produzido, que funda, pela primeira vez, a peculiaridade do ser social. Com efeito, se fossem justas as diversas teorias idealistas ou religiosas que afirmam o domínio universal da teleologia, então tal diferença, em última instância, não existiria. Toda pedra, toda mosca seriam uma realização do "trabalho" de Deus, do espírito universal etc., do mesmo modo como as realizações, que acabamos de descrever, próprias dos pores teleológicos do homem. Consequentemente, deveria desaparecer a diferença ontologicamente decisiva entre sociedade e natureza. Todavia, sempre que as filosofias idealistas pretendem ver aí um dualismo, elas colocam em confronto, em geral, as funções da consciência humana (aparentemente) apenas espirituais, inteiramente separadas (aparentemente) da realidade material, com o mundo do ser meramente material. Não surpreende, então, que o terreno da atividade propriamente dita do homem, ou seja, o seu metabolismo com a natureza, do qual ele provém, mas que domina cada vez mais mediante a sua práxis e, em particular, mediante o seu trabalho, perca sempre mais valor e que a única atividade considerada autenticamente humana caia ontologicamente do céu pronta e acabada, sendo representada como "supratemporal", "atemporal", como mundo do dever-ser contraposto ao ser. (Falaremos em breve da gênese real do dever-ser a partir da teleologia do trabalho.) As contradições entre essa concepção e os resultados ontológicos da ciência da modernidade são tão evidentes que não merecem um exame mais detalhado. Tente-se, por exemplo, pôr ontologicamente de acordo a "derrelição" da qual fala o existencialismo com a imagem proposta pela ciência a respeito da origem do homem. Pelo contrário, a realização põe tanto a vinculação genética quanto a diferença e a oposição ontologicamente essenciais: a atividade do ente natural homem sobre a base do ser inorgânico e o orgânico dele originado faz surgir um estágio específico do ser, mais complicado e mais complexo, precisamente o ser social. (O fato de que alguns importantes pensadores tenham refletido, já na Antiguidade, acerca da peculiaridade da práxis, bem como sobre aquele processo nela efetivado da realização de algo novo, a ponto de reconhecer com grande acuidade algumas das suas determinações não altera essencialmente a situação de conjunto.)

A realização como categoria da nova forma de ser mostra, ao mesmo tempo, uma importante consequência: a consciência humana, com o trabalho, deixa de ser, em sentido ontológico, um epifenômeno. É verdade que a consciência dos animais, especialmente dos mais evoluídos, parece um fato inegável, todavia, ela se mantém sempre como um pálido momento parcial subordinado ao seu processo de reprodução biologicamente fundado e que se desenvolve segundo as leis da biologia. E isso vale não apenas para a reprodução filogenética, onde é mais do que evidente que tal reprodução tem lugar sem nenhum tipo de intervenção da consciência – de acordo com leis que até hoje ainda não apreendemos cientificamente e que devemos acolher apenas como fatos ontológicos –, mas também para o processo de reprodução ontogenético. Com efeito, só começamos a compreender plenamente este último quando nos damos conta de que a consciência animal é um produto das diferenciações biológicas, da crescente complexidade dos organismos. As inter-relações dos organismos primitivos com o seu ambiente desenrolam-se predominantemente sobre a base de legalidades biofísicas e bioquímicas. Quanto mais elevado e complexo é o organismo animal, tanto mais tem necessidade de órgãos refinados e diferenciados a fim de manter-se em inter-relação com o seu ambiente, para poder reproduzir-se. Não é aqui o local para expor, mesmo aproximativamente, esse desenvolvimento (nem o autor se julga competente para isso); gostaria apenas de destacar que o gradual desenvolvimento da consciência animal a partir de reações biofísicas e bioquímicas até estímulos e reflexos transmitidos pelos nervos, até o mais alto estágio a que chegou, permanece sempre limitado ao quadro da reprodução biológica. Decerto, esse desenvolvimento mostra uma elasticidade cada vez maior nas reações com o ambiente e com suas eventuais modificações, e isso pode ser visto claramente em certos animais domésticos ou em experimentos com macacos. Todavia, não se deve esquecer – como já dissemos – que, nesses casos, de um lado os animais dispõem de um ambiente de segurança que não existe normalmente e, de outro lado, a iniciativa, a direção, o fornecimento das "ferramentas" etc. partem sempre do homem e jamais dos animais. Na natureza, a consciência animal jamais vai além de um melhor serviço à existência biológica e à reprodução e por isso, de um ponto de vista ontológico, é um epifenômeno do ser orgânico.

Somente no trabalho, no pôr do fim e de seus meios, com um ato dirigido por ela mesma, com o pôr teleológico, a consciência ultrapassa a simples adaptação ao ambiente – o que é comum também àquelas atividades dos animais que transformam objetivamente a natureza de modo involuntário – e executa na própria natureza modificações que, para os animais, seriam impossíveis e até mesmo inconcebíveis. O que significa que, na medida em que a realização torna-se um princípio transformador e reformador da natureza, a consciência que impulsionou e orientou tal processo não pode ser mais, do ponto de vista ontológico, um epifenômeno. E é essa constatação que distingue o materialismo dialético do materialismo mecanicista. Com efeito, este último reconhece como realidade objetiva tão somente a natureza em sua legalidade. Ora, Marx, nas suas famosas Teses sobre Feuerbach, distingue com grande precisão o novo materialismo daquele antigo, ou seja, o materialismo dialético daquele mecanicista:

> O principal defeito de todo o materialismo existente até agora (o de Feuerbach incluído) é que o objeto [*Gegenstand*], a realidade, o sensível, só é apreendido sob a forma do *objeto [Objekt]* ou da *contemplação*, mas não como *atividade humana sensível*, como *prática*; não subjetivamente. Daí o lado ativo, em oposição ao materialismo, ter sido abstratamente desenvolvido pelo idealismo – que, naturalmente,

não conhece a atividade real, sensível, como tal. Feuerbach quer objetos sensíveis, efetivamente diferenciados dos objetos do pensamento: mas ele não apreende a própria atividade humana como atividade objetiva.

E Marx acrescenta claramente, mais adiante, que a realidade do pensamento, o caráter não mais epifenomênico da consciência só pode ser encontrado e demonstrado na práxis: "A disputa acerca da realidade ou não realidade do pensamento – que é isolado da prática – é uma questão puramente *escolástica*"[14]. A nossa afirmação de que o trabalho constitui a forma originária da práxis corresponde inteiramente ao espírito dessas afirmações de Marx; de resto, Engels, décadas mais tarde, viu no trabalho o motor decisivo do processo de humanização do homem. Decerto a nossa afirmação não foi até agora muito mais do que uma simples declaração, ainda que a sua simples enunciação correta já indique e até esclareça algumas determinações decisivas desse complexo objetivo. É evidente, contudo, que essa verdade só pode ser confirmada e demonstrada quando for explicitada da maneira mais completa possível. De qualquer modo, o simples fato de que realizações (ou seja, resultados da práxis humana no trabalho) integrem o mundo da realidade como formas novas de objetividade não derivadas da natureza, mas que são precisamente enquanto tais realidades do mesmo modo como o são os produtos da natureza, esse simples fato já é suficiente, nesse estágio inicial, para comprovar a correção da nossa afirmação.

Neste capítulo e nos seguintes, voltaremos mais vezes a referir-nos aos modos concretos de manifestar-se e de se exprimir da consciência, bem como ao concreto modo de ser de sua constituição não mais epifenomênica. Aqui só podemos fazer alusão – e neste momento de modo inteiramente abstrato – ao problema de fundo. Temos aqui a indissociável interdependência de dois atos que são, em si, mutuamente heterogêneos, os quais, porém, nessa nova vinculação ontológica, constituem o complexo autenticamente existente do trabalho e, como veremos, perfazem o fundamento ontológico da práxis social e até do ser social no seu conjunto. Os dois atos heterogêneos a que nos referimos são: de um lado, o espelhamento mais exato possível da realidade considerada e, de outro, o correlato pôr daquelas cadeias causais que, como

---

[14] K. Marx, ["*Ad* Feuerbach", em K. Marx e F. Engels, *Die deutsche Ideologie*,] MEGA, v. V, p. 533s.; MEW, v. 3, p. 5 [ed. bras.: "*Ad* Feuerbach", em K. Marx e F. Engels, *A ideologia alemã*, cit., p. 533].

sabemos, são indispensáveis para a realização do pôr teleológico. Essa primeira descrição do fenômeno irá mostrar que dois modos de considerar a realidade heterogêneos entre si formam – cada um por si e em sua inevitável vinculação – a base da peculiaridade ontológica do ser social. Iniciar a análise com o espelhamento mostra uma separação precisa entre objetos que existem independentemente do sujeito e sujeitos que figuram esses objetos, por meio de atos de consciência, com um grau maior ou menor de aproximação, e que podem convertê-los em uma possessão espiritual própria. Essa separação tornada consciente entre sujeito e objeto é um produto necessário do processo de trabalho e ao mesmo tempo a base para o modo de existência especificamente humano. Se o sujeito, enquanto separado na consciência do mundo objetivo, não fosse capaz de observar e de reproduzir no seu ser-em-si este último, jamais aquele pôr do fim, que é o fundamento do trabalho, mesmo do mais primitivo, poderia realizar-se. Decerto também os animais têm uma relação – que se torna cada vez mais complexa e que finalmente é mediada por um tipo de consciência – com o seu ambiente. Uma vez, porém, que isso permanece restrito ao território do biológico, jamais pode dar-se para eles, como, ao contrário, para os homens, tal separação e tal confrontação entre sujeito e objeto. Os animais reagem com grande segurança àquilo que no seu ambiente costumeiro de vida é útil ou perigoso. Li, por exemplo, que determinada espécie de patos selvagens da Ásia não só reconhece de longe as aves de rapina em geral, mas, além disso, sabe distinguir perfeitamente as diversas espécies, reagindo de modo diferente a cada uma delas. Isso não significa, porém, que tais patos distingam também conceitualmente, como o homem, as diferentes espécies. Se essas aves de rapina lhes fossem mostradas numa situação inteiramente diferente, por exemplo numa situação experimental em que estivessem próximas e paradas, seria muito duvidoso que os patos as identificassem com aquela mesma imagem longínqua e a ameaça de um perigo. Caso se queira mesmo aplicar ao mundo animal categorias da consciência humana, o que será sempre arbitrário, pode-se dizer, no melhor dos casos, que os animais mais evoluídos podem ter representações acerca dos momentos mais importantes do seu entorno, mas jamais conceitos. Além disso, é preciso usar o termo representação com a necessária cautela, uma vez que, depois de formado, o mundo conceitual retroage sobre a intuição e sobre a representação. Inicialmente, também essa mudança tem sua origem no trabalho. Gehlen faz notar, por exemplo, com justeza, que na intuição humana tem lugar certa divisão do trabalho entre os sentidos: ele pode perceber de forma puramente visual as propriedades das coisas que, como ente biológico, só poderia captar através do tato[15].

Mais adiante, falaremos extensamente sobre as consequências dessa linha de desenvolvimento do homem mediante o trabalho. Aqui, para aclarar bem essa nova estrutura de fundo que surge a partir do trabalho, nos limitaremos a examinar o fato de que, no espelhamento da realidade como condição para o fim e o meio do trabalho, se realiza uma separação, uma dissociação entre o homem e seu ambiente, um distanciamento que se manifesta claramente na confrontação entre sujeito e objeto. No espelhamento da realidade a reprodução se destaca da realidade reproduzida, coagulando-se numa "realidade" própria na consciência. Pusemos entre aspas a palavra realidade porque, na consciência, ela é apenas reproduzida; nasce uma nova forma de objetividade, mas não uma realidade, e – exatamente em sentido ontológico – não é possível que a reprodução seja semelhante àquilo que ela reproduz e muito menos idêntica a isso. Pelo contrário, no plano ontológico o ser social se subdivide em dois momentos heterogêneos, que do ponto de vista do ser não só estão diante um do outro como heterogêneos, mas são até mesmo opostos: o ser e o seu espelhamento na consciência.

Essa dualidade é um fato fundamental no ser social. Em comparação, os graus de ser precedentes são rigidamente unitários. A remissão ininterrupta e inevitável do espelhamento do ser, a sua influência sobre ele já no trabalho, e ainda mais marcantemente em mediações mais amplas (as quais só poderemos expor mais adiante), a determinação que o objeto exerce sobre seu espelhamento etc., tudo isso jamais elimina aquela dualidade de fundo. É por meio dessa dualidade que o homem sai do mundo animal. Quando Pavlov descreve o segundo sistema de sinalização, que é próprio somente do homem, afirma corretamente que apenas esse sistema pode afastar-se da realidade, podendo dar uma reprodução errônea dela. Isso apenas é possível porque o espelhamento se dirige ao objeto inteiro independente da consciência, objeto que é sempre intensivamente infinito, procurando apreendê-lo no seu ser-em-si e, exatamente por causa da distância necessária imposta pelo espelhamento, pode errar. E isso obviamente é válido não apenas para os estágios iniciais do espelhamento. Mesmo quando já surgiram construções auxiliares, em si homogêneas

---

[15] A. Gehlen, [*Der Mensch:*] *seine Natur und seine Stellung in der Welt* (Bonn, 1950), p. 43 e 67.

e acabadas, para auxiliar a apreender a realidade através do espelhamento, como a matemática, a geometria, a lógica etc., permanece intacta a possibilidade de errar por causa do distanciamento; é certo que algumas possibilidades primitivas de erro estão – relativamente – excluídas, no entanto comparecem outras mais complexas, provocadas exatamente pela distância maior criada pelos sistemas de mediação. De outro lado, esse processo de objetivação e de distanciamento tem como resultado que as reproduções jamais possam ser cópias quase fotográficas, mecanicamente fiéis da realidade. Elas são sempre determinadas pelos pores de fim, vale dizer, em termos genéticos, pela reprodução social da vida, na sua origem pelo trabalho. Em meu livro *A peculiaridade do estético*, ao analisar o pensamento cotidiano, realcei essa orientação teleológica concreta do espelhamento. Poder-se-ia dizer que aqui está a fonte da sua fecundidade, da sua contínua tendência a descobrir coisas novas, enquanto a objetivação a que nos referimos age como um corretivo no sentido oposto. O resultado, então, como acontece sempre nos complexos, é fruto de uma interação entre opostos. Até aqui, no entanto, ainda não demos o passo decisivo para entender a relação ontológica entre espelhamento e realidade. Nesse sentido, o espelhamento tem uma natureza peculiar contraditória: por um lado, ele é o exato oposto de qualquer ser, precisamente porque ele é espelhamento, não é ser; por outro lado, e ao mesmo tempo, é o veículo através do qual surgem novas objetividades no ser social, para a reprodução deste no mesmo nível ou em um nível mais alto. Desse modo, a consciência que espelha a realidade adquire certo caráter de possibilidade. Como sabemos, Aristóteles afirmava que o arquiteto, mesmo quando não constrói, permanece arquiteto por causa da possibilidade (*dýnamis*), enquanto Hartmann citava o desocupado, no qual essa possibilidade revela seu caráter realmente nulo, uma vez que ele não está trabalhando. O exemplo de Hartmann é muito instrutivo, já que mostra como ele, baseado em representações unilaterais e restritas, não se dá conta do problema real que surge nesse momento. Com efeito, não há dúvida de que, durante uma profunda crise econômica, muitos trabalhadores não têm nenhuma possibilidade de trabalho; mas é também fora de dúvida – e aqui está a intuição profunda da verdade contida na concepção aristotélica da *dýnamis* – que todo trabalhador tem a capacidade de, a qualquer momento, dependendo de uma conjuntura favorável, retomar seu trabalho anterior. De que outra maneira, pois, pode ser caracterizada, do ponto de vista de uma ontologia do ser social, essa sua constituição a não ser dizendo que ele, por causa da sua educação, da sua trajetória de vida, das suas experiências etc., mesmo estando desocupado, permanece – devido à sua *dýnamis* – um trabalhador? Com isso não temos, como receia Hartmann, uma "existência espectral da possibilidade", uma vez que o desempregado (dada a impossibilidade real de encontrar trabalho) é um trabalhador tão existente, tão potencial, como o é quando realiza a sua aspiração a encontrar trabalho. O que importa compreender é que Aristóteles, no seu vasto, profundo, universal e multilateral esforço para apanhar filosoficamente a realidade em seu conjunto, apreende fenômenos perante os quais Hartmann, enredado em preconceitos lógico-gnosiológicos, embora compreenda corretamente determinados problemas, fica desamparado. O fato de que em Aristóteles, devido às suas falsas ideias sobre o caráter teleológico da realidade não social e da sociedade no seu conjunto, essa categoria da possibilidade muitas vezes produza confusões não muda a essência da questão, desde que se saiba distinguir aquilo que é ontologicamente real das meras projeções em forma de ser de tipo não teleológico. Com certeza se poderia afirmar que as capacidades adquiridas de trabalhar permanecem propriedades do trabalhador desempregado do mesmo modo que outras propriedades de qualquer ser, por exemplo, na natureza inorgânica, muitas vezes não se tornam efetivamente operativas durante grandes lapsos de tempo, e, no entanto, continuam sendo propriedades do ente em questão. Já nos referimos antes, muitas vezes, à conexão entre propriedade e possibilidade. Isso seria, possivelmente, suficiente para a refutação de Hartmann, não porém para apreender a peculiaridade específica da possibilidade que aqui se manifesta e à qual se refere a concepção aristotélica da *dýnamis*. O mais interessante é que se pode encontrar um bom ponto de apoio no próprio Hartmann. Como já recordamos, ao analisar o ser biológico ele afirmava que a capacidade de adaptação de um organismo depende da sua labilidade, como ele chama essa propriedade. O fato de que Hartmann, ao discutir tais questões, não toque no problema da possibilidade não tem nenhuma importância. É claro que também poderíamos dizer que essa característica dos organismos é uma propriedade deles e assim encerrar aqui o problema da possibilidade. Mas desse modo estaremos rodeando o cerne da questão que nos interessa. Também não tem importância que tal labilidade não seja cognoscível por antecipação e, pelo contrário, somente possa ser conhecida *post festum*. De fato, que alguma coisa seja ou não cognoscível – em sentido ontológico – é indiferente em relação à questão se se trata, nesse sentido, de algo existente. (A realidade ontológica da simultaneidade de dois acontecimentos nada tem a ver com a questão de se nós podemos medir tal simultaneidade.)

Nossa formulação respondeu a esse problema ontológico dizendo que o espelhamento, precisamente em termos ontológicos, em si não é ser, mas também não é uma "existência espectral", simplesmente porque não é ser. E, no entanto, ele é a condição decisiva para a colocação de cadeias causais, e isso em sentido ontológico e não gnosiológico. O paradoxo ontológico daí surgido tenta iluminar a concepção dinâmica de Aristóteles em sua racionalidade dialética. Aristóteles reconhece corretamente a constituição ontológica do pôr teleológico quando estabelece um vínculo indissolúvel da essência desta e a concepção de *dýnamis*; assim, define a potência (*dýnamis*) como a "faculdade de levar a bom termo determinada coisa e de executá-la de acordo com a própria intenção" e logo depois concretiza assim essa determinação:

> Com efeito, precisamente em virtude desse princípio, mediante o qual o objeto passivo sofre alguma alteração, dizemos que ele tem a potência de sofrê-la, tanto no caso em que ele possa sofrer alguma alteração como no caso em que ele possa não sofrer nenhuma, mas apenas aquela que tende para o melhor; (potência também se chama) a faculdade de levar a bom termo determinada coisa e de executá-la de acordo com aquilo que se pretende: com efeito, às vezes, quando vemos que certas pessoas caminham ou falam, mas não realizam bem essas ações e nem como elas mesmas quereriam, dizemos que elas não têm a "potência" ou a capacidade de falar ou de andar.[16]

Aristóteles vê com clareza todos os paradoxos ontológicos dessa situação; ele afirma que "a realização segundo a essência é anterior à potência" e indica resolutamente o problema modal aí contido:

> Toda potência é, ao mesmo tempo, potência de duas coisas contrárias, uma vez que, se de um lado aquilo que não tem a potência de existir não pode ser propriedade de coisa alguma, de outro lado tudo aquilo que tem a potência de existir também pode não se transformar em ato. Consequentemente, aquilo que tem a potência de ser pode ser e também não ser; daí que seja a mesma coisa a potência de ser e de não ser.[17]

---
[16] Aristóteles, *Metafísica*, livro Δ, cap. I 2; ed. al.: p. 122s.
[17] Ibidem, livro Θ, cap. 8; ed. al.: p. 217s.

Nós nos perderíamos no labirinto de escolástica estéril se pedíssemos a Aristóteles para "deduzir" de forma rigorosa a "necessidade" dessa constelação que ele tão bem descreveu. Tratando-se de uma questão eminente e puramente ontológica, isto é, por princípio, impossível. Determinadas confusões e, por consequência, aparentes deduções estão continuamente presentes em Aristóteles, quando ele quer ampliar para além da práxis humana aquilo que ele reconheceu de forma tão correta. Assim como Aristóteles tinha diante de si, também nós temos em nossa frente, de forma claramente analisável, o fenômeno do trabalho, em sua especificidade de categoria central, dinâmico-complexa, de um novo grau do ser; é preciso apenas trazer à luz, com uma análise ontológica adequada, essa estrutura dinâmica enquanto complexo, tornando assim compreensível – de acordo com o modelo marxiano que vê na anatomia do homem uma chave para a anatomia do macaco – pelo menos o caminho categorial-abstrato que levou até aí. Certa base para essa operação poderá ser, muito provavelmente, fornecida pela labilidade presente no ser biológico dos animais superiores, cuja importância Hartmann também reconheceu. O desenvolvimento dos animais domésticos, que estão em íntimo e contínuo contato com os homens, mostra-nos as grandes possibilidades contidas nessa labilidade. No entanto, devemos sustentar, ao mesmo tempo, que tal labilidade constitui apenas uma base geral; que a forma mais desenvolvida desse fenômeno só pode tornar-se o fundamento do real ser-homem mediante um salto, que tem início com a atividade humana de pôr desde os seus primórdios na transição da animalidade. O salto, portanto, somente pode ser reconhecimento *post festum*, embora o caminho a percorrer possa ser reconhecido pela luz que é lançada sobre ele por aquisições relevantes do pensamento como essa nova forma de possibilidade contida no conceito aristotélico de *dýnamis*.

A transição desde o espelhamento, como forma particular do não-ser, até o ser ativo e produtivo, do pôr nexos causais, constitui uma forma desenvolvida da *dýnamis* aristotélica, que pode ser considerada como caráter alternativo de qualquer pôr no processo de trabalho. Esse caráter aparece, em primeiro lugar, no pôr do fim do trabalho. E pode ser visto com a máxima evidência também examinando atos de trabalho mais primitivos. Quando o homem primitivo escolhe, de um conjunto de pedras, uma que lhe parece mais apropriada aos seus fins e deixa outras de lado, é óbvio que se trata de uma escolha, de uma alternativa. E no exato sentido de que a pedra, enquanto objeto em si existente da natureza inorgânica, não estava, de modo nenhum, formada de antemão a tornar-se instrumento desse pôr. Obviamente a grama não cresce para ser comida pelos bezerros, e estes não engordam para fornecer a carne que alimenta os animais ferozes. Em ambos os casos, porém, o animal que come está ligado biologicamente ao respectivo tipo de alimentação e essa ligação determina a sua conduta de forma biologicamente necessária. Por isso mesmo, aqui a consciência do animal está determinada num sentido unívoco: é um epifenômeno, jamais uma alternativa. A pedra escolhida como instrumento é um ato de consciência que não possui mais caráter biológico. Mediante a observação e a experiência, isto é, mediante o espelhamento e a sua elaboração na consciência, devem ser reconhecidas certas propriedades da pedra que a tornam adequada ou inadequada para a atividade pretendida. Quando olhado do exterior, esse ato extremamente simples e unitário, a escolha de uma pedra, é, na sua estrutura interna, bastante complexo e cheio de contradições. Trata-se, pois, de duas alternativas relacionadas entre si de maneira heterogênea. Primeira: é certo ou é errado escolher tal pedra para determinado fim? Segunda: o fim posto é certo ou é errado? Vale dizer: uma pedra é realmente um instrumento adequado para esse fim posto? É fácil de ver que ambas as alternativas só podem desenvolver-se partindo de um sistema de espelhamento da realidade (quer dizer, um sistema de atos não existentes em si) que funciona dinamicamente e que é dinamicamente elaborado. Mas é também fácil de ver que só quando os resultados do espelhamento não existente se solidificam numa práxis estruturada em termos de alternativa é que pode provir do ente natural um ente no quadro do ser social, por exemplo uma faca ou um machado, isto é, uma forma de objetividade completa e radicalmente nova desse ente. Com efeito, a pedra, no seu ser-aí e no seu ser-assim natural, nada tem a ver com a faca ou o machado.

A peculiaridade da alternativa aparece ainda mais plasticamente num nível um pouco mais desenvolvido, isto é, não só quando a pedra é escolhida e usada como instrumento de trabalho, mas, em vez disso, para que se torne um melhor meio de trabalho, é submetida a um ulterior processo de elaboração. Neste caso, quando o trabalho é realizado num sentido mais estrito, a alternativa revela ainda mais claramente a sua verdadeira essência: não se trata apenas de um único ato de decisão, mas de um processo, uma ininterrupta cadeia temporal de alternativas sempre novas. Não se pode deixar de perceber, quando se reflete, ainda que rapidamente, sobre qualquer processo de trabalho – mesmo o mais primitivo – que nunca se trata simplesmente da execução mecânica de um fim posto. A cadeia causal na natureza se desenrola "por si", de acordo com a sua própria necessidade natural interna do "se... então". No trabalho, ao contrário, como já vimos, não só o fim é teleologicamente posto, mas também a cadeia causal que o realiza deve transformar-se em uma causalidade posta. Com efeito, tanto o meio de trabalho como o objeto de trabalho, em si mesmos, são coisas naturais sujeitas à causalidade natural e somente no pôr teleológico, somente por meio desse, podem receber o pôr socialmente existente no processo de trabalho, embora permaneçam objetos naturais. Por essa razão, a alternativa é continuamente repetida nos detalhes do processo de trabalho: cada movimento individual no processo de afiar, triturar etc. deve ser considerado corretamente (isto é, deve ser baseado em um espelhamento correto da realidade), ser corretamente orientado pelo pôr do fim, corretamente executado pela mão etc. Se isso não ocorrer, a causalidade posta deixará de operar a qualquer momento e a pedra voltará à sua condição de simples ente natural, sujeito a causalidades naturais, nada mais tendo em comum com os objetos e os instrumentos de trabalho. Desse modo, a alternativa se amplia até ser a alternativa de uma atividade certa ou errada, de modo a dar vida a categorias que somente se tornam formas da realidade no processo de trabalho.

É claro que os erros podem possuir constituição gradativa muito diversa; podem ser corrigíveis com o ato ou os atos sucessivos, o que introduz novas alternativas na cadeia de decisões descrita – e aqui também variam as correções possíveis, das fáceis às difíceis, das que podem ser feitas com um só ato às que requerem vários atos – ou então o erro cometido inviabiliza todo o trabalho. Desse modo, as alternativas no processo de trabalho não são todas do mesmo tipo nem têm todas a mesma importância. Aquilo que Churchill afirmou inteligentemente a respeito de casos muito mais complicados da práxis social, isto é, que ao tomar uma decisão se pode entrar num "período de consequências", emerge como característica da estrutura de toda práxis social, já no trabalho mais primitivo. Essa estrutura ontológica do processo de trabalho, que o torna uma cadeia de alternativas, não deve ficar obscurecida pelo fato de que, no curso do desenvolvimento e mesmo em fases de desenvolvimento relativamente baixas, as alternativas singulares do processo de trabalho se tornem, através do exercício e do hábito, reflexos condicionados e, desse modo, possam ser enfrentados "inconscientemente" no plano da consciência. Deixando de lado aqui a discussão acerca da constituição e da função dos reflexos condicionados – que têm diversos níveis de complexidade, tanto no próprio trabalho como em qualquer outro campo da práxis social, por exemplo, como contraditoriedade da rotina etc. –, observemos apenas que, na sua origem, todo reflexo condicionado foi objeto de uma decisão alternativa, e isso é válido tanto para o desenvolvimento da humanidade como para o de cada indivíduo, que só pode formar esses reflexos condicionados aprendendo, exercitando etc., e no início de tal processo estão precisamente as cadeias de alternativas.

A alternativa, que também é um ato de consciência, é, pois, a categoria mediadora com cuja ajuda o espelhamento da realidade se torna veículo do pôr de um ente. Deve-se sublinhar ainda, aqui, que esse ente, no trabalho, é sempre algo natural e que essa sua constituição natural jamais pode ser inteiramente suprimida. Por mais relevantes que sejam os efeitos transformadores do pôr teleológico das causalidades no processo de trabalho, a barreira natural só pode retroceder, jamais desaparecer inteiramente; e isso é válido tanto para o machado de pedra quanto para o reator atômico. Com efeito, para mencionar apenas uma das possibilidades, sem dúvida as causalidades naturais são submetidas às causalidades postas de acordo com o trabalho, mas, uma vez que cada objeto natural tem em si uma infinidade intensiva de propriedades como possibilidades, estas jamais deixam inteiramente de operar. E, dado que o seu modo de operar é completamente heterogêneo em relação ao pôr teleológico, em muitos casos há consequências que se contrapõem a este e que às vezes o destroem (corrosão do ferro etc.). A consequência disso é que a alternativa continua a funcionar como supervisão, controle, reparo etc., mesmo depois que terminou o processo de trabalho em questão e tais poros preventivos multiplicam ininterruptamente as alternativas no pôr do fim e na sua realização. Por isso, o desenvolvimento do trabalho contribui para que o caráter de alternativa da práxis humana, do comportamento do homem para com o próprio ambiente e para consigo mesmo, se baseie sempre mais em decisões alternativas. A superação da animalidade através do salto para a humanização no trabalho e a superação do caráter epifenomênico da determinação meramente biológica da consciência alcançam assim, com o desenvolvimento do trabalho, intensificação inexorável, uma tendência à universalidade dominante. Aqui também fica demonstrado que as novas formas do ser só podem resultar em determinações universais realmente dominantes de sua própria esfera, desdobrando-se gradualmente. No salto de transição e ainda por muito tempo depois dele, elas estão em constante competição com as formas inferiores do ser das quais surgiram e que – inevitavelmente –

constituem sua base material, mesmo quando o processo de transformação já chegou a um nível bastante elevado.

Somente olhando para trás a partir desse ponto é que podemos valorizar em toda sua extensão a *dýnamis* descoberta por Aristóteles enquanto nova forma da possibilidade. Com efeito, o pôr fundamental tanto do fim quanto dos meios para torná-la realidade fixa-se, no curso do desenvolvimento, de modo cada vez mais acentuado, numa figura específica, e esta poderia fazer surgir a ilusão de que já seria em si algo socialmente existente. Tomemos uma fábrica moderna. O modelo (o pôr teleológico) é elaborado, discutido, calculado etc. por um coletivo às vezes muito amplo, mesmo antes da sua realização pela produção. Embora a existência material de muitos homens esteja baseada no processo de elaboração desse modelo, embora o processo de formação do modelo tenha, de modo geral, uma importante base material (escritórios*, máquinas, instalações etc.), no entanto, o modelo – no sentido de Aristóteles – permanece uma possibilidade que só pode se tornar realidade através da decisão, fundada em alternativas, de executá-lo, somente através da própria execução, tal como na decisão do homem primitivo de escolher esta ou aquela pedra para usá-la como cunha ou machado. Certamente, o caráter de alternativa da decisão de realizar o pôr teleológico torna-se ainda mais complexo, mas isso apenas aumenta a sua importância enquanto salto da possibilidade à realidade. Pense-se que, para o homem primitivo, somente a utilidade imediata em geral constituiu o objeto da alternativa, ao passo que, na medida em que se desenvolve a socialização da produção, isto é, da economia, as alternativas assumem uma figura cada vez mais diversificada, mais diferenciada. O próprio desenvolvimento da técnica tem como consequência o fato de que o projeto de modelo é o resultado de uma cadeia de alternativas, mas, por mais elevado que seja o grau de desenvolvimento da técnica (sustentado por uma série de ciências), nunca será a única base de decisão da alternativa. Por isso, o *optimum* técnico assim elaborado de modo nenhum coincide com o *optimum* econômico. Certamente, a economia e a técnica estão, no desenvolvimento do trabalho, numa coexistência indissociável e têm relações ininterruptas entre si, mas esse fato não elimina a heterogeneidade, que, como vimos, se mostra na dialética contraditória entre fim e meio; pelo contrário, muitas vezes acentua sua contraditoriedade. Dessa heterogeneidade, sobre cujos

---

* Acréscimo manuscrito: "aparato". (N. E. A.)

complicados momentos não podemos deter-nos agora, deriva o fato de que se o trabalho, com vistas à sua realização sempre mais elevada e mais socializada, criou a ciência como órgão auxiliar, a inter-relação entre ambos apenas pode se realizar em um desenvolvimento desigual.

Ora, se examinarmos tal projeto em termos ontológicos, veremos com clareza que ele possui os traços característicos da possibilidade aristotélica, da potência: "Aquilo que tem a potência de ser pode ser e também não ser". Marx diz, exatamente no sentido de Aristóteles, que o instrumento de trabalho no curso do processo de trabalho "se converteu igualmente de simples possibilidade em realidade"[18]. Um projeto que seja rejeitado, mesmo que complexo e delineado com base em espelhamentos corretos, permanece um não existente, ainda que esconda em si a possibilidade de tornar-se um existente. Em resumo, pois, só a alternativa daquele homem (ou daquele coletivo de homens), que põe em movimento o processo da realização material através do trabalho, pode efetivar essa transformação da potência em um ente. Isso mostra não somente o limite superior desse tipo de possibilidade de se tornar real, mas também aquele inferior, que determina quando e em que medida pode converter-se em uma possibilidade, nesse sentido, de um reflexo da realidade conforme à consciência e orientado para a realização. Tais limites da possibilidade não remontam de modo nenhum ao nível do pensamento, à exatidão, à originalidade etc. da racionalidade imediata. Naturalmente, os momentos intelectuais do projeto de um pôr de fim no trabalho são importantes, em última análise, na decisão da alternativa; seria, porém, fetichizar a racionalidade econômica ver aí o motor único da passagem da possibilidade à realidade no campo do trabalho. Esse tipo de racionalidade é um mito, tanto quanto a suposição de que as alternativas que nós descrevemos se realizariam num plano de pura liberdade abstrata. Em ambos os casos deve-se sustentar que as alternativas orientadas para o trabalho sempre se pautam para a decisão em circunstâncias concretas, quer se trate do problema de fazer um machado de pedra ou do modelo de um automóvel para ser produzido em centenas de exemplares. Isso implica, em primeiro lugar, que a racionalidade depende da necessidade concreta que aquele produto singular deve satisfazer. Essa satisfação da necessidade e tam-

---

[18] K. Marx, *Grundrisse der Kritik der politischen Ökonomie (Rohentwurf)* (Moscou, 1939-1941; Berlim, 1953), p. 208; MEW, v. 42, p. 222 [ed. bras.: *Grundrisse: manuscritos econômicos de 1857-1858 – Esboços da crítica da economia política*, trad. Mario Duayer e Nélio Schneider et al., São Paulo, Boitempo, 2011, p. 234].

bém as representações acerca dela são, desse modo, componentes que determinam a estrutura do projeto, a seleção e o agrupamento dos pontos de vista, tanto quanto a tentativa de espelhar corretamente as relações causais da realização. Em última análise, a determinação se acha fundada, portanto, na singularidade da realização projetada. Sua racionalidade nunca pode ser absoluta, mas, ao contrário – como sempre ocorre nas tentativas de realizar algo –, é a racionalidade concreta de um nexo "se... então". É só porque no interior de tal quadro reinam conexões desse tipo de necessidade que a alternativa se torna possível: ela pressupõe – dentro desse complexo concreto – a sucessão necessária de passos singulares. Poder-se-ia por certo objetar: do mesmo modo que a alternativa e a predeterminação se excluem mutuamente, em termos lógicos, a primeira não pode deixar de ter seu fundamento ontológico na liberdade de decisão. E isso é correto até certo ponto, mas apenas até certo ponto. Para entender bem as coisas, não se pode esquecer que a alternativa, de qualquer lado que seja vista, somente pode ser uma alternativa concreta: a decisão de um homem concreto (ou de um grupo de homens) a respeito das melhores condições de realização concretas de um pôr concreto do fim. Isso quer dizer que nenhuma alternativa (e nenhuma cadeia de alternativas) no trabalho pode se referir à realidade em geral, mas é uma escolha concreta entre caminhos cujo fim (em última análise, a satisfação da necessidade) foi produzido não pelo sujeito que decide, mas pelo ser social no qual ele vive e opera. O sujeito só pode tomar como objeto de seu pôr de fim, de sua alternativa, as possibilidades determinadas a partir e por meio desse complexo de ser que existe independentemente dele. E é do mesmo modo evidente que o campo das decisões é delimitado por esse complexo de ser; é óbvio que a amplitude, a densidade, a profundidade etc. cumprem um papel importante na correção do espelhamento da realidade; isso, porém, não elimina o fato de que o pôr das cadeias causais no interior do pôr teleológico é – imediatamente ou mediatamente – determinado, em última análise, pelo ser social.

Obviamente, permanece o fato de que a decisão concreta de assumir um pôr teleológico nunca pode ser inteiramente e com necessidade obrigatória* derivada das condições que a precedem. Por outro lado, é preciso observar que, se não se presta atenção somente ao ato de pôr teleológico singular, mas à totalidade desses atos e às suas inter-relações recíprocas em dada sociedade,

---

* Acréscimo manuscrito: "de antemão" [*im voraus*]. (N. E. A.)

inevitavelmente se encontrará neles analogias tendenciais, convergências, tipos etc. A proporção de tais tendências para a convergência ou para a divergência, no seio dessa totalidade, mostra a realidade do campo concreto dos pores teleológicos, dos quais já falamos. O processo social real, do qual emergem tanto o pôr do fim quanto a descoberta e a aplicação dos meios, é o que determina – delimitando-o concretamente – o campo das perguntas e respostas possíveis, das alternativas que podem ser realmente realizadas. Dentro da totalidade respectiva, os componentes determinantes aparecem delineados com força e concretude ainda maior do que nos atos de pôr considerados isoladamente. No entanto, com isso expusemos apenas um lado da alternativa. Por mais precisa que seja a definição de um campo respectivo, não se elimina a circunstância de que no ato da alternativa está presente o momento da decisão, da escolha, e que o "lugar" e o órgão de tal decisão sejam a consciência humana; e é exatamente essa função ontologicamente real que retira, do caráter de epifenômeno em que se encontravam, as formas da consciência animal totalmente condicionadas pela biologia.

Por isso, em certo sentido, poder-se-ia falar do germe ontológico da liberdade, liberdade que cumpriu e ainda cumpre um papel tão importante nas disputas filosóficas acerca do homem e da sociedade. Para evitar equívocos, no entanto, é preciso tornar mais claro e concreto o caráter dessa gênese ontológica da liberdade, que aparece pela primeira vez na realidade na alternativa dentro do processo de trabalho. Com efeito, se entendemos o trabalho no seu caráter originário – quer dizer, como produtor de valores de uso – como forma "eterna", que se mantém ao longo das mudanças das formações sociais, do metabolismo entre o homem (sociedade) e a natureza, fica claro que a intenção que determina o caráter da alternativa, embora desencadeada por necessidades sociais, está orientada para a transformação de objetos naturais. Até agora nos preocupamos apenas em fixar esse caráter originário do trabalho, deixando para análises ulteriores as suas formas mais desenvolvidas e complexas que surgem no pôr econômico-social do valor de troca e nas inter-relações entre este e o valor de uso. É certamente difícil manter sempre com coerência esse nível de abstração, no sentido marxiano, sem fazer alusão, nas análises singulares, a fatos que já pressupõem circunstâncias mais concretas, condicionadas pela respectiva sociedade. Desse modo, quando nos referimos, anteriormente, à heterogeneidade entre *optimum* técnico e econômico, alargamos o campo de visão somente para indicar com um exemplo concreto – de certo modo como um horizonte – a complexidade dos momentos que intervêm na transformação da possibilidade em realidade. Agora, no entanto, devemos considerar o trabalho exclusivamente no sentido estrito do termo, na sua forma originária, como órgão do metabolismo entre homem e natureza, porque somente dessa maneira se pode mostrar aquelas categorias que nascem de um modo ontologicamente necessário daquela forma originária e que, por isso, fazem do trabalho o modelo da práxis social em geral. Será tarefa de investigações futuras, em especial na *Ética*, demonstrar as complicações, delimitações etc. que emergem na medida em que a sociedade for examinada sempre mais a fundo na sua totalidade desdobrada.

Assim entendido, o trabalho revela, no plano ontológico, uma dupla face. Vemos, por um lado, nessa sua generalidade, que uma práxis só é possível a partir de um pôr teleológico de um sujeito, mas que tal pôr implica em si um conhecimento e um pôr dos processos naturais-causais. Por outro lado, trata-se aqui da relação recíproca entre homem e natureza em um modo tão preponderante que, na análise do pôr, sentimo-nos autorizados a prestar atenção apenas às categorias que nascem a partir daí. Veremos em breve que, quando nos dedicamos às transformações que o trabalho provoca no sujeito, percebemos a peculiaridade dessa relação que domina o caráter de tal modo que as outras mudanças do sujeito, por mais importantes que sejam, são produto de estágios mais evoluídos, superiores de um ponto de vista social, e, certamente, têm como condição ontológica a sua forma originária no mero trabalho. Vimos que a categoria decisivamente nova, aquela que faz a passagem da possibilidade à realidade, é exatamente a alternativa. Qual é, porém, o seu conteúdo ontológico essencial? À primeira vista, parecerá um pouco surpreendente se dissermos que nela o momento preponderante é constituído pelo seu caráter marcantemente cognitivo. É claro que o primeiro impulso para o pôr teleológico provém da vontade de satisfazer uma necessidade. No entanto, esse é um traço comum à vida tanto humana como animal. Os caminhos começam a divergir quando entre necessidade e satisfação se insere o trabalho, o pôr teleológico. E nesse mesmo fato, que implica o primeiro impulso para o trabalho, se evidencia a sua constituição marcadamente cognitiva, uma vez que é indubitavelmente uma vitória do comportamento consciente sobre a mera espontaneidade do instinto biológico quando entre a necessidade e a satisfação imediata seja introduzido o trabalho como mediação.

A situação fica ainda mais clara quando a mediação se realiza no trabalho por meio de uma cadeia de alternativas. O trabalhador deseja necessariamente o sucesso da sua atividade. No entanto, ele só pode obtê-lo quando, tanto no pôr do fim quanto na escolha dos seus meios, está permanentemente voltado para capturar o objetivo ser-em-si de tudo aquilo que se relaciona com o trabalho e para comportar-se em relação aos fins e aos seus meios de maneira adequada ao seu ser-em-si. Aqui não temos apenas a intenção de atingir um espelhamento objetivo, mas também de eliminar tudo o que seja meramente instintivo, emocional etc. e que poderia atrapalhar a compreensão objetiva. Essa é a forma pela qual a consciência torna-se dominante sobre o instinto, o conhecimento sobre o meramente emocional. Isso naturalmente não significa que o trabalho do homem primitivo, quando surgiu, ocorreu nas formas atuais de consciência. As formas de consciência em questão são, certamente, diferentes dessas em qualidade a um ponto que não temos a condição de reconstruir. Não obstante, uma das condições objetivas da existência do trabalho, de acordo com seu ser, como já mostramos, é que apenas um espelhamento correto da realidade, como ela é em si, independentemente da consciência, pode levar à realização das causalidades naturais, cujo caráter heterogêneo e indiferente com respeito ao pôr do fim pode conduzir à sua transformação em causalidade posta, a serviço do pôr teleológico. Desse modo, as alternativas concretas do trabalho implicam, em última instância, tanto a determinação do fim como a execução, uma escolha entre certo e errado. Nisso está a sua essência ontológica, o seu poder de transformar a *dýnamis* aristotélica em uma realização concreta. Por isso esse caráter cognitivo primário das alternativas do trabalho é uma faticidade irrevogável, é exatamente o ontológico ser-propriamente-assim do trabalho; pode, portanto, ser ontologicamente reconhecido, inteiramente independente das formas de consciência nas quais ele se realizou originalmente e talvez até por muito tempo depois.

Essa transformação do sujeito que trabalha – autêntico devir homem do homem – é a consequência ontológica necessária do objetivo ser-propriamente-assim do trabalho. Em sua determinação do trabalho, cujo texto já citamos amplamente, Marx fala de sua ação determinante sobre o sujeito humano. Ele mostra como o homem, ao atuar sobre a natureza e transformá-la, "modifica, ao mesmo tempo, sua própria natureza. Ele desenvolve as potências que nela jazem latentes e submete o jogo de suas forças a seu próprio domínio"[19]. Isso significa, antes de tudo, como já referimos ao analisar o trabalho pelo seu lado

---

[19] K. Marx, *Das Kapital*, cit., v. I, p. 140; MEW, v. 23, p. 192 [ed. bras.: *O capital*, Livro I, cit., p. 255].

objetivo, que aqui existe um domínio da consciência sobre o elemento instintivo puramente biológico. Visto do lado do sujeito, isso implica uma continuidade sempre renovada de tal domínio, e uma continuidade que se apresenta em cada movimento singular do trabalho como um novo problema, uma nova alternativa, e que a cada vez, para que o trabalho tenha êxito, deve terminar com uma vitória da compreensão correta sobre o meramente instintivo. Com efeito, aquilo que acontece com o ser natural da pedra e que é totalmente heterogêneo com relação ao seu uso como faca ou como machado, podendo sofrer essa transformação somente quando o homem põe cadeias causais corretamente conhecidas, acontece também no próprio homem com os seus movimentos etc., na sua origem biológico-instintiva. O homem deve pensar seus movimentos expressamente para aquele determinado trabalho e executá-los em contínua luta contra aquilo que há nele de meramente instintivo, contra si mesmo. Também nesse caso a *dýnamis* aristotélica (Marx usa o termo "potência", preferido também pelo historiador da lógica Prantl) se mostra como a expressão categorial de tal transição. O que Marx aqui chama potência é, em última análise, a mesma coisa que N. Hartmann designa como labilidade no ser biológico dos animais superiores, uma grande elasticidade na adaptação até, caso necessário, circunstâncias radicalmente diferentes. Essa foi, sem dúvida, a base biológica da transformação de dado animal desenvolvido em ser humano. E isso pode ser observado em animais bastante desenvolvidos que se encontram em cativeiro, como aqueles domésticos. Só que tal comportamento elástico, tal atualização de potências, também nesse caso permanece puramente biológico, uma vez que as exigências chegam para o animal do exterior, reguladas pelo homem, como um novo ambiente, no sentido amplo da palavra, de tal modo que a consciência também aqui permanece um epifenômeno. Ao contrário, o trabalho, como já dissemos, significa um salto nesse desenvolvimento. A adaptação não passa simplesmente do nível do instinto ao da consciência, mas se desdobra como "adaptação" a circunstâncias, não criadas pela natureza, porém escolhidas, criadas autonomamente.

Exatamente por esse motivo a "adaptação" do homem que trabalha não é interiormente estável e estática, como acontece nos demais seres vivos – os quais normalmente reagem sempre da mesma maneira quando o ambiente não muda –, e também não é guiada a partir de fora, como nos animais domésticos. O momento da criação autônoma não apenas modifica o próprio ambiente, nos aspectos materiais imediatos, mas também nos efeitos materiais retroativos sobre o ser humano; assim, por exemplo, o trabalho fez com que o mar, que era um limite para o movimento do ser humano, se tornasse um meio de contatos cada vez mais intensos. Mas, além disso – e naturalmente causando mudanças análogas de função –, essa constituição estrutural do trabalho retroage também sobre o sujeito que trabalha. E, para compreender corretamente as mudanças que daí derivam para o sujeito, é preciso partir da situação objetiva já descrita, isto é, do fato de que ele é o iniciador do pôr do fim, da transformação das cadeias causais espelhadas em cadeias causais postas e da realização de todos esses pores no processo de trabalho. Trata-se, pois, de toda uma série de pores diversos, teóricos e práticos, estabelecidos pelo sujeito. A característica comum a todos esses pores, quando vistos como atos de um sujeito, é que, dado o distanciamento necessariamente implicado em todo ato de pôr, aquilo que pode ser colhido imediatamente, por instinto, é sempre substituído ou pelo menos dominado por atos de consciência. Não devemos nos confundir pela aparência de que em cada trabalho executado a maior parte dos atos singulares não mais possui um caráter diretamente consciente. O elemento "instintivo", "não consciente", baseia-se aqui na transformação de movimentos surgidos conscientemente em reflexos condicionados fixos. No entanto, não é isso que os distingue, em primeiro lugar, das expressões instintivas dos animais superiores, mas, ao contrário, o fato de que esse caráter não mais consciente é continuamente revogável, sempre pode acabar. Foram fixados por experiências acumuladas no trabalho, mas outras experiências podem, a cada momento, substituí-los por outros movimentos também fixos e revogáveis. A acumulação das experiências do trabalho segue, portanto, um duplo caminho, eliminando e conservando os movimentos usuais, os quais, porém, mesmo depois de fixados como reflexos condicionados, sempre guardam em si a origem de um pôr que cria uma distância, determina os fins e os meios, controla e corrige a execução.

Esse distanciamento tem como outra importante consequência o fato de que o trabalhador é obrigado a dominar conscientemente os seus afetos. Num determinado momento ele pode sentir-se cansado, mas, se a interrupção for nociva para o trabalho, ele continuará; na caça, por exemplo, pode ser tomado pelo medo, no entanto permanecerá no seu posto e aceitará lutar com animais fortes e perigosos etc. (É preciso repetir que estamos falando do trabalho enquanto produtor de valores de uso, que é a sua forma inicial. Só nas sociedades mais complexas, de classes, essa conduta originária se entrecruza com outros motivos, surgidos do ser social, por exemplo a sabotagem do trabalho. No entanto, também nesse caso permanece como orientação básica o domínio do consciente sobre o instintivo.) É evidente que, desse modo, entram na vida humana tipos de comportamentos que se tornam por excelência decisivos para o devir homem do homem. É reconhecido universalmente que o domínio do homem sobre os próprios instintos, afetos etc. constitui o problema fundamental de qualquer disposição moral, desde os costumes e tradições até as formas mais elevadas da ética. Os problemas dos graus superiores só poderão ser discutidos mais adiante, e em termos realmente adequados apenas na *Ética*; mas é decisivamente importante, para a ontologia do ser social, que eles já compareçam nos estágios mais iniciais do trabalho e, além disso, na forma absolutamente distintiva do domínio consciente sobre os afetos etc. O ser humano foi caracterizado como o animal que frequentemente constrói suas próprias ferramentas. É correto, mas é preciso acrescentar que construir e usar ferramentas implica necessariamente, como pressuposto imprescindível para o sucesso do trabalho, o autodomínio do homem aqui já descrito. Esse também é um momento do salto a que nos referimos, da saída do ser humano da existência meramente animalesca. Quanto aos fenômenos aparentemente análogos que se encontram nos animais domésticos, por exemplo o comportamento dos cães de caça, repetimos que tais hábitos só podem surgir pela convivência com os homens, como imposições do ser humano sobre o animal, enquanto aquele realiza por si o autodomínio como condição necessária para a realização no trabalho dos próprios fins autonomamente postos. Também sob esse aspecto o trabalho se revela como o veículo para a autocriação do homem enquanto homem. Como ser biológico, ele é um produto do desenvolvimento natural. Com a sua autorrealização, que também implica, obviamente, nele mesmo um afastamento das barreiras naturais, embora jamais um completo desaparecimento delas, ele ingressa num novo ser, autofundado: o ser social.

2. O trabalho como modelo da práxis social

Nossas últimas exposições mostraram como nos pores do processo de trabalho já estão contidos *in nuce*, nos seus traços mais gerais, mas também mais decisivos, problemas que em estágios superiores do desenvolvimento humano se apresentam de forma mais generalizada, desmaterializada, sutil e abstrata e que por isso aparecem depois como os temas centrais da filosofia. É por isso que julgamos correto ver no trabalho o modelo de toda práxis social, de qualquer conduta social ativa. Como é nossa intenção expor essa maneira de ser essencial do trabalho em relação com categorias de tipo extremamente complexo e derivado, precisamos tornar mais concretas as reservas já referidas acerca do mencionado caráter do trabalho. Tínhamos dito: no momento estamos falando apenas do trabalho enquanto produtor de objetos úteis, de valores de uso. As novas funções que o trabalho adquire no curso da criação de uma produção social em sentido estrito (os problemas do valor de troca) ainda não estão presentes na nossa representação do modelo e só encontram sua autêntica exposição no capítulo seguinte.

Mais importante, porém, é deixar claro o que distingue o trabalho nesse sentido das formas mais desenvolvidas da práxis social. Nesse sentido originário e mais restrito, o trabalho é um processo entre atividade humana e natureza: seus atos estão orientados para a transformação de objetos naturais em valores de uso. Nas formas ulteriores e mais desenvolvidas da práxis social, destaca-se em primeiro plano a ação sobre outros homens, cujo objetivo é, em última instância – mas somente em última instância –, uma mediação para a produção de valores de uso. Também nesse caso o fundamento ontológico-estrutural é constituído pelos pores teleológicos e pelas cadeias causais que eles põem em movimento. No entanto, o conteúdo essencial do pôr teleológico nesse momento – falando em termos inteiramente gerais e abstratos – é a tentativa de induzir outra pessoa (ou grupo de pessoas) a realizar, por sua parte, pores teleológicos concretos. Esse problema aparece logo que o trabalho se torna social, no sentido de que depende da cooperação de mais pessoas, independente do fato de que já esteja presente o problema do valor de troca ou que a cooperação tenha apenas como objetivo os valores de uso. Por isso, esta segunda forma de pôr teleológico, no qual o fim posto é imediatamente um pôr do fim por outros homens, já pode existir em estágios muito iniciais.

Pensamos na caça no período paleolítico. As dimensões, a força e a periculosidade dos animais a serem caçados tornam necessária a cooperação de um grupo de homens. Ora, para essa cooperação funcionar eficazmente, é preciso distribuir os participantes de acordo com funções (batedores e caçadores). Os pores teleológicos que aqui se verificam realmente têm um caráter secundário do ponto de vista do trabalho imediato; devem ter sido precedidos por um pôr teleológico que determinou o caráter, o papel, a função etc. dos pores singulares, agora concretos e reais, orientados para um objeto natural. Desse modo, o objeto desse pôr secundário do fim já não é mais algo puramente natural, mas a consciência de um grupo humano; o pôr do fim já não visa a transformar diretamente um objeto natural, mas, em vez disso, a fazer surgir um pôr teleológico que já está, porém, orientado a objetos naturais; da mesma maneira, os meios já não são intervenções imediatas sobre objetos naturais, mas pretendem provocar essas intervenções por parte de outros homens.

Tais pores teleológicos secundários estão muito mais próximos da práxis social dos estágios mais evoluídos do que o próprio trabalho no sentido que aqui o entendemos. Uma análise mais profunda dessa questão será feita adiante. A referência aqui era necessária apenas para distinguir as duas coisas. Em parte porque um primeiro olhar a esse nível social mais elevado do trabalho já nos mostra que este, no sentido por nós referido, constitui a sua insuprimível base real, é o fim último da cadeia intermediária, eventualmente bastante articulada, de pores teleológicos; em parte porque esse primeiro olhar também nos revela que o trabalho originário deve, por si mesmo, desenvolver necessariamente tais formas mais complexas, por causa da dialética peculiar de sua constituição. E esse duplo nexo indica uma simultânea identidade e não identidade nos diversos graus do trabalho, mesmo quando existem mediações amplas, múltiplas e complexas.

Já vimos como o pôr teleológico conscientemente realizado provoca um distanciamento no espelhamento da realidade e como, com esse distanciamento, nasce a relação "sujeito-objeto" no sentido próprio do termo. Esses dois momentos implicam simultaneamente o surgimento da apreensão conceitual dos fenômenos da realidade e sua expressão adequada através da linguagem. Para entender corretamente, no plano ontológico, a gênese dessas interações complicadíssimas e intrincadíssimas, tanto no momento da gênese quanto no seu ulterior desenvolvimento, devemos ter presente antes de tudo que, sempre que tenha a ver com autênticas transformações do ser, o contexto total do complexo em questão é primário em relação a seus elementos. Estes só podem ser compreendidos a partir da sua interação no interior daquele complexo do ser, ao passo que seria um esforço inútil querer reconstruir intelectualmente o próprio complexo do ser a partir dos seus elementos. Por esse caminho chegar-se-ia a pseudoproblemas como o do horrível exemplo escolástico em que se pergunta se a galinha vem – ontologicamente – antes do ovo. Essa é uma questão que hoje podemos considerar como uma mera piada, mas é preciso lembrar que a questão de se a palavra existiu antes do conceito ou vice-versa não está nada mais próxima da realidade, isto é, da racionalidade. Com efeito, palavra e conceito, linguagem e pensamento conceitual são elementos vinculados do complexo chamado ser social, o que significa que só podem ser compreendidos na sua verdadeira essência relacionados com a análise ontológica dele por meio do conhecimento das funções reais que eles exercem dentro desse complexo. É claro que em cada sistema de inter-relações dentro de um complexo de ser, como também em cada interação, há um momento preponderante. Esse caráter surge em uma relação puramente ontológica, independente de qualquer hierarquia de valor. Em tais inter-relações os momentos singulares podem condicionar-se mutuamente, como no caso citado da palavra e do conceito, em que nenhum dos dois pode estar presente sem o outro ou então se pode ter um condicionamento no qual um momento é o pressuposto para a existência do outro, sem que a relação possa ser invertida. Esta última é a relação que existe entre o trabalho e os outros momentos do complexo constituído pelo ser social. É sem dúvida possível deduzir geneticamente a linguagem e o pensamento conceitual a partir do trabalho, uma vez que a execução do processo de trabalho põe ao sujeito que trabalha exigências que só podem ser satisfeitas reestruturando ao mesmo tempo quanto à linguagem e ao pensamento conceitual as faculdades e possibilidades psicofísicas presentes até aquele momento, ao passo que a linguagem e o pensamento conceitual não podem ser entendidos nem em nível ontológico nem em si mesmos se não se pressupõe a existência de exigências nascidas do trabalho e nem muito menos como condições que fazem surgir o processo de trabalho. É obviamente indiscutível que, tendo a linguagem e o pensamento conceitual surgido para as necessidades do trabalho, seu desenvolvimento se apresenta como uma ininterrupta e ineliminável ação recíproca, e o fato de que o trabalho continue a ser o momento preponderante não só não suprime a permanência dessas interações, mas, ao contrário, as reforça e as intensifica. Disso se segue necessariamente que no interior desse complexo o trabalho influi continuamente sobre a linguagem e o pensamento conceitual e vice-versa.

Apenas tal concepção da gênese ontológica, isto é, como gênese de um complexo concretamente estruturado, pode esclarecer porque ela constitui um salto (do ser orgânico ao social) e, ao mesmo tempo, um longo processo de milênios. O salto manifesta-se logo que a nova constituição do ser se efetiva realmente, mesmo que em atos singulares e inteiramente primordiais. Mas há um desenvolvimento extremamente longo, em geral contraditório e desigual, antes que as novas categorias do ser cheguem a um nível extensivo e intensivo que permita ao novo grau do ser constituir-se como um fato definido e fundado em si mesmo.

Como já vimos, o traço essencial de tais desenvolvimentos é que as categorias especificamente peculiares do novo grau de ser vão assumindo, nos novos complexos, uma supremacia cada vez mais clara em relação aos graus inferiores, os quais, no entanto, continuam fundando materialmente sua existência. É o que acontece nas relações entre a natureza orgânica e inorgânica e o que acontece agora nas relações entre o ser social e os dois graus do ser natural. Esse desdobramento das categorias originárias próprias de um grau do ser sempre se dá através de sua crescente diferenciação e, com isso, através de sua crescente autonomização – por certo, sempre meramente relativa –, dentro dos respectivos complexos de um tipo de ser.

No ser social isso pode ser visto de maneira mais clara nas formas do espelhamento da realidade. O fato de que apenas – no contexto do respectivo trabalho concreto – um espelhamento objetivamente concreto das relações causais pertinentes ao fim do trabalho pode realizar sua transformação absolutamente necessária em relações postas não atua apenas em direção a um constante controle e aperfeiçoamento dos atos de espelhamento, mas também à sua generalização. Na medida em que as experiências de um trabalho concreto são utilizadas em outro, ocorre gradativamente sua – relativa – autonomia, ou seja, a fixação generalizadora de determinadas observações que já não se referem de modo exclusivo e direto a um único procedimento, mas, ao contrário, adquirem certa generalização como observações de eventos da natureza em geral. São essas generalizações que formam os germes das futuras ciências, cujos inícios, no caso da geometria e da aritmética, se perdem em um passado remoto. Mesmo sem que se tenha uma clara consciência disso, tais generalizações apenas iniciais já contêm princípios decisivos de futuras ciências autenticamente autônomas. Como exemplo, o princípio da desantropomorfização, a observação abstrata de determinações que são indissociáveis do modo humano de reagir face ao entorno (e também em face do próprio ser humano). Esses princípios já estão implicitamente presentes nas mais rústicas concepções da aritmética e da geometria. Nenhuma importância tem o fato de que os homens que os elaboraram e usaram tenham ou não compreendido a sua essência real. A obstinada imbricação desses conceitos com representações mágicas e míticas, que remonta muito atrás no tempo histórico, mostra como, na consciência dos homens, o agir finalisticamente necessário, sua correta preparação no pensamento e sua execução podem dar origem continuamente a formas superiores de práxis que se misturam com falsas representações acerca de coisas que não existem e são tidas como verdadeiras e como fundamento último. Isso mostra que a consciência relativa às tarefas, ao mundo, ao próprio sujeito, brota da reprodução da própria existência (e, junto com esta, daquela do ser do gênero), como instrumento indispensável de tal reprodução. Essa consciência se torna certamente sempre mais difusa, sempre mais autônoma, e, no entanto, continua inelimináveImente, embora através de muitas mediações, em última análise, um instrumento da reprodução do próprio homem.

Somente mais adiante poderemos tratar do problema aqui aludido da falsa consciência e da possibilidade de que ela tenha uma correção relativamente fecunda. Essas considerações são suficientes para acentuar a situação paradoxal através da qual – tendo se originado no trabalho, para o trabalho e mediante o trabalho – a consciência do homem intervém em sua atividade de autorreprodução. Podemos pôr as coisas assim: a independência do espelhamento do mundo externo e interno na consciência humana é um pressuposto indispensável para o nascimento e desenvolvimento ascendente do trabalho. E, no entanto, a ciência, a teoria como figura automática e independente dos poros teleológico-causais originados no trabalho, mesmo chegando ao grau máximo de desenvolvimento, não pode nunca romper inteiramente essa relação de última instância com sua própria origem. Mais adiante, veremos como ela jamais perdeu esse vínculo com a satisfação das necessidades do gênero humano, ainda que as mediações que a levem a isso tenham se tornado muito complexas e articuladas. Nessa dupla relação de vínculo e de independência também aparece um problema importante que a reflexão humana, a consciência e a autoconsciência da humanidade constantemente tiveram que se colocar e resolver, no curso da história: o problema da teoria e da práxis. No entanto, para encontrar o ponto de partida correto com relação a esse complexo de questões, temos que retornar novamente a um problema muitas vezes abordado: o da teleologia e da causalidade.

Quando o processo real do ser na natureza e na história era visto como teleológico, de tal modo que a causalidade tinha apenas o papel de órgão executivo do "fim último", a forma mais alta do comportamento humano acabava sendo a teoria, a contemplação. Com efeito, uma vez que o fundamento inabalável da essência da realidade objetiva era o seu caráter teleológico, o homem só podia ter com ela, em última análise, uma relação contemplativa; a autocompreensão dos próprios problemas da vida, tanto no sentido imediato como mediato, até o máximo nível de sutileza, só parecia possível nessa relação com a realidade. Reconhece-se, sem dúvida, relativamente cedo o caráter teleologicamente posto da práxis humana. No entanto, uma vez que as atividades concretas que daí se originam sempre acabam numa totalidade teleológica de natureza e sociedade, permanece de pé essa supremacia filosófica, ética, religiosa etc. da compreensão contemplativa da teleologia cósmica. Não é aqui o lugar para aludir, nem de longe, às batalhas espirituais suscitadas por tal visão de mundo. Seja dito apenas que a elevada posição hierárquica que ocupa a contemplação é, de modo geral, conservada por aquelas filosofias que já contestam o domínio da teleologia no campo cosmológico. À primeira vista, o motivo parece paradoxal: a completa dessacralização do mundo externo ao homem se realiza de forma mais lenta do que o processo que o leva à liberação das constituições teleológicas que lhe foram atribuídas nas teodiceias. Observe-se, além disso, que a paixão intelectual com a qual se procura intensamente desmascarar a teleologia objetiva por meio de um sujeito religioso fictício leva, muitas vezes, a eliminar inteiramente a teleologia, e isso impede uma compreensão concreta da práxis (trabalho). É apenas a partir da filosofia clássica alemã que a práxis começa a ser valorizada de acordo com a sua importância. Na primeira Tese sobre Feuerbach, já citada anteriormente, Marx, criticando o velho materialismo, diz: "Daí o lado *ativo*, em oposição ao materialismo, ter sido abstratamente desenvolvido pelo idealismo". Essa contraposição, que já contém no advérbio "abstratamente" também uma crítica ao idealismo, concretiza-se na reprovação dirigida a este último: "que, naturalmente, não conhece a atividade real, sensível, como tal"[20]. Já é do nosso conhecimento que, nos *Manuscritos econômico-filosóficos*, a crítica de Marx à *Fenomenologia* hegeliana se concentra exatamente nesse mérito, nesse limite do idealismo alemão, especialmente do idealismo de Hegel.

Desse modo, a posição de Marx fica bem demarcada, tanto em relação ao velho materialismo quanto em relação ao idealismo: para resolver o problema "teoria-práxis" é preciso voltar à práxis, ao seu modo real e material

---

[20] Idem, "*Ad* Feuerbach", cit., p. 533s.; MEW, v. 3, p. 5 [ed. bras.: "*Ad* Feuerbach", cit., p. 533].

de manifestação, onde se evidenciam e podem ser vistas clara e univocamente suas determinações ontológicas fundamentais. Assim, o aspecto ontologicamente decisivo é a relação entre teleologia e causalidade. E constitui um ato pioneiro no desenvolvimento do pensamento humano e da imagem humana do mundo equacionar o problema pondo o trabalho no centro dessa disputa, e isso não só porque desse modo é afastada criticamente do desdobramento do ser na sua totalidade qualquer projeção, não só porque o trabalho (a práxis social) é entendido como o único complexo do ser no qual o pôr teleológico tem um papel autenticamente real e transformador da realidade, mas também porque sobre essa base – e, ademais, generalizando-a e ultrapassando, com essa generalização, a mera constatação de um fato ontológico fundamental – é evidenciada a única relação filosoficamente correta entre teleologia e causalidade. Já nos referimos ao essencial dessa relação quando analisamos a estrutura dinâmica do trabalho: teleologia e causalidade não são, como até agora aparecia nas análises gnosiológicas ou lógicas, princípios mutuamente excludentes no desdobramento do processo, do ser-aí e do ser-assim das coisas, mas, ao contrário, princípios mutuamente heterogêneos, que, no entanto, apesar da sua contraditoriedade, somente em comum, numa coexistência dinâmica indissociável, podem constituir o fundamento ontológico de determinados complexos dinâmicos, complexos que só no campo do ser social são ontologicamente possíveis, cuja ação nessa coexistência dinâmica constitui a característica principal desse grau do ser.

Na análise anterior do trabalho também chamamos a atenção para uma característica bastante importante dessas determinações categoriais dinâmicas: por sua essência, a teleologia só pode funcionar realmente como teleologia posta. Por isso, para delimitar seu ser em termos ontológicos concretos, quando queremos caracterizar justificadamente um processo como teleológico, devemos também demonstrar, em termos ontológicos e sem qualquer dúvida, o ser do sujeito que a põe. Ao contrário, a causalidade pode operar como posta ou não posta. Desse modo, uma análise correta exige não só que se distinga com precisão entre esses dois modos de ser, mas também que a determinação de ser-posto esteja livre de toda ambiguidade filosófica. Com efeito, em certas filosofias bastante influentes – lembre-se apenas da filosofia hegeliana – o problema perde o foco e com isso desaparece a diferença entre os pores da causalidade puramente cognitivos e aqueles materialmente reais, ontológicos. Quando, baseados nas análises precedentes, sublinhamos que apenas uma causalidade material e ontologicamente posta pode aparecer naquela coexistência com a teleologia, por nós descrita, que é sempre posta, não estamos, de modo nenhum, diminuindo a importância da posição meramente cognitiva da causalidade – a posição especificamente gnosiológica ou lógica não é abordada aqui, uma vez que é uma abstração ulterior. Pelo contrário. Nossas exposições anteriores mostraram com clareza que o pôr ontológico de cadeias causais concretas pressupõe o seu conhecimento, portanto que sejam postas no plano cognitivo. Não se deve, porém, esquecer jamais que, com essa posição, se chega apenas a uma possibilidade, no sentido da *dýnamis* aristotélica, e que a transformação do potencial em realização é um ato particular que, embora pressupondo aquela possibilidade, tem com ela uma relação de alteridade heterogênea; esse ato é exatamente a decisão que surge a partir da alternativa.

A coexistência ontológica entre teleologia e causalidade no comportamento laboral (prático) do homem, e só neste, tem por consequência que, no plano do ser, teoria e práxis, dada a sua essência social, devem ser momentos de um único e idêntico complexo do ser, o ser social, o que quer dizer que só podem ser compreendidas de modo adequado tomando como ponto de partida essa inter-relação. E exatamente aqui o trabalho pode servir como modelo plenamente esclarecedor. Talvez isso pareça, à primeira vista, um pouco estranho, uma vez que o trabalho é claramente orientado em sentido teleológico e por isso o interesse na realização do fim posto se revela aqui de maneira mais penetrante. Todavia, é no trabalho, nos seus atos que transformam a causalidade espontânea em causalidade posta, justamente por que nele ainda temos exclusivamente uma inter-relação entre o homem e a natureza e não entre o homem e o homem ou entre o homem e a sociedade, que o puro caráter cognitivo dos atos está preservado de modo menos alterado que nos níveis superiores, nos quais é inevitável que os interesses sociais intervenham já no espelhamento dos fatos. Os atos de pôr da causalidade no trabalho estão orientados, na sua forma mais pura, para contraposição de valor entre falso e verdadeiro, uma vez que, como já observamos anteriormente, qualquer desconhecimento da causalidade existente em si no processo do seu pôr leva inevitavelmente ao fracasso de todo o processo de trabalho. Em contrapartida, é evidente que, em qualquer pôr da causalidade, em que o fim imediatamente posto consiste na transformação da consciência ponente de homens, o interesse social, que está sempre contido em qualquer pôr do fim – e obviamente também naquela do simples trabalho –, termina, inevitavelmente, por influir no pôr das cadeias causais necessárias para a sua realização. E isso tanto mais, considerando que no próprio trabalho o pôr das cadeias causais se refere a objetos e processos que, relativamente ao seu ser-posto, se comportam com total indiferença em relação ao fim teleológico, ao passo que os pores que têm por objetivo suscitar nos homens determinadas decisões entre alternativas trabalham sobre um material que por si mesmo, espontaneamente, já é levado a decidir entre as alternativas. Assim, esse tipo de posição pretende mudar, isto é, reforçar ou enfraquecer certas tendências na consciência dos homens, e por isso trabalha sobre um material que em si mesmo não é indiferente, mas, ao contrário, já tem em si movimentos favoráveis ou desfavoráveis, tendentes a pores de fim. A própria indiferença eventual dos homens nos confrontos de influências desse tipo só tem em comum o nome com a indiferença antes referida do material natural. Quando referida à natureza, a indiferença é apenas uma metáfora com a qual se quer indicar a sua perene, imutável e totalmente neutra heterogeneidade com respeito aos pores de fim humanos, ao passo que a indiferença dos homens para com essas intenções é um modo concreto de comportar-se, que tem motivações sociais e singulares concretas e que, em certas circunstâncias, é modificável.

Por conseguinte, nos pores da causalidade de tipo superior, isto é, mais sociais, é inevitável uma intervenção, uma influência do pôr do fim teleológico sobre as suas reproduções espirituais. Mesmo quando este último ato já se transformou em ciência, em fator – relativamente – autônomo da vida social, é, considerado ontologicamente, uma ilusão pensar que se possa obter uma cópia inteiramente imparcial, do ponto de vista da sociedade, das cadeias causais aqui dominantes e, por esse meio, também das causalidades naturais, que se possa chegar a uma forma de confrontação imediata e excludente entre natureza e homem mais pura do que no próprio trabalho. É claro que aí se obtém um conhecimento muito mais preciso, extenso, aprofundado e completo das causalidades naturais em questão do que é possível no simples trabalho. Isso é óbvio, mas não resolve o nosso problema atual. O fato é que esse progresso do conhecimento implica a perda da contraposição excludente entre homem e natureza, mas é preciso deixar claro imediatamente que também essa perda se move, em sua essência, em direção ao progresso. Vale dizer, no trabalho o homem se vê confrontado com o ser-em-si daquele pedaço de natureza que está ligado diretamente ao fim do trabalho. Quando tais conhecimentos são elevados a um grau mais alto de generalização, o que já acontece nos começos da ciência em direção à sua autonomia, não é possível que isso aconteça sem que sejam admitidas, no espelhamento da natureza, categorias ontologicamente intencionadas, vinculadas à socialidade do homem. Contudo, isso não é entendido num sentido vulgarmente direto. Em primeiro lugar, qualquer pôr teleológico é, em última análise, socialmente determinado, e a posição do trabalho é determinada de modo muito claro pela necessidade, de cuja influência causadora nenhuma ciência pode livrar-se completamente. Isso, contudo, não constitui uma diferença decisiva. Porém, em segundo lugar, a ciência põe no centro do próprio espelhamento desantropomorfizador da realidade a generalização das conexões. Vimos que isso já não faz parte, diretamente, da essência ontológica do trabalho, antes de tudo não faz parte da sua gênese; o que importa, no trabalho, é simplesmente apreender corretamente um fenômeno natural concreto quando a sua constituição se encontra em uma vinculação necessária com o fim do trabalho teleologicamente posto. Quanto às conexões mais mediadas, o trabalhador pode até ter as representações mais errôneas; o que importa é que haja um espelhamento correto dos nexos mais imediatos, ou seja, que aquelas representações não atrapalhem o sucesso do processo do trabalho (relação entre trabalho primitivo e magia).

Contudo, enquanto o espelhamento está orientado para generalizações, aparecem inevitavelmente – e não importa qual seja o grau de consciência – problemas que também dizem respeito a uma ontologia geral. E por mais que esses problemas, no que concerne à natureza, em seu genuíno ser-em-si, sejam totalmente diferentes e neutros em relação à sociedade e às suas necessidades, a ontologia elevada ao plano da consciência não pode ser neutra diante de nenhuma práxis social, no sentido mediado pelo qual a temos investigado. A estreita vinculação entre teoria e práxis tem como consequência necessária que esta última, nas suas formas fenomênicas sociais concretas, encontre-se amplamente influenciada pelas representações ontológicas que os homens têm a respeito da natureza. Por sua vez, a ciência, quando apreende com seriedade e de modo adequado a realidade, não pode evitar tais formulações ontológicas; que isso aconteça conscientemente ou não, que as perguntas e as respostas sejam certas ou erradas, que ela negue a possibilidade de responder de maneira racional a tais questões, não tem nenhuma importância nesse nível, porque essa negação, de qualquer modo, age ontologicamente dentro da consciência social. E, dado que a práxis social sempre se desenrola dentro de um entorno espiritual de representações ontológicas, tanto na vida cotidiana como no horizonte das teorias científicas, essa circunstância por nós referida é fundamental para a sociedade. Desde os processos por *asébeia*, em Atenas, a Galileu ou Darwin e até a teoria da relatividade, essa situação ocorre inevitavelmente no ser social. O caráter dialético do trabalho como modelo da práxis social aparece aqui exatamente no fato de que esta última, nas suas formas mais evoluídas, apresenta muitos desvios com relação ao próprio trabalho. Já descrevemos anteriormente outra forma dessas complicações mediatas, porém ligadas em muitos aspectos àquela da qual estamos falando agora. Ambas as análises mostram que o trabalho é a forma fundamental e, por isso, mais simples e clara daqueles complexos cujo enlace dinâmico forma a peculiaridade da práxis social. Exatamente por isso é preciso sublinhar sempre de novo que os traços específicos do trabalho não podem ser transferidos diretamente para formas mais complexas da práxis social. A identidade de identidade e não identidade, a que já nos reportamos muitas vezes, remonta, nas suas formas estruturais, assim acreditamos, ao fato de que o trabalho realiza materialmente a relação radicalmente nova do metabolismo com a natureza, ao passo que as outras formas mais complexas da práxis social, na sua grandíssima maioria, têm como pressuposto insuperável esse metabolismo com a natureza, esse fundamento da reprodução do homem na sociedade. Contudo, só no próximo capítulo nos ocuparemos da constituição real dessas formas mais complexas e, em termos realmente adequados, somente na *Ética*.

No entanto, antes de passar a expor – voltamos a enfatizar: de modo provisório e introdutório – a relação entre teoria e práxis, julgamos útil olhar mais uma vez para trás, para as condições ontológicas de surgimento do trabalho. Na natureza inorgânica não existe em geral nenhuma atividade. O que, na natureza orgânica, promove a aparência de tal atividade se baseia, fundamentalmente, em que o processo de reprodução da natureza orgânica produz, nos níveis mais desenvolvidos, interações entre o organismo e o entorno que, à primeira vista, parecem de fato orientadas por uma consciência. Mesmo, porém, nos níveis mais altos (e falamos sempre de animais que vivem em liberdade), estas nada mais são do que reações biológicas aos fenômenos do entorno importantes para a existência imediata; por conseguinte não podem, de maneira nenhuma, produzir uma relação "sujeito-objeto". Para isso é necessário o distanciamento de que falamos anteriormente. O objeto [*Objekt*] só pode se tornar um objeto [*Gegenstand*] da consciência quando esta procura agarrá-lo mesmo no caso de não haver interesses biológicos imediatos que liguem o objeto [*Gegenstand*] ao organismo agente dos movimentos. Por outro lado, o sujeito se torna sujeito exatamente pelo fato de consumar semelhante transformação de atitude diante dos objetos do mundo exterior. Fica claro, então, que o pôr do fim teleológico e os meios para sua realização, que funcionam de modo causal, jamais se dão, enquanto atos de consciência, independentemente um do outro. Nesse complexo constituído pela execução de um trabalho se reflete e se realiza a complementaridade inseparável entre teleologia e causalidade posta.

Essa, podemos dizer, estrutura originária do trabalho tem o seu correlato no fato de que a realização das cadeias causais postas fornece o critério para saber se seu pôr foi certo ou errado. O que significa que, no trabalho tomado em si mesmo, é a práxis que estabelece o critério absoluto da teoria. No entanto, se é verdade que, de modo geral, as coisas se passam desse modo, e isso não somente no caso do trabalho em sentido estrito, mas também no caso de todas as atividades análogas de caráter mais complexo nas quais a práxis humana se encontra exclusivamente face à natureza (pense-se, por exemplo, nas experiências das ciências naturais), também é verdade que é preciso dar maior concretização sempre que a estreita base material que caracteriza o trabalho (e também a experiência isolada) é superada na atividade respectiva, isto é, quando a causalidade posta teoricamente de um complexo concreto é inserida na conexão total da realidade, no seu ser-em-si intelectualmente reproduzido. E isso acontece já na própria experiência, independentemente, num primeiro momento, de sua avaliação teórica. Toda experiência surge com vistas a uma generalização. Ela coloca teleologicamente em movimento um grupo de materiais, forças etc. de cujas interações determinadas – na medida do possível livres de circunstâncias a elas heterogêneas, isto é, circunstâncias casuais em relação às inter-relações estudadas – deve-se concluir se uma relação causal posta hipoteticamente corresponde à realidade, isto é, se pode ser considerada posta adequadamente para a práxis futura. Nesse caso, os critérios que apareciam no próprio trabalho não só permanecem imediatamente válidos, mas ganham até uma forma mais pura: a experiência pode nos permitir fazer um julgamento sobre o certo e o errado com a mesma clareza do trabalho e, além do mais, elabora esse julgamento num nível mais alto de generalização, aquele de uma concepção matematicamente formulável dos nexos quantitativos factuais que caracterizam esse complexo fenomênico. Assim, quando utilizamos esse resultado para aperfeiçoar o processo de trabalho, não parece de nenhum modo problemático tomar a práxis como critério da teoria. A questão se torna mais complicada quando se quer utilizar o conhecimento assim obtido para ampliar o próprio conhecimento. Com efeito, nesse caso não se trata simplesmente de saber se um determinado e concreto nexo causal é apropriado para favorecer, no interior de uma constelação também concreta e determinada, um pôr teleológico determinado e concreto, mas também se quer obter uma ampliação e um aprofundamento etc. gerais do nosso conhecimento sobre a natureza em geral. Nesses casos, a mera compreensão matemática dos aspectos quantitativos de um nexo material não é mais suficiente; ao contrário, o fenômeno deve ser compreendido na peculiaridade real do seu ser material, e a sua essência, assim apreendida, deve ser posta em concordância com os outros modos de ser já adquiridos cientificamente. Imediatamente, isso significa que a formulação matemática do resultado experimental deve ser integrada e completada por meio de sua interpretação física, química ou biológica etc. E isso desemboca necessariamente – para além da vontade das pessoas que o realizam – numa interpretação ontológica. Com efeito, sob esse aspecto, qualquer fórmula matemática é ambígua; a concepção de Einstein da teoria da relatividade restrita e a assim chamada da transformação de Lorentz são, em termos puramente matemáticos, equivalentes entre si: a discussão acerca de sua concreção pressupõe outra sobre a totalidade da concepção física do mundo, isto é, pela sua própria natureza, desemboca no ontológico.

No entanto, essa verdade tão simples demarca um terreno de constantes lutas na história da ciência. Mais uma vez, independentemente do grau de consciência, todas as representações ontológicas dos homens são amplamente influenciadas pela sociedade, não importando se o componente dominante é a vida cotidiana, a fé religiosa etc. Essas representações cumprem um papel muito influente na práxis social dos homens e com frequência se condensam num poder social; é suficiente recordar o que diz Marx, na sua *Dissertação*, a respeito de *Moloch*[21]. Às vezes, daí brotam lutas abertas entre concepções ontológicas objetiva e cientificamente fundadas e outras apenas ancoradas no ser social. Em certas circunstâncias – e isto é característico da nossa época – essa oposição penetra no próprio método das ciências. Isso se torna possível porque os novos nexos conhecidos podem ser utilizados na prática, mesmo quando a decisão ontológica permanece em suspenso. O cardeal Belarmino já

---

[21] Idem, *Dissertation*, MEGA-1, t. 1, v. 1, p. 80s; MEW EB, v. I, p. 370.

o tinha compreendido muito bem no tempo de Galileu, referindo-se à oposição entre astronomia copernicana e ontologia teológica. No positivismo moderno, Duhem defendeu abertamente a "superioridade científica" da concepção belarminiana[22], e Poincaré, no mesmo sentido, formulou deste modo sua interpretação da essência metodológica da descoberta de Copérnico: "É mais cômodo pressupor que a Terra gira, uma vez que desse modo as leis da astronomia podem ser enunciadas numa linguagem muito mais simples"[23]. Essa tendência adquire sua forma desenvolvida nos clássicos do neopositivismo, que rejeitam como "metafísica" e, desse modo, como não científica qualquer referência ao ser no sentido ontológico e impõem como único critério de verdade científica a crescente aplicabilidade prática.

Desse modo, o contraste ontológico que se esconde em todo processo de trabalho, na consciência que o orienta – isto é, aquele que vê, de um lado, o autêntico conhecimento do ser por intermédio do elevado desenvolvimento científico do pôr causal e, de outro lado, a limitação a uma simples manipulação prática dos nexos causais concretamente conhecidos –, adquire uma figura profundamente ancorada no ser social atual. Com efeito, seria muito superficial resolver a contradição que existe no trabalho, surgida do fato de que a práxis é o critério da teoria, reduzindo-a simplesmente a concepções gnosiológicas, lógico-formais ou epistemológicas. Perguntas e respostas a esse respeito nunca foram, quanto à sua essência real, desse gênero. É certamente verdade que, durante muito tempo, a precariedade do conhecimento da natureza e a limitação do seu domínio muito contribuíram para que a práxis se apresentasse como critério sob formas limitadas ou distorcidas de falsa consciência. No entanto, as formas concretas desta última, especialmente a sua influência, difusão, poder etc., sempre foram determinadas por relações sociais, obviamente em interação com o horizonte estritamente ontológico. Hoje, quando o nível concreto de desenvolvimento das ciências tornaria objetivamente possível uma ontologia correta, é ainda mais evidente que esse fundamento da falsa consciência ontológica no campo científico e a sua influência espiritual se acha fundado nas necessidades sociais dominantes. Só para mencionar aquele de maior peso, a manipulação na economia se tornou

---

[22] P. Duhem, *Essai sur la notion de la théorie physique de Platon à Galilée* (Paris, 1908), p. 77s e 128s.
[23] H. Poincaré, *Wissenschaft und Hypothese* (Leipzig, 1906), p. 118 [ed. bras.: *A ciência e a hipótese*, 2. ed., Brasília, UnB, 1988].

fator decisivo para a reprodução do capitalismo atual e, a partir desse centro, irradiou-se para todos os campos da práxis social. Em seguida, essa tendência recebe apoio ulterior – manifesto ou latente – por parte da religião. Aquilo que Belarmino procurava impedir há séculos, ou seja, o colapso das bases ontológicas das religiões, tornou-se geral. Os dogmas ontológicos das religiões teleologicamente fixados se estilhaçam, se desmancham cada vez mais, e o seu lugar é tomado por uma necessidade religiosa oriunda da essência do capitalismo atual e que, no plano da consciência, geralmente é fundamentado em termos subjetivistas. Para a formação dessa infraestrutura muito contribui o método manipulatório presente nas ciências, uma vez que ele destrói o senso crítico perante o ser real, abrindo assim o caminho para uma necessidade religiosa que permanece* subjetiva e, além disso, na medida em que determinadas teorias científicas modernas, influenciadas pelo neopositivismo, por exemplo, sobre o espaço e o tempo, sobre o cosmos etc., favorecem uma reconciliação intelectual com as empalidecidas categorias ontológicas das religiões. É significativo o fato de que – embora os maiores cientistas costumem assumir uma posição de refinada neutralidade científico-positivista – haja intelectuais de mérito e renome que procuram reconciliar diretamente tais interpretações das ciências naturais mais recentes com as necessidades religiosas modernas.

Repetimos aqui algo que já havíamos exposto anteriormente. Isso foi feito com o propósito de mostrar, o mais concretamente possível, o que antes já havia sido assinalado, que a declaração direta, absoluta e acrítica da práxis como critério da teoria não deixa de levantar problemas. Se for verdade que esse critério é válido para o próprio trabalho e – de modo parcial – nas experiências, também é verdade que, em casos mais complexos, deve-se empreender uma crítica ontológica consciente se não se quer comprometer a constituição fundamentalmente correta dessa função de critério da práxis. Vimos, com efeito – e também a isto nos referimos várias vezes e não faltará ocasião de retornarmos ao assunto –, como na *intentio recta*, tanto da vida cotidiana como da ciência e da filosofia, possa acontecer que o desenvolvimento social crie situações e direções que torcem e desviam essa *intentio recta* da compreensão do ser real. Por isso, a crítica ontológica que nasce dessa exigência deve ser incondicionalmente concreta, fundada na respectiva totalidade social e orientada para a

---

* Acréscimo manuscrito: "puramente". (N. E. A.)

totalidade social. Seria inteiramente equivocado supor que a ciência sempre possa corrigir em termos ontológico-críticos corretos o pensamento da vida cotidiana, a filosofia das ciências, ou, de modo inverso, que o pensamento da vida cotidiana possa desempenhar, nos confrontos com a ciência e com a filosofia, o papel da cozinheira de Molière. As consequências espirituais do desenvolvimento desigual da sociedade são tão fortes e múltiplas que qualquer esquematismo no tratamento desse complexo de problemas só pode afastar ainda mais do ser. Por isso, a crítica ontológica deve orientar-se pelo conjunto diferenciado da sociedade – diferenciado concretamente em termos de classes – e pelas inter-relações dos tipos de comportamentos que daí derivam. Só desse modo se pode aplicar corretamente a função da práxis como critério da teoria, decisiva para qualquer desenvolvimento espiritual e para qualquer práxis social.

Até agora observamos o nascimento de novos complexos de categorias, novas e com novas funções (a causalidade posta), especialmente quanto ao processo objetivo do trabalho. É inevitável, porém, investigar que mudanças ontológicas provoca esse salto do homem da esfera do ser biológico ao social no modo de comportamento do sujeito. E, também nesse caso, é inevitável que partamos da conjunção ontológica de teleologia e causalidade posta, uma vez que o novo que surge no sujeito é um resultado necessário dessa constelação categorial. Quando, então, observamos que o ato decisivo do sujeito é seu pôr teleológico e a realização deste, fica imediatamente evidente que o momento categorial determinante desses atos implica o surgimento de uma práxis caracterizada pelo dever-ser. O momento determinante imediato de qualquer ação intencionada que vise à realização deve por isso ser já esse dever-ser, uma vez que qualquer passo em direção à realização é determinado verificando se e como ele favorece a obtenção do fim. O sentido da determinação inverte-se deste modo: na determinidade normal biológica, causal, portanto tanto nos homens quanto nos animais, surge um desdobramento causal no qual é sempre inevitavelmente o passado que determina o presente. Também a adaptação dos seres vivos a um ambiente transformado decorre da necessidade causal, na medida em que as propriedades produzidas no organismo por seu passado reagem a tal transformação, conservando-se ou destruindo-se. O pôr de um fim inverte, como já vimos, esse andamento: o fim vem (na consciência) antes da sua realização e, no processo que orienta cada passo, cada movimento é guiado pelo pôr do fim (pelo futuro). Sob esse aspecto, o significado da causalidade posta consiste no fato de que os elos causais, as cadeias causais etc. são escolhidos, postos em movimento, abandonados ao seu próprio movimento, para favorecer a realização do fim estabelecido desde o início. Ainda quando no processo de trabalho, como diz Hegel, a natureza apenas "se consume", não se trata igualmente de um processo causal espontâneo, mas guiado teleologicamente, cujo desenvolvimento consiste exatamente no aperfeiçoamento, na concretização e na diferenciação dessa condução teleológica dos processos espontâneos (o uso de forças naturais como fogo ou água para trabalhar). Do ponto de vista do sujeito, esse agir determinado a partir de um futuro definido é exatamente um agir conduzido pelo dever-ser do fim.

Porém, aqui também é preciso cuidar para não projetar sobre essa forma originária do dever-ser categorias que só podem aparecer em níveis mais desenvolvidos. Desse modo haveria, como aconteceu de modo especial no kantismo, uma deformação fetichizada do dever-ser originário, que produziria efeitos negativos também quanto à compreensão das formas mais desenvolvidas. A situação durante o surgimento inicial do dever-ser é bastante simples: o pôr da causalidade consiste precisamente em reconhecer aquelas cadeias e relações causais que, quando escolhidas, influenciadas, de modo adequado, podem realizar o fim posto; e, do mesmo modo, o processo de trabalho nada mais significa do que esse tipo de atuação sobre relações causais concretas com o objetivo de realizar o fim. Já vimos como, nesse contexto, surge necessariamente uma cadeia contínua de alternativas e como a decisão correta a respeito de qualquer uma delas é determinada a partir do futuro, do fim que deve ser realizado. O conhecimento correto da causalidade e seu pôr correto só podem ser concebidos de modo definido a partir do fim; a aplicação de um procedimento adequado, digamos, para afiar uma pedra, pode pôr a perder todo o trabalho quando for o caso de raspá-la. Naturalmente, o espelhamento correto da realidade é a condição inevitável para que um dever-ser funcione de maneira correta; no entanto, esse espelhamento correto só se torna efetivo quando conduz realmente à realização daquilo que deve-ser. Portanto, aqui não se trata simplesmente de um espelhamento correto da realidade em geral, de reagir a ela de um modo geral adequado; ao contrário, a correção ou a falsidade, portanto, qualquer decisão que se refere a uma alternativa do processo de trabalho, pode exclusivamente ser avaliada a partir do fim, de sua realização. Desse modo, aqui também temos uma insuprimível interação entre dever-ser e espelhamento da realidade (entre teleologia e causalidade posta), em que a função de momento preponderante cabe ao dever-ser. O destacar-se do ser social das formas precedentes e o seu devir autônomo se mostram exatamente no predomínio daquelas categorias nas quais se expressa exatamente o caráter novo e mais desenvolvido desse tipo de ser com relação àqueles que constituem o seu fundamento.

Já enfatizamos, porém, muitas vezes, como tais saltos de um nível do ser a outro mais elevado requerem grandes lapsos de tempo e como o desenvolvimento de um modo de ser consiste no tornar-se gradualmente predominante – de modo contraditório e desigual – de suas categorias específicas. Esse processo de especificação é manifesto e demonstrável na história ontológica de qualquer categoria. A incapacidade do pensamento idealista de compreender as relações ontológicas mais simples e evidentes se baseia metodologicamente, em última análise, no fato de se contentar em analisar, em termos gnosiológicos ou lógicos, os modos de manifestação das categorias mais desenvolvidas, mais espiritualizadas, mais sutis, ao passo que não são apenas mantidos à parte, mas inteiramente ignorados os complexos de problemas que, na sua gênese, indicam o caminho ontológico; desse modo, são apenas consideradas as formas da práxis social que se acham mais afastadas do metabolismo da sociedade com a natureza, e não só não se presta atenção às mediações, frequentemente muito complexas, que as vinculam às suas formas originárias, mas até mesmo se constroem antíteses entre estas e as formas desenvolvidas. Desse modo, na imensa maioria das abordagens idealistas dessas questões, a especificidade do ser social desaparece por completo; é construída, artificialmente, uma esfera desprovida de raízes do dever-ser (do valor), que em seguida é posta em confronto com um – presumido – ser meramente natural do homem, embora este último, do ponto de vista ontológico objetivo, seja tão social como a primeira. A reação do materialismo vulgar, de simplesmente ignorar o papel do dever-ser no ser social e procurar interpretar toda essa esfera segundo o modelo da pura necessidade natural, contribuiu muito para confundir esse complexo de problemas ao produzir nos dois polos uma fetichização dos fenômenos, contraposta quanto ao conteúdo e ao método, mas de fato vinculadas entre si.

Essa fetichização do dever-ser pode ser observada, de forma inteiramente explícita, em Kant. A filosofia kantiana investiga a práxis humana referindo-se apenas às formas mais elevadas da moral. (É só na *Ética* que poderemos discutir até que ponto a ausência da distinção, em Kant, entre moral e ética turva e torna rígidas "desde o alto" tais observações.) Interessa-nos, aqui, investigar os limites das suas observações "a partir de baixo", do lado da ausência de qualquer gênese social. Assim como em todas as filosofias idealistas coerentes, também em Kant se produz uma fetichização hipostasiante da razão. Nessas imagens do mundo, a necessidade perde, até no plano gnosiológico, seu caráter "se... então", que é o único capaz de torná-la concreta; ela aparece como algo por excelência absoluto. A forma mais exagerada dessa absolutização da *ratio* aparece, compreensivelmente, na moral. Dessa maneira, o dever--ser se apresenta – subjetiva e objetivamente – como algo separado das alternativas concretas dos homens; à luz de uma tal absolutização da *ratio* moral, essas alternativas aparecem como meras encarnações adequadas ou inadequadas de preceitos absolutos, permanentes, portanto, transcendentes ao homem. Diz Kant: "Numa filosofia prática, em que não temos de determinar os princípios do que *acontece*, mas sim as leis do que *deve acontecer*, mesmo que nunca aconteça [...]"[24]. Desse modo, o imperativo que, nos homens, provoca as relações do dever-ser, se transforma num princípio transcendente-absoluto (criptoteológico). Sua constituição consiste em constituir "uma regra que é caracterizada por um dever-ser o qual expressa a compulsão objetiva da ação", e por certo relacionada a um ser [*Wesen*] (isto é, ao homem) "cuja razão não é total e exclusivamente o fundamento determinante da vontade". Desse modo, o tipo realmente ontológico da existência humana, que, de fato, não é só determinada pela razão hipostasiada kantiana, é apenas um caso especial cosmicamente (teleologicamente) gestado diante da validade universal do imperativo. Com efeito, Kant distingue claramente a sua objetividade, o fato de valer para todos os "seres racionais", da esfera da práxis social dos homens, a única que conhecemos como real. Ele não nega expressamente que as máximas subjetivas surgidas aqui, máximas que determinam a ação – em confronto com a objetividade absoluta do imperativo –, possam atuar igualmente como uma espécie de dever-ser, mas são meros "preceitos práticos", não "leis", e isso "porque lhes falta a necessidade que, se deve ser prática, tem que ser independente de condições patológicas, por

---

[24] I. Kant, *Grundlegung zur Metaphysik der Sitten* (Leipzig, 1906), Philosophische Bibliothek, p. 51; KW, v. 6, p. 58 [ed. port.: *Fundamentação da metafísica dos costumes*, trad. Paulo Quintela, Lisboa, Edições 70, 2007, p. 66].

conseguinte, casualmente vinculadas com a vontade"[25]. Desse modo, todas as qualidades, todos os esforços etc. concretos dos homens se tornam, para ele, "patológicos", uma vez que pertencem apenas acidentalmente à – igualmente fetichizada – vontade abstrata. Não é este o lugar para fazer uma crítica mais profunda dessa moral. Tratamos, aqui, apenas da ontologia do ser social e, neste momento, do caráter ontológico do dever-ser nesse âmbito. Bastarão, por isso, essas poucas alusões que, de todo modo, ilustram suficientemente, para nossos fins, a posição fundamental de Kant. Destacaremos apenas, e isto também demonstra o caráter criptoteológico dessa moral, que Kant estava convencido, mesmo abstraindo de qualquer determinação humano-social, de poder dar uma resposta absoluta, legalista, às alternativas morais cotidianas dos homens. Pensamos aqui na sua afirmação, muito conhecida, acerca do porque não se deveriam roubar os depósitos, afirmação que Hegel, já no seu período de Iena, criticou de forma aguda e acertada. Como, porém, já me referi longamente a essa crítica no meu livro sobre o jovem Hegel[26], aqui é suficiente essa alusão.

Não foi por acaso que exatamente Hegel tenha se levantado tão resolutamente contra essa concepção do dever-ser em Kant. No entanto, sua concepção também não se encontra desprovida de problemas. Nesse ponto se enfrentam sem mediações, em seu pensamento, duas tendências diversas. De um lado, uma aversão justificada em relação ao conceito kantiano exageradamente transcendente de dever-ser. Isso conduz, com frequência, a uma oposição meramente abstrata, unilateral. Assim, em sua *Filosofia do direito*, onde tenta contrapor à problematicidade e ambiguidade internas da moral kantiana da intenção, no plano da eticidade, uma moral dos conteúdos, Hegel trata o dever-ser unicamente como modo fenomênico da moralidade, como ponto de vista "do *dever-ser* ou da *exigência*", como uma atividade "que ainda não pode chegar àquilo que é". Isso se alcança apenas na eticidade, na socialidade plena da existência humana, onde, no entanto, esse conceito kantiano do dever-ser perde seu sentido e sua validade[27]. O erro dessa posição relaciona-se

---

[25] Idem, *Kritik der praktischen Vernunft* (Leipzig, 1906), Philosophische Bibliothek, p. 24s; KW, v. 6, p. 126 [ed. bras.: *Crítica da razão prática*, ed. bilíngue, trad. Valerio Rohden, São Paulo, Martins Fontes, 2003, p. 70s].
[26] G. Lukács, *Der junge Hegel [und die Probleme der kapitalistischen Gesellschaft]* (3. ed., Neuwied/Berlim, 1967); GLW, v. 8, p. 369s.
[27] G. W. F. Hegel, *Rechtsphilosophie*, § 108 e adendo; HWA, v. 7, p. 206s [ed. bras.: *Linhas fundamentais da filosofia do direito ou Direito natural e ciência do Estado em compêndio*, trad. Paulo Meneses et al., São Leopoldo, Unisinos, 2010, p. 130s].

com o tipo de polêmica assumido por Hegel. Quando critica a estreiteza e a limitação da doutrina kantiana do dever-ser, não pode ele mesmo superar essa estreiteza e essa limitação. Se de um lado é correto evidenciar a problematicidade interna da moral pura de Kant, de outro é errado contrapor-lhe, como forma de completá-la, a eticidade, como socialidade plena, onde o caráter de dever-ser da práxis, na moralidade, seria superado pela eticidade.

Quando Hegel, em sua *Enciclopédia*, trata esse complexo de problemas de maneira imparcial e independentemente de uma polêmica contra Kant, chega muito mais perto de uma formulação ontológica autêntica do problema, embora também aqui seja prejudicado por alguns preconceitos idealistas. No parágrafo dedicado ao espírito subjetivo, ao investigar o sentimento prático como um dos estágios de seu desenvolvimento, ele determina assim o dever-ser: "O sentimento prático contém o *dever-ser*: sua autodeterminação enquanto existente *em si*, *referida* a uma singularidade *existente*, que só existiria como válida em conformidade com ela". Hegel reconhece aqui de forma muito correta que o dever-ser é uma categoria elementar, inicial, originária da existência humana. Todavia, ele não considera aqui, e isto é surpreendente dada a sua compreensão fundamentalmente correta do caráter teleológico do trabalho, a sua relação com este último. Em vez disso, seguem-se algumas observações depreciativas, autenticamente idealistas, sobre a relação do dever-ser com o agradável e o desagradável, não perdendo a oportunidade de afastá-los como sentimento "subjetivo e superficial". No entanto, isso não o impede de intuir que o dever-ser tem uma importância determinante para todo o âmbito da existência humana. Assim afirma: "O mal não é outra coisa que a não conformidade do *ser* ao *dever-ser*", e ainda acrescenta a título de complemento: "Esse dever-ser tem muitas significações e, por terem os *fins* contingentes também a forma do dever-ser, elas são infinitamente múltiplas"[28]. Essa ampliação do conceito de dever-ser tem ainda mais valor porque Hegel limita expressamente a sua validade ao ser humano (ao ser social) e nega que exista qualquer dever-ser na natureza. Por mais ambivalentes que possam ser, tais afirmações mostram um passo importante mais além do idealismo subjetivo do seu tempo e também posterior. Veremos em breve como Hegel é capaz de assumir, ocasionalmente, um ponto de vista ainda mais livre com respeito a esses problemas.

---

[28] Idem, *Enzyklopädie*, § 472; HWA, v. 10, p. 292s [ed. bras.: *Enciclopédia das ciências filosóficas em compêndio*, v. III: A filosofia do espírito, trad. Paulo Meneses, São Paulo, Loyola, 1995, p. 267; com modif.].

Se quisermos compreender bem a gênese inquestionável, segundo o nosso modo de ver, do dever-ser a partir da essência teleológica do trabalho, devemos recordar de novo o que já dissemos do trabalho como modelo para toda práxis social, ou seja, que entre o modelo e as suas sucessivas e mais complexas variantes há uma relação de identidade de identidade e não identidade. A essência ontológica do dever-ser no trabalho dirige-se, certamente, ao sujeito que trabalha e determina não apenas seu comportamento no trabalho, mas também seu comportamento em relação a si mesmo enquanto sujeito do processo de trabalho. Este, no entanto, como já acentuamos expressamente ao fazer tais considerações, é um processo entre o homem e a natureza, é o fundamento ontológico do metabolismo entre homem e natureza. Essa constituição do fim, do objeto, dos meios, determina também a essência do comportamento subjetivo. E, sem dúvida, também do ponto de vista do sujeito um trabalho só pode ter êxito quando realizado com base numa intensa objetividade, e desse modo a subjetividade, nesse processo, tem que desempenhar um papel produtivamente auxiliar. É claro que as qualidades do sujeito (capacidade de observação, destreza, habilidade, tenacidade etc.) influem de maneira determinante sobre o curso do processo de trabalho, intensiva como extensivamente. Contudo, todas as capacidades do homem que são mobilizadas são sempre orientadas, essencialmente, para o exterior, para a dominação fática e a transformação material do objeto natural através do trabalho. Quando o dever-ser, como é inevitável, apela a determinados aspectos da interioridade do sujeito, suas demandas são formuladas de tal maneira que as mudanças no interior do homem proporcionam um veículo para o melhor domínio do metabolismo com a natureza. O autodomínio do homem, que aparece pela primeira vez no trabalho como efeito necessário do dever-ser, o crescente domínio de sua compreensão sobre as suas inclinações e hábitos etc. espontaneamente biológicos são regulados e orientados pela objetividade desse processo; esta, segundo sua essência, se funda na própria existência natural do objeto, dos meios etc. do trabalho. Se quisermos conceber corretamente o lado do dever-ser que, no trabalho, age sobre o sujeito, modificando-o, é preciso partir dessa objetividade como reguladora. Disso se segue que o comportamento concreto do trabalho é, para o trabalho, de modo primário, o fator decisivo; o que acontece no interior do próprio sujeito não tem por que exercer necessariamente uma influência sobre este. Certamente já vimos que o dever-ser do trabalho desperta e promove certas qualidades dos homens que mais tarde serão de grande importância para formas da práxis mais desenvolvidas; é suficiente recordar o domínio sobre os afetos. Essas mudanças do sujeito não se encontram aqui orientadas, pelo menos não imediatamente, a sua totalidade enquanto pessoa; podem funcionar muito bem, no próprio trabalho, sem atuar sobre o restante da vida do sujeito. Há, certamente, grandes possibilidades de que isso aconteça, mas apenas possibilidades.

Quando, como vimos, o fim teleológico é o de induzir outros homens a pores teleológicos que eles mesmos deverão realizar, a subjetividade de quem põe adquire um papel qualitativamente diferente e, ao final, o desenvolvimento das relações sociais entre os homens implica que também a autotransformação do sujeito se torne um objeto imediato de pores teleológicos, cujo caráter é um dever-ser. Naturalmente, esses pores não se diferenciam apenas por serem mais complexos, mas exatamente porque também se distinguem qualitativamente daquelas formas de dever-ser que contamos no processo de trabalho. Aprofundaremos a análise disso nos próximos capítulos e, de modo especial, na *Ética*. Essas inegáveis diferenças qualitativas não deveriam ocultar, entretanto, o fato fundamental comum de que se trata, em todos os casos, de relações do dever-ser, de atos nos quais não é o passado, na sua espontânea causalidade, que determina o presente, mas, ao contrário, é a tarefa do futuro, teleologicamente posta o princípio determinante da práxis a tais atos.

O velho materialismo comprometeu intelectualmente o caminho "a partir de baixo" porque queria deduzir os fenômenos mais complexos, de estrutura mais elevada, diretamente a partir dos inferiores, como simples produtos deles (a famigerada dedução com a qual Moleschott fazia o pensamento nascer da química do cérebro, isto é, como um mero produto natural). O novo materialismo fundado por Marx considera, com certeza, insuprimível a base natural da existência humana, mas, para ele, isso é apenas mais um motivo para acentuar a socialidade específica das categorias que nascem do processo de separação ontológica entre a natureza e a sociedade, precisamente sua socialidade. Por isso é tão importante, no que diz respeito ao dever-ser no trabalho, sua função enquanto realização do metabolismo entre natureza e sociedade. Essa relação é o fundamento tanto do surgimento do dever-ser em geral do tipo humano-social de satisfação de necessidades quanto da sua constituição, da sua qualidade particular e de todas as barreiras de determinação do ser que são geridas e determinadas por esse dever-ser enquanto forma e expressão de relações de realidade. No entanto, o conhecimento dessa simultaneidade de identidade e não identidade não basta para entender plenamente a situação. Seria errado tentar derivar logicamente as formas mais complexas a partir do dever-ser do processo de trabalho, como o dualismo, do mesmo modo com seria falso derivar o dualismo da contraposição presente na filosofia idealista. Como já vimos, o dever-ser no processo de trabalho já contém, enquanto tal, possibilidades de variados tipos, tanto objetivas como subjetivas. Quais dessas e de que modo se tornam realidade social depende do respectivo desenvolvimento concreto da sociedade e – também sabemos isto – somente se pode compreender tal desenvolvimento de maneira adequada, em suas determinações concretas, *post festum*.

Indissoluvelmente ligado ao problema do dever-ser enquanto categoria do ser social está o problema do valor. Pois, assim como o dever-ser enquanto fator determinante da práxis subjetiva no processo de trabalho só pode cumprir esse papel específico determinante porque o que se pretende é valioso para o homem, então o valor não poderia tornar-se realidade em tal processo se não estiver em condições de colocar no homem que trabalha o dever-ser de sua realização como princípio orientador da práxis. No entanto, apesar dessa íntima interdependência, que à primeira vista atua quase como uma identidade, o valor deve ser discutido à parte. Essas duas categorias são tão intimamente interdependentes porque ambas são momentos de um único e mesmo complexo comum. No entanto, uma vez que o valor influi predominantemente sobre o pôr do fim e é o princípio de avaliação do produto realizado, ao passo que o dever-ser funciona mais como regulador do próprio processo, deve haver muitos aspectos diferentes em ambos enquanto categorias do ser social, embora isso não elimine a sua interdependência, antes a torne concreta. Se partirmos do fato de que o valor caracteriza o produto final de certo trabalho como provido ou desprovido de valor, devemos imediatamente perguntar: essa caracterização é objetiva ou apenas subjetiva? O valor é uma propriedade objetiva de algo que, no ato valorativo do sujeito, é simplesmente reconhecido – de maneira certa ou errada – ou ele surge como resultado de tais atos valorativos?

Sem dúvida nenhuma, o valor não pode ser obtido diretamente a partir das propriedades naturalmente dadas de um objeto. Isso é de imediato evidente para todas as formas mais elevadas do valor. Nem é preciso pensar nos valores "espiritualizados" como os estéticos ou éticos; no começo do intercâmbio econômico dos homens, durante o surgimento do valor de uso, Marx constata, segundo mostramos em seu devido momento, sua essência não natural:

"Até hoje nenhum químico descobriu o valor de troca na pérola ou no diamante"[29]. Neste momento, porém, lidamos com um modo fenomênico mais elementar do valor, o valor de uso, que está inelimiminavelmente ligado à existência natural. Este se torna valor de uso na medida em que é útil à vida do homem. Posto que se trata da transição do ser meramente natural ao ser social, são possíveis, como mostra Marx, casos-limite nos quais está presente um valor de uso que não é produto do trabalho. Marx afirma: "É esse o caso quando sua utilidade para o homem não é mediada pelo trabalho. Assim é o ar, a terra virgem, os campos naturais, a madeira bruta etc."[30]. Se deixarmos de lado o ar, que representa de fato um caso-limite, todos os outros objetos têm valor enquanto fundamentos de um posterior trabalho útil, enquanto possibilidades para a criação de produtos do trabalho. (Já acentuamos que até a colheita de produtos naturais representa, para nós, uma forma inicial de trabalho; uma consideração precisa de sua constituição mostra que todas as categorias objetivas e subjetivas do trabalho estão presentes embrionariamente também na colheita.) Desse modo, sem nos afastar da verdade, podemos, numa consideração tão geral, entender os valores de uso, os bens, como produtos concretos do trabalho. Disso se segue que podemos considerar o valor de uso como uma forma objetiva de objetividade social. Sua socialidade está fundada no trabalho: a imensa maioria dos valores de uso surge a partir do trabalho, mediante a transformação dos objetos, das circunstâncias, da atividade etc. dos objetos naturais, e esse processo, enquanto afastamento das barreiras naturais, com o desenvolvimento do trabalho, com a sua socialização, se desdobra sempre mais, tanto em extensão como em profundidade. (Hoje em dia, com o surgimento dos albergues, dos sanatórios etc., até o ar tem um valor de troca.)

Desse modo, os valores de uso, os bens, representam uma forma de objetividade social que se distingue das outras categorias da economia somente porque, sendo a objetivação do metabolismo da sociedade com a natureza e constituindo um dado característico de todas as formações sociais, de todos os sistemas econômicos, não está sujeita – considerada na sua universalidade – a nenhuma mudança histórica; naturalmente que se modificam continuamente os modos fenomênicos, inclusive no interior da mesma formação. Em segundo lugar, o valor de uso, nesse quadro, é algo de objetivo. Deixando de lado o fato de que,

---

[29] K. Marx, *Das Kapital*, cit., v. I, p. 49s; MEW, v. 23, p. 98 [ed. bras.: *O capital*, Livro I, cit., p. 158].
[30] Ibidem, p. 7; ibidem, p. 55 [ed. bras.: ibidem, p. 118].

com o desenvolvimento da socialidade do trabalho, aumenta sempre mais o número dos valores de uso que só de maneira mediata servem à imediata satisfação das necessidades – não se deve esquecer, por exemplo, que, quando um capitalista compra uma máquina, ele quer obter o valor de uso –, pode-se identificar com grande exatidão a utilidade que faz de um objeto um valor de uso também no período inicial do trabalho. O fato de essa utilidade possuir um caráter teleológico, de ser utilidade para determinados fins concretos, não supera essa objetividade. Desse modo, o valor de uso não é um simples resultado de atos subjetivos, valorativos, mas, ao contrário, estes se limitam a tornar consciente a utilidade objetiva do valor de uso; é a constituição objetiva do valor de uso que demonstra a correção ou incorreção deles e não o inverso.

À primeira vista, pode parecer paradoxal considerar a utilidade como uma propriedade das coisas. A natureza não conhece em absoluto essa categoria, mas apenas o contínuo processo, casualmente condicionado, de devir outro. Somente nas teodiceias podiam aparecer determinações triviais como aquela segundo a qual a "utilidade" da lebre estaria no fato de servir de alimento para a raposa etc. Com efeito, só referida a um pôr teleológico a utilidade pode determinar a espécie de ser de qualquer objeto, apenas nessa relação pertence à essência desse último, enquanto existente, ser útil ou o seu contrário. Por isso, na filosofia, foi necessário não apenas compreender o papel ontológico do trabalho, mas também a sua função na constituição do ser social como uma espécie nova e autônoma de ser, para chegar à formulação da questão de acordo com a realidade. Assim, no plano metodológico, é compreensível por que imagens do mundo fundadas num suposto caráter teleológico de toda a realidade derivaram a caracterização dos objetos na natureza e na sociedade a partir de sua geração por parte do criador transcendente do mundo e tentaram fundá-los a partir da objetividade deste. A respeito das coisas, assim fala Santo Agostinho: "Por um lado, existem, pois provêm de ti, por outro, não existem, pois não são aquilo que tu és. Ora, só existe verdadeiramente o que permanece imutável". O ser das coisas expressa, portanto, seu caráter de valor enquanto criação de Deus, ao passo que a sua corrupção indica os momentos de não-ser. Nesse sentido, "todas as coisas que existem são boas" e o mal "não é uma coisa real"[31]. Naturalmente, esse é apenas um caso particular de tais

---

[31] Agostinho, *Die Bekenntnisse des heiligen Augustin*, Livro VII (Munique), cap. 11-2, p. 215-6 [ed. bras.: Santo Agostinho, *Confissões*, trad. J. Oliveira Santos e A. Ambrósio de Pina, São Paulo, Nova Cultural, 1996, p. 186s; com modif.].

fundamentações cósmico-teológicas da objetividade das coisas e com ela e através dela dos valores. Não podemos, aqui, fazer referência às variantes, extremamente diversificadas de tais posições; apenas constatamos que também a objetividade é derivada do trabalho – por certo, hipostasiando de maneira transcendente o trabalho como criação. A consequência, no entanto, é que os valores complexos, mais espiritualizados, acabam por estar em contraposição mais ou menos brusca com aqueles materiais, terrenos, e de qualquer modo, de maneira ainda mais marcante do que nas imagens de mundo genericamente idealistas, e, dependendo do modo como são postos os primeiros, estes últimos ou acabam simplesmente subordinados ou até são – asceticamente – inteiramente eliminados. Na *Ética* veremos que por trás dessas valorações se ocultam contradições reais do ser social, mas aqui ainda não podemos abordar os detalhes de tal complexo de problemas.

Em todo caso, tem-se, assim, uma resposta objetivista – evidentemente deformada de maneira transcendente – aos problemas do valor e dos bens. Por causa dessa fundamentação transcendente-teológica é compreensível que a oposição da concepção de mundo antirreligiosa que surgiu na Renascença pusesse o peso nos atos de valoração subjetiva. Assim escreve Hobbes:

> Mas seja qual for o objeto do apetite ou desejo de qualquer homem, esse objeto é aquele a que cada um chama bom; ao objeto do seu ódio e aversão chama mau, e ao de seu desprezo chama vil e indigno. Pois as palavras "bom", "mau" e "desprezível" são sempre usadas em relação à pessoa que as usa. Não há nada que o seja simples e absolutamente, nem há qualquer regra comum do bem e do mal, que possa ser extraída da natureza dos próprios objetos.[32]

De modo análogo, Espinosa: "O bom e o mau também não indicam nada de positivo nas coisas [...]. Uma coisa pode ser, ao mesmo tempo, boa e má, além de indiferente"[33]. Esses importantes movimentos de oposição contra a transcendência teológica na concepção do valor alcançam seu ápice filosófico com o Iluminismo, nos fisiocratas e nos economistas ingleses do século XVIII,

---

[32] T. Hobbes, *Leviathan* (Zurique/Leipzig, 1936), p. 95 [ed. bras.: *Leviatã ou a matéria, forma e poder de um Estado eclesiástico civil*, trad. João Paulo Monteiro e Maria Beatriz Nizza da Silva, São Paulo, Nova Cultural, 1988, p. 33].
[33] B. Espinosa, prefácio, *Ethik IV*, p. 174s [ed. bras.: *Ética*, Belo Horizonte, Autêntica, 2007; aqui em tradução livre].

onde encontramos as primeiras tentativas de fundamentação econômica, que recebeu a sua forma mais coerente, mas também mais trivial e destituída de espírito, em Bentham[34].

A consideração desses dois extremos é instrutiva para formulação ontológica porque em ambos os casos são julgados sem valor ou irrelevantes sistemas de valor que são socialmente reais, para, ao contrário, atribuir um valor autônomo somente aos valores ou sutilmente espirituais ou imediatamente materiais. O fato de que em ambos os sistemas sejam descartados valores do mesmo nível, mas de conteúdo diferente (por exemplo: o maniqueísmo por parte de Agostinho), não altera em nada esse estado das coisas. Pois em ambos os extremos o que importa é negar a unitariedade última do valor como fator real do ser social, mesmo levando em conta as suas mudanças estruturais, mudanças qualitativas extremamente importantes, que têm lugar no curso do desenvolvimento da sociedade. O *tertium datur* em relação a esses dois extremos só pode ser oferecido pelo método dialético. Somente por meio desse método se pode evidenciar que a gênese ontológica de uma nova espécie de ser já traz em si as suas categorias decisivas – e por isso o seu nascimento significa um salto no desenvolvimento –, mas que essas categorias, de início, apenas estão presentes em si, e o desdobramento do em-si ao para-si deve ser sempre um longo, desigual e contraditório processo histórico. Essa superação [*Aufhebung*] do em-si através da sua transformação em um para-si contém as consistentes determinações do anular, conservar e elevar a um nível superior, que parecem excluir-se mutuamente no plano da lógica formal. Por isso, é necessário também, ao comparar as formas primitivas com as superiores do valor, ater-se a esse caráter complexo da superação. O Iluminismo errava quando – às vezes de maneira sofística, às vezes, para falar favoravelmente, com o suor do rosto – se esforçava em deduzir as virtudes mais elevadas a partir da mera utilidade. Isso é impossível de maneira direta. Mas não significa que, nesse ponto, o princípio dialético do conservar não desempenhe ali nenhum papel. Hegel, que, como já vimos, muitas vezes foi vítima de preconceitos idealistas, já na *Fenomenologia do espírito* realizou a tentativa de converter as contradições objetivamente presentes no Iluminismo a respeito da questão da utilidade como se se tratasse de um valor fundamental, com base numa consciente teoria da contradição

---

[34] Cf. sobre isso K. Marx e F. Engels, *Die deutsche Ideologie*, MEGA, v. V, p. 386s; MEW, v. 3, p. 393s [ed. bras.: *A ideologia alemã*, cit., p. 395s].

dentro da própria dialética. Essa tendência ontologicamente sã não se arruinou totalmente nele. Na *História da filosofia*, por exemplo, ao tratar a utilidade nos estoicos, ele mostra, em termos lucidamente críticos, o quanto é falsa a "refinada" recusa dessa categoria por parte do idealismo, uma vez que esta pode e deve conservar-se – como momento superado – nas formas superiores de valor da práxis. Assim se expressa Hegel:

> No que se refere à utilidade, a moral não precisa dar-se ares tão reservados contra ela, pois toda boa ação é de fato útil, ou seja, é real e produz algo de bom. Uma boa ação que não fosse útil não seria uma ação, não seria algo real. O inútil em si do bem é a abstração dele, como uma não realidade. Não somente se pode, mas também se deve ter consciência da utilidade, pois é verdadeiro saber que o bem é útil. A utilidade nada mais significa que saber o que se faz, ter consciência da ação.[35]

Na gênese ontológica do valor, devemos partir, pois, de que no trabalho como produção de valores de uso (bens) a alternativa do que é útil ou inútil para a satisfação das necessidades está posta como problema de utilidade, como elemento ativo do ser social. Por isso, quando abordamos o problema da objetividade do valor, é possível ver de imediato que ele contém uma afirmação do pôr teleológico correto, ou, melhor dizendo: a correção do pôr teleológico – pressuposto a realização correta – significa a realização concreta do respectivo valor. A concreção da relação de valor deve receber um acento particular. Pois, entre os elementos da fetichização idealista dos valores, encontramos a exageração abstrata da sua objetividade, a partir do modelo da exageração da razão [*ratio*] já por nós conhecida. Por isso, também no valor devemos sublinhar o caráter sócio-ontológico de "se... então": uma faca tem valor se corta bem etc. A generalização de que um objeto produzido só é valioso quando pode servir corretamente e da maneira mais adequada possível à satisfação da necessidade não eleva essa estrutura do "se... então" a uma esfera abstrato-absoluta, mas apenas concebe a relação "se... então" numa abstração orientada para a legalidade. Nesse sentido, o valor que aparece no trabalho enquanto processo que reproduz valor de uso é sem nenhuma dúvida objetivo. Não só porque o produto, no pôr teleológico, pode ser medido, mas

---
[35] G. W. F. Hegel, [*Vorlesungen über die*] *Geschichte der Philosophie*, t. II (org. H. Glockner), v. XVIII, p. 456s; HWA, v. 19, p. 280s.

também porque esse mesmo pôr teleológico em sua relação "se... então" com a satisfação da necessidade também pode ser demonstrado e comprovado como objetivamente existente, como válido. Desse modo, não se pode afirmar que as valorações enquanto pores singulares constituam por si mesmas o valor. Ao contrário. O valor que aparece no processo e que confere a este uma objetividade social é que decide sobre se a alternativa no pôr teleológico e na sua realização foi adequada a ele, isto é, se era correta, valiosa.

Naturalmente aqui, como já anteriormente no caso do dever-ser, a situação global é muito mais simples e unívoca do que as formas mais complicadas, que não pertencem mais exclusivamente à esfera do metabolismo da sociedade com a natureza e que, ao contário, sempre pressupondo essa esfera como seu fundamento, atuam num mundo tornado social. Esse complexo de problemas também só poderá ser discutido mais adiante. Aqui daremos apenas um exemplo, para indicar metodologicamente o tipo e a orientação das mediações e realizações recentemente surgidas. Tomemos, na sua forma mais geral, aquilo que Marx chama a "metamorfose das mercadorias", a simples compra e venda das mercadorias. Para que seja possível o intercâmbio de mercadorias sobre a base do valor de troca e do dinheiro, deve existir na sociedade uma divisão do trabalho. No entanto, Marx diz: "A divisão social do trabalho torna seu trabalho [o do proprietário das mercadorias] tão unilateral quanto multilaterais suas necessidades". Essa consequência elementar e contraditória da divisão do trabalho cria uma situação tal em que os atos objetivamente interdependentes, compra e venda, na prática se separam, tornam-se mutuamente autônomos, casuais um em relação ao outro. "Mas ninguém precisa comprar apenas pelo fato de ele mesmo ter vendido", diz Marx. Fica então claro isto: "Dizer que esses dois processos independentes e antitéticos formam uma unidade interna significa dizer que sua unidade interna se expressa em antíteses externas". E, nesse momento, Marx observa que "tais formas implicam a possibilidade de crises, mas não mais que sua possibilidade"[36]. (Todavia, a sua realidade requer relações que ainda nem podem existir no nível da circulação simples das mercadorias.)

Já a menção a esses poucos mas importantes momentos mostra em que medida o processo econômico real, que se socializa sempre mais, é mais complicado do que o simples trabalho, a produção imediata de valores de uso. Isso,

---

[36] K. Marx, *Das Kapital*, cit., v. I, p. 70, 77 e 78; MEW, v. 23, p. 120, 127-8 [ed. bras.: O *capital*, Livro I, cit., p. 180 e 187].

porém, não exclui a objetividade dos valores que aqui se originam. Também a mais complexa economia é o resultado de pores teleológicos singulares e de suas realizações, ambos na forma de alternativas. Naturalmente, o movimento do conjunto das cadeias causais assim originadas produz, mediante suas interações imediatas e mediatas, um movimento social cujas determinações últimas se sintetizam numa totalidade processual. Esta, porém, a partir de certo nível já não é mais apreensível pelos sujeitos econômicos singulares – que operam os pores e decidem entre as alternativas – de maneira tão imediata, de tal modo que suas decisões possam orientar-se a respeito do valor com segurança absoluta, como acontecia no trabalho simples, criador de valores de uso. Com efeito, na maior parte dos casos, os homens dificilmente conseguem compreender corretamente as consequências de suas próprias decisões. Como poderiam, pois, seus pores de valor constituir o valor econômico? O próprio valor está presente objetivamente e é exatamente a sua objetividade que determina – mesmo que objetivamente não com a certeza adequada e subjetivamente sem uma consciência adequada – os pores teleológicos singulares, orientados para o valor.

Como faz a divisão social do trabalho – que se torna cada vez mais complexa – para produzir valores a partir de si é algo que já indicamos parcialmente no capítulo dedicado a Marx e a que voltaremos mais vezes a nos referir. Aludiremos, aqui, apenas ao fato de que a divisão do trabalho, mediada e posta em marcha pelo valor de troca, produz o princípio do governo do tempo através de seu melhor aproveitamento interno. Marx afirma:

> Economia de tempo, a isto se reduz afinal toda economia. Da mesma forma, a sociedade tem de distribuir apropriadamente o seu tempo para obter uma produção em conformidade com a totalidade de suas necessidades; do mesmo modo como o indivíduo singular tem de distribuir o seu tempo de forma correta para adquirir conhecimentos em proporções apropriadas ou para desempenhar suficientemente as variadas exigências de sua atividade. Economia de tempo, bem como distribuição planificada do tempo de trabalho entre os diferentes ramos de produção, continua sendo também a primeira lei econômica sobre a base da produção coletiva.[37]

Marx fala aqui da lei da produção social. Com razão, pois os efeitos causais dos diferentes fenômenos se sintetizam exatamente em uma lei tal e desse

---
[37] Idem, *Grundrisse*, cit., p. 89; MEW, v. 42, p. 103 [ed. bras.: *Grundrisse*, cit., p. 119s].

modo retroagem sobre os atos singulares, determinando-os, e o singular deve, sob pena de ruína, adequar-se a essa lei.

Economia de tempo, no entanto, significa simultaneamente uma relação de valor. Já o trabalho simples, orientado apenas para o valor de uso, era um submetimento da natureza pelo homem, para o homem, tanto em sua transformação de acordo com suas próprias necessidades como na aquisição do domínio sobre seus instintos e afetos puramente naturais e, por meio destes, da inicial formação de suas faculdades especificamente humanas. A orientação objetiva da legalidade econômica para a economia de tempo produz diretamente a divisão ótima do trabalho, isto é, dá origem, cada vez, a um ser social com um nível de socialidade sempre mais pura. Esse movimento é, pois, objetivamente, independente do modo como o interpretam as pessoas que dele participam, um passo para a realização das categorias sociais a partir do seu ser em-si originário até um ser-para-si sempre mais ricamente determinado e sempre mais efetivo. Ora, a encarnação adequada desse ser-para-si da socialidade desdobrada, que chegou a si mesma, é o próprio homem. Não o ídolo abstrato do homem isolado, em geral, que nunca e em nenhum lugar existiu, mas, ao contrário, o homem na sua concreta práxis social, o homem que com suas ações e nas suas ações encarna e faz realidade o gênero humano. Marx sempre viu com clareza esse nexo entre a economia e aquilo que a vida econômica produz no próprio homem. Em conexão direta, no plano intelectual, com o trecho acima citado acerca da economia de tempo como princípio de valor do econômico, ele escreve:

> A verdadeira economia [...] consiste em poupança de tempo de trabalho [...]; essa poupança, no entanto, é idêntica ao desenvolvimento da força produtiva. Portanto, não significa de modo algum *renúncia à fruição*, mas desenvolvimento de *power* [poder], de capacidades para a produção e, consequentemente, tanto das capacidades quanto dos meios da fruição. A capacidade de fruição é condição da fruição, ou seja, seu primeiro meio, e essa capacidade é desenvolvimento de uma aptidão individual, é força produtiva. A poupança de tempo de trabalho é equivalente ao aumento do tempo livre, *i.e.*, tempo para o desenvolvimento pleno do indivíduo, desenvolvimento este que, como a maior força produtiva, retroage sobre a força produtiva do trabalho.[38]

---

[38] Ibidem, p. 599; ibidem, p. 607 [ed. bras.: ibidem, p. 593s].

Os problemas concretos aqui levantados por Marx, particularmente a relação entre ócio e força produtiva do trabalho, poderão ser abordados com detalhes apenas no último capítulo.

Nessa passagem, o próprio Marx dá ênfase especial não aos problemas singulares, mas ao nexo indissolúvel, universalmente necessário, entre o desenvolvimento econômico objetivo e o desenvolvimento do homem. A práxis econômica é consumada pelo homem – através de atos alternativos –, mas a sua totalidade constitui um complexo dinâmico objetivo, cujas leis, ultrapassando a vontade de cada homem singular, se lhe opõem como sua realidade social objetiva, com toda a dureza característica da realidade, e, apesar disso, produzem e reproduzem, na sua objetiva dialética processual, em nível sempre mais elevado, o homem social; mais precisamente: produzem e reproduzem tanto as relações que tornam possível o desenvolvimento superior do homem como, no próprio homem, aquelas faculdades que transformam em realidade tais possibilidades. Por isso Marx pode acrescentar ao que já afirmou acima:

> Se considerarmos a sociedade burguesa em seu conjunto, a própria sociedade, *i.e.*, o próprio homem em suas relações sociais, sempre aparece como resultado último do processo de produção social. Tudo o que tem forma fixa, como o produto etc., aparece somente como momento, momento evanescente nesse movimento. O próprio processo de produção imediato aparece aí apenas como momento. As próprias condições e objetivações do processo são igualmente momentos dele, e somente os indivíduos aparecem como sujeitos do processo, mas os indivíduos em relações recíprocas, relações que eles tanto reproduzem quanto produzem de maneira nova. É seu próprio contínuo processo de movimento, em que eles renovam a si mesmos, bem como o mundo da riqueza que criam.[39]

É interessante comparar essa descrição com aquela de Hegel, anteriormente citada, no qual este último afirma as ferramentas de trabalho como o momento objetivo durável do trabalho, em contraposição à transitoriedade da satisfação da necessidade possibilitada por eles. O contraste entre ambas as declarações, que impressiona imediatamente, é, no entanto, apenas aparente. Ao analisar o ato do trabalho, Hegel destacou na ferramenta um momento que exerce ação duradoura no desenvolvimento social, destacou nela uma categoria de

---

[39] Ibidem, p. 600; idem [ed. bras.: ibidem, p. 594].

mediação decisivamente importante através da qual o ato de trabalho singular ultrapassa sua própria singularidade e é elevado a momento da continuidade social. Hegel oferece, portanto, uma primeira indicação a respeito do modo como o ato de trabalho pode tornar-se momento da reprodução social. Marx, ao contrário, considera o processo econômico na sua totalidade dinâmica desdobrada, de modo que o homem não pode deixar de aparecer como o começo e o fim, como o iniciador e o resultado final do conjunto do processo, no meio do qual ele muitas vezes – e sempre na sua singularidade – parece desaparecer entre as suas inundações e, no entanto, apesar de toda aparência, mesmo tão fundamentada, ele constitui a essência real desse processo.

A objetividade do valor econômico está fundada na essência do trabalho como metabolismo entre sociedade e homem e, no entanto, a realidade objetiva do seu caráter de valor vai além desse nexo elementar. Já a forma originária do trabalho, na qual a utilidade põe o valor do produto, mesmo que se relacione diretamente com a satisfação da necessidade, põe em marcha, no homem que o realiza, um processo cuja intenção objetiva – independentemente do grau de consciência – está voltada para o superior desenvolvimento do homem. Assim se produz no valor econômico, uma intensificação qualitativa diante do valor que já existia na atividade simples, produtora de valores de uso. Surge assim um duplo movimento contraditório: de um lado, o caráter de utilidade do valor sofre uma intensificação em direção ao universal, para o domínio de toda a vida humana, e isso acontece simultaneamente ao tornar-se cada vez mais abstrato da utilidade, na medida em que o valor de troca, sempre mediado, elevado à universalidade e em si mesmo contraditório, assume um papel de guia nos intercâmbios sociais dos homens, sem que com isso se possa esquecer que a vigência do valor de troca sempre pressupõe que este se baseie no valor de uso. O novo, então, é um desdobramento contraditório, dialético, das determinações originárias, já presentes na gênese, e não a sua simples negação abstrata. De outro lado, esse mesmo desenvolvimento que conduziu à criação de formações realmente sociais como o capitalismo e o socialismo é em si mesmo contraditório, de um modo extremamente significativo e fecundo: a socialidade desdobrada da produção resulta num sistema imanente, que repousa em si mesmo, fechado em si mesmo, do econômico, no qual uma práxis real só é possível sobre a base da orientação para pores de fins e investigações dos meios imanentemente econômicos. O surgimento do termo *homo oeconomicus* não é em absoluto um acaso, nem um simples equívoco; ele expressa em termos adequados e plásticos o comportamento imediato necessário do homem em um mundo onde a produção se tornou social. Mas apenas o comportamento imediato. Com efeito, tanto no capítulo sobre Marx como nas presentes considerações, fizemos questão de deixar claro que não podem existir atos econômicos – desde o trabalho originário até a produção social pura – em cuja base não se encontre uma intencionalidade ontologicamente imanente para o devir homem do homem, no sentido mais amplo do termo, ou seja, da gênese ao seu desdobramento. Essa constituição ontológica da esfera econômica ilumina a sua conexão com os outros âmbitos da práxis humana. Como já vimos muitas vezes em outros contextos, à economia cabe a função ontologicamente primária, fundante. E, apesar de já ter dito também isto muitas vezes, vale a pena sublinhá-lo mais uma vez: em tal prioridade ontológica não está contida nenhuma hierarquia de valor. Com isso realçamos apenas uma situação ontológica: uma determinada forma do ser é a insuprimível base ontológica de outra, e a relação não pode ser nem inversa nem recíproca. Tal constatação é em si totalmente livre de valor. Somente na teologia e no idealismo com tintas teológicas a prioridade ontológica representa, ao mesmo tempo, uma valoração mais elevada.

Com essa concepção ontológica fundamental, dispomos também da direção e do método para compreender geneticamente, no interior de uma esfera do ser, o desenvolvimento das categorias superiores (mais complexas e mais mediadas), tanto de tipo contemplativo quanto prático, a partir das categorias mais simples, fundantes. Deve-se, portanto, rejeitar qualquer "dedução ontológica" do edifício, do ordenamento das categorias (aqui os valores), partindo do seu conceito geral, abstratamente apreendido. Pois, através dele, conexões e constituições cuja peculiaridade se acha fundada, de modo ontologicamente real, na sua gênese histórico-social contêm a aparência de uma hierarquia conceitual-sistemática, através da qual, como consequência dessa discrepância entre o ser autêntico e o conceito supostamente determinante, acabam sendo falsificadas a sua essência concreta e a sua interação concreta. Deve-se rejeitar, do mesmo modo, a ontologia vulgar-materialista que vê as categorias mais complexas como simples produtos mecânicos das mais elementares e fundantes e, desse modo, por um lado, obstrui para si mesma toda compreensão da particularidade das primeiras e, por outro, cria entre as primeiras e as segundas uma falsa hierarquia, supostamente ontológica, segundo a qual só se pode atribuir um ser em sentido próprio às categorias mais simples. A rejeição de ambas as concepções equivocadas é particularmente importante se pretendemos conceber de modo correto a relação que o valor econômico mantém com os outros valores da práxis social (e com o comportamento teórico estreitamente ligado a essa práxis). Vimos que o valor tem uma conexão indissolúvel com o caráter alternativo da práxis social. A natureza não conhece valores, apenas nexos causais e transformações por eles ocasionadas, alteridades das coisas, dos complexos etc. O papel efetivo do valor na realidade se limita, pois, ao ser social. Já mostramos como as alternativas no trabalho e na práxis econômica são orientadas a valores que não representam de modo nenhum simples resultados, sínteses etc. dos valores subjetivos singulares, mas, ao contrário, é sua objetividade no interior do ser social que decide acerca da correção ou falsidade dos pores alternativos orientados para o valor.

Em nossas considerações anteriores indicamos que a diferença decisiva entre as alternativas originárias no trabalho apenas orientado para o valor de uso e no trabalho em um nível mais elevado se baseiam, acima de tudo, em que o primeiro contém os pores teleológicos que transformam a própria natureza, ao passo que no segundo o fim é, em primeira linha, a influência sobre a consciência de outros homens, a fim de induzi-los aos pores teleológicos desejados. O âmbito da economia socialmente desdobrada contém pores de valor de ambos os tipos entrelaçados de modos diversos, porém, nesse complexo, também os do primeiro tipo, sem perder a sua essência originária, sofrem mudanças que os tornam diferentes. Através dele surgiu, no âmbito da economia, uma complexidade maior do valor e dos pores de valor. Quando, então, entramos em âmbitos não econômicos, nos encontramos diante de questões ainda mais complexas e qualitativamente diversas. Isso de modo nenhum significa que a continuidade do ser social tenha cessado de existir, de manter-se constantemente ativa. É claro que, de um lado, determinados tipos e determinadas regulamentações da práxis social que, no curso da história, chegaram a autonomizar-se são, por sua essência, simples formas de mediação e originalmente também surgiram a fim de regular melhor a reprodução social; pense-se na esfera do direito, no sentido mais amplo do termo. Vimos que, exatamente para cumprir melhor o seu papel, essa função mediadora deve ser autônoma e ter uma estrutura heterogênea em relação à economia*. Aqui

---

* Nota de pé de página manuscrita: "Lembramos as nossas exposições a respeito dessa questão no capítulo sobre Marx, de modo especial acerca da carta de Marx a Lassalle etc.". (N. E. A.) [Tal discussão, a respeito do desenvolvimento desigual, encontra-se nas páginas 386-90 de *Para uma ontologia do ser social I*, São Paulo, Boitempo, 2012. (N. E.)]

volta a fazer-se visível que tanto a fetichização idealista, que quer fazer da esfera do direito algo que repousa inteiramente em si mesma, quanto o materialismo vulgar, que quer fazer derivar mecanicamente esse complexo a partir da estrutura econômica, terminam por não ver os autênticos problemas. É exatamente a dependência objetivamente social do âmbito do direito em relação à economia e, ao mesmo tempo, a sua heterogeneidade, assim produzida, nos confrontos com esta última que, na sua simultaneidade dialética, determina a peculiaridade e a objetividade social do valor. Por outro lado, tanto no capítulo sobre Marx como também aqui, vimos que os pores puramente econômicos não podem se tornar práticos sem despertar e desenvolver nos homens singulares, nas suas relações recíprocas etc. – e por aí até o nascimento real do gênero humano –, faculdades humanas (em certas circunstâncias, apenas a sua possibilidade, no sentido da *dýnamis* aristotélica), cujas consequências ultrapassam em muito a pura esfera econômica, mas que, apesar disso, jamais podem abandonar – como o representa o idealismo – o terreno do ser social. Toda utopia é determinada, em seu conteúdo e em sua orientação, pela sociedade que ela repudia; cada uma das suas contraimagens histórico-humanas refere-se a um determinado fenômeno do *hic et nunc* histórico-socialmente existente. Não existe nenhum problema humano que não tenha sido, em última análise, desencadeado e que não se encontre profundamente determinado pela práxis real da vida social.

A contraditoriedade, aqui, é apenas um momento importante da interdependência. Já nos referimos pormenorizadamente, no capítulo sobre Marx, ao fato de que os resultados mais grandiosos do desenvolvimento humano muitas vezes – e de nenhum modo por acaso – já nascem com tais formas antitéticas e, através dele, convertem-se, em termos objetivamente sociais, em fontes de inevitáveis conflitos de valor. Pense-se, por exemplo, na história ali exposta do único surgimento real e autêntico do gênero humano. Exatamente porque o desenvolvimento econômico não é, em sua totalidade, um desenvolvimento teleologicamente posto, mas, apesar de ter os seus fundamentos nos pores teleológicos singulares dos homens singulares, consiste em cadeias causais espontaneamente necessárias, os modos fenomênicos delas, cada vez histórica e concretamente necessários, podem dar origem às mais agudas contraposições entre o progresso objetivamente econômico – e por isso objetivamente da humanidade – e as suas consequências humanas. (É supérfluo repetir que, segundo nossa concepção, o mundo fenomênico é parte existente da realidade social.) Desde a dissolução do comunismo primitivo até as formas atuais da manipulação, essa contradição se nos apresenta por todas as partes através da história. E podemos observar de imediato que, enquanto a tomada de posição alternativa perante o desenvolvimento econômico como tal, baseada mais ou menos no modelo do trabalho simples, é largamente unívoca, nas tomadas de posição morais perante certas consequências da economia sobre a vida parece dominar um antagonismo de valores. Isso tem seu fundamento em que, enquanto o processo econômico-social se desenrola com uma unicidade causal-legalmente determinada, as reações a ele têm de provocar uma – imediata – unicidade de valor. Balzac, como o mais profundo historiador do desenvolvimento capitalista na França, mostra, no comportamento de Birotteau*, o fracasso face aos procedimentos capitalistas de então e, embora os seus motivos psicológico-morais sejam dignos de respeito, no plano do valor o fracasso continua como algo negativo, ao passo que o fato de que o seu assistente e hábil genro Popinot seja capaz de resolver os mesmos problemas econômicos é, com razão, valorizado positivamente. Não é por acaso que Balzac, e aí está a sua característica lucidez, apresenta, no desenvolvimento ulterior de Popinot, de modo implacavelmente negativo os lados obscuros humano-morais dos seus êxitos econômicos.

Essa unicidade na diferenciação entre alternativas econômicas e alternativas não mais econômicas, humano-morais, nem sempre é tão nítida como no caso do trabalho que é um simples metabolismo com a natureza. Tal unicidade só pode tornar-se atual quando o processo econômico, em sua objetividade, atua em certa medida como "segunda natureza" e quando, ao mesmo tempo, o conteúdo da alternativa do indivíduo em questão está concentrado plena ou primordialmente no campo econômico propriamente dito. De outro modo, a conflitualidade – muitas vezes diretamente antagônica – entre o processo econômico e os seus modos fenomênicos humano-sociais se alça ao primeiro plano. Na antiga Roma, esse dilema entre valores já era enunciado com clareza por Lucano: *Victrix causa diis placuit, sed victa Catoni*[40]. E basta pensar na figura de Dom Quixote, em quem essa tensão entre a apaixonada rejeição da necessidade, objetivamente progressista, do desenvolvimento social e a

---

* Protagonista do romance *História da grandeza e da decadência de César Birotteau*, de 1837, da Comédia Humana, de Honoré de Balzac. (N. R. T.)
[40] *Farsália*, 1: "A causa vitoriosa agradou aos deuses, mas a derrotada, a Catão" [ed. bras.: Lucano, *Farsália*, Campinas, EdUnicamp, 2011].

identificação igualmente apaixonada à integridade moral do gênero humano, sob as formas do definitivamente ultrapassado, aparece concentrada na mesma figura como união da grotescamente insensata e sublime pureza de alma. Com isso, no entanto, ainda não chegamos a tocar nas raízes dessa contraditoriedade. A legalidade imanente à economia não só produz esses antagonismos entre a essência objetiva de seu processo e suas respectivas formas fenomênicas na vida humana, mas faz do antagonismo um dos fundamentos ontológicos do próprio desenvolvimento em seu conjunto, na medida em que, por exemplo, o comunismo primitivo foi dissolvido, por necessidade econômica, pela sociedade de classes, e com isso o pertencimento a uma classe e a participação na luta de classes determinam fortemente as decisões vitais de cada membro da sociedade. Assim surge um espaço de ação para os fenômenos conflituais enquanto o conteúdo das alternativas ultrapassa decisivamente o metabolismo da sociedade com a natureza. As alternativas orientadas para a realização de valores muitas vezes assumem com frequência inclusive a forma de conflitos insolúveis entre deveres, uma vez que nessas alternativas o conflito não se dá apenas entre o reconhecimento de um valor como o "o que" e o "como" da decisão, mas determina a práxis como um conflito entre valores concretos, dotados de validade concreta; a alternativa está orientada a uma escolha entre valores que se opõem mutuamente. Assim, parece que a nossa consideração nos leva para trás, para a concepção trágico-relativística de Max Weber, já referida, segundo a qual esse indissolúvel pluralismo conflitivo de valores constitui o fundamento da práxis humana na sociedade.

Isso, no entanto, é apenas uma aparência. Com efeito, atrás dele não se oculta a própria realidade, mas, por um lado, a permanência na imediatidade com a qual se mostram os fenômenos e, por outro, um sistema hiper-racionalizado, logicizado, hierárquico, dos valores. Esses extremos igualmente falsos produzem, quando são postos em marcha de maneira autônoma, ou um empirismo puramente relativista ou uma construção racionalista não aplicável adequadamente à realidade; na medida em que um é relacionado com o outro, nasce a aparência de que a razão moral é impotente diante da realidade. Não podemos, aqui, tratar detalhadamente e a fundo desse complexo de problemas; essa será uma das tarefas da *Ética*. Somente ali será possível diferenciar devidamente os valores e as realizações de valores em suas correlativas efetivações nas suas muitíssimo variadas formas de mudança e de permanência na mudança. Aqui, podemos apenas indicar em termos muito gerais esse processo a partir de um exemplo, a decisão socialmente correta ante uma alternativa importante. Aqui apenas importa assinalar, com a maior brevidade, os traços principais daquele método ontológico por meio do qual esse complexo deveria ser abordado. Devemos partir, por isso, daquela determinação da substancialidade da qual já falamos em contextos anteriores. As novas compreensões a respeito do ser destruíram a concepção estática, imutável, da substância; e, no entanto, disso não deriva, de modo algum, a necessidade de sua negação no âmbito da ontologia, mas apenas é necessário reconhecer o seu caráter essencialmente dinâmico. A substância é aquilo que, na contínua mudança das coisas, mudando ela mesma, pode conservar-se em sua continuidade. No entanto, esse dinâmico conservar-se não está necessariamente ligado a uma "eternidade". As substâncias podem surgir e perecer, sem que com isso deixem de ser substâncias – desde que se mantenham dinamicamente durante o tempo da sua existência.

Todo valor autêntico é, pois, um momento importante no complexo fundamental do ser social que nós denominamos como práxis. O ser do ser social se preserva como substância no processo de reprodução; no entanto, este último é um complexo e uma síntese dos atos teleológicos que são de fato inseparáveis da aceitação ou da rejeição de um valor. Desse modo, em todo pôr prático é intencionado – positiva ou negativamente – um valor, o que poderia produzir a aparência de que os valores nada mais são do que sínteses sociais de tais atos. O que é correto nisso é que os valores não poderiam adquirir uma relevância ontológica na sociedade se não se tornassem objetos de tais pores. Essa condição da realização do valor no equivale, entretanto, simplesmente à gênese ontológica do valor. A fonte autêntica dessa gênese é, muito mais, a transformação ininterrupta da estrutura do próprio ser social, e é dessa transformação que emergem diretamente os pores que realizam o valor. Como já vimos, uma verdade fundamental da concepção marxiana é que os próprios homens fazem a sua história, mas não podem fazê-la nas circunstâncias escolhidas por eles. Os homens respondem – mais ou menos conscientemente, mais ou menos corretamente – às alternativas concretas que lhes são apresentadas a cada momento pelas possibilidades do desenvolvimento social. Nisso, portanto, já está implicitamente contido o valor. Não resta dúvida, por exemplo, de que o domínio do homem sobre seus afetos como resultado do trabalho é um valor, porém esse domínio já está contido no trabalho; desse modo, pode tornar-se socialmente real sem afirmar imediatamente uma forma consciente e afirmar seu valor no homem que trabalha. É um momento do ser social e por isso realmente existente e ativo, mesmo quando não se torna de modo nenhum ou apenas parcialmente consciente.

É evidente que também o devir consciente não é socialmente contingente. Tivemos que sublinhar fortemente esse momento da independência para dar a devida relevância ao caráter de ser, ontológico-social, do valor. Este é uma relação social entre fim, meio e indivíduo e por isso possui um ser social. Por certo, esse ser contém, ao mesmo tempo, um elemento de possibilidade, uma vez que, em si, apenas determina o espaço de ação das alternativas concretas, seu conteúdo social e individual, as orientações nas quais podem ser resolvidas as questões presentes nelas. O valor, através dos atos que o realizam, alcança o desdobramento desse ser em si, sua elevação para o verdadeiro ser-para-si. É, no entanto, característico da situação ontológica que aqui se apresenta o fato de que essa realização na práxis humana – ineludível para a realidade em última instância do valor – se mantenha vinculada indissoluvelmente com o próprio valor. É o valor que impõe sua realização a suas determinações, não o inverso. Isso não deve ser entendido no sentido de que a realização possa ser "deduzida" intelectualmente do valor, de que a realização seja o simples "produto de trabalho" humano. As alternativas são fundamentos insuprimíveis do tipo de práxis humano-social e somente de modo abstrato, nunca realmente, podem ser separadas da decisão individual. No entanto, o significado de tal resolução de alternativas para o ser social depende do valor, ou melhor, do complexo respectivo das possibilidades reais de reagir praticamente ante a problematicidade de um *hic et nunc histórico-social*. Desse modo, aquelas decisões que realizam em sua forma mais pura essas possibilidades reais – afirmando ou negando o valor – realizam, em cada estágio do desenvolvimento, uma exemplaridade positiva ou negativa. Essa exemplaridade, nos estágios primitivos, é transmitida através da tradição direta, oral. Tornam-se heróis do mito aqueles que responderam a essas alternativas – que culminam em valores – da vida da tribo, num nível de exemplaridade humana tal que a resposta tenha se tornado – positiva ou negativamente – social e duravelmente significativa para a reprodução daquela vida e por isso parte constitutiva daquele processo de reprodução no seu processo de mudança e preservação.

Essa permanência não precisa ser documentada; é, inclusive, universalmente conhecido que tais soluções pessoais para as alternativas sociais se conservam desde a época dos mitos em que foram criados até os nossos tempos. No entanto, a mera permanência exprime apenas um lado desse processo. É igualmente importante constatar que ela somente se torna possível quando pode haver uma ininterrupta mudança de sua interpretação, isto é, uma mudança em sua aplicabilidade como modelo para a práxis do respectivo presente. Que nos primeiros tempos isso tenha ocorrido através da transmissão oral, mais tarde através da criação poética e artística etc., não modifica em nada a situação aqui fundamental. Pois em todos esses casos se trata de uma ação orientada para uma alternativa social; apesar da ininterrupta mudança de seus detalhes concretos, de sua interpretação etc., conserva-se, contudo, como algo dotado de continuidade, essencialmente persistente para o ser social. O fato de que isso aconteça na forma de uma alternativa individual, e não, como em outros âmbitos do valor, na forma de um preceito ou proibição, expressa o caráter específico do valor que aqui se realiza: sua tendência diretamente oriunda da personalidade do homem, sua autoconfirmação como continuidade do núcleo íntimo do gênero humano. O verdadeiro nexo social revela-se, antes de tudo, no fato de que o momento por excelência decisivo da mudança, da reinterpretação, está sempre ancorado nas necessidades sociais de cada presente. Tais necessidades estabelecem se e como a alternativa assim fixada deve ser interpretada. Não é decisiva a descoberta da verdade histórica eventualmente ali presente. Sabemos muito bem que o Brutus da lenda não corresponde à verdade histórica; no entanto, isso não enfraquece em nada a eficácia do personagem shakespeariano, uma vez que as valorações opostas (Dante) também estão fundadas nas necessidades de seu presente. Mudança e permanência são, pois, de igual modo, produzidas pelo desenvolvimento social; sua inter-relação reflete exatamente aquela nova forma de substancialidade a que nos referimos no início dessa argumentação e da qual o valor, na sua objetividade histórica, é componente orgânico.

A objetividade dos valores se funda, pois, no fato de que todos esses são componentes moventes e movidos do conjunto do desenvolvimento social. Sua contraditoriedade, o fato incontestável de que, muitas vezes, eles se encontram em oposição aberta com a própria base econômica e até entre si, não leva por isso a uma concepção relativista dos valores, como pensa Max Weber, e muito menos leva nessa direção o fato de ser impossível ordená-los em um sistema hierárquico, em uma tabela. Sua existência, que se manifesta na forma de um dever-ser social e factualmente imperativo, para a qual a pluralidade, em uma escala que vai do heterogêneo ao antitético, pode ser racionalizada, sem dúvida, apenas *post festum*; mas exatamente nisso se exprime a unitariedade contraditória, a unicidade desigual do conjunto do processo histórico-social. Esse processo constitui, na sua determinação objetivo-causal, uma totalidade em movimento; no entanto, uma vez que é construído pelo somatório causal de pores teleológicos alternativos, cada momento que imediata ou mediatamente funda ou põe obstáculos sempre deve ser feito de pores teleológicos alternativos. O valor desses pores é decidido por sua verdadeira intenção, tornada objetiva na práxis, intenção que pode orientar-se para o essencial ou para o transitório, para o progressivo ou inibitório etc. Do mesmo modo que no ser social todas essas tendências estão realmente presentes e ativas, e dado que, por isso, elas produzem, no homem que age, alternativas de orientações, níveis etc. diversificadas, o modo fenomênico da relatividade não é de modo nenhum casual. Ele contribui para que permaneça viva, pelo menos em parte, nas perguntas e nas respostas, uma tendência à autenticidade, já que, inclusive, a alternativa de determinada práxis não se expressa somente em dizer "sim" ou "não" a um determinado valor, mas também na escolha do valor que forma a base da alternativa concreta e nos motivos pelos quais se assume esse pôr. Já sabemos: o desenvolvimento econômico provê a espinha dorsal do progresso efetivo. Os valores decisivos, que se conservam ao longo do processo, são sempre – conscientemente ou não, de modo imediato ou com mediações às vezes bastante amplas – referidos a ele; no entanto, faz diferença objetivamente importante quais momentos desse processo em seu conjunto resultam aludidos e afetados pela alternativa em questão. É desse modo que os valores se conservam no conjunto do processo social, renovando-se ininterruptamente; é desse modo que eles, a seu modo, se tornam partes reais integrantes do ser social no seu processo de reprodução, elementos do complexo chamado ser social.

Escolhemos, de modo intencional, para demonstrar essa situação ontológica, um valor que está muito distante do trabalho como modelo. Em primeiro lugar o fizemos para mostrar que também nos casos em que a alternativa, no imediato, já tenha se tornado puramente interna sempre há, como fundamento da intenção das decisões, determinações objetivamente sociais da existência e que, portanto, o valor realizado na práxis não pode deixar de ter um caráter socialmente objetivo. Tomamos, antes, como exemplo a personagem de Brutus, na qual esse nexo, esse enraizamento do valor no ser social é inteiramente perceptível. O mesmo ocorre, e talvez ainda com maior evidência, se lembrarmos que Prometeu era, aos olhos de Hesíodo, um transgressor corretamente punido pelos deuses, ao passo que após a tragédia de Ésquilo ele continua a viver na consciência da humanidade na figura de um portador da luz e benfeitor. Se acrescentarmos ainda que a queda no pecado, narrada no Antigo Testamento (*nota bene*: tendo o trabalho como punição), e a correlata doutrina cristã sustentaram com eficácia social maior o ponto de vista de Hesíodo, teremos diante de nós uma imagem muito clara para compreender como, nesse caso, as alternativas tinham, em seu conteúdo, uma decisão sobre se o homem, em seu trabalho, produz a si mesmo enquanto homem ou deve ver a si mesmo como um produto posto a serviço de potências transcendentes, do qual se deriva necessariamente que toda ação independente fundada no próprio homem, na sua socialidade, encerra em si uma transgressão contra as potências superiores. Para a validação da socialização nas alternativas – em segundo lugar – essa sua estrutura constitui um caso extremo, embora muito significativo, que só pode se dar num estágio relativamente desenvolvido da história da humanidade. Por isso, o pôr de valores, socialmente necessário, também deve produzir casos estruturados de maneira diversa. Uma vez, porém, que só na *Ética* poderemos tratar de maneira adequada de todo esse complexo de problemas, limitamo-nos, aqui, a indicações puramente formais: há valores sociais que requerem um aparato institucional que, por certo, podem assumir formas muito variadas a fim de realizar-se socialmente (direito, Estado, religião etc.) e há casos em que as objetivações do espelhamento da realidade se tornam portadoras de valores, fatores que induzem a pôr valores etc. Seria impossível aqui simplesmente enumerar as diferenças, as estruturas heterogêneas que produzem contraposições diretas, uma vez que essas, sem exceção, só se explicitam, em termos adequados, nas inter-relações e interações sociais concretas que todos os valores estabelecem entre si, e por isso só ser apreendidos mediante uma exposição realmente sintética, orientada à totalidade da práxis social, isto é, à totalidade do ser social.

3. A relação "sujeito-objeto" no trabalho e suas consequências

Com tudo que foi dito estamos ainda muito longe de esgotar aquelas formas fenomênicas das condutas de vida especificamente humanas que, embora através de amplas mediações, emergem do trabalho e que, por isso, devem ser concebidas ontológico-geneticamente a partir dele. Antes, porém, de abordar detalhadamente algumas questões aparentemente muito distantes, mas que, por sua essência, encontram aqui sua raiz, temos de considerar melhor um fenômeno, já por nós abordado, derivado diretamente do trabalho, isto é, o surgimento da relação "sujeito-objeto" e o distanciamento entre sujeito e objeto que necessariamente advém daí. Esse distanciamento cria imediatamente uma base imprescindível, dotada de vida própria, do ser social dos homens: a linguagem. Engels observa com justeza que ela surgiu porque os homens *"tinham algo para dizer* um ao outro. A necessidade criou seu órgão correspondente"[41]. O que significa, porém, dizer algo? Comunicações tão importantes como aquelas referentes ao perigo, aos meios de alimentação, ao desejo sexual etc. já encontramos nos animais superiores. O salto entre essas comunicações e aquelas dos homens, às quais Engels se refere, está exatamente nessa distância. O homem sempre fala "sobre" algo determinado, que ele extrai de sua existência imediata em um duplo sentido: primeiro, na medida em que isso é posto como objeto que existe de maneira independente; segundo – e aqui a distância aparece ainda mais intensamente, se isso é possível –, empenhando-se por precisar cada vez o objeto em questão como algo concreto; seus meios de expressão, as suas designações são de tal modo constituídos que cada signo pode figurar em contextos completamente diferentes. Desse modo, a reprodução realizada através do signo linguístico se separa dos objetos designados por ele e, por conseguinte, também do sujeito que o expressa, tornando-se expressão intelectual de um grupo inteiro de fenômenos determinados, que podem ser aplicados de maneira similar por sujeitos inteiramente diferentes em contextos inteiramente diferentes. As formas de comunicação dos animais não conhecem essa distância; constituem um componente orgânico do processo de vida biológico e, mesmo quando têm um conteúdo claro, esse conteúdo está ligado a situações concretamente determinadas próprias dos animais que tomam parte nele; só podemos falar, portanto, de sujeitos e objetos em um sentido muito figurado, que facilmente se presta a mal-entendidos, embora se trate sempre de um ser vivo concreto que procura comunicar algo a respeito de um fenômeno concreto e ainda que tais comunicações, pelo seu vínculo indissolúvel com a situação, sejam, de modo geral, muito claras. O pôr simultâneo do sujeito e do objeto, mediante a linguagem, no trabalho e igualmente decorrendo deste, distancia o sujeito do objeto e vice-versa, o objeto

---

[41] F. Engels, *Dialektik der Natur*, cit., p. 696; MEW, v. 20, p. 446.

concreto do seu conceito etc., no sentido aqui indicado. Dessa maneira, torna-se possível a compreensão do objeto que tendencialmente pode ampliar-se ilimitadamente, e o seu domínio por parte do homem. Não é de surpreender que a denominação dos objetos, a expressão de seu conceito, seu nome, tenha sido considerada, durante muito tempo, como um milagre mágico; ainda no Antigo Testamento o domínio do homem sobre os animais se exprime no fato de que Adão lhes concede nomes, no que se expressa de maneira clara a elevação da linguagem por cima da natureza.

Essa criação da distância, porém, tanto no trabalho como na linguagem, alcança uma diferenciação sempre crescente. Mesmo o trabalho mais simples, como já vimos, efetiva, através da dialética entre fim e meio, uma relação nova entre imediatidade e mediação, pelo fato de que toda satisfação de necessidades obtida através do trabalho já é, por sua essência objetiva, uma satisfação mediada; o fato igualmente inelimitável de que todo produto do trabalho, uma vez terminado, possui para o homem que o utiliza uma nova imediatidade – não mais natural – reforça a contraditoriedade dessa situação. (Cozinhar ou assar carne é uma mediação, mas comer a carne cozida ou assada é, nesse sentido, um fato tão imediato como o de comer a carne crua, ainda que esse último seja natural e o primeiro, social.) O trabalho sempre produz, pois, em seu desenvolvendo ulterior, séries inteiras de mediações entre o homem e o fim imediato que, em última análise, ele se empenha em conseguir. Surge, assim, no trabalho uma diferenciação, já presente primordialmente, entre finalidades imediatas e finalidades mais mediatas. (Pense-se na fabricação de armas, que, desde o descobrimento do ferro, desde a sua fundição até a construção da arma, requer toda uma cadeia de pores teleológicos diversos e heterogêneos entre si.) Uma práxis social só é possível quando essa relação com a realidade se torna socialmente geral. É óbvio que, em uma ampliação das experiências de trabalho, surgem relações e estruturas inteiramente novas perante elas, mas isso não muda as coisas quanto ao fato de que essa diferenciação entre o imediato e o mediado – mesmo na sua existência simultânea, que implica uma conexão necessária, uma ordem, uma sobreordenação, uma subordinação etc. – tenha se originado do trabalho. Assim, só o distanciamento intelectual dos objetos por meio da linguagem é capaz de fazer com que o distanciamento real que surgiu no trabalho seja comunicável e fixado como patrimônio comum de uma sociedade. Pense-se apenas como a sucessão temporal das diversas operações, suas mediações correspondentes à essência das coisas (a ordem, as pausas etc.), não poderia ter se tornado um fato social – apenas para sublinhar o elemento de maior relevo – sem uma clara articulação do tempo na linguagem etc. Como ocorre com o trabalho, também com a linguagem se consumou um salto do ser natural para o social; também aqui esse salto é um processo lento, cujos primeiros começos permanecerão desconhecidos para sempre, ao passo que, com a ajuda do desenvolvimento das ferramentas, podemos estudar e, dentro de certos limites, abarcar em seu conjunto a orientação de desenvolvimento, com um conhecimento *post festum*. Naturalmente, inclusive os mais velhos monumentos linguísticos que a etnografia pode nos fornecer são muito mais recentes do que as primeiras ferramentas. No entanto, uma ciência da linguagem que tomasse como objeto de pesquisa, como fio condutor do seu método, os nexos realmente existentes entre trabalho e linguagem poderia ampliar e aprofundar enormemente o nosso conhecimento do processo histórico interno do salto.

Como já mostramos em detalhes, o trabalho modifica forçosamente também a natureza do homem que o realiza. A direção que assume esse processo de transformação está dada espontaneamente pelo pôr teleológico e pela sua realização prática. Como já mostramos, a questão central da transformação interna do homem consiste em chegar a um domínio consciente sobre si mesmo. Não somente o fim existe na consciência antes de realizar-se praticamente como essa estrutura dinâmica do trabalho se estende a cada movimento singular: o homem que trabalha deve planejar antecipadamente cada um dos seus movimentos e verificar continuamente, conscientemente, a realização do seu plano, se quer obter o melhor resultado concreto possível. Esse domínio da consciência do homem sobre o seu próprio corpo, que também se estende a uma parte da esfera da consciência, aos hábitos, aos instintos, aos afetos, é uma exigência elementar do trabalho mais primitivo e deve, pois, marcar profundamente as representações que o homem faz de si mesmo, uma vez que exige, para consigo mesmo, uma relação qualitativamente diferente, inteiramente heterogênea daquela que corresponde à condição animal, e uma vez que tais exigências são postas por todo tipo de trabalho.

Em termos objetivamente ontológicos surge a nova constituição, já por nós descrita sob vários aspectos, da consciência humana, que deixa de ser um epifenômeno biológico e se torna um momento essencial ativo do ser social que está nascendo. Quando nos referimos de maneira simples ao afastamento da barreira natural provocado pelo trabalho, vimos que desempenhava um papel sumamente importante essa nova função da consciência como portadora dos pores teleológicos da práxis. No entanto, se queremos, a respeito desse complexo de questões, proceder com uma crítica ontologicamente rigorosa, devemos entender que certamente se verifica um ininterrupto afastamento da barreira natural, mas jamais a sua supressão completa; o homem, membro ativo da sociedade, motor de suas transformações e de seus movimentos progressivos, permanece, em sentido biológico, um ente inelimináveImente natural: sua consciência, em sentido biológico – apesar de todas as decisivas mudanças de função no plano ontológico –, está indissociavelmente ligada ao processo de reprodução biológica do seu corpo; considerando o fato universal dessa ligação, a base biológica da vida permanece intacta também na sociedade. Todas as possibilidades de prolongar esse processo, por exemplo através da aplicação do conhecimento etc., não podem alterar em nada essa vinculação ontológica em última instância da consciência com o processo vital do corpo.

Essa constituição da relação entre duas esferas do ser não é, do ponto de vista ontológico, nada estruturalmente novo. Também no ser biológico as relações, os processos etc. físicos e químicos estão inelimináveImente dados. A circunstância de que estes – tanto mais quanto mais evoluído o organismo – possam exercer funções que são impossíveis em processos puramente físicos ou químicos não ligados a um organismo não elimina o vínculo indissolúvel deste último com a base do seu funcionamento normal. Ora, por mais diferente que seja a relação do ser social com o biológico quanto à relação que existe entre ser orgânico e inorgânico, esse vínculo do sistema superior mais complexo com a existência, a reprodução etc., daquilo que o funda "desde baixo" permanece um fato ontológico imodificável. Em si, o nexo não é posto em dúvida; no entanto, o desdobramento da consciência cria pores socialmente relevantes que na vida cotidiana podem encaminhar para uma estrada errada a *intentio recta* ontológica. Os desvios que assim se produzem em relação a esses fatos fundamentais da ontologia do ser social são tão difíceis de perceber e superar porque parecem poder basear-se em fatos da consciência imediatamente insuperáveis. Se não desejamos simplificar e vulgarizar a complexidade dessa situação, temos de evitar ficar presos à palavra "parecem". Ao contrário, é preciso ter sempre presente que essa aparência expressa aqui um modo fenomênico necessário do ser humano-social e que por isso, considerada isoladamente como tal, deve resultar incontestável. Seu caráter de mero fenômeno só pode se revelar mediante a análise do complexo concreto em sua dinâmica contraditória.

Temos, assim, diante de nós, dois fatos aparentemente opostos: em primeiro lugar o fato objetivamente ontológico, onde percebemos que a existência e a ação da consciência estão ligadas de modo indissolúvel ao curso biológico do organismo vivo, e por isso cada consciência individual – e não existem outras – nasce e morre junto com seu corpo. Em segundo lugar, a função dirigente, de guia, determinante, que provém do processo de trabalho, da consciência diante de seu corpo; este último, nessa precisa conexão, aparece como órgão executivo a serviço dos pores teleológicos, que só podem provir da e ser determinados pela consciência. Esse fato fundamental do ser social, um fato que se encontra mais além de toda dúvida, isto é, o domínio da consciência sobre o corpo, de maneira um tanto forçosa origina na consciência humana a seguinte representação: a consciência – ou seja, a "alma", concebida em termos substancialistas como sua portadora – não poderia guiar e dominar o corpo dessa maneira se não tivesse uma existência independente, qualitativamente diversa, se não possuísse uma existência autônoma dele. Para quem examinar de maneira imparcial, desinteressada – coisa que não é muito comum – esse complexo de problemas, resulta evidente que uma consciência acerca da autonomia, por mais segura que seja, não pode aportar, todavia, nenhuma prova de sua existência autêntica. No interior dos limites em que qualquer ente é, no seu ser, autônomo – e essa relação é sempre relativa –, a autonomia deve poder ser deduzida em termos ontológico-genéticos, a autonomia de função dentro de um complexo não é prova suficiente. Tal prova – naturalmente apenas no âmbito do ser social e, portanto, também aqui num sentido relativo – pode ser fornecida pelo homem no seu conjunto, como indivíduo, como personalidade; nunca, portanto, pelo corpo ou pela consciência (alma) de cada um por si, considerados isoladamente; trata-se de uma insuprimível unidade ontológica objetiva, na qual é impossível o ser da consciência sem o ser simultâneo do corpo. Ontologicamente se pode dizer que é possível a existência de um corpo sem consciência quando, por exemplo, em consequência de uma doença, ela deixa de funcionar, ao passo que uma consciência sem base biológica não pode existir. Isso não contradiz o papel autônomo, dirigente e planificador da consciência com relação ao corpo; pelo contrário, é o seu fundamento ontológico. A contradição entre fenômeno e essência se acha, pois, presente aqui em uma forma sumamente evidente. Não se pode, no entanto, esquecer que tais contraposições entre fenômeno e essência não são tão raras; basta pensar no movimento do Sol e dos planetas, em que os modos fenomênicos, diametralmente opostos de acordo com a essência, são, para os habitantes da Terra, de tal modo um dado do seu espelhamento sensível imediato que, até para os mais convencidos defensores da concepção copernicana, na vida cotidiana imediato-sensível, o Sol se levanta de manhã e se põe à tarde.

O fato de que essa contradição entre fenômeno e essência, ainda que de maneira lenta, tenha facilmente perdido na consciência dos homens o caráter de contradição primariamente ontológica e tenha sido tomada pelo que é, como uma contradição entre fenômeno e essência, decorre de ela se referir à vida externa dos homens e não atingir diretamente a sua atitude para com eles mesmos. Naturalmente, essa questão desempenha certo papel no desmoronamento da ontologia religiosa e na transformação da crença ontologicamente fundada numa necessidade religiosa meramente subjetiva, impossível de ser aqui considerada em detalhes. A questão que nos importa tratar, pelo contrário, é o interesse cotidiano e vital de todo homem em relação à imagem espiritual que ele tem de si mesmo. Acrescenta-se a isso o fato de que certamente a autonomia objetivo-ontológica da "alma" em relação ao corpo se apoia numa ideia infundada, numa concepção abstrativante, isolada, falsa, do processo em seu conjunto, e, no entanto, o agir autônomo da consciência e o correlativo caráter dos pores teleológicos, do controle consciente sobre a sua execução etc., são fatos objetivos da ontologia e do ser social. Por isso, quando a consciência toma a própria autonomia em relação ao corpo como verdade ontológica absoluta, não erra na fixação imediatamente intelectual do fenômeno, como acontece no caso do sistema planetário, mas apenas na medida em que considera o modo fenomênico – que é ontologicamente necessário – como fundado direta e adequadamente na própria coisa. O quanto é difícil ultrapassar esse modo fenomênico necessariamente dualístico de um complexo de forças que, em última instância, é ontologicamente unitário mostra-se não apenas na história das religiões, mas também na história da filosofia. Até aqueles pensadores que trabalharam com seriedade e sucesso para depurar a filosofia dos dogmas teológico-transcendentes tropeçaram nesse ponto e acabaram por sustentar, com formulações diferentes, o velho dualismo. Basta lembrar os grandes filósofos do século XVII, nos quais esse modo fenomênico permanece como dado ontológico último na dualidade insuprimível entre extensão e pensamento (Descartes). O panteísmo de Espinosa transfere a solução para uma infinidade transcendente; a ambivalência do *deus sive natura**

---

* *Deus ou natureza.* (N. T.)

é a expressão mais enérgica disso. E todo o ocasionalismo nada mais é do que uma tentativa de conciliação intelectual sem conseguir desenredar o problema de fundo de um modo realmente ontológico. A dificuldade em apreender esse erro da *intentio recta* ontológica da vida cotidiana e também da filosofia se intensifica igualmente no curso do desdobramento do ser social. Evidentemente, o desenvolvimento da ciência biológica fornece sempre argumentos novos e melhores a favor da inseparabilidade entre consciência e ser, a favor da impossibilidade da existência de uma "*alma*" como substância autônoma.

No entanto, outras forças da vida social, que se organiza em níveis cada vez mais elevados, impelem na direção contrária. Referimo-nos àquele complexo de problemas que podemos definir como o sentido de vida. O sentido é socialmente construído pelo homem para o homem, para si e para os seus semelhantes; na natureza, é uma categoria que não existe de modo algum, portanto nem sequer como negação de sentido. Vida, nascimento, morte estão, enquanto fenômenos da vida natural, livres de sentido, não são nem significativos nem insignificantes. Só na medida em que o homem, em sociedade, procura um sentido para a sua própria vida e essa aspiração fracassa surge também o seu oposto, o sem sentido. Nas sociedades primitivas, esse tipo de ação aparece sob uma forma espontânea, puramente social: uma vida que corresponde aos preceitos da sociedade em questão é significativa, como a morte heroica dos espartanos nas Termópilas. Apenas quando a sociedade se diferencia tão amplamente que o homem plasma individualmente sua vida como significativa ou a abandona ao sem sentido surge esse problema como alto geral e, com ele, nasce um aprofundamento da consideração da "alma" como autônoma, não apenas em relação ao corpo, mas também em relação aos próprios afetos espontâneos. Os fatos não modificáveis da vida, em especial a morte, a sua própria como também a dos outros, fazem com que a consciência dessa significação se converta numa realidade em que se acredita socialmente. Em si, a aspiração a dar um sentido à vida não leva obrigatoriamente a consolidar o dualismo entre corpo e alma; para compreender, basta pensar em Epicuro. Essa, no entanto, não é a regra em tais desenvolvimentos. A teleologia da vida cotidiana, como já mostramos, projetada espontaneamente no mundo externo, contribui para a construção de sistemas ontológicos nos quais a significação da vida singular aparece como parte, como momento de uma obra de salvação teleológica universal. Desse ponto de vista, é irrelevante se o coroamento da cadeia teleológica é constituído pela beatitude celeste ou pela dissolução de si mesmo numa feliz não objetividade, num salvífico não-ser. O importante é que a vontade de conservar uma integridade significativa da personalidade – que a partir de um determinado estágio de desenvolvimento é um problema social relevante – encontra um sustentáculo espiritual numa ontologia fictícia desenvolvida a partir dessas necessidades.

Detivemo-nos de propósito em consequências tão distantes, tão mediadas, do nosso fenômeno, isto é, a interpretação ontologicamente falsa de um fato elementar da vida humana. Apenas desse modo torna-se visível o quão vasto é o campo que surgiu de maneira extensiva no processo de humanização do homem através do trabalho. O domínio da consciência, que põe finalidades sobre todo o restante do homem, sobretudo sobre o próprio corpo, e o comportamento crítico-distanciado, assim obtido, da consciência humana sobre a sua própria pessoa, podem ser encontrados ao longo de toda a história da humanidade, mesmo que com formas variadas e conteúdos sempre novos e diferentes. Sua origem, no entanto, está, sem sombra de dúvida, no trabalho, cuja análise leva, natural e espontaneamente, a esse grupo de fenômenos, ao passo que todas as outras tentativas de explicação pressupõem, sem o saber, as autoexperiências do homem surgidas através do trabalho. É errôneo, por exemplo, buscar a origem dessa autonomia da "alma" na vivência do sonho. Também alguns animais superiores sonham, sem que por isso o caráter animalesco-epifenomênico de sua consciência possa assumir tal direção. Além disso, a índole obscura do sonho, enquanto vivência, consiste precisamente em que seu sujeito, interpretado como "alma", tome caminhos que pareçam estar mais ou menos incongruentes com o seu domínio normal na vida. Portanto, uma vez que, como consequência das experiências de trabalho realizadas durante a vigília, a existência autônoma da "alma" tenha se tornado um ponto fixo da imagem do homem, as experiências interiores do sonho podem, mas apenas nesse caso, levar a uma ulterior construção ideal do seu ser transcendente. Isso já acontece na magia e, mais adiante, com modificações adequadas, nas outras religiões.

No entanto, nada disso permite esquecer que tanto o domínio que a magia procura estabelecer sobre as forças naturais ainda não subjugadas por outros meios quanto as concepções religiosas acerca de divindades criadoras têm como modelo, em última análise, o trabalho humano. Engels, que também aborda rapidamente esse problema, interessando-se, no entanto, mais pelo surgimento da concepção de mundo filosófico-idealista, faz derivar esta última do fato de que, num determinado estágio relativamente baixo (na família simples), "a cabeça organizadora do trabalho pôde fazer executar por outras mãos o trabalho planejado"[42]. Isso é sem dúvida correto para aquelas sociedades nas quais as classes dominantes já deixaram de trabalhar elas mesmas e nas quais, por isso, o trabalho físico realizado pelos escravos é objeto de desprezo social, como na pólis helênica desenvolvida. No entanto, o mundo dos heróis homéricos não conhece por princípio nenhum desprezo ao trabalho físico; nele, o trabalho e o ócio ainda não são, de acordo com a divisão classista do trabalho, atribuições exclusivas de grupos humanos socialmente diversos. Homero

> e os seus ouvintes não são atraídos pela descrição da satisfação, ao contrário, sentem o prazer da ação humana, de sua capacidade de conquistar e preparar uma refeição e de tornar-se, assim, mais forte... A divisão da vida humana em trabalho e ócio é ainda vista, na epopeia homérica, na sua conexão concreta. O homem trabalha; é necessário para comer e para conciliar os deuses com sacrifícios de carne; só depois que comeu e sacrificou é que começa o gozo livre.[43]

E quando Engels, em conexão com a passagem citada, diz que o processo ideológico a que ele alude "dominou as mentes desde a queda da civilização antiga", refere-se à concepção de mundo que pôs em marcha o espiritualismo cristão. No entanto, o cristianismo, especialmente nos seus primórdios, não era de modo algum uma religião de uma casta superior socialmente isenta do trabalho físico. E, se nós insistimos em dizer que através do próprio trabalho surgiu a independência objetivamente operante, mas ontologicamente relativa, da consciência em relação ao corpo, juntamente com a sua plena autonomia – no plano fenomênico – e seu espelhamento nas vivências do sujeito, como "alma", estamos muito longe de querer deduzir diretamente disso as sucessivas e mais complicadas concepções que dizem respeito a esse complexo. O que afirmamos, baseados na ontologia do processo de trabalho, é simplesmente a situação por nós descrita. Se, em estágios diferentes de desenvolvimento, em situações diferentes de classe, esse estado se expressa de maneira muito diversificada, tais diferenciações de conteúdo, muitas vezes contrapostas, derivam da respectiva estrutura da respectiva formação social. Isso, no entanto, não exclui

---
[42] Ibidem, p. 700; ibidem, p. 450-1.
[43] E. C. Welskopf, *Probleme der Muße im alten Hellas* (Berlim, 1962), p. 47.

que o fundamento de fenômenos tão diversos seja a situação ontológica que se origina necessária e objetivamente com e no trabalho.

A questão acerca de se a autonomia da "alma" recebe uma interpretação terrena ou transcendente já não pode ser deduzida a partir de sua origem. Seguramente, a maioria das representações mágicas foi de ordem terrena: era preciso dominar as forças naturais desconhecidas através da magia do mesmo modo como aquelas conhecidas deviam ser dominadas pelo trabalho; além disso, as medidas mágicas para defender-se, por exemplo, das ações perigosas das "almas" que se tinham tornado autônomas com a morte, por mais fantástico que fosse o seu conteúdo, correspondiam perfeitamente, na sua estrutura geral, aos pores teleológicos cotidianos do trabalho. Também a exigência de um além, no qual a recompensa ou a condenação conferissem à vida aquele sentido pleno que na Terra permanecia quebrado e fragmentário, surgiu – como fenômeno humano geral – a partir da situação daqueles homens cujas perspectivas de vida não eram capazes de dar a esta uma realização terrena. A propósito do extremo oposto, Max Weber observa que, por exemplo, para os heróis guerreiros, o além é algo de "desonroso e indigno":

> Enfrentar a morte e as irracionalidades do destino humano com coragem é para o guerreiro uma coisa cotidiana, e os riscos e aventuras deste mundo ocupam tanto espaço em sua vida que não exige nem aceita de bom grado de qualquer religião outra coisa que não a proteção contra feitiçarias e ritos cerimoniais, adequados ao sentimento de dignidade estamental, que se tornam componentes da convenção estamental, e, quando muito, ainda preces sacerdotais pela vitória ou por uma morte feliz, que conduza ao céu dos heróis.[44]

Para convencer-se da correção desse raciocínio, basta pensar em *Farinata degli Uberti*, de Dante, ou naqueles florentinos elogiados por Maquiavel, para quem a salvação da pátria era mais importante do que a da própria alma. Tal multiplicidade de figuras, que representa apenas um pequeno segmento das que se realizam no ser social, necessita, naturalmente, de uma explicação particular a propósito de cada uma delas. Isso não modifica o fato de que nenhuma dessas figuras poderia ter se tornado real sem a separação ontológica entre

---

[44] M. Weber, *Wirtschaft und Gesellschaft* (Tubinga, 1921), p. 270 [ed. bras.: *Economia e sociedade: fundamentos da sociologia compreensiva*, v. I, trad. Regis Barbosa e Karen Elsabe Barbosa, Brasília/São Paulo, UnB/Imprensa Oficial, 2000, p. 323].

consciência e corpo que alcançou no trabalho sua primeira função universalmente dominante, fundamental e orientada para a fundamentação de fatos mais complexos. Desse modo, nela – e só nela – pode-se buscar e encontrar a gênese ontológica dos fenômenos sociais posteriores, de maior complexidade.

O caráter fundamental do trabalho para o devir homem do homem também se revela no fato de que sua constituição ontológica é o ponto de partida genético de outra questão vital, que move profundamente os homens ao longo de toda a sua história: a liberdade. Também na consideração dessa questão devemos aplicar o mesmo método utilizado até agora: expor a estrutura originária que se constitui no ponto de partida para as formas posteriores e, simultaneamente, tornar visíveis as diferenças qualitativas que, no curso do desenvolvimento social posterior, se apresentam de maneira espontaneamente inevitável e modificam a estrutura originária do fenômeno de modo necessário, inclusive de maneira decisiva em algumas determinações importantes. A investigação – do ponto de vista metodológico geral – da liberdade é particularmente difícil pelo fato de que ela se constitui num dos fenômenos mais multiformes, multilaterais e cambiantes do desenvolvimento social. Poder-se-ia dizer que cada âmbito singular do ser social que chegou a desenvolver, relativamente, uma legalidade própria produz uma forma própria de liberdade que, além disso, sofre mudanças significativas na mesma medida do desenvolvimento histórico-social da esfera em questão. Liberdade no sentido jurídico é algo de substancialmente diferente do que no sentido político, moral, ético etc. Por isso mesmo, de novo, só na *Ética* será possível dar um tratamento adequado à questão da liberdade. Tal diferenciação é muito importante no plano teórico, pelo fato de que a filosofia idealista procurou, a todo custo, um conceito unitário-sistemático de liberdade e algumas vezes pensou tê-lo encontrado. Também aqui nos deparamos com as desorientadoras consequências daquela vastamente difundida tendência de resolver as questões ontológicas com métodos lógico-gnosiológicos. O resultado é, de um lado, uma falsa homogeneização, muitas vezes fetichizante, de complexos de ser heterogêneos e, de outro, como já vimos antes, as formas mais complicadas são usadas como modelo para as mais simples, o que torna metodicamente impossível tanto a compreensão da gênese das primeiras como a análise correta do valor das segundas.

Para tentar esclarecer, mesmo com essas necessárias ressalvas, a gênese ontológica da liberdade a partir do trabalho, temos de partir, tal como corresponde à natureza da questão, do caráter alternativo dos pores de finalidade nele existentes. Com efeito, é nessa alternativa que aparece, pela primeira vez, sob uma figura claramente delineada, o fenômeno da liberdade, que é completamente estranho à natureza: no momento em que a consciência decide, em termos alternativos, qual finalidade quer estabelecer e como se propõe a transformar as cadeias causais correntes em cadeias causais postas, como meios de sua realização, surge um complexo de realidade dinâmico que não encontra paralelo na natureza. O fenômeno da liberdade, pois, só pode ser rastreado aqui em sua gênese ontológica. Numa primeira aproximação, a liberdade é aquele ato de consciência que dá origem a um novo ser posto por ele. Isso já distancia a nossa concepção ontológico-genética da concepção idealista. Pois, em primeiro lugar, o fundamento da liberdade consiste, se pretendemos falar racionalmente dela como momento da realidade, em uma decisão concreta entre diversas possibilidades concretas; se a questão da escolha é posta num nível mais alto de abstração que a separa inteiramente do concreto, ela perde toda sua relação com a realidade e se torna uma especulação vazia. Em segundo lugar, a liberdade é – em última instância – um querer transformar a realidade (o que, em determinadas circunstâncias, inclui a conservação das coisas como estão), o que significa que a realidade, enquanto finalidade da transformação, não pode deixar de estar presente mesmo na abstração mais ampla. Nossas considerações anteriores também mostram que uma intenção para uma decisão, que através de mediações está orientada à transformação da consciência de outro homem ou da própria consciência, aponta igualmente para uma tal transformação. Desse modo, o círculo dos pores reais de fins que surgem nesse momento é muito extenso e inclui uma grande multiplicidade; mas em cada caso singular tem contornos determináveis com muita exatidão. Por isso, até que a intenção de transformar a realidade tenha sido demonstrada, os estados de consciência – como as reflexões, os projetos, os desejos etc. – não têm nenhuma relação real com o problema da liberdade.

Mais complexa é a questão sobre em que medida a determinidade externa ou interna da decisão pode ser tomada como critério da sua liberdade. Se a antítese entre determinidade ou liberdade for concebida de maneira abstratamente logicista, chega-se à conclusão de que somente um deus onipotente e onisciente poderia ser interna e realmente livre, e no entanto ele, por causa de sua essência teológica, acabaria existindo para além da esfera da liberdade. A liberdade, enquanto característica do homem que vive na sociedade e age socialmente, jamais se encontra sem determinação. Basta lembrar o que já dissemos acerca do fato de que até no trabalho mais simples aparecem certos pontos nodais das decisões nos quais o direcionamento para um lado ao invés de para outro pode acarretar um "período de consequências", no qual o espaço de ação da decisão se torna extremamente limitado e, sob certas circunstâncias, praticamente nulo. Até nos jogos, por exemplo no xadrez, pode suceder uma situação, ocasionada em parte pelas próprias jogadas etc., em que existe apenas uma possibilidade forçosa de jogada. No que toca às relações humanas mais íntimas, Hebbel expressa muito bem esse fato na tragédia *Herodes e Mariane*:

> Para todo homem chega o momento
> em que o condutor de sua estrela
> passa às suas próprias mãos as rédeas. Porem o mal é
> que ele não conhece esse momento, que pode ser
> qualquer um que passa diante dele.

Deixando de lado esse momento, tão importante para uma concepção concreta da liberdade, da existência objetiva de pontos nodais na cadeia das decisões, a análise de tal situação nos revela outra determinação significativa da determinidade do sujeito da alternativa: o necessário desconhecimento das suas consequências ou pelo menos de parte delas. Essa estrutura reside, até certo grau, em toda alternativa; no entanto, sua constituição quantitativa acaba por retroagir qualitativamente sobre a própria alternativa. É fácil ver como a própria vida cotidiana coloca ininterruptamente alternativas que aparecem de forma inesperada e, com frequência, têm que ser respondidas de imediato sob pena de ruína; uma determinação essencial da própria alternativa consiste em que a decisão deve ser tomada sem que se conheçam a maioria dos componentes, a situação, as consequências etc. No entanto, mesmo assim permanece contido um mínimo de liberdade na decisão; também nesse caso – como caso-limite – trata-se sempre de uma alternativa, e não de um fato natural determinado por uma causalidade puramente espontânea.

Em certo sentido, teoricamente significativo, até o trabalho mais primitivo representa uma espécie de antípoda das tendências que estamos descrevendo. Nem o fato de que também no processo de trabalho possa ocorrer um "período de consequências" altera o fundamento dessa oposição. Com efeito, qualquer pôr do trabalho tem o seu fim concreta e precisamente delineado no pensamento; sem isso nenhum trabalho seria possível, ao passo que uma alternativa da vida cotidiana correspondente ao tipo acima descrito, muitas vezes, possui finalidades extremamente vagas e imprecisas. É claro que também aqui, como sempre, o trabalho tem um sentido de mero produtor de valores de uso. Como consequência, o sujeito que põe as alternativas em termos de um metabolismo do homem com a natureza é determinado apenas pelas suas necessidades e pelos conhecimentos que ele tem a respeito dos dados naturais do seu objeto; categorias como a incapacidade de realizar determinados modos de trabalho por causa da estrutura social da sociedade (por exemplo, escravidão) ou como as alternativas de caráter social a respeito da execução do trabalho (por exemplo, a sabotagem nas produções sociais muito desenvolvidas) ainda não estão presentes nesse estágio. Assim, o conhecimento objetivo adequado da matéria e dos procedimentos é, acima de tudo, relevante aqui para que o processo de realização tenha êxito; os assim chamados motivos interiores do sujeito não entram aqui de modo nenhum em questão. O conteúdo da liberdade se diferencia, portanto, essencialmente daquele das formas mais complexas. Podemos descrevê-lo assim: quanto mais apropriado é o conhecimento que o sujeito adquiriu dos nexos naturais em cada momento, tanto maior será o seu livre movimento na matéria. Dito de outra forma: quanto maior for o conhecimento das cadeias causais que operam em cada caso, tanto mais adequadamente elas poderão ser transformadas em cadeias causais postas, tanto maior será o domínio que o sujeito exerce sobre elas, ou seja, a liberdade que aqui ele pode alcançar.

A partir de tudo isso, fica claro que toda decisão alternativa constitui o centro de um complexo social que conta com a determinidade e a liberdade entre os seus componentes dinâmicos. O pôr de um fim com o qual o ontologicamente novo aparece enquanto ser social é um ato nascente de liberdade, uma vez que caminhos e meios para a satisfação de necessidades não são mais efeitos de cadeias causais espontaneamente biológicas, mas resultados de ações decididas e executadas conscientemente. Mas, ao mesmo tempo e de modo igualmente indissolúvel, esse ato de liberdade é diretamente determinado pela própria necessidade, mediada por aquelas relações sociais que produzem seu tipo, qualidade etc. Esta mesma dupla presença, a simultaneidade e a inter-relação de determinidade e liberdade, também pode ser encontrada na realização do fim. Originalmente, todos os seus meios são fornecidos pela natureza e essa sua objetividade determina todos os atos do processo de trabalho, que, como já vimos, é constituído por uma cadeia de alternativas. Finalmente, o homem que executa o processo de trabalho é, no seu ser-propriamente-assim, dado enquanto produto do desenvolvimento anterior; por mais que o trabalho possa modificá-lo, também esse devir outro já nasce sobre um terreno de capacidades cuja origem é em parte natural e em parte social e que já estavam presentes, desde o início do trabalho, na forma de operar do trabalhador como momentos codeterminantes, como possibilidades no sentido da *dýnamis* aristotélica. Nossa afirmação anterior, de acordo com a qual toda alternativa é, por sua essência ontológica, concreta, ao passo que uma alternativa universal, uma alternativa em geral, só é pensável como produto mental de um processo de abstração lógico-gnosiológica, torna-se agora clara no sentido de que a liberdade que expressa a alternativa tem de ser assim mesmo, por sua essência ontológica, concreta e não geral-abstrata: ela representa determinado campo de força das decisões no interior de um complexo social concreto no qual operam, simultaneamente, objetividades e forças tanto naturais como sociais. Desse modo, somente essa totalidade concreta pode possuir uma verdade ontológica. Que, dentro dessa totalidade, no curso do desenvolvimento, os momentos sociais cresçam constantemente em termos absolutos e relativos não afeta esse dado de fundo, tanto menos porque no trabalho, na forma como o entendemos aqui, o momento do domínio sobre a natureza permanece o determinante, mesmo quando há um forte afastamento da barreira natural. O movimento livre na matéria é e permanece o momento preponderante para a liberdade, quando se trata dela no âmbito das alternativas do trabalho.

Com isso, não estamos negligenciando o fato de que esse modo fenomênico da liberdade permanece em vigor, tanto na forma quanto no conteúdo, também depois que o trabalho já está bem distante do seu estado originário, que aqui é tomado como base. Pense-se, sobretudo, no surgimento da ciência (matemática, geometria etc.) a partir das experiências de trabalho cada vez mais intensamente generalizadas. Naturalmente, aqui diminui o vínculo direto com o pôr concreto único de um fim no âmbito de um trabalho singular. No entanto, uma vez que uma aplicação em última instância do trabalho, ainda que, eventualmente, através de muitas mediações, se mantenha em última instância dentro da atividade laborativa como verificação, uma vez que, mesmo de modo intensamente generalizado, a intenção última de transformar nexos reais em nexos postos e nos pores teleológicos não sofre qualquer mudança radical, também a forma fenomênica da liberdade característica do trabalho, o movimento livre no material, não traz nenhuma mudança fundamental. A situação é análoga até no campo da produção artística, embora aqui o vínculo com o próprio trabalho seja relativamente menor (transformação de importantes atividades, como a semeadura, a colheita, a caça, a guerra etc., em danças; arquitetura). Mais adiante voltaremos de novo a referir-nos às variadas complexidades que daí derivam. Sua base consiste, por um lado, em que a realização imediata do trabalho esteja submetida aqui a numerosíssimas, a múltiplas e, com frequência, a heterogêneas mediações e, por outro lado, em que a matéria na qual se verifica o movimento livre como figura da liberdade não seja mais simplesmente a natureza, mas, na maior parte das vezes, o metabolismo da sociedade com a natureza ou até mesmo o processo do próprio ser social. Uma teoria abrangente realmente desenvolvida deve naturalmente levar em consideração, analisar a fundo essas complicações, e isso mais uma vez nos remete à *Ética*. Aqui é suficiente haver indicado tais possibilidades, realçando que a forma fundamental da liberdade permanece presente.

Não surpreende, agora que já vimos a indissolúvel inter-relação que há, nesse complexo, entre determinidade e liberdade, a constatação de que tratamentos filosóficos dessa questão partam, comumente, da oposição entre necessidade e liberdade. A oposição assim formulada mostra, primeiramente, a falência de que a filosofia orientada conscientemente, na maioria dos casos, num sentido lógico-gnosiológico, antes de tudo a filosofia idealista, identifica simplesmente a determinação com a necessidade, que encerra uma generalização e uma exageração racionalista do conceito de necessidade, um desconhecimento de seu caráter autenticamente ontológico de "se... então". Em segundo lugar, a filosofia pré-marxiana, sobretudo aquela idealista, como já sabemos, domina em grande parte a extensão ontologicamente ilegítima do conceito de teleologia à natureza e à história, com qual se complica enormemente para essa filosofia a compreensão do problema da liberdade sob forma autêntica, genuinamente existente. Com efeito, para isso é necessário compreender corretamente o salto qualitativo do devir homem do homem, que representa algo radicalmente novo diante de toda a natureza orgânica e inorgânica. A filosofia idealista também quer acentuar essa novidade, através da contraposição entre liberdade e necessidade; no entanto, apenas a enfraquece ao projetar na natureza uma teleologia, condição ontológica da liberdade, senão também ao converter a contraposição ontológico-estrutural em uma privação da natureza e das categorias naturais. A célebre e muito aceita determinação hegeliana da relação entre liberdade e necessidade diz: "Cega é a necessidade só na medida em que não é compreendida [...]"⁴⁵.

Sem dúvida, Hegel apreende aqui um aspecto essencial do problema: o papel do espelhamento correto, da apreensão correta da causalidade espontânea em si existente. No entanto, a expressão "cega" revela imediatamente aquela obliquidade da concepção idealista acima aludida. Pois a palavra "cega" só pode ter um sentido real quando contraposta ao ato de ver; um objeto, um processo etc. que, por sua essência ontológica, nunca poderá tornar-se consciente ou ver não é cego (a não ser em sentido vago, metafórico); ao contrário, ele se situa aquém da oposição entre visão e cegueira. Ontologicamente, a correção daquilo que Hegel pretendia mencionar é o fato de que um processo causal, cuja legalidade (necessidade) foi por nós corretamente apreendida, pode perder aquela incontrolabilidade que Hegel designa com a expressão cegueira. Em si mesmo, o processo causal natural não sofre nenhuma alteração, mas agora ele pode transformar-se num processo posto por nós e, nesse sentido – mas só nesse sentido –, deixa de operar "cegamente". Que nesse caso não se trata de uma expressão figurada – caso em que qualquer observação polêmica seria ociosa – é demonstrado pelo fato de que o próprio Engels, discutindo essa questão, fala em falta de liberdade dos animais; uma vez mais: só pode ser não livre um ser que perdeu ou ainda não conquistou a liberdade. Os animais não têm falta de liberdade, ao contrário, situam-se aquém da contraposição entre livre e não livre. Mas também, de um ponto de vista ainda mais essencial, a determinação hegeliana da necessidade contém algo de errado e desorientador. Isso se vincula à sua concepção lógico-teleológica do conjunto do cosmos. Ele sintetiza deste modo a análise da inter-relação: "Essa *verdade* da *necessidade* é, por conseguinte, a *liberdade*"⁴⁶. Tendo exposto criticamente o sistema e o método hegelianos, sabemos que, quando ele diz que uma categoria é a verdade de outras, quer se referir ao edifício lógico da sucessão de categorias, isto é, ao seu lugar no processo de transformação da substância em sujeito, no caminho para o sujeito-objeto idêntico.

Por meio dessa intensificação abstrativa para o metafísico, necessidade e liberdade, e acima de tudo a relação entre ambas, perdem aquele sentido

---

⁴⁵ G. W. F. Hegel, *Enzyklopädie*, § 147, adendo; HWA, v. 8, p. 290 [ed. bras.: *Enciclopédia das ciências filosóficas em compêndio*, v. I: A ciência da lógica, trad. Paulo Meneses, São Paulo, Loyola, 1995, p. 275].
⁴⁶ Ibidem, § 158; ibidem, p. 303 [ed. bras.: ibidem, p. 287].

concreto que Hegel se esforçava por imprimir-lhes e que alcançou muitas vezes, como já vimos, na análise do próprio trabalho. Nessa generalização surge o fantasma da identidade, ao passo que a necessidade e a liberdade autênticas se degradam à condição de representações inautênticas dos seus conceitos. Hegel sintetiza a relação da seguinte maneira:

> [...] liberdade e necessidade, enquanto se contrapõem abstratamente uma à outra, pertencem somente à finitude e só valem no terreno desta. Uma liberdade que não tenha em si necessidade alguma e uma simples necessidade sem liberdade são determinações abstratas e, por isso, não verdadeiras. A liberdade é essencialmente concreta, determinada em si de maneira eterna e, portanto, ao mesmo tempo necessária. Quando se fala de necessidade, costuma-se entender sob esse termo, antes de tudo, só determinação vinda de fora; como, por exemplo, na mecânica finita, um corpo só se move quando é impelido por outro corpo e certamente na direção que lhe foi transmitida por esse choque. No entanto, isso é uma necessidade simplesmente exterior; não a necessidade verdadeiramente interior, pois essa é a liberdade.[47]

Vê-se agora a que erros levava o termo "cega" quando referido à necessidade. Lá onde o termo teria um sentido real, Hegel vê "uma necessidade meramente exterior"; esta, no entanto, quanto à sua essência, não se transforma pelo fato de ser conhecida, permanece "cega", como já vimos, mesmo que seja – no processo de trabalho – conhecida; ela cumpre a sua função, num dado contexto teleológico, somente na medida em que é conhecida e transformada em uma necessidade posta com vista à realização de um pôr teleológico concreto. (O vento não se torna menos "cego" que de costume ao contribuir para fazer funcionar um moinho ou um barco a vela.) Permanece, no entanto, um mistério cósmico o que Hegel designa como necessidade autêntica em sua identidade com a liberdade.

Quando Engels, no *Anti-Dühring*, faz referência à célebre definição hegeliana, deixa de lado naturalmente e com razão todas as construções desse gênero, sem considerá-las dignas de refutação. Sua concepção é estrita e decididamente orientada para o trabalho. E assim comenta a afirmação hegeliana:

---

[47] Ibidem, § 35, adendo; ibidem, p. 102s [ed. bras.: ibidem, p. 98].

A liberdade não reside na tão sonhada independência em relação às leis da natureza, mas no conhecimento dessas leis e na possibilidade proporcionada por ele de fazer com que elas atuem, conforme um plano, em função de determinados fins. Isso vale tanto com referência às leis da natureza externa quanto àquelas que regulam a existência corporal e espiritual do próprio homem [...]. Em consequência, liberdade da vontade nada mais é que a capacidade de decidir com conhecimento de causa.[48]

E, com isso, a exposição hegeliana é concretamente "posta sobre seus pés"; apenas cabe perguntar se Engels esclareceu realmente a situação ontológica ao seguir as formulações de Hegel e substituir o conceito universal de determinação – em que essa universalidade, fica, por certo, um tanto vago – pelo conceito aparentemente mais preciso de necessidade, que é tradicional na filosofia da história. Cremos que a contraposição tradicional entre liberdade e necessidade não consegue apreender o problema aqui abordado em toda a sua extensão. Se deixarmos de lado a exageração logicista do conceito de necessidade, que teve um papel relevante tanto no idealismo e na teologia como na velha oposição materialista contra eles, não há motivo para ignorar inteiramente, no plano ontológico, as outras categorias modais. O trabalho, o processo teleológico posto que o constitui, está voltado para a realidade; a realização não é apenas o resultado real que o homem real afirma no trabalho na luta com a própria realidade, mas também o ontologicamente novo no ser social em contraposição ao mero devir outro dos objetos nos processos naturais. No trabalho, o homem real se defronta com a toda a realidade em questão, devendo ser lembrado que a realidade nunca deve ser entendida apenas como uma das categorias modais, mas como quintessência ontológica da totalidade real destas. Nesse caso, a necessidade (entendida como nexo "se... então", como legalidade sempre concreta) é apenas um componente, mesmo que muito importante, do complexo de realidade em questão. Desse modo, a realidade – vista aqui como realidade daqueles materiais, processos, circunstâncias etc. que o trabalho quer utilizar em determinado caso para sua própria finalidade – não se esgota, de modo algum, na necessidade de determinados nexos etc.

---

[48] F. Engels, *Herrn Eugen Dührings Umwälzung der Wissenschaft* (*Anti-Dühring*), cit., p. 118; MEW, v. 20, p. 106 [ed. bras.: *A revolução da ciência segundo o senhor Eugen Dühring*, trad. Nélio Schneider, São Paulo, Boitempo, no prelo].

Pense-se apenas na possibilidade. O trabalho pressupõe que o homem saiba que determinadas propriedades de um objeto são adequadas à sua finalidade. Ora, essas propriedades devem, então, estar objetivamente presentes, na medida em que pertencem ao ser do objeto em questão, e, no entanto, permanecem, em geral, latentes no seu ser natural, são meras possibilidades. (Lembramos que já realçamos o vínculo ontológico entre propriedade e possibilidade.) É a propriedade objetivamente existente de determinadas pedras que, polidas de determinada maneira, podem ser utilizadas como faca, machado etc. Sem transformar essa possibilidade existente no objeto natural em realidade, todo trabalho está condenado a ser infrutífero, impossível. No entanto, o que é conhecido, nesse caso, não é qualquer espécie de necessidade, mas uma possibilidade latente. Não é o caso de que uma necessidade cega se torna consciente, mas de que uma possibilidade latente, e que sem o processo de trabalho permaneceria latente para sempre, é conduzida conscientemente por meio do trabalho à esfera da realidade. Esse, no entanto, é apenas um aspecto da possibilidade no processo de trabalho. O momento da transformação do sujeito que trabalha, momento sublinhado por todos aqueles que compreenderam realmente o trabalho, ontologicamente considerado, é um despertar sistemático de possibilidades, que até então apenas dominam no homem como possibilidades. São poucos, provavelmente, os movimentos, as operações manuais etc. utilizados durante o trabalho que o homem conhecia ou os quais tinha efetuado anteriormente. Somente mediante o trabalho esses movimentos se transformam de meras possibilidades em habilidades que, num desenvolvimento contínuo, permitem que possibilidades sempre novas amadureçam no homem até converterem-se em realidades.

Por último, não é negligenciado o papel do acaso, tanto no sentido positivo como no negativo. A heterogeneidade ontologicamente condicionada do ser natural implica que toda atividade se entrecruze continuamente com contingências. Para que o pôr teleológico se realize de fato, é preciso que o trabalhador preste continuamente atenção a elas. Isso pode acontecer num sentido negativo, quando sua atenção é orientada a eliminar, compensar, tornar inócuas eventuais consequências de contingências desfavoráveis. Mas pode também acontecer em sentido positivo, quando constelações contingentes estão em condições de aumentar a produtividade do trabalho. Até mesmo no estágio mais elevado do domínio científico sobre a realidade são conhecidos casos de acontecimentos contingentes que resultaram em descobertas importantes.

Pode até ocorrer que situações – contingentemente – desfavoráveis se tornem ponto de partida de obras grandiosas. Permita-nos ilustrar esse último caso com um exemplo – aparentemente – muito distante: as paredes nas quais foram pintados os afrescos de Rafael chamados "Estâncias" apresentam um conjunto de janelas que, pela forma das superfícies, pelo formato etc., são bastante desfavoráveis para a composição pictórica. A razão é contingente, uma vez que tais salas já existiam antes do projeto dos afrescos. Rafael, no entanto, conseguiu utilizar no *Parnaso* e na *Libertação de São Pedro* desvantagem contingente das circunstâncias, no sentido de uma configuração espacial singular, originalíssima e profundamente persuasiva. Parece-nos óbvio que problemas semelhantes surjam continuamente também no trabalho simples, particularmente quando este deve ser realizado em circunstâncias determinadas muito heterogêneas, como na caça, na navegação à vela etc. Cremos, pois, que a tradicional definição da liberdade como necessidade reconhecida deve ser entendida deste modo: o movimento livre na matéria – referimo-nos aqui apenas ao trabalho – só é possível quando a realidade em questão é corretamente conhecida sob todas as formas que assumem as categorias modais e é corretamente convertida em práxis.

Essa ampliação da determinação engelsiana não é apenas inevitável, nesse caso, para apreender idealmente de um modo ontologicamente adequado o fenômeno do trabalho e suas relações com a liberdade que nele se manifesta, mas também indica, em um caso importante, a metodologia para a completa superação do idealismo hegeliano. Engels reconheceu com clareza crítica os elementos idealistas imediatamente visíveis da determinação feita por Hegel e, desse modo, pôde colocá-los de fato em termos materialistas "sobre seus pés". No entanto, a reviravolta crítica acontece apenas de maneira imediata. Escapa a Engels o fato de que Hegel, em consequência de seu sistema, atribui à categoria necessidade uma exagerada importância logicista e que, por isso, não percebe a particular peculiaridade da própria realidade, privilegiada categorialmente, e, como consequência, não desenvolve uma investigação a respeito da relação entre a liberdade e a modalidade total da realidade. Uma vez que o único caminho seguro da dialética hegeliana para a materialista está – como costuma acontecer na prática filosófica de Marx e, na maioria dos casos, também na de Engels – em investigar todo o emaranhado dialético, remontando sempre à situação existente em sua base, tornou-se necessário, com uma crítica ontológica imparcial, dada a importância e a popularidade desse ponto, deixar bem claro que não basta a simples "inversão materialista" da filosofia hegeliana e do idealismo em geral.

Deixando de lado essa deficiência metodológica, Engels reconhece, aqui, com precisão e clareza, o tipo de liberdade que se origina do trabalho como tal: aquele que nós definimos como "movimento livre na matéria". Diz ele: "Em consequência, liberdade da vontade nada mais é que a capacidade de decidir com conhecimento de causa". Tal determinação parecia, quando foi escrita por Engels, inteiramente suficiente para esse estágio de liberdade. As circunstâncias do tempo explicam também por que lhe escapou a problematicidade aí presente, ou seja, a divergência no possível desenvolvimento superior da compreensão, obtida mediante o trabalho, que pode tornar-se ciência genuína, apreensão do mundo ou mera manipulação tecnológica. A separação dos dois caminhos, como já demonstramos, está contida desde o começo no conhecimento da natureza alcançado através do trabalho; mas parecia, no período da Renascença ao florescimento do pensamento científico do século XIX, que tinha perdido sua atualidade. Essa dupla tendência, naturalmente em si mesma, sempre esteve presente. Consideradas as precárias concepções gerais do homem primitivo acerca da legalidade dos eventos na natureza, era bastante compreensível que as intenções do conhecimento da natureza se concentrassem e se limitassem à pequena ilha do imediatamente cognoscível. Mesmo quando o desenvolvimento do trabalho deu início às ciências, as generalizações mais amplas tiveram de adaptar-se às representações ontológicas – mágicas, depois religiosas – então possíveis. Originou-se daí uma dualidade, aparentemente insuperável, entre a racionalidade limitada do próprio trabalho – mesmo que, por vezes, concretamente muito desenvolvidas – e a conformação e aplicação dos conhecimentos orientados para conhecer o mundo e progredir no sentido de generalizações verificáveis na própria realidade. Basta recordar como operações matemáticas relativamente bastante desenvolvidas e observações astronômicas relativamente precisas foram postas a serviço da astrologia. Tal dualidade entra numa crise decisiva no tempo de Copérnico, Kepler e Galileu. Já assinalamos que nesse período aparece a teoria, sustentada pelo cardeal Belarmino, da manipulação "científica" consciente da ciência, sobre a limitação por princípio desta a uma manipulação prática dos fatos, das leis etc. conhecidos. Durante muito tempo – e era assim na época em que Engels escrevia – pareceu que essa tentativa estava destinada definitivamente ao fracasso; o avanço das ciências naturais modernas e sua generalização em uma concepção de mundo científica pareciam irresistíveis.

Somente no início do século XX recuperou a influência o movimento contrário. Como mostramos, com certeza não é um acaso que o conhecido positivista Duhem retome conscientemente a concepção de Belarmino e, contrariamente a Galileu, julgue-a uma maneira de ver que corresponde ao espírito científico. Já descrevemos de maneira detalhada, no primeiro capítulo (da primeira parte), o pleno desenvolvimento dessas tendências no neopositivismo, de modo que não precisamos aqui voltar às questões de detalhe. Do ponto de vista do nosso problema atual, deriva daí uma situação paradoxal: enquanto nos estágios primitivos era a precariedade do trabalho e do saber que impedia uma autêntica indagação ontológica do ser, hoje é exatamente a ilimitada ampliação do domínio sobre a natureza que cria obstáculos autoerigidos à generalização ontológica do saber, o que significa que este último não tem de lutar contra fantasmagorias, mas contra o próprio fato de ser tomado como fundamento da universalidade prática em si. Apenas mais tarde poderemos tratar dos motivos decisivos que determinaram essa nova forma de contraposição entre conhecimento do ser e sua mera manipulação. Aqui devemos nos contentar em constatar o fato de que a manipulação tem suas raízes, materialmente, no desenvolvimento das forças produtivas, idealmente, nas novas formas da necessidade religiosa; essa manipulação não se limita meramente à refutação de uma ontologia real, mas também atua de forma prática contra o desenvolvimento puramente científico. O sociólogo americano W. H. Whyte, no livro *The Organization Man* [O homem organizacional], mostra que as novas formas de organização da pesquisa científica, a planificação, o *team work* [trabalho em equipe] etc., estão, por sua natureza, orientadas para a tecnologia e, por si mesmas, tornam-se obstáculo à pesquisa autônoma, cientificamente produtiva[49]. Mencionemos, de passagem, que já nos anos 1920 Sinclair Lewis fazia menção perspicaz a esse perigo no romance *Martin Arrowsmith*. Tivemos de nos referir a esse perigo, aqui, porque sua atualidade torna extremamente problemática, nesse momento, a caracterização engelsiana da liberdade como "a capacidade de decidir com conhecimento de causa". Com efeito, não se pode afirmar sem mais nem menos que a manipulação do conhecimento – ao contrário dos magos etc. – não tenha conhecimento de causa. O problema concreto consiste muito mais em saber para onde está orientado tal conhecimento de causa; é esse fim da intenção e não

---

[49] W. H. Whyte, *The Organization Man* (Londres, Penguin), p. 199s.

unicamente o conhecimento de causa que fornece o critério real, o que significa que também nesse caso o critério deve ser buscado na relação com a própria realidade. Por mais que esteja solidamente fundamentada em termos logicistas, a orientação para uma praticidade imediata leva, do ponto de vista ontológico, a um beco sem saída.

Já observamos, anteriormente, que a estrutura originária do trabalho está submetida a mudanças essenciais, enquanto o pôr teleológico não está mais dirigido exclusivamente à transformação dos objetos naturais, à aplicação de processos naturais, mas quer induzir outros homens a realizar por si mesmos determinados pores desse gênero. Tal mudança se torna qualitativamente mais decisiva quando o desenvolvimento conduz a que, para o homem, o próprio modo de comportamento e a própria interioridade passam a ser o objeto do pôr teleológico. O surgimento progressivo, desigual e contraditório desses pores teleológicos é um resultado do desenvolvimento social. Por isso, não se pode fazer derivar por dedução conceitual as formas novas a partir das originárias, as formas complexas a partir das simples. Não é apenas o seu concreto modo fenomênico que está condicionado social e historicamente, também as suas formas gerais e a sua essência estão ligadas a determinados estágios de desenvolvimento do desenvolvimento social. Antes, pois, que tenhamos conhecido sua legalidade, ainda que em seus traços mais gerais, o que procuraremos fazer no próximo capítulo ao tratar do problema da reprodução, nada poderemos dizer de concreto a respeito do seu caráter, a respeito do nexo e da contraposição de estágios singulares, a respeito da contraditoriedade interna de complexos singulares etc. Desse modo, o tratamento mais apropriado do tema, mais uma vez, se dará somente na *Ética*. Aqui, só poderemos fazer a tentativa – com as reservas indicadas – de mostrar como, apesar de toda a complexificação da estrutura, apesar de todas as contraposições qualitativas presentes no objeto e, em consequência, no fim e no meio do pôr teleológico, as determinações decisivas surgem geneticamente do processo de trabalho e como este último – mesmo sublinhando a diferença, que pode converter-se em contradição – pode servir, também na questão da liberdade, como modelo para a práxis social.

As diferenças decisivas surgem porque o objeto e o meio de realização do pôr teleológico se tornam sempre mais sociais. Isso não significa, como sabemos, que a base natural desapareça; apenas que aquela orientação exclusiva para a natureza, característica do trabalho na forma por nós tratada, é substituída por intenções sempre mais sociais e, ao mesmo tempo, voltadas para mais objetos. No entanto, mesmo que, em tais pores, a natureza se torne apenas um momento, é necessário manter diante dela aquela atitude que se tornou necessária no trabalho. Acrescenta-se aí, no entanto, um segundo momento. Certamente os processos, as situações etc. sociais são, em última análise, gerados por decisões alternativas dos homens, mas não se deve esquecer que eles só podem tornar-se socialmente relevantes quando põem em marcha séries causais que se movem mais ou menos independentemente dos propósitos de seu ser posto, de acordo com suas legalidades próprias e imanentes. Por isso, o homem que age de modo prático na sociedade encontra diante de si uma segunda natureza, em relação à qual, se quiser manejá-la com sucesso, deve comportar-se da mesma forma que com relação à primeira natureza, ou seja, deve procurar transformar o curso das coisas, que é independente de sua consciência, num fato posto por ele, deve, depois de ter-lhe conhecido a essência, imprimir-lhe a marca da sua vontade. Isso é, no mínimo, o que toda práxis social razoável tem de extrair da estrutura originária do trabalho.

Isso não é pouco, mas não é tudo. Com efeito, o trabalho está baseado, essencialmente, em que o ser, o movimento etc. na natureza são inteiramente indiferentes para com as nossas decisões; é exclusivamente o conhecimento correto deles que torna possível o seu domínio prático. Ora, o acontecer social tem, também ele, certamente, uma legalidade "natural" imanente e, nesse sentido, move-se independentemente das nossas alternativas, como a própria natureza. Quando, no entanto, o homem intervém ativamente nesse decurso do processo, é inevitável que ele tome posição, que o aprove ou rejeite; se isso acontece de modo consciente ou não, com uma consciência correta ou falsa, é uma questão que ainda não podemos discutir neste momento; o que também não é decisivo para o tratamento tão geral possível neste momento. Em todo caso, com isso se introduz um momento absolutamente novo no complexo da práxis que influi de modo intenso exatamente sobre o caráter da liberdade que aqui se manifesta. Falando do trabalho, fizemos referência ao fato de que o comportamento interior do sujeito ainda não cumpre praticamente nenhum papel nessa sua primeira figura, à qual fizemos alusão aqui. Agora, no entanto – mesmo que de modo diferente de acordo com as diferentes esferas –, torna-se sempre mais importante. A liberdade se funda, não em última instância, em tais tomadas de posição diante do processo total da sociedade, ou ao menos diante de seus momentos parciais. Aqui surge, pois, sobre o fundamento do trabalho em vias de socialização, um novo tipo de liberdade, que não pode deduzir-se diretamente do mero trabalho nem pode remontar tão somente ao livre movimento na matéria. Apenas algumas de suas determinações essenciais se mantêm, como temos mostrado, ainda que com um peso diverso em diversas esferas da práxis.

É óbvio que o pôr teleológico, junto com a alternativa que nele se acha contida, tem de se manter, de acordo com sua essência, em toda práxis, apesar de todas as modificações, refinamentos, interiorizações. Também a interação íntima e indissolúvel de determinidade e liberdade que caracteriza o pôr teleológico deve manter-se sempre. As proporções podem mudar muito, até dar margem a mudanças qualitativas, mas a estrutura geral de fundo não pode mudar essencialmente. Talvez a mudança mais significativa seja aquela que se verifica na relação entre fim e meio. Pudemos ver como já no estágio mais primitivo há entre eles certa relação de contradição potencial, que, no entanto, só se desdobra em sentido extensivo e intensivo quando, no objeto da finalidade, o momento preponderante não é mais a transformação da natureza, mas a transformação dos homens. Sem dúvida, continua a subsistir a indissolúvel coexistência entre determinidade por parte da realidade social e liberdade da decisão alternativa. No entanto, é qualitativamente diferente que a alternativa tenha como seu conteúdo apenas algo correto ou incorreto determinável em termos puramente cognitivos, ou que o mesmo pôr do fim seja o resultado de alternativas cuja origem é humano-social. Com efeito, é claro que, uma vez surgidas as sociedades de classes, qualquer questão pode ser resolvida em direções diversas: depende do ponto de vista de classe a partir do qual se busca a resposta para o dilema. E também é óbvio que, com a sempre crescente socialização da sociedade, essas alternativas que fundam os pores alternativos vão adquirindo maior amplitude e profundidade. Não é possível analisar aqui, concretamente, essas mudanças que aconteceram na estrutura dos pores de fins. A mera afirmação de que aqui houve obrigatoriamente tal direção de desenvolvimento já nos informa que o pôr do fim não pode ser medido com os critérios do trabalho simples.

No entanto, a consequência necessária dessa situação é que as contradições entre o pôr do fim e os meios de sua realização têm de agudizar-se apropriadamente até que se produza a transformação em algo qualitativamente diferente. É claro que também aqui ocupa o primeiro plano a questão de se os meios são adequados para realizar o fim posto. Mas, em primeiro lugar, surge uma diferença tão grande quanto à possibilidade de decidir com exatidão essa questão que essa diferenciação tem de aparecer de imediato como qualitativa. Pois, no pôr de cadeias causais no trabalho simples, trata-se de conhecer causalidades naturais que, em si mesmas, operam sem modificações. A questão é apenas em que medida se conheceu corretamente sua essência permanente e suas variações naturalmente condicionadas. O "material" dos pores causais que de agora em diante devem realizar-se nos meios é, portanto, de caráter social, trata-se de possíveis decisões alternativas de homens; por isso, de algo que, por princípio, não é homogêneo e que, além disso, se encontra em ininterrupta mudança. Deriva daí tal grau de insegurança dos pores causais, e com razão se pode falar de uma diferença qualitativa com relação ao trabalho originário. Tal diferença existe, embora se conheçam, na história, decisões que superaram com sucesso essa insegurança no conhecimento dos meios; por outro lado, também, verificamos continuamente que as modernas tentativas de dominar a insegurança com métodos manipuladores se revelam bastante problemáticas nos casos mais complexos.

Maior importância ainda parece ter a possível contradição entre o pôr do fim e a ação duradoura dos meios. Surge aqui um problema social de tal importância que muito cedo foi submetido a um tratamento filosófico geral e até se poderia dizer que nunca deixou de estar na ordem do dia do pensamento. Tanto os empiristas da práxis social quanto seus juízes moralistas viram-se obrigados a confrontar-se repetidamente com essa contradição. Sem entrar agora em questões singulares, o que mais uma vez cabe à ética, não podemos, no entanto, ainda uma vez, deixar de realçar pelo menos a primazia teórica da consideração ontológica da práxis social tanto diante do empirismo praticista como diante do moralismo abstrato. Com efeito, a história mostra, de um lado, que com frequência meios que parecem racionalmente adequados para determinados pores de fins "subitamente" se revelam inteiramente falhos, catastróficos e, de outro lado, que é impossível – até do ponto de vista de uma ética autêntica – organizar *a priori* uma tabela racional dos meios admissíveis e não admissíveis. A refutação desses dois falsos extremos só pode realizar-se de um patamar em que as motivações morais, éticas etc. dos homens apareçam como momentos reais do ser social; momentos que, mesmo operando – com maior ou menor eficácia – sempre no interior de complexos sociais contraditórios, mas unitários na sua contraditoriedade, constituem, no entanto, componentes reais da práxis social; desse modo, por sua própria constituição, desempenham um papel decisivo para estabelecer se é adequado ou inadequado, justo ou reprovável determinado meio (determinada intervenção dos homens para decidir de um modo ou de outro suas alternativas) para a realização de um fim.

Mas, para que essa caracterização provisória – na sua provisoriedade obviamente muito abstrata – não induza a equívocos, é preciso acrescentar algo que deriva necessariamente de tudo que foi dito: a realidade ontológica do comportamento ético etc. não implica de modo nenhum que o reconhecimento dessa sua realidade baste para esgotar a sua essência. Pelo contrário. A realidade social desse comportamento depende, não por último, de qual valor, entre os valores emergentes do desenvolvimento social, esteja realmente ligado a ele, como ele se relaciona realmente com a manutenção, a duração etc. desses valores. Se, no entanto, esse momento é absolutizado de maneira improcedente, cai-se numa concepção idealista do processo histórico-social; se simplesmente ele é negado, incorre-se naquela carência de conceitos que se encontra indefectivelmente presente na praticista *Realpolitik*, mesmo quando esta afirma se basear em Marx. Mesmo nessa formulação forçosamente muito geral e abstrata é preciso não esquecer que a importância crescente, que aqui se revela, das decisões subjetivas nas alternativas é, em primeiro lugar, um fenômeno social. Não se trata de que a objetividade do processo de desenvolvimento esteja, dessa maneira, relativizada em termos subjetivistas – essa é apenas uma forma fenomênica socialmente condicionada de sua imediatidade –, mas de que o próprio processo objetivo, como consequência de seu desenvolvimento superior, sugere tarefas que só podem ser postas e mantidas em marcha através da crescente importância das decisões subjetivas. No entanto, todas as valorações que alcançam validade nessas decisões subjetivas estão ancoradas na objetividade social dos valores, na importância destes para o desenvolvimento objetivo do gênero humano, e tanto a sua validade ou não validade quanto a intensidade e duração de sua ação são, em última análise, resultados desse processo social objetivo.

Não é difícil perceber a distância que separa as estruturas da ação assim originadas daquelas surgidas a partir do trabalho simples. Mesmo assim, um olhar imparcial verá que – do ponto de vista ontológico – germes, mesmo que apenas germes, desses conflitos e contradições já estavam presentes na mais simples das relações entre meio e fim. O fato de que a atualização histórico-social dê origem a complexos de problemas inteiramente novos só pode surpreender aqueles que não entendem a história como realidade ontológica do ser social e, por isso, ou hipostasia os valores como puras entidades espirituais, "atemporais", ou vê neles apenas os reflexos subjetivos dos processos objetivos sobre os quais a práxis dos homens não pode influir.

Muito semelhante é a situação quanto aos efeitos que o trabalho provoca naquele que o executa. Também aqui as diferenças podem e têm de ser muito significativas, no entanto o mais importante quanto à essência se mantém em meio das maiores alterações concretas. Referimo-nos, naturalmente, aos efeitos que o trabalho produz no próprio homem que trabalha: a necessidade de seu domínio sobre si mesmo, a luta constante contra os próprios instintos, afetos etc. Já dissemos, mas é preciso repetir, aqui com particular ênfase, que o homem se tornou homem exatamente nessa luta, por meio dessa luta contra a própria constituição naturalmente dada, e que o seu desenvolvimento ulterior, o seu aperfeiçoamento, só pode seguir se realizando por esse caminho e com esses meios. Não é por acaso que os costumes dos povos primitivos já coloquem tal problema no centro do comportamento humano adequado; como também não é casual que toda grande filosofia moral, a partir de Sócrates, dos estoicos e de Epicuro até pensadores tão diferentes como Espinosa e Kant, depare-se continuamente com esse problema como a questão central do comportamento verdadeiramente humano. De fato, no trabalho trata-se ainda apenas de uma simples questão de finalidade; ele pode ter sucesso, pode produzir valores de uso, algo de útil, somente na medida em que se completa, durante o processo de trabalho, esse permanente autocontrole do sujeito; e isso vale também para qualquer outro pôr prático de um fim. Isso, no entanto, ainda poderia ser interpretado como uma homogeneidade apenas formal no interior da práxis.

Trata-se, no entanto, já no próprio trabalho, de muito mais. Independentemente da consciência que o executor do trabalho tenha, ele, nesse processo, produz a si mesmo como membro do gênero humano e, desse modo, o próprio gênero humano. Pode-se inclusive dizer, de fato, que o caminho do autocontrole, o conjunto das lutas que leva da determinidade natural dos instintos ao autodomínio consciente, é o único caminho real para chegar à liberdade humana real. Pode-se discutir quanto se quiser acerca das proporções nas quais as decisões humanas têm a possibilidade de impor-se na natureza e na sociedade, pode-se dar a importância que se queira ao momento da determinidade em todo pôr de um fim, em toda decisão alternativa; a conquista do domínio sobre si mesmo, sobre a própria essência, originalmente apenas orgânica, é indubitavelmente um ato de liberdade, um fundamento de liberdade para a vida do homem. Aqui se encontram os círculos de problemas da generidade no ser do homem e a liberdade: a superação da mudez apenas orgânica do gênero, sua continuação no gênero articulado, que se desenvolve, do homem que se forma ente social, é – do ponto de vista ontológico-genético – o mesmo ato de nascimento da liberdade. Os existencialistas pensam que salvam e elevam a liberdade quando falam de uma "derrelição" do homem na liberdade, quando dizem que ele está "condenado" à liberdade*. De fato, toda liberdade que não esteja fundada na socialidade do homem, que não se desenvolva a partir daqui, mesmo que através de um salto, é um fantasma. Se o homem não tivesse criado a si mesmo, no trabalho, como ente genérico-social, se a liberdade não fosse fruto da sua atividade, do seu autocontrole sobre a sua própria constituição orgânica, não poderia haver nenhuma liberdade real. A liberdade obtida no trabalho originário era, por sua natureza, primitiva, limitada; isso não altera o fato de que também a liberdade mais alta e espiritualizada deve ser conquistada com os mesmos métodos com que se conquistou aquela do trabalho mais primitivo, e que o seu resultado, não importa o grau de consciência, tenha, em última análise, o mesmo conteúdo: o domínio do indivíduo genérico sobre a sua própria singularidade particular, puramente natural. Nesse sentido, acreditamos que o trabalho possa ser realmente entendido como modelo de toda liberdade.

Com essas considerações – e também antes, quando nos referíamos às formas fenomênicas superiores da práxis humana –, ultrapassamos o trabalho no sentido que lhe atribuímos aqui. Fomos obrigados a fazê-lo, uma vez que o trabalho no sentido de simples produtor de valores de uso é certamente o início genético do devir homem do homem, mas contém, em cada um dos seus momentos, tendências reais que levam, necessariamente, para muito além desse estado inicial. E mesmo que esse estado inicial do trabalho seja uma realidade histórica, cuja constituição e construção tenham levado um tempo aparentemente infinito, com razão chamamos nossa afirmação de abstração, uma abstração razoável no sentido de Marx. Ou seja, sempre deixamos de lado conscientemente o entorno social – que necessariamente surge simultaneamente com aquele – com o fim de poder estudar as determinações do

---

* Acréscimo manuscrito: *Être et néant* [ref. a *O ser e o nada*, de Jean-Paul Sartre]. (N. E. A.)

trabalho na sua máxima pureza possível. É óbvio que isso não era possível se não se mostrassem, continuamente, as afinidades e antíteses do trabalho com complexos sociais mais elevados. Parece-nos que agora chegamos ao momento em que essa abstração deve e pode ser definitivamente superada, ao momento no qual podemos enfrentar a análise da dinâmica fundamental da sociedade, o seu processo de reprodução. Esse será, exatamente, o conteúdo do próximo capítulo.

II. A reprodução

1. Problemas gerais da reprodução

No capítulo anterior, ressaltamos que com a análise do trabalho como tal efetuou-se uma abstração bastante ampla. Com efeito, o trabalho enquanto categoria desdobrada do ser social só pode atingir sua verdadeira e adequada existência no âmbito de um complexo social processual e que se reproduz processualmente. Por outro lado, essa abstração foi inevitável, já que o trabalho é de importância fundamental para a peculiaridade do ser social e fundante de todas as suas determinações. Por isso mesmo, todo fenômeno social pressupõe, de modo imediato ou mediato, eventualmente até remotamente mediato, o trabalho com todas as suas consequências ontológicas. Dessa situação ambígua decorreu que, em muitos pontos, apesar da abstração metodologicamente necessária, nossa análise do trabalho tivesse de ir além ou ao menos apontar para além do trabalho isolado em termos artificialmente abstrativos. É só com base nessas investigações que estamos agora em condições de examinar o trabalho como base ontológica do ser social em seu lugar correto, no contexto da totalidade social, na inter-relação daqueles complexos de cujas ações e reações surge e se afirma o trabalho.

Um dos resultados mais importantes de nossas exposições foi que os atos do trabalho apontam necessária e ininterruptamente para além de si mesmos. Enquanto as tendências reprodutivas da vida orgânica, visando à preservação de si e da espécie, constituem reproduções no sentido estrito, específico, isto é, reproduções do processo vital que perfaz o ser biológico de um ser vivo, enquanto, nesse tocante, via de regra, apenas mudanças radicais do meio ambiente produzem alguma transformação radical desses processos, a reprodução no âmbito do ser social está, por princípio, regulada pela mudança interna e externa. O fato de que as etapas singulares do estágio inicial muitas vezes levaram dezenas de milhares de anos para acontecer não deve nos desviar do rumo nesse tocante. No curso de cada uma delas, verificam-se mudanças constantes, embora mínimas, nas ferramentas, no processo do trabalho etc., cujas consequências se evidenciam abruptamente, em certos pontos nodais, como mudanças qualitativas. O fundamento ontológico objetivo dessas mudanças, com a sua tendência muitas vezes desigual, mas, no todo, progressiva, consiste em que o trabalho posto de modo teleologicamente consciente desde o princípio comporta em si a possibilidade (*dýnamis*) de produzir mais que o necessário para a simples reprodução da vida daquele que efetua o processo do trabalho. O fato de que do trabalho necessariamente decorrem a fabricação de ferramentas e a utilização de forças da natureza (fazer fogo, domesticar animais etc.) faz aparecer, em certos estágios evolutivos, aqueles pontos nodais, que provocam uma mudança qualitativa na estrutura e na dinâmica de sociedades singulares. Essa capacidade do trabalho de trazer resultados que vão além da reprodução própria daquele que o executa cria o fundamento objetivo da escravidão, diante da qual as únicas alternativas eram matar ou adotar o inimigo capturado. Partindo dali e passando por diversas etapas, o caminho percorrido levou ao capitalismo, no qual esse valor de uso da força de trabalho se converte no fundamento de todo o sistema. Porém – e certos teóricos podem até ter algum receio ideológico diante da expressão "mais-trabalho" –, o reino da liberdade no socialismo, a possibilidade de cultivar um ócio sensato, acaba baseando-se nessa peculiaridade fundamental do trabalho de produzir mais que o necessário à própria reprodução de quem trabalha.

Entre as mais importantes mudanças desse tipo encontra-se o desenvolvimento da divisão do trabalho. Esta, de certo modo, é dada com o próprio trabalho, originando-se dele com necessidade orgânica. Atualmente, sabemos que uma forma da divisão do trabalho, a cooperação, aparece em estágios bastante iniciais; basta pensar no caso, já mencionado, da caça no paleolítico. Sua mera existência, por mais baixo que seja o seu nível, faz com que se origine do trabalho outra determinação decisiva do ser social, a comunicação precisa entre os homens que se unem para realizar um trabalho: a linguagem. Falaremos sobre ela em contextos posteriores; deve-se ressaltar agora que constitui um instrumento para a fixação daquilo que já se conhece e para expressão da essência dos objetos existentes numa multiplicidade cada vez mais evidente, um instrumento para a comunicação de comportamentos humanos múltiplos e cambiantes em relação a esses objetos, em contraposição aos sinais desenvolvidos com certa exatidão que os animais emitem uns para os outros, pois os animais transmitem relações fixas constantemente reiteradas numa determinada constelação vital. Eles sinalizam, por exemplo, perigo (aves de rapina) e têm como consequência comportamentos estáveis, como o de abrigar-se, ao passo que, já no estágio mais primitivo da linguagem, é possível dizer: aí vem um mamute, não tenham medo etc. Nesse estágio inicial de nossas investigações, interessa-nos a linguagem enquanto órgão mais importante (no início, ao lado da gesticulação, mas depois indo muito além dela) para aqueles pores teleológicos, aos quais reiteradamente tivemos de remeter ao falar do trabalho, mas que, naquele momento, ainda não puderam ser adequadamente tratados. Referimo-nos àqueles pores teleológicos que não têm por fim a transformação, a utilização etc. de um objeto da natureza, mas que têm a intenção de levar outros homens a executarem, por sua vez, um pôr teleológico desejado pelo sujeito do enunciado.

Está bem claro que, para cada tipo de divisão do trabalho, um meio de comunicação dessa espécie é indispensável. Quer se trate de cooperação em geral ou de trabalho conjunto na fabricação ou aplicação de alguma ferramenta etc., sempre se fazem estritamente necessárias comunicações dessa espécie, e tanto mais quanto mais desenvolvidos se tornarem trabalho e cooperação. Por essa razão, a linguagem se desenvolverá de modo ininterrupto simultaneamente com o desenvolvimento de trabalho, divisão do trabalho e cooperação, tornando-se cada vez mais rica, maleável, diferenciada etc., para que os novos objetos e as novas relações que forem surgindo possam ser comunicados. O domínio crescente do homem sobre a natureza se expressa diretamente, portanto, também pela quantidade de objetos e relações que ele é capaz de nomear. A veneração mágica pelos nomes de homens, coisas e relações tem sua raiz nessas conexões. Nesse ponto, porém, vem à luz objetivamente algo ainda mais importante para nós, a saber, o fato ontológico de que todas as ações, relações etc. – por mais simples que pareçam à primeira vista – sempre são correlações de complexos entre si, sendo que seus elementos conseguem obter eficácia real só enquanto partes integrantes do complexo ao qual pertencem. Nem é preciso demonstrar que o homem, já como ser biológico, constitui um complexo. Do mesmo modo, é diretamente evidente que a linguagem necessariamente também tenha um caráter de complexo. Toda palavra só terá algum sentido comunicável no contexto da linguagem a que pertence, constituindo um som sem sentido para quem não conhece a linguagem em questão; não é por acaso que houve povos primitivos que designaram o estrangeiro como "mudo", incapaz de comunicar-se. Tampouco poderá haver qualquer dúvida quanto ao fato de que, igualmente, a divisão do trabalho forme um complexo; os atos, as operações etc. singulares também só podem ser considerados significativos no âmbito do processo do qual fazem parte; a decisão a respeito de serem certos ou falhos é tomada sobretudo em vista da função que devem cumprir nesse complexo em que se encontram. E é igualmente compreensível que os diversos grupos – permanentes ou ocasionais – que se originam da divisão do trabalho tampouco possam existir e funcionar independentemente uns dos outros, sem estar inter-relacionados. Assim sendo, até o estágio mais primitivo do ser social representa um complexo de complexos, onde se estabelecem ininterruptamente interações, tanto dos complexos parciais entre si quanto do complexo total com suas partes. A partir dessas interações se desdobra o processo de reprodução do respectivo complexo total, e isso de tal modo que os complexos parciais, por serem – ainda que apenas relativamente – autônomos, também se reproduzem, mas em todos esses processos a reprodução da respectiva totalidade compõe o momento preponderante nesse sistema múltiplo de interações.

A divisão do trabalho está baseada originalmente na diferenciação biológica dos membros do grupo humano. O afastamento da barreira natural, como consequência da socialização cada vez mais resoluta e pura do ser social, expressa-se sobretudo no fato de que esse princípio originalmente biológico de diferenciação acolhe cada vez mais momentos do social e estes assumem um papel predominante nela, degradando os momentos biológicos à condição de momentos secundários. Isso fica evidente, por exemplo, no papel que desempenham os sexos na divisão social do trabalho.

Engels demonstra que a posição da mulher na vida social (matriarcado etc.) depende de que a multiplicação da riqueza empreste às funções econômicas do homem um peso maior que às da mulher; num estágio mais primitivo, era o inverso[1]. Evidencia-se, portanto, o que todas as pesquisas mais recentes da

---
[1] F. Engels, *Der Ursprung der Familie, [des Privateigentums und des Staats,]* MEW, v. 21 [ed. bras.: *A origem da família, da propriedade privada e do Estado*, trad. Ciro Mioranza, 2. ed., São Paulo, Escala, s/d].

etnografia confirmam, a saber, que a estrutura social surgida em cada estágio da reprodução determina, em última instância, as formas de uma relação biológica tão elementar quanto a sexual. Esse estado de coisas é evidente em todos os domínios. Tomemos como exemplo a relação entre velhice e juventude; de imediato, parece ser uma relação de caráter biológico. Na realidade, a velhice deve sua posição de autoridade às experiências acumuladas durante um período mais longo de vida. E, como estas estão fundadas em atividades sociais, sobretudo em trabalho no sentido mais amplo, e, nesse processo, a natureza oferece apenas o terreno para o trabalho (caça), o período mais longo de vida nada mais é que uma base biológica para o acúmulo de experiências de vida socialmente importantes. (Na medida em que as experiências socialmente decisivas não são mais acumuladas de modo meramente empírico e conservadas na memória, mas passam a ser deduzidas de generalizações, a velhice vai perdendo cada vez mais essa posição monopolista.)

Mas a divisão do trabalho tem consequências de alcance ainda mais amplo, que se tornam puramente sociais e produzem ações e relações. Pense-se, nesse tocante, antes de tudo, nos efeitos daqueles atos teleológicos que visam provocar em outros homens a vontade de realizar certos pores teleológicos. Para que possam funcionar com êxito já num estágio primitivo, eles exigem conhecimento por parte dos homens envolvidos, nas quais se pretende despertar esse querer, do mesmo modo que os pores do trabalho no sentido estrito exigem conhecimento dos respectivos objetos naturais, forças naturais etc. que entram em cogitação para aquele trabalho. Esse conhecimento, por sua natureza, vai além do meramente biológico, possuindo caráter social. Os valores que surgem nesse processo, como conhecimento humano, arte da persuasão, destreza, sagacidade etc., ampliam, por seu turno, o círculo dos valores e das valorações – cada vez mais puramente sociais. Se o grupo em questão já se desenvolveu a ponto de dispor de uma espécie de disciplina, essa socialidade adquire um caráter mais ou menos institucional, ou seja, um caráter ainda mais nitidamente social.

Naturalmente é impossível descrever, mesmo que apenas alusivamente, o caminho percorrido pela divisão do trabalho desde o seu surgimento até a sua forma atual altamente diferenciada. Trata-se aqui apenas de mostrar que a divisão técnica do trabalho, que se manifesta de modo cada vez mais claro nos estágios desenvolvidos, origina-se da divisão social do trabalho e – mesmo reconhecendo todas as interações existentes – é, sobretudo, uma consequência e não uma causa. (Naturalmente que, no quadro de uma divisão do trabalho já fixada socialmente, uma reorganização técnica desta pode se tornar o ponto de partida para um novo reagrupamento concreto.) A divisão do trabalho tem início quando as ocupações singulares se autonomizam na forma de ofícios manuais. É claro que isso representa um grande progresso em termos tanto econômicos quanto técnicos, mas jamais se deve esquecer que a diferenciação das profissões tem como pressuposto social o fato de que, em todas as áreas da geração de produtos diretamente necessários à vida, cada um possa suprir-se (reproduzir-se) sem ter fabricado pessoalmente todos esses produtos. Essa divisão do trabalho aparece relativamente cedo; pense-se nos artesãos presentes nos povoados orientais organizados segundo o comunismo primitivo. Porém, também as formas mais elevadas dessa diferenciação social dizem respeito apenas a campos isolados de trabalho enquanto complexos fechados em si mesmos, não produzindo ainda nenhuma divisão do trabalho no que se refere às operações singulares; isso ainda se mantém assim nas guildas. É na manufatura que o processo do trabalho como tal será decomposto em termos de divisão do trabalho; contudo, também aí, isso só ocorre de maneira tal que a ocupação vitalícia com determinado momento parcial do processo laboral produz um virtuosismo anormal. É só com a máquina que terá início a autêntica divisão do trabalho, determinada pela tecnologia.

Esse processo de transformação do biológico no social, a sobreposição controlada do biológico pelo social, poderia ser acompanhado de quantas maneiras se desejasse. Aqui, onde o que importa são as questões ontológicas de princípio, essa sequência de deduções pode tranquilamente ser interrompida. Com efeito, o desenvolvimento da divisão do trabalho gera, a partir de sua dinâmica espontânea de desenvolvimento, categorias de cunho social cada vez mais acentuado. Referimo-nos ao intercâmbio de mercadorias e à relação econômica de valor que nele se tornou efetiva. Chegamos ao ponto em que Marx começa a análise da reprodução social. Com razão, porque ele investiga antes de tudo a economia do capitalismo, uma formação que se tornou predominantemente social, e nela a relação mercantil constitui o ponto de partida ontologicamente favorável para as exposições, exatamente do mesmo modo que, em nossas considerações, o trabalho constituiu o ponto de partida para o ser social em geral. A relação mercantil pressupõe uma divisão do trabalho relativamente evoluída: o fato da troca, mesmo que inicialmente se trate, como mostra Marx, de uma troca – mais ou menos casual – que se dá entre pequenas comunidades e não entre seus membros singulares, já significa, por um lado, que são produzidos determinados valores de uso para além da necessidade imediata de seus produtores e, por outro lado, que estes têm necessidade de produtos que eles mesmos não são capazes de produzir com o próprio trabalho. Os dois fatos apontam para um determinado grau de divisão do trabalho dentro de um sistema comunitário; com efeito, eles mostram que determinados homens se especializaram em determinados trabalhos, o que necessariamente pressupõe que outros têm de realizar os trabalhos indispensáveis à manutenção e à reprodução de sua vida. Essa diferenciação se intensifica, pela natureza do processo, quando o intercâmbio de mercadorias começa a ocorrer dentro de um sistema comunitário, ao menos como complementação do suprimento próprio. A conversão dos produtos do trabalho em mercadoria constitui, portanto, um estágio mais elevado da socialidade, da dominação da sociedade por categorias de movimento de cunho cada vez mais puramente social, e não mais de cunho apenas natural. Constatamos essa dinâmica no fato de que do trabalho, do seu desenvolvimento imanentemente necessário, brota uma divisão do trabalho cada vez mais abrangente e ramificada e, de modo correspondente, no fato de que o desenvolvimento da divisão do trabalho impele na direção do intercâmbio de mercadorias, assim como este, por seu turno, retroage na mesma direção sobre a divisão do trabalho. Portanto, é preciso perceber, já nessas categorias mais simples e fundamentais da vida socioeconômica, a tendência que lhes é inerente, a saber, que elas não só são ininterruptamente reproduzidas, mas que essa reprodução também possui uma tendência imanente de elevação, de passagem para formas mais elevadas do socioeconômico.

Em relação a isso, todavia, é preciso registrar o andamento dialeticamente contraditório desse desenvolvimento. De um lado, verificamos um processo aparentemente irresistível, que já no próprio trabalho impele para um constante desenvolvimento. Mesmo que essa tendência assome de modo imediato em cada um dos trabalhos concretos, seus efeitos não ficam restritos a uma simples melhoria dos pontos de partida originais, mas atuam, às vezes até de modo revolucionário, sobre o próprio processo do trabalho, sobre a divisão social do trabalho, e pressionam para que a economia fundada sobre a autossubsistência imediata seja inserida na troca de mercadorias e para que esta se transforme cada vez mais na forma dominante da reprodução social. Mas, por mais irresistível que possa ser essa tendência, em seu rumo e em sua continuidade, no plano da história universal, suas etapas parciais concretas, que eventualmente podem se estender por séculos e até por milênios, são modificadas, promovidas ou inibidas pela estrutura, pelas possibilidades de desenvolvimento daqueles complexos totais, em cujo quadro elas se desenrolam concretamente. Adiante voltaremos a falar mais extensamente sobre essa questão, que é decisiva para o tipo de possibilidades e rumos de reprodução das diversas formações econômicas. No estágio atual de nossas exposições, deve bastar a constatação dessa divergência, que sob certas circunstâncias pode se intensificar e assumir um caráter contraditório e até antagônico. Visando iluminar um pouco melhor o pano de fundo filosófico-ontológico de nossa questão, seja dito ainda que o fato dialético tratado por Hegel – a saber, que a contradição e o antagonismo brotam da mera intensificação de uma diferença simples, de uma heterogeneidade existente – compõe o fundamento ontológico do conjunto de fatos aqui investigado. Não estamos contando nenhuma novidade aos nossos leitores quando apontamos para a necessária desigualdade do desenvolvimento enquanto modo fenomênico dessa contradição entre tendência geral irresistível e obstáculos, modificações etc. de sua realização.

A necessidade com que o desdobramento da divisão do trabalho leva à troca de mercadorias e, com esta, ao valor como regulador de cada uma das atividades econômicas desempenha um papel significativo no processo aqui descrito, o tornar-se-sempre-mais-social do ser social, em que se dá sua reprodução permanente numa escala cada vez mais elevada da socialidade. Já falamos sobre o caráter puramente social do valor de troca que regula o intercâmbio; através de Marx ficamos sabendo que sua existência e eficácia como tal nada têm a ver com um ser físico, químico ou biológico. Apesar disso, torna-se evidente neste ponto que na pura socialidade dessa categoria não está contido nenhum tipo de espiritualismo social; é possível falar sempre apenas de um afastamento da barreira natural e nunca de um desaparecimento do natural. O valor de troca é uma categoria puramente social; sabemos, porém, que ele só pode se tornar real em correlação inseparável com o valor de uso. No valor de uso, em contrapartida, deparamo-nos com um dado natural socialmente transformado. Portanto, o fato de que o valor de troca pode realizar-se somente na relação de reflexão com o valor de uso, essa relação o vincula com a base natural geral da socialidade. Assim, porém, de modo algum se deprecia o grande passo da socialização, o aparecimento, o tornar-se universal e dominante da mediação do comércio entre os homens pelo valor de troca puramente social. Pelo contrário. Justamente através dessa mediação ingressam relações sociais extremamente importantes na práxis humana, que com o auxílio da conscientização as torna ainda mais decididamente sociais.

Quanto mais universal a disseminação do valor de troca, tanto mais clara e nitidamente o tempo de trabalho socialmente necessário ocupa o lugar central enquanto fundamento econômico de sua respectiva magnitude. Através do tempo de trabalho socialmente necessário, sobretudo o tempo de trabalho individual, exigido para a confecção de um produto, adquire uma determinidade que vai além da que lhe é dada pela natureza. Nos primeiríssimos estágios iniciais do trabalho, em geral o mais importante era o surgimento do produto, enquanto o tempo de produção desempenhava um papel apenas secundário. Também a diferença de produtividade dos trabalhos singulares está originalmente fundada nas particularidades biológicas (e também físicas) dos indivíduos. Só num determinado grau do processo de produção e intercâmbio surgirá como categoria social própria o tempo de trabalho socialmente necessário. Como tal, ele não poderá ter nem sequer uma analogia com qualquer uma das formas de ser anteriores, embora ele igualmente tenha, do ponto de vista ontológico, um fundamento no ser natural, a saber, na completa independência do tempo em relação a toda espécie de reação a ele, isto é, na pura objetividade do tempo. Por essa razão, o tempo de trabalho socialmente necessário pode converter-se em base da troca de mercadorias que gradativamente vai se desenvolvendo, assim como do valor de troca e até de todo o comércio econômico-social. O fato de isso tornar-se manifesto somente na troca de mercadorias e só desde então poder ser aplicado conscientemente não significa que ele exista apenas na relação de troca. Valor de uso e valor de troca são, com efeito, formas objetivas heterogêneas uma em relação à outra, mas a socialidade da produção justamente executa entre eles um processo permanente de conversão recíproca. Por exemplo, quando um capitalista se vale de trabalho assalariado na produção, ele compra (como faz qualquer comprador) o valor de uso, nesse caso, o da força de trabalho, de sua capacidade de produzir mais que o necessário para a sua reprodução, exatamente a propriedade que determina o seu valor de troca. É a execução do trabalho – no quadro do tempo de trabalho socialmente necessário – que torna possível que os produtos criados por meio dele (igualmente valores de uso), por sua vez, adquiram um valor de troca, no qual está contido o produto específico do valor de uso da força de trabalho como mais-valor. Não é nossa tarefa descrever aqui com minúcias esse processo. A intenção seria somente indicar que o intercâmbio econômico dos homens é regulado pelo tempo de trabalho socialmente necessário. Contudo, isso traz à tona, ao mesmo tempo, que a socialização da produção na troca de mercadorias, a despeito de todas as suas formas fenomênicas necessariamente contraditórias, constitui um veículo objetivo do progresso da socialidade. Marx diz:

> Quanto menos tempo a sociedade precisa para produzir trigo, gado etc., tanto mais tempo ganha para outras produções, materiais ou espirituais. Da mesma maneira que para um indivíduo singular, a universalidade de seu desenvolvimento, de seu prazer e de sua atividade depende da economia de tempo. Economia de tempo, a isso se reduz afinal toda economia.[2]

Essa universalidade social do tempo de trabalho socialmente necessário enquanto regulador de toda produção econômico-social aparece no capitalismo numa forma fetichizada-reificada e, também por essa razão, é vista como peculiaridade de tal formação. Marx, porém, atribui grande importância a mostrar que se trata de uma característica comum da reprodução social em geral, que, nas diversas formações, naturalmente aparece de modo diverso, em graus diversos da consciência parcial ou da mera espontaneidade. Marx começa com o exemplo – construído – de Robinson, a respeito do qual se diz: "A própria necessidade o obriga a distribuir o seu tempo minuciosamente entre suas diferentes funções", sendo que sua execução depende de condições objetivas e subjetivas; essas funções, no entanto, a despeito de todas as diferenças qualitativas entre si, são "somente modos diferentes de trabalho humano". Ainda mais interessantes são as observações de Marx sobre a economia no feudalismo e sobre a economia de uma família camponesa autossuficiente. Naquele, a dependência pessoal é a característica social mais importante, e o trabalho apenas em casos excepcionais assume forma de mercadoria; apesar disso, a corveia "mede-se tanto pelo tempo quanto o trabalho que produz mercadorias". Na família patriarcal camponesa, as condições da divisão do trabalho tampouco são determinadas de modo imediato e no âmbito da família pela troca de mercadorias. "[...] o dispêndio das forças individuais de trabalho, medido por

---

[2] K. Marx, *[Grundrisse] (Rohentwurf)*, cit., p. 89; MEW, v. 42, p. 105 [ed. bras.: *Grundrisse*, cit., p. 119].

sua duração, aparece desde o início como determinação social dos próprios trabalhos, uma vez que as forças de trabalho individuais atuam, desde o início, apenas como órgãos da força comum de trabalho da família." Concluindo, essa problemática é assim caracterizada em vista do socialismo:

> [o] tempo de trabalho desempenharia, portanto, um duplo papel. Sua distribuição socialmente planejada regula a correta proporção das diversas funções de trabalho de acordo com as diferentes necessidades. Por outro lado, o tempo de trabalho serve simultaneamente de medida da cota individual dos produtores no trabalho comum e, desse modo, também na parte a ser individualmente consumida do produto coletivo. As relações sociais dos homens com seus trabalhos e seus produtos de trabalho permanecem aqui transparentemente simples, tanto na produção quanto na distribuição.[3]

Essa breve compilação de diversas formas de reprodução social contém muito mais do que uma mera polêmica contra uma fetichização reificadora. Ela mostra, por um lado, como determinadas tendências legais, que se originam da essência da coisa, necessariamente têm de se impor, em meio às mais diferentes condições, tanto objetivas como subjetivas, na reprodução dentro do ser social. Por outro lado e simultaneamente, vislumbra-se com clareza que esse princípio regulador da reprodução, de fato, impõe-se nas mais diferentes circunstâncias, mas sempre preso às relações sociais concretas dos homens entre si e, desse modo, sempre também uma expressão concreta do respectivo estado da reprodução. Toda tentativa de transpor a estrutura concreta de alguma realização em circunstâncias concretas para outra estrutura forçosamente resultará em falsificação das formas fenomênicas – objetivamente necessárias e altamente eficazes –, o que, dependendo das circunstâncias, pode ter amplas consequências econômico-práticas, por exemplo entre os artesãos no século XIX, que não identificaram no momento certo o tempo de trabalho socialmente necessário que já havia assumido as feições do grande capital e foram destruídos por sua objetividade. Aqui observamos apenas que, em formações anteriores funcionando normalmente (naturalmente abstraindo de períodos transitórios marcados por crises), o comportamento mais ou menos correto costuma se instaurar de modo relativamente espontâneo. Só num

---
[3] Idem, *Das Kapital*, cit., v. I, p. 43-5; MEW, v. 23, p. 93 [ed. bras.: *O capital*, Livro I, cit., p. 153].

estágio mais desenvolvido de planejamento consciente a compreensão adequada das conexões econômicas torna-se vital no nível imediato e prático, não podendo ser substituída pela adoção manipulativa de comportamentos que eventualmente tenham comprovado sua eficácia em outras estruturas.

Esperamos que esse esboço provisório, rudimentar e muito necessitado de complementação seja, não obstante, suficiente para dar uma ideia dos traços principais das peculiaridades ontológicas mais importantes da reprodução do ser social, sobretudo em conexão com a – e em oposição à – esfera biológica de vida. Tomemos como ponto de partida o traço comum mais importante: nas duas esferas do ser, a reprodução é a categoria decisiva para o ser em geral: a rigor, ser significa o mesmo que reproduzir a si mesmo. Em termos biológicos, as características fundamentais e elementares da vida se chamam nascimento, vida e morte, as quais não possuem nenhuma analogia no ser físico; elas são consequências diretas desse fato ontológico fundamental. Como o ser social tem como base irrevogável o homem enquanto ser vivo, está claro que essa forma da reprodução deve constituir um momento igualmente irrevogável também da reprodução social. Mas apenas um momento, pois da ação social conjunta dos homens visando à reprodução de sua vida, que permanentemente compõe o fundamento ontológico de todas as suas ações cooperativas, surgem categorias e relações categoriais totalmente novas, qualitativamente distintas, que, como já vimos e ainda veremos, têm um efeito modificador também sobre a reprodução biológica da vida humana. Porém, essa analogia realmente existente, ao ser concebida em termos de identidade, teve um efeito bastante inibidor sobre o conhecimento da reprodução no âmbito do ser social; da fábula de Menênio Agripa até as teorias raciais e Othmar Spann etc., tais influências desnorteadoras se fizeram sentir fortemente. Hoje, essa onda parece ter passado, mas em compensação surgem, sobre o fundamento do neopositivismo (e, por vezes, das fileiras dos seus adversários insuficientemente críticos), concepções diametralmente opostas e não menos falsas em sua unilateralidade, como se, para o ser social, a técnica fosse um poder "fatal", automaticamente eficaz, totalmente independente do querer humano, cujo movimento próprio determinaria, em última instância, o destino da humanidade. Também nesse caso um momento do processo total é arrancado do seu contexto, absolutizado, reificadoramente fetichizado, razão pela qual essa concepção torna-se igualmente um obstáculo para o conhecimento correto desse processo de reprodução. Este se dá num complexo – composto de complexos –, só podendo ser compreendido adequadamente, portanto, em sua totalidade dinâmica complexa.

Portanto, se quisermos apreender a reprodução do ser social de modo ontologicamente correto, devemos, por um lado, ter em conta que o fundamento irrevogável é o homem em sua constituição biológica, em sua reprodução biológica; por outro lado, devemos ter sempre em mente que a reprodução se dá num entorno, cuja base é a natureza, a qual, contudo, é modificada de modo crescente pelo trabalho, pela atividade humana; desse modo, também a sociedade, na qual o processo de reprodução do homem transcorre realmente, cada vez mais deixa de encontrar as condições de sua reprodução "prontas" na natureza, criando-as ela própria através da práxis social humana. Evidencia-se aí o processo do afastamento da barreira natural, já reiteradamente tratado por nós a partir de diversos aspectos. É claro que a inter-relação entre seres vivos singulares que se reproduzem e seu entorno igualmente constitui um fenômeno básico da reprodução no ser biológico. Ela ocorre, no entanto, no quadro do imediatamente biológico; isso quer dizer que dado ser vivo desenvolve em dado entorno aquilo que é necessário à sua reprodução biológica. Visto a partir de sua dinâmica interna, o efeito que esse processo tem sobre o meio ambiente é puramente casual. Em geral, dos processos reprodutivos de diversos seres vivos resultam condições relativamente estáveis, de modo que se pode afirmar, como característica bem geral desses processos, que eles reproduzem a si mesmos, ou seja, reproduzem seres vivos com a mesma constituição biológica. A esfera do ser biológico naturalmente também tem sua história, paralela à história geológica da Terra. Essa história mostra inclusive que, com relação ao último princípio ontológico, há uma orientação análoga à do ser social, uma vez que em ambas as esferas um momento decisivo do desenvolvimento consiste em que as categorias dos estágios inferiores do ser sejam subjugadas, transformadas, em favor da dominação das suas próprias categorias. Sem poder abordar aqui mais detidamente essa questão, limitamo-nos a apontar para o fato de que o mundo vegetal ainda se reproduz pelo metabolismo direto com a natureza inorgânica, ao passo que o mundo animal depende do orgânico como alimento, que, na inter-relação dos animais com o seu ambiente, as reações direta e exclusivamente biofísicas e bioquímicas são substituídas por mediações sempre mais complexas (sistema nervoso, consciência). Nesse ponto, sem dúvida estamos diante de uma semelhança bastante ampla com o afastamento da barreira natural no âmbito do ser social, sendo que há também o seguinte traço comum: nos dois âmbitos, só pode tratar-se da remodelação dos fatores do ser de um nível inferior do ser, jamais de sua eliminação. O ser da esfera de vida está baseado na natureza inorgânica de modo tão irrevogável quanto o ser social o está no conjunto do ser natural.

Ora, se, a despeito de todas essas conexões e analogias, rejeitamos qualquer semelhança mais ampla entre as duas esferas do ser que se refira à sua essência, o motivo decisivo dessa diferença qualitativa já foi extensamente tratado: o trabalho, o pôr teleológico que o produz, a decisão alternativa que necessariamente o precede consiste de forças motrizes reais que determinam a estrutura categorial, que não têm qualquer semelhança com os motores da realidade natural. A prioridade ontológica dessas forças motrizes especificamente sociais pode ser evidenciada em toda parte no processo de reprodução. Ainda falaremos extensamente sobre aquelas categorias específicas do ser social que já não têm mais nenhuma semelhança com as da esfera de vida do ser. Neste ponto, em que se trata primeiramente de definir com clareza as separações elementares entre as duas esferas do ser, é mais proveitoso apontar para aqueles momentos, nos quais ganha expressão inequívoca a irrevogabilidade última da vida biológica, mas nos quais, ao mesmo tempo, torna-se visível o quanto as esferas são modificadas decisivamente em termos tanto de conteúdo como de forma pelo desenvolvimento social, por suas formas de reprodução. Apontamos, de início, para a alimentação indispensável à reprodução biológica de cada homem enquanto ser vivo; ao fazer isso, podemos partir do conhecido dito de Marx: "Fome é fome, mas a fome que se sacia com carne cozida, comida com garfo e faca, é uma fome diversa da fome que devora carne crua com mão, unha e dente"[4]. Aqui está expressa com clareza a dupla face da determinidade: o caráter irrevogavelmente biológico da fome e de sua satisfação e, concomitantemente, o fato de que todas as formas concretas da última são funções do desenvolvimento socioeconômico. Mas significaria ser superficial e ficar atolado em formalidades se fôssemos conceber a fome biológica puramente como "base" supra-histórica e a forma social de sua satisfação meramente como "superestrutura" alternante, que deixa inalterada a própria satisfação da fome. Abstraindo totalmente do fato de que a transição dos homens para a alimentação carnívora necessariamente teve consequências biológicas, a regulação social do consumo alimentar inquestionavelmente também o teve.

---

[4] Idem, *Rohentwurf*, cit., p. 13; MEW, v. 42, p. 27 [ed. bras.: *Grundrisse*, cit., p. 47].

Essa determinidade social, contudo, vai ainda mais longe e lança luz de maneira interessante sobre uma importante questão social, à qual já se fez alusão e que mais adiante será tratada ainda mais extensamente, a saber, a do desenvolvimento do gênero humano. Esta não é, como Marx enfatiza contra Feuerbach, uma categoria muda, abstratamente geral, mas uma categoria que vai se tornando socialmente consciente, o que necessariamente se expressa no fato de que, no início, somente os pequenos sistemas comunitários reais e, mais tarde, as nações se sentem unidos em termos de gênero, realizando o gênero humano, enquanto os que vivem fora desse âmbito são concebidos como mais ou menos excluídos dele. Somente com o surgimento e a intensificação do mercado mundial é que o gênero humano foi posto na ordem do dia como problema geral e que engloba todos os homens. Ora, esse processo ganha expressão muito clara na evolução da preparação do alimento. Ele é local e apenas de modo lento e muito relativo vai se integrando numa unidade, mesmo que seja só em escala nacional. Não vale dizer que tais diferenciações teriam sido determinadas exclusivamente por razões naturais (clima etc.). Estas, com certeza, desempenharam um papel considerável, especialmente no início. Porém, o problema teria sido formulado de maneira demasiado artificial se quiséssemos derivar as diferenças entre as "cozinhas" da Áustria, da Baviera ou de Württemberg antes de tudo de causas naturais. E facilmente se pode observar que, nos períodos iniciais das viagens internacionais, muitos homens achavam a comida estrangeira simplesmente repulsiva. Em contraposição, hoje, devido à forte expansão do mercado mundial, do intercâmbio global, facilmente se pode observar como as "cozinhas" gradativamente se internacionalizam. O processo que Goethe, num nível ideológico elevado, denominou "literatura mundial" penetra tanto extensiva como intensivamente com força cada vez maior na vida cotidiana da alimentação humana. O fato de isso atualmente assumir múltiplas formas de manipulação, de consumo por prestígio etc. evidencia justamente o alto grau da socialização também nesse âmbito.

A mesma tendência de desenvolvimento pode ser constatada em outro âmbito decisivo da vida biológica: o da sexualidade. Já apontamos para as grandes transformações sociais na relação entre homem e mulher (matriarcado etc.). Inquestionavelmente, essas transformações exercem influência radical sobre a relação entre os sexos ao modificar radicalmente o comportamento típico na vida social; perguntar quem é o dominante, quem é o dominado etc. não constitui, nessa relação, uma questão social "exterior", que modificaria a relação entre os sexos apenas "exteriormente", apenas na superfície, mas reorganizações desse tipo originam espontaneamente comportamentos humanos tipicamente assentidos ou rejeitados que influenciam profundamente aquilo que um sexo sente como atraente ou repulsivo no outro. Basta mencionar que – tendo em vista a maioria esmagadora da humanidade – a atração sexual, por exemplo, entre irmãos e irmãs pode ser considerada extinta. Nisso tudo, ganha expressão outro correto traço essencial da reprodução social com relação à sexualidade: a atração sexual recíproca jamais perderá o seu caráter essencialmente corporal, biológico, mas com a intensificação das categorias sociais o relacionamento sexual acolhe cada vez mais conteúdos, que de fato alcançam uma síntese mais ou menos orgânica na atração física, mas que possuem em relação a esta um caráter – direta ou mediatamente – humano-social heterogêneo. Assim como ocorre com todo desenvolvimento no interior da reprodução do ser social, esta também se externa de maneira desigual. Basta lembrar a homossexualidade dos cidadãos da pólis, cujo caráter ético-erótico é descrito pelos diálogos mais antigos de Platão, o papel das heteras na cultura em dissolução da pólis, o erotismo na espiritualidade ascética medieval etc. Nesse campo, a desigualdade do desenvolvimento surge da duplicidade da legalidade no âmbito do ser social: por um lado, a lei geral impele irresistivelmente no sentido de transformar as categorias desse ser em categorias sociais – criadas por homens, intencionadas para a vida humana –; por outro lado, as tendências que aí ganham expressão não possuem qualquer caráter teleológico, embora se sintetizem em tendências objetivas gerais a partir dos pores teleológicos singulares dos homens socialmente atuantes. Elas, portanto, correm na direção que lhes é apontada pelas necessidades que provocam pores teleológicos; uma vez que estes, porém, em sua maioria esmagadora, não têm clareza sobre si mesmos, uma vez que cada pôr teleológico põe em movimento cadeias causais mais numerosas e diversas que aquelas conscientemente intencionadas no próprio pôr, essa síntese que se tornou social vai além de todos os pores singulares, realizando – em termos genericamente objetivos – mais do que estava contido neles; na maioria dos casos, contudo, ele o faz de tal modo que as possibilidades de realização, que na sequência resultam para os homens singulares, muitas vezes parecem ser diferentes do curso geral do desenvolvimento e até antagônicos a ele. Foi o que ocorreu com o surgimento da intimidade erótica moderno-burguesa na ascese espiritualista cristã, a qual, no entanto, em última análise, constituiu a preparação histórica daquela; sem *Vita nuova* não há Werther. É o que ocorre hoje com ideologia e práxis sexuais sem limites e espiritualmente esvaziadas. A intimidade erótica de cunho burguês jamais conseguiu superar realmente a opressão da mulher; disso surgiu uma vasta escala que vai da falsa consciência de sincera extrapolação até a hipocrisia. O desenvolvimento da indústria, porém, atua tendencialmente na direção de tal superação de fato. Kollontai já proclamou, na época da Revolução Russa, a ideologia do "copo d'água". Trata-se de uma reação espontânea contra a desigualdade sexual, assim como o ataque às máquinas foi uma reação espontânea contra as desumanidades que necessariamente decorreram da introdução da maquinaria na indústria. Portanto, quando – com razão – lançamos um olhar bastante crítico sobre essa moda do puro sexo, tampouco podemos ignorar esse ponto no desenvolvimento, embora naturalmente também nele categorias manipuladoras como consumo de prestígio etc. tenham um papel relevante.

Decerto não há necessidade de prosseguir com a análise para que se vislumbre claramente a condicionalidade social de conteúdos e formas que, em sociedades desenvolvidas, sobrepõem-se socialmente à sexualidade puramente biológica, ou a remodelam e modificam. Ativemo-nos, durante a análise, às grandes tendências históricas, mas não se deve esquecer que suas formas fenomênicas penetram profundamente até a dimensão corporal, influenciando decisivamente o funcionamento dos instintos erótico-sexuais com impactos que se estendem desde o vestuário até a cosmética; esses instintos, por sua vez, estão estreitamente ligados ao desenvolvimento de relações humanas de extrema importância. Fourier foi o primeiro a vislumbrar nas transformações do relacionamento sexual, nas relações entre homem e mulher, na posição ocupada pela mulher na sociedade, o critério e o respectivo nível de desenvolvimento do gênero humano. Marx retoma essa linha de pensamento e diz o seguinte, nos *Manuscritos econômico-filosóficos*:

> A relação imediata, natural, necessária do homem com o homem é a *relação* do *homem com a mulher*. Nesta relação genérica *natural* a relação do homem com a natureza é imediatamente a sua relação com o homem, assim como a relação com o homem é imediatamente a sua relação com a natureza, a sua própria determinação *natural*. Nesta relação *fica sensivelmente claro* portanto, e reduzido a um *factum* intuível, até que ponto a essência humana veio a ser para o homem natureza ou a natureza [veio a ser] essência humana do homem. A partir desta relação

pode-se julgar, portanto, o completo nível de formação (*die ganze Bildungsstufe*) do homem. Do caráter desta relação segue-se até que ponto o *ser humano* veio a ser e se apreendeu como *ser genérico*, como *ser humano*; a relação do homem com a mulher é a relação *mais natural* do ser humano com o ser humano. Nela se mostra também até que ponto o comportamento *natural* do ser humano se tornou *humano*, ou até que ponto a essência *humana* se tornou para ele essência *natural*, até que ponto a sua *natureza humana* tornou-se para ele *natureza*. Nesta relação, também se mostra até que ponto a *carência* do ser humano se tornou carência *humana* para ele, portanto, até que ponto o *outro* ser humano como ser humano se tornou uma carência para ele, até que ponto ele, em sua existência mais individual, é ao mesmo tempo ser comunitário.[5]

Decerto não há necessidade de extenso comentário para mostrar que a expressão "natureza" nessas exposições de Marx não se refere ao simples ser biológico. O termo "natureza" é aqui um conceito de valor que se origina do ser social. Ele designa a intenção voluntária e espontânea do homem de realizar em si mesmo as determinações do gênero humano. Naturalmente, a expressão "natureza" contém simultaneamente o indicativo para a base biológica irrevogável da existência humana.

É possível que a peculiaridade específica do ser social fique ainda mais evidente no complexo de atividades que costumamos chamar de educação. Naturalmente, também para isso há certas analogias nas espécies animais superiores. Estas, contudo, empalidecem quando ponderamos que o auxílio que os animais adultos dão aos seus filhotes se reduz à apropriação de uma vez por todas, com a destreza correspondente à espécie, de certos comportamentos que permanecem indispensáveis por toda a sua vida. Porém, o essencial da educação dos homens, pelo contrário, consiste em capacitá-los a reagir adequadamente aos acontecimentos e às situações novas e imprevisíveis que vierem a ocorrer depois em sua vida. Isso significa duas coisas: em primeiro lugar, que a educação do homem – concebida no sentido mais amplo possível – nunca estará realmente concluída. Sua vida, dependendo das circunstâncias, pode terminar numa sociedade de tipo bem diferente e que lhe coloca exigências totalmente distintas daquelas, para as quais a sua educação – no sentido estri-

---

[5] Idem, [*Ökonomisch-philosophische Manuskripte aus dem Jahre 1844,*] MEGA, v. III, p. 113; MEW EB, v. 1, p. 535 [ed. bras.: *Manuscritos econômico-filosóficos*, trad. Jesus Ranieri, São Paulo, Boitempo, 2004, p. 104-5].

to – o preparou. Se a sua reação a isso não for além do comportamento do Mestre Anton, de Hebbel, ao dizer "Não compreendo mais o mundo", então a sua existência fracassou e, nesse contexto, tanto faz se ela assume contornos trágicos, cômicos ou simplesmente miseráveis. Tal fato já mostra que, entre educação no sentido mais estrito e o sentido mais amplo não pode haver uma fronteira que possa ser claramente traçada em termos ideais, não pode haver uma fronteira metafísica. Entretanto, em termos imediatamente práticos ela está traçada, ainda que de maneiras extremamente diferentes, dependendo das sociedades e classes. Se agora passarmos a algumas observações limitadas à educação no sentido mais estrito, fazemos isso, em primeira linha, para apontar mais uma vez aquele equívoco muito difundido hoje em dia, como se o desenvolvimento mais lento do homem até se tornar um exemplar autônomo de seu gênero tivesse origem na sua peculiaridade biologicamente fundada. Seguramente, a mera extensão do processo educacional já tem efeito sobre a constituição biológica do homem. Porém, na análise de "fome e amor", mostramos que os motivos primários da mudança possuem caráter social, e não biológico. Se hoje não há mais crianças pequenas trabalhando nas fábricas, como ocorria no início do século XIX, não é por razões biológicas, mas em virtude do desenvolvimento da indústria e sobretudo da luta de classes. Se hoje a escola é obrigatória e universal nos países civilizados e as crianças não trabalham por um período relativamente longo, então também esse período de tempo liberado para a educação é um produto do desenvolvimento industrial. Toda sociedade reivindica certa quantidade de conhecimentos, habilidades, comportamentos etc. de seus membros; o conteúdo, o método, a duração etc. da educação no sentido mais estrito são as consequências das carências sociais daí surgidas. Naturalmente, se essas circunstâncias assim modificadas durarem o tempo suficiente, elas terão certos efeitos sobre a constituição física e psíquica dos homens. Porém, o tipo do aristocrata inglês que se mantém por tanto tempo é bem menos um produto da hereditariedade que do cunho que lhe é impresso pela educação de Eton até Oxford-Cambridge. De modo geral, na consideração do longo período de conservação de tipos de classes ou de profissões, deve-se pensar antes de tudo em tais cunhagens, sendo que, nesse caso, a educação no sentido mais amplo – de muitos modos, espontânea – obviamente desempenha um papel no mínimo equivalente ao da educação no sentido mais estrito. Quando aquela perde seu rigor ou até se encaminha para a dissolução em termos sociais, a "hereditariedade" perde sua capacidade de produzir tipos. Pode-se observar a instrutiva descrição de semelhante processo de dissolução no romance *Buddenbrooks*, de Thomas Mann, e ver como toda tradição reproduzida pela educação no sentido mais amplo está condenada ao desaparecimento assim que a reprodução da sociedade como um todo lhe subtrai as possibilidades de desdobramentos, de exercer influência, de buscar alternativas reais presentes e futuras; o fato de que esse fracasso da tradição proveniente da educação pode se manifestar de maneiras tão opostas quanto em Thomas e Christian Buddenbrook apenas reforça a legalidade geral que aqui se externa: confrontados com as gerações mais antigas, Thomas e Christian confluem para um tipo único de fracasso.

Assim sendo, a problemática da educação remete ao problema sobre o qual está fundada: sua essência consiste em influenciar os homens no sentido de reagirem a novas alternativas de vida do modo socialmente intencionado. O fato de essa intenção se realizar – parcialmente – de modo ininterrupto ajuda a manter a continuidade na mudança da reprodução do ser social; que ela, a longo prazo, fracasse – parcialmente – de modo igualmente ininterrupto constitui o reflexo psíquico não só do fato de essa reprodução se efetuar de modo desigual, de ela produzir constantemente momentos novos e contraditórios para os quais a educação mais consciente possível de seus fins só consegue preparar insatisfatoriamente, mas também do fato de que, nesses momentos novos, ganha expressão – de modo desigual e contraditório – o desenvolvimento objetivo em que o ser social se eleva a um patamar superior em sua reprodução. Como sempre fizemos, enfatizaremos também aqui que o desenvolvimento para um patamar superior é pensado no sentido ontológico-objetivo e não no sentido valorativo. De modo imediato, trata-se de que o ser social, ao reproduzir a si mesmo, torna-se cada vez mais social, que ele constrói o seu próprio ser de modo cada vez mais forte e mais intenso a partir de categorias próprias, de categorias sociais. Esse aspecto do processo de reprodução, que de imediato parece ser de cunho ontológico-formal, é, contudo, ao mesmo tempo – sendo igualmente de cunho ontológico objetivo – um processo de integração das comunidades humanas singulares, o processo de realização de um gênero humano não mais mudo e, desse modo, da individualidade humana que se desdobra de modo cada vez mais multilateral (cada vez mais social).

Ao avançar descobrindo e realizando coisas novas, novas necessidades, novos caminhos para sua satisfação, o processo do trabalho impõe no plano social não só em proporção crescente sua própria disseminação, seu aperfeiçoamento, mas simultaneamente também uma divisão do trabalho não só técnica, como também social. É impossível realizar aqui a tarefa de descrever historicamente esse processo. O que se pode fazer é ressaltar alguns momentos decisivos, nos quais esse processo de reprodução do trabalho e a divisão do trabalho que dele se origina conferem um novo cunho ontológico à estrutura do ser social. A divisão originária do trabalho certamente é apenas ocasional e, por essa razão, uma ação conjunta meramente técnica por ocasião de certas operações ou cooperações. É provável que demore bastante até que a divisão do trabalho se consolide em determinadas profissões ou mesmo se converta numa formação social específica, com que o homem singular se depare já como forma autônoma do ser social e assim retroaja sobre toda a sua maneira de viver. Marx tangencia esse problema em suas anotações para *A ideologia alemã*:

> Os indivíduos sempre partiram de si mesmos, sempre partem de si mesmos. Suas relações são relações do seu processo real de vida. Como ocorre que suas relações venham a se tornar autônomas em relação a eles? Que os poderes de sua própria vida se tornem superiores a eles?
> Em uma palavra: *a divisão do trabalho*, cujo grau depende sempre do desenvolvimento da força produtiva.[6]

A divisão do trabalho aparece assim como consequência do desenvolvimento das forças produtivas, mas como uma consequência que, por sua vez, constitui o ponto de partida de um desenvolvimento ulterior, que surgiu imediatamente a partir dos pores teleológicos singulares dos homens singulares, porém que, uma vez existente, defronta-se com os homens singulares na forma de poder social, de fator importante de seu ser social, influenciando e até determinando este; tal poder assume em relação a eles um caráter autônomo de ser, embora tenha surgido dos seus próprios atos laborais. Temos em mente, quanto a isso, sobretudo dois complexos que diferenciam com nitidez a sociedade originalmente unitária: a divisão entre trabalho intelectual e trabalho braçal e a divisão entre cidade e campo, que, no entanto, ininterruptamente se entrecruzam com o surgimento de classes e antagonismos de classes.

---
[6] K. Marx [e F. Engels, *Die deutsche Ideologie*], MEGA, v. V, p. 537; MEW, v. 3, p. 540 [ed. bras.: *A ideologia alemã*, cit., p. 78].

O caminho até a primeira divisão está contido, em germe, já na mais primitiva divisão do trabalho: os pores teleológicos necessários assumem, como vimos, duas formas: pores que buscam realizar uma transformação de objetos da natureza (no sentido mais amplo possível da palavra, incluindo, portanto, também a força da natureza), visando realizar fins humanos, e pores que se propõem a exercer influência sobre a consciência de outros homens, visando levá-los a executar os pores desejados. Quanto mais se desenvolve o trabalho, e com ele a divisão do trabalho, tanto mais autônomas são as formas dos pores teleológicos do segundo tipo, tanto mais eles conseguem se desenvolver como complexo próprio da divisão do trabalho. Essa tendência do desenvolvimento da divisão do trabalho cruza, no plano social, necessariamente com o surgimento das classes; pores teleológicos dessa espécie podem ser colocados espontânea ou institucionalmente a serviço de uma dominação sobre aqueles que por ela são oprimidos, do que provém a tão frequente ligação entre o trabalho intelectual autonomizado e os sistemas de dominação de classe, embora seus primórdios sejam mais antigos, embora no decorrer da luta de classes, como já demarca o *Manifesto Comunista*, justamente uma parte dos representantes do trabalho intelectual se bandeia, com certa necessidade social, para o lado dos oprimidos rebelados*. Também não há como tratar aqui dessa questão. Apenas a mencionamos para mostrar que a reprodução social de fato se realiza, em última análise, nas ações dos homens singulares – a realidade do ser social se manifesta de modo imediato no homem –, mas essas ações a serem realizadas forçosamente se encaixam uma na outra para formar complexos de relações entre os homens, que, tendo surgido, possuem certa dinâmica própria, isto é, não só existem, se reproduzem e se tornam socialmente operativos independentemente da consciência dos homens singulares, mas também proporcionam impulsos mais ou menos, direta ou indiretamente, decisivos para as decisões alternativas. O contato entre tais complexos e a influência que exercem uns sobre os outros sempre devem ter, portanto, certa ambiguidade, mesmo que suas tendências principais dependam também das legalidades mais gerais da reprodução total da referida formação, de sua estrutura, do rumo do seu desenvolvimento, do seu nível de desenvolvimento etc. Em todo caso, surge na reprodução social, em função disso, uma diferenciação entre os ho-

---

* Cf. K. Marx e F. Engels, *Manifesto Comunista* (trad. Álvaro Pina, São Paulo, Boitempo, 1998), p. 49. (N. T.)

mens, para a qual, por seu turno, não se encontra qualquer tipo de analogia na esfera da vida. Justamente porque as circunstâncias decisivas que conferem conteúdo, forma e rumo às decisões alternativas dos homens são, em última análise, resultado de atividades humanas, surgem no âmbito do gênero humano diferenciações qualitativas muito amplas e profundas, de modo que às vezes tem-se a impressão de que sua unidade estaria em questão. Isso naturalmente não passa de aparência que o desenvolvimento histórico-social cedo ou tarde desmascara como tal. Contudo, sua mera existência como aparência socialmente operativa evidencia, uma vez mais, a diferença qualitativa entre ser social e ser biológico. Neste, não é possível haver uma cisão dessa espécie no âmbito de um mesmo gênero, ainda que seja apenas aparente; as diferenciações só podem surgir sobre uma base biológica, mas nesse caso o que surge são novos gêneros, que, no entanto, são tão mudos quanto aqueles anteriores à cisão ou mutação. Portanto, também em tais casos, o gênero humano se evidencia como uma categoria histórico-social em desenvolvimento – desigual e contraditória.

Algo similar se dá com a outra divisão do trabalho, a divisão entre cidade e campo, que, a partir de certo patamar, atravessou a história da humanidade. Os primórdios das povoações que mais tarde se converteriam em cidades surgem por razões de produção e de segurança. (Mais adiante, falaremos deste último ponto de vista, ou seja, da relação socioeconômica entre defesa, conquista etc. e produção.) Neste ponto, é preciso ressaltar sobretudo que a cidade constitui um complexo que surge de momentos muito complexos e heterogêneos entre si e cumpre funções sociais muito complexas, muitas vezes extraordinariamente heterogêneas. É impossível circunscrever, portanto, apenas com uma definição o que é uma cidade: as cidades do Oriente antigo, as da época da pólis, as da Idade Média, as dos diversos estágios do capitalismo etc. não podem ser simplesmente postas sob um denominador comum, a partir de um ponto de vista fixo. E, ainda assim, está claro que com o surgimento das primeiras cidades foi dado um passo importante para a socialização do ser social, o qual nunca mais pode ser desfeito, embora as funções políticas, econômicas, militares das cidades estivessem sujeitas a constante mudança, embora tenham ocorrido, por vezes, longos períodos de decadência das cidades. Igualmente rica em variações é a inter-relação entre cidade e campo, que provocou modificações que vão da economia ao costume no ser da população do campo desde e em virtude do surgimento das cidades. É óbvio que, desse modo, é intensificada a formação do ser social através de categorias predominantemente sociais. A cidade é de modo geral um complexo que não pode ter analogia com qualquer nível inferior do ser, pois nela até mesmo as mais simples funções vitais já aparecem socialmente mediadas, nela o vínculo com a natureza se encontra em processo de extinção. (Até mesmo um jardim ou um parque no interior da cidade são formações predominantemente sociais.)

O processo social de separação entre trabalho braçal e trabalho intelectual é intensificado ainda mais pela simples existência da cidade. Quanto mais a cidade se torna o centro da indústria, quanto mais a produção industrial de um país passa a preponderar quantitativa e qualitativamente sobre a produção agrícola, tanto mais todos os ramos do trabalho intelectual se concentram nas cidades, tanto mais o campo fica isolado, por longos períodos, dos progressos da cultura. Paralelamente a isso, o desenvolvimento mostra que o número de homens que põem a produção agrícola em movimento diminui constantemente em comparação com a população dedicada à atividade industrial, comercial etc., ou seja, à população essencialmente citadina. A humanidade se afasta, portanto, cada vez mais decididamente de sua situação inicial, quando o metabolismo imediato com a natureza que os circundava diretamente demandava o trabalho de todos os homens. Entre as diversas mediações que tomam o lugar dessa imediatidade original e que com o tempo se convertem em formações, instituições próprias, a cidade passa a ser um dos mais importantes complexos a tornar-se relativamente autônomo; isso se dá com maior intensidade à medida que ela despe o seu caráter de transição (a antiga cidade-Estado foi, por muito tempo, uma concentração de população ocupada essencialmente com a agricultura, e, em circunstâncias totalmente opostas, a cidade medieval também apresenta traços semelhantes), à medida que ela se converte, em cada um de seus aspectos, no verdadeiro polo oposto ao campo em termos sociais. Era preciso que esse desenvolvimento fosse pelo menos mencionado, porque mostra, a partir de outro lado, como o desenvolvimento socioeconômico, nos diversos âmbitos, de diversos modos, produz, num nível cada vez mais elevado, sempre e em toda parte a construção de cunho cada vez mais pura e exclusivamente social do ser social no processo da reprodução. Essa tendência de modo algum extrapola os limites do quadro geral já delineado por nós de muitas maneiras: trata-se igualmente de uma tendência desigual e contraditória, pelo fato de que, também nela, progressos decisivos no âmbito da estrutura objetiva total ganham expressão simultaneamente com os modos fenomênicos sociais e inseparavelmente deles, nos quais a necessária e típica reação humana à tendência principal se encontra em oposição mais ou menos brusca em relação a esta. Nesse caso também tem vigência um antagonismo entre o progresso econômico objetivo e seus modos de manifestação culturais e psíquicos. Por essa razão, o jovem Marx já diz sobre o antagonismo entre cidade e campo:

> É a expressão mais crassa da subsunção do indivíduo à divisão do trabalho, a uma atividade determinada, a ele imposta – uma subsunção que transforma uns em limitados animais urbanos, outros em limitados animais rurais e que diariamente reproduz a oposição entre os interesses de ambos.[7]

Naturalmente, essa constatação se refere sobretudo aos tipos do comportamento geral; é igualmente natural que haja, em todos os níveis, superações humanas dessas deformações – diferentes dependendo do lugar, da época etc. –, que, no entanto, obviamente nunca são simplesmente singulares, mas tendências de solução que a respectiva situação social concreta abre aos homens. Êxito ou fracasso são atos, comportamentos, que se dão nos homens singulares; as determinações sociais que os produzem, sem prejuízo para a sua objetividade social, só podem ganhar expressão nessas formas singulares, isto é, só no *medium* da individualidade real.

Com todas essas formas do desdobramento da divisão do trabalho cruza-se sua forma histórica mais importante, a da diferenciação das classes. Já apontamos para o fato de que sua origem reside no valor de uso específico, gradativamente surgido, da força de trabalho, capaz de produzir mais do que o necessário para a sua reprodução. Ora, é o desenvolvimento da produção, de suas formas e limitações específicas, que determina o tipo da diferenciação de classe, da função social e da perspectiva das classes, o que ocorre, todavia, na forma de uma interação, porque o tipo da constituição das classes, sua relação recíproca, retroage decisivamente sobre a produção (limitações da produção da economia escravista). Mas, por mais que as classes formem complexos sociais singulares, determinados em termos economicamente objetivos, esses complexos só podem existir em referência recíproca, como determinações de reflexão,

---

[7] K. Marx e F. Engels, [*Die deutsche Ideologie*,] MEGA, v. V, p. 39-40; MEW, v. 3, p. 50 [ed. bras.: *A ideologia alemã*, cit., p. 52].

mais exatamente, enquanto determinações em que a consciência dessas relações de reflexão desempenha um papel determinado, às vezes decisivo. Marx diz: "este homem é rei porque outros homens se relacionam com ele como súditos. Inversamente, estes creem ser súditos porque ele é rei"[8]. Enquanto nessa passagem esse fato é expresso com uma ponta de ironia, há diversos outros ditos de Marx nos quais fica claro que ele considera o tornar-se consciente da condição de classe como determinação decisiva, se não chega a ser para o ser-aí, mas certamente para o ser-assim da relação de classe. É o que consta em *A miséria da filosofia*: "As condições econômicas tinham a princípio transformado a massa da população do país em trabalhadores. A dominação do capital criou para essa massa uma situação comum, interesses comuns. Assim essa massa já é uma classe diante do capital, mas não o é ainda para si mesma. Na luta [...], essa massa se reúne, se constitui em classe para si mesma"[9]. Em *O 18 de brumário*, esse caráter consciente aparece praticamente como critério do ser da classe; nesse texto, Marx diz sobre o campesinato:

> Milhões de famílias existindo sob as mesmas condições econômicas que separam o seu modo de vida, os seus interesses e a sua cultura do modo de vida, dos interesses e da cultura das demais classes, contrapondo-se a elas como inimigas, formam uma classe. Mas na medida em que existe um vínculo apenas local entre os parceleiros, na medida em que a identidade dos seus interesses não gera entre eles nenhum fator comum, nenhuma união nacional e nenhuma organização política, eles não constituem classe nenhuma.[10]

Naturalmente, suas intenções seriam totalmente mal compreendidas se, a partir desse caso limítrofe, que recebeu essa formulação extrema sobretudo a partir do ponto de vista político e não do socioeconômico, não do ontológico, fôssemos concluir que o ser da classe é algo vinculado à conscientização. A formulação anterior do problema como para-si, que se desenvolve a partir do em-si, indica a proporção que de fato se tem em mente: o ente objetivo da

---

[8] K. Marx, *Das Kapital*, cit., v. I, p. 24, nota; MEW, v. 23, p. 92, nota [ed. bras.: *O capital*, Livro I, cit., p. 134, nota].
[9] Idem, *Das Elend der Philosophie*, p. 162; MEW, v. 2 [4], p. 180 [ed. bras.: *A miséria da filosofia*, trad. Paulo Roberto Banhara, São Paulo, Escala, 2007, p. 154].
[10] Idem, *Der achtzehnte Brumaire [des Louis Bonaparte]*, p. 117; MEW, v. 8, p. 189 [ed. bras.: *O 18 de brumário de Luís Bonaparte*, trad. Nélio Schneider, São Paulo, Boitempo, 2011, p. 142-3].

classe origina-se das relações de produção concretas, da estrutura da referida formação. O fato de a conscientização ser capaz de exercer uma função objetivamente modificadora no ser social da classe só pode causar surpresa naqueles que, em correspondência a certas tradições marxistas vulgares, veem uma infraestrutura "puramente objetiva" e uma superestrutura tão "puramente subjetiva" como concepção marxista de sociedade; como o próximo capítulo será dedicado fundamentalmente a esse complexo de questões, não podemos nem devemos entrar em detalhes sobre ele aqui.

Neste ponto, apenas um aspecto do problema precisa ser analisado um pouco mais detidamente, a saber, o que anteriormente, acompanhando Marx, encaramos como relação de reflexão no ser da classe. Do ponto de vista da ontologia do ser social isso significa, num primeiro momento: – que cada classe enquanto complexo social só pode existir em certa sociedade; – que, por essa razão, a sua existência relativamente autônoma comporta uma relacionalidade irrevogável com essa sociedade em sua totalidade e com as demais classes da mesma sociedade; – que uma classe só existe socialmente em interação prática com as demais classes da formação em que se encontra. Não pode haver nada mais falso, portanto, do que considerar relações de classe bem determinadas isoladas dessa posição que ocupam na respectiva totalidade. A escravidão é, por exemplo, a forma dominante de classes da Antiguidade; seus resquícios no início da Idade Média constituem um episódio sem consequências; a escravização dos negros na América, em contrapartida, é um componente do capitalismo em formação, apesar da sua natureza manifestamente anacrônica e monstruosa[11]. A consequência disso é que a relação de reflexão, por um lado, pressupõe a totalidade daquela sociedade em que as diversas classes se encontram em relações de reflexão umas com as outras e, por outro lado, que a relação de reflexão é uma relação prática, a síntese, a legalidade etc. daquelas ações do tipo social, que decorrem da existência da classe para homens envolvidos. Marx expressa isso de maneira muito clara quando, diante do idealismo de Bruno Bauer, cita o lema do jornal de Loustalot* da época da Revolução Francesa: *"Les grands ne nous paraissent grands/ Que parce que nous sommes à genoux/ Levons nous!"* [Os grandes só nos pa-

---
[11] Idem, *Das Elend der Philosophie*, p. 93-4; MEW, v. 4, p. 180s [ed. bras.: *A miséria da filosofia*, cit., p. 101s].
* Trata-se do semanário *Révolutions de Paris*, publicado de 1789 a 1794 por Elisée Loustalot (não Loustalet, como está no original), que trazia esse lema no cabeçalho. (N. T.)

recem grandes porque estamos de joelhos. Levantemo-nos!]. E ele comenta essa frase da seguinte maneira: "Mas para levantar-se não basta levantar-se em *pensamento*, deixando que sobre a cabeça *real* e *sensível* permaneça flutuando o jugo *real* e *sensível*, que nós não logramos fazer desaparecer por encanto através das ideias"[12]. Dos posicionamentos de Marx anteriormente citados depreende-se claramente que, ao enfatizar desse modo a realidade, ao rejeitar a relevância para a realidade de sua transformação meramente ideal, de modo algum sustenta uma irrelevância do ideal em termos gerais. Ele apenas rejeita, também nesse ponto, como igualmente errôneas para o ser social, as alternativas abstratamente falsas do materialismo mecanicista (a realidade cumpre o seu trajeto prescrito por lei, de modo totalmente independente daquilo que se dá na consciência dos homens) e do idealismo filosófico (é o pensamento humano que determina, modifica etc. o ser) e investiga sempre de modo concreto a posição ontológica do pensamento nas conexões do ser, das relações do ser, das mutações do ser etc. que ocorrem no âmbito do ser social. Trata-se também aqui da constelação há muito já constatada por nós: o movimento do ser social consiste, em última análise, da atuação conjunta de decisões alternativas singulares que se tornaram realidade. Estas precisam ser, por um lado, decisões reais, que se convertem imediata ou mediatamente em ações reais; por outro lado, as consequências materiais de tais decisões, tanto nos casos singulares quanto nas sínteses totais, geralmente resultam bem diferentes daquilo que os indivíduos – ainda que se trate de muitos indivíduos – imaginaram, visaram. Uma análise pormenorizada dos problemas que emergem daqui só será possível no próximo capítulo.

Justamente as lutas de classe na sociedade foram usadas com maior frequência para interpretar o ser social como um tipo de ser natural. Não abordaremos aqui as intenções geralmente reacionárias associadas a tais teorias, embora sua repetição obstinada até mesmo em períodos em que nem mesmo a aparência lhes confere alguma plausibilidade aponte claramente para o seu interesse em ignorar conexões verdadeiras e para fontes sociais dessa espécie. Ao falar da aparência, tínhamos em mente o ser de classe de sociedades mais antigas, nas quais ele surgia através do ato natural do nascimento (castas, estamentos), embora também nesses casos a pertença do

---

[12] K. Marx [e F. Engels, *Die heilige Familie oder Kritik der kritischen Kritik*], MEGA, v. III, p. 254; MEW, v. 2, p. 87 [ed. bras.: *A sagrada família*, trad. Marcelo Backes, São Paulo, Boitempo, 2003, p. 100].

respectivo indivíduo a uma determinada camada social tenha ocorrido através de um acaso não social e a própria organização social, por exemplo em castas, estamentos etc., tenha sido o produto de um desenvolvimento socioeconômico. Falamos de acaso, porque a subsunção social do indivíduo sob as leis gerais do desenvolvimento social necessariamente tem, da perspectiva do indivíduo, um caráter irrevogavelmente casual. Porém, mesmo quando essa aparência já tiver desaparecido por completo, como no capitalismo, essas teorias da reconversão ideal do social no natural emergem repetidamente, por exemplo no assim chamado darwinismo social, que se empenhou em provar que a luta pela existência é uma lei comum da natureza e da sociedade. Todas essas teorias ignoram que, na luta propriamente dita pela existência, o que está em jogo de modo imediato e real é vida ou morte no sentido biológico, é matar e devorar ou morrer de fome, ao passo que todas as lutas de classe na sociedade giram em torno da apropriação daquele mais-trabalho que compõe o valor específico de uso da força de trabalho humana. (Matar na guerra, a não ser que ocorra por razões canibalescas, nada tem a ver com a luta pela existência na natureza. Como veremos mais adiante, a própria guerra é um fenômeno decorrente – que às vezes se torna relativamente autônomo – da reprodução socioeconômica recém-indicada.) Esse estado de coias se aplica até mesmo à mais cruel das formas de escravidão; o mínimo de possibilidades concedidas ao escravo para reprodução da sua própria vida, diante do aumento extremo do resultado extorquido do seu trabalho, nada mais representa além do fato de que essa participação no mais-trabalho dos escravos foi exacerbada a um ponto que restringiu fortemente uma reprodução média da vida do escravo; seu caráter socioeconômico evidencia-se no fato de que esse tipo de produção só foi possível graças a um fornecimento quase irrestrito de escravos e com a redução deste necessariamente se extinguiu. (Desenvolvimento na fase tardia do império romano.) Em contrapartida, por exemplo, a economia da fase inicial do capitalismo mostrou que, havendo uma oferta de trabalhadores aparentemente inesgotável, essa intensificação da exploração também podia ser aplicada aos assim chamados homens "livres".

Abstraindo de tais teorias incorretas – não importando se surgiram *bona fide* ou *mala fide* –, o desenvolvimento das classes e de sua relação recíproca mostra a mesma tendência que pudemos observar em outros complexos sociais: o caráter cada vez mais social do ser e de suas relações. Desde o

Iluminismo e especialmente desde Hegel, esse desenvolvimento costuma ser descrito como um desenvolvimento em direção à liberdade. O problema da liberdade é demasiado multifacetado e ambíguo em termos sociais para que possa ser tratado no atual patamar de nossa análise. Na medida em que essa questão pode ser explicitada neste momento, ou seja, em termos gerais e puramente ontológicos, ela se manifesta da seguinte forma: na mesma proporção em que as leis econômicas gerais ganham expressão cada vez mais clara e inequívoca – portanto, com o afastamento da barreira natural –, a posição dos indivíduos singulares na sociedade está cada vez mais manifestamente sujeita ao acaso. Essa relação do caso singular com a lei geral é um fato ontológico universal. Na maioria das vezes, todavia, costuma-se passar por ele sem lhe dar atenção, porque o destino casual, por exemplo, da molécula singular não interessa a ninguém; só o que desperta o interesse do conhecimento é o modo pelo qual a lei geral se impõe. Ora, essa relação entre lei geral e caso singular é válida em toda parte, também em termos sociais. Quando, por exemplo, segundo Marx, na crise econômica, a unidade da produção capitalista e suas proporções corretas são impostas com violência[13], isso significa concretamente que o valor de troca da posse de X ou Y é desvalorizado e ele próprio é aniquilado desse modo. Porém, é possível suprimir o acaso de que Müller ou Schulze venham a sofrer o destino desse X? Acreditamos que não. E parece-nos que, quanto mais pura e explicitada se tornar a socialidade do processo de reprodução, tanto mais nua e crua a casualidade se apresenta. Isso, sem dúvida, faz surgir uma aparência de liberdade, que é mera aparência, na medida em que, com a crescente socialização do ser social, o indivíduo é submetido a conexões, relações factuais [*sachlich*] etc. cada vez mais numerosas[14]. Ulteriores consequências desse estado de coisas têm de ser deixadas para exposições posteriores.

Mas, independentemente de como essa questão da liberdade é resolvida, o acaso que aqui serve de ponto de partida necessita de certa concreção. Nas observações recém-feitas, trata-se de dois tipos objetivamente heterogêneos de casualidade. O primeiro origina-se do fato de que a relação entre o nascimento de um homem no sentido biológico e a condição social que medeia esse nascimento só pode ser uma relação casual. Com isso, todavia, não se

---

[13] K. Marx, *Theorien über den Mehrwert*, p. 268 e 274; MEW, v. 26/2, p. 501.
[14] K. Marx [e F. Engels], *Die deutsche Ideologie*, MEGA, v. V, p. 65-6; MEW, v. 3, p. 76s [ed. bras.: *A ideologia alemã*, cit., p. 65].

está negando uma legalidade da hereditariedade, sobre a qual ainda muito pouco sabemos; contudo, essa não atinge o tipo de casualidade que temos em mente aqui. A casualidade na relação entre lei geral e seu objeto singular possui, como já foi mostrado, um caráter bem diferente no âmbito do ser social, onde o simples singular da natureza inorgânica evolui a sujeito singular, que é capacitado e forçado a pores teleológicos. Estes naturalmente não são capazes de modificar a universalidade da lei nem seus efeitos genericamente casuais – do ponto de vista do homem singular envolvido –, mas eles criam para o indivíduo um campo de ação dinâmico que pode modificar até certo grau os efeitos da lei geral sobre ele. Com efeito, é óbvio que, no caso dos efeitos da crise já descritos, o comportamento econômico dos indivíduos não é indiferente para eles próprios; seu modo de agir pode levá-los a contornar as consequências catastróficas ou, pelo contrário, levá-los para o epicentro da catástrofe. É claro que, na apreciação desse campo de ação, é preciso levar em conta que, para o autor dos pores teleológicos, jamais estarão visíveis todas as consequências destes; isso apenas restringe o campo de ação, mas não o suprime inteiramente.

Acreditamos que não seja inútil apontar para tais casualidades, que constituem dados irrevogáveis da vida do indivíduo humano, pois desse modo se evidencia quão pouco as leis gerais da economia, que determinam conteúdo, forma, tendência, ritmo etc. da reprodução, possuem um caráter mecanicamente geral quando se tornam realidade concreta. Mas é igualmente importante reconhecer que o sem-número de margens de manobra do acaso perfaz, em suas repercussões reais, uma parte relevante da vida social dos homens. Para que se entenda a estrutura dinâmica assim surgida, é necessário compreender corretamente o papel e o significado tanto do acaso quanto da necessidade em seu denso entrelaçamento. O fato de parecer surgir certa polarização, em que a sociedade em sua integralidade mostra diretamente um predomínio da lei, da necessidade, ao passo que a vida dos indivíduos mostra o predomínio das casualidades de cunho particular, não deve induzir a uma polaridade exageradamente racionalizada. O entrelaçamento mútuo de lei e acaso é, antes, uma constituição contínua e constante tanto do todo como de suas partes constitutivas. Nossas análises posteriores mostrarão que das inter--relações de complexos, ao mesmo tempo legais e casuais, dentro do complexo total do ser social virá à tona, nos dois polos, tanto no dos homens singulares como no da totalidade da sociedade, o seu ser-propriamente-assim como categoria ontológica definidora última. Aqui só é possível anunciar declarativamente esse ponto de chegada de nossas análises, porque essa categoria só poderá adquirir o seu autêntico caráter de ser sintético abrangendo em si mesma as determinações mais variadas possíveis e praticamente só tem a palavra designadora em comum com o ser-propriamente-assim empirista posto simultaneamente como começo e fim. A única razão de mencionarmos essa conclusão aqui é fazer com que a conjunção indissolúvel reiteradamente enfatizada de categorias fundamentalmente antagônicas e heterogêneas perca algo do seu caráter paradoxal.

A complexidade do ser social de modo algum equivale à falta de estruturação, só que esta não pode ser entendida à maneira filosófica que se tornou convencional. Na medida em que a filosofia empreendeu a criação de sistemas, estes sempre foram – se encarados diretamente – ordenações depuradas, homogeneizadas, de tipo estático ou dinâmico, usualmente regidas por uma hierarquia bem delimitada. Essa ordem rigorosa contradiz a si mesma na maioria dos casos pelo fato de os princípios ordenadores surgirem – muitas vezes de modo inconsciente ou não totalmente consciente – a partir de homogeneizações de princípios heterogêneos. Na exposição referente a Hegel, procuramos mostrar que os princípios lógicos da construção se cruzam e mesclam ininterruptamente com princípios ontológicos, que essa heterogeneidade falsamente homogeneizada muitas vezes prende aquilo que foi apreendido corretamente no plano ontológico dentro da camisa de força de uma hierarquia logicista e, desse modo, estranha a si mesma. Tais deformações das próprias intenções naturalmente poderiam ser demonstradas em relação a todas as filosofias. Nossas análises tomam seu ponto de partida e seu método do espelhamento conceitual ontológico marxista da realidade, de cunho materialista e dialético. O materialismo na ontologia significa não só que ela é purificada do turvamento provocado por categorias lógicas e gnosiológicas, mas também e sobretudo que ocorre a separação inequívoca de pontos de vista ontológicos e pontos de vista axiológicos. A velha ontologia, que ou tentou substituir filosoficamente uma religião em decadência, como no caso da ontologia da Antiguidade tardia, ou foi desenvolvida diretamente a partir de pressupostos teológicos, como no caso da ontologia da escolástica, cria necessariamente uma gradação hierárquica das formas do ser, na qual o Ser supremo (Deus), enquanto o mais autêntico dos seres, forçosamente constitui o ápice da hierarquia universal; pense-se na vinculação de ser e perfeição na prova ontológica da existência de Deus. Naturalmente a ontologia materialista também deve reconhecer níveis do ser, em conformidade com a essência da realidade. Porém, as características e os critérios de tal gradação devem ser extraídos, nesse caso, exclusivamente da caracterização do ser enquanto ser. Isso quer dizer, primeiramente, que se deve perguntar: qual nível do ser pode possuir um ser sem o outro e qual nível pressupõe – no plano ontológico – o ser do outro nível? Se as perguntas forem formuladas nesses termos, as respostas poderão ser clara e facilmente verificadas: a natureza inorgânica não pressupõe qualquer ser biológico ou social. Ela pode existir de modo totalmente autônomo, enquanto o ser biológico pressupõe uma constituição especial do inorgânico e, sem a interação ininterrupta com ele, não é capaz de reproduzir o seu próprio ser nem por um instante. Do mesmo modo, o ser social pressupõe natureza orgânica e inorgânica e, se não tiver essas duas como fundamento, não lhe é possível desenvolver as suas próprias categorias, distintas daquelas. A partir de tudo isso, torna-se possível uma ordenação dos níveis do ser sem pontos de vista valorativos, sem confundir com estes a questão da prioridade ontológica, da independência e dependência ontológicas.

Em segundo lugar, numa investigação puramente ontológica como esta, a dependência de uma esfera do ser em relação a outra está baseada no fato de que, na esfera dependente, aparecem categorias qualitativamente novas perante a esfera que lhe serve de fundamento. Essas novas categorias jamais conseguirão suprimir totalmente aquelas que predominam na base do seu ser. De suas inter-relações surgem, muito antes, transformações que preservam as conexões legais do ser que funda a nova esfera do ser, inserindo-as, contudo, em novas conexões, fazendo com que, dependendo das circunstâncias, novas determinações se tornem atuais nelas, sem que – obviamente – tenham condições de transformar a essência dessas legalidades. As novas categorias, leis etc. da esfera dependente do ser manifestam-se como novas e autônomas diante da esfera fundante, mas, exatamente em sua novidade e autonomia, pressupõem estas constantemente como fundamento do seu ser. Disso decorre, em terceiro lugar, algo de que já se falou muitas vezes em outros contextos, isto é, que a explicitação da peculiaridade categorial de uma esfera dependente nunca fica pronta e completa de uma só vez, mas constitui, ela própria, o resultado de um processo histórico, no qual a constante reprodução da nova forma do ser produz as categorias, as leis etc. especificamente características dela, de modo cada vez mais desenvolvido, autossuficiente – relativamente –, dependente só de si mesma em suas conexões[15]. Como suas forças motrizes estabelecem interações altamente complicadas dentro de complexos e entre complexos, como não é só dentro de cada nova esfera do ser que as tendências heterogêneas influenciam umas às outras, mas também as relações do ser fundante com o ser que constrói sobre ele revelam interações de tendências heterogêneas, esses processos históricos necessariamente devem ter um caráter contraditório e desigual.

Contudo, considerando-se períodos suficientemente longos de tal desenvolvimento, observam-se tendências legais de desenvolvimento em princípio claramente constatáveis. Na filosofia, repetidamente grandes obstáculos se interpõem ao seu conhecimento correto. Sobretudo porque, como já mostramos, a necessidade, a tendência, o ritmo etc. de tais tendências podem ser conhecidos apenas *post festum*. Porém, quando não se procura, seguindo a sugestão de Marx, na anatomia do homem a chave para a anatomia do macaco, a falsa inferência de conceber o próprio processo como direcionado teleologicamente para o que vem depois parece lógica e gnosiologicamente plausível. Nos próprios processos, contudo, não se descobre nenhum tipo de força motriz teleológica. Em cada etapa singular, na transição para a outra, só o que se consegue constatar são nexos causais e interações que consistem nesses nexos. Até mesmo no âmbito do ser social, onde o caráter teleológico dos pores singulares efetuados pelos homens está indubitavelmente estabelecido, os seus efeitos posteriores, a ação conjunta de muitos desses pores singulares e suas interações reais possuem sempre um caráter puramente causal. De fato, a essência desses pores teleológicos consiste, como vimos ao tratar do trabalho, justamente em pôr em movimento cadeias causais, cujas consequências – causalmente determinadas – de muitas formas vão além do que está contido no próprio pôr teleológico. Portanto, jamais se pode assumir uma teleologia

---

[15] Falamos aqui desse processo histórico das esferas do ser somente em relação às esferas dependentes, ou seja, à natureza orgânica e à sociedade, porque a ciência até agora só conseguiu comprovar como fato indubitável um desenvolvimento histórico nessas esferas. Até sabemos que complexos individuais da natureza inorgânica também têm sua história; é o caso da nossa Terra, cujas etapas importantes a geologia já pôs a descoberto de muitas maneiras. Porém, até hoje ainda não há como expor concretamente, em termos científicos, em que medida a historicidade pode ser comprovada e demonstrada com precisão para a totalidade da natureza inorgânica. Espera-se que a aplicação consequente da física atômica à astronomia possa ampliar e aprofundar o nosso saber também nesse aspecto. Em todo caso, Marx não admitiu limites para a universalidade da historicidade enquanto princípio ontológico. "Conhecemos uma única ciência, a ciência da história", K. Marx e F. Engels, *Die deutsche Ideologie*, MEGA, v. V, p. 567; MEW, v. 3, p. 18 [ed. bras.: *A ideologia alemã*, cit., p. 86, nota d].

realmente eficaz nas tendências de orientação evolutiva de tais movimentos, nem no âmbito do ser social nem na natureza orgânica. O rumo dos processos reprodutivos constatável *post festum* pode facilmente induzir à aceitação de uma teleologia; o pensar correto, porém, deve resistir resolutamente a essa sedução. Mesmo que não estejamos nem perto de ter adquirido conhecimento suficiente sobre as legalidades concretas vigentes nesses processos, está indubitavelmente estabelecido o fato de tal tendência de desenvolvimento nos dois níveis do ser: aquilo que expusemos reiteradamente como o afastamento da barreira natural no âmbito do ser social, o constante fortalecimento tanto quantitativo como qualitativo das forças, relações, categorias, leis etc. especificamente sociais, mostra-se como o processo, no qual as determinações do ser social vão se tornando cada vez mais puramente sociais, vão se despojando cada vez mais decididamente de sua vinculação com determinações naturais. Um processo semelhante evidencia-se também na natureza orgânica no fato de que as determinações biológicas vão se tornando cada vez mais puramente, mais especificamente biológicas. É claro que a semelhança se restringe a essa orientação geral do movimento; as determinações singulares, suas relações, suas tendências de crescimento já não possuem mais qualquer semelhança.

De fato é possível apreender intelectivamente tais processos também em termos valorativos. Contudo, de imediato fica evidente que o ponto de vista valorativo não se origina da essência da coisa, que ele foi escolhido de modo arbitrário puramente intelectivo e que foi aplicado de fora a um material heterogêneo, razão pela qual muitas vezes ocorreu e ainda hoje ocorre na história do pensamento que ao natural são atribuídos predicados de valor e o tornar-se social da sociedade é avaliado negativamente. Em contraposição, se examinarmos tais processos em termos puramente ontológicos, isto é, como tendências internas de desenvolvimento de um tipo de ser, é possível acercar-se essencialmente do ser-propriamente-assim do ser social em seu espelhamento intelectivo. E o ponto de vista puramente ontológico evidencia-se também nesse ponto como criticamente fundado, em contraposição à arbitrariedade da valoração acima mencionada. Com efeito, na análise ontológica do trabalho, já tivemos ocasião de constatar que, no âmbito do ser social, o valor possui um sentido unitário que se origina no ser, que nesse âmbito ele constitui um tipo de comportamento prático a ser inevitavelmente efetivado, o qual brota necessariamente das determinações específicas do ser social e é indispensável para seu funcionamento específico, mas que, tanto perante a natureza inorgânica como perante a natureza orgânica, ele necessariamente permanece um pôr meramente subjetivo e, por isso, irremediavelmente arbitrário. Naturalmente, a situação muda imediatamente assim que o tema passa a ser não mais a natureza em si, mas o metabolismo da sociedade com a natureza. O próprio trabalho, assim como todas as formas sociais mais complexas da práxis, efetua os pores teleológicos objetivamente necessários também naqueles objetos naturais que fazem parte do circuito desse metabolismo, e deles se originam com necessidade ontológica valores e valorações. Quando Marx, por exemplo, em conexão com a questão do dinheiro, fala de ouro e prata, ele diz: "Ouro e prata por natureza não são dinheiro, mas dinheiro é, por natureza, ouro e prata". Antes disso, são expostos os critérios fáticos [*sachlichen*] determinados pela economia que tornam um objeto natural apropriado para funcionar economicamente como dinheiro, ou seja, a "uniformidade da qualidade", a propriedade de "abranger um tempo de trabalho relativamente grande [...] numa dimensão pequena" etc. Como as qualidades naturais do ouro e da prata correspondem a esses critérios, o dinheiro é "por natureza ouro e prata". Marx também mostra como, a partir desse metabolismo da sociedade com a natureza, igualmente pode ser derivada a valoração estética de ouro e prata[16].

É com esse método que se deve empreender também ontologicamente a análise da estrutura interna do ser social. Isto é, deve-se investigar que categoria ou então que complexo de categorias possui prioridade ontológica em relação às demais, que categoria pode existir sem as demais e, em contraposição, o ser de qual delas pressupõe ontologicamente o ser das demais. Ora, se passarmos a examinar o ser social nesse sentido puramente ontológico, logo se impõe a percepção de que, sem reprodução biológica dos homens, nenhum ser social é possível. Esse ponto de conexão entre a natureza orgânica e o ser social constitui concomitantemente a base ontológica de todas as categorias mais complexas e mais mediatas desse nível do ser. Por um período infinitamente longo, os homens ainda se reproduziram predominantemente de modo meramente biológico, sem terem produzido nesse processo de reprodução as formas de objetividade propriamente sociais. Em compensação, é simplesmente inimaginável pensar essas formas como existentes sem assumir a reprodução biológica dos homens como fundamento do seu ser. É preciso, portanto, atribuir a esse momento do ser a

---

[16] K. Marx, *Zur Kritik der politischen Ökonomie*, p. 156-7 e 159; MEW, v. 13, p. 128-32 [ed. bras.: *Contribuição à crítica da economia política*, trad. Florestan Fernandes, 2. ed., São Paulo, Expressão Popular, 2008, p. 194-9].

prioridade ontológica com relação ao outro, do mesmo modo que, num estágio superior do desenvolvimento, o valor de uso (o objeto natural, elaborado economicamente, em termos de trabalho) possui uma prioridade ontológica com relação ao valor de troca; uma vez mais, a existência, o funcionamento do valor de uso é possível sem troca, isto é, sem valor de troca, e foi realidade durante longos períodos, enquanto um valor de troca não é capaz de existir sem valor de uso.

Essa prioridade ontológica da reprodução biológica da vida humana possui justamente por isso uma prioridade – igualmente ontológica – com relação a toda outra atividade humana, a toda outra práxis. O trabalho, no qual, como mostramos, a peculiaridade ontológica do ser social primeiro ganha expressão, obviamente está a serviço imediato dessa reprodução em primeiro lugar e por períodos bastante longos. Esta, porém, é simultaneamente a gênese ontológica do ser social, na qual todos os momentos da reprodução biológica da vida humana adquirem cada vez mais um caráter social, dando origem a determinações que – justamente em conformidade com o ser – não possuem mais quaisquer analogias com a reprodução biológica da vida (comida cozida, vestuário etc.), e, por outro lado, em consequência da dialética do trabalho requerido para isso, da divisão do trabalho etc., inserem também no processo de reprodução aquelas atividades que têm uma conexão apenas remotamente mediada com a reprodução biológica, que já possuem uma constituição social cada vez mais pura (linguagem, troca etc.). Por essa razão, quando Marx comprova a prioridade da economia, metodologicamente decisiva para o materialismo histórico, ele parte desse fato ontológico fundamental:

> Em relação aos alemães, que se consideram isentos de pressupostos [*Voraussetzungslosen*], devemos começar por constatar o primeiro pressuposto de toda a existência humana e também, portanto, de toda a história, a saber, o pressuposto de que os homens têm de estar em condições de viver para poder "fazer história". Mas, para viver, precisa-se, antes de tudo, de comida, bebida, moradia, vestimenta e algumas coisas mais. O primeiro ato histórico é, pois, a produção dos meios para a satisfação dessas necessidades, a produção da própria vida material, e este é, sem dúvida, um ato histórico, uma condição fundamental de toda a história, que ainda hoje, assim como há milênios, tem de ser cumprida diariamente, a cada hora, simplesmente para manter os homens vivos.[17]

---

[17] K. Marx [e F. Engels, *Die deutsche Ideologie*], MEGA, v. V, p. 17; MEW, v. 3, p. 28 [ed. bras.: *A ideologia alemã*, cit., p. 32-3].

Não há necessidade de uma longa explicação para mostrar que aqui se trata de uma dedução ontológica e não de uma dedução gnosiológica, lógica ou mesmo teórico-científica. A prioridade ontológica da reprodução biológica do homem como ponto de partida de sua atividade econômica, esta como o fundamento ontológico-genético de suas atividades que dali por diante vão se tornando cada vez mais puramente sociais: este é o fundamento ontológico que une indissoluvelmente o materialismo dialético, a filosofia geral do marxismo, com sua teoria do desenvolvimento histórico-social, com o materialismo histórico; isso só torna esse volume mais sólido e bem fundamentado, porque, como já mostramos, a própria historicidade também é um princípio fundamentalmente ontológico da concepção de mundo do marxismo. Se com razão pusermos em segundo plano todos os demais princípios cognoscitivos com relação à resolução dessa questão do ser, essas conexões evidenciarão, por um lado, a prioridade ontológica do ser e, por outro, igualmente proporcionarão um fundamento ontológico claramente apreensível para o desenvolvimento histórico das atividades humanas mais complexas, à primeira vista totalmente independentes da atividade econômica. Assim, o materialismo histórico só adquire a sua necessidade interna, a sua fundamentação cientificamente sólida, com base numa ontologia materialista dialética[18].

Porém, a abordagem não ontológica de uma questão eminentemente ontológica tem como consequência ainda outras confusões filosóficas. A orientação gnosiológica do método forçosamente leva – proporcionalmente à influência que tiver de Kant – a uma mistura inadmissível das problemáticas do ser e do valor. Nesse processo, é interessante observar que, embora o próprio Kant rejeitasse rispidamente a lógica da prova ontológica da existência de

---

[18] Os teóricos da Segunda Internacional analisaram todas essas questões – sob a influência do kantismo e do positivismo – em termos puramente gnosiológicos. Assim, fizeram com que o materialismo histórico se cristalizasse dogmaticamente ou se dissolvesse em idealismo. Lenin é o primeiro a retomar o movimento rumo a uma compreensão correta da concepção marxiana. Mas, embora sempre tome como ponto de partida, no tratamento objetivo do tema, uma ontologia dialético-materialista e direcione para esta suas intenções, em sua expressão linguística nem sempre consegue se libertar das formas gnosiológicas; por isso, sua restauração da ontologia marxiana muitas vezes foi mal interpretada. Em parte surgiu, no período stalinista, um novo dogmatismo, em parte as oposições ao dogmatismo não encontraram o caminho até a ontologia marxiana autêntica e tentaram fundamentar filosoficamente o materialismo histórico independentemente da imagem de mundo dialética, independentemente de uma imagem de mundo dialético-materialista de cunho ontológico. Por essa razão, tais esforços estavam condenados ao fracasso; é o caso dos meus em *História e consciência de classe* (GLW, v. 2) e dos de Sartre em *Critique de la raison dialectique* [*Crítica da razão dialética*].

Deus, em seus seguidores começou a tomar forma cada vez mais nitidamente uma convergência entre prioridade ontológica e escala de valor. E isso em dupla direção: aqueles que, a despeito de todas as diluições gnosiológicas do método marxiano, queriam permanecer fiéis ao materialismo histórico e não renunciar à prioridade do econômico na vida social conferiram à prioridade ontológica do econômico uma ênfase de valor, trataram toda a superestrutura e especialmente toda a dimensão ideológica com certo desprezo filosófico, às vezes com um acento nem sempre consciente, dando a entender que se trata aí de um mero epifenômeno perante a economia, que seria a única coisa efetiva e importante; em contraposição, aqueles que adotaram a ênfase de valor como tendência predominante puseram as leis sociais, por essas mesmas razões, desdenhosamente de lado, muitas vezes de modo igualmente não consciente, e converteram o desenvolvimento ontologicamente fundamentado em Marx numa espécie de desenvolvimento axiológico, sendo que, do nosso ponto de vista, é indiferente se o modelo adotado para isso foi o progresso infinito de Kant ou alguma filosofia da história ao estilo de Hegel. É interessante observar que as duas tendências filosóficas que defendem tal deformação do método marxiano podem ser encontradas tanto entre os que têm uma posição política de esquerda como entre os de direita.

O próprio Marx, em contraposição, estipula uma diferenciação muito precisa entre ser e valor, e de nossas exposições anteriores se depreende com clareza que ele nunca contrasta ambos em termos meramente gnosiológicos, como fazem os kantianos com o ser e o dever, mas confere ao valor, ao pôr do valor e à realização do valor o devido lugar na ontologia do ser social. Isso é fácil de perceber se recordarmos uma vez mais o seu famoso e decisivo enunciado sobre o reino da necessidade e o reino da liberdade. Marx diz o seguinte a esse respeito:

> Assim como o selvagem tem de lutar com a natureza para satisfazer suas necessidades, para manter e reproduzir sua vida, assim também o civilizado tem de fazê-lo, e tem de fazê-lo em todas as formas de sociedade e sob todos os modos de produção possíveis. Com seu desenvolvimento, amplia-se esse reino da necessidade natural, pois se ampliam as necessidades; mas, ao mesmo tempo, ampliam-se as forças reprodutivas que as satisfazem. Nesse terreno, a liberdade só pode consistir em que o homem social, os produtores associados, regulem racionalmente esse seu metabolismo com a natureza, trazendo-o para seu controle comunitário,

em vez de serem dominados por ele como se fora por uma força cega; que o façam com o mínimo emprego de forças e sob as condições mais dignas e adequadas à sua natureza humana. Além dele é que começa o desenvolvimento das forças humanas, considerado como um fim em si mesmo, o verdadeiro reino da liberdade, mas que só pode florescer sobre aquele reino da necessidade como sua base. A redução da jornada de trabalho é a condição fundamental.[19]

As conclusões concretas que resultam dessa contraposição para a sociedade e o homem só poderão ser tratadas no último capítulo. O que interessa reconhecer aqui é tão somente que o reino da liberdade, no qual Marx vislumbra o valor supremo, a culminância de valor do desenvolvimento social, não possui caráter econômico e até se retira do âmbito da economia, o qual, como afirma Marx aqui mesmo peremptoriamente, será para sempre um reino da necessidade. Nem mesmo a melhor e mais cabal das humanizações da práxis econômica – "sob as condições mais dignas e mais adequadas possíveis à sua natureza humana" – em nada pode mudar essa sua essência ontológica. Marx caracteriza o reino da liberdade dizendo que ele começa além deste, que nele o desenvolvimento das forças humanas é considerado um fim em si, o que, no contexto da práxis econômica, representaria uma contradição, porque o desdobramento das forças como fim em si está em oposição à sua estrutura. (A possibilidade de existirem casos individuais em que essa práxis se efetivaria subjetivamente como realização do fim em si humano não consegue abolir a constituição objetiva dos pores teleológicos nela existentes, diferentemente estruturados.) O desenvolvimento das forças como fim em si pressupõe o valor social da plena explicitação da personalidade humana, representando, portanto, um valor. Nossas análises posteriores mostrarão, mais precisa e detalhadamente do que foi possível até aqui, que, assim como a própria individualidade, também a qualidade do valor quando plenamente explicitada constitui um produto do desenvolvimento social e, por essa razão, pressupõe ontologicamente, em cada uma de suas manifestações concretas – tanto mais, quanto mais elevadas, quanto mais peculiares estas forem –, um determinado patamar da produção; já mostramos em outros contextos que o desenvolvimento objetivo das forças produtivas apresenta certa simultaneidade necessária

---

[19] K. Marx, *Das Kapital*, cit., v. III, p. 355; MEW, v. 25, p. 828 [ed. bras. *O capital*, Livro III, t. 2, trad. Régis Barbosa e Flávio R. Kothe, São Paulo, Abril Cultural, 1983, p. 273].

com o desenvolvimento das capacidades humanas, ainda que ela se externe de modo desigual e contraditório. Marx, que, nessa passagem, associa o reino da liberdade ao ócio, apenas aponta para o fato de que a redução do tempo de trabalho socialmente necessário, só possibilitada pelo desenvolvimento das forças produtivas, constitui a sua condição básica. Mas, desse modo, está claramente posto o caráter ontologicamente derivado dos valores humanos supremos a partir da práxis econômica ontologicamente primária, a partir da reprodução real do homem real. Procedendo-se assim, vem à tona por si só que essa dependência ontológica do valor só determina com exatidão o seu surgimento, a sua essência, a sua posição no sistema da práxis humana, mas de modo algum enfraquece seu caráter enquanto valor, bem pelo contrário, apenas o reforça mediante a noção que proporciona da necessidade ontológica de sua gênese e validade.

Pode-se observar com a mesma clareza essa unidade de desenvolvimento econômico real, axiologicamente neutro, e valores objetivamente válidos, essa unidade que é indissolúvel justamente em termos do ser, em outra tendência geral indiscutivelmente constatável da autoexplicitação da socialidade do ser social: o surgimento da humanidade como gênero humano não mais mudo. Os contornos gerais desse fenômeno nos são conhecidos a partir de exposições anteriores. O fato fundamental desse processo é a integração econômica da humanidade na forma de mercado mundial, que cria uma ligação factual entre todos os homens que corporificam a humanidade; mesmo que essa ligação seja mediada de muitas formas, ela é incontestável inclusive para a consciência individual. Esse processo e seu resultado, o gênero humano a caminho da sua realização, não são mudos em virtude do seu caráter social. Com efeito, do ponto de vista biológico, existe um gênero humano desde o momento em que ele se desliga objetivamente das espécies de primatas e se torna objetivamente um gênero próprio. Contudo, quando se examina esse gênero em sua totalidade biológica meramente objetiva, ele se revela tão mudo quanto aquele do qual se originou. A mudez só pôde cessar quando, em decorrência dos resultados objetivos e subjetivos do pôr teleológico no trabalho, na divisão do trabalho etc., os fundamentos da reprodução filogenética cessaram de ser meramente biológicos, quando foram encobertos, modificados, remodelados etc. por determinações sociais cada vez mais sólidas, cada vez mais dominantes. Contudo, o trabalho e a divisão do trabalho, considerados isoladamente – o que, justo neste ponto, certamente seria um erro desorientador –, superariam a mudez do gênero apenas objetivamente; uma superação autêntica só pode acontecer quando o gênero que deixou de ser mudo existe não mais só em si, mas alcança também o seu ser-para-si. (Já sabemos que esse processo se desenrolou na realidade de tal modo que comunidades humanas cada vez maiores se tornaram para seus membros uma corporificação do gênero que deixou de ser muda.)

Para isso, porém, é necessário que haja, no âmbito do ser social, conscientização do em-si que surge na reprodução social, mais exatamente uma consciência que dê seu assentimento à corporificação do gênero humano que surge em cada caso concreto como pertencente ao seu próprio ser – inclusive o individual –, ou seja, que mediante o pôr do valor professe o valor assim surgido. Quanto mais tais formações sociais se desenvolvem em amplitude, altura e profundidade, quanto mais intensa for a interação social entre elas, tanto mais a consciência humana pode aproximar-se do pôr – num primeiro momento, meramente conceitual – da humanidade como unidade filogenético--social do gênero humano. É evidente e foi exposto aqui de diversas maneiras que o desenvolvimento do mercado mundial propicia a base real para essa unidade e, nesse tocante, o percurso da história até aqui efetuado já se aproxima bastante da realização dessa unidade do gênero humano. Isso, porém, refere-se por enquanto apenas ao seu ser-em-si. A contraditoriedade do desenvolvimento desigual manifesta-se nesse âmbito de forma dupla: por um lado, surge normalmente e de forma decisiva para a práxis social a valoração positiva da forma de integração realmente alcançada rumo a um em-si do gênero humano; para alguns indivíduos, porém, é possível, antecipando com o pensamento a tendência da história, expressar uma intenção voltada para o ser-para-si unitário do gênero humano, muitas vezes não sem um efeito social significativo. Por outro lado, em contraposição a isso, surge, do que igualmente já falamos, um movimento de resistência contra esse desenvolvimento para um patamar superior, um combate ao amanhã em nome do hoje.

Nos dois movimentos, que assumem formas históricas extraordinariamente variadas, trata-se de assentimentos e negações de valores, de conflitos objetivos entre valores objetivos; ambos brotam necessariamente do terreno preparado pelo respectivo desenvolvimento socioeconômico. Portanto, se muitas valorações se encontrarem em abrupta contradição com o seu presente, isso não representa nenhuma independência apriorística do valor em relação à realidade, como pensam os kantianos, mas um exemplo a mais de que, em sua necessidade, o desenvolvimento geral abrange as contradições em suas formas fenomênicas – igualmente existentes –, de que é impossível apreender adequadamente a autêntica totalidade de um nível do ser sem compreensão de tais contraditoriedades. O mercado mundial é a base incontornável para a realização da unidade existente para si do gênero humano; ele, porém, só consegue produzir o em-si do gênero humano – isso certamente por necessidade –, cuja transformação e elevação a ser-para-si só pode efetivar-se como ato consciente do próprio homem. A realização do verdadeiro valor por meio de pores de valor corretos é um momento indispensável desse processo. Durante esse momento, a importância da referida atividade humana, a autenticidade de seu caráter ativo, não é nem um pouco minorada ou atenuada, porque ela só consegue se tornar atual em homens que foram formados pelas determinações reais e objetivas do próprio processo geral para tal atividade e tornados aptos para ela; é a eles que esse processo confronta com aquelas alternativas impreteríveis que eles respondem valorando, desenvolvendo valores ou inibindo valores.

2. Complexo de complexos

O ser social só tem existência em sua reprodução ininterrupta; a sua substância enquanto ser é por essência uma substância que se modifica ininterruptamente, consistindo justamente em que a mudança incessante produz de maneira sempre renovada e em constante intensificação quantitativa e qualitativa os traços especificamente substanciais do ser social. Como o ser social surgiu da natureza orgânica, ele forçosamente preserva as características ontológicas constantes da sua origem. Esse elo – no processo real de reprodução, repetidamente desfeito e sempre restaurado através de mudanças – entre as duas esferas do ser é o homem enquanto essência biológica. Sua reprodução – biológica – não é só a incontornável condição do ser social, mas também um dos polos do próprio processo de reprodução, cujo outro polo é formado pela própria totalidade da sociedade. Essa vinculação indissolúvel do ser social com a natureza orgânica evidencia, ao mesmo tempo, a diferença qualitativa das duas esferas do ser. Com efeito, a reprodução biológica dos seres vivos na natureza orgânica é por excelência idêntica ao processo do seu ser. Naturalmente, cada ser vivo realiza o seu ser em determinado entorno – orgânico e inorgânico – concreto, cuja constância ou mudança influi decisivamente no processo biológico de reprodução tanto no sentido ontogenético como no sentido filogenético. Contudo, a despeito de todas as interações sempre presentes entre ser vivo e entorno, o momento preponderante aqui certamente é como o entorno influi nos seres vivos, como ele promove, permite ou impede a sua reprodução; é isso que, em última instância, determina a conservação ou extinção das espécies, dos gêneros etc. É claro que, nesse processo, a capacidade dos seres vivos de se adaptarem biologicamente a mudanças desempenha um papel que não deve ser subestimado, mas a força motriz decisiva é a própria mudança objetiva. A historicidade do mundo orgânico não pode ser separada, em suas fases essenciais de desenvolvimento, da história geológica da Terra. Em seu processo de reprodução, o ser vivo singular se encontra, por um lado, diante dessa totalidade da natureza inorgânica e orgânica e, por outro, numa relação de interações concretas com momentos parciais individuais, orgânicos e inorgânicos, dessa totalidade. Como a aparência imediata que se tem é a de que a escolha de tais momentos seria determinada pela constituição dos órgãos dos seres vivos, surgem teorias, como a de Uexküll, a respeito do meio ambiente dos seres vivos. Na realidade, forças e objetos reais que o referido ser vivo é organicamente incapaz de perceber podem determinar decisivamente o seu destino; o círculo das interações com o meio ambiente determinado pelo organismo constitui apenas pequena parte dos momentos realmente operativos. Porém, de qualquer modo – já que não é possível pretender fazer aqui uma exposição detalhada dessa situação ontológica –, a interação do ser vivo com seu meio ambiente é constituída de tal modo que ela deve propiciar dentro dele o momento preponderante, porque se encontra diretamente dentro do meio ambiente como um todo e seu processo de reprodução não consegue constituir complexos parciais que façam mediação permanente entre ele próprio e a totalidade. Assim sendo, entre a reprodução do ser vivo singular e seu meio ambiente há apenas em proporção exígua uma interação autêntica. A reprodução que ocorre na natureza orgânica é a do ser vivo singular, que, no entanto, sempre coincide de modo imediato com a reprodução filogenética. A mudez do gênero funda-se precisamente nessa identidade imediata.

O ser social, em contraposição, mostra como estrutura básica a polarização de dois complexos dinâmicos, que se põem e suprimem no processo de reprodução sempre renovado: o do homem singular e o da própria sociedade. Quanto ao homem, ele é, num primeiro momento e de modo imediato, mas, em última instância, irrevogavelmente, um ser [*Wesen*] que existe biologicamente, um pedaço da natureza orgânica. Essa sua constituição já faz dele um complexo, pois essa é a estrutura básica de todo ser vivo, até do mais primitivo. Na natureza orgânica, como foi mostrado anteriormente, o desenvolvimento ocorre de tal maneira que os impulsos do mundo exterior no organismo, originalmente ainda simples impulsos físicos ou químicos, adquiriam a sua figura objetiva em modos de manifestação especificamente biológicos; é assim que vibrações do ar, que como tais originalmente tinham um efeito puramente físico, convertem-se em sons; é assim que reações químicas convertem-se em cheiro e sabor; é assim que nos órgãos da visão surgem as cores etc. O devir homem do homem pressupõe um desenvolvimento biológico ascendente de tais tendências, não se limitando a isso, mas, partindo dessa base, já produz formações puramente sociais: no nível auditivo, linguagem e música, no nível visual, artes plásticas e escrita. Essa constatação complementa aquilo que anteriormente foi detalhado sobre alimentação e sexualidade. O homem certamente permanece irrevogavelmente um ser vivo biologicamente determinado, compartilhando o ciclo necessário de tal ser (nascimento, crescimento, morte), mas modifica radicalmente o caráter de sua inter-relação com o meio ambiente, pelo fato de surgir, através do pôr teleológico no trabalho, uma interferência ativa no meio ambiente, pelo fato de, através desse pôr, o meio ambiente ser submetido a transformações de modo consciente e intencional. Porém, até mesmo no estágio primitivo, no qual uma influência decisiva sobre a natureza que lhe confere forma ainda é impossível, interpõe-se entre o ambiente natural e o espaço de mudanças ativo para a reprodução do homem um complexo de determinações socialmente eficazes, ao qual cabe um papel definitivamente decisivo na reação do homem às mudanças na natureza. Pense-se, por exemplo, na última era do gelo na Europa e em seu término. Da perspectiva da natureza orgânica, é possível constatar aqui a extinção ou a migração de raças animais, o perecimento e o novo crescimento de plantas. Na perspectiva social, tem lugar, em decorrência de condições favoráveis específicas, unitárias, para determinadas sociedades no nível da coleta, da caça, da pesca, um avanço cultural único (pinturas rupestres no sul da França e na Espanha). O término da era do gelo de fato destrói os fundamentos dessas culturas e, junto com eles, elas próprias, mas dali por diante a reação dos homens que trabalham, integrados em pequenas sociedades, não é mais a de uma adaptação meramente biológica passiva às circunstâncias modificadas; o que ocorre é uma reorientação de suas reações sociais ativas, a passagem do período da coleta para o da agricultura, o da pecuária e de tudo o mais que decorre dessa virada. Os produtos singulares desse novo começo são de muitos modos inferiores aos do feliz episódio precedente, mas contêm possibilidades de desenvolvimento para um patamar superior que estavam interditadas àquele no nível da estrutura social. As legalidades mais gerais do desenvolvimento social externam-se, portanto, já nessa antiga crise evolutiva: a prioridade do modo de produção com relação às objetivações mais elevadas dele decorrentes, a desigualdade do desenvolvimento na relação entre a própria produção e seus modos sociais de manifestação.

Em tudo isso, torna-se manifesto um dado ontológico fundamental do ser social: o homem como ser vivo não só biológico, mas ao mesmo tempo como membro trabalhador de um grupo social, não se encontra mais numa relação imediata com a natureza orgânica e inorgânica que o circunda, nem mesmo consigo como ser vivo biológico, mas todas essas interações inevitáveis são mediadas pelo *medium* da sociedade; mais exatamente, como a socialidade do homem representa seu comportamento ativo e prático em relação a seu meio ambiente como um todo, essa mediação ocorre de modo tal que ele não aceita simplesmente o meio ambiente e suas transformações nem se adapta, mas reage ativamente a eles, contrapondo às mudanças do mundo exterior um mundo de sua própria práxis, no qual a adaptação à irrevogabilidade da realidade objetiva e seus novos pores do fim que lhe correspondem formam uma unidade indissociável. É óbvio que o próprio homem também se modifica ao modificar sua relação com a natureza que o cerca. Mas faz uma diferença gigantesca se esse tornar-se outro é um processo biológico espontâneo e involuntário de adaptação a novas factualidades naturais ou se é decorrência de uma práxis social própria, mesmo que, nesse caso, só os atos imediatos singulares são intencionais e voluntários e o conjunto da transformação se origina disso com necessidade socialmente espontânea. Com efeito, nesse caso, tudo se dá de modo não imediato, mas socialmente regulado; surgem novas formas de trabalho e, destas, novas formas da divisão do trabalho, que, por sua vez, têm como consequência novas formas nas relações práticas entre os homens, que então, como vimos na análise do trabalho, retroagem sobre a constituição dos próprios homens. Porém, é preciso ver claramente que as modificações que assim se efetuam nos próprios homens possuem um caráter precipuamente social; na medida em que essas modificações têm um efeito biológico (e, em correspondência, psicológico), ela comportam adaptações da existência física do homem à sua condição social recém-alcançada. Portanto, mesmo que uma mudança da natureza inorgânica tenha dado o impulso original para tais mudanças (fim da era do gelo), não se trata de interferências diretas, como é o caso no ser vivo não humano, mas de interferências socialmente mediadas. Agora que passamos a examinar o processo de reprodução do homem que se tornou social, o afastamento da barreira natural tantas vezes mencionado aclara-se no sentido de que a sociedade se tornou aqui um *medium* inelimináve1 da mediação entre homem e natureza.

Para entender toda a importância desse fato ontológico decisivo, devemos concretizá-la ainda por meio de algumas observações complementares. Em primeiro lugar, o mais incipiente, o mais canhestro dos pores teleológicos no trabalho dá a partida em um processo cuja dinâmica de desenvolvimento – se a sociedade a que ele próprio deu origem não lhe oferecer alguma resistência estrutural insuperável – em si é irrestrita. Um pôr teleológico sempre vai produzindo novos pores, até que deles surgem totalidades complexas, que propiciam a mediação entre homem e natureza de maneira cada vez mais abrangente, cada vez mais exclusivamente social. Contudo, como mostra o exemplo recém-citado, uma ação conjunta primitiva e lacunar – considerada do ponto de vista dessas mediações – já é capaz de desempenhar de alguma maneira esse tipo de função. A constante reprodução de trabalho, divisão do trabalho etc. torna esse *medium* da mediação cada vez mais emaranhado, cada vez mais denso, abrangendo cada vez mais todo o ser dos homens, de modo que em muitos casos singulares não se é mais imediatamente evidente, mas só se consegue descobrir através de análises, que determinadas mudanças do homem, de sua atividade, de suas relações etc. têm sua origem ontológica no metabolismo da sociedade com a natureza. Em segundo lugar, vale a pena lançar um olhar para a modificação do próprio homem em tais processos, pois, fazendo isso, torna-se visível a dialética do conscientemente intencionado e do espontaneamente provocado nos homens pelo desenvolvimento. Costuma--se avaliar erroneamente essa situação a partir de dois pontos de vista opostos: por um lado, isola-se o papel ativo do homem nesse processo, desvincula-se a estrutura alternativa de sua práxis desses fatos realmente causadores da realidade, bem como de suas ações e retroações objetivas sobre os sujeitos dessas atividades. Através disso, é construída uma autonomia inextricável, infundada como base do seu ser e do seu devir. Por outro lado, as mudanças adquirem um caráter enigmático quando se atribui ao ambiente um poder mecânico irresistível. Na realidade, as alternativas são postas concretamente pelo metabolismo da sociedade com a natureza. O homem precisa reagir a elas, sob pena de ruína, com decisões alternativas ativas, com novos pores teleológicos. Na sua execução prática, são liberadas e atualizadas nele possibilidades (no sentido aristotélico da *dýnamis*, já exposto anteriormente). Ora, ao serem enquadradas na reprodução social dos homens, de forma socialmente fixada, as alternativas postas e respondidas corretamente – corretamente no sentido de que correspondem às "exigências do dia" – são postas como partes integrantes do fluxo contínuo da reprodução do homem singular e da sociedade, consolidando-se, ao mesmo tempo, como crescimento da capacidade de vida da sociedade em seu todo e como difusão e aprofundamento das capacidades individuais do homem singular.

Essa constituição da reprodução já é extremamente significativa da peculiaridade do ser social, porque nela ganha expressão o caráter particular de sua continuidade. A continuidade é por natureza traço essencial de todo ser. Contudo, na natureza orgânica – contrastando agora apenas a esfera do ser mais próxima com o ser social –, a continuidade existe de modo puramente objetivo, meramente em si na forma da reprodução filogenética, que até chega a expressar-se de modo imediato na reprodução ontogenética, mas de um modo totalmente transcendente para os seres singulares que a realizam. A mudez do gênero no âmbito da vida orgânica, já tratada por nós de muitas formas, é meramente uma síntese dessa situação altamente complicada. Se, em contrapartida, encarássemos a reprodução da generidade no âmbito do ser social como não mais necessariamente muda, transformaríamos, por meio dessa extrapolação, essa importante verdade em falsidade, formularíamos o contraste como contraste entre o não consciente, o não capaz de consciência, e o já consciente. A transformação ontológica real do em-si mudo da generidade da natureza orgânica no para-si não mais mudo no ser social é algo muito mais amplo, mais abrangente do que a nua oposição psicológica ou gnosiológica de consciente e não consciente. Tomemos o "fenômeno originário" da socialidade, o trabalho. Nele se externa de pronto em toda a sua clareza a separação qualitativa das duas espécies do ser. Contudo, o pôr teleológico do trabalho – do ponto de vista do gênero – já é consciente? Sem dúvida não é (contudo, o produto e o processo nem sempre são – socialmente – mudos). O trabalho, em todo caso, não é possível sem consciência; esta, contudo, lança luz, num primeiro momento, tão somente sobre o ato singular do trabalho. O fato de nele se corporificar a generidade do homem, e isso de modo que, em termos ontológicos, nunca antes havia existido, ainda não implica, nos atos singulares de trabalho, uma consciência sobre a conexão real. O trabalho, já como ato do homem singular, é social por sua essência; no homem trabalhador, consuma-se a sua autogeneralização social, a elevação objetiva do homem particular para a generidade.

O que existe, portanto, se for permitido descrever paradoxalmente uma condição paradoxal, é o gênero humano não mais mudo num modo fenomênico ainda mudo, o ser-para-si do gênero no estágio do seu mero ser-em-si. Essas expressões têm um efeito paradoxal por procurarem apreender um processo de desenvolvimento por essência dinâmico com o auxílio de categorias cujo sentido tem em vista estágios de desenvolvimento e não o processo de desenvolvimento. Com efeito, sabemos que o ser-para-si propriamente dito do gênero humano, a sua mudez totalmente superada até hoje não foi realizada. Por outro lado, igualmente está estabelecido que o mero ato do trabalho significa o pôr a si mesmo do homem, seu devir homem, e, desse modo, o salto já efetuado da animalidade genericamente muda. A ligação entre início e fim constitui a história universal da humanidade, a plena explicitação do ser-para-si do gênero humano. Este só pode se realizar adequadamente de forma consciente: o gênero humano não mais mudo deve estar presente como tal também na consciência dos homens. No caminho continuado até lá, essa consciência só pode se mostrar adequadamente realizada em casos excepcionais, e mesmo nestes, num primeiro momento, de um modo meramente valorativo, pseudossubjetivo, e não como consciência de um ser já alcançado, realizador de valores, que constrói essas formas em um patamar ainda mais elevado. O paradoxo de nossa formulação anterior reduz-se, portanto, ao fato de o desenvolvimento do gênero humano constituir o processo de explicitação de um existente, mas não um salto de uma forma do ser para outra; o salto se dá, muito antes, com a humanização da humanidade, a partir da qual está em andamento, apesar de retrocessos, abalos revolucionários e contrarrevolucionários, no sentido estritamente ontológico, um processo de desenvolvimento. O que se quis indicar com isso é que o ser-para-si do gênero humano já está presente no devir homem do homem, que já o trabalho mais primitivo corporifica – em si – essa nova relação do singular com o gênero. O fato de que possam e até devam haver, no interior desse processo, também passagens abruptas – sobretudo no surgimento do reino da liberdade – em essência nada pode mudar nessa factualidade ontológica, pois trata-se, nesse caso, já de formas de transição no interior do ser social, enquanto naquele caso o tema era o surgimento e o constituir-se do próprio ser social, do próprio gênero humano.

Esse excurso necessário aparentemente nos desviou um pouco da questão que nos ocupa no momento, o das novas formas de continuidade do ser social em contraposição às formas de continuidade da natureza orgânica. Dizemos aparentemente porque a abordagem dessa questão intermediária extremamente importante proporciona ao nosso problema a necessária iluminação. Vimos, por um lado, que a nova forma de continuidade no âmbito do ser social não pode surgir sem consciência; somente quando essa nova forma do ser é elevada à consciência ela pode alcançar um novo ser-para-si. Mas, ao mesmo tempo, vimos que equivaleria a violentar conceitualmente o caráter processual do processo e, desse modo, a forma adequada da nova continuidade se concebêssemos também essa consciência não como algo que surge gradativa, processual e continuadamente, mas como algo já pronto desde o princípio. A razão pela qual esse caminho seria equivocado não reside na própria consciência, mas no seu objeto, no processo objetivo, do qual a consciência é o produto e sua expressão simultaneamente plenificada; um processo cuja continuidade conduz e dirige formas e conteúdos da consciência, os quais, no entanto, não poderiam se realizar como aquilo que por essência são sem uma transposição para a consciência. Portanto, na continuidade do processo, a consciência deve se desenvolver continuamente, deve preservar dentro de si o já alcançado como base para o que virá, como trampolim para o mais elevado, deve constantemente elevar à consciência o respectivo estágio já alcançado, mas de modo tal que, ao mesmo tempo, esteja aberta – na medida do possível – para não barrar os caminhos à continuidade rumo ao futuro. Por ser tal órgão da continuidade, a consciência representa constantemente certo estágio de desenvolvimento do ser e deve, por essa razão, acolher em si as barreiras dele como as suas próprias barreiras, e ela mesma inclusive só pode concretizar-se – de acordo com sua essência –, em última análise, em correspondência com o referido estágio. Essa presentidade da consciência, essa vinculação da consciência com o presente, simultaneamente vincula passado e futuro; ao fazer isso, também os seus limites, as suas incompletudes, as suas limitações etc. constituem momentos de sustentação, momentos indispensáveis daquela nova continuidade que surge no âmbito do ser social.

O que até aqui foi exposto esclarece a condição resultante, a saber, que a relação correta entre o processo geral em sua continuidade objetiva e aquela consciência que consolida definitivamente a realidade deste não pode jamais ser apreendida adequadamente quando não se procura compreender a consciência ontologicamente, como momento real do desenvolvimento social, mas quando se pretende dar uma interpretação gnosiológica ou até psicológica como apreensão primária de sua essência. Nos dois casos, seria preciso separar da totalidade de sua ação momentos singulares da consciência, que na realidade funciona em termos reais, e examiná-los num isolamento artificialmente construído. Quando se examina dessa maneira a questão – em si extremamente importante – da correção do conteúdo da consciência e, ao fazê-lo, logra-se inclusive levar em conta corretamente a dialética do absoluto e do relativo, ainda assim não se chega a responder autenticamente o problema em pauta. Porque nem a correção ou falsidade cognitivas de um conteúdo da consciência, muito menos a sua sinceridade ou mendacidade psicológicas etc., acerta o ponto que aqui é essencial, ou seja, o papel real da consciência na continuidade do processo social. Essas propriedades da consciência só adquirem uma importância que não pode ser subestimada quando esse papel já foi claramente determinado. Para que possa vincular, por meio do espelhamento do presente, por meio do posicionamento prático diante de suas alternativas concretas e de suas experiências, o passado com o futuro e com as tarefas ainda desconhecidas propostas por ela no passado, a consciência precisa ter uma intenção espontânea direcionada para a melhor reprodução possível daquela vida individual a que pertence, cuja promoção constitui a tarefa imediata de sua vida. Portanto, a consciência com que agora estamos nos ocupando é a consciência do homem cotidiano, da vida cotidiana, da práxis cotidiana. Como expus detalhadamente em outra parte[20], nesse âmbito, o enlace imediato de teoria e práxis constitui a marca essencial centralmente característica; desse modo, a continuidade imediata das condições de reprodução da respectiva vida individual converte-se no momento decisivo do interesse pela realidade, da seleção do que nela deve ser preservado etc. Nesse tocante, não se pode esquecer, porém, que, em conformidade com o plano subjetivo da consciência, a reprodução do homem singular particular possui a supremacia,

---

[20] G. Lukács [*Ästhetik I: Die*] *Eigenart des Ästhetischen* (Neuwied, 1963), p. 44s; GLW, v. 11, p. 44s.

mas que os atos práticos do homem – independentemente do fato de que essa conexão seja elevada à consciência dos indivíduos – em sua esmagadora maioria pertencem objetivamente à esfera da generidade. (Tenha-se em mente o que foi explanado sobre o trabalho.) Desse modo, surge, não só no processo total objetivo que está na base da vida cotidiana, mas também nas manifestações da vida cotidiana que ocorrem em conformidade com a consciência, uma união entre o particular-individual e o genérico-social que não pode ser dissociada nem delimitada. Se isso já está necessariamente presente nos atos individuais, é óbvio que estará muito mais intensamente naquelas interações que se originam forçosamente da ação conjunta dos homens (divisão do trabalho etc.). Digno de nota, nisso tudo, é que, na sumarização, na sintetização de tais atos individuais em orientações, tendências, correntes etc. sociais, os momentos sociais necessariamente alcançam uma supremacia, empurrando para o segundo plano e muitas vezes até fazendo desaparecer as meras particularidades. Isso se dá de tal modo que, quando o indivíduo se depara com tais tendências na vida cotidiana, o que naturalmente acontece de modo ininterrupto, estas já atuam sobre ele como forças sociais, reforçando nele o momento genérico-social – não importando se sua reação a elas é de anuência ou de negação. Essas sumarizações e sínteses passam a ser o lugar em que a continuidade do social ganha expressão de modo marcante e eficaz. Elas corporificam um tipo de memória da sociedade, que preserva as conquistas do passado e do presente, fazendo delas veículos, pressupostos, pontos de apoio do desenvolvimento para um patamar superior no futuro.

É claro que tal movimento continuado precisa encontrar o seu *medium* na consciência dos homens, mas é igualmente claro que essa consciência deve ser vista como componente fático do ser social e jamais pode ser medida adequadamente com critérios gnosiológicos abstratos. No quadro do movimento descrito por nós, a consciência tem, portanto, uma específica função dinâmica, ontológica, na qual a particularidade do ser social se evidencia diante de toda forma do ser: ao entrar em cena como *medium*, como portadora e preservadora da continuidade, a consciência obtém um ser-para-si que, de outro modo, não existiria. Ela naturalmente tem as suas formas peculiares, existentes para si, na natureza inorgânica e na natureza orgânica – já que, por exemplo, nascimento e morte, enquanto modos de manifestação do surgir e passar na continuidade objetiva, são uma marca essencial só da última –, mas o papel ativo da consciência na continuidade do ser social é qualitativamente mais significativo, é muito mais que um simples registro daquilo que emerge e submerge objetivamente, independentemente da sua apercepção pelos envolvidos em tais processos. Pelo fato de figurar como *medium* mediador da continuidade, a consciência tem sobre esta retroações qualitativamente modificadoras. A conservação de fatos passados na memória social influencia ininterruptamente todo acontecimento posterior. Isso de modo algum abole a legalidade objetiva do processo, mas certamente a modifica, às vezes até decisivamente. Com efeito, aos pressupostos objetivamente produzidos e objetivamente operantes de cada um dos passos subsequentes associam-se complementarmente os pressupostos conservados no plano da consciência e as experiências do passado elaboradas pela consciência e aplicadas em termos práticos à nova situação. Por essa razão, a continuidade fixada na consciência é mais multifacetada, mais rica em determinações etc. do que poderia ser sem esse componente. A desigualdade do processo também experimenta uma intensificação em função disso, já que o caráter alternativo da práxis humana desempenha nesse ponto um papel importante; de fato, da conservação do passado, em termos de consciência, de modo algum decorre de forma mecanicamente direta a sua aplicação, mesmo que se trate de uma condição favorável a isso; a aplicação é sempre mais que um simples sim ou não a uma alternativa social, tendo também o como, o quanto etc. da aplicação sempre um caráter alternativo. (Pense-se na diversidade na recepção do direito romano nos diversos Estados.) Por essas razões, a consciência operativa não pode ser considerada gnosiologicamente nesse contexto, porque o correto ou falso de seus conteúdos aparece aqui numa dialética histórico-social peculiar. Por um lado, a consciência socialmente operativa precisa espelhar certos momentos reais, importantes no momento temporal dado, e transpô-los para a práxis humana para que possa se afirmar como fator histórico. Por outro lado, é impossível que esses conteúdos da consciência possam ou devam estar livres dos erros, das limitações etc. de sua gênese, de sua conservação pela memória da sociedade, de suas possibilidades de aplicação, já por terem uma origem concretamente histórico-social e tornarem-se objetos de objetos de decisões alternativas numa situação histórico-social concreta. Nesse sentido, imagens inteira ou parcialmente incorretas da realidade podem converter-se em fatores altamente significativos dos desenvolvimentos históricos. Até ocorre com muita frequência que justamente essa sua eficácia leve os problemas daí originados ao patamar mais elevado de um conhecimento adequado da realidade.

Essa análise da continuidade no ser social leva necessariamente à linguagem enquanto complexo importante dentro dessa complexidade do ser social. O caminho que percorremos talvez pudesse provocar um mal-entendido metodológico, a saber, dar a impressão de que nossas exposições desembocassem na intenção de "deduzir" filosoficamente a linguagem de alguma maneira. Na verdade, o que se está tentando aqui é rigorosamente o contrário de uma dedução. Se quisermos compreender a continuidade peculiar do ser social, devemos tentar revelar as condições que a possibilitam, para, desse modo, chegar a tematizar as propriedades mais gerais daquele *medium*, sem o qual ela não poderia se tornar real. Ao levarmos em conta nesta análise toda a realidade social, ao tirarmos de seu movimento real as necessárias conclusões ontológicas, também aqui segundo o método marxiano, a saber, que essas conclusões só podem ser apreendidas *post festum*, é natural que também a linguagem estivesse entre aqueles fatos sociais cujo ser determinou a nossa exposição. O fato de termos efetuado essa análise sem fazer referência direta à linguagem e sua problemática específica tem para o que segue a vantagem de, antes de passarmos a seu tratamento, tornar conhecidas pelo menos em seus contornos abstratos ao menos algumas das necessidades sociais que ela deve satisfazer, algumas das funções com o auxílio das quais ela as satisfaz.

Por essa razão, podemos ir com nossas considerações diretamente ao centro desse complexo de problemas, no qual consideramos a linguagem como órgão e *medium* da continuidade no ser social. Isso tem essa importância toda porque, desse modo, a gênese ontológica da linguagem é iluminada logo a partir de um ponto central. Como em tantos momentos importantes da vida social dos homens, esse se torna geneticamente incompreensível se não lançarmos um olhar para aquelas conquistas do desenvolvimento biológico que estão presentes nos animais superiores, sendo que, todavia, concomitantemente com a constatação da conexão genética é preciso reconhecer o qualitativamente novo que está contido no devir homem do homem, no seu tornar-se social. Ora, se examinarmos os supostos rudimentos de linguagem no reino animal, não resta qualquer dúvida que, nos animais superiores, há formas de comunicação, inclusive bastante exatas. Em conexão com sua busca de alimento, com sua vida sexual, com a proteção perante inimigos etc., surgem, em toda uma série de animais, sinais, geralmente do tipo auditivo (geralmente dizemos, por exemplo, porque a assim chamada dança das abelhas constitui um sistema bastante exato de comunicação por sinais visuais), com a ajuda dos quais, nesses instantes de importância decisiva de sua reprodução biológica, eles ficam em condições de cumprir as exigências desta. É preciso dar destaque especial a esse tipo de comunicação entre animais não só porque, no início, ela foi assumida essencialmente sem alterações pelo homem em surgimento, mas também porque ainda permanece em funcionamento nos estágios mais elevados do desenvolvimento social. Inclusive, é interessante observar que esse tipo de comunicação por meio de sinais visuais ou auditivos totalmente inequívocos não desaparece nem mesmo diminui com a explicitação mais elevada da socialidade, com a difusão e a intensificação do intercâmbio entre os homens, mas, pelo contrário, se expande cada vez mais. Tomemos como exemplo as lâmpadas verdes e vermelhas no trânsito ferroviário, nos cruzamentos de ruas das cidades grandes, nos sinais que regulam o trânsito de automóveis nas estradas, nos sinais com flâmulas dos navios etc. Em todos esses casos – tanto no dos homens como no caso dos animais –, um determinado sinal inconfundível prescreve a necessidade incondicional de reagir de certa maneira a ele. A reação pretendida nesse caso é de cunho automaticamente incondicional. Não se deve atravessar a rua com sinal vermelho em nenhuma circunstância; isso não é ocasião para refletir ou tomar alguma decisão a respeito, exatamente assim como não o é quando a galinha dá o sinal para que os pintinhos se escondam diante da aproximação de uma ave de rapina. Ainda sem examinar mais de perto o caráter de tais sinais, é possível constatar nos dois casos que eles sempre sinalizam determinados momentos singulares, isolados, da vida e não se encontram em nenhum tipo de conexão constitutiva de continuidades. Huxley constatou corretamente que os animais só emitem esses sinais em intervalos[21], e certamente ninguém afirmará que, por exemplo, os sinais rodoviários destinados aos motoristas, que foram pensados de modo extremamente sistemático, na realidade não apareçam em intervalos.

Esse caráter intermitente dos sinais está associado, no caso dos animais, ao fato de que a maior parte de sua vida decorre com necessidade biologicamente espontânea e, por essa razão, não desperta nenhuma necessidade de comunicação por meio de sinais particulares. Nas sociedades desenvolvidas, surgem sinais para áreas especificamente particularizadas de cada atividade da mesma espécie, nas quais os momentos que divergem do curso mecanizado normal, mas que se repetem com frequência, são sinalizados como tais por meio de

---

[21] J. Huxley e L. Koch, *Animal language* (Nova York, 1964), p. 9.

sinais específicos. (Via de mão única no trânsito de automóveis.) Dessa função dos sinais decorre que também eles apareçam só em intervalos e jamais poderão ser interligados numa continuidade. Portanto, nos dois casos, o sinal está vinculado a uma situação que se repete com frequência, mas que é sempre singular e que exige uma reação bem determinada; ou seja, a observação exata e, por isso, exitosa desses sinais não pressupõe nenhuma apreensão real dos componentes reais da situação, nenhuma reação diferenciada a ela. No caso dos animais, esse "automatismo" surge da adaptação biológica ao ambiente; no caso dos sinais na sociedade, trata-se de que determinados tipos de reação são fixados com exatidão de uma vez por todas no interesse da regulação simplificada do trânsito etc. (É óbvio que, nesse caso, a fixação da conexão entre sinal e reação a ele não é mais de caráter biológico, mas se trata de um dever-ser social, que normalmente funciona "automaticamente" em virtude de reflexos condicionados fixos, mas que, de resto, quando necessário, é imposto mediante os recursos coercivos do costume, direito etc.) Nos dois casos, trata-se da formação de reflexos condicionados (ou incondicionados) firmemente estabelecidos. Na vida animal, as limitações de tais formas de comunicação por sinais podem ser visualizadas com precisão, já que constituem o único modo, o modo mais desenvolvido, de sua mútua relação. Essa limitação consiste em que, para que os sinais funcionem com precisão, de modo algum se faz necessário um conhecimento do objeto por ele designado. Huxley diz corretamente que um chimpanzé é capaz de expressar por meio de sinais que está com fome (e isso muito provavelmente só depois de relacionar-se em cativeiro com humanos), que ele tem condições de apontar para uma banana, mas que, se não houver uma banana disponível, ele não consegue expressar: eu quero uma banana[22]. Entre o sinal e a palavra há, portanto, um abismo que só pode ser transposto por meio de um salto; entre os dois não há objetivações comunicativas mediadoras que possam lançar uma ponte entre eles. O sinal pressupõe um mundo conhecido, senão nem poderia tornar-se fio condutor da ação.

Ora, Hegel diz corretamente: "O que em geral é conhecido, justamente por ser *conhecido*, não é *reconhecido*"[23]. Ele indica, assim, exatamente o significado do salto aqui aludido: toda práxis do homem, tomando o trabalho como

---

[22] Ibidem, p. 24.
[23] G. W. F. Hegel, *Phänomenologie des Geistes* (Leipzig, 1909), Werke, v. II, p. 25; HWA, p. 35 [ed. bras.: *Fenomenologia do espírito*, trad. Paulo Meneses, Petrópolis/Bragança Paulista, Vozes/Edusf, 2002, p. 43; com modif.].

ponto de partida e aperfeiçoando-o, constitui uma investida rumo ao desconhecido visando reconhecê-lo (só depois de ser reconhecido ele pode ser transformado em algo conhecido para a vida cotidiana dos homens), sendo que todo ato de reconhecer traz consigo uma ampliação extensiva e intensiva; ora, do mesmo modo, a linguagem é um órgão importante dessa práxis, de todo conhecimento que dela se origina. A vida do animal, em contraposição, transcorre no âmbito do meramente conhecido; é claro que o desconhecido está objetivamente presente, mas não é percebido; não sabemos exatamente como foi regulada, através de uma interação entre ser vivo e entorno, a adaptação à realidade presente, pela qual ele se tornou conhecedor do essencial para a vida; para os nossos propósitos basta o fato de que uma reprodução biológica normal costuma se efetuar nessa base. Ora, o trabalho, até o mais primitivo, cria continuamente o novo, tanto subjetiva como objetivamente; desse modo, surgem condições de reprodução totalmente novas para o ser social. O papel da consciência nesse processo de reprodução foi indicado por nós há pouco em seus traços mais gerais possíveis. Ficou claro agora que só com a linguagem surge, no sentido subjetivo, um órgão, no sentido objetivo, um *medium*, um complexo, com o auxílio do qual uma reprodução pode efetuar-se em circunstâncias tão radicalmente modificadas: como preservação da continuidade do gênero em meio à mudança ininterrupta de todos os momentos, tanto subjetivos como objetivos, da reprodução. Vimos que, para isso, é indispensável uma transposição dessas mudanças para a consciência, mais precisamente, no duplo sentido de preservar e aperfeiçoar, sendo que esses dois momentos necessariamente confluem no processo de reprodução, complementando-se mutuamente, ainda que muitas vezes de modo contraditório: a preservação pode até gerar tendências de fixação definitiva do que foi conquistado em dado momento e de fato o faz muitas vezes no curso da história, mas a orientação principal de sua função consiste mesmo em converter o que foi adquirido no passado em base para um desenvolvimento subsequente, para uma solução de novas questões postas pela sociedade. Essa duplicidade da função de preservar não é, contudo, algo precipuamente atinente à consciência; é o próprio desenvolvimento objetivo, socioeconômico da sociedade que confronta os seus membros com novas decisões alternativas ou encerra seu horizonte no que já foi alcançado. A função da consciência nesse processo consiste sobretudo em ter condições de cumprir as duas tarefas; é claro que aqui tampouco se pode pensar num acomodar-se mecânico à situação social do respectivo momento. Como as alternativas se condensam em decisões de modo imediato na consciência, essa estrutura, quaisquer que sejam as motivações que, em última instância, tornarem-se decisivas, também deve impor-se na função social da preservação: dependendo das circunstâncias, a consciência pode tanto adotar uma postura conservadora e permanecer aquém do atualmente necessário em termos sociais, exercendo uma influência inibidora sobre o avanço, quanto adotar uma postura revolucionária e exigir novos passos, cuja realização material ainda não amadureceu no plano social.

Essa constituição da consciência nos ocupará mais detidamente no próximo capítulo. Neste ponto, ela teve de ser pelo menos mencionada porque essa simultânea dependência da consciência em relação ao andamento objetivo do desenvolvimento socioeconômico e sua relativa independência, em alguns casos bastante ampla, em relação a ele é indispensável para a compreensão da linguagem. Engels vincula corretamente o surgimento da linguagem ao do trabalho e constata, também corretamente, que ela surge necessariamente quando os homens têm algo a dizer uns para os outros[24]. Nesse ter-algo-a-dizer abriga-se uma dupla dialética. Em primeiro lugar, nele está pressuposto um entorno do qual, por princípio, nunca se tem pleno conhecimento; num entorno em que o *medium* da reprodução genérica é constituído tão somente pelo que se sabe, como no caso dos animais, o intercâmbio entre os exemplares singulares normalmente se desenrola sem esse tipo de formas particulares de comunicação; para situações-limite particulares surgem os sinais já analisados por nós. Só com a descoberta e a produção do novo, do que até ali não se conhecia, durante o processo do trabalho, na utilização de seus produtos etc. surgem na consciência novos e múltiplos conteúdos, que exigem imperativamente uma comunicação. A consciência em seu ser-em-si imediato, contudo, está totalmente presa ao ser vivo singular, em cujo cérebro ela surge; a mudez do gênero, no caso dos animais, expressa-se justamente no fato de essa vinculação dos produtos do cérebro ao exemplar singular encaixar-se sem dificuldade no processo biológico de reprodução – com exceção dos casos interinos já tratados. Ao promover o aparecimento da linguagem para o novo produzido por ele, para os novos procedimentos de sua produção, para a cooperação em tais atividades etc., o homem cria um *medium* do intercâmbio humano no

---

[24] F. Engels, "Anteil der Arbeit an der Menschwerdung des Affen", em *Dialektik der Natur*, cit., p. 696; MEW, v. 20, p. 444s [ed. bras.: "A humanização do macaco pelo trabalho", em *Dialética da natureza*, cit., p. 218].

nível da nova generidade. Quando tratamos do trabalho, já vimos que, independentemente do tipo dos estados de consciência que o acompanham, ele possui um caráter genérico, é objetivamente um elevar-se acima da mera particularidade do ser singular imediato. Essa tendência objetiva experimenta uma intensificação ainda maior na linguagem: por mais que o interesse imediato da consciência humana seja determinado por objetos singulares, por mais que esteja orientado para estes, realiza-se na linguagem, desde o princípio, uma intenção objetiva voltada para a legalidade do tema, para a objetividade no objeto por ela designado. Não se deve esquecer de que a mais simples, a mais cotidiana das palavras sempre expressa a universalidade do objeto, o gênero, a espécie, não o exemplar singular, de que, no plano da linguagem, é pura e simplesmente impossível encontrar uma palavra que designe inequivocamente a singularidade de qualquer objeto. Naturalmente, é possível indicar o que se tem em mente por meio de um gesto apontando para um objeto sensivelmente presente; contudo, assim que se pretende fazer um enunciado linguístico sobre esse mesmo objeto ausente, a palavra mostra-se incapaz disso; só a sintaxe desenvolvida tem condições de designar a singularidade na reprodução linguística da indicação sensível, isto é, de circunscrever linguisticamente o gesto sensível de indicar o objeto presente (por exemplo: a velha mesa que está no quarto de nossa mãe). De resto, a linguagem pode, na melhor das hipóteses, chegar a uma aproximação, à designação mais concretizada possível da espécie etc. a que pertence o referido objeto dentro do seu gênero, ou seja, em termos filosóficos: na expressão linguística vem em primeiro plano, em tais casos, a particularidade como aproximação da singularidade.

Não foi sem intenção que, na descrição de uma factualidade extremamente elementar, lançamos mão de categorias filosóficas como uviversalidade, particularidade e singularidade. Quisemos mostrar, valendo-nos de um exemplo drástico, que, na prática, foi preciso que as principais categorias do conhecimento da realidade aflorassem já muito cedo, já num estágio bastante primitivo. Isso ocorreu, no entanto, sem a menor consciência sobre o alcance teórico daquilo que suas descobertas mais primitivas na realidade continham implicitamente. Marx diz com razão que as categorias são "formas de ser, determinações da existência", razão pela qual podem aflorar e ser usadas na prática, muito antes de serem reconhecidas como tais. Já apontamos para conexões semelhantes ao tratar do trabalho, as quais confirmam a profunda percepção de Marx de que a práxis põe e aplica muita coisa teórica sem poder trazer à consciência qualquer noção de sua importância teórica. "Eles não sabem disso, mas o fazem", diz Marx[25]. E Engels aponta reiteradamente para o herói das comédias de Molière, que falou em prosa durante toda a sua vida sem saber que estava fazendo isso. Nessa peculiaridade da relação entre práxis e teoria humana, expressa-se um duplo aspecto. Considerado do ponto de vista do mundo exterior, o fato de que as categorias que usamos em nossas teorias são imagens das objetividades do mundo objetivamente real. Contrapondo-se a teorias, que procuram atenuar o caráter mimético do conhecimento e que, por exemplo, atribuem à realidade objetiva um ser-em-si material-conteudista, mas concebem suas formas exclusivamente como produtos do espírito, Marx enfatiza que a objetividade de todos os objetos é inseparável do seu ser material[26]. Essa concepção do mundo existente em si é arredondada teoricamente pelo fato de a objetividade de todos os objetos e relações existentes possuir uma infinitude extensiva e intensiva de determinações. Somente a partir desse ponto é que pode ser compreendido adequadamente também o aspecto subjetivo do processo tanto prático como teórico de apropriação da realidade: na práxis, sempre são apreendidas objetividades reais (e obviamente é impossível que pudessem ser apreendidas na prática se essa apreensão não fosse precedida por uma imagem, uma reprodução conceitual no sujeito atuante); ao mesmo tempo, é preciso constatar, a respeito de toda práxis, que ela jamais – por princípio, jamais – possuirá a totalidade das determinações como sua base de conhecimento. Toda práxis e toda teoria a ela associadas defrontam-se objetivamente com o seguinte dilema: depender da e estar dedicado à apreensão – impossível – da totalidade das determinações junto com uma renúncia parcial espontaneamente necessária ao cumprimento de tais exigências. Do ponto de vista de uma crítica gnosiológica da teoria associada à práxis, Lenin descreve de modo muito plástico a situação aqui resultante: "Para conhecer realmente um objeto, é preciso apreender e pesquisar todos os seus aspectos, todas as conexões e 'mediações'. Jamais conseguiremos fazer isso plenamente, mas a exigência de considerar todos os lados nos preservará de erros e da estagnação"[27].

---

[25] K. Marx, *Das Kapital*, cit., v. I, p. 40; MEW, v. 23, p. 88 [ed. bras.: *O capital*, Livro I, cit., p. 149].
[26] Idem, [*Ökonomisch-philosophische Manuskripte aus dem Jahre 1844,*] MEGA, v. III, p. 161; MEW EB, v. 1, p. 579 [ed. bras.: *Manuscritos econômico-filosóficos*, cit., p. 137].
[27] V. I. Lenin, [*Vom Kriegskommunismus zur neuen ökonomischen Politik 1920-1921,*] Sämtliche Werke, v. XXVI, p. 160-1; LW, v. 32, p. 85.

Como acontece com toda práxis humana, a criação da linguagem do homem, sua ininterrupta reprodução no âmbito da práxis social, o "morrer e devir" de todos os seus momentos singulares, o conservar-se de um ser do tipo complexo enquanto totalidade, sempre estiveram e estão sujeitos a esse dilema. Toda expressão linguística contém em si, não importa o quanto se torne consciente, a tentativa de dar uma solução otimizada a esse dilema. Nesse tocante, o problema coloca-se de maneira bem diferente para a linguagem enquanto instrumento do intercâmbio entre homens do que para o trabalho em si, que medeia o metabolismo da sociedade com a natureza. Com efeito, a supremacia da generidade no trabalho coloca no centro os traços recorrentes de cunho geral do seu objeto, sendo que a consideração do singular se reduz à busca por tornar tão ineficaz quanto possível, em cada caso dado, as fontes de erros; na mesma proporção, inere-lhe, no aspecto subjetivo, a tendência de assegurar, na execução, a supremacia ao objetivamente otimizado, ou seja, ao genérico, diante dos métodos singulares, meramente particulares. O fato de o otimizado, via de regra, surgir primeiro como desempenho singular não contradiz esse estado de coisas; a razão pela qual ele se impõe em longo prazo é que, segundo o seu teor essencial, ele é genérico, capaz de generalização e não meramente particular.

Essa questão se coloca de modo bem diferente para a linguagem. Originalmente, esta é o instrumento social para conferir validade àqueles pores teleológicos que têm como meta induzir outros homens a determinados pores teleológicos. Também nesse caso a ação genérica no trabalho, com todas as suas determinações objetivas, permanece como a meta última, mas o caminho até lá passa pela consciência de outros homens, nos quais se pretende despertar pelas mais diversas vias essa generidade, essa ultrapassagem da própria particularidade. Nesse ponto, aparece de modo ainda mais claro e nuançado a necessidade daquele caráter geral das palavras, de que já tomamos conhecimento. Às tendências que já se tornaram visíveis no próprio trabalho soma-se o apelo pessoal aos homens. De modo imediato, esse apelo pode ser dirigido a um homem singular, e é isso que muitas vezes acontece na realidade, mas é digno de nota que, também nesse caso, ele deve se mover – linguisticamente – na esfera da universalidade, da generidade. Mesmo que o conteúdo do ato de linguagem equivalha a uma censura, um elogio, um xingamento, que são de cunho puramente pessoal e predominantemente emocional, o que se comunica ao outro é em que grupo humano ele se enquadra com o seu comportamento; independentemente se ele é designado de herói ou canalha, a linguagem só consegue fazê-lo mediante essa classificação em tais grupos de comportamento. Do ponto de vista social, isso de fato não é pouco. Com efeito, para o homem singular reveste-se de importância vital o modo como os seus semelhantes o avaliam, o modo como avaliam sua atividade, seu comportamento, como o classificam dentro da respectiva sociedade. Não é por acaso que, na ética grega, ainda bem próxima da vida concreta, elogio e censura, assim como as reações a ambos, tinham grande importância. Naturalmente esse processo, paralelamente ao desenvolvimento da sociedade, torna-se cada vez mais complexo, cada vez mais refinado, "individualizado". Mas não se deve esquecer que, com tudo isso, as palavras que são usadas podem adquirir no máximo uma nuance mais nítida, que se aproxima mais do caso singular, o que, contudo, não é capaz de modificar nada decisivo na estrutura básica da linguagem aqui descrita. Dizer "tu és um canalha" pode, sob certas circunstâncias, exprimir certo reconhecimento, assim como dizer "mas que coisa bem feita!" pode exprimir uma censura etc. Porém, a despeito de todos esses matizes, ressalvas etc. nuançadas, a estrutura básica, a ordenação do ato particular e de seu agente numa determinada classe de comportamento permanece inalterada.

É óbvio que o desenvolvimento da linguagem não pode se contentar nem mesmo com esse refinamento. Quanto mais mediada se tornar, no decorrer do desenvolvimento social, essa indução do outro a um pôr teleológico, quanto mais a comunidade original de indivíduos particulares evolui para uma comunidade de individualidades, de personalidades, tanto mais a expressão linguística também precisa ser orientada, por seu turno, para a individualização. Para isso, surgem séries inteiras de formas de expressão linguística, que aqui naturalmente não podemos nem mesmo enumerar, que dirá analisar. Porém, não se pode deixar de levar em conta que, nesse processo, o recurso a meios de expressão não linguísticos no sentido estrito desempenha um papel importante e efetivo, como é o caso das nuances de ênfase na linguagem falada, dos gestos a ela associados, das expressões faciais etc. Também o falar e o ouvir tornam-se cada vez mais nuançados, fenômeno que descrevi na minha *Estética* como área do conhecimento da natureza humana (conhecimento correto do parceiro individual) e cujo órgão *designei* ali com o sistema de sinalização I'[28]. Isso tem como consequência, no âmbi-

---
[28] G. Lukács, [*Ästhetik II: Die*] *Eigenart des Ästhetischen*, cit., v. II, p. 11s; GLW, v. 12, p. 11s.

to da linguagem, uma luta intestina contra sua universalidade genérica, visando aproximar-se da expressão do singular-individual.

Não há como empreendermos aqui a descrição dessa luta, de suas etapas, de seus meios; a única coisa que interessa ainda é perceber que, no desenvolvimento da linguagem, também se desenrola outra luta na direção diametralmente oposta. A luta recém-descrita tinha como pressuposto que, na linguagem enquanto tentativa de espelhar e fixar em forma consolidada objetos interiormente infinitos, necessariamente deveriam surgir ambiguidades no sentido das palavras, das locuções etc. Essas ambiguidades produzem uma parte do campo de ação para as tendências acima descritas rumo à individualização. Se, em contraposição, a intenção é consolidar a fixação das determinações gerais – o que é uma necessidade no mínimo igualmente importante do intercâmbio social humano – como a função social mais importante da linguagem, a ambiguidade no sentido das palavras deve ser encarada como um ponto fraco da linguagem a ser superado. Não há necessidade de discussões detalhadas para mostrar que, assim que a ciência é desenvolvida a partir do trabalho como fator da vida social, assim que a regulação jurídica do intercâmbio social se torna um importante componente da existência das sociedades, essa necessidade de controlar, de refrear a diversidade de significados no sentido das palavras, dos enunciados etc. vai adquirindo cada vez mais força. A definição enquanto ato de determinar inequivocamente o sentido nos enunciados almeja eliminar essa ambiguidade de sentidos ao menos da linguagem das ciências. Também nesse ponto a nossa tarefa não pode consistir em abordar as correntes ou polêmicas que surgem nesse âmbito, nem verificar criticamente os seus resultados. Podemos apenas constatar, por um lado, que a unicidade – que pode sempre ser alcançada apenas em termos relativos – do uso científico das palavras é uma questão vital para a atuação e a existência das ciências, mas que, por outro lado, a tentativa de eliminar completamente a ambiguidade da linguagem desembocaria numa renúncia a toda comunicação linguística, à existência da linguagem enquanto linguagem. Nessa linha, há os "ultra"-neopositivistas, que reduzem a dimensão linguística aos "sinais" anteriormente caracterizados e, desse modo, convertem a realidade em puro objeto da manipulação. É assim que surge a "linguagem" da jurisprudência amplamente estranha à vida; é assim que, a partir da "inadequação" da linguagem ao puro pensar, é desenvolvido um ceticismo "crítico da linguagem" etc.

A única coisa que nos interessa agora é constatar que a linguagem é a satisfação de uma necessidade social que surge ontologicamente, em decorrência da relação dos homens com a natureza e entre si, e que justamente nessa duplicidade de exigências contrapostas, justamente nessa contraditoriedade dialética, deve e pode ser realizada em termos práticos. É por isso que o duplo movimento em direções contrapostas caracteriza o desenvolvimento de toda língua viva. Por um lado, expressões da vida cotidiana deslocam-se ininterruptamente para uma esfera de generalização cada vez maior, ininterruptamente palavras da linguagem cotidiana adquirem tal significado extremamente generalizado (basta ter em mente a palavra "geral", mas também os termos greco-latinos usados nas maiores generalizações eram antigamente, na língua viva, expressões para fenômenos cotidianos). Por outro lado e simultaneamente, dá-se um movimento oposto na direção de um determinar individualizante, como surgimento de novas palavras ou de novas nuances de significado das palavras já em uso. Todavia, essas tendências operam predominantemente na totalidade dinâmica do conjunto do seu desenvolvimento. Todo uso individualizado da linguagem suscita – a partir de um ou de outro lado – a problemática aqui indicada, e não há caso singular da vida em que possa ser encontrada uma resposta totalmente isenta de problemas. Só o conjunto das tentativas de superação das contradições é que resulta na constituição essencial da linguagem: sua existência, seu movimento, e isso de tal modo que ela é reproduzida como um meio cada vez mais adequado – jamais perfeito – de satisfação das duas necessidades. A contraditoriedade das duas direções provém do ser social do homem. Por sua contraditoriedade, o movimento se torna o fundamento da peculiaridade, da fecundidade inesgotável da linguagem.

Nesse tocante, é preciso enfatizar sempre isto: a universalidade que surge do realizar-se do homem como ser genérico humano em sua práxis social é e permanece o momento preponderante nessa interação. Com efeito, a nova continuidade que caracteriza o ser social só pode impor-se quando todos os momentos da práxis que contribuem para esse progresso, para essa intensificação objetiva da generidade, e que a promovem também forem preservados subjetivamente, também na consciência dos homens, quando não existirem só em si, mas se encontrarem justamente no seu ser-em-si registrado pela consciência, em movimento rumo ao ser-para-si da generidade. Porém, a continuidade jamais constitui o mero registro do que já foi alcançado, mas também, sem renunciar a essa fixação, um ininterrupto progredir para além, no qual se efetiva, em cada estágio, essa dialética de superação, a unidade contraditória do preservar e do seguir adiante. Portanto, se quisermos compreender a linguagem no contexto do ser social, devemos vislumbrar nela o *medium*, sem o qual seria impossível que tal continuidade se realizasse. Contudo, para poder cumprir essa sua função social, a linguagem deve formar um complexo – relativamente – fechado em si mesmo. A linguagem está em condições de satisfazer essa necessidade social porque não apenas é capaz de transformar a consciência dinâmica e progressiva de todo o processo social de reprodução em portadora da relação viva entre homens, mas também porque acolhe em si todas as manifestações de vida dos homens e lhes confere uma figura passível de comunicação, ou seja, só porque ela constitui um complexo tão total, abrangente, sólido e sempre dinâmico quanto a própria realidade social que ela espelha e torna comunicável. Em última análise, portanto, por formar um complexo tão total e dinâmico quanto o da própria realidade por ela retratada.

Assim como em outras formas do ser, podemos observar também na linguagem um movimento pelo qual as características específicas de seu tipo de ser ganham expressão de modo cada vez mais puro. A superação da mudez do gênero só pode suceder quando a consciência deixa de ser um epifenômeno do ser biológico, quando participa ativamente da formação da essência específica do ser social. Por si só fica claro que cabe à linguagem um papel fundante elementar e de promoção ativa desse processo de reprodução. A fixação no plano da consciência das novas formas de atividade, uma vez conquistadas no metabolismo da sociedade com a natureza, já confere a esse processo, em sua transformação e desenvolvimento para um patamar superior, simultaneamente uma maior solidez e elasticidade, uma univocidade tendencialmente mais precisa nas determinações e uma possibilidade de variação mais gradual nos projetos e em suas execuções do que jamais poderia ser conferido por um crescimento puramente natural. A linguagem é o órgão dado para tal reprodução da continuidade no ser social. Ela também já o é quando funciona apenas como linguagem falada e exerce o papel de portadora da continuidade através da tradição oral. Porém, de sua essência resulta que – nisto ela é uma autêntica manifestação do ser social – essa sua fixação das conquistas é aperfeiçoada mediante a fixação de si mesma na linguagem escrita. Não é preciso discorrer longamente para mostrar que isso assegura ainda mais a fixação e seu desenvolvimento crítico continuado, tampouco que essa tendência experimenta uma intensificação maior ainda com as melhorias técnicas, com a difusão da linguagem escrita. Os homens alcançaram desse modo um estágio que torna possível – objetivamente, em princípio, embora nem de longe realizado na prática – para todo homem reproduzir também em sua consciência o caminho até agora percorrido pelo gênero humano e tomar uma posição crítica, positiva ou negativa, acerca das suas etapas e de suas relações com seu presente, com suas conquistas e sua problemática. A mudez do desenvolvimento do gênero, portanto, é ultrapassada de modo qualitativo-geral pela linguagem já num nível primitivo, e essa superação vai continuamente aumentando, em sentido extensivo e intensivo, por meio do surgimento e da difusão da linguagem escrita.

Essa tendência ainda adquire um peso ontológico mais determinado, visto que, examinada em seu conjunto, possui um caráter essencialmente espontâneo, isto é, porque a linguagem, por sua essência íntima, sempre é concomitantemente imagem e expressão daquilo que o gênero alcançou faticamente em cada momento de sua autorrealização. A constatação dessa espontaneidade de modo algum comporta uma negação do papel desempenhado nela pelos criadores singulares da linguagem. Pois sabemos que toda espontaneidade social é uma síntese de pores teleológicos singulares, de decisões alternativas singulares, e o fato de motor e *medium* da síntese possuírem um caráter espontâneo de modo algum abole o caráter volitivo, mais ou menos consciente, dos pores singulares fundamentais, nem a constatação de que o significado fático desses pores tem de ser extremamente desigual, podendo constituir-se, por meio das dimensões criadora ou receptora, de afirmação ou de negação, em seus atos singulares, em partículas minúsculas do processo total, mas, dependendo das circunstâncias, podem também influenciar o desenvolvimento da linguagem de modo irremediável (basta lembrar a tradução da Bíblia por Lutero). Mas o conjunto do processo permanece espontâneo, porque a direção do seu movimento, seus respectivos estágios etc. são determinados, em última análise, pelo desenvolvimento social, do qual a própria linguagem é imagem, fixação no plano da consciência. Essa noção reforça novamente a generidade da linguagem: das criações linguísticas singulares, das rejeições de criações linguísticas etc., só ingressa no complexo dinâmico da linguagem aquilo que é compatível com o estado atual da generidade, deslocando-o de sua mudez na simples sensação pré-linguística para a claridade da generidade. Se as novas palavras, locuções etc. que aparecem se apresentam para nós como produtos anônimos do desenvolvimento da linguagem, isso não pode anular objetivamente seu surgimento como criação de um indivíduo (ou de vários indivíduos ao mesmo tempo). Do mesmo modo, o desaparecimento de palavras, locuções etc. nada mais é que a recusa – num primeiro momento, individual – de usá--las por parte de um grande número de homens, por não corresponderem à sua atual maneira de sentir a vida. A evidência mais clara desse caráter espontâneo da linguagem, que sintetiza os atos pessoais, é a pluralidade das línguas, que corresponde exatamente à atual consciência de gênero realmente presente na humanidade. E o estudo do surgimento e do desenvolvimento dessa pluralidade a partir da união de dialetos locais, da fusão de diversas línguas, do desdobramento de um dialeto em linguagem autônoma etc. é simultaneamente uma imagem do devir das nações e um fator ativamente importante desse devir.

Desse modo, a linguagem é um autêntico complexo social dinâmico. Ele tem, por um lado, um desenvolvimento legal próprio, no qual naturalmente essa legalidade própria possui um caráter histórico-social mutável, já que nele não só os elementos (palavras etc.) surgem e passam, mas também as leis que determinam sua estrutura estão sujeitas a essa mudança. Essa legalidade própria caracteriza, como ainda veremos, todos os autênticos complexos dentro do complexo "ser social". Isso é tanto mais notório na linguagem pelo fato de a sua reprodução, como vimos, ser essencialmente espontânea, a qual, devido ao seu papel na vida cotidiana dos homens, está simultaneamente em conexão não só ininterrupta, mas também imediata ao extremo, tanto com as mais leves oscilações como com os mais fortes abalos do ser social, razão pela qual reage a estes de modo imediato, em atos expressivos imediatos. A linguagem, portanto, é profundamente dependente de todas as mudanças que ocorrem na vida social e, simultaneamente, passa por um desenvolvimento que é determinado de modo decisivo por sua legalidade própria. Essa contradição tampouco comporta um "ou isto ou aquilo" antinômico, mas, muito antes, um antagonismo interno, intimamente entrelaçado na interação dialética. O desenvolvimento da linguagem transcorre por sua própria lei, mas, quanto aos seus conteúdos e às suas formas, num entrelaçamento ininterrupto com a sociedade, de cuja consciência ela é órgão. Em longo prazo não pode haver nenhuma modificação na linguagem que não corresponda às suas leis internas. Mas motivo, conteúdo e forma são fornecidos por aquele complexo social que produz alegrias e sofrimentos, ações e catástrofes humanos, razão pela qual ele cria tanto em termos de conteúdo como de forma aquele espaço real de manobra, no qual a legalidade interna da linguagem adquire validade tanto positiva como negativamente. Todavia, aquilo que, na primeira ocorrência, parecia ser um desvio da legalidade pode comprovar-se mais tarde como germe de uma nova legalidade ou como modificação da anterior. A contradição, portanto, adquire a sua forma mais exacerbada na consideração dos fenômenos no plano cognitivo; no plano do ser, estes experimentam uma determinação dupla por parte de esferas de vida em muitos aspectos heterogêneas entre si, cuja ação conjunta, contudo, constitui a base real do ser e devir da linguagem.

A evidência mais clara disso é a diferença entre as línguas vivas e aquelas que costumamos chamar de línguas mortas. A língua viva vive justamente porque se renova ininterruptamente dentro dessas contradições, carregada e conduzida por elas, sem renunciar ao essencial de sua anterior peculiaridade, pelo contrário, aprofundando organicamente a formação desta. Ela é viva porque retrata o mundo de intuições, sentimentos, pensamentos, aspirações etc. dos que vivem justamente naquele momento e forma sua expressão ativa imediata. A língua morta foi definitivamente fixada como monumento, detendo-se, justamente por isso, nos sentimentos etc. de homens há muito falecidos de alguma sociedade desaparecida e não podendo constituir um espaço de expressão para os sentimentos etc. dos que nasceram mais tarde. Naturalmente, pode haver constelações históricas para as quais uma língua morta em sua consumação petrificada pode cumprir uma missão social; é o caso da língua latina na Idade Média, que, em vista dos problemas que unificavam a civilização europeia daquela época, pareceu um meio mais adequado que as línguas nacionais vivas ainda em muitos aspectos em processo de formação, uma civilização que ainda não estava preparada para dar expressão na forma da língua nacional a problemas gerais da generidade. Mas é digno de nota que a poesia maior dessa época não obstante se expressa nas línguas nacionais e, de Walther von der Vogelweide até a *Divina Commedia*, alça o processo histórico de reprodução da linguagem e da literatura a um nível superior, enquanto a poesia em língua latina surgida nessa época e posteriormente não conseguiu se inserir nesse processo.

Mesmo sem poder abordar aqui as questões estéticas e científico-linguísticas associadas ao tema, parece-nos proveitoso fazer algumas observações sobre o sentido que assume a vida e a morte na perspectiva social. A despeito de todas as diferenças essenciais, sobre as quais mais adiante ainda falaremos extensamente, a peculiaridade ontológica mostra alguns traços que parecem afins, sobretudo o fato de que, em ambos os casos, vida significa a reprodução das categorias da própria esfera, um conservar a si mesmo, um renovar-se, sendo que tudo o que procede de outras esferas do ser entra em cogitação somente como material elaborado, como força utilizada etc. Mas já aqui aflora a diferença significativa de que a vida propriamente dita dos complexos no âmbito do ser social está muito mais próxima da reprodução filogenética na natureza orgânica de sua estrutura e dinâmica internas do que da reprodução ontogenética. Isso se evidencia, por um lado, no fato de a duração da vida não ter limites "naturais", como na reprodução dos seres vivos singulares (naturalmente também na dos homens enquanto seres vivos), já que, nesse caso, a mudança qualitativa, o crescimento que resulta em algo diferente, ainda é bem mais possível do que na reprodução filogenética das espécies ou gêneros na natureza orgânica. Por outro lado, porém, a morte nem sempre significa, nesse caso, um cessar, como na extinção de gêneros e espécies. As línguas, atendo-nos à questão que estamos tratando mais propriamente, podem muito bem cessar como tais, mas continuar, como elementos de construção de novas línguas, no processo de fusão de outras línguas, constituindo fermentos importantes de uma nova língua viva; grande parte das atuais línguas europeias surgiu assim. Isso evidencia ainda outros aspectos da ontologia dos complexos sociais. Estes são determinados de modo tão preciso e claro quanto as unidades reprodutivas da natureza orgânica, mas o ser social produz tais complexos precisamente determinados sem os limites precisamente determináveis do seu ser; as determinações são sempre predominantemente funcionais, o que não apenas faz com que, por exemplo, a linguagem seja um complexo que existe e se reproduz autonomamente, mas simultaneamente também possua universalidade e ubiquidade sociais, por não haver um único complexo no âmbito do ser social que possa existir e desenvolver-se sem a função mediadora da linguagem. Isso aparece de forma particularmente marcante na linguagem e a diferença essencialmente de outros complexos sociais, mas alguns momentos dessa situação podem ser observados em praticamente todos os complexos sociais.

Esse ser determinado sem limites determinados impede também outra comparação do ser social com o ser biológico, a saber, a comparação entre a divisão do trabalho naquele e a formação dos órgãos neste. As explicações outrora populares a esse respeito foram perdendo a validade com o passar do tempo, e apontar para a sua falta de validade talvez nem seja assim tão inútil, porque a incomparabilidade das duas esferas fica evidente a partir de mais esse aspecto. De qualquer modo, tais comparações nos advertem a usar tranquilamente o termo "vida" no âmbito do ser social sem perigo de falsificação do essencial, porque feito com certa cautela, mas o termo "morte" como cessar da vida, como sujeição do organismo às leis ativas da natureza inorgânica, pode muito facilmente levar a mal-entendidos embaraçosos. Pense-se, por exemplo, em categorias como envelhecimento na vida espiritual (também na linguagem), sendo que, no entanto, a história mostra muitos exemplos de que coisas aparentemente definitivas, de tal modo absorvidas que se costumou designá-las, muitas vezes com forte convicção subjetiva, de "mortas" no sentido social, tornaram-se de modo totalmente inesperado objeto de uma necessidade social e, a partir desse encontro, converteram-se em componente vivo da "vida", do processo de reprodução; a história da linguagem também mostra muitos exemplos dessa espécie. Em breve síntese, essas comparações apontam novamente para aquele problema fundamental, que desempenhou um papel importante tanto na análise do trabalho como na da linguagem, a saber, que a generidade, no sentido mais articulado possível da palavra, desempenha, no âmbito do ser social, um papel ontológico qualitativamente distinto do papel que desempenha na natureza orgânica, que muitas deformações na interpretação do ser social se devem a que a oposição entre gênero e exemplar singular é transplantada acriticamente da natureza orgânica para o ser social; posta sobre essa base, a elevação do singular a personalidade necessariamente torna as deformações maiores ainda, já que hoje ainda persiste uma forte inclinação para isso quando se interpreta personalidade como oposição a generidade. Com efeito, desse modo, passa-se ao largo do problema propriamente dito, a saber, que a personalidade constitui um elevar-se à generidade a partir da particularidade singular, que, no quadro do ser social, a generidade de modo algum pode ser equiparada à média das particularidades.

    A linguagem como complexo dentro do complexo "ser social" possui, como mostrou a totalidade dos nossos raciocínios, em primeiro lugar, um caráter universal, que se expressa no fato de que, para cada área, para cada complexo do ser social, ela deve ser órgão e *medium* da continuidade do desenvolvimento, da preservação e da superação. Mais adiante, veremos que esse é um traço característico específico da linguagem enquanto complexo social, mas de modo algum o de todas as formações dessa espécie. Em segundo lugar – e também isto está bem estreitamente ligado com essa universalidade –, a linguagem medeia tanto o metabolismo da sociedade com a natureza como o intercâmbio puramente intrassocial dos homens, ao passo que numerosos outros complexos têm sua base operativa em apenas uma dessas áreas; até mesmo uma forma de atividade tão universal quanto a do trabalho refere-se, em sentido próprio, ao metabolismo com a natureza. Nem mesmo o extremo desenvolvimento da técnica anula esse caráter ontológico do trabalho, pois, visto dessa maneira, dá no mesmo se o trabalho é manual ou maquinal (inclusive automatizado), se sua intenção está direcionada diretamente para fenômenos naturais concretos ou para o aproveitamento de legalidades naturais. Em terceiro lugar, o processo de reprodução da linguagem, como já foi mostrado, é de natureza predominantemente espontânea, isto é, ele se realiza sem que a divisão social do trabalho isole a partir de si certo grupo humano cuja existência social se baseie no funcionamento e na reprodução dessa área, cuja posição na divisão social do trabalho experimenta certa institucionalização. Mesmo ocorrendo que certas instituições, como academias etc., almejem exercer certa influência sobre a evolução da linguagem e por vezes até obtenham certos resultados nesse tocante, essa interferência, se examinarmos a totalidade da reprodução da linguagem, é ínfima: a linguagem se renova espontaneamente na vida cotidiana, guiada pelas mais diversas necessidades reais que a regem. Assim sendo, a reprodução da linguagem, em contraposição aos demais complexos sociais, não tem um grupo humano como portador; portadora é a sociedade toda, na qual cada um de seus membros – querendo ou não, ciente ou não – influencia, por meio do seu comportamento na vida, o destino da linguagem.

Esse caráter universal e espontâneo da linguagem na cadeia dos complexos que constroem o ser social como complexo, que o tornam capaz de funcionar e de se reproduzir, proporciona uma orientação favorável à análise de complexos qualitativamente diferentes, muitas vezes antagonicamente criados. Todavia, também estes devem ser examinados historicamente, pois com frequência se evidencia que o desenvolvimento histórico-social num estágio elevado, que lhe imprime a estrutura e a dinâmica que lhe são próprias, pode estar numa relação até mesmo antagônica com os seus primórdios. Isso se vê claramente se analisarmos mais detidamente o complexo cuja função é a regulação jurídica das atividades sociais. Essa necessidade surge já num estágio relativamente baixo da divisão social do trabalho. Já por ocasião da simples cooperação (caça), os deveres de cada um dos homens singulares envolvidos devem ser regulamentados da forma mais exata possível, com base no processo concreto de trabalho e na divisão do trabalho dele resultante (batedores e caçadores na caça). Mas, quanto a isso, nunca se pode esquecer o que aqui já foi reiteradamente enfatizado, que a regulação consiste em influenciar os participantes de tal maneira que eles, por sua vez, executem aqueles pores teleológicos que lhes foram atribuídos no plano geral da cooperação. Como, porém, o que igualmente já sabemos, esses pores teleológicos necessariamente constituem decisão alternativa, eles podem, no caso dado, sair bem ou mal, não dar em nada ou resultar até mesmo no contrário. Por mais que, naquelas condições primitivas, os homens singulares, em situações vitais, tomavam espontaneamente decisões em média mais parecidas do que posteriormente, por mais que, na igualdade de interesses que naquele tempo ainda predominava, tenha havido menos razões objetivas para resoluções contrárias, sem dúvida houve casos de fracasso individual, contra os quais a comunidade precisou se proteger. Assim, teve de surgir uma espécie de sistema judicial para a ordem socialmente necessária, por exemplo, no caso de tais cooperações, muito mais no caso de contendas armadas; porém, ainda era totalmente supérfluo implementar uma divisão social do trabalho de tipo próprio para esse fim; os caciques, os caçadores experientes, guerreiros etc., os anciãos podiam cumprir, entre outras, também essa função, cujo conteúdo e cuja forma já estavam traçados em conformidade com a tradição, a partir de experiências reunidas durante longo tempo. Só quando a escravidão instaurou a primeira divisão de classes na sociedade, só quando o intercâmbio de mercadorias, o comércio, a usura etc. introduziram, ao lado da relação "senhor-escravo", ainda outros antagonismos sociais (credores e devedores etc.), é que as controvérsias que daí surgiram tiveram de ser socialmente reguladas e, para satisfazer essa necessidade, foi surgindo gradativamente o sistema judicial conscientemente posto, não mais meramente transmitido em conformidade com a tradição. A história nos ensina também que foi só num tempo relativamente tardio que até mesmo essas necessidades adquiriram uma figura própria na divisão social do trabalho, na forma de um estrato particular de juristas, aos quais foi atribuída como especialidade a regulação desse complexo de problemas.

    Assim, nesse caso, um estrato particular de homens se torna portador social de um complexo particular, em relação ao qual a divisão social do trabalho se desdobra. Nesse tocante, é preciso mencionar de imediato que, simultaneamente ao surgimento da esfera judicial na vida social, um grupo de homens recebe a incumbência social de impor pela força as metas desse complexo. Engels descreve o surgimento dessa *força pública* que já não se identifica diretamente com a população que se organiza por si própria como poder armado" da seguinte maneira:

> A necessidade dessa força pública particular deriva da divisão da sociedade em classes, que impossibilita qualquer organização armada autônoma da população. [...] Essa força pública existe em todos os Estados; sendo constituída não só por homens armados, mas também por acessórios materiais, cárceres e instituições coercitivas de todo tipo, desconhecidos pela sociedade gentílica. Essa força pode ser pouco significativa e até quase nula nas sociedades em oposições de classe pouco desenvolvidas ou em regiões afastadas [...]. Mas ele se fortalece na medida em que se exacerbam os antagonismos de classe dentro do Estado e na medida em que os Estados limítrofes crescem e aumentam sua população.[29]

Valendo-se do antagonismo entre possuidores de escravos e escravos, Engels caracteriza corretamente o fundamento último do surgimento de tais estruturas. Nós, porém, já apontamos para algo que de modo algum refuta a constatação acima, mas apenas a concretiza ainda mais: quanto mais avança o desenvolvimento da sociedade, o antagonismo entre senhores e escravos de modo algum constituiu o seu único antagonismo de classe, visto que, por exemplo, na Antiguidade o antagonismo de interesses de credores e devedores, na Idade Média o dos cidadãos e da propriedade feudal etc., desempenharam um papel importante. Por mais que, do ponto de vista da totalidade do desenvolvimento social, interesse em primeira linha aquela luta de classes que tem sua origem nas formas fundamentais de apropriação do mais-trabalho, não se pode negligenciar os antagonismos de classe de outro tipo que dela decorrem em virtude de mediações econômicas, particularmente se quisermos compreender mais concretamente as determinações específicas da esfera jurídica como complexo social.

Com efeito, só os antagonismos elementares mencionados podem ser resolvidos, dependendo das circunstâncias, puramente com base no uso direto da força; todavia, com a crescente socialização do ser social desfaz-se essa supremacia da mera força, sem que ela, no entanto, chegue a desaparecer nas sociedades de classe. Pois, no caso das formas mais mediadas dos antagonismos sociais, reduzir a regulação da ação social ao puro uso da força bruta forçosamente le-

---

[29] F. Engels, *Der Ursprung der Familie*, p. 168s; MEW, v. 21, p. 165s [ed. bras.: *A origem da família, da propriedade privada e do Estado*, cit., p. 185].

varia a uma desagregação da sociedade. Nesse nível, deve estar em primeiro plano aquela unidade complexa de força indisfarçada e latentemente velada, revestida da forma da lei, que adquire seu feitio na esfera jurídica. A expressão ao mesmo tempo cínica e sábia de Talleyrand de que com as baionetas se poderia fazer de tudo, menos sentar em cima delas, ilustra de modo epigramaticamente acertado esse estado de coisas, a saber, que seria impossível para uma sociedade com certo grau de desenvolvimento funcionar e se reproduzir normalmente se a maioria dos pores teleológicos de seus membros fosse direta ou indiretamente imposta simplesmente pela força. Não é por acaso que, na história da Antiguidade, os legisladores que põem fim a um período de guerras civis são estilizados como heróis míticos (Licurgo, Sólon). É verdade que, na pólis grega e também na república romana, o direito possui um significado muito particular. Ele é o portador, o centro espiritual de todas as atividades humanas; tudo o que mais tarde se diferencia em moral e até em ética, na concepção clássica da pólis, ainda está totalmente preso ao Estado, ainda é totalmente idêntico ao direito. Só com os sofistas aflora o caráter que no decorrer do desenvolvimento foi se tornando específico do direito, a mera legalidade do agir; assim sendo, de acordo com Antifonte, se a ação ocorre para "evitar o prejuízo da pena, então dificilmente se procederá segundo a lei também nos casos em que não há motivo para manter as aparências diante do público e em que não existem testemunhas da nossa ação"[30]. Não precisamos descrever aqui como o desenvolvimento social transformou tais "paradoxos" de *outsiders* singulares em *communis opinio*, tampouco o fato igualmente conhecido de que, ao lado do direito real, efetivamente funcionando, ao lado do assim chamado direito positivo, sempre esteve presente na consciência social dos homens a ideia de um direito não posto, que não brota de atos sociais, considerado como ideal para o primeiro, a saber, o direito natural. Esse dever possui uma importância social extremamente diferenciada em diversos períodos: de uma grande influência conservadora (direito natural católico na Idade Média), de uma força explosiva revolucionária (Revolução Francesa), a tensão se reduz muitas vezes a desejos piedosos retórico-professorais perante o direito vigente.

É socialmente necessário que o comportamento dos homens singulares no âmbito do respectivo direito vigente, sua influência sobre seus pores teleoló-

---

[30] W. Jäger, *Paideia [Die Formung des griechischen Menschen]* (Berlim, 1959), v. I, p. 415 [ed. bras.: *Paideia: a formação do homem grego*, trad. Artur M. Parreira, São Paulo, Martins Fontes, 2003, p. 382; com modif.].

gicos singulares na vida cotidiana, oscile entre esses extremos, mais exatamente não de maneira que um grupo humano assuma esta posição e outro grupo humano assuma aquela, mas sim de que muitos homens façam um movimento de ida e volta, dependendo das circunstâncias gerais e particulares, sob as quais costumam efetuar seus pores teleológicos. Com efeito, o direito, surgido em virtude da existência da sociedade de classes, é por sua essência necessariamente um direito de classe: um sistema ordenador para a sociedade que corresponde aos interesses e ao poder da classe dominante. A limitação que atribuímos à transposição da dominação de classe para o sistema do direito positivo é, em muitos aspectos, importante para a sua compreensão. Em primeiro lugar, muitas sociedades de classes estão diferenciadas em várias classes com interesses divergentes, e não ocorre com muita frequência que a classe dominante consiga impor em forma de lei seus interesses particulares de modo totalmente ilimitado. Para poder dominar em condições otimizadas, ela precisa levar em conta as respectivas circunstâncias externas e internas e, na instituição da lei, firmar os mais diferentes tipos de compromissos. Está claro que sua extensão e magnitude exercem influência considerável sobre o comportamento das classes que deles participam, positiva ou negativamente. Em segundo lugar, o interesse de classe nas classes singulares é, na perspectiva histórica, relativamente unitário, mas em suas realizações imediatas ele muitas vezes apresenta possibilidades divergentes e, mais ainda, avaliações divergentes por parte das pessoas singulares envolvidas, razão pela qual, em muitos casos, a reação à legislação e à jurisdição não tem de ser unitária nem dentro da mesma classe. Isso se refere, em terceiro lugar, não só às medidas que uma classe dominante adota contra os oprimidos, mas também à própria classe dominante (sem falar de situações em que várias classes participam da dominação, por exemplo latifundiários e capitalistas na Inglaterra após a "*Glorious Revolution*" [Revolução Gloriosa]). Abstraindo totalmente das diferenças entre os interesses imediatos do momento e os interesses em uma perspectiva mais ampla, o interesse total de uma classe não consiste simplesmente na sumarização dos interesses singulares dos seus membros, dos estratos e grupos abrangidos por ela. A imposição inescrupulosa dos interesses globais da classe dominante pode muito bem entrar em contradição com muitos interesses de integrantes da mesma classe.

Aqui não é o lugar nem mesmo para aludir à extensa lista de complicações que daí resultam durante a gênese dos conteúdos jurídicos; basta que estejamos conscientes dessa complicação dos fundamentos para não tirar do caráter de classe do direito nenhuma conclusão esquemático-simplificadora precipitada. Contudo, por mais diferenciados que sejam os conteúdos jurídicos em sua gênese e em sua validade, também a forma jurídica desenvolverá tal similaridade só no decurso da história; e isso de modo tanto mais forte e puro quanto mais puramente social foi se tornando a vida social. É possível perceber, já nessa mesma forma, justamente quando a examinamos de modo puramente formal, uma autêntica contraditoriedade: por um lado, essa forma é rigorosamente geral, já que sob a mesma categoria sempre são subsumidos de uma só vez e uniformemente todos os casos que podem ser associados a dado imperativo social. O fato de, em muitos casos, ser preciso adicionar corretivos diferenciadores não muda nada na essência dessa estrutura, porque as subdivisões, as coordenações, os aditivos definidores etc. possuem igualmente a mesma constituição – que subsume tudo sob um item geral. Por outro lado, surge concomitantemente com essa tendência para a validade universal uma notável – e igualmente contraditória – indiferença diante da razão pela qual os homens singulares, cujos pores teleológicos uma prescrição jurídica desde sempre é chamada a influenciar, obedecem ao imperativo aqui estatuído (problema da legalidade). O imperativo, por seu turno, via de regra é puramente negativo: certas ações não devem ser consumadas; se de fato se efetua a abstinência de tais ações, seus motivos interiores, tanto quanto os exteriores, são totalmente indiferentes. A consequência disso é que a correção legal pode estar associada com uma extrema hipocrisia. Os comportamentos, conflitos etc. múltiplos e extremamente distintos entre si que daí decorrem, e que podem se tornar muito importantes para a compreensão de moral e ética, só poderão ser tratados de modo adequado na *Ética*.

Apesar disso, essa tensão na influência que o direito exerce sobre pôr teleológico dos homens singulares tem consequências bastante amplas também para o próprio direito. Com efeito, a indiferença acima aludida se manifesta exclusivamente quando uma proibição enunciada pelo sistema jurídico funciona faticamente sem qualquer atrito na sociedade, nas ações dos homens singulares. Assim que ela é transgredida, aquela indiferença de que anteriormente se falou deixa de valer até mesmo para o até-que-ponto, o porquê etc. do ato do indivíduo. Esse tipo de reação jurídica igualmente é produto do desenvolvimento histórico-social. Sob circunstâncias bem primitivas, esse antagonismo desempenha um papel menor, em parte porque os preceitos sociais só chegam a atingir um baixo grau de abstração, em parte porque em pequenas comunidades incipientes os homens se conhecem bem e diretamente e, por essa razão, uns compreendem de modo geral os motivos dos outros. Só quando surgem sociedades maiores, cada vez mais socializadas, só quando a promulgação e a busca do direito se convertem em tarefa social cada vez mais especializada de grupos humanos particulares, o que está estreitamente ligado ao desenvolvimento do intercâmbio de mercadorias, é que aflora esse tipo de problema. A instituição do direito e a jurisprudência não podem mais se contentar com a simples proibição de certas ações; os motivos da transgressão se tornam gradativamente mais relevantes do ponto de vista legal, sendo fixados em fórmulas jurídicas. Em relação a isso, todavia, é preciso registrar que tais ponderações com muita frequência são postas de lado diante de casos grandes, que põem em xeque a existência de uma sociedade. Num primeiro momento, eles são considerados no âmbito do direito privado – neste, a conexão entre direito e intercâmbio de mercadorias é diretamente perceptível. Obviamente também nesse caso o desenvolvimento é desigual. O fato de que, por exemplo, na Idade Média, o poder estatal fosse descentralizado, de que indivíduos pudessem dispor não só de armas, mas também de séquitos maiores ou menores de homens armados, fazia com que, naqueles tempos, a imposição de um decreto emanado do direito estatal muitas vezes se tornasse uma questão de combate aberto entre o poder central e a resistência contra ele. A socialização da sociedade impôs nesse ponto formas de transição tão paradoxais, que para certas épocas o conteúdo do direito passa a ser avaliar em que casos tais resistências são juridicamente válidas[31]. Aqui não é o lugar para esmiuçar as contradições dessas teorias; elas decorrem principalmente da problemática da passagem contraditória do feudalismo para o capitalismo, que necessariamente procurou implementar uma regulação jurídica universal de todas as atividades sociais, como também simultaneamente transformou em questão principal da vida social a superioridade e, desse modo, a autoridade da regulação central perante todas as demais. Surgiram daí, por um lado, as mais variadas teorias de um "direito à revolução", que ainda podem ser encontradas até mesmo em Lassalle, ou seja, a aspiração absurda de ancorar, em termos de conhecimento e em termos morais-legais, no próprio sistema da

---

[31] K. Wolzendorff, *Staatsrecht und Naturrecht [in der Lehre der Monarchomachen]* (Breslau, 1916).

ordem social vigente, as transformações radicais dessa ordem, que naturalmente abrangem também a de seu sistema jurídico; por outro lado, surgiu uma extrapolação não menos absurda, que, segundo Kant, leva à exigência de que, após uma revolução,

> o último assassino restante na prisão teria, primeiro, de ser executado, de modo que a cada um sucedesse o merecido por suas ações, e a culpa de sangue não recaísse sobre o povo que não fez questão de aplicar essa punição, porque, de outro modo, o povo pode ser considerado como participante dessa violação pública da justiça.[32]

Essa última citação mostra claramente a que nível de fetichização pode levar a extrapolação do conceito do direito. Na pólis, a proximidade vital com o Estado e o direito ainda era tão concreta e tão forte que, nem mesmo na época do seu declínio, quando alguns ideólogos tentaram salvar conceitualmente e restaurar utopicamente a pólis em desagregação, ela provocou fetichizações dessa espécie. (Pense-se na postura de Sócrates perante a pena capital injusta proferida contra ele.) Foi a abrangência total cada vez mais abstrata do direito moderno, a luta para regular juridicamente o maior número possível de atividades vitais – sintoma objetivo da socialização cada vez maior da sociedade –, que levou ao desconhecimento da essência ontológica da esfera do direito e, por essa via, a tais extrapolações fetichizantes[33]. O século XIX, o surgimento do Estado de direito que foi se aperfeiçoando gradativamente, fez com que esse fetichismo aos poucos esmaecesse, mas apenas para dar origem a um novo. À medida que o direito foi se tornando um regulador normal e prosaico da vida cotidiana, foi desaparecendo no plano geral o *páthos* que adquirira no período do seu surgimento e mais fortes foram se tornando dentro dele os elementos manipuladores do positivismo. Ele se torna uma esfera da vida social em que as consequências dos atos, as chances de êxito, os riscos de sofrer danos são calculados de modo semelhante ao que se faz no próprio mundo econômico. Todavia, com a diferença de que, em primeiro lugar, geralmente se fala de um anexo – ainda que relativamente

---

[32] I. Kant, *Metaphysik der Sitten* (Leipzig, 1907), Philosophische Bibliothek, v. 42, p. 161; KW, v. 7, p. 455 [ed. bras.: *A metafísica dos costumes*, 2. ed., trad. Edson Bini, Bauru, Edipro, 2008, p. 176; com modif.].

[33] A definição kantiana de casamento é, vista de outra perspectiva, um caso típico dessa fetichização mediante extrapolação (ibidem, p. 91 [ed. bras.: ibidem, p. 122]).

autônomo – da atividade econômica, em que o legalmente permitido, e, em caso de conflito, o mais provável em termos processuais, constitui o objeto de um cálculo particular dentro do propósito econômico principal; em segundo lugar, que, ao lado do cálculo econômico, necessita-se de especialistas específicos para computar, do modo mais preciso possível, essas prospectivas acessórias. Isso obviamente se refere também a casos em que grupos econômicos poderosos almejam determinadas mudanças nas próprias leis e em sua aplicação legal. Desse modo, o respectivo direito positivo no positivismo converte--se numa área extremamente importante em termos práticos, cuja gênese social e cujas condições sociais de desenvolvimento aparecem também em termos teóricos de modo cada vez mais indiferente ao lado de sua empregabilidade puramente prática. Ora, a nova fetichização consiste nisto: o direito – ainda que sempre *rebus sic stantibus* – é tratado como uma área fixa, coesa, definida univocamente "em termos lógicos", e isso não só na práxis enquanto objeto da pura manipulação, mas também teoricamente como complexo imanentemente coeso, que pode ser corretamente manejado tão somente pela "lógica" jurídica, autossuficiente, fechado em si mesmo. Todavia, no que se refere ao aspecto teórico, essa coesão imanente, sem falar na manipulabilidade prática, não vem de longe. Kelsen, por exemplo, do ponto de vista de uma "doutrina pura do direito" positivista-kantiana, considerou o nascimento do direito como um "mistério"[34]. Porém, toda representação de interesses sempre soube exatamente o que deveria ser manipulado para levar ao surgimento prático de uma nova lei, à complementação ou alteração de uma lei antiga. E Jellinek já apontou com razão para a ininterrupta interação entre o conjunto da práxis social e a vigência fática das determinações legais, ao falar da força normativa do fático[35]. Também neste ponto não podemos pretender nem mesmo fazer alusão a todos os problemas que daí emergem. A intenção era apenas dar um vislumbre dos contornos mais gerais desse complexo, visando apreender os princípios do seu funcionamento.

 O fato de o sistema vigente do direito positivo e a factualidade socioeconômica na vida cotidiana subsistirem lado a lado e se encontrarem ao mesmo tempo emaranhados leva necessariamente aos mais diversos tipos de más interpretações da relação entre ambos. Polemizando contra tal teoria errada de

---

[34] H. Kelsen, *Hauptprobleme der Staatsrechtslehre* (2. ed., Tubinga, Mohr, 1923), p. 411.
[35] G. Jellinek, *Allgemeine Staatslehre* (Berlim, 1922), p. 334 e 339.

Proudhon e em conformidade com a constatação da prioridade ontológica e da legalidade própria dos processos econômicos, Marx propôs a seguinte definição: "O direito é apenas o reconhecimento oficial do fato"[36], a saber, da prioridade recém-constatada do econômico. Essa definição quase aforística é extremamente rica em conteúdo, contendo já os princípios mais gerais daquela discrepância necessária entre direito e realidade econômico-social, da qual já falamos no capítulo sobre Marx. A determinação "o fato e seu reconhecimento" expressa com exatidão a condição de prioridade ontológica do econômico: o direito constitui uma forma específica do espelhamento, da reprodução consciente daquilo que sucede *de facto* na vida econômica. A expressão "reconhecimento" apenas diferencia ainda mais a peculiaridade específica dessa reprodução, ao trazer para o primeiro plano seu caráter não puramente teórico, não puramente contemplativo, mas precipuamente prático. Pois é evidente que, no caso de contextos puramente teóricos, essa expressão seria simplesmente tautológica, como: "Reconheço que duas vezes dois são quatro". O reconhecimento só pode adquirir um sentido real e razoável dentro de um contexto prático, a saber, quando por meio dele se enuncia como deve ser a reação a um fato reconhecido, quando nele está contida uma instrução sobre que tipo de pores teleológicos humanos devem decorrer daí, ou, então, como deve ser apreciado o referido fato enquanto resultado de pores teleológicos anteriores. Ora, esse princípio experimenta uma concretização ainda maior por meio do adjetivo "oficial". O caráter de dever ganha, por essa via, um sujeito precisamente determinado em termos sociais, justamente o Estado, cujo poder determinado em seu conteúdo pela estrutura de classe consiste aqui essencialmente no fato de possuir o monopólio sobre a questão referente a como devem ser julgados os diferentes resultados da práxis humana, se devem ser permitidos ou proibidos, se devem ser punidos etc., chegando inclusive a determinar que fato da vida social deve ser visto como relevante do ponto de vista do direito e de que maneira isso deve acontecer. Portanto, o Estado possui, segundo Max Weber, "*o monopólio da violência física legítima*"[37]. Desse modo, surge um sistema tendencialmente coeso de enunciados, de determinações factuais (reconhecimento), cuja incumbência é submeter o relacionamento social dos homens a regras nos termos do Estado monopolista.

---

[36] K. Marx, *Das Elend der Philosophie*, p. 66; MEW, v. 4, p. 112 [ed. bras.: *A miséria da filosofia*, cit., p. 80].
[37] M. Weber, *Gesammelte politische Schriften* (Munique, 1921), p. 397.

Se encararmos esse sistema como unidade indivisível de um nexo interno e simultaneamente como coleção de imperativos (em sua maioria, na forma de proibição) que surgiram para influenciar os pores teleológicos dos homens, a constatação marxiana de que é impossível que tal sistema possa espelhar de modo adequado o contexto econômico real se torna diretamente evidente. Em primeiro lugar, porque a constatação referente a quando e como um evento deve ser considerado como fato não reproduz um conhecimento do ser-em-si objetivo do próprio processo social, mas, muito antes, a vontade estatal referente a o que e como isso deve acontecer em um caso dado, o que e como isso não pode ocorrer nesse contexto. Com isso, a reprodução no pensamento necessariamente divergirá fundamentalmente do seu original. Pelo fato de somente essa constatação do que deve ser fato possuir um caráter oficial, isto é, estatal, surge a situação em que alguém que participa por interesse no processo social, uma classe (não importa se o faz com base em compromissos de classe), apodera-se através da mediação do Estado desse poder de determinação com todas as suas consequências práticas. Considerado isoladamente, isso seria apenas mais um espelhamento inadequado do processo social. Sabemos, porém – em segundo lugar –, que o espelhamento jurídico não possui um caráter puramente teórico, devendo possuir, muito antes, um caráter eminente e diretamente prático para poder ser um sistema jurídico real. Toda constatação jurídica de fatos possui, portanto, um caráter duplo. Por um lado, pretende-se que ela seja a única fixação no pensamento relevante de uma factualidade, expondo-a do modo mais exato possível em termos de definição ideal. E essas constatações individuais devem, por sua vez, compor um sistema coeso, coerente, que exclui contradições. Diante disso, evidencia-se, uma vez mais, de modo muito claro que quanto mais elaborada for essa sistematização, tanto mais ela necessariamente se afastará da realidade. O que no caso da constatação singular de fatos pode representar uma divergência relativamente pequena, como componente de tal sistema, interpretado nos termos deste, deve se distanciar bem mais do chão da realidade. Com efeito, o sistema não brota do espelhamento da realidade, mas só pode ser sua manipulação homogeneizante de cunho conceitual-abstrato. Por outro lado, a coesão teórica do respectivo sistema jurídico positivo, essa sua falta de contraditoriedade oficialmente decretada, é mera aparência. Todavia, apenas do ponto de vista do sistema; do ponto de vista da ontologia do ser social, toda forma de regulação desse tipo, até a mais energicamente manipulada, constitui uma regulação concreta e socialmente necessária: ela faz parte do ser-propriamente-assim justamente da sociedade na qual ela funciona. Mas, precisamente por essa razão, o nexo sistemático, sua dedução, fundamentação e aplicação logicistas são apenas aparentes, ilusórias, porque a constatação dos fatos e seu ordenamento dentro de um sistema não estão ancorados na realidade social mesma, mas apenas na vontade da respectiva classe dominante de ordenar a práxis social em conformidade com suas intenções. Hegel, que nesse tocante até tinha algumas ilusões, mas ainda assim encarou o problema de modo mais realista do que muitos dos seus predecessores (como Kant e Fichte), já notou que necessariamente o pôr de categorias importantes nas determinações jurídicas permanecerá irrevogavelmente arbitrário. Assim, ele diz, por exemplo, sobre a determinação do tamanho da pena: "O quantitativo de uma pena não pode ser adequado, por exemplo, a nenhuma determinação conceitual, e, qualquer que seja a decisão, nesse aspecto, ela sempre constituirá uma arbitrariedade. Essa casualidade mesma, porém, é necessária..."[38]. Mas ele também vê a necessidade metodológica do direito como um todo ao continuar o raciocínio citado dizendo que, nesse caso, justamente não se poderia chegar a nenhuma perfeição lógica e, por conseguinte, a coisa "deve ser tomada como se encontra". Aquilo que – em termos imanentemente jurídicos – parece ser uma premissa ou consequência lógica do sistema (e do ponto de vista jurídico também é manejado dessa forma) é, na realidade, um pôr socialmente necessário de um ponto de vista de classe historicamente concreto. A aparência logicista que predomina aqui foi claramente discernida nos últimos tempos por Kelsen e metodologicamente, mas apenas metodologicamente, desmantelada. Ele contesta que a "norma individual" (a aplicação de uma lei ao caso individual) decorreria "logicamente" da "norma geral". Considera esse nexo logicista com razão como mera analogia, como um borrar analogístico da diferença "entre verdade e inverdade de dois enunciados gerais que se encontram em contradição" e da diferença entre "observação e não observação de duas normas gerais que se encontram em conflito"[39]. Quando se traduz essa objeção metodológica para a linguagem da ontologia do ser social, algo que naturalmente nem ocorre a Kelsen, percebe-se que toda constatação geral no sistema jurídico veio a

---
[38] G. W. F. Hegel, *Rechtsphilosophie*, § 214, adendo; HWA, v. 7, p. 367.
[39] H. Kelsen, "Recht und Logik", *Forum*, n. 142, out. 1965, p. 421, e n. 143, nov. 1965, p. 495.

existir com a dupla intenção de, por um lado, influenciar os pores teleológicos de todos os membros da sociedade numa determinada direção e de, por outro, levar aquele grupo humano que tem a incumbência social de converter as determinações legais em práxis jurídica a efetuar, por seu turno, pores teleológicos de um modo bem determinado. Se isso que foi mencionado em segundo lugar não é efetuado, estamos diante de uma contradição social concreta, e não de uma falsa operação lógica. A práxis social mostra um sem-número de exemplos desse caso, todos eles sintomas de certos antagonismos de classe na respectiva sociedade; pense-se, por exemplo, em muitas das sentenças judiciais do período de Weimar, nas sentenças de alguns processos contra criminosos do período de Hitler na República Federal da Alemanha etc. A declaração de Jellinek sobre a força normativa do fático, anteriormente citada por nós, mostra-se correta – todavia, só em uma aplicação concretamente dialética: tanto o próprio fato quanto o seu reconhecimento oficial revelam-se como resultado histórico-social da luta de classes em uma sociedade sempre concreta, como mudança sociodinâmica constante do que é visto como fato legal e de como este é oficialmente reconhecido.

A aparência de um nexo lógico no sistema jurídico se desnuda da maneira mais crassa possível quando consideramos a subsunção dos casos singulares sob a lei geral. Naturalmente, essa antinomia só se torna manifesta em estágios avançados do direito. As sociedades primitivas puderam promover a regulação social partindo de casos singulares e depois operar por longo tempo com conclusões analógicas extraídas de sentenças anteriores. Foi o desenvolvimento geral do intercâmbio de mercadorias que, via de regra, forçou aquela sistematização geral-abstrata de que se falou anteriormente. Torna-se cada vez mais intensa a necessidade social de que as consequências jurídicas de uma ação possam ser calculadas de antemão com a mesma exatidão que a própria transação econômica. Isso torna atual o problema da subsunção e, junto com esta, o das discrepâncias específicas que nela surgem. Com efeito, fica claro que, no momento em que se fala do ser social, esse problema necessariamente aparece em toda relação entre lei e caso singular. Porém, ele adquire uma figura particular porque se pretende que um pôr teleológico (a lei) suscite outro pôr teleológico (sua aplicação), o que leva a dialética anteriormente mencionada, o conflito de interesses de classes que daí se origina, a se tornar o momento em última instância determinante, ao qual é sobreposta a subsunção lógica apenas como forma fenomênica.

Nesse ponto, aflora novamente a diferença entre economia e outros complexos sociais. Naquela, o processo espontâneo do ser produz uma homogeneização, um conceito de igualdade dentro da hierarquia que advém dela; o tempo de trabalho socialmente necessário enquanto princípio de regulação surge independentemente das representações e da vontade dos homens. Ele é um produto da sumarização efetuada espontaneamente pela sociedade a partir das consequências causais dos pores teleológicos no trabalho. Porém, no sistema jurídico, esses princípios de regulação constituem resultados de um pôr consciente, que enquanto pôr deve determinar as factualidades. Por isso, as reações sociais a ele também acabam sendo necessariamente de outra qualidade. Por essa razão, é facilmente compreensível que a crítica popular e também a literária à injustiça no direito aplicado de modo consequente se concentre nessa discrepância na subsunção do caso singular. Ditados como "*summum ius summa iniuria*" [o direito excessivo gera a suprema injustiça], composições poéticas como o processo de Shylock, inclusive em suas variantes novelísticas mais antigas, apontam sem exceção para tal ambiente desfavorável à imposição formalmente consequente da lei. Nisso está contido um problema social real. Anteriormente já apontamos para o fato de que nenhum direito pode subsistir se não puder ser efetivado mediante a coerção, mas que para que o seu funcionamento se dê com o mínimo de fricção é preciso que haja certa consonância entre seus vereditos na opinião pública. Extrapola os limites deste trabalho verificar quais os esforços reais feitos de tempos em tempos para superar ideologicamente essa discrepância social. Será tarefa da *Ética* mostrar como a moral nasce essencialmente visando a superação desse abismo que às vezes parece fatal, visando reconciliar no terreno da interioridade aquilo que de modo geral é sentido como injustiça.

A fim de promover a mediação entre direito e necessidade de justiça, a reflexão sobre o direito produz, por seu turno, a concepção peculiar do direito natural, igualmente um sistema do dever social, cujo pôr, no entanto, objetiva alçar o seu sujeito acima do estado concreto de direito existente em cada oportunidade. Esse sistema, dependendo das necessidades da época, é concebido como determinado por Deus, pela natureza, pela razão etc. e, por isso, deve estar capacitado para ultrapassar os limites impostos pelo direito positivo. Como Kelsen reconheceu corretamente[40], as duas tendências têm

---

[40] Idem, *Aufsätze zur Ideologiekritik* (Neuwied, 1964), p. 82.

trajetos paralelos: intenção, finalidades etc. de uma facilmente continuam nas de outra, pois ambas devem almejar, sem ter consciência crítica de si mesmas, na mesma medida, um estágio da generidade mais elevado do que o realizável no direito positivo. Só na *Ética* será possível expor por que nem a complementação pela moral nem todas as iniciativas reformistas no direito natural e a partir dele foram capazes de elevar o direito acima do nível de generidade que lhe é inerente. Nesse ponto, só podemos apontar para o fato de que o sonho de justiça inerente a todas essas exigências, enquanto ele precisar ser e for concebido nos termos do direito, não poderá levar além de uma concepção – em última análise, econômica – de igualdade, da igualdade que é determinada de modo socialmente necessário a partir do tempo de trabalho socialmente necessário e que se concretiza no intercâmbio de mercadorias, tempo de trabalho socialmente necessário que deve permanecer como base real e, por essa razão, insuperável no pensamento, de todas as concepções jurídicas de igualdade e justiça. A justiça que emerge daí consta, por sua vez, no rol dos conceitos mais ambíguos no desenvolvimento humano. Ela assume a tarefa, para ela insolúvel, de harmonizar idealmente ou até institucionalmente a diversidade e peculiaridade individual dos homens com o julgamento dos seus atos com base na igualdade produzida pela dialética do próprio processo da vida social.

Marx observou essa questão e a investigou até suas consequências histórico-sociais mais extremas. Na sua análise mais profunda das perspectivas da transição social para o socialismo, na *Crítica do programa de Gotha*, ele chega a falar dessa relação entre direito e igualdade na primeira fase do comunismo (no socialismo), na qual a exploração capitalista já cessou, mas a plena transformação da sociedade ainda não foi efetivada. Ele diz o seguinte sobre a relação entre direito e trabalho:

> Esse *igual* direito é direito desigual para trabalho desigual. Ele não reconhece nenhuma distinção de classe, pois cada indivíduo é apenas trabalhador tanto quanto o outro; mas reconhece tacitamente a desigualdade dos talentos individuais como privilégios naturais e, por conseguinte, a desigual capacidade dos trabalhadores. *Segundo seu conteúdo, portanto, ele é, como todo direito, um direito da desigualdade*. O direito, por sua natureza, só pode consistir na aplicação de um padrão igual de medida; mas os indivíduos desiguais (e eles não seriam indivíduos diferentes se não fossem desiguais) só podem ser medidos segundo um padrão igual de medida

quando observados do mesmo ponto de vista, quando tomados apenas por um aspecto *determinado*, por exemplo, quando, no caso em questão, são considerados *apenas como trabalhadores* e neles não se vê nada além disso, todos os outros aspectos são desconsiderados.

Sem poder abordar aqui todo esse complexo de questões, queremos enfatizar apenas que Marx considera irrevogável, também nesse estágio, a discrepância entre o conceito de igualdade do direito e de desigualdade da individualidade humana. Também após a desapropriação dos exploradores, o direito igual permanece essencialmente um direito burguês com suas limitações aqui arroladas. Sendo assim, como se poderia falar em ir além dessas limitações em formações mais antigas, baseadas economicamente na exploração? Somente quando todas as condições e relações objetivas do trabalho social tiverem sido revolucionadas, "quando tiver sido eliminada a subordinação escravizadora dos indivíduos à divisão do trabalho e, com ela, a oposição entre trabalho intelectual e manual; quando o trabalho tiver deixado de ser mero meio de vida e tiver se tornado a primeira necessidade vital; quando, juntamente com o desenvolvimento multifacetado dos indivíduos, suas forças produtivas também tiverem crescido e todas as fontes da riqueza coletiva jorrarem em abundância"[41], numa sociedade cuja base de reprodução é "de cada um segundo suas capacidades, a cada um segundo suas necessidades", essa discrepância deixará de existir, todavia ao mesmo tempo se tornará supérflua a esfera do direito assim como a conhecemos na história até esse momento.

Desse modo, os limites histórico-sociais da gênese e do fenecimento da esfera do direito estão determinados fundamentalmente como limites temporais. Sabemos, contudo, que, em termos ontológicos, tais pontos iniciais e finais revelam algo bem mais concreto do que meras determinações de períodos. Considerada do ponto de vista da ontologia do ser social, a troca de período constitui sempre uma mudança qualitativa na estrutura e na dinâmica da sociedade, razão pela qual nesse momento sempre surgem obrigatoriamente mudanças das necessidades sociais, das incumbências sociais etc., e, porque os pores teleológicos de todos os homens – por mais contraditórios, por mais desiguais que sejam –, originam-se, em última análise, daquelas mudanças,

---

[41] K. Marx, *Kritik des Gothaer Programms* (Moscou/Leningrado, 1933), p. 10-1; MEW, v. 19, p. 21 [ed. bras.: *Crítica do Programa de Gotha*, trad. Rubens Enderle, São Paulo, Boitempo, 2012, p. 30-2].

também os reflexos sociais, suas inter-relações, suas funções dinâmicas devem estar submetidas às mudanças que nascem no complexo total. Gênese e fenecimento são, assim, duas variações qualitativamente peculiares, inclusive unitárias de tais processos, que, na superação, contêm elementos de preservação e, na continuidade, momentos de descontinuidade. Assim sendo, já apontamos para o fato de que o estado pré-jurídico da sociedade gera necessidades da própria regulação, nas quais está compreendida em germe a ordem jurídica – todavia qualitativamente diferenciados. Todavia, não se pode jamais esquecer quanto a isso que, por trás dessa continuidade, se oculta uma descontinuidade: o ordenamento jurídico em sentido próprio só surge quando interesses divergentes, que poderiam, em cada caso singular, insistir numa resolução violenta, são reduzidos ao mesmo denominador jurídico, são juridicamente homogeneizados. O fato de esse complexo tornar-se socialmente importante determina a gênese do direito na mesma medida em que o fato de ele se tornar socialmente supérfluo em termos reais será o veículo do seu fenecimento. Corresponde ao seu caráter puramente ontológico, que essas considerações não têm, também nessa questão, a intenção de – utopicamente – ir além do caráter ontológico geral, claramente reconhecido por Marx, das constatações desse contexto. Todo perguntar enfático pelo como de sua realização é uma questão de desenvolvimento futuro, que não se pode prever concretamente.

O problema dialético central que emerge tão claramente na análise de gênese e fenecimento do direito constitui simultaneamente a chave que decifra todas as explicações teóricas e até filosóficas fetichizantes da particularidade da esfera do direito enquanto complexo. Ao tomar como ponto de partida de nossa interpretação anterior ampliada o problema central, corretamente apreendido por Marx, da conexão insolúvel entre estratificação em classes da sociedade e necessidade de uma esfera específica do direito, devemos nos dar conta de que o princípio fundamental do ordenamento jurídico abrange a síntese das seguintes aspirações, totalmente heterogêneas: em primeiro lugar, a intenção é que o domínio de uma classe, enquanto condição social que passou a ser óbvia e reconhecida como tal, determine as atividades de todos os seus membros de tal maneira que, em sua práxis, estes se submetam "voluntariamente" aos preceitos dessa condição, que inclusive a sua crítica teórica seja admitida somente dentro dos limites – amplos ou estreitos – do quadro traçado a partir daí. Esse sistema, que representa o curvar-se de todas as classes diante da dominação de uma classe – muitas vezes naturalmente com base em acordos entre classes –, tem como forma necessária de manifestação um dever unitário para a sociedade tanto em seu todo como no detalhe; em muitos aspectos singulares, esse dever pode até ser meramente técnico-manipulador, mas deve expressar, tanto para fora como para dentro, a vontade de viver dessa sociedade, sua capacidade de viver enquanto totalidade.

Está contida aí, uma vez mais, uma duplicação – já nossa conhecida – na contraditoriedade: por um lado, a força como garantia última dessa existência e unidade; por outro, a impossibilidade de basear unicamente no uso da força essa unicidade da práxis social controlada e garantida pelo direito. (As interações complexas que decorrem disso para o direito, a moral, a ética, a religião etc., só poderão ser tratadas adequadamente na *Ética*.) A essas contradições associam-se ainda as já tratadas, dentre as quais as mais importantes são aquelas entre universalidade e singularidade, entre igualdade e desigualdade, entre imanência, coesão do sistema jurídico e sua ininterrupta correção pelas facticidades da vida social, entre ordenamento racional necessário da economia e a impropriedade das categorias do direito enquanto formas de expressão da realidade econômica. Quando se considera de modo imparcial a relação paradoxal entre o caráter unitário-racional do sistema jurídico, que exclui por princípio toda contradição, e a heterogeneidade contraditória de todos os seus conteúdos, das relações com suas formas, dos princípios de formação singulares entre si, não há como não admirar-se de como pôde surgir, nesse caso, um sistema prático-unitário na regulação da práxis humana. (Note-se bem: naturalmente se está falando aqui do sistema do direito positivo que funciona na prática. Na doutrina do direito, como em toda ciência, por um lado, parece que a homogeneização ou uniformização teórica de uma realidade heterogênea é algo aceito como óbvio; por outro lado, podem perfeitamente ser descobertas nela contradições, antagonismos, incoerências, sem perturbar nem minimamente a sua unidade metodológica.) O sistema jurídico, porém, não é uma unidade composta de proposições teóricas, mas, como foi mostrado, um sistema unitário composto de instruções tanto positivas como negativas para o agir prático e deve, justamente por isso, considerado em termos prático-sociais, formar uma unidade que exclui toda contradição. Por essa razão, a principal função das ponderações teóricas elaboradas para a práxis do direito e nela aplicadas não é a de demonstrar, em termos teóricos gerais, a ausência de contradição do direito positivo, mas, muito antes, eliminar em termos práticos todas as contradições que eventualmente possam emergir na práxis; ora, se isso acontece na forma de uma interpretação do direito positivo ou como modificação, reformulação etc. de determinações singulares é algo irrelevante a partir desse ponto de vista.

O funcionamento do direito positivo está baseado, portanto, no seguinte método: manipular um turbilhão de contradições de tal maneira que disso surja não só um sistema unitário, mas um sistema capaz de regular na prática o acontecer social contraditório, tendendo para a sua otimização, capaz de mover-se elasticamente entre polos antinômicos – por exemplo, entre a pura força e a persuasão que chega às raias da moralidade –, visando implementar, no curso das constantes variações do equilíbrio dentro de uma dominação de classe que se modifica de modo lento ou mais acelerado, as decisões em cada caso mais favoráveis para essa sociedade, que exerçam as influências mais favoráveis sobre a práxis social. Fica claro que, para isso, faz-se necessária uma técnica de manipulação bem própria, o que já basta para explicar o fato de que esse complexo só é capaz de se reproduzir se a sociedade renovar constantemente a produção dos "especialistas" (de juízes e advogados até policiais e carrascos) necessários para tal. Porém, a tarefa social vai ainda mais longe. Quanto mais evoluída for uma sociedade, quanto mais predominantes se tornarem dentro dela as categorias sociais, tanto maior a autonomia que a área do direito como um todo adquire na interação dos diversos complexos sociais. (Teoria da divisão dos poderes.) Isso tem consequências importantes para a característica desse complexo. Em primeiro lugar, revela-se que a esfera do direito, considerada em sua linha de projeção ampla, constitui um fenômeno decorrente do desenvolvimento econômico, da estratificação em classes e da luta de classes, mas que – correspondendo às fases específicas da linha maior – ela pode adquirir até mesmo uma autonomia relativa considerável com relação ao regime vigente em cada caso. (Já mostramos que por trás disso igualmente atuam problemas de classe.) Os espaços de manobra que surgem desse modo baseiam-se, por sua vez, nas relações de força reais entre as classes, o que não anula essa condição do direito de ser uma espécie de Estado dentro do Estado, mas apenas determina concretamente seu caráter e seus limites. O fenômeno permanece determinado em sua peculiaridade, manifestando-se também sob circunstâncias mais normais, como foram as da República de Weimar, por um lado como autonomia relativa da jurisdição perante a linha política geral dominante em cada caso, por outro lado como a sensibilidade da opinião pública que por vezes se externa explosivamente em relação a certas manifestações do direito, mesmo que o seu teor objetivo imediato seja pouco relevante para a sociedade como um todo.

Em segundo lugar – e isto é ainda mais significativo para o modo de consideração dos aspectos ontológicos aqui buscados –, resulta de todas essas exposições muitas vezes aparentemente divergentes que, por trás da especialização reiteradamente exigida dos representantes da esfera do direito, oculta-se um problema referente à reprodução do ser social que não deixa de ser importante. Ao expandir-se quantitativa e qualitativamente, a divisão social do trabalho gera tarefas especiais, formas específicas de mediação entre os complexos sociais singulares, que, justamente por causa dessas funções particulares, adquirem estruturas internas bem próprias no processo de reprodução do complexo total. Com isso, as necessidades internas do processo total preservam a sua prioridade ontológica e, por essa razão, determinam o tipo, a essência, a direção, a qualidade etc. nas funções dos complexos mediadores do ser. Contudo, justamente pelo fato de o funcionamento correto no nível mais elevado do complexo total atribuir ao complexo parcial mediador funções parciais particulares, surge nesse complexo parcial – chamada à existência pela necessidade objetiva – certa independência, certa peculiaridade autônoma do reagir e do agir, que precisamente nessa particularidade se torna indispensável para a reprodução da totalidade. Tentamos dar certo afunilamento a esse caráter da esfera do direito, a qual se mostra tanto mais contraditória e paradoxal quanto menos se tenta entendê-la em conformidade com o ser a partir de sua gênese e de suas funções, quanto mais a abordamos com categorias e postulados sistêmicos niveladores da lógica e da gnosiologia. Disso resultam prolongadas incapacidades de compreensão adequada quando se tenta apreender conceitualmente tais complexos. Quando as explicações filosófico-idealistas quiseram, por exemplo, embutir o direito num sistema de valores, surgiram reiteradamente mesclas antinômicas insolúveis, conflitos insolúveis de fronteiras etc. entre direito, moral e ética. Quando, ao contrário, sua peculiaridade foi isolada em termos positivistas, isso levou a uma ausência de ideias que ganhou expressão descritiva. E embora o próprio Marx também tenha apreendido esse problema corretamente em termos ontológicos, seus seguidores isolaram esquematicamente a dependência do processo total do desenvolvimento econômico e a vulgarizaram mecanicamente.

Nem aqui nem em outro lugar, essas análises se propõem a fazer uma tentativa de esboçar uma ontologia social sistemática da esfera do direito. Em compensação, contudo, já a partir dessas parcas e fragmentárias alusões, é possível tirar uma importante conclusão para o funcionamento e a reprodução dos complexos sociais parciais, a saber, a necessidade ontológica de uma autonomia que não pode ser prevista nem adequadamente apreendida no plano lógico, mas que é racional no plano ontológico-social e uma peculiaridade de desenvolvimento de tais complexos parciais. Por essa razão, estes conseguem cumprir suas funções dentro do processo total tanto melhor quanto mais enérgica e autonomamente elaborarem a sua particularidade específica. Isso fica diretamente evidente para a esfera do direito. Porém, essa condição subsiste para todos os complexos ou formações produzidos pelo desenvolvimento social. O próprio desenvolvimento social providencia que daí não resulte nenhuma autonomia absoluta, naturalmente não de modo automático, mas na forma de tarefas a serem cumpridas em cada caso, na forma de reações, atividades etc. humanas que surgem a partir delas, não importando se, nessas questões, essa autonomia se torna mais ou menos consciente, não importando o quanto ela seja mediada ou o quanto seja desigual o modo como ela se impõe. Nessa questão, o marxismo vulgar não foi além da declaração de uma dependência niveladora, mecânica, em relação à infraestrutura econômica (o neokantismo e o positivismo do período revisionista representaram um castigo justo da história por essa vulgarização). O período stalinista, por sua vez, exacerbou novamente essa concepção mecanicista e a transpôs para a práxis social pela força; os resultados são conhecidos de todos.

Ao designar a sociedade como complexo de complexos, de forma alguma tivemos a intenção de fornecer uma análise detalhada de cada um dos complexos singulares e de sua conexão dinâmica com os demais dentro do complexo total da sociedade como um todo. Para isso seria necessário um tratado teórico completo da estrutura geral da sociedade, um empreendimento muito mais abrangente do que esta nossa investigação introdutória, direcionada meramente para o fundamento geral e o método. Ao examinarmos aqui dois complexos – extremamente diferentes entre si – de modo um pouco mais detido, isso ocorreu, sobretudo, visando conferir um pouco mais de precisão ao conjunto de problemas e ao tipo de abordagem deles a partir do ponto de vista ontológico, antes de tudo para chamar a atenção para o quanto esses complexos diferem uns dos outros em sua disposição estrutural, para o quanto cada um deles demanda uma análise particular de sua gênese, de sua atuação e – quando necessário – da perspectiva do seu fenecimento, para ser realmente conhecido na peculiaridade de sua existência. Para permitir que esses problemas metodológicos aparecessem com toda nitidez, elegemos arbitrariamente dois complexos que simultaneamente, porém, possuem uma constituição diametralmente oposta. Desse modo, contudo, de modo algum se antecipa um exame real, abrangente e sistemático dessa questão, o qual é urgentemente necessário.

Apesar de tais limitações inevitáveis da extensão de nossa análise, não nos parece possível dar o passo seguinte para proporcionar um esboço da coerência do complexo total sem ao menos lançar um olhar tipológico geral para os demais complexos. Já nos exemplos escolhidos por nós vislumbramos dois extremos: de um lado, uma formação dinâmica que nasceu espontaneamente, cuja reprodução todos os homens efetuam em sua práxis cotidiana, em grande medida de modo involuntário e inconsciente, e que está presente em todas as atividades humanas, tanto interiores como exteriores, enquanto meio de comunicação inevitável; do outro lado, uma área especial das atividades humanas, que pode existir, funcionar, reproduzir-se somente quando a divisão social do trabalho delega essa tarefa a um grupo humano especializado nisso, cujo pensar e agir voltado para essa especialização provê o trabalho necessário nesse caso de certa consciência. (Não cabe aqui perguntar o quanto esse estado de consciência necessariamente é falso em um sentido bem determinado.) Não se pode esquecer, porém, que essa rigorosa especialização é indissociavelmente acompanhada também por uma universalidade social, de tal maneira, todavia, que o movimento da sociedade como um todo não só fundamenta em última instância essa pretensão de universalidade, não só a modifica ininterruptamente, mas também, pela mediação de outros complexos, ininterruptamente lhe impõe limites. Podemos encontrar em cada complexo social essas inter-relações entre espontaneidade e participação conscientemente desejada na vida de um complexo, entre universalidade e sua limitação por outros complexos ou diretamente pela totalidade, só que essas correlações (assim como muitas outras) serão por princípio qualitativamente diferentes em cada complexo, em cada interação concreta. Daí resulta ainda outra propriedade comum à ontologia dos complexos sociais: eles podem ser precisamente determinados e exatamente delimitados em termos metodológico-conceituais em relação a todos os demais complexos mediante a análise concreta de sua essência e de sua função, de sua gênese e eventualmente da perspectiva do fenecimento ou de sua atuação social permanente. Ao mesmo tempo, eles não possuem, precisamente no sentido ontológico, limites claramente determináveis: sem perder sua autonomia e legalidade própria, por exemplo, a linguagem deve figurar como *medium*, como portadora da mediação em todos os complexos do ser social e, mesmo que isso não se manifeste em outros complexos de modo tão marcante, reiteradamente surgem sobreposições de diferentes complexos, interpenetração de um pelo outro etc., sendo que a autonomia – ainda que relativa – e a legalidade própria, a determinabilidade precisa do complexo individual, jamais se tornam questionáveis.

É preciso apontar em separado para essa dialética já pela seguinte razão: negligenciá-la contribui muito para que a imagem do ser social tantas vezes apareça em espelhamentos desfigurados que induzem a erro. No que se refere à questão da autonomia dos complexos e de sua dependência em relação a seus fundamentos do ser, já apontamos para as diversas interpretações errôneas que costumam nascer daí. Tampouco é difícil perceber que – aliás, isto está estreitamente ligado com essa questão – essa extrapolação pode levar simultaneamente a uma fetichização do complexo inadmissivelmente inflado por uma autonomia absoluta. Como também os complexos que surgem e funcionam espontaneamente são "administrados" por grupos humanos especializados assim que se tornam objetos do conhecimento, uma fetichização desse tipo muito facilmente pode nascer já do interesse por eles na área do conhecimento. Ainda mais importante é que a inter-relação dos complexos por nós descrita é mediada pela consciência dos homens que atuam na sociedade, que – repito: não importa se e o quanto essa consciência, no caso dado, é correta ou falsa –, em toda mediação real, a consciência dos homens singulares converte-se em seu *medium* imediato inevitável. Portanto, na prática, dificilmente haverá um homem – quanto mais evoluída for uma sociedade, tanto mais difícil – que, no curso de sua vida, não entraria em contato de múltiplas formas com uma pluralidade de complexos. Ora, já sabemos que cada complexo exige uma reação especializada, específica em termos de ação, por parte dos homens que efetuam seus pores teleológicos em seu âmbito. É óbvio que nem todo aquele que entra ativa e passivamente em contato com a esfera do direito pode nem deve se tornar um jurista, mas é igualmente óbvio que um homem que entra em contato prático mais ou menos duradouro, mais ou menos intenso, com um complexo social em ocasiões importantes de sua vida não pode fazer isso sem que a sua consciência passe por certas modificações. Como toda relação humano-social, porém, também esse tipo de relação possui um caráter alternativo: por um lado, é possível que a consciência do homem em questão obtenha uma forma totalmente diferente em diferentes complexos, que, portanto, a sua personalidade sofra certo "parcelamento". (O funcionário submisso como chefe de família tirânico.) Nesse processo, podem ocorrer com muita frequência deformações da personalidade humana, que têm muita afinidade com o fenômeno do estranhamento e que muitas vezes até constituem uma amostra deste em sua forma mais pura. Como a civilização atual produz maciçamente tais deformações, é fácil compreender porque movimentos oposicionistas abstratos, como o existencialismo, pensam encontrar seu ideal na personalidade que se livrou de todas as ligações deformantes desse tipo e que depende inteiramente de si mesma. Trataremos dessa questão detalhadamente no capítulo final deste livro; neste ponto, só poderemos fazer algumas considerações sobre um aspecto desse fenômeno, a saber, que se trata igualmente de uma ilusão existencialista decorrente da fetichização apresentar uma personalidade pura, que se completa em si mesma, como possível, que dirá como modelo universal. Todas as reais determinações da personalidade surgem, muito antes, de suas relações práticas (e generalizadas tanto em termos emocionais como em termos teóricos) com o meio social, com os semelhantes, com o metabolismo entre homem e natureza, com os complexos em que se diferencia concretamente a sociedade como um todo. Uma riqueza de conteúdos da consciência é impossível para o homem, a não ser a partir dessas relações. Também nesse tocante, como em toda parte da vida humana, a sua práxis naturalmente é constituída por alternativas; assim, nesse caso, pelo que surge dentro dele a partir dessas interações, que podem arredondar e consolidar a sua personalidade numa riqueza interior ou fragmentar sua unidade em "parcelas". Em todo caso, o estranhamento tem aqui uma de suas fontes sociais; contudo, no mal possível estão contidos simultaneamente a possibilidade e inclusive o veículo para sua superação. Sem essa dialética de objetividade do ser social e inevitabilidade das decisões alternativas em todos os atos singulares é impossível sequer acercar-se do fenômeno do estranhamento.

3. Problemas da prioridade ontológica

Mesmo que tivesse sido possível fazer uma exposição detalhada da análise de todos os complexos, cuja totalidade perfaz a sociedade enquanto complexo, bem como de suas interações recíprocas multiplamente ramificadas e muitas vezes amplamente mediadas, ainda não teríamos captado com precisão a determinação decisiva do seu funcionamento real, da dinâmica de sua reprodução. Hegel diz com razão que, ao apreender a interação, encontramo-nos apenas "no limiar do conceito", que se contentar em saber dela constitui "um comportamento inteiramente carente-de-conceito"[42]. Pela razão que já conhecemos, ou seja, porque em Hegel as conexões ontológicas constantemente ganharam uma expressão logicista, ele se limitou a constatar de modo correto, mas meramente negativo, a situação que surge desse modo. Traduzindo o que Hegel entendeu corretamente para a linguagem ontológica que ele apenas subentendeu (porque para Hegel o conceito é simultaneamente lógico e ontológico), o núcleo intencionado por ele poderia ser expresso da seguinte maneira: a simples interação levaria a um estado estacionário e, em última análise, estático; caso se queria dar expressão conceitual à dinâmica viva do ser, ao seu desenvolvimento, é preciso indicar onde, na referida interação, pode ser encontrado o momento preponderante. Com efeito, é este – todavia não a sua simples ação, mas simultaneamente as resistências com que se depara, que ele mesmo provoca etc. – que dá à interação, de resto estática, apesar de toda a mobilidade parcial, um direcionamento, uma linha de desenvolvimento; de simples interações poderia resultar apenas a estabilização pelo equilíbrio dentro de um complexo. Vislumbrar claramente essa conexão é especialmente importante quando se fala da transição de uma esfera do ser para a outra. Pois é evidente que, por ocasião da gênese de algo novo desse tipo, surgem fenômenos de caráter transitório, que jamais levariam ao nascimento, à consolidação, à autoconstituição do novo estágio do ser se forças do novo tipo do ser não desempenhassem o papel de momento preponderante nas – irrevogáveis – interações com as forças dos tipos antigos do ser. Na análise do trabalho, já nos detivemos nos problemas que afloram nesse tocante para o ser social em sua relação com a natureza. Prosseguindo agora e tentando analisar a relação com a esfera do ser tomando como ponto de referência uma base mais ampla, a totalidade do social, voltamos a nos deparar com o princípio da socialidade enquanto momento preponderante na interação das diferentes formas do ser.

A relação ontológica essencial entre natureza orgânica e ser social pode ser enunciada resumidamente da seguinte maneira: para ambos, a reprodução,

---

[42] G. W. F. Hegel, *Enzyklopädie*, § 156, adendo; HWA, v. 8, p. 301s [ed. bras.: *Enciclopédia das ciências filosóficas em compêndio*, v. 1, cit., p. 286].

tanto no sentido ontogenético como no sentido filogenético, constitui aquele momento preponderante decisivo em todas as interações – permanentemente duradouras – com a natureza inorgânica, mediante o qual é determinado o quê e o como de todo e qualquer ente orgânico. É desse modo que, na natureza orgânica, dá-se – em forma de novas espécies e gêneros – um desenvolvimento para um patamar superior, desde os complexos mais primitivos até os extremamente complexos. O que pode ser apreendido em termos objetivamente ontológicos nesse desenvolvimento é o fortalecimento constante, a ação cada vez mais ampla e profunda dos momentos biológicos nessa interação. O ser social se eleva da natureza orgânica de tal modo que, numa determinada espécie de seres vivos, no homem, por um lado, os momentos biológicos de sua reprodução irrevogavelmente têm de ficar preservados em suas relações com os componentes físico-químicos, mas que, por outro lado, seu funcionamento e sua reprodução adquirem um caráter social cada vez mais nítido. O desenvolvimento para um patamar superior, a predominância alcançada pelo ser social sobre o seu fundamento biológico (e, por essa via, mediada pelo fundamento físico-químico), não se externa, portanto, como na natureza orgânica, por meio de uma mudança de figura, mas se concentra numa mudança de função dentro da mesma figura. A reprodução física do homem enquanto ser vivo biológico é e permanece o fundamento ontológico de todo e qualquer ser social. Todavia, trata-se de um fundamento cujo modo de existência é sua transformação ininterrupta no social cada vez mais puro, ou seja, é, por um lado, criação de sistemas (complexos) de mediação, visando realizar essas mudanças e ancorá-las na realidade funcionando dinamicamente, e, por outro, retroação desse meio ambiente autocriado – criado pelo gênero humano – sobre o seu próprio criador, dessa vez, contudo – de modo diretamente ontológico –, como retroação que pode ser aplicada a cada homem singular que, a partir de sua própria atividade, é modificado pelos seus objetos, socializado em seu ser biológico.

Nesse ponto já se evidencia a diferença dinâmico-estrutural muito essencial entre natureza orgânica e ser social, porque neste a conexão entre reprodução ontogenética e reprodução filogenética, mesmo sendo muito mais complexa, mediada, indireta que naquela – talvez justamente por isso –, simultaneamente traz à luz o seu mecanismo de modo mais aparente, mais ostensivo. Quando analisamos o trabalho, já apontamos para o momento da generidade presente nele. A generalização, que está indissociavelmente ligada com a criação de algo radicalmente novo que não tem analogias no processo de reprodução da natureza, pois não é produzido espontaneamente por forças "cegas", mas é criado, no sentido literal da palavra, por um pôr teleológico consciente, essa generalização transforma o processo do trabalho e o produto do trabalho, mesmo que no plano imediato tenham surgido como ato singular, em algo próprio do gênero. Justamente porque essa generidade está contida em germe, implicitamente no processo do trabalho e no produto do trabalho em seu estado mais primitivo, pode surgir aquela dinâmica mais ou menos espontânea que impele irresistivelmente do trabalho para a divisão do trabalho e para a cooperação. Desse modo, porém, surgiu uma figura socialmente operante da generidade que, passando a existir, retroage ininterruptamente no próprio trabalho, mais precisamente, tanto ao afirmar-se em cada ato de trabalho, correspondendo à crescente importância concreta da divisão do trabalho, modificando-a e intensificando a generidade, quanto ao deslocar cada trabalhador para um entorno de crescente socialidade, que necessariamente passará a exercer uma influência cada vez maior sobre os pores teleológicos consoantes ao trabalho de cada indivíduo. Se tomarmos uma forma mais desenvolvida desse desenvolvimento, já adquirida muito tempo antes do atual capitalismo, constatamos objetivamente um crescimento inexorável, tanto extensivo como intensivo, da generidade; esse crescimento, contudo, deu-se de tal maneira que não só aumenta – objetivamente – no trabalhador singular o componente genérico, mas este também se confronta com aquele como realidade dinâmica e dinamicamente coesa de objetos, relações, movimentos etc., que deve ser experimentada por ele subjetivamente como uma realidade objetiva independente da sua consciência. (Justamente o complexo indicado por nós, a saber, o complexo constituído de complexos.)

Esse mundo revela-se ao homem como uma espécie de segunda natureza, como um ser que existe de forma totalmente independente do seu pensar e querer. Do ponto de vista da práxis cotidiana e da gnosiologia que a generaliza, essa concepção parece justificada. Contudo, se fizermos uma abordagem ontológica dessa questão, compreenderemos imediatamente que toda essa segunda natureza representa uma transformação da primeira, que foi efetuada pelo próprio gênero humano, que ela se defronta com o homem que vive dentro dessa segunda natureza como a produção de sua própria generidade. Marx expressou assim essa factualidade, apoiando-se na intuição genial de Vico: "A história dos homens se diferencia da história natural pelo fato de fazermos uma e não a outra"⁴³. Naturalmente, isso não anula a existência da segunda natureza independente da consciência. Ela é justamente a realização dessa generidade, ou seja, ela é, exatamente do mesmo modo que esta, um ser real, sob nenhuma circunstância mera aparência. Para a consideração da ciência singular isso pode dar a aparência de que a diferenciação feita aqui é irrelevante. Essa aparência se verifica, contudo, apenas em consideração de detalhes, que não querem ou não podem tomar conhecimento da totalidade da área por ela tratada e que, por essa razão, fatalmente incorre em erros grosseiros e deformações da realidade assim que seu objeto entra objetivamente em contato com a totalidade ou até quando é generalizado filosoficamente.

Em termos ontológicos, é igualmente indispensável conceber, no âmbito da segunda natureza, o mundo fenomênico como existente no sentido ontológico, bem como atentar, ao mesmo tempo, para as diferenciações importantes que separam essência e fenômeno – no âmbito do ser social –, contrapondo-os inclusive muitas vezes um ao outro numa contradição abrupta. Pense-se na crítica correta feita por Engels a Feuerbach. Este disse a respeito da relação entre essência e ser: "O ser é a posição da essência. *O que é minha essência é meu ser*. O peixe existe na água, mas desse ser tu não podes separar sua essência. [...] Apenas na vida humana distinguem-se ser e essência, *mas apenas [em] casos anormais, infelizes* [...]". É compreensível que Feuerbach não tenha dado atenção justamente à diferenciação muito importante entre essência e fenômeno na vida social, embora ele, sendo materialista, não duvidasse do caráter ontológico do fenômeno. Engels responde a isso com toda razão:

> Um belo panegírico ao existente. Exceção feita a casos contra a natureza e alguns poucos casos anormais, terás muito gosto em ser, desde os sete anos de idade, porteiro numa mina de carvão, permanecendo catorze horas diárias sozinho, na escuridão, e porque lá está teu ser, então lá está também tua essência. [...] Tua "essência" é estar submetida a um ramo de trabalho.⁴⁴

Já ressaltamos em outros contextos a importância dessa diferenciação e deveremos falar dela ainda mais detidamente. Aqui, essa contraditoriedade

---

⁴³ K. Marx, *Das Kapital*, cit., v. I, p. 336, nota; MEW, v. 23, p. 393 [ed. bras.: *O capital*, Livro I, cit., p. 446].
⁴⁴ K. Marx e F. Engels, [*Die deutsche Ideologie,*] MEGA, v. V, p. 540; MEW, v. 3, p. 543 [ed. bras.: *A ideologia alemã*, cit., p. 80-1].

teve de ser exposta porque, de outro modo, o caráter do mundo social talhado pelos próprios homens, sua essência como realização da generidade, fatalmente seriam mal entendidos, sendo que o resultado seria marcado pela mesma estranheza em relação à realidade, não importando se o desconhecimento das situações de fato toma um rumo subjetivista ou objetivista.

Toda reprodução filogenética tem a reprodução ontogenética como fundamento do seu ser. Desse ponto de vista mais geral possível, não vem ao caso o antagonismo, em princípio de extrema importância, entre natureza orgânica e ser social. A reprodução filogenética pode dar-se na forma de constância e mudança das espécies e categorias, ela pode inclusive criar para seu suporte um ambiente de complexo de complexos, mas sem a reprodução ontogenética dos exemplares singulares, que corporificam no sentido imediato o existente, não há como ocorrer nenhuma espécie de reprodução filogenética. Isso significa que suas condições existenciais devem ter uma prioridade ontogenética com relação a todas as demais manifestações da respectiva esfera do ser. Isso é de extrema obviedade para a natureza orgânica, mas devido à constituição específica do ser social, anteriormente indicada, a situação parece ser mais complexa nesse caso. Só que essa aparência necessariamente desaparecerá se, num primeiro momento, refletirmos sobre a factualidade nua e crua da reprodução ontogenética, sem levar em conta as suas consequências necessárias. Então ficará evidente que esse processo de reprodução possui de modo irrevogável um fundamento puramente biológico. Se quisermos que todas aquelas manifestações extremamente complexas de vida, que em sua totalidade perfazem o ser social, tornem-se realidade, o ser vivo humano deve, em primeiro lugar, ser capaz de reproduzir biologicamente a sua existência biológica. Já dissemos anteriormente que o tipo de reprodução torna-se cada vez mais social, mas tivemos de constatar simultaneamente que esse constante "tornar-se mais social" jamais poderá fazer desaparecer a base biológica; por mais profundo que seja o condicionamento social da cultura na preparação e no consumo da alimentação, o ato de alimentar-se permanece um processo biológico que se dá de acordo com as necessidades do homem enquanto ser biológico. É por isso que Marx, como já mostramos, insistentemente considerou esse processo de reprodução como o fundamento irrevogável do ser social. Talvez seja supérfluo repetir, mas o fazemos assim mesmo devido aos preconceitos renitentes muito difundidos nessa área, a saber, que da prioridade ontológica de um modo de ser com relação aos demais não se segue nenhum tipo de posicionamento nem no sentido positivo nem no sentido negativo dentro de alguma hierarquia de valores. Trata-se de pura constatação factual: a reprodução biológica da vida constitui o fundamento ontológico de todas as manifestações vitais; aquela é ontologicamente possível sem estas, mas não o contrário.

A resistência real contra esse fato simples, todavia, não se origina dele próprio, mas de sua constituição específica dentro do ser social, da ininterrupta socialização da existência humano-biológica que, a partir da reprodução ontológica com o tempo, dá origem a todo um complexo no âmbito do ser social: a esfera da economia. À medida que se tornam cada vez mais sociais as atividades humanas que, em última análise, estão a serviço do cumprimento daquilo que é exigido pela reprodução ontogenético-biológica dos homens, tanto mais forte se torna a resistência do pensamento em conceder à esfera econômica essa prioridade ontológica com relação a todas as demais. Na realidade, nessa tentativa, nunca aparecem argumentos sérios. Com efeito, na maioria esmagadora dos casos trata-se de ponderações no sentido de uma hierarquia de valores, com a qual a prioridade ontológica aqui constatada nada tem a ver. Todavia, o marxismo vulgar tem sua parcela de culpa nisso; quando as suas considerações muitas vezes, consciente ou inconscientemente, dão seguimento a teses do velho materialismo ("o homem é o que come" etc.), elas transformam mesmo inadvertidamente a prioridade ontológica numa hierarquia de valores, ou seja, não dão atenção em cada caso à essência da questão. É ainda pior quando se lança mão, por exemplo, de motivações psicológicas. Porque é evidente por si só que, quanto mais complexo, quanto mais mediado o modo como as formações sociais implementam a produção e o consumo pelas quais se efetua a reprodução ontogenética de cada homem singular, tanto menor a frequência com que essa reprodução e sua prioridade ontológica em relação a todas as demais manifestações vitais assomam à consciência. Para esclarecer esse encobrimento psicológico das factualidades ontologicamente primárias, podemos nos reportar a uma testemunha insuspeita justamente nessa questão: Lenin. Após a revolta de julho de 1917, ele teve de se esconder na casa de um trabalhador em São Petersburgo. Um dia, ao trazer a comida, o trabalhador disse: "Olha só que pão excelente. 'Eles' agora decerto não ousam mais entregar pão ruim. Quase tínhamos esquecido que em Petrogrado também pode existir pão bom". Pelo visto também essas reflexões do trabalhador não se referem à conexão imediata entre pão e reprodução biológica; já se trata de uma relação socialmente mediada, quando seus pensamentos se ocupam com a conexão entre luta de classes e qualidade do pão, ainda que, por trás disso, a relação autenticamente ontológica continue transparecendo. A reflexão de Lenin a esses comentários tem o seguinte teor: "O pão nem havia ocorrido a mim, um homem que nunca havia passado necessidade. O pão simplesmente chegava às minhas mãos de alguma maneira, por exemplo como uma espécie de subproduto do trabalho de escritor. Através da análise política, o pensamento chega àquilo que está na base de tudo, à luta de classes pelo pão, por um caminho incomumente complicado e emaranhado"[45]. Pelo visto, "psicologicamente" poderíamos citar até mesmo Lenin como testemunha de que para o ser e agir dos homens não é precipuamente importante que e como ele se alimenta.

A cooperação de atividades humanas que servem à reprodução ontológica dos homens diferencia-se nesse ponto em duas direções: por um lado, essa reprodução deve ser efetuada na prática; por outro, é preciso tomar medidas que assegurem que a existência humana em geral esteja suficientemente protegida. Fica claro que, enquanto a defesa da vida humana com relação aos animais selvagens desempenhou um papel importante, a caça, que foi uma das primeiras formas de cooperação, constituiu uma atividade que servia à reprodução genética nas duas direções. (As sagas de Hércules são um reflexo desse período da unidade vital de caça e guerra.) Foi só quando a proteção da vida passou a direcionar-se primordialmente contra outras comunidades humanas e, especialmente, desde que a escravidão tornou uma defesa do *status quo* social no plano interno tão necessária quanto as guerras suscitaram o dilema entre obter escravos ou tornar-se escravo que surgiu uma diferenciação rigorosa na estipulação das finalidades e nos métodos.

Na historiografia, a diferença entre força e economia, fetichizada como antagonismo abrupto, desempenhou um papel importante, de modo predominante com a consequência de confundir irremediavelmente todas as conexões. Isso, antes de tudo, porque as concepções ideológico-idealistas levam à incapacidade de apreender a verdadeira contraditoriedade dialética de força e economia, que abrange em si mesma simultaneamente seu indissolúvel emaranhamento, sua ininterrupta interação, sendo que à economia cabe o papel de momento preponderante. É justamente isso que de modo geral suscita a resistência mais veemente. Já Engels a ironizou no confronto com

---

[45] V. I. Lenin, [*Die Revolution von 1917: die Vorbereitung des Oktober,*] Sämtliche Werke, v. XXI, p. 346; LW, v. 26, p. 104.

Dühring, valendo-se da jocosa analogia com a relação entre Robinson e Sexta-feira[46]. Tais contraposições metafísicas rígidas deixam de ver, em primeiríssimo lugar, a factualidade decisiva, que já ressaltamos em relação à esfera do direito, a saber, que, não obstante toda a dependência última dos diversos complexos sociais em relação à economia enquanto reprodução primordial da vida humana, nenhum complexo poderia subsistir nem funcionar utilmente se não formasse em si mesmo os seus princípios e métodos específicos de ação, de organização etc. Essa autonomia de todo complexo social parcial, a qual se desenvolveu de modo especialmente marcante na esfera bélica e em suas teorias, jamais poderá implicar independência em relação à estrutura e à dinâmica do desenvolvimento do respectivo estágio da sociedade. Pelo contrário: a genialidade de condutores de exércitos ou teóricos da guerra manifesta-se precisamente no fato de serem capazes de apreender aqueles novos momentos da economia, do desenvolvimento histórico-social, que, convertidos em estratégia, tática etc., mostram-se apropriados para introduzir inovações de fundo. Enquanto historiadores autênticos são capazes de apreender corretamente esses verdadeiros momentos do novo, surge de muitas formas, ao lado das falsificações subjetivistas das factualidades que aspiram à "atemporalidade" do gênio, uma fetichização objetivista da técnica. A fetichização baseia-se, nesse caso, no fato de que a técnica – tanto na indústria como na guerra – não é entendida como momento parcial do desenvolvimento econômico, mas é concebida, particularmente hoje, como *fatum* autônomo e insuperável da Era Moderna, mais ou menos assim como os cidadãos da pólis veneraram o ouro como um poder natural fatal independente das forças humanas.

O próprio Marx apreendeu de modo claro e diferenciado a conexão ontológica do ser que surge desse ponto. Por tomar como ponto de partida a prioridade ontológica da reprodução da vida humana, ele não se depara com nenhum obstáculo intelectual que o impeça de vislumbrar concreta e corretamente a conexão específica que aqui está em vigor. Lembremo-nos que ele descreve a particularidade da esfera do direito, dizendo que nela as conexões econômicas necessariamente recebem um espelhamento inadequado, mas que justamente essa inadequação constitui o ponto de partida metodológico para regular de um modo vantajoso para a sociedade a parcela da práxis humana que

---

[46] F. Engels, *Anti-Dühring*, cit., p. 170s; MEW, v. 20, p. 154s [ed. bras.: *A revolução da ciência segundo o senhor Eugen Dühring*, cit.].

deve ser ordenada juridicamente. Nesse caso, o seu ponto de partida é manifestamente o fato de guerra e economia estarem enraizadas conjuntamente na reprodução da vida humana, do que decorre uma ininterrupta aplicação conjunta dos resultados do trabalho, da divisão do trabalho etc. Marx até mesmo aponta muito decididamente para o fato de que, sob certas circunstâncias, a objetivação, a explicitação e a disseminação de seus resultados no campo da organização bélica podem tomar uma figura mais desenvolvida, mais marcante, que no da economia no sentido mais estrito. Nesse sentido, na introdução ao assim chamado "Rascunho" [*"Rohentwurf"*], ele fixa do seguinte modo os problemas que assomam aqui como tarefas de uma elaboração detalhada:

> A *guerra* desenvolvida antes da paz; modo como, pela guerra e nos exércitos etc., certas relações econômicas, como o trabalho assalariado, a maquinaria etc., se desenvolveram antes do que no interior da sociedade burguesa. Do mesmo modo, a relação entre força produtiva e relações de intercâmbio especialmente clara no exército.[47]

Numa carta a Engels do ano de 1857, portanto da mesma época desse trabalho, o esquema das exigências para o futuro trabalho é esboçado de modo ainda mais detalhado:

> A história da *army* [do exército] ressalta e ilustra melhor do que qualquer outra coisa a correção de nossa concepção da conexão entre as forças produtivas e as relações sociais. De modo geral a *army* é importante para o desenvolvimento econômico. Por exemplo: o salário foi desenvolvido por primeiro inteiramente no exército entre os antigos. Igualmente entre os romanos o *peculium castrense* [patrimônio do soldado] constituiu a primeira forma legal, na qual foi reconhecida a propriedade móvel de quem não era chefe de família [*pater familias*]. Igualmente o sistema associativo na corporação dos *fabri*. Nesta igualmente a primeira aplicação da maquinaria em grande escala. Até mesmo o valor especial dos metais e seu *use* [uso] como dinheiro parece basear-se originalmente [...] em sua importância para a guerra. Também a divisão do trabalho *no interior* de um ramo foi levada a cabo primeiro nos exércitos. Toda a história das formas sociais burguesas está resumida aí de maneira muito contundente.[48]

---

[47] K. Marx, *Rohentwurf*, cit., p. 29; MEW, v. 42, p. 43 [ed. bras.: *Grundrisse*, cit., p. 61].
[48] K. Marx [e F. Engels], *Briefwechsel zwischen Marx und Engels*, MEGA, Dritte Abteilung, v. II, p. 228-9; MEW, v. 29, p. 192s.

Naturalmente, não é aqui o lugar para analisar detalhadamente a riqueza de problemas desse programa de pesquisa; basta apontar para o importante ponto de vista de que determinados fenômenos econômicos e determinados fenômenos condicionados primordialmente pela economia podem aparecer na área bélica de forma mais desenvolvida do que na própria vida econômica. Isso obviamente não é nenhum "milagre", tampouco um sinal da autonomia absoluta ou até de prioridade da área bélica com relação à economia. Basta pensar na aplicação da maquinaria nos exércitos da Antiguidade para ver corretamente o fenômeno. O próprio Marx repetidamente destacou que a escravidão era uma barreira à produção antiga por ser incompatível com a aplicação de uma maquinaria que apresentasse algum grau, mesmo que reduzido, de complexidade. Ora, o exército é o único setor da totalidade social da Antiguidade em que o trabalho escravo não pôde desempenhar nenhum papel fundamental; o exército era composto essencialmente de homens livres e, com isso, estava removida a barreira que o trabalho escravo de resto havia posto à economia antiga*. A mecânica, que não podia encontrar acolhida na economia (e por isso tampouco na ciência e na filosofia oficiais), recebeu um papel importante na construção de máquinas de guerra. E, desse modo, os demais fenômenos enumerados por Marx puderam ser compreendidos cabalmente como fenômenos específicos dentro do desenvolvimento econômico. Sua especificidade consiste em que podem adquirir relevância também onde a vida econômica propriamente dita, a estratificação de classe dela decorrente, não lhe poderia oferecer nenhum espaço normal de desenvolvimento. Apesar disso, eles permanecem inseridos no respectivo estágio de desenvolvimento da economia e, mesmo que muitas vezes cheguem a ultrapassar as possibilidades médias desta, jamais o fazem de modo independente, jamais sem ser determinados pelas tendências básicas da economia. Naturalmente, isso de modo algum significa uma dependência mecânica, como podemos ver no exemplo da maquinaria de guerra da Antiguidade. Inclusive a constituição concreta do fenômeno pode ter um caráter completamente diferente; por exemplo, a eliminação das barreiras normais à rentabilidade no capitalismo no caso do desenvolvimento dos aviões nas duas guerras mundiais.

---

* Acréscimo manuscrito: "O fato de os remadores dos navios de guerra serem escravos não significa nada nesse caso; ainda no início da Era Moderna, eles eram tomados dentre a massa dos criminosos condenados a trabalhar nas galeras". (N. E. A.)

Em todos esses casos, trata-se de modo bem geral de que – dentro de certos limites prescritos pela estrutura socioeconômica em seu todo – a defesa da existência, as tendências de expansão economicamente exigidas etc. transformam em realidades possibilidades que, no processo normal de reprodução, teriam meramente permanecido como possibilidades. Exatamente nesse ponto seria extremamente perigoso incorrer na fetichização da técnica. Assim como na própria economia, a técnica é parte importante, mas sempre apenas derivada, do desenvolvimento das forças produtivas, sobretudo dos homens (do trabalho), das relações interpessoais (divisão do trabalho, estratificação de classe etc.), assim também as categorias especificamente militares, como tática e estratégia, não se originam da técnica, mas das transformações nas relações humanas socioeconômicas fundamentais. Já demonstramos que a superioridade da técnica bélica sobre a "civil" na Antiguidade tem sua razão de ser na economia escravista, e facilmente se pode ver que as diferenças estão baseadas nas mesmas determinações socioeconômicas dessa formação e que o caso excepcional no campo militar em nada modifica seus fundamentos. O mesmo se dá com esses desenvolvimentos desiguais em outras formações. E nem mesmo o "caso paradigmático", ao qual a fetichização da técnica costuma se reportar historicamente e que lhe confere certa popularidade, não se sustenta do ponto de vista histórico: o suposto fato de que o modo feudal de fazer guerra teria sucumbido diante da invenção e do emprego da pólvora de atirar. Sobre isso, Delbrück expõe corretamente o seguinte:

> Postergo o trecho mais importante, o da origem das armas de fogo, para o próximo volume. É que cronologicamente essa investigação faz parte da Idade Média. Porém, como vimos, mesmo que já estivesse em uso por um século e meio, essa arma não adquiriu nenhuma importância essencial até o ano de 1477: a nobreza cavalariana não só não foi derrotada por essa invenção, como ainda se ouve falar, mas, pelo contrário, ela foi derrotada pela infantaria munida de arma branca, mesmo que, no último momento, ainda tenha tentado reforçar seu poder com a aquisição da arma de fogo.[49]

Foi o desenvolvimento do capitalismo, a reestratificação da sociedade causada por seu avanço e as suas consequências para a organização, técnica e es-

---

[49] H. Delbrück, *Geschichte der Kriegskunst [im Rahmen der politischen Geschichte]* (Berlim, 1923), v. III, p. 668.

tratégia militares que deram às armas de fogo sua proeminente importância. A grande importância dada por Marx ao conhecimento correto dessas conexões, na época em que escrevia a obra O *capital*, é novamente evidenciada por uma carta a Engels: "A nossa teoria da determinação *da organização do trabalho pelo meio de produção* teria alguma comprovação mais brilhante do que a fornecida pela indústria da carnificina humana?"[50]. Depois de dizer isso, ele desafia Engels a elaborar essas conexões para que o resultado pudesse ser inserido na sua obra principal como seção especial, assinada por Engels.

Considerando ontologicamente, portanto, estamos lidando aqui, na realidade social, com um caso típico daquela relação dialética que Hegel designou como identidade da identidade e da não identidade. Justamente nesse ponto é fácil de ver que as mais importantes descobertas dialéticas de Hegel muito pouco têm de um caráter precipuamente lógico, sendo, muito antes, sobretudo constatações engenhosamente generalizadas de complexidades do ser e, enquanto tais, geralmente – e nesse ponto de modo particularmente evidente – do tipo que revelam a estrutura específica do ser social. Com efeito, em contradição com a natureza orgânica, é particularmente característico do ser social que uma necessidade em última análise unitária, sem renunciar à sua unidade, pode formar para a própria satisfação "órgãos" muito diversificados, nos quais a unidade originária simultaneamente é abolida e preservada, os quais, por isso mesmo, realizam em sua estrutura interna essa identidade da identidade e da não identidade nas mais diversas formas concretas. Não se deve tentar dissimular a particularidade das situações ontológicas assim surgidas, recorrendo como analogia à diferenciação no uso de órgãos singulares para diferentes funções, algo que ocorre com frequência nos animais superiores. No caso dos homens, também surge necessariamente uma intensificação ainda maior dessa multifuncionalidade dos órgãos. Porém, isso nada tem a ver com o problema em pauta aqui. No plano imediato – e, no caso dos animais, até mesmo em si –, essa diferenciação permanece restrita à esfera vital propriamente dita, até porque, no plano biológico, a vida nem pode abandonar essa unicidade; a diferenciação se refere apenas à abordagem distinta em situações distintas dentro do processo vital que permanece unitário. (As mãos do macaco ao subir em árvores, ao pegar objetos etc.) De uma perspectiva puramente bio-

---

[50] K. Marx, *Briefwechsel zwischen Marx und Engels*, MEGA, Dritte Abteilung, v. III, p. 345; MEW, v. 29, p. 365.

lógica, o homem parece passar por um processo semelhante. Mas isso só aparentemente, pois nesse caso o biológico constitui apenas a base sobre a qual se constrói algo inteiramente diferente. Se pensarmos, por exemplo, atendo-nos ao exemplo da mão, nos atos de escrever, de tocar violino etc., fica claro que essas atividades até têm um fundamento biológico, mas que, justamente na sua particularidade, precisam ir além do biológico. Naturalmente, certa elasticidade dos músculos, a reação rápida dos nervos etc. estão entre as pre-condições psicofísicas indispensáveis para tocar o violino. Contudo, o essencial nesse ato é que comunique adequadamente conexões de um mundo musical, cujo êxito ou malogro são condicionados exclusivamente pelas leis internas dessa esfera e não podem mais ser remontados a uma diferenciação biológica dos órgãos.

Já nos deparamos repetidamente com tais problemas. Trata-se daquilo que é específico do ser social, ou seja, que os pores teleológicos importantes para a reprodução do homem e do gênero humano, aprimorados e promovidos no início de modo espontâneo, depois de modo consciente, pouco a pouco vão formando conexões objetivas dinâmicas, dotadas de lei própria, que tornam esses pores cada vez mais efetivos por meio de tais mediações. Já tomamos conhecimento dos caminhos genéticos que levam ao surgimento e à operação dos complexos sociais. O específico da influência ora investigada de suas diversas espécies sobre a reprodução ontogenética – socialmente mediada – do homem consiste em que as circunstâncias do desenvolvimento impõem uma diferenciação ampla, às vezes até exacerbada ao extremo, mas que, por trás dela, dentro dela, sempre fica preservado algo da unidade originária. E esse passar-de-um-para-o-outro e contrapor-se-um-ao-outro possuem simultaneamente um caráter dinâmico. Nunca ocorre uma cisão definitiva, nunca uma união definitiva, embora ambos estejam reiteradamente passando de um para o outro. Ora, é daí que nasce a riqueza infinitamente variada de sua história, que se pode estudar justamente no exemplo da guerra e de sua relação com a economia e a estrutura social contemporâneas. Essa espécie de conexões se tornará, na conexão como na diferenciação, tanto mais íntima e diferenciada quanto mais decididamente as categorias especificamente sociais obtiverem o predomínio no âmbito do ser social.

Para tornar isso ainda mais evidente seja lembrada agora outra determinação permanente dessa unidade e diversidade, à qual não fizemos menção logo no início para não turvar o ponto de partida na reprodução ontogenética do homem com nenhuma alusão a determinações especificamente sociais. Referimo-nos ao fato de a diferenciação social da sociedade em classes encontrar-se em relação de dependência com o seu desenvolvimento econômico, bem como em relação com as suas retroações sobre esse desenvolvimento. A conexão com a reprodução ontogenética é compreensível por si só: a produção de algo novo no trabalho já distingue o ser social da natureza; o fato de o trabalho representar uma forma qualitativamente nova do metabolismo com a natureza já sublinha o especificamente novo nele. Ora, se o desenvolvimento do trabalho, bem como a divisão do trabalho dele decorrente, volta a produzir, num estágio superior, algo também qualitativamente novo, a saber, que o homem tem condições de produzir mais do que precisa para a sua própria reprodução, então esse fenômeno econômico deve dar origem, na sociedade, a estruturas totalmente novas: a estrutura de classe e tudo o que dela decorre. A resposta social à pergunta econômica "a quem pertencerá o que foi produzido além do que é necessário à reprodução da vida?" produz a estratificação de classe da sociedade, e é esta que, desde que surgiu, domina pelo menos até agora o desenvolvimento social da humanidade. No *Manifesto Comunista*, Marx e Engels deram a esse estado de coisas a sua primeira e ainda famosa formulação:

> Homem livre e escravo, patrício e plebeu, senhor feudal e servo, mestre de corporação e companheiro, em resumo, opressores e oprimidos, em constante oposição, têm vivido numa guerra ininterrupta, ora franca, ora disfarçada; uma guerra que terminou sempre ou por uma transformação revolucionária da sociedade inteira, ou pela destruição das duas classes em conflito.[51]

Retomando de imediato o problema recém-tratado: a primeira forma de apropriação do trabalho que vai além da autorreprodução compreensivelmente é a força bruta. A sua organização, que originalmente servia à defesa, à expansão etc. do espaço natural de reprodução dos homens, recebeu uma nova função: assegurar a apropriação do trabalho de outros homens que vai além da autorreprodução. Enquanto a escravização de homens ainda poderia ser considerada como simples subproduto da guerra (mesmo que não raramente ela

---

[51] K. Marx e F. Engels, *Manifest der Kommunistischen Partei*, MEGA, v. VI, p. 526; MEW, v. 4, p. 462s [ed. bras.: *Manifesto Comunista*, cit., p. 40].

figurasse entre os seus objetivos mais importantes), o ato de organizar e assegurar o trabalho escravo já passa a fazer parte daquele complexo que tratamos como esfera do direito. Recordemos as explanações de Engels que, naquela oportunidade, foram citadas logo no início; trata-se de homens armados e de seus "acessórios materiais, prisões e reformatórios de todo tipo", em suma, da apropriação do mais-trabalho dos escravos baseada na força.

Desse modo, ingressa na existência humana uma categoria nova, igualmente desconhecida na natureza orgânica: a defesa da existência não se dirige mais apenas para a da respectiva comunidade humana em geral e, dentro dela, para a do homem singular (nisso ainda é possível vislumbrar determinações naturais socialmente moldadas), mas se volta para "dentro", convertendo-se em defesa da respectiva formação econômica contra aqueles homens que, em seu "íntimo", jamais poderão estar de acordo com essa estrutura, com seu funcionamento, por razões elementares atinentes à sua própria existência, que, portanto, de modo permanente devem ser tidos como seus inimigos em potencial. Do ponto de vista da ontologia do ser social e do seu desenvolvimento interno, isso tem duas importantes consequências: em primeiro lugar, a conservação simples, ainda essencialmente biológica, da própria existência e possibilidade de reprodução se transforma em conservação (e tentativa de melhoria) do *status* socioeconômico. Objetivamente, pode-se distinguir ambas de modo preciso, sendo que a vida mostra numerosos casos em que tal separação de fato foi efetuada pelas circunstâncias. Unicamente nos indivíduos ativos surge, com intensidade cada vez maior, uma fusão, no plano imediato aparentemente insolúvel, dos dois modos de ser e – o que é extremamente importante do ponto de vista da ontologia do ser social –, para os pores teleológicos concretos do indivíduo, uma crescente preponderância do *status* social com relação à vida meramente biológica. Em segundo lugar, a crescente socialização do ser social se externa no fato de que, na vida cotidiana, tanto de oprimidos como de opressores, a força bruta passa cada vez mais para o segundo plano e é substituída pela regulação jurídica, pela adequação dos pores teleológicos ao respectivo *status quo* socioeconômico. Trata-se, como veremos, de um processo extraordinariamente demorado e de percurso desigual, embora os seus primeiros modos de manifestação já ocorram nos estágios bem iniciais (papel da tradição na relação com escravos domésticos etc.). Em relação a isso, jamais se deve esquecer, porém, que a força nunca poderá desaparecer, nem no "Estado de direito pleno", mas apenas transformar-se da permanente atualidade em predominante latência. Os homens armados de Engels são substituídos pela probabilidade aventada por Max Weber de que, em caso de conflito, acorrerão os homens da força policial, mostrando claramente que, a despeito de todas as variações, que de modo algum deixam de ser importantes, a estrutura aqui indicada se reproduz, inalterada em sua essência, na continuidade da história.

Naturalmente há, ao lado desse cotidiano, também pontos nodais, instantes de fatalidade do desenvolvimento, a saber, quando se luta pela continuidade ou pela cessação de tal forma de apropriação do mais-trabalho ou por sua redistribuição, por uma alternância no estrato dos seus beneficiários. Marx sempre considera com razão as formas básicas dessa apropriação como a característica socioeconomicamente decisiva de uma época, como o traço determinante que diferencia as diferentes formações uma da outra. O papel dominante que ele lhes atribui, porém, de modo algum significa que ele restringiria exclusivamente a elas o problema da estrutura de classe e da luta de classes. Pelo contrário. A enumeração político-proclamatória no *Manifesto Comunista* já fala, por exemplo, com relação à Antiguidade, ao lado do antagonismo de senhores e escravos, também do antagonismo de patrícios e plebeus, e Marx aponta, em outras passagens, repetidamente para a relação, estreitamente ligada à anterior, entre credores e devedores, para o papel do capital comercial, do capital financeiro, nesse processo de desenvolvimento. Esse tipo de consideração naturalmente vale para todas as formações, já que espelha a estrutura dinâmica autêntica do respectivo ser social. Por essa razão, a passagem do ordenamento jurídico para a guerra civil é um fenômeno extraordinariamente complexo, embora, quando se torna atual, represente sempre – ao menos temporariamente, no período da crise aguda – uma simplificação concentradora dos múltiplos antagonismos em um complexo de questões bem determinado. Naturalmente aqui nem mesmo é possível fazer alusão à infinita variedade das constelações que assim surgem e de seus tipos. A única coisa que interessa é perceber que, em todas essas mudanças, gradativa ou explosivamente, aberta ou dissimuladamente violentas, da estrutura social, o problema referente a como se dispõe desse mais-trabalho desempenha o papel decisivo. No que se refere a essa questão central, dá no mesmo se os patrícios romanos fazem concessões aos plebeus ou, como na França em 1848, todos os estratos capitalistas quebram o monopólio do capital financeiro com o auxílio do povo ou na Inglaterra é aprovada a jornada de dez horas etc. Porém, esse "idêntico" constitui simultaneamente uma única mudança, um ininterrupto tornar-se diferente. Com efeito, o desenvolvimento econômico produz constantemente novas formas do mais-trabalho, novas formas de sua apropriação (e de suas garantias jurídicas), novas formas de sua distribuição entre os diferentes grupos e estratos de apropriadores. O que se conserva como substância desse desenvolvimento desigual e repleto de contradições na mudança continuada fica reduzido ao fato da apropriação e – em decorrência do crescimento das forças produtivas – à crescente quantidade e qualidade do que é apropriado. O socialismo se diferencia das demais formas de sociedade "só" pelo fato de que nele a sociedade como tal, a sociedade em sua totalidade, torna-se o sujeito único dessa apropriação, de que esta, por conseguinte, deixa de ser um princípio diferenciador das relações entre um homem singular e outro, entre um grupo social singular e outro.

É nisso e só nisso que se exprime o caráter do ser econômico, da atividade econômica enquanto momento preponderante diante de todos os demais complexos sociais. Com isso, todavia, não se revoga aquela autonomia, aquela peculiaridade dos diversos complexos, que expusemos anteriormente. Mas é só dentro da dinâmica concreta do desenvolvimento econômico, reagindo concretamente a ele, executando o que ele exige em termos sociais, contrapondo-se às suas tendências concretas – sob condições tanto subjetivas como objetivas concretas – etc., que ele pode encontrar sua peculiaridade bem própria, avançar rumo a uma autonomia autêntica. A representação fetichizante-idealista da independência absoluta dos complexos singulares, tão frequente nas ciências históricas e sociais, parte, por um lado, de uma representação estreitada e reificada do econômico; as suas rigorosas legalidades, que de fato existem, fazem esquecer por força dessa objetivação que o econômico não é uma realidade puramente objetiva, indiferente à nossa existência, como a natureza inorgânica, que ele é, muito antes, a síntese no plano das leis daqueles atos teleológicos que cada um de nós efetua ininterruptamente e – sob pena da ruína física – tem de efetuar ininterruptamente durante toda a sua vida. Não se trata aqui, portanto, da contraposição de um mundo objetivo puro (no plano das leis) e do mundo da "pura" subjetividade, das resoluções e dos atos puramente individuais; trata-se, antes, de complexos dinâmicos do ser social, cujo fundamento fático é constituído – dentro e fora da vida econômica – por pores teleológicos singulares, sendo que nunca será demais repetir que a prioridade ontológica de determinada espécie em relação a outra nada tem a ver com problemas de valor. Por outro lado, é preciso romper com a representação igualmente reificada, nascida da oposição abstrata à reificação capitalista, como se um crescente isolamento intelectual do indivíduo em relação ao seu entorno social, sua independência (imaginária) em relação a ele, pudessem promover ou mesmo produzir a riqueza e o fortalecimento da individualidade. Quanto mais rica e forte for uma individualidade, tanto mais entrelaçadas estarão suas respostas à vida com o ser-propriamente-assim da sociedade em que ela vive, tanto mais autenticamente elas serão trazidas à existência pelas questões da época – mesmo que tenham uma postura negativa diante das correntes da época. A estratégia e a tática de Napoleão, a teoria de Clausewitz na área da guerra, o Código Napoleônico na área do direito devem sua originalidade justamente a esse caráter concreto de resposta a grandes questões concretas da sua época. Ora, o que vale para o indivíduo vale em proporção ainda maior para a síntese dos pores singulares dentro de um complexo social, para a autonomia autêntica do referido complexo. Em todas as áreas, surgem revoluções metodológicas fecundas e de longo alcance como precursoras ou consumadoras das finalidades socioeconômicas antecipadoras. Portanto, quando já o jovem Marx, na obra *A ideologia alemã*[52], nega aos fenômenos ideológicos uma historicidade autônoma, não se proclama, por essa via, sua dependência mecânica e dedutibilidade esquemática do desenvolvimento econômico, mas apenas é constatada a unidade, já de muitas maneiras identificada por nós, do processo histórico enquanto continuidade ontológica, a despeito de toda a sua contraditoriedade e necessária desigualdade.

Nessa questão da autonomia dos complexos singulares, no entanto, não pode ter lugar nenhum nivelamento conceitual, pois, em termos de ser, tanto a respectiva parcela de efetividade da influência dos complexos que entram em interação é extremamente variada como também o papel concreto do momento preponderante não é sempre e em toda parte o mesmo. Aqui não se pode fazer mais que apontar brevemente para o fato de que as classes e a luta de classes modificam muito mais intensamente o desenvolvimento econômico que a interação com qualquer outro complexo. Obviamente é o desenvolvimento econômico que, no final das contas, determina as relações de forças das classes e, desse modo, também o desfecho das lutas de classe, mas

---

[52] K. Marx e F. Engels, *Die deutsche Ideologie*, MEGA, v. V, p. 16; MEW, v. 3, p. 18 [ed. bras.: *A ideologia alemã*, cit., p. 42s].

apenas em última instância, pois – como ainda veremos a partir de explanações posteriores – quanto mais desenvolvidas são as classes no sentido social, quanto mais o seu ser social faz afastar as barreiras naturais, tanto mais relevante o papel desempenhado em suas lutas pelo fator subjetivo, pela transformação da classe em si numa classe para si, e isso não só em seu nível geral de desenvolvimento, mas também em seus detalhes, incluindo as respectivas personalidades de liderança, cuja constituição, segundo Marx, sempre é coisa do acaso[53]. Ora, para o desenvolvimento econômico de um país de modo algum é indiferente se, numa situação de crise revolucionária provocada pelo próprio desenvolvimento econômico, esta ou aquela classe é vitoriosa e empreende a organização da sociedade (a promoção ou inibição de determinadas tendências economicamente ativas) desta ou daquela maneira. O desenvolvimento do capitalismo na Europa Ocidental – se compararmos o da Alemanha com o da França e Inglaterra – ilustra com muita clareza as direções fortemente divergentes de desenvolvimento que surgem daí. Nem assim, porém, essas tendências históricas seriam erguidas ao nível daquela "unicidade" irracional com que em particular a historiografia alemã desde Ranke costumou concebê-las. O surgimento do capitalismo a partir da dissolução da sociedade feudal é e permanecerá uma necessidade inalterável. Porém, ver nas desigualdades daí surgidas simples nuanças, variações inessenciais no cumprimento das leis, representaria, com sinal oposto, uma deturpação da verdade, da essência da história, não menor que a "unicidade" segundo o modelo de Ranke.

A interação entre a esfera da atividade bélica e a do desenvolvimento econômico desenrola-se, em termos gerais, de modo similar – no plano concreto, todavia, de modo inteiramente distinto. Este constitui o momento preponderante, já porque fundamenta toda a organização e, mediados por esta, o armamento, a tática etc. É claro que pode haver fortes variações nesse processo, mas a pergunta – que só pode ser revelada por investigações concretas – é em que medida elas se devem ao fato de que, como vimos, dentro de uma mesma formação são possíveis desigualdades significativas no desenvolvimento. Ora, na medida em que esse complexo se torna externamente operante – as ações militares das guerras civis são determinadas, em última instância, pela estratificação de classe, pelas formas da luta de classes, embora sem dúvida haja

---

[53] K. Marx, "Marx an Kugelmann", 17/4/1871, em K. Marx e F. Engels, *Ausgewählte Briefe* (Moscou/Leningrado, 1934), p. 254; MEW, v. 33, p. 209 [ed. bras.: "Marx a Ludwig Kugelmann", em *A guerra civil na França*, trad. Rubens Enderle, São Paulo, Boitempo, 2011, p. 209].

interações –, a sua base é a respectiva estrutura da sociedade como um todo, a estrutura em última instância determinada pela economia. O patamar e a dinâmica do desenvolvimento dessa totalidade passa a decidir o destino da luta armada pela vida entre os povos singulares. Todavia, também nesse caso apenas em última instância, porque na história acontece com frequência que uma formação que se encontra num patamar mais baixo pode ser vitoriosa em batalhas singulares e até em séries de batalhas singulares, para ainda assim acabar sucumbindo à forma superior de organização social. Pense-se, por exemplo, nos gauleses e na república romana, nos tártaros e no feudalismo etc. (A prolongada subjugação da Rússia, uma vez mais, está relacionada com sua estrutura social mais primitiva.) Também em outros casos revela-se um quadro semelhante. Os turcos muitas vezes foram superiores aos exércitos feudais; só a monarquia absoluta teve condições de obter vitórias realmente decisivas contra eles. Assim, a guerra – considerada a longo termo – é um órgão executivo, acelerador (todavia, às vezes também inibidor) do desenvolvimento socioeconômico geral. O papel ativo desse complexo no quadro da totalidade social, em interação com o desenvolvimento econômico, mostra-se no fato de que as consequências de uma vitória ou de uma derrota podem influenciar, no sentido de modificar por um prazo mais curto ou mais longo, o andamento do econômico no plano geral. O caráter da economia enquanto momento preponderante, porém, mostra-se aqui de modo ainda mais cabal do que na luta de classes.

Não podemos tratar aqui da diversidade das reações nos diversos outros complexos. Essas breves indicações só se fizeram necessárias para expor a condição particular da estratificação de classe e – de modo menos nítido – da esfera bélica diante da economia. Não lograremos encontrar interações dessa intensidade e qualidade nos demais complexos, e isso tanto menos quanto mais espirituais forem as esferas singulares, quanto mais ampla e complexa for a sua mediação pela economia. Porém, seria totalmente errado concluir disso que sua relação com o mundo da economia pode ser só um simples ser-determinado por ela sem qualquer interação vivaz, que seu modo fenomênico, seu desenvolvimento etc. simplesmente poderia ser derivado, deduzido do econômico. A peculiaridade constatada por nós, de que cada complexo necessariamente só é capaz de reagir do modo que lhe é próprio aos impulsos que o movimento geral do ser social aciona na economia, já aponta para a necessária particularidade dessas reações. Daí podem nascer formas próprias do desenvolvimento desigual, por exemplo: no decurso do surgimento do capitalismo, o direito romano foi acolhido por alguns Estados e por outros não. Porém, o caráter desigual pode ser ainda mais profundo. Pensemos, por exemplo, na crise recém-exposta do feudalismo em dissolução na Alemanha. A luta de classes revolucionária, entoada pela Reforma e que terminou na Guerra camponesa, fracassou. Nenhum Estado moderno, nenhuma autêntica monarquia absoluta substitui a desintegração feudal. A gradativa transformação das unidades feudais maiores e menores em caricaturas miniaturizadas da monarquia absoluta apenas agravou a divisão nacional. Desse modo, fracassou vergonhosamente a constituição do povo alemão como nação, cujo prazo histórico já estava vencendo. Contudo, o primeiro produto ideológico do movimento ainda revolucionário da Reforma, a tradução da Bíblia por Lutero e a literatura iniciada por ela, deu à luz a língua nacional comum muito antes que o desenvolvimento capitalista estivesse em condições de produzir a própria unidade nacional.

A história está repleta desses acontecimentos matizados, que destoam da linha geral legal. O conhecimento adequado deles só pode ser possibilitado pela autêntica dialética materialista, que, em todas as suas reproduções ideais da realidade, até nas mais abstratas, sempre tem clareza quanto ao verdadeiro caráter ontológico do ser social. Por essa razão, ela representa decididamente um *tertium datur* tanto perante a fetichização racionalista da lei quanto perante a concepção empirista *terre à terre* [prática] ou até da vazia profundeza irracionalista. O que importa nesse *tertium datur* é, antes de tudo, a rejeição dupla tanto da negação de uma legalidade social como de sua absolutização fetichizante. O ser-propriamente-assim, com todas as suas desigualdades e contraditoriedades, é tanto ponto de partida como finalização de toda tentativa de apreender ontologicamente o ser em geral, mas particularmente o ser social, em sua mobilidade. O ponto de partida parece ser uma obviedade; tudo aquilo com que o homem entra em contato, portanto, também o ser social, está dado a ele de modo imediato como um ser-propriamente-assim. Todavia, já nesse primeiro contato imediato entre sujeito e objeto, muita coisa depende de como o sujeito se comporta diante desse ser-propriamente-assim: se vislumbra nele um problema a ser resolvido no plano ontológico concreto, ou se considera o ser-propriamente-assim como um simples fenômeno (ou como mera aparência), ou se está disposto a deter-se diante da imediatidade como se fosse o saber último.

Em termos gerais, esse problema já não é novo para nós; o que importa agora é continuar a concretizá-lo de modo correspondente. Determinamos, em outros contextos, a legalidade e a necessidade como conexões caracterizadas pelo "se... então". Neste já está contida a prioridade ontológica do ser-propriamente-assim da realidade que se tornou importante para nós. É preciso reconhecer que, no âmbito do ser social, justamente o complexo, cuja prioridade ontológica repetidamente enfatizamos, o mundo da economia, constitui simultaneamente a área em que se pode ver a legalidade do acontecimento em sua forma mais bem definida. É exatamente o ponto em que a autorreprodução da vida humana e a natureza (tanto orgânica como inorgânica) estabelecem uma inter-relação indissolúvel, em que, através dessa mediação, é dada ao homem a possibilidade de vivenciar as legalidades da natureza não só como objeto delas, mas também de conhecê-las e, por intermédio de tal conhecimento, convertê-las em elemento, em veículo da sua própria vida. Não é de se admirar, portanto, que quanto mais esse elemento tão fatal para a vida da humanidade consolida as suas próprias formas de movimento, tanto mais se comprova como um sistema de legalidades. E com igual facilidade se compreende que o edifício de tais sistemas legais, considerado da perspectiva gnosiológica ou logicista, pode ser convertido num sistema fechado em si mesmo, cuja *ratio* é sustentada por essas legalidades interconectadas. Por essa via, tem lugar uma inversão ontológica, que é típica da história da apropriação ideal do mundo pelo homem e que reiteradamente assoma na história. Em termos bem gerais, essa reversão pode ser assim expressa: em si, no sentido ontológico exato, a legalidade, a necessidade e, dependendo conceitualmente destas, a racionalidade de um evento significam que somos capazes de prever seu andamento regular sempre que voltarem a ocorrer as mesmas condições. A apropriação intelectual de tais processos força o pensamento humano a elaborar formas possíveis no plano do pensamento geral que podem vir a ser instrumentos excelentes do espelhamento e da compreensão de conexões objetivas. Por essa razão, é muito fácil entender que seu caráter determinou a concepção do racional: racional (nesse sentido: necessário) aparece como o evento que pode ser adequadamente apreendido com o auxílio de tais formas de pensamento. Pense-se, nesse tocante, na história das ciências naturais; por quanto tempo foi tido como "necessário" que os corpos celestes se movessem em forma circular – a forma "mais perfeita", "mais racional"? Por quanto tempo a geometria pareceu fornecer a chave para as legalidades da física etc.?

Hoje, todavia, essas tendências parecem estar há muito superadas. Porém, quando se pensa com que frequência a análise real de fenômenos reais permanece encoberta ou até é alijada por fórmulas matemáticas, fica muito fácil perceber que a noção falsa que encara a forma "racional" como a essência última do ser, que ordena os fenômenos a partir da "*ratio*", ainda prevalece sobre a aspiração de apreendê-los em seu ser-propriamente-assim concreto.

Estamos tratando aqui, antes de tudo, do ser social (e, dentro deste, agora da economia). Nessa área, a heterogeneidade irrevogável das conexões legais, racionais, constatáveis, é ainda mais bem definida que na natureza. Com efeito, o fenômeno originário da economia, o trabalho – considerado ontologicamente –, constitui um ponto de cruzamento das inter-relações entre as legalidades da natureza e as da sociedade. Todo trabalho pressupõe o conhecimento das leis da natureza que regem aqueles objetos e processos que o pôr teleológico do trabalho intenciona aproveitar para fins humano-sociais. Mas também vimos que o metabolismo entre sociedade e natureza realizado no trabalho logo verte aquilo que entra em cogitação para esse processo em formas especificamente sociais, em formas da legalidade, que – em si – não têm qualquer relação com as leis da natureza e devem permanecer totalmente heterogêneas em relação a elas. Basta pensar no tempo de trabalho como medida da produtividade do trabalho para enxergar com clareza essa heterogeneidade dentro de uma conexão indissolúvel. Naturalmente sempre surgem, nesse processo, interações novas, cada vez mais emaranhadas; o desdobramento das forças produtivas do trabalho leva reiteradamente à descoberta de novas legalidades naturais, a uma nova aplicação das já conhecidas etc. Isso, porém, não anula a heterogeneidade dos componentes, o que, no trabalho desenvolvido, manifesta-se como dualidade dos componentes técnicos e dos componentes econômicos; os quais, no entanto, só conseguirão perfazer a unidade ontológica real tanto do processo do trabalho como do produto do trabalho caso cooperarem constantemente, caso se influenciarem reciprocamente. Portanto, todo processo de trabalho é determinado tanto pelas leis da natureza como pelas da economia; contudo, o processo do trabalho (e o produto do trabalho) não pode ser entendido meramente a partir dessa sumarização, a partir de sua homogeneização, mas somente como o ser-propriamente--assim que nasce dessas interações específicas, precisamente nessas relações, proporções etc. específicas. Em termos ontológicos, esse ser-propriamente-assim é o primordial, enquanto as leis operantes só se tornam concretamente operativas, socialmente existentes, como portadoras de tal síntese específica.

O que vale para o fato simples do trabalho vale em proporção ainda maior para o seu desdobramento social. Esse se mostra no constante fortalecimento dos dois componentes; cresce constantemente o número das leis da natureza que podem e devem ser mobilizadas em favor da produção econômica, mas simultaneamente o processo do trabalho adentra uma conexão tanto extensiva como intensivamente sempre crescente de forças sociais com suas leis. Quanto mais bem definido se torna esse crescimento dos dois componentes e, por conseguinte, quanto mais complexa tem de ser a constituição de uma formação social ou de um processo social, tanto mais bem definida aparece a prioridade ontológica do seu ser-propriamente-assim com relação às legalidades singulares que contribuem para possibilitar a sua existência. Por exemplo, é possível, do que já falamos e ainda falaremos mais detalhadamente, que, em diversas conexões – consideradas de forma isolada –, processos, relações etc. extremamente similares possam ter consequências até mesmo opostas, que, portanto, seu decurso necessário, legal, dependa menos de suas próprias propriedades necessárias que da função que podem e devem cumprir no respectivo complexo existente-propriamente-assim. Marx relata que, em Roma, foram levados a cabo processos de desapropriação de agricultores que, em si, tinham grande similitude com a posterior acumulação originária. Nesta, contudo, eles levaram à promoção da economia escravista, ao surgimento de um lumpemproletariado citadino. Marx resume assim a teoria a esse respeito: "Portanto, acontecimentos que mostram uma analogia contundente, mas que se passam em ambientes históricos distintos e, por isso, levam a resultados totalmente diferentes". E ele se vale desse exemplo para fazer uma advertência contra "chaves universais de uma teoria universalmente filosófico-histórica", contra sua "supra-historicidade"[54].

É evidente sem mais que esse caráter ontológico não vale só para a esfera econômica no sentido mais estrito, mas para todos os complexos que compõem a totalidade da sociedade; quanto mais mediadas forem as relações de um complexo desse tipo em relação à economia propriamente dita, com evidência tanto maior vem à tona essa prioridade do ser-propriamente-assim, o que naturalmente desloca para o centro da metodologia também a possibilidade dupla de equivocar-se ontologicamente e a necessidade do nosso *tertium datur*.

---

[54] K. Marx, "An die Redaktion der 'Otjetschestwennyje Sapiski'", em K. Marx e F. Engels, *Ausgewählte Briefe*, cit., p. 292; MEW, v. 19, p. 112.

Pense-se, por exemplo, no conceito geral "nação". É muito fácil concebê-lo como simples fenômeno decorrente das lutas de classe; numa subsunção demasiadamente linear, todos os traços ontológicos determinantes da nação são apagados, sendo que não se pode esquecer que um conceito geral, formulado a partir de seus modos de manifestação concretos, existentes-propriamente--assim, necessariamente levará a um beco sem saída da generalidade abstrata que não explica nada. Está claro que somente partindo do respectivo ser--propriamente-assim da nação, extremamente diferenciado nas diferentes épocas, somente partindo da respectiva interação das leis, cuja síntese a nação é em cada caso, poderemos chegar a um conhecimento que corresponde à realidade, avançando rumo às transformações histórico-sociais, às quais ela está sujeita no curso da mudança da totalidade social, sendo obviamente a da estrutura econômica seu momento preponderante.

Procedendo assim, torna-se simultaneamente compreensível que essa intenção ontológica direcionada para o ser-propriamente-assim dos complexos sociais está indissociavelmente vinculada com a concepção ontológica histórico--dinâmica da substancialidade, da qual já tratamos, ou seja, como autoconservação de uma essência transformando-se em meio à constante mudança. Caso se queira entender corretamente esse conceito de substância, é preciso pensar conjuntamente com ele o caráter histórico do ser social, primordial em termos ontológicos. A falsa e estreita concepção de substância mais antiga está estreitamente ligada com uma concepção de mundo universalmente aistórica. O reconhecimento abstrato de historicidades singulares, por maior que seja a importância dada a elas, nada pode mudar nesse fato, como fica evidente na teologia cristã na forma da dualidade de historicidade e atemporalidade com repercussões em longo prazo. A concepção ontológica da historicidade deve interpenetrar tudo para poder dar resultados reais e fecundos. Quando, nos seus últimos anos de vida, Engels tentou persistentemente (mas em vão) pôr em trilhos dialéticos a concepção falsamente gnosiológica e vulgarmente mecanicista da prioridade do econômico como fundamento do marxismo e, sobretudo, impedir que todo fenômeno social fosse "deduzido como logicamente necessário" da economia, ele escreveu, por exemplo, o que segue:

> O Estado prussiano também surgiu e se desenvolveu por razões históricas, em última instância, econômicas. Porém, dificilmente se poderá afirmar sem pedanteria que, entre os muitos pequenos Estados do Norte da Alemanha, justamente

Brandenburgo estava destinado pela necessidade econômica e não também por outros momentos [...] para também se tornar a potência que corporificou a diferença econômica, linguística e, a partir da Reforma, também religiosa, entre o Norte e o Sul.[55]

4. A reprodução do homem na sociedade

Somente depois de esclarecidas essas questões chegaremos a compreender a reprodução social enquanto processo total em suas determinações autênticas. Para isso, devemos retornar ao nosso ponto de partida, a saber, que o ser social é um complexo composto de complexos, cuja reprodução se encontra em variada e multifacetada interação com o processo de reprodução dos complexos parciais relativamente autônomos, sendo que à totalidade, no entanto, cabe uma influência predominante no âmbito dessas interações. Porém, mesmo com essa constatação, o processo altamente complexo a ser descrito agora nem de longe já foi suficientemente caracterizado. Ainda é preciso, sem considerar revogado o que foi exposto até aqui, examinar a constituição polarizada, decisiva em última instância, do complexo total. Os dois polos que delimitam os seus movimentos de reprodução, que os determinam tanto no sentido positivo como no sentido negativo, ou seja, no sentido de destruir velhas barreiras e levantar novas barreiras, são, de um lado, o processo de reprodução em sua totalidade tanto extensiva como intensiva; do outro lado, os homens singulares, cuja reprodução como singular constitui a base do ser de toda a reprodução. Nesse ponto, também é importante pôr de lado os preconceitos mecanicistas vulgares dos seguidores de Marx. A maioria deles fez da legalidade objetiva da economia uma espécie de ciência natural especial, reificou e fetichizou as leis econômicas de tal maneira que o homem singular necessariamente se revelou como um objeto totalmente sem influência, à mercê de sua ação. Naturalmente o marxismo contém uma crítica da superestimação desmedida da iniciativa individual por parte das concepções de mundo liberais burguesas. Por mais correta que tenha sido essa polêmica, nesse ponto ela se transformou numa caricatura e, onde se procurou corrigi-la – por exemplo, na linha kantiana –, surgiu uma imitação supostamente marxista

---

[55] F. Engels, "Engels an Bloch", 21/9/1890, em K. Marx e F. Engels, *Ausgewählte Briefe*, cit., p. 375; MEW, v. 37, p. 462s.

da dualidade do "mundo" da razão pura e da razão prática. Também nesse tocante Engels fez algumas tentativas, nos seus últimos anos de vida, de deter essa vulgarização. Na mesma carta que citamos anteriormente, ele escreve o seguinte sobre essa questão:

> Porém, do fato de as vontades singulares – cada uma das quais querendo aquilo que a sua constituição física e as circunstâncias externas, em última instância, econômicas (seja as suas próprias bem pessoais ou as da sociedade em geral), demandam – não alcançarem aquilo que querem, mas se fundirem numa média geral, numa resultante comum, ainda não se deve concluir que elas devam ser consideradas = 0. Pelo contrário, cada uma contribui para a resultante e, na mesma proporção, está contida nela.[56]

Nessa questão é preciso fazer uma distinção precisa entre a metodologia de pesquisas singulares e a reflexão ontológica do processo total. É óbvio que deve haver, também no âmbito do ser social, investigações estatísticas em que o homem singular aparece apenas como singular abstrato e, por essa razão, é considerado só nessa dimensão em vista dos conhecimentos a serem obtidos. Mas seria um mal-entendido grosseiro pensar que um conhecimento verdadeiro da sociedade real pudesse simplesmente ser compilado a partir de tais investigações. Por mais úteis que estas possam ser para desvendar determinadas questões singulares, só podemos ter um enunciado adequado sobre a própria sociedade quando é direcionado para as suas conexões existentes, verdadeiras, e diz respeito a sua essência existente, verdadeira. Porém, disso faz parte o homem na sua essencialidade humana, da qual é diferente e da qual é qualquer coisa a mais que a simples singularidade do exemplar singular. É conteúdo central da história – antecipando já agora o que será explanado mais adiante – o modo como o homem se desenvolveu da simples singularidade (exemplar singular do gênero) para o homem real, para a personalidade, para a individualidade. Inclusive é característico desse desenvolvimento que, quanto mais as comunidades humanas adquirem um caráter social, quanto mais bem delineado este se torna, tanto maior é o número de casos em que o homem pode figurar também em tais singularidades abstratas. Todavia, não só em singularidades desse tipo. A imagem ontologicamente correta do homem no

---
[56] Idem.

curso do desenvolvimento social constitui igualmente um *tertium datur* diante de dois extremos que levam a uma falsa abstração: considerar o homem um simples objeto da legalidade econômica (segundo o modelo da física) falsifica a factualidade ontológica tanto quanto a suposição de que as determinações essenciais de seu ser homem poderiam ter raízes últimas, ontologicamente independentes da existência da sociedade, de modo que o que se estaria investigando, em determinados casos, seria a inter-relação de duas entidades ontológicas autônomas (a individualidade e a sociedade).

A filosofia antiga, com exceção do último período de sua autodissolução, ainda nem conhecia esse problema. No desenvolvimento da pólis, era uma obviedade que homem e sociedade estavam dados de modo ontologicamente simultâneo e inseparável. Nem mesmo as muitas contradições advindas da problematização da pólis puderam abalar a inseparabilidade ontológica entre homem e cidadão da pólis. É por isso que Aristóteles pôde formular em termos ontológicos, de um modo ainda hoje válido no que se refere às questões centrais, a essência dessa relação entre homem e sociedade. Todavia, só de um modo que retrata validamente a essência geral, pois a atual situação objetiva com todas as suas consequências subjetivas tornou-se qualitativamente diferente. Este não é o lugar para esboçar, nem mesmo em linhas gerais, as mudanças que conduziram ao hoje, mesmo porque logo falaremos de problemas relacionados com isso, partindo do aspecto da mudança de estrutura no desenvolvimento econômico. Aqui só precisamos ressaltar que a nova situação socialmente objetiva (com todas as ilusões e todos os equívocos do pensamento que dela se originam espontaneamente) é que, pela primeira vez, dispõe ser humano e sociedade em relações puramente sociais e que, por essa razão, ela é uma consequência necessária do surgimento e da predominância do capitalismo e, pelas mesmas razões, chega a ser realizada só pela grande Revolução Francesa. A nova relação simplifica as formações anteriores mais complicadas, "naturalmente" emaranhadas, sendo que, ao mesmo tempo, ela aparece, contudo, na nova estrutura da consciência dos homens de maneira duplicada: como a dualidade de *citoyen* [cidadão] e *homme (bourgeois)* [homem (burguês)] dentro de cada membro da nova sociedade.

O jovem Marx já identificara essa constelação, tanto que escreveu o seguinte em seu ensaio *Sobre a questão judaica*, dirigido contra o idealismo de Bruno Bauer:

A emancipação política representa concomitantemente a dissolução da sociedade antiga, sobre a qual está baseado o sistema estatal alienado do povo, o poder do soberano. A revolução política é a revolução da sociedade burguesa. Qual era o caráter da sociedade antiga? Uma palavra basta para caracterizá-la: a feudalidade. A sociedade burguesa antiga possuía um caráter *político imediato*, isto é, os elementos da vida burguesa, como, p. ex., a posse ou a família ou o modo do trabalho, foram elevados à condição de elementos da vida estatal nas formas da suserania, do estamento e da corporação. Nessas formas, eles determinavam a relação de cada indivíduo com *a totalidade do* Estado, ou seja, sua relação *política*, ou seja, sua relação de separação e exclusão dos demais componentes da sociedade. Aquela organização da vida nacional de fato não elevou a posse ou o trabalho à condição de elementos sociais, mas, ao contrário, completou sua separação da totalidade do Estado e os constituiu em sociedades *particulares* dentro da sociedade. Entretanto, as funções vitais e as condições de vida da sociedade burguesa permaneciam sendo políticas, ainda que no sentido da feudalidade, isto é, elas excluíam o indivíduo da totalidade do Estado, transformavam a relação *particular* de sua corporação com a totalidade do Estado em sua própria relação universal com a vida nacional, assim como transformavam sua atividade e situação burguesa específica em sua atividade e situação universal. Como consequência necessária dessa organização, a unidade do Estado, assim como o poder universal do Estado, que constitui a consciência, a vontade e a atividade da unidade do Estado, manifestam-se como assunto particular de um soberano e seus serviçais, separados do povo.[57]

Nesse sentido, na sua anterior *Crítica da filosofia do direito de Hegel*, Marx chamou a sociedade feudal de *"democracia da não liberdade"*[58].

Ora, ao liberar todas as forças de que necessita socialmente a economia capitalista, a Revolução Francesa proclama a unidade do homem com o *"homo oeconomicus"* – já existente na teoria e na prática. Marx diz: "Portanto, nenhum dos assim chamados direitos humanos transcende o homem egoísta", o que do ponto de vista da fundamentação jurídico-legal da sociedade capitalista era simplesmente coerente. E Marx ironiza o idealismo de Bauer, ao caracterizar como "enigmáticas" as manifestações espirituais-ideais, morais-sociais decorrentes desse pôr político.

---

[57] K. Marx, [*Zur Judenfrage,*] MEGA, v. I/1, p. 596-7; MEW, v. 1, p. 367s [ed. bras.: *Sobre a questão judaica*, trad. Nélio Schneider, São Paulo, Boitempo, 2010, p. 51-2].
[58] Idem, [*Zur Kritik der Hegelschen Rechtsphilosophie: Kritik des Hegelschen Staatsrechts,*] MEGA, v. I/1, p. 437; MEW, v. 1, p. 233 [ed. bras.: *Crítica da filosofia do direito de Hegel*, trad. Rubens Enderle e Leonardo de Deus, São Paulo, Boitempo, 2005, p. 52].

Esse fato se torna ainda mais enigmático quando vemos que a cidadania, a *comunidade* política, é rebaixada pelos emancipadores à condição de mero meio para a conservação desses assim chamados direitos humanos e que, portanto, o *citoyen* é declarado como serviçal do *homme* egoísta; quando vemos que a esfera em que o homem se comporta como ente comunitário é inferiorizada em relação àquela em que ele se comporta como ente parcial; quando vemos, por fim, que não o homem como *citoyen*, mas o homem como *bourgeois* é assumido como o homem propriamente dito e verdadeiro.[59]

Esse "enigma" é resolvido sem dificuldade na média da práxis social. Toda sociedade defronta-se com o indivíduo atuante na forma de antagonismos e muitas vezes até de antinomias, que são dados e confiados às suas ações como fundamento, como espaços de manobra para decisões alternativas de sua vida, de sua práxis. Faz parte dos aspectos característicos de um período quais os conflitos dessa espécie que nele afloram e que resposta típica é dada a eles.

Como não estamos nos ocupando aqui com a dedução e apreciação das avaliações que surgem socialmente, mas ainda nos encontramos no nível da constatação meramente ontológica de estruturas, processos etc., os casos de valorações negativas ou de negatividades axiológicas constituem um material tão característico quanto seus antagonismos. Em *A ideologia alemã*, Marx dá um exemplo interessante do efeito sobre o comportamento do *bourgeois* mediano desse dualismo, que com razão ancora tudo que é egoísta na esfera do ser do burguês e remete todo e qualquer juízo de valor moral sobre isso à região etérea em que atua o *citoyen*:

> A atitude do burguês para com as instituições de seu regime é como a atitude do judeu para com a lei; ele as transgride sempre que isso é possível em cada caso particular, mas quer que todos os outros as observem. [...] Essa relação do burguês com suas condições de existência adquire uma de suas formas universais na moralidade burguesa.[60]

Nem seria um exagero muito grande dizer: temos aqui diante de nós o imperativo categórico de Kant, do modo como ele se realiza na práxis do

---

[59] K. Marx, [*Zur Judenfrage,*] MEGA, v. I/1, p. 595; MEW, v. 1, p. 366 [ed. bras.: *Sobre a questão judaica*, cit., p. 50].
[60] K. Marx e F. Engels, [*Die deutsche Ideologie,*] MEGA, v. V, p. 162; MEW, v. 3, p. 163s [ed. bras.: *A ideologia alemã*, cit., p. 181].

burguês mediano. Porque nessa questão é importante – e de modo algum apenas um caso psicológico de hipocrisia – que a transgressão individual das suas próprias leis englobe simultaneamente uma viva preocupação prática por sua reprodução irrestrita em escala social.

Porém, o mesmo fundamento real de vida produz também teorias específicas sobre homem, sociedade e suas relações, sendo que, neste momento, o essencial para nós não é a sua incorreção teórica, mas o fato de que tal teoria só poderia ter brotado desse solo. Em *A sagrada família*[61], Marx polemiza contra a teoria de Bruno Bauer segundo a qual o indivíduo deveria ser concebido como átomo da sociedade e que o Estado teria a incumbência de manter esses átomos coesos. O ponto mais importante dessa polêmica é que não é o Estado que mantém a coesão desses supostos átomos humanos, mas a sociedade, sendo que nisso já está contida a refutação de toda a teoria do átomo. Com efeito, atuando de maneira ativa dentro da sociedade, reproduzindo-se dentro dela, o homem necessariamente é um ser unitário-complexo que reage ao concreto com a sua própria concretude, um ser que só em sua imaginação poderia ter propriedades de átomo, um ser cuja complexidade concreta é simultaneamente pressuposto e resultado de sua reprodução, de sua interação concreta com o seu meio ambiente concreto; na relação com o Estado, em contrapartida, são perfeitamente possíveis e até úteis – para a apreciação de conceitos singulares específicos do direito e de formas específicas da práxis – construções ideais que estabelecem uma relação diretamente contrastante entre a consciência moral, o estado de consciência etc., "solitários" (atômicos) e a estatalidade geral. Entretanto, eles nunca fazem jus à real relação entre o homem singular em sua inter-relação concreta e o ser social com que ele realmente entra em contato. Os complexos de questões relacionados com esse assunto igualmente só poderão ser adequadamente tratados na *Ética*. Neste ponto, devemos apenas comentar que, em muitos casos, o círculo de influência do ser social pode ser bem maior que a realidade social com que o indivíduo entra em contato direto; remetemos tão somente a repercussões – muitas vezes já muito atenuadas, em certos casos, contudo, muito influentes – de tipos do ser, tendências etc., em processo de extinção, e a perspectivas de futuro etc. que só afloram mais embrionariamente.

---

[61] K. Marx [e F. Engels, *Die heilige Familie oder Kritik der kritischen Kritik*], MEGA, v. III, p. 296; MEW, v. 2, p. 119 [ed. bras.: *A sagrada família*, cit., p. 139].

Neste ponto, contudo, já se pode observar o que de fato implica uma obrigação de constatação: a influência plena de efeitos, justamente na dimensão mais concreta, do ser social sobre as mais íntimas, as mais pessoais formas de pensamento, sentimento, ação e reação de cada pessoa humana. Essa questão também é manobrada para dentro de becos sem saída conceituais pelas falsas antinomias universalmente vigentes. Com efeito, é tão falso pensar que há uma substância não espacial e não temporal da individualidade humana, que pode ser modificada apenas superficialmente pelas circunstâncias da vida, quanto é errôneo conceber o indivíduo como um simples produto do seu meio. É claro que hoje essas concepções nem sempre aparecem nas formas abruptas que adquiriram a seu tempo, por exemplo, na escola de George (Gundolf: "*Urerlebnis*" [vivência originária]) ou, no outro extremo, por exemplo, em Taine. Porém, uma versão atenuada já é suficiente para desfigurar o problema ontológico nela depositado, para, por um lado, fetichizar a substância humana em entidade mecânica, rígido-abstrata, separada do mundo e da própria atividade (como acontece de muitos modos no existencialismo), ou para, por outro lado, fazer dela um objeto que praticamente não oferece resistência a quaisquer manipulações (o que constitui a consequência última do neopositivismo). Contrapondo a isso o nosso *tertium datur* ontológico, o nosso conceito mais geral e simultaneamente histórico de substância revela-se sob um novo lado. Pois já vimos que o "elemento" imediato do acontecimento histórico-social, que, apesar de sua complexidade interna, não pode mais ser decomposto como componente de complexos sociais justamente em sua dimensão ontológica, mas que deve ser tomado assim como é, em seu ser-propriamente-assim, nada pode ser além da respectiva decisão alternativa de um homem concreto. Assim como o ser social se constrói de encadeamentos dessas decisões alternativas que se cruzam de muitas maneiras, assim também a vida humana singular se constrói de sua sequência e de sua separação. Desde o primeiro trabalho enquanto gênese do devir homem do homem até as resoluções psíquico-espirituais mais sutis, o homem confere forma ao seu meio ambiente, contribui para construí-lo e aprimorá-lo e, concomitantemente com essas suas ações bem próprias, partindo da condição de singularidade meramente natural, confere a si mesmo a forma de individualidade dentro de uma sociedade.

Ora, se examinarmos ontologicamente tais atos, eles serão sempre atos concretos de um homem concreto dentro de uma parte concreta de uma sociedade concreta. O jovem Marx já diz: "Um fim que não é *particular* não é um fim"⁶². O fato de todos esses momentos poderem e até deverem experimentar uma generalização para serem partes efetivas de um todo social não revoga a concreticidade do seu estar-dado original. Aliás, não é nenhum exagero dizer: eles podem ser generalizados ontologicamente, e isso, em primeira linha, pela corrente da práxis social, só e exatamente porque seu ser-posto concreto possui tal ser-propriamente-assim concreto enquanto constituição original e ontologicamente irrevogável. Como toda alternativa real é concreta, mesmo que conhecimentos, princípios e outras generalizações tenham um papel decisivo na resolução concreta, esta conserva tanto subjetiva como objetivamente o seu ser-propriamente-assim concreto, atua também como tal sobre a realidade objetiva e, a partir daí, tem o seu peso e exerce a sua influência, antes de tudo, sobre o desenvolvimento do sujeito. Aquilo que chamamos de personalidade de um homem constitui tal ser-propriamente-assim de suas decisões alternativas. Quando Hebbel, num verso omitido de *Genoveva*, faz o seu personagem Golo dizer: "um homem já é o que ele pode ser", ele passa abstrativamente ao largo dessa factualidade, justamente ao pretender fundamentar bem profundamente a necessidade trágica do seu herói. Com efeito, em todo homem atua de modo latente – no sentido aristotélico por nós reiteradamente analisado – grande quantidade de possibilidades. O seu caráter autêntico, contudo, realiza-se em seu ser-propriamente-assim justamente na e através da possibilidade que se converte em ato. Naturalmente, também a possibilidade faz parte da sua imagem total, porque sua superação é igualmente objeto de uma decisão alternativa; mas o decisivo nisso tudo permanece isto: se ela é afirmada ou negada, se ela se converte em ação ou permanece mera possibilidade, em última análise é condenada à inatividade. A substância de um homem, portanto, é aquilo que no curso de sua vida se encadeia como continuidade, como direção, como qualidade do encadeamento ininterrupto de decisões desse tipo. Com efeito, nunca se deve esquecer, justamente quando se quer entender o homem corretamente em termos ontológicos, que essas decisões determinam ininterruptamente sua essência, conduzindo-a para cima ou para baixo. Para um pintor não se apresenta só a alternativa de pintar este ou aquele quadro; cada traço do pincel é uma alternativa e aquilo que, nesse processo, foi adquirido criticamente e aproveitado no traço seguinte constitui

---

[62] K. Marx, [*Zur Kritik der Hegelschen Rechtsphilosophie: Kritik des Hegelschen Staatsrechts*,] MEGA, v. I/1, p. 440; MEW, v. 1, p. 236 [ed. bras.: *Crítica da filosofia do direito de Hegel*, cit., p. 54].

a evidência mais clara do que representa a sua pessoa enquanto artista. Isso, porém, é válido em termos genericamente ontológicos para toda atividade humana, para toda relação entre os homens.

Nesse sentido, pode-se dizer aquilo que já explanamos em relação ao devir homem do homem, no que se refere ao papel do trabalho: o homem é o resultado de sua própria práxis. Aqui, porém, verifica-se, na reprodução ontológica do homem singular, aquilo que Marx constatou em relação à reprodução filogenética que se efetua na história: "Os homens fazem a sua própria história; contudo, não a fazem de livre e espontânea vontade, pois não são eles quem escolhem as circunstâncias sob as quais ela é feita, mas estas lhes foram transmitidas assim como se encontram"[63]. As circunstâncias não escolhidas pelo próprio homem (lugar e data de nascimento, família etc.) são de uma obviedade tal que não precisaríamos gastar nenhuma palavra sobre elas, se não fossem ininterruptamente encobertas e desfiguradas por mitos e lendas ontológicos a ponto de se tornarem irreconhecíveis. A aclaração e a apreciação equivocadas das circunstâncias, por sua vez, provêm do fato de serem concebidas ou como meros motivos para atividades pensadas em termos puramente interiores ou como determinantes legais-causais simplesmente decisivas; na verdade – numa óptica ontologicamente correta –, elas até estão dadas para o respectivo indivíduo com objetividade irrevogável e, sendo objetividades sociais, estão sujeitas a uma causalidade objetiva, mas para os homens nascidos nessas circunstâncias ou que se deparam com elas etc. resultam em material para decisões alternativas concretas. Isso, por um lado, tem como consequência que o tipo dessas circunstâncias determina de modo inevitavelmente necessário a espécie, a qualidade etc. das questões postas a partir da vida, às quais as decisões alternativas de cada homem reagem com respostas de sua práxis (e com generalizações que brotam dessas respostas). Na avaliação de tais situações, jamais se deve esquecer que o homem, em seus atos e nas ideias, nos sentimentos etc. que os preparam, acompanham, reconhecem e criticam, sempre está dando respostas concretas a dilemas de ação perante a vida, com os quais ele, enquanto homem que vive em sociedade, é confrontado, em cada caso, por uma sociedade bem determinada (de modo imediato: por classe, estrato etc. descendo até a família), mesmo que ele pense estar agindo pura-

---

[63] Idem, *Der achtzehnte Brumaire*, p. 21; MEW, v. 8, p. 115 [ed. bras.: *O 18 de brumário de Luís Bonaparte*, cit., p. 25].

mente por impulsos advindos de sua necessidade interior. Do nascimento ao túmulo, essa determinação – do campo de ação da resposta posto pela pergunta – nunca cessa de atuar.

Por outro lado, igualmente jamais se deve esquecer que cada uma de tais reações de um homem ao seu entorno social (incluindo o metabolismo da sociedade com a natureza) sempre terá um caráter alternativo, sempre abrange irrevogavelmente um sim ou um não (ou uma "abstenção do voto") à pergunta posta pela sociedade. Lembramos aqui, quanto a isso, exposições anteriores em que se mostrou que conceber a negação como fator ontológico geral é totalmente absurdo. A natureza inorgânica possui tão somente um tornar-se outro, sendo que até mesmo os componentes, objetos, processos que contrastam do modo mais extremo só podem ser designados como positivos ou negativos de forma totalmente arbitrária. Em termos puramente objetivos, visto puramente como processo natural, na natureza orgânica há vida e morte, sendo que esta última até pode ser interpretada ontologicamente como negação da primeira, mas só quando não se usa isso para tentar obscurecer, mediante a introdução por contrabando de categorias que não existem aí, a objetividade "muda" e pura do processo natural, que produz ambas pela mesma necessidade. Mostramos igualmente que só com o trabalho afirmação e negação se tornam determinações ontológicas da existência, sem cuja ininterrupta manifestação nenhum agir humano, nenhum processo social, nenhuma reprodução social é possível. Também mostramos que a estrutura ontológica básica do trabalho – pôr teleológico com base no conhecimento de um segmento da realidade com o propósito de modificá-la (conservar é um simples momento da categoria do modificar), efeito causal continuado que se tornou independente do sujeito pelo ser que foi posto em movimento pelo pôr realizado, retroação das experiências obtidas de todos esses processos sobre o sujeito, efeitos dessas experiências sobre pores teleológicos subsequentes – compõe, de certo modo, o modelo para toda atividade humana. Ora, nem o próprio processo do trabalho nem a utilização de seus produtos são possíveis sem uma afirmação ou negação que exerça uma influência decisiva sobre ambos; nenhum movimento de trabalho pode ter lugar sem que outras possibilidades de executá-lo tenham sido negadas como contrárias ou menos úteis à finalidade etc.

Essa negação, porém, é concreta: ela sempre se refere a possibilidades concretamente determinadas dentro de um campo de ação concretamente existente e concretamente determinado. Normalmente, porém, a negação não pode se referir ao campo de ação como um todo, cuja existência objetiva, independentemente de ser afirmada ou negada, está contida tácita, mas inabalavelmente, em cada anuência ou rejeição concreta. Mesmo com impactos sobre o campo de ação, inclusive ao ponto de sua transformação radical, essa objetividade não é anulada; o mais decisivo dos atos revolucionários está preso por inúmeros fios, em seu conteúdo, em suas formas, em sua qualidade específica, à continuidade histórica objetiva e parte de suas possibilidades objetivas. Obviamente – e isso também foi comprovado anteriormente – o caráter de modelo do trabalho não deve ser generalizado mecanicamente e, por essa via, fetichizado; no lugar próprio, apontamos para a importante diferença entre se o pôr teleológico visa a uma mudança da natureza ou se à da consciência do pôr teleológico de outros homens. Nascem daí importantes diferenças com relação ao modelo de trabalho, contudo os traços ontológicos fundamentais, aos quais aludimos acima, não sofrem nenhuma mudança decisiva; persiste a concretude de cada pôr teleológico e, inclusive, o fato de que o campo de ação das decisões pode (mas não precisa) estar sujeito a transformações histórico-sociais e, por essa razão, dependendo das circunstâncias, maiores e mais rápidas, de que ele mostra de modo imediato uma constituição mais elástica, ainda não produz nenhuma mudança qualitativa, nem no próprio objeto, nem na relação "sujeito--objeto" objetiva. Nem mesmo o fato de muitos desses pores (nem de longe todos eles) retroagirem mais intensamente sobre a personalidade inteira do homem é suficiente para levar a constatar aqui um tipo completamente novo de comportamento. Com efeito, as diferenças são em parte meramente de caráter quantitativo, em parte causadas por impactos imediatos e mediados, que não levam a nenhuma mudança realmente determinante na estrutura e na dinâmica do estado de coisas e do processo comportamental em seu todo. Não é só a respectiva decisão alternativa que mantém seu respectivo caráter concreto singular, mas também o seu campo de ação, que representa aqui geralmente de modo imediato apenas um dado segmento do ser social, mesmo permanecendo objetivamente ligado, através de muitas mediações, com sua totalidade, mantém perante a resolução singular uma objetividade similar àquela da natureza e do metabolismo da sociedade com ela no trabalho.

Constatar que o homem realiza em seus atos a sua essência, a sua identidade consigo mesmo, que suas ideias, seus sentimentos, suas vivências etc. expressam a sua essência, o seu si-mesmo de modo autêntico só na medida em que são capazes de externar-se de alguma forma em suas ações, não é nenhuma descoberta do marxismo, pois toda filosofia próxima da realidade teve de tomar esse fato como ponto de partida. Indicativo da teoria marxista é apenas que ela deriva essa prioridade ontológica da práxis na vida humana do seu verdadeiro fundamento ontológico, do ser social, e a funda nele, sobre ele. A atualidade ainda hoje vigorosa da ética de Aristóteles repousa principalmente no fato de, dentre todos os pensadores anteriores a Marx, ter sido o que mais consciente e claramente apreendeu essa conexão. Em termos ontológicos, trata-se de que o princípio último de construção, conservação e reprodução da personalidade humana lhe é imanente, ou seja, radicalmente situado no aquém. Mas isso só será possível quando suas forças motrizes decisivas estiverem inseparavelmente ligadas à realidade, na qual o homem se realiza, se forma como personalidade, só quando elas puderem se afirmar em termos reais em ininterrupta interação com ela. Como o trabalho aparece como gênese do devir homem do homem, a sua essência, ou seja, a interação ininterrupta entre ser natural e ser social, o pôr teleológico que coloca essa interação em movimento real e, com ela, o papel condutor da consciência em atos que realizam tais conexões dinâmicas, todos esses componentes do complexo devem ter o efeito determinante também para o ser do homem. Todavia, com a importante modificação perante a qual, no processo do trabalho, surge uma relação "sujeito-objeto", enquanto esse processo passa a ser tratado do ponto de vista do sujeito ativo. Essa mudança de ponto de vista possibilita conhecer novos momentos do próprio processo; porém, jamais se pode esquecer que sempre se trata – visto em termos objetivamente ontológicos –, em última análise, do mesmo processo, só que nosso interesse passa a voltar-se para as consequências do processo no sujeito atuante e esse mesmo sujeito é considerado como meio visando provocar determinações no sujeito, enquanto anteriormente focamos nossa atenção no sujeito sobretudo como órgão executivo direto do metabolismo da sociedade com a natureza. Portanto, as novas determinações que agora afloram só poderão mudar o quadro geral na medida em que forem capazes de concretizá-lo, de enriquecê-lo.

Lembramos logo uma de nossas constatações sobre a relação entre o sujeito e o processo do trabalho: a ilusão da separabilidade entre o "espiritual" e o "material" no homem, nascida da absolutização da imediatidade no pôr teleológico, na prioridade que nele deve ter o pôr do fim efetuado na consciência perante a realização material. A expressão "absolutização da imediatidade" visa chamar a atenção para o fato de que, no próprio ato, quando este é considerado em sua totalidade dinâmica, não está contido qualquer vestígio de uma separação ontológica, por exemplo de uma contraposição entre "espiritual" e "material". A consciência que efetua o pôr teleológico é a de um ente social real, que, como tal, necessariamente também tem de ser, ao mesmo tempo e de modo inseparável, um ser vivo no sentido biológico; trata-se de uma consciência cujos conteúdos, cuja faculdade de apreender corretamente objetos e suas conexões, generalizar suas experiências e aplicá-las na práxis estão necessariamente ligados de modo inseparável ao homem biológico-social, do qual ela é consciência. O fato de ela surgir potencialmente com o nascimento, de ser realizada através do crescimento, da educação, da experiência de vida etc. e de ser extinta com a morte mostra essa inseparabilidade em relação ao homem enquanto ser vivo. Contudo, o fato de o abandono da mera potencialidade do ser-nascido estar vinculado com categorias tão especificamente sociais como a educação já indica que o homem, desde que se tornou homem por meio do seu trabalho, reúne em si uma conjunção inseparável de categorias da natureza e da sociedade. Os problemas específicos da ontologia da consciência humana só serão tratados extensamente no próximo capítulo; aqui precisávamos apenas constatar como fato a vinculação de duplo aspecto e indivisível da consciência humana ao ser orgânico e ao ser social do homem. Essa vinculação dupla não é, contudo, estática, e o momento da dinâmica, da possibilidade do desenvolvimento, é representado nela justamente pelo ser social. Com efeito, seria totalmente falso negar que os animais superiores têm consciência. Contudo, justamente porque, no caso destes, apenas sua vinculação à vida orgânica pode se tornar ativa, a atividade da consciência restringe-se às reações ao mundo exterior que prescrevem a reprodução da vida orgânica e que normalmente permanecem as mesmas por longos períodos; é por isso que podemos designar a consciência animal, no sentido ontológico, de epifenômeno. A consciência humana, em contraposição, é posta em movimento por pores de finalidades que vão além da existência biológica de um ser vivo, embora tenham de servir antes de tudo à reprodução da vida; a serviço desta, engendram sistemas de mediação que de modo crescente retroagem, tanto formalmente como em termos de conteúdo, sobre os próprios pores e, só depois de passarem por esse desvio das mediações cada vez mais amplas, partem novamente para servir à reprodução da vida orgânica.

Descrevemos esse processo na análise do trabalho – do ponto de vista do próprio trabalho. O nosso problema principal passa a ser como esse desenvolvimento influencia os homens ativos na sociedade. Trata-se, quanto a isso, de um duplo efeito, cujas consequências, no entanto, convergem e até coincidem no sujeito. Em primeiro lugar, o trabalho (e toda atividade social que, em última análise, parte dele e volta a desembocar nele) confronta todo homem com novas tarefas, cuja execução desperta nele novas capacidades; em segundo lugar, os produtos do trabalho satisfazem as necessidades humanas de uma maneira nova, que se afasta cada vez mais da satisfação biológica das necessidades, mas sem jamais dissociar-se totalmente dela; de fato, o trabalho e os produtos do trabalho introduzem na vida necessidades sempre novas e até ali desconhecidas e, com elas, novos modos de satisfazê-las. Em suma: tornando a reprodução da vida cada vez mais multiforme, cada vez mais complexa, distanciando-a cada vez mais da reprodução meramente biológica, eles transformam simultaneamente também os homens que efetuam a práxis, afastam-no cada vez mais da reprodução meramente biológica de sua vida. Em outros contextos já mostramos o efeito que essa modificação do modo de vida pelo trabalho tem sobre as manifestações vitais biológicas eminentes, como alimentação, sexualidade etc. No entanto, nunca será demais reiterar enfaticamente que, nesse processo, a base biológica jamais é suprimida, mas apenas socializada, sendo que por essa via nascem no homem propriedades, faculdades qualitativamente, estruturalmente novas de seu ser-homem.

O mais importante nisso tudo é a crescente supremacia dos pores teleológicos no ato de reagir ao mundo exterior; o fato de que, como foi mostrado, parte considerável deles gradativamente se torna efetiva na forma de reflexos condicionados fixos não muda nada nessa factualidade, já que a fixação e o desaparecimento dos reflexos condicionados baseiam-se em pores teleológicos tanto quanto o agir que não foi fixado desse modo. Esses pores pressupõem não só um estar-posto da consciência, mas, por ajudarem a criar um ambiente social no qual o velho e o novo, o esperado e o surpreendente etc. se encontram em mudança ininterrupta, também pressupõem uma continuidade da consciência, uma acumulação crítica de experiências, assim como um estar-sintonizado em potencial com a afirmação e a negação, com a abertura para certos fenômenos novos e com a rejeição de fenômenos que de antemão são distintos etc. Como, porém, o pôr teleológico e a decisão alternativa só podem ser efetuados pelo sujeito humano – também no caso da execução de uma ordem, está dada, em termos ontológicos, ao menos a possibilidade abstrata de não cumpri-la e assumir as consequências disso –, a continuidade da consciência daí decorrente necessariamente está centrada no eu de cada homem. Isso, contudo, significa para o homem uma guinada qualitativa na relação entre vida e consciência. Obviamente, todo ser vivo, ao mesmo tempo que é um exemplar de seu próprio gênero, é também um singular, um exemplar singular-concreto de um gênero concreto. Essa relação, porém, como Marx ressalta em sua crítica a Feuerbach, é necessariamente uma relação muda; ela só existe em si. A necessidade acima indicada de que, na práxis social e através dela, a consciência humana não só forma dentro de si mesma uma continuidade mais elevada, fixada conscientemente, mas também a centra incessantemente no portador material, psicofísico, dessa consciência tem como consequência, no plano ontológico, que o ser-em-si natural da singularidade nos exemplares genéricos se desenvolve na direção a um ser-para-si e transforma o homem, tendencialmente, numa individualidade.

A gênese desse ser-para-si já indica que ele se origina da sociedade, não da natureza, não da "natureza" do homem. Também nesse ponto é importante superar preconceitos decorrentes de uma imediatidade erroneamente interpretada. Com efeito, a vivência imediata de tal condição sem dúvida suscita na maioria dos homens a imagem de que o homem está vivendo em um entorno social que o confronta com as mais distintas demandas, às quais ele passa a reagir de modo extremamente diversificado, das quais ele toma conhecimento, a elas se submete, afirma-as ou as nega etc.; porém, ele só faz isso em conformidade com a sua própria "natureza". Por trás dessa imediatidade com certeza se ocultam momentos da verdadeira factualidade; entretanto, a pergunta é até que ponto a expressão "natureza" deve ser tomada literalmente, em que medida não se abrigam nela resquícios importantes de uma "alma imortal" secularizada, que decerto visam constituir um antagonismo irrevogável não só em relação ao ser social do homem, mas também em relação à sua existência corporal-material. Na "natureza" generalizada sem razão, segundo nos parece, até se revoga o antagonismo em relação ao ser corporal-orgânico, mas este adquire, em contraposição, o caráter de uma supratemporalidade acentuadamente valorativa diante das "exigências da hora" de cunho fugaz e passageiro, que o ser social reiteradamente apresenta ao homem para que lhes dê uma resposta, cuja correção ou falsidade deve ter como critério correto justamente a concordância com essa "natureza". Embora seus rudimentos já tenham assomado na Antiguidade, essa teoria recebe a sua mais ampla difusão e exerce sua influência mais significativa no período desde a Renascença, quando o crescimento incipiente do pensamento científico-terrenal abala profundamente também a crença numa "alma imortal" que transcende a matéria, quando muitos precursores dessa tendência colocaram uma natureza divinizada no lugar de Deus. O desenvolvimento sucessivo desde então ultrapassou teoricamente o panteísmo e, com ele, também essa concepção; em Goethe já presenciamos os combates de retaguarda e, em nosso tempo, só se percebe mais o impacto das últimas ondas.

As contraditoriedades que se apresentam aqui são evidentes: para que a "natureza" do homem possa assumir essa função, ela deve ser submetida a uma estilização inconsciente; a mais simples é uma espécie de "divinização" do corpo, muito difundida na escola de George, sendo que, por um lado, tudo o que faz do homem um homem teve de ser projetado para dentro da datidade natural do corpo: o processo cultural inteiro apareceu como decorrência espontânea de uma matéria orgânica enigmaticamente engenhosa, como processo meramente secundário diante desta vida; por outro lado, teve de originar-se daí uma concepção de mundo aristocrática, já que só pode haver bem poucos a cujo corpo se poderia atribuir essas elevadas propriedades. Porém, todo aristocratismo é social. A representação segundo a qual as leis não teleológicas da natureza poderiam produzir um estrato dos "eleitos" qualitativamente diferenciado da "massa" denuncia claramente a origem religiosa, dualisticamente transcendente de tais concepções. De vez em quando elas exercem sua influência também sobre Goethe, como de resto na forma de combates de retaguarda da filosofia da Renascença, e, o que é mais interessante, justamente como versão aristocrática da imortalidade para "grandes enteléquias", que a natureza "não pode prescindir", como consequência da atividade humana perante a qual, sendo ela suficientemente significativa, a natureza "tem o dever de [...] direcionar para outra forma de existência"[64]. Nos diálogos entre o séquito de Helena após seu desaparecimento rumo ao Hades, também se encontra uma reverberação poética dessa visão do homem, que contradiz de muitas formas as tendências decisivas da concepção geral que Goethe tem do homem, mas que reiteradamente de alguma forma sempre permanece viva nele como resquício indelével da cosmologia renascentista. Por conseguinte, a contraditoriedade se evidencia nessas exposições de maneira bem crassa. A peculiaridade e

---

[64] J. W. Goethe, "Gespräche mit Eckermann", em *Goethes Gespräche* (Leipzig, 1910), Gesamtausgabe, v. IV, p. 163, 1/9/1829, e p. 62-3, 4/2/1829.

a legalidade próprias da vida social desaparecem quase totalmente; categorias como "atividade", que são tipicamente sociais e não podem nem mesmo ocorrer na natureza, recebem um significado natural-cósmico decisivo, fundando um papel hierárquico-qualitativo na existência das "enteléquias", igualmente de feitio natural-cósmico, embora tal atividade não possa ocorrer de forma alguma no mundo legal-causal da natureza e, no máximo, possa ser concebida etc. em termos religiosos (como eletividade).

Apesar disso, essas ideias de Goethe, marcadas por um período de transição na concepção de mundo, apontam de muitas formas para as factualidades ontológicas reais. A despeito de toda a contraditoriedade interna, essas concepções panteístas põem de lado o falso antagonismo entre corpo e alma e encaram a vida humana como uma unidade indissolúvel composta de ambos. O que importa é simplesmente apreender corretamente a real constituição dessa unidade. Quando Goethe diz: "A lei segundo a qual compareceste [...]", é pronunciada uma grande verdade. Mas a pergunta que fica é: "comparecer" significa pura e simplesmente o nascimento? A "lei" que de fato pode ser demonstrada em todas as ações de cada homem já é dada ao homem de modo imutável com o nascimento? Acredito que nenhuma dessas perguntas possa ser respondida afirmativamente sem ressalvas. Justamente a biologia moderna confere a maior importância à constatação do lento desenvolvimento biológico do homem, que não ocorre em outra parte na natureza. A constatação em si está correta, só que a maioria dos biólogos insiste em esquecer que essa velocidade é consequência do devir homem do homem, do surgimento da sociedade, inclusive em suas formas mais incipientes. No que se refere à sociedade desdobrada, porém, é preciso acrescentar que o lapso de tempo que leva o homem até a idade adulta em sentido humano-social é muito mais longo que o que leva à idade adulta meramente biológica; por exemplo, o homem há muito já havia alcançado a maturidade sexual quando, no plano social-humano, ainda era tido como criança imatura. Assim sendo, como anteriormente já foi exposto, a educação é um processo puramente social, um formar e ser-formado puramente social. O sentido duplo profundo nas palavras de Goethe – "A lei segundo a qual compareceste" – reside em que seu ponto de partida por princípio não pode ser constatado: por um lado, nenhuma educação pode enxertar num homem propriedades totalmente novas e, por outro lado, como igualmente já vimos, as próprias propriedades não são determinações definitivas, fixadas de uma vez por todas, mas possibilidades, cuja índole específica de se tornarem realidades de modo nenhum pode ser concebida independentemente do seu processo de desenvolvimento, do devir homem socialmente efetuado do homem singular.

Esse processo é de cunho social, não se tratando de um simples crescimento biológico, o que pode ser deduzido já do fato de consistir de um encadeamento, de uma continuidade dinâmica de decisões alternativas. Mais precisamente, num duplo aspecto: por um lado, a educação do homem é direcionada para formar nele uma prontidão para decisões alternativas de determinado feitio; ao dizer isso, não temos em mente a educação no sentido mais estrito, conscientemente ativo, mas como a totalidade de todas as influências exercidas sobre o novo homem em processo de formação. Por outro lado, a menor das crianças já reage à sua educação, tomada nesse sentido bem amplo, por seu turno igualmente com decisões alternativas, e a sua educação, a formação de seu caráter, é um processo continuado das interações que se dão entre esses dois complexos. O maior erro na avaliação de tais processos consiste no hábito de considerar somente os impactos positivos como resultados da educação; porém, quando o filho do aristocrata se converte em revolucionário, o descendente de oficiais se torna um antimilitarista, quando a educação para a "virtude" produz uma queda para a prostituição etc., estes são, no sentido ontológico, resultados da educação, tanto quanto aqueles em que o educador atingiu as suas finalidades. Porque, em ambos os casos, explicitam-se aquelas propriedades do homem em devir que se comprovaram como as mais fortes na práxis e para a práxis, as quais desempenham nas interações o papel de momento preponderante. Nesse caso, porém, trata-se de interações em que, por princípio, é impossível determinar teoricamente de antemão a que fator caberá essa função no caso concreto. Em todo caso, mostra-se a partir de tudo isso que a "lei segundo a qual compareceste", que Goethe tinha em mente, não é a da constituição biológica dada do homem, mas o resultado de um complexo processo de interações, nas quais e através das quais surge aquela unidade indivisível, ainda que muitas vezes contraditória, de determinações psíquico-corporais e sociais no homem singular, que passa a caracterizar sua existência humana do modo mais profundo possível.

Porém, se desse modo está comprovada como nula aquela dualidade que as religiões e suas secularizações panteístas quiseram introduzir na ontologia do ser social, disso não decorre de modo algum uma concepção monolítica dessa esfera, como era costume generalizado no antigo materialismo das ciências naturais e no marxismo vulgar. Só o que interessa agora é entender como, através desse novo *medium* do ser, surge uma nova síntese na existência humana, aquilo que anteriormente chamamos de ser-para-si da singularidade. Este não anula o ser-propriamente-assim no sentido ontológico, mas lhe confere outros conteúdos, outras formas estruturais e, se nesse processo nasce um novo modo da multiestratificação contraditória no ser-propriamente-assim, esta nada tem a ver com as velhas formas dualistas fictícias. É óbvio que o ser-propriamente-assim biológico não só permanece como fundamento irrevogável das formações mais elevadas, ou seja, das formações sociais, mas pode até, do jeito que está, adquirir uma importância prática considerável em contextos sociais. Pense-se, por exemplo, nas impressões digitais dos homens singulares, nas quais a singularidade biológica de cada exemplar singular do gênero humano desempenha um papel que não deixa de ter sua importância na jurisdição, na administração etc. Em si, esse fato não se diferencia nem um pouco da constatação de Leibniz de que é impossível encontrar duas folhas completamente iguais. Essa unicidade permanece como um fato biológico imediato. Porém, essas singularidades são o ponto de partida de interações complexas e multifacetadas, que já podem levar a formas fenomênicas sociais da unicidade imediata. Pense-se na caligrafia do homem singular. Assim como a grafologia torna-se problemática e até sem sentido quando tenta solucionar questões "de psicologia profunda" da personalidade humana, assim também aparece claramente, na caligrafia já socializada, mas concomitantemente ainda vinculada à atividade física, uma unicidade imediata de cada homem singular, similar à que se evidenciou, no plano totalmente determinado biologicamente, nas impressões digitais.

Essa linha poderia ser traçada até as manifestações máximas da atividade humana. Ninguém pode contestar a base biológica de artes como a pintura ou a música; visualidade e auditividade indubitavelmente são instrumentos do ser biológico, da reprodução biológica do homem enquanto ser vivo orgânico. Porém, é igualmente inquestionável que o prolongamento mais extenso imaginável de sua linha de desenvolvimento natural jamais foi capaz de levar a um ver pictórico, a um ouvir musical, sem mencionar as questões criativas implicadas. O salto que, nesse ponto, separa, por exemplo, o ver puramente biológico do ver transformado em social – apesar da base biológica – naturalmente deve ser deslocado para um estágio muito anterior ao do surgimento das artes visuais. Quando Engels diz: "A águia vê muito mais longe que o homem, mas o olho do homem vê muito mais nas coisas que o olho da águia"[65], essa constatação se refere também ao estado inicial da humanidade. O jovem Marx trata ainda mais detidamente a questão da música e da musicalidade nos *Manuscritos econômico-filosóficos* e chega a uma conclusão de suma importância: "A *formação* dos cinco sentidos é um trabalho de toda a história do mundo até aqui"[66]. A constatação a ser deduzida de tudo isso, a saber, que a socialização dos sentidos não anula o seu ser-propriamente-assim em cada homem singular, mas, pelo contrário, o refina e aprofunda, não necessita de nenhuma fundamentação mais precisa. No início dissemos que o ser-propriamente-assim do homem perpassa todo o seu desenvolvimento; agora vemos que, tanto no início biológico quanto no final socializado, figura um ser-propriamente-assim do homem; vemos que, assim como no gênero humano um caminho leva filogeneticamente do ser-propriamente-assim imediatamente dado ao ser-propriamente-assim do ser-para-si da singularidade humana, assim também no homem singular um caminho leva ontogeneticamente de um até o outro: um desenvolvimento contínuo, ainda que repleto de desigualdades e contradições, cujo resultado tanto dá continuidade e incrementa o início quanto simultaneamente pode encontrar-se em antagonismo abrupto em relação a ele, o que, uma vez mais, constitui uma conexão da realidade com a estrutura da identidade de identidade e não identidade.

Depois do que foi explanado já não é mais tão difícil circunscrever o conteúdo da determinação formal há pouco formulada. Já mostramos que a não identidade que surge daqui nada tem a ver com um antagonismo entre o material e o ideal; como quer que este seja formulado, ele tem como fundamento ontológico, muito antes, o aumento gradativo ininterrupto dos componentes sociais no complexo homem; e justamente esse fator determinante dos momentos identitários na continuidade do desenvolvimento é simultaneamente o veículo que a não identidade chama à vida no âmbito da identidade. Para ver claramente essa situação basta evocar exposições anteriores, nas quais foi mostrado como a generidade do homem está ligada à sua existência como membro de uma sociedade, como, por essa via – novamente de um modo muito desigual

---

[65] [K. Marx e] F. Engels, "Anteil der Arbeit an der Menschwerdung des Affen", cit., p. 697; MEW, v. 20, p. 447s.
[66] K. Marx [e F. Engels, Ökonomisch-philosophische Manuskripte aus dem Jahre 1844], MEGA, v. III, p. 120; MEW EB, v. 1, p. 541s [ed. bras.: *Manuscritos econômico-filosóficos*, cit., p. 110].

e contraditório –, a mudez do gênero histórico-social é superada, como, no decurso de um desenvolvimento longo e até agora nem de longe concluído, o gênero humano começa a surgir em sua forma mais própria e adequada. O que foi explanado até agora, mais a partir de um ângulo crítico da rejeição de concepções falsas sobre o ser-para-si da singularidade no homem, só pode ganhar uma figura concreta em conexão com uma generidade entendida nesses termos. Esta é, em primeiro lugar, um processo elementar-espontâneo, socialmente determinado. Com efeito, a intenção original do pôr teleológico no trabalho está direcionada, no plano imediato, para a simples satisfação de necessidades. É no contexto objetivamente social que o processo do trabalho e o produto do trabalho alcançam uma generalização que vai além do homem singular e, ainda assim, permanece ligada à práxis e, através desta, ao ser do homem: justamente a generidade. Com efeito, só em comunidades humanas, mantidas em coesão pelo trabalho comum, pela divisão do trabalho e por suas consequências, é que a mudez do gênero própria da natureza começa a recuar: o indivíduo também se torna, mediante a consciência de sua práxis, membro (não mais mero exemplar) do gênero, o qual, de início, todavia, é posto, no plano imediato, como totalmente idêntico com a respectiva comunidade existente. O decisivamente novo nesse tocante é que o pertencimento ao gênero, mesmo surgindo, via de regra, ao natural – pelo nascimento –, é plenamente formado e tornado consciente pela práxis social consciente, já pela educação (tomada no sentido mais amplo possível), que esse pertencimento forma, na linguagem comum, um órgão próprio socialmente produzido etc. Com a adoção de estrangeiros na comunidade, o fato da origem do pertencimento também já perde algo do seu caráter de natureza. Não há necessidade de uma discussão muito extensa para reconhecer que, quanto mais desenvolvida se tornar uma sociedade, tanto menos o pertencimento a ela repousará sobre bases meramente naturais, sendo que jamais se deve esquecer que costumes arraigados em sociedades relativamente estáveis, que só lentamente se modificam, apesar da sua origem e do seu caráter, em última análise, sociais, parecem conservar, em sua validade imediata, formas naturais de manifestação. É o caso, por exemplo, do prestígio dos anciãos nas sociedades primitivas, que tem uma origem objetivamente social – em vista da reunião empírica essencial das experiências e de sua fixação e transmissão de acordo com a tradição –, mas, ainda assim, no seu estado consciente imediato, acolhe uma forma nascida da "natureza". E com certeza a autoridade de um especialista jovem e talentoso num estágio mais desenvolvido já é de cunho mais puramente social no plano imediato. Porém, essa diferença não deve obscurecer a evolução que ocorre no interior da socialidade.

Em segundo lugar, o desenvolvimento da socialidade produz, no que se refere à ação conjunta dos homens, uma centralização cada vez maior dos impulsos e contraimpulsos sociais referentes a determinados tipos de práxis, a pores teleológicos com as alternativas que os embasam, na consciência do eu dos homens singulares que devem agir. Pode-se dizer o seguinte: quanto mais desenvolvida, quanto mais social for uma sociedade, quanto mais intensamente se fizer presente, em termos práticos, o afastamento da barreira natural, tanto mais nítida, multifacetada e resolutamente se externará essa centralização da decisão no eu que deve levar a cabo a respectiva ação. Esse desenvolvimento é reconhecido hoje de modo geral em seu andamento, em sua execução. Só o que se costuma deixar de perceber nesse tocante é que essa centralização das decisões na pessoa singular não possui suas reais raízes e seus reais impulsos no seu desenvolvimento imanente, mas no fato de a sociedade tornar-se cada vez mais social. Quanto maior o número de decisões que o homem singular tem de tomar, quanto mais multifacetadas estas forem, quanto mais distantes estiverem do seu fim imediato, quanto mais a ligação com elas estiver baseada em conexões complexas de mediações, tanto mais o homem singular precisa formar dentro de si uma espécie de sistema de prontidão para essas possibilidades de reação múltiplas e muitas vezes heterogêneas, caso queira manter-se dentro desse complexo de obrigações cada vez mais numerosas e diversificadas. Portanto, o campo de ação para esse desenvolvimento é socialmente determinado, sendo que, no entanto, dentro desse mesmo campo de ação, os diversos homens singulares, em situações "parecidas", podem tomar decisões alternativas distintas. Como, porém, suas consequências não dependem mais deles mesmos, surge com intensidade cada vez maior a necessidade de que eles ajustem seus diferentes tipos de comportamento uns aos outros, às suas próprias necessidades, às consequências sociais previsíveis destas etc. Isso vale tanto para as ações cotidianas sempre recorrentes quanto para as ações complexamente mediadas. Marx diz, a respeito de um caso extremo de comportamentos surgidos dessa maneira: "O ser humano é, no sentido mais literal, um *zôon politikón*, não apenas um animal social, mas também um animal que somente pode isolar-se em sociedade"[67].

---

[67] K. Marx, *Rohentwurf*, cit., p. 6; MEW, v. 42, p. 20 [ed. bras.: *Grundrisse*, cit., p. 40].

Em terceiro lugar, como mostrou nossa análise, cada decisão prática singular comporta em si elementos e tendências da mera particularidade [*Partikularität*], da simples singularidade existente apenas em si mesma concomitantemente com elementos e tendências da generidade. O homem trabalha, por exemplo, para satisfazer de modo bem imediato suas necessidades bem particulares (fome etc.), mas o seu trabalho tem, como vimos, tanto em sua execução como em seu resultado, elementos e tendências da generidade. A separação entre ambos sempre está objetivamente presente, não importando como ela eventualmente se reflete na consciência singular, pois em ambos os casos as decisões são desencadeadas pelo ambiente social e simultaneamente associadas ao eu que toma a decisão. Sua separação e até seu caráter antagônico só podem aflorar à consciência se entrarem em conflito uns com os outros, e o homem singular é forçado a fazer uma escolha entre eles. Tais conflitos são suscitados ininterruptamente pelo desenvolvimento social, ainda que sempre com novas formas, partindo sempre de novos conteúdos. O movimento anteriormente descrito da singularidade existente em si do homem para seu ser-para-si está inseparavelmente ligado com esse desenvolvimento. Do fato histórico de que a generidade do homem adquire uma forma palpável muito antes do desdobramento da sua individualidade não devem ser tiradas conclusões precipitadas e simplificadoras quanto à relação entre gênero e indivíduo. Um tratamento realmente adequado dos complexos de problemas que aqui se tornam atuais só será possível na *Ética*, até porque, nesse mister, é inevitável que emerjam ininterruptamente problemas axiológicos, razão pela qual aqui, onde devemos nos restringir à constatação das conexões ontológicas dentro do ser social, a dialética concreta dos valores está situada fora dos temas que podem ser tratados. Do ponto de vista ontológico, é preciso tão somente indicar que os dois movimentos, a saber, tanto o que vai do ser-em-si da singularidade para a individualidade existente para si como o que vai da particularidade para a generidade do homem, são processos profundamente entrelaçados, ainda que desiguais e contraditórios, cuja essência se falsifica irremediavelmente quando se atribui aos momentos, em última análise predominantes, ao ser-para-si e à generidade, uma superioridade (ou inferioridade) de cunho mecânico geral, ou imagina poder compreendê-los como potências totalmente autônomas do desenvolvimento; isso vale tanto mais quando, por meio de abstração, isola-se o aspecto valorativo que atua nelas, adscrevendo-lhe, desse modo, um ser (ou validade) independente do desenvolvimento histórico-social e, assim, fetichizando a esfera do valor e da realização do valor como esfera autônoma.

Nenhuma história da humanidade seria possível sem os conflitos entre ser-para-si e generidade do homem, os quais reiteradamente afloram e que, no tempo de sua atualidade histórica, muitas vezes são fundamentalmente insolúveis. Contudo, passaríamos de largo pelo aspecto mais essencial da problemática se, em todos esses conflitos, mesmo que sejam insolúveis em sua atualidade histórica, não reconhecêssemos a convergência histórica profunda e terminante entre eles. Essa convergência expressa uma conexão essencial entre ser-para-si e generidade do homem. Porém, essa conexão só se torna apreensível quando não se vislumbra em nenhum dos dois uma entidade supra-histórica, mas, muito antes, os compreende – justamente em sua mais autêntica substancialidade – como produtos e coprodutores da história. É verdade que a mudez do gênero humano é cancelada logo nos primórdios da sociedade. Contudo, é só de modo muito gradativo, desigual e contraditório que ela se articula, pois trata-se, como foi mostrado anteriormente, de que só no decorrer da integração da sociedade em formas unitárias cada vez maiores, mais desenvolvidas (mais sociais), ela consegue explicitar tanto objetiva como subjetivamente suas verdadeiras determinações. Ao longo desse trajeto, muitas vezes estão presentes simultaneamente nas sociedades diversos estágios da generidade: a dominante representa, em seu ser, o estágio recém-alcançado, mas simultaneamente estão presentes nela traços da generidade superada, pela qual se orienta de múltiplas maneiras a práxis de muitos homens, e não são poucos os casos em que formas futuras indicam como perspectiva até mesmo a realização total da generidade. (Pense-se na filosofia da Antiguidade tardia.) Está claro que, em tais casos, também essas possibilidades se tornam partes do campo de ação de decisões alternativas.

Sem poder abordar aqui os problemas sociais atinentes a valores que estão relacionados com essa questão, mencionaremos apenas que a intenção dirigida à generidade pode partir, em muitos casos, tanto da particularidade como do ser-para-si dos homens. Especificamente no anseio por um estágio já ultrapassado, a particularidade pode desempenhar um papel de monta. De modo geral, pode-se logo dizer que a superação da particularidade no homem singular e a busca por uma forma mais elevada da generidade mostram, em termos de história universal, uma convergência na dinâmica da substância social do homem; porém, a essência ontológica, a essência real desse processo seria falsificada se quiséssemos fazer dessa linha tendencial da história universal uma diretriz geral-abstrata para todos os casos singulares. Essa ressalva necessária, porém, não consegue anular a linha tendencial recém-mencionada da história universal: o movimento socialmente desencadeado nos homens singulares que vai da singularidade existente meramente em si para o ser-para-si consciente e que conduz conscientemente a sua própria práxis e o movimento de superação tanto objetiva como subjetiva, tanto ontológica como conscientizada da mudez do gênero humano são movimentos convergentes que se apoiam reciprocamente. Por mais que significativas desigualdades e profundas contradições codeterminem o trajeto, as fases do processo total, igualmente está estabelecido que o gênero humano jamais poderia realizar-se plenamente, deixar para trás sua mudez herdada da natureza, se nos homens singulares não houvesse, de modo socialmente necessário, uma linha tendencial paralela na direção do seu ser-para-si: somente homens conscientes de si mesmos como indivíduos (não mais como singulares diferenciados entre si só pela sua particularidade) estão em condições de converter uma autêntica generidade numa práxis humano-social, isto é, em ser social, mediante a sua consciência, mediante seus atos conduzidos por esta. A despeito de todas as desigualdades e contradições, o desenvolvimento social impele paralelamente, em escala histórico-mundial, para o surgimento das individualidades existentes para si nos homens singulares e para a constituição de uma humanidade consciente de si mesma como gênero humano em sua práxis.

5. A reprodução da sociedade enquanto totalidade

Desse modo, tornou-se visível um dos polos do desenvolvimento social, o próprio homem, no contexto de seu crescimento rumo ao seu próprio ser-para-si e à generidade consciente. A análise das forças ontologicamente determinantes desse crescimento mostra que elas são sempre resultantes das interações entre as respectivas formações sociais e as possibilidades e necessidades de ação dos próprios homens que se realizam concretamente dentro do campo de ação oferecido pela formação e das possibilidades e tarefas que esta lhes propõe. Também vimos que, para compreender esse desenvolvimento, não se necessita de nenhum tipo de suposição apriorística sobre a essência da "natureza humana". A própria história expõe o seguinte conjunto de fatos extremamente simples, fundamental em termos ontológicos: o trabalho é capaz de despertar novas capacidades e necessidades no homem, as consequências do trabalho ultrapassam aquilo que nele foi posto de modo imediato e consciente, elas trazem ao mundo novas necessidades e novas capacidades para satisfação destas e não estão pré-traçados – dentro das possibilidades objetivas de cada formação bem determinada – quaisquer limites apriorísticos para esse crescimento na "natureza humana". (O caso de Ícaro não aponta para limites da "natureza humana" em geral, mas para os limites das forças produtivas na economia escravistas da Antiguidade.)

Exatamente nesse ponto se torna visível, em sua dialética e dinâmica concretas, a questão decisiva para a ontologia do homem como ser social, a saber, o já tantas vezes mencionado afastamento da barreira natural. Como todo ser vivo, o homem é por natureza um ser que responde: o entorno impõe condições, tarefas etc. à sua existência, à sua reprodução, e a atividade do ser vivo na preservação de si próprio e na da espécie se concentra em reagir adequadamente a elas (adequadamente às próprias necessidades da vida no sentido mais amplo). O homem trabalhador separa-se nesse tocante de todo ser vivo até ali existente quando ele não só reage ao seu entorno, como deve fazer todo ser vivo, mas também articula essas reações em forma de respostas em sua práxis. O desenvolvimento na natureza orgânica vai das reações químico-físicas, puramente espontâneas, até aquelas que, acompanhadas de certo grau de consciência, são desencadeadas em dado momento. A articulação baseia-se no pôr teleológico sempre dirigido pela consciência e, sobretudo, na novidade primordial que está contida implicitamente em cada pôr desse tipo. Por essa via, a simples reação articula-se como resposta, podendo-se até dizer que só através disso a influência do meio ambiente adquire o caráter de pergunta.

A possibilidade ilimitada de desenvolvimento desse jogo dialético de pergunta e resposta funda-se no fato de que a atividade dos homens não só contém respostas ao entorno natural, mas também que ela, por sua vez, ao criar coisas novas, necessariamente levanta novas perguntas que não se originam mais diretamente do entorno imediato, da natureza, mas constituem tijolos na construção de um entorno criado pelo próprio homem, o ser social. Desse modo, porém, a estrutura de pergunta e resposta não cessa; ela apenas adquire uma forma mais complexa, que vai se tornando cada vez mais social. Esse primeiro passo, que, já no trabalho incipiente, põe em movimento o afastamento da barreira natural, produz por sua própria dinâmica necessária um desenvolvimento ulterior: antes de tudo, o trabalho vai se assentando com um campo próprio das mediações entre homem e satisfação de necessidades, entre homens trabalhadores e entorno natural. Também nesse momento o homem é confrontado com perguntas que o desafiam a dar respostas na forma da práxis, mas quem faz as perguntas é cada vez menos a natureza imediata em si mesma, mas, muito antes, o metabolismo cada vez mais disseminado e aprofundado da sociedade com a natureza. Porém, esse elo intermediário recém-surgido de mediações autocriadas modifica também a estrutura e a dinâmica imediatas das respostas: as respostas nascem cada vez menos de modo imediato, mas são, muito antes, preparadas, desencadeadas e efetivadas por perguntas que, até certo ponto, se autonomizam. Essa autonomização das perguntas que brotam das tendências para responder leva com o tempo à constituição das ciências, nas quais, com muita frequência, já se torna imperceptível no plano imediato, por trás da dinâmica própria imediata das perguntas, o ponto de partida amplamente mediado, ou seja, a preparação de perguntas requeridas pelo ser social do homem em função de sua existência e reprodução. Mas aqui é igualmente necessário ver claramente a distância qualitativa em relação aos primórdios, assim como ter claro que – em última instância – também agora a reprodução do ser do homem lhe apresenta demandas, às quais ele dá respostas adequadas (que possibilitem a sua própria reprodução) com o seu trabalho e com seus preparativos dali por diante extremamente complexos, amplamente mediados.

Para que possamos abarcar agora, de modo correspondente, o outro polo da reprodução do gênero humano, a totalidade da sociedade, foi imprescindível apontar, num primeiro momento, para essa conexão entre atividade humana e desenvolvimento objetivamente econômico. Também nesse ponto a verdadeira factualidade ontológica só pode ser apresentada como um *tertium datur* perante dois falsos extremos. Não queremos entrar em polêmica com as diferentes concepções idealistas sobre esse complexo de problemas que vai das filosofias teológicas da história até construções das ciências do espírito ou da fenomenologia, todas elas terminando por fazer do homem um demiurgo mítico de sua cultura. Do mesmo modo, é dispensável abordar extensamente o marxismo vulgar, segundo o qual o homem e sua atividade aparecem como produto mecânico de alguma "legalidade natural" econômica objetiva igualmente mitificada; no momento em que ele identifica força produtiva com técnica, essa mistificação fetichizante chega à culminância. (No próximo capítulo, trataremos mais pormenorizadamente dos equívocos metodológicos da concepção mecanicista do marxismo vulgar.) Agora, apenas apontaremos para o fato de que a estrutura dinâmica a que há pouco se fez alusão, ou seja, as respostas do homem a perguntas que são feitas à sua existência pela sociedade, por seu metabolismo com a natureza, são apenas uma paráfrase, uma concretização daquilo que, como mostramos anteriormente, Marx havia dito, a saber, que os próprios homens fazem sua história, não, porém, sob circunstâncias que eles próprios escolhem, mas sob circunstâncias que lhes são objetivamente dadas. Só certa clareza sobre essa conexão torna possível, dali por diante, compreender adequadamente a linha principal do desenvolvimento econômico tendo em vista as factualidades e tendências ontológicas que constituem a sua base.

Antes de poder abordar as questões que emergem concretamente nesse ponto, devemos chegar ao menos a uma clareza geral quanto às condições estruturais e dinâmicas sob as quais esse movimento bipolar se efetua. Acabamos de tomar conhecimento de um dos polos, o homem como complexo em movimento e em desenvolvimento. Do mesmo modo, está claro que o outro polo deve ser formado pela sociedade como totalidade. Em *A miséria da filosofia*, Marx diz contra Proudhon:

> As relações de produção de qualquer sociedade formam um todo. [...] Quando se constrói com as categorias da economia política o edifício de um sistema ideológico, os membros do sistema social são deslocados. Os diferentes membros da sociedade são transformados em outras tantas sociedades à parte, que se sucedem umas às outras.[68]

É preciso manter incondicionalmente essa prioridade do todo em relação às partes do complexo total, aos complexos singulares que o constituem, porque, do contrário, chega-se – quer se queira, quer não – a uma autonomização extrapoladora daquelas forças que, na realidade, determinam apenas a particularidade [*Besonderheit*] de um complexo parcial dentro da totalidade: elas se convertem em forças próprias, autônomas, que não são tolhidas por nada, e, desse modo, tornamos incompreensíveis as contradições e desigualdades do desenvolvimento, que se originam das inter-relações dinâmicas dos complexos singulares e sobretudo da posição ocupada pelos complexos parciais

---

[68] K. Marx, *[Das] Elend der Philosophie*, p. 91-2; MEW, v. 4, p. 130s [ed. bras.: *A miséria da filosofia*, cit., p. 101].

dentro da totalidade. Exatamente nessas questões se manifesta o perigo que pode representar, para a compreensão adequada da realidade, a prioridade metodológica de uma estruturação ideal consequentemente gnosiológica ou lógica de um complexo parcial. Obviamente cada um tem a sua peculiaridade, como se mostrou aqui repetidamente, sem a qual seria impossível compreender a sua essência. Em termos ontológicos, porém, essa peculiaridade é determinada não só pela legalidade própria do complexo parcial, mas simultaneamente e sobretudo também por sua posição e função na totalidade social.

Não se trata aí de uma determinação meramente formal, que pudesse ser levada a cabo – no pensamento – de modo autônomo e só depois disso examinada em interação com outras forças, mas de uma determinação que interfere profunda e decisivamente na construção categorial, na explicitação dinâmica de cada complexo parcial e, em muitos casos, modifica exatamente suas categorias mais centrais. Tomemos alguns casos já investigados por nós. O complexo "condução da guerra" baseia-se, como todos os demais, nas possibilidades socioeconômicas da sociedade na qual ele se manifesta. Sobre essa base surge uma categoria de importância tão central quanto a da tática, que expressa a posição, a particularidade [*Besonderheit*]desse complexo de modo específico. Seria, porém, uma falsa extrapolação no sentido recém-criticado se igualmente quiséssemos definir o conceito geral militar que o abarca, o da estratégia, do mesmo modo. Clausewitz provou o seu senso autenticamente filosófico na abordagem dessa questão já pelo fato de ter reconhecido claramente o caráter preponderantemente político da estratégia, que vai além do meramente técnico-militar. E tanto a teoria como a práxis desse campo mostram os efeitos fatais que podem se dar – também no plano prático – quando a estratégia é desdobrada de modo imanente a partir da tática, na forma de um aperfeiçoamento ideal de feitio gnosiológico ou lógico; é claro que a situação não melhora em nada quando se deriva a tática mecanicamente de um conceito de estratégia construído dessa maneira. A heterogeneidade ontológica dessas duas categorias, originada do comportamento da parte para com o todo, constitui o único fundamento real para compreender essa relação corretamente, tanto na teoria como na prática. Similar – mas só similar, não igual – é a relação entre conteúdo e forma na esfera do direito; surgem daí problemas insolúveis no plano imanentemente jurídico, os quais, no curso da história, enquanto problemas do surgimento do direito, do direito natural etc., igualmente revelaram, em diversas figuras, com diversas tendências de solução, tais heterogeneidades ontológicas. Esse complexo de questões desempenhará um importante papel na *Ética*.

Nunca é demais ressaltar que, no caso de problemas ontológicos, o ser-propriamente-assim dos objetos e das relações sempre deve ser tomado como fundamento do ser e que, por conseguinte, tendências metodologicamente uniformizadoras representam um grande perigo para o conhecimento adequado dos objetos reais. Em Hegel já pudemos ver como suas intuições tantas vezes geniais foram desfiguradas e falsificadas em consequência de sua logicização do ontológico. Isso se evidencia muito claramente também no fato de ele ter feito, com muita lucidez, uma separação rigorosa entre aquilo que ele chamou de espírito absoluto (arte, religião e filosofia) e o ser objetivo (sociedade, direito, Estado). Mas ele obscurece e desfigura de imediato a sua própria intuição. E, já por identificar o ser-propriamente-assim específico da religião e inseri-la numa sequência homogênea de desenvolvimento com a arte e a filosofia, ele passa de largo pelo seu ser-propriamente-assim e a degrada – segundo a essência da coisa – faticamente a uma mera filosofia da religião. Ainda mais importante e de consequências mais graves é a posição de totalidade [*Gesamtposition*] que ele atribui ao espírito absoluto – da perspectiva da história universal – no seu sistema. Na "fenomenologia", o espírito absoluto já aparece como *Er-Innerung* [interiorização], como posterior revogação da *Ver-Äußerung* [exteriorização] (do estranhamento), como processo real, como identificação de substância e sujeito. Por essa via, porém, o espírito absoluto não só se torna o ápice que coroa o processo total, mas ao mesmo tempo também é eliminado do processo real: este se dá na história universal e sua plenitude real consiste no surgimento do Estado como corporificação da ideia na própria realidade. Nesse procedimento, Hegel viu com muita argúcia a duplicidade daquilo que chama de espírito absoluto: de um lado, a suprema síntese espiritual que realmente se dá na história; do outro, contudo, uma objetivação, que não participa do processo da realidade, que não tem como influenciá-lo diretamente. Por mais que essa autonomia, esse estar-à-parte da ação imediatamente real, possa conter elementos corretos e profundos em sua essência última, na construção do sistema de Hegel surge uma dualidade inorgânica, inconciliável em si mesma (não: fecunda em sua contraditoriedade dialética), de onipotência e impotência de toda essa esfera.

Em *A sagrada família*, Marx criticou argutamente essa "insuficiência":

Já em *Hegel* vemos que o *espírito absoluto* da história tem na *massa* o seu material, e a sua expressão adequada tão só na *filosofia*. Enquanto isso, *o filósofo apenas aparece como o órgão no qual o espírito absoluto, que faz a História, atinge a consciência posteriormente*, depois de passar pelo movimento. A participação do filósofo na história se reduz a essa consciência *posterior*, pois o espírito [absoluto] executa o movimento real *inconscientemente*. O filósofo vem, portanto, *post festum*.

A consequência disso é que, para Hegel,

o espírito absoluto, na condição de espírito absoluto, faz a história apenas em *aparência*. Uma vez que o espírito absoluto, com efeito, apenas atinge a *consciência* no filósofo *post festum*, na condição de espírito criador universal, sua fabricação da História existe apenas na consciência, na opinião e na representação do filósofo, apenas na imaginação especulativa.[69]

A "insuficiência" de Hegel deve-se a que, mediante a logicização de factualidades ontológicas, ele acaba realizando a manobra interna que o prende numa antinomia rígida e falsa: na antinomia de onipotência e impotência, que nada tem a ver com a real factualidade ontológica. Como já mostramos, e no próximo capítulo mostraremos ainda mais detalhadamente, o espelhamento da realidade conforme a consciência (incluindo o filosófico) não é nenhum acompanhante impotente da história material, e a reflexão filosófica sobre ela tampouco possui um caráter puramente *post festum*, como mostra já o exemplo de Marx. Quando Scheler e, depois dele, Hartmann acolhem na ontologia uma hierarquia, na qual as formas superiores são caracterizadas pela impotência para interferir no mundo real, eles renovam, num determinado aspecto, sob condições históricas modificadas pela perda da fé na eficácia da razão, aquela ambiguidade que se expressou na teoria hegeliana do espírito absoluto. A constatação dessa impotência não é só uma expressão de sua falta de fé num desenvolvimento imanente da história, que abrigaria dentro de si e explicitaria historicamente a sua própria razão – todavia, puramente ontológica –, mas é também um juízo de valor falso e inadmissível tanto em termos metodológicos como em termos de conteúdo sobre factualidades puramente ontológicas. A

---

[69] K. Marx [e F. Engels, *Die heilige Familie oder Kritik der kritischen Kritik*], MEGA, v. III, p. 257-8; MEW, v. 2, p. 90 [ed. bras.: *A sagrada família*, cit., p. 103].

concepção de Marx, sem falar de suas repercussões posteriores, é mais autenticamente ontológica que a de Hegel, porque separa de forma clara questões atinentes ao ser de questões atinentes ao valor, investiga ontologicamente suas interações reais de modo imparcial, faz com que os valores de fato ascendam da realidade e nela atuem sem violar a autenticidade do puro ser. Por essa razão, ele não permite que ser e valor se relacionem e interajam de modo ambíguo para, então, no final – entusiasmado ou decepcionado –, compreender sumariamente a totalidade do ser. A intenção de Marx era descrever e compreender, em sua objetividade ontológica, as grandes tendências do desenvolvimento que o ser social como tal constrói em si e a partir de si pela dinâmica própria do seu ser. A importância que adquirem os valores, as valorações, os sistemas de valor dentro desse processo total constitui um problema concreto a ser resolvido em cada caso, um problema importante da ontologia do ser social em seu desenvolvimento. Contudo, quando ele é elevado à condição de avaliação logicamente generalizada do processo total, a avaliação que tinha uma intencionalidade absolutamente objetiva reverte em pura subjetividade, que caracteriza apenas o avaliador, mas não o avaliado.

O problema de fundo que agora está em discussão já foi tangenciado algumas vezes por nós. Trata-se do processo de surgimento da socialidade em suas formas cada vez mais puras, cada vez mais autônomas, de um processo de caráter ontológico que constantemente é posto em movimento quando a partir de um modo de ser de constituição mais simples surge um modo de ser mais complexo através de alguma constelação de circunstâncias do ser. É o caso na gênese da vida a partir da matéria inorgânica, é o caso – de modo muito mais intrincado – quando os homens se transformam de simples seres vivos em membros de uma sociedade. O que interessa, portanto, é acompanhar como os elementos categoriais de construção da socialidade – que, no início, estavam isolados e esparsos e que, como vimos, estão ativos já no trabalho mais primitivo – se multiplicam, tornam-se cada vez mais mediados, juntam-se em complexos bem próprios e peculiares, para dar origem, pela interação de todas essas forças, a sociedades em seus estágios bem determinados. Mostramos igualmente que a forma mais complexa do ser sempre é construída sobre a mais simples: os processos que se dão no ser vivo, que perfazem a sua existência, a sua reprodução, são os da natureza inorgânica, os do mundo do ser físico e químico, que são refuncionalizados pelo ser biológico dos seres vivos em vista de suas próprias condições existenciais. Sem pretender abordar os problemas que emergem daí (isso é tarefa da ciência biológica e de uma ontologia da vida dela resultante), pode-se dizer aqui que o ser social sempre representa uma refuncionalização das categorias do ser orgânico e do ser inorgânico, que ele jamais estará em condições de se soltar dessa base. Isso naturalmente não exclui o surgimento de categorias especificamente sociais que não têm nem podem ter nenhum tipo de analogia na natureza. Meio de trabalho e objeto de trabalho só refuncionalizam essas categorias em decorrência das leis da natureza que estão imanentemente na sua base; não há como ocorrer, no processo do trabalho, nenhum movimento que não seja determinado biologicamente enquanto movimento. Apesar disso, surge no trabalho um complexo dinâmico, cujas categorias determinantes – basta lembrar o pôr teleológico – representam algo radical e qualitativamente novo perante a natureza. Como igualmente já mostramos, faz parte da essência do próprio trabalho, e mais ainda dos demais tipos de práxis social que dele se originam, dar vida a novas formas mediadas socialmente cada vez mais puras, cada vez mais complexas, de modo que a vida do homem passa a desenrolar-se cada vez mais num ambiente criado por ele mesmo enquanto ente social, e a natureza figura nesse ambiente principalmente como objeto do metabolismo com a natureza.

Quando tematizarmos a seguir a descrição dos princípios ontológicos desse desenvolvimento, devemos nos acercar desse problema a partir de um ponto de vista duplo e, não obstante, unitário. Por um lado, o nosso curso deve rumar sempre para a totalidade da sociedade, porque é só nesta que as categorias revelam sua verdadeira essência ontológica; todo complexo parcial de fato tem, como já foi exposto repetidamente, seu modo específico de objetividade, e conhecê-lo é condição indispensável para a compreensão abrangente da sociedade; porém, quando ele é examinado isoladamente ou posto no centro, as autênticas e grandes linhas do desenvolvimento total facilmente podem ser distorcidas. Por outro lado, no centro dessa descrição devem figurar o surgimento e a mudança das categorias econômicas. Nesse aspecto, na condição de reprodução factual da vida, a economia se diferencia ontologicamente de cada um dos demais complexos. Até aqui analisamos a reprodução total a partir da perspectiva do homem, uma vez que a sua reprodução sociobiológica constitui a base imediata, a base irrevogável dessa totalidade. Chegamos a desvelar a essência social (sua generidade) do próprio trabalho: examinamos a economia como sistema dinâmico de todas as mediações que compõe a base material para a reprodução do gênero humano e de seus exemplares singulares. Com isso se ganha expressão, ao mesmo tempo, justamente aquele desdobramento no processo que agora nos ocupa: a socialização da sociedade e, com esta, a dos homens que a perfazem realmente em sua caracterização ontológica elementar, não falsificada. Com efeito, como repetidamente foi mostrado, todas as manifestações vitais complexas dos homens têm como condição significante essa sua reprodução individual e própria do gênero. Contudo, quando realmente se quer compreender as relações do desenvolvimento da sociedade e dos homens nela de acordo com o ser, é indispensável levar em consideração também aquilo que anteriormente designamos de dialética contraditória de essência e fenômeno presente nesse processo. Como no que segue abordaremos com frequência e concretamente as contraditoriedades que surgem daqui, basta por ora trazer à lembrança o simples fato, ou seja, que, por exemplo, o desenvolvimento das forças produtivas – em si, correspondendo à sua essência – é idêntico à elevação das capacidades humanas, mas, em seu modo fenomênico, também pode provocar – igualmente em sua respectiva necessidade social – uma degradação, uma deformação, um estranhamento de si dos homens. E, nesse tocante, seja enfatizado também agora, assim como foi anteriormente, que o mundo dos fenômenos compõe em Marx uma esfera da realidade, um componente autêntico do ser social, e não pode ter nada a ver com um caráter subjetivo meramente aparente. Por essa razão, neste ponto, em que se trata da linha geral do desenvolvimento do ser social, devemos dirigir a nossa atenção principalmente para a questão dos caminhos e das direções encetados por essa essência real do ser social em suas modificações histórico-sociais. Ao fazer isso, naturalmente jamais se pode ignorar as necessárias contradições entre essência existente e fenômeno igualmente existente; a ênfase principal desta investigação, porém, deve ser posta na indagação sobre o movimento da essência.

Também já conhecemos a linha tendencial decisiva nesse desenvolvimento a partir de ponderações ontológicas gerais: é a prevalência das categorias especificamente sociais na construção e na dinâmica de reprodução do ser social, ou seja, o igualmente bem conhecido afastamento da barreira natural. Ao pretender examinar essa linha um pouco mais detalhadamente do que fizemos até agora, devemos proceder, por meio de algumas observações, a uma distinção precisa entre a coisa mesma e seus espelhamentos na consciência dos homens. Trata-se, como já foi ressaltado, da delimitação entre a objetividade do respectivo existente em si e seu reflexo subjetivo (mesmo que muitas vezes seja subjetivo no plano social geral) na consciência dos homens. Essa contraposição não tem nada em comum, portanto, com a anterior entre essência e fenômeno, sendo que ambos os fatores são objetivamente existentes. É preciso apontar aqui particularmente para o momento subjetivo porque até as mais naturais das funções vitais dos homens são gradativamente socializadas no curso da história. Ora, se tal mudança do que originalmente é próprio da natureza for duradoura para a vivência humana, ela se apresente à consciência humana como algo que, por seu próprio ser, pode ser tomado como natural. Porém, numa consideração ontológica, de forma alguma se deve dar atenção a tais alienações da consciência. É preciso ter em conta exclusivamente o processo objetivo como ele é em si, e neste a pura naturalidade já começa a ser dispensada com o fato do trabalho. Portanto, os contrastes ideológicos geralmente designam o embate de um estágio inferior do afastamento da barreira natural com um estágio superior. Aquilo que ideologicamente é defendido como "natureza" em contraposição a algo meramente "social" merece esse nome só num sentido historicamente relativo; poder-se-ia falar, portanto, de uma quase-natureza, assim como de fato frequentemente, ainda que em outros contextos, fala-se da sociedade em sua legalidade objetiva como de uma "segunda natureza". Essa quase-natureza abrange desde relações sexuais até concepções puramente ideológicas (como o direito natural) e desempenhou, na história dos sentimentos e dos pensamentos, um papel que não deixa de ser considerável. Para evitar mal-entendidos foi necessário, portanto, lançar um olhar também para essa questão.

Depois de tudo que foi exposto até aqui sobre desenvolvimento e progresso, não deixa de ser uma obviedade dizer que, para nós, entra em cogitação aqui de modo decisivo o fato ontológico do crescente devir-social e que, na constatação das correspondentes factualidades do próprio ser social, devemos manter totalmente afastado todo tipo de juízo de valor sobre elas. Todavia, devemos não só nos abster – uma vez mais: para evitar confusões – de valorações emitidas por nós mesmos, mas também desconsiderar as reações filosóficas e religiosas, científicas e artísticas, sumamente importantes do ponto de vista histórico, das culturas singulares aos desenvolvimentos sociais a serem analisados agora. Com efeito, do desenvolvimento desigual, repetidamente abordado aqui, decorre necessariamente que haja ultimações precoces em terreno socialmente primitivo que mais tarde não serão superadas; já citamos detalhadamente, a seu tempo, o juízo de Marx sobre Homero. Este é muito mais do que um juízo singular acertado; é um enunciado geral extremamente rico em consequências no plano metodológico; porém, a despeito de toda a sua verdade de amplo alcance, ele não formula uma instância contrária à condição superior do desenvolvimento ontológico de épocas posteriores no plano social. Ao constatar, nesse ponto, um desenvolvimento desigual, Marx não contradiz tais determinações factuais; pelo contrário, exatamente esse contraste entre base economicamente não desenvolvida e composição épica insuperável assenta o fundamento para a sustentação teórica do desenvolvimento desigual. Mesmo que este se evidencie de modo particularmente marcante na arte, disso nem de longe decorre que ele deva permanecer restrito a esse campo. Em todos os campos da cultura humana, tanto teórica como prática, há ultimações precoces, cujos pressupostos sociais únicos necessariamente são desagregados e destruídos pelo desenvolvimento econômico. O caráter objetivamente ontológico do progresso, que se revela em tais casos, não é afetado por essa contraditoriedade; esses casos até sublinham ainda mais a irresistibilidade no movimento puramente objetivo do ser social.

Na intenção de examinar, a partir de agora, esse desdobramento da socialidade rumo à sua própria ultimação autônoma, devemos tomar como ponto de partida o modo como o crescimento das forças produtivas, ainda impregnado de muitas formas pelas determinações naturais (por exemplo, o crescimento simples da população, que, todavia, também já não é mais simplesmente "natural"), atua sobre a estrutura da sociedade como um todo. Em outras palavras, devemos verificar que consequências o desenvolvimento das forças produtivas tem para a construção e a dinâmica da socialidade. Ao fazer isso, vemos, no curso da história, dois tipos decididamente divergentes em relação à condição das comunidades humanas originais. Essa posição inicial, que Engels trata detalhadamente em *A origem da família*, é caracterizada por Marx no "Rascunho" [*"Rohentwurf"*] da seguinte maneira:

> A coletividade tribal que surge naturalmente, ou, se preferirmos, o gregarismo, é o primeiro pressuposto – a comunidade de sangue, linguagem, costumes etc. – *da apropriação das condições objetivas* de sua vida e da atividade que a reproduz e objetiva (atividade como pastor, caçador, agricultor etc.). A terra é o grande laboratório, o arsenal, que fornece tanto o meio de trabalho quanto o material de trabalho, bem como a sede, a *base* da comunidade [...]. A *apropriação* real pelo processo do trabalho se realiza sob esses *pressupostos*, que não são eles mesmos *produto* do trabalho, mas aparecem como seus pressupostos naturais ou *divinos*.[70]

---

[70] K. Marx, *Rohentwurf*, p. 376; MEW, v. 42, p. 384s [ed. bras.: *Grundrisse*, cit., p. 389].

Nessa passagem, é possível ver com toda clareza no que consiste a essência do "natural" em tal sistema comunitário. Consiste, sobretudo, em que o trabalho é a força organizadora e de coesão dos complexos que funcionam desse modo, mas um trabalho cujas condições ainda não são os produtos do próprio trabalho. Nessa determinação conceitual, trata-se, para Marx, com razão, do antagonismo a ser desenvolvido em relação a posteriores formações. É por isso que ele põe no centro o momento aqui ainda predominante das condições naturais, mas já a alusão ao fato de que estes aparecem aos homens não só como naturais, mas como de origem divina, indica que objetivamente eles já não podem mais ser pura natureza, que neles já foi investido trabalho humano, sem que, todavia, o como de sua maneira de dar-se pudesse ser corretamente compreendido pelos homens. Pense-se, por exemplo, no mito de Prometeu, que expressa de modo típico a constelação de que os momentos mais importantes de regulação da relação entre homem e natureza (objetivamente: por meio do trabalho) aparecem como dádivas dos deuses enquanto atuam isoladamente e, por essa razão, ainda não têm condições de impregnar todo o âmbito da reprodução. Porém, não importando em que proporção os momentos vitais, efetivos em termos naturais, já estejam objetivamente fundados em termos sociais (um rebanho, por exemplo, objetivamente já não é mais um objeto natural, mesmo que a criação ainda não seja conduzida de modo consciente), a partir daí nasce a seguinte alternativa decisiva para a história universal: em que medida esse estado — claro que dentro de um campo de ação relativizante — tem condições de estabilizar-se, isto é, de simplesmente reproduzir-se, em que medida e em que direção se originam de sua dissolução tendências de crescimento de novas formações.

A história real oferece resposta afirmativa e negativa a essa alternativa nos primórdios. O que Marx chama de modo de produção asiático mostra concretamente, com múltiplas variações em suas formas, as possibilidades que resultam da manutenção desse modo de produção na reprodução[71]. Em O capital, Marx faz uma análise detalhada da estrutura e da possibilidade de desenvolvimento

---

[71] Sobre o modo de produção asiático, que o período stalinista procurou eliminar do marxismo e substituir por um suposto "feudalismo asiático", arquitetado de forma vazia, publicou-se nos últimos tempos, até o momento, infelizmente apenas uma monografia marxista, mas de excelente qualidade, em língua húngara, de autoria do sinólogo Ferenc Tökei, intitulada *Az äzsiai termelesi möd kerdesehez* [Sobre a questão do modo de produção asiático] (Budapeste, 1965). Em língua alemã: F. Tökei, *Zur Frage der asiatischen Produktionsweise* (Neuwied/Berlim, 1969).

desse modo de produção, partindo concretamente de sua forma indiana. Ele explicita que tais comunidades

> baseiam-se na posse comum da terra, na conexão direta entre agricultura e artesanato e numa divisão fixa do trabalho que serve como plano e esquema geral no estabelecimento de novas comunidades. Cada uma delas forma um todo autossuficiente de produção [...]. A maior parte dos produtos é destinada à subsistência imediata da comunidade, e não como mercadoria, de modo que a própria produção independe da divisão do trabalho mediada pela troca de mercadorias que impera no conjunto da sociedade indiana. Apenas o excedente dos produtos é transformado em mercadoria, e uma parte dele somente depois de chegar às mãos do Estado, para o qual flui desde tempos imemoriais certa quantidade desses produtos como renda natural.

No interior dessas povoações há uma divisão do trabalho de perfil bem definido, contando com diversos artesãos e também representantes do estrato superior do Estado (economia da água), da religião etc.

Aumentando a população, uma nova comunidade se assenta em terras não cultivadas, conforme o modelo da anterior. O mecanismo comunal apresenta uma divisão planejada do trabalho, mas sua divisão manufatureira é impossibilitada pelo fato de o mercado do ferreiro, do carpinteiro etc. permanecer inalterado, de modo que, a depender do tamanho da aldeia, podemos encontrar no máximo, em vez de um ferreiro, um oleiro etc., dois ou três deles. A lei que regula a divisão do trabalho comunal atua aqui com a autoridade inquebrantável de uma lei natural, ao passo que cada artesão particular, como o ferreiro etc., executa todas as operações referentes a seu ofício de modo tradicional porém independente e sem reconhecer qualquer autoridade em sua oficina.

Porém, é preciso ressaltar em especial que acima dessa base econômica das comunidades asiáticas se eleva uma superestrutura estatal específica, que mantém inter-relações extremamente aleatórias com elas, sobretudo pela via do recolhimento da renda fundiária (aqui igual a imposto), da regulação da irrigação, da defesa militar contra inimigos externos etc. Ora, daí decorre, como mostra Marx, a peculiaridade dessas sociedades, vistas em seu todo: uma constante recomposição da base, ou seja, de sua estabilidade dinâmica, a despeito de uma instabilidade, que frequentemente assume formas catastróficas, da superestrutura estatal em seu conjunto:

> O organismo produtivo simples dessas comunidades autossuficientes, que se reproduzem constantemente da mesma forma e, sendo ocasionalmente destruídas, voltam a ser construídas no mesmo lugar, com os mesmos nomes, fornece a chave para o segredo da imutabilidade das sociedades asiáticas, que contrasta de forma tão acentuada com a contínua dissolução e reconstrução dos Estados asiáticos e com as incessantes mudanças dinásticas. A estrutura dos elementos econômicos fundamentais da sociedade permanece intocada pelas tormentas que agitam as nuvens políticas.[72]

As pesquisas de Tökei mostram que essa estrutura básica também pode ser constatada no desenvolvimento chinês. O que mais chama a atenção nesse fenômeno, e que simultaneamente parece ser o mais próximo do natural, é o restabelecimento recorrente das povoações, sua solidez incomum no autoestabelecimento, aliada à imunidade a transformações estruturais mais profundas. Assim, inquestionavelmente tais processos evidenciam certas analogias com a conservação ontogenética das espécies e, desse modo, dão a impressão de naturalidade. A análise de Marx mostra, contudo, que tais analogias são, em grande parte, apenas aparentes. Eles negligenciam o fato de que a existência, por exemplo, do povoado indiano está embasada numa divisão social do trabalho relativamente avançada (agricultura e artesanato), ainda estando ausentes, todavia, as categorias e forças específicas que arrastam essa divisão do trabalho para a corrente do desenvolvimento social, sobretudo a força que determina os destinos humanos, a saber, a força do intercâmbio intensivo de mercadoria que impregna todos os poros da sociedade. A divisão do trabalho ainda é determinada predominantemente pelas necessidades imediatas do consumo; ela não produz novas necessidades que em seguida, por sua vez, voltariam a retroagir nela. Do mesmo modo estático também é regulada a relação entre a base econômica e a superestrutura estatal na forma da renda fundiária (igual a imposto), sem quaisquer interações complexas mediante as quais elas pudessem pôr-se reciprocamente em movimento rumo a outras

---

[72] K. Marx, *Das Kapital*, cit., v. I, p. 322-3; MEW, v. 23, p. 379 [ed. bras.: Karl Marx, *O capital*, Livro I, cit., p. 431-2].

formações, dar origem a dissoluções e progressos em ambos os campos, embora também nesse ponto seja evidente à razão que tanto a renda fundiária como o imposto e a coincidência de ambos não são categorias da natureza, mas determinações do ser social. O problema do modo de produção asiático não remete, portanto, a um estado ainda natural da sociedade, mas é, muito antes, um caso particular – especialmente instrutivo em sua negatividade – da relação interna entre as categorias sociais e o progresso objetivamente econômico.

Um destino totalmente contrário se evidencia na transformação da estrutura do comunismo primitivo na Grécia e em Roma. Essa forma surge já com base na separação de cidade e campo, não ocorrendo aqui, contudo, o mesmo que no Oriente, onde a cidade está separada da reprodução econômica imediata e participa dela somente por meio da apropriação da renda fundiária, mas a existência do possuidor individual de uma parcela está inseparavelmente ligada com seu direito de cidadania. "O campo aparece como território da cidade; e não o povoado, como simples apêndice do campo", diz Marx. A isso se soma que a relação do indivíduo com a terra de fato resulta de ele ser membro da tribo, não, porém, na condição de propriedade diretamente comum da tribo, mas na condição de sua posse pessoal; "como membro da comunidade, o indivíduo singular é proprietário privado". Aqui não se cogita mais o que no Oriente era decisivo, ou seja, que "a propriedade do indivíduo singular" só pode "ser valorizada pelo trabalho comum – portanto, por exemplo, como os aquedutos no Oriente". As antigas formas tribais foram afrouxadas ou rompidas em maior ou menor grau por migrações, ocupações etc., o que leva a conquista, a ocupação e a defesa destas a ocupar o centro dos problemas vitais. "Por isso, a guerra constitui a grande tarefa conjunta, o grande trabalho coletivo exigido seja para ocupar as condições objetivas da existência viva, seja para defender e perpetuar sua ocupação." Desse modo, surge uma forma peculiar da sociedade:

> Concentração na cidade com o campo como território; pequena agricultura trabalhando para o consumo imediato; manufatura como atividade doméstica complementar das esposas e filhas (fiar e tecer) ou autonomizada apenas em alguns ramos (*fabri* etc.). O pressuposto da continuidade desse sistema comunitário é a preservação da igualdade entre seus *self-sustaining peasants* [camponeses autossuficientes] livres e o trabalho próprio como condição da continuidade de sua propriedade. Eles se relacionam às condições naturais do trabalho como proprietários; mas essas

condições ainda precisam ser permanentemente postas, por meio do trabalho pessoal, efetivamente como condições e elementos objetivos da personalidade do indivíduo, do seu trabalho pessoal.[73]

Sem mais, fica claro que, desse modo, surge uma forma muito mais social de sociedade do que no Oriente. Sobretudo uma forma de sociedade que de modo algum precisa se limitar à simples reprodução, ao restabelecimento do que já havia anteriormente, mas uma em que a expansão, o movimento adiante, o progredir de antemão estão dados com a dinâmica da reprodução da própria existência.

A pergunta que resta é como se relacionam mutuamente, nesse caso, a estrutura do edifício e a dinâmica do movimento.

De modo sucinto e já antecipando coisas a serem expostas, pode-se dizer o seguinte: faz parte da essência dessa formação reproduzir-se ampliadamente, desencadear uma poderosa superação da sua própria faticidade inicial, mas as forças despertadas desse modo só podem promover seus fundamentos sociais e seus pontos de partida ao longo de um determinado trecho, convertendo-se aos poucos necessariamente em tendências desagregadoras da estrutura que trouxeram à vida. Marx descreve essa situação com referência a Roma como segue:

> especialmente a influência da guerra e da conquista, que, em Roma, por exemplo, é parte essencial das próprias condições econômicas da comunidade – abole o vínculo real sobre o qual ela se fundamenta. Em todas essas formas, o fundamento do desenvolvimento é a *reprodução* das relações *pressupostas* do indivíduo singular à sua comunidade – relações originadas mais ou menos naturalmente ou mesmo historicamente, mas tornadas tradicionais – e uma existência *objetiva, determinada, predeterminada* para o indivíduo, no comportamento seja com as condições do trabalho, seja com seus companheiros de trabalho, companheiros de tribo etc. –, desenvolvimento que, por conseguinte, é por princípio *limitado*, mas que, superado o limite, representa decadência e desaparecimento.[74]

O momento socioeconômico decisivo nesse ponto é definido por ele assim em *O capital*: "Essa forma de livre propriedade parcelária de camponeses que

---

[73] Idem, *Rohentwurf*, cit., p. 378-9; MEW, v. 42, p. 387s [ed. bras.: *Grundrisse*, cit., p. 390-2].
[74] Ibidem, p. 386; ibidem, p. 394s [ed. bras.: ibidem, p. 398-9].

cultivam sua própria terra, como forma normal e dominante, constitui [...] o fundamento econômico da sociedade nas melhores épocas da Antiguidade clássica [...]"[75]. Todas as forças econômicas que são liberadas aí acarretam, em última análise, uma desagregação inevitável e sem perspectiva dessa sociedade. Em outros contextos, já nos reportamos à constatação de Marx, segundo a qual um processo de desagregação do campesinato, similar em seus modos negativos de manifestação, a saber, a separação de suas terras e solos, na Inglaterra, levou da acumulação originária ao gigantesco avanço capitalista, na Antiguidade, nada foi capaz de produzir além de um lumpemproletariado urbano e parasitário. Esse antagonismo fundamental possui todo um complexo de causas, que, no entanto, estão todas estreitamente relacionadas com o nível de desenvolvimento social da pólis antiga recém-descrito. O florescimento econômico inicial ocasiona um intercâmbio de mercadorias largamente disseminado, uma concentração de grandes patrimônios. Tudo isso, entretanto, de um lado meramente na forma de capital comercial e capital financeiro, de outro na forma da grande expansão da economia escravista. Marx constata quanto ao capital comercial enquanto poder econômico autônomo:

> O capital mercantil no começo é apenas o movimento mediador entre extremos que ele não domina e entre pressupostos que ele não cria. [...] O comércio age por isso em todas as partes mais ou menos como solvente sobre as organizações preexistentes da produção, que, em todas as suas diferentes formas, se encontram principalmente voltadas para o valor de uso.[76]

Já não depende mais dele para onde leva esse caminho. O mesmo efeito é causado pela disseminação do capital financeiro, que, nesse estágio das relações de trabalho, só pode ainda assumir predominantemente a forma da usura:

> Desse modo, a usura atua, por um lado, minando e destruindo a riqueza antiga e feudal e a propriedade antiga e feudal. Por outro lado, mina e arruína a produção dos pequenos camponeses e dos pequenos burgueses, em suma, todas as formas em que o produtor aparece ainda como proprietário dos seus meios de produção.

---
[75] K. Marx, *Das Kapital*, cit., v. III/II, p. 340-1; MEW, v. 25, p. 815 [ed. bras.: *O capital*, Livro III, cit., p. 261].
[76] Ibidem, p. 314 e 316; ibidem, p. 342 e 344 [ed. bras. ibidem, p. 248-9].

Especialmente agravante e dissolutivo é esse efeito na antiga pólis, "onde a propriedade dos meios de produção pelo produtor é, ao mesmo tempo, a base das relações políticas da autonomia do cidadão"[77].

Fica evidente, portanto, que, embora o intercâmbio de mercadorias tenha podido alçar-se sobre tais fundamentos até a produção das primeiras formas, as mais exteriores e mais primitivas da socialização capitalista, ele necessariamente teve, no final das contas, um efeito destruidor sobre a estrutura social. A razão decisiva para o beco sem saída social que assim surgiu reside no fato de que o ponto social central de todas as modificações autênticas, a saber, o próprio trabalho e as relações sociais entre os homens que dele emergem no plano imediato, ainda estão muito pouco socializadas, ainda são por demais determinadas por categorias "naturais", para possibilitarem uma organização autenticamente social. Marx também faz uma análise detida dessa situação. Ele encara "a *unidade* do ser humano vivo e ativo com as condições naturais, inorgânicas, do seu metabolismo com a natureza e, em consequência, a sua apropriação da natureza" como ponto de partida óbvio, em que o problema ontológico, a verdadeira socialização do ser social, consiste na "separação" dessa unidade original e só atinge a sua forma adequada "na relação entre trabalho assalariado e capital". Nas formações mais antigas, incipientes, as forças sociais ativas imanentes ainda não conseguem efetuar essa separação. Marx diz:

> uma parte da sociedade é tratada pela outra como simples condição *inorgânica e natural* de sua própria reprodução. O escravo não está em qualquer relação com as condições objetivas do seu trabalho; mas o próprio *trabalho*, seja na forma do escravo, seja na do servo, é arrolado entre os demais seres naturais *como condição inorgânica* da produção, ao lado do gado ou como apêndice da terra. Em outras palavras: as condições originais da produção aparecem como pressupostos naturais, *condições naturais de existência do produtor*, exatamente como o seu corpo vivo aparece como o *pressuposto* de si mesmo, uma vez que, por mais que ele o reproduza e desenvolva, não é posto por ele mesmo: sua própria existência (corporal) é um pressuposto natural que ele não pôs.[78]

---

[77] Ibidem, p. 135; ibidem, p. 610 [ed. bras.: ibidem, p. 109].
[78] Idem, *Rohentwurf*, cit., p. 389; MEW, v. 42, p. 397 [ed. bras.: *Grundrisse*, cit., p. 401].

Essas condições de ser do trabalho, tanto subjetivas como objetivas – encontradas "naturalmente", não criadas por ele mesmo –, apenas propiciam possibilidades de desenvolvimento extremamente limitadas; esse fato é por demais conhecido e por isso não precisa ser exposto extensamente. Seja apontado aqui apenas o fato de que o trabalho baseado na escravidão permite essencialmente só um aumento extensivo, sobretudo mediante a multiplicação da massa de escravos; isso, porém, pressupõe que haja, por um lado, guerras bem-sucedidas para aportar o material humano e que, por outro lado e simultaneamente, a base militar específica das antigas cidades-Estado dissolva ininterruptamente o estrato dos agricultores parceleiros livres. A expansão político-econômica desagrega, portanto, os seus próprios fundamentos, entrando cada vez mais num beco sem saída. Os efeitos já descritos do capital financeiro e do capital comercial exercem uma influência que intensifica a desagregação, mas o momento preponderante é a barreira intransponível que a economia escravista levanta diante do desenvolvimento em seu todo.

Desse modo, surge perante o modo de produção asiático um tipo qualitativa e radicalmente distinto de desenvolvimento do ser social. Estamos lidando, antes de tudo, com um desenvolvimento vigorosamente acentuado para um patamar superior da sociedade, tanto em termos extensivos como em termos intensivos, que, no entanto, justamente quando parece atingir o seu ponto culminante em cada aspecto, começa a manifestar essa sua problemática como crise em todos os âmbitos. Trata-se, porém, de uma crise extremamente prolongada, que não só não faz empalidecer de imediato o brilho antigo, mas reiteradamente parece levar a novos incrementos, a aparentes superações do estado fundamental de crise; só em estágios relativamente tardios a desagregação econômica se manifesta como decadência inequívoca em todos os âmbitos da vida. Mais exatamente, justamente num estágio no qual – da perspectiva econômica – a economia escravista já começa a formar, a partir de sua desagregação, com necessária espontaneidade, os primeiros elementos daquela organização do trabalho e modo do trabalho que mais tarde, após muitas transições catastróficas, comporão a base para a saída, para o novo estágio, para o feudalismo. Referimo-nos a uma transição que Max Weber caracterizou da seguinte maneira: "Ao mesmo tempo que o escravo ascende socialmente à condição de servo da gleba privado de liberdade, o colono decai para a condição de agricultor vassalo"[79]. Esse novo tipo de nivela-

---

[79] M. Weber, *Gesammelte Aufsätze zur Sozial- und Wirtschaftsgeschichte* (Tubinga, 1924), p. 305.

mento tendencial de estratos sociais antes totalmente heterogêneos decorre das tendências de dissolução, mas só *post festum* pode ser compreendido como tendência para encontrar uma saída da crise. No contexto histórico concreto e real, ele aparece como uma transição da crise aguda para um lento processo de putrefação, por contradizer de tal modo a estrutura da sociedade antiga em seu conjunto que é impossível que dela possa resultar a base para novos impulsos de desenvolvimento da sociedade e do Estado. Somente depois da desagregação e decadência completas do império romano, durante a migração dos povos, ele pode se comprovar como germe do futuro em virtude dos novos impulsos que as peculiaridades tribais germânicas conferem às novas sociedades que então começam a surgir. (Os problemas altamente significativos que a economia escravista da Antiguidade suscita para o desenvolvimento da humanidade mediante sua superestrutura, tanto no que se refere ao conhecimento como no que se refere ao estranhamento e à sua superação, só poderão ser tratados nos próximos capítulos.)

O desenvolvimento europeu diferencia-se do asiático também pelo fato de que nele as diferentes formações ocorrem uma após a outra e uma divergindo da outra, que seu revezamento indica uma continuidade histórica, uma orientação para o progresso. Para que esta seja entendida ontologicamente de maneira correta, é preciso eliminar radicalmente todas as representações que abrigam elementos de alguma teleologia, por mais dissimulados que estejam. Isso é muito importante, já porque tais tendências podem assombrar até mesmo certos marxistas, como a representação de que o percurso da dissolução do comunismo primitivo até o socialismo, passando pela escravidão, pelo feudalismo e pelo capitalismo, poderia conter em sua necessidade uma espécie de pré-formação (e, desse modo, no mínimo algo de criptoteleológico). O fundamento metodológico disso é claramente visível em Hegel. Ao procurar apreender logicamente e não em primeira linha ontologicamente a sequência divergente das categorias, ao transformar grande parte dessa série lógica do desenvolvimento repentinamente numa série ontológico-histórica, a concepção de história de Hegel necessariamente adquiriu um caráter teleológico. Foi por isso que anteriormente recordamos o aspecto questionável no fato de o próprio Engels vislumbrar um elemento lógico na sequência das categorias econômicas e identificar com ele a história teoricamente formulada, depurada de acasos. Nesse ponto, temos de precaver-nos de toda aproximação, por mínima que seja, à dimensão teleológica mediante o pôr ontológico de abstrações meramente logicistas. Devemos nos ater à convicção de que as categorias são "formas do ser, determinações da existência", que, por conseguinte, suas inter-relações de fato são rigorosamente causais quando ocorrem lado a lado, em sua transformação, em sua mudança de função na sucessão histórico-social, mas não são determinadas de modo primariamente lógico, dependendo, muito antes, do ser-propriamente-assim do respectivo ser social, do ser-propriamente-assim de suas repercussões dinâmicas. Ao proceder assim, depararemos em toda parte com legalidades nas conexões concretas; estas, porém, sempre têm só uma necessidade concreta, a do "se... então", e jamais se poderá derivar de um sistema teoricamente construído de necessidades econômicas (lógicas ou também formuladas em termos lógicos) se esse "se" estará presente em cada caso e, caso esteja, em que contexto, com que intensidade etc.; ele só poderá ser derivado do ser-propriamente-assim da totalidade do ser social, no qual essas legalidades concretas atuam em cada caso. Disso faz parte, por outro lado e ao mesmo tempo, que o próprio ser-propriamente-assim é uma síntese das diversas necessidades "se... então" dos diversos complexos do ser e de suas interações, síntese levada a cabo pela própria realidade no âmbito da realidade.

Visando chegar ao problema da formação feudal, examinaremos agora o desenvolvimento romano tardio da pólis em desagregação e da sua economia escravista como uma espécie de preparação para aquela; ao fazer isso, não queremos estatuir nenhuma conexão lógica nem filosófico-histórica entre os dois. A situação agrária romana foi um fenômeno de desagregação, a condição germânica mostrou as consequências do próprio desenvolvimento tribal na migração. Examinados em termos puramente conceituais, ambas se encontram numa irrevogável relação de casualidade. Sem dúvida, ambas são produtos de desenvolvimentos que por séculos mantiveram inter-relações reais um com o outro; não esqueçamos, por um lado, as recorrentes incursões dos celtas e mais tarde dos germanos na direção da Itália e, por outro, as tentativas de colonização dos romanos que, por exemplo, na Gália foram efetivadas, mas na Germânia basicamente fracassaram. É por isso que, do ponto de vista do ser-propriamente-assim tanto de Roma como dos povos germânicos, a pura casualidade desse movimento é anulada em certa medida; ela aparece como uma inter-relação que se tornou historicamente necessária, na qual se encontram e confluem, enquanto realidades dentro da realidade, tendências que apontam para além da economia escravista da Antiguidade. Sem sombra de dúvida, escravidão e servidão compartilham, no sentido das exposições de Marx anteriormente citadas, alguns traços "naturais". Certamente, não é por acaso que a servidão, especialmente em seus estágios iniciais e sobretudo no tempo de sua dissolução, de suas crises de restauração, muitas vezes apresenta muitos pontos de contato com a escravidão.

Também a formação feudal em seu conjunto compartilha com a Antiguidade o traço de uma capacidade apenas parcial de desenvolvimento, a propriedade de não poder incorporar em seu próprio sistema os movimentos progressistas que ela própria produziu, sendo que esses movimentos são antes obrigados a desagregar e detonar o próprio sistema. Em todo caso, no feudalismo não se forma mais aquele beco totalmente sem saída que foi característico da dissolução da Antiguidade. Típico do feudalismo é que, por um lado, ele almejou subordinar a cidade ao campo, mas, por outro, o real desenvolvimento econômico para um patamar superior por ele desencadeado foi sobretudo o das cidades. Esse é o motivo imediato para que haja, também para a formação feudal, um ponto culminante que indica o grau de compatibilidade do desenvolvimento econômico com a produção baseada na servidão; o fato de não se tratar aqui de um ponto no sentido literal, mas de uma espécie de campo de ação social, que, nos diversos países, não precisa necessariamente aparecer ao mesmo tempo nem do mesmo modo, nada muda no significado ontológico dessa factualidade. Engels a localiza no século XIII. Admitindo que as causas imediatas que a desencadeiam podiam ser muito variadas, ele sintetiza a essência socioeconômica desse estado de coisas do seguinte modo: que para os senhores feudais "o comando sobre os serviços prestados pelos agricultores se tornou muito mais importante do que o comando sobre suas pessoas"[80]. A diferença econômica em relação à economia escravista, que possibilita esse fenômeno específico, é evidente: o escravo trabalha com as ferramentas do seu senhor, o produto inteiro do trabalho cabe a este; ao próprio escravo resta somente a possibilidade – reduzida a um mínimo – de reproduzir de alguma maneira a sua existência física. Daí a primitividade, a improdutividade econômica desse modo de exploração, a impossibilidade de aumentar a produtividade dentro do seu próprio âmbito. No feudalismo, porém, o trabalhador tem, seja no caso da renda dos produtos, seja no caso da renda do trabalho – embora também aqui, como na escravidão, a coerção

---

[80] F. Engels, "Die Mark", em *Der deutsche Bauernkrieg* (Berlim, 1930), p. 148; MEW, v. 7, p. 330.

extraeconômica seja a garantia última da conversão das possibilidades econômicas em realidade[81] –, sob condições favoráveis, mediante a melhoria de seu modo de trabalhar, a possibilidade de elevar a reprodução também do seu próprio corpo a um estágio superior. É que ele trabalha sua própria terra com seus próprios meios de trabalho, de modo que – no caso de uma renda fixa a ser entregue ao senhor feudal – o aumento da produtividade do seu trabalho também pode elevar o seu próprio nível de vida.

Essa direção de desenvolvimento, na qual se expressa a superioridade da formação feudal com relação à escravidão, é a consequência da diminuição bem parcial, mas já existente, da mera "naturalidade" nas relações de trabalho dos homens e da penetração lenta, contraditória e desigual de categorias sociais em sua estrutura básica. Esse desdobramento, porém, tem seus limites claramente traçados, mais exatamente, na própria estrutura total dessa formação, na qual outros momentos da socialização se cruzam com as tendências aqui constatadas.

Temos em mente a relação entre cidade e campo, extremamente importante para a estrutura de cada formação. Já foi ressaltado que a característica da formação feudal era a supremacia do campo sobre a cidade. O florescimento da pólis baseia-se em que toda a atividade social humana se concentra nela; tanto econômica como politicamente, tanto militar como culturalmente, todos os fios da vida e de sua reprodução se confluem na cidade-Estado. O declínio é causado justamente pelo fato de que sua expansão destrói seus próprios fundamentos econômicos e a transforma gradativamente numa formação social parasitária, o que, em última análise, tem como consequência a decadência total, a perda factual da supremacia sobre o campo. (As cidades do modo de produção asiático, por sua essência, sempre foram parasitárias em termos econômicos.) Quando, nos primórdios da edificação da formação feudal, a cidade foi subordinada ao campo, sua existência interna foi centrada de antemão no plano econômico: naturalmente, isso aconteceu na forma da subordinação à estrutura feudal; a guilda, por exemplo, é uma forma tipicamente feudal da divisão do trabalho. Apesar disso, o recém-descrito movimento ascendente da economia feudal representa, na sua região rural central, uma expansão do mercado de mercadorias em comparação com a Antiguidade, onde este tinha sido determinado, com bem poucas exceções, apenas pelas

---

[81] K. Marx, *Das Kapital*, cit., v. III/II, p. 323-4; MEW, v. 25, p. 798 [ed. bras.: *O capital*, Livro III, cit., p. 251s].

necessidades de artigos de luxo do estrato dominante. O desenvolvimento da produção, do comércio, da troca etc. passou a repercutir na região central da economia feudal: A "idade de ouro" da servidão teve fim nos séculos XV e XVI; teve lugar uma exploração cada vez mais desmedida dos agricultores mediante a transformação da renda fundiária em renda pecuniária, via pela qual os senhores feudais procuraram sobrepujar a concorrência dos patrimônios citadinos e objetivamente deram, por sua vez, uma contribuição importante para solapar o sistema feudal. Com efeito, dali por diante, surgiu em muitos países de modos diversos o grande dilema da crise do feudalismo: ou aprofundar ainda mais e perenizar a sua crise acarretando a segunda servidão ou liquidar todo o seu sistema com a ajuda da acumulação originária.

Não é preciso dizer que a luta entre cidade e campo não começou aí, mas foi ali que atingiu o seu ponto culminante. Dissemos anteriormente mediante certa generalização, que queríamos provisória, que o campo feudal imprimiu às cidades as suas formas sociais. E, como logo veremos no caso das guildas, isso concorda amplamente com os fatos, mas nem de longe já significa que essa adaptação tenha se dado sem luta. Pelo contrário. Durante toda a Idade Média tem lugar um combate em torno do lugar das cidades no sistema do feudalismo. É impossível abordar aqui, mesmo que apenas alusivamente, as diversas etapas e os resultados dessa peleja cheia de vicissitudes. É suficiente constatar que, em algumas regiões, a luta terminou com a conquista da autonomia pelas cidades (Itália, cidades hanseáticas etc.), o que foi muito significativo como desagregação da estrutura feudal para a preparação para o capitalismo, mas não pôde fundar nenhuma forma duradoura da nova sociedade. Nesse aspecto, adquire importância determinante a aliança das cidades que se libertam por meio das tendências para a monarquia absoluta, que, com base no relativo equilíbrio de forças temporário entre feudalismo e capitalismo, constitui a típica forma de transição e preparação para a constituição definitiva deste último como sistema que impregna toda a sociedade. Só então a cidade, enquanto centro da política, da cultura, consegue avançar e transformar em realidades as possibilidades que estão dinamicamente na sua base.

A guilda é uma forma da divisão do trabalho e de modalidade de trabalho que a formação feudal foi capaz de impor à produção industrial. Tendo em vista o nosso objetivo atual, é preciso ressaltar, nesse tocante, sobretudo um dos seus momentos: o impedimento de converter a força de trabalho em mercadoria, isto é, deteve-se temporariamente o processo que tentou colocar em trilhos de orientação puramente social a organização do trabalho, a elevação e apropriação do mais-trabalho que evoluía cada vez mais para o mais-valor, indo além da reprodução do trabalhador. Marx diz sobre essa forma do trabalho no feudalismo:

> As leis das corporações [...] impediam deliberadamente, por meio da mais estrita limitação do número de ajudantes que um único mestre de corporação podia empregar, a transformação deste último em capitalista. Além disso, só lhe era permitido empregar ajudantes naquele ofício exclusivo em que ele próprio era mestre. A corporação repelia zelosamente qualquer intrusão do capital comercial, a única forma livre de capital com que ele se defrontava. O mercador podia comprar todas as mercadorias, menos o trabalho como mercadoria.[82]

Está indicado aí simultaneamente que o capital comercial (e o capital financeiro) desempenha, também na formação feudal, um papel parecido com o que desempenhou em estágios anteriores. Todavia, com a diferença não sem importância de que nela esse papel desagregador não é tão exclusivo como era na Antiguidade. Dá-se então um período de transição em que o capital mercantil, no processo do surgimento das formas capitalistas de organização do trabalho, adquire relevância no sentido de ao menos parcialmente proporcionar impulsos. Pense-se, por exemplo, na forma do distribuidor, na qual a parcela do capital comercial às vezes era bem vultosa. Mas também no surgimento da manufatura essa parcela não deve ser subestimada. Sem poder abordar mais detidamente os detalhes desse desenvolvimento, pode-se constatar que esse papel de liderança do capital comercial (e muito mais do capital financeiro) no surgimento do capitalismo como a formação, em que as categorias propriamente ditas do ser social passam a reger a construção e a dinâmica da sociedade, é apenas de natureza passageira, episódica. Com a penetração decisiva das categorias propriamente sociais na própria produção, nasce – naturalmente mediante lutas acirradas, em transições longas e complexas – a hegemonia definitiva do capital industrial. O capital comercial e o capital financeiro convertem-se em simples momentos do seu processo de reprodução. Todos os posteriores deslocamentos de peso, que levaram muitos economistas a falar, com certa dose de razão, de um período específico do

---

[82] Ibidem, p. 323-4; ibidem, p. 380 [ed. bras.: ibidem, p. 432].

capital financeiro no início do século XX, não conseguem mais suprimir essa estrutura básica no processo de reprodução do capital no seu todo.

Passando agora para a questão decisiva, para a apropriação capitalista do mais-valor, está claro que a socialização dessa categoria central do ser social é determinada pelo modo como é imposto socialmente em cada caso o poder de dispor do mais-trabalho. Na escravidão, o que decide é a força bruta, e esta continua sendo também na servidão a garantia do cumprimento das obrigações referentes ao mais-trabalho. Uma mudança, um desenvolvimento na direção da determinação social (econômica) da relação de trabalho é introduzida só com o capitalismo, no qual a força de trabalho do trabalhador se converte em mercadoria que ele vende ao capitalista, deixando, desse modo, que ele disponha sobre o mais-trabalho. Sabemos que esse estado de coisas foi precedido pela acumulação originária com todos os seus excessos no uso da força bruta. Foi depois disso que surgiu a cotidianidade econômica do capitalismo, que Marx caracteriza assim: "Para o curso usual das coisas, é possível confiar o trabalhador às 'leis naturais da produção'"[83]. A produção social desse estado de coisas implica uma socialização muito ampla de todas as situações, relações etc. sociais dos homens. É inevitável que a força tenha essa importância preponderante sob relações próximas das naturais, já porque, para homens que possuem pouco ou nada além da sua força de trabalho, ela ainda oferece variadas possibilidades de sobreviver de alguma maneira. (É nisso e não na falta de equipamento técnico que consiste, nos países em desenvolvimento, a grande dificuldade na passagem para uma cultura material mais evoluída.) A renúncia – sempre só relativa – ao uso da força no cotidiano capitalista baseia-se, antes de tudo, no fato de que este normalmente já perdeu toda a afinidade com o natural e, por isso, tudo o que é vital nele só pode ser adquirido pelas vias do intercâmbio de mercadorias. Daí resulta o caráter econômico no aproveitamento da força de trabalho, o recuo do uso da força na relação normal de trabalho. Quando se analisa o processo a partir dessa perspectiva da ontologia do ser social, fica evidente a linha evolutiva da escravidão até o trabalho assalariado, a socialização cada vez mais pura, a superação sucessiva das barreiras naturais.

Porém, esse fato não poderá ser esgotado com esse registro em termos bastante gerais. Por um lado, a própria relação de trabalho passa por um de-

---

[83] K. Marx, *Das Kapital*, cit., v. I, p. 703; MEW, v. 23, p. 765 [ed. bras.: *O capital*, Livro I, cit., p. 809].

senvolvimento no âmbito do capitalismo, que de modo crescente a funda em termos cada vez mais puramente sociais; por outro lado, o capitalismo revoluciona, exatamente com base no trabalho assalariado, o processo de produção tomado no sentido mais amplo possível, isto é, ele igualmente o torna cada vez mais social. Com efeito, indubitavelmente a parcela sempre crescente do trabalho já objetivado no próprio processo do trabalho, tanto quanto as mediações entre processo de trabalho e sociedade como um todo, que igualmente se tornam cada vez mais intensas e complicadas, representam um voltar-se cada vez mais resoluto para uma linha de desenvolvimento que ininterruptamente socializa tanto extensiva como intensivamente toda a reprodução econômica, ou seja, a produção, o consumo, a distribuição etc. De nossa finalidade atual decorre necessariamente a limitação a alguns dos momentos mais típicos desse processo; sua exposição sistemático-histórica extrapolaria o quadro metodológico deste trabalho. Ao examinar agora a primeira forma significativa da capitalização do trabalho, a manufatura, veremos que ela ainda não provocou uma revolução da modalidade do trabalho, mas certamente introduziu uma divisão bastante radical do trabalho. O trabalho na guilda apresentava a divisão do trabalho apenas em pequena proporção. No fundo, ao menos na época do seu florescimento, cada trabalhador deveria ser instruído a dominar cada produção que cabia ao seu ofício de modo polivalente e completo. A reação do ordenamento da guilda para o desenvolvimento na produção e no consumo é descrita por Marx assim: "Como as circunstâncias externas clamavam por uma progressiva divisão do trabalho, as corporações existentes cindiram-se em subespécies ou novas corporações foram criadas ao lado das antigas, mas sem a concentração de diferentes ofícios numa mesma oficina". Expressa-se aí claramente o caráter ainda "orgânico", "natural", da divisão do trabalho nas guildas: "Em geral, o trabalhador e seus meios de produção permaneciam colados um ao outro como o caracol e sua concha"[84].

A primeira divisão do trabalho autenticamente capitalista na fábrica, a manufatura, representa um rompimento radical com esse modo de cooperação. Considerada abstratamente, ela é uma forma de cooperação, mas ater-se a essa semelhança abstrata levaria a uma compreensão totalmente errada da sua nova essência. A cooperação é uma forma antiquíssima e que ainda se mantém "natural" porque, em geral, constitui simplesmente uma síntese quantitativa

---

[84] Ibidem, p. 324; ibidem, p. 380 [ed. bras.: ibidem, p. 432-3].

das forças de trabalho singulares, seu aumento quantitativo através destas. No trabalho manufatureiro, em contraposição, o processo unitário de trabalho, que anteriormente era todo realizado por trabalhadores singulares, é decomposto em operações parciais qualitativamente diversas entre si. Atribuindo-se a cada trabalhador uma dessas operações parciais como tarefa constante e única, consegue-se, por um lado, reduzir extraordinariamente o trabalho socialmente necessário à produção do todo e, por outro, o trabalhador que na guilda ainda era capaz de múltiplas operações é reduzido à condição de virtuose limitado a algumas manobras constantemente repetidas. Marx diz o seguinte sobre isso:

> A divisão manufatureira do trabalho cria, por meio da análise da atividade artesanal, da especificação dos instrumentos de trabalho, da formação dos trabalhadores parciais, de seu agrupamento e combinação num mecanismo total, a articulação qualitativa e a proporcionalidade quantitativa dos processos sociais de produção – portanto, uma determinada organização do trabalho social, desenvolvendo, assim, ao mesmo tempo, uma nova força produtiva social do trabalho.[85]

Embora a manufatura tecnicamente ainda não tenha avançado ou tenha avançado muito pouco além do artesanato, está contida nela uma revolução do processo de trabalho. Naturalmente faz parte da essência de cada trabalho que ele se baseie em pores teleológicos e, de modo correspondente, em decisões alternativas de quem o realiza. Essa vinculação é tão forte, tão fundamental, que não há como ela desaparecer totalmente de nenhuma forma de trabalho. De qualquer modo, ocorreu na divisão do trabalho da manufatura uma mudança qualitativamente significativa: como o produto final pode surgir só mais como resultado da combinação das operações parciais decompostas e como cada trabalhador singular realiza de cada vez só um trabalho parcial e sempre repetido, o pôr teleológico propriamente dito se desloca para a direção da produção; os pores efetuados pelos trabalhadores singulares se convertem em simples hábito, em mera rotina (reflexos condicionados), existindo, portanto, apenas de modo fragmentado, mutilado. Marx descreve assim esse processo, contrastando-o com estágios anteriores:

---

[85] Ibidem, p. 329-30; ibidem, p. 386 [ed. bras.: ibidem, p. 438].

Os conhecimentos, a compreensão e a vontade que o camponês ou artesão independente desenvolve, ainda que em pequena escala, assim como aqueles desenvolvidos pelo selvagem, que exercita toda a arte da guerra como astúcia pessoal, passam agora a ser exigidos apenas pela oficina em sua totalidade. As potências intelectuais da produção, ampliando sua escala por um lado, desaparecem por muitos outros lados. O que os trabalhadores parciais perdem concentra-se defronte a eles no capital.[86]

Não é nossa tarefa expor que forças econômicas dão origem ao desenvolvimento da manufatura até o trabalho mecanizado. O único ponto que nos importa ressaltar diante da atual fetichização da técnica é que o impulso para ela foi dado, antes de tudo, pelas barreiras econômicas da produção manufatureira. Em estreita ligação com isso, é preciso entender também que a invenção e introdução da máquina estava convocada para romper as barreiras da força de trabalho humana, da capacidade de trabalho humana. Na sua análise da máquina, Marx acentua que, no caso dela, não se fala primariamente de uma força motriz que deixou de ser meramente humana, mas de um novo manejo da ferramenta:

> A partir do momento em que a ferramenta propriamente dita é transferida do homem para um mecanismo, surge uma máquina no lugar de uma mera ferramenta. A diferença salta logo à vista, ainda que o homem permaneça como o primeiro motor. O número de instrumentos de trabalho com que ele pode operar simultaneamente é limitado pelo número de seus instrumentos naturais de produção, seus próprios órgãos corporais. [...] O número de ferramentas que a máquina-ferramenta manipula simultaneamente está desde o início emancipado dos limites orgânicos que restringem a ferramenta manual de um trabalhador.[87]

Desse modo, fica claro não só que a máquina constitui uma continuação do trabalho manufatureiro ao "desnaturar" ainda mais o trabalho, mas também que ela significa um salto qualitativo em relação a este, ao organizar o trabalho "de modo a desantropomorfizá-lo", rompendo radicalmente as barreiras psicofísicas que estão dadas com a existência do homem enquanto ser vivo concretamente determinado (e, desse modo, limitado).

---
[86] Ibidem, p. 326; ibidem, p. 382 [ed. bras.: ibidem, p. 435].
[87] Ibidem, p. 337; ibidem, p. 394 [ed. bras.: ibidem, p. 448].

Para excluir todo e qualquer mal-entendido neste ponto: em si, a desantropomorfização nada tem a ver com o problema do estranhamento. Como mostrou Marx, o estranhamento é uma forma fenomênica essencial e inevitável da existência humana sob determinados modos de desenvolvimento da sociedade, especialmente do modo capitalista. No último capítulo, discutiremos detidamente esse complexo de problemas. Desantropomorfização, contudo, como a expus na minha estética, representa simplesmente aquela espécie de espelhamento da realidade (e sua aplicação à práxis) que a humanidade idealizou para si mesma, a fim de conhecer, do modo mais aproximado ao adequado, a realidade em seu ser-em-si[88]. O estranhamento, portanto, faz parte do próprio ser social, ao passo que a desantropomorfização constitui uma forma de espelhamento de toda realidade. As tendências para a desantropomorfização do conhecimento, por conseguinte, já surgem bem cedo, como na geometria e na matemática, e chegam a formas altamente desenvolvidas já na Antiguidade. Porém, da essência ainda pouco socializada da economia escravista decorre que os resultados surgidos no conhecimento podem exercer uma influência apenas muito limitada sobre a produção. (Mostramos anteriormente porque os instrumentos bélicos ocupam uma posição privilegiada nesse tocante.) A formação feudal representa uma forma desenvolvida da socialização, o que se reflete no fato de a interação com a ciência desantropomorfizante apresentar grandes progressos em comparação com a Antiguidade. Visando dar relevo a essa diferença em contraposição à concepção ideológica da história, Engels compilou os resultados novos mais importantes dessa influência da ciência sobre a produção[89]. O avanço decisivo foi proporcionado pela Renascença; é nela que surgirá uma ciência natural propriamente dita, que desde o princípio exerce forte influência sobre a vida econômica. Porém, com o emprego da máquina, com o qual as ferramentas e seu manejo pelo homem, desvinculadas de suas possibilidades, são vistas como sistema de força existente puramente em si, a fim de levar a cabo um pôr que se situa no nível de seu desdobramento otimizado, desaparece do processo do trabalho, enquanto metabolismo da sociedade com a natureza, a função concreta e determinante do respectivo homem singular trabalhador, convertendo-se em instrumento executor de um pôr teleológico puramente social. A subordinação do homem

---

[88] G. Lukács, [*Ästhetik I:*] *Die Eigenart des Ästhetischen*, cit., p. 139s; GLW, v. 11, p. 139s.
[89] F. Engels, *Dialektik der Natur*, cit., p. 647-8; MEW, v. 20, p. 311s.

singular trabalhador a um pôr geral, puramente econômico e, portanto, teleológico-social, surge já na divisão do trabalho da manufatura. Quando a máquina desantropomorfiza o processo do trabalho, esta experimenta um incremento qualitativo na direção da socialidade: a tarefa dos homens se restringe cada vez mais a "vigiar a máquina com os olhos e corrigir os erros dela com as mãos"[90]. Os pores teleológicos efetuados por homens singulares convertem-se, portanto, em meras partes integrantes de um processo teleológico total já posto socialmente em movimento. Como consequência geral desse desenvolvimento, a socialização se mostra também no fato de que os pores que desde o começo são puramente sociais, aqueles que não estão direcionados para o metabolismo dos homens com a natureza mas têm a finalidade de influenciar outros homens para que estes, por sua vez, realizem os pores teleológicos singulares desejados, aumentam constantemente tanto em termos quantitativos como pela sua importância.

É impossível que uma mudança tão decisiva na socialização cada vez maior do ser social possa aparecer como fenômeno isolado. Nesse contexto, é impossível até mesmo apresentar um esboço de todo o processo em seu múltiplo entrelaçamento, mas, ainda assim, temos de apontar alguns dos seus momentos que, mesmo não estando em condições de aclarar todo o contexto em sua totalidade dinâmica, lançam certa luz sobre alguns dos seus momentos. Comecemos com um momento aparentemente superficial. A primeira posse ou a primeira propriedade do homem está vinculada a sua pessoa de modo mais ou menos "natural"; a herança já é uma categoria puramente social, mas, por geralmente estar vinculada à família, ela preserva por longo tempo algo dessa constituição da origem. Sem ter condições de descrever aqui as diversas etapas da socialização nesse campo, é preciso observar que, desde a Renascença, na forma da contabilidade, o patrimônio do indivíduo, sem deixar de ser sua propriedade, recebe uma forma social, autônoma, independente dele. Surge o negócio, a firma com um patrimônio específico, "que é distinto do patrimônio privado dos sócios"[91]. Não é preciso permanecer descrevendo aqui como continua o desenvolvimento daqui até as sociedades por ações etc. O importante é a forma puramente social cada vez mais pronunciada que a posse e a propriedade assumem.

---
[90] K. Marx, *Das Kapital*, cit., v. I, p. 338; MEW, v. 23, p. 393 [ed. bras.: *O capital*, Livro I, cit., p. 448].
[91] M. Weber, *Wirtschaftsgeschichte* (Munique/Leipzig, 1924), p. 202; (3. ed., Berlim, 1958).

Desde que a universalização do intercâmbio de mercadorias tornou possível a transformação dos mais diversos ramos da produção, esse processo da socialização cada vez maior do ser social avança incessantemente. Apontaremos apenas dois desses momentos estreitamente interligados. Sem dúvida, a simples troca de mercadorias já constitui uma forma mais social que a da satisfação imediata de necessidades pelo trabalho que produz valores de uso. Ao atingir um determinado patamar da generalidade, ele produz seu próprio elo de mediação social, o dinheiro, cujo desenvolvimento, partindo do gado etc., passando pelo ouro até chegar ao papel-moeda, é de conhecimento geral em suas diversas e sempre novas formas de mediação. A crescente socialidade do ser social no capitalismo, porém, produz também uma nova forma, socialmente ainda mais mediada, no intercâmbio de mercadorias: a taxa média de lucro. Naturalmente, todo ato de troca é social por sua essência, pois a determinação última do valor, em torno do qual gira o preço, é constituída pelo tempo de trabalho socialmente necessário. Porém, quando, com a expansão do capitalismo, o centro realmente operante da troca de mercadorias se torna o preço de custo mais a taxa média de lucro[92], todo ato, também enquanto ato singular, é determinado pelo desenvolvimento global, pelo nível geral de toda a economia, é inserido em seu contexto abrangente como ato conclusivo de um movimento puramente social. Esse quadro se concretiza ainda mais e evidencia mais alguns traços da força crescente da socialidade quando trazemos à mente a condição econômica desse domínio da taxa média de lucro: a possibilidade da migração livre do capital de um setor da economia para o outro. Isso tem como consequência que as leis abrangentes e complexas do movimento global do capital, na condição de princípios últimos do ser-propriamente-assim, determinam cada ato singular na vida econômica, determinam a existência econômica de cada homem. Em outros contextos já expusemos como o percurso tendencial até a economia mundial, em seu modo extensivo, faz surgir esse entrelaçamento da existência singular com o nível material de desenvolvimento do gênero humano em processo de realização. Na determinação dos atos singulares de troca pelos movimentos do capital de uma região para outra, através do poder determinante da taxa média de lucro desencadeado por esse movimento, deparamo-nos com um *pendant* [complemento] intensivo disso.

---

[92] K. Marx, *Das Kapital*, cit., v. I, p. 156s [ed. bras.: *O capital*, Livro I, cit., p. 111s].

Tudo isso já vale para a produção social que Marx vivenciou e descreveu cientificamente. Desde então se passou quase um século, que trouxe modificações estruturais bastante visíveis, tão notáveis que correntes influentes da economia burguesa chegam a negar ao capitalismo atual até mesmo seu caráter capitalista, e até mesmo aqueles que não foram tão longe contestaram com frequência a possibilidade de compreender o sistema econômico atualmente vigente com o método, com as categorias de Marx. Essas tendências receberam o suporte da ciência econômica oficial do período stalinista, que transformou a descrição, em muitos aspectos excelente, em alguns, porém, problemática, que Lenin (1916) fez da economia do período imperialista em fundamento dogmático para explicar a totalidade dos fenômenos do presente e do futuro, e, sendo impossível chegar à compreensão destes por essas vias, isso proporcionou aos adversários do marxismo o pretexto muito bem-vindo para contestar a sua competência nesse complexo de fatos[93]. Petrificar em dogmas até a mais correta das afirmações de Lenin, que, ditas por ele, sempre tinham uma intenção concretamente histórica, levou o marxismo oficial a reiteradas análises equivocadas e a falsos prognósticos, o que – compreensivelmente – colocou os seus adversários na posição cômoda de identificar essas concepções com a essência do marxismo e, dali por diante, declará-lo como antiquado, cientificamente ultrapassado.

Parece-nos, entretanto, não ser difícil compreender as novas tendências de desenvolvimento do capitalismo com o auxílio do método marxiano. Acreditamos que a maneira mais fácil de caracterizar a diferença qualitativa entre o capitalismo do tempo de Marx e o atual é esta: na época da atuação de Marx, a grande indústria capitalista abrangeu sobretudo a produção dos meios de

---

[93] Aqui só será possível sinalizar um ponto, que, todavia, é muito importante. Lenin vê, nas organizações econômicas monopolistas, que, sem dúvida, tiveram importância bastante decisiva nessa etapa, "inevitavelmente a tendência para a estagnação e a desagregação". Ademais, ele constata o parasitismo dos rentistas crescendo em ritmo cada vez mais acelerado como uma das tendências principais no caminho do capitalismo do seu tempo (V. I. Lenin, *[Der imperialistische Krieg:] Imperialismus [und Revolution, 1916-1917,]* Sämtliche Werke, v. XIX, p. 180s; LW, v. 22, p. 281s). Sem ser economista profissional, parece-me que as duas constatações estão embasadas por importantes observações de fenômenos da época. A pergunta, porém, é, antes de tudo, se as estagnações temporárias realmente foram consequências permanentemente necessárias dos monopólios. Em todo caso, o desenvolvimento, sobretudo após a Segunda Guerra Mundial, não evidencia qualquer estagnação, e igualmente é de conhecimento geral que, nas últimas décadas, o sistema rentista, que realmente desempenhou um papel socioeconômico significativo nas décadas que antecederam a Primeira Guerra Mundial, perdeu muito de sua importância econômica geral.

produção; naturalmente fazem parte destes as minas, a eletricidade etc. No segmento da indústria de meios de consumo, a produção de importantes matérias-primas (têxteis, indústria moageira, indústria açucareira etc.) era abrangida pela indústria mecanizada do grande capital, enquanto o seu processamento ulterior, ligado diretamente ao consumo imediato, permanecia, em contraposição, amplamente relegado ao artesanato, à pequena produção; o mesmo se estende à maior parte das assim chamadas prestações de serviço. Do final do século XIX até hoje está em andamento uma poderosa e rápida capitalização total, uma grande-industrialização de todas essas áreas; desde o vestuário, calçados etc. até víveres, esse movimento pode ser observado em toda parte. A diferença se evidencia palpavelmente, por exemplo, quando se compara o carro enquanto meio de locomoção com o automóvel, a motocicleta etc. Por um lado, acaba a possibilidade da pequena empresa tocada em moldes artesanais; por outro, com a motorização se dá uma multiplicação do círculo de consumidores. Soma-se a isso uma mecanização dos equipamentos cotidianos dos consumidores; máquinas de refrigerar, máquinas de lavar etc. ingressam na maioria das economias domésticas, sem falar de fenômenos como rádio, televisão etc. O rápido desenvolvimento da indústria química – basta lembrar os materiais sintéticos – fez com que desaparecesse em vastas regiões a pequena produção semiartesanal ou totalmente artesanal. E trata-se igualmente de um fato de conhecimento geral que, por exemplo, o sistema hoteleiro tenha se tornado um importante ramo do grande capitalismo, e isso não só no que se refere ao turismo urbano, mas também como surgimento paulatino de uma indústria de férias amplamente capitalizada. A forma mais típica da prestação de serviços não capitalista, o ramo dos empregados domésticos, encontra-se num processo generalizado de desaparecimento. O terreno da cultura também é tomado por esse movimento. Naturalmente havia rudimentos disso já no século XIX. Porém, a dimensão com que jornais, revistas, editoras, comércio de arte etc. se tornaram grandes capitalistas já representa uma mudança qualitativa na estrutura global.

Essas constatações são feitas visando exclusivamente o reconhecimento de factualidades, não como juízos de valor positivos ou negativos, como "crítica da cultura". Só o que importava era mostrar como as categorias econômicas do capitalismo da primeira formação, com sua tendência interna para uma socialidade pura, impregnam cada vez mais vigorosamente o ser social, tanto extensiva como intensivamente. Se formos agora um pouco além dessa descrição, tampouco o fazemos para posicionar-nos valorativamente em relação aos fatos, mas apenas a fim de apontar algumas tendências do desenvolvimento objetivamente econômico, nas quais a mesma socialidade crescente aflora num nível mais geral. Dito em termos puramente econômicos, evidencia-se que, no modo de apropriação do mais-trabalho, o mais-valor relativo vai ganhando cada vez mais espaço perante o do mais-valor absoluto. Ora, o mais-valor relativo é desde o princípio um elemento especificamente capitalista da apropriação do mais-valor. Sua possibilidade emerge já na manufatura[94], mas, em primeira linha, domina o mais-valor absoluto, o seu incremento pela extensão do tempo de trabalho ou pela diminuição do salário pago pelo trabalho. O primeiro período da indústria mecanizada traz à tona um predomínio acentuado desse método; pense-se tão somente na importância que teve nela o trabalho infantil. A resistência sindical que gradativamente vai tomando corpo impõe certos limites à sua posição totalmente dominante e obriga os capitalistas a ceder, em alguns casos, a essa pressão contrária na direção do mais-valor relativo. Este, porém, não tinha como tornar-se a categoria dominante enquanto não surgisse objetivamente um interesse econômico da classe de capitalistas como um todo no consumo da classe trabalhadora. Mas isso é justamente o que traz consigo o desenvolvimento evidenciado por nós esquematicamente: uma produção maciça, organizada em moldes capitalistas, das mercadorias que perfazem o uso cotidiano das massas em sua maior amplitude possível. Sem o trabalhador como consumidor com poder de compra é impossível realizar essa nova universalidade da produção capitalista. O fato em si é evidente a tal ponto que ninguém consegue negá-lo, mas para explicá-lo muitas vezes divaga-se por alguma região nebulosa de fraseologias ocas, como capitalismo popular etc., em vez de reconhecer de modo sobriamente econômico – no sentido da antiga constatação de Marx – que o mais-valor relativo torna possível, a despeito do aumento do salário pago pelo trabalho, a despeito da diminuição do tempo de trabalho, ainda assim, aumentar a parcela do capital no mais-valor. (Está claro que a capitalização dos serviços converte a redução do tempo de trabalho numa expansão do novo mercado.) A transição para o predomínio do mais-valor relativo sobre o mais-valor absoluto transforma-se, portanto, cada vez mais em interesse vital dos próprios capitalistas, e, desse modo, a passagem

---

[94] K. Marx, *Das Kapital*, cit., v. I, p. 330; MEW, v. 23, p. 386 [ed. bras.: *O capital*, Livro I, cit., p. 435].

do capitalismo para um modo superior, mais puramente social, da produção e da apropriação do mais-valor converte-se numa necessidade econômica espontânea, que surge conforme uma lei. Marx resumiu esse momento do desenvolvimento num capítulo que foi deixado de fora de O *capital* e publicado só após sua morte. Ele caracteriza o mais-valor absoluto em contraposição ao mais-valor relativo da seguinte maneira: "Chamo isso de a *subsunção formal do trabalho sob o capital*. É a *forma geral* de todo processo capitalista de produção; mas é, ao mesmo tempo, uma *forma particular* ao lado do *modo de produção especificamente capitalista* desenvolvido, porque esta última implica a primeira, mas a primeira de modo algum implica necessariamente esta última". Em seguida, ele chama a elevação do mais-valor mediante o prolongamento do tempo de trabalho de "relação de coerção"[95]. Só o predomínio do mais-valor relativo converte, segundo Marx, a subsunção formal em subsunção real do trabalho sob o capital[96].

Essa transformação qualitativa obviamente não é uma modificação da própria formação, por mais decisiva que deva ser dentro da formação. Isso se manifesta, ademais, no fato de que o método de apropriação do mais-valor absoluto de modo algum desapareceu, mesmo que tenha perdido a sua posição dominante nos países mais desenvolvidos; ele emerge repetidamente, às vezes de modo bastante radical, mas sem conseguir abalar o fundamento do novo estado de coisas. Aqui, como em outras áreas importantes, a pura espontaneidade do desenvolvimento experimenta certas regulações; isso tem a ver com o fato de a universalização do capitalismo por nós descrita ter concretizado de certo modo o caráter do capital total. É de conhecimento geral que o desenvolvimento total do capital no sentido econômico é um produto espontâneo-legal das cadeias causais que se originam dos pores teleológicos singulares dos capitalistas singulares e, tornando-se a partir daí independentes do seu ponto de partida, condensam-se em determinadas tendências objetivas. A unidade desse processo total chega, portanto, a um ser em si, ao qual, todavia, não é inerente, num primeiro momento, nenhuma possibilidade de desenvolver a partir de si mesmo um ser-para-si e a consciência dele. Por essa razão, Marx expressou a situação peculiar que surge daí de modo que ela constitui justamente a crise em que ganha expressão a unidade dos momentos antagonicamen-

---

[95] Archiv Marksa i Engelsa (Moscou, 1933), p. 90 e 92; Marx, *Resultate des unmittelbaren Produktionsprozesses* (Frankfurt, 1969), p. 46.
[96] Ibidem, p. 100; ibidem, p. 47.

te autonomizados da produção capitalista[97]. Marx formulou corretamente essa conexão para o seu tempo. Contudo, o desenvolvimento do mais-valor relativo rumo ao domínio sobre todas as áreas da satisfação de necessidades que esboçamos produz certa mudança da situação. Com efeito, nessa universalidade do capitalismo, o interesse do capital total se expressa de modo mais direto do que fazia anteriormente, podendo, por conseguinte, objetivar-se mais facilmente e, por isso, ser mais facilmente apreendido – justamente no seu antagonismo em relação aos interesses dos capitalistas singulares ou de grupos de capitalistas – e convertido em práxis. O fato de que hoje se está em condições de observar, na pesquisa da conjuntura, determinados sintomas iniciais de crise e tomar contramedidas econômicas aponta claramente para essa nova situação. O grande efeito provocado por Roosevelt e Kennedy tem a ver não por último com o fato de almejarem instintivamente afirmar os interesses globais do capital contra os interesses específicos de grupos isolados, que, dependendo das circunstâncias, até podiam estar interessados na irrupção de uma crise. Naturalmente, os conhecimentos que se pode adquirir aqui são relativos e restritos, e sua aplicabilidade prática é ainda mais problemática. Porém, é indispensável para a avaliação do estado atual do desenvolvimento capitalista ter em vista também esse fenômeno novo que está surgindo.

No entanto, no interesse da clareza teórica, é preciso entender que o objeto real a ser conhecido aqui não é o ser-em-si do próprio processo socioeconômico global, mas apenas o interesse do capital total em cada situação concreta. Portanto, não se pode levar o processo global objetivo ao seu ser-para-si mediante o conhecimento adequado; o que se pode perceber e aproveitar na prática de modo mais efetivo do que antes é tão somente o seu andamento espontâneo. Hoje é difícil tornar concretamente visível a barreira que existe aqui objetivamente, porque a imagem oposta ontologicamente autêntica, a economia planejada socialista, até agora nunca chegou a se realizar de forma adequada. A esta só se poderia chegar a partir do conhecimento, obtido primeiro por Marx, do processo de reprodução na economia que se tornou social. Porém, quanto a isso, seria indispensável verificar o esquema projetado por Marx à luz do desenvolvimento transcorrido desde então, a fim de constatar se eventualmente não seria necessário fazer complementações, correções etc. Além disso, como Marx só podia ter conhecimento do capitalismo como

---

[97] K. Marx, *Theorien über den Mehrwert*, p. 274; MEW, v. 26/2, p. 501.

economia social, dever-se-ia investigar se no socialismo não estão acontecendo modificações no edifício categorial, na coesão, na dinâmica etc. Até hoje não se dispõe nem mesmo de investigações incipientes desse tipo. As discussões sobre a teoria da acumulação formulada por Rosa Luxemburgo trouxeram pouca coisa nesse aspecto. Igualmente a práxis econômica da União Soviética pouco pode nos oferecer de fundamental nesse tocante. É inteiramente compreensível que, imediatamente após as devastações da guerra mundial e da guerra civil, a obra de restauração da NEP tenha se dedicado a simplesmente atender, sem maior embasamento teórico, às "exigências da hora", a pôr em movimento a produção a qualquer preço. Também a economia planejada posterior surgiu sem qualquer fundamentação teórica marxista, como tentativa de cumprir – novamente a qualquer preço – determinadas tarefas dadas pela prática. (Preparação e defesa da União Soviética perante a ameaça de ataque de Hitler etc.) Não obstante todo o reconhecimento da necessidade histórica das tarefas postas dessa forma, é preciso constatar que tais iniciativas se converteram num voluntarismo e subjetivismo burocráticos, num praticismo dogmático que insistiu em cristalizar em dogmas os variados conteúdos do momento.

As análises de Stalin do ano de 1952 revelam que as fundamentações teóricas praticamente não recorriam a Marx. Ele quer posicionar-se contra o subjetivismo de alguns economistas e, ao fazer isso, reporta-se à lei do valor formulada por Marx. Porém, por presumir que essa lei esteja ligada somente ao intercâmbio de mercadorias no sentido imediato, ele restringe a sua validade no socialismo aos "produtos destinados ao consumo"[98]. Por conseguinte, a parte decisiva da produção no socialismo dever ser planejada independentemente da lei do valor. Os meios de produção, por não serem mercadoria, objetivamente tampouco possuem valor, segundo Stalin. Fala-se sobre esse tema apenas no interesse do cálculo e do comércio exterior[99]. Essa é a face da "superação" stalinista do subjetivismo na economia[100]? Hoje naturalmente esse trabalho de Stalin é criticado de muitas formas ou até declarado como ultra-

---

[98] J. Stalin, *Die ökonomischen Probleme des Sozialismus in der Sowjetunion* (Moscou, 1952), p. 24.
[99] Ibidem, p. 62-4.
[100] Não podemos assumir aqui a tarefa de criticar detalhadamente esse "marxismo" de Stalin. Já vimos que, na teoria do valor, ele simplesmente leva o próprio valor a desaparecer atrás do valor de troca, para fazer dele, desse modo, uma categoria puramente histórica. Na exposição da assim chamada lei fundamental do capitalismo, que em si já não tem nada a ver com Marx, ele se trai e deixa transparecer que não tem noção alguma da dialética marxiana da taxa média de lucro.

passado, mas o processo de reprodução da economia como um todo, posto no centro por Marx, por enquanto não desempenha nenhum papel nas discussões sobre as propostas de reforma. O que se pretende é melhorar as formas de organização do assim chamado mecanismo, mas por enquanto não se fala em lugar nenhum de um retorno fundado em princípios à teoria marxiana da reprodução. Desse modo, porém, falta na realidade a contraparte teórica real ao desenvolvimento atual do capitalismo. Como essas análises não têm a pretensão de elaborar conhecimentos concretos na teoria econômica ou até desenvolver perspectivas de futuro a partir do estado atual, elas devem ficar restritas ao que foi dito até este ponto. A última breve digressão serviu apenas para impedir que se tirassem conclusões teóricas precipitadas da comparação entre o capitalismo e o socialismo da atualidade. Uma economia socialista planejada que corresponda à concepção marxiana, na qual o processo econômico global pudesse chegar ao seu ser-para-si objetivo através do pôr teoricamente fundamentado do plano, ainda é uma questão para o futuro. Aqui, a intenção era simplesmente apontar de modo bem geral para o caminho teórico-metodológico da realizabilidade desse pôr.

Mas, mesmo que tenhamos de nos ater ao ser do presente, em correspondência ao caráter ontológico destas análises, é indispensável apontar brevemente para um momento do capitalismo atual, a saber, para o problema da manipulação. Esta surgiu da necessidade de oferecer mercadorias em massa para o consumo a muitos milhões de compradores singulares e, a partir disso, se transformou num poder que solapa toda vida privada. Aqui, tampouco vemos como nossa tarefa examinar a situação assim surgida em termos de "crítica cultural". Apenas remetemos ao que já foi discutido em outros contextos: à diferença entre essência e fenômeno no sentido econômico, a partir da qual com muita frequência pode se desdobrar um antagonismo abrupto, como no caso, investigado a seu tempo por nós, do antagonismo entre o desenvolvimento das forças produtivas como desenvolvimento simultâneo das faculdades humanas (essência) e seu modo fenomênico no capitalismo, que levou a uma degradação e um estranhamento dos homens. Em contraposição aos seus supostos discípulos vulgarizadores, Marx enxerga nessa contraditoriedade de essência e fenômeno uma marca do desenvolvimento objetivo em geral, que costuma aparecer em épocas diversas, em áreas diversas, mas reiteradamente. Para lançar uma luz clara sobre a posição assumida por Marx em relação a esse complexo de problemas, basta citar sua famosa análise da máquina, na qual ele enfatiza energicamente perante os apologistas justamente a realidade do fenômeno:

> As contradições e os antagonismos inseparáveis do emprego capitalista da maquinaria não existem por se originarem da própria maquinaria, mas de sua aplicação capitalista! Portanto, como a maquinaria considerada em si reduz o tempo de trabalho, ao passo que aplicada capitalisticamente prolonga a jornada de trabalho, em si facilita o trabalho, mas aplicada capitalisticamente aumenta sua intensidade, em si representa uma vitória do homem sobre a força da natureza, mas aplicada capitalisticamente põe o homem debaixo do jugo da força da natureza, em si aumenta a riqueza do produtor, mas aplicada capitalisticamente o pauperiza etc., o economista burguês declara simplesmente que analisar a maquinaria em si provaria milimetricamente que todas aquelas contradições bem palpáveis são mera aparência [*Schein*] da realidade ordinária, mas que em si e, portanto, também na teoria, elas nem existem.[101]

É segundo esse modelo de pensamento, que na verdade constitui um retrato de estruturas ontológicas que surgem necessariamente, que deve ser avaliada também a manipulação hoje predominante. O seu em-si é a mediação entre a produção em massa dos meios de consumo (e dos serviços) e a massa composta de consumidores singulares. Enquanto informação necessária sobre a qualidade etc. da mercadoria, tal sistema de mediação é economicamente indispensável nesse estágio da produção. Nas condições do capitalismo atual, tais informações têm de converter-se justamente na manipulação hoje predominante, que gradativamente se estende a todas as esferas da vida, sobretudo à política. Quando se tenta resumir sucintamente o ontologicamente essencial nesse processo, descobre-se um movimento duplo interiormente unitário: por um lado, a manipulação e o consumo de prestígio intimamente associado a ele elimina da vida cotidiana dos homens na medida do possível a busca pela generidade, sobretudo a tendência de superar a própria particularidade; sua principal aspiração objetiva está direcionada justamente para a fixação da particularidade de todo e qualquer objeto de sua atividade, visando tornar definitiva essa particularidade. Por outro lado e de modo inseparável do anterior, a particularidade assim isolada adquire um caráter abstrato, um caráter – em

---

[101] K. Marx, *Das Kapital*, cit., v. I, p. 406-7; MEW, v. 23, p. 461 [ed. bras.: *O capital*, Livro I, cit., p. 513; com modif.].

última análise – uniformizador, a particularidade imediata e sensivelmente fundada de modo imediato da vida cotidiana sucumbe cada vez mais intensamente a uma abstração superficialmente imediata, imóvel-petrificada por sua essência, mas no mundo fenomênico que se modifica ininterruptamente. A afinidade ontológica entre esse modo prático de organização do cotidiano e o método do neopositivismo salta de tal maneira aos olhos que não carece de nenhuma demonstração específica.

Porém, disso decorre que, de agora em diante, a manipulação tenha se tornado uma fatalidade da vida humana? Para que se possa analisar essa situação em termos objetivamente ontológicos, o nosso "modelo de pensamento" deve, antes de tudo, ficar restrito à metodologia da formulação correta das perguntas e não pode servir de molde para a compreensão concreta do respectivo caso singular. A diferença essencial nesse ponto consiste em que a máquina figura na própria produção revolucionando-a, ao passo que a manipulação é economicamente uma categoria determinante da circulação, isto é, como diz Marx, da troca "considerada em sua totalidade". Ora, está claro que a própria produção, embora se origine dos poros teleológicos dos homens singulares e se reproduza neles e através deles, obtém em relação a eles uma autonomia indiscutível, objetivamente ontológica. Ela é uma realidade imutável diante das ações singulares dos homens que, novamente nos termos de Marx, corporifica de modo central as circunstâncias sob as quais os próprios homens fazem a sua história. Por essa razão, ela só pode experimentar modificações essenciais num nível social global, e até mesmo estas só quando o desenvolvimento imanente da própria economia os tornar objetivamente possíveis. Vimos, todavia, a seu tempo, que troca e circulação se encontram em interação com a produção, na qual esta constitui o momento preponderante. A dependência em relação à produção confere às formas da troca e da circulação certo grau de objetividade social. Também diante delas, portanto, qualquer "destruição de máquinas" é objetivamente algo que, desde o começo, carece de perspectiva; elas também só podem ser modificadas no plano da sociedade global, com a mudança da produção, da estrutura social. Porém, simultaneamente com esse momento da semelhança, Marx identifica também o da disparidade: "A troca só aparece independente ao lado da produção e indiferente em relação a ela no último estágio, no qual o produto é trocado imediatamente para o consumo"[102]. Se já as formações eco-

---

[102] K. Marx, *Rohentwurf*, cit., p. 20; MEW, v. 42, p. 34 [ed. bras.: *Grundrisse*, cit., p. 53].

nômicas da vida, que, segundo Marx, estão entre as circunstâncias não escolhidas pela história feita pelo próprio homem, possuem um caráter necessário, mas de modo algum fatalista, podendo ser modificadas pela sociedade como um todo, e só por esta, então surge, nesse ponto, em decorrência da peculiaridade econômica da troca, um novo campo de ação ampliado de atividade também para o homem singular. Servindo-se de meios ora mais grosseiros, ora mais elegantes, a manipulação de fato exerce uma pressão permanente sobre o indivíduo, mas tem por base apenas uma sanção inter-humana e não uma sanção econômica geral ou social global. Portanto, também o homem singular pode resistir a ela, pressupondo que ele esteja inclinado a tomar sobre si certas consequências de seu agir, a correr certo risco. Porém, já mostramos anteriormente que o marxismo, embora enfatize a socialidade da atividade humana de modo mais enérgico que qualquer outra concepção de mundo que o precedeu, reiteradamente aponta para o fato de que, também do ponto de vista social, a importância da ação do indivíduo não deve ser considerada igual a zero. E isso tanto mais porque tais ações singulares em parte se somam espontaneamente no plano social e assim se convertem em fatores ainda mais reais de força, em parte porque, especialmente no âmbito da vida individual, a função social do exemplo dado não pode ser subestimada. Os problemas concretos que surgem nesse tocante só poderão ser analisados concretamente em contextos posteriores. O que pudemos fazer aqui foi apontar para os fundamentos sociais gerais do ser que contradizem uma concepção fatalista muito difundida da manipulação. Uma análise imparcial de cada um dos complexos singulares de fatos ligados à manipulação, por exemplo o da moda, facilmente evidencia que esse "destino" possui limites bem claramente traçados pelo querer ou não querer dos homens.

Ora, acompanhando esse desenvolvimento do ser social até uma socialidade cada vez mais pura, todavia também cada vez mais complexa, cada vez mais cheia de mediações, podemos constatar como critério determinante da direção do movimento até ela a reação ao crescimento das forças econômicas. As relações de produção asiáticas, se tomadas em sentido estrito, não conhecem nenhum progresso nesse aspecto, mas, ligada a isso, possuem uma capacidade aparentemente ilimitada de regeneração (esta cessa, não por acaso, com a invasão do capitalismo). Antiguidade e feudalismo possuem, como foi mostrado, cada um a seu modo, a possibilidade de chegar a um determinado patamar de expansão de suas potencialidades econômicas imanentes. A partir desse estágio, porém, o aumento da riqueza se volta contra os fundamentos da sua própria formação, desagregando-a; o movimento ascendente reverte-se num beco sem saída socioeconômico. As razões disso, concretamente diferentes nas duas formações e similares apenas quando consideradas a partir desse ponto de vista, assentam-se no fato de ambas terem condições de reprodução que ainda podem ser designadas como "naturais", na medida em que, socialmente consideradas, possuem pressupostos dados "de fora", encontrados "prontos"; por isso mesmo, o seu processo de reprodução não tem como reproduzir seus próprios pressupostos, devendo, antes, destruí-los. O capitalismo é a primeira formação em que esse tipo de reprodução dos próprios pressupostos acontece ininterruptamente e em escala crescente. Marx diz sobre o sistema capitalista: "O capital produz em sua reprodução as suas próprias condições"[103]. Naturalmente, em Marx, essa constatação não permanece meramente declarativa; em *O capital*, ele oferece uma descrição detalhada desse processo de reprodução das condições da produção capitalista através da reprodução no próprio processo de produção. Essa descrição, todavia, restringe-se aos dois momentos decisivos da produção capitalista, ao capital e à assim chamada força de trabalho "livre"; desse modo, contudo, está suficientemente caracterizado o seu tipo economicamente essencial, que diferencia essa formação decisivamente de toda formação anterior, está suficientemente caracterizada a sua socialidade específica. O fato de Marx ter sido capaz de apresentar essa prova até mesmo sob as condições da reprodução simples apenas aumenta o seu valor teórico. Com efeito, é óbvio que a reprodução ampliada fixa ainda mais fortemente a relação do capital, expressando-a de modo ainda mais dinâmico. (Quanto a isso, lembremos ainda a nossa análise anterior que apresenta a reprodução simples no capitalismo como caso-limite teoricamente importante.) Marx diz o seguinte sobre esse problema da reprodução:

> Mas o que inicialmente era apenas ponto de partida é produzido sempre de novo por meio da mera continuidade do processo, da reprodução simples, perpetuando-se como resultado próprio da produção capitalista. Por um lado, o processo de produção transforma continuamente a riqueza material em capital, em meio de valorização e de fruição para o capitalista. Por outro, o trabalhador sai do processo sempre como nele entrou: como fonte pessoal de riqueza, porém despojado de todos os meios para tornar essa riqueza efetiva para si. Como antes de entrar no processo seu próprio trabalho já está alienado dele [*ihm selbst entfremdet*],

---

[103] Ibidem, p. 567; ibidem, p. 576 [ed. bras.: ibidem, p. 565].

apropriado pelo capitalista e incorporado ao capital, esse trabalho se objetiva continuamente, no decorrer do processo, em produto alheio. Sendo processo de produção e, ao mesmo tempo, processo de consumo da força de trabalho pelo capitalista, o produto do trabalhador transforma-se continuamente não só em mercadoria, mas em capital, em valor que suga a força criadora de valor, em meios de subsistência que compram pessoas, em meios de produção que se utilizam dos produtores. Por conseguinte, o próprio trabalhador produz constantemente a riqueza objetiva como capital, como poder que lhe é estranho, que o domina e explora, e o capitalista produz de forma igualmente contínua a força de trabalho como fonte subjetiva de riqueza, separada de seus próprios meios de objetivação e efetivação, abstrata, existente na mera corporeidade do trabalhador; numa palavra, produz o trabalhador como assalariado.[104]

Na exposição de Marx, fica visível a estrutura e dinâmica econômicas que designam aos homens que participam da produção o seu lugar na sociedade. Esse processo pode ser mostrado, ainda que com importantes variantes, nos processos de reprodução das mais diversas formações, entretanto, com a ressalva muito significativa de que o seu caráter puramente social só chega a ser realizado de forma pura no capitalismo; e até neste isso ocorre nas duas classes economicamente determinantes de modo mais direto, menos mediado que nas demais. Essa constatação naturalmente não exclui a possibilidade de que, nas demais formações, seja igualmente – em última análise – o processo de reprodução que designa ao homem singular o seu lugar no sistema social, e uma vez que o homem, como foi mostrado anteriormente, é um ser que responde, desse modo, determinam-se para ele, em todos os casos, o campo de ação concreto de sua práxis, os seus pores teleológicos sempre concretos; do fato de estes terem necessariamente um caráter alternativo resulta a riqueza histórica inesgotável de cada período, mas não tem como suprimir o seu ser--propriamente-assim, determinado, em última análise, pela economia. O caráter especificamente social do capitalismo expressa-se no fato de que isso ocorre predominantemente de modo puramente econômico (todavia: de modo imediata ou mediatamente econômico) e não são os sistemas "naturais" de mediação que vinculam o indivíduo ao processo social de reprodução. Como fizemos anteriormente, também aqui colocamos a naturalidade entre aspas,

---

[104] K. Marx, *Das Kapital*, cit., v. I, p. 533-4; MEW, v. 23, p. 596 [ed. bras.: O *capital*, Livro I, cit., p. 645-6].

porque, para as representações "orgânicas" da vida social, outrora tão influentes, mas também hoje ainda presentes no nível do sentimento, com frequência a conexão entre casta, cidadania na pólis, nobreza etc. e homem singular parece ser algo natural (sem aspas). Ora, à medida que neutralizamos tais ilusões, devemos ver concomitantemente que a ligação entre casta, estamento etc. e indivíduo é, por sua essência, algo bem diferente da ligação deste com uma classe. O "natural" reside em que uma formação que em si é de cunho social, em decorrência do hábito, da tradição etc., adquire para os homens, não só para os homens singulares, mas também para as suas massas, temporariamente até para toda a sociedade, o caráter de uma necessidade tão irrevogável quanto é a vida orgânica para o próprio homem singular. Assim como cada homem tem de aceitar a época do seu nascimento, seu sexo, sua estatura etc. como dados de uma vez para sempre, assim ele se posiciona também perante as formas de sociedade como casta, estamento etc. e encara o pertencimento a elas advindo de seu nascimento como algo tão naturalmente imutável como o seu próprio ser advindo do nascimento. Isso naturalmente indica, antes de tudo, uma falsa consciência; porém, na sua rígida estabilização – muitas vezes necessária em termos sociais –, na sua universalidade duradoura condicionada do mesmo modo, ela traz consequências reais de amplo alcance, ao reforçar, a partir dos homens envolvidos, a base da estabilidade "natural" de determinadas formas de vida que nascem da divisão social do trabalho. Isso aguça adicionalmente a relação antagônica entre crescimento econômico e estrutura social que, nesse aspecto, se reproduz do mesmo modo, dado que tais formas (falsas) de consciência podem sobreviver até a desagregação de sua base social, claro que igualmente desfiguradas.

Imediatamente por trás de tudo isso se encontra a relação entre o ser natural-biológico dos homens e seu ser social. Na base disso se encontra, do ponto de vista puramente ontológico, a irrevogável casualidade da coincidência de duas esferas do ser totalmente heterogêneas num só ponto de cristalização: da perspectiva da vida orgânica, em cada situação social de cada homem está igualmente contido um acaso irrevogável, assim como, da perspectiva do ser social, sua constituição biológica tem de permanecer irrevogavelmente casual. Com isso não se quer negar ou minorar a importância dos impactos realmente existentes, tantas vezes descritos, do ser social oriundos da educação e do entorno social e modo de vida, e até da influência destes sobre o desenvolvimento corporal, sobre a suscetibilidade a doenças etc. Contudo, todo esse sistema de impactos da sociedade sobre o ser biológico dos homens não consegue anular, no que se refere à sua individualidade social, o fato da casualidade na relação entre o ser-propriamente-assim de suas disposições físicas e o ser-propriamente-assim do campo de ação social. Porém, essa relação de modo algum pode ser concebida como um lado a lado separado de espécies heterogêneas do ser. De fato, a vida de cada homem singular consiste justamente no que ele, enquanto ente social, é capaz de extrair das condições psicofísicas que lhe foram dadas. E quanto mais intimamente formos capazes de apreender essa interação, tanto mais claro fica que nela e através dela é produzida uma síntese de resto não existente, de resto nem mesmo imaginável, de componentes heterogêneos dentro de um complexo indissoluvelmente unitário, no interior do qual os componentes, precisamente em consequência dessa heterogeneidade irrevogável dos tipos de ser que estão na sua base, jamais poderão fazer desaparecer sua casualidade ontológica fundamental. Trata-se aqui de uma factualidade ontológica fundamental do ser social, a saber, tanto do aspecto da sua totalidade, no qual se expressa o problema repetidamente tangenciado por nós do novo tipo de generidade não mais muda do homem, quanto do desenvolvimento ontológico-social do homem, desde a simples singularidade (exemplar singular de seu gênero) até a individualidade consciente e continuadamente existente, que de modo inseparável é sempre simultaneamente existente em si e posta. As formas "naturais" do ser social anteriormente descritas contribuem muito para obscurecer ideologicamente esse antagonismo ontológico. Nesse processo, o que desaparece da consciência de praticamente todos os homens envolvidos desse período é o caráter posto da posição que estes assumem na sociedade como consequência imediata do seu nascimento. Para não falar do ser nas castas, que, na condição de em-si, recebe na religião, na filosofia, na ética etc. uma fundamentação teórico-emocional, encontramos essas formas também na Antiguidade, na qual a existência do ser do homem por longo tempo foi concebida como totalmente idêntica à sua existência como cidadão da pólis, o mesmo ocorrendo nas sociedades estamentais etc.

Marx constata o seguinte, em *A ideologia alemã*: "um nobre continua sempre um nobre, um *roturier* [plebeu] continua um *roturier*, abstração feita de suas demais relações; é uma qualidade inseparável de sua individualidade"[105].

---

[105] K. Marx [e F. Engels, *Die deutsche ideologie*], MEGA, v. V, p. 65; MEW, v. 3, p. 76 [ed. bras.: *A ideologia alemã*, cit., p. 65].

Desse modo, a "naturalidade" na construção da sociedade pré-capitalista encobre a casualidade da união de duas esferas do ser em cada homem, porque o seu pertencimento puramente social a determinado estrato etc. assume a forma aparente de uma continuidade em linha reta do seu ser realmente natural. Na continuação de suas reflexões recém-citadas, Marx ressalta que só no capitalismo essa aparência se dissolve, porque a relação entre o homem singular e o lugar que ele ocupa na sociedade revela o seu caráter puramente casual. Considerada superficialmente, essa determinação de Marx dá continuidade à linha que, partindo da Renascença até o Iluminismo e culminando na Revolução Francesa, procurou depurar o homem de tais vínculos sócio--"naturais", visando elaborar a concepção do homem livre entregue a si mesmo. Marx, contudo, vê na finalização desse raciocínio o autoengano que lhe é inerente: a ilusão de uma liberdade que nasce dessa maneira: "Por conseguinte, na representação, os indivíduos são mais livres sob a dominação da burguesia do que antes, porque suas condições de vida lhes são contingentes; na realidade eles são, naturalmente, menos livres, porque estão mais submetidos ao poder das coisas"[106]. Desse modo, Marx chama a atenção para o fato de que a decomposição das formas sociais "naturais" e sua substituição por formas puramente sociais de modo algum são idênticas com a conquista da liberdade. Esta igualmente precisa ser particularmente conquistada no interior de uma sociedade que se tornou puramente social. Desse modo, o raciocínio de Marx remete de volta ao nosso problema ontológico. Numa formação puramente social, a casualidade na relação entre ser biológico e ser social mostra-se sob a luz clara do dia: do ponto de vista do homem singular vivo, a situação social em que o nascimento o coloca é o puro acaso. É claro que imediatamente depois disso surge uma interação cada vez mais intensa entre ele e seu entorno social. Nesse tocante, a interação tem de ser tomada no sentido precisamente literal, pois todo impacto sobre o homem (já sobre a criança) desencadeia decisões alternativas nele, de modo que seu efeito pode muito bem ser o oposto do pretendido e com muita frequência também é o oposto. O sujeito que assim reage, inclusive como criança, já é, portanto, de modo indissociável algo que existe simultaneamente em termos biológicos e em termos sociais. O caráter puramente social das formações sociais, das relações entre os homens, não poderá, portanto, produzir nenhuma socialidade pura

---

[106] Ibidem, p. 66; idem [ed. bras.: ibidem, p. 65].

do ser humano, mas produzirá, muito antes, a corporificação não oculta da união ontologicamente casual e, ainda assim, irrevogável de ser biológico e ser social em cada homem singular.

Portanto, a casualidade ontológica desses componentes do ser de modo algum dilacera a unidade do homem, mas apenas o coloca diante da tarefa peculiar de como tornar-se uma individualidade, de como encontrar e realizar a sua própria individualidade. Dito em termos gerais, as tendências sociais parecem desempenhar o papel da formatação, enquanto às tendências biológicas cabe o papel de material para as formações. Mas ater-se de modo coerente a essa generalidade desfiguraria o caráter contraditório especificamente ontológico dessa situação. Por um lado, porque, no indivíduo concreto, o dualismo indubitavelmente presente na condição dada puramente ontológica se converteria em algo incognoscível, inapreensível. Mesmo que se exija a mais rigorosa das orientações para a "pura espiritualidade", para um domínio tirânico do corpo "fraco", do corpo "pecaminoso" etc. por parte da alma carente de salvação, nenhuma recusa concreta pode tomar forma autêntica num terreno não socializado; pode-se pensar aqui em Jesus e no jovem rico ou no imperativo categórico de Kant, o resultado será o mesmo: até mesmo a "carne mais relutante" já é social. Por outro lado, da casualidade heterogênea dos componentes no puro ser-em-si de sua relação geral recém-mencionada como formadores e coisa formada de modo algum decorre que a individualidade autêntica pudesse ou devesse deter-se impreterivelmente no antagonismo às possibilidades biologicamente dadas do homem (novamente no sentido da *dýnamis* aristotélica). Pelo contrário. Na resistência que por vezes se expressa espontaneamente já em crianças bem pequenas contra seus educadores, é possível mostrar que determinados momentos decisivos da individualidade de um homem estão inseparavelmente ligados a certos traços do seu ser biológico. A vida humana, por necessidade do próprio ser, é cheia de conflitos dessa espécie. O fato de formas de ação ordenadoras essenciais da sociedade (é o caso já do costume, da tradição, mas de forma ainda mais pura do direito e da moral) já apresentarem postulados sociais a todos os homens, sem admitir exceções individuais – basta fazer menção aos dez mandamentos –, mostra que o desenvolvimento ontológico inicial de apenas um exemplar singular do gênero rumo à individualidade necessita de um órgão social, a fim de poder relacionar os preceitos sociais de modo real e prático consigo mesmo, a fim de, através dessa mediação, conferir forma a uma promoção da individualidade a partir da regulação moral da vida em sociedade. Está claro que isso se refere à ética.

Mas também está igualmente claro que o seu conteúdo concreto propriamente dito não pode ser exposto aqui. Neste ponto, devemos deter-nos no terreno da ontologia pura, de cunho geral, podendo, por isso, apenas indicar brevemente a relação que surge na ética em sua constituição ontológica simples, elementar. Todos os princípios ordenadores da sociedade anteriormente enumerados têm a função de, diante das aspirações particulares dos homens singulares, conferir validade à sua socialidade, ao seu pertencimento ao gênero humano que vai surgindo no decorrer do desenvolvimento social. É só na ética que essa dualidade posta desse modo socialmente necessário é anulada: nela, a superação da particularidade do homem singular adquire uma tendência unitária, a saber, a incidência da exigência ética no centro da individualidade do homem atuante, sua escolha entre os preceitos que, na sociedade, forçosamente vão se tornando antagônico-antinômicos; uma decisão eletiva ditada pelo preceito interior de reconhecer como seu dever o que está em conformidade com a sua própria personalidade amarra o fio que liga o gênero humano ao indivíduo que está superando a sua própria particularidade. O desenvolvimento social em seu decurso real cria a possibilidade objetiva para o ser social do gênero humano. As contradições internas do caminho para chegar lá, que se objetivam como formas antinômicas da ordem social, assentam, por seu turno, a base para que a evolução do simplesmente singular rumo à individualidade possa converter-se, ao mesmo tempo, em base portadora do gênero humano no plano da consciência. O ser-para-si do gênero humano é, portanto, o resultado de um processo, que se desenrola tanto na produção econômico-objetiva global como na reprodução dos homens singulares.

Ora, se, como vimos, a dualidade de ser biológico e ser social constitui a base da existência do homem enquanto homem, se, por outro lado, o desenvolvimento social põe o conflito de uma nova dualidade no homem, o da particularidade e da generidade, como fator decisivo, é preciso precaver-se sobretudo de aproximar demais, tanto em termos formais como de conteúdo, essas duas dualidades, intimamente ligadas em termos ontológicos, ou até de estabelecer relações teleológicas entre elas. A tentação para tais conclusões equivocadas provém em parte do caráter casual da unidade inicial – que, no entanto, se reproduz repetidamente –, bem como do fato aparentemente análogo de que a particularidade do homem não pode ser totalmente anulada, assim como o seu ser biológico não pode: os dois formam, justamente por serem continuamente reproduzidos de maneira nova em conexão com o processo de sua superação, a unidade complexa de cada homem. Mas jamais se pode esquecer que, tanto na particularidade como na generidade, o homem sempre figura como unidade de ser biológico e de ser social, que, todavia, é movida, tanto formalmente como em termos de conteúdo, por decisões valorativas diversas ao extremo, que determinam a escolha entre conservação, reprodução e superação. Porém, justamente porque nesse desenvolvimento do homem os valores adquirem um significado ontológico importante, é preciso preservar até o fim a casualidade inicial na relação entre ser biológico e ser social. As religiões insistem em tentar projetar um sentido transcendente sobre essa casualidade; desse modo, elas falsificam o desenvolvimento, do mesmo modo que falsificam a existência do homem por meio de uma separação metafísica de corpo e alma. Disso decorre necessariamente que a superação dessa dualidade só pode ser concebida como resultado de um processo teleológico-transcendente. Só o reconhecimento incondicional dessa casualidade abre a possibilidade de compreender o desenvolvimento do homem, de sua simples singularidade até a sua individualidade, no quadro do processo global de reprodução da sociedade, como um momento de importância decisiva no surgimento do gênero humano. Com efeito, só assim também se pode chegar à compreensão das alternativas de valor e das decisões de valor como partes integrantes do processo total, produzidas necessariamente pelo desenvolvimento objetivo; desse modo, os dois polos extremos do desenvolvimento da humanidade estão diante de nós em seu mútuo pertencimento ontológico.

Nunca é demais repetir que se trata, nesse caso, de um processo histórico que, como um todo, jamais e em nenhum aspecto possuirá um caráter teleológico. Por essa razão, as etapas singulares podem e devem igualmente ser compreendidas historicamente. É o caso da constatação feita por Marx e anteriormente citada de que o puro emergir da casualidade na relação entre o ser biológico e o ser social pode produzir para o homem no capitalismo apenas a aparência de liberdade, mas não a própria liberdade. Com efeito, a diversidade material economicamente condicionada dos pontos de partida, das possibilidades de expansão etc. da vida humana de fato perdeu a sua "naturalidade", mas, em si, em formas puramente sociais, ela continua existindo. Do mesmo modo, é só a partir disso que se pode compreender corretamente o comportamento de Marx, totalmente desprovido de sentimentalidade, para com as ultimações precoces "naturais" na generidade dos homens[107]. Quando Marx fala nessa passagem de ultimação tacanha [*bornierte Vollendung*]*, ele não está se referindo só à condição não desenvolvida, à socialidade incompleta da vida econômica, mas ao mesmo tempo também ao fato intimamente associado a isso de que a generidade do homem formatada subjetivamente de um modo mais elevado, exemplar, ainda se encontra muito distante da generidade autêntica. (Isso não desmerece nem um pouco o valor estético de suas objetivações, como mostra claramente a análise que Marx faz de Homero, citada por nós.) Por outro lado, no mesmo contexto em que fala de ultimação tacanha, Marx chama de vulgar qualquer satisfação dentro do capitalismo porque ela se dá por satisfeita com as barreiras que a pura socialidade consegue oferecer no quadro do capitalismo. Com efeito, a compreensão da contraditoriedade dialética de fenômeno e essência oferece a perspectiva de um ser social, no qual a casualidade do ser biológico e do ser social só existirá socialmente como tarefa vital individual, como problema da vida do indivíduo, a saber, a partir de sua singularidade, formar uma personalidade autêntica, a partir de sua condição particular dada, formar um representante, um órgão da generidade que deixou de ser muda. E essa perspectiva não é a do homem singular: somente quando o desenvolvimento econômico objetivo produz nos termos do ser a possibilidade de um gênero humano existente para si essas tendências de desenvolvimento que dizem respeito à pessoa podem ser realizadas em dimensões sociais.

Contudo, a expressão perspectiva necessita de uma aclaração dupla. Por um lado, trata-se do conhecimento de tendências reais de desenvolvimento no movimento objetivo da economia. A perspectiva não é, portanto, nenhum afeto subjetivo do tipo da esperança, mas o espelhamento em termos de consciência do próprio desenvolvimento objetivamente econômico e a complementação que dá continuidade a ele. Por outro lado, porém, esse desenvolvimento possui uma tendência econômica e historicamente cognoscível, cujo espelhamento e expressão constituem justamente a perspectiva, mas sua própria realização não é nem fatal nem teleologicamente necessária, dependendo, muito antes, das ações dos homens, das decisões alternativas que eles, enquanto entes que respondem, estão dispostos e são capazes de dar a essa

---

[107] K. Marx, *Rohentwurf*, cit., p. 387-8; MEW, v. 42, p. 395 [ed. bras.: *Grundrisse*, cit., p. 400].

* No contexto citado, a expressão usada por Marx é, mais precisamente, "*Befriedigung auf einem bornierten Standpunkt*", ou seja, "satisfação de um ponto de vista tacanho". (N. T.)

tendência. E, exatamente por ser o produto de incontáveis pores teleológicos, essa tendência tampouco tem algo a ver, em seu decurso objetivo, com qualquer direcionamento teleológico para algum estado enquanto fim predeterminado. Essa perspectiva só pode ser fim posto para pores teleológicos de homens singulares ou grupos humanos, sendo que as cadeias causais neles desencadeadas podem se transformar em fatores objetivos de sua realização. Essa perspectiva foi assinalada por Marx no comunismo como segundo estágio do socialismo. Por isso, um exame ontológico como o nosso só pode compreender esses pores como perspectiva, ainda que concreta, na medida em que só uma estrutura social desse tipo possibilitará o surgimento real, nos dois polos do ser social, do gênero humano como gênero não mais mudo.

III. O ideal e a ideologia

1. O ideal na economia

Nossas investigações até aqui mostraram que o fato básico mais material, mais fundamental, da economia, o trabalho, possui o caráter de um pôr teleológico. Nossos leitores certamente se lembrarão do ponto ontológico de sua determinação marxiana:

> Porém, o que desde o início distingue o pior arquiteto da melhor abelha é o fato de que o primeiro tem a colmeia em sua mente antes de construí-la com a cera. No final do processo de trabalho, chega-se a um resultado que já estava presente na representação do trabalhador no início do processo, portanto, um resultado que já existia idealmente. Isso não significa que ele se limite a uma alteração da forma do elemento natural; ele realiza neste último, ao mesmo tempo, seu objetivo, que ele sabe que determina, como lei, o tipo e o modo de sua atividade e ao qual ele tem de subordinar sua vontade.[1]

Isso significa claramente que, no trabalho – e o trabalho não é só o fundamento, o fenômeno fundante de toda práxis econômica, mas igualmente, o que também já sabemos, o modelo mais geral de sua estrutura e dinâmica –,

---
[1] K. Marx, *Das Kapital*, cit., v. I, p. 140; MEW, v. 23, p. 193 [ed. bras.: *O capital*, Livro I, cit., p. 255-6].

o pôr teleológico conscientemente produzido (que é, portanto, um momento ideal) deve preceder ontologicamente à realização material. No entanto, isso acontece no quadro de uma complexidade inseparável: do ponto de vista ontológico, não se trata de dois atos autônomos, um ideal e um material, que estariam vinculados de alguma maneira que, apesar dessa vinculação, cada um poderia preservar sua própria essência, mas a possibilidade do ser de cada ato, que só pode ser isolado no pensamento, está ligada por necessidade ontológica ao ser do outro. Isso quer dizer que o ato do pôr teleológico só se torna um ato teleológico autêntico através da efetuação real de sua realização material; sem este, aquele permanece um estado puramente psicológico, uma representação, um desejo etc., que tem com a realidade material no máximo uma relação de caráter representativo. E, por outro lado, a cadeia causal peculiar que perfaz a parte material do trabalho, a qual é posta teleologicamente em movimento, não tem como surgir por si mesma, a partir da causalidade do ser natural agindo por conta própria, embora nela possam se tornar ativos exclusivamente momentos causais naturais, existentes em si. (As leis da natureza, por exemplo, jamais e em parte alguma produziram uma roda, embora a sua essência e as suas funções possam ser derivadas inteiramente de leis da natureza.) Mesmo que, na análise do trabalho, seja possível considerar e analisar mentalmente separados os atos que o constituem – em termos ontológicos –, eles só adquirem seu ser autêntico como componentes do complexo concreto chamado trabalho. Disso decorre também que o contraste gnosiológico entre teleologia e causalidade como dois momentos, elementos etc. do ser é ontologicamente sem sentido. A causalidade pode existir e ser efetiva sem qualquer teleologia, ao passo que a teleologia só pode adquirir um ser real na interação aqui indicada com a causalidade, só como momento de tal interação, somente no complexo presente no âmbito do ser social.

Antes de demonstrar esse caráter teleológico comum a todos os atos e complexos econômicos, devemos, sem nem mesmo tentar fazer uma exposição histórica que nesse ponto não é essencial, caracterizar de maneira muito sucinta as concepções gerais apresentadas até o momento pelos marxistas. O que predominou em sua práxis geral foi certo dualismo metodológico, pelo qual o campo da economia foi apresentado como uma legalidade, necessidade etc., formulada de modo mais ou menos mecânico, ao passo que o da superestrutura, da ideologia, revelava-se como uma área em que começavam a aflorar as forças motrizes ideais, com muita frequência concebidas em termos psicológicos. Plekhanov é o autor em que isso fica mais evidente[2]. Esse dualismo metodológico predomina de modo geral, independentemente de a relação entre base e superestrutura ter sido tratada mecanicamente ou já com rudimentos indicativos de certa dialética. Certa uniformização do método – que, no entanto, falsificou radicalmente a essência do ser social – aspirou Kautsky, ao derivar, em sua obra teórica tardia, a totalidade do ser social de categorias essencialmente biológicas, de modo que, para ele, "a história da humanidade nada mais é que um caso especial da história dos seres vivos"[3]. A consequência desse desconhecimento da real constituição da práxis econômica e social é que ele assume acriticamente a mais superficial das concepções da relação entre teleologia e causalidade presente nos livros escolares e encara a teleologia como um modo de pensar dos estágios primitivos, que deve desaparecer com a causalidade quando houver um desenvolvimento para um patamar superior do conhecimento[4]. Em Max Adler, em contraposição, desaparece do ser social todo momento material; inclusive as relações econômicas são "relações essencialmente espirituais"; por essa via, a sociedade humana inteira se transforma em um produto da consciência – de feição kantiana –,

> [...] e o resultando disso, por fim, é que a socialização não começa a surgir só no processo econômico-histórico [...], a socialização já está dada na e através da consciência individual e, por essa via, tornou-se o pressuposto de toda união a partir daí histórica de uma pluralidade de sujeitos individuais.[5]

Por fim, a economia e a teoria social stalinista operam em parte com categorias idealistas subjetivas, voluntaristas, sendo que a objetividade social aparece, em última análise, como resultado das resoluções do partido, e em parte, onde a pressão dos fatos impôs certo reconhecimento da validade objetiva da teoria dos valores, com um dualismo de "necessidade" mecânico-materialista e resoluções voluntaristas. De qualquer modo, todas essas teorias não fizeram jus nem à unitariedade e peculiaridade dinâmico-estrutural do ser social, nem às diferenciações e contradições que surgiram dentro desse âmbito.

---

[2] G. Plekhanov, *Die Grundprobleme des Marxismus* (Stuttgart, 1910), p. 77.
[3] K. Kautsky, *Materialistische Geschichtsauffassung* (Berlim, 1927), v. II, p. 630-1.
[4] Ibidem, p. 715-7.
[5] M. Adler, *Grundlegung der materialistischen Geschichtsauffassung* (Viena, 1967 [1964]), p. 92 e p. 158-9.

Após esse breve excurso, podemos retornar ao problema propriamente dito. Mostramos, no momento apropriado, que os pores práticos mediados, muitas vezes mediados de uma forma bastante complexa, produzidos pela divisão do trabalho, também têm um caráter causal-teleológico, só que com uma diferença muito importante em relação ao próprio trabalho: a de que os fins que os provocam e que por eles são realizados não estão direcionados diretamente para um caso concreto do metabolismo da sociedade com a natureza, mas visam influenciar outras pessoas no sentido de que elas, por sua vez, efetuem os atos de trabalho desejados por quem os põem. Nesses casos, o tamanho da cadeia de mediações não tem importância decisiva; o importante é que o respectivo pôr teleológico esteja disposto a influenciar a consciência de outra pessoa (ou mais pessoas) num determinado sentido, levá-la a um pôr teleológico desejado. Por mais diferentes que possam ser, nesse caso, os fins e os meios (do uso direto da violência na escravidão e servidão até as atuais manipulações), o seu "material" nem de longe é tão inequívoco quanto no trabalho propriamente dito, no qual só existe a alternativa objetiva entre se a consciência que põe o fim apreendeu corretamente a realidade objetiva ou não. Nesse caso, o "material" do pôr do fim é o homem, do qual se pretende que ele tome uma decisão alternativa; a rejeição da decisão desejada tem, por isso, uma estrutura ontológica diferente daquela do material natural do trabalho, na qual só entra em cogitação uma apreensão correta ou incorreta de conexões ontológicas da natureza; o "material" é qualitativamente mais oscilante, mais "suave", mais imprevisível, do que era naquele caso. Quanto mais mediados forem tais pores quando se deparam com o trabalho visado no final, tanto mais claramente se evidencia esse seu caráter. Porém, nem mesmo o maior dos antagonismos é capaz de anular o elemento em comum que no final se torna decisivo, a saber, que, nos dois casos, trata-se de pores teleológicos, cujo êxito ou fracasso depende da medida em que aquele que os põe conhece a constituição das forças a serem postas em movimento, em que medida ele, de modo correspondente, é capaz de proceder corretamente no sentido de que elas atualizem do modo desejado as cadeias causais que lhes são imanentes.

Portanto, o que interessa é perceber que todos os pores econômicos revelam uma estrutura similar. Nas economias desenvolvidas, poderia surgir a aparência – tanto mais quanto mais expressamente a economia tiver como fundamento uma totalidade socializada dos atos práticos – de que se está falando de um automovimento das coisas e não de atos da práxis humana. Assim, fala-se de modo geral de um movimento das mercadorias no processo de troca, como se não fosse muito fácil ver que por si mesmas as mercadorias não podem fazer um movimento sequer, que seu movimento sempre pressupõe atos econômicos dos compradores ou então dos vendedores. Embora nesse caso se trate de uma aparência que pode se desvendar brincando, Marx não deixa passar a oportunidade para, também nesse caso, dissolver a aparência reificadora em atos teleológicos prático-humanos. Ele inicia o capítulo sobre o processo de troca com as seguintes palavras: "As mercadorias não podem ir por si mesmas ao mercado e trocar-se umas pelas outras. Temos, portanto, de nos voltar para seus guardiões, os possuidores de mercadorias. Elas são coisas e, por isso, não podem impor resistência ao homem"[6]. A troca de mercadorias corresponde, portanto, em todo o seu decurso dinâmico, ao do trabalho, na medida em que, também nele, algo ideal é transformado em algo real por meio de atos teleológico-práticos. Isso se evidencia em cada ato de troca. Marx diz: "O preço ou a forma-dinheiro das mercadorias é, como sua forma de valor em geral, distinto de sua forma corpórea real e palpável, portanto, é uma forma apenas ideal ou representada"[7]. Essa dialética do ideal e do real se externa numa polaridade dinâmica, quando se examina o processo de troca em seu automovimento como processo relativamente total de um complexo. Marx oferece uma descrição analítica detalhada também dessa dinâmica:

> A mercadoria é realmente [*reell*] valor de uso; seu valor se manifesta apenas idealmente [*ideell*] no preço, que a reporta ao ouro, situado no polo oposto, como sua figura de valor real. Inversamente, o material do ouro vale apenas como materialidade de valor [*Wertmateriatur*], dinheiro. Ele é, por isso realmente valor de troca. Seu valor de uso aparece apenas idealmente na série das expressões relativas de valor na qual ele se relaciona com as mercadorias a ele contrapostas, como o círculo de suas figuras reais de uso.[8]

O desdobramento da esfera econômica da produção no seu sentido mais estrito e próprio, desde o metabolismo da sociedade com a natureza até as formas mais mediadas e complexas nas quais e pelas quais se dá a socialização

---

[6] K. Marx, *Das Kapital*, cit., v. I, p. 50; MEW, v. 23, p. 99 [ed. bras.: *O capital*, Livro I, cit., p. 159].
[7] Ibidem, p. 60; ibidem, p. 110 [ed. bras.: ibidem, p. 170].
[8] Ibidem, p. 69; ibidem, p. 119 [ed. bras.: ibidem, p. 179].

da sociedade, torna essa relação do ideal e do real cada vez mais dinâmica e dialética. Já vimos que os atos teleológicos que se reportam de modo apenas mediato ao metabolismo com a natureza têm por fim influenciar diretamente a consciência, as resoluções de outros. Aqui, portanto, o ideal está contido como motivo e objeto tanto no pôr quanto no objeto por ele intencionado; o papel do ideal se intensifica, portanto, em comparação com os pores originais do trabalho, cujo objeto por necessidade é puramente real. (Mais adiante ainda falaremos extensamente sobre as múltiplas perguntas conectadas com a peculiaridade dos pores.) Porém, em nossas últimas análises, pudemos verificar que também nas relações puramente econômicas dos homens entre si, as quais, como a troca de mercadorias recém-tratada, brotam diretamente do trabalho socializado, tornam-se efetivos pores teleológicos peculiares, direcionados um para o outro, acionados idealmente, ou seja, transformações do ideal no real e vice-versa. Porém, nesse caso, um, o ideal, não é fim teleológico do outro, puramente material, mas dois pores teleológicos são direcionados um para outro, permitindo o surgimento de uma interação em que, de ambos os lados, dá-se uma transformação do ideal no real. Marx analisou com precisão também esse processo:

> A antítese de valor de uso e de valor de troca está, pois, opostamente distribuída em dois extremos de M-D, a tal ponto que, quanto ao ouro, a mercadoria é valor de uso, que deve realizar no ouro seu valor de troca ideal, o preço; e, quanto à mercadoria, o ouro é valor de troca que deve materializar na mercadoria seu valor de uso formal. Somente por causa desse desdobramento da mercadoria em mercadoria e em ouro e pela relação dupla e também antitética, em que cada extremo é idealmente o que seu oposto é realmente, e realmente o que seu oposto é idealmente, somente, pois, pela representação das mercadorias como opostas bipolares se resolvem as contradições contidas em seu processo de troca.[9]

Na investigação da esfera econômica, é preciso tomar como ponto de partida, portanto, que estamos tratando de um complexo social de legalidade objetiva, em que cada um dos "elementos" – por sua essência ontológica, igualmente complexos – determina a dinâmica do respectivo pôr teleológico,

---

[9] Idem, *Zur Kritik der politischen Ökonomie*, p. 77; MEW, v. 13, p. 71-2 [ed. bras.: *Contribuição à crítica da economia política*, cit., p. 122].

cuja totalidade gera a reprodução do ser social. Já expusemos que a unidade desse processo em sua totalidade, como tudo no âmbito do ser social, possui caráter histórico. Igualmente já expusemos o fato de que, no decorrer de tal processo histórico no âmbito da economia, as categorias, os complexos, os processos singulares que compõem a totalidade de cada formação adquirem um caráter cada vez mais social. O "afastamento da barreira natural" não só altera o conteúdo e o modo de atuação dos pores teleológicos singulares, mas, além disso, também traz à luz um processo que cria, entre eles, vínculos cada vez mais íntimos, mais complexos, mais mediados. Sabemos que o capitalismo é o primeiro a levar a efeito uma esfera econômica em que cada ato reprodutivo singular, mediado em menor ou maior extensão, exerce certa influência sobre cada um dos demais. Por essa razão, Marx chamou a atenção, por um lado, para o fato de que determinadas categorias simples, por exemplo trabalho concreto como produtor de valores de uso, necessariamente estão presentes em toda formação[10], mas, por outro lado, ele mostrou igualmente que as relações das categorias umas com as outras, suas funções no processo global, não só estão sujeitas a uma mudança histórica, mas que esta também é constituída de tal forma que só num estágio mais avançado lhes designa o lugar que lhes é apropriado na totalidade do processo e que elas só podem adquirir mediante a constituição que lhes é apropriada; assim, o dinheiro já existiu em sociedades relativamente primitivas, mas só no capitalismo veio a assumir a função correspondente à sua essência no processo global[11], assim o trabalho é uma categoria muito antiga, mas, compreendida nessa simplicidade economicamente pura, ele é "uma categoria tão moderna quanto as relações que geram essa simples abstração"[12]. Essa historicidade das categorias econômicas em seu efeito sobre sua constituição e estrutura, sua dinâmica e seu modo de agir elimina da esfera econômica corretamente concebida em termos ontológicos todas as reificações que o pensamento burguesamente fetichizado introduz nela. Assim sendo, Marx escreve já em *A miséria da filosofia*: "As máquinas são tão pouco uma categoria econômica como o boi que puxa o arado. As máquinas são apenas uma força produtiva. A fábrica moderna, que se baseia na aplicação das máquinas,

---

[10] Idem, *Das Kapital*, cit., v. I, p. 9; MEW, v. 23, p. 57 [ed. bras.: *O capital*, Livro I, cit., p. 120].
[11] Idem, *Rohentwurf*, cit., p. 23; MEW, v. 42, p. 37 [ed. bras.: *Grundrisse*, cit., p. 56].
[12] Ibidem, p. 24; ibidem, p. 38 [ed. bras.: ibidem, p. 56].

é uma relação social de produção, uma categoria econômica"[13]. Isso esclarece a factualidade de que só os complexos dinâmicos fundamentais da economia podem ser encarados como categorias da esfera econômica; portanto, a concepção muito disseminada – já proclamada por Bukharin, mas também hoje popular – de que se deveria vislumbrar a técnica como o "elemento" fundamental da economia é totalmente insustentável. Já bem cedo, na sua obra *Trabalho assalariado e capital*, valendo-se de um caso isolado, Marx traça um quadro vívido dessa complexidade fundamental da esfera econômica com seus impactos sobre o ser social em termos gerais:

> Um negro é um negro. Só em determinadas relações é que ele se converte em escravo. Uma máquina de fiar algodão é uma máquina destinada a fiar algodão. Só em determinadas relações é que ela se converte em *capital*. Extraída dessas relações, ela deixa de ser capital, assim como o ouro em si e para si deixa de ser dinheiro ou o açúcar deixa de ser o preço do açúcar. Na produção, os homens atuam não só sobre a natureza, mas também uns sobre os outros. Eles só produzem atuando juntos de um modo bem determinado e intercambiando uns com os outros suas atividades. Para produzir, eles estabelecem determinadas relações e relacionamentos mútuos, e só no âmbito dessas relações e relacionamentos sociais tem lugar seu impacto sobre a natureza, ou seja, a produção.[14]

Por conseguinte, se a esfera econômica for analisada ontologicamente sem preconceitos, facilmente se revela como é importante tomar complexos de funcionamento elementar como ponto de partida para compreender sua totalidade e seus complexos parciais maiores, em vez de querer apreender as leis da economia com o auxílio de "elementos" artificialmente isolados e de seu contexto metafísico-mecânico. Aonde leva este último procedimento pode ser facilmente observado na crítica feita por Marx à afirmação de James Mill, de que toda compra é simultaneamente uma venda (e vice-versa) e que desse modo, portanto, estaria assegurado "metafisicamente" o equilíbrio permanente na troca de mercadorias. Mill diz o seguinte:

---

[13] Idem, *Das Elend der Philosophie*, p. 117; MEW, v. 4, p. 149 [ed. bras.: *A miséria da filosofia*, cit., p. 120; com modif.].
[14] Idem, *Lohnarbeit und Kapital* (Berlim, 1931), p. 28; MEW, v. 6, p. 409.

Jamais pode haver falta de compradores para todas as mercadorias. Quem quer que ofereça uma mercadoria para venda exige uma mercadoria em troca dela, sendo, por conseguinte, um comprador pelo simples fato de ser um vendedor. O conjunto dos vendedores e compradores devem, portanto, manter o equilíbrio por uma necessidade metafísica.

Marx contrapõe a isso, em primeiro lugar, a singela factualidade do intercâmbio de mercadorias: "O equilíbrio metafísico das compras e vendas se limita ao fato de toda compra ser uma venda e toda venda ser uma compra, o que não é um grande consolo para os gerentes de mercadorias que não conseguem vendê-las e, portanto, tampouco comprá-las"[15]. A afirmação de Mill tem por base justamente a representação dos "elementos" do mundo econômico que podem ser isolados e que são tipicamente eficazes nesse seu isolamento. Num sentido gnosiológico ou lógico formal-abstrato é possível afirmar com alguma aparência de correção que toda compra é uma venda e vice-versa. No real intercâmbio de mercadorias surge, em contraposição, como a forma mais simples, mais elementar da troca, uma cadeia, cujo elo mais simples é composto pela conexão mercadoria-dinheiro-mercadoria ou dinheiro-mercadoria-dinheiro. E já nessa forma mais elementar aflora a contradição: "Ninguém pode vender sem que outro compre. Mas ninguém precisa comprar apenas pelo fato de ele mesmo ter vendido"[16]. Portanto, quando se examina o ser autêntico da vida econômica e não uma figura artificialmente isolada, abstrativamente deformada, não existe nela nenhuma necessidade "metafísica" da identidade de venda e compra. Pelo contrário. Isso, por sua vez, fundamenta-se ontologicamente no fato de que todo ato econômico tem por base uma decisão alternativa. Se alguém tiver vendido a sua mercadoria e, desse modo, estiver de posse de dinheiro, tem de decidir se compra ou não compra outra mercadoria com esse dinheiro. Quanto mais desenvolvida a economia, quanto mais socialmente determinada a sociedade, tanto mais complexa se torna essa alternativa, tanto mais irrevogável se torna a casualidade, a relação heterogênea entre compra e venda. Porque, em decorrência da divisão social do trabalho, ela é um organismo natural-espontâneo da produção, cujos fios foram e continuam

---

[15] Idem, *Zur Kritik der politischen Ökonomie*, p. 86-7; MEW, v. 13, p. 78 [ed. bras.: *Contribuição à crítica da economia política*, cit., p. 130].
[16] Idem, *Das Kapital*, cit., v. I, p. 77; MEW, v. 23, p. 127 [ed. bras.: *O capital*, Livro I, cit., p. 187].

a ser tecidos pelas costas dos produtores de mercadorias"[17]. Ela torna o trabalho tão unilateral quanto as necessidades multifacetadas. Para o produtor singular isso significa que sua produção é o resultado de pores teleológicos, que podem ser corretos ou falsos tanto quantitativa como qualitativamente em relação à necessidade social a ser satisfeita, como também em relação à realização do trabalho socialmente necessário na produção. O ideal, enquanto o complexo de representação que determina os pores teleológicos, chega a constituir também nesse caso o momento da iniciativa, mas simultaneamente também nesse caso o momento da realidade (concordância do ideal com o real) constitui o critério da realizabilidade.

Já vimos em contextos anteriores que esse papel assumido pelo ideal de modo algum leva à supressão da legalidade objetiva do processo total. Visto que cada pôr teleológico visa colocar em movimento cadeias causais reais, a legalidade se desdobra como sua síntese objetivo-dinâmica, que necessariamente se impõe pelas costas dos produtores singulares, independentemente de suas ideias e intenções. Desse modo, contudo, a contraditoriedade aqui descrita de modo algum se tornou irrelevante. Pelo contrário. Justamente a diversidade das formas fenomênicas, dos efeitos ulteriores etc., que são desencadeados pelo complexo elementar M-D-M nas diversas formações econômicas, constituem um momento muito essencial do processo econômico global. Marx chega até mesmo a indicar que os estágios altamente desenvolvidos da economia, que se tornou cada vez mais social, já contêm implicitamente o germe das crises econômicas. Só o germe, entretanto, porque o evento real das crises "requer todo um conjunto de relações que ainda não existem no estágio da circulação simples de mercadorias"[18]. Portanto, por mais ressalvas que tenha a consideração crítica de Marx sobre essa conexão entre os "elementos" mais simples do ser social, que consistem em decisões teleológicas alternativas, e sobre o processo econômico global, a sua análise ainda assim mostra claramente que as legalidades econômicas objetivas, independentes de resoluções humanas individuais e até de suas sumarizações sociais, podem ser derivadas, em última análise, quanto a sua estrutura e dinâmica, desses "elementos", de seu caráter de pores, de sua dialética do ideal e do real. Através da crítica ontológica das generalizações teóricas dos fatos econômicos elementares concretiza-

---

[17] Ibidem, p. 70-1; ibidem, p. 121 [ed. bras.: ibidem, p. 180].
[18] Ibidem, p. 78; ibidem, p. 128 [ed. bras.: ibidem, p. 187].

-se, em Marx, o caráter terminante das conexões mais gerais em sua relação com as respectivas legalidades concretas. Estas sempre têm, como já foi demonstrado, um caráter "se... então" histórico-social concreto. Porém, a sua forma generalizada, o seu ser elevado à condição de conceito – em contraposição a Hegel – não constitui a forma mais pura da necessidade, mas tampouco, como acreditam os kantianos ou os positivistas, uma generalização meramente intelectual; ela constitui, antes, no sentido meramente histórico, uma possibilidade geral, um campo de ação real das possibilidades para as realizações "se... então" segundo a legalidade concreta. Numa de suas exposições da teoria das crises, Marx acentua muito enfaticamente essa diferença:

> A possibilidade geral das crises constitui a metamorfose formal do próprio capital, a divergência temporal e espacial de compra e venda. Porém, esta nunca é a causa da crise, pois não passa da forma mais geral da crise, ou seja, a própria crise em sua expressão mais geral. Todavia, não se pode dizer que a forma abstrata da crise seja a causa da crise da crise. Quando se pergunta por sua causa, o que se quer saber é por que sua forma abstrata, a forma de sua possibilidade, passa da possibilidade para a realidade.[19]

Ainda falaremos mais detalhadamente sobre a importância decisiva dessa concepção de legalidade na seção sobre ideologia. Neste ponto, limitamo-nos a indicar que, também nesse caso, Marx compreende a possibilidade no sentido da *dýnamis* aristotélica, e não como uma simples categoria da modalidade gnosiológica.

Evidencia-se, portanto, que aquela estrutura que ganha expressão na polaridade dialética do ideal e do real, recém-analisada por nós, impregna toda a esfera econômica de alto a baixo e – sem nem sequer tocar na objetividade das conexões legais – exerce uma influência decisiva sobre o conteúdo, o modo fenomênico de suas realizações. A objetividade e legalidade peculiares da realidade econômica têm como fundamento irrevogável o fato de ser, como Marx reiteradamente acentua com veemência, um processo histórico levado a cabo pelos próprios homens que dele participam, o que constitui a sua própria história, a história feita por eles mesmos. Também nesse ponto evidencia-se a teoria marxiana do ser social: justamente nos problemas do seu

---

[19] Idem, *Theorien über den Mehrwert*, v. II/II, p. 289; MEW, v. 26/2, p. 514.

fundamento material, na economia, aparece o copertencimento dialético, a referencialidade mútua, a inseparabilidade ontológica das atividades humanas desencadeadas de forma ideal e das legalidades materialmente econômicas que delas se originam. Na análise da ontologia do trabalho, Marx já mostrou que a contraposição tradicional de teleologia e causalidade é insustentável. Por essa via, fica claro que a causalidade sem teleologia determina a dinâmica do ser natural. Complementarmente a isso, a vinculação da causalidade com a teleologia aparece como característica ontológica primordial do ser social. Por um lado, a representação subjetiva ou a intenção de um pôr teleológico permanece algo meramente ideal ou uma intenção sem eficácia do homem se através dela não forem postas em movimento – imediatamente ou por mais mediatamente que seja – cadeias causais na natureza inorgânica ou orgânica; na ontologia do ser social, não há nenhuma teleologia enquanto categoria do ser que seja desprovida de uma causalidade que a realize. Por outro lado, todos os fatos e eventos que caracterizam o ser social como tal são resultados de cadeias causais postas teleologicamente em movimento. Naturalmente, eventos causais não postos teleologicamente (terremoto, vendaval, clima etc.) podem muitas vezes ter consequências de grande alcance para o respectivo ser social concreto, até mesmo no sentido positivo, não só no sentido destrutivo (boa colheita, vento favorável etc.). Diante de certos fenômenos naturais dessa espécie, até mesmo a mais evoluída das sociedades ainda está indefesa. Porém, isso não exclui que, no desenvolvimento econômico do ser social, justamente o domínio sobre todas as espécies de forças da natureza desempenhe um papel decisivo. Até mesmo esses acontecimentos naturais totalmente incontroláveis desencadeiam pores teleológicos e, por essa via, são integrados ulteriormente no ser social. Mesmo que esse domínio sobre a natureza possa existir só como tendência que se intensifica gradativamente e nunca como estado consumado, é evidente que a origem teleologicamente posta dos eventos e das objetividades perfaz o ontologicamente específico do ser social.

A análise que fizemos até aqui da constituição ontológica da esfera econômica faz com que esse copertencimento dialético de causalidade e teleologia – apesar de sua heterogeneidade – se mostre em uma figura mais concreta que a da inter-relação de ideal e real aqui exposta. A concretização ontológica baseia-se objetivamente em que doravante o que se defronta com a causalidade natural, pondo-a em movimento, não é mais só o pôr teleológico humano, mas, já no âmbito da pura economia, também o próprio ser social composto de atividades humanas e posto em movimento por elas. A possibilidade de realização da troca de mercadorias é um processo que se efetua diretamente no terreno do ser social, sendo que o fundamento irrevogável naturalmente é constituído – não importando o quanto seja mediado – pelo impacto teleológico sobre a causalidade natural; isso, porém, de modo algum suprime o caráter essencialmente social do intercâmbio de mercadorias, a índole social de suas categorias. Inclusive fica evidente que aqui, no âmbito da pura economia, mesmo que isso não se aplique necessariamente para o âmbito do metabolismo com a natureza, são postos em movimento aqueles pores teleológicos que têm por finalidade causar impactos sobre outros homens. Por trás da fórmula M-D-M há sempre como realidade uma profusão de tais pores teleológicos bem-sucedidos ou malsucedidos. O homem que efetua o teleológico no âmbito da economia se defronta, portanto, com a totalidade do ser, sendo que, contudo, o ser social desempenha o papel mediador decisivo, na medida em que a confrontação com o ser natural nunca pode ser puramente imediata, mas é sempre mediada economicamente e, no decorrer do desenvolvimento, torna-se cada vez mais mediada. O momento ideal do pôr econômico com que estamos nos ocupando neste momento tem como antagonismo polar um momento real, cujo caráter é determinado como predominantemente social por essas mediações. Essa situação retroage sobre a constituição das decisões alternativas que aqui se apresentam no que se refere ao seu componente ideal. Assim como o simples fato da vinculação de teleologia e causalidade significou uma ruptura radical com todas as antigas soluções filosóficas para sua relação, também decorre da situação geral no âmbito da economia uma nova abordagem para esclarecer as relações entre a atividade humana, a práxis humana, e as legalidades daquele ser que constitui o pressuposto, o ambiente e o objeto dela. Visto que aqui, como já ocorreu no trabalho, trata-se apenas da forma germinal do complexo de problemas envolvendo liberdade e necessidade, tampouco a questão pode ser levantada em sua pureza e nitidez já desenvolvidas. Porque, por mais que a possibilidade e a necessidade ontológicas das decisões alternativas forneçam a base para toda liberdade – a questão da liberdade nem mesmo pode ser levantada em relação a entidades que não precisam nem podem realizar alternativas ao fundamento prático de sua existência –, aquelas de modo algum são simplesmente idênticas a esta. Sem poder ainda abordar o problema da liberdade propriamente dito, pode-se dizer, entretanto, à guisa de resultado da ontologia marxiana do ser social que, na práxis humana, não há nenhum ato que não tivesse por base uma decisão alternativa. Um antagonismo metafisicamente excludente de necessidade (absoluta não--liberdade) e liberdade não existe no âmbito do ser social. Existem apenas estágios desenvolvidos da práxis humana, dialeticamente determinados, histórico-sociais, geneticamente demonstráveis, que produzem, reproduzem, desenvolvem, problematizam etc. no plano social a sua essência sempre e em toda parte baseada em decisões alternativas, em correspondência com as condições e exigências dessa essência, em distintos modos fenomênicos, com diferentes conteúdos e formas. Isso decorre da constituição ontológica do ser social, na qual de forma alguma ocorre uma necessidade que não fosse determinada geneticamente por atos conscientes. Todavia, como já foi exposto na análise do trabalho, as consequências causais dos atos teleológicos dissociam--se das intenções de quem os põe, rumando muitas vezes até na direção diametralmente oposta. Porém, repetindo um exemplo muitas vezes mencionado, quando a busca do extralucro [*Extraprofits*] num determinado estágio do desenvolvimento capitalista leva à redução da taxa de lucro, surge ontologicamente um processo de natureza totalmente diferente daquele que surge, por exemplo, quando uma pedra rola para o fundo em consequência do efeito de diversas constelações determinadas por leis da natureza ou quando bacilos provocam uma enfermidade no organismo.

Assim, o conjunto do ser social, nos seus traços ontológicos fundamentais, está construído em cima dos poros teleológicos da práxis humana, formalmente sem levar em conta em que medida os conteúdos teóricos de tais poros, em termos gerais, captam corretamente o ser, bastando que estejam em condições de realizar suas finalidades imediatamente almejadas, obviamente tampouco levando em conta se suas consequências causais ulteriores correspondem às intenções dos sujeitos dos poros. Objetivamente importa quais as cadeias causais que esses poros põem em movimento e que efeito esses têm sobre a totalidade do ser social. Para visualizar com toda clareza os problemas ontológicos que daí surgem, parece-nos indispensável examinar mais detidamente esses poros teleológicos, tanto no que se refere à sua constituição objetivo--estrutural como no que se refere aos seus efeitos sobre os sujeitos que os põem. Porque justamente nesse ponto os simples fatos da ontologia do ser social entram em agudas contradições com algumas tradições filosóficas venerandas, que reiteradamente tomaram como ponto de partida os fenômenos mais complexos, extremamente desenvolvidos, examinando-os isoladamente nas dimensões metafísica, lógica, gnosiológica, e, por essa razão, pela natureza do processo, jamais conseguiram avançar até a sua gênese, até o fundamento real do seu ser – até a chave para sua decodificação ontológica. Encarados objetivamente, os "elementos" do ser social por nós investigados nada mais significam além de que, com o auxílio de um pôr teleológico, podem ser postas em movimento cadeias causais reais. Os nexos causais existem de modo totalmente independente de toda teleologia; esta, em contraposição, pressupõe uma realidade posta em movimento por aqueles: pores teleológicos só são possíveis num ser causalmente determinado. Isso porque sua realização está baseada na possibilidade de contar incondicionalmente com o funcionamento sempre renovado de uma cadeia causal corretamente reconhecida na prática. Por mais simples que seja essa conexão entre causalidade e teleologia, em toda a história da filosofia, ela só foi reconhecida por Aristóteles e por Hegel, e inclusive por eles de modo apenas parcial, não em todas as suas consequências. Nicolai Hartmann, o único filósofo burguês do nosso tempo que, dentro de certos limites, teve uma compreensão real dos problemas atinentes ao ser, tentou recuperar a análise de Aristóteles para a opinião pública filosófica. Ele ressalta com razão que Aristóteles, por um lado, expõe concretamente a efetividade da teleologia valendo-se exclusivamente de exemplos do trabalho, ou seja, os do arquiteto e do médico, o que, contudo, não impediu a inconsequência de fundar a sua concepção da natureza igualmente na teleologia. Hartmann percebe com a crítica justa que a concepção de teleologia de Aristóteles exclui todos os processos "que não são conduzidos por uma consciência", do que necessariamente decorreu que toda concepção teleológica da natureza ou do processo histórico no fundo só poderia ter caráter teológico. Ora, ao complementar a análise aristotélica do pôr teleológico, a saber, a diferenciação entre *νόησις* [pensar] e *ποίησις* [produzir] através de uma subdivisão do primeiro ato em dois: "pôr do fim" e "seleção dos meios", Hartmann fez um progresso real no acercamento ao fenômeno [*Phänomen*], concretizou essencialmente o pôr teleológico, mostrando que o primeiro ato é direcionado do sujeito para o objeto (meramente pensado), ao passo que o segundo ato é uma "determinação retrocessiva", visto que, nele, os passos que levam a ela são construídos retrocessivamente a partir do novo objeto planejado[20]. O ponto em que as limitações da concepção de Hartmann ficam mais evidentes é no fato de ele

---

[20] N. Hartmann, *Teleologisches Denken*, cit., p. 65-7.

não submeter o ato de pôr do fim a nenhuma análise ulterior; ele se contenta com a constatação, que não deixa de ser acertada mas não está suficientemente concretizada, de que tal ato parte da consciência e está direcionado para o futuro, para algo ainda não existente. Na realidade, porém, o ato de pôr o fim possui gênese e função sociais bem concretas. Ele decorre das necessidades dos homens, e não só dessas necessidades em sua universalidade, mas dos desejos pronunciadamente particulares voltados para a sua satisfação concreta; esta, as respectivas circunstâncias concretas, os meios concretos e as possibilidades concretas socialmente disponíveis é que determinam concretamente o próprio pôr do fim, e é óbvio que o tipo da seleção dos meios, assim como o da realização, são possibilitados tanto quanto limitados pela totalidade dessas circunstâncias. Só assim o pôr teleológico pode converter-se – tanto individual como genericamente – em veículo central do homem; só assim ele comprova ser a categoria elementar específica que diferencia qualitativamente o ser social de qualquer ser natural.

Tal concretização, que ultrapassa em muito quaisquer ponderações, em última análise, gnosiológico-abstratas, por exemplo no sentido de que o movimento parcial dentro desse complexo vai do sujeito para o objeto ou vice-versa, é incondicionalmente necessária, se quisermos compreender que outra questão secularmente não resolvida da história da filosofia também só pode ser corretamente respondida em termos genético-ontológicos a partir desse complexo. Estamos nos referindo, também neste momento, ao problema da liberdade. Como na questão da relação entre causalidade e teleologia, também nesta deve ser ressaltado, aliás em consonância com algumas intuições que tivemos anteriormente, que o problema da liberdade só pode ser levantado significativamente numa relação complementar com o problema da necessidade. Se na realidade não houvesse necessidade, nenhuma liberdade seria possível, claro que tampouco seria possível no mundo do determinismo de Laplace, do "eterno retorno" de Nietzsche etc. Já apontamos repetidamente para o caráter "se... então" da necessidade faticamente existente e julgamos que o problema da liberdade só pode ser posto de modo correto e fiel à realidade quando se toma como ponto de partida o ser desse complexo, a forma normal do seu funcionamento, a sua gênese enquanto componente do ser social. É claro que aqui só pode ser levantada e respondida a última questão. O complexo total da liberdade só pode ser adequadamente analisado no contexto da *Ética*. A formulação correta da questão de qualquer modo passa pela aclaração da gênese. Ora, esta é, como já foi repetidamente mostrado como fato, a decisão alternativa que surge necessária e permanentemente no processo do trabalho. Com efeito, essa decisão seria inadmissivelmente simplificada, inclusive em seu estágio mais primitivo, se fosse restringida à decisão relativa ao pôr do fim. Inquestionavelmente, o pôr do fim é uma decisão alternativa, mas a sua realização, mais precisamente, tanto a preparação intelectual quanto a própria execução fático-prática, de modo algum é um evento simplesmente causal, a consequência causal simples de uma resolução prévia. Para o modo da realização, essa resolução significa um programa concreto, isto é, um campo de ação de possibilidade real, limitado em termos reais e que, desse modo, se tornou concreto. Não é preciso uma análise detida – cada experiência cotidiana o confirma – para saber que, tanto na preparação intelectual de um trabalho, seja ele científico ou meramente prático-empírico, quanto em sua execução fática, sempre estamos às voltas com toda uma cadeia de decisões alternativas. Desde o fato de se escolher a manobra mais propícia e rejeitar a menos apropriada até procedimentos semelhantes no planejamento intelectual, essa série de resoluções, claro que dentro do campo de ação concreto do planejamento global concreto, é perceptível em toda parte de modo plenamente evidente. O fato de que, no cotidiano médio, esse processo não está presente sempre, nem para cada pessoa, provém da experiência imediata do trabalho, que se baseia essencialmente em que operações singulares que já foram aprovadas geralmente são fixadas como reflexos condicionados e, por essa via, tornam-se "inconscientes"; do ponto de vista genético, todavia, todo reflexo condicionado certa vez foi objeto de decisões alternativas. Naturalmente, isso não anula o processo causal enquanto efeito do pôr teleológico, só que ele não é posto em movimento por um único pôr teleológico de uma vez por todas, mas, muito antes, as decisões singulares da realização fática o diferenciam, nuançam, melhoram ou pioram ininterruptamente, é claro que dentro da linha básica que determinou o pôr teleológico geral. E essa estrutura é válida em todos os âmbitos dos pores teleológicos, o que cada pessoa pode observar em qualquer conversação; pode-se até ter previamente uma intenção geral, que se quer alcançar com o auxílio do diálogo, mas cada frase dita, seu efeito ou a ausência de efeito, a réplica, eventualmente o silêncio do interlocutor etc. produzem forçosamente uma série de novas decisões alternativas. O fato de que seu campo de ação de possibilidades é maior, mais extensível etc. que o do trabalho físico no sentido mais estrito não surpreenderá ninguém que conhece nossas explanações sobre os dois tipos de pôr teleológico.

Desse modo, já foi circunscrito, em seus traços mais grosseiros, o "fenômeno originário" da liberdade no âmbito do ser social dos homens. Trata-se do fato de que todos os momentos do processo vital humano-social, na medida em que não possuem um caráter biológico totalmente necessário-espontâneo (respirar), são resultados causais de tais pores e não simples elos de cadeias causais. Naturalmente a decisão alternativa dos homens não se detém no nível do simples trabalho, pois pudemos ver justamente que os pores teleológicos que não servem ao metabolismo com a natureza, mas estão direcionados para a consciência de outras pessoas, revelam nesse tocante a mesma estrutura e dinâmica. E por mais complexas que sejam as manifestações vitais produzidas pela divisão social do trabalho, até as mais elevadas realizações espirituais dos homens, as decisões alternativas continuam funcionando como fundamento geral de todas elas. Naturalmente, isso representa apenas uma preservação extremamente geral e, por isso, abstrata da peculiaridade da gênese. Tanto o teor como a forma estão continuamente sujeitos a mudanças qualitativas revolucionárias; por essa razão, eles jamais podem nem devem simplesmente ser "derivados" da forma originária da gênese como simples variantes desta. Porém, o fato de que essa forma originária fique preservada em todas as mudanças é sinal de que, nesse caso, trata-se de uma forma básica fundamental e elementar do ser social, assim como, por exemplo, a reprodução do organismo, a despeito de todas as suas mudanças qualitativas, continua sendo uma forma permanente da natureza orgânica. Portanto, mesmo que, como ressaltado anteriormente, só na *Ética* pudermos tratar adequadamente o crescimento e a constituição dos modos fenomênicos mais elevados das decisões alternativas, aqui já é possível antecipar, mediante algumas observações de cunho bem geral, algo da essência da real execução. Para não ficar exposto desde o princípio a mal-entendidos, ressaltamos desde já: consideramos a usual generalização filosófica da liberdade única e – metafisicamente – indivisível como uma construção ideal vazia. O desenvolvimento social reiteradamente produz áreas da práxis humana, nas quais aquilo que em geral costuma ser chamado de liberdade aparece preenchido com diversos conteúdos, formado com diferentes estruturas, efetivando-se com diferentes dinâmicas etc. Essa pluralidade, porém, não é algo heterogêneo em rígida descontinuidade nem na sequência histórica, nem no lado a lado numa e mesma sociedade; suas diferentes corporificações se deslocam de uma para outra sem, no entanto, fundir-se cabalmente numa unidade total (por exemplo, a liberdade jurídica e a liberdade moral). Portanto, a despeito de todas as mudanças históricas e sociais, permanece como fato dado uma pluralidade, em cuja consideração ideal sempre se deve respeitar o específico das esferas, dos âmbitos etc., caso não se queira violentar os fatos existentes. Por essa razão, a sua exposição e análise devem ser deixadas para a ética, onde esse galgar para o complexo, para o puramente espiritual e individual – imediato – é exposto em termos histórico-sociais, portanto, onde pode ser fundamentado ontologicamente esse pluralismo das liberdades, em contraposição ao mero conceito abstrato, metafísico-unitário, da liberdade presente em muitos sistemas filosóficos.

Apesar disso – atendo-se a essa concepção pluralista –, uma consideração de cunho geral das decisões alternativas também possui um sentido ontológico. Quando se diz que a decisão do homem primitivo de, ao afiar as pedras, manter a mão no lado superior direito e não no inferior esquerdo é uma decisão alternativa tanto quanto a decisão de Antígona de sepultar o seu irmão apesar da proibição de Creonte, não só se constatou uma propriedade abstrata comum de dois complexos fenomênicos de resto totalmente heterogêneos, mas também se expressou algo que atinge significativos aspectos em comum de ambos. O lado objetivo dessa ligação interior de fenômenos de resto amplamente heterogêneos constitui o caráter de valor [*Werthaftigkeit*] geral dos seus atos. Ao tratar do trabalho já apontamos para o fato de que o seu produto é bem-sucedido ou malsucedido, proveitoso ou inútil etc. com necessidade ontológica; desse modo, entra em cena uma constituição interior dos objetos no âmbito do ser social, que é totalmente estranha a qualquer objetividade natural, cujo fundamento constitui exclusivamente o processo social de reprodução. Todos os atos de transformação que o trabalho, até mesmo o mais primitivo, efetua nos objetos da natureza são medidos por essa relação entre seu decurso e seu resultado e o processo social de reprodução, e a aplicação desse critério possui um caráter valorativo irrevogável, o que comporta simultânea e objetivamente a alternativa da polaridade entre provido de valor [*Werthaftig*] ou adverso ao valor [*Wertwidrig*]. O fato de o ato de valorar aparecer, nesse tocante, diretamente como ato subjetivo não deve induzir a erro. O juízo subjetivo sobre se esta ou aquela pedra é ou não apropriada para amolar outras pedras depende do fato objetivo do ser apropriado; o juízo subjetivo pode, em casos singulares, passar ao largo do caráter de valor ou da adversidade ao valor objetivas, mas o critério real é constituído por essa constituição objetiva. E o desenvolvimento social consiste justamente em que, na práxis, o objetivamente valioso tendencialmente se impõe. Todavia, sempre no decorrer de movimentos desiguais, sempre no quadro daquilo que o *hic et nunc* histórico-social possibilita para as ações dos homens em cada caso. A razão dessa irrevogabilidade das valorações baseia-se no fato de que todos os objetos do ser social não são simplesmente objetividades, mas sem exceção objetivações. Isso se refere, por um lado, também a casos em que um evento natural inalterado (eventualmente até inalterável) incide no ser social. O vento é um fato natural que, em si, nada tem a ver com representações de valor. Porém, desde os tempos mais antigos os marujos já falavam com toda razão de ventos favoráveis e desfavoráveis, pois no processo de trabalho do velejar de um lugar X para um lugar Y a força e a direção do vento desempenham um papel equivalente ao que, de resto, desempenham as propriedades materiais do meio de trabalho, do objeto de trabalho; o vento favorável ou desfavorável passa a ser, portanto, um objeto no âmbito do ser social, do metabolismo da sociedade com a natureza; o provido de valor ou o adverso ao valor pertencem às suas propriedades objetivas enquanto momentos num complexo concreto do processo laboral. O fato de que o mesmo vento é avaliado por um marujo como favorável e por outro como desfavorável não introduz nenhum subjetivismo na valoração: o vento só se converte em momento de objetivação social num determinado processo concreto; somente dentro desse complexo existente as suas propriedades podem ser valiosas ou adversas ao valor, mas nessa conexão elas o são de modo objetivo, não de modo subjetivo.

Portanto, se nas decisões alternativas do trabalho está contido o "fenômeno originário" da liberdade, isso ocorre porque ela põe em marcha os primeiros atos, nos quais aquelas surgem através das objetivações; que, portanto, por seu ser, são algo diferente de meras transformações espontâneas de um existente em um ser-outro, que, por isso, podem se tornar veículo para o surgimento de algo realmente novo, de algo que não só modifica objetivamente o ser social, mas transforma a mudança no objeto de um pôr humano voluntário. Por isso, o "fenômeno originário" não consiste na mera escolha entre duas possibilidades – algo assim também pode suceder na vida de animais de organização mais elevada –, mas na escolha entre o valioso e adverso ao valor, eventualmente (em estágios mais elevados) entre duas espécies de valor, entre complexos de valor, justamente porque a escolha entre objetos não se dá de modo, em última análise, estático, apenas biologicamente determinado, mas tomam-se decisões de modo ativo e prático sobre se e como determinadas objetivações podem ser realizadas. O desenvolvimento da sociedade humana – considerada do ponto de vista dos sujeitos humanos – consiste essencialmente em que tais decisões dominam todos os passos na vida humana, desde os mais cotidianos até os mais elevados. Não importa se ou em que medida os homens tomam consciência desse fundamento de todas as suas ações – a vida em toda sociedade produz continuamente circunstâncias que podem ocultar essa situação –, algum sentimento, ainda que abafado de muitas maneiras, está vivo neles de que eles próprios fazem a sua vida mediante tais decisões alternativas. O complexo de vivências sobre o qual está baseada a ideia filosófica da liberdade jamais poderá desaparecer totalmente de seu senso vital, razão pela qual as ideias sobre a liberdade, as tentativas de sua realização percorrem toda a história humana e desempenham um papel importante em cada tentativa dos homens de obter clareza sobre si mesmos, sobre sua posição em relação ao mundo, o mesmo ocorrendo com o seu polo oposto, a necessidade que igualmente é vivenciada no cotidiano de maneira sempre renovada. A intenção é levar essas considerações só até o ponto em que o próprio problema se torna visível em sua generalidade; suas exposições concretas só poderão ser levadas a cabo na *Ética*.

Ora, se quisermos apreender, mesmo que apenas de modo aproximadamente adequado, a estrutura e dinâmica internas essenciais da economia no interior do ser social, é preciso – especialmente quando, como é o caso aqui, o interesse está voltado para a posição e função ontológicas do ideal e, ademais, para a ideologia – ter uma visão geral pelo menos das determinações mais importantes do problema ontológico do fenômeno e da essência no âmbito do ser social. Por essa razão, aqui não é o lugar para investigar mais de perto essa relação nas demais formas do ser. Pois subsiste a diferença qualitativa, específica, de que o mundo fenomênico do ser social é o fator que desencadeia a maioria dos pores teleológicos, que determinam de modo imediato seu edifício e seu desenvolvimento e, desse modo, desempenham um papel significativo também na dialética objetiva de fenômeno e essência, enquanto a natureza – como natureza em si, não como terreno do metabolismo entre sociedade e natureza – se mostra totalmente indiferente às reações perante sua essência e seus modos fenomênicos. Se os observadores da natureza se detêm no fenômeno (e até na aparência) ou avançam até a essência constitui um puro problema do conhecimento, sem consequências no plano do ser. Isso, todavia, já não se refere mais à natureza enquanto objeto do metabolismo com a sociedade, contudo também nesse caso a compreensão e, igualmente, o pôr teleológico que dela decorre só podem exercer influência fática sobre os efeitos humano-sociais das legalidades naturais e não sobre estas. Para evitar que nesse ponto surjam mal-entendidos, devemos apontar mais uma vez o mais enfaticamente possível para o caráter "se... então" das relações necessárias de todas as legalidades, já reiteradamente enfatizado por nós; pois, no caso de uma absolutização lógico-abstrata ou gnosiológica do conceito da necessidade, poderia surgir, nos casos em que o conhecimento da natureza (por exemplo, de modo experimental) produz fenômenos que não ocorrem na natureza como a conhecemos, a falsa aparência de que se trata de fenômenos novos perante os da natureza. Enquanto, na realidade, só se pode dizer que, por exemplo, o experimento desvelou uma nova relação "se... então", com a qual ainda não havíamos nos deparado na realidade que conhecemos até agora; isso comprova, portanto, a possibilidade ontológico-natural real justamente dessa relação "se... então", e por enquanto permanece aberta a questão se e, em caso afirmativo, quando e onde a própria natureza produz uma relação "se... então" dessa espécie independentemente do homem. Algo qualitativamente diferente é o papel da natureza no metabolismo da sociedade. Nesse ponto, as compreensões obtidas da essência de conexões da natureza podem provocar consequências sociais revolucionárias, e isso tanto no desenvolvimento das forças produtivas (vapor, eletricidade etc.) como na ideologia (efeitos da astronomia copernicana sobre a imagem de mundo dos homens).

Para retornar ao próprio ser social, depois desse breve excurso a que fomos forçados, podemos começar com a importante sentença metodológica de Marx, que, todavia, refere-se a todo o complexo de problemas que envolve o fenômeno e a essência: "Toda ciência seria supérflua se a forma fenomênica e a essência das coisas coincidissem imediatamente"[21]. No famoso capítulo sobre o fetiche da mercadoria, Marx mostra de certo modo a estrutura originária do mundo fenomênico econômico em contraposição à essência que está na sua base:

---

[21] K. Marx, *Das Kapital*, cit., v. III/II, p. 352; MEW, v. 25, p. 825 [ed. bras.: *O capital*, Livro III, cit., p. 271].

O caráter misterioso da forma-mercadoria consiste, portanto, simplesmente no fato de que ela reflete aos homens os caracteres sociais de seu próprio trabalho como caracteres objetivos dos próprios produtos do trabalho, como propriedades sociais que são naturais a essas coisas e, por isso, reflete também a relação social dos produtores com o trabalho total como uma relação social entre os objetos, existente à margem dos produtores.[22]

Esse naturalmente é apenas o caso típico mais original do movimento do ser social, que, num primeiro momento, analisamos apenas no âmbito da práxis econômica. Quanto mais desenvolvida, quanto mais socializada se torna a vida econômica, tanto mais decididamente essa relação entre fenômeno e essência tem de tornar-se predominante nela. Isso é claramente visível, com o seu fundamento ontológico, na passagem em que Marx trata da forma fenomênica, muito disseminada no capitalismo, do dinheiro que supostamente gera dinheiro rapidamente e em grande quantidade. Ele conclui sua análise com a caracterização desse fenômeno: "Mas isso é expresso apenas como resultado, sem a mediação do processo do qual ele é o resultado"[23]. Desse modo, foi circunscrito no plano do ser de modo preciso um traço comum importante dos modos fenomênicos no processo econômico: no ser social, sobretudo no âmbito da economia, cada objeto é, por sua essência, um complexo processual; este, porém, muitas vezes se apresenta no mundo fenomênico como objeto estático de contornos fixos; nesse caso, o fenômeno se torna fenômeno justamente pelo fato de fazer desaparecer para a imediatidade o processo ao qual ele deve sua existência como fenômeno. Não é possível superestimar a importância social desse modo fenomênico do processo econômico essencial. Em outra passagem, Marx fornece uma visão geral de como importantes posicionamentos teóricos dos mais importantes pensadores, de como posicionamentos práticos decisivos de períodos culturais inteiros originam-se de tal modo fenomênico do dinheiro. A gênese real, nem um pouco misteriosa, do dinheiro foi descrita por Marx de modo ontologicamente concludente na análise da relação com a mercadoria como necessidade simples e óbvia de sua gênese econômica, ao mostrar como o surgimento da forma-valor geral converteu em uma figura autônoma da vida econômica a sua corporificação, que com o tempo se mostrou adequada na prática:

---

[22] Ibidem, v. I, p. 38; ibidem, v. 23, p. 86 [ed. bras.: ibidem, Livro I, p. 147].
[23] Ibidem, v. II, p. 21; ibidem, v. 24, p. 50 [ed. bras.: ibidem, Livro II, no prelo].

O ouro só se confronta com outras mercadorias como dinheiro porque ele já se confrontava com elas anteriormente como mercadoria. Igual a todas as outras mercadorias, ele também funcionou como equivalente, seja como equivalente individual em atos isolados de troca, seja como equivalente particular ao lado de outros equivalentes-mercadorias. Com o tempo, ele passou a funcionar, em círculos mais estreitos ou mais amplos, como equivalente universal. Tão logo conquistou o monopólio dessa posição na expressão de valor do mundo das mercadorias, ele tornou-se mercadoria-dinheiro, e é apenas a partir do momento em que ele já se tornou mercadoria-dinheiro [...] que a forma de valor universal se torna forma-dinheiro.[24]

Ora, essa visualização clara da gênese econômico-real da essência oferece um contraste extremamente nítido à falta de clareza do mundo fenomênico que lhe corresponde e que muitas vezes se converte em algo mítico, apresentando um efeito fetichista. Também sobre isso Marx oferece uma síntese clara, que, apesar de extensa, temos de citar para que se possa dar visibilidade concreta, no âmbito da economia, ao contraste entre a relativa simplicidade da gênese e constituição da essência e a confusa complexidade do mundo fenomênico. Marx diz: o dinheiro

> não é uma forma meramente intermediadora do intercâmbio de mercadorias. Ele é uma forma do valor de troca que brota do processo de circulação, um produto social gerado por si mesmo mediante as relações pelas quais os indivíduos ingressam na circulação. No momento em que o ouro e a prata (ou qualquer outra mercadoria) se evoluíram para medida de valor e meio de circulação [...], eles se tornam dinheiro sem o auxílio ou o querer da sociedade. Seu poder aparece como um fato, e a consciência das pessoas, especialmente das que se encontram nas condições de sociedade e que sucumbem diante do desenvolvimento aprofundado das relações do valor de troca, resiste ao poder que adquire substância, torna-se uma coisa diante delas, à dominação do maldito metal que aparece como pura demência. É no dinheiro, ou seja, na forma mais abstrata, logo, mais sem sentido, mais incompreensível – uma forma em que toda mediação foi anulada –, que pela primeira vez aparece a transformação das relações sociais recíprocas numa relação social fixa, sobrepujante, que encampa os indivíduos. Ademais esse fenômeno é tanto mais duro por brotar do pressuposto das pessoas privadas atomísticas livres, arbitrárias, que só se relacionam umas com as outras através de suas necessidades recíprocas na produção. [...] Os filósofos antigos, do mesmo modo que Boisguillebert,

---
[24] Ibidem, v. I, p. 36-7; ibidem, v. 23, p. 84 [ed. bras.: ibidem, Livro I, p. 145].

encaram isso como deturpação, mau uso do dinheiro, que de servo se transforma em senhor, depreciando a riqueza natural, anulando a igualdade dos equivalentes. Em sua república, Platão quer manter pela força o dinheiro como simples meio de circulação e medida, mas não permitir que ele se transforme em dinheiro como tal. Aristóteles, por conseguinte, considera como natural e racional a forma da circulação M-D-M, na qual o dinheiro funciona apenas como medida e moeda, um movimento que ele chama de econômico, ao passo que estigmatiza a forma D-M-D, a forma crematística, como antinatural e inconveniente. O que se combate aqui é tão somente o valor de troca, que se torna conteúdo e fim em si da circulação, a autonomização do valor de troca como tal; que o valor como tal se torne o fim da troca e adquira forma autônoma, de início ainda na forma simples e palpável do dinheiro.[25]

Seríamos menos que superficiais se simplesmente fizéssemos pouco caso da mistificação do poder do dinheiro, de sua fetichização reificada no cotidiano, como se não passasse de preconceito de épocas primitivas, e nos reportássemos a compreensões mais maduras de formações superiores. Com efeito, a formação capitalista altamente desenvolvida produz uma forma fenomênica similarmente deformada, que os praticantes ativos e os porta-vozes teóricos dessa práxis são tão pouco capazes de discernir quanto os gregos antigos eram capazes de decifrar o poder misterioso do dinheiro. Referimo-nos ao encobrimento do mais-valor pelo lucro, que surge de modo economicamente espontâneo e é indispensável à práxis capitalista, àquele mundo fenomênico capitalista, no qual o mais-valor desaparece completamente atrás do lucro e a reificação que assim surge e que deforma a essência do processo se converte em fundamento real inabalável de toda práxis capitalista. Marx descreveu também esse processo com a maior exatidão possível:

> O *mais-valor* posto pelo próprio capital e medido por sua relação numérica com o valor total do capital é o lucro. O trabalho vivo apropriado e absorvido pelo capital aparece como sua própria energia vital; sua força autorreprodutora, modificada ademais por seu próprio movimento, a circulação, e o tempo pertencente ao seu próprio movimento, o tempo de circulação. Desse modo, o capital só é posto como valor que se autopereniza e se autorreproduz na medida em que, como valor pressuposto, diferencia-se de si mesmo como valor posto. Como o capital entra

---

[25] Idem, *Rohentwurf*, cit., p. 928-9. [Esse texto, publicado originalmente como anexo aos *Grundrisse*, não consta da edição brasileira da obra. – N. T.]

inteiramente na produção e, como capital, suas partes constitutivas só se distinguem formalmente umas das outras, sendo uniformemente somas de valor, o pôr de valor aparece-lhes uniformemente imanente. Além disso, como a parte do capital que se troca por trabalho só atua produtivamente na medida em que as demais partes do capital são postas juntamente com ela – e a proporção dessa produtividade é condicionada pela grandeza de valor etc., pela variada determinação recíproca dessas partes [...], o pôr do mais-valor, do lucro, aparece como determinado uniformemente por todas as partes do capital. Como, de um lado, as condições do trabalho são postas como componentes objetivos do capital e, de outro, o próprio trabalho é posto como atividade nele incorporada, o processo do trabalho como um todo aparece como processo próprio do capital e o pôr do mais-valor como seu produto, cuja grandeza, por essa razão, também não é medida pelo trabalho excedente que o capital força o trabalhador a realizar, mas como produtividade acrescida que ele confere ao trabalho. O produto propriamente dito do capital é o lucro. Nesse sentido, ele agora é posto como fonte de riqueza.[26]

Mais uma vez estamos lidando, portanto, com um mundo fenomênico produzido pela dialética própria da produção econômica, com um mundo fenomênico que é realidade no seu ser-propriamente-assim, que não é aparência, já que constitui, no cotidiano prático do capitalismo, o fundamento imediatamente real dos pores teleológicos, sem que estes – em consequência de um embasamento numa aparência não correspondente à realidade – tivessem de suprimir a si mesmos por estarem pondo algo irreal. Pelo contrário: a constituição assim dada desse mundo fenomênico é o fundamento imediatamente real de todos aqueles pores, nos quais a reprodução real de todo o sistema econômico é capaz de se conservar e de continuar crescendo. Também nesse caso, só a investigação ontológico-genética da essência pode trazer à tona a verdade sobre o mundo fenomênico; apesar disso, porém, este pode, como já pudemos observar na análise do trabalho, constituir um fundamento sólido--imediato para os pores teleológicos da práxis capitalista cotidiana. Marx descreve essa relação da seguinte maneira: "Mais-valor e taxa do mais-valor são, em termos relativos, o invisível e o essencial a ser pesquisado, enquanto a taxa de lucro e, portanto, a forma do mais-valor como lucro se mostram na superfície dos fenômenos"[27]. Compreende-se sem mais que a constituição aqui

---

[26] Ibidem, p. 706-7; MEW, v. 42, p. 711 [ed. bras.: *Grundrisse*, cit., p. 696].
[27] Idem, *Das Kapital*, cit., v. III/I, p. 17; MEW, v. 25, p. 53 [ed. bras.: O *capital*, Livro III, cit., p. 34; com modif.].

descrita do mundo fenomênico econômico também domina todo o complexo de problemas, ao qual muitas vezes já se recorreu aqui, da taxa média de lucro, já que o desaparecimento do mais-valor atrás do lucro constitui também o seu fundamento economicamente existente. Marx desvela da seguinte maneira a relação essencial decisiva nesse ponto e que desaparece enquanto fenômeno: "A tendência progressiva da taxa geral de lucro a cair é, portanto, apenas uma expressão peculiar do modo de produção capitalista para o desenvolvimento progressivo da força produtiva social do trabalho"[28].

Desse modo, cresce necessariamente de dentro do processo econômico do capitalismo a reificação da objetividade social enquanto mundo fenomênico existente, naturalmente também o seu espelhamento correspondente na consciência dos homens que efetuam seus pores práticos nesse seu mundo fenomênico imediato, dos que vivem nesse mundo, cujas ações são respostas às perguntas que ele levanta. A transformação do mais-valor em lucro é um fator decisivamente importante nesse processo. Marx o descreve da seguinte maneira:

> Na mesma proporção em que a figura do lucro esconde o seu núcleo interior, o capital vai adquirindo cada vez mais uma figura coisificada, uma relação se transforma cada vez mais em coisa, mas uma coisa que carrega a relação social no corpo, que a engoliu, uma coisa que se relaciona consigo mesma mediante uma vida e uma autonomia fictícias, uma essência sensível-suprassensível. Nessa forma de *capital e lucro*, o capital aparece como pressuposto acabado na superfície. Ele é a forma de sua realidade ou, antes, a sua real forma de existência.[29]

Essa realidade se impõe a cada relação que surge nesse terreno. Assim, numa forma reificada-deformada, como se, por exemplo, a renda fundiária fosse um produto do solo,

> a renda aparece, como cada figura da mesma criada pela produção capitalista, simultaneamente pressuposto fixo, dado, disponível a todo instante, ou seja, disponível para o indivíduo de modo independente. O agricultor deve pagar renda, mais precisamente tanto por medida de solo, dependendo do tipo de solo.[30]

---

[28] Ibidem, p. 193; ibidem, p. 223 [ed. bras.: ibidem, p. 164].
[29] Idem, *Theorien über den Mehrwert*, v. III, p. 555; MEW, v. 26/3, p. 474.
[30] Ibidem, p. 557; ibidem, p. 475.

Quando o mais-valor desaparece do mundo fenomênico do capitalismo, surge essa espécie de formações reificadas, nas quais a sua unidade objetivamente comum, justamente o mais-valor, "se torna cada vez mais irreconhecível e não se mostra no *fenômeno*, mas como mistério oculto deve ser em primeiro lugar descoberto"[31].

Essa deformação fenomênica da essência, produzida pelo desaparecimento do processo que verdadeiramente a produz, forçosamente também se externa na produção imediata do mais-valor. Sabemos que a essência do progresso econômico consiste, sobretudo, em que o trabalho necessário dos trabalhadores para a reprodução da própria vida perfaz uma porcentagem cada vez menor do seu trabalho total socialmente prestado. Esse desenvolvimento essencial se dá desde o surgimento da escravidão, ainda que de muitas maneiras desigualmente. E a estrutura das diferentes formações econômicas é essencialmente determinada de acordo com que condições, com que determinações econômicas, se dá o surgimento e a apropriação do mais-trabalho (do mais-valor). Marx passa a mostrar que, nesse desenvolvimento econômico, não há só desigualdades essenciais, mas que as diferentes formas dos modos de apropriação que vão surgindo revelam ou escondem essa relação. É interessante que o feudalismo seja a única formação em que a relação entre o trabalho prestado para a reprodução própria e o mais-trabalho assomem de modo claramente separado e distinguível, ao passo que tanto na escravidão como no capitalismo, ainda que de modo contraposto, essa diferença desapareça nas formas de exploração. Marx descreve assim tais diferenças:

> A forma-salário extingue, portanto, todo vestígio da divisão da jornada de trabalho em trabalho necessário e mais-trabalho, em trabalho pago e trabalho não pago. Todo trabalho aparece como trabalho pago. Na corveia, o trabalho do servo para si mesmo e seu trabalho forçado para o senhor da terra se distinguem, de modo palpavelmente sensível, tanto no espaço como no tempo. No trabalho escravo, mesmo a parte da jornada de trabalho em que o escravo apenas repõe o valor de seus próprios meios de subsistência, em que, portanto, ele trabalha, de fato, para si mesmo, aparece como trabalho para seu senhor. Todo seu trabalho aparece como trabalho não pago.[32]

---

[31] Ibidem, p. 558; ibidem, p. 476.
[32] Idem, *Das Kapital*, cit., v. I, p. 502; MEW, v. 23, p. 562 [ed. bras.: O *capital*, Livro I, cit., p. 610].

Também nesse ponto faz-se necessária uma gênese ontológico-social executada de modo objetivamente científico, para que se possa detectar por trás das formas fenomênicas a essência autêntica.

Selecionamos aqui apenas alguns dos mais importantes complexos de problemas da economia marxiana, cujo número poderia ser multiplicado à vontade; acreditamos, porém, que a exposição feita até aqui é suficiente para pôr a descoberto a dinâmica real da esfera econômica, visando desfazer os juízos equivocados sobre ela difundidos. Trata-se, antes de tudo, do fato de que, entre aqueles que não subestimam o significado da economia no contexto global do ser social – um grande número dos eruditos burgueses tende a subestimá-la –, particularmente entre os marxistas que fundam a sua metodologia no período da Segunda Internacional ou no do stalinismo, está disseminada a concepção de que a esfera da economia seria uma espécie de segunda natureza, que se diferencia qualitativamente em termos de estrutura e dinâmica das demais partes do ser social, daquilo que é chamado de superestrutura, ideologia, mantendo com estas uma relação de antagonismo estrito e excludente. (Basta lembrar as ideias de Plekhanov ou Stalin.) Nossa exposição almejou desfazer tais preconceitos. Com efeito, o trabalho como elemento último, indecomponível, da esfera econômica está baseado, como foi extensamente exposto aqui, num pôr teleológico, e também mostramos a partir de diferentes aspectos, que todos os momentos que produzem a estrutura e a dinâmica da esfera econômica são atos igualmente teleológicos, direta ou indiretamente direcionados para o processo do trabalho ou postos em movimento por ele. Quanto a esse aspecto, que é um aspecto fundamental, a esfera econômica não se diferencia nem um pouco das demais áreas da práxis social. Tampouco se diferencia quanto ao que necessariamente resulta dos pores teleológicos enquanto movimentos essenciais do processo, ou seja, que um momento ideal sempre deve constituir o ponto de partida nos pores singulares. Quanto a esse aspecto, portanto, o ser social em seu conjunto é construído de modo ontologicamente unitário. Não é possível sustentar uma bipartição em esferas estritamente antagônicas em termos estruturais e dinâmicos quando se pensa até as últimas consequências a realidade e sua concepção dialética marxiana. Mesmo que se quisesse vislumbrar no metabolismo com a natureza, de um lado, e na práxis exclusivamente intrassocial, de outro, princípios absolutamente contrastantes, não se chegaria a nenhum resultado satisfatório. Nas esferas ideológicas extremamente evoluídas até existem espécies de pôr que, via de regra, só muito remotamente influenciam o agir material dos homens, mas é preciso ponderar que, também nesse caso, só se chegaria a uma diferença quantitativa no tocante ao processo de mediação. Quanto mais desenvolvida, quanto mais social for uma formação econômica, tanto mais complexos são os sistemas de mediação que ela precisa construir dentro e em torno de si, embora todos eles de algum modo se encontrem em interação com a autorreprodução do homem, com o metabolismo com a natureza, permanecendo relacionados com ele e sendo constituídos de tal modo que em resposta o influenciem simultaneamente no sentido de promovê-lo ou inibi-lo. Nesses casos, está igualmente claro que partes importantes da superestrutura, bastando pensar no direito ou na política, estão intimamente ligadas a esse metabolismo, encontrando-se numa inter-relação íntima com ele.

Os pores teleológicos que surgem com o trabalho e dele brotam são, por isso mesmo, componentes fundamentais do ser social humano, mas este como um todo é tão multifacetado e está tão inseparavelmente ligado com sua existência física e sua reprodução que uma bipartição absoluta deve parecer impossível. Isso, todavia, não significa que as interações interligadoras e uniformizadoras precisem ter em toda parte a mesma força e intensidade. Pelo contrário. Nem mesmo dentro de cada uma das diferentes partes singulares da esfera econômica elas podem ter uma proporção constante quanto a esse aspecto. A historicidade da economia enquanto ser se externa, no final, não só numa mudança permanente de estrutura e intensidade de seus complexos singulares, mas também na mudança de sua função, que, por seu turno, tem fortes retroações sobre essas proporcionalidades. (Pense-se na função distinta e muitas vezes até mesmo oposta do capital comercial e do capital financeiro nas formações pré-capitalistas e no capitalismo.) Todas essas transições extremamente complexas, que impossibilitam uma contraposição metafisicamente brusca e sem transições da esfera econômica com a superestrutura, não querem de modo algum dar a entender que o complexo total dos pores teleológicos no interior do ser social seria dali por diante um mingau indiferenciado e uniforme. Como acabamos de ver, o que interessa é compreender, também na própria esfera econômica, claro que com consideráveis impactos sobre os demais complexos, a diferenciação, extremamente importante em termos ontológicos, entre fenômeno e essência. Mostramos que, em contraposição aos preconceitos ideológicos, ambos devem ser tidos como determinações existentes, não só como determinações do pensamento, não só como meras diferenciações ideais. Também ficou claro que essas duas formas do ser estão ligadas umas às outras por um sem número de interações, formando uma unidade dinâmica, na qual, contudo, as determinações concretas de seu ser processual têm efeitos bastante diferenciados, apesar do entrelaçamento.

Se quisermos apreender na economia a unidade e diversidade ontológicas corretas de cada fenômeno, temos de recorrer, com uma postura ontológico--crítica, ao tratamento que Hegel deu a esse complexo de problemas. Já na "Propedêutica filosófica", escrita num período relativamente precoce, Hegel determina o fenômeno como algo que "não existe em si e para si, mas está fundado em um outro". E acrescenta de imediato como determinação decisiva da relação entre essência e fenômeno: "A essência *deve* aparecer"[33]. Desse modo, por um lado a essência apareceu ontologicamente como momento preponderante na interação e, por outro, a relação igualmente ontológica entre ambas é concretizada no fato de que o fenômeno tem de brotar necessariamente do ser da essência. Essa unidade dinâmica das duas baseia-se – o que, todavia, não está mais contido com toda a clareza nas análises de Hegel, que eram de cunho meramente ontológico e não estavam direcionadas conscientemente para o ser social – no fato de que a unidade de ambas no âmbito do ser social está fundada no surgimento delas a partir de pores teleológicos, e isso de tal maneira que, em cada um dos pores singulares da esfera econômica, essência e fenômeno são postos simultaneamente de modo objetivo; uma diferenciação mais clara só aflora quando as cadeias causais postas em movimento se desenvolvem como complexos do ser separados uns dos outros dotados de fisionomias específicas e, em caso de continuidade da interação permanente, se destacam – de modo imediato, relativo – umas das outras. Hegel determinou de modo genial os traços mais gerais dessa divergência no interior de um copertencimento último, mesmo que uma ontologia da dialética materialista tenha de proceder a algumas correções concretizadoras em suas determinações. Ele diz: "O reino das leis é a imagem *quieta* do mundo existente ou fenomênico"[34]. Como infelizmente tantas vezes ocorre em Hegel, também nesse ponto uma factualidade ontológica decisiva não é expressa em seu ser--em-si e ser-para-si ontologicamente objetivos, mas de modo gnosiológico-

---

[33] G. W. F. Hegel, *Philosophische Propädeutik* (org. H. Glockner, Stuttgart, 1949), Sämtliche Werke, v. III, p. 124-5; HWA, v. 4, p. 175.
[34] Idem, *[Wissenschaft der]Logik* (Berlim, 1841), Werke, Originalausgabe, v. IV, p. 143; HWA, v. 6, p. 154.

-logicamente subjetivado (imagem). O que Hegel está de fato querendo dizer, ganha uma expressão mais clara e plástica quando o mundo fenomênico é contrastado com a essência assim caracterizada. Hegel oferece o seguinte quadro dessa identidade da identidade e da não identidade na relação entre essência e fenômeno:

> O reino das leis é o conteúdo *quieto* do fenômeno; este é a mesma coisa, mas que se apresenta na mudança inquieta e como reflexão-em-outro. Ele é a lei como existência negativa, que pura e simplesmente se modifica, o *movimento* da passagem para o oposto, do suprassumir-se e do retornar à unidade. Esse aspecto da forma inquieta ou da negatividade não está contido na lei; por conseguinte, o fenômeno é a totalidade diante da lei, porque ele contém a lei, e mais que isso, a saber, o momento da forma que movimenta a si mesma.[35]

Complementarmente seja observado aqui que, ao caracterizar o reino da essência como conteúdo, Hegel já procede de modo mais ontológico do que na passagem anterior, embora a sua determinação dos dois complexos, que também se encontram ontologicamente numa relação de reflexão um com o outro, passa lógico-gnosiologicamente ao largo das conexões ontológicas decisivas quando estabelece uma ligação formal, a partir da universalidade, entre a sua relação de reflexão (conteúdo-forma) e essa relação específica de complexos. No sentido ontológico estrito, o fenômeno não pode ser a forma da essência, assim como esta não pode ser simplesmente o conteúdo daquele. Cada um desses complexos é ontologicamente, por sua própria natureza, a forma do seu próprio conteúdo e sua ligação é, de modo correspondente, a ligação entre duas relações de forma e conteúdo em si unitárias.

A necessidade de levantar tais objeções à formulação de Hegel, todavia, não muda nada no fato de que os traços decisivos nela determinados da diferenciação no interior da unidade indivisível tenham sido apreendidos de modo fundamentalmente correto. Para que se possa avançar até essa unidade é preciso remontar sobretudo o adjetivo hegeliano "quieto" na caracterização da essência à sua constituição autenticamente ontológica. Como primeira aproximação relativa à factualidade obtém-se que a "imagem quieta" desvela aspectos importantes das leis que regem a essência, que perfazem sua essen-

---

[35] Ibidem, p. 146; ibidem, p. 154s.

cialidade, mas que simultaneamente aproxima demasiadamente a sua dinâmica ontológica de uma estagnação gnosiológica. Porque a "quietude" [*Ruhe*] da imagem ideal de fato é uma marca característica que resume propriedades reais do processo vigente – da continuidade de suas tendências principais, das proporções legais de seus componentes –, mas ela concomitantemente oculta que se trata, nesse caso, em primeira linha de um processo real de desenvolvimento. É óbvio que essa inadequação é muito menos incômoda no caso de legalidades, sobretudo da natureza inorgânica, visto que, no âmbito do ser social, por um lado, o caráter histórico de cada legalidade, sua gênese e seu fenecimento, ganha expressão com uma pregnância qualitativamente bem diferente, visto que, por outro lado, a reação humana a ela só pode adquirir importância ontológica no plano social. As limitações das determinações hegelianas têm a ver, portanto, com sua universalidade, com sua pretensão de determinar unitariamente de modo lógico a essência e o fenômeno no âmbito do ser como um todo. Por essa razão, no ser social, o caráter "quieto" ["*ruhend*"] da essência nada mais é que uma continuidade tendencial daquele processo que perfazem as suas determinações mais fundamentais. Essa continuidade está ontologicamente baseada no fato de que, aqui, nos pores teleológico-humanos que ininterruptamente põem em andamento e mantêm em movimento as cadeias causais do ser social, os momentos objetivo-causais sempre, de modo prevalente, são os momentos dominantes, ou seja, que o princípio, já bem conhecido nosso, de que os resultados superam as intenções humano-sociais dos pores desempenha um papel dominante. Onde isso se evidencia mais claramente é na tendência para a redução permanente do trabalho inevitavelmente necessário para a reprodução do homem singular em comparação com o trabalho total que este indivíduo de fato é capaz de prestar no curso do desenvolvimento histórico-social. A irresistibilidade dessa tendência brota do momento do novo que caracteriza ontologicamente o trabalho enquanto pôr teleológico. Esse novo também possui um caráter dinâmico no fato de sua atividade no pôr teleológico efetivar-se não só nos respectivos atos singulares imediatos da realização, mas, mediado precisamente por esta, transformar-se em princípio permanentemente ativo desencadeador de inovações. A essência ontológica de tais inovações – por mais ilimitadamente múltipla que possa parecer a sua constituição técnica – consiste, por sua essência, sempre numa redução do tempo de trabalho socialmente necessário à reprodução imediata dos trabalhadores, na liberação de rendimentos e resultados do trabalho de constituição universalmente social. Dessa linha de desenvolvimento do trabalho decorrem, mediados por um constante aumento do rendimento de trabalho provocado por ela, por um lado o afastamento da barreira natural, a socialização cada vez mais intensa da sociedade, um processo que já descrevemos repetidamente em outros contextos, por outro lado um crescimento constante das sociedades singulares, a ininterrupta intensificação das inter-relações econômicas que surgem entre elas, que atingiram o seu ponto culminante até agora no mercado mundial criado pelo capitalismo, mas que já há tempos dá sinais inconfundíveis de necessitar um ulterior desenvolvimento tanto quantitativo como qualitativo.

Ora, se com razão encararmos essas três séries evolutivas, estreitamente ligadas entre si, como conteúdo de um complexo processual unitário, seremos capazes de perceber nelas dois tipos de traços, nos quais vem claramente à tona a legitimidade relativa, ainda que também desencaminhadora, de Hegel ao determinar a essência como princípio da quietude e da uniformidade em contraposição à multiformidade inquietamente movimentada do mundo fenomênico. Com efeito, em primeiro lugar, o mundo fenomênico social evidencia um quadro de colorido inesgotável, de uma cadeia de formações heterogêneas entre si e contraditórias, em que cada uma delas é singular, incomparável, o quadro de um processo recorrentemente desigual; em segundo lugar, tanto em suas mudanças como em suas cristalizações, parece caber à atividade humana um papel que de modo algum é onipotente, mas que evidentemente de fato é codeterminante. Enquanto isso, o mundo econômico da essência evidencia direcionamentos tendenciais inequivocamente determinados, e isso de modo tal que revela sua independência muito ampla em relação às intenções dos pores. A "quietude" hegeliana de fato deforma algo extremamente importante, precisamente o caráter processual também da essência, mas aponta claramente as diferenças fundamentais e até os antagonismos das esferas da essência e do fenômeno. Essa diferenciação deve ser mantida, não obstante toda a crítica feita à posição de Hegel, caso se queira chegar a um conhecimento que apreenda adequadamente o ser autêntico do econômico dentro do ser social. Todavia, é preciso acrescentar-lhe uma ressalva complementar (não supressiva). O maior grau de independência dos movimentos dentro da esfera total da essência em relação às intenções dos pores confere ao seu ser certa aparência "natural"; quando se fala – de modo tão frequente quanto ambíguo – da sociedade como uma "segunda natureza", em geral se tem em mente exatamente essa sua independência em relação ao sujeito. Desse modo, de fato se expressa, mediante uma concretização dialética suficiente, uma propriedade real desse ser. Mas, ao fazer isso, jamais se deve esquecer que essa independência em relação aos atos conscientes não obstante pressupõe esses mesmos atos como seus fundamentos ontológicos, que o ser social, portanto, inclusive na forma de sua mais elevada e mais pura objetividade, jamais poderá ter a completa independência em relação ao sujeito que possuem os processos naturais. Entretanto, conservar essa ideia da objetividade "natural", mediante suficiente delimitação crítica em relação a toda analogia com a natureza, constitui simultaneamente uma garantia gnosiológica contra a concepção profundamente arraigada, ainda presente em Hegel, de uma teleologia real na história da humanidade. Em seu caráter decididamente não teleológico, necessário no plano puramente causal, essa esfera de fato se comprova como uma espécie de "segunda natureza". A diferença qualitativamente determinante evidencia-se no fato de que a fundação ontológica em pores teleológicos-humanos tem de externar, na constituição geral do tipo "se... então" das legalidades, o seu caráter tendencial, o seu impor-se como linha tendencial – com inevitáveis oscilações. O caráter não teleológico do processo total igualmente lança luz sobre esse caráter do tipo "se... então" das legalidades da essência. Se suas alienações fossem as de processo finalístico direcionado para a consumação plena, não poderiam ocorrer ali quaisquer desvios, quaisquer becos sem saída do desenvolvimento. Mas foi exatamente Marx quem mostrou que a formação, que ele designa como relações de produção asiáticas, evidencia em todas as relações decisivas os traços de um beco sem saída, mais precisamente um em que as tendências fundantes da economia aqui descritas só conseguem desdobrar-se até certo ponto e, feito isso, tornam-se capazes de, quando muito, voltar a gerar, na forma da reprodução simples, aquilo que foi alcançado, mas jamais de alçar-se a estágios qualitativamente mais elevados[36].

Porém, o conhecimento da peculiaridade ontológica da esfera da essência na economia jamais pode cristalizar-se na concepção de que se trata aí de um mundo fechado em si mesmo, que até chega a determinar decisivamente

---

[36] Entre os pontos negligenciados pelo marxismo do período stalinista está que o passado econômico dos povos asiáticos e africanos nunca foi pesquisado, de modo que hoje ninguém sabe nada cientificamente aproveitável sobre a história do seu desenvolvimento. Ora, visto que, no confronto entre as formas econômico-sociais mais desenvolvidas e tais países, surgem novas tendências econômicas a serem investigadas nos termos da ciência marxista, o marxismo atual não consegue enunciar nada que seja cientificamente fundamentável sobre essa problemática central do desenvolvimento de nosso tempo.

outras esferas, sem, contudo, incorrer numa relação de interação real com elas. Isso diz respeito sobretudo ao mundo fenomênico. Se partirmos da gênese ontológica, também nesse ponto, como fazemos com toda razão em todos eles, sempre deve estar claro para nós que ambos são ontologicamente e de igual maneira produtos dos mesmos pores teleológicos. Seria pura e simplesmente impossível imaginar que possa haver certos pores do trabalho a partir dos quais se sintetiza a esfera da essência e outros pores do trabalho distintos dos primeiros que constituiriam o fundamento do seu mundo fenomênico. Não. Deve ser imediatamente evidente para cada qual que, no âmbito do ser social, só há um processo do trabalho ontologicamente unitário, cujos elementos sempre e em toda parte formam os atos singulares de trabalho de indivíduos e de grupos humanos associados para realizar trabalho coletivo. A partir desses pores do trabalho em si unitários se originam simultânea e inseparavelmente a essência e o fenômeno de cada uma das formações econômicas. Essa unidade na dualidade ou dualidade na unidade, no entanto, nada tem de misterioso em termos ontológicos. Da análise do trabalho sabemos que o ato do pôr teleológico inevitavelmente jamais realiza só aquilo que por ele foi intencionado, mas sempre também outras e mais coisas (pressupondo que o pôr não tenha fracassado). Pois o trabalho, justamente por constituir o modelo de toda práxis, não consegue fugir à situação fundamental da práxis humana de ser levada ou eventualmente forçado a agir numa condição que nunca é completamente conhecida de modo consciente. Colocar em movimento cadeias causais, cuja importância, cujo efeito etc. leva a ultrapassar o ato de pôr, constitui, assim, a marca característica de todo pôr teleológico.

Esse ultrapassar é ele mesmo um fenômeno extremamente complexo, que se externa em todas as questões de objetividades do processo e de seus produtos, mas que, nessa multiplicidade infinita, não obstante preserva sua unicidade ontológica. Essência e fenômeno seriam impossíveis em sua dialética ontológica se não proviessem dessa gênese tão fundamentalmente unitária e não preservassem dinamicamente essa unicidade. Citando mais uma vez um exemplo a que já se recorreu muitas vezes, a essência da diminuição da taxa média de lucro constitui o aumento das forças produtivas que surge no processo de sua consecução (diminuição da parcela do tempo de trabalho necessário à reprodução do trabalhador no interior do trabalho total), a diminuição tendencial da própria taxa de lucro é o modo fenomênico desse processo que constitui a essência. Nesse caso, assim como em cada um dos demais, é evidente que se trata de algo definitivamente unitário e inseparável em termos ontológicos. Entretanto, aquilo que delimita essência e fenômeno um em relação ao outro, igualmente em termos ontológicos, é algo totalmente diferente de um modo de examinar meramente distinto de momentos idealmente diferenciáveis. O aumento das forças produtivas constitui uma tendência tão real do processo quanto a diminuição da taxa de lucro, ambos ganhando existência nos mesmos complexos de objetos do processo. O que os separa ontologicamente, a despeito dessa unidade objetiva irrevogável do processo, o que faz de um a essência e do outro o fenômeno é seu tipo de relacionamento com o processo, a sua totalidade continuada, de um lado, e o seu *hic et nunc* concreto, histórico-econômico, de outro. Compreender os traços duradouros, universais, do processo meramente como generalizações idealizadas de uma realidade concreta sempre única seria tão errado quanto atribuir a essas generalizações um ser "mais elevado", independente da realização que necessariamente será sempre única.

É preciso ter sempre claro que tanto a universalidade como a singularidade são categorias ontológicas dos próprios objetos e processos, que tanto a universalização como a singularização constituem, em primeira linha, processos reais, cujos resultados são mimeticamente reproduzidos nas formações ideais correspondentes. Mas seria leviano tirar da constelação ontologicamente existente nesse ponto, a saber, que a essência é um predomínio da universalidade, enquanto ao fenômeno acresce um movimento na direção do singular e particular, a conclusão de que, nessa relação, estaria expressa de modo unívoco a verdadeira relação da essência com seu fenômeno. Antes de tudo: a universalidade e a singularidade também são determinações de reflexão, isto é, elas entram em cena de modo simultâneo e polarizado em cada constelação: todo e qualquer objeto sempre é simultaneamente um universal e um particular. Por essa razão, embora o mundo fenomênico – posto em relação com a essência enquanto universalidade permanente – represente um mundo da singularidade movimentada, ele igualmente deve produzir ontologicamente as suas próprias universalidades, assim como as universalidades da essência reiteradamente se revelam também como singularidades. Com efeito, a maior parte das universalidades na economia burguesa nada mais é que universalizações idealmente fixadas das objetividades específicas da esfera fenomênica. Não haveria aí nada que induzisse a erro se a postura fundamentalmente antiontológica do neopositivismo, da cientificidade manipuladora, não acarretasse um estacar definitivo nesse estágio.

O universal de um singular pode, portanto, ser uma determinação de reflexão de objetividades no interior de um complexo, como também a de dois complexos um em relação ao outro. Esse caso que nos ocupa neste exato momento foi exposto de modo substancial e realista por Goethe em seu profundo e belo poema "Duração na mudança". Embora nem toque no nosso problema propriamente dito, ou justamente por isso, o quadro que ele pinta é muito apropriado para aclarar o específico da questão. Goethe traça poeticamente, mas ontologicamente de modo muito preciso, os contornos de duas relações, que formalmente se aproximam bastante do que estamos investigando, mas se diferenciam nitidamente pelo tipo particular de sua processualidade, a saber, a relação entre duração e mudança na natureza e na personalidade humana. No primeiro caso, todavia, é preciso fazer de imediato uma ressalva concretizadora para a consideração filosófica. Goethe parece estar falando da natureza em si, mas na realidade ele só está determinando a relação entre o crescimento orgânico, predominantemente de estágios inferiores, e o seu meio ambiente, o qual, por sua vez, tem um caráter expressamente inorgânico. Dessas interações surge uma movimentação do tipo cíclico, que especialmente no mundo vegetal, mas também em certas partes do mundo animal (por exemplo, em muitos insetos) vincula o processo da vida ao ciclo de modificações que se alternam constantemente na natureza (estações do ano). Estamos tratando de processos, portanto, nos quais o entrelaçamento inextricável de duas esferas – neste caso, do organismo e de seu meio ambiente – ganha expressão como dialética de duração e mudança. Correspondendo à sua concepção de mundo, Goethe liga isso diretamente com a iluminação da vida humana no apogeu de sua máxima autoformação. Também aqui resulta – em termos bem gerais – um movimento de caráter cíclico, mas não mais se trata de um retorno de determinações objetivamente cíclicas do mesmo complexo, como no caso da relação das plantas com as estações do ano, mas da interligação autocriada, humana, voluntária ou ao menos posta de início e fim cada um de sua própria vida, cujas bases em si estão irrevogavelmente dadas pela natureza do organismo humano, mas que, no desenvolvimento do homem, são submetidas a um peculiar processo de formação; Goethe diz, nesse ponto: "Deixa que início e fim/ se juntem num só" – formulando poeticamente uma das teses principais de sua ética, que ele expressou assim em prosa: "O mais feliz dos homens é aquele que consegue vincular o fim de sua vida com o começo". Aqui a duração já é algo posto em momentos essenciais, resultado de uma série de decisões alternativas executadas de modo coerente (mesmo que de modo algum necessariamente consciente) no âmbito de toda uma vida humana. Tanto o curso biológico da vida, como suas determinações puramente sociais e biológicas socializadas, como também o meio ambiente social dessa vida compõem o complexo com o qual se defronta como continuidade essa atividade de pôr, conferindo forma à personalidade que vem a ser por si mesma, gerando duração. O resultado é uma forma de vida real determinada, mas que, justamente em seu ser e em termos exclusivamente ontológicos, constitui algo valioso.

As diferenças que separam esses complexos dos que estão sendo tratados aqui propiciam a possibilidade de dar relevo a estes em sua autêntica peculiaridade. Em nosso caso, trata-se sobretudo de uma relação de reflexão no interior de um complexo social. O fato de tratar-se no fundamento, no trabalho, de um metabolismo com a natureza não muda nada de essencial, pois é exatamente pelo trabalho que a própria natureza é mediada socialmente, ao passo que, por exemplo, nascimento, crescimento, fim da vida no segundo caso tratado por Goethe, a despeito de toda a socialização de suas formas, aparentemente continuam sendo fenômenos naturais. Todavia, não é nenhum acaso que o âmbito da essência, a corporificação da duração na mudança, seja justamente aquele em que as categorias desse metabolismo preponderam sobre as relações puramente sociais. Porque é só nesse âmbito que o princípio do novo, fundado na essência do trabalho, torna-se efetivo de modo relativamente retilíneo e em conformidade com as circunstâncias dadas, de modo relativamente desinibido. Quanto mais mediados se tornarem os pores teleológicos, isto é, quanto maior a influência que exercem sobre o processo original do trabalho, tanto mais intensamente passam para o primeiro plano os fatores que introduzem desigualdades (e também estagnações, retrocessos etc.) nesse desenvolvimento. O metabolismo direto da sociedade com a natureza, em contraposição às suas formas mais mediadas, constitui também a razão da irresistibilidade do crescimento das forças produtivas; consideradas, todavia, só numa linha tendencial histórico-mundial. Nesse caso, não obtemos, portanto, como nos casos tratados por Goethe a título de essência, de duração na mudança, processos com início e fim ou até com o seu retorno cíclico, mas – em termos histórico-mundiais – uma permanente linha tendencial ascendente. (Somente na medida em que, como ocorre, por exemplo, nas relações de produção asiáticas, o modo fenomênico cria obstáculos insuperáveis a esse aumento permanente da produtividade, os momentos cíclicos do processo total retornam. Marx fala de "comunidades autossuficientes, que se reproduzem constantemente da mesma forma e, sendo ocasionalmente destruídas, voltam a ser construídas no mesmo lugar, com os mesmos nomes"[37].) É fácil compreender que, a partir dessa situação, muitas vezes é e foi tirada a conclusão fetichizante de que esse desenvolvimento é necessário "por natureza", quando seu fundamento ontológico é justamente o fato de o homem sair da natureza, seu tornar-se humano, a seu tornar-se social em decorrência do trabalho. A esse desenvolvimento também se aplica a frase de Marx já muitas vezes por nós citada: os próprios homens fazem a sua história.

Todavia, de imediato é preciso acrescentar: mas não sob circunstâncias que eles próprios escolheram. Pois, por mais que a essência mais geral do trabalho, o pôr teleológico, o metabolismo com a natureza, o princípio fundante – considerado em si – permaneça igual a si mesmo e em princípio não é capaz de mudar nada em seu caráter fundamental, na mesma medida ela só pode se realizar ontologicamente em cada *hic et nunc* concreto do ser histórico-social. De início, esse *hic et nunc* é determinado predominantemente pela natureza, mas com o desenvolvimento da divisão social do trabalho, que necessariamente se origina do trabalho, ele vai se tornando cada vez mais social, de um lado mediante as formas que a divisão social do trabalho assume e fixa em cada caso, de outro lado mediante o desenvolvimento das capacidades dos homens que se originam do processo do trabalho tomado em seu sentido mais amplo possível, as quais tanto são determinadas pelo sistema de mediação da divisão social do trabalho como também, por sua vez, agem sobre este, modificando-o. Esse sistema das circunstâncias não escolhidas pelos homens, que envolve cada vez mais todo o seu entorno vital, tampouco pode, contudo, tornar-se real e atuante independentemente das atividades humanas. O afastamento da barreira natural reforça em dois sentidos, em permanente interação, a parcela ativa da práxis humana nesse sistema, pelo fato de essas atividades exercerem uma influência cada vez mais forte sobre as formas e os conteúdos dos complexos construídos de forma cada vez mais mediada, mas simultaneamente permanecerem condicionadas, em todas as suas determinações, pela socialidade autoproduzida enquanto "mundo exterior" social, enquanto campo de ação real de toda atividade. Essas forças e tendências múltiplas, heterogêneas

---

[37] K. Marx, *Das Kapital*, cit., v. I, p. 323; MEW, v. 23, p. 379 [ed. bras.: *O capital*, Livro I, cit., p. 432].

entre si, consolidam-se desse modo em formações econômicas que – em termos histórico-mundiais – devêm e passam, nas quais ganha expressão plástica o que Hegel chama de fenômeno em contraposição a essência e o que Goethe chama de mudança em contraposição a duração.

Quando Hegel, na determinação do mundo fenomênico, enfatiza sua autonomia, a novidade multifacetada do seu conteúdo perante a essência, ele se aproxima bastante, em alguns traços importantes, das verdadeiras factualidades na mudança do ser social. Como vimos, ele ressalta com razão que o fenômeno possui outros conteúdos em comparação com a lei, que ele possui uma forma inquieta, que se movimenta, que forçosamente permanece estranha à essência em si. Desse modo, Hegel reconheceu corretamente que o âmbito do fenômeno com essa sua fisionomia peculiar, claramente diferenciada da essência precisamente por seu colorido, sua mobilidade, unicidade e até volatilidade, constitui o âmbito propriamente dito da historicidade com sua imediatidade. Se aqui a alteridade ganhou uma expressão demasiado enfática perante a essência – assim como antes, na essência, a quietude fora enfatizada –, isso tem sua razão de ser na concepção básica idealista de Hegel. Marx ressaltou com nitidez a limitação idealista de Hegel exatamente em relação a esse problema; depois de reconhecer a grandeza de Hegel, em que ele "toma a autoprodução do homem como um processo [...], que compreende a essência do *trabalho* e concebe o homem objetivo, verdadeiro, porque efetivo, como resultado do seu *próprio trabalho*", ele acrescenta criticamente: "O trabalho que Hegel unicamente conhece e reconhece é o *abstratamente intelectual*"[38]. Todas as determinações corretas de Hegel procedem do conhecimento do trabalho como fundamento do ser e do desenvolvimento do homem; todas as extrapolações e, por isso, determinações equivocadas procedem dessa transformação ideal espontânea e inconsciente no puramente espiritual. Se, ao corrigir a interpretação de Hegel, retornarmos ao trabalho real, não fica com isso suprimido totalmente o novo, o outro, a aparência autônoma perante a essência, sendo tão somente deslocado para o seu lugar correto na totalidade das inter-relações com a essência. Nessa compreensão ontológica não falsificada pelo idealismo, a "quietude" da essência se transforma na inexorabilidade tendencial última, que mostra a sua imposição efetiva no processo global

---

[38] Idem, *Ökonomisch-philosophische Manuskripte*, MEGA, v. III, p. 156-7; MEW EB, v. I, p. 574 [ed. bras.: *Manuscritos econômico-filosóficos*, cit., p. 123-4].

do desenvolvimento do ser social; a autonomia do mundo fenomênico se reduz ao fato de possuir uma autonomia – relativa – no âmbito da interação com a essência, não podendo, portanto, jamais ser apenas o produto mecanicamente fabricado desta. Porém, essa autonomia existe exclusivamente no quadro da interação com a essência; mesmo que seja como campo de ação de amplo alcance, multiestratificado e multifacetado, o é apenas como campo de ação do autodesdobramento dentro de uma interação na qual a essência possui a função do momento preponderante.

A constatação dessa factualidade ontológica possui consideráveis consequências em duas direções. Em primeiro lugar, é preciso romper com o preconceito idealista de que a unicidade, a particularidade múltipla dos objetos da história que perfazem também economicamente o mundo fenomênico, seria algo ontologicamente definitivo, destituído de qualquer outra derivabilidade do conceito, da causação por outra coisa, como se a facticidade matizada do mundo historicamente existente fosse algo pura e simplesmente último, puramente fundada em si mesma. Em segundo lugar, é preciso rejeitar também o preconceito oposto do materialismo vulgar (mesmo que ele se chame de marxismo) de que cada momento singular do mundo fenomênico seria consequência direta, mecânica, da essência, podendo ser simplesmente derivada causalmente de sua legalidade até o ponto de sua unicidade. Uma compreensão, por mais geral que seja, da relação de ser aqui descrita entre essência e fenômeno revela a completa caducidade das duas concepções. Não é difícil perceber a impossibilidade de que um campo de ação que, pela interação entre dois complexos, surja num deles se eleve à condição de legalidade própria totalmente autônoma, dependente só de si mesma; o fato de que uma autonomia relativa possa surgir e de fato surja nos respectivos espaços de atuação de modo algum anula sua determinidade decisiva por princípios e leis que condicionam, em última instância, o campo de ação. Porém, justamente por essa via é impossibilitada igualmente a determinidade direta, linearmente causal, dos momentos singulares do mundo fenomênico, suas concatenações causais imanentes pelas leis da essência. A essência produz, em suas interações com o mundo fenomênico, os espaços de ação "livres" que surgem neste, e sua liberdade só pode ser aquela que é possível dentro das legalidades do campo de ação. O mais fugaz dos olhares para a história das formações econômicas é capaz de verificar essa factualidade. É tão plausível que a existência, o florescimento e o declínio de Atenas, Esparta e Roma pressupõem a escravidão como base quanto é plausível que cada uma delas necessariamente teve uma história peculiar, qualitativamente diferente da história das outras; no capitalismo, para a Inglaterra, a França, a Alemanha etc., essa constelação apresenta a mesma estrutura de dependência em relação à essência e à peculiaridade no modo fenomênico, o que, assim esperamos, não necessitará de nenhuma prova mais cabal. O modo como essas interações entre essência e fenômeno se efetivam concretamente no âmbito do ser social só poderá ser tratado onde os problemas da ideologia serão examinados detidamente. Mas nunca é demais apontar aqui para algo que já foi indicado anteriormente, a saber, que, segundo Marx, a forma mais geral da essência assume para com suas realizações concretas na práxis do mundo fenomênico – também no mundo econômico e principalmente no ideológico – uma relação de possibilidade, de campo de ação concreto de possibilidade.

Tendo sido iluminada em geral, desse modo, a relação entre forças produtivas e relações de produção pela dialética geral, por essência e fenômeno no âmbito da economia, essa constatação ainda necessita de outra complementação no interesse dos problemas da ideologia que buscamos aclarar. Apontamos reiteradamente para o fato de que, quanto mais disseminada for a divisão social do trabalho, quanto mais social se tornar em correspondência a própria sociedade, tanto mais numerosas e complexas serão as mediações que se tornam necessárias para manter funcionando normalmente o processo de reprodução. Pudemos perceber com base em numerosos exemplos como isso se impõe na economia, e não passa de uma obviedade banal se dissermos aqui que o processo econômico de reprodução, a partir de determinado estágio, não poderia funcionar, nem mesmo economicamente, sem a formação de campos de atividade não econômicos que possibilitem ontologicamente o desenrolar desse processo. Sem sequer aludir aos problemas concretos e essenciais que afloram nesse ponto, já está claro que já estamos falando do âmbito da superestrutura, da ideologia. O que se pode dizer agora sobre isso é extremamente simples. Embora a fome por mais-trabalho (mais-valor) tenha sido e seja uma força motriz central do acontecimento social, é igualmente óbvio que este só consegue impor-se de modo real no respectivo *hic et nunc* do mundo fenomênico. O campo de ação criado em cada caso pelo respectivo desenvolvimento das forças produtivas é o único cenário existente, o único mundo objetivo realmente possível para a práxis do homem. Está claro, portanto, que as atividades não econômicas, mas organizadoras da sociedade, cuja soma e sistema compõem a superestrutura – Marx destaca a atividade jurídica e a atividade política –, devem se ligar diretamente ao mundo fenomênico da esfera econômica. Essa ligação é tão estreita, tão íntima, que em vários casos singulares não seria nada fácil constatar quando o conteúdo dos pores teleológicos que aí surgem é predominantemente econômico e quando ele ultrapassa o puramente econômico; na maioria dos casos, esses pores estão voltados para um acionamento simultâneo de ambos os complexos, para uma formação do mundo fenomênico da economia (que naturalmente pode ter como conteúdo tanto uma preservação como uma formação continuada ou uma destruição), que toma como ponto de partida as suas necessidades imediatas, que visa diretamente à sua formação, mas que, ao fazer isso, simultaneamente está direcionada em sua intenção para a esfera da essência. Portanto, não se trata só formalmente de pores teleológicos, como ocorre na esfera econômica mesma, mas também os conteúdos dos pores muitas vezes coincidem em amplos trajetos.

Apesar disso, seria equivocado, como mostrarão detalhadamente nossas exposições posteriores, acreditar que, com tudo isso, fosse desaparecer totalmente o limite entre base econômica e superestrutura ideológica. Por mais difícil que seja traçar com precisão esse limite em casos singulares, ele existe na realidade e traz consequências de amplo espectro para a constituição do ser social. Só o que a análise até aqui quis assegurar é sobretudo a sua estrutura unitária fundamental, a unicidade ontológica última dos seus "elementos", de suas forças motrizes ativas. É de suma importância perceber que nada de socialmente relevante pode acontecer cujo motor não sejam os pores teleológicos dos homens. Naturalmente, ocorrem catástrofes naturais etc., mas desde as crises da Era do Gelo até o terremoto em Lisboa elas ingressam na história do ser social em decorrência das reações humanas – realizadas em pores teleológicos – a elas. Nesse tocante, também se verifica que o homem é um ser que responde, o que não passa de uma versão centrada no sujeito da tese marxiana de que os próprios homens fazem a sua história, só que não sob circunstâncias que eles mesmos escolheram. Porém, essa constatação vai além da determinação meramente formal de que os pores teleológicos são os últimos "elementos" fundamentais do ser social. Porque o pôr teleológico comporta simultaneamente o fato de que, em cada um desses pores, o momento ideal deve constituir o ponto de partida. Quando aqui aflora de imediato a ressalva de que o pôr de modo algum, nem em termos formais nem de conteúdo, pode ter um caráter autônomo, mas que corporifica uma resposta a perguntas suscitadas pelo ser social e pelo ser natural mediado por este, convertido em objeto de um metabolismo com este, é preciso acrescentar de imediato que uma ameaça provocada pelo ser, uma possibilidade de alimentação etc. no em-si imediato do seu ser, ainda está muito longe de ser uma pergunta. Para poder "responder" ao vento içando velas uma vez mais faz-se necessária a ativação, a efetivação prática do momento ideal. É este que primeiramente transforma os fatos da natureza (e mais tarde da sociedade) que provocam reações em perguntas a serem respondidas e passíveis de resposta, suscitadas pelo ser social, precipuamente pela reprodução social, pela reprodução econômica do próprio homem. A natureza orgânica extremamente intrincada também chega no máximo a reações – eventualmente guiadas pelo consciente – aos eventos do meio ambiente. Pergunta e resposta pressupõem uma elaboração ideal dessas factualidades, que só surge no trabalho e cuja universalização – ao mesmo tempo desigual e gradativa – põe como existente o ser social, a nova forma da reprodução com o seu fundamento econômico. Portanto, antes que possamos começar a tratar dos problemas da ideologia, temos de lançar um olhar para aquele processo, no qual surgem ontologicamente essas perguntas e o modo de responder a elas.

2. Sobre a ontologia do momento ideal

O resultado de nossas exposições anteriores é, antes de tudo, que o ser social, em sua estrutura ontológica fundamental, apresenta algo unitário: seus "elementos" últimos são os pores teleológicos dos homens, que em sua constituição ontológica fundamental dentro e fora do âmbito econômico não apresentam nenhuma característica essencialmente distintiva. Naturalmente, essa constatação não implica nenhuma similaridade desses pores. Em outros contextos, apontou-se repetidamente que os pores direcionados imediatamente para o metabolismo entre sociedade e natureza se diferenciam em essência, tanto subjetiva como objetivamente, daqueles cuja intenção direta é a mudança de consciência de outros homens; estes também podem evidenciar diferenças qualitativas, dependendo do alcance das mediações que ligam as modificações intencionadas da consciência com os problemas reprodutivos diretos dos homens e de acordo com o conteúdo dessas modificações. Já apontamos mais de uma vez para a importância dessas diferenças e mais adiante teremos de retornar repetidamente a esse complexo de problemas extremamente importante. Nesse tocante, não se trata só da diversidade dos pores conforme sua estrutura singular, mas sobretudo das diferenças que resultam quando se fala das sínteses que decorrem da necessária socialização de cada um dos tipos desses pores que vão se tornando visíveis em consequências ulteriores para as interações das sequências sociais de consequências que assim surgem. Porém, a grande importância de proceder aqui à máxima diferenciação possível não é capaz de eliminar o aspecto comum do fundamento ontológico geral. E esse conhecimento possui importância decisiva para as relações entre base econômica e superestrutura ideológica. A gênese ontológica dessa relação aparece, por um lado, já em cada fato do trabalho, cujas ramificações e cujos refinamentos, cuja mudança de função, devem ser sistematicamente visibilizados na análise da economia e da superestrutura. Por outro lado, esse complexo original da socialidade possui por sua essência um caráter histórico. Assim como o próprio trabalho enquanto motor decisivo da humanidade e do homem não é uma factualidade fixa, mas um processo histórico, assim também devem ser vistos como estágios dinâmicos do processo histórico desse devir homem todos os momentos do desenvolvimento da humanidade, por mais variados que sejam, por mais autônomos que aparentem ser, sendo, na realidade, mediados de muito longe e elevados a uma autonomia relativa[39].

Já apontamos muitas vezes para o ponto de vista metodológico decisivo do marxismo de que todas as formas complexas do ser social se originam objetivamente das formas primitivas de sua gênese ontológica; tenha-se em conta que, logo no início de O *capital*, Marx mostra como o dinheiro surge da dialética inerente ao desenvolvimento da troca de mercadorias[40]. Devemos proceder assim também aqui e tentar mostrar no que consistem as condições e as

---

[39] Entre os pontos negligenciados pelo marxismo do período stalinista está que o passado econômico dos povos asiáticos e africanos nunca foi pesquisado, de modo que hoje ninguém sabe nada cientificamente aproveitável sobre a história do seu desenvolvimento. Ora, visto que, no confronto entre as formas econômico-sociais mais evoluídas e tais países, surgem novas tendências econômicas a serem investigadas nos termos da ciência marxista, o marxismo atual não consegue enunciar nada que seja cientificamente fundamentável sobre essa problemática central do desenvolvimento de nosso tempo. [Esta nota é idêntica à n. 36, da p. 389, tratando-se aqui provavelmente de um erro de edição, já que seu conteúdo não é pertinente neste ponto. (N. T.)]

[40] Idem, *Das Kapital*, cit., v. I, p. 323; MEW, v. 23, p. 379 [ed. bras.: O *capital*, Livro I, cit., p. 432]. [O original repete a n. 37, da p. 394, que não se aplica ao presente conteúdo. A referência correta a O *capital* é MEW, v. 23, p. 109s; ed. bras.: p. 169s. – N. T.]

consequências ontológicas do pôr teleológico na sua forma inicial, no trabalho, para, ascendendo a partir dela, apreender a essência das mediações, dos refinamentos etc. a partir do desenvolvimento da própria coisa[41]. Alguma coisa já foi exposta sobre essa questão no capítulo sobre o trabalho; o que interessa agora é continuar concretizando com relação ao nosso atual problema o que ali já foi aclarado. Antes de tudo, é preciso chamar a atenção para o fato de que Engels, com toda razão, concebe a gênese da linguagem como um processo simultâneo ao do trabalho e, como certamente lembramos, deriva a linguagem do fato de que, em decorrência do trabalho, os homens têm algo a dizer uns para o outros[42]. Esse novo conteúdo e, correspondendo a ele, a nova forma, o novo meio da comunicação, corresponde exatamente ao novo complexo do comportamento humano em relação à realidade, seu novo jeito de reagir a ela, que anteriormente caracterizamos dizendo que o homem é um ser que responde. No referido contexto, igualmente indicamos que a resposta sempre pressupõe uma pergunta, mas que é impossível que esta esteja dada de modo imediato em conformidade com o ser original, que seus fundamentos são constituídos por determinados impactos sobre o homem por parte da realidade que o cerca (natureza e sociedade), mas que estes devem ser submetidos a uma transformação ideal para confrontarem o homem como pergunta a ser respondida, para desencadearem nele pores teleológicos.

Está claro que tal modo de reação à realidade, que exige preparações ideais, deve ter tido uma longa pré-história. Esta tem início, como mostramos reiteradamente, com os estímulos que o meio ambiente provoca num organismo e que, num primeiro momento, levam-no apenas a determinadas reações puramente físicas ou químicas. A tendência imanente, inerente ao desenvolvimento dos organismos, a uma adaptação cada vez mais diferenciada, de aumento das possibilidades de reprodução ontogenética e filogenética melhor e mais garantida, produz uma diferenciação constantemente crescente dos estímulos mediante uma diferenciação dos órgãos de captação e reação no organismo. Não é nossa tarefa descrever nem mesmo esquematicamente esse processo – e quem escreve estas linhas tampouco possui a competência especializada para

---

[41] Idem, *Ökonomisch-philosophische Manuskripte*, MEGA, v. III, p. 156-7; MEW EB, v. I, p. 574 [ed. bras.: *Manuscritos econômico-filosóficos*, cit., p. 123-4]. [O original repete a n. 38, da p. 395, que não se aplica ao presente conteúdo. – N. T.]

[42] F. Engels, "Anteil der Arbeit an der Menschwerdung des Affen", cit., p. 696; MEW, v. 20, p. 444s.

fazer isso –, sendo de interesse aqui tão somente indicar o abismo que se abre até mesmo entre as formas mais elevadas desse desenvolvimento e as mais primitivas realizações do trabalho humano; só foi possível transpor esse abismo mediante o salto representado pelo trabalho e pela linguagem. Exatamente os experimentos que são feitos com animais altamente desenvolvidos, a observação das propriedades dos animais que convivem estreitamente com os homens, mostram esse abismo da maneira mais escancarada possível. Depois de deslocar os animais para um entorno seguro, no qual não precisam mais providenciar a sua própria alimentação nem se proteger de inimigos, o homem às vezes até pode ensinar-lhes novos comportamentos complexos, pode fazer-lhes "perguntas", que eles, após um período mais breve ou mais longo de exercícios, conseguem "responder" muitas vezes com grande destreza; entretanto, jamais o próprio animal generalizará uma situação em si neutra numa pergunta autêntica, visando encontrar autonomamente uma resposta para ela. (Os macacos são capazes de empilhar caixas para alcançar uma banana, mas as caixas foram colocadas já prontas na jaula pelo homem etc.) Naturalmente que esses resultados também são altamente instrutivos. Eles mostram que determinados animais superiores possuíam possibilidades até aquele momento latentes de diferenciar suas reações ao seu meio ambiente, as quais puderam se desenvolver de modo extraordinário numa condição de segurança que libera essas possibilidades. Contudo, o salto que separa o homem trabalhador do animal que reage ao meio ambiente no quadro de possibilidades biológicas, por mais extremas que estas sejam, permanece um salto qualitativo que não pode ser apreendido adequadamente por meio de aproximações. (Seria interessante se pudéssemos comparar os comportamentos humanos no período da mera coleta, ou seja, antes do predomínio do trabalho em sentido próprio, com os dos animais altamente desenvolvidos. Essa comparação eventualmente lançaria luz sobre o "salto" para a existência humana.)

O conhecimento assim visualizado das possibilidades e das limitações da reação biológica ao meio ambiente não é capaz, portanto, de aclarar o salto que o trabalho e a linguagem representam, mas nos coloca em condições de apreender concretamente o específico em seu ser. O salto significa precisamente que o homem trabalhador, que fala sem deixar de ser um organismo biologicamente determinado, passa a desenvolver atividades de novo tipo, cuja constituição essencial não pode ser apreendida com nenhuma categoria da natureza. Ao tratar do trabalho já pudemos ver que, através dele, surgem tanto subjetiva como objetivamente conexões, processos, objetividades etc., que representam algo qualitativamente novo em relação à natureza, sendo que, todavia, sempre se deve considerar que todo esse novo só é possível quando ele realiza as leis da natureza em novas combinações. O trabalho mostra, assim, um aspecto duplo: por um lado, mediante a aplicação dessas leis, sua execução está vinculada às leis da natureza numa incondicionalidade que não admite exceções; por outro lado, o trabalho produz simultaneamente algo qualitativamente novo em relação à natureza. Isso significa que, na sociedade, a inter--relação entre organismo e meio ambiente é enriquecida e transformada por uma interposição com a interposição da consciência, que recebe a função de tornar as reações provocadas de modo imediato pelo estímulo mais efetivas por meio de tais mediações. Essa interposição transforma, portanto, a relação imediata entre as necessidades do organismo e seus tipos de satisfação numa relação mediada. Para compreender esse fenômeno não basta simplesmente vislumbrar o trabalho como esse momento de interposição. Isso ele de modo algum é por si só, mas, para poder ser mostrado em sua verdadeira constituição, ele também tem de ser decomposto em seus momentos, porque os diferentes momentos, cuja ação conjunta é que resulta no complexo "trabalho", possuem funções diferentes, heterogêneas, que devem ser identificadas de modo específico para que a sua totalidade concreta possa vir claramente à tona.

A necessidade é compartilhada originalmente pelo organismo humano com o organismo animal; contudo, como é ressaltado repetidamente por Marx, ao deixar de satisfazer sua necessidade de modo biologicamente imediato, isto é, ao deixar de conduzir as ações para a sua satisfação de modo imediato (dentro de um campo de ação biológico), o organismo humano experimenta mudanças importantes. Em primeiro lugar, brotam diretamente da necessidade ponderações sobre ações, pores teleológicos, que, no final, até estão direcionados para a satisfação de necessidades, mas, de modo imediato, não decorrem da própria necessidade, não estando diretamente vinculadas a ela e, por essa razão, podem ser usadas para satisfazer necessidades bem diferentes. Supondo, por exemplo, que o fogo originalmente tenha servido à necessidade de intimidar animais selvagens; uma vez que ele estava disponível, pôde também ser usado para cozinhar, assar etc., mas o seu uso não precisa parar por aí, podendo estender-se à fabricação de armas melhores, ferramentas etc. As mediações na satisfação de necessidades podem, portanto, levar a uma disseminação aparentemente ilimitada no metabolismo da sociedade com a natureza. Em contraposição, o caminho biológico no caso dos animais permanece unilateralmente vinculado às suas funções originais; mesmo quando surge certa elaboração, como no caso da "fabricação" de mel pelas abelhas, esta permanece, tanto no processo como no resultado, tanto subjetiva como objetivamente, um procedimento biológico não ampliável. Em segundo lugar, cada novo meio de satisfação das necessidades retorna sobre a própria necessidade, modificando-a; com a mudança que nela surge, a necessidade original pode, rápida ou lentamente, dependendo do ritmo do desenvolvimento da respectiva produção social, até mesmo desaparecer completamente ou ser modificada a ponto de não ser mais possível reconhecê-la. Em terceiro lugar, nesse contexto sociodinâmico, a possibilidade real de satisfação de necessidades adquire um caráter econômico-social cada vez mais nítido. Quando a satisfação das necessidades gradativamente se desenvolve para o consumo, quando a troca de mercadorias socializa a satisfação das necessidades, só uma necessidade "capaz de pagar" pode conseguir satisfação. É claro que a necessidade biológica natural persiste no organismo humano, mas ela só pode ser de fato satisfeita por determinações puramente socioeconômicas.

O processo econômico aqui investigado, introduzido entre necessidade e satisfação, já aponta claramente para o que significa ontologicamente no processo do trabalho a "pergunta" por nós enfatizada. Se pensarmos na ingestão de alimento por qualquer animal, evidencia-se que, tanto nos herbívoros como nos carnívoros, uma experiência acumulada deve ter precedido o estado fixado em termos de instinto; essa experiência, contudo, mesmo que o tema seja a caça da presa, movimenta-se no âmbito da satisfação biológica de necessidades. Contudo, se o tema for o mais primitivo dos usos do fogo pelo homem, é evidente que nem o fogo, tomado de modo imediato, possui a capacidade de cozinhar ou assar, nem a carne ou a planta contêm de modo imediato uma tendência a serem cozidas ou assadas, e os instrumentos que realizam esse processo mais ainda devem ser fabricados pelo homem trabalhador especialmente para isso. Sua combinação é, portanto, uma síntese de elementos em si heterogêneos, que devem ser remodelados apropriadamente para essas funções. A peculiaridade do novo que daqui surge é, precisamente na sua estrutura decisiva, o caso modelar para toda atividade humana, por conservar nos fundamentos ontológicos a combinação dos momentos reais e ideais, por maiores que sejam as disparidades que possam revelar em estágios evoluídos. A prioridade ontológica irrevogável do momento real mostra-se no fato de que –

para, por exemplo, produzir alimentação humana com o auxílio de fogo, carne, espeto etc. – as propriedades, relações etc. desses objetos, existentes objetivamente, em si, totalmente independentes do sujeito ativo, devem ser corretamente reconhecidas e corretamente aplicadas. Entretanto, já a expressão "corretamente" indica a duplicidade dessa relação. As propriedades existentes em si do real devem ser corretamente reconhecidas, isto é, a práxis humana tem de pôr em marcha nelas tudo aquilo que pode levar à realização dos pores teleológicos. Portanto, o homem trabalhador deve avançar até esse ser-em-si não só de modo geral com o seu pensamento; ele precisa, antes, descobrir aquelas propriedades, relações etc. que eventualmente nem sejam diretamente perceptíveis e que as convertem em meios apropriados para seus propósitos. Um bastão, por exemplo, até possui em si mesmo a aptidão para ser usado como espeto, mas seu ser-em-si jamais poderia denotar essa aptidão por sua própria iniciativa. Por essa razão, para receber dos objetos, processos etc. existentes em si uma "resposta" da realidade à necessidade que o pôr teleológico põe em movimento, é preciso que preceda uma "pergunta" racional, dirigida às verdadeiras conexões. O antílope contém – claro que não num sentido teleológico, mas causal, ao mesmo tempo necessário e contingente –, no seu ser real imediato, a possibilidade de se tornar alimento para o leão, mas o ramo do vegetal, por mais reto que seja, de modo algum contém a possibilidade de servir de espeto na mão do homem.

Em decorrência dessa relação entre "pergunta" e "resposta", surge, no trabalho, no âmbito do ser social em geral, a ligação inseparável entre momentos reais e momentos ideais que caracteriza esse estágio do ser. Nesse tocante, não é possível enfatizar suficientemente que, nessa união, o real constitui o momento objetivamente predominante: nada pode se tornar efetivo em termos de pores teleológicos que não tenha como fundamento a constituição real do ser; é certo que o ideal deve levar o real ao movimento desejado, podendo extrair dele coisas que ele, em seu ser natural, jamais teria realizado, mas toda essa liberação de possibilidades reais do ente-em-si já precisou estar contida neste como possibilidade real – independentemente de todo e qualquer pôr teleológico. O ente-em-si material da natureza não pode, portanto – enquanto ente-em-si –, experimentar nenhuma modificação, por qualquer que seja o pôr. Essa prioridade do real domina incondicionalmente o reino da natureza. O ser social só sai fora disso na medida em que o mesmo processo de desencadeamento recém-descrito constitui igualmente um pressuposto incondicional para os seus objetos, os que surgem do seu metabolismo com a natureza. O ser social surgirá como forma própria do ser só quando as leis da natureza começam a produzir, no âmbito do ser social – sem modificar a sua essência –, também outros objetos, movimentos etc., diferentes daqueles que o seu puro ser-em-si costuma revelar, só quando começaram a ingressar em relações que a natureza jamais teria produzido por si mesma.

Mas o que é, então, esse momento ideal? Como força motriz do ser social, que cria coisas novas, ele é exatamente a intenção condutora daquele movimento material do trabalho que, pelo metabolismo da sociedade com a natureza, efetua nela essas mudanças, melhor dito, essas realizações de possibilidades reais. Nesse ponto, a força material do trabalho incide na existência material da natureza. (O fato de tratar-se da força de trabalho imediatamente humana ou do trabalho "morto", armazenado em ferramentas, máquinas, mas originalmente imediatamente humano, nada muda nessa situação em termos ontológicos.) De modo imediato, também nesse ponto de maneira alguma se ultrapassa nem se abandona o mundo material. Isso inclusive é impossível, porque o que não se pode realizar materialmente – de modo direto ou por mais mediado que seja – também não é. Isso, porém, apenas determina o campo de ação real do momento ideal no âmbito do ser social; fora dele, esse momento não existe, mas dentro de seus domínios ele constitui o pressuposto insubstituível de tudo o que surge e existe socialmente. Para chamar a atenção do leitor para essa factualidade nem sempre reconhecida, tentamos mostrar, exatamente com relação à esfera econômica, que tudo o que nela acontece tem como pressuposto momentos ideias. O que foi recém-exposto não entra em contradição com isso porque o específico do ser social consiste justamente em que, nele, as interações materiais em toda parte são desencadeadas por pores teleológicos e estes só adquirem efetividade enquanto tentativas de realização de um fim idealmente posto. O momento ideal só pode desempenhar esse papel nos pores teleológicos porque, nele, não só a própria finalidade é amplamente concretizada, mas também todos os caminhos reais de sua realização precisam primeiro ser fixados em pensamento antes de poderem se converter em ações prático-materiais na atividade material real do homem que executa o trabalho.

Como vimos, nesse processo, a essência do poder em si insuperável do ente material jamais é sequer tocado pelo momento ideal. Este só pode dominar as leis da realidade material, tomando conhecimento delas, reconhecendo-as como incondicionalmente dominantes, mas descobrindo nelas proporções, combinações etc., com o auxílio das quais, de sua efetivação legal, também pode surgir algo qualitativamente distinto daquilo que aconteceria em seu funcionamento existente em si sem essa interposição do pôr teleológico. A despeito dessa não influenciabilidade da essência, produz-se uma extensão e variação de grande alcance do seu mundo fenomênico. A novidade ontológica dessa interposição na gênese do ser social consiste, portanto, em que, na consciência do homem, surge uma imagem correspondente à realidade objetiva, cuja análise mais minuciosa, cuja aplicação cada vez mais diferenciada à realidade, é que possibilitam a práxis material, a realização dos pores teleológicos. Essa imagem, esse espelhamento da realidade na consciência dos homens, adquiriu, portanto, uma autonomia imediata na consciência, defronta-se com esta como objeto próprio e peculiar, mediante o qual pode surgir uma análise tão indispensável, uma comparação contínua dos seus resultados com a própria realidade. O pôr teleológico exige, desse modo, certo distanciamento da realidade por parte da consciência, um pôr da relação do homem (da consciência) com a realidade: como relação sujeito-objeto.

O novo entra em cena sobretudo no lado do objeto. O estímulo provoca originalmente reações físico-químicas no organismo. Quando estas se diferenciam e são percebidas separadamente como luz, som etc., elas não precisam se soltar nem do objeto existente, nem do organismo que os percebe, para chegar a uma autonomia do tipo aqui descrito; elas permanecem acomodadas, enquanto momentos no processo de reprodução do organismo, na respectiva inter-relação concreta inseparável com o seu meio ambiente; nesse sentido, pudemos dizer repetidamente que uma consciência que surge e funciona em tais contextos constitui um epifenômeno do processo de reprodução biológico, real. No pôr teleológico do trabalho, porém, a imagem da realidade objetiva que surge na consciência adquire uma independência ampla. No sujeito, ela se desvincula de modo cada vez mais resoluto da ocasião dada na prática, que desencadeia biologicamente a sua percepção e a expectativa dela, reproduzindo em proporção crescente, cada vez mais diferenciada, a imagem do objeto (no sentido mais amplo possível), assim como ele é realmente, em si, independentemente das relações que o homem ata com ele no plano vital. A práxis que se tornou consciente por meio do pôr teleológico e que, por essa razão, a rigor é a única propriamente dita só pode surgir, portanto, quando a consciência do agente ultrapassa as ligações biologicamente dadas de modo imediato que surgem espontaneamente de suas inter-relações vitais com o seu meio ambiente e que se consolidam no plano da consciência como reações instintivas a este. Com efeito, a consciência pré-humana vincula, muitas vezes com refinamentos extraordinários no detalhe, um determinado modo fenomênico no meio ambiente com uma determinada reação, geralmente acertada, a ele. Pense-se, por exemplo, nos sinais emitidos por muitos animais à aproximação das aves de rapina pelo ar. Porém, por mais atilada e propositada que seja a reação da galinha e dos pintinhos, disso de modo algum decorre que tivessem uma imagem do que a ave de rapina é em si; nem mesmo se pode ter certeza de que a reconheceriam numa situação totalmente diferente.

Justamente essa ligação entre a capacidade de percepção do tipo consciente e as interferências frequentes e de vital importância do meio ambiente é superada no trabalho e na linguagem. A mais primitiva forma de trabalho pressupõe uma desvinculação entre a apercepção do objeto que serve de material de trabalho, instrumento de trabalho etc. e tais relações, como a recém-descrita. Para poderem ser usadas no trabalho, as suas propriedades precisam ser reconhecidas com certa multilateralidade, em sua capacidade de reação em múltiplas relações, isto é – tendencialmente –, o ser-em-si das coisas em certas determinações objetivamente essenciais. Daí decorre um processo de abstração efetuado espontaneamente e – por longo tempo – certamente não consciente. Quando se pretende, por exemplo, usar uma pedra para cortar, entram em questão determinações gerais, como dureza, passibilidade de afilamento etc., que podem estar presentes em pedras imediata e externamente muito distintas e faltar em pedras aparentemente muito semelhantes. Portanto, o mais primitivo dos trabalhos deve ser precedido na prática das mais diversas espécies de generalizações, abstrações. Não muda nada na questão se o homem que executa esses atos tem ou não a mais tênue noção de estar efetuando abstrações; nesse ponto se aplica a verdade marxiana já tantas vezes citada por nós: "Eles não o sabem, mas o fazem". Contudo eles não o fazem cada um para si mesmo, mas socialmente. A pedra mais rudimentarmente trabalhada, até mesmo a pedra recolhida do chão para o trabalho, já é um objeto no mundo, para o mundo do ser social: cada qual pode usá-lo. Essa se torna, nesse ponto, uma propriedade inerente à própria objetividade que os objetos naturais no plano de seu ser originário não possuem. A partir desse ponto de vista sua utilidade social é casual. (O que naturalmente não exclui a sua determinação causal.) A objetividade social, portanto, é sempre uma objetividade universal.

Paralelamente à sua aplicação na práxis do trabalho, esse processo espontâneo de generalização se objetiva "teoricamente" na linguagem. É evidente que também a palavra mais simples, mais cotidiana é uma abstração; se dissermos "mesa" ou "andar", nos dois casos só podemos expressar linguisticamente o universal nos objetos, processos etc.; justamente para a especificação precisamos muitas vezes de operações sintáticas extremamente complexas, pois exatamente a mais simples das palavras sempre expressa só uma generalização. Já apontamos em contextos anteriores para a nitidez com que essa linguagem propriamente dita se diferencia dos sinais que os animais são capazes de emitir uns para os outros em situações vitais importantes; estes sinais, todavia, desempenham certo papel também na vida social dos homens, inclusive até nos seus mais avançados estágios. Contudo: sinais estão sempre ligados a situações, palavras nunca; os sinais visam, e isto diretamente, a um determinado comportamento numa situação precisamente determinada; palavras, em contraposição, possuem uma aplicabilidade universal, justamente por seu caráter abstrativo e expressam, tomadas isoladamente, apenas a constituição geral de um objeto, não contendo, por isso, nesse plano da consciência de modo algum a conclamação para um determinado comportamento. Em si, no enunciado linguístico, externa-se tão somente a fixação no pensamento de uma factualidade, de início de modo aparentemente independente do posicionamento humano em relação a ela. Aparentemente porque a gênese ontológica inclusive das palavras sempre tem uma origem prática. A conclamação para um comportamento necessita de formas de expressão linguísticas específicas que, justamente por também terem intencionado objetivações, precisam ir além do mero caráter de sinal. No plano da linguagem, digo "não roubarás" (ou alguma outra proibição), almejando, portanto, um comportamento geral humano na sociedade. O mero sinal, por exemplo a luz vermelha num cruzamento de vias, proíbe tão somente que se atravesse esse trecho bem determinado de uma via bem determinada num intervalo de tempo bem determinado. Portanto, ele está ligado rigorosamente à situação.

Naturalmente também essa constituição da linguagem é o resultado de um processo histórico-social. Desconhecemos os primeiríssimos passos dados nesse caminho e é de recear que permanecerão desconhecidos. A arqueologia já reuniu grande quantidade de material sobre a história do desenvolvimento das ferramentas e conseguiu, além disso, mediante datação, mediante constatação de sequências, mediante análise do modo de trabalho, da divisão do trabalho etc. determinar o patamar de desenvolvimento e a tendência de desenvolvimento das ferramentas, elucidando muita coisa da história do trabalho. Acresce-se que igualmente não é pouco o que os achados humanos trazem à luz sobre a transformação do homem no e através do processo de desenvolvimento do trabalho (evolução do cérebro do homem em conexão com a história das ferramentas, do trabalho). Sobre os primórdios da linguagem não há como termos tal coletânea de documentos. Onde a etnografia consegue investigar linguagens primitivas, os estágios iniciais há muito já caíram no esquecimento. Apesar disso, acreditamos que as reais tendências do desenvolvimento das linguagens poderiam ser concretizadas muito mais do que hoje estão caso se seguisse as autênticas linhas tendenciais da transformação ocorrida em função do crescimento da produtividade do trabalho, em vez de a partir dos mitos do passado e do presente projetar velhos-novos mitos para o tempo primevo. As linhas tendenciais já são decodificáveis a partir do material que até agora chegou ao nosso conhecimento: o movimento das formas linguísticas desde o seu nível como representação (vinculação de uma situação concreta com a condição concreta de um sujeito e um objeto da linguagem) até a culminância no conceito. Pode-se observar, por exemplo, como comparações tateantes de caráter representativo: "como um corvo" etc. se extinguem gradativamente e surgem a palavra e o conceito do preto, ou palavras assumem um grau maior de abstração perante os fenômenos singulares, que, todavia, igualmente já são generalizados em termos de linguagem; tome-se palavras como cereal, frutas etc., como da conjugação vai desaparecendo gradativamente a vinculação com o gênero, o número, a direção do movimento etc. dos envolvidos e ela se reduz a uma generalidade abstrata. (O dual e seus parcos resquícios ainda hoje apontam para tais transições.)

 O que nos interessa aqui é tão somente o problema ontológico oculto em tais desenvolvimentos. Ele consiste em que, tanto no trabalho como na linguagem, o homem ganha expressão como força fundante da nova forma do ser em surgimento, ou seja, do ser social. Tanto a ferramenta como o processo do trabalho, tanto a palavra como a frase são momentos dinâmicos do processo, no qual o homem – sem jamais poder perder a determinidade biológica de sua vida – constrói para si uma forma de ser nova e bem própria, a da socialidade. O acento está na atividade. O homem que se tornou social é o único ser [Wesen] existente que – em proporção crescente – produz e aprimora ele mesmo as condições de sua interação com o seu meio ambiente. Os instrumentos dessa atividade devem, portanto, ser constituídos de tal maneira que, com a sua ajuda, os objetos e as forças da natureza possam ser postos em movimento de maneira nova, em correspondência aos pores que assim se originam. Isso já foi explicitado em todos os momentos do trabalho, tanto subjetivos como objetivos.

Ora, se quisermos ir além do plano geral ali ainda inevitável, devemos partir dos fatos ontológicos constatados naquela ocasião, mais precisamente sobretudo do fato de tratar-se, nesse caso, em toda parte, tanto subjetiva como objetivamente, de complexos, e complexos do tipo em que o pôr teleológico e o ser-em-si posto em movimento por ele, constituído de objetos e processos da natureza, voltem a compor um novo complexo que, conforme o seu ser, é inseparavelmente unitário. Entretanto – e isto os diferencia essencialmente dos complexos que surgem da interação biológica entre organismos vivos e seu meio ambiente inorgânico ou orgânico –, está confirmado que todos os seus momentos são objetivados idealmente e, desse modo, são autonomizados, sem que ele, todavia, possa anular faticamente desse modo a unidade do ser do complexo processual. Para aplicar os resultados de tal análise dos momentos novamente ao ser, necessita-se de um pôr teleológico renovado, que faz surgir um novo complexo (modificado ou totalmente remodelado) que, todavia, fundamentalmente não pode ser diferenciado, quanto à sua constituição ontológica geral, do antigo complexo modificado; ambos são existentes, ambos são objetais. Portanto, a consciência da preparação enquanto preparação do pôr teleológico efetua atos analíticos e sintéticos, cujo resultado, a saber, o novo pôr teleológico, repete, modifica ou remodela radicalmente o pôr teleológico antigo. Tanto análise como síntese passam a ser produtos da consciência, de modo algum momentos reais daquele processo real que o pôr teleológico tenta influenciar de diferentes maneiras. Caso devam funcionar como sua base, seus resultados devem corresponder às leis do movimento dos complexos que tentam apreender. Eles devem, portanto, reproduzir de alguma forma esses seus momentos duradouros – mesmo que, para isso, tenham de ir além da imagem [*Abbildung*] direta. Esse caráter de imagem revela traços novos e essenciais que devem ser constatados, caso se queira apreender adequadamente o ser social com o seu caráter específico de ser. Em primeiro lugar, a prioridade do ser se mostra no fato de que o pôr teleológico só se realiza, só pode tornar-se um momento do ser social, se for capaz de apreender adequadamente os momentos mais essenciais daquele ser que ele se propõe a modificar. Só a pedra apropriadamente trabalhada para cortar converte-se em elemento ativo do trabalho, da produção do ser social. Se a modelagem não for bem-sucedida, a pedra continua um objeto natural, não podendo, portanto, participar do ser social. Nesse ponto, contudo, evidencia-se de modo muito concreto a estrutura da nova forma de ser que é a socialidade. Com efeito, o produto malogrado do trabalho permanece um mero objeto da natureza, não podendo obter nenhum ser social, mas o processo de sua confecção, não obstante, possui um caráter social – negativo –: ele constitui um dispêndio de energia humana que foi desperdiçada.

Nesse processo, outra vez emerge uma nova categoria do ser social – categoria no sentido marxiano de "forma de ser, determinação da existência" –: os produtos do trabalho têm valor ou são adversos ao valor de modo objetivamente ontológico (com transições mediadoras muito diferenciadas). O valor objetivo, a valoração subjetiva suscitada por aquele, o pôr do valor, o ascenso ou o discenso a um valor, não são, portanto, resultados de uma cultura humana altamente evoluída, que têm de permanecer não deriváveis do "ser natural" do homem, que se encontram numa relação de antagonismo irreconciliável com este, como afirmou a filosofia idealista. Eles são, muito antes, partes integrantes ontologicamente necessárias do ser do homem, de seu ser social em geral, e constituem tão só como momentos do trabalho tal antagonismo em relação à existência meramente natural, que não possui nenhum valor objetivo. Todavia, visto que na existência do organismo, em seu processo de reprodução, os momentos do favorável e do desfavorável ocorrem necessariamente, certamente podem ser constatadas aqui formas preparatórias de transição. Contudo, o salto representado pelo fato do trabalho é o que por primeiro desvincula esses momentos do processo biológico de reprodução, fazendo deles objetos da consciência, da práxis consciente, que recebem na consciência uma autonomia relativa – relativamente elevada – diante do sujeito imediato e justamente nessa autonomia podem influenciar decisivamente a sua práxis. Para a nossa presente consideração, o momento decisivo é o da consonância com a realidade existente em si. Não é do pôr do valor que surge o valor, mas é da realidade objetiva, da função vital objetiva do valor como indicador do trabalho bem-sucedido, que brotam as reações valorativas subjetivas à sua realização ou ao seu malogro, ao processo que leva ao êxito ou ao fracasso. (O modo como essa estrutura, a despeito de amplas modificações, é mantida na relação superior de valor só poderá ser exposto na *Ética*.)

O que interessa aqui é obter uma compreensão de outro aspecto desse fenômeno, a saber, da relação entre as formas de consciência que assim surgem e a realidade objetiva e, em estreita ligação com isso, das novas funções da consciência que surgem daí. Com o trabalho, no trabalho, os modos de ação humanos perdem sua vinculação a situações singulares concretas, assim como seus produtos também podem se destacar cada vez mais do seu modo de utilização original. Com as mesmas operações ou com operações correspondentemente modificadas é possível fabricar coisas cada vez mais diferenciadas e também as ferramentas podem ser usadas ou diferenciadas de maneira cada vez mais multifacetada. Esse fato está estreitamente ligado à possibilidade de um crescente aperfeiçoamento do processo de trabalho e dos seus produtos, quando as experiências de um modo de fabricação concreto podem se tornar fecundos e efetivos em áreas totalmente novas mediante a generalização dos seus fundamentos, mediante a nova concretização de tais abstrações. (Está claro que, nesse processo, os atos de consciência da análise e da síntese acima mencionados, em si heterogêneos, mas objetivamente vinculados um ao outro, ganham validade de modo contínuo e constantemente aperfeiçoado.) Tudo isso tem como consequência e como pressuposto na consciência do sujeito praticante uma autonomização da imagem da realidade. Essa autonomização obviamente não está baseada na autonomia do ato de consciência em relação ao objeto intencionado por ele, em relação aos objetos da natureza, às suas leis, aos tipos de procedimento objetivamente possíveis do sujeito na práxis. Pelo contrário. Esses objetos confrontam-se com o sujeito, por um lado, na dura imutabilidade do seu ser-em-si e, por outro lado, o sujeito da práxis deve sujeitar-se incondicionalmente a esse ser-em-si, tentar entendê-lo do modo mais incontaminado possível por preconceitos subjetivos, por projeções da subjetividade sobre o objeto etc.; contudo, é justamente nesse percurso que ele descobre aqueles momentos até ali desconhecidos no objeto que possibilitam sua transformação em meio de trabalho, objeto de trabalho etc., que trazem à existência o metabolismo entre homem (sociedade) e natureza, bem como, nesse âmbito – apoiando-se nele –, geram a produção do novo em geral. A irrefutabilidade dessa prioridade do ser-em-si surge justamente do fato de que um trabalho (uma práxis) bem-sucedida só é possível quando a consciência percebe os objetos do mundo exterior, quando ela os reproduz idealmente, quando ela os apreende e os trabalha da maneira que corresponde ao seu ser-em-si. A resistência muito disseminada contra essa relação elementar e irrevogável do homem com o mundo que o cerca, sobre

o qual ele atua, provém não por último da tomada de consciência mecanicista-
-gnosiológica dessa relação, que pretende transformar esse processo imagético
altamente complexo e complicado numa espécie de fotografar dos objetos pela
consciência. Porém, Marx jamais fala disso. A crítica juvenil ao materialismo de
Feuerbach já se concentra no fato de que, nele, essa relação não é concebida no
sentido da práxis, mas meramente como "contemplação", "não subjetivamente"[43].
Mas o que significa essa subjetividade para processo "sujeito-objeto" complexo
do trabalho? De modo algum a negação daquele caráter de imagem correta, que
corresponde ao objeto, do qual aqui se fala. A sua gênese só precisa ser complementada no sentido de que, em termos de ser, jamais se fala de uma mera
contemplação, de uma aceitação do objeto de modo consciente passivo, que ao
sujeito cabe, muito antes, um papel ativo, de iniciativa: sem pôr teleológico não
há percepção, imagem, conhecimento corretos, relevantes para a prática, do
mundo objetivo. Só o pôr teleológico direcionado para o uso, para a mudança
do mundo objetivo, produz aquela seleção dentre a infinitude tanto extensiva
como intensiva dos objetos e processos da natureza que possibilitam um comportamento da práxis em relação a eles. Nesse processo, o ser-em-si naturalmente subsiste inalterado, mas não há nenhum comportamento humano-prático
em relação ao mundo objetivo, cuja intenção se limite a essa imutabilidade. O
pôr teleológico não produz só uma delimitação, uma seleção no ato de reproduzir a imagem, mas, ao fazer isso – e para além disso –, oferece orientação concreta para aqueles momentos do ser-em-si que devem e podem ser postos por
ele na relação desejada, na conexão planejada etc. Essa orientação enquanto
modo de comportamento concreto é de tipo diferente nos diferentes pores
teleológicos, e isso não só para o conhecimento intelectual, no qual tal pôr alcança o seu ponto culminante em termos de consciência, mas para toda a percepção, toda a observação, cujos resultados a consciência pensante e ponente
elabora e sintetiza na unidade do pôr. No mesmo bosque, o caçador, o lenhador,
o coletor de cogumelos etc. perceberão de modo puramente espontâneo (claro
que formado pela práxis) coisas totalmente distintas em termos qualitativos,
embora o ser-em-si do bosque não sofra nenhuma mudança. O que muda é
apenas o aspecto a partir do qual tem lugar a seleção de conteúdo e forma na
figuração. E também nesse ponto não se pode querer superar o aspecto meca-

---

[43] K. Marx e F. Engels, *Die deutsche Ideologie*, MEGA, v. V, p. 533; MEW, v. 3, p. 5 [ed. bras.: *A ideologia alemã*, cit., p. 533-7].

nicista de modo mecanicista: não se extrai do complexo total, por exemplo do bosque, momentos isolados de modo a separá-los e enfileirá-los mecanicamente, mas, muito antes, já na percepção surge uma imagem do bosque como totalidade complexa, contudo *sub specie* do respectivo pôr teleológico intencionado e do comportamento por ele ditado. Portanto, de modo algum se dá uma anulação do caráter de imagem, mas apenas o deslocamento das ênfases de importância dentro de seu âmbito: aqueles momentos que são relevantes para o pôr teleológico são percebidos com exatidão, refinamento, matização etc. cada vez maiores, ao passo que os momentos que se encontram fora desse campo de ação se comprimem num horizonte que vai se tornando indistinto. Apesar dessa seleção e ordenação produzida pelo sujeito na reprodução da imagem, cuja elaboração cada vez mais sistematizada constitui o principal veículo já do progresso inicial, cada um desses refinamentos da imagem representa simultaneamente um passo que aproxima cada vez mais do original. A teoria dialética da representabilidade [*Abbildlichkeit*] constitui uma ontologia ao mesmo tempo da gênese e do aperfeiçoamento: ela evidencia aquela dinâmica que é efetiva na inter-relação de sujeito e objeto da práxis, na qual, dentre a infinitude extensiva e intensiva, são identificados e postos em movimento na prática os momentos que levam à realização os pores teleológicos cada vez mais conscientes.

Desse modo, a concepção mecanicista da representabilidade é afastada tanto na prática como na teoria, mas de modo algum a dependência universalmente materialista do pôr em relação ao ser-em-si da realidade. A diferença entre as duas consiste "só" em que a teoria mecanicista do espelhamento pressupõe uma capacidade enigmática do homem de fixar fotograficamente de modo adequado o seu meio ambiente mediante os seus sentidos, ao passo que a concepção dialética de Marx nada mais é que uma reprodução, uma conceituação daquele processo que a cada vez necessariamente tem lugar no trabalho, em sua preparação. Ela encerra dentro de si todas as contradições que tornaram esse processo tão fatalmente importante para o devir homem do homem. A prioridade do material efetiva-se, como já vimos, sobretudo no caráter alternativo do pôr teleológico: ele pode ser bem-sucedido ou pode ser em vão, e a condição principal do êxito baseia-se em que a percepção, a observação que dela brota, a consciência que ordena essa observação, enquanto ato teórico-prático que se tornou unitário, realmente se coadune com o ser-em-si do objeto. Todavia, essa constituição, tomada de modo abstratamente universal, ainda não expressaria a peculiaridade do ato de trabalho, porque toda interação entre um organismo e seu meio ambiente pressupõe um modo de relação adequado ao ser-em-si de ambos. Vimos, porém, que onde uma espécie de consciência regula essas reações, como ocorre com os animais superiores, no processo prático não está presente nenhuma autonomia, como a descrita aqui, da imagem do objeto, existente em si, na consciência. Isso reduz suas funções a reações provocadas em cada caso por uma situação concretamente bem determinada. Os experimentos com animais em cativeiro resultam, em certo quadro, do modo como surgem tais reações, das tentativas frustradas que cedo ou tarde podem (mas não necessariamente) levar a um comportamento correto. O lado instrutivo desses experimentos não é só o processo desse achado e seu treinamento, mas, para além disso, o fato de que a tarefa jamais é posta pelo próprio animal, mas pelos homens nos experimentos, pelas mudanças ambientais na natureza. No caso do homem trabalhador, justamente a tarefa é diretamente um produto da consciência.

 Só desse modo pode surgir, no pôr teleológico, aquela relação "sujeito-objeto" da qual acabamos de falar. Seu papel ativo descrito até aqui de modo algum esgota o novo que aqui é posto em destaque. Este se evidencia sobretudo no fato de que a imagem assim produzida pelo sujeito, que ele de fato pretende fiel, mas que não é de forma alguma a imagem "fotográfica" do objeto, chega a uma autonomia no processo vital do sujeito. A imagem do objeto fixa-se no homem como objeto da consciência, que, por um lado, também pode ser e muitas vezes também é examinado separadamente da ocasião que o desencadeou na realidade objetiva; por outro lado, ele tem com a própria consciência uma relação de ampla autonomia, sendo para a consciência um objeto, cuja aplicabilidade a casos imediatamente muito distintos é ponderada, cuja correção, completude, serventia etc. são submetidas a reiteradas verificações, e o resultado dessas novas considerações da imagem decide sobre se os pores teleológicos futuros serão simples repetições dos já efetuados ou se um pôr teleológico mais ou menos modificado ou até um totalmente remodelado se tornará o fundamento da práxis ulterior. Mostramos anteriormente o importante papel que desempenha a linguagem em decorrência da generalização da figuração singular-espontânea através da atribuição de nomes, através da nominação de objetos e processos.

 É impossível dar o peso devido à importância desse novo fato da consciência, dessa modificação da estrutura e função da consciência. Com efeito, o comportamento especificamente humano em relação ao mundo exterior, que já circunscrevemos dizendo que nele surge pela primeira vez uma relação "sujeito-objeto" propriamente dita, só pode ser compreendido em sua peculiaridade concreta se essa duplicação do mundo objetivo, se essa sua separação em objetos reais e suas imagens na consciência for aclarada com referência à sua verdadeira estrutura e dinâmica. Por um lado, a autonomia, a concretude, a legalidade etc. dos objetos só pode se tornar efetiva para o sujeito no momento em que surge essa autonomia da imagem. Acima de tudo, o objeto só pode revelar objetivamente o seu verdadeiro ser para o sujeito na construção consciente, na relação recíproca consciente dos diferentes modos fenomênicos etc., portanto, como resultado de um processo ideal analítico e sintético, em sua multiplicidade inconstante enquanto unitariamente existente. Logo, a autonomização da imagem é o pressuposto da apreensão consciente do objeto na sua diferenciada identidade, existente em si, consigo mesma. As reações dos animais a um objeto no meio ambiente, que muitas vezes são extraordinariamente refinadas e diferenciadas, sempre se restringem a situações concretas, a relação a cada vez concreta, condicionada pela situação, de tal fenômeno com as condições de autopreservação do referido organismo. Contudo, elas não se referem – como vimos – à inteireza do objeto. Porém, a autonomia da imagem aqui descrita visa justamente avançar dos mais diferentes modos fenomênicos até a identidade de um objeto consigo mesmo, até a unidade objetiva de seus modos fenomênicos, de suas propriedades. O trabalho, seu desenvolvimento continuado, seu aperfeiçoamento, só se torna possível porque os pores teleológicos passam a dispor de um acervo cada vez maior e mais seguro, cada vez mais sofisticado, desses conceitos sobre as coisas e os processos da realidade, pois só assim o pôr teleológico pode apreender, usar e aperfeiçoar estes como meio de trabalho etc.

Ao falar de conceitos, falamos simultaneamente de palavra e frase. O surgimento simultâneo do trabalho e da linguagem tem nisso o seu fundamento ontológico-genético. Como mostraram nossas exposições até aqui, aparece, nesse contexto, um momento fundamental do ser social, com cujo caráter geral devemos nos ocupar um pouco mais detalhadamente aqui: a objetivação [*Vergegenständlichung*] do objeto e a alienação [*Entäußerung*] do sujeito, que como processo unitário compõem o fundamento da práxis e teoria humanas. Esse complexo de problemas ocupou um lugar central em parte da filosofia mais recente, ao ser tratado como fundamento do estranhamento [*Entfremdung*]. Existe aqui sem dúvida uma conexão até bem íntima: o estranhamento só pode se originar da alienação; onde a estrutura do ser não desloca esta para o centro, determinados tipos daquele nem sequer podem ocorrer. Contudo, quando se aborda esse problema, jamais se deve esquecer que ontologicamente a origem do estranhamento na alienação de modo algum significa uma afinidade evidente e incondicional desses dois complexos do ser: é fato que certas formas de estranhamento só podem surgir da alienação, mas esta pode perfeitamente existir e atuar sem produzir estranhamentos. A identificação das duas, tão difundida na filosofia moderna, provém de Hegel. Contra a sua concepção, Marx escreve o seguinte nos *Manuscritos econômico-filosóficos*: "O que vale como a essência posta e como a essência a ser suprassumida do estranhamento não é que a essência humana se *objetive desumanamente*, em oposição a si mesma, mas sim que ela se *objetive* em *distinção* e em *oposição* ao pensar abstrato"[44]. Portanto, quando o jovem Marx é considerado por certos existencialistas como precursor de tendências "modernas", trata-se de um mal-entendido: a concepção hegeliana da alienação e do estranhamento se afigura a eles como filosofia só do jovem Marx (frequentemente em suposto antagonismo ao seu desenvolvimento posterior), embora o próprio Marx tenha rejeitado naquele tempo essas conclusões do idealismo hegeliano com a mesma rispidez com que o fez mais tarde. Para reconduzir o próprio problema de seu estado desfigurado aos seus fundamentos corretos, consideramos vantajoso colocar a questão do estranhamento por ora entre parênteses (nosso próximo capítulo de qualquer forma é dedicado a essa questão) e limitar-nos, num primeiro momento, à crítica marxiana da alienação. Nesse ponto, a crítica que Marx faz a Hegel é extremamente radical e certeira. Quando Hegel defende o ponto de vista de que a objetividade surge da alienação e que sua verdadeira e autêntica conclusão só pode consistir na superação de toda objetividade, Marx contrapõe a essa concepção a originalidade ontológica da objetividade:

> Um ser que não tenha nenhum objeto fora de si não é um ser objetivo. Um ser que não seja ele mesmo objeto para um terceiro ser não tem nenhum ser para seu *objeto*, isto é, não se comporta objetivamente, seu ser não é algo objetivo. Um ser não objetivo é um *não-ser*.[45]

---

[44] K. Marx, *Ökonomisch-philosophische Manuskripte*, MEGA, v. III, p. 155; MEW EB, v. I, p. 572 [ed. bras. *Manuscritos econômico-filosóficos*, cit., p. 121; com modif.].
[45] Ibidem, p. 161; ibidem, p. 578 [ed. bras.: ibidem, p. 127; com modif.].

Portanto, o processo que o idealismo hegeliano concebe como gênese da objetividade (e correspondentemente como retomada da objetividade para dentro do sujeito), desenrola-se, na realidade, e também em Marx, num mundo originariamente já objetivo como reação de seres [*Wesen*] reais, isto é, objetivos, à sua realidade primordial, irrevogavelmente objetiva[46]. A oposição dinâmica entre ser social e natureza, da qual esse processo brota, com a qual ele só pode existir em interação irrevogável, não se efetiva, por isso mesmo, na contraposição hegeliana da objetividade alienada e de sua superação mediante retomada [*Rücknahme*] para dentro do sujeito, mas em que o homem já objetivo como mero ser natural progride, em sua inter-relação ativa, consciente, genérica, com a objetividade da natureza no trabalho, até a objetivação dessa vida genérica[47]. Com a objetivação surgiu aquela categoria objetiva fundamental do ser social que, ao mesmo tempo, confere expressão à identidade ontológica última de cada ser (da objetividade em geral) e à não identidade na identidade (objetivação no âmbito do ser social *versus* mera objetividade no ser natural). O que, no capítulo sobre o trabalho, formulamos simplificadamente como realização em oposição à realidade, para não suscitar, naquele estágio inicial, nenhum problema insolúvel, que nem mesmo poderia ser formulado adequadamente, só agora recebe sua determinação conceitual precisa. A expressão mais marcante desse ontologicamente novo perante todo ser pré-social consiste naquilo que expusemos em nossas análises precedentes sobre a relação entre em-si e para-nós. As objetividades da natureza constituem, como tais, o fundamento do metabolismo da sociedade com ela. Nesse tocante, é indispensável que o seu em-si seja transformado continuamente, em proporção crescente, de modo cada vez mais multifacetado, num para-nós. Isso se efetua no sujeito do trabalho através de seu caráter de pôr teleológico, e o próprio objeto da natureza de fato é transformado; de fato depende das suas propriedades se o referido processo pode ser mesmo executado nele, mas para a objetividade geral-abstrata isso significa igualmente um mero tornar-se outro, uma nova forma da objetividade pensada, diante da qual ela permanece totalmente indiferente (até mesmo a expressão "indiferença" já é demasiado antropomorfizante para expressar adequadamente a verdadeira condição). Contudo, todo produto do

---

[46] Ibidem, p. 160; ibidem, p. 577 [ed. bras.: ibidem, p. 126s].
[47] Ibidem, p. 89; ibidem, p. 512s [ed. bras.: ibidem, p. 84s].

trabalho é objetivado para poder ser usado para certos fins. Na objetivação que experimentou mediante o trabalho, ele se tornou útil para certos fins, isto é, o seu ser-para-nós passa a constituir um momento material de sua constituição material. Através da objetivação de um complexo objetivo, o ser-para-nós fixa-se como propriedade existente do objeto objetivado, ou seja, o sujeito não precisa efetuar nenhuma análise e síntese criativa nele para apreender o para-nós de modo geral; o fato de que, na maioria dos casos, isso tem de ser aprendido não tem nada a ver com essa questão.

É interessante que quem apontou para outro aspecto ontológico, igualmente importante, desse estado de coisas, apesar de tê-lo feito sem saber que estava falando dele, foi justamente Hegel. Na análise das determinações de reflexão, ele chama a atenção para a pronunciada disparidade entre as determinações forma-conteúdo e forma-matéria. Primeiramente, ele estabelece a sua posição no sistema das formas de objetividade: o conteúdo tem por fundamento uma relação forma-matéria de seu objeto e é essa relação que passa a ser uma relação posta[48]. Hegel acredita estar tratando aqui de relações puramente lógicas – a intenção é elaborar a categoria do fundamento –, mas ele desvela de passagem, como tantas vezes, uma importante diferença do ser, mais precisamente, a diferença entre ser natural e ser social, ao contrapor ao caráter posto do conteúdo, mencionado aqui, o caráter natural de matéria e forma, ao determinar, nesta, a "*atividade da forma*" como "*o movimento próprio da matéria* mesma"[49]. Disso resulta que o movimento da matéria representa a origem de sua forma, na qual o eterno tornar-se outro e simultaneamente permanecer idêntico da natureza se expressa como relação matéria-forma, ao passo que, no âmbito da relação forma-conteúdo, em cuja base se encontra a relação matéria-forma enquanto conteúdo igual à unidade de matéria e forma, o ontologicamente característico é justamente o caráter posto da forma, que não se originou espontaneamente da mobilidade imediata. Hegel observa as disparidades que aqui se apresentam com tanta acuidade que ainda chama a atenção para o fato de que a imputação de amorfia só pode aflorar na relação "forma-conteúdo" – a presença da forma em toda matéria é uma obviedade –, nesse caso, contudo já como conceito de valor, o que lança uma luz ainda mais forte, por outro lado, sobre

---

[48] G. W. F. Hegel, *[Wissenschaft der] Logik*, cit., p. 85-6; HWA, v. 6, p. 94s.
[49] Ibidem, p. 83; ibidem, p. 91s.

o caráter posto; amorfia não significa "a ausência geral da forma, mas a não ocorrência da forma *correta*"[50].

Não resta dúvida de que, desse modo, a relação forma-conteúdo de todo e qualquer produto do trabalho, de toda objetivação material, está ontologicamente determinada de modo preciso. Mas jamais se pode esquecer que todos os poros teleológicos do tipo ideal apresentam a mesma estrutura. Ao passo que, na comunicação por sinais na vida dos animais, a relação matéria--forma ainda ganha expressão como inter-relação entre organismo e meio ambiente (naturalmente os sinais sociais são igualmente postos), na linguagem, descendo até o nível das palavras singulares, o princípio predominante é a relação posta de forma e conteúdo. A linguagem, portanto, não é só uma imagem ideal de objetividades, mas simultaneamente também sua objetivação no plano da consciência. Isso não se evidencia só no caráter de valor espontâneo de uma expressão meramente linguística, que necessariamente se movimenta sempre no âmbito da alternativa entre correto ou incorreto, mas também no fato de que o conteúdo (igual à relação forma-matéria) pode se elevar cada vez mais acima das relações forma-matéria reais, sem perder a sua unicidade sintética de ser a possibilidade da expressão correta; pense-se, já na vida cotidiana, em abstrações como móveis, cereais, frutas etc., cujo conteúdo de fato sempre preserva univocamente e até aprimora a unidade objetivada de forma e matéria, ajudando a promover o processo de socialização dos homens mediante a imagem ideal da ampliação do mundo objetivado, e não mais só objetivo, no e em torno do homem. Quanto mais desenvolvidos forem essas formas ideais, esses momentos, modos fenomênicos etc. do pôr teleológico, tanto mais explícito se manifesta seu caráter objetivador.

Estabelecendo-se assim o predomínio da objetivação como categoria central do ser social baseado em pores teleológicos, estão refutadas todas as deformações idealistas oriundas da concepção hegeliana da alienação. Justamente na afirmação incondicional de um posicionamento tão radical pode e deve emergir a pergunta se, naquilo que Hegel procurou (mas de modo algum conseguiu) apreender com a alienação, não estivesse compreendido, ainda assim, um momento real do processo, cuja elaboração clara pudesse tornar o quadro que até o momento temos desse estado de coisas ainda mais multifacetado, sem

---

[50] Idem, *Enzyklopädie*, § 133, adendo; HWA, v. 8, p. 265 [ed. bras.: *Enciclopédia das ciências filosóficas em compêndio*, v. I, cit., p. 253s; com modif.].

atingir de algum modo a sua unicidade, que devemos justamente à crítica radical feita por Marx a Hegel. Ao fazer isso, sempre devemos partir do fato de que a objetivação perfaz a essência realmente objetivada real e, por isso, a essência realmente objetiva do ser social, de toda práxis social, e ao mesmo tempo, de modo inseparável dela, revela uma atividade dos sujeitos sociais, que – exatamente em sua atividade – não só atuam de modo objetivador sobre o mundo objetivo, mas, ao mesmo tempo, de modo inseparável, reformam o seu próprio ser enquanto sujeitos que põem objetivações. Apontamos repetidamente para o fato de que, segundo Marx, a riqueza espiritual de um indivíduo depende da riqueza de suas relações com o mundo, uma concepção que se coaduna essencialmente com a autoimagem do Goethe da maturidade. Nisso ganha expressão igualmente um aspecto fundamental do ser social já tangenciado por nós, a saber, que, por um lado, a totalidade da sociedade, em seu processo histórico de reprodução, e, por outro lado, o homem que se desenvolve nela da mera singularidade para a individualidade constituem os dois polos, cuja inter-relação expressa a característica essencial desse complexo do ser, tornando visível, exatamente nela, a essência não mais muda do gênero humano. Se passarmos a examinar mais de perto as relações mencionadas por Marx, fica clara a impossibilidade de concebê-las como algo "exterior" ao homem, ao qual estaria contraposta de modo abrupto, excludente, antagônico, a sua "interioridade". Visto que todas as alienações do homem, começando com os fundamentos elementares como trabalho e linguagem até as objetivações [*Objektivationen*]* de mais alto valor, necessariamente sempre são pores teleológicos, a relação "sujeito-objeto" enquanto relação típica entre o homem e o mundo, o seu mundo, constitui uma inter-relação, na qual o sujeito atua permanentemente sobre o objeto, o objeto sobre o sujeito, conferindo nova forma, produzindo coisas novas, na qual nenhum dos dois componentes pode ser compreendido isoladamente, separado por antagonismos

---

* Diferentemente das outras vezes em que a palavra "objetivação" aparece, Lukács utiliza nesse contexto a expressão "*Objektivationen*", e não "*Vergegenständlichung*". A diferenciação dos termos em português é algo difícil de ser estabelecido. À primeira vista parece que Lukács resguarda o uso de *Vergegenständlichung* ao tratamento das objetivações materiais, ou seja, à produção material de dados objetos no mundo, que implica o metabolismo homem-natureza. *Objektivationen*, ao que tudo indica, é utilizado em sentido mais amplo, reportando-se, por exemplo, à linguagem, aos valores, como forma de objetivação dos homens vinculada às práticas sociais propriamente ditas; nesse sentido, Lukács fala de "objetivações ideológicas" etc. Indicaremos os casos em que esse termo aparecer no texto. (N. R. T.)

e, portanto, de modo independente. Todavia, tanto no marxismo vulgar quanto principalmente na filosofia burguesa, faz-se desaparecer esse aspecto. Querer apreender o homem simplesmente como "produto" do seu fundamento social ou partir de suas "vivências originárias atemporais", a exemplo de Gundolf, ou de sua "derrelição" na existência, a exemplo de Heidegger, é igualmente sem fundamento em termos ontológicos. Se, em contraposição, apontarmos para a inseparabilidade ontológica desses dois polos correspondentes do ser social – justamente em sua heterogeneidade imediata –, fica claro que todo ato de objetivação do objeto da práxis é simultaneamente um ato de alienação do seu sujeito.

É impossível assumir aqui a tarefa de tentar descrever, nem que seja em seus contornos mais grosseiros, a relação entre objetivação e alienação, que se encontra em constante mudança através da história, também em termos de qualidade. Nos primórdios, certamente predominaram os componentes da objetivação, embora justamente nesse ponto o trabalho objetivado deva ter tido importantes repercussões transformadoras sobre o seu sujeito, embora dificilmente se possa supor que diferenças pessoais, como destreza, inventividade etc., não tenham deixado no produto, já nos estágios mais primitivos, impressões não materiais da subjetividade que objetiva e se aliena. Mas um desenvolvimento longo, com muitas formas de desigualdade, foi necessário para, por um lado, trazer a alienação a uma determinada autoconsciência e, por outro, assegurar seu papel no processo global, que não coincide simplesmente com o simples caráter de valor ou de adverso ao valor (hábil-inábil) ativo objetivo que já ocorreu no estágio da mera singularidade, mas já se converteu em alienação real de uma existência humana realmente existente (ainda que de modo socialmente relativo). Atendo-nos também aqui aos fenômenos fundamentais, podemos muitas vezes reconhecer, no próprio trabalho material, começando em tempos muito remotos e vindo até nossos dias, nos simples produtos do trabalho, "a mão" (a personalidade) do seu produtor. É com a desantropomorfização do trabalho, que começa com uma forma em si ainda não consequente, com a divisão do trabalho na manufatura, que gradativamente desaparece o momento da alienação de tais objetivações. Todavia, também nesse caso apenas tendencialmente, pois, mesmo que a parcela objetiva da alienação costume desaparecer nas execuções finais, realizadas por trabalhadores singulares, o planejamento geral de um tipo de produto, o seu "estilo", ainda assim pode ostentar o selo da alienação. Na linguagem também se expressa a desigualdade desse desenvolvimento, só que de um modo muito diferente. O tornar-se cada vez mais social e a crescente integração ainda não produzem, nesse ponto, nenhuma uniformização desantropomorfizadora; todavia, a crescente socialização muitas vezes cria padrões linguísticos totalmente despersonalizados etc., mas simultaneamente aumenta também o caráter individual de alienação da linguagem. Torna-se cada vez mais fácil reconhecer as pessoas pela escolha das palavras, pelo seu vocabulário, por suas formulações sintáticas etc., apreendê-las como individualidades, mais do que em estágios anteriores.

Naturalmente é impossível traçar uma linha divisória bem exata entre os âmbitos da vida de acordo com onde e como objetivação e alienação, uma ou a outra, desempenham o papel de momento preponderante nas formações ontologicamente unitárias. Com efeito, trata-se de um processo ontologicamente unitário, no qual simultaneamente sucede a socialização da sociedade, a aproximação da humanidade a uma generidade real no sentido do existente em si e o desdobramento da individualidade humana. A separação entre produção ou, em termos mais gerais, manifestações vitais econômicas de um lado e, de outro, formas de expressão humanas em atividades que não estão direcionadas imediatamente para as suas próprias reproduções sociomateriais não logra obter uma divisão conceitual precisa. Com efeito, são sobretudo as ciências naturais, oriundas todavia do metabolismo com a natureza, as que executam a desantropomorfização de modo mais consequente, e é justamente nisso que se afirma do modo mais impressionante a função preponderante da socialização em relação à alienação. Por outro lado, é preciso ponderar também que nenhuma alienação pode tornar-se efetiva, portanto, existente, como expressão de uma personalidade, se ela não se objetivar de alguma maneira; as ideias, os sentimentos etc. não alienados dos homens são meras possibilidades; o que eles significam realmente só vai se mostrar no processo de sua objetivação. Porém, a constatação dessa identidade, enquanto identidade e não identidade de objetivação e alienação, ficaria incompleta sem uma aclaração de sua relação com o modo de sua valoração. De uma perspectiva puramente ontológica, essa pergunta é extremamente simples: os valores só surgem mediante a objetivação-alienação; a objetividade simples por princípio é indiferente a valores; somente ao ser trazida de algum modo para dentro do sistema das objetivações-alienações ela pode receber um valor, por exemplo quando uma porção de natureza se torna uma paisagem para o homem. É óbvio que esse ser-posto possui sua base material nos momentos realmente objetivos da referida porção de natureza, mas isso não anula a seguinte factualidade: altas montanhas existiram muito antes que um determinado desenvolvimento social as tivesse transformado em paisagens no sentido social. Contudo, seria totalmente equivocado vislumbrar nesses atos de pôr algo de valor. Eles são simples momentos do ser social e, por essa razão, podem tanto representar um valor quanto algo adverso ao valor; eles estão, portanto, necessariamente vinculados com um tornar-se consciente, cujo desfecho depende, contudo, do seu ser-propriamente-assim concreto e não atinge o seu caráter de ser – no âmbito do ser social –; pode-se até mesmo dizer: somente porque toda objetivação-alienação constitui em si um componente do ser social ela necessariamente desencadeia, com o seu tornar-se existente, valores e, em decorrência destes, valorações.

O tratamento dessa questão deve, portanto, partir ao mesmo tempo do fato de que objetivação e alienação são ontologicamente produtos de um ato unitário, mas que sua diferenciação histórico-socialmente necessária não é só o resultado de uma análise ideal, que esta, muito antes, só se torna mesmo possível porque, na diferenciação dos dois momentos do ato unitário, vêm à tona diferenças ontológicas reais. Dissemos o seguinte: sua essência reside em que a relação "sujeito-objeto", que em si é unitária e que está na base da unidade daquele ato, ocasiona na objetivação uma mudança do mundo objetivo na direção de sua socialização, ao passo que a alienação promove o veículo do desenvolvimento do sujeito na mesma direção. Ora, a socialização do objeto constitui um processo bem mais homogêneo que a do sujeito. A pedra mais rudimentarmente polida da pré-história abandona a mera objetividade natural de modo tão resoluto quanto a mais complexa das máquinas. Nesse sentido ontológico fundamental, o salto para fora do ser natural e para dentro do ser social é único e definitivo. Disso de modo algum decorre que os progressos econômicos, técnicos obtidos em termos de desenvolvimento passem a ser ontologicamente indiferentes. Ao contrário, eles se revestem da maior relevância para a totalidade da sociedade em desenvolvimento. Por essa razão, as sequências do desenvolvimento, as etapas do desenvolvimento etc. das objetivações têm uma parcela decisiva na mudança tanto essencial quanto fenomênica do ser social. Isso, porém, nada muda na factualidade fundamental de que a socialização, enquanto ato modificador do ser, adquiriu, já na sua forma mais primitiva, uma constituição ontológica que, na medida em que se fala do seu ser-em-si geral, já se revela de modo definitivo nessa forma.

Com a alienação não ocorre o mesmo. Seu surgimento é que suscita pela primeira vez o problema do devir homem do homem, o de sua generidade num gênero que deixou de ser mudo. O ultrapassamento da mudez do gênero significa justamente que ontologicamente este tanto pode se tornar existente em si como, indo além disso, existente para si; a generidade muda na natureza significa, em contraposição, um ser-em-si no sentido mais literal possível da palavra, na medida em que este de forma alguma pode chegar como tal à consciência dos exemplares que pertencem ao gênero, mesmo que eles reajam com consciência ao mundo exterior, como fazem os animais superiores. O gênero reproduz-se nos exemplares singulares que sempre reagem em conformidade com o gênero ao seu meio ambiente, mas que não tomam consciência de si mesmos como pertencentes ao gênero. Com o trabalho e a linguagem, essa mudez do gênero dá um salto para a generidade em si do ser social. A objetivação que toma o lugar da mera objetividade do ser natural já contém um reconhecimento articulado do pertencimento ao gênero. Quanto mais avança a socialização da sociedade, tanto mais ricas, multifacetadas, nuançadas, mediadas-vinculadas etc. se tornam essas determinações, tanto mais claramente vem à tona o caráter não mais mudo da generidade – todavia, limitado por velhas contradições do desenvolvimento, de cada etapa respectiva do desenvolvimento. Marx, no entanto, com grande dose de razão, chama todo esse desenvolvimento de mera "pré-história" da sociedade humana, isto é, do gênero humano. Essa pré-história, a história do devir homem do homem, em que a sociedade se torna a expressão adequada do gênero, só pode chegar a um termo quando os dois polos do ser social, o indivíduo e a sociedade, cessarem de agir de modo espontaneamente antagônico um sobre o outro: quando a reprodução da sociedade promover o ser homem do homem, quando o indivíduo se realizar conscientemente em sua vida individual como membro do gênero. Esse é o segundo grande salto no autodesdobramento do ser social, o salto da generidade em si para a generidade para si, o início da verdadeira história da humanidade, na qual a – irrevogável – contraditoriedade entre indivíduo e totalidade social deixa de ter, no âmbito da generidade, um caráter antagônico. Assim sendo, o desenvolvimento da humanidade do ser-em-si do gênero para o seu ser-para-si constitui um processo que se desenrola nos homens, em última análise, em cada homem singular, como separação interior entre o homem meramente particular e aquele, no qual o ser-para-si do gênero luta pela existência – por mais primitiva, por mais errônea que seja essa luta. O caráter definitivo do salto evidencia-se no fato de que inclusive o homem particular age em conformidade com o gênero; a sua generidade, que ainda é apenas existente em si, já se externa em atos teleológicos, não sendo mais só um pertencimento biológico do exemplar singular ao seu gênero. Isso forçosamente se expressa nos atos de objetivação, nos quais o homem conscientemente produz algo social, mesmo sem ter chegado a um estado consciente sobre o fato de estar fazendo isso, como demonstrou Marx reiteradamente para a atividade social geral, mediana, dos homens. Ora, quando cada uma dessas atividades recebe também uma expressão linguística, a objetivação nela efetuada passa a expressar-se simultaneamente como alienação, isto é, ela adquire também o caráter de uma auto-objetivação [*Selbstobjektivierung*] do sujeito, por mais inicial que seja o estágio em que se encontra, por mais baixo que seja o seu nível. Os fins, os sentimentos, as convicções, as capacidades etc. de cada homem tornam-se para ele próprio objetivações valoradas positiva ou negativamente, que, em decorrência de sua socialidade elementar, de seu caráter comum elementar aos homens – a despeito de todas as disparidades que subsistem desde o princípio –, incidem sobre os pores teleológicos ulteriores dos sujeitos.

No entanto, com tudo isso surge apenas o homem particular, claro que já como uma separação abrupta da generidade muda meramente biológica dos seres vivos na natureza. Porém, a nova generidade pode aparecer diretamente aqui como realidade imediata só no seu em-si. Ela até contém como possibilidade (uma vez mais: no sentido da *dýnamis* aristotélica) uma intenção voltada também para o ser-para-si do gênero, mas nesse ponto a desigualdade do desenvolvimento vem à tona de um modo peculiarmente exacerbado. Já sabemos: a desigualdade domina todas as cadeias causais na sociedade, variando as formas de realização das necessidades da essência – correspondendo às disparidades no ser-propriamente-assim concreto das circunstâncias. Nesse tocante, não se pode deixar de perceber que, em tais desigualdades dos desenvolvimentos, em termos gerais, aparece aquilo que possui caráter puramente causal no processo global e, embora elas sejam postas em marcha por pores teleológicos, em seu conjunto não há nelas nenhuma sombra de teleologia; e que, de modo correspondente, as desigualdades surgem como sínteses sociais em totalidades parciais e só conseguem exercer a influência ontológica dos pores singulares – sobre os estágios tendencialmente progressivos em suas inter-relações com o todo – tendo as totalidades parciais como meio. A alienação, contudo, a despeito de toda a sua socialidade, também carrega, por sua essência, os traços de uma singularidade, da objetivação de um pôr singular, e exerce, ao mesmo tempo, mediada por essa objetivação, uma força retroativa sobre o desdobramento da individualidade do homem na sociedade. Essa constituição ontológica da alienação gera espontaneamente uma multiplicação daqueles meios mobilizadores e mediadores, cuja independência relativa, mas concretamente de grande alcance, uns em relação aos outros, e cuja heterogeneidade daí resultante levam a uma intensificação das desigualdades no desenvolvimento. Nesse tocante, é óbvio que aqui tampouco se pode falar de quaisquer tendências teleológicas no próprio desenvolvimento. Com efeito, a desigualdade consiste justamente nas cadeias causais, quando estas tomam um direcionamento tendencial determinado, que se impõe espontaneamente, sob circunstâncias mais ou menos heterogêneas. A alienação até deve deixar desembocar no desenvolvimento social global todas as cadeias causais que ela pôs em marcha, mas ela está presa ao ato do pôr singular que a produz na medida em que retroage infalivelmente sobre o ponente e assim se torna um fator decisivo do seu desenvolvimento enquanto individualidade em todos os sentidos, de acordo com o entorno, a versatilidade, a profundidade, a qualidade etc. Em decorrência desse momento irrevogável de seu pôr, na alienação, a desigualdade deve mostrar-se com força qualitativamente maior em seu próprio desenvolvimento se comparada com outros processos sociais.

Mesmo reiterando todas as objeções que falam contra uma localização das alienações, tanto no âmbito da sociedade como em etapas do seu desenvolvimento, é inevitável arriscar algumas observações sobre o modo como elas atuam fora do processo material de reprodução da sociedade. Só assim o momento há pouco ressaltado da retroação sobre a individualidade do ponente é visto na perspectiva correta, recebe seu lugar na dinâmica do desenvolvimento do processo social. Só na próxima seção deste capítulo sobre a ideologia nos ocuparemos extensamente com esse problema, cujos fundamentos, todavia, já foram repetidamente tangenciados, a saber, que o desenvolvimento social necessariamente produz o em-si do gênero humano como forma real do ser social, mas que o seu ser-para-si pode ser produzido pelo processo objetivo só como possibilidade, e isso tanto em todas as etapas, onde o em-si alcançado em cada caso se torna um para-si relativo (ou não se torna), quanto no período da grande virada que objetivamente pode conduzir ao reino da liberdade. Ali nos ocuparemos detalhadamente com as concepções de Marx sobre essa questão. Neste momento, só podemos e pretendemos observar que esse caráter de possibilidade no sentido de Marx significa simultaneamente um estar-fora da esfera em que tem lugar a reprodução material do gênero humano. Esta esfera, enquanto "reino da necessidade", sempre constituirá a base para o quê e o como de tais possibilidades, que, separadas dela, teriam de permanecer pensamentos e sentimentos impotentes em termos prático-sociais, fundamentalmente sem efeito nenhum. Essa vinculação absoluta e irrevogável, porém, possui um caráter puramente negativo: a exclusão da efetividade realmente social dos pores (alienações) que intencionam de modo meramente subjetivo tal ser-para-si, tal possibilidade presa ao seu tempo. Contudo, a determinação positiva, a vinculação de pores assim constituídos com a sua situação, jamais poderá determinar mais que um campo de ação de possibilidades. Esse campo de ação, em princípio, é extraordinariamente amplo e, ao mesmo tempo, também extraordinariamente multidimensional. Já ressaltamos que o ser-para-si do gênero humano está relacionado objetivamente com ambos os polos do ser social e igualmente com uma determinada constituição da sociedade como totalidade, bem como simultaneamente com o conteúdo, o tipo etc. como os homens singulares podem superar a sua particularidade, o que, por sua vez, pelo seu direcionamento, seu nível etc., igualmente pode e na realidade deve mesmo ser constituído de múltiplas formas.

Contudo, por maior que seja o campo de ação das possibilidades, podendo até parecer ilimitado no plano imediato, ele de modo algum é algo realmente ilimitado. O fato de o homem ser, como pudemos ver repetidamente, um ser [*Wesen*] que responde já traça aqui limites nítidos, mesmo que, nesse ponto, eles pareçam ser mais flexíveis, mais elásticos, que de resto na vida social. Mesmo que por enquanto nos limitemos à transformação do homem particular em generidade e individualidade autênticas, está claro que os obstáculos criados pela vida social e as perspectivas projetadas por ela – eventualmente em termos negativos – para a superação deles já produzem um campo de força concreto das possibilidades; nem mesmo em visões puramente utópicas, totalmente irrealizáveis na prática, de realização de suas possibilidades de alienação realmente adequadas ao homem essas possibilidades são tão ilimitadamente múltiplas em sua realidade concreta quanto se poderia supor em termos abstratos. As forças que põem limites são, por um lado, aquelas "perguntas" levantadas pelo próprio desenvolvimento objetivo, que são respondidas com as alienações, e, por outro lado, em estreita ligação com isso, a concrescência em última instância de objetivação e alienação; esta última, apesar da elasticidade de seus efeitos, traz para dentro desse campo de força uma tendência para o concretamente possível como princípio espontâneo de escolha. Do ponto de vista puramente psicológico ou até lógico, naturalmente ainda há incontáveis possibilidades, mas, para que uma alienação como tal possa de algum modo operar, ela tem de mover-se no âmbito dos limites recém-indicados, senão ela aparecerá como patológica, isto é, como irrelevante da perspectiva social.

Quando se analisa, portanto, a alienação do sujeito humano nessa singularidade socialmente delimitada, elaborada na sociedade, influente sobre a sociedade, a sua grande importância para o desenvolvimento do gênero apenas se evidenciará no fato de o homem só poder se tornar ativo socialmente como indivíduo através de suas alienações, e é nestas, em sua estrutura interna e em seu conteúdo como formas de expressão de sua pessoa, que se manifesta o tipo de sua autêntica relação com a sociedade em que ele vive. Um problema decisivo para a relação entre homem e sociedade e, desse modo, para a relação do singular com a generidade é se as objetivações de sua práxis econômica e extraeconômica promovem ou inibem, ou até impedem totalmente, o seu devir para a individualidade. No próximo capítulo, ocupar-nos-emos detidamente com essa questão; o problema hoje muito controverso do estranhamento só se torna compreensível quando se parte desse ponto. Agora é preciso apenas, a título de antecipação, retomar o que foi acenado anteriormente em termos extremamente gerais, a saber, que a alienação constitui a forma geral inevitável de toda atividade humana e que, por isso, na sua base necessariamente sempre está um mínimo de socialidade da pessoa ponente, mas que essa generidade não é só um momento dinâmico do devir homem do homem, mas justamente aquele momento que leva esse processo de desenvolvimento à decisão. Todas as condições objetivas do "reino da liberdade", do início da história propriamente dita da humanidade, podem até estar presentes, mas elas permanecem meras possibilidades se os homens ainda forem incapazes de expressar, em suas alienações, uma generidade autêntica, positiva, com conteúdo, e não apenas uma generidade particular-formal. Visto que esse desenvolvimento se dá nos homens singulares, o marxismo vulgar costuma desviar o olhar dele e contemplá-lo com um silêncio sepulcral desdenhoso. Marx e Engels pensaram algo bem diferente sobre isso. Engels diz sobre a práxis social em geral:

Porém, do fato de as vontades singulares – cada uma das quais querendo aquilo que a sua constituição física e as circunstâncias externas, em última instância econômicas (seja as suas próprias bem pessoais ou as da sociedade em geral), demandam – não alcançarem aquilo que querem, mas se fundirem numa média geral, numa resultante comum, ainda não se deve concluir que elas devam ser consideradas = 0. Pelo contrário, cada uma contribui para a resultante e, na mesma proporção, está contida nela.[51]

Isso vale de modo ainda mais decisivo para o caso aqui tratado, em que se fala justamente do desenvolvimento interior dos homens para a generidade autêntica, para o seu devir à sonoridade e à articulação ativas.

No que segue, tentaremos caracterizar exatamente o meio social, por cujas mediações as alienações singulares se tornam socialmente operantes de modo imediato. Esse meio, a vida cotidiana dos homens, é determinado justamente em seu respectivo ser-propriamente-assim direta e amplamente pelos atos de alienação dos homens que dele participam. Quando esses atos objetivam a interioridade dos homens, mesmo que essa objetivação [*Objektivation*] seja meramente linguística, surge, tanto para o homem que se aliena como para o entorno em que ele se aliena, uma imagem de contornos mais ou menos nítidos de sua essência pessoal, a qual, embora movendo-se em constantes contradições, logra efetuar uma continuidade tanto para si própria como para esse seu meio ambiente. Naturalmente o processo biológico de reprodução do organismo já cria um processo continuado. Contudo, é só mediante a objetivação [*Objektivation*] que a alienação tende a consolidar em cada homem esse em-si num para-si, numa continuidade controlável, criticável, relativamente regulável etc. da autorrealização e, por essa razão, também do autoconhecimento. Este está no centro da condução da vida humana já na Antiguidade grega, mas só é mesmo possível em decorrência de tais objetivações [*Objektivierungen*]. Pensamentos, sentimentos etc. que permanecem subjetivos só podem ter uma continuidade em si mesmos – como nos organismos naturais que funcionam com consciência. É só através da alienação que passam a objetivar-se todas as manifestações vitais para o próprio homem que as vivencia, assim como para os seus semelhantes. É só através dessa objetivação [*Objektivation*] que ambos passam a ter uma continuidade humano-social,

---

[51] K. Marx e F. Engels, *Ausgewählte Briefe*, cit., p. 375; MEW, v. 37, cit., p. 464.

tanto para o próprio homem que a efetua como para aqueles com quem ele entra em contato; é só nessa continuidade que surge a personalidade do homem como portador substancial desses atos, uma vez mais, tanto para si mesmo como para outros. As complicações que surgem nesse processo não podem ser descritas em pormenores aqui; o lugar delas é a *Ética*. Em termos bem gerais: se, por um lado, cada homem singular considera certos pores próprios como reveladores do seu caráter, outros pores como reações casuais a circunstâncias exteriores, como algo não desejado, imposto etc., por outro lado, os demais homens que têm relação com ele efetuam em suas exteriorizações [*Äußerungen*] uma escolha semelhante. Ambas as distinções têm um fundamento extremamente incerto, cada homem pode passar por situações em que age de modo totalmente diferente do que permitiam supor todas as representações que ele tinha de si mesmo até aquele momento; tais surpresas podem ocorrer ainda mais facilmente quando se trata de outros: tudo isso apenas mostra que o conhecimento humano, tanto para dentro como para fora, precisa permanecer bem mais incerto do que os conhecimentos que os homens têm sobre o material da natureza com que lidam em seu processo de trabalho.

A incerteza daí resultante quanto ao juízo só pode ser compreendida adequadamente no plano ontológico. A continuidade da vida biológica e biofisiologicamente fundada está baseada numa continuidade natural, em si; portanto, se pudesse ser ontologicamente isolada, ela poderia ser compreendida do mesmo modo que qualquer outro fenômeno da natureza (comportamento dos animais). Contudo, na vida cotidiana que surge em virtude dos atos de alienação, é construída uma continuidade de caráter diferente, cujos atos fundantes possuem um caráter teleológico (alienado-objetivante), de modo que a substância que aqui se conserva na continuidade do processo social vital deve ter uma constituição valorativa. Atribuímos – nessa universalidade, com razão, tendo só nos casos singulares concretos grandes possibilidades de errar – a um homem uma substância, enquanto em outro colocamos em dúvida ou negamos justamente a substancialidade da sua essência. Tais juízos – por maior que seja a frequência com que se equivoquem em casos concretos – possuem um ponto de partida ontologicamente fundado na medida em que a substância autenticamente humana, a substância de um caráter humano, não é um fato dado da natureza, mas o produto do próprio homem, o resultado total dinâmico de seus atos de alienação. Por mais que todas as circunstâncias, sob as quais o homem atua, às quais ele responde, não sejam ocasionadas por ele mesmo, mas pela sociedade, por mais que as aptidões psíquicas e físicas do homem estejam dadas e não sejam feitas por ele, a conjunção de todos esses fatores resulta para ele, não obstante, somente em perguntas às quais ele próprio tem de dar as respostas – por meio de decisões alternativas, ou seja, aquiescendo ou negando ou adaptando-se etc. Portanto, a continuidade formada por seus atos de alienação é, nesse aspecto, o produto de sua própria atividade, de suas próprias decisões, sendo importante constatar que toda decisão uma vez tomada torna-se, após a sua efetuação, para o homem que a efetua, um fato tão imutável de sua vida quanto cada fato determinado a partir de fora no curso desta. Nos sucessivos atos de alienação, ele parte, conscientemente ou não, também desses atos, claro que uma vez mais mediante decisões alternativas, ao valorar o último ou como algo a ser levado adiante ou, pelo contrário, para apagá-lo, eliminá-lo da continuidade de sua vida. (Entre esses dois polos naturalmente há na práxis um sem-número de estágios de transição.) A tese geral do marxismo de que os homens fazem a sua própria história, ainda que não sob circunstâncias que eles mesmos escolhem, vale, portanto, não só para a humanidade como um todo, não só para complexos sociais que a constituem, mas também para a vida de cada homem singular.

Desse modo, tocamos novamente no problema filosófico-secular da liberdade. Sem que haja condições de ainda tratar mais detidamente o problema em si, pode-se, não obstante, indicar que ele só pode ser levantado sensatamente com o auxílio de sua gênese ontológica. Vimos que os atos objetivados do trabalho pressupõem, em cada caso, decisões alternativas como seu fundamento ontológico. Por mais geral, por mais corrida que tenha sido a nossa visão panorâmica sobre o tipo do complexo de alienação no âmbito desses atos, ela consegue mostrar não só a necessidade de tais decisões alternativas, mas simultaneamente também a sua nova função, decisiva para a crescente socialização da sociedade: sua referência retroativa ao próprio homem ponente, ao sujeito da decisão alternativa na objetivação. Nesse tocante, é possível constatar, neste estágio da investigação, antes de tudo, que esses atos costumam ultrapassar seu teor prático-imediato. Porque também nos atos de trabalho no sentido estrito, aparentemente destinados puramente à objetivação, emerge inevitavelmente a alienação: ao controlar o seu trabalho, o trabalhador avalia também seu próprio comportamento ao executá-lo, a destreza dos seus movimentos etc., e, ao avaliá-los, verificá-los, controlá-los etc., ele efetua isso reiteradamente mediante os atos de alienação aparentemente distintos das objetivações, mas na realidade intimamente associados a eles. A novidade no complexo de problemas agora abordado por nós consiste tão somente em que estes se referem ao comportamento do homem em sua totalidade, enfim, ao seu caráter, formando esse seu caráter, ao passo que, nas correspondentes referências retroativas ao sujeito no trabalho propriamente dito – na maioria dos casos –, fala-se apenas da correção de modos de comportamento singulares. Esse antagonismo, todavia, quando examinado mais de perto, não se sustenta como antagonismo excludente. Porque, por um lado, a alienação no trabalho pode se referir também ao caráter total do homem, como à persistência diante de tarefas difíceis, à diligência, à coragem durante a caça de animais perigosos etc., e, por outro lado, há incontáveis casos na vida cotidiana das pessoas, fora do âmbito do trabalho propriamente dito, em que a alienação aporta somente uma correção por assim dizer técnica de modos de comportamento específicos. Também nesse caso, portanto, não é possível traçar uma fronteira metafisicamente exata, embora em sua tendência fundamental ela sem dúvida esteja presente no fato de que, em diversos âmbitos da vida, nos atos teleológicos dos homens, ora o momento da objetivação, ora o da alienação adquire um caráter tendencialmente predominante para a maioria das decisões. Uma fronteira precisa não pode existir em lugar nenhum justamente por causa do vínculo indissolúvel que une esses atos, apesar da e devido à sua disparidade.

As múltiplas confusões que surgem quando se procura compreender esse complexo de problemas tem sua razão de ser no fato de que o entendimento, inclusive o científico, e este muitas vezes da maneira mais resoluta possível, pressiona, com base na separabilidade conceitual, por uma separação ontológica do inseparável. Isso ocorre já no estágio mais elementar, onde as relações verdadeiras são mais visíveis que nas áreas mais desenvolvidas, mais complexas, preparadas pela divisão social do trabalho e pela diferenciação. Quantas vezes, no caso do trabalho, é ignorado o momento da alienação e mais ainda o da objetivação, no caso das formas de vida que não comportam de modo imediato esse metabolismo com a natureza, e, desse modo, é falsificada a constituição dos atos, que são vistos falsa e abstrativamente como autônomos. Quanto mais elevado for o estágio da divisão social do trabalho em que nos encontramos ao fazer isso, tanto mais claramente se evidenciam as deformações em decorrência da autonomização de um dos componentes inseparáveis. Remeto tão somente ao dilema entre ética da convicção e ética da responsabilidade, em tempos mais recentes, tantas vezes posto por Max Weber no centro das análises ético-políticas. Para quem acompanhou a nossa análise até agora, fica claro que, nesse caso, só pode se tratar da contraposição excludente, efetuada de modo metafísico-mecanicista, de alienação e objetivação em determinados atos éticos, mas que, até mesmo naqueles casos extremos em que um dos momentos parece desaparecer, isso é apenas uma aparência. Até mesmo um representante tão fanático da relevância exclusiva da convicção, como é o caso de Kant, é obrigado a reintroduzir pela porta dos fundos as consequências na dialética ética, assim que começa a falar de fenômenos éticos minimamente concretos. Hegel, em decorrência de seu espontâneo senso de realidade, sem divisar claramente o problema em sua peculiaridade ontológica, já apontou decididamente para a caducidade dessa contraposição[52]. Esse antagonismo, porém, ainda assombra frequentemente as mais diversas abordagens éticas e constitui um forte obstáculo às aspirações por compreender a ética como componente orgânico no desenvolvimento da humanidade rumo ao gênero humano existente para si e, desse modo, chegar a uma compreensão social da individualidade e simultaneamente a uma compreensão humana da socialidade. A ênfase ontológica nessa conjunção de objetivação e alienação naturalmente de modo algum exclui conflitos concretos entre elas. Estes podem até, como veremos no próximo capítulo e como ficará evidente na fundamentação da *Ética*, avultar-se como características típicas de determinados períodos. Os conflitos assim surgidos, contudo, recebem a sua profundidade e sua acuidade justamente da unidade ontológica de ambas enquanto momentos de um só e do mesmo processo num só e no mesmo homem. É um caso frequente no desenvolvimento social que exatamente as contradições entre motivos intimamente ligados desencadeiem conflitos de peso e de graves consequências.

A socialização da sociedade, o afastamento da barreira natural efetua-se, no plano imediato e material, por meio do jogo de ação social dos atos de objetivação. Quanto mais objetos e relações entre objetos forem transformados em objetivações e introduzidos em seus sistemas, tanto mais decididamente o homem terá deixado a condição de natureza, tanto mais o seu ser será um ser social, um ser tendencialmente humano. Ao enfatizar aqui a ressalva da tendencialidade, não o fazemos a título de concessão diante das concepções – a nosso ver falsas –, que vislumbram, nas desigualdades do desenvolvimento,

---

[52] G. W. F. Hegel, *Rechtsphilosophie*, § 118; HWA, v. 7, p. 218s [ed. bras.: *Linhas fundamentais da filosofia do direito*, cit.].

nos retrocessos demasiadamente frequentes a estados que com razão são qualificados de desumanos, tendências do desenvolvimento que fazem retroceder – ainda que temporariamente – o progresso rumo ao surgimento do gênero humano. Esse desenvolvimento é objetivamente necessário, irresistível, todavia, somente na medida em que se fala do em-si da socialidade e, nesta, do em-si do ser do homem. A linguagem cotidiana (e as concepções de mundo do cotidiano que a põem em movimento) utiliza, de modo aparentemente justificado, expressões como "animal", "desumano" etc. para caracterizar tais fenômenos. Porém, quando se examinam esses fenômenos de modo ontologicamente imparcial, necessariamente vemos que se trata apenas de uma expressão figurada. Tome-se como exemplo a crueldade; ela é humano-social e não animal. Os animais não conhecem crueldade alguma; por exemplo, quando um tigre despedaça e dilacera um antílope, o que se manifesta nele é a mesma necessidade genérico-biológica que leva o próprio antílope a pastar "pacífica" e "inocentemente" e, ao fazê-lo, triturar plantas vivas. A crueldade e, com ela, toda espécie de desumanidade, tenha ela penetrado no sujeito de modo socialmente objetivo ou como sentimento, origina-se exclusivamente da execução de atos teleológicos, de decisões alternativas socialmente condicionadas, ou seja, de objetivações e alienações do homem que age socialmente. (O fato de as pessoas julgarem modos de objetivação e alienação particularmente arraigados em si e em outras como fundadas na natureza não muda nada nessa factualidade ontológica.) Esses atos, porém, só podem surgir maciçamente e se tornar socialmente operantes quando são trazidos à existência – direta ou indiretamente, por necessidade econômica imediata ou como tentativa de responder politicamente a uma fase de transição econômica de múltiplas maneiras incompreendida – pelo desenvolvimento econômico. O novo impulso da escravidão na Era Moderna, a "acumulação originária", são exemplos da primeira variante, assim como o período de Hitler é exemplo da segunda. O reconhecimento dessa socialidade, esse pertencimento ao desenvolvimento da humanidade, naturalmente não tem a intenção de atenuar a crítica e a rejeição humano-social de tais fenômenos. Com efeito, esses complexos fenomênicos são tão necessariamente parte do surgimento do gênero humano em si quanto significam obstáculos a serem superados no caminho para o seu ser-para-si. A visão ontológica correta das conexões objetivas autênticas é que mostra o campo de ação real para a superabilidade social de tais complexos fenomênicos: se, por exemplo, a crueldade fosse um atributo de nossa procedência do reino animal, eventualmente teríamos de aceitá-la como fato biológico dado, a exemplo da necessidade do nascimento e da morte do organismo. Sendo consequência de pores teleológicos, ela pertence à grande série de fenômenos do desenvolvimento da humanidade, que, com o seu próprio ser, põem socialmente os caminhos e os métodos de sua superabilidade – todavia só na forma da possibilidade.

Para os fins visados por nós aqui, esse exemplo serve só de exemplo; o motivo que é decisivo nele, a ligação e o antagonismo simultâneos de generidade em si e para si, só pode ser exposto adequadamente na *Ética*; mesmo que toquemos em alguns aspectos desse complexo de problemas no próximo capítulo, isso ainda não significa que ele possa ser compreendido de modo correspondente no quadro de uma ontologia geral do ser social. O que nos interessa é a função da objetivação e sobretudo a da alienação no quadro ontológico global do ser social. Por isso, temos de visualizá-las agora como componentes de uma área que infelizmente foi pouco considerada por marxistas, a saber, como componentes da vida cotidiana humana. Quando nos restringimos, o que é metodologicamente plausível para a investigação de relações econômicas e também históricas em geral, às conexões mais gerais possíveis, mais marcadamente típicas do desenvolvimento objetivo e da reação das massas a ele, em muitos casos surge – apesar das exposições fundamentais luminosas e exaustivas do próprio Marx – a aparência de uma vinculação demasiadamente simples e retilínia entre ambas, do que tiraram proveito tanto o marxismo vulgar como a crítica burguesa do marxismo, cada uma a seu modo. Já ressaltamos repetidamente que os dois fatores experimentam vinculações concretas, repletas de interações e contradições no ser, na vida de cada homem singular. Na próxima seção deste capítulo, que trata do problema da ideologia, tentaremos analisar as determinações específicas, decisivas para os eventos socioeconômico-históricos que aqui ganham existência. Agora ainda nos encontramos a um estágio de distância de sua tratabilidade concreta, mas justamente por isso torna-se possível lançar uma luz um pouco mais clara sobre essa camada adicional, mais baixa, fundamentadora-intermediadora, que é justamente a esfera da vida cotidiana do homem, naturalmente não em sua totalidade extensiva e intensiva, mas só com referência às questões de mediação que aqui nos interessam especificamente.

Anteriormente já indicamos como o modo dos pores teleológicos retroage sobre as pessoas que os põem. Nesse tocante, todavia, não se pode parar no homem singular artificialmente isolado. Porque, do ponto de vista ontológico, como tal, como "o" homem da psicologia, ele é, em última análise, o produto de uma abstração. Do ponto de vista concreto, ele trabalha em algum lugar, seus atos de trabalho pressupõem um coletivo e desembocam na vida desse coletivo; como membro de uma família ele vive e atua nessa comunidade, não importando se ele educa ou é educado etc. A vida real dos homens não se desenrola só de modo geral, na maioria das vezes de modo mais ou menos mediado, na sociedade como um todo; sua vida imediata tem como terreno um grupo dessas pequenas comunidades. Claro que seria unilateral e deformaria os fatos essenciais, se de agora em diante se passasse a isolar da vida do todo esse tipo de união dos homens, como por vezes acontece em investigações sociológicas singulares. Em estágios mais baixos da socialização, isso naturalmente ocorria com frequência, e até para grande parte da sociedade constituiu o estado normal; houve, por exemplo, numerosos povoados e até pequenas cidades que ficaram sabendo bem mais tarde ou nem ficaram sabendo dos grandes acontecimentos de sua época. A socialização da sociedade consiste não por último em que esse estado deixe de existir, que um fluxo de opiniões, posicionamento etc. atravesse de alto a baixo toda a sociedade acionando processos. A importância extraordinária da vida cotidiana dos homens para a reprodução do todo consiste exatamente em que, por um lado, correntes fluem ininterruptamente do centro para a periferia, incluindo-as nas tentativas de solução dos grandes problemas da sociedade como um todo, desencadeando nelas reações a estes, e em que, por outro lado, essas reações não só refluem para o centro, para toda a sociedade, mas, desse modo, simultaneamente tornam operativos "para cima" de modo reivindicatório, os problemas particulares que ocupam as comunidades locais, menores, em forma de posicionamentos perante eles. Nesse tocante, evitamos tanto quanto possível a expressão "informação", que hoje se tornou quase um fetiche. Porque a informação só se torna um fator social ao provocar posicionamentos; fatos dos quais simplesmente se toma conhecimento possuem no máximo potencialmente tal importância, como eventuais detonadores de posicionamentos posteriores.

Parece-nos que esse fluxo alternado de posicionamentos perfaz, nesse tocante, o complexo de problemas mais importante da vida cotidiana. Sobre as influências que partem do centro para a periferia até se encontram ocasionalmente investigações (há diversas investigações sobre como bens culturais "desceram", isto é, como sua eficácia passou de "cima" para "baixo"). Totalmente carente de pesquisa, em contraposição, permaneceu o movimento contrário, principalmente porque o aristocratismo doutoral da classe erudita tem a forte tendência de encarar tais efeitos como irrelevantes, de acreditar que tudo o que é pensado, sentido, vivenciado "em baixo" só pode constituir uma repercussão dos impulsos vindos de "cima". Sem poder abordar esse assunto aqui, indico que, por exemplo, para as artes, os impulsos que se apresentam originalmente como necessidades no cotidiano, como problemas rudimentares expressos de modo vívido, como elementos e tendências primitivos, muitas vezes desempenharam um papel decisivamente importante; gostaria de apontar aqui apenas para aquilo que, a seu tempo, foi indicado na minha *Estética*[53], a saber, que tais posicionamentos prático-cotidianos diante das respectivas questões prementes fluem ininterruptamente de "cima" para "baixo" e de "baixo" para "cima" e que, por essa razão, não só o efeito estimulante de necessidades expressas pela metade pode se tornar bem mais importante para as objetivações mais importantes da vida social do que habitualmente se costuma admitir, mas também a vida cotidiana média está bem mais fortemente impregnada de objetivações [*Objektivationen*] bem determinadas – de valor ou adverso ao valor, progressivas ou reacionárias etc. – do que permitiria supor o conhecimento direto de suas "fontes". Quando eventualmente alguém se admira de como tais comunicações podem suceder, inclusive em sociedades pouco progredidas, a resposta a isso é extremamente simples: até mesmo o mais renomado dos pensadores, políticos, artistas etc. vive pessoalmente uma vida cotidiana, cujos problemas jorram incessantemente sobre ele através dos acontecimentos diários do seu dia a dia, através da cozinha, do quarto das crianças, do mercado etc., tornando-se atuais para ele e provocando decisões, inclusive do tipo espiritual, da parte dele.

Marx chama a atenção para essas questões ao mencionar que se costuma acusar os economistas de, por exemplo, não captarem os momentos singulares em sua unidade. Ele diz sobre isso: "Como se a cisão não fosse passada da realidade aos livros-texto, mas inversamente dos livros-texto à realidade"[54]. A importância dessa observação seria subestimada se ela fosse concebida simplesmente como crítica de representações falsas na economia, no âmbito da ciência econômica. Acreditamos que, ao falar, nessa passagem, da realida-

---

[53] G. Lukács, *[Ästhetik I:] Die Eigenart des Ästhetischen*, GLW, v. 11, p. 45 e 78s.
[54] K. Marx, *Rohentwurf*, cit., p. 11; MEW, v. 42, p. 25 [ed. bras.: *Grundrisse*, cit., p. 45].

de em contraposição aos livros-texto, Marx tem em mente as concepções universalmente disseminadas do cotidiano, provocadas pelo modo fenomênico imediato, massivo, cotidiano, da economia do capitalismo, que passam então sem reflexão nem verificação também para os "livros-texto". Esse fenômeno em si é muito difundido em todas as ciências. Porém, costuma-se perceber isso só no caso de etapas historicamente muito remotas e então olhar para elas de cima para baixo com ar de superioridade. Quando, por exemplo, os gregos falavam das diferentes legalidades da realidade terrena (abaixo da Lua) e do mundo estelar (acima da Lua), isso estava baseado num material de vivências muito disseminado, que impregnava toda a vida cotidiana, referente ao mundo caótico aqui em baixo, de uma multiformidade impossível de abarcar com a vista, submerso em casualidades, e referente à legalidade simples, clara, ordenada, lá de cima. Esse preconceito oriundo da imediatidade da vida cotidiana era tão forte que funcionava de certo modo como *a priori* para todas as representações sobre esses âmbitos, que também os eruditos partiam, em suas investigações científicas, desse dualismo como de um fato fundamental da realidade (e não de suas vivências condicionadas pela época). Algo parecido ocorre com a questão do movimento, na qual nem mesmo um Aristóteles conseguiu se livrar da concepção de um motor imóvel; ele se debateu com esse problema, formulou uma hipótese em si perspicaz atrás da outra, mas jamais chegou a ponto de nutrir dúvidas quanto à posição fundamental. Naturalmente as duas representações se apoiam, em última análise, no patamar de desenvolvimento das forças produtivas daquele tempo; estas determinavam um tipo correspondente do metabolismo com a natureza, cujas experiências impregnaram então a vida cotidiana e seu mundo-de--representações [*Vorstellungswelt*], de modo que uma constituição imediata bem determinada do mundo era tida pelo homem como verdade indubitável sobre ele. Só quando ocorreu uma transformação fundamental do metabolismo com a natureza foi que se abriu o caminho para uma crítica a tais concepções profundamente arraigadas na vida, que geralmente se fixam por um período extremamente longo na consciência das pessoas do cotidiano (e em grande parte também na ciência). Pense-se em como foi duro o embate da ciência natural desde a Renascença contra as concepções aristotélicas, como foi difícil fazer com que elas desaparecessem da consciência das pessoas; ainda no século XVIII, a concepção a respeito da legalidade do universo astronômico consistia, em amplos círculos, em que Deus teria dado corda ao "relógio do mundo" e assim o teria posto em marcha – daí por diante, todavia, de modo rigorosamente em conformidade a leis.

Desenvolvimentos desse tipo de modo algum são, como se descreve de modo geral, questões puramente internas das ciências. Obviamente o metabolismo com a natureza e as visões mais importantes dele oriundas sobre as conexões da natureza permanecem a matéria para as reviravoltas radicais nessa área, os motivos decisivos na manutenção ou na modificação de tais concepções. Acreditamos, porém, que a causação não se dá de modo tão retilíneo, tão unívoco, como parece no primeiro momento. Naturalmente os resultados obtidos aqui influem fortemente sobre a "concepção de mundo" do cotidiano; contudo, o "mundo" e a "concepção de mundo" do cotidiano exercem grande influência sobre o modo como eles se tornam efetivos no metabolismo com a natureza enquanto pressupostos ideais das objetivações. É certo que, no próprio trabalho e tanto mais nas ciências que procedem deste, as objetivações singulares logo perdem seu caráter isolado como pores singulares e se juntam em conexões ordenadas, em sistemas. Isso só se torna possível e necessário em decorrência de seu caráter, já tantas vezes descrito, simultaneamente generalizante e objetivador. E é igualmente óbvio que as sínteses daí resultantes têm um efeito estimulante sobre a práxis. Contudo, o caráter fundamental desse tipo de pôr seria mal interpretado caso se vislumbrasse nessas suas funções algo que só tem validade nesse âmbito em particular. Inversamente, reside no caráter de todos os pores desse tipo, já no da linguagem, o fato de eles atuarem em toda parte necessariamente em tais direções. Logo, as objetivações e as alienações a elas vinculadas têm um efeito análogo tanto sobre a vida cotidiana como sobre o próprio metabolismo com a natureza, a saber, o da generalização, da sistematização do entorno fática e vivencialmente relevante do homem num "mundo", cuja imagem ideal e sentimental recebe na consciência dos homens o caráter de uma "concepção de mundo". (Colocamos as duas expressões entre aspas para chamar a atenção para o fato de que aquele objetivamente só constitui um recorte mais ou menos casual da totalidade autêntica do gênero humano, ao passo que esta, tanto pela mesma razão como em decorrência da imediatidade do cotidiano, pode possuir só tendencialmente, só germinalmente as características de uma concepção de mundo.) Em tudo isso, tanto o original como a imagem geralmente possuem uma mundanidade bem pronunciada, sendo que obviamente, dependendo do período, da estrutura de classe etc., os "mundos" podem e devem ter extensidades muito distintas, as "concepções de mundo", possibilidades muito distintas de aproximação à realidade objetiva. O "mundo" do cotidiano diferencia-se do "mundo" do trabalho sobretudo pelo fato de que, nele, o aspecto da alienação dos pores desempenha um papel tanto extensiva como intensivamente muito maior. A personalidade do homem exprime-se objetivamente antes de tudo na práxis do trabalho, mas faz parte da essência da vida humana, que as tendências para o ser-para-si, para a autoconsciência, via de regra, ganhem validade, de modo imediatamente pronunciado, na esfera do cotidiano, do âmbito da atividade do homem inteiro. Acresce-se a isso, reforçando de modo geral essas tendências, introduzindo em suas consequências uma problemática aguçada, que a crítica que os fatos objetivos fazem aos pores humanos é muito mais fraca, muito mais insegura na vida cotidiana do que no próprio trabalho. Isso tem a ver com o fato, do qual há muito já temos conhecimento, da diferença entre os pores no metabolismo com a natureza e os pores que têm por fim provocar mudanças no comportamento de outras pessoas. Esse controle menos rígido pela "resistência da matéria" tem, porém, a importante consequência de que concepções falsas, preconceitos, interpretações equivocadas da realidade etc. podem persistir por um período bem mais longo na vida cotidiana que no próprio trabalho. Nenhuma ferramenta, por exemplo, sobreviveria ao tratamento que mulheres e crianças aguentam em muitas famílias, independentemente dos danos interiores que sofrem. Há por certo uma diferença ontológica entre o fato de o objeto do pôr funcionar só como objeto ou então, por seu turno, reagir a objetivações com objetivações (alienações).

Essa diferença, contudo, não pode ser unilateralmente extrapolada. Sobretudo é preciso ponderar, ao que repetidas vezes já se fez referência, que a reação exata dos objetos ao tratamento correto ou falso que recebem aparece sempre reduzida ao propósito objetivamente imediato do trabalho. O que o trabalhador pensa além disso, para além da práxis do trabalho, não tem influência sobre ele. Por essa razão, inicialmente os processos de trabalho podiam vir acompanhados de representações mágicas etc., manter-se de muitas formas ainda por milênios como hábitos. No momento em que se abandona o âmbito do trabalho no sentido estritamente material, surge uma condição que tem grande semelhança com o cotidiano fora do trabalho. Na medida em que os objetos de tais pores não fundados na realidade são elementos da natureza e não semelhantes humanos, como ocorre predominantemente no cotidiano, a "resistência" é ainda mais fraca; no caso destes, costumam surgir, por ocasião de mudanças das circunstâncias, reações de sublevação contra pores infundados tradicionais, ao passo que aqueles naturalmente têm de permanecer totalmente neutros diante de tais pores. A percepção de traços comuns desse tipo é importante por duas razões: primeiro, porque, como já tivemos oportunidade de ver repetidamente, toda práxis humana se efetua dependendo das circunstâncias nas quais o sujeito ponente é forçado a tomar decisões alternativas, embora, por princípio, não possa ser capaz de visualizar totalmente os seus pressupostos, as suas consequências etc. E, em decorrência do caráter alienado objetivado dos pores teleológicos humanos, as decisões concretas não estão vinculadas à situação como as atividades dos organismos que funcionam com consciência, mas lhes são inerentes desde o princípio tendências para a generalização, que impelem espontânea e necessariamente na direção de tornar conscientes as ações singulares como momento de um "mundo"; sendo assim, é impossível que a consciência do homem que assim age, particularmente nos casos normalmente recorrentes, possa deter-se diante da simples constatação de um desconhecimento, mas deve tentar a todo custo enquadrá-lo idealmente no seu "mundo". O fato de isso ter sido consumado de início e por muito tempo depois predominantemente de um modo "mágico-místico" levou de muitas formas a falsas interpretações ontológicas. Não podemos nos deixar levar aqui para a crítica mais detalhada de tais concepções, não importando se elas levam a uma contraposição mecanicista abrupta de períodos mágicos e períodos científicos ou a uma glorificação idealizante de tentativas primitivas de apropriação da realidade de feitio mágico. Em termos ontológicos gerais, é possível constatar que, em decorrência da infinitude extensiva e intensiva do mundo objetivo, esse horizonte do desconhecido envolve toda práxis, inclusive nos estágios mais evoluídos, que, portanto, o problema geral deve preservar essa sua universalidade. Esta está fundada ademais em que todo problema proposto para a humanidade, inclusive aquele que, no decorrer do tempo, foi respondido de modo aproximadamente completo, originalmente sempre se apresentou como desconhecido, e a primeira aproximação sempre se dá mediante a tentativa de enquadrá-lo, com a ajuda de analogias, a partir do "mundo" já dominado com o pensamento neste "mundo" dali por diante conhecido. Goethe diz acertadamente: "O homem deve perseverar na crença de que o incompreensível é compreensível; caso contrário, ele não pesquisaria"[55]. O fato

---

[55] J. W. Goethe, [*Wilhelm Meisters Wanderjahre*] (Cotta Jubiläumsausgabe [edição comemorativa]), Werke, v. XIX-XX, p. 70.

de que o original procedimento analógico ingênuo, de modo geral, vai se esclarecendo cada vez mais pelo conhecimento dos nexos causais tem como resultado o gigantesco progresso do conhecimento humano, mas não anula esse fato ontológico fundamental.

O instrumento decisivo do pensamento nesse processo é a desantropomorfização, melhor dito, a tendência desantropomorfizante presente no pensamento humano. Essa tendência provém do caráter objetivador do trabalho (e da linguagem), da humanização mediante a dispensa da vinculação à situação própria das reações dos animais ao seu meio ambiente. Como sempre ocorre nesses complexos de perguntas, costuma-se perceber e reconhecer essa tendência só em seus estágios mais avançados (na matemática). Se, em contraposição, tentarmos abordar também essa questão em termos ontológico-genéticos, temos de constatar que a tendência para a desantropomorfização já entra em cena onde o homem descobre que os objetos de sua práxis (suas objetivações) são independentes de sua consciência, de seu saber, querer etc. no que se refere à sua constituição, às suas propriedades, conexões, relações etc. O fato de isso surgir no trabalho incipiente sem um autoconhecimento do próprio fazer não muda nada na factualidade mesma, só reforça o parecer de Marx, citado de muitas formas por nós, de que os homens também podem efetuar na prática atos de consciência sem saber o que estão fazendo.

A desantropomorfização, como vimos, pressupõe objetivação. Isto é, os atos desantropomorfizadores assumem sempre uma forma objetivada, que é a que possibilita a sua aplicação ulterior, a continuação do seu desenvolvimento no pensamento. Desse modo, surgem na matemática, geometria, técnica racional, lógica etc. aparatos ideais inteiros, com o auxílio dos quais áreas cada vez maiores podem ser submetidas ao conhecimento desantropomorfizador. Seria ridículo pôr em dúvida que, nesse aspecto, foram obtidos progressos gigantescos. Ainda assim, é necessário dirigir a essa factualidade uma crítica ontológica. Mais precisamente a crítica à ilusão de que a invenção e a aplicação tecnicamente correta dos aparatos ideais recém-mencionados já constituíssem uma garantia da efetuação de todos os demais pores como atos desantropomorfizadores. Certamente não há como negar que esses aparatos já em si e por si desantropomorfizam os objetos por eles retratados. Mas é preciso acrescentar de imediato a título de complemento que isso só se refere ao lado da execução técnica do ato, sendo que o ato em si pode continuar sendo antropomorfizador – apesar dessas efetuações técnicas – ou, pelo menos, preservar determinações antropomorfizantes essenciais como partes integrantes importantes. A história do pensamento humano produz ininterruptamente exemplos de como a partir de elementos desantropomorfizadores pode surgir um complexo ideal antropomorfizador. Pense-se na prova ontológica [da existência] de Deus. Ela está corretamente construída – do ponto de vista imanentemente lógico. Essa condição não deixa de estar correta – a não ser pelo fato de toda a sua construção ser destruída – quando é atribuído ao ser, de modo ontologicamente falso (antropomorfizador), um caráter valorativo e, de modo correspondente, uma escala de valores da perfeição. Ainda mais evidente é o exemplo metodológico, já citado por nós, da astrologia. Neste, toda a "técnica" é desantropomorfizadora, tanto as observações astronômicas como a expressão matemática das conexões que resultam delas. Antropomorfizadora é "apenas" a suposição fundamentadora de que entre o destino do homem singular e o respectivo estado do mundo estelar haveria qualquer conexão. Porém, esse "detalhe" é suficiente para empregar todo o aparato matemático da astrologia no serviço espiritual de um antropomorfismo extremo. Portanto, a mera elaboração de formas desantropomorfizadoras de pensar de modo algum é suficiente para conduzir o pensamento humano a vias realmente desantropomorfizadoras. Somente quando a problemática central direcionada para a investigação de algo desconhecido até aquele momento tiver uma intenção voltada para a constituição ontológica, real, do objeto poderá ser realmente superada, na totalidade do ato, a busca antropomorfizadora por analogias. Indispensável para isso, contudo, é uma verificação ontológica da problemática central.

Trata-se, porém, de um processo muito complicado, de curso desigual. Também nesse caso, exatamente a desigualdade do desenvolvimento manifesta que este de modo algum possui um caráter teleológico, embora tenha, apesar de todas as desigualdades, ao menos como tendência certa direção. A consequência disso para a questão a ser tratada agora é que, por um lado, os momentos que, no movimento ascendente, desempenham um papel decisivo podem se converter em fatores inibidores sob certas condições e que, por outro lado, esse mesmo desenvolvimento pode liberar forças que podem complicar, até perturbar ou inibir, o desdobramento retilíneo da linha divisória, mas que, segundo a inteireza do seu ser, figuram entre as principais forças promotoras desse desenvolvimento. E, desse modo, chegamos ao segundo ponto das nossas exposições. Até aqui perseguimos os atos de objetivação dos homens só como tais, só em seus impactos objetivos; mas esses atos são, como sabemos, simultaneamente de modo inseparável também atos de alienação, que, nesse processo de objetivação [*Objektivierungsprozeß*], retroagem sobre o sujeito ponente. O gênero humano consiste justamente de homens singulares; a sua reprodução não pode, portanto, ser de cunho social universal, uma reprodução daquelas unidades sociais formadas por eles, mas tem de ser simultaneamente e, sobretudo de modo imediato, a dos homens singulares. A reprodução humana do singular se diferencia da reprodução biológica dos meros organismos não só por efetuar-se com base em pores teleológicos, mas também, como decorrência destes, pelo fato de que esses pores têm uma força retroativa sobre a formação do sujeito, pelo fato de que o sujeito, como sujeito propriamente dito nesse processo, pode vir a si, realizar a si mesmo e assim formar-se como um fator decisivo para o surgimento do gênero existente para si, do gênero não mais mudo. Porém, do ponto de vista da questão que nos ocupa neste preciso momento surge, desse modo, uma complicação a mais. Porque entre a desantropomorfização do pensamento e a formação do sujeito enquanto personalidade há aparentemente – pelo menos no plano imediato – uma contradição. Goethe já chamou a nossa atenção para o fato de que nunca sabemos o quanto somos antropomorfizantes. Todavia, assim que nos aproximamos da essência da questão, manifestam-se também tendências contrárias. A mais importante delas aflora quando se pondera que o par antagônico desantropomorfizar e antropomorfizar de modo algum é sinônimo para objetividade e subjetividade. Do mesmo modo, o desantropomorfizar não afasta dos princípios do desenvolvimento do homem enquanto homem, não constitui um conceito antagônico ao da humanidade, como muitas vezes é afirmado pelos irracionalistas, mas, pelo contrário, é uma das condições mais importantes e o veículo do devir homem do homem. Recém observamos como conceitos, categorias desantropomorfizadoras, podem ser postos a serviço de uma tendência fundada apenas de modo subjetivista. E inversamente também é possível que, com o auxílio de categorias desantropomorfizadoras, se possa alcançar certa objetividade na reprodução e elaboração ideal da realidade. Caso contrário, uma orientação real no âmbito do ser social seria impossível. Com efeito, há nele conexões, sobretudo na economia, cuja expressão mais adequada se dá na forma matemática, mas, por um lado, a sua aplicabilidade adequada ao objeto tem limites mais estreitos do que, por exemplo, na física e, por outro lado, o imperativo da referência permanente à qualidade, à particularidade histórico-social, atua de modo ainda mais rigoroso do que no caso dos fenômenos puramente naturais. A objetividade é precisamente uma intenção do pensamento direcionada para o em-si dos objetos e de suas conexões, um em-si não falsificado por ingredientes subjetivos, projeções etc., do que faz parte tanto a qualidade quanto a quantidade. O tipo de sua realização depende, portanto, da constituição dos objetos, cujo ser-em-si se pretende apreender, depende da adequação do tipo do pôr a eles.

Está claro, portanto, sem mais explicações, que os atos objetivadores trazem resultados diferentes quando são direcionados para meros objetos e não para objetivações. Essa diferença se reforça ainda mais na vida cotidiana, na qual o caráter de alienação de cada ato de objetivação se torna ontologicamente mais significativo. Porque, nesse tocante, o que importa não é só que efeito ele tem sobre o mundo exterior humano e objetivo, mas também se e em que medida ele fortalece ou enfraquece, promove ou inibe, a existência pessoal tanto interior como exterior do ponente. Desse modo, está expressa uma importante diferença, que também dessa vez não pode ser deformada por alguma extrapolação unilateral.

Porque, por um lado, é preciso constatar que todo ato objetivado, também no trabalho, é desencadeado, em última análise, por necessidades, interesses etc.; o que o caracteriza como elemento fundante do ser social não é a falta de um interesse, mas o fato de que esse interesse – para que possa ser otimamente satisfeito – põe sim em marcha o ato de trabalho, mas deve ser suspenso durante sua preparação e execução. Naturalmente, nem mesmo nos atos da vida cotidiana, mesmo que neles prepondere a alienação, essa estrutura pode estar totalmente ausente. Com cada ato de alienação também se visa à realização de um determinado fim, razão pela qual a suspensão do interesse durante a preparação e da execução nunca será completa, em princípio nunca pode estar ausente, pressupondo-se que não se esteja falando de atos de caráter puramente patológico. Hegel costumava dizer: não é preciso ser sapateiro para saber onde o sapato aperta; nisso está expresso claramente que aquilo que aqui é ontologicamente decisivo é igualmente a suspensão das necessidades imediatas, para poder satisfazê-las mais seguramente pelo desvio da apreciação correta do objeto – inclusive sem fundamentação científica ou especializada. Naturalmente as diferenças são igualmente importantes nesse processo; enquanto no trabalho a suspensão das necessidades levou ao desenvolvimento de ciências exatas, surgem, por exemplo, no conhecimento humano da vida cotidiana, na melhor das hipóteses, experiências pessoais acumuladas, controladas, assimiladas; enquanto no trabalho essa suspensão tem de ser completa, sob pena de frustrar todo o pôr, na vida cotidiana ela é ininterruptamente posta de lado por afetos, que podem até assumir a intensidade das paixões.

Mas também essa contraposição em si justificada simplifica – quando mecanicamente generalizada – a factualidade numa proporção tal que facilmente pode ocasionar um desconhecimento dos momentos essenciais. Referimo-nos ao contraste bruscamente excludente do conhecimento adequado do objeto intencionado com os interesses, afetos, que costumam turvar essa postura. Não se pode simplesmente igualar, nesse sentido, a atitude em relação a objetos com a atitude em relação a objetivações. A suspensão absoluta dos afetos pode se expressar tranquilamente só em casos, nos quais, para o trabalho (e para a ciência que brota dele), entra em cogitação exclusivamente o puro ser-em-si do objeto. Já na economia, onde diversos objetos, por exemplo, como possíveis matérias-primas de uma futura objetivação, são submetidos a um planejamento de pores, os interesses e, de modo correspondente, os afetos não podem mais ser eliminados. E quanto mais sociais se tornarem esses atos, tanto menos a suspensão da necessidade preservará o seu caráter absoluto. Necessidades, interesses e até paixões podem desempenhar um papel importante, às vezes até positivo, nesse processo. A completa "ausência de interesse" do erudito é, nessa universalidade, um mero dogma das convenções catedráticas. A paixão por desmascarar uma formação econômica, um sistema legal, uma forma de Estado ou por impô-la como progressista etc., e, estreitamente ligado a isso, a valoração positiva ou negativa do passado histórico etc. também podem trazer à tona verdades puramente científicas, para as quais o objetivismo acadêmico-dogmático estava cego. Lenin discorre com razão sobre o fato de que o partidarismo, que desse modo ganha expressão, pode realizar um nível mais elevado de objetividade que o puro objetivismo[56].

Aqui não é o lugar para elaborar mais detalhadamente o lado cientificamente teórico desse complexo de problemas sumamente contraditório. Porém, essa contraditoriedade nas relações, nos processos etc. sociais tem de estar diante de nós pelo menos em seus contornos mais gerais possíveis, caso queiramos compreender aproximadamente a condição do homem no cotidiano, o

---

[56] V. I. Lenin, [*Die theoretischen Grundlagen des Marxismus*] (Moscou, 1938), Ausgewählte Werke, v. XI, p. 351; LW, v. 1 [11], p. 414.

seu "mundo", a sua "concepção de mundo". Já estamos cientes de que estes necessariamente existem, enquanto ambientes imediatos tanto materiais como espirituais da práxis, numa vida ordenada por objetivações. Nesse tocante, a marca específica da vida cotidiana é que a relação entre teoria (como preparação consciente da práxis) e práxis possui um caráter imediato, em todo caso, ela supera todas as demais esferas da vida em termos de imediatidade[57]. Isso está intimamente ligado – simultaneamente como pressuposto e como consequência – com o fato de a vida cotidiana constituir o âmbito em que todo homem forma de modo imediato as suas formas de existência pessoais, implementando-as na medida do possível, o âmbito em que para o homem se decide, em muitos aspectos, o êxito e o fracasso desse modo de conduzir sua vida. Isso tem como consequência que, em todas as objetivações, o componente da alienação se reveste de uma importância maior do que de resto. Um número muito grande de resoluções não é tomado exclusivamente com base em que o implicado considere incondicionalmente correta a objetivação que tem diante de si, mas de acordo com se e em que medida ela pode ser enquadrada organicamente naquele sistema de alienações que o referido homem construiu para si mesmo. Também nesse caso é preciso fazer uma dupla ressalva: por um lado – na média do cotidiano –, as pessoas raramente levarão esse domínio das alienações sobre a objetividade das objetivações tão longe que, ao fazê-lo, cheguem a colocar sua existência em jogo; por outro lado, na maioria dos casos de conflito, surge um deslocamento no âmbito da consciência, em que o homem, via de regra, considera como objetivamente existente aquilo que favorece o modo como ele conduz a sua vida, enquanto considera como objetivamente não existente aquilo que está em contradição com ela. Não podemos abordar aqui o número infinito de variações, transições etc. que daí resultam. Deve-se compreender tão somente que essas transformações efetuadas por meio dos atos de alienação de modo algum se restringem a resoluções diretamente pessoais, mas possuem predominantemente uma tendência generalizante, que almeja transformar também o puramente pessoal numa realização pessoalmente efetuada de leis, normas, tradições etc. gerais. Nas sociedades primitivas, suas concepções generalizantes dominam diretamente a condução de vida inteira de todos os seus membros; só quando o gradativo crescimento da divisão social do trabalho torna as relações dos homens

---

[57] G. Lukács, [*Ästhetik I: Die*] *Eigenart [des Ästhetischen]*, cit., p. 44s; GLW, v. 11, p. 44s.

entre si e com os processos sociais mais multifacetadas e intrincadas, só quando, em decorrência disso, o lado individual no homem se torna cada vez mais desenvolvido e cada vez mais determinante para a sua práxis, surgem com um peso cada vez maior os posicionamentos recém-aludidos. Em suas contradições, externa-se o caráter social desse desenvolvimento para a individualidade: a individualidade só conseguirá encontrar, em suas alienações, uma autoconfirmação, inclusive para si mesma e tanto mais para o seu ambiente, se elevar a autoafirmação contida nelas à condição de representante de uma camada da sociedade, de uma corrente social, acatada por ela. Isso naturalmente não precisa equivaler necessariamente a uma anuência ao respectivo *status quo* social; os excêntricos dos séculos XVIII e XIX, os individualistas existencialistas, e até mesmo os *beatniks* do século XX, negam o seu presente sempre a partir de um ponto de vista social-generalizante – não importando o quanto isso seja consciente. O "mundo" e, especialmente, a "concepção de mundo" dos indivíduos que assim se alienam são amplamente determinados pelo conteúdo, pela direção, dessas alienações. Uma vez mais: não é como se por si mesmos pudessem criar um "mundo", mas é porque os homens, enquanto seres que respondem, posicionam-se em suas alienações diante das questões existenciais momentâneas da sua respectiva sociedade, decidindo mediante a afirmação ou a negação de alternativas em função das necessidades de sua própria personalidade.

Dessa interação de homem e entorno surge uma mescla bem própria de ser e valor. O caráter de ser específico do valor está entre as categorias do ser social que mais demoraram a ser conhecidas adequadamente. A ciência autonomizada tem de muitas formas a tendência de subjetivar a valoração, de reconhecer nela apenas o ato de pôr e não o objeto socialmente existente que desencadeia o pôr; onde isso ainda assim acontece, o que é frequente na filosofia, o caráter existente do valor é acatado como algo transcendente. Na imediatidade do cotidiano, em contraposição, surge a tendência de promover ontologicamente uma fusão total de ser (tanto a objetividade como a objetivação) e valor, sendo que essa intenção espontânea costuma encontrar um apoio ideal na concepção transcendente do valor por parte das religiões e das filosofias idealistas. Em decorrência da imediatidade predominante da vida cotidiana, surge dessa mistura de ser e valor um fundamento aparentemente indissolúvel da vida, no qual os dois componentes se fortalecem mutuamente e também recebem apoio dos sentimentos etc. Quando a história das ciências trata concepções do ser, como o mundo sublunar e o mundo supralunar, simplesmente como preconceitos ultrapassados pelo progresso do conhecimento, isso até se justifica a partir da perspectiva de uma história do saber limitada a termos estritamente técnicos. Contudo, se examinarmos o mesmo desenvolvimento no quadro da totalidade da vida dos homens vivendo em sociedade, devemos nos lembrar, também diante do que cientificamente é tido como puro preconceito, como mero equívoco do pensamento etc., daquela frase de Marx: os preconceitos tampouco penetraram na realidade a partir dos livros-texto, mas nos livros-texto a partir da realidade.

Esse penetrar possui dois fatores, em si independentes um do outro, mas que, na práxis social, estão ininterruptamente atuando um sobre o outro. O primeiro obviamente é o próprio progresso das ciências, que brota das relações econômicas, respondendo às suas necessidades. Contudo, não se pode esquecer, nesse ponto, que ele nunca se dá num espaço socialmente vazio, isto é, constantemente haverá hipóteses com a ajuda das quais as questões urgentes podem ser resolvidas na prática, mas é fato muitas vezes recorrente – exatamente em muitas questões ontologicamente decisivas do conhecimento do mundo – que existem várias possibilidades de explicação para um determinado complexo fenomênico, que, de modo idêntico (ou quase idêntico), viabilizam sua previsão e, desse modo, o domínio prático sobre ele e que, por isso, examinadas em termos formais práticos, podem ser encaradas como equivalentes. Elas, no entanto, diferenciam-se em dois aspectos: por um lado, quanto à sua capacidade de possibilitar o domínio pela práxis de um raio menor ou maior dos fenômenos, por outro, quanto a se e em que medida elas concordam com as representações do ser que dão sustentação ou solapam, por razões muitas vezes bastante diversas em termos humano-sociais, o "mundo" da vida cotidiana das pessoas num estágio histórico dado. Pense-se em que a astronomia heliocêntrica apareceu como teoria científica já na Antiguidade tardia. Porém, ela permaneceu sem influência diante da teoria geocêntrica, justamente por causa dessa contradição com o "mundo" do cotidiano. Essa resistência – fundada na sensação ontologicamente apenas imaginária, mas extremamente importante nos termos prático-cotidianos do homem, de maior segurança dos homens num cosmo cujo ponto central é a nossa Terra – comprovou ser tão forte que, quando as necessidades reais da práxis social trouxeram resolutamente o sistema heliocêntrico para a ordem do dia, defensores inteligentes do estado de coisas existente, como o cardeal Belarmino, sutentaram o ponto de vista de uma dupla verdade: aceitar o heliocentrismo como instrumento útil na práxis econômica e científica, mas simultaneamente, no plano ontológico, no que diz respeito ao "mundo" do cotidiano (do qual, por sua essência, faz parte também a religião), continuar considerando a Terra como centro do cosmo. A força dessa resistência pode ser facilmente visualizada quando se pensa, por exemplo, em Pascal, que desvelou com perspicácia as consequências ontológicas dessa guinada para o cotidiano humano, e se toma em consideração que, por volta da última virada de século, o ponto de vista do cardeal Belarmino foi sustentado por cientistas tão eminentes quanto Duhem, que o fez de modo declarado, e Poincaré, que o fez de fato na prática.

Isso naturalmente não muda nada nos resultados técnico-científicos. Mas certamente muda muita coisa no modo como eles, com a merecida autoridade que possuem no plano puramente científico, influem sobre o pensamento do cotidiano, precisamente porque satisfazem necessidades que brotaram do chão desse cotidiano que histórico-socialmente é existente-propriamente--assim, necessidades que, por sua vez, retroagem sobre o modo como os cientistas interpretam ontologicamente seu próprio método e os resultados obtidos com ele. Daí podem emergir grandes diferenças e até antagonismos agudos entre o trabalho científico propriamente dito e essa sua autointerpretação com referência ao ser, fato já notado por Lenin ao apontar para a discrepância que reiteradamente aflora em renomados pesquisadores da natureza, por um lado, quando eles se veem diretamente confrontados com os objetos reais de sua pesquisa e, por outro, quando tentam conferir ao método e aos resultados de sua pesquisa uma expressão universalmente teórica, enfim, ontológica[58]. Na medida em que o tema se limita aos problemas singulares das ciências singulares, seria possível simplesmente ignorar os enunciados do último tipo, visto que aparentemente não perturbam o andamento das investigações científicas propriamente ditas[59]. O que nos interessa é apenas aquele aspecto desse complexo de problemas, no qual ganham expressão as conexões ontológicas entre "mundo" e "concepção de mundo" do cotidiano, por um lado, e a imagem de mundo das ciências modernas, de outro. Portanto, inde-

---

[58] V. I. Lenin [*Materialismus und Empiriokritizismus*] (Viena, 1927), Sämtliche Werke, v. XIII, p. 150; LW, v. 14, p. 155.
[59] Em que medida isso realmente é assim só poderia ser decidido, no final das contas, por especialistas dotados de um senso aberto para o ser. De qualquer modo, é interessante que Lenin já tenha chamado a atenção para a conexão entre a extrapolação do método puramente matemático e o sumiço (ou pelo menos o empalidecimento) do ser físico na física (ibidem, p. 311s; ibidem, p. 305s).

pendentemente de quanto esses enunciados influenciam a sua atividade científica prático-concreta, a seguinte declaração de Heisenberg parece ser significativa para a nossa questão:

> Quando se tenta, partindo da situação na ciência natural moderna, avançar às apalpadelas até os fundamentos que se puseram em movimento, a impressão que surge é que talvez não estejamos simplificando as relações de modo demasiadamente grosseiro ao dizer que, *pela primeira vez no curso da história o homem só se defronta ainda consigo mesmo nesta Terra*, que ele não se depara com mais nenhum outro parceiro nem adversário. [...] Portanto, também na ciência natural, *o objeto da pesquisa não é mais a natureza em si, mas a natureza exposta ao questionamento humano*, e, assim sendo, também aí o homem volta a deparar-se consigo mesmo.[60]

Está claro que tais explanações nada têm a ver com a metodologia prática de problemas autenticamente físicos; seu conteúdo constitui uma generalização filosófica, cuja base real, na melhor das hipóteses, podem ser vivências subjetivas associadas à práxis de um acadêmico. Com efeito, a questão se o mundo natural investigado possui um caráter macroscópico ou um caráter microscópico não pode ter qualquer influência sobre a pergunta pelo seu ser-em-si; por maiores que tenham sido as novidades concretas que a física atômica trouxe para a ciência, ela ainda assim não pôde modificar a relação ontológica que existe entre o sujeito humano e o ser natural objetivo.

A união na mesma pessoa do renomado acadêmico com o negador banal, modernista-neopositivista, do ser-em-si confere a tais declarações uma significância social de cunho geral; tanto mais que, como se sabe, Heisenberg não foi o único acadêmico de fama mundial que veio a público com esse tipo de concepções ontológicas, em forte contraste com a prudência crítica da geração mais velha, por exemplo de Boltzmann ou Planck (pense-se nas numerosas declarações de Einstein). Essa importância advém do fato de que, em tais posicionamentos, a vinculação do "mundo" e da "concepção de mundo" do cotidiano com o amplo efeito da ciência sobre o plano da concepção de mundo se expressa em dois sentidos. Por um lado, nesse ponto, os resultados do desenvolvimento científico não se efetivam em sua cientificidade imanente, mas através de interpretações

---

[60] W. Heisenberg, *Das Naturbild der heutigen Physik* (Hamburgo, 1955), p. 17-8 [ed. bras.: *A imagem da natureza na física moderna*, Lisboa, Livros do Brasil, 1962; com modif.].

que atrelam o seu conteúdo – ontologicamente generalizado dessa maneira – a determinadas ideologias dominantes que lhe conferem a aparência (e a autoridade) de uma fundamentação científica exata. Por outro lado, não se pode interpretar tais manifestações de acadêmicos importantes nem como meros enunciados puramente subjetivos, muito menos como um aconchegar-se a correntes em moda; trata-se muito antes de que também tais concepções de mundo pessoais medram do mesmo chão que produz as "concepções de mundo" do cotidiano e que simultaneamente constitui o fundamento social das filosofias em moda amplamente difundidas. Seria equivocado sequer mencionar no mesmo fôlego o físico Einstein com filósofos em moda do feitio de Spengler, mas aquilo que foi universalmente disseminado como "concepção de mundo" a partir da teoria da relatividade é um sintoma espiritual daquela etapa do desenvolvimento social tanto quanto *Der Untergang des Abendlandes* [O declínio do Ocidente]. Quando aqui se fala de uma necessidade social comum, de uma espécie de mandado social, esta ainda assim não pode ser fixada numa fórmula simplificada. A necessidade é, muito antes, extraordinariamente multifacetada e complexa, mesmo que sua tendência básica – em última análise, mas só em última análise – pressione em determinada direção. Esta é determinada pela posição ocupada pelo indivíduo no capitalismo atual: a manipulação que se tornou universal converte-o em formador soberano de todas as coisas, cuja vontade formadora não se defronta com nenhum mundo do ser independente, mas simultaneamente todo homem se torna um nada incapaz de resistir à onipotência da manipulação. Aqui não é o lugar para descrever as múltiplas variações em que se exterioriza esse sentimento tão contraditório para com o mundo. Com relação ao nosso problema, essa junção de onipotência abstrata e impotência concreta constitui o motivo decisivamente importante. Este ganha expressão, por um lado, nas diversas tentativas filosóficas de anular idealmente o ser do ser e, por outro lado, no contato que surge daí entre essa "filosofia da natureza" e tendências importantes da teologia moderna. Visto que praticamente ninguém mais acredita realmente na ontologia tradicional das religiões, essa aniquilação teórica do ser abre a possibilidade de reformular a necessidade religiosa de hoje de tal modo que assoma uma consonância com a ciência mais moderna no nível do não-ser do ser. (Pense-se em Teilhard de Chardin e Pascual Jordan.) Essa ligação é tão forte que até o ateísmo, que hoje é tido como moderno, sente-se chamado a satisfazer essencialmente uma necessidade religiosa, e não a combater a religião, como nos últimos séculos.

Para a nossa atual investigação, o essencialmente interessante não são os detalhes e nuanças concretos desse complexo fenomênico, mas a corrente que flui do cotidiano manipulado para dentro das interpretações das ciências exatas e de lá de volta para o cotidiano, a difusão irresistível dessas concepções entre a elite intelectual, a falta de uma postura crítica em relação a tais tendências. O fato que mais sobressai – e vale a pena deter-nos por um instante na análise desse ponto – é que a gnosiologia não levanta quaisquer objeções nessa questão, chegando muito mais a, em termos globais, dar suporte a essas tendências do que inibi-las mediante a crítica. Isso parece ser um paradoxo só para aqueles que não acompanharam as suas funções no passado e, por essa razão, não perceberam que a gnosiologia, de modo geral, costuma canonizar acriticamente as formas metodológicas momentaneamente dominantes das ciências de sua época e, por conseguinte, simula modalidades do ser – como fundamento de sua crítica do conhecimento – que poderiam ser apropriadas para conferir uma base ontológica ao modo canonizado do conhecimento. Basta pensar em Kant. A pergunta metodológica inicial: "[...] como são possíveis?" já indica essa estrutura do método. Quando nos voltamos para os questionamentos essenciais, percebemos que, no caso da "coisa em si", Kant parte corretamente de sua independência em relação a toda consciência para tirar dessa constatação a conclusão logicamente possível, mas ontologicamente totalmente infundada, de que, por essa razão, ela teria de ser incognoscível. Hegel já viu claramente que a incognoscibilidade só pode se referir à abstração vazia – que dispensa qualquer concretude ontológica, que se refugia no mero em-geral –; assim que a coisa passa a possuir algum conteúdo ontológico, por exemplo propriedades, cessa de existir essa incognoscibilidade puramente oriunda da abstração[61]. E, de outro lado, o monopólio da produtividade da consciência no conhecimento do mundo fenomênico, por sua vez, nada mais é que uma absolutização abstrata do fato de que sua função na relação com o ser é mais do que uma imagem passiva ("fotográfica"); a limitação ao mundo fenomênico é uma consequência lógica dessa extrapolação abstrata da produtividade criativa da consciência. Da combinação das duas abstrações resulta novamente, no plano meramente lógico (não ontológico), o antagonismo excludente entre o mundo existente e o mundo aparente, cuja inverdade abstrativa Hegel igualmente desvelou. Portanto, uma crítica ontológica sóbria não

---

[61] G. W. F. Hegel, *[Wissenschaft der] Logik*, cit., p. 121s; HWA, v. 6, p. 129s.

terá grandes dificuldades para chegar àquilo que a supremacia exclusiva da teoria do conhecimento necessariamente encobre: a uma crítica ontológica da respectiva ciência, de seu método e de seus resultados, confrontando-os com o próprio ser, em vez de "derivar" este abstrativamente das necessidades da ciência. Mas para isso é preciso que as tendências que promovem essa postura estejam presentes no próprio cotidiano. Seu nascimento e seu desdobramento serão determinados pela respectiva constituição socioeconômica da sociedade. E, devido à vinculação imediata de teoria e práxis no cotidiano, um papel importante é desempenhado, nesse ponto, não só pelas legalidades fundamentais, mas também pela momentânea relação entre essência e fenômeno. Não é sem razão que a práxis imediata reage ao mundo fenomênico, visto que este representa exatamente a realidade em cada caso imediata. Uma vez que anteriormente já apontamos para essas divergências no interior da própria economia, temos de abordar agora as que existem entre economia e superestrutura. As falsas ontologias que surgem tantas vezes têm aqui, de certo modo, a sua "base de ser".

Uma crítica ontológica autêntica falta em nossa atualidade. Como já expusemos anteriormente, Nicolai Hartmann foi o único que ousou enfrentar essa questão com conhecimento de causa e inteligência, sendo bem-sucedido ao menos quanto à ontologia do ser natural. A despeito de toda a cautela, a despeito de abster-se por princípio de emitir juízos nas questões especializadas concretas, as suas exposições mostram – querendo ou não – que penetração da ontologia do cotidiano na ciência natural vai muito além do que pensam aqueles que consideram as interpretações filosóficas inclusive dos envolvidos, inclusive das lideranças, como completamente irrelevantes para a questão em si. Exatamente desde Marx foi superada aquela dualidade entre filosofia e ciência que ainda era dominante em Hegel, que, apesar de algumas de suas considerações críticas geniais sobre problemas singulares importantes, levou de muitas formas a uma atitude prepotente inaceitável da filosofia em relação às ciências; porém, a filosofia de modo algum deve renunciar à consideração crítica dos resultados da pesquisa científica. Nesse tocante, o ser constitui o ponto de Arquimedes. Portanto, não pode mais ocorrer, como tantas vezes ainda foi o caso em Hegel, que uma afirmação, no fundo ontológica, feita pela ciência seja confrontada simplesmente com exigências conceituais da filosofia; é preciso que, quando se fala, por exemplo, de física, haja uma confrontação do próprio ser físico com as afirmações científicas feitas pela ciência física mesma; a filosofia pode e deve exigir apenas que cada ciência não incorra num antagonismo com a peculiaridade do ser, cujas leis ela está tentando desvelar. Como sabemos, Hartmann apontou, nesse ponto, muito acertadamente para a importância da *intentio recta*, que leva do cotidiano até a filosofia, passando pela ciência, em contraposição à *intentio obliqua* da gnosiologia e da lógica, ainda que, como expusemos a seu tempo, a sua crítica nessa questão nem sempre tenha sido suficientemente concreta e consequente. Visto que já tratamos dos princípios ontológicos de Hartmann, podemos nos limitar a alguns casos especialmente crassos como forma de ilustrar a situação.

Quando nos lembramos das declarações de Heisenberg anteriormente citadas, é proveitoso contrapor-lhes o quadro ontologicamente sóbrio pintado por Hartmann sobre a posição do pesquisador:

> Aquele que experimenta, aquele busca por uma determinada legalidade, sabe de antemão que esta, caso exista mesmo, existe independentemente da sua busca e descoberta. Caso a descubra, nem lhe ocorre acreditar que foi só a partir daí que ela passou a existir; ele sabe que ela sempre esteve aí e não se modifica com a descoberta. Ele vê nela um ente-em-si.[62]

A exposição de Hartmann, contudo, refere-se apenas aos pesquisadores da natureza à moda antiga, que procediam a uma diferenciação rigorosa entre o que eles próprios pensavam (o seu aparato de ideias) e o ente que almejavam conhecer. Assim sendo, Hartmann reconhece perfeitamente que, quando Einstein fala da não constatabilidade da simultaneidade no caso de determinados fenômenos físicos, ele está partindo de fatos físicos reais e de modo algum incorre em subjetivismo. A situação muda totalmente quando o problema é generalizado no plano ontológico. Ontologicamente a simultaneidade é um fato irrevogável: "Ela nada tem a ver com as limitações da constatabili-

---

[62] N. Hartmann, *Zur Grundlegung der Ontologie* (Meisenheim, 1948), p. 163. Chama a atenção aqui a consonância com a noção de Lenin citada anteriormente. Aliás, o antagonismo já havia sido percebido de muitas formas antes. Assim também do lado gnosiológico, quando, por exemplo, Rickert se queixa de que os pesquisadores da natureza não pensam "criticamente" (isto é, de modo gnosiológico idealista), mas são "realistas ingênuos", sendo que ele designa esse comportamento, em contraposição à atitude "crítica" (gnosiológica) do filósofo, como um comportamento oriundo da "vida" (H. Rickert, *Der Gegenstand der Erkenntnis*, Tubinga, 1928, p. 116).

dade"⁶³. A crítica ontológica de Hartmann não se dirige, portanto, contra tentativas de solução para a medição da simultaneidade, contra os métodos específicos da física que são utilizados nessas medições, mas apenas contra a sua generalização ontológica, segundo a qual o curso objetivo-real do tempo poderia se tornar mais rápido ou mais lento de acordo com as circunstâncias. E houve filósofos contemporâneos que acreditaram poder captar o curso da história com particular "conformidade ao tempo" se o fundassem nesse tipo de ontologia. É o caso, por exemplo, de Ernst Bloch, que pretende introduzir na história um tempo "riemanniano" (Riemann é a grande autoridade para Einstein na relativação ontológica do espaço), segundo o qual, em polêmica expressa contra Hartmann, são estabelecidas diferenças qualitativas referentes ao curso mais rápido ou mais lento do tempo, por exemplo entre a pré-história e a história posterior e mais ainda entre natureza e história⁶⁴. Aqui praticamente se pode pegar com as mãos aquela ontologia do cotidiano atual, que criou a partir de teorias da física uma nova filosofia, correspondendo às necessidades ideológicas da inteligência no capitalismo do século XX.

Por mais importante que seja essa questão, não podemos nos aprofundar aqui nos seus detalhes, porque o que exclusivamente nos interessava era apontar as interações entre o pensamento cotidiano e as teorias filosófico-científicas de uma época. A seu tempo fizemos uma crítica detalhada às incompletudes e contradições da teoria hartmanniana, em princípio tão fecunda, da *intentio recta*, acusando-a de não dar atenção ao problema da gênese – que justamente em termos ontológicos é extremamente importante. Nesse contexto, evidenciam-se as consequências mais funestas de sua postura equivocada, pois só a gênese pode expor as formas ontologicamente concretas, as tendências dos movimentos, as estruturas etc. de uma determinada espécie de ser em seu ser-propriamente-assim concreto e, por essa via, avançar até as suas legalidades específicas, ao passo que tomar como ponto de partida aquilo que já está pronto, que já está desenvolvido ou até completo em sua espécie facilmente pode levar a examinar e confrontar, não mais as espécies particulares do ser, mas os seus tipos conceitualmente generalizados. Desse modo também desaparecem os motivos histórico-sociais que, num determinado período, fizeram com que uma determinada concepção, ontologicamente correta ou falsa,

---

[63] N. Hartmann, *Philosophie der Natur* (Berlim, 1950), p. 237-8.
[64] E. Bloch, *Differenzierungen im Begriff Fortschritt* (Berlim, 1956), p. 32-3; *Tübinger Einleitung in die Philosophie* (Frankfurt, 1970), Ernst Bloch Gesamtausgabe, v. 13, p. 129-38.

presente na vida espiritual, se tornasse dominante ou fosse desagregada ou refutada. Na próxima seção deste capítulo, trataremos mais extensamente do lado universalmente social desse problema. Aqui nos interessam apenas as forças que determinam a "concepção de mundo" do homem singular em sua vida cotidiana, sendo que jamais se deve esquecer que aquela corrente social é síntese (todavia não a soma mecânica) de pores singulares de homens singulares. A questão referente a quais são as forças que atuam aqui e como elas o fazem constitui, por isso mesmo, ainda que de modo intrincado, também um problema universalmente social. A esse momento Hartmann não deu nenhuma atenção, por razões que foram enumeradas a seu tempo. Por isso, as suas iniciativas, em muitos aspectos bastante significativas, não deram em nada.

Marx viu essa questão com muito clareza. Em certa ocasião, ele escreveu a Engels sobre Darwin:

> O que me diverte em Darwin, o qual voltei a examinar, é ele dizer que aplica a teoria "malthusiana" *também* às plantas e aos animais, como se a graça toda do Senhor Malthus não consistisse em que ela *não* é aplicada a plantas e animais, mas tão somente a homens – com a progressão geométrica – em contraposição a plantas e animais. É notável como Darwin consegue reconhecer entre bestas e plantas a sua própria sociedade inglesa com sua divisão do trabalho, concorrência, abertura de novos mercados, "invenções" e a "luta pela existência" malthusiana. É o *bellum omnium contra omnes* de Hobbes, e lembra Hegel na *Fenomenologia*, onde a sociedade burguesa figura como "reino animal do espírito", ao passo que, em Darwin, o reino animal figura como sociedade burguesa.[65]

Tanto Marx como Engels, porém, não estão nem perto de subestimar, mediante a constatação dessa conexão, a importância científica e até ontológica de Darwin. Depois de ler Darwin, Engels escreveu para Marx: "Num dos seus aspectos a teleologia ainda não havia sido detonada; isso aconteceu agora". E não muito tempo depois, Marx escreve: "Embora grosseiramente inglês em sua elaboração, este livro contém o fundamento histórico-natural para o nosso ponto de vista"[66]. Do ponto de vista ontológico da estimativa da conexão entre

---
[65] K. Marx e F. Engels, "18/6/1861", em *Briefwechsel*, MEGA, Dritte Abteilung, v. III, p. 77-8; MEW, v. 30, p. 248.
[66] Idem, "12/12/1859", em *Briefwechsel*, MEGA, Dritte Abteilung, v. III, p. 447; "23/12/1860", em *Briefwechsel*, cit., p. 533; MEW, v. 30, cit., p. 132.

"concepção de mundo" do cotidiano e teorias científicas, não há contradição entre esses enunciados. Tanto menos porque, na primeira carta, Marx levanta a questão da gênese intelectual da imagem de mundo de Darwin de um modo isento de valoração; ele simplesmente constata os estímulos recebidos de Malthus (e sobretudo da realidade econômica do capitalismo), estímulos, aliás, admitidos pelo próprio Darwin. Isento de valoração naturalmente não significa aqui a simples constatação de uma conexão, como ocorre nas ciências naturais, mas apenas que interações desse tipo entre cotidiano e ciência (também entre filosofia e arte) podem trazer consequências tanto de valor como de adversas ao valor, dependendo das circunstâncias, dependendo do período, da personalidade etc. O estímulo recebido de Malthus por Darwin teve para este certamente também, em termos gerais, consequências de valor, pelo fato de o *bellum omnium contra omnes* ter aguçado a sua visão para determinados fenômenos da natureza. (Aqui não é o lugar para examinar se, nesse processo, não ocorreram igualmente exageros etc.) Em todo caso, por ensejo de um escrito de F. A. Lange, Marx destacou o lado desfavorável dessas conexões para a cientificidade, visto que Lange tentou "sublimar toda a história [...] numa única grande lei natural", a saber, na lei da "luta pela existência", o que deu origem, segundo Marx, a uma mera fraseologia[67]. Portanto, para o marxismo importa apreender essas inter-relações em sua respectiva concretude social e submetê-las à crítica ontológica. Só mediante tal análise concreta da situação concreta, como costumava dizer Lenin, pode assomar ao primeiro plano e se evidenciar como de valor ou adversa ao valor, em sua concretude autêntica, o verdadeiro conteúdo, que no plano imediato é individual, visto que expressa a reação de uma pessoa a um complexo objetivo de problemas, mesmo que de imediato – e simultaneamente – reivindique objetividade (já por causa do caráter de alienação). Por essa razão, os clássicos do marxismo, em contraste com os seus epígonos, também conceberam essas conexões como muito complexas, como sumamente desiguais. Por exemplo, é característico que, em meio ao debate sobre o empiriocriticismo, no qual combateu energicamente todo idealismo na interpretação da natureza, Lenin escreveu uma carta a Gorki, na qual admitiu que um artista poderia receber impulsos positivos também de uma filosofia idealista[68]. É na relação entre teoria e arte que, por sua própria

---

[67] K. Marx, *Briefe an Kugelmann* (Berlim, 1924), p. 75; MEW, v. 32, p. 685.
[68] *Lenin und Gorki (Dokumente)* (Berlim/Weimar, 1964), p. 96.

natureza, essa desigualdade é mais marcante, mas ela exerce seu efeito em todas as áreas do pensamento e da vivência humanos.

Portanto, o que importa é obter clareza crítica na análise da *intentio recta* entre a vida cotidiana e as formas superiores de objetivação [*Objektivations*] da consciência social dos homens. A forma original da *intentio recta* se evidencia no trabalho. No metabolismo com a natureza, o homem não só se torna um ser social, não só cria com a ajuda de objetivações e alienações um meio comum de entendimento mútuo, de acumulação e compartilhamento de experiência, mas também consuma tudo isso num nexo prático, no qual o objeto da práxis ininterruptamente submete a uma crítica ontológico-prática as representações e os conceitos previamente formados pelos homens. Ora, se essa forma da práxis não constituísse meramente o modelo mais geral possível de sua realização, mas um objeto concreto, que todos pudessem conhecer, cujo conhecimento fosse uma tarefa dada aos homens pela divisão social do trabalho, não haveria aqui problema algum. Porém, já mostramos na análise do trabalho que isso não pode ser assim, visto que a crítica infalivelmente segura do objeto do trabalho às representações do sujeito trabalhador só pode ter essa infalibilidade no que se refere ao fim imediato do trabalho. A alguma generalização ulterior o processo do trabalho também só oferece respostas inseguras. A atividade do conhecimento, que – ditada pela dinâmica da divisão do trabalho – se autonomizou, teve de elaborar, por seu turno, novos modos autônomos de trabalho e novas possibilidades de controle. Nesse ponto, volta ao centro o problema da crítica ontológica. Na filosofia grega, isso aconteceu com uma espontaneidade veemente e fascinante, diante da qual nem mesmo a teoria platônica das ideias conseguiu se suster. Quando lemos a sua crítica em Aristóteles, vemos já na pergunta inicial, a saber, se a essência poderia existir à parte daquilo de que é essência, a preparação ontológica para a resposta: "Se as ideias são a essência das coisas, como poderiam, então, existir separadamente destas?"[69]. Não se trata mais só de uma discussão meramente intrafilosófica com argumentos tirados de seu aparato específico de ideias; já se trata da efetivação da *intentio recta*, que a partir da vida cotidiana impele para a sua própria consumação ideal, controlada pelo ser.

Naturalmente, não há como acompanhar aqui a história desse modo de comportamento com alguma minúcia. Porém, deve ser evidente, sem maiores

---
[69] Aristóteles, *Metafísica*, Livro Λ, cap. 9; ed. al.: [*Metaphysik,*] cit., p. 43.

explicações, que o domínio do cristianismo, que se propõe a regulamentar dogmaticamente o cotidiano mesmo das pessoas por intermédio de uma ontologia transcendente, que promete garantir a da salvação de suas almas, não proporcionou um terreno favorável para uma crítica ontológica da *intentio recta* do cotidiano. Só com a Renascença inicia-se o movimento de libertação universal na vida e no pensamento, sendo possível observar, de Maquiavel a Hobbes, as mais diferentes iniciativas nessa direção dentro desse processo combativo de emancipação. Porém, o avanço mais entusiasmado e mais clarividente – dentro do que era possível naquela ocasião em termos histórico-sociais – nessa direção encontra-se na teoria dos ídolos, de Bacon. Bacon é tratado, nas histórias da filosofia, sobretudo como proclamador do método indutivo. Mas na teoria dos ídolos trata-se de algo mais, de algo maior, de coisas opostas. Bacon parte do fato de que a realidade é mais "refinada", mais complicada, mais multifacetada que os dados imediatos tanto da nossa sensibilidade como do nosso aparato de pensamento; sua intenção se volta aqui para aquilo que a dialética posterior designou de infinitude extensiva e intensiva do mundo dos objetos e à qual ela reagiu com o caráter fundamental de aproximação de todo e qualquer conhecimento. Bacon, todavia, situa-se bem no começo desse processo, percebendo com bastante clareza a primitividade das abordagens baseadas na sensibilidade, com clareza maior ainda que os aparatos tradicionais do pensamento com muita frequência têm de passar ao largo desse ser-propriamente-assim complicado da realidade justamente por perseguirem ideais racionais. Porém, ao passo que, mais tarde, atribuiu-se a uma gnosiologia baseada na análise dos métodos científicos comprovados até aquele momento a função geral de vigiar criticamente o processo do conhecimento e seus resultados (o que desde Berkeley pôde ser usado de muitas formas também para defender idealmente os momentos ainda ativos da imagem religiosa do mundo), Bacon confronta a atividade científica do homem com a própria vida e com o próprio pensamento deste no cotidiano. Ao fazer isso, ele descobre, no pensamento do homem cotidiano, sistemas inteiros de preconceitos, que ele chama de ídolos (*idola*), que têm condições de impedir e até de aniquilar a confrontação produtiva espontânea de homem e natureza no processo do conhecimento. A crítica dos ídolos visa, portanto, superar dentro do próprio homem esses inibidores do conhecimento[70]. Baseado

---

[70] F. Bacon, *Neues Organon* (Berlim, 1870), Livro I, artigos 38s [ed. bras.: *Novum organum*, Livro I, São Paulo, Nova Cultural, 1997, artigos 38s, p. 39s].

nisso, Bacon oferece uma tipologia desses ídolos, de sua origem e de seu modo de atuação. Hoje não vale mais a pena analisar em suas singularidades esses momentos concretos do seu método. É que ele se encontrava no início do novo desenvolvimento, o que significa que desde então se modificaram qualitativamente, radicalmente, não só os métodos do conhecimento científico, mas sobretudo as determinações essenciais da vida cotidiana. Marx descreveu certeiramente esse pioneirismo de Bacon, tanto em sua grandeza ofuscante como em sua primitividade: "Em *Bacon*, na condição de seu primeiro fundador, o materialismo ainda esconde de um modo ingênuo os germes de um desenvolvimento universal. A matéria se abre para o homem inteiro num sorriso de esplendor poético-sensual"[71]. Em seguida, aponta-se para a sua inconsequência. Porém, o esplendor da natureza com relação ao homem inteiro indica claramente que aí se fala da vida cotidiana dos homens, de sua vida pessoal-subjetiva que surge em tal âmbito. E, na tipologia dos *idola*, fica evidente que o próprio Bacon ainda tenta diferenciar entre os ídolos puramente pessoais, adotados em virtude de imagens falsas do saber, e ídolos puramente sociais, não estando em condições, portanto, de compreender o homem singular do cotidiano diretamente como ser social (tampouco Nicolai Hartmann, séculos mais tarde, é capaz disso). Assim sendo, o marxismo foi o primeiro a possibilitar uma crítica ontológica da vida cotidiana, de sua influência sobre o conhecimento científico e da influência recebida deste, não tendo, todavia, surgido com ele, embora ela já esteja implicitamente contida no seu método. Trazer à memória os precursores importantes nos parece, ainda assim, proveitoso, porque ela nos revela que o significado do marxismo não deve ser limitado ao rompimento radical que efetuou com determinadas tendências metafísicas e idealistas da filosofia burguesa, como proclamou o período Stalin-Zhdanov, mas, valendo da expressão de Lenin, ao fato de "ter se apropriado de e processado tudo o que houve de valioso nos mais de dois mil anos de desenvolvimento do pensamento humano e da cultura humana"[72]. Esse é o estado da questão também quanto ao nosso atual problema, que, embora não possa ainda oferecer uma solução para o que é ideologia e como ela funciona, ainda assim cria para ela uma base de possibilidade socialmente real e, desse modo, facilita essencialmente o seu desvelamento e sua compreensão ontológicos.

---

[71] K. Marx, *Die heilige Familie*, MEGA, v. III, p. 305 [ed. bras.: *A sagrada família*, cit., p. 147; com modif.].
[72] V. I. Lenin, [*Über proletarische Kultur,*] Sämtliche Werke, v. XXV, p. 510; LW, v. 31, p. 308.

3. O problema da ideologia

Gramsci certa vez[73] falou de um duplo significado da expressão ideologia. Em suas interessantes explanações devemos, entretanto, criticar o fato de ele contrastar a necessária superestrutura somente com as representações arbitrárias dos homens singulares. Ainda assim, cabe-lhe o mérito de ter articulado claramente a ambiguidade sempre furtiva desse termo tão importante. Mas, ao fazer isso, ele infelizmente incorre imediatamente numa abstração convencional. Por um lado, está correto que os marxistas entendem por ideologia a superestrutura que necessariamente surge de uma base econômica, mas, por outro lado, é errôneo compreender o conceito de ideologia em seu uso pejorativo, que representa uma realidade social indubitavelmente existente, como formação arbitrária do pensamento de pessoas singulares. Antes de qualquer coisa: enquanto alguma ideia permanecer o produto do pensamento ou a alienação do pensamento de um indivíduo, por mais que seja dotada de valor ou de desvalor, ela não pode ser considerada como ideologia. Nem mesmo uma difusão social relativamente mais ampla tem condições de transformar um complexo de ideias diretamente em ideologia. Para que isso aconteça, é necessária uma função determinada com muita precisão, a qual Marx descreve de modo a fazer uma diferenciação precisa entre as revoluções materiais das condições econômicas de produção e "as formas jurídicas, políticas, religiosas, artísticas ou filosóficas, em suma, ideológicas, nas quais os homens se conscientizam desse conflito e o enfrentam até solucioná-lo"[74]. O fato de Marx falar, nessa passagem, de grandes revoluções econômicas não deve nos demover de aplicar a sua determinação à totalidade da vida social, do desenvolvimento social. Com efeito, em Marx não há, em lugar algum, uma muralha chinesa separando de modo intransponível as grandes crises sociais do funcionamento normal do processo econômico da reprodução. Pelo contrário, a economia marxiana mostra que, por exemplo, numa das duas formas normais básicas da troca de mercadorias, na forma M-D-M, já está contido o germe, a possibilidade da crise; não nos interessa neste contexto saber que fatores adicionais ainda precisam ocorrer para que essa possibilidade se converta em realidade. O que interessa é que a estrutura e dinâmica econô-

---

[73] A. Gramsci, *Il materialismo storico. La Filosofia di B. Croce* (Turim, 1949), p. 47s; ed. al.: *Philosophie der Praxis* (org. C. Riechers, Frankfurt, 1967), p. 168s.
[74] K. Marx, *Zur Kritik der politischen Ökonomie*, cit., p. LV-LVI; MEW, v. 13, p. 9 [ed. bras.: *Contribuição à crítica da economia política*, cit., p. 48].

micas de uma formação repousa sobre relações categoriais identicamente estruturadas em última instância – mas só em última instância –, que uma mudança radical de estrutura e dinâmica só surgem quando, no âmbito do ser social, efetua-se a transição de uma formação para a outra ou um período decisivamente novo da formação dada. Nesse caso, porém, nunca se trata de "catástrofes" que ocorrem "repentinamente", mas de consequências necessárias do próprio desenvolvimento normal. Por conseguinte, acreditamos ter o direito de aplicar a essência da determinação marxiana também ao cotidiano de cada uma das formações e identificar as formas ideológicas como meios, com o auxílio dos quais podem ser tornados conscientes e tratados também os problemas que preenchem esse cotidiano.

Se o problema for formulado dessa maneira, evidencia-se de imediato o que une ontologicamente os dois conceitos de ideologia mencionados por Gramsci. A ideologia é sobretudo a forma de elaboração ideal da realidade que serve para tornar a práxis social humana consciente e capaz de agir. Desse modo, surgem a necessidade e a universalidade de concepções para dar conta dos conflitos do ser social; nesse sentido, toda ideologia possui o seu ser--propriamente-assim social: ela tem sua origem imediata e necessariamente no *hic et nunc* social dos homens que agem socialmente em sociedade. Essa determinidade de todos os modos de exteriorização [*Äußerungsweisen*] humanos pelo *hic et nunc* do ser-propriamente-assim histórico-social de seu surgimento tem como consequência necessária que toda reação humana ao seu meio ambiente socioeconômico, sob certas circunstâncias, pode se tornar ideologia. Essa possibilidade universal de virar ideologia está ontologicamente baseada no fato de que o seu conteúdo (e, em muitos casos, também a sua forma) conserva dentro de si as marcas indeléveis de sua gênese. Se essas marcas eventualmente desvanecem a ponto de se tornarem imperceptíveis ou se continuam nitidamente visíveis é algo que depende de suas – possíveis – funções no processo dos conflitos sociais. Porque, de modo inseparável desse fato, a ideologia é um meio da luta social, que caracteriza toda sociedade, pelo menos as da "pré-história" da humanidade. É nessas lutas que tem origem também o significado pejorativo da ideologia, que historicamente se tornou tão importante. A incompatibilidade factual das ideologias em conflito entre si assume as formas mais díspares no curso da história, podendo se manifestar como interpretação de tradições, de convicções religiosas, de teorias e métodos científicos etc., que, no entanto, constituem sempre antes de tudo meios de luta; a questão a ser decidida por eles sempre será um "o que fazer?" social, e decisivo para a sua confrontação fática é o conteúdo social do "o que fazer?"; os meios da fundamentação dessa pretensão de condução da práxis social permanecem meios cujo método, cuja constituição etc. sempre depende do *hic et nunc* social do tipo da luta, do tipo de "o que fazer?" contido nele.

O que nesses termos foi descrito, porém, constitui somente o componente determinante central da ideologia. A maioria, tanto dos adeptos como dos adversários da teoria da ideologia, equivoca-se quando trata esse componente como determinação única do agir ideologicamente conduzido e de sua fundamentação teórica, ou seja, dos complexos que têm sua origem na luta ideológica. Trata-se, com efeito, do momento preponderante de um complexo dinâmico, ainda assim só de um dos seus momentos, e este só pode ser compreendido dentro do seu funcionamento na própria totalidade do complexo. Porém, é justamente a esse ponto que os adversários burgueses e os defensores dogmáticos costumam não dar atenção. Essa totalidade é a respectiva sociedade como complexo contraditório que, na práxis humana, constitui o objeto e simultaneamente a única base real da sua ação. Esses dois aspectos reais da totalidade – reais porque não são meramente objetos do espelhamento da realidade, mas porque precipuamente desempenham papéis distintos no complexo desses atos, enquanto fundamentos da práxis – naturalmente constituem, no plano puramente objetivo, em todos os sentidos, uma unidade indivisível, de tal modo que, somente em decorrência de suas distintas funções nos complexos dos pores teleológicos, eles se transformam em componentes que atuam autonomamente. De modo correspondente, no conteúdo do pôr, passa a valer tanto a unidade existente em si quanto a diversidade das funções práticas, e isto de tal modo que o homem age numa determinada situação concreta da realidade, cuja mudança ele torna e tem de tornar o fim da sua atividade. (O termo "mudança" deve ser entendido aqui em sentido extremamente geral, de modo a comportar também a defesa do respectivo *status quo*.) Ganha expressão aí justamente essa universalidade do *hic et nunc* historicamente concreto da situação, porque a intenção de defender o *status quo* só emergirá como intenção de um pôr teleológico quando ele se mostrar ameaçado a partir de dentro ou de fora, ou seja, quando a intenção é protegê-lo de uma mudança tida como possível. Por mais gerais que sejam os termos em que se concebe aqui essa situação, ela mostra claramente que o *status quo* só pode ser ameaçado de modo imediato por ações humanas, que, por essa razão, os pores teleológicos chamados à existência para defendê-lo visam provocar um efeito sobre pessoas, pertencendo, portanto, a um tipo de pores com que já nos ocupamos em nossa crítica aos *idola*.

Essa estrutura comum justifica ulteriormente as nossas discussões que resultaram abstratas e vastas. A justificação reside em que somente uma análise, por mais abstrata que seja, da estrutura do ser dos pores teleológicos que visam suscitar em outras pessoas pores teleológicos correspondentes ao fim estabelecido possibilita assentar um fundamento ontológico capaz de eliminar de saída as representações naturalistas vulgares que, na teoria da ideologia, condenam o agir das pessoas segundo os interesses delas. O caráter abstrato das nossas análises permitiu que viessem à tona naturalmente só as estruturas mais gerais possíveis, porque a socialidade das pessoas que assim agem constituiu, é certo, o pressuposto tácito de cada um dos seus passos, de todo e qualquer fundamento estrutural geral na consecução exitosa ou não dos fins, no passo acertado na direção da realidade ou no passar ao largo dela. Porém, só agora que a práxis social enquanto práxis social passa a ser com exclusividade o foco central da investigação, essa socialidade pode ser elucidada mais concretamente. Para poder dar esse passo, precisamos reconhecer que a crítica abstrata aos *idola*, por mais que trilhe caminhos distintos da crítica gnosiológica, necessariamente tem de restringir-se à análise da verdade ou falsidade de pores singulares (e de suas causas estruturais gerais). Porém, verdade ou falsidade ainda não fazem de um ponto de vista uma ideologia. Nem um ponto de vista individualmente verdadeiro ou falso, nem uma hipótese, teoria etc., científica verdadeira ou falsa constituem em si e por si só uma ideologia: eles podem vir a tornar-se uma ideologia, como vimos. Eles podem se converter em ideologia só depois que tiverem se transformado em veículo teórico ou prático para enfrentar e resolver conflitos sociais, sejam estes de maior ou menor amplitude, determinantes dos destinos do mundo ou episódicos. Não é difícil perceber isso no plano histórico. A astronomia heliocêntrica ou a teoria do desenvolvimento no âmbito da vida orgânica são teorias científicas, podem ser verdadeiras ou falsas, mas nem elas próprias nem a sua afirmação ou negação constituem uma ideologia. Só quando, depois da atuação de Galileu ou Darwin, os posicionamentos relativos às suas concepções se converteram em meios para travar os combates em torno dos antagonismos sociais, elas se tornaram operantes – nesse contexto – como ideologias. A conexão de sua verdade ou falsidade com essa função de ideologia naturalmente desempenha um papel importante, inclusive ideológico, na análise concreta da respectiva situação concreta, mas, enquanto o tema for as controvérsias sociais, isso não muda nada no fato de que devem ser consideradas como ideologias (ou, pelo menos, também como ideologias). Nem uma reversão da função de cunho progressista para a de cunho reacionário altera qualquer coisa nesse *status* social da ideologia; os adeptos liberais de Herbert Spencer transformaram o darwinismo em ideologia do mesmo modo que fez o séquito reacionário do "darwinismo social" no período imperialista.

Já essa unidade ainda abstrata de essência e função da ideologia reconduz para a sua gênese na medida em que nesta volta a tornar-se visível a dupla função da totalidade social anteriormente indicada: é essa totalidade, o seu respectivo patamar de desenvolvimento, os problemas de desenvolvimento suscitados por ela que desencadeiam no homem – que anteriormente já caracterizamos como ser que responde – as reações que eventualmente podem aparecer como ideologias. O processo do seu suscitar e de sua solução pode até ser puramente científico em seu sentido imediato. Mas isso de modo algum contradiz o fato de que o campo de ação de possibilidade da formulação do problema e da solução, justamente em sua particularidade, só possa mesmo se tornar efetivo no terreno do *hic et nunc* existente-propriamente-assim. A transformação do pensamento científico em ideologia se dá pelo efeito que ela exerce sobre esse mesmo *hic et nunc*; esse efeito pode ser diretamente intencionado, mas não precisa sê-lo; a passagem de uma ideia para o plano ideológico pode dar-se no trajeto percorrido através de múltiplas mediações, inclusive de tal maneira que só no processo de mediação essa transformação se torne fato.

O sentido concreto de ideologia, portanto, é mais amplo do que o do conceito estrito de ideologia. Ele significa apenas – de modo aparentemente tautológico – que, no âmbito do ser social, nada pode ocorrer cujo nascimento não seja decisivamente determinado por esse mesmo ser social. A simples factualidade se refere a cada tipo de ser, a cada objeto, na medida em que ele pertence a essa esfera do ser, de modo algum excluindo, portanto, no caso do homem enquanto ser vivo a determinidade biológica, a saber, naquelas manifestações vitais que possuem uma constituição essencialmente biológica. Porém, como vimos, é uma lei do desenvolvimento social que tais determinações jamais possam desaparecer totalmente, mas que elas se tornem cada vez mais socializadas, que o seu ser-propriamente-assim se manifeste cada vez mais decididamente como determinado de modo predominantemente social. Assim sendo, não há, desde a alimentação e a sexualidade até a exteriorização mais abstrata de uma ideia [*Gedankenäußerungen*], nenhum componente do ser social cujo ser-propriamente-assim concreto não seja essencialmente codeterminado pelas circunstâncias sociais de seu nascimento. É isso e só isso que significa a mais geral das determinações da ideologia. Isso aparentemente é bem pouco, pois parece ser demasiado geral, demasiado óbvio e inexpressivo. Na realidade, está embutida aí a suprema concretude, a única possível para o homem como ser social: a socialidade universal do próprio homem, como de todas as suas manifestações vitais. Pudemos observar essa universalidade anteriormente em fatos singulares, decisivos, da vida social. Ao constatar, já no trabalho e na linguagem, nessas factualidades tão fundamentais da vida social, a objetivação e a alienação como componentes fundamentais e indispensáveis de sua estrutura, já expressamos em termos gerais tal determinidade. Porque, tanto objetivação como alienação têm, como todas as categorias sociais importantes, um caráter duplo: por um lado, elas determinam todas as manifestações vitais de modo universal e, por isso, generalizante; por outro lado e simultaneamente, elas constituem a sua singularidade especificamente social.

Todavia, a singularidade igualmente é uma propriedade ontológica geral de todas as coisas e de todos os processos, e o homem obviamente também é singular nesse sentido; pense-se nas impressões digitais, que, em sua singularidade, são tão diferenciadas quanto, por exemplo, as folhas de uma planta. A singularidade no nível social é uma forma complexamente sintética, na qual ganha expressão a unidade pessoal que regula a peculiaridade dos pores teleológicos e as reações aos pores de outros. A unidade da pessoa daí resultante tem, em conformidade com isso, igualmente um caráter duplo objetivo inseparavelmente unitário. Por um lado, a unidade social do homem, a sua existência como pessoa se evidencia no modo como ele reage às alternativas com que a vida o confronta; as ponderações que precedem essas decisões em seu íntimo nunca chegam a ser totalmente indiferentes para o quadro global dessa sua singularidade, mas, ainda assim, trata-se da cadeia vital de decisões alternativas, na qual se manifesta a verdadeira essência da singularidade social, a dimensão pessoal no homem. Por outro lado e simultaneamente, porém, todas as alternativas, pelas quais o homem toma suas decisões, são produtos do *hic et nunc* social, no qual ele tem de viver e atuar; mas essas perguntas, às quais ele responde em cada caso, não são só levantadas pelo meio ambiente social; cada uma dessas perguntas também tem sempre um campo de ação de possibilidade de respostas reais concretamente determinado em termos sociais. Portanto, o homem é pessoa ao fazer ele próprio a escolha entre essas possibilidades. Ele até pode, em caso de autêntica originalidade, encontrar uma resposta ainda não utilizada por nenhum dos seus contemporâneos, mas também essa se evidencia sempre como componente necessário justamente desse campo de ação. Quanto mais complexo, quanto mais ramificado for esse campo de ação, tanto mais desenvolvida será a sociedade; de modo correspondente, quanto maior for a parcela pessoal de quem responde, tanto mais desenvolvida pode ser sua personalidade.

Trata-se de uma superficialidade moderna inferir uma independência "do" homem em relação à sociedade do fato de ele próprio sempre tomar a decisão. Certamente o homem pode se isolar sob determinadas condições sociais, mas estas mesmas condições, assim como as correspondentes reações a elas, ainda assim possuem caráter puramente social. Nesse sentido, pode ser dito que ser pessoa, efetuar uma realização pessoal, e reagir de modo correspondente ao ser-propriamente-assim histórico-social, são dois lados que integram o mesmo complexo. E isso – seja dito contra certos preconceitos – tanto mais quanto mais desenvolvida for a personalidade, quanto maior a sua realização. Marx disse acertadamente: "que a efetiva riqueza espiritual do indivíduo depende inteiramente da riqueza de suas relações reais"[75]. Do ponto de vista ontológico é exatamente a coisa errada separar o histórico do social e, como ocorre muitas vezes, afirmar um e negar o outro. Do fato de história e sociologia disporem de cátedras separadas nem remotamente decorre que, no processo de desenvolvimento da humanidade, história e sociedade possam ser fatores autônomos uma em relação à outra. Da vida cotidiana até as supremas objetivações [*Objektivationen*] do reino humano vigora, em toda parte, a dupla determinação aqui esboçada. Nela se evidencia o que se deve entender por ideologia no sentido mais amplo da palavra, a saber, que a vida de cada homem e, em consequência, todas as suas realizações, sejam elas práticas, intelectuais, artísticas etc., são determinadas, no final das contas, pelo ser social em que o referido indivíduo vive e atua.

Este é um conhecimento muito importante, é o fundamento de toda ciência referente à sociedade. Marx diz: "Não é a consciência dos homens que deter-

---

[75] K. Marx e F. Engels, *Die deutsche Ideologie*, MEGA, v. V, p. 26; MEW, v. 3, p. 37 [ed. bras.: *A ideologia alemã*, cit., p. 41].

mina o seu ser, mas o inverso: é o seu ser social que determina a sua consciência"[76]. Porém, nesse grau de generalidade, esse conhecimento proporciona uma representação ainda confusa, de muitas formas obscura, da importância social real que cabe aos fenômenos singulares, complexos etc. dessa área imensa. Para obter clareza nesse ponto, devemos retornar à determinação mais restrita, porém mais precisa, da ideologia. Segundo Marx, esta consiste, como vimos, em que os homens tornem-se conscientes e, com a ajuda das ideologias, travem os seus conflitos sociais, cujos fundamentos últimos devem ser procurados no desenvolvimento econômico. Veremos que a análise dessa área mais restrita simultaneamente fornece a chave para a compreensão mais concreta da área mais ampla, sobretudo ao pôr a descoberto as ligações ontológicas reais entre ambas.

Logo, a existência social da ideologia parece pressupor os conflitos sociais, que precisam ser travados, em última instância, em sua forma primordial, isto é, socioeconômica, mas que desenvolvem formas específicas em cada sociedade concreta: justamente as formas concretas da respectiva ideologia. Naturalmente, os portadores ontológicos imediatos de toda atividade social e, portanto, também dos conflitos, são os homens singulares. Por isso mesmo, no plano imediato, todos os conflitos também se manifestam como embates de interesses entre homens singulares ou então entre estes e grupo humanos ou entre dois grupos desse tipo. Nesse tocante, está bem claro que esses grupos, nos casos dados, surgem do fato de que os interesses vitais dos homens singulares que os compõem são os mesmos ou são fortemente convergentes e se mostram antagônicos aos interesses vitais de outros grupos. Nessa situação já está contido, de certo modo, o modelo mais geral possível do surgimento das ideologias, pois esses antagonismos só podem ser enfrentados eficazmente na sociedade quando os membros de um grupo conseguem convencer a si mesmos de que seus interesses vitais coincidem com os interesses importantes da sociedade como um todo, portanto, de que cada um daqueles que defende esses interesses, simultaneamente faz algo útil para a sociedade como um todo. Se isso é imposto com os meios do convencimento, com violência franca ou dissimulada, resulta em nuanças importantes, mas não é decisivo para sua determinidade como ideologias, assim como tampouco o é a pergunta se o conteúdo corresponde aos fatos sociais, às tendências da época ou está em

---

[76] K. Marx, *Zur Kritik der politischen Ökonomie*, cit., p. LV; MEW, v. 13, p. 9 [ed. bras.: *Contribuição à crítica da economia política*, cit., p. 47].

contradição com eles, se a convicção que norteia a ação ideologicamente determinada nos homens singulares e em seus grupos é sincera ou hipócrita etc. Esses pontos de vista são de importância decisiva para a apreciação histórico-social concreta das ideologias singulares, mas não constituem uma característica determinante da ideologia em termos gerais. A questão principal é, por conseguinte, que o surgimento de tais ideologias pressupõe estruturas sociais, nas quais distintos grupos e interesses antagônicos atuam e almejam impor esses interesses à sociedade como um todo como seu interesse geral. Em síntese: o surgimento e a disseminação de ideologias se manifestam como a marca registrada geral das sociedades de classes.

Isso sem dúvida está correto; em termos gerais, mas só em termos gerais. Não foi sem motivo que anteriormente apontamos para o fato de que os interesses de um modo necessário são determinados pela estrutura social; porém, essa determinação só pode se tornar um motor da práxis quando os homens singulares vivenciam esses interesses como seus próprios e tentam impô-los no quadro das relações vitalmente importantes para eles com outras pessoas. A transição desse fenômeno básico para a práxis de grupos e ideologia de grupos descrita acima é fácil de compreender. Evidencia-se, contudo, ao mesmo tempo que isso costuma ganhar efetividade também em uma sociedade que ainda não é dominada pelo antagonismo dos interesses grupais, mediante o que, como veremos, o conceito da ideologia – sem anular o que foi exposto até aqui – experimenta certa dilatação e sua gênese igualmente aparece sob uma luz um tanto modificada. Se pensarmos no período da caça e da coleta da humanidade, ainda não é possível nenhuma propriedade dos meios de produção, nenhuma exploração do homem por outros homens, nenhuma estratificação de classe. Todavia, essa situação não deve ser estilizada em "idade de ouro"; só o que se precisa entender é que todas as determinações do ser social que produzem estratificações de classe ainda não podiam existir nesse estágio. Por outro lado, esse estado inicial – no sentido socioeconômico –, ainda profundamente ligado à natureza e, portanto, primitivo, não deve ser extrapolado e deformado mediante a mera generalização do conceito da primitividade. Porque a expressão da primitividade designa aqui, por um lado, o nível do trabalho, enquanto dominação social da natureza, mas que ainda não atingiu o nível da produção, e, por outro lado, designa o nível do homem, cujas relações com a realidade ainda não puderam atingir aquela multiformidade e multiplicidade que já estão presentes na mais inicial das sociedades de classe.

Coleta, caça e pesca ainda não implicam nenhuma transformação da natureza (portanto, o metabolismo propriamente dito da sociedade com a natureza); elas ainda partem – nesse aspecto, seguem o exemplo dos animais – da condição natural existente em cada caso, visando aproveitar os produtos prontos desta para a manutenção e a reprodução da própria existência. Nesse aspecto, esse período inicial prolongado do desenvolvimento da humanidade – o homem só chega a se realizar biologicamente, no nosso sentido, nas últimas etapas desse período – de fato é "primitivo", meramente "natural". Mas também é preciso ter presente, nesse tocante, que os homens dessa época já foram além da mera naturalidade da sua existência. Gordon Childe faz uma descrição muito cautelosa e crítica desse período[77]. Não pode ser nossa intenção oferecer nem sequer uma caracterização aproximada dessas condições de vida. Basta indicar que, nesse período, os homens já aprenderam a controlar o fogo, confeccionar ferramentas de pedra (mais tarde de ossos), que pouco a pouco foram sendo aperfeiçoadas e, na forma de arcos e catapultas etc., já chegaram aos primeiros rudimentos da maquinaria; em função da caça, eles aprenderam a cooperação coletiva, a aplicação de artimanhas, que igualmente pressupunham trabalho, planejamento consciente (armadilhas, laços etc.). Mas não se pode esquecer outra peculiaridade do período dos coletores. Justamente pelo fato de nele o trabalho em sentido próprio só aparecer como que marginalmente (confecção de utensílios de caça), pelo fato de esse tipo de trabalho ainda não constituir a base vital decisiva da sociedade como um todo, como ocorre no período da agricultura e da pecuária, pelo fato de especialmente a caça a feras perigosas exigir modos de reação bem diferentes das pessoas, os comportamentos por elas determinados como imperativamente necessários surgem no mínimo simultaneamente com o trabalho, mas até antes e com maior intensidade pelo peso social que têm. Estamos pensando sobretudo na coragem, persistência, quando necessário o sacrifício de si mesmo, sem o qual seria impossível uma caçada ao estilo comprovadamente usual no início da Idade da Pedra. Visto que essas propriedades enquanto virtudes das classes dominantes mais tarde até se tornaram partes importantes de suas ideologias, não é despropositado lembrar que o seu surgimento se deu no período dos coletores, ou seja, ainda antes do surgimento das classes, e indicar sucintamente

---

[77] G. Childe, *Der Mensch schafft sich selbst* (Dresden, 1959), cap. IV [ed. bras.: *A evolução cultural do homem*, 5. ed., Rio de Janeiro, Zahar, 1981, cap. 4].

que os comportamentos, que mais tarde também acabaram adquirindo formas ideológicas (nos planos político, moral etc.), brotaram originalmente de modo orgânico do único processo social de reprodução possível naquele período, a saber, da caça como forma de coleta.

Decisivo para o nosso problema, nesse tocante, é que tudo isso só podia ter sido realizado em formas objetivadas. A esfera de influência dessa socialidade elementar, no entanto, estende-se muito além do que os documentos materiais conseguem mostrar diretamente. Com efeito, por exemplo, a coleta de plantas pressupõe um conhecimento tanto das nutritivas quanto das venenosas, e esse conhecimento já implica a existência de um vocabulário sobremodo rico, porque uma fixação humana do conhecido sempre acontece pela via da nominação; o mesmo ocorre em relação ao conhecimento das espécies, dos costumes, dos modos de vida dos animais etc. Portanto, jamais se deve subestimar o acervo linguístico (e, desse modo, o mundo intelectual) de um homem "primitivo"; naturalmente tampouco se deve deixar de perceber, numa atitude de superestimação acrítica da diferenciação aí conquistada e muito disseminada, a primitividade realmente existente, como costuma ocorrer no estruturalismo extremamente aistórico. Permanece decisivo que, já no estado primitivo, toda atividade assume uma forma objetivada, uma forma alienada, de modo que a esfera de vida abrangida de modo meramente pragmático-empiricista, por mais ampla que seja, é muito maior e mais diferenciada do que se poderia supor em razão da mera existência de instrumentos materiais de trabalho etc. Acresce-se a isso que a forma alienada da comunicação humana, isto é, os pores teleológicos que visavam determinar o comportamento dos semelhantes humanos, já devia estar universalmente difundida; nem a coleta nem a caça teria sido possível de outro modo. Nada muda nisso tudo o fato de que, nesse estágio, não puderam fixar-se de modo geral e permanente nem os antagonismos de grupos de interesse socioeconômicos, nem os antagonismos que eventualmente ocorreram entre o homem singular e seu ambiente social. Só o que precisava surgir eram procedimentos universalmente reconhecidos para regular tais cooperações e as manifestações vitais a elas vinculadas (repartição da presa etc.). Portanto, um dos lados da posterior ideologia tinha de estar presente, a saber, certa generalização social das normas da ação humana, mesmo que estas ainda não se imponham de modo antagônico na luta de interesses grupais. Mesmo sem conhecer concretamente tais modos de exteriorização [*Äußerungsweisen*], podemos supor que existiam neles germes de conflitos entre a comunidade e o homem singular, pois assumir que tenha havido uma identidade total da consciência social de cada homem constituiria um preconceito metafísico. A educação, por mais "primitiva" que seja, por mais rigidamente que esteja presa à tradição, pressupõe um comportamento do indivíduo, no qual já podiam estar disponíveis os primeiros rudimentos para a formação de uma ideologia, visto que, nesse processo, necessariamente são prescritas normas sociais de cunho geral ao indivíduo quanto ao seu comportamento futuro enquanto homem singular e inculcados modelos positivos e negativos de tal comportamento. Essa socialização do comportamento individual atua diretamente como costume herdado, mas não se pode esquecer que ela tem de ser, inclusive no estágio mais primitivo do desenvolvimento da humanidade, um produto de pores teleológicos fundados em diversas formas de alienação.

A produção social dos fundamentos da formação da ideologia não se limita, contudo, ao que até aqui foi exposto. Em contextos anteriores, apontamos para a situação básica irrevogável de toda práxis humana, a saber, que toda decisão que provoca uma ação ocorre na dependência de circunstâncias que o homem que efetua o pôr teleológico jamais tem condições de antecipar totalmente em pensamento e, por isso, jamais consegue dominar totalmente. Não há necessidade de extensas discussões para saber que, nos estágios iniciais, esse âmbito do incognoscível devia ter proporções qualitativas bem maiores do que em qualquer tempo depois deles. Porém, esse fato fundamental da práxis implica que, em tais situações, ainda assim era preciso agir – sob pena de ruína. Ora, visto que faz parte da essência da práxis humana que ela seja efetuada de modo consciente – em pores teleológicos, com o auxílio de objetivações –, deve desempenhar um papel extremamente importante, justamente nesse período inicial, o ato de tornar consciente a práxis na área do não conhecido, do que não se podia saber. Dá-se nessa fase um desenvolvimento duplo, em si contraditório. Por um lado, mediante as experiências do trabalho, conquista-se cada vez mais terreno ao não conhecido. Nesse caso, não se deve estreitar demais a compreensão do conceito de trabalho; ao lado de tudo o que revela o trabalho imediato surgem, digamos, do acúmulo de observações durante as ocupações básicas, por exemplo, os primeiros conhecimentos astronômicos. Por outro lado, há um mundo que envolve os atos que deve se mostrar inacessível até para as generalizações mais amplamente formuladas das experiências de trabalho. Contudo, visto que é preciso contar com ele ininterruptamente em toda práxis, ele é povoado com projeções a partir das áreas conhecidas e, desse modo, aparentemente dominado idealmente.

Sobre esse âmbito ideal nos primórdios naturalmente não sabemos praticamente nada concreto. Onde a arqueologia e a etnografia apontam com documentos para algo assim chamado primordial, já se trata de estágios evolutivos muito superiores. Apesar disso, acreditamos que seja possível fazer deduções a partir desses conhecimentos sobre essa forma de pensar primordial, visto que possuímos certos pontos de referência concretos sobre o ambiente social do pensamento e da ação; essas deduções, todavia, só podem ser de cunho sumamente geral, que jamais devem pretender elucidar o ser-propriamente-assim concreto desses primórdios. Isso significa, primeiramente, que a direção dupla na apropriação da realidade, mencionada acima, nunca representa duas correntes claramente separadas, que, muito antes, cada uma das tendências pode inopinadamente reverter na outra, que parecia radicalmente oposta. Assim sendo, mais tarde, sob certas circunstâncias, a matemática se transforma em instrumento intelectual de aspirações que tentam dominar, sem qualquer fundamento científico objetivo, aquilo que é radicalmente incognoscível (astrologia); em contrapartida, a partir de tendências que por sua essência própria não são científicas podem dar origem a descobertas cientificamente valiosas em termos objetivos (alquimia). Se, como mostram os exemplos citados, essa interpenetração recíproca permanente foi possível em estágios desenvolvidos superiores, pode-se afirmar com grande probabilidade de acerto que, em estágios inferiores, ela foi ainda mais estreita.

A razão disso é permanentemente operante. Visto que a vida de toda sociedade se efetua numa realidade – no final das contas – unitária, visto que a essência de todo homem singular forma nela mesma um ser unitário, surge em toda parte necessariamente aquilo que anteriormente chamamos de ontologia da vida cotidiana, na qual todas as tendências necessárias na prática para a reprodução da vida, tanto do homem singular como de suas associações, concentram-se numa unidade de pensamento e sentimento indivisível no plano imediato. A história mostra que, na medida em que essa ontologia é carregada por tendências fundamentais da sociedade, muitas vezes ocorre que verdades científicas que a contradizem ricocheteiam impotentes e inefetivas nesse muro da ideologia, mas em outros casos, quando encontram nela algum apoio, de repente adquirem um ímpeto que arrasa os preconceitos e passam a ocupar o centro da ontologia cotidiana do seu período. Seguindo o método marxiano de que a análise da estrutura das formações superiores pode fornecer uma chave para a essência das formações inferiores, pode-se supor que, nos primórdios do desenvolvimento da humanidade, houve uma supremacia dos componentes desse complexo que tentaram dominar o desconhecido com o auxílio de projeções daquelas formas que lhes eram conhecidas a partir da apropriação real do ambiente e que sempre estavam presentes em forma de objetivações [*Objektivationen*] reificadas. Com o auxílio dessa consideração *post festum*, talvez seja possível aproximar-se algo mais – ainda que não concretamente – das categorias básicas dessas projeções em sua generalidade. O papel primordial, nesse tocante, é desempenhado pelo pensamento analógico. Parece ser historicamente inquestionável que ele se encontra no início da dominação ideal do mundo, e inclusive jamais pode ser totalmente descartado como ponto de partida para a apreensão dos objetos. Todavia, a sua atuação é qualitativamente distinta, dependendo do material vital ao qual é aplicado. No trabalho, os resultados evidenciam imediatamente se e em que medida a inferência analógica, que de imediato traz consequências materiais, tem alguma correspondência na realidade ou não. Nesse caso, portanto, a analogia é essencialmente um trampolim para a formação de categorias reais, que expressam realmente o comportamento, as conexões etc. do mundo material. O fato de esse processo por vezes durar séculos e até milênios e ainda hoje não estar nem perto de sua conclusão mostra que se trata de uma forma elementar do espelhamento ideal da realidade. Disso resulta obrigatoriamente que esse processo tende a prolongar-se ainda mais sempre que, em virtude do conteúdo do espelhamento, um controle assim direto não é possível, quando só uma ontologia crítica do cotidiano é capaz de desvelar o meramente formal nas analogias. É igualmente evidente que, quanto menos o metabolismo da sociedade com a natureza ajudar a desvelar suas legalidades objetivas por meio da aproximação cada vez maior, tanto mais decisivo tem de permanecer o papel da analogia.

Com a analogia, porém, temos apenas um meio formal do conhecimento da realidade. Seu conteúdo, dependendo da transformação da ontologia da vida cotidiana, está sujeito a grandes mudanças. Com o surgimento de um comportamento crítico na ontologia do cotidiano áreas inteiras são excluídas do âmbito abrangido pela analogia, o que ocorreu sobretudo com a analogia entre o eu e o mundo exterior. Porém, jamais se deve esquecer o quanto tais processos de elucidação foram demorados, como foram cheios de retrocessos, durante a história, o importante papel que analogias desse tipo ainda desempenham na cotidianidade espontânea, todavia, sem poder influenciar decisivamente em toda parte a imagem de mundo social de cunho geral. Esse procedimento analógico, contudo, não entra em cena só dessa maneira franca e aberta. Com efeito, determinados momentos específicos da vida humana podem adquirir uma figura autônoma e, mediados dessa maneira, propiciar o fundamento para conceber o mundo analogicamente. Daremos destaque especial tão somente à categoria da teleologia – passando ao largo de exemplos importantes como vida, morte, perfeição, eternidade etc. A teleologia manteve-se até o século XIX, até Marx e Darwin, como categoria objetiva da natureza, embora não passasse de uma projeção analogizante do processo de trabalho sobre a natureza. A enumeração dessas deturpações de sentido poderia continuar indefinidamente, mas o que nos interessa aqui é apenas mostrar que muitos elementos da ideologia de algum modo já estavam presentes nos estágios mais iniciais do desenvolvimento social, que o surgimento dos antagonismos sociais, que passaram a ser enfrentados e resolvidos ideologicamente, não precisou criar um instrumento totalmente novo para dar conta da nova necessidade, mas encontrou um rico legado de meios para isso, que ela obviamente reelaborou de modo a corresponder às novas tarefas. Na realidade, todavia, essa situação é ainda mais inequívoca. Com efeito, até os achados arqueológicos, particularmente os feitos nos túmulos, mostram que até mesmo a sociedade ainda não subdividida em classes era forçada a levantar e a resolver problemas especificamente ideológicos. E o puramente ideológico aparece ainda mais claramente, mesmo que só no final desse período, mas ainda antes da transição para a produção no sentido próprio, para a agricultura e a pecuária, nas pinturas rupestres, que atestam claramente que, quando circunstâncias favoráveis produzem prosperidade relativa e, desse modo, certo ócio, sociedades desse tipo são capazes de criar inclusive produtos ideológicos de grande valor.

Portanto, pode-se dizer em síntese que alguns tipos de produção de ideologias remontam aos primórdios do desenvolvimento social. Isso não contradiz o fato de que os problemas propriamente ditos da ideologia, oriundos da luta de classes, sejam resultados de tempos posteriores, mas requer, ao mesmo tempo, que sua função social e, por isso, sua gênese e seu efeito sejam determinados de modo um pouco mais amplo, como já indicamos no início desses raciocínios. Todavia, o ponto central continua sendo, sem qualquer alteração, o problema fundamental, o fato de as pessoas dirimirem conflitos na sociedade; evidencia-se, contudo, que o círculo social da ideologia não precisa ficar restrito incondicional e exclusivamente a conflitos dessa espécie. Nestas considerações, já apontamos para um ponto, a saber, para a relação entre homem singular e sociedade. Esses conflitos ocorrem com frequência em estágios desenvolvidos, mas, ao tratá-los, não se deve esquecer que, na medida em que se tornam realmente relevantes, eles adquirem essa relevância como formas fenomênicas, em cada caso, importantes de antagonismos de classe objetivamente sociais. Por essa razão, nas sociedades primitivas, eles aparecem apenas de modo latente, pelo fato de a condição subdesenvolvida da personalidade singular, determinada primordialmente pelas relações de produção, é reforçada ideologicamente em sua similaridade social pela tradição, educação etc. Em contraposição, há outra área de conflitos que não deve ser negligenciada: a constante condição de ameaça à sociedade e, por isso, ao homem singular que a constitui, que parte das forças incontroláveis do seu entorno natural. Por essa razão, é mais que compreensível que, no pensamento das pessoas constantemente ameaçadas, vivendo num ambiente incontrolável, analogias objetivamente insustentáveis, projeções objetivamente infundadas sobre a realidade devessem desempenhar um papel extraordinariamente relevante.

Engels, num rompante de grosseria juvenil, chegou a denominar o conteúdo de ideologias com essa origem de "asneira em estado primitivo" e recusou-se a "procurar causas econômicas"[78] para todos os modos de manifestação dessa espécie. Ele sem dúvida tem razão, na medida em que entende isso como uma dedução determinada de modo retilíneo e direto de formas econômicas singulares precisamente definidas. Isso, contudo, não se refere só a essas espécies da ideologia. O ser econômico geral de uma sociedade jamais produz todas as formas fenomênicas concretas da sua existência e do seu desenvolvimento na forma de uma determinação unilateral e inequívoca, que se poderia derivar diretamente de sua investigação de um modo quase lógico, quase científico. Na última etapa de sua atividade, Engels angariou grandes méritos em vista do que fez pelo materialismo histórico, ao contrapor criticamente a casualidade e desigualdade que rege todo o mundo fenomênico social às "deduções" vulgarizantes[79]. Ele tampouco deixa de perceber, na formulação brusca recém-citada, o caráter histórico dos desenvolvimentos ideológicos daí

---
[78] K. Marx e F. Engels, *Ausgewählte Briefe*, cit., p. 381; MEW, v. 37, p. 492.
[79] Idem. Basta mencionar a casualidade por ele apontada no surgimento da Prússia como potência mundial; ibidem, p. 375.

resultantes, ao apontar para esse aspecto: "A história das ciências é a história da eliminação gradativa dessas asneiras, respectivamente, da sua substituição por novas asneiras, que, porém, são cada vez menos absurdas"[80]. O aspecto problemático de sua formulação é meramente o fato de, nesse ponto, abordar o problema da ideologia de modo unilateralmente científico-gnosiológico e não de modo ontológico-prático. O que ele expõe de fato é um momento importante da verdade inteira. Não é só a luta constante da ciência contra tais ideologias que constitui um fator significativo do desenvolvimento da humanidade; essa luta, muito antes, também é um componente da própria história da ideologia e, precisamente do ponto de vista da ontologia social, trata-se de um componente significativo. Com efeito, no embate das ideologias ou, em estágios mais desenvolvidos, na luta ideológica das classes, o desmascaramento de uma ideologia pela outra desempenha um papel importante, por vezes decisivo. O fato de, nesse processo, as ideologias inimigas serem combatidas de maneira preponderante por sua não consonância com a religião, com as tradições etc., o fato de as tendências autenticamente científicas nelas contidas muitas vezes constituírem os principais pontos de ataque nada muda na caracterização feita por Engels, que permanece em grande parte correta no tocante às tendências majoritárias na história dos embates ideológicos.

Enquanto conhecimento do que é ideologia ela só induz a erro em consequência de seu caráter predominantemente gnosiológico. Com certeza é correto dizer que a esmagadora maioria das ideologias se baseia em pressupostos que não conseguem resistir a uma crítica rigorosamente gnosiológica, especialmente quando esta toma como ponto de partida um intervalo vasto de tempo. Nesse caso, porém, trata-se de uma crítica da falsa consciência; contudo, em primeiro lugar, há muitas realizações da falsa consciência que jamais se converteram em ideologias e, em segundo lugar, aquilo que se converteu em ideologia de modo algum é necessária e simplesmente idêntico à falsa consciência. Por essa razão, só é possível compreender o que realmente é ideologia a partir de sua atuação social, a partir de suas funções sociais. Em sua tese de doutorado, ainda sem uma fundamentação histórico-materialista, Marx já vislumbrou corretamente, em sua essência, o problema fundamental que se coloca nesse ponto. Em meio a uma crítica aguda e perspicaz da prova ontológica [da existência] de Deus (e de sua crítica por Kant), ele faz a seguinte pergunta retórica: "Acaso o velho

---

[80] F. Engels, em K. Marx e F. Engels, *Ausgewählte Briefe*, cit., p. 381; MEW, v. 37, p. 492.

Moloque não reinou de fato? O Apolo de Delfos não era um poder real na vida dos gregos?"[81]. Essas perguntas atingem a factualidade fundamental da ideologia. Pode-se até caracterizar Moloque e Apolo como "asneiras" no sentido gnosiológico, mas, na ontologia do ser social, eles figuram como poderes realmente operantes – justamente como poderes ideológicos. Obviamente com esse contraste nem remotamente se chegou ao autêntico antagonismo. Com efeito, a ideologia só pode se tornar um poder, uma força no quadro do ser social, quando seu ser-propriamente-assim convergir com as exigências essenciais do desenvolvimento da essência. E, como mostra a história, há graduações também dentro de tal convergência, cujo critério, contudo, não precisa ser o gnosiologicamente mais correto, nem o histórico-socialmente mais progressista, mas o impulso que conduz para uma devida resposta a perguntas postas justamente pelo respectivo ser-propriamente-assim do desenvolvimento social e por seus conflitos. Bem mais tarde, em O capital, Marx também falou mais extensamente sobre a religião em conexão com o desenvolvimento da produção ao exigir uma história da tecnologia fundada em termos autenticamente históricos. Embora nessa passagem ele só mencione a religião, não é muito difícil aplicar o resultado metodológico de suas explanações ao problema ideológico geral:

> De fato, é muito mais fácil encontrar, por meio da análise, o núcleo terreno das nebulosas representações religiosas do que, inversamente, desenvolver, a partir das condições reais de vida de cada momento, suas correspondentes formas celestializadas. Este é o único método materialista e, portanto, científico.[82]

Acreditamos que, no caso de tal esclarecimento autêntico das ideologias que em cada caso entram historicamente em cena, aquilo que chamamos de ontologia da vida cotidiana deve desempenhar um papel decisivo como mediação entre a condição econômica e a ideologia dela decorrente. Desse modo se deslinda totalmente o "enigma" que parece resultar da crítica gnosiológica feita por Engels à ideologia, a saber, como as pessoas podiam, tendo como fundamento ideológico uma "asneira", ainda assim agir amplamente de acordo com os seus interesses e, portanto, de modo correto no plano imediato. Marx mostra igualmente que, justamente no terreno do que chamamos de ontologia da vida cotidiana, pode surgir

---

[81] K. Marx, *Dissertation*, MEGA-1, t. 1, v. 1, p. 80; MEW EB, v. I, p. 257.
[82] Idem, *Das Kapital*, cit., v. I, p. 336, nota; MEW, v. 23, p. 393 [ed. bras.: O *capital*, Livro I, cit., p. 446, nota].

também na atualidade capitalista um "absurdo" enquanto forma ideológica de um agir de resto racional. Ele constata que a relação entre a renda em dinheiro, como parte do mais-valor, e a terra é irracional; ele diz que é como se "se quisesse falar da relação entre uma nota de 5 libras e o diâmetro da Terra". E, precisamente de acordo com esse método, ele explica a situação assim:

> As mediações das formas irracionais em que determinadas condições econômicas aparecem e praticamente se acoplam não importam nem um pouco aos portadores práticos dessas condições econômicas em sua ação econômica diuturna; e já que eles estão acostumados a se movimentar no meio delas, não ficam nem um pouco chocados com isso. Uma perfeita contradição não tem nada de misterioso para eles. Nessas formas fenomênicas que perderam a coerência interna e que, tomadas em si, são absurdas, eles se sentem tão à vontade quanto um peixe na água.[83]

Só depois de ter livrado a existência e a atuação das ideologias de sua subordinação a juízos de valor gnosiológicos e histórico-filosóficos podemos empreender desembaraçadamente a sua investigação. Em outra passagem, Engels fez uma tentativa muito séria de chegar a essa determinação. No prefácio a *A miséria da filosofia*, de Marx, ele fala sobre o uso proveitoso da teoria de Ricardo por parte do socialismo, dizendo que esta mostra "aos trabalhadores que a totalidade da produção social, que é produto *seu*, pertence-lhes, porque eles são os únicos produtores reais", o que indubitavelmente conduz "diretamente ao comunismo". Ele ressalta de imediato que essa interpretação é "econômica e formalmente falsa", porque as conclusões morais que se pode tirar de Ricardo, "num primeiro momento, não dizem respeito à economia". Porém, a conclusão de sua análise possui um teor certeiro e substancial:

> Mas o que pode ser formalmente falso do ponto de vista econômico pode ser correto do ponto de vista da história universal. Se a consciência moral das massas declarar injusto um fato econômico, como no seu tempo a escravatura ou a servidão, isso é uma prova de que o próprio fato se tornou obsoleto, que outros fatos econômicos se produziram, graças aos quais o primeiro se tornou insuportável e insustentável. Atrás da inexatidão econômica formal, pode estar oculto um conteúdo econômico muito verdadeiro.[84]

---

[83] Ibidem, v. III/II, p. 312; ibidem, v. 25, p. 787 [ed. bras.: ibidem, Livro III, cit., p. 241].
[84] F. Engels, [prefácio a] *Das Elend der Philosophie*, p. IX-X; MEW, v. 4, p. 561 [ed. bras.: *A miséria da filosofia*, cit., p. 17].

Nesse ponto, vem claramente à tona o duplo caráter da ideologia, eivado de contradições, que lhe compete desde o princípio. O andamento, a direção, a perspectiva do desenvolvimento não podem ser depreendidos para os envolvidos ou pelos envolvidos conforme a sua necessidade, nem da situação socioeconômica objetiva, nem da tentativa de apropriação de grande valor científico feita por Ricardo. Apesar disso, a questão em si – na sua objetividade socioeconômica – está implicitamente presente, tanto na própria realidade como em sua imagem científica, que naquele tempo era o melhor e o mais objetivo, e ela dá origem, em muitas pessoas, a um problema vital, que é o de encontrar uma resposta adequada a essa pergunta.

Dissemos com frequência: o homem é um ser que responde, e essa constituição essencial do homem explica tanto os problemas da reprodução imediata, sobretudo os do trabalho, como os da ciência que a alicerçam, complementam e aprofundam. Esse chão tampouco será abandonado, mas apenas o conceito do problema vital ainda necessita de uma maior concretização. Todo trabalho, toda práxis imediata possui o seu objetivo imediato. Por essa razão, essa imediatidade, a preservação, a reprodução da própria vida, impõem-se aos homens com coercividade imediata. Entretanto, já sabemos – a existência humana do homem está baseada precisamente nisso – que essa imediatidade só pode se realizar como fundamento imediato da existência humana se a sua imediatidade suprimir a si mesma. O pôr teleológico que necessariamente se interpõe entre necessidade e satisfação já implica por si só tal supressão. Porém, sem querer, ele ultrapassa essa contradição da origem porque cada pôr teleológico contém em si a possibilidade (no sentido aristotélico já tantas vezes aludido) de estimular pores finais outros, ulteriores, e simultaneamente adaptar, mediante o caráter objetivador dos atos realizadores, as capacidades humanas às novas exigências.

Nesse tocante, o mais importante para o nosso problema é que esse desenvolvimento produz os pores teleológicos que visam suscitar um novo comportamento em seus semelhantes e lhes confere importância crescente tanto extensiva como intensivamente, tanto quantitativa como qualitativamente para o processo de produção, para a sociedade como um todo. Basta indicar como, com o desenvolvimento das forças produtivas, crescem constantemente a esfera de validade e a importância do costume, do hábito, da tradição, da educação etc., que sem exceção se baseiam em pores teleológicos desse tipo; basta apontar para a necessidade de que surjam esferas ideológicas próprias (é o caso, sobretudo, do direito) para satisfazer essas necessidades da totalidade social. Em nossas análises anteriores, mostramos que, no caso desses pores, o controle direto da representação pelo ser, como expresso no próprio trabalho, jamais conseguirá atingir o grau de funcionamento imediato e tendencialmente preciso deste. Isso até significa uma diferença qualitativa, mas obviamente nem mesmo aqui uma insegurança absoluta, nenhuma irracionalidade. As diferentes formas daí resultantes de influenciação socioeconomicamente necessária dos homens sempre funcionaram em maior ou menor grau; a única consequência de uma maior grandeza dos coeficientes de insegurança é que, nesse campo, o papel do acaso, da desigualdade no desenvolvimento ainda se manifesta de modo bem mais intenso, marcante e efetivo que no do trabalho em sentido estrito. Para concretizar mais precisamente esse complexo fenomênico, devemos, antes de tudo, levar em consideração que os pores teleológicos que nele estão em operação surgiram para promover o desenvolvimento econômico e – em última análise, mas só em última análise – nunca desistiram dessa sua missão, mas, desde o princípio, tampouco puderam levá-la a cabo de modo mecanicamente direto, e isso tanto menos quanto mais avança o desenvolvimento das forças produtivas. Com efeito, as mais antigas realizações do trabalho, as consequências mais primitivas da incipiente divisão do trabalho já propõem tarefas aos homens, cuja execução exige e mobiliza forças psíquicas de feitio novo, diferentes das mobilizadas pelo processo propriamente dito do trabalho (pense-se no papel da coragem pessoal, da sagacidade inventiva, da cooperação desprendida no caso de alguns trabalhos empreendidos coletivamente). Por isso mesmo, os pores teleológicos que surgem daí estão direcionados – tanto mais decididamente, quanto mais desenvolvida for a divisão social do trabalho – diretamente para o despertar, fortalecer e consolidar desses afetos que se tornaram indispensáveis aos homens. Isso já mostra a impossibilidade de que o objeto desses pores seja capaz de exercer um controle e uma correção tão diretos da realidade como costuma acontecer no metabolismo com a natureza: nem o próprio objeto, nem o ponto a ser atingido pelo pôr podem, em princípio, ser determinados de modo tão unívoco como no caso deste. Passa a vigorar aqui a distinção entre se um pôr teleológico, em última análise, desencadeia uma série causal ou se desencadeia um novo pôr teleológico. Isso tem por consequência, antes de tudo, que, por um lado, a situação comum a todas as decisões humanas, a impossibilidade do conhecimento de todas as circunstâncias da ação, adquire um peso ainda maior nesse caso do que no outro tipo de pores, uma vez que, por outro lado, o direcionamento da intenção nesse caso tem de ser muito mais ambíguo. O caráter necessariamente desconhecido de todas as condições de fato também incide sobre o trabalho; o efeito, contudo, na grande maioria dos casos, é bem mais superficial; sabemos, por exemplo, que não só na pré-história, mas até em fases avançadas de história escrita muitos processos de trabalho estavam no plano empírico indissoluvelmente ligados a cerimônias mágicas etc. Isso, contudo, aparecia somente na consciência dos trabalhadores; o próprio processo do trabalho se desenrolou de modo objetivamente independente de crenças desse tipo. A situação é bem diferente no campo dos pores teleológicos agora investigados. A vinculação com representações mágicas e, mais tarde, sobretudo com representações religiosas, na maioria dos casos, praticamente não pode mais ser dissociada da constituição real dos afetos, modos de representação etc. intencionados, visto que – em contraposição aos objetos da natureza, cujo modo de surgimento parece desaparecer em sua existência imediata – cada afeto, cada modo de comportamento, tanto em termos de conteúdo como em termos de forma, permanecem ligados ao tipo de sua gênese. Por fim, seja aludido aqui brevemente, antecipando o que mais tarde será exposto mais detalhadamente, ao problema do nível da intenção. Pode até ser que o processo do trabalho muitas vezes aponte objetivamente para além de suas finalidades imediatas; não obstante, a intenção dos pores teleológicos decisiva para a prática que está na sua base, sempre está direcionada inequivocamente para um fim claramente delineado. Em contraposição, os pores que se destinam a conduzir o comportamento das pessoas muitas vezes visam, desde o começo, a um campo de ação de reações desejadas (ou indesejadas) a factualidades, situações, tarefas etc. sociais.

Apenas desse modo é que se completa o tornar-se homem do homem, que no trabalho é efetuado em termos puramente objetivos, por assim dizer, em si. Esse em-si só poderá adquirir sua figura consciente e, desse modo, definitivamente fixada, bem como passível de desenvolvimento, só poderá produzir no homem o ser-para-si de sua própria pessoa e, desse modo, tomar o rumo do ser-para-si social da humanidade inteira quando a reação ao metabolismo com a natureza efetuado por ele próprio for alçada nele próprio à condição de consciência social que gradativamente poderá elevar-se à condição de autoconsciência humana. Também nesse ponto, a alienação contida nos pores teleológicos deve ser reconhecida como momento decisivo desse processo. Antes de tudo: com a objetivação surge na realidade objetiva uma nova forma da continuidade que só pode se tornar operante no âmbito do ser social. Todo ser tem, no seu devir simultaneamente existente, uma continuidade objetiva; esta é uma das marcas essenciais do seu ser-em-si, que, no entanto, jamais ultrapassa, nem mesmo na natureza orgânica, o seu ser-em-si; trata-se de uma categoria do ser que permanece indiferente a todo e qualquer para-nós. Mediante a objetivação e a alienação, a continuidade recebe um ser-para-si peculiar. Os objetos naturais da objetivação de fato têm de preservar o seu ser-em-si indiferente, mas na objetivação eles ainda se tornam, ademais, momentos de um processo, que, por um lado, permanece indissoluvelmente ligado aos sujeitos existentes da alienação, mas, por outro lado, reiteradamente se dissocia deles e alcança uma existência social independente deles. Essa existência, com efeito, está em constante interação com a práxis dos sujeitos e só nessa interação consegue expressar a sua existência social, preservando, contudo, no interior dessa inter-relação, uma efetividade autônoma resoluta. Trata-se, nesse caso, não só do devir-para-nós em ideias, vivências, memórias etc.; mesmo que estas constituam para cada sujeito os fundamentos da alienação, esta ultrapassa tal condição quando se transforma em objetivação [*Objektivation*] autônoma e se confronta com os sujeitos na condição de "mundo" objetivado próprio. Esse mundo influencia decisivamente os pores teleológicos futuros, [1] ao transformar, pelo menos potencialmente e com muita frequência realmente, as experiências individuais em posse espiritual comum de um grupo humano, [2] ao fazer isso não simplesmente de modo fático, mas proporcionando aos homens modelos – tanto positivos como negativos – para suas decisões futuras, [3] ao converter, tanto no homem singular como nos grupos humanos, a continuidade objetivamente disponível, mas simultaneamente e para além disso também vivenciada, de suas ideias, de seus sentimentos, de suas ações etc. em componente dinamicamente mobilizada de sua consciência.

Tanto a consciência pessoal singular como a consciência social só podem surgir sobre o fundamento de tais efeitos da objetivação, da alienação. A realidade social está baseada, em última análise, no pôr de momentos materiais para a reprodução da sociedade e dos homens que a compõem. Porém, um conjunto harmônico (também por meio de contradições) da práxis social jamais poderia funcionar se não fosse, em toda parte e constantemente, envolto e sustentado por essa atmosfera de objetivações e alienações. Não esqueçamos o que anteriormente já foi exposto: a objetivação socializa espontaneamente todos os objetos, tanto do tipo material como do tipo consciente. Por sua mediação, a práxis humana é espontaneamente socializada, sem ter proposto conscientemente esse fim (que, enquanto fim proposto conscientemente, nem pode existir no começo); os fatos fundamentais desse complexo já foram evidenciados por nós ao tratar do trabalho e da linguagem. O que importa, antes de tudo, agora é perceber que, nesse processo da socialização da práxis e de sua conscientização, o momento social tem a prioridade histórica. Não passaria de uma projeção do *status* atual, altamente desenvolvido, da individualização, se fosse perguntado – como ocorreu das robinsonadas econômicas até o existencialismo – como o homem que já se tornou pessoal, individual, veio a ser social. No processo da humanização do homem, surge – mediada pelo caráter alienado de toda práxis humana –, antes de tudo, uma consciência social dos homens, e a extensão de suas singularidades naturais sempre existentes para uma individualidade constitui o resultado de um demorado desenvolvimento socioeconômico, no qual a complexidade crescente da divisão social do trabalho, a complexidade cada vez maior das tarefas propostas aos homens singulares por tais complexos, transmuta sua singularidade natural gradativamente em individualidade social. Por essa razão, o jovem Marx já diz, na *Ideologia alemã*, que a consciência original dos homens foi uma "mera consciência gregária"[85].

Todo autêntico conhecimento *post festum* do desenvolvimento humano confirma essa factualidade, mas possuímos também um documento unívoco disso, justamente na linguagem. Anteriormente já apontamos para o seu caráter fundamental que consiste em que, no plano imediato, ela só está capacitada a expressar o universal. A mais simples das palavras torna-se, exatamente por essa via, uma objetivação e alienação sociais do homem; aquilo que, pelo metabolismo material com a natureza, os homens produzem em si, em sua ferramenta, no produto do trabalho etc. enquanto algo social, recebe justamente através dessa propriedade fundamental da linguagem a sua primeira figura social consciente. E a mesma necessidade elementar que

---

[85] K. Marx e F. Engels, *Die deutsche Ideologie*, MEGA, v. V, p. 20; MEW, v. 3, p. 31 [ed. bras.: *A ideologia alemã*, cit., p. 35].

converte essa espécie de generalizações em fundamento do intercâmbio dos homens entre si transforma essa universalidade social em norma de toda práxis original; o critério para o êxito de uma ferramenta só pode ser sua utilidade para o uso geral. Contudo, isso se fixa e generaliza na totalidade da práxis humana. No contexto próximo da passagem há pouco citada, Marx fala dos interesses coletivos dos homens unidos pela divisão do trabalho numa pequena sociedade primitiva: "e, sem dúvida, esse interesse coletivo não existe meramente na representação como 'interesse geral', mas primeiramente na realidade, como dependência recíproca dos homens entre os quais o trabalho está dividido"[86]. Todavia, ele aponta imediatamente para o fato de que já essa divisão natural do trabalho na sociedade necessariamente produz a cisão "entre o interesse particular e o interesse comum".

Assim surge, em toda sociedade, não só o antagonismo de interesses que surge necessariamente num determinado estágio da divisão social do trabalho, mas também a forma igualmente necessária – necessariamente ideológica – de seu enfrentamento. O jovem Hegel já havia percebido esse aspecto do problema. Em sua *Constituição da Alemanha*, ele fala que os conflitos são travados com violência, mediante a luta de um particular contra outro particular, mas que filosoficamente na base dessas lutas está que o respectivo dominador não funda "seu domínio sobre a violência de particulares contra particulares, mas na universalidade; essa verdade, o direito que ele reivindica para si, tem de ser tomado dele e dado àquela parte da vida que é exigida"[87]. Aqui Hegel toca num dos complexos mais essenciais de perguntas enfrentados e resolvidos ideologicamente no decorrer das lutas de classe, cuja arma com muita frequência foi o desmascaramento de um interesse que se anuncia geral como meramente particular, ou a proclamação de um interesse tido como particular como autenticamente social, portanto, geral. O fenômeno em si pode ser comprovado em todas as áreas e estágios da práxis social. Os homens costumam justificar ideologicamente o seu próprio proceder (seus interesses de classe, na medida em que são operantes como motivos impulsionadores de sua conduta pessoal de vida, e também seus interesses personalíssimos) justamente através dessa elevação ao plano universal; desde a educação até a práxis econômica e política ocorre a tendência de engendrar uma autojustificação no sentido de que o seu

---

[86] Ibidem, p. 12; ibidem, p. 38 [ed. bras.: ibidem, p. 37; com modif.].
[87] G. W. F. Hegel, "Fragmente zur 'Verfassung Deutschlands'", em *Schriften zur Politik und Rechtsphilosophie* (Leipzig, 1923), p. 140; HWA, v. 1, p. 459.

próprio modo de agir é a simples realização dessas normas gerais e de que toda censura se desvia deles, não corporificando essa universalidade.

Desse modo, a universalidade, a generalização, já adquire um colorido ideológico; vimos que o seu funcionamento como ideologia não depende de ela ser verdadeira ou falsa, cientificamente fundamentada ou de constituição mitologizante, mas primordialmente de que um estrato social vislumbra nela o meio apropriado para enfrentar e resolver suas colisões sociais, que naturalmente chegam até o nível da intimidade pessoal. Por essa razão, a sua existência social é igualmente independente do caráter moral dos motivos de sua aplicação. Marx caracteriza, por exemplo, a moral da vida cotidiana do burguês assim: "A atitude do burguês para com as instituições do seu regime é como a atitude do judeu para com a lei; ele as transgride sempre que isso é possível em cada caso particular, mas quer que todos os outros as observem"[88]. É óbvio que tal comportamento não põe em dúvida o caráter ideológico das ideologias aí operantes. Por outro lado, as mais diferentes espécies de generalização podem, em determinadas conjunturas históricas, inflamar um entusiasmo autêntico e duradouro em grandes massas, podem contribuir para que as questões que decidem o destino do desenvolvimento da humanidade obtenham um desfecho tão coerente, em tão grande estilo, como não teria sido socialmente possível sem o desencadeamento de uma ideologia correspondente, só mediante a realização diretamente intencionada dos fins objetivamente econômicos. Assim sendo, Engels diz acertadamente sobre a distância entre ideologia e resultado efetivo da grande Revolução Francesa: almejava-se um reino da razão em contraposição ao absolutismo feudalista sentido como injusto e irracional: "Agora sabemos que esse império da razão nada mais era que o império idealizado da burguesia"[89]. Marx passa a descrever o processo ideológico aqui operante da seguinte maneira:

> Não obstante o caráter nada heroico da sociedade burguesa, muito heroísmo havia sido necessário, além da abnegação, do terror, da guerra civil e de batalhas entre povos, para trazê-la ao mundo. E foi nas tradições de rigor clássico da República Romana que os seus gladiadores encontraram os ideais e as formas artísticas, as

---

[88] K. Marx e F. Engels, *Die deutsche Ideologie*, MEGA, v. V, p. 162; MEW, v. 3, p. 163 [ed. bras.: *A ideologia alemã*, cit., p. 181].
[89] F. Engels, *Anti-Dühring*, cit., p. 20; MEW, v. 20, p. 17 [ed. bras.: *A revolução da ciência segundo o senhor Eugen Dühring*, cit.].

autoilusões de que ela precisava para ocultar de si mesma a limitação burguesa do conteúdo de suas lutas e manter o seu entusiasmo no mesmo nível elevado das grandes tragédias históricas.[90]

Se quisermos entender essas exposições em toda a sua envergadura é preciso que tenhamos presente o quadro real do desenvolvimento social, das revoluções sociais, enquanto pontos nodais que provocam as suas decisões. Isso representa uma ruptura com as duas correntes principais do marxismo vulgar, tanto com aquela que se atém a uma rigorosa determinidade do econômico ao estilo de Laplace, vislumbrando na ideologia uma superfície meramente aparente, em última análise, sem influência, do acontecimento real rigorosamente necessário, quanto com aquela oposição a essa concepção que proclama uma autonomia plena das ideologias, especialmente das superiores (filosofia, arte, ética, religião etc.) em relação aos fundamentos econômicos do acontecimento histórico. Para poder sustentar, perante esses dois falsos extremos, o *tertium datur* correto, devemos recorrer àquela característica da sociedade e ao seu desenvolvimento para a qual já apontamos no capítulo sobre Marx: à dialética de essência e fenômeno, em cujas inter-relações, mais uma vez, devemos ter bem presente que ambas são realidades e que, portanto, nem uma coisa em si kantiana (aqui: a economia como essência) se defronta com um mundo fenomênico determinado somente pelo sujeito cognoscente, nem é assim que o único mundo empírico real pode ser compreendido e manipulado com o auxílio de representações-"modelo" (essências) obtidas por meio de abstrações, fundadas no sujeito cognoscente. Na perspectiva ontológica, essência e fenômeno constituem, também no âmbito do ser social, um complexo unitário, mas que consiste de complexos reais, que se modificam e se preservam em sua interação. Essa dialética – algumas de suas determinações mais importantes foram identificadas já por Hegel – mostra, por um lado, que a essência é um determinado tipo, um determinado estágio do próprio ser, que, em sua separação, em sua autonomização – relativa – do ser, ganha expressão, em sua universalidade, um movimento do próprio ser; mostra, por outro lado, que a vinculação de essência e fenômeno é necessária; a produção de fenômenos faz parte da essência da essência.

---

[90] K. Marx, *Der achtzehnte Brumaire*, p. 22; MEW, v. 8, p. 116 [ed. bras.: *O 18 de brumário de Luís Bonaparte*, cit., p. 27].

Essa constelação ontológica de cunho geral experimenta, no âmbito do ser social, uma intensificação qualitativa perante as formas mais simples do ser. Isso tem por base, em primeiro lugar, como já é do nosso conhecimento, a gênese e a determinidade de todos os seus momentos por meio de pores teleológicos, que como desencadeadores de cadeias causais reais unem em si a essência operante real e o fenômeno que surge realmente numa interação de tipo diferente do que costuma se dar em complexos que surgiram de modo meramente causal. Em segundo lugar, eles fazem surgir forçosamente formas objetivadas, alienadas e desencadeiam, em suas sequências ulteriores, outras objetivações e alienações mais. Surge daí uma ligação totalmente nova em comparação com os tipos de ser mais simples entre os dois complexos elementares-fundamentais do ser social: entre a totalidade real de cada sociedade e a totalidade igualmente real dos homens singulares que a constituem. Só com isso já surge, no âmbito do ser social, algo totalmente novo, algo que Marx, como vimos, indica dizendo que a generidade deixa de ser muda como era no caso dos animais, isto é, que surge uma interação permanente entre o exemplar individual e o próprio gênero, a qual reverte permanentemente em estado consciente interior. Estamos analisando isso aqui do ponto de vista da gênese e da função da ideologia. Já vimos que o mero fato da objetivação possui internamente uma tendência para a generalização, o que, aplicado ao ser social, significa que este, enquanto conteúdo, faz primordialmente da socialidade, da generidade dos pensamentos e das ações humanos o seu objeto, do que decorre ainda que, nesse nível do ser, é inerente aos dois complexos de conteúdo uma tendência para convergir (até a fusão prática). Todavia é só uma tendência. Com efeito, sabemos que o gênero humano só pode se realizar gradativamente no processo histórico rumo à sua realidade plena, o que, para o problema, significa que a convergência e a divergência de socialidade e generidade propõem tarefas permanentemente novas a serem cumpridas pela atividade material e ideológica dos homens.

Essa questão já nos coloca bem no centro do processo a ser aclarado neste ponto. Porque a seu tempo mostramos que o desenvolvimento econômico – independentemente das decisões pessoais e coletivas da vontade humana, que ganham expressão nos pores teleológicos, em suas sumarizações sociais – avança irresistivelmente nessa direção e com o mercado mundial já criou um fundamento material-econômico como possibilidade de realização da generidade humana. Todavia, simultaneamente pudemos constatar que, num primeiro momento, essa integração econômica indispensável aguça os antagonismos na vida social dos homens e assim – ideologicamente – opera contra a união de socialidade e generidade. Essa questão singular, ainda que decisivamente importante, já mostra que, no âmbito do ser social, de modo algum podemos considerar o mundo dos fenômenos como produto simples, passivo, do desdobramento da essência, mas que, muito antes, essa inter-relação de essência e fenômeno constitui um dos fundamentos reais mais importantes da desigualdade, da contraditoriedade no desenvolvimento social. Porém, seria uma simplificação extremamente equivocada se, reconhecendo essa contraditoriedade, fôssemos simplesmente identificar essência com economia, fenômeno com superestrutura. Pelo contrário. A linha divisória entre essência e fenômeno atravessa pelo meio da esfera puramente econômica. Esse fato pode ser facilmente autenticado mediante um fenômeno econômico fundamental, já do nosso conhecimento. Já mostramos que a diferenciação entre o mais-trabalho e o trabalho que serve à reprodução da própria vida em cada caso se manifesta de modo diverso nas diversas formações. Relações similares entre essência e fenômeno facilmente poderiam ser apontadas em todas as áreas da economia. Isso significa que a confrontação de essência e fenômeno de modo algum coincide simplesmente com a de base econômica e superestrutura ideológica, que ela comporta, muito antes, uma divisão também da esfera econômica em essência e fenômeno. Isso não se refere só a categorias econômicas singulares, mas também ao conjunto delas. Tenhamos presente qualquer formação que seja. Segundo Marx, não é mais tão difícil apreender conceitualmente, por exemplo, os momentos do capitalismo que fazem parte da sua essência. Ao fazer isso, somos confrontados de imediato com o fato de que esses momentos pertencentes à essência idêntica do capitalismo podem apresentar, inclusive em estágios desenvolvidos, traços diversos, puramente econômicos em sua existência fenomênica; basta pensar na grande disparidade do desenvolvimento agrário e da agricultura capitalistas na Inglaterra e na França. Ora, se recordarmos os aspectos da similaridade ontológica de base e superestrutura, demonstrados no início deste capítulo, ou seja, que ambas estão baseadas em pores teleológicos e em suas cadeias causais, já não soará tão chocante se dissermos que, na realidade social, os limites entre essência e fenômeno muitas vezes se tornam fluidos, que as diferenças realmente existentes só podem ser constatadas com alguma precisão *a posteriori*, com o auxílio de análises conceituais, científicas. Assim, certas relações de produção condicionam certas formas do direito, e sua conjunção é tão forte na imediatidade do ser social que as pessoas que agem têm de tornar uma objetividade unitária presente nelas para pressuposto ou objeto de seus pores teleológico-práticos. Isso naturalmente não impede que elas constituam complexos extremamente díspares do ser social que atuam de modo – relativamente – independente um do outro, não impede que as relações de produção, impelidas pelo desenvolvimento das forças produtivas, se modifiquem independentemente do sistema legal e, desse modo, necessariamente imponham a este a modificação total ou parcial ou pelo menos as reinterpretações correspondentes. Consumada essa transformação, surge para a práxis imediata da nova objetividade uma situação em média mais ou menos parecida com a antiga.

Com tudo isso nem mesmo se logrou caracterizar aproximadamente a relação entre essência e fenômeno. Porém, nossas observações sugestivas talvez permitam, ainda assim, aproximar-nos um pouco mais do agir ideologicamente provocado no âmbito dessa relação. Antes de tudo: para quem age, essência e fenômeno constituem uma unidade indivisível em sua imediatidade. Nesse tocante, a parte decisiva sempre está direcionada objetivamente para o acionamento da essência, pois se trata precisamente daquele momento da vida humana que provoca diretamente a autorreprodução. Ora, quando dizemos que essa esfera da essência se explicita independentemente da vontade e da intenção de seu criador, dizemos simultaneamente que ela de fato igualmente é acionada por pores teleológicos, mas que suas consequências causais, mesmo que só possam surgir em decorrência de tais pores, dissociam-se das intenções dos ponentes de modo qualitativamente diferente, mais radical, do que pode ocorrer nos demais pores. A diminuição do tempo de trabalho necessário à reprodução da vida, o afastamento da barreira natural e, com ela, a crescente socialização da sociedade, a autorrealização propriamente dita do ser social e a integração sempre crescente da sociedade numa humanidade que vive como unidade não figuram entre aquelas finalidades que visam acionar direta e conscientemente esse processo de desenvolvimento. Assim sendo, a essência surge independentemente das finalidades conscientes nos atos teleológicos, sendo em si – a despeito de toda a sua desigualdade – um processo objetivamente necessário do ser, cujo curso, rumo, ritmo etc. não podem ter nenhuma relação com alguma teleologia objetiva.

Não existe, portanto, uma vinculação consciente entre a postulação de um fim nos atos teleológicos singulares, cuja totalidade dinâmica perfaz objetivamente a essência, e a essência real. Isso já se externa no fato de que todo pôr singular é concreto, isto é, sempre parte da unidade de essência e fenômeno e visa impor-se, no âmbito desta, como interesse singular. Até mesmo no capitalismo desenvolvido, no qual a diminuição do tempo socialmente necessário de trabalho é formulada em termos cada vez mais programáticos, é o perfil que resulta no conteúdo autêntico dos pores teleológicos reais singulares e tudo o mais figura na rubrica dos meios econômicos e tecnológicos de sua realização. Em todos os demais pores não diretamente econômicos, já por sua natureza, a vinculação com o mundo fenomênico do ser social é ainda mais evidente. Por essa razão, o seu impacto sobre a essência está contido ainda mais indiretamente, em grau de consciência ainda menor, nas intenções dos pores singulares.

Porém, caso se queira apreender o processo global em sua totalidade, fica claro que o movimento da essência independente do querer humano de fato constitui a base de todo ser social, mas, nesse contexto, "base" significa simultaneamente: possibilidade objetiva. Com essa constatação Marx demonstrou que toda ideia de utopia é irreal. Mas ele mostrou simultaneamente que – por isso mesmo – os próprios homens fazem a sua história, que o desenvolvimento da essência independente dos seus pensamentos e da sua vontade, não é uma necessidade fatal, que determina tudo de antemão, que simplesmente sucederia com eles. Entretanto, essa necessidade resulta num ininterrupto novo surgimento de constelações que resultam no único campo de ação real para a práxis humana, que é o que existe em cada caso concreto. O círculo dos conteúdos que os homens podem pôr como fins nessa práxis real é determinado – enquanto círculo desse tipo – pela necessidade de desenvolvimento da essência, mas realmente enquanto círculo, enquanto campo de ação para os pores teleológicos reais nele possíveis, não como determinação geral, inevitável, de todo conteúdo da ação. Dentro desse campo de ação, cada pôr teleológico sempre surge só na forma alternativa possível exclusivamente para ele, o que já exclui toda predeterminação, o que faz com que a necessidade da essência forçosamente assuma para a práxis dos homens singulares a forma de possibilidade. Porém, ademais, é preciso ressaltar que os pores determinados nesses termos pelo desenvolvimento da essência não são simples mediações com o auxílio das quais aquilo que necessariamente deve acontecer acaba acontecendo em conformidade com a necessidade; eles influem, muito antes, tanto direta como indiretamente na decisão da essência, ao ajudarem a determinar o como do mundo fenomênico, sem a corporificação real do qual a essência jamais poderia alcançar a sua realidade plena, existente para si. E, como igualmente já vimos, visto que essa forma fenomênica não só é realidade em geral, mas realidade histórica sumamente concreta, os pores teleológicos assim efetuados influem também sobre o andamento concreto do desenvolvimento da própria essência. Isso não se dá, todavia, no sentido de que eles pudessem detê-lo, desviá-lo, frustrá-lo etc. para sempre, muito menos conferir-lhe outro teor, mas no sentido de influírem sobre sua forma fenomênica concreta, no sentido de imprimirem ao curso desse desenvolvimento seu caráter desigual. (Pense-se na diferença anteriormente mencionada entre o capitalismo inglês e o francês.) O desenvolvimento da essência determina, portanto, os traços fundamentais, ontologicamente decisivos, da história da humanidade. Porém, ela só obtém a sua forma ontologicamente concreta em decorrência de tais modificações do mundo fenomênico (tanto da economia como da superestrutura); mas estas só podem concretizar-se como consequências dos pores teleológicos humanos, entre os quais também a ideologia ganha expressão enquanto meio de enfrentar e resolver os respectivos problemas e conflitos.

Portanto, se quisermos refletir até as últimas consequências a concepção marxiana de que os conflitos suscitados pelo desenvolvimento contraditório da economia (o desenvolvimento das forças produtivas como transformação, como explosão das relações de produção) são enfrentados e resolvidos com os meios da ideologia, chegaremos a um resultado – mediado pela relação entre essência e fenômeno no âmbito do ser social, à qual acabamos de aludir – que contradiz estritamente a concepção determinista vulgar do marxismo, pois mostra que a essência econômica, operante independentemente de qualquer vontade humana no que se refere à totalidade da sociedade, isto é, em última análise, ao gênero humano, produz apenas as possibilidades objetivas do progresso real. Estas são ao mesmo tempo irresistivelmente necessárias e, do mesmo modo, necessariamente progressivas rumo a uma forma cada vez mais social do ser social, rumo a um ser-si-mesmo cada vez menos falsificado ontologicamente, mas permanecem, no que se refere ao destino do gênero humano, não obstante, apenas possibilidades objetivas. É preciso que sejam tomadas certas decisões alternativas teleológicas pelo próprio homem para que uma dessas possibilidades seja realizada como estágio maximamente adequado do gênero humano. Nesse ponto, só aparentemente a possibilidade objetiva e a necessidade aparecem numa relação antagônica. Porque, em cada estágio do desenvolvimento, os homens só conseguem trazer ao ser aquela generidade autenticamente humana admitida pelo respectivo estágio dessa possibilidade objetiva. Nesse sentido, a sua possibilidade é necessidade absoluta: um campo de ação rigorosamente determinado das possibilidades humanas num determinado estágio da generidade autêntica. A contradição que aflora aqui é fundamental para todo o desenvolvimento da humanidade. Ela determina a relação entre base e ideologia tanto no cotidiano da reprodução lenta e do desdobramento sucessivo de uma formação, como nas grandes crises que acontecem na passagem de uma formação para a outra.

De modo algum está embutida aí, como diriam os marxistas vulgares, uma superestimação do momento ideológico. Já na primeira versão do seu sistema, na *Ideologia alemã*, Marx diz sobre a divisão do trabalho: "A divisão do trabalho só se torna realmente divisão a partir do momento em que surge uma divisão entre trabalho material e trabalho espiritual"[91]. Naturalmente, deve estar claro para quem leu estas análises que o trabalho espiritual, inclusive como momento da divisão social do trabalho, de modo algum é idêntico à ideologia. Mas, justamente por isso, sua vinculação é muito íntima: o resultado de todo trabalho espiritual pode, em determinadas situações sociais, reverter em ideologia, inclusive a divisão social do trabalho produz ininterruptamente situações em que essa reversão se torna necessária e permanente. Nesses casos, isso se expressa na própria divisão social do trabalho. Se ocorrer que uma necessidade social tão permanente de regulação dos problemas que surgem na reprodução da vida venha a ser uma necessidade que se renova com o processo de reprodução, essa espécie de atividade terá se tornado socialmente necessária, o que se expressa no fato de que homens singulares ou grupos inteiros podem fazer dela uma ocupação específica visando à manutenção da vida. Expressa-se aí muito claramente a socialização da sociedade enquanto processo em constante fortalecimento. Por um lado, a própria

---

[91] Ibidem, p. 21; ibidem, p. 31 [ed. bras.: ibidem, p. 35]. Aqui se evidencia igualmente a razão de ser de nossas explanações anteriores, no sentido de que os elementos da ideologia já aparecem nos estágios mais primitivos do desenvolvimento social, aí, todavia, sobretudo no enfrentamento e resolução dos conflitos da sociedade com a natureza, geralmente como meios para soluções imaginárias de múltiplos formatos. Seus embriões sociais, porém, já estão presentes muito cedo, incluindo até a sua autonomização relativa na divisão do trabalho. Gordon Childe demonstra, por exemplo, que, no Paleolítico, a pintura rupestre já era obra de especialistas especificamente formados e treinados (G. Childe, *Der Mensch schafft sich selbst*, cit., p. 68 [ed. bras.: *A evolução cultural do homem*, cit., p. 74]).

produção adquire um caráter tão complexo que operações que pouco ou nada parecem ter a ver com a produção material de bens ainda assim se tornam indispensáveis para o processo global. Essa diferenciação já se efetua no interior da própria economia; pense-se no papel do capital comercial e do capital financeiro na produção, cujas funções nada têm a ver com a produção propriamente dita de valor e mais-valor, mas que, a partir de um determinado estágio da divisão do trabalho, tornam-se indispensáveis para o processo global da reprodução. Algo semelhante sucede com a regulamentação jurídica. Ela nada tem a ver com a produção material em si; entretanto, a partir de um determinado estágio, esta não poderia mais ocorrer sem fricção, sem uma regulamentação jurídica da troca, do intercâmbio etc., cuja execução igualmente requer um grupo de pessoas que pode viver dessa atividade. Portanto, a socialização da sociedade e o desenvolvimento da produção também estão baseados economicamente em que sua capacidade seja suficiente para manter esse estrato de não produtores, o que não seria possível sem uma diminuição do tempo de trabalho socialmente necessário para a reprodução na produção imediata. Nesse contexto, a socialização se evidencia, em termos sociais, no quanto os homens conseguem reproduzir sua vida em termos individual e genérico sem participarem da produção material imediata da essência. De tudo isso decorre que essas áreas da atividade social devem se diferenciar gradativamente numa vida própria dentro da divisão social do trabalho. Inicialmente, o conjunto da comunidade se ocupa com o enfrentamento e a solução de conflitos desse tipo no momento em que se tornam atuais; mais tarde, indivíduos ou grupos inteiros já precisam ser ocasional ou permanentemente delegados para a sua solução, até que por fim essas diferenciações da divisão social do trabalho se impõem do modo indicado. Isso significa, no sentido objetivo, que devem ser elaborados sistemas interconectados de modo mais ou menos racional, visando enfrentar e resolver, em conformidade com os interesses da sociedade, os conflitos que reiteradamente afloram no cotidiano da vida social. É óbvio que, quando a estratificação de classes da sociedade se torna realidade, esses interesses coincidem tendencialmente com os da classe dominante naquele momento. E a expressão "tendencialmente" leva justamente ao centro dos problemas da luta de classes, porque seu conteúdo é, em um número muito grande de casos, a decisão sobre como, segundo que princípios etc. se constituirá o modo generalizado de dirimir os conflitos. (Pense-se nas lutas pelo direito de greve.)

Já dessa universalidade do modo de enfrentamento e resolução decorre que a esfera do direito só pode cumprir a sua incumbência no sistema da divisão do trabalho – quanto mais desenvolvida esta for, tanto mais resolutamente – se levar todos os fatos da vida social a uma exacerbação extrema da alienação. Já sabemos que os próprios atos puramente econômicos contêm em seu fundamento uma alienação e, por sua vez, produzem tais alienações. Contudo, daí se originam necessariamente conflitos que, em sua imediatidade, parecem ser casos singulares. Ora, caso se pretenda dirimir esses conflitos no sentido social, os instrumentos desse dirimir precisam adquirir uma forma nova, aprimorada, de objetivação e alienação, que, em cada caso, suprime a sua singularidade no sentido social. Tal supressão já ocorre espontaneamente em decorrência da operatividade da reprodução econômica enquanto processo global. Contudo, as determinações que surgem por essa via, assim como as que surgem da singularidade nos atos singulares, nada mais são que conteúdo socializado que ainda precisa adquirir forma jurídica. Assim o direito se torna, no dizer de Engels, "uma expressão *interiormente coerente*, que não golpeia sua própria face com contradições internas". Esse caráter sistêmico do direito revela, por um lado, que ele é, de antemão, um sistema puramente posto, em contraste com a sistemática do processo econômico de reprodução que surge espontaneamente. Porém, os princípios da estruturação e da coerência não consistem simplesmente numa transposição das determinações do próprio processo econômico para o plano consciente, mas devem justamente ser constituídos de modo a se tornarem apropriados para enfrentar e resolver conflitos no sentido da sociedade existente em cada caso concreto, no sentido das proporções de poder de classe existentes em cada caso, no patamar da universalidade mais elevada possível em cada caso. Por essa razão, Engels continua a ideia há pouco proferida da seguinte maneira: "E para conseguir fazer isso, a fidedignidade do espelhamento das relações econômicas esfacela-se cada vez mais"[92]. Em outros contextos já expusemos que o direito tem de espelhar a realidade econômica de modo deformado. Isso mostra, por sua vez, como é errado abordar questões ideológicas com critérios gnosiológicos. Porque, nesse campo, não se trata de fazer uma separação abstrata de verdadeiro e falso na imagem ideal do econômico, mas de verificar se o ser-propriamente-assim de um espelhamento eventualmente falso é constituído de tal maneira que se torna apropriado para exercer funções sociais bem determinadas.

---

[92] [K. Marx e] F. Engels, *Ausgewählte Briefe*, cit., p. 380; MEW, v. 37, p. 491.

É exatamente este o caso da "falsidade" gnosiológica do direito. Os critérios do processo de abstração objetivante que o pôr jurídico efetua no conjunto da realidade social consistem em se ele é capaz de ordenar, definir, sistematizar etc. os conflitos socialmente relevantes de tal maneira que seu sistema possa garantir a otimização relativa do respectivo estado do desenvolvimento da sua própria formação, visando ao enfrentamento e à resolução desses conflitos. (É óbvio que isso só pode ser efetuado em conformidade com os interesses da classe dominante em cada caso.) Engels tem toda a razão ao trazer metodologicamente para o primeiro plano a ausência de contradição, ou seja, o domínio da lógica formal, para essa área. Contudo, a extrapolação não dialética dessa exigência, que ocorre com frequência entre os especialistas da esfera do direito, leva igualmente a formar um falso conhecimento da estrutura do ser social que daí resulta. Porque o lógico, nesse caso, permanece um mero instrumento da formação ideal: o conteúdo daquilo que, por exemplo, deve ser encarado como idêntico ou não idêntico não é determinado pela objetividade social existente em si, mas pelo interesse da classe dominante (ou das classes ou dos compromissos de classe) em como determinados conflitos devem ser regulados de modo bem determinado e, por essa via, dirimidos. Nesse processo, o que socialmente forma em si um todo coerente pode muito bem ser separado e o heterogêneo pode ser reduzido a um denominador comum; se e quando isso acontece, se e quando a união ou a separação estão corretas não é decidido por critérios lógicos (embora tudo apareça numa forma lógica), mas pelas necessidades concretas de uma situação histórico-social concreta. Os limites da "lógica" aqui em vigor foram identificados corretamente já por Hegel. Contra Fichte, que queria derivar da "ideia" todos os detalhes do sistema legal, ele defendeu o ponto de vista de que seria impossível deduzir logicamente, por exemplo, que as medidas punitivas, muito antes, devem conter um elemento irrevogável de casualidade[93]. A isso se deveria acrescentar a título de complemento apenas que essa casualidade sempre ocorre só num campo de ação precisamente determinado em termos sociais; por exemplo, estipular de quantos anos é a pena por roubo em cada caso concreto certamente contém também elementos de casualidade. Porém, é óbvio que socialmente está determinado com precisão

---

[93] G. Lukács, *Der junge Hegel [und die Probleme der kapitalistischen Gesellschaft]* (Berlim, 1954), p. 342; GLW, cit., v. 8, p. 369.

em que termos o roubo foi juridicamente considerado como crime na época da acumulação originária e como o foi no capitalismo desenvolvido.

Naturalmente, é impossível tratar aqui detalhadamente da estrutura dessa esfera. Devemos nos restringir a algumas observações de princípio, que igualmente estão voltadas mais para o fundamento do ser dos pores teleológicos que surgem daí e à sua constituição mais geral como ideologias do que para um exame crítico das concepções extremamente divergentes com que os representantes proeminentes dessa área da ideologia buscaram um entendimento teórico acerca do essencial de sua atividade. Em suas observações citadas por nós, Engels também aponta para o fato de que a diferenciação da divisão social do trabalho criou simultaneamente à doutrina do direito também os juristas profissionais. Só desse modo se consuma o tipo de ser específico do direito como ideologia, ao passo que muitas formas ideológicas importantes, como costume, convenção etc. surgem espontaneamente. Porém, mesmo que, no decurso da diferenciação, haja também para essas áreas ideólogos específicos que por vezes possam desempenhar papéis significativos, a corrente principal de sua existência, continuidade e transformação sociais continua sendo a sua reprodução espontânea pela própria sociedade. No tempo do seu surgimento, o direito tampouco se diferencia essencialmente dessas formas ideológicas. Devemos até mesmo acrescentar que uma inter-relação com elas, uma influenciação do seu conteúdo por elas nunca deixa de efetivar-se no desenvolvimento do direito em termos tanto de conteúdos como formais. Essa conexão precisa ser especialmente enfatizada, pois diante da aparência imediata de uma completa autonomia, de um puro depender-só-de-si-mesma da esfera do direito (*fiat justitia, pereat mundus*), sua correção ontológica fica evidente sobretudo mediante a demonstração da indispensabilidade de tais interações.

Seria impossível que o direito se tornasse aquele meio importante para dirimir os conflitos sociais na vida cotidiana das pessoas se ele não pudesse apelar ininterruptamente para as convicções que surgem espontaneamente no plano social sobre os seus próprios conteúdos. Com efeito, a possibilidade socialmente real da regulamentação jurídica só surge porque tais conflitos são individualmente evitados em massa, porque os homens singulares, em decorrência do efeito de preceitos espontâneos – desde os do hábito até os da moral – renunciam a ações que poderiam obstacularizar a respectiva reprodução social. Roubo, fraude etc. só podem funcionar efetivamente como categorias jurídicas porque têm como referência essencialmente casos excepcionais – ainda que típicos – da práxis. Se cada qual, toda vez que quisesse, simplesmente roubasse algo que não está autorizado a possuir, uma regulamentação legal dificilmente seria possível. O mecanismo bastante complexo dessas conexões só poderá ser analisado adequadamente na *Ética*. Contudo, exatamente esse substrato de interações multifacetadas constitui a esfera do direito como uma esfera essencialmente posta, em contraste com os princípios espontâneos de regulação do costume e da moral, e é justamente essa constituição social que produz a necessidade de um estrato especializado que administra, controla, aprimora etc. essa área do pôr. Desse modo, o caráter ideológico do direito adquire um cunho específico. Visto que tais estratos especializados têm um interesse vital elementar em conferir o maior peso possível à sua atividade no complexo total, tais elaborações fazem com que as divergências ideológicas entre o direito e a realidade econômica se acentuem cada vez mais. Como explica Engels, justamente porque essa atividade retroage "novamente" sobre a base econômica, podendo modificá-la dentro de certos limites, o ponto de vista especificamente ideológico experimenta intensificações ininterruptas, a tal ponto que, na autoapresentação das especializações ulteriores que surgem nesse âmbito (ciência do direito, filosofia do direito etc.), o conteúdo e a forma do direito muitas vezes aparecem petrificadas de modo puramente fetichista como forças da humanidade. Os problemas daí decorrentes tampouco podem ser tratados mais detalhadamente aqui. Notável nisso tudo continua sendo que as maiores resistências contra uma apreensão ontologicamente correta das ideologias costumam ser desencadeadas exatamente por esses estratos de especialistas. Por um lado, defende-se o ponto de vista de que o comportamento que determina o pôr teleológico como ideologia seria uma parte integrante do ser do homem enquanto homem e não um mero fenômeno decorrente da divisão social do trabalho em determinados estágios. Por outro lado, todavia em estreita conexão com isso, o vínculo real entre essência e fenômeno é posto de lado como não existente, devendo os comportamentos ideológicos "puramente espirituais" vigorar como essências, ao passo que a luta real dos homens reais por sua existência é posta em segundo plano como desprezível submundo da existência. Só assim as determinações de valor do direito se convertem em ideologia no sentido pejorativo. O caráter real do direito só pode ser evidenciado, portanto, quando se compreende essa deformação glorificadora como aquilo que ela de fato é, a saber, uma ideologização da ideologia, que surge necessariamente quando a divisão social do trabalho delega sua manutenção a um estrato de especialistas.

Ainda mais complexo é determinar idealmente com alguma precisão o lugar da práxis política no âmbito da própria ideologia. Aqui também é preciso remontar antes de tudo ao fato ontologicamente fundante. Não pode haver nenhuma comunidade humana, por menor que seja, por incipiente que seja, na qual e em torno da qual não aflorassem ininterruptamente questões que, num nível desenvolvido, habituamo-nos a chamar de políticas. É impossível dar uma definição, isto é, fixar em termos de pensamento formal os limites, onde começa ou então termina a política. Gottfried Keller disse certa vez com alguma razão que tudo é política. Entendido da maneira certa, isso significa que é difícil até mesmo imaginar algum tipo de práxis social que, sob certas circunstâncias, não pudesse tomar corpo como questão importante e eventualmente até determinante do destino da comunidade inteira. Trata-se naturalmente apenas de uma possibilidade que raramente se torna real. Normalmente, os problemas que estão vinculados diretamente ou de forma intimamente mediada com o destino de toda a sociedade se distinguem com bastante nitidez das ações e relações do homem singular, a respeito das quais normalmente parece convincente dizer que seu ser ou não ser é indiferente do ponto de vista do todo. E, não obstante, o nosso raciocínio inicial deve ser levado em conta quando se fala de política como esfera de vida, já para perceber e deixar registrado que a política é uma esfera de vida da sociedade num sentido bem diferente daquela que – como o direito – é delimitada diante da divisão do trabalho como tal e munida dos especialistas necessários; por outro lado, seria igualmente um exagero entender de modo demasiadamente literal essa generalidade diretamente entrelaçada com a vida. A política é um complexo universal da totalidade social, só que se trata de um complexo da práxis, mais precisamente, da práxis mediada, que, por isso mesmo, de modo algum tem a possibilidade de ter uma universalidade tão identicamente espontânea e permanente como a linguagem enquanto órgão primordial da apropriação do mundo através da objetivação dos objetos, bem como dos sujeitos que os põem pela alienação e se apropriam deles.

A política é uma práxis que, em última análise, está direcionada para a totalidade da sociedade, contudo, de tal maneira que ela põe em marcha de modo imediato o mundo fenomênico social como terreno do ato de mudar, isto é, de conservar ou destruir o existente em cada caso; contudo, a práxis desencadeada desse modo inevitavelmente é acionada de modo mediado também pela essência e visa, de modo igualmente mediado, também à essência. A unidade contraditória de essência e fenômeno na sociedade ganha na práxis política uma figura explícita. Do ponto de vista imediato dos pores teleológicos com intenção política, a união indissolúvel e a unidade de essência e fenômeno são tanto seu ponto de partida inescapável como seu fim necessariamente posto. Porém, justamente por causa dessa unidade imediatamente dada de essência e fenômeno, a práxis política é, em sua relação com a essência, que decide quanto à sua efetividade em última análise, mas só em última análise, uma práxis mediada. Por essa razão, essa forma imediata da unidade não anula as contradições existentes. Engels tem razão ao alegar que, nos casos singulares concretos, a política pode muito bem tomar um rumo oposto ao exigido pelo desenvolvimento econômico efetivo naquele momento[94], observando ainda com razão que, em tais casos, depois de fazer desvios, sofrer prejuízos etc., a realidade econômica acaba se impondo. Contudo, passaríamos ao largo da constituição verdadeira, ontológica, dessa unidade contraditória se a concebêssemos como a interação simples de complexos unitários fechados em si mesmos. Trata-se, muito antes, de interações complexas muito distintas nas duas esferas, o que tem por consequência que a influência recíproca de essência e fenômeno deve assumir as formas mais díspares possíveis[95]. Já bem cedo apontamos para como a expansão simples do intercâmbio de mercadorias ocasionou de modo socialmente necessário uma regulamentação jurídica. Em casos de conflitos generalizados, a práxis política muitas vezes volta-se para uma reforma da superestrutura jurídica. Contudo, êxito ou fracasso dependem de se e como uma reformulação do sistema de direito positivamente vigente influencia a própria economia, se e como ela é capaz de, por esse desvio, promover aquele elemento positivo que, na economia, impulsiona para diante. Este é apenas um dos tipos de entrelaçamento entre os mundos da essência e do fenômeno.

Consideremos agora outro; tratar dele não visa de modo algum nem mesmo insinuar uma enumeração de tais conexões; a intenção é, muito antes, apenas

---

[94] K. Marx e F. Engels, *Ausgewählte Briefe*, cit., p. 379; MEW, v. 37, p. 490s.
[95] Neste ponto, fica evidente o quanto foi e é prejudicial para o conhecimento do ser social a separação exata, própria da divisão do trabalho acadêmico, entre economia e sociologia. O que hoje se considera como o método exclusivamente científico torna-se profundamente não científico, porque se separa de modo conceitualmente asséptico aquilo que, em sua interação concreta, resulta nas conexões ontologicamente relevantes.

transmitir uma noção de que estamos lidando aqui com incontáveis interações, qualitativamente diferentes, entre essência e fenômeno. Tomemos como exemplo a distribuição. Para determiná-la, Marx destaca, num primeiro momento, a negação de sua independência em relação à produção, que representa o quadro total da economia na forma burguesa de tratá-la:

> A articulação da distribuição está totalmente determinada pela articulação da produção. A própria distribuição é um produto da produção, não só no que concerne ao seu objeto, já que somente os resultados da produção podem ser distribuídos, mas também no que concerne à forma, já que o modo determinado de participação na produção determina as formas particulares da distribuição, a forma de participação na distribuição. É absolutamente uma ilusão pôr a terra na produção, a renda da terra na distribuição etc.

Contudo, essa subordinação à produção não diminui seu significado para a totalidade da sociedade. Pelo contrário, aumenta-o. Porque, ao passo que na economia burguesa só se falava de uma distribuição dos produtos, Marx enfatiza:

> Mas antes de ser distribuição de produtos a distribuição é: 1) distribuição dos instrumentos de produção e 2) distribuição dos membros da sociedade nos diferentes tipos de produção, o que constitui uma determinação ulterior da mesma relação. (Subsunção dos indivíduos sob relações de produção determinadas.) A distribuição de produtos é manifestamente apenas o resultado dessa distribuição que está incluída no próprio processo de produção e determina a articulação da produção.[96]

No plano imediato, estamos lidando, portanto, precipuamente com um movimento populacional que, segundo a divisão estrita do trabalho da ciência burguesa, pareceria ser um problema sociológico ou demográfico, ao passo que, na realidade, trata-se de uma questão central da economia mesma. (Pense-se na "acumulação originária", como descrita por Marx.) As experiências históricas mostram que os interesses políticos, via de regra, estão direcionados de modo imediato para o movimento populacional, e a promoção (ou eventualmente a inibição) da produção, que experimenta aí um ponto de virada qualitativo, efetua-se por meio das medidas que atingem esse movimento de modo imediato.

---
[96] K. Marx, *Rohentwurf*, cit., p. 16-7; MEW, v. 42, p. 31 [ed. bras.: *Grundrisse*, cit., p. 50-1].

Aqui, evidencia-se novamente que o critério para a função e o significado históricos da ideologia não reside na correção cientificamente objetiva do seu conteúdo, como espelhamento fidedigno da realidade, mas no modo e na direção do seu impacto sobre as tendências que puseram o desenvolvimento das forças produtivas na ordem do dia. Porém, não seria correto conceber a rejeição dos critérios gnosiológicos para a questão da ideologia daqui por diante, incorrendo no extremo oposto, como puro pragmatismo impensado e desprovido de ideias. Os conteúdos ideológicos da decisão política de modo algum são indiferentes, como se decisivo fosse exclusivamente o êxito prático momentâneo e as razões determinantes não tivessem qualquer importância. Pelo contrário. Em todas as decisões políticas há dois motivos objetivamente distintos, ainda que, na realidade, muitas vezes estejam interligados, que podem servir de critérios. O primeiro é o que Lenin costumava chamar de o elo mais próximo da corrente, a saber, aquele ponto nodal de tendências atuais, cuja influenciação resoluta é capaz de ter um efeito decisivo sobre o acontecimento global. Isso nem sempre e, no caso concreto, apenas excepcionalmente é a mudança imediata inevitável na própria essência. No decurso concreto da história, ela só raramente é reconhecida, e até há situações em que nem o conhecimento mais claro em torno dela poderia ter poder propulsor, decisório. Pense-se na Revolução Russa de 1917. Lenin não tinha nenhuma dúvida de que condições objetivas para uma revolução socialista estavam dadas com a derrocada do czarismo em fevereiro. Ele inclusive sempre proclamou essa sua convicção, mas não teria podido realizá-la nem com a melhor propaganda a favor dessa perspectiva se não tivesse identificado o "elo da corrente" da etapa dada do desenvolvimento no anseio por paz entre todos os trabalhadores e no desejo de ter terra entre os agricultores. As duas palavras de ordem "terra e paz" podiam ser tidas como realizáveis – se consideradas apenas segundo o seu teor puro e simples – também na sociedade burguesa. A genialidade política de Lenin, diante disso, consistiu em ter reconhecido o antagonismo de que elas, por um lado, constituíram o anseio insaciável e ardente das grandes massas, mas, por outro, eram praticamente inaceitáveis para a burguesia russa e, sob as circunstâncias dadas, tampouco receberiam apoio ou seriam passivamente toleradas nem mesmo pelos partidos pequeno-burgueses. Assim, as finalidades políticas estipuladas, que em si nem precisariam revolucionar a sociedade burguesa, se transformaram em material explosivo, em veículo para provocar uma situação em que a revolução socialista pudesse ser realizada exitosamente.

Claro que examinamos um caso em que a finalidade real se afigurava claramente ao político que a realizaria. Mas esse critério preserva a sua validade também quando uma noção tão adequada da finalidade não está presente. Pense-se, por exemplo, na fundação do império por Bismarck. Passando em revista posteriormente os três primeiros quartos do século XIX, o impulso, tanto objetivo como subjetivo, para a criação do Estado da nação alemã parece irresistível. Em outros contextos, até já apontamos para o fato de que os seus fundamentos econômicos há muito já estavam lançados na aliança aduaneira prussiana, sem que alguém (incluindo Bismarck) tivesse compreendido adequadamente essa conexão. O elo da corrente, nessa situação, consistiu de duas guerras: contra a Áustria, visando manter intactas contra a interferência externa as fronteiras da união aduaneira, que eram a base econômica real da unidade alemã, e contra a França, para assegurar a unidade política a partir de dentro e a partir de fora. Obviamente o único modo de considerar tais elos da corrente é o concretamente histórico. A derrota da revolução burguesa de 1848 acarretou a impossibilidade prática e real de acertar radicalmente as contas com o regime de pequenos Estados, com a supremacia prussiana, com os resquícios do absolutismo feudal, que, nas camadas mais amplas da burguesia, fizeram preponderar a perspectiva "unidade antes da liberdade"; foi essa derrota que criou uma situação em que os meios das guerras se transformaram em elos da corrente para a consecução da unidade estatal da nação. Em 1866, Bismarck ainda tinha uma noção relativamente correta dessa conexão ao impedir exitosamente toda anexação pela Áustria, mas já em 1871 a guerra extrapolou esse quadro – mediante a anexação da Alsácia-Lorena –, desencadeando cadeias causais completamente diversas em toda a política alemã posterior.

Desse modo, porém, foi circunscrito só o primeiro critério, o critério imediato para a práxis ideológico-política, aquele que diz como um conflito real, de causas em última instância econômicas, pode ser enfrentado e resolvido com meios políticos. Associa-se a isso, então, o segundo problema: quanto tempo durará ou poderá durar uma solução desse tipo. Anteriormente, em relação ao primeiro complexo de problemas, para poder destacar bem claramente a constituição concreta do critério, rejeitamos toda crítica gnosiológica da correção ou falsidade do conteúdo das ideologias que se tornaram operantes. Da mesma forma, pontos de vista morais (convicção sincera ou demagogia cínica etc.) não entram diretamente em questão como critérios do que é ideologia. Na imediatidade da práxis política, ideologias puramente demagógicas podem adquirir um ímpeto prático imediato também tão forte que parecem ser meios adequados para dirimir uma crise; basta pensar, quanto a isso, na tomada do poder por Hitler. Só que, exatamente neste ponto, evidencia-se que tal critério sozinho não é suficiente. Isso resulta do fato de que, como foi mostrado, a práxis política de fato está direcionada simultaneamente para a unidade de fenômeno e essência da realidade social como um todo, mas só pode apreender essa realidade em sua imediatidade, o que ao menos comporta em si a possibilidade de que tanto o objeto intencionado como o objeto atingido pelo pôr teleológico permaneça direcionado para o mundo do fenômeno que mais encobre que revela a essência. Por essa razão, o fenômeno total da práxis político não seria esgotado se, durante a análise, a sua efetividade imediata fosse considerada como critério exclusivo, embora esta inquestionavelmente constitua um momento importante e até indispensável da sua totalidade. Com efeito, uma resolução política, a concepção política que está na sua base etc. deixam de ser politicamente relevantes quando lhes falta qualquer efetividade. (Elas até podem, no entanto, desempenhar às vezes um papel importante no desenvolvimento da ideologia em geral – basta mencionar a teoria do Estado de Platão –, mas se encontram fora da dinâmica real que se expressa na vida política.)

Porém, a consideração acabaria ficando superficial se esse motivo em si extremamente importante da efetividade imediata fosse absolutizado, como costuma ocorrer com os porta-vozes teóricos da assim chamada *Realpolitik*. Nesse ponto, o exame objetivamente ontológico da história deve prestar atenção às sequências causais desencadeadas pela decisão política em cada caso concreto. Quando falamos da duração, naturalmente não tínhamos em mente nenhum lapso de tempo abstrato, quantitativamente determinável, mas a questão referente a se os novos momentos causais postos em marcha no pôr teleológico, não importando com que grau de consciência isso seja feito, influem efetivamente nas tendências econômicas decisivas que entraram em crise. Portanto, a duração pode proporcionar um critério para uma decisão política somente na medida em que suas consequências atestarem claramente que ela, não importando com que fundamentação ideológica, foi capaz de incidir em certas tendências reais do desenvolvimento social, se e como as cadeias causais desencadeadas por ela influíram efetivamente nesse desenvolvimento. Está claro que, quando maior for a divergência que surgir nesse ponto, tanto menor será a durabilidade contida de modo geral na decisão mesma. Sendo assim, a efetividade da ação política só se torna completa na duração. É esta que indica que o êxito atual não só conseguiu produzir um agrupamento momentâneo e fugaz de forças, que parecia suficiente para enfrentar e resolver de modo imediato uma situação de crise, mas também simultaneamente deu um impulso efetivo às forças essenciais que atuavam por trás das decadências agudas.

Todavia, também isso precisa ser entendido em termos histórico-socialmente concretos, o que representa uma duplicação inseparavelmente ligada: antes de tudo, o que se impõe no processo histórico é o socioeconomicamente necessário, a essência: todas as decisões e todos os atos, sejam eles geniais ou estúpidos, sinceros ou criminosos, só podem influir sobre a essência de modo a acelerá-la ou desviá-la do caminho. Em 1789, a França se defrontou com o problema da sociedade burguesa. Ela só veio a realizar-se – via terror, Napoleão, restauração, reinado burguês, segundo império etc. – com a derrubada de Mac Mahon na terceira república, mas de fato acabou se realizando. Por outro lado e simultaneamente, por exemplo, Napoleão ou Luís Filipe igualmente ajudaram a cunhar momentos singulares do seu ser-propriamente-assim. E a essência, sendo realidade, jamais pode ser totalmente dissociada do seu ser-propriamente--assim na realização. A concretude de tais desenvolvimentos resulta, portanto, numa unidade prenhe de contradições da determinidade social objetiva e da influência marcante das pessoas mobilizadas para a atividade sobre o ser--propriamente-assim da estrutura e dinâmica sociais daí resultantes. Não é difícil compreender os dois fatores contraditórios do desenvolvimento. Está claro que o ano de 1789 liberou, com o esfacelamento do feudalismo, o caminho para o desdobramento do capitalismo, o qual passou a impor-se de modo irresistível, não importando que a restauração, em sua intenção, estivesse conjurada na direção oposta ou que o reinado burguês buscasse a promoção consciente de apenas um de seus componentes. O fato de o seu sentido continuar a formar-se no processo desse desdobramento, trazendo consigo igualmente modificações qualitativas internas, de modo algum é capaz de anular a irresistibilidade objetiva de processos desse tipo; assim, o capitalismo do reino bismarckiano evoluiu para o imperialismo do período guilhermino etc. Apesar disso, tudo isso não aconteceu simplesmente com as pessoas, mas, a despeito de toda a sua necessidade objetiva, também é fruto de seus próprios atos; sem o choque provocado pelas jornadas de junho, supostamente não teria surgido nenhum segundo império na França, mas quem agiu foram justamente as pessoas que vivenciaram esse choque.

A dificuldade de perceber e explicar essa contradição como unidade procede menos da própria coisa e mais de orientações ideais falsas, fetichizantes, sendo que dá no mesmo se aquilo que é transformado em fetiche é, ao estilo marxista vulgar, um processo econômico totalmente independente da atividade impulsionadora dos homens ou se é um homem singular "jogado" dentro de uma realidade estranha e "condenado" à liberdade, à resolução solitária. Para indicar, num primeiro momento, com o auxílio de um momento imediato, a inter-relação incontornável desse antagonismo, aponte-se apenas para o fato de que é praticamente impossível haver efetividade no dirimir dos conflitos sem a mobilização e organização de uma camada da população que se tornou decisiva em dado momento; no plano puramente fático, puramente abstrato, dá no mesmo se essa camada é constituída pelos jacobinos do século XVIII ou pelos nazistas do século XX. Entretanto, só no plano puramente abstrato. Porque já o teor ideal, moral etc. que põem essas massas em movimento é extremamente diferenciado e essa diversidade imprime a sua particularidade, a sua constituição especificamente humana, a sua constituição política, a todos os atos ulteriores. O caráter humano-social da gênese, do caminho encetado por um movimento, determina também a direção e o conteúdo da práxis posterior. O homem enquanto ser que responde nunca é independente da questão que a história lhe coloca, mas de igual maneira o movimento social que se tornou objetivo jamais pode se tornar independente de sua gênese humano-social, político-moral.

No problema do efeito duradouro de decisões políticas, do campo de ação do elo mais próximo da corrente escolhido na prática, reproduz-se simultaneamente a igualdade e a diversidade dos dois grandes grupos de pores teleológicos. A igualdade baseia-se em que, tanto no metabolismo com a natureza como na influência dos pores teleológicos de outras pessoas, o pôr só pode se tornar efetivo quando põe em marcha pessoas, forças etc. reais como seu objeto intencional. Correspondendo à diferença entre os dois tipos de pores teleológicos, o coeficiente de incerteza, como sabemos, não só é bem maior no segundo grupo, como também de uma grandeza que reverte para o plano qualitativo. Essa diferença, contudo, não anula o fundamento ontológico comum recém--determinado: a necessidade de incidir no ser. Todavia, isso é válido só dentro de certos limites, inclusive no metabolismo com a natureza: por um lado, um pôr jamais poderá ser efetuado com o conhecimento pleno e adequado de todos os momentos do seu surgimento; por outro lado, essa exigência se restringe sempre ao fim imediato do trabalho. Ora, essa restrição torna ainda mais evidente o caráter qualitativo da diferença. Não só o perímetro do não conhecido é incomparavelmente maior no caso de decisões políticas, mas a peculiaridade qualitativa da diferença se expressa também no fato de que, no metabolismo com a natureza, as legalidades fundamentais do objeto apenas podem ser conhecidas, enquanto o desenvolvimento social, justamente em virtude dessa exigência*, é capaz de produzir a partir de si mesmo novas formas, novas legalidades. Quando, por exemplo, uma decisão política é favorável ao crescimento do capitalismo, ela pode suceder no estágio em que o mais-valor absoluto é alijado pelo mais-valor relativo etc., sendo que, por essa via, as cadeias causais postas em marcha pela solução política da crise dão vida a determinações legais totalmente novas. Isso naturalmente não quer dizer que seja impossível acertar as verdadeiras tendências do desenvolvimento com as decisões políticas e, desse modo, conferir às suas consequências efeitos duradouros; o que não se pode esquecer, nesse tocante, é que um desenvolvimento político nunca poderá ter o curso imanentemente coeso de um pôr do trabalho, que as contradições que se manifestam durante a realização exigem, muito antes, novas decisões, para cuja constituição nem as decisões originalmente corretas são capazes de oferecer qualquer garantia. Assim, a duração do efeito de fato constitui um critério da correção social dos pores políticos, mas não um critério que se pudesse conhecer racionalmente de antemão. Só a história pode propiciar um juízo válido sobre ele – sempre *post festum*.

Com isso, porém, mal chegamos à introdução da introdução à compreensão desse processo contraditório – e que só pode ser compreendido adequadamente nessa sua contraditoriedade. O pensamento fetichizado da ciência oficial está sempre direcionado – de modo confesso ou encabuladamente tácito – para transformar a historicidade ontologicamente relevante dos comportamentos humano-sociais típicos numa "eternidade", numa "perenização" do conteúdo, na qual a continuidade dinâmica do processo real se petrifica numa "substância", em última análise, sempre idêntica. No polo oposto da mesma mentalidade, por exemplo no "historicismo" ao estilo de Ranke ou no atual estruturalismo, por seu turno, as etapas singulares petrificam-se fetichizadas numa singularidade estática sem gênese nem enfrentamentos geradores

---

* Presume-se aqui um lapso ortográfico pelo qual o termo "*Förderung*" [promoção, fomento] substitui o termo "*Forderung*" [exigência] da frase anterior, à qual alude. (N. T.)

de mudanças, o que mostra a profunda aversão dos cientistas diferenciados em especialistas sujeitos a uma extrema divisão do trabalho a reconhecer como existentes os complexos dialeticamente contraditórios da realidade. Aqui é preciso romper com tais preconceitos, como se existisse alguma política que tenha preservado sem alterações desde o começo até agora os traços decisivos de sua essência ou como se a política fosse simplesmente um momento de cada estrutura concreta, cuja característica não poderia ser aplicada de maneira alguma a outras estruturas.

Na década de 1850, por ocasião da primeira redação de sua obra principal, Marx tratou dessa questão ao discorrer sobre se fazia algum sentido falar de produção em geral. A sua resposta foi que se trata, de fato, de uma abstração, mas, sob as condições a serem tratadas no que segue, de uma "abstração razoável". As condições dessa razoabilidade são resumidas então da seguinte maneira:

> na medida em que efetivamente destaca e fixa o elemento comum, poupando-nos assim da repetição. Entretanto, esse *Universal*, ou o comum isolado por comparação, é ele próprio algo multiplamente articulado, cindido em diferentes determinações. Algumas determinações pertencem a todas as épocas; outras são comuns apenas a algumas. [Certas] determinações serão comuns à época mais moderna e a mais antiga. Nenhuma produção seria concebível sem elas; todavia, se as línguas mais desenvolvidas têm leis e determinações em comum com as menos desenvolvidas, a diferença em relação a esse universal e comum é precisamente o que constitui o seu desenvolvimento. As determinações que valem para a produção em geral têm de ser justamente isoladas, de maneira que, em vista da unidade – decorrente já do fato de que o sujeito, a humanidade e o objeto, a natureza, são os mesmos –, não seja esquecida a diferença essencial.[97]

Para aproveitar essa constatação de Marx de modo fecundo, é preciso, em primeiro lugar, levar em conta que ela se refere à produção mesma e não à área da ideologia. Sabemos de análises anteriores que o mundo objetivo dos pores teleológicos primordiais é mais determinado e objetivamente duradouro no metabolismo entre sociedade e natureza do que o mundo objetivo dos pores, cujo objeto é a ação futura, a ação esperada de outras pessoas. A advertência para que tais abstrações sejam usadas com cautela vale, portanto, aqui num sentido ainda mais rigoroso do que lá. Em segundo lugar, no uso teórico, nunca

---
[97] Ibidem, p. 7; ibidem, p. 21 [ed. bras.: ibidem, p. 41].

se deve esquecer que estamos lidando com uma abstração, ainda que obtida a partir do próprio processo do ser, e não como o processo propriamente dito. E Marx expressa aqui com todas as letras que – do ponto de vista ontológico – "não existe produção em geral". Os momentos primordiais, ontológicos, do processo, são a estrutura econômica, sua transformação e a continuidade desta. Portanto, essa "abstração razoável" jamais deve ser julgada nem aplicada segundo características abstratas, lógicas etc.; antes, o critério de toda generalização é sempre a continuidade do próprio processo real. Por essa razão, é óbvio que, em sua forma original, o trabalho pode servir muito mais claramente de modelo para suas formas mais complexas do que isso é possível nas formas ideológicas da práxis social. Em suas análises recém-citadas, Marx delineia com muita nitidez esse caráter modelar permanente oriundo do ser:

> Nenhuma produção é possível sem um instrumento de produção, mesmo sendo esse instrumento apenas a mão. Nenhuma produção é possível sem trabalho passado, acumulado, mesmo sendo esse trabalho apenas a destreza acumulada e concentrada na mão do selvagem pelo exercício repetido.

E acrescenta de imediato como essa situação genuinamente ontológica pode ser totalmente falseada pela aplicação abstratamente lógica, cuja motivação nesse caso, todavia, é apologética:

> O capital, entre outras coisas, é também instrumento de produção, também é trabalho passado, objetivado. Logo, o capital é uma relação natural, universal e eterna; quer dizer, quando deixo de fora justamente o específico, o que faz do "instrumento de produção", do "trabalho acumulado", capital.[98]

Evidentemente, é impossível que a política, enquanto forma de enfrentar e resolver conflitos que dizem respeito à sociedade como um todo, seja capaz de compor, mesmo que seja nesse sentido tão criticamente controlado, modelos do tipo que o trabalho produz em seu desenvolvimento. A continuidade incontornavelmente única já contida no fato do enfrentamento e resolução como tarefa não permite que surja esse tipo de generalidade abstrata. O fato de o conflito a ser enfrentado e resolvido desenrolar-se no âmbito da

---
[98] Idem.

unidade de essência e fenômeno, de a sua forma de solução inevitavelmente imediata ser a apreensão do próximo elo sempre concreto da corrente, mostra claramente que o traçado dos limites de uma política "em geral" é muito mais restrito do que o da produção em geral. Onde se disseram coisas profundas e geniais sobre a política, como em Maquiavel, o que foi dito possui um caráter essencialmente concreto, a generalidade tem um cunho mais de parábola que de abstração[99].

Naturalmente, é impossível expor detalhadamente as diferenças qualitativas daí resultantes na estrutura e dinâmica da práxis política – para isso seria necessário escrever uma história universal economicamente fundamentada –; só o que se pode fazer aqui é mostrar com o auxílio de alguns exemplos marcantes que a extensão, o conteúdo, o caráter, a tendência etc. dessas diferenças qualitativas sempre foram e são determinados de modo diverso pelo que Marx chamou de a estrutura econômica de uma sociedade. Desse modo, todavia, foi indicado apenas o quadro universalmente obrigatório para a práxis política, mas já como algo qualitativamente peculiar, que nunca se deixará deduzir do conceito abstrato da "política". Somente dentro do campo de ação dado nesses termos podem se explicitar os conflitos concretos a serem enfrentados e resolvidos politicamente, sendo que o como do enfrentamento e suas consequências causais se defrontam com esse ser-propriamente-assim concreto novamente de modo concreto em uma determinação impregnada de casualidades. Num primeiro momento, portanto, o que importa é compreender esse campo de ação em seu ser-propriamente-assim. Primeiramente, citaremos o quadro que o jovem Marx delineou da constituição socioeconômica do feudalismo, indicando, todavia, claramente o caráter da práxis política nele possível:

> Na Idade Média havia servos, propriedade feudal, corporações de ofício, corporações de sábios etc.; ou seja, na Idade Média, a propriedade, o comércio, a sociedade, o homem são *políticos*; o conteúdo material do Estado é posto por intermédio de sua forma; cada esfera privada tem um caráter político ou é uma esfera política; ou a política é também o caráter das esferas privadas. Na Idade Média, a constituição política é a constituição da propriedade privada, mas somente porque a

---

[99] Um complexo de problemas bem diferente é constituído pela investigação das conexões dinâmicas entre práxis política e outras espécies de comportamento prático, como costume, tradição, religião, moral, ética etc. Também nesse caso requer-se a maior cautela crítica possível em relação a toda e qualquer abstração. Essas questões também só poderão ser tratadas concretamente na *Ética*.

constituição da propriedade privada é a constituição política. Na Idade Média, a vida do povo e a vida política são idênticas. O homem é o princípio real do Estado, mas o homem *não livre*. É, portanto, *a democracia da não liberdade*, do estranhamento realizado. A oposição abstrata e refletida pertence somente ao mundo moderno. A Idade Média é o dualismo *real*, a modernidade é o dualismo *abstrato*.[100]

Um ano mais tarde, ele analisa o contexto social a partir do qual surge, na e após a Revolução Francesa, uma práxis política totalmente diferente em termos de conteúdo e forma. Ao fazer isso, Marx, compreensível e instrutivamente, toma como ponto de partida o modo como a nova forma de sociedade de origem revolucionária constitui um antagonismo qualitativo brusco em relação à sociedade feudal:

> A revolução política que derrubou esse poder do soberano e alçou os assuntos de Estado à condição de assuntos de toda a nação, que constituiu o Estado político como assunto universal, isto é, como Estado real, desmantelou forçosamente o conjunto dos estamentos, corporações, guildas, privilégios, que eram outras tantas expressões da separação entre o povo e seu sistema comunitário. Desse modo, a revolução política *superou* o *caráter* político da sociedade burguesa. Ela decompôs a sociedade burguesa em seus componentes mais simples, ou seja, nos indivíduos, por um lado, e, por outro, nos elementos *materiais e espirituais* que compõem o teor vital, a situação burguesa desses indivíduos. Ela desencadeou o espírito político que estava como que fragmentado, decomposto, disperso nos diversos becos sem saída da sociedade feudal; ela o congregou a partir dessa dispersão, depurou-o da sua mistura com a vida burguesa e o constituiu como a esfera do sistema comunitário, da questão universal do povo com independência ideal em relação àqueles elementos *particulares* da vida burguesa. A atividade vital *específica* e a situação vital específica foram reduzidas a uma importância apenas individual. Elas não mais constituíam a relação universal do indivíduo com a totalidade do Estado. A questão pública como tal se tornou, antes, a questão universal de cada indivíduo e a função política se tornou uma função universal.[101]

---

[100] K. Marx, *[Zur Kritik der Hegelschen Rechtsphilosophie:] Kritik des Hegelschen Staatsrechts*, MEGA, v. I/1, p. 437; MEW, v. 1, p. 233 [ed. bras.: *Crítica da filosofia do direito de Hegel*, cit., p. 52; com modif.].
[101] K. Marx, *Zur Judenfrage*, MEGA, v. I/1, p. 597; MEW, v. 1, p. 368 [ed. bras.: *Sobre a questão judaica*, cit., p. 52].

Citamos essa contraposição para mostrar que a mudança estrutural de cunho socioeconômico da sociedade de uma formação para a outra não só confere novos conteúdos à política, permanecendo inalterados os princípios. Mudanças da estrutura como as que aí se tornam visíveis resultam em constelações totalmente novas para a práxis que se estendem do tipo social do político e seus seguidores até cada objetivo concreto da ação e o método usado para alcançá-lo. Naturalmente, essa mudança não se refere apenas à transição de uma formação para a outra. No curso do desenvolvimento de uma formação, parece suceder uma evolução lenta enquanto a estrutura dos conteúdos permanece igual; contudo, essa estabilidade não passa de aparência. Também no âmbito dessas mutações lentas dentro de uma formação podem surgir mudanças do tipo qualitativo na maioria e com muita frequência nos mais importantes momentos da estrutura. Assim, a transformação da estrutura feudal muitas vezes começa, de acordo com a sua forma exterior, como luta no interior do feudalismo, valendo-se de meios preponderantemente feudais, e atinge sua figura genuína só em estágios posteriores; assim, a separação e autonomização capitalista da sociedade burguesa se manifestam primeiramente como realização do *laissez faire*, para posteriormente moldarem um forte intervencionismo estatal – pense-se no *New Deal* –, que, todavia, nada mais tem em comum com modos anteriores de vinculação entre Estado e sociedade etc. Também no caso de tais mudanças qualquer tentativa de sistematização formalista induz a erro. A única maneira de compreender as modificações é de modo concretamente ontológico-social, enquanto momentos determinados do grande processo, cujo conteúdo é formado pelo afastamento da barreira natural, pela crescente socialização da sociedade etc.

O problema ontológico decisivo nesse ponto foi examinado detidamente já pelo jovem Marx quando ele faz uma diferenciação no indivíduo "entre a sua vida pessoal e a sua vida enquanto subsumida a um ramo qualquer do trabalho e às condições a ela correspondentes". Essa subsunção naturalmente não anula a personalidade, embora a condicione e determine, mas a diferença relevante nesse ponto se "apresente só na oposição a outra classe" ou em situações de crise econômico-sociais próprias. Essa determinidade social do homem é um fato que "no estamento (e mais ainda na tribo) [...] permanece escondido; por exemplo, um nobre continua sempre um nobre, um *roturier* [plebeu] continua um *roturier*, abstração feita de suas demais relações; é uma qualidade inseparável de sua individualidade". Com efeito, a sociedade capitalista é a primeira a produzir "a casualidade das condições de vida para o indivíduo"[102]. Nesse ponto, a casualidade naturalmente deve ser considerada puramente do ponto de vista da ontologia do ser social, como casualidade da relação entre existência natural do homem e a sua posição na sociedade. Com efeito, do ponto de vista de um ser em geral abstraído para dentro do geral, o ser concreto de todo e qualquer homem é, ao mesmo tempo, inteiramente necessário e totalmente causal. A determinação de Marx, em contraposição, aponta para o fato de que as formas da divisão social do trabalho, da distribuição no sentido marxiano alegado, tornaram-se puramente sociais, despiram-se de suas determinidades originalmente naturais. Pense-se em que, por exemplo, o cidadão da pólis era proprietário privado de terras, mas só podia sê-lo como membro da comunidade, o que tanto econômica como ideologicamente tem as consequências mais amplas possíveis, por exemplo a de não encontrarmos na Antiguidade nenhuma investigação sobre qual forma de posse de terra é a mais produtiva; o interesse está voltado, muito antes, para "qual modo da propriedade cria os melhores cidadãos"[103].

Poderíamos continuar indefinidamente dando relevo a tais contraditoriedades. O que importava aqui era, mediante algumas indicações, transmitir uma noção do quanto podem ser profundas as alteridades qualitativas da objetividade para práxis política nas diferentes formações (e também em suas importantes etapas de desenvolvimento), o quanto das diferenças qualitativas daí resultantes na ideologia sempre podem e devem ser derivadas de constituições qualitativamente distintas do próprio ser social. Já apontamos para o fundamento mais geral dessas diversidades, que é o afastamento da barreira natural, a crescente socialização da sociedade. Só o que interessa agora é ressaltar o momento desse complexo que exerceu a influência sobre o conjunto da práxis política que ocasionou as reviravoltas. Com efeito, quanto mais forte for o elemento ainda não superado das relações naturais presente nas relações socioeconômicas, tanto mais declaradamente se forma nelas uma otimização próxima do absoluto para a sua autorreprodução sem atritos, que com a evolução econômica para um patamar superior só poderá ser destruída. Para a pólis Marx determina isso da seguinte maneira: "O pressuposto da

---

[102] K. Marx e F. Engels, *Die deutsche Ideologie*, MEGA, v. V, p. 65; MEW, v. 3, p. 76 [ed. bras.: *A ideologia alemã*, cit., p. 65].
[103] K. Marx, *Rohentwurf*, cit., p. 379 e 387; MEW, v. 42, p. 387 e 395 [ed. bras.: *Grundrisse*, cit., p. 391 e 399].

continuidade desse sistema comunitário é a preservação da igualdade entre seus *self-sustaining peasants* [camponeses autossuficientes] livres e o trabalho próprio como condição da continuidade de suas propriedades"[104]. Daí resulta, então, para o desenvolvimento – economicamente inevitável –, o seguinte:

> Para que a comunidade continue a existir enquanto tal à maneira antiga, é necessária a reprodução de seus membros sob as condições objetivas pressupostas. A própria produção, ou seja, o progresso da população (também este faz parte da produção) abole necessária e gradualmente essas condições; destrói-as em lugar de reproduzi-las etc., e com isso desaparece a comunidade, juntamente com as relações de propriedade sobre as quais estava fundada.[105]

Essa desagregação socioeconomicamente inevitável depois de períodos de florescimento social economicamente restritos é o curso necessário de todas as sociedades ainda não inteiramente socializadas. Isso tem para a sua práxis política a consequência necessária de um estar-voltado-para-trás: toda a reforma que se leva a sério direciona-se tanto instintiva como conscientemente para a restauração do estado ótimo do passado.

O capitalismo é a primeira formação econômica, cujo processo de reprodução não possui um vínculo desse tipo com coisas passadas, no qual – pela primeira vez na história – os fins postos pelos pores teleológicos que perfazem a práxis política, segundo o seu teor político, não podem ser direcionados para a restauração de algo passado, mas devem ser direcionados para a instauração de algo futuro. De início, todavia, isso só se dá de acordo com a tendência objetiva – ainda incognoscível. A expressão ideológica propriamente dita também parece querer lograr, também nesse momento, a restauração do estado passado. Todavia, já na fundamentação ideológica de tais pores ganha expressão a consciência falsa que atua neles: pois, na realidade, eles não almejam um retorno a um período de florescimento anterior do seu próprio desenvolvimento social, mas estão voltados para um modo do ser social concebido como "ideal", cujos traços extraem da tradição e da literatura. Essa já era a condição da ideologia dos movimentos heréticos radicais da Idade Média, sendo assim constituída também a ideologia da grande revolução burguesa dos séculos XVII

---
[104] Ibidem, p. 379; ibidem, p. 388 [ed. bras.: ibidem, p. 392].
[105] Ibidem, p. 386; ibidem, p. 394 [ed. bras.: ibidem, p. 398].

e XVIII na Inglaterra e na França. O fato de esta última ter sido a primeira a não extrair o seu modelo da religião, mas da vida terreno-profana da Antiguidade representa um primeiro passo para um modo fenomênico mais próximo da realidade na nova orientação da práxis política. (Outra forma de transição consiste em voltar as costas para a história, a concepção do estar-direcionado para o futuro, como uma realização do reino da razão.) Com efeito, não se pode esquecer que, para o cristianismo dominante na Europa, o passado igualmente figurava como estado ideal, que já desde os mitos gregos de modo algum o futuro, mas o passado vigorava como modelo para a ação no presente – o que certamente não ocorreu independentemente da supremacia tão longeva de uma práxis socialmente condicionada, voltada para o reavivamento do passado. O enraizamento profundo de tais mentalidades, mediado socioeconomicamente, tem a propensão de, já no cotidiano, atribuir à origem no passado uma superioridade moral-espiritual perante o meramente feito pela própria pessoa, dar mais crédito ao herdeiro decaído de grandes ancestrais do que ao *self made man*. Embora essa representação seja subvertida a cada dia mais intensamente pelo desenvolvimento econômico, ela ainda existe e atua de muitas maneiras e influencia toda a ideologia a partir da "concepção de mundo" do cotidiano. Não é possível descrever aqui como a difusão ontologicamente necessária da nova ideologia venceu e vence a luta contra a ideologia religiosa, nem como ela influi sobre esta. A única coisa que interessava aqui era mostrar como deve ter sido profunda a mudança qualitativa no ser e no agir da práxis política e de suas formas ideológicas de expressão.

Porém, por mais fortes que possam ter sido os efeitos de tais mudanças qualitativas, de tais viravoltas, sobre a ideologia política, por mais diversas que tenham sido as ideologias que elas produziram, ainda se trata, em tudo isso, predominantemente do fator objetivo desse desenvolvimento. O que importa agora é lançar um olhar sobre o fator subjetivo no dirimir de conflitos sociais. O que não se pode deixar de considerar nesse processo é que essa confrontação não significa o reconhecimento de fatores totalmente independentes. O campo de ação real em que aparece o fator subjetivo sempre está circunscrito pelo desenvolvimento socioeconômico. Também nesse ponto vale que o homem é um ser que responde, a quem o processo objetivo faz perguntas. A justificação de falar em separado sobre um fator subjetivo se deve meramente – mas esse "meramente" constitui um complexo inteiro e sumamente efetivo – ao fato de toda pergunta só se tornar uma pergunta autêntica mediante a sua formulação que leva a uma resposta e não se restringe a um estado eventualmente difícil de suportar, mas que o conteúdo, a direção, a intensidade etc. da resposta possa adquirir um significado decisivo para o resultado do enfrentamento dos problemas ocasionados pelo desenvolvimento objetivo. Os rumos que o desenvolvimento tomará em decorrência de uma crise dependem – sem, todavia, serem capazes de anular a necessidade essencial do desenvolvimento econômico – amplamente da resposta que tem origem no fator subjetivo.

Ora, para poder circunscrever mais precisamente o raio de ação do fator subjetivo, devemos tentar manter em mente em termos bem gerais a sua relação com o respectivo *status quo* social, sendo que devemos ter presentes em todo o tempo os limites de ser das generalizações na vida social, especialmente a diferença recém-analisada entre sociedades completamente socializadas e sociedades incompletamente socializadas; por essa razão, as nossas investigações se limitarão sobretudo ao primeiro tipo, ao tipo moderno. Em *A ideologia alemã*, Marx nos oferece uma descrição exata da composição ideológica normal na sociedade:

> As ideias da classe dominante são, em cada época, as ideias dominantes, isto é, a classe que é a força *material* dominante da sociedade é, ao mesmo tempo, a sua força *espiritual* dominante. A classe que tem à sua disposição os meios de produção material dispõe também dos meios de produção espiritual, de modo que a ela estão submetidos aproximadamente ao mesmo tempo os pensamentos daqueles aos quais faltam os meios de produção espiritual. As ideias dominantes nada mais são que a expressão ideal das relações materiais dominantes, são as relações materiais dominantes apreendidas como ideias; portanto, são a expressão das relações que fazem de uma classe a classe dominante, são as ideias de sua dominação. Os indivíduos que compõem a classe dominante possuem, entre outras coisas, também consciência e, por isso, pensam; na medida em que dominam como classe e determinam todo o âmbito de uma época histórica, é evidente que eles o fazem em toda a sua extensão, portanto, entre outras coisas, que eles dominam também como pensadores, como produtores de ideias, que regulam a produção e distribuição das ideias de seu tempo; e, por conseguinte, que suas ideias são as ideias dominantes da época.[106]

---
[106] K. Marx e F. Engels, *Die deutsche Ideologie*, MEGA, v. 5, p. 35-6; MEW, v. 3, p. 46 [ed. bras.: *A ideologia alemã*, cit., p. 47].

Não se pode trivializar as ideias aqui expressas como se, por exemplo, homens de constituição "em si atemporal" simplesmente estariam sendo submetidos a um poder exterior. Trata-se, muito antes, de que o ser social daí resultante produz base natural da vida para a média das pessoas e suas ideias, em essência, nada mais são que tentativas de tomar consciência de sua própria existência pessoal. O fato de isso se exteriorizar, então, de modo mais ou menos geral não só no estrato intelectual criado pela divisão social do trabalho, mas na média de todas as pessoas que se sentem ligadas ontologicamente a essa forma de ser, não mais constitui para nós um fenômeno novo, pois objetivação e alienação são formas sociais elementares de vida, sem as quais nem o trabalho nem a linguagem seriam possíveis, sendo, portanto, a tendência para certa generalização igualmente um modo de expressão elementar de todos os homens que vivem em sociedade.

Nas considerações subsequentes, Marx também aponta para o fato de que, em estágios um tanto desenvolvidos da divisão do trabalho, necessariamente surgem diferenças do tipo ideológico, que, porém, costumam passar para segundo plano em situações de crise que põem em risco a existência das classes dominantes e assim o modo de vida das pessoas que delas fazem parte e que estão ligadas a elas no plano do ser. A ideologia, mesmo sendo também uma forma de consciência, de modo algum é pura e simplesmente idêntica à consciência da realidade. A ideologia, enquanto meio de dirimir conflitos sociais, é algo eminentemente direcionado para a práxis e, desse modo, também compartilha, claro que no quadro de sua peculiaridade, a propriedade de toda práxis: o direcionamento para uma realidade a ser modificada (sendo que, como já foi demonstrado, a defesa da realidade dada contra tentativas de mudança evidencia a mesma estrutura prática). A sua peculiaridade dentro do conjunto da práxis é a generalização que, em última análise, é sempre orientada socialmente, isto é, a síntese abstrativa de grupos de fenômenos cujo elemento comum consiste sobretudo em que podem ser mantidos, modificados ou rejeitados em seu conjunto. Resulta daí a hierarquia de valores apontada por Marx, a saber, que, nos momentos de crise social, o pertencimento de classe do mais ferino dos críticos de sua própria existência de classe costuma se expressar como posicionamento a favor dessa classe. Nas mesmas linhas de pensamento, Marx passa a mostrar com toda a razão: "A existência de ideias revolucionárias numa determinada época pressupõe desde já a existência de uma classe revolucionária"[107]. É abso-

---

[107] Ibidem, p. 36; idem [ed. bras.: ibidem, p. 48].

lutamente necessário ressaltar a relação "classe revolucionária", porque a nossa anterior diferenciação entre sociedades com um direcionamento para o futuro e aquelas que almejam em vão a restauração de uma condição ótima passada tem como consequência que as classes que possuem uma ideologia revolucionária só lograram surgir no primeiro grupo; nem escravos nem plebeus desenvolveram tal ideologia a partir de si mesmos, e as iniciativas para ela em determinados grupos heréticos da Idade Média, é impensável sem a influência citadina do capitalismo incipiente, isto é, sem um desenvolvimento economicamente chamado a dissolver a ordem social feudal.

Quando se fala de classes revolucionárias, o que importa, antes de tudo, é dar relevo à divisão marxiana entre classe em si, isto é, a classe confrontada com a classe dominante, e classe para si mesma. Já a essa primeira formulação, que se limita singelamente ao desenvolvimento de tipos de classe, segue a seguinte formulação extremamente importante: "Porém, a luta de classe contra classe é uma luta política"[108]. Desse modo, a luta imediata, na qual está em jogo o mais-valor, é inserida no grande complexo da sociedade como um todo; a sua politização comporta um direcionamento para a totalidade do ser social que visa a mudanças práticas, cujos meios espirituais só podem ser as generalizações das determinações sociais, porque só através de mediações dessa espécie os movimentos espontâneos de insatisfação conseguem se transformar em atos políticos que, sob certas circunstâncias, podem ser sintetizados numa ação revolucionária. Essas generalizações de orientação político-prática, embora inflamadas nos seus pontos de partida individuais por estímulos intelectuais e emocionais, constituem o meio pelo qual a práxis política pode extrapolar o interesse imediato de classe e transformar-se num movimento universal também do ponto de vista social. O que nos interessa aqui é o aspecto ideológico da pergunta, e Marx e Engels levantam esse aspecto no *Manifesto Comunista*, no qual a certa altura discorrem sobre a razão pela qual, em situações revolucionárias iminentes, a classe oprimida pode ganhar aliados e até combatentes, ideólogos e líderes ideológicos oriundos da classe dominante. Após evidenciarem que esse fato é histórico, eles caracterizam os ideólogos atuantes como aqueles "que chegaram à compreensão teórica do movimento histórico em seu conjunto"[109].

---

[108] K. Marx, *Das Elend der Philosophie* (Stuttgart, 1919), p. 162; MEW, v. 4, p. 181 [ed. bras.: *A miséria da filosofia*, cit., p. 154; com modif.].
[109] K. Marx e F. Engels, *Manifest der Kommunistischen Partei*, MEGA, v. VI, p. 535; MEW, v. 4, p. 472 [ed. bras.: *Manifesto Comunista*, cit., p. 49].

Como em toda parte, também aqui é importante, no interesse da clareza conceitual, estudar e expor sobretudo as ramificações da práxis política para dentro do ideológico nas situações revolucionárias, pois estas conferem uma expressão mais clara à totalidade das determinações assim como dão um perfil mais nítido, maior plasticidade às determinações singulares do que os conflitos normais da vida cotidiana. Todavia, nesse procedimento, é preciso insistir em que, por um lado, nestes últimos assomam os mesmos problemas e que, por outro lado, o exacerbamento revolucionário pode acarretar uma intensificação no aspecto qualitativo, mas, em muitos momentos essenciais, também apresenta conexões estruturais parecidas. Por essa razão, é de grande interesse teórico ver como Lenin generaliza tais constatações de Marx justamente aplicando-as à luta de classes do cotidiano e procura determinar a sua essência a partir das funções que desempenham nesta luta cotidiana. A exemplo de Marx, Lenin tampouco admite restringir a luta de classes aos antagonismos imediatos entre burguesia e proletariado. A seu ver, isso faz surgir no proletariado apenas uma consciência sindicalista [*trade-unionistisches*] espontânea. E, totalmente no sentido de Marx, ele só reconhece a verdadeira luta de classes, a genuína consciência de classe proletária onde se expressa de modo consciente a prioridade da dimensão política. Sobre isso ele diz o seguinte, generalizando e aprofundando o *Manifesto Comunista*:

> A consciência política de classe não pode ser levada ao trabalhador *senão do exterior*, isto é, de fora da luta econômica, de fora da esfera das relações entre trabalhadores e patrões. A única esfera de onde se poderá extrair esses conhecimentos é a das relações entre *todas* as classes e camadas e o Estado e o governo, na esfera das relações de *todas* as classes entre si.[110]

É por isso que ele contrapõe o secretário sindicalista ao tribuno popular[111]. É por isso que exige, ao lado da organização do trabalhador, uma organização dos revolucionários. E, nesse ponto, generalizando mais uma vez, ele tira as consequências últimas das constatações do *Manifesto*. Na organização dos revolucionários, "*deve desparecer por completo toda distinção entre trabalha-*

---

[110] V. I. Lenin, [*Was tun? Brennende Fragen unserer Bewegung,*] Sämtliche Werke, v. IV/II, p. 216-7; LW, v. 5, p. 436 [ed. bras.: *Que fazer? Problemas candentes do nosso movimento*, São Paulo, Expressão Popular, 2010, p. 145; com modif.].

[111] Ibidem, p. 218; ibidem, p. 437 [ed. bras.: ibidem, p. 146].

dores e intelectuais"¹¹². O fator subjetivo da história consegue desenvolver todo o seu potencial para o enfrentamento e a resolução dos conflitos só quando, por um lado, a insatisfação meramente imediata com as condições sociais dadas, a oposição contra elas, chega também teoricamente à negação da sua totalidade e quando, por outro lado, a fundamentação daí resultante não permanece só como mera crítica da totalidade do existente, mas também se torna capaz de converter em práxis as concepções assim obtidas, ou seja, de elevar a noção teórica à condição de práxis eficaz da ideologia. O jovem Marx formulou esse processo de modo marcante e vívido já em sua *Crítica da filosofia do direito de Hegel*:

> É certo que a arma da crítica não pode substituir a crítica das armas, que o poder material tem de ser derrubado pelo poder material, mas a teoria também se converte em poder material quando penetra nas massas. A teoria é capaz de se apossar das massas logo que se demonstra *ad hominem*, e demonstra-se *ad hominem* logo que se torna radical. Ser radical é agarrar as coisas pela raiz. Mas, para o homem, a raiz é o próprio homem.¹¹³

Justamente nesse ponto em que o significado prático dos pores teleológicos atinge ao seu ponto culminante, fica evidente que só o seu ser e a sua essência possuem caráter ideológico. Nem o processo social que produz os atos políticos, nem os fenômenos deles decorrentes têm algo a ver com alguma teleologia. Lenin, enquanto grande teórico do fator subjetivo, expressa com muita clareza essa factualidade quando aborda a questão de suas possibilidades históricas e de seu papel histórico. Ele fala da extrema exacerbação do conflito político, das condições de uma situação revolucionária; estas ocorrem "quando os '*estratos inferiores*' não *querem* mais a antiga ordem e os '*estratos superiores*' não *podem* mais viver *à maneira antiga*"¹¹⁴. O antagonismo entre *querer e poder* expressa, sobretudo, o modo antagônico da práxis política em seus dois polos, no sentido de que, para a classe dominante, basta a reprodução normal e até a reprodução não tão anormal da vida para manter o *status quo*, ao passo que, para os oprimi-

---

[112] Ibidem, p. 254; ibidem, p. 468 [ed. bras.: ibidem, p. 181].
[113] K. Marx, *Zur Kritik der Hegelschen Rechtsphilosophie*, MEGA, v. I/1, p. 614; MEW, v. 1, p. 385 [ed. bras.: *Crítica da filosofia do direito de Hegel*, cit., p. 151].
[114] V. I. Lenin, [*Über proletarische Kultur*,] Sämtliche Werke, v. XXV, p. 272-3; LW, v. 31, p. 71.

dos, faz-se necessário um ato enérgico e unitário da vontade, ou seja, uma autêntica atividade. Por essa via, está determinada a função decisiva do fator subjetivo no processo de transformação das formações da sociedade.

Dessa formulação de Lenin resultam duas coisas. Primeiramente, resulta que nenhuma dominação simplesmente desmorona por si mesma, o que ele expressa reiteradamente dessa forma: politicamente não existe situação que seja absolutamente sem saída, o que obviamente implica também o contrário, a saber, que não é possível uma solução que seja automaticamente favorável. As grandes transformações históricas jamais constituem, portanto, decorrências apenas mecanicamente necessárias do desenvolvimento das forças produtivas, de seu efeito diruptivo sobre as relações de produção e, através dessa mediação, sobre toda a sociedade. Em segundo lugar, resulta que a esse aspecto negativo corresponde um positivo: a fecundidade da atividade transformadora, da práxis revolucionária. A grande lição histórico-mundial das revoluções é que o ser social não só se modifica, mas reiteradamente é modificado. Esse aspecto ativo é ressaltado pela determinação leniniana recém-citada. A consequência histórica necessária dela é que o desenvolvimento econômico pode até criar condições objetivamente revolucionárias, mas ele de modo algum produz simultaneamente em conexão obrigatória com elas o fator subjetivo fática e praticamente decisivo. As circunstâncias histórico-sociais concretas precisam ser investigadas concretamente em cada caso singular. De modo universalmente ontológico, elas estão baseadas, em última análise, no caráter alternativo de toda resolução humana, cujo pressuposto necessário é que os mesmos acontecimentos sociais influem diferentemente sobre os diferentes estratos e, em seu âmbito, sobre os diferentes indivíduos. Contudo, só esses acontecimentos, as condições por eles criadas, podem ter uma determinidade evidentemente causal. Naturalmente cada modo de reação de todo homem singular tem a sua pré-história causal concreta; a sua influência determinante não é nem de longe tão unívoca quanto a conexão entre dois fenômenos econômicos. Lenin sempre viu com clareza essa polissemia dos posicionamentos dos homens diante de grandes decisões. Quando, na véspera da decisão de novembro, concordou que estavam dadas as condições subjetivas para a revolta armada, ele constatou simultaneamente, sem otimismos, que havia parcelas das massas oprimidas que, em seu desespero imediato, aparentemente sem saída, foram parar na esfera de influência da reação mais extremada, e elucidou, com serena objetividade, por que isso teve de acontecer dessa maneira[115]. Em outra passagem, ele enumera uma série de situações revolucionárias que acabaram não levando a revoluções; foi o caso da década de 1860 na Alemanha, dos anos 1859-1861 e 1879-1880 na Rússia.

> Por quê? Porque não é de toda situação revolucionária que surge uma revolução, mas só de uma situação em que, às transformações objetivas acima enumeradas, junta-se ainda uma transformação subjetiva, a saber: a capacidade da *classe* revolucionária para ações revolucionárias de massa, suficientemente *fortes*, para esmagar (ou abalar) o poder do antigo governo – este poder que nunca "cai", nem mesmo em épocas de crise, a não ser que o "deixem cair".[116]

Daí, naturalmente, não resulta nenhum tipo de irracionalismo histórico, nenhum "caos", do qual só "o gênio" poderia encontrar a saída certa etc. Essas divergências no âmbito do fator subjetivo são igualmente sem exceção causalmente condicionadas e, por isso, podem ser apreendidas de modo totalmente racional – pelo menos *post festum*. De modo algum contradiz a isso o fato de que as situações das decisões sociais sempre contêm necessariamente componentes significativos de tais divergências, de tais irresolutibilidades. Com efeito, trata-se – na escala de massas da sociedade como um todo – da exacerbação elevada ao seu grau máximo de uma situação da qual há muito já temos ciência, a saber, que as consequências dos pores teleológicos destinados a levar outras pessoas a novos pores, que as consequências dos pores teleológicos que exercem tal influência sobre outras pessoas, jamais podem atingir a mesma determinidade unívoca, pelo menos no plano imediato, que exercem os pores que, no metabolismo da sociedade com a natureza, estão baseados num conhecimento relativamente correto dos nexos naturais relevantes, porque os pores a que nos referimos aqui estão direcionados para isto: aclarar uma alternativa, dar a entender, sugerir ao homem a decisão desejada. O fato de que, no caso de decisões políticas, sobretudo os fatos econômicos, mas também as consequências da política anteriormente praticada etc., igualmente influem de modo direto sobre as pessoas, não muda nada de essencial nessa estrutura, tornando, quando muito, os pressupostos, os motivos etc. das resoluções ain-

---

[115] Idem, [*Die Revolution von 1917*,] Sämtliche Werke, v. XXI, p. 439-41; LW, v. 26, p. 198-200.
[116] Ibidem, [*Der imperialistische Krieg*,] Sämtliche Werke, v. XVIII, p. 319-20; LW, v. 21, p. 207.

da mais intrincados. Porém, visto que as pessoas não agem num espaço socialmente vazio, mas sempre num entorno social concreto, em conexão com os processos concretos nele operantes, que igualmente lhes propõem alternativas concretas, o conhecimento das tendências torna-se difícil, jamais desprovido de coeficientes de incerteza, mas de modo algum impossível.

Numa perspectiva bem concreta, isso até se torna bem mais claro que na assim chamada vida cotidiana normal. Quem duvidar que a generalidade é uma categoria do ser antes de poder assumir sua posição dominante no pensamento, que especialmente a generalização representa uma força motriz real da vida humana, deveria estudar – voltando seu interesse para o homem – a história das revoluções. Pois faz parte de sua essência, e também da essência do aspecto objetivo de cada situação revolucionária, que ela, especialmente nos seus pontos altos, simplifique, sintetize redutivamente, generalize as alternativas humano-sociais. Enquanto, no cotidiano normal, toda decisão que ainda não se converteu em rotina completa é tomada numa atmosfera de um sem-número de "se" e "mas", de modo que já os juízos sobre totalidades, para não falar em posicionamentos em relação a elas, são formulados de modo extremamente raro e quase sempre em tom meramente descomprometido, na situação revolucionária e muitas vezes já nos processos que os preparam, essa infinitude ruim de questões singulares isoladas é concentrada em poucas questões centrais, com as quais, no entanto, a maioria das pessoas se depara como problemas atinentes ao destino de sua própria vida, as quais, em contraposição ao cotidiano "normal", já na sua imediatidade adquirem a forma de uma pergunta claramente formulada e que exige respostas claras. O significado do "elo mais próximo da corrente" como caminho para sair da crise, que analisamos anteriormente a partir do lado objetivo, na vida mesma, pode adquirir, portanto, uma voz que apela diretamente para o sujeito. Porém, seria superficial e equivocado vislumbrar nessa situação, do ponto de vista da apreensão ontológica, apenas uma seleção dentre as incontáveis questões singulares em cada caso do cotidiano normal. Tal seleção, sem dúvida, também está objetivamente presente e até precipuamente operante, já que se trata de uma ordenação hierárquica de complexos de problemas reais numa sociedade real. Porém, em cada uma dessas seleções, sempre está embutida simultaneamente uma tendência para a generalização. As novas correntes chamadas a remodelar a sociedade se corporificam em complexos de objetos existentes, que após o decurso da revolução – quer ela tenha sido exitosa, quer tenha fracassado – recebem, em novos objetos, em novas formulações dos antigos, um novo ser na nova totalidade do ser. No sentido imediato, as sociedades experimentaram algumas restaurações. Por sua essência, porém, nenhuma sociedade conseguiu até agora – independentemente do que pensaram e fizeram as pessoas – restaurar a condição anterior à revolução; por trás das mais sonoras das antigas palavras se oculta um novo sentido, que corresponde a outra sociedade, mais ricamente socializada, e com essa mudança as pessoas que nela vivem também são – lenta ou rapidamente, consciente ou inconscientemente – transformadas em outras.

Portanto, é justamente nas revoluções que o fato de os próprios homens fazerem sua história adquire sua figura mais desenvolvida, mais adequada. As perguntas centrais formuladas de modo marcante conferem ao "ser que responde" um ímpeto para a estruturação do mundo e, mediada desse modo, para a estruturação de si mesmo, que é impossível que pudesse ter possuído no cotidiano normal, mesmo em união, quanto menos isoladamente. Nas grandes crises, tal atividade das pessoas faz surgir um mundo fenomênico socialmente existente que, em seu desenvolvimento posterior, pode vir a ser cada vez mais adequado ao progresso objetivo da essência. Ora, essa adequação de modo algum é imaginada apenas no sentido diretamente econômico. Uma grande revolução econômica, sobretudo a transição de uma formação para a outra, providencia por si mesma que as formas de atividade humana (e, com elas, a constituição que a embasa socialmente) se adaptem às novas relações de produção. Porém, no que se refere ao homem enquanto totalidade, isso pode se dar por meio de formas extremamente antagônicas, em estágios e modos de aproximação muito diversificados. Com efeito – e, assim, chegamos ao problema ontologicamente fundamental de tais revoluções –, o desenvolvimento forçoso da essência econômica, de cujos conteúdos já se falou repetidamente, de fato possui uma necessidade estrita, sendo o seu curso independente do que pensam e querem os homens, mas ele se encontra numa relação de mera possibilidade com o ser-propriamente-assim da totalidade da vida social daí resultante, da qual faz parte, antes de tudo, esta vida social enquanto mundo fenomênico. Isto quer dizer que esse desenvolvimento da essência pode se dar em formas fenomênicas extremamente variadas, que se revelam, por um lado, nas divergências entre a estrutura sociopolítica das sociedades singulares umas em relação às outras e, por outro, na constituição dos homens que nelas se desenvolvem como diversidade de sua essência pessoal. Ora, nisso se externa uma questão ontologicamente central do desenvolvimento social, a saber, a questão referente a se e em que medida as consequências sociais das revoluções econômicas de fato liberam aquelas forças, capacidades etc. das pessoas que se tornaram socialmente possíveis por meio delas. Isso nem o próprio desenvolvimento da essência, sob nenhuma circunstância, pode garantir direta e mecanicamente em virtude de sua necessidade interior. Esse desenvolvimento leva à crise, esta desencadeia ações dos homens, estas ações acabam produzindo transformações correspondentes nos homens. Anteriormente, quando nos ocupamos com esse fenômeno, vislumbramos nele a razão do desenvolvimento irregular. Só agora essa constatação revela o seu teor ontológico central: quem, por exemplo, acompanha as revoluções democráticas na Europa desde o século XVII, pode facilmente constatar como, em suas atividades e por meio delas no curso dessas revoluções, as grandes nações formaram a si mesmas – tanto positiva como negativamente – no sentido de um tal devir e ser do homem. Economicamente, o modo de produção capitalista se impôs em toda parte, inclusive na Alemanha, onde a revolução sempre capitulou vergonhosamente diante dos poderes antigos, onde, por isso mesmo, não chegou a ocorrer nenhuma transformação radical do mundo fenomênico, das instituições, das pessoas que as manejaram e por elas foram manejadas. Pode-se estudar no exemplo da Alemanha (em especial entre 1789 e 1848) igualmente que, no âmbito de tais desenvolvimentos desiguais em escala nacional, podem ter lugar desenvolvimentos desiguais em campos singulares, especialmente em campos tipicamente ideológicos.

Portanto, se no documento mais político do marxismo, no *Manifesto Comunista*, a perspectiva última das lutas de classe, ou seja, da práxis política, possui um caráter alternativo, expressa-se aí um ponto central da teoria marxiana do curso da história. Isso sempre aparece claramente toda vez que Marx fala da realização do socialismo. No terceiro volume de O *capital*, Marx fala da questão central. De imediato ele determina o lugar do "reino da liberdade", que o socialismo e, num estágio superior, o comunismo são chamados a instaurar, e o faz da seguinte maneira: "O reino da liberdade de fato só começa onde cessa o ato de trabalhar, que é determinado pela necessidade e pela utilidade exterior; portanto, pela natureza da coisa, ele se situa além da esfera da produção propriamente material". Quando, nessas considerações, são sublinhados, no âmbito do ser social, os complexos da essência e do fenômeno, fica evidente a sua consonância com essa divisão feita por Marx. Marx passa a concretizar o específico da economia como reino da necessidade, constatando primeiramente a sua ampliação em decorrência do crescimento das forças produtivas e das necessidades satisfeitas por essa via, para chegar então a esta síntese ideal:

> Nesse terreno, a liberdade só pode consistir em que o homem social, os produtores associados, regulem racionalmente esse seu metabolismo com a natureza, trazendo-o para seu controle comunitário, em vez de serem dominados por ele como se fora por uma força cega; que o façam com o mínimo emprego de forças e sob as condições mais dignas e adequadas à sua natureza humana. Além dele é que começa o desenvolvimento das forças humanas, considerado como um fim em si mesmo, o verdadeiro reino da liberdade, mas que só pode florescer sobre aquele reino da necessidade como sua base. A redução da jornada de trabalho é a condição fundamental.[117]

Iniciemos nossa reflexão mais detida dessa passagem extremamente importante em termos teóricos com a última frase sobre a redução da jornada de trabalho. Porque, a ciência burguesa da atualidade costuma usar tais constatações concretas para provar a "caducidade" do marxismo. Na realidade, a situação é esta: no tempo em que Marx escreveu essas linhas, o mais-valor absoluto detinha papel principal na exploração capitalista. É bem claro que, numa perspectiva dos pressupostos objetivos da transformação radical na nova formação, a redução da jornada de trabalho, enquanto condição para ela, tinha de ocupar um lugar decisivo. Entrementes, o desenvolvimento do próprio capitalismo conferiu, através da dominação desde então do mais-valor relativo, outro aspecto econômico a essa questão. Marx naturalmente partiu da situação real existente naquele tempo e examinou as suas perspectivas. Porém, visto que ele, como sabemos, considera a produção do mais-valor absoluto "como expressão material da subsunção formal do trabalho sob o capital", e o mais-valor relativo, em contraposição, como a "subsunção real"[118], a situação atual não implica em nenhum tipo de refutação do método do marxismo. Trata-se tão somente de que uma "condição econômica básica" para o socialismo já começa a se desenvolver no capitalismo, sem que, com isso, seja automaticamente

---

[117] K. Marx, *Das Kapital*, cit., v. III/II, p. 355; MEW, v. 25, p. 828 [ed. bras.: *O capital*, Livro III, cit., p. 273].
[118] *Archiv Marxa i Engelsa* (Moscou, 1933, 100), v. II (VII), cap. I, p. 472; *Resultate des unmittelbaren Produktionsprozesses*, p. 51.

instaurado o socialismo – o que Marx, todavia, nunca afirmou. Temos de tratar mais detidamente, portanto, os momentos metodologicamente decisivos.

O primeiro momento é este: a economia é e permanece um reino da necessidade também no socialismo. A "luta do homem com a natureza" "para conservar e reproduzir a sua vida" não pode modificar-se por princípio segundo os seus fundamentos ontológicos; ela está baseada na relação irrevogável entre homem (sociedade) e natureza. Sem polemizar expressamente, Marx rejeita aqui toda utopia que, de Fourier até Ernst Bloch, junto com o surgimento de um reino da liberdade na sociedade, assume uma mudança ontológica fundamental no ser da natureza e, desse modo, também em sua relação com o homem e a sociedade. Declara-se aí um princípio importante da ontologia marxiana: a transição do ser natural para o ser social não pode ter nenhuma repercussão sobre a constituição ontológica, categorial da própria natureza; a enorme expansão do conhecimento da natureza por meio do trabalho e das ciências oriundas dele só pode intensificar o metabolismo entre ambos, elevá-lo a pincaros não imaginados, cujo pressuposto, porém, sempre é só a noção crescente do ser-em-si da natureza, jamais a mudança dos princípios do seu ser. Todavia, muito se fala também do caráter "de lei natural" das leis econômicas. Ontologicamente, essa expressão não é bem exata na medida em que todo acontecimento econômico consiste de cadeias causais postas em marcha por pores teleológicos, ao passo que na própria natureza jamais ocorrem pores teleológicos. A justificação dessa expressão está meramente baseada em que, como mostramos no capítulo sobre Marx, as leis da essência do desenvolvimento econômico, a saber, redução do tempo social de trabalho necessário para a reprodução, afastamento da barreira natural com a crescente socialização da sociedade e integração das sociedades originalmente pequenas até o surgimento de uma economia mundial, ontologicamente também se originam de pores teleológicos, mas as cadeias causais por estes desencadeadas vigoram independentemente de conteúdo, intenção etc. dos pores que os acarretam. Nesse sentido, o mundo da economia pertence ao reino da necessidade. Nesse tocante, todavia, não se pode deixar de perceber nem por um instante a contradição fundamental entre essa necessidade e a natureza. As leis da natureza vigoram de modo totalmente indiferente à sociedade. Já a expressão "indiferente" pode repercutir uma nuança antropomorfizante inadmissível. O reino social da necessidade, em contraposição, é o motor de todo desenvolvimento humano. Em incontáveis passagens, Marx remete ao fato de que, desde a humanização do homem através do trabalho até as formas supremas de divisão do trabalho e modos de trabalho, estas promoveram ininterruptamente o devir homem do homem. Todavia, ele acrescenta que "o desenvolvimento superior da individualidade só pode ser comprado mediante um processo histórico, no qual são sacrificados os indivíduos"[119]. É o que se passa, como igualmente mostramos, em todos os campos do reino da necessidade.

A partir de tudo isso, fica evidente que esse processo econômico objetivamente legal até comporta um desenvolvimento para um patamar superior do ser social, mas em nenhum dos seus aspectos possui caráter teleológico; ele se move, pelo quadro esboçado anteriormente, rumo ao desdobramento cada vez mais puro da socialidade do ser social, confrontando, desse modo, os homens por ele formados e remodelados com perguntas, cuja resposta correta pode transformá-los tanto em seres genéricos reais como também em autênticas individualidades. O próprio processo, todavia, resulta, no plano ontológico, em um único campo de ação real de possibilidade de cada vez. O próprio processo econômico não determina mais se as respostas são dadas no sentido recém-indicado ou em sentido contrário, mas isso é consequência das decisões alternativas dos homens que são confrontados com elas por esse processo. Portanto, o fator subjetivo na história é, em última análise, mas só em última análise, produto do desenvolvimento econômico, pelo fato de as alternativas com que ele é confrontado serem produzidas por esse mesmo processo, mas ele atua, num sentido essencial, de modo relativamente livre dele, porque o seu sim ou o seu não estão vinculados com ele só em termos de possibilidades. Nisso está fundado o grande papel historicamente ativo do fator subjetivo (e, junto com este, da ideologia). Ora, quando Marx quer caracterizar a transição para o socialismo, o ingresso no reino da liberdade, ele já aborda esse problema durante a análise do reino – permanente – da necessidade. Ainda se trata da pura linguagem da economia, quando se fala, nesse contexto, de regulação racional, de "controle comunitário", de "o menor esforço possível". Porém, assim que ele passa a dizer que os homens devem efetuar essa organização "nas condições mais dignas e mais adequadas à sua natureza humana", já surge, dentro do mundo da economia, uma fissura. Porque a pressão pelo aumento da produtividade se origina com necessidade espontânea da própria atividade econômica. O fato de que, nesse processo, também se desenvolvam as capa-

---

[119] K. Marx, *Theorien über den Mehrwert*, v. II/1, p. 309-10; MEW, v. 26/2, p. 111.

cidades humanas constitui, da perspectiva da essência, um subproduto. Naturalmente, houve e há casos em que isso é intencionado e promovido; basta lembrar o período de florescimento da manufatura corporativa ou o período atual, em que o sistema educacional está em grande parte direcionado para essa preparação para a produção. Hoje em dia até já existem empresas que empregam psicólogos exclusivamente encarregados de elaborar processos para aumentar a vontade de trabalhar etc. Trata-se, porém, sem exceção, de meios para aumentar a produtividade e, portanto, meios para a realização de finalidades puramente econômicas.

As "condições mais dignas e mais adequadas à natureza humana" da produção exigem, em contraposição, uma organização da economia segundo finalidades que não são mais puramente econômicas. Isso está em estreita conexão com a caracterização que Marx faz do trabalho no comunismo: "depois que o próprio trabalho tiver se tornado não só meio de vida, mas também a primeira necessidade vital"[120]. A história reiteradamente produziu pelo menos exemplos parciais dessa postura; desde simples atividades econômicas agrícolas sob circunstâncias relativamente favoráveis até a manufatura da Idade Média tardia e da Renascença repetidamente houve situações em que o trabalho pôde desempenhar tal papel na vida das pessoas. Claro que essas situações sempre foram passageiras, pois o desenvolvimento econômico necessariamente teve de destruir até o presente momento tais consumações subjetivas, baseadas no caráter subdesenvolvido das forças produtivas. Todavia, não há como exterminar dos homens a paixão por encontrar o sentido da sua vida em seu trabalho; de acordo com isso, aspirações individuais desse tipo emergem esporádica, mas reiteradamente em todas as sociedades, também nas da atualidade. Porém, tudo isso só mostra que a exigência de Marx não possui um sentido totalmente utópico, estranho ao desenvolvimento até agora; ela apenas libera capacidades, desejos, paixões etc., que, nas sociedades sob o domínio da economia, ficaram impossibilitadas de chegar à sua plena expressão universal, que, embora constituam características essenciais do gênero humano, só através da sua vontade conjugada podem imprimir um novo rumo ao desenvolvimento, conferir forma significativa à vida de todos os homens. Nesse ponto, portanto, a humanidade se encontra diante de uma decisão que só pode ser implementada sobre o

---

[120] K. Marx e F. Engels, *Kritiken der Sozialdemokratischen Programm-Entwürfe* (Berlim, 1928), p. 27; MEW, v. 19, p. 21.

fundamento de uma ideologia que realmente abranja o ser social. Naturalmente, só quando houver a necessidade do desenvolvimento econômico criam-se as possibilidades para uma alternativa real desse tipo. (É muito difícil que sociedades socialistas com um baixo grau de desenvolvimento das forças produtivas estejam objetivamente em condições de tomar tais decisões.) Só o que se pode dizer neste ponto, em que não se trata de perspectivas prático-políticas, mas apenas da situação ontológica geral, é que, quando a alternativa de transição do reino da necessidade para o da liberdade for posta na ordem do dia, a sua implementação ideológica deverá ter um caráter qualitativamente diferente, mais elevado do que teve até agora nas crises da história.

As bases ontológicas fundamentais dessa questão naturalmente não podem se modificar. Só o desenvolvimento das forças produtivas pode colocar os homens diante de tais alternativas ideológicas. Aqui, porém, aparece de modo ainda mais nítido do que até então na história da humanidade a situação ontológica que repetidamente expusemos: é a necessidade do desenvolvimento econômico que cria um campo de ação de possibilidades para as decisões ideológicas dos homens. Ou, ressaltando o específico dessa situação em contraste com as situações anteriores – que, de resto, são ontologicamente de espécie semelhante –: o desenvolvimento econômico poderá atingir (e atingirá) um ponto em que estarão dadas todas as condições objetivas para o autêntico devir homem do homem, em que o gênero humano em si terá se tornado um gênero humano real. Aqui, naturalmente, é impossível apresentar uma imagem concreta desse campo de ação de possibilidades. Tendencialmente, trata-se com certeza de que a formação contínua irrestrita das forças produtivas perderá o seu sentido econômico. Hoje, todavia, só se veem certas tendências – impossíveis de interpretar de modo totalmente inequívoco – que apontam nessa direção. A sua manifestação mais clara consiste na viravolta que o desenvolvimento atômico representa para a condução da guerra; o impasse atômico é algo que não tem analogia na história universal até agora. Isso, todavia, ainda não tem efeito sobre os preparativos técnico-econômicos para a guerra nem sobre a influência que estes exercem sobre a produção econômica em geral, mas poderá tornar-se atual, talvez num futuro não muito distante, quando ficar claro que, em algumas áreas, o aumento continuado da produtividade perde cada vez mais o seu sentido econômico. Contudo, se esse em-si se converterá num para-si, se essa possibilidade se transformará numa realidade, é algo que já não pode ser derivado diretamente do processo econômico, embora naturalmente a possibilidade enquanto realidade social seja produzida pelo processo econômico.

Até agora só investigamos as novas alternativas que têm como ponto de referência a própria economia. Porém, na passagem citada, Marx fala com clareza inequívoca sobre a essência do reino da liberdade, cujos pressupostos constituem o objeto dessas alternativas. Ele diz sobre a relação entre o reino da liberdade e o reino da necessidade: "Para além dele, começa o desabrochar das energias humanas que tem para si mesmo o valor de um fim em si, o verdadeiro reino da liberdade". Todavia, ele não se esquece de acrescentar que o reino da necessidade deve permanecer a base indispensável da florescência que surge desse modo. É só nesse contexto que "o desdobramento das forças humanas que tem para si mesmo o valor de um fim em si" adquire o seu sentido concreto. Já falamos sobre o trabalho como primeiro fundamento do processo vital humano, mostramos igualmente que a duplicidade indivisível no real devir homem do homem, o seu desenvolvimento tanto como ser genérico quanto simultaneamente como individualidade, brota do processo do trabalho, tomado no seu sentido mais amplo. Para entender corretamente esse processo, é preciso apreender adequadamente essa duplicação tanto na separação dos momentos como em sua união. As perguntas que os processos econômicos suscitam na transformação dinâmica das formações, cujas respostas levam os homens singulares a se formarem e desenvolverem tanto como seres genéricos quanto como individualidades, de fato têm a base de sua realidade última nas objetividades economicamente determinadas da sua respectiva atualidade, mas ultrapassam ininterruptamente essa imediatidade justamente no entorno social do ser, sobretudo naquele que está baseado na divisão social do trabalho. Esse ultrapassar, no entanto, não deixa de ser determinado, em última análise, pelo processo material de produção; quando um determinado posicionamento espiritual se torna autônomo sempre haverá uma necessidade social como seu motor. Essa conexão de modo algum precisa ser consciente, e inclusive na realidade ele o é só em casos de extrema excepcionalidade. "Eles não o sabem, mas o fazem", diz Marx sobre a práxis social dos homens; pode-se dizer, aliás, que, quanto mais distanciada tal práxis estiver do processo de produção no sentido mais estrito, tanto menor é a probabilidade de que ela seja efetuada com a consciência correta quanto aos seus próprios fundamentos e funções sociais.

A consciência surge diretamente da situação em que cada homem singular está colocado na sociedade, dos efeitos que essa situação, que as tarefas dela decorrentes, que seu êxito ou malogro etc. têm sobre cada homem singular, dos quais ele precisa dar conta tanto exterior como interiormente, para realizar a sua vida como homem singular na sociedade de um modo que assegure a sua existência e além disso lhe proporcione, se possível, o máximo de satisfação interior e harmonia consigo mesmo. Marx diz, em *A ideologia alemã*: "A consciência jamais pode ser outra coisa que o ser consciente, e o ser dos homens é o seu processo de vida real"[121]. Inclusive na factualidade mais imediata desses processos de vida surge a polaridade fundamental, conjugada e irrevogável do ser social: individualidade e generidade como estrutura básica da práxis, da consciência que a norteia, acompanha e dela decorre. Pode ser pressuposto como de conhecimento geral que o conteúdo, a forma, as inter-relações etc. de generidade e individualidade são diferentemente constituídas em cada etapa do desenvolvimento social e dão origem a relações diferentes entre si. Por essa razão, é possível que – em termos de consciência – ora um dos componentes, ora o outro ocupe o primeiro plano dos interesses, às vezes de modo tão intenso que o outro parece desaparecer inteiramente. Esse é o caso, por exemplo, no tempo presente. A individualidade domina a consciência, particularmente no plano da inteligência, de modo tão exclusivo que predominam representações como se nem existisse uma generidade e, com ela, uma vinculação de todos os indivíduos à socialidade (quando muito, de modo pura e negativamente objetivo na forma do "estranhamento"). Entretanto, o ilusionismo ontológico contido nisso se denuncia logo que nos voltamos para os fatos, e já pelo fato de que objetivamente o ser-em-si do gênero humano nunca havia atingido um desenvolvimento tão vasto e multifacetado, ainda que em formas extremamente contraditórias, como o que atingiu hoje, mesmo que ainda muito pouca coisa tenha aparecido do seu ser-para-si propriamente dito. Assim sendo, seria ridículo assumir que esse estágio elevado e diferenciado pudesse permanecer sem influência sobre a individualidade dos homens. Se examinarmos a generidade de acordo com o seu ser e não somente de acordo com o modo como ela se reflete e se expressa na consciência dos homens singulares, confirma-se a verdade do dito de Marx, de que "a efetiva riqueza espiritual do indivíduo depende inteiramente da riqueza de suas relações reais"[122].

---

[121] K. Marx e F. Engels, *Die deutsche Ideologie*, MEGA, v. V, p. 15; MEW, v. 3, p. 26 [ed. bras.: *A ideologia alemã*, cit., p. 94].
[122] Ibidem, p. 26; ibidem, p. 37 [ed. bras.: ibidem, p. 41].

Porém, as relações reais são produto da divisão do trabalho; elas confrontam os homens com as perguntas a serem respondidas em suas vidas e, por essa via, desenvolvem neles as capacidades para respondê-las, sendo que essas respostas desenvolvem simultaneamente a individualidade e a generidade no homem. Com efeito, mostramos que a objetivação e a alienação são aspectos dos mesmos atos práticos, que a justificação de diferenciá-los está embasada justamente no fato de que, na objetivação, o homem produz algo prático, mesmo que seja só a expressão de seus sentimentos por meio da linguagem, que, por sua essência, é predominantemente genérica, que, em alguma proporção, constitui um elemento de construção daquilo que o gênero é propriamente, ao passo que o aspecto da alienação no mesmo ato indica que este foi posto em movimento por um homem singular e que expressa e influencia positiva ou negativamente o seu desdobramento individual. Portanto, o que quer que os homens pensem sobre si mesmos, essa simultaneidade permanece irrevogável: eles só podem expressar a sua individualidade em atos nos quais eles, quer consciente quer inconscientemente, cooperam na formação de sua própria generidade. Sabemos igualmente que esses atos só adquirem tal efetividade em decorrência das generalizações neles operantes; porém, generalizações desse tipo, por sua vez, constituem os pressupostos para que os atos se tornem elementos de construção das ideologias, para que eles se tornem adequados para ajudar a enfrentar e resolver os conflitos suscitados pela vida social. Passando a examinar mais de perto esses processos, devemos constatar mais uma vez que, embora tenham necessariamente surgido de pores teleológicos, eles, enquanto processos sociais, não podem possuir qualquer caráter teleológico. O próprio processo social consiste de cadeias causais, que de fato foram postas em marcha por pores teleológicos, mas que, uma vez ganhando realidade, podem operar exclusivamente como causalidades. Ora, pelo fato de a divisão social do trabalho criar relações cada vez mais complexas, surgem alienações (objetivações), que são apropriadas ou impróprias para fins concretos, e a causalidade do processo incorpora aquelas e elimina estas, ambas, no entanto, só de modo tendencial.

O que nos interessa aqui antes de tudo é o destino das alienações que levam ao surgimento, à efetividade das ideologias. Elas sempre têm uma dupla face, já em seu modo fenomênico mais imediato, quando há apenas um indivíduo singular tentando dirimir os seus próprios conflitos vitais: por um lado, o seu conteúdo é determinado pelas necessidades vitais (reais ou imaginárias) do homem singular; por outro lado, a intenção de sua expressão está direcionada, tanto na teoria como na prática, a apresentar o ato pessoal daí resultante como a realização de algum dever-ser social. Não importa se esta última é objetivamente verdadeira ou falsa, se a intenção surgiu *bona fide* ou *mala fide*, essa duplicidade de individualidade e generidade está forçosamente contida em cada um desses atos (até mesmo Gide é forçado a expressar a "*action gratuite*" como dever-ser algo, como algo que tem o gênero como ponto de referência). Essas generalizações indispensáveis para a gênese e a efetividade tem majoritariamente o seu fundamento nos fatos sociais imediatamente importantes da vida cotidiana; se nestes não se revelassem de modo prático e palpável pontos comuns aos destinos humanos, essas generalizações que ultrapassam essa imediatidade dificilmente poderiam surgir e muito menos tornar-se influentes; é essa base das experiências cotidianas que primeiramente fundamenta a sua aplicação difundida e aprofundada visando uma possibilidade e necessidade social universal. Presta-se bem como ilustração para essa situação o fato de Horácio vincular a sua ampla generalização, o "*tua causa agitur*", com a imagem de que um incêndio na casa do vizinho também ameaça a mim. Por essa razão, não é tão difícil compreender a força de penetração social universal das generalizações que estão associadas com a práxis cotidiana das pessoas de modo mais ou menos imediato ou de modo próximo e compreensivelmente mediado. Facilmente se pode constatar isso no caso dos hábitos, costumes, até na moralidade exercitada na prática e até nas regras do direito e na práxis política. O fato de que, em toda parte, a validade concreta de uma determinada generalização é o resultado de um processo histórico-social fala a favor e não contra isso. Com efeito, quando, por exemplo, no início do desenvolvimento capitalista, amplas camadas de camponeses evidenciaram um comportamento refratário em relação ao direito codificado, em relação à moderna prática do direito judicial, expressou-se nisso sobretudo uma desconfiança justificada em termos de classe perante o domínio de regulações genericamente legais que eram determinadas pelos interesses de outra classe (antagonismo entre cidade e campo); porém, sob nenhuma circunstância, trata-se objetivamente de uma resistência contra qualquer generalização, mas da defesa das generalizações antigas, tradicionais, autônomas (extraídas da tradição, do costume, do hábito etc.) contra as novas e estranhas. Não seria muito difícil apontar as tendências aí vigentes em todos os campos da práxis social, em toda a vida cotidiana que lhes corresponde. Antes de tudo, porque nesse ponto se trata sim de generalizações, mas, em sua imediatidade, de generalizações particulares, que elevam casos singulares, complexos de casos singulares, ao nível de uma generidade concretamente limitada.

Aqui a dialética inerente ao processo do desenvolvimento social se encarrega de que os complexos do tipo espiritual surgidos em decorrência da divisão do trabalho possam cumprir as suas funções ideológicas. Porém, desse modo, esse ciclo de problemas ainda não foi concluído. Tanto do lado da individualidade como do lado da generidade surgiram generalizações do tipo superior, que, nos dois polos do ser social, são apropriadas para dirimir os complexos essenciais do desenvolvimento, que têm a capacidade de generalizar as contradições nos dois polos e nas interações entre eles de tal maneira que a humanidade é posta em condições de transformar o em-si do seu ter-chegado-a-si-mesmo objetivo, que nesse aspecto representa apenas um campo de ação de possibilidade, na realidade do seu próprio ser-para-si. O desenvolvimento da humanidade de fato produziu tais ideologias, sobretudo na filosofia e na arte. Estas são as formas mais puras da ideologia, na medida em que elas não têm a intenção nem a capacidade de exercer qualquer tipo de impacto imediato e real sobre a economia nem sobre as formações sociais a ela associadas, indispensáveis à sua reprodução social, sendo, contudo, insubstituíveis no que se refere à solução real dos problemas aqui propostos.

É costume geral – como ocorre sobretudo na teoria do espírito absoluto de Hegel – tratar também a religião nesse contexto. Vamos prescindir disso porque, enquanto fator da realidade social, a religião nunca foi nem é pura ideologia no exato sentido aqui pretendido, mas é simultaneamente e antes de tudo também um fator operante no plano imediato da práxis social real dos homens. Por sempre ter simultaneamente – e de modo essencial – metas paralelas às da filosofia, a religião representa, em termos sócio-ontológicos, uma forma de transição sintética entre política e filosofia. Naturalmente, às vezes também há filosofias, bem como produtos artísticos singulares, que tentam transpor o seu enunciado de generalizações genéricas diretamente para a práxis. Contudo, as religiões se distinguem delas, inclusive nesses casos extremos, pelo fato de, via de regra, serem capazes de pôr em movimento meios de organização social, recursos do poder, o que se situa fora da esfera de possibilidades da filosofia e da arte. Mesmo que a práxis política às vezes as utilize dessa maneira, os meios de imposição prática são do tipo político (e não do tipo filosófico ou artístico), ao passo que as religiões costumam montar aparatos próprios para isso. Com efeito, socialmente as seitas se diferenciam das igrejas justamente nesse aspecto; aquelas acham que tais aparatos, equivalendo a ir além da influência puramente moral, são contraditórios à essência da religiosidade. Se essa adaptação social dos meios de uma práxis política se dá em conexão com um determinado Estado ou de modo supraestatal, de modo autônomo ou recorrendo aos meios estatais etc., necessita de um exame histórico específico. Aqui só pode se tratar de – em contraposição, por exemplo, a Hegel – demonstrar a constituição diferenciada da religião em relação à filosofia e à arte do ponto de vista da ontologia do ser social. Nesse tocante, pode-se observar ainda que Hegel e vários outros só chegaram a essa construção equivocada por terem reduzido o complexo total da religião à teologia ou filosofia da religião. É assunto da pesquisa histórica imparcial pôr a descoberto concretamente essas conexões. Neste ponto, em que a intenção é apenas indicar as formas puras da ideologia enquanto fenômenos específicos, abordar tais formas de transição intrincadas mais confundiria que elucidaria as questões. Acresce-se a isso ainda que a filosofia e a arte, examinadas na totalidade do seu desenvolvimento, estão direcionadas a cultivar o gênero humano, isto é, o ser social e, dentro dele, o homem, visando ao seu ser-para-si, ou seja, com intenção desfetichizante, dissolvendo ao menos idealmente os estranhamentos; em contrapartida, como mostraremos no próximo capítulo, toda religião tem, em decorrência da necessária negação da imanência do próprio ser social, uma tendência – todavia peculiar – para o estranhamento como base irrevogável. Visto que o problema ontológico está essencialmente ligado à práxis isolada dessa tendência, parece-nos que o mais apropriado é tratá-la mais detidamente na *Ética* como subtipo específico da práxis.

Como em toda questão ontológica, a gênese deve constituir o ponto de partida para a sua compreensão. Já nesse ponto evidencia-se uma diferença essencial entre economia e ideologia em geral e, de modo correspondente, também dentro do próprio âmbito ideológico. Toda elaboração puramente consciente da realidade, não importando se, quando e como ela se torna faticamente uma ideologia, tem como ponto de partida o processo de reprodução da vida humana que se tornou social. É o desenvolvimento das forças produtivas, a divisão social do trabalho, que dissocia da própria produção, justamente no interesse da produção, cada um desses campos (digamos, a matemática ou a geometria), designando-lhe uma posição autônoma na divisão social do trabalho. Nesse ponto, é evidente sem mais nem menos que a autonomia social, criada mediante a divisão do trabalho, de uma área do saber simultaneamente eleva as generalizações nela exigidas e necessárias a um nível cada vez mais elevado e, por essa via, direta ou indiretamente, influi sobre a possibilidade do desenvolvimento das forças produtivas. A autonomização, a diferenciação das ciências ocorre, portanto, espontaneamente no decorrer e em decorrência da crescente divisão social do trabalho. Ao voltar agora o nosso interesse para a gênese da filosofia, devemos tomar ciência, de início, que *a priori* não existe nenhum limite que possa ser traçado com precisão entre generalizações científicas e generalizações filosóficas; ainda hoje, numa época em que a divisão do trabalho leva à tendência de erigir barreiras artificiais, fetichizantes, entre os diversos ramos do saber, muitas vezes é difícil constatar, no caso de certas generalizações, se elas possuem um caráter científico ou filosófico.

De modo correspondente, o seu comportamento é extraordinariamente diverso em termos históricos, sendo que, no entanto, é possível visualizar com clareza uma nítida propensão para a divergência: a filosofia aprofunda as generalizações das ciências, antes de tudo, por estabelecer uma relação inseparável com o nascimento histórico e o destino do gênero humano, com a essência, o ser e o devir humanos. Enquanto o método da generalização nas ciências se torna cada vez mais desantropomorfizador, a sua culminância na filosofia representa simultaneamente um antropocentrismo. Nesse caso, a palavra "simultaneamente" deve ser sublinhada. Porque em contraposição à tendência básica antropomorfizante das artes, o método da filosofia nunca representa uma ruptura com o das ciências. O ato de ultrapassar as barreiras da apercepção antropologicamente comprometida do mundo é mantido na filosofia, sendo até por vezes intensificado; o seu desenvolvimento evidencia um pacto cada vez mais aprofundado, claro que sempre também crítico, com os métodos autênticos (não do tipo manipulador) da cientificidade. Nesse contexto, o antropocentrismo tem significado duplo: por um lado, significa que, para a filosofia, a essência e o destino do gênero humano, o seu "de onde?" e o seu "para onde?", constituem o problema central permanente – todavia, em constante transformação temporal e histórica. Na filosofia autêntica, o ultrapassar das necessárias divisões do trabalho das ciências, a universalidade filosófica, nunca constitui um fim em si mesmo, nunca é uma síntese meramente enciclopédica ou pedagógica de resultados acreditados, mas uma sistematização como meio de possibilitar a compreensão mais adequada possível desse "de onde?" e "para onde?" do gênero humano.

Por outro lado, porém, nem esse saber é fim em si mesmo. Não existe filósofo que realmente mereça essa designação, não só no sentido estritamente acadêmico, cujo pensamento não esteja direcionado para interferir decisivamente nos conflitos decisivos do seu tempo, elaborar os princípios de seu enfrentamento e resolução e, por essa via, imprimir a esse enfrentamento um rumo mais decidido. Apontamos repetidamente para o importante papel desempenhado pelo significado ideológico das pesquisas científicas de Galilei no período crítico de transição entre feudalismo e capitalismo. Esse papel, porém, mesmo não sendo nem um pouco casual no sentido da história universal, não brotou das intenções centrais de sua teoria. Esta estava direcionada para a constatação puramente científica de legalidades naturais concretas e o seu destino histórico como importante ideologia deixa essa sua essência intacta; após a crise, ela foi reconhecida corretamente como aquilo que ela é. A teoria de Giordano Bruno, em contraposição, tem justamente esta intenção: a sua essência é interferir exatamente nessa crise de modo a provocar uma decisão. E, desde a filosofia da natureza dos jônios até Hegel, toda filosofia autêntica nasceu dessas intenções, não importando nem um pouco se o seu modo de exposição fala com a voz do *páthos* militante de Bruno ou adota o tom de uma tendência para a pura objetividade. Nesse sentido, a diferença entre Bruno e Espinosa é essencialmente estilística, que deixa intacta a profunda afinidade da essência última de ambos.

Com isso, naturalmente de modo algum, temos a intenção de converter os grandes filósofos em ativistas políticos, embora seja claro que o seu enraizamento nas grandes questões da sua época é muito mais profundo e muito mais decisivo para o seu conteúdo do que os manuais acadêmicos deixam transparecer. Nesse tocante, o que importa é para onde mira a intenção dos pores que determinam a práxis ideológica em ambos os casos. Procuramos mostrar que, na práxis política, esse fim sempre tem de ser de modo imediato o "elo mais próximo da corrente" nos termos de Lenin, ao passo que uma categoria, mesmo que seja só aparentada com ele, jamais poderá pertencer à imagem típica da filosofia autêntica. Dependendo das circunstâncias, ela também poderá estipular como seu próprio fim uma transformação bem determinada e concreta da sociedade, mas esta sempre terá certo caráter utópico na medida em que o tratamento da questão não abandona o plano puramente filosófico, visto ser impossível apreender os elos reais de mediação da realização com um aparato ideal tipicamente filosófico. Essa impossibilidade da realização não equivale, contudo, a uma ausência de influência ideológica. Com efeito, todas as utopias situadas em alturas filosóficas podem (e geralmente querem) não só incidir de modo imediato sobre o futuro imediato, como deve almejar todo e qualquer político, mas elas têm, muito antes, uma intenção voltada para o modo e o nível de generidade que poderia emergir do enfrentamento ótimo de cada crise concreta. A objetividade e a verdade direta de tais utopias podem, portanto, ser extremamente problemáticas, mas é justamente nessa problematicidade que está ininterrupta, ainda que muitas vezes confusamente ativo o seu valor para o desenvolvimento da humanidade. Com efeito, vimos que a solução histórico-real de cada uma dessas crises só pode criar um campo de ação de possibilidade para aquilo que a humanidade é capaz de fazer de si mesma nesse novo chão. E se o que foi enunciado pela filosofia, por sua vez, também não passar de uma possibilidade, isso tem – caso a filosofia seja autêntica – o seguinte significado: expressar de modo concreto e dinâmico (apontando para o futuro) as possibilidades de um estágio concreto de desenvolvimento do gênero humano.

Ora, visto que o desenvolvimento da humanidade é contínuo, visto que nele a luta pela existência do gênero ininterruptamente se empenha por expressar-se, os grandes filósofos expressam etapas desse desenvolvimento, algo que, geralmente sem uma consciência correta e clara, também está presente em muitas pessoas como anseio, como negação obscura e abstrata do existente, como pressentimento confuso de algo que virá etc., cujo efeito – passando por muitas mediações – também acaba matizando os seus atos. Também nesse ponto é preciso ressaltar o aspecto ideológico de tais concepções. As filosofias tampouco são efetivas por estarem sempre certas, serem sempre progressistas etc. em todas as questões ou nas questões essenciais, mas porque à sua maneira promovem o enfrentamento e a resolução desses conflitos. No campo de ação de possibilidades de uma situação de crise também cabe o falso, o retrógrado, o sofístico etc. O papel da filosofia também pode, portanto, ser muito negativo do ponto de vista do desenvolvimento da humanidade. Esse problema naturalmente também só pode ser tratado de modo correto em investigações concretas. Só o que se pode dizer aqui é que, examinada a grande tendência geral do desenvolvimento, acabará predominando nela realmente o que aponta para o futuro. Tais efeitos duradouros só serão possíveis, contudo, quando a generidade cunhada idealmente pela filosofia estabelecer uma referencialidade real e essencial com aquela que contraditória e espontaneamente toma forma no processo histórico como possibilidade real no campo de ação de possibilidades. É por isso que a história da influência da filosofia é tão profundamente contraditória: por um lado, ela sempre possui uma continuidade viva no seu interior (retratando, assim, idealmente, a seu modo, a continuidade real do processo real); por outro lado, o conteúdo dessa continuidade está ininterruptamente sujeito às mudanças e guinadas mais radicais, dependendo de qual das imagens da essência do gênero humano delineadas por alguma das grandes filosofias do passado possuir uma relação íntima com os problemas atuais de mesmo conteúdo nas decisões a serem tomadas no tempo presente. Naturalmente, tais transformações também precisam se dar no interior dos sistemas de pensamento singulares do passado. A concepção do gênero nunca é de pura homogeneidade, nunca é algo monolítico, mas – como seu modelo real – um complexo dinâmico concreto, movido por contradições concretas. É óbvio que especialmente essa constituição das grandes filosofias se torna decisivamente operante nas duas tendências da continuidade.

O objeto central da filosofia é o gênero humano, isto é, uma imagem ontológica do universo e, dentro desta, da sociedade a partir do aspecto de como ela realmente foi, veio a ser e é para que produzisse como necessário e possível cada um dos tipos atuais de generidade; ela une, portanto, sinteticamente os dois polos: mundo e homem na imagem da generidade concreta. Em contraposição, no centro da arte se encontra o homem como ele se configura em individualidade genérica nos conflitos com o seu mundo e o seu meio ambiente. No meu livro *A peculiaridade do estético*, tentei expor e analisar as determinações gerais essenciais do modo artístico de pôr. Só o que interessa aqui são as suas relações com a ontologia do ser social. Nesse tocante, é importante, antes de tudo, que a antropomorfização da esfera estética constitua um pôr consciente, em contraposição à antropomorfização espontânea da vida cotidiana. A diferença evidencia-se de imediato em que esta última foi projetada para pores de orientação essencialmente prática, nos quais, por isso mesmo, experiências simplesmente tomadas do trabalho, da ciência etc., surgidas em virtude do método desantropomorfizante, podem e devem desempenhar um papel importante, razão pela qual também aqui o elemento antropomorfizante desempenha predominantemente um papel negativo, que põe barreiras à compreensão correta das coisas. A antropomorfização consciente da arte, em contraposição, cria um meio homogêneo específico sobre a base da sua própria essência e das próprias finalidades, sendo que o que foi tomado da vida só pode ser utilizado depois que tiver sido submetido a esse processo de uniformização. Uma transformação desse tipo só é possível porque o pôr artístico não está direcionado para fins imediatos, prático-reais, mas para a criação de formações puramente miméticas. O efeito por ele intencionado sobre os homens restringe-se, por sua essência, a provocar determinados sentimentos mediante tais formações; se esses efeitos se convertem em atos reais ou não é algo que – visto a partir da essência última do pôr – não pode ter uma necessidade incondicional: a apreensão antropomorfizante da realidade está direcionada para a criação de formações puramente miméticas. Estas indubitavelmente têm, no seu ser-para-nós já formado, intenções de causar efeitos, sem, contudo – necessariamente –, conterem uma referência imediata com a práxis imediata. Igualmente, o seu surgimento de modo algum se efetuou socialmente como um ato consciente. Em decorrência das necessidades sociais de períodos primitivos, tais formas miméticas eram partes integrantes da práxis mágica (canto, dança, pintura rupestre etc.); quando surgiu a necessidade da arte, em grande parte não foi preciso inventar modos totalmente novos de pôr; muito daquilo já existente pôde ser remodelado para corresponder às novas necessidades.

No centro dessas novas necessidades está o autoconhecimento do homem, o desejo de obter clareza sobre si mesmo, num estágio do desenvolvimento em que a simples obediência aos preceitos da própria comunidade objetivamente já não era mais capaz de dar autoconfiança interior suficiente para a individualidade. Naturalmente, toda sociedade deve, tão logo surjam no seu meio conflitos dessa espécie, procurar regular com meios diretamente sociais o comportamento das pessoas que dela fazem parte no sentido do desenvolvimento normal da referida sociedade. Porém, desse modo está assegurada igualmente a vida significativa do homem singular enquanto ser genérico? Enfatizamos: do homem singular enquanto ser genérico, porque a satisfação dos desejos do indivíduo meramente particular é tão amplamente condicionada por ênfases pessoais, por acasos felizes ou perversos, que nenhuma sociedade tem condições de oferecer garantias plenas para ela. O homem singular enquanto ser genérico só pode objetivar as suas paixões como membro da sociedade à qual pertence. Porém, quanto mais desenvolvida e, por isso mesmo, quanto mais intrincada for a sociedade e, com ela, a generidade realizada mediante a objetivação dos pores, quanto mais as relações sociais cada vez mais multiformes converterem o homem singular em individualidade, tanto mais contraditória e conflituosa será essa necessidade. Em meio ao complexo de contradições, o homem procura, no nível da mera particularidade, realizar aquilo que é mais vantajoso para ele, para a sua própria reprodução. Porém, visto que, desse modo, o desenvolvimento da sociedade e, associado a ele, a complexificação contraditória das perguntas e respostas propostas ainda não podem chegar a uma conexão organicamente necessária com os indivíduos socialmente surgidos, tendencialmente sempre genéricos, surge a necessidade social da arte como indicador ideológico do caminho para dirimir conflitos dessa espécie. A peculiaridade ontológica da arte – aqui um fenômeno paralelo à filosofia, que de resto possui uma constituição totalmente oposta a ela – consiste em que ela, por sua intenção essencial, não está direcionada para a práxis diária imediata, mas cria formações miméticas, cujo conteúdo e cuja forma podem se tornar muito significativos no enfrentamento e na resolução de conflitos ideológicos. Claro que só podem, não precisam. Porque, por um lado, assim que a arte se faz presente – desde o ofício artístico até a beletrística –, surge uma variedade que não possui relação nenhuma com os destinos do gênero e limita-se a espelhar as particularidades efêmeras; essa variedade pode momentaneamente causar fortes impressões, desempenhar certo papel no enfrentamento e na resolução de conflitos sociais atuais, mas após algum tempo costuma desaparecer sem deixar vestígios. A arte propriamente dita, a arte autêntica visa desvelar como o homem, vivenciando o seu destino de gênero, alça-se – eventualmente pelo fenecimento da existência particular – àquela individualidade que, justamente por ser ao mesmo tempo genérica, pode se tornar em longo prazo um elemento indispensável na construção do gênero concretamente humano. Dessa relação ontológica fundamental brotam os traços específicos da mimese artística que tentei explanar detalhadamente na obra anteriormente citada.

    Chama a atenção quão cedo e certeiramente a cultura grega compreendeu essa essência da filosofia e da arte, decisivamente importante para os destinos do gênero humano, ainda que em grande medida não tenha um efeito imediato sobre a práxis. De início, basta apontar para a figura e o destino de Sócrates, que desde a sua morte eminentemente filosófica faz parte do tesouro da consciência acerca da continuidade do desenvolvimento da humanidade, tanto quanto a figura de Jesus, a de Dom Quixote ou de Hamlet; justamente nessa unidade de vida e doutrina, de cuja importância ele sempre esteve consciente, Sócrates desempenhou um papel extraordinário no dirimir de grandes conflitos e na preparação espiritual para isso. E Aristóteles tinha uma concepção tão acertada da essência ontológica da mimese artística que foi capaz de, com base nela, constatar a sua essência, o modo de sua objetividade, com uma precisão válida até hoje. No capítulo 9 da *Poética* ele escreve o seguinte:

> [...] que não é tarefa do poeta dizer o que aconteceu, mas o que poderia acontecer e o que é possível *segundo a regra ou a necessidade*. O historiador e o poeta não se distinguem um do outro pelo fato de o primeiro escrever em prosa e o segundo em verso. Se a obra de Heródoto fosse composta em verso, não seria nem mais nem menos história, com ou sem o metro. Não, a diferença consiste em que um nos diz o que aconteceu, o outro o que poderia ter acontecido. Por esse motivo, a poesia está mais próxima da doutrina sapiencial que a historiografia, e, por isso, também é superior a esta. Porque a poesia enuncia mais o universal; a historiografia, o singular.[123]

Aristóteles também descobriu e descreveu aquela vivência essencial mediante a qual os homens são capazes de apropriar-se dessa sabedoria depositada na arte; estamos falando da catarse[124]. Ontologicamente, ela é o elo de mediação entre o homem meramente particular e o homem que almeja ser, de modo inseparável, simultaneamente individualidade e ser genérico.

Houve períodos – foi o caso do período da pólis grega, tanto em seu auge como em seu tempo de crise, foi o caso do período da Renascença, do Iluminismo etc. – em que esses antagonismos foram vivenciados com paixão, e há períodos em que a respectiva estrutura da sociedade procura apagar os conflitos daí resultantes, nos quais a generidade aparece apenas como adaptação às condições dadas, ou – este é o polo oposto de feitio natural – é convertida em

---

[123] Aristóteles, *Poetik* [*Arte poética*] (Paderborn, 1959), cap. IX, p. 69. O fato de Aristóteles encarar a ciência histórica com os olhos de um grego e de não lhe ser possível ter nenhuma noção do seu desenvolvimento posterior não muda nada no acerto ontologicamente fundamental de sua contraposição.

[124] Mesmo a mais condensada das análises desse problema extrapolaria a nossa linha de argumentação. Aponto tão somente para o fato de que Aristóteles não examinou a catarse como questão específica do efeito trágico, mas como função universalmente psíquica de toda e qualquer arte que se tornou socialmente relevante. Compare-se com isso as suas exposições, no Livro VIII da *Política*, sobre a música. Tentei fazer uma generalização estética do conceito da catarse que se encontra em íntima ligação com o seu papel social em [*Ästhetik I: Die Eigenart des Ästhetischen*, cit., p. 802s; GLW, v. 11, p. 762s. Uma exposição concreta das determinações sociais desse complexo de problemas só será possível na *Ética*.

conteúdo do sentimento humano como "pura" individualidade sem generidade, como ocorre, por exemplo, no nosso tempo. A tensão entre particularidade e generidade (individualidade autêntica) naturalmente não pode desaparecer por completo nem em tais épocas, pois se trata de um resultado necessário do desenvolvimento histórico-social, mas é extremamente raro que ganhe uma expressão ideológica adequada. A antipatia hoje reinante contra o século XIX nos assim chamados círculos de liderança da *inteligentsia* repousa, em última análise, no fato de que o enfrentamento ideológico de tais conflitos, abertamente direcionado para a catarse de modo mais ou menos coerente, incomoda os círculos da acomodação aberta, dissimulada ou reprimida à manipulação dominante (conformismo não conformista). Porém, o surgimento da própria necessidade procede dos atos de apropriação da realidade elementarmente necessários no âmbito do ser social, que, todavia, tem como pressuposto necessário o seu conhecimento prático-particular. Esses atos de objetivação (alienação) se deslocam por necessidade prático-social espontaneamente rumo a um estágio cada vez mais elevado da generalização, sendo que obviamente o controle da verdade mediante a práxis se torna tanto mais difícil e incerto, quanto mais essas generalizações se elevarem acima da práxis cotidiana. Contudo, isso de modo algum exclui a necessidade social delas, o seu efeito social, podendo ocasionalmente até mesmo reforçá-lo. Com efeito, como já vimos, o dirimir de conflitos pequenos ou grandes, latentes ou explosivos, exige generalizações no sentido de que aquelas ações que levam a soluções fáticas dos conflitos devem aparecer como consequências necessárias de conexões universalmente sociais, de tendências típicas universais que movem a vida humana. No plano social-objetivo elas de fato têm tal caráter e disso também decorre o ímpeto subjetivo universal de torná-las conscientes, aproveitá-las para dirimir conflitos. Tudo isso faz surgir uma reflexão sobre tais complexos de problemas enquanto necessidade social permanente. Os produtos dessa consciência social são qualitativamente muito diferenciadas entre si. Não só como exteriorizações da personalidade, não só com referência a em que medida atingem a essência da realidade ou passam ao largo dela, mas também com referência à altura do ser para a qual está voltada a sua intenção. E faz parte da essência do ser social, faz parte da tendência do desenvolvimento da socialização da sociedade, faz parte dentro desta e por meio da individualização do homem singular particular que essas intenções estejam direcionadas para um estágio cada vez mais elevado de generalização. Mesmo que, no plano da consciência, elas não estejam ou quase não estejam operantes na maioria das pessoas, mesmo que, quando pensadas ou pronunciadas, influenciem pouco as ações práticas, a continuidade de sua existência, do seu crescimento, da sua tendência para perguntas de nível cada vez mais elevado cria, na continuidade do processo de desenvolvimento, formas cada vez mais elevadas de ideologia, formas que, exatamente por causa da sua relação problemática com a práxis, vão se tornando cada vez mais puramente ideológicas.

É o que ocorre sobretudo com a filosofia e a arte. Por essa razão, o idealismo filosófico transforma, de modo fetichizante, antes de tudo, as suas formas em fins em si (ele naturalmente faz isso também com formas que manifestamente têm uma ligação bem mais estreita com a práxis real, como o direito) procura, desse modo, fazer desaparecer a sua gênese a partir do ser social, o seu papel real no desenvolvimento deste, fazendo isso não raro exatamente evidenciando essa gênese e esse papel de modo excessivamente exagerado. O materialismo vulgar, em contraposição, que faz das cadeias causais dos pores teleológicos no metabolismo da sociedade com a natureza uma espécie de "segunda natureza" que atua de modo mecanicamente necessário, no fundo, não sabe o que fazer com as formas ideológicas mais elevadas. Essa impotência não por último é a razão para que, em tempos de crise do marxismo, tantas vezes se busca refúgio na filosofia burguesa como "complemento filosófico". (Do neokantismo até o positivismo e neopositivismo etc. é possível encontrar aqui toda uma série de exemplos.) Somente o autêntico método do marxismo, que procura examinar quanto ao seu ser real as formas necessárias de consciência que emergem dos movimentos reais do ser social, que, por essa razão, desempenham um papel real em seu desenvolvimento, por mais desigual e muitas vezes paradoxalmente contraditório que seja esse papel, somente esse método é capaz de chegar a resultados autênticos nesse ponto. O fato de que, nesse processo, sejam reveladas situações paradoxais para a consciência cotidiana imediata aponta justamente para a reprodução ideal correta do contraditório no desenvolvimento do próprio ser social. Assim sendo, o jovem Marx combateu ardorosamente a superestimação das formas superiores de ideologia, sobretudo da filosofia, por parte dos jovens hegelianos radicais e, sem tolerar compromissos, defendeu o seguinte ponto de vista: "o poder material tem de ser derrubado pelo poder material", o que, para ele, naturalmente pressupõe os conflitos reais que afloram do desenvolvimento econômico. Porém, ele não incorre em nenhuma contradição com os princípios da sua dialética quando conclui o seu raciocínio da seguinte maneira:

Mas a teoria também se converte em poder material quando penetra nas massas. A teoria é capaz de se apossar das massas logo que se demonstra *ad hominem*, e demonstra-se *ad hominem* logo que se torna radical. Ser radical é agarrar as coisas pela raiz. Mas, para o homem, a raiz é o próprio homem.[125]

Essa naturalmente não é uma teoria específica do jovem Marx que estaria contraposta a um "economicismo" do Marx posterior. No começo destas análises, citamos as suas determinações sobre o "reino da liberdade", e nossas linhas de pensamento foram derivadas a partir daí em todos os seus momentos essenciais. Voltando-nos agora novamente para essas mesmas determinações, é evidente que a realização do trabalho que se torna socialista "nas condições mais dignas e adequadas à sua natureza humana", as do "reino da liberdade" enquanto "o desenvolvimento das forças humanas, considerado como um fim em si mesmo"[126], pressupõe um desenvolvimento tanto econômico quanto ideológico. Reiteradamente apontamos para a função fundamental e fundante do desenvolvimento econômico, mas simultaneamente procuramos mostrar que esse desenvolvimento é capaz de produzir "apenas" a possibilidade – todavia, absolutamente indispensável – do "reino da liberdade". Este poderá ser realizado – obviamente só com base nessa possibilidade – pelos feitos dos próprios homens, que para isso necessitam da mais sofisticada armadura ideológica, da ideologia produzida, conservada, alçada a um patamar superior pela continuidade do desenvolvimento social.

Os princípios últimos da gênese e do desenvolvimento para um patamar superior da ideologia, sobretudo os do tipo mais puro e universal, foram formulados por Marx, ainda no período da luta contra a sua extrapolação e superestimação idealista pelos jovens hegelianos, na *Ideologia alemã*, de tal maneira que a ênfase principal recai sobre a negação radical de sua autonomia segundo o ser e a essência: "Não têm história, nem desenvolvimento; mas os homens, ao desenvolverem a sua produção e seu intercâmbio materiais, transformam também com esta sua realidade, seu pensar e os produtos do seu pensar"[127]. Essa deter-

---

[125] K. Marx, *Zur Kritik der Hegelschen Rechtsphilosophie*, MEGA, v. I/1, p. 614; MEW, v. 1, p. 385 [ed. bras.: *Crítica da filosofia do direito de Hegel*, cit., p. 151].
[126] Idem, *Das Kapital*, cit., v. III/II, p. 355; MEW, v. 25, p. 828 [ed. bras.: *O capital*, Livro III, cit., p. 273].
[127] K. Marx e F. Engels, *Die deutsche Ideologie*, MEGA, v. V, p. 16; MEW, v. 3, p. 27 [ed. bras.: *A ideologia alemã*, cit., p. 94].

minação provocou os mais variados mal-entendidos de todos os lados. Por um lado, o marxismo vulgar tirou delas a conclusão de que todos os produtos não rigorosamente econômicos da humanidade estariam numa relação de dependência direta e mecânica com a economia, seriam "produtos" simples do seu desenvolvimento. Por outro lado, como as teorias burguesas em geral protestam contra qualquer derivação de modos ideais de exteriorização a partir de fundamentos socioeconômicos, reclamando para eles um desdobramento totalmente autônomo, imanente-autônomo, que só pode ser determinado pelas legalidades puramente interiores às áreas singulares, pode-se falar aqui de uma determinação. É singular, mas verdadeiro, que as duas concepções diametralmente opostas se originam, em última análise, de complexos similares de preconceitos da ontologia da vida cotidiana.

Trata-se, sobretudo, do complexo de problemas da reificação [*Verdinglichung*]. Vamos nos ocupar detalhadamente com essa questão no próximo capítulo. O seu ponto de partida "natural" na ontologia espontânea da vida cotidiana é constituído pelo fato de que grande parte dos dados concretos da natureza se encontra de modo imediato na forma fenomênica de coisas. O fato de que cada coisa só adquiriu a sua coisidade mediante um processo de devir só pode ser o resultado do pensamento de um conhecimento científico já desenvolvido. Já vimos que a objetivação nos produtos do trabalho revela ontologicamente novos traços para a sua estrutura. Contudo, essa novidade limita-se ao para-nós que inere de modo interiormente objetivo às objetivações, apontando, portanto, já no próprio objeto para a sua serventia social, sem, no entanto, elevar-se de resto acima dos meros objetos (coisas) de tal maneira que seu modo fenomênico tivesse de denunciar de algum modo imediato a sua gênese, o seu ter-surgido de um processo genético. A objetivação até costuma aparecer como artefato, mas essa indicação para a sua gênese permanece abstrata na imediatidade; é preciso ter conhecimentos especializados, que vão além da mera capacidade de manuseio, para poder entender a "coisa" objetivada como resultado de um processo genético. A partir dessa constituição dos objetos cotidianos surge, então, espontaneamente a seguinte atitude: não compreender as "coisas" como surgidas geneticamente, mas como necessariamente "prontas e acabadas"; quando se pergunta pelo seu surgimento, geralmente se aponta para um "criador" transcendente. É o que ocorre já nos mitos de Prometeu para explicar o uso do fogo, que objetivamente sem dúvida foi um produto da atividade bem própria dos homens; é o que ocorre mais tarde nos mitos sobre a essência e o poder do dinheiro etc., que penetraram até na ciência e na filosofia. Portanto, não é nenhum milagre que as atividades mais elevadas, positivamente avaliadas, dos homens igualmente foram reificadas como "dons" míticos vindos de cima; é o que se deu justamente na filosofia (sabedoria) e na arte. Onde, como acontece no direito, o vínculo imediato com a vida é muito forte para poder ser totalmente projetado para o transcendente, os legisladores foram transformados em figuras míticas, dando ao direito por eles proclamado uma base em revelações transcendentes (Moisés, mas também, embora mais seculares, Licurgo, Sólon etc.). Essas mitificações originais dos próprios atos da humanidade em dons dos deuses, eventualmente mediados por heróis enviados por Deus, ainda sobrevivem na concepção atual em nível científico altamente desenvolvido, na medida em que as áreas da intelectualidade mais elevada não são concebidas como resultado da práxis humana, mas como valores "inatos", "intuições" (matemática), "inspirações" (arte) etc.

Essa resistência espontânea do pensamento cotidiano contra a validade universal do devir, da práxis humana como base de todo conhecimento adequado, fundado na gênese, dos objetos e processos do ser social recebe o reforço complementar de uma concepção igualmente espontânea e igualmente deformadora do próprio processo genético-real. Temos em mente as muitas teorias que, de modo ontologicamente inconsciente, partem de uma separação rigorosa, até de uma contraposição do processo espiritual e do processo material no trabalho. Essa dissociação possui um fundamento socialmente existente na medida em que, desde o surgimento da escravidão, fixou-se nas classes dominantes a seguinte representação: o processo do trabalho propriamente dito teria um caráter mecânico e só no ato espiritual de determinar o que e o como da execução se manifestaria a produtividade do espírito humano (com muita frequência com fundamentações transcendentes). Por essa razão, a pura representação daquele que cria parece estar acima da sua realização material, o criador acima daquilo que ele criou. Sem abordar aqui mais detalhadamente a estreita conexão entre essa concepção e as religiões, evidencia-se aí o parentesco íntimo como a teoria recém-discutida, a da mitologização da gênese. O traço comum reside metodologicamente na destruição idealizada dos complexos dinâmico-concretos, em cuja interação está fundado o ser social, o que faz surgir uma falsa polarização: de um lado, uma subjetividade criativa abstrata (logo, transcendente); do outro lado, uma conexão mecanicista igualmente abstrata entre "coisas" (muitas vezes apenas: reificações). A manifestação mais clara de que os dois extremos se completam encontra-se em concepções de mundo dos séculos XVII e XVIII, baseadas de modo mecanicista na necessidade, mas dos quais faz parte também um criador abstrato do mundo, que deu corda uma vez para sempre nesse "relógio universal".

    Nos debates sobre tais complexos de problemas, praticamente nunca aparece a autêntica concepção de Marx, a de uma história unitária do devir homem do homem desde a elevação acima da condição animal mediante o trabalho e a linguagem, mediante a objetivação dos processos, mediante a criação de modos de alienação do sujeito, até a perspectiva do reino da liberdade. Nesses debates, a polêmica não está voltada contra a unitariedade desse processo, na qual cabe ao metabolismo material com a natureza o papel de fundamento dinâmico e de motor que aciona, através do qual o sistema de objetivação criado pelo homem produz historicamente certo nível do ser social que oferece a possibilidade real de realização do reino da liberdade, a possibilidade real de uma atividade dos homens que pode se tornar fim próprio para eles, ou seja, a união de seu autodesdobramento como indivíduos e como gênero. A atividade espiritual dos homens diferencia-se dos mais variados modos, correspondendo à divisão social do trabalho que brota espontaneamente do processo de produção, justamente porque o próprio processo nada tem a ver com teleologia. Quer se trate de uma participação direta ou mediada no processo de crescimento da sociedade, no devir de uma socialidade cada vez mais pura, na integração das bases do gênero etc., quer se trate das intenções geralmente conscientes, muitas vezes falsamente conscientes, com extrema raridade claramente conscientes que tentam objetivar antecipatoriamente as condições humanas para o reino da liberdade, essa participação e essas intenções sempre terão a conexão mais estreita possível com o *hic et nunc* social de sua gênese e só atuando em conjunto – de modo desigual, contraditório – elas poderão viabilizar um equipamento para essa transformação da possibilidade em realidade. Somente o entrelaçamento numa unidade dos componentes materiais (sempre postos ideologicamente em marcha) e dos componentes imediata ou mediatamente conscientes que levam à práxis resulta no processo histórico, diante de cuja historicidade os momentos singulares necessariamente deixam de depender exclusivamente de si mesmos. Porém, esse quadro geral do desenvolvimento ideológico, esboçado já pelo jovem Marx, aflora só com extrema raridade nas controvérsias ideológicas sobre ideologia mesmo que seja apenas no horizonte. Há pouco tentamos caracterizar os motivos ontológicos dos adversários. Mas a maioria dos assim chamados defensores da teoria marxiana da ideologia, via de regra, igualmente passam ao largo do problema real. Eles ignoram completamente as determinações marxianas da particularidade do ser social, assumindo do materialismo burguês a determinidade mecânico-causal unilateral de todo o espiritual pelo material, sendo que, com muita frequência, um ser em geral ou uma forma singular do ser natural assume as funções da economia (a causalidade biológica na ética de Kautsky). Assim sendo, surge aqui um epigonismo raso do materialismo mecanicista, diante do qual parece que os seus críticos burgueses facilmente poderiam ter razão, tanto mais porque, tão logo aflora uma tentativa de transcender o materialismo vulgar, esta costuma se externar como recepção de alguma filosofia burguesa (Kant, positivismo etc.); é o que muitas vezes ocorre também hoje com muitos críticos das teorias da era Stalin.

Caso se queira efetuar, mesmo que seja só indicativamente – que é só o que se pode fazer aqui –, a confrontação dos antagonismos reais, indo além daquela ontologia mais universal possível, mas que é decisiva para a sua fundação, sem provocar mal-entendidos grandes demais, é inevitável fazer uma observação preliminar de cunho metodológico. A saber, a simples constatação de que da relevância ontológica exclusiva do desenvolvimento global unitário de modo algum decorre a impossibilidade especificamente científica de examinar isoladamente conexões singulares entre fenômenos e grupos de fenômenos. Exatamente o conjunto da obra de Marx, que está repleto dessas investigações singulares, mostra que, nesse tocante, não existe nenhuma incompatibilidade no plano metodológico, mas, muito antes, um apoio recíproco entre diversos modos investigativos. Todavia, o reconhecimento de tal possibilidade não abole as contraditoriedades fundamentais aqui operantes. Aponte-se apenas para os becos sem saída metodológicos para os quais muitas vezes chamamos a atenção aqui, os quais surgem do fato de que coisas ontologicamente inseparáveis são metodologicamente cindidas, como nos modos totalmente orientados para a autonomia com que se trata os assim chamados problemas especificamente econômicos e os problemas especificamente sociológicos. Uma análise fecunda de problemas singulares, que evita deformações da realidade, só pode surgir quando ela se atém rigorosamente às conexões ontológicas, à conjunção ontológica dos grupos de fenômenos – que passaram a ser apenas metodologicamente – isolados e jamais tenta afastar abstrativamente as suas inter-relações específicas da sua totalidade concreta ontologicamente originária. Justamente Marx mostrou incontáveis vezes que isso é factível, mas também se pode encontrar, na práxis de historiadores autênticos, exemplos de que essa separação na unidade e essa unidade na separação podem ser instintivamente apreendidas e expostas de modo correto.

A compreensão metodológica só poderá vir a ser a correta se não for além da simples interpretação de conexões ontológicas. Mas para isso não basta o simples ater-se abstrato à totalidade última do processo total e à sua influência determinante sobre os grupos singulares de fenômenos. Fazendo isso, facilmente se pode ficar preso a uma fraseologia abstrata. Para que se possa concretizar de modo frutífero as conexões reais daí resultantes, é preciso avançar para uma compreensão concreta da estrutura e dinâmica concretas dos complexos singulares, é preciso apreender concretamente os seus momentos singulares (e o momento preponderante que os rege) e também a necessidade das tendências para o desenvolvimento desigual, tanto no movimento de cada complexo concreto dentro da totalidade do processo total como na unidade de separação e conjunção, de autonomia e dependência recíproca, tendências operantes nas mais variadas mutações dos complexos parciais de cada complexo concreto. Em nosso caso, ou seja, no caso do lugar ocupado pelas formas ideológicas puras no processo global, é sem mais nem menos plausível que tanto a filosofia como a arte, enquanto objetivações espirituais, devem constituir complexos muito complicados, que só podem surgir da atuação conjunta, da homogeneização elaborada de tendências heterogêneas extremamente divergentes e cujo impacto duradouro sobre o processo global de desenvolvimento da humanidade igualmente costuma revelar fenômenos extremamente divergentes, heterogêneos entre si. (Pense-se no fato de que, no final do século XVIII, Shakespeare atuou como um explosivo contra formas e teorias formalistas petrificadas, enquanto, a partir do início do século XIX, a sua influência consistia em que ele foi concebido como o padrão da composição orgânica autenticamente artística.) Nessas conexões, naturalmente é impossível oferecer um quadro mesmo que apenas mais ou menos adequado da constituição interior de tais complexos, mostrar como seus componentes homogeneizados em termos teleológico-objetivadores podem se autonomizar – relativamente – no pensamento, tanto na gênese como no efeito, e como a unidade interior fundante, enquanto o princípio homogenizador que determina as qualidades, as proporções etc., ainda assim deve permanecer como o momento preponderante tanto na gênese como no efeito duradouro.

Essa consideração dos complexos puramente ideológicos reconduz à teoria de Marx sobre a ideologia. Já no que diz respeito à respectiva gênese, está claro – mesmo que isso contradiga muitas das opiniões hoje em moda – que o momento preponderante deve ser justamente o ideológico, o momento do enfrentamento e da resolução dos conflitos sociais. Todavia, esses conflitos não devem ser simplesmente limitados, como costuma fazer o marxismo vulgar no seu modo fenomênico tanto social-democrata quanto stalinista, às questões políticas ou econômicas que estão na ordem do dia em cada caso. Naturalmente, há situações históricas, em que um problema assim, um complexo de problemas desse tipo, ocupa de maneira tão premente o centro dos interesses que é capaz de provocar também tais reações e não só a busca política pelo último elo na corrente. De fato há tais casos, mas trata-se de casos excepcionais para essa área e, na maioria das vezes, dos menos centralmente característicos. Com efeito, a ideologia política visa apreender de modo real, prático, os momentos de cada complexo de crises, cuja decisão pode levar mais ou menos espontaneamente ao deslindamento prático do complexo global. Esse não é o caso das ideologias puras. Vimos que toda filosofia significativa está empenhada em oferecer um quadro geral do estado do mundo, que da cosmologia até a ética procura sintetizar todas as conexões de tal maneira que, a partir delas, também as decisões atuais se revelam como momentos necessários das decisões que determinam o destino do gênero humano. Basta remeter a Platão, no qual essa conexão, desde o lado mais abstrato da teoria das ideias até a vida e morte de Sócrates, impele para uma decisão no sentido da salvação – utópica – da antiga pólis.

E a grande arte formula as suas questões num patamar parecido de intenção voltada para a generidade, com a diferença de que nela vêm para o primeiro plano, como polo oposto complementar concretizador, aqueles tipos de individualização do homem cujas atitudes e ações na crise atual podem liberar em termos histórico-universais a intenção voltada para generidade. Visto que hoje predomina de muitas maneiras o preconceito de que a grande arte parte de questionamentos formais e até de inovações técnicas, é proveitoso escolher um exemplo, no qual – pela aparência imediata – o princípio formal possui a preponderância decisiva. Diz-se, muito provavelmente com razão, que Ésquilo foi um grande inovador por ter introduzido o segundo ator. Quando se reflete por um momento de modo imparcial sobre essa inovação, descobre-se forçosamente que narrador e coro de um lado, diálogo emoldurado por coros de outro lado, desvelam duas imagens de mundo diametralmente opostas: o diálogo, que dali por diante também passou a ser um centro formal, adquiriu a sua importância exclusivamente pelo fato de, no plano artístico, ter aberto o caminho para que a solução trágica de grandes conflitos fosse reconhecida, no plano da concepção de mundo, como resposta a eles a partir da perspectiva do gênero humano, algo que, naquele tempo, ocupou o primeiro plano em termos de concepção de mundo (e também políticos) como novo problema central. Passa-se, portanto, ao largo da essência e da grandeza da filosofia e da arte quando não se confere importância central à prioridade dessa sua função de oferecer respostas a crises.

Problemas parecidos emergem no caso dos seus efeitos duradouros. Estes nunca foram possibilitados pela perspicácia meramente lógica ou técnica, nunca por um saber meramente enciclopédico ou por uma fantasia ilimitada etc. Justamente quando se analisa a aparente arbitrariedade (na realidade, o desenvolvimento desigual) nos altos e baixos desses efeitos, constata-se reiteradamente que o motivo no final das contas decisivo dos efeitos duradouros, com referência tanto à filosofia como à arte, reside em se e em que medida eles são capazes de propor respostas às perguntas que, a cada momento dado, ocupam mais intensamente os homens, que ajudem os homens a acercar-se mais de uma elucidação espiritual – direcionando os conflitos atuais para o destino do gênero humano. Também nesse caso, essa intenção deve ser posta no centro e não obter uma atualidade meramente formal ou analógica. Por conseguinte, os grandes efeitos duradouros raramente têm um caráter de atualidade limitado à imediatidade, apesar de que (ou justamente por que) o seu motivo último repetidamente continua tendo tal atualidade histórico-universal. Heine, por exemplo, descreveu certeiramente essa base para o efeito da pintura da Renascença em sua obra *A escola romântica*:

> Os pintores da Itália polemizaram contra o papismo de modo talvez bem mais efetivo que o dos teólogos da Saxônia. A carne em flor nos quadros de Ticiano é tudo protestantismo. Os quadris da sua Vênus são teses muito mais bem fundamentadas do que aquelas que o monge alemão colou na porta da igreja de Wittenberg.[128]

---

[128] H. Heine, *Die romantische Schule*, Livro I, Sämtliche Werke (Elster), v. V, p. 227.

Naturalmente, muitos desses efeitos são muito menos diretos que nesse caso, mas eles sempre podem ser derivados das questões centrais atinentes ao gênero, com as quais as pessoas se debatem, em cada caso concreto, no cotidiano, na política, nas suas tentativas de obter um rumo no plano da concepção de mundo, com o auxílio das quais elas tentam dirimir cada um dos seus conflitos. É por isso que os efeitos duradouros das ideologias puras revelam uma desigualdade tão marcante, com muita frequência um emergir repentino e em seguida um submergir igualmente repentino. Na medida em que a história da filosofia, da literatura etc. se ocupa com tais problemas, ela via de regra parte do pressuposto em termos gerais correto de que, sobretudo no plano filosófico ou artístico, há complexos autenticamente valiosos que costumam adquirir tal efeito duradouro, mas de imediato ela se desvia do caminho quando tenta derivar esse efeito direta e exclusivamente da formação operante em cada caso, de seu elevado valor teórico ou artístico. Este sempre será o pressuposto geral dos efeitos duradouros, mas o seu encadeamento concreto é determinado pelo próprio desenvolvimento social. Cada época tem os seus próprios conflitos a enfrentar e quando, ao fazer isso, recorre ao passado em busca de apoio, ela sempre o faz no sentido do dito de Molière *"je prends mon bien où je le trouve"**. Porém, esse *"mon bien"* sempre se origina da essência especial ligada à época dos conflitos que devem ser enfrentados justo naquele momento. Por isso, o caráter sequencial e divergente de tais momentos não é, em primeira linha, puramente filosófico ou artístico, mas determinado pelo desenvolvimento social, pelo teor humano dos conflitos e de seu enfrentamento e resolução.

Considerado superficialmente, é como se isso fizesse desaparecer da filosofia o aspecto mais profundamente filosófico e da arte o propriamente artístico ou ao menos como se assim ele fosse degradado a algo secundário. Contudo, numa consideração mais precisa, ocorre justamente o contrário. Nas duas áreas, trata-se, antes de tudo, de complexos. Isto é, o ideológico como culminância, como momento preponderante na prática, que acaba determinando a gênese e o efeito duradouro, não é algo trazido de fora para dentro do complexo, tampouco uma "causa" dentro da sua esfera que cause algum outro "efeito" nele, mas é o impulso genético para o ser-propriamente-assim

---

* Pego minha propriedade onde a acho/pego o que é meu onde o acho. (N. E. A.) [Trad. literal: "Onde quer que eu encontre algo de bom pego para mim". (N. T.)]

do complexo que surge em cada momento. O seu conteúdo é constituído pelas questões postas pelo mundo, para as quais tanto o artista como o filósofo buscam respostas, ao se empenharem – cada um com os recursos que lhe são mais próprios – por construir do modo mais total e mais adequado possível, por auscultar e extrair penosamente da essência do ser uma imagem de mundo da generidade do homem, cuja totalidade direta ou indiretamente não só "resolve" o conflito causador, mas além disso também o insere, como etapa necessária, no itinerário da humanidade ao encontro de si mesma. A partir dessas atitudes simultaneamente práticas e contemplativas perante o mundo do homem surgem os complexos artísticos e filosóficos. Eles englobam tudo o que, em cada caso, está essencialmente vinculado com essas problemáticas e o fazem tanto nas determinações do instante histórico inquiridor quanto também, simultânea e inseparavelmente desse instante, como comportamento do sujeito que responde filosófica ou artisticamente. Portanto, a multiplicidade e a riqueza desses complexos são tão ilimitadas quanto o conteúdo das perguntas que os desencadeiam e das respostas que por eles são desencadeadas. Por essa razão surge de modo imediato uma diversidade infinita de formas, a partir das quais se constrói cada um desses complexos. Porém, pela mesma razão essa infinitude se ordena numa tipificação concreta precisamente delimitada das formações possíveis[129]. Ora, é claro que, nesse processo, também deve ocorrer uma autonomização dos momentos, para homogeneizar adequadamente – isto é, preservando o sentido humano de sua heterogeneidade – os limites heterogêneos de ação da realidade, mas, na mesma proporção, esses momentos reiteradamente se condensam na unidade das formações globais. Contudo, visto que ambos, tanto os momentos como as totalidades, elevam a esse patamar algo histórico-socialmente existente para fazer com que ele se torne efetivo na continuidade do desenvolvimento da humanidade, ambos podem figurar nos efeitos duradouros também como forças que atuam de modo autônomo. A história oferece tanto exemplos disso que é perfeitamente compreensível quando a ciência tenta apreender também a continuidade de tais momentos isoladamente tanto no plano ideal como no plano histórico. O único perigo desse procedimento é a dissociação e autonomização abstratamente conceituais dos momentos que facilmente pode levar ao surgimento

---

[129] Tenha-se em mente que, na literatura, só existem formas épicas, dramáticas e líricas.

de pseudo-objetividades que só desviam da efetiva compreensão da essência[130]. Só é possível combater com êxito a degeneração da autêntica reprodução ideal do ser, das conexões ontológicas reais, numa pseudo-objetividade desse tipo, que, por ser um fenômeno da moda, muitas vezes exerce grande influência, se a análise tenta apreender, tanto na gênese como no efeito duradouro, o seu centro dinâmico de fato.

É infundado o temor de que esse modo de tratar a questão no espírito do método marxiano não dê o devido peso aos valores genuinamente filosóficos ou artísticos. Acreditamos, pelo contrário, que sua consideração isolada, direcionada para a imanência parcial, necessariamente passará ao largo do valor supremo de sua totalidade, que é a sua ancoragem no destino da humanidade, porque esses valores supremos consistem justamente em que eles elevam o ser homem do homem a um patamar superior, formando nele novos órgãos para a apreensão mais rica, mais aprofundada da realidade, tornando a sua individualidade simultaneamente mais individual e mais genérica mediante tal enriquecimento. Em outros contextos, citamos as exposições de Marx a esse respeito no tocante à música. Seja permitido ressaltar aqui dentre elas as seguintes ideias:

> é apenas pela riqueza objetivamente desdobrada da essência humana que a riqueza da sensibilidade *humana* subjetiva, que um ouvido musical, um olho para a beleza da forma, em suma, as fruições humanas todas se tornam *sentidos* capazes, sentidos que se confirmam como forças essenciais *humanas*, em parte recém--cultivados, em parte recém-engendrados.[131]

Revelando-se, assim, todas as expressões e alienações humanas como momentos vivos do autêntico devir homem, a filosofia e a arte perdem a dependência só de si mesmas que as isola – em última análise –, aquele mero caráter de artigo de luxo que inevitavelmente adere à sua visualização a partir da perspectiva das ponderações "científico- singulares" e dos ensaios subjetivistas. O fato de que os marxistas vulgares, sob clave invertida, chegam a resultados parecidos e até ainda menos próprios do plano do gênero humano, nada tem a ver com as questões autênticas do marxismo.

---

[130] Basta pensar na teoria da ciência de Windelband-Rickert, na abstração e empatia em Worringer, na vivência originária e vivência formativa de Gundolf etc.
[131] K. Marx, *Ökonomisch-philosophische Manuskripte*, MEGA, v. III, p. 120; MEW EB, v. I, p. 541 [ed. bras. *Manuscritos econômico-filosóficos*, cit., p. 110].

Com efeito, também nessa teoria marxiana da ideologia expressa-se o seu princípio fundamental de que a raiz para o homem é o próprio homem, que o desenvolvimento social até pode desencadear objetivações a partir dele que muitas vezes parecem defrontar-se com ele na vida cotidiana como objetividades estranhas e na prática incidem sobre ele como tais, mas elas não deixam de ser, em última análise, alienações de seu próprio si, claro que não meramente particular, mas também genérico, e seus efeitos levam – quando se visualiza a totalidade do processo global – a uma elevação, a um aprofundamento, a uma ampliação de sua personalidade humana, contribuem para deixá-lo em condições de, nas crises do desenvolvimento da humanidade, transcender a sua própria particularidade, optar pelo ser-para-si do gênero humano. Com efeito, "o ser dos homens é o seu processo de vida real"[132] nos patamares mais elevados das ideias e das vivências, assim como também na confusão, na confusão do cotidiano. Portanto, quando o jovem Marx fala, nos *Manuscritos econômico-filosóficos*, de condições e consequências do socialismo vitorioso, ele o faz exatamente no espírito da visão de mundo que ele, décadas depois, verbalizou nas análises fundamentais para nós sobre o "reino da liberdade"; com efeito, essa transformação representa:

> a *emancipação* completa de todas as qualidades e sentidos humanos; mas ela é essa emancipação justamente pelo fato desses sentidos e qualidades terem se tornado *humanos*, tanto subjetiva quanto objetivamente. O olho se tornou olho *humano*, do mesmo modo como o seu *objeto* se tornou um objeto social, *humano*, proveniente do homem para o homem. Por isso, imediatamente em sua práxis, os *sentidos* se tornaram *teóricos*. Eles se comportam em relação à *coisa* em função da coisa, mas a própria coisa é um comportamento *humano objetivo* perante si mesma e perante o homem e vice versa. [...] A carência ou a fruição perderam, assim, a sua *natureza egoísta* e a natureza perdeu o seu *caráter meramente utilitário*, na medida em que a utilidade se tornou utilidade *humana*. Da mesma maneira, os sentidos e o espírito dos demais homens se tornaram a minha *própria* apropriação. Além desses órgãos imediatos, formam-se, por isso, órgãos *sociais*, na forma da sociedade, logo, por exemplo, a atividade em imediata sociedade com outros etc. tornou-se um órgão da minha *externação de vida* e um modo de apropriação da vida *humana*.[133]

---

[132] K. Marx e F. Engels, *Die deutsche Ideologie*, MEGA, v. V, p. 15; MEW, v. 3, p. 26 [ed. bras.: *A ideologia alemã*, cit., p. 94].

[133] K. Marx, *Ökonomisch-philosophische Manuskripte*, MEGA, v. V, p. 118-9; MEW EB, v. I, p. 540 [ed. bras.: *Manuscritos econômico-filosóficos*, cit., p. 109; com modif.].

A partir do aspecto objetivo da ontologia isso significa a consumação da socialização da sociedade, cujo lado subjetivo constitui a generidade interiormente preenchida e, inseparavelmente desta, a autêntica individualidade do homem singular. O desenvolvimento ideológico com sua culminância nas ideologias puras é tão indispensável para esta última quanto o desdobramento das forças produtivas é para a primeira, com a diferença de que esta, enquanto cadeia causal irresistível, impõe-se necessariamente a partir dos pores teleológicos dos homens, ao passo que a necessidade daquela deve manter irrevogável o caráter alternativo dos pores que a fundamentam e, por essa razão, só é capaz de expressar-se como possibilidade real de transformação do em-si do gênero humano em seu para-si. Contudo, a consequência disso de modo algum é uma mera subjetividade da objetividade do processo econômico, algo irracional perante sua racionalidade. Marx demonstrou que o desenvolvimento das forças produtivas constitui simultaneamente um desenvolvimento para um patamar superior do homem, mesmo que isso com muita frequência ocorra em formas inumanas. Contudo, as lutas, nas quais se efetua essa formação contraditória do homem de um mero ser da natureza para uma socialidade consciente, de um mero singular para uma individualidade, são, enquanto meios para o seu enfrentamento e resolução, simultaneamente veículos que ajudam a explicitar no homem a generidade autêntica. Nesse ponto, tampouco se deve pensar em "efeitos" mecânicos diretos. Os homens enredados em conflitos geralmente agem, antes, de modo espontâneo, motivados diretamente pelo que chamamos de a ontologia da vida cotidiana. Mas como surge esta? Indubitavelmente são decisivas nela as vivências primordialmente imediatas dos homens. O seu conteúdo e a sua forma, contudo, são influenciadas em ampla medida pelas ideologias – não por último também pelas ideologias puras –, cujas objetivações confluem para essa área. Não é preciso ter lido Marx para reagir em termos de classe aos acontecimentos do dia; não é preciso vivenciar artisticamente Dom Quixote ou Hamlet para ser influenciado por eles em resoluções éticas. Isso é assim tanto no bem quanto no mal – o que, no campo ideológico, nem pode ser diferente; tampouco foi necessário estudar Nietzsche ou Chamberlain para tomar decisões fascistas. Enquanto não forem desvendadas as inter-relações entre as ideologias (inclusive as mais elevadas e as mais ricas) e a ontologia do cotidiano, a saber, a elevação do modo de dirimir os conflitos a partir do cotidiano e simultaneamente o ingresso e a dissolução das ideologias nele, tanto a continuidade do desenvolvimento da humanidade como o caráter de suas crises parecerão inexplicáveis.

Partindo das compreensões assim obtidas parece-nos mais fácil iluminar o plano ideológico com o auxílio os demais complexos da superestrutura. As ciências naturais parecem apresentar a questão em seu estado mais simples. A constatação de cunho histórico geral de que o seu progresso está muito fortemente vinculado ao desenvolvimento da produção, ainda diz muito pouco: diz algo correto, mas simultaneamente abstrato. Com efeito, o fato de que as ciências naturais se diferenciaram lentamente até alcançarem a autonomia, partindo de compreensões de início puramente empíricas, muitas vezes casuais, que embasaram na prática os pores teleológicos no metabolismo com a natureza, ainda diz pouco. No aspecto ontológico geral, a mais complexa das teorias, por exemplo a da física moderna, não é ideologia pelas mesmas razões que levaram a afirmar que não era ideologia a identificação imediata, por parte do homem primitivo, das pedras que podiam ser polidas. E, no caso de determinados efeitos sociais de cunho geral, já mostramos que a ideologização da teoria de Galilei ou Darwin não decorre por necessidade diretamente da essência teórica de tais teorias, assim como o mito de Prometeu não decorre do ato de fazer fogo. Entretanto, não deixa de ser um mito quando se passa a tentar dissociar hermeticamente do campo da ideologia as ciências naturais quanto à sua gênese e aos seus efeitos duradouros. Trata-se, nesse caso, uma vez mais de algo a que a história das ciências naturais costuma voltar as costas, a saber, a ontologia da vida cotidiana. Porém, esta atua com muita intensidade justamente sobre as representações básicas sobre as quais a ciência de eras inteiras costuma se apoiar como se fossem uma obviedade. Limito-me a remeter novamente à diferenciação entre mundo sublunar e supralunar na Antiguidade e gostaria de indicar – com toda a modéstia do não especialista – para o quanto justamente a técnica de manipulação altamente desenvolvida e aparentemente exata dos nossos dias costuma constituir no cotidiano representações do ser totalmente sem razão, infundadas (e, por mediação deste, também nas ciências), que tranquilamente podem competir com as suas irmãs da Antiguidade, representações que, no pensamento científico, muitas vezes são levadas como "axiomas" (dogmas) e cuja crítica que vai se tornando geral pressupõe uma mudança no ser histórico-social. Por essa razão, Engels apontou, justamente nesse tocante, para a necessária crítica às ciências naturais (não de seus resultados concretos, mas de tais representações fundamentais). Ele diz sobre a relação entre a filosofia dos séculos XVII e XVIII com as ciências naturais:

> A filosofia daquele tempo angariou para si o máximo louvor por não ter se deixado induzir a erro pela condição limitada dos conhecimentos concomitantes sobre a natureza, por ter perseverado – de Espinosa até os grandes materialistas franceses – em explicar o mundo a partir dele mesmo e ter deixado para a ciência natural do futuro a justificação em seus detalhes.[134]

Nas ciências sociais, a questão é objetivamente mais simples, mas subjetivamente ainda mais controvertida. Ela é mais simples porque o fundamento ontológico de toda ciência social é constituído por pores teleológicos que visam provocar modificações na consciência dos homens, em seus futuros pores teleológicos. Só com isso, tanto a sua gênese quanto o seu efeito já contêm um elemento irrevogavelmente ideológico. A realização naturalmente é bem mais complexa. Por um lado, porque o papel desempenhado por toda ciência social na divisão social do trabalho simultaneamente também propõe a tarefa de retratar, ordenar, expor etc. os fatos e as conexões por ela tratados assim como eles de fato atuaram e atuam na totalidade do ser social. Essa tendência e sua realização tendencial é que fazem dessas ciências e lhes asseguram ao mesmo tempo de modo imediato o seu lugar na divisão social do trabalho. Esse ser social imediato, contudo, pode acarretar a fetichização desse momento tendencial, tornando-o absoluto. Particularmente na luta contra a teoria marxiana da ideologia surgiu tal fetichização, que se externou sobretudo como contraposição metafísica rígida de ideologia (subjetiva) e pura objetividade enquanto princípio que vigorava com exclusividade para a ciência. Em um exame ontológico imparcial, esse antagonismo metafísico se revela como puramente fictício. Antes de tudo, de modo algum decorre da gênese ideologicamente determinada de uma obra científica, e até de toda uma ciência, a sua incapacidade para constatações ou teorias científicas objetivas. Para citar só um exemplo muito conhecido: o ponto de partida da economia de Sismondi é inquestionavelmente ideológico: a luta por uma tendência de desenvolvimento da economia capitalista, que teria a função de evitar as suas perigosas contradições. Porém, esse posicionamento é fundamentado com uma análise

---

[134] F. Engels, *Dialektik der Natur*, cit., p. 486; MEW, v. 20, p. 315.

econômica que, em sua correção objetiva, marcou época na ciência: com a comprovação da legalidade econômica das crises econômicas a partir de um determinado patamar de desenvolvimento do capitalismo. A justificativa científica dessas teses teve de ser reconhecida inclusive pelo seu grande antípoda Ricardo (para quem, diga-se de passagem, o fundamento de sua própria objetividade científica, o exame da economia capitalista do ponto de vista dos interesses do capital total, era igualmente determinado pela ideologia). Os exemplos poderiam ser ilimitadamente multiplicados.

A razão disso é evidente. A divisão social do trabalho faz surgir, de modo cada vez mais diferenciado, diversas ciências, a fim de dominar o ser especificamente social da mesma maneira que, com a ajuda das ciências naturais, o metabolismo com a natureza se tornou cada vez mais dominável. Inquestionavelmente isso pressupõe uma exigência de objetividade quanto a seleção, crítica, tratamento etc. dos fatos. Porém, seria ilusão acreditar que, desse modo, os momentos ideológicos estariam excluídos dessas ciências. Quando, em um ponto anterior das nossas considerações sobre ideologias em geral e sobre a ideologia política em especial, acentuamos a neutralidade destas em relação à questão da verdade, obviamente estava contida nisso a constatação de que a mais pura das verdades objetivas pode ser manejada como meio para dirimir conflitos sociais, ou seja, como ideologia, já que ser ideologia de modo algum constitui uma propriedade social fixa das formações espirituais, sendo, muito antes, por sua essência ontológica, uma função social e não um tipo de ser. Daí resulta a neutralidade já indicada das ideologias socialmente operantes perante a verdade científica objetiva. Contudo, também no caso dessa constatação em si correta é preciso precaver-se de generalizações (tanto gnosiológicas como lógicas) abstratas, porque estas muito facilmente podem deformar mediante extrapolação o que em si é ontologicamente correto. A ação social, os seus conflitos, a sua solução etc. diferenciam-se em grande medida do metabolismo com a natureza, e essa diferença também se expressa no fato de que nos primeiros o campo de ação utilizável com êxito de teorias falsas, incompletas etc. é muito maior que no caso do último. Porém, isso de modo algum anula o significado positivo de teorias corretas, de constatações de fatos etc. Pelo contrário. Nas ciências sociais, por exemplo, a situação social geral de que as ideias dominantes de uma sociedade são as ideias de sua classe dominante com frequência leva a uma petrificação da cientificidade e as ideologias que se opõem em termos de classe podem, na luta contra isso, pôr em marcha uma renovação e uma elevação de nível essenciais das ciências (também como ciências puras), pelo fato de a nova posição ideológica poder trazer à tona fatos, conexões, legalidades etc. até ali negligenciados. Da neutralidade ontológica das ideologias perante a objetividade gnosiologicamente exigida não decorre nem que a correção científica deva inibir o poder de persuasão da ideologia como ideologia, nem que algo surgido de modo puramente científico não possa desempenhar um grande papel ideológico.

A relação entre ideologia e ciência de modo algum pode ser descrita, nem mesmo em termos aproximativos, mediante a proclamação de uma suposta isenção valorativa, do abster-se de fazer valorações etc. Essa tendência, que geralmente entra em cena como autodefesa de uma "cientificidade" professoral tantas vezes infrutífera, na maioria dos casos se revela como pura ideologia, quando as valorações da classe ora dominante são tratadas como "fatos constatados isentos de valorações", quando não se considera que a mais elementar escolha da temática, seleção dos fatos, por exemplo, na ciência da história, nem mesmo pode ser efetuada de modo totalmente independente de qualquer aspecto ideológico. No entanto, uma exposição realmente convincente dessa relação só poderia resultar de uma análise minuciosa de todas as ciências sociais, porque, em suas funções sociais extremamente distintas, essa relação aparece, nas áreas singulares, de modos qualitativamente (construtivo, dinâmico, categorial etc.) distintos. Uma investigação com essas dimensões extrapolaria o quadro desta obra, que deve se limitar às questões mais fundamentais da ontologia do ser social. Só para indicar o método da problematização correta, seja permitido apontar para a problematização central de cunho histórico-metodológico de Tucídides, que nesses debates não raro figura como modelo de objetividade científica, mais precisamente com base na análise de Werner Jäger, que até agora nunca foi acusado de ter aderido à teoria marxiana da ideologia. Ele considera Tucídides como o criador da história política, na qual a problemática do Estado, da pólis, constitui o ponto de partida central. Consequentemente, o que importa para Tucídides nesse tocante é "apresentar a verdade de modo simples e imparcial". Mas como ele chega a ela? Werner Jäger faz uma descrição precisa disso:

> [...] quando Tucídides transfere a "história" para o mundo político, dá um sentido novo à investigação da verdade. Para compreender o passo que ele dá, é necessário ligá-lo à concepção peculiar que os helenos têm da ação. Para eles, o que propria-

mente move as coisas é o conhecimento. É essa intenção prática que diferencia a sua busca pela verdade da 'teoria', completamente desinteressada, da filosofia jônica da natureza. Ninguém na Ática podia conceber uma ciência que tivesse outro fim que não o de conduzir à ação justa.[135]

Nesse aspecto, Werner estabelece, mais uma vez de modo consequente, um paralelo de Tucídides com Platão. Porém, se ambos estipulam como finalidade de suas ciências conduzir à ação justa, em que isso difere da teoria marxiana da ideologia como meio para dirimir conflitos sociais? E acreditamos que, quando se examina mais de perto os pontos de partida metodológicos de qualquer historiador realmente significativo, chega-se em toda parte a um resultado assim – todavia, só no plano metodológico. O fato de os pontos de partida e as finalidades serem totalmente diferentes, por exemplo, em Maquiavel ou Gibbon, em Condorcet ou Thierry, não muda nada nesse nexo ontológico entre a visão política (ideológica) da história e o método científico com que ela é elaborada. É óbvio que o que acabou de ser exposto também vale para historiadores de orientações políticas contrárias como Burke, Ranke etc.

O mesmo poderia facilmente ser demonstrado em relação à economia, cujos fundadores significativos partiram sem exceção de situações de conflito e nunca deram uma resposta a elas sem ter a perspectiva de soluções ideológicas. O notório paralelismo entre o desenvolvimento do próprio capitalismo e a sua verificação teórico-científica seria simplesmente um milagre se não fosse essa postura das principais figuras científicas. Para as nossas análises reveste-se de especial importância, nesse tocante, o fato de que essa irrevogável funcionalidade ideológica das ciências as aproximam fortemente da ideologia pura em termos sócio-ontológicos. Elas também se erguem da esfera da ontologia do cotidiano, sendo em grande medida determinadas por seus conteúdos e suas formas, forças e limitações e suas valorações (inclusive as puramente científicas) retornam para dentro dessa esfera como enriquecimentos tanto para o bem quanto para o mal. Essa dissolução prática na ontologia do cotidiano é reforçada ainda mais por diversas teorias tanto filosóficas como semifilosóficas que se originam das ciências; basta pensar nos efeitos bastante contraditórios, por exemplo, do direito natural. O funcionamento de teorias, constatações de fatos etc. como ideologias com muita frequência apaga os limites

---

[135] W. Jäger, *Paideia*, cit., v. I, p. 486 [ed. bras.: *Paideia*, cit., p. 446-7; com modif.].

que a divisão social do trabalho normalmente estipula para essas disciplinas e seus representantes. Por mais que a ontologia do cotidiano simplifique e de muitas maneiras vulgarize as partes integrantes das ideologias que nela confluem (o elemento histórico muitas vezes volta a adquirir nela um caráter mítico), ela tem igualmente uma tendência para a síntese; ambas as coisas visam reforçar a função de ideologia, a condução imediata da práxis.

É impossível tratar desse complexo de problemas, por mais esquematicamente que seja, sem ao menos tangenciar o problema de como o marxismo insere a si próprio no complexo de problemas das ideologias. Até mesmo pensadores proeminentes da burguesia dão a essa questão um viés banalizante; um acadêmico da seriedade de Max Weber a transforma num gracejo gnosiológico: "porque a interpretação materialista da história tampouco é um fiacre no qual se pode embarcar a qualquer hora e ela não se detém diante dos que promovem revoluções!"[136]. Max Weber parte aqui da contraposição gnosiológica de ciência e ideologia, que pressupõe um contraste metafisicamente petrificado; a ciência deve adotar um procedimento totalmente isento, não podendo ter, portanto, nenhum tipo de identidade com as ideologias de orientação ideológico-valorativa, razão pela qual está excluído por princípio que ambas tenham algo em comum em termos de funcionamento social. Segundo Weber, os marxistas teriam de escolher, portanto, de uma vez por todas se querem encarar a sua teoria como ciência ou como ideologia. Isso é metafísica puramente baseada na gnosiologia. Vimos que a dissociação dos dois complexos depende do ponto de vista de sua função no âmbito do ser social e nada tem a ver com a questão da cientificidade ou falta de cientificidade. A cientificidade está fundada na aspiração por conhecer a realidade objetiva, como ela é em si. Nas ciências naturais, isso se dá de modo socialmente espontâneo, visto que seus resultados só podem desempenhar um papel ativo e positivo em caso da execução aproximadamente bem-sucedida de tal intenção na reprodução material do ser social. Já vimos que as posições das quais elas partem e, em decorrência disso, os seus métodos e resultados costumam ser determinados em grande medida pela ontologia da vida cotidiana. E por mais espontânea que possa ser a relação entre a ciência e essa ontologia da vida cotidiana, uma análise mais profunda sempre mostrará que, na maioria dos casos, a sua simples aceitação ou a rejeição crítica – consciente ou não cons-

---

[136] M. Weber, *Gesammelte politische Schriften*, cit., p. 446.

ciente, direta ou mediada, eventualmente até remotamente mediada – está vinculada com posicionamentos quanto ao respectivo estado das forças produtivas, quanto ao respectivo estado da sociedade. Ainda mais claramente determinante é esse papel nas ciências sociais. Hoje em dia, apenas poucos ousariam contestar que toda ciência jurídica tem de presumir a proteção de uma condição social dada. E o fundamento metodológico da "objetividade" histórico-científica, por exemplo, em Ranke, que dominou por décadas a ciência histórica alemã, a saber, que cada era estaria tão perto de Deus como qualquer outra, evidentemente não é nenhuma imagem objetiva "valorativamente isenta" do próprio processo histórico, mas apenas eleva à condição de "axioma" científico a ontologia de matiz conservador da vida cotidiana posterior à Revolução Francesa, sendo, portanto – no mínimo –, uma ideologia potencial (e que muitas vezes se tornou efetiva) da Alemanha da restauração. Não existe um dilema rígido de ideologia e ciência no sentido das palavras de Max Weber.

Não muito diferente é a situação da assim chamada desideologização que se tornou o mote em moda da manipulação neopositivista. Existirem conflitos sociais e eles terem de ser dirimidos de alguma maneira, tanto no plano espiritual como no propagandístico, permanece um fato social objetivamente irrevogável mesmo em meio à mais difundida e à mais organizada das manipulações. Porém, isso transforma a desideologização realmente executada uma contradição social em si mesma, a sua teoria, na melhor das hipóteses, numa autoilusão. Não se contesta, desse modo, a "originalidade teórica" da desideologização – desde que seja no âmbito de uma teoria da ideologia. Segundo a determinação social do seu ser, ela igualmente é uma ideologia, tendo, todavia, uma constituição bem peculiar. Pois, ao passo que a maior parte das ideologias mais antigas – racional ou irracionalmente fundamentadas, sinceramente convictas ou futilmente demagógicas etc. – apelavam, no enfrentamento e na resolução de todo e qualquer conflito, predominantemente para a generidade do homem como princípio enfim decisivo de sua práxis, a desideologização da era da manipulação pretende pôr em movimento quase que exclusivamente o homem particular, quer exercer uma influência motivadora somente sobre o entendimento e os instintos dessa particularidade. Nesse ponto, manifesta-se de modo totalmente escancarado, aquilo que objetivamente entrara em ação já em Max Weber, claro que num nível intelectual e moral muito superior, a saber, que a gnosiologia não é o órgão apropriado à diferenciação entre ideologia e não ideologia. A função social decide se algo se torna ideologia, e sobre isso a gnosiologia, por sua essência, não pode dispor. Com a exigência da isenção valorativa (melhor dito: da intenção subjetiva sincera de não emitir nenhum juízo de valor) feita por Max Weber só se pode determinar se o sujeito tem a intenção de objetivar uma ideologia, o que, uma vez mais, nada tem a ver com o fato referente a se aquilo que foi objetivado – querendo ou não – funciona objetivamente como ideologia. Trata-se, nos dois casos, apenas de acalmar a "consciência profissional": no caso de Max Weber, da consciência do erudito enquanto erudito ou então enquanto local de uma abstenção – geralmente imaginária – de todo partidarismo na sociedade; no caso da desideologização, para que esteja em condições de realizar a efetividade imediatamente prática de um bom administrador (eventualmente, só de um diretor de publicidade bem-sucedido) em suas objetivações políticas, publicísticas, científicas.

Nossas considerações mostram que a decisão supostamente necessária exigida por Max Weber, quanto a se uma objetivação intencionada seria ciência ou ideologia, é improcedente. Por essa razão, ela tampouco representa qualquer dilema para o marxismo. Por um lado, está claro que, desde o princípio, o marxismo se concebeu como um instrumento, como órgão para dirimir conflitos do seu tempo, sobretudo o conflito central entre burguesia e proletariado. A última Tese sobre Feuerbach referente ao antagonismo (e à unidade) entre interpretar e transformar a realidade, uma tese clara, mesmo que muitas vezes tenha sido interpretada de modo vulgarizante e simplificado, mostra com toda nitidez que essa postura existe desde o princípio. Tampouco é necessário contestar que alguma vez ele tivesse tido a intenção de dissimular a sua própria gênese histórico-social mediante alguma "atemporalidade" formulada gnosiologicamente. O posicionamento sumamente consciente, simultaneamente de aprofundamento e crítica em relação a todos os predecessores (a Hegel, à economia clássica, aos grandes utópicos) mostra isso com toda a clareza. O marxismo, portanto, jamais escondeu a sua gênese e função ideológicas: é possível encontrar em seus clássicos frequentes formulações no sentido de que ele justamente seria a ideologia do proletariado. Por outro lado e simultaneamente, em todas as suas exposições teóricas, históricas e sociocríticas, ele sempre levanta a pretensão da cientificidade; a sua polêmica contra concepções falsas (por exemplo, as de Proudhon, Lassalle etc.) sempre se mantém, pela própria essência da coisa, num plano puramente científico, consistindo na comprovação racional e programática de incoerências na teoria, de imprecisões na exposição de fatos históricos etc. O fato de tais abordagens com muita frequência serem reforçadas pela crítica à gênese social dessas concepções falsas, como às vezes é o caso do caráter infundado, da ingenuidade, da *mala fides* etc. muitas vezes espontâneas do comportamento ideológico em questão, nada muda no caráter científico dessas controvérsias. O antagonismo real entre científico e não científico é uma questão objetiva e metodológica; a técnica do modo de exposição, as diferenças de temperamento investigativo literário etc. não têm objetivamente nada a ver com isso: o correto pode ser expresso com extremo entusiasmo, o falso, com a atitude do mais sublime suprapartidarismo. E, indo além disso, Lenin tem toda a razão ao vislumbrar, no significado intensificado, na concretização da estrutura dinâmica do caráter de classe da sociedade, a possibilidade de intensificação da objetividade, ao considerar que o posicionamento franco e partidário diante dos acontecimentos não os anula ou prejudica, ao achar que o marxista tem o dever de, "em toda valoração de um acontecimento, assumir direta e francamente o ponto de vista de um determinado grupo social"[137]. A união e a separação de ideologia e ciência já vem bem claramente à tona na expressão "valorar".

Porém, ao remover do caminho esse tipo de acusações falsas, devemos, ao mesmo tempo, abordar um pouco mais detidamente a particularidade do marxismo autêntico. Em contextos anteriores já expusemos que ele concretizou uma vinculação nova e peculiar entre ciência e filosofia. O que interessa agora é registrar o princípio ativo nessa vinculação. Este é, por sua essência metodológica, uma crítica ontológica recíproca de filosofia e ciência, isto é, a ciência geralmente controla "a partir de baixo" se as generalizações ontológicas nas sínteses filosóficas se encontram em consonância com o movimento real do ser social, se elas não se distanciam do ser social de modo abstrativo. Por outro lado, a filosofia exerce uma crítica ontológica permanente das ciências "a partir de cima", ao controlar continuamente em que medida cada questão singular é tratada, tanto no plano estrutural como no plano dinâmico, ontologicamente no lugar correto, no contexto correto, se e em que medida a submersão na riqueza das experiências concretas singulares não confunde, mas aumenta e aprofunda o conhecimento das tendências contraditórias e desiguais de desenvolvimento da totalidade do ser social. Ambas as atitudes críticas estão direcionadas simultaneamente também para a ontologia da vida

---

[137] V. I. Lenin, [*Die theoretischen Grundlagen des Marxismus,*] cit., p. 351; LW, v. 1, p. 414.

cotidiana. Exatamente porque o marxismo quer e pode verificar cada forma de consciência com base no ser social, ele também pode efetuar uma confrontação crítica com o próprio ser social ao deparar-se com esse complexo de representações profundamente arraigadas, embora muitas vezes pouco pesquisadas. Todavia, essa ligação pela primeira vez tão íntima entre ciência e filosofia é igualmente resultado do desenvolvimento da humanidade até o momento presente. Anteriormente, descrevemos a importante função da filosofia na elaboração dos problemas atinentes ao gênero também em épocas de conflito, nas quais ela só conseguiu interferir de modo sumamente indireto nas decisões. O papel da filosofia do Iluminismo na grande Revolução Francesa constituiu um importante fenômeno de transição. Agora esse ontologismo social consequente, essa fundação consciente e metodológica da generalização filosófica sobre o processo econômico real, é um sinal histórico de que a decisão nos conflitos que acarretam o término da "pré-história da humanidade", gradativamente foi posta na ordem do dia em escala histórico-mundial. Desse modo, surge a possibilidade de dirimir ideologicamente esses conflitos com base em cientificidade autêntica.

Só a possibilidade, no entanto. No período do surgimento dos grandes partidos proletários, os fundadores do marxismo visualizaram também esse problema como um problema a ser solucionado. No posfácio de *A guerra camponesa alemã* (1875), Engels levanta a questão de que a luta do partido deverá ser "travada em acordo e coesão e conforme um plano em suas três frentes – na teórica, na política e na prático-econômica (resistência contra os capitalistas)". E com referência ao problema da teoria, da cientificidade, ele coloca no centro a exigência "de que o socialismo, desde que se tornou uma ciência, também seja praticado como ciência"[138]. Sobre a realização ideológica, prática, dessa exigência que brota da essência do marxismo, Marx já havia se pronunciado claramente décadas antes, sintomaticamente em um contexto que abarca, em seu ser e devir, a constituição ontológica desses conflitos, o complexo das revoluções proletárias, no qual, por isso mesmo, aparece a necessidade do ser dessa cientificidade como autocontrole ontológico das revoluções,

---

[138] F. Engels, "Vorbemerkung zu..." [Observação preliminar a...]) *Der deutsche Bauernkrieg* (Berlim, 1930), p. 169-70; MEW, v. 7, p. 542. Em *Que fazer?*, Lenin coloca essa questão no centro de suas propostas revolucionárias de reforma do partido. Ele resume da seguinte maneira a exigência de Engels: "Sem teoria revolucionária, não há movimento revolucionário" (*Was tun?*, Werke, v. IV/II, p. 152; LW, v. 5, p. 379 [ed. bras.: *Que fazer?*, cit., p. 81]).

como tendência para a autocrítica. Por isso, em O *18 de brumário*, Marx concretiza a desigualdade complexa das revoluções proletárias como aspecto do seu ser que se contrapõe ao decurso típico das revoluções burguesas:

> As revoluções proletárias [...] encontram-se em constante autocrítica, interrompem continuamente a sua própria marcha, retornam ao que aparentemente conseguiram realizar para começar tudo de novo, zombam de modo cruel e minucioso de todas as meias medidas, das debilidades e dos aspectos deploráveis de suas primeiras tentativas, [...].[139]

Quem analisa a partir desse ponto de vista a fase leninista da maior das revoluções proletárias ocorridas até hoje pode observar essa autocrítica já na fase preparatória, em abril de 1917 e no período da revolta de junho. Ele adquire uma fisionomia ainda mais nítida nos debates sobre a paz de Brest, e chega à sua primeira grande culminação nas exposições teóricas de Lenin por ocasião da introdução da NPE: nestas, toda a etapa do "comunismo de guerra" é rejeitada autocriticamente como um desvio do caminho autêntico – ainda que ditado pela situação objetiva – que leva à construção do socialismo. Caráter similar também possui a sua atuação no debate dos sindicatos (1921), e os registros dos seus anos de enfermidade evidenciam preparativos espirituais para uma nova autocrítica da revolução na questão da crescente burocratização do aparato do governo e do partido.

Não é difícil de perceber que a autocrítica da revolução proletária, descrita aqui como realização teórica e prática, nada mais representa que o cumprimento da exigência de cientificidade rigorosa na práxis partidária, que Engels a seu tempo considerou necessária, na qual está embasada a posição peculiar do marxismo enquanto meio científico de dirimir conflitos sociais. Nesse caso, o tema não consiste de antagonismos entre normas filosóficas e factualidades sociais, como foi no caso dos jacobinos em 1793-1794; isso fica evidente quando se analisa concretamente as grandes autocríticas de Lenin. A teoria constitui nelas apenas o método para encontrar a solução cientificamente ótima em situações concretas singulares, totalmente novas, produzidas pelas desigualdades concretas de cada desenvolvimento, mesmo que essa solução – de

---

[139] K. Marx, *Der achtzehnte Brumaire*, p. 25; MEW, v. 8, p. 118 [ed. bras.: *O 18 de brumário de Luís Bonaparte*, cit., p. 30].

modo historicamente necessário – ainda não tenha sido identificada pelo próprio Marx. Já desse aspecto resulta que a posição peculiar do marxismo descrita por nós como método cientificamente fundamentado de dirimir conflitos constitui uma possibilidade real que até pode ser realizada se ele se ativer às sugestões de Engels, mas que, não obstante, não passa de uma possibilidade. A suposição de que isso possa decorrer automaticamente da fidelidade formalista ao teor literal da teoria marxiana, de que a exigência de cientificidade possa ser substituída pelas resoluções de pessoas ou instâncias singulares, constitui uma ideologia – sem nenhum fundamento – no sentido pejorativo e a prática da mesma rebaixa o próprio marxismo a esse nível. É impossível que da condição de classe do proletariado possa resultar automaticamente a capacidade de efetuar medidas corretivas; isso foi comprovado pela doutrina teórica da Segunda Internacional e por sua bancarrota durante a Primeira Guerra Mundial. De fato, é possível reconhecer mediante a análise histórico-teórica da gênese e da constituição de tais teorias que elas surgiram ideologicamente da intenção – muitas vezes inconsciente – de dirimir os conflitos entre burguesia e proletariado de um modo menos resoluto ou menos concreto que o próprio Marx.

Visto que o caráter de ideologia surge da função no processo social, trata-se, nesse tocante, sobretudo da questão de prioridade metodológica interior da relação entre conhecimento histórico-social da situação e conteúdo, rumo etc. da tentativa de dirimir o conflito dado. Note-se bem: essa prioridade sempre é pensada em termos concretos. O momento decisivo não é a prioridade psicológica adotada pelos agentes ou pelos líderes, mas que complexo tem objetivamente a primazia objetiva na configuração do "o que fazer?", para dirimir o conflito; a psicologia dos agentes de modo algum precisa sempre corresponder a essa situação objetiva. Portanto, objetivamente o tema é o dilema concreto se ciência e filosofia chegaram a uma concepção objetivamente motivada do estado das tendências de desenvolvimento, do que decorrem, então, estratégia e tática derivadas objetivamente, com métodos científicos, de enfrentamento de sequências de conflitos e de conflitos singulares, ou se a decisão tática possui a prioridade objetiva, à qual são então agregadas a estratégia e a teoria geral como construções auxiliares de reforço propagandístico. Quando esse dilema é formulado de modo conceitualmente claro e evidente, ele expressa historicamente a oposição expressa no modo como Lenin (no espírito de Marx e Engels) e Stalin manejaram o marxismo na teoria e na práxis.

Aqui naturalmente não é o lugar para falar extensamente do antagonismo entre as posições de Lenin e Stalin. Já caracterizamos os métodos de Lenin em diversas oportunidades. E sobre Stalin este autor igualmente já se expressou publicamente repetidas vezes. Basta, portanto, mencionar alguns exemplos para ilustrar o seu método. Quando, na década de 1920, surgiu uma diferença entre Stalin e Trotski quanto à tática em relação à questão da Revolução Chinesa, Stalin a resolveu simplesmente eliminando as relações de produção asiáticas – de importância central para a história geral do desenvolvimento – do sistema do marxismo, para poder basear "teoricamente" a sua linha tática na dissolução do feudalismo chinês (que nunca existiu). Ou quando ele, no ano de 1939, firmou o pacto com Hitler, decretou igualmente que a segunda guerra imperialista, segundo sua essência social, seria idêntica à primeira, logo, que, por exemplo, os trabalhadores franceses ou ingleses teriam de assumir, diante da agressão fascista, a posição de Liebknecht de que "o inimigo está no meu próprio país" etc. O que nos interessa aqui é apenas o método; não está em discussão em que medida as próprias resoluções táticas foram acertadas ou equivocadas. O aspecto importante é que, em todos esses casos, Stalin partiu de ponderações puramente táticas e usou a análise teórica da respectiva situação histórica como mero recurso de Propaganda para a resolução que ele já havia tomado.

Procedendo assim, ele rompeu com o método marxiano. Ninguém negará que as suas decisões táticas foram determinadas pela profissão de princípio para o socialismo; mas isso não anula o antagonismo metodológico diametral, excludente, em relação a Marx, não impede que, mediante esse método, o marxismo tenha sido degradado a ideologia no sentido pejorativo. E o distanciamento dos seus métodos efetuado até agora infelizmente ainda não está direcionado para esse ponto central. A designação "culto à personalidade" e a aversão generalizada a falar de um stalinismo – embora, no caso dele, assim como no de Proudhon ou no de Lassalle, trate-se de um sistema de concepções incompatíveis com o método marxiano – mostram claramente o temor em vista de uma prestação de contas radical, de uma autocrítica da revolução proletária no sentido de Marx e Engels indicado acima. Por essa razão, no marxismo hoje praticado, a tática continua tendo a primazia em relação à teoria. Essa situação tem para o marxismo consequências bem diferentes do que para qualquer teoria anterior. Se alguém quiser atualizar metodologicamente Platão ou Descartes – mesmo depois de um período tão longo de inatividade –, basta que recorra ao método propriamente dito. A teoria marxiana, porém, é, como foi mostrado, um novo tipo de síntese de filosofia e ciência. Portanto, a sua renovação tem de ser vinculada organicamente com um conhecimento teórico da situação atual. Isto é, com base no autêntico método marxiano, deveria ser posto a descoberto o caminho econômico que leva à situação atual, aos seus problemas, aos modos do seu dirimir. Desviar-se do marxismo enquanto unidade de ciência e filosofia tem como consequência que os marxistas muitas vezes procurem aplicar de modo acrítico e mecânico ao presente categorias como foram formuladas há 40-80 anos. Antes que isso seja recuperado cientificamente para o capitalismo, para o socialismo, para os povos atrasados, será impossível validar exitosamente a particularidade do marxismo no enfrentamento e na resolução dos conflitos sociais. Pela própria natureza do tema, uma abordagem concreta mais precisa desses problemas está interditada nesse ponto. Só o que podia importar aqui era mostrar que o método de Marx assume esse lugar específico no desenvolvimento do pensamento humano sobre o mundo, que ele, por isso mesmo, abriga em si a possibilidade de enquanto ideologia participar do enfrentamento e da resolução dos conflitos de modo a ser capaz de proporcionar intelectualmente, para a solução desses conflitos, tanto o fundamento cientificamente objetivo como a perspectiva de uma saída para a humanidade, para o gênero, qual seja, a perspectiva da transformação do gênero humano existente em si num gênero humano existente para si. Se, onde e como se dará esse renascimento do marxismo obviamente não poderá ser nem mesmo indicado aqui. Porém, a demonstração ontológica dessa possibilidade tinha de constituir a conclusão de nossas considerações*.

---

* A edição original traz aqui uma nota de rodapé referente à n. 39 da p. 400, cujo texto é repetição da n. 36 da p. 389, e que por isso não será reproduzida aqui. (N. T.)

IV. O estranhamento

1. Os traços ontológicos gerais do estranhamento

Se quisermos delinear com nitidez e apreender concretamente o fenômeno do estranhamento, precisamos, antes de tudo, visualizar de modo preciso a sua posição dentro da totalidade do complexo social do ser. Pois se deixarmos de fazer isso – não importa se em consequência de uma compreensão muito ampla ou muito estreita do próprio fenômeno –, a análise inevitavelmente cai dentro de um turbilhão de deformação ideal. Visando evitar isso, deve ser dito logo de início que examinaremos o estranhamento como um fenômeno exclusivamente histórico-social, que emerge em certos picos do desenvolvimento em curso, assumindo a partir daí formas historicamente sempre diferentes, cada vez mais marcantes. A sua constituição, portanto, não tem nada a ver com uma *condition humaine* universal, possuindo menos ainda qualquer universalidade cósmica.

Essa última delimitação é pouco atual hoje. Com efeito, só podemos considerar que foi uma piada sem graça – ainda que involuntária – do neopositivismo quando, como já mencionado uma vez, o conhecido físico Pascual Jordan vislumbrou na entropia uma variedade cósmica do pecado original[1]. Contudo, uma versão universal desse modo de ver as coisas, ativa e operante por muito

---

[1] P. Jordan, *Der Naturwissenschaftler vor der religiösen Frage* (Oldemburgo/Hamburgo, 1963), p. 341.

tempo, supostamente válida para todo ser e pensamento foi oferecida por Hegel e, uma vez que a luta contra ela desempenhou um papel considerável por ocasião do surgimento da concepção marxiana, talvez seja útil abordá-la brevemente logo no início, já na delimitação da nossa tarefa. A explicitação generalizada do problema tem, em Hegel, raízes lógico-especulativas, visando levar à fundamentação do pensamento absoluto, cuja corporificação adequada – que, todavia, foi levada às últimas consequências só no sentido negativo – consiste no sujeito-objeto idêntico. Portanto, os estranhamentos que Hegel enumera na *Fenomenologia* (por exemplo, riqueza, poder estatal etc.) seriam, por sua essência, meramente estranhamentos "do pensamento *puro*" ("isto é, do pensamento filosófico abstrato"). "Toda a *história da alienação* e toda a *retirada* [*Zurücknahme*] da alienação não é, assim, nada além da *história da produção* do *pensar* abstrato, isto é, do pensar absoluto, do pensar lógico especulativo."[2] Por essa razão, a questão central do surgimento e da superação do estranhamento é a essência e a superação da objetividade em geral na consciência de si, que, enquanto processo, leva ao pôr do sujeito-objeto idêntico.

> A questão principal é que o *objeto* da *consciência* nada mais é que *consciência de si* ou que o objeto é somente a *consciência de si objetivada*, a consciência de si enquanto objeto. [...] Vale, portanto, vencer o *objeto da consciência*. A *objetividade* enquanto tal vale por uma relação *estranhada* do homem, [relação] não correspondente à *essência humana*, à consciência de si.[3]

A polêmica de Marx contra essa teoria se concentra, antes de tudo, no plano ontológico-materialista, em que a objetividade não é produto do pensamento ponente, mas algo ontologicamente primário, uma propriedade originária de todo ser não dissociável do ser (que, quando se pensa corretamente, não pode ser separada do ser pelo ato de pensar). Marx explica isso assim:

> O homem é um ser corpóreo, dotado de forças naturais, vivo, real, sensível, o que significa que ele [...] pode somente *manifestar* [*äußern*] a sua vida em objetos sensíveis reais. *Ser* objetivo, natural, sensível é idêntico a ter objeto, natureza,

---

[2] K. Marx, [*Ökonomisch-philosophische Manuskripte aus dem Jahre 1844,*] MEGA-1, v. III, p. 154; [MEGA-2, I/2, Berlim, Dietz, 1982, p. 403]; MEW EB, v. I, p. 572 [ed. bras.: *Manuscritos econômico-filosóficos*, cit., p. 121; com modif.].
[3] Ibidem, p. 157; ibidem, p. 575 [ed. bras.: ibidem, p. 124].

sentido fora de si ou ser por si mesmo objeto, natureza, sentido para um terceiro. A *fome* é uma *carência* natural; ela necessita, por conseguinte, de uma natureza fora de si, de um *objeto* fora de si, para se satisfazer, para se saciar. A fome é a carência objetiva de um corpo por um objeto existente fora dele, por um *objeto* indispensável a sua integração e à alienação de sua essência. [...] Um ser que não tenha sua natureza fora de si não é nenhum ser natural, não toma parte na essência da natureza. Um ser que não tenha nenhum objeto fora de si não é um ser objetivo. Um ser que não seja ele mesmo objeto para um terceiro ser não tem nenhum ser para seu *objeto*, isto é, não se comporta objetivamente, seu ser não é algo objetivo. Um ser não objetivo é um *não-ser*.[4]

Só sobre a base dessa reconstituição ideal do ser como ele é em si, como ele se espelha e se expressa adequadamente no pensamento, torna-se possível determinar ontologicamente o estranhamento real como processo real no ser social real do homem e evidenciar a absurdidade idealista da concepção de Hegel. Marx descreve esse antagonismo da seguinte maneira:

> O que vale como a essência posta e como a essência a ser suprassumida do estranhamento não é o fato de a essência humana se *desumanizar, objetivar-se* em oposição a si mesma, mas o fato de ela se *objetivar* na *diferença* e na oposição em relação ao pensamento abstrato.[5]

Desse modo, todavia, foi determinado apenas o "lugar" ontológico do estranhamento. A sua essência concreta, a sua posição e importância dentro do processo de desenvolvimento social passa a aparecer em inúmeras conexões, que foram analisadas tanto pelo jovem Marx como pelo Marx maduro. Faremos constar apenas uma das muitas exposições de Marx a esse respeito, mais exatamente, a de uma obra bastante tardia já do período em que ele – supostamente – se ateve à pura ciência econômica. Fazemos isso também com a intenção de evidenciar o equívoco daqueles adeptos "críticos" de Marx que consideram o problema do estranhamento como uma questão específica do jovem Marx (ainda filosófico), que teria sido deixada para trás pelo "economista" maduro e que hoje em dia só teria alguma importância para a inteligên-

---

[4] Ibidem, p. 160-1; ibidem, p. 578 [ed. bras.: ibidem, p. 127; com modif.].
[5] Ibidem, p. 155; ibidem, p. 572 [ed. bras.: ibidem, p. 121; com modif.].

cia burguesa. Em contraposição, o próprio Marx, nas *Teorias sobre o mais-valor*, tomando como ensejo a defesa de Ricardo contra anticapitalistas românticos como Sismondi, levanta a questão de "que a produção em virtude da produção nada significa além de desenvolvimento das forças produtivas humanas, ou seja, o *desenvolvimento da riqueza da natureza humana como fim em si*". Enquanto Sismondi contrapõe abstratamente o bem-estar do singular às necessidades do processo total, no centro do interesse de Marx está justamente a totalidade do desenvolvimento (abrangendo o indivíduo) em sua inteireza histórica. É só a partir desse ponto de vista que ele pode dizer:

> Não se compreende que esse desenvolvimento das capacidades do gênero *"homem"*, embora ele aconteça, num primeiro momento, às custas da maioria dos indivíduos humanos e de certas classes de homens, acabará por romper esse antagonismo e coincidir com o desenvolvimento do indivíduo singular, ou seja, que o desenvolvimento superior da individualidade é adquirido mediante um processo histórico em que os indivíduos são sacrificados [...].[6]

A contradição dialética que Marx expõe aqui é, na forma de uma teoria do processo, a mesma de que falamos no último capítulo, quando examinamos suas ideias sobre a necessidade do socialismo e comunismo e sobre o modo dessa necessidade. Devemos, portanto, remeter a esse exame, pois neste momento o problema central que nos interessa é o próprio antagonismo dialético que se exterioriza como estranhamento.

O que interessa, neste ponto, é o fato de que o desenvolvimento das forças produtivas acarreta de imediato um incremento na formação das capacidades humanas, que, no entanto, abriga em si simultaneamente a possibilidade de sacrificar os indivíduos (e até classes inteiras) nesse processo. Essa contradição é necessária, pois pressupõe, no plano do ser, momentos do processo social do trabalho, que já reconhecemos anteriormente, em outras conexões, como componentes ineliminável do seu funcionamento como totalidade. Um fato desse tipo consiste, antes de tudo, em que o processo de produção é uma síntese de pores teleológicos, mas possui, ele próprio, como tal, um caráter puramente causal e jamais, em lugar algum, um caráter teleológico. Os pores teleológicos singulares constituem pontos de partida para cadeias causais sin-

---

[6] Idem, *Theorien über den Mehrwert* (Stuttgart, 1921), p. 309; MEW, v. 26/2, p. 111.

gulares que se concentram no processo global, recebendo nele também novas funções e determinações, que, no entanto, jamais poderão perder seu caráter causal. Todavia, as heterogeneidades nos grupos de pores, as suas relações recíprocas etc. produzem aquilo que Marx costuma designar como a desigualdade do desenvolvimento; contudo, isso de modo algum abole o caráter causal do todo e de suas partes; pelo contrário, acentua-o ainda mais energicamente. Um desenvolvimento teleológico objetivo da totalidade (caso pudesse existir na realidade e não só na imaginação de teólogos e filósofos idealistas) dificilmente poderia ter um caráter desigual.

Desse modo, porém, circunscreveram-se apenas os contornos do ser do nosso fenômeno, do estranhamento. O próprio fenômeno, claramente delineado por Marx nos enunciados citados por nós, pode ser assim formulado: o desenvolvimento das forças produtivas é necessariamente ao mesmo tempo o desenvolvimento das capacidades humanas. Contudo – e nesse ponto o problema do estranhamento vem concretamente à luz do dia –, o desenvolvimento das capacidades humanas não acarreta necessariamente um desenvolvimento da personalidade humana. Pelo contrário: justamente por meio do incremento das capacidades singulares ele pode deformar, rebaixar etc. a personalidade humana. (Basta pensar em muitos dos integrantes de equipes especializadas da atualidade, nos quais as habilidades específicas cultivadas de modo sofisticado têm um efeito altamente destrutivo sobre a sua personalidade.) Wright Mills, referindo-se diretamente à moral, mas visando objetivamente, em última análise, à destruição da personalidade, descreve esse fenômeno da seguinte maneira:

> O mal-estar moral do nosso tempo tem sua causa no fato de que os homens e as mulheres que vivem numa época de instituições superpoderosas não se sentem mais comprometidos com os antigos valores e modelos. Por outro lado, porém, os antigos valores e modelos não foram substituídos por valores e modelos novos, que pudessem conferir importância e sentido morais à rotina à qual os homens do mundo moderno estão sujeitos.[7]

Portanto, não é preciso recorrer aos exemplos drásticos de estranhamento citados por Marx e Engels nos anos de 1840 para perceber que esse antago-

---

[7] C. Wright Mills, *Die amerikanische Elite* (Hamburgo, 1962), p. 390.

nismo é fato. Por outro lado, pode-se observar o mesmo fenômeno já em estágios mais antigos. Ferguson descreve da seguinte maneira, por exemplo, o trabalho manufatureiro, que, em termos puramente econômicos, sem dúvida representou um progresso perante o antigo artesanato:

> Muitas atividades produtivas de fato não exigem nenhuma capacitação espiritual. Elas são mais bem-sucedidas quando se reprime totalmente o sentimento ou a razão, e a insciência é a mãe tanto da operosidade como da superstição. [...] Correspondentemente as manufaturas prosperam mais onde menos se consulta o espírito e onde a oficina pode ser encarada, sem sujeitar a fantasia a grandes esforços, como uma máquina, cujas partes singulares são homens.[8]

Porém, esse processo só conseguirá atingir esse grau de generalidade quando as forças de efeito antagônico se tornarem simultaneamente ativas em todos os atos do processo de trabalho, da reprodução social, quando se manifestarem permanentemente como momentos indispensáveis desses atos. Em termos concretos, esses antagonismos podem se diferenciar fortemente nos diferentes estágios do desenvolvimento. Correspondentemente os estranhamentos também podem adquirir tanto formas como conteúdos diferentes nos diferentes estágios. Só o que importa é que o antagonismo fundamental entre desenvolvimento da capacidade e desdobramento da personalidade está na base de seus diferentes modos fenomênicos. Ora, esse é o caso em todos os fenômenos de estranhamento, especialmente no da produção mais desenvolvida. Para deixar mais clara em termos ontológicos essa factualidade descrita com precisão por Marx, tomei a liberdade de diferenciar terminologicamente um pouco mais o ato de trabalho no capítulo anterior. O leitor certamente se lembrará de que eu o decompus analiticamente em objetivação e alienação, enquanto Marx o descreveu de modo unitário, ainda que terminologicamente variado. No ato real, todavia, os dois momentos são inseparáveis: cada movimento, cada ponderação durante (ou antes) do trabalho está direcionado em primeira linha para a objetivação, isto é, para a transformação ideologicamente correspondente do objeto do trabalho: a consumação desse processo se exterioriza no fato de que o objeto que antes existia apenas no plano natural

---

[8] A. Ferguson, *Abhandlung über die Geschichte der bürgerlichen Gesellschaft* (Iena, 1904), p. 256-7.

experimenta uma objetivação, isto é, adquire uma utilidade social. Recordo o elemento ontologicamente novo que vem à tona nesse processo: enquanto os objetos naturais como tais possuem um ser-em-si, o seu devir-para-nós tem de ser elaborado pelo sujeito humano no plano cognitivo – mesmo que isso se torne rotineiro devido às muitas repetições –, a objetivação expressa imediata e materialmente o ser-para-si na existência material das objetivações; dali por diante, ele passa a fazer parte de modo imediato de sua constituição material, mesmo que as pessoas que jamais tiveram algo a ver com esse processo específico de produção não sejam capazes de percebê-lo.

Porém, todo ato dessa espécie constitui simultaneamente um ato da alienação do sujeito humano. Marx descreveu com precisão essa duplicidade do trabalho, e isso reforça nosso direito de também fixar terminologicamente a existência dessa duplicidade desse ato unitário. Ele diz na famosa passagem sobre o trabalho:

> No final do processo de trabalho, chega-se a um resultado que já estava presente na representação do trabalhador no início do processo, portanto, um resultado que já existia idealmente. Isso não significa que ele se limite a uma alteração da forma do elemento natural; ele realiza neste último, ao mesmo tempo, seu objetivo, que ele sabe que determina, como lei, o tipo e o modo de sua atividade e ao qual ele tem de subordinar sua vontade.[9]

Está claro que se trata aí de mais do que apenas dois aspectos do mesmo processo. Os exemplos que mencionamos anteriormente mostram que o mesmo ato de trabalho pode dar origem, no mesmo sujeito do trabalho, a divergências socialmente muito relevantes, e até obrigatoriamente dão origem a elas no caso da vigência de certo modo de trabalho. Nesse ponto, evidencia-se, contudo, a divergência dos dois momentos. Ao passo que a objetivação é prescrita de modo imperativamente claro pela respectiva divisão do trabalho e esta, por conseguinte, desenvolve necessariamente as capacidades necessárias nos homens (o fato de que isso naturalmente só pode se referir a uma média economicamente condicionada, que o seu predomínio jamais apagará totalmente as diferenças individuais nesse tocante, não muda nada na essência da

---

[9] K. Marx, *Das Kapital* (Hamburgo, 1914), v. I, p. 140; MEW, v. 23, p. 193 [ed. bras.: *O capital*, Livro I, cit., p. 256].

coisa), a retroação da alienação sobre os sujeitos do trabalho é fundamentalmente divergente.

A influência favorável ou desfavorável do desenvolvimento das capacidades humanas sobre o desenvolvimento das personalidades humanas constitui uma tendência social universal objetivamente existente e que se efetiva objetivamente. Essa tendência, todavia, parece produzir igualmente uma média social, que, contudo, distingue-se qualitativamente daquela que surge em decorrência de objetivações. Esta é uma média real em que só pode tratar-se – com referência a tarefas concretas de trabalho – de um mais ou um menos na execução das tarefas concretas; contudo, na alienação podem surgir comportamentos praticamente opostos. Pense-se na ordem do trabalho à época da atividade do jovem Marx. Poucos anos após os *Manuscritos econômico-filosóficos*, ele fala, já em *A miséria da filosofia*, da constituição do proletariado como uma "classe para si mesma"[10]. Obviamente ele tem em mente a resistência que ele já oferece na prática ao capital. Contudo, essa resistência nunca chegou a abranger a classe em sua totalidade. Porém, a escala que vai dos heróis abnegados da luta de classes até os que se submetem apaticamente e os fura-greves pode naturalmente ser exposta em termos estatísticos por meio de uma descrição técnica, mas jamais poderá produzir uma média efetiva. Com efeito, trata-se de uma sumarização social e de um agrupamento de pessoas que individualmente reagem de modo qualitativamente distinto, muitas vezes até mesmo antagônico, ao modo das suas alienações individuais no trabalho. O fato de toda reação individual ter uma base social que a determina amplamente e ter também as suas consequências sociais naturalmente não consegue abolir essas diferenças individuais, mas, ao contrário, confere-lhe um perfil marcadamente individual (e simultaneamente histórico, nacional, social etc.). Quando Marx falou certa vez que sempre é fruto do acaso quem está na liderança do movimento dos trabalhadores em determinado momento[11], isso se refere, por um lado, não só à liderança no sentido literal, mas à liderança de cada grupo ou cada grupinho, e, por outro lado, é expressão do fato de que cada trabalhador reage individualmente ao modo como as suas alienações retroagem sobre a sua personalidade. As decisões alternativas que se originam daí são direta e primeiramente individuais. E visto que nós, como já

---

[10] Idem, *Das Elend der Philosophie*, p. 162; MEW, v. 4, p. 181 [ed. bras.: *A miséria da filosofia*, cit., p. 154].
[11] Idem, *Briefe an Kugelmann*, cit., p. 98; MEW, v. 33, p. 209.

detalhamos repetidamente, vislumbramos no homem singular um dos polos ontológicos, um dos polos reais de todo e qualquer processo social, visto que o estranhamento é um dos fenômenos sociais que mais decididamente está centrado no indivíduo, torna-se importante relembrar que, também nesse caso, não se trata de uma "liberdade" abstrata individual, à qual se contraporia, no outro polo, no da totalidade social, uma "necessidade" igualmente abstrata, só que abstrata social, mas que não é possível eliminar totalmente a alternativa de nenhum processo social. Mesmo quando a questão é se uma estrutura social, em seu desenvolvimento ulterior, consegue preservar a peculiaridade que tinha até aquele momento ou se reverterá em algo essencialmente diferente, a mudança não se efetua sem alternativas. Numa carta a Vera Zasulich, na qual ele fala sobre o futuro da constituição agrária russa, Marx diz que a comuna agrícola em geral costuma entrar em cena "como período de transição da propriedade comum para a propriedade privada":

> Mas isso quer dizer que, em todas as circunstâncias, o desenvolvimento da "comuna agrícola" deve seguir esse mesmo curso? De modo algum. Sua forma constitutiva admite a seguinte alternativa: ou o elemento da propriedade privada implicado nela prevalecerá sobre o elemento coletivo ou este último prevalecerá sobre o primeiro. Essas duas soluções são *a priori* possíveis, mas para que ocorra uma ou outra é preciso, evidentemente, que haja ambientes históricos completamente díspares.[12]

Naturalmente, isso de modo algum equivale a dizer que tais alternativas sociais tenham a mesma disposição interna daquelas que decidem pelo indivíduo quanto ao estranhamento e à libertação em relação a este. Só é imperioso jamais perder de vista, para melhor compreender fenômenos como o do estranhamento, que, embora eles se expressem de modo individual no plano imediato, embora a decisão alternativa individual faça parte da essência de sua dinâmica, o ser-propriamente-assim dessa dinâmica é um acontecimento social, mesmo que muitas vezes seja remotamente mediado por múltiplas inter-relações. Sem levar em conta essas determinações, falsificaríamos esse ser-propriamente-assim do mesmo modo que forçosamente passaríamos ao largo do ser-propriamente-assim das estruturas socioeconômicas, das transformações

---

[12] Idem, *Brief an V. I. Sassulitsch* (Dietz), v. 19, p. 388-9; MEW, v. 19, p. 388s [ed. bras.: "Primeiro esboço", em K. Marx e F. Engels, org. Michael Löwy, *Lutas de classes na Rússia*, trad. Nélio Schneider, São Paulo, Boitempo, p. 93].

estruturais objetivamente necessárias, que parecem puramente sociais, caso não tomemos conhecimento das decisões alternativas individuais que – em última análise, mas só em última análise – estão ontologicamente na sua base. A importância metodológica da investigação do que denominamos de ontologia da vida cotidiana repousa justamente no fato de que, nela, todas essas séries de influencia recíproca – da totalidade até as decisões singulares, destas de volta à totalidade dos complexos, à sociedade e à sua totalidade – encontram uma expressão imediata, ainda que muitas vezes primitiva ou caótica. No início, indicamos, por exemplo, que, no fenômeno do estranhamento, é possível identificar tendências do desenvolvimento social que Marx apontou como desigualdades do desenvolvimento social geral, tendo em vista sobretudo a arte. Ora, de fato poderemos constatar que afloram inevitavelmente na história social do estranhamento os dois extremos do desenvolvimento desigual, a saber, de um lado, as realizações tacanhas, isto é, aquelas cujo fundamento objetivo é formado pelo patamar baixo ou retardatário do desenvolvimento da sociedade, de outro lado, um progresso objetivo inquestionável, que, ao mesmo tempo, leva necessariamente à deformação da vida humana.

Em certo sentido, poderíamos dizer que toda a história da humanidade a partir de certa altura da divisão do trabalho (provavelmente já daquela praticada na escravidão) já é também a história do estranhamento humano. Nesse sentido, este também tem objetivamente uma continuidade histórica. Porém, aqui, como em toda parte, o que vale é que os pores teleológicos do homem singular, por mais que os seus fundamentos possam ser socioeconomicamente determinados, no seu ser imediato de certo modo sempre partem do começo e só se vinculam à continuidade objetiva em seus fundamentos objetivos decisivos. Os pores referem-se, no sentido mais objetivo possível, a esses momentos, mas subjetiva e diretamente à vida pessoal vivida no plano imediato do homem singular envolvido em cada caso. Eles compartilham esse caráter com algumas outras decisões alternativas que influenciam diretamente tais formas do ser, por exemplo com as da ética, em contraposição a outros pores, como aos pores políticos, em que a socialidade objetiva e sua continuidade já determinam muito mais fortemente os pores de modo imediato. Chama a atenção a pouca importância que adquirem as memórias de formas ultrapassadas de estranhamento nas reações às formas presentes de estranhamento. Com frequência até mesmo tal memória serve para fazer esquecer o elemento estranhador presente nas formas de estranhamento do tempo presente: é o caso das formas de estranhamento da servidão e escravidão no capitalismo dos séculos XVIII e XIX, e o das formas de estranhamento descritas por Marx e Engels em reação às da onipotência atual da manipulação capitalista. Uma consideração adequada da continuidade objetivamente social, sempre existente, jamais deve perder de vista, portanto, essa estrita atualidade nos posicionamentos dos indivíduos.

Contudo, via de regra, a consideração incorre num erro oposto ao absolutizar esse traço do estranhamento, que realmente está presente no plano imediato e que jamais deve ser negligenciado, e ao converter, desse modo, o fenômeno que sempre pode ser clara e concretamente descrito em termos sociais numa *"condition humaine"* universal supra-histórica, como homem *versus* sociedade, sujeito *versus* objetividade etc. O homem fora da sociedade, a sociedade à parte do homem são abstrações vazias, que podemos usar para brincar com as ideias em termos lógicos, semânticos etc., mas que não possuem nenhuma correspondência no plano ontológico. Também a peculiaridade recém-descrita das reações humanas ao seu próprio estranhamento, peculiaridade imediatamente pessoal, que ignora a história, que não tem continuidade, possui, em última análise, um caráter objetivamente social. Esse caráter, todavia, tem sua expressão mais maciça nos atos de submissão; é na fundamentação desta que os exemplos sociais de que outros se encontram na mesma situação, que eles tampouco se revoltam etc., ganham uma importância bastante considerável. Todavia, em épocas e situações que anunciam a proximidade da sublevação social, esses motivos também exercem influência significativa sobre as resoluções dos homens singulares no que se refere à rejeição prática de formas de vida estranhadas. Sob circunstâncias normais, contudo, o indivíduo depende só de si mesmo justamente no tocante a essas questões; se e como uma insatisfação com a própria vida estranhada, que eventualmente esteja latente ou que repentinamente aflore à consciência, se transformará em ação depende, via de regra, predominantemente de ponderações e decisões pessoais. Isso se refere a todas as formas do estranhamento, tanto às que surgem no plano socioeconômico imediato quanto àquelas em que a forma fenomênica imediata é ideológica (religião), embora também estes e semelhantes modos de estranhamento, por mais remotamente mediados que sejam, estão, em última análise, socialmente fundados. Porém, talvez nem seja demasiadamente ousado afirmar que, no caso destes últimos, as decisões puramente pessoais têm mais peso. De qualquer modo, nesse tocante, nunca se deve esquecer que também as decisões puramente pessoais no plano imediato se dão sob condições sociais concretas, são respostas às perguntas que emergem dessas condições. Em todo esse entrelaçamento inextricável do social como o pessoal, o fato de uma resolução alternativa originar-se imediatamente de motivos pessoais ou já ser socialmente determinado, ter intenção determinadora, no plano imediato possui importância objetiva também para a sua apreciação social. Disso decorre a exigência de analisar essas questões em sua complexidade concreta. A despeito de toda a sua importância, a contradição dialética entre desenvolvimento da capacidade e desenvolvimento da personalidade, ou seja, o estranhamento, jamais abrange inteira totalidade do ser social do homem, mas, em contrapartida, ela nunca se deixará reduzir (a não ser, quando muito, numa deformação subjetivista) a uma contraposição abstrata de subjetividade e objetividade, a uma contraposição de homem singular e sociedade, de individualidade e socialidade. Não há nenhum tipo de subjetividade que não seja social, nas raízes e determinações mais profundas do seu ser. A mais simples análise do ser do homem, do trabalho e da práxis mostra isso de modo irrefutável.

Uma personalidade humana só pode surgir, desdobrar e definhar num campo de ação histórico-social e concreto e específico. Por isso não basta voltar a atenção unilateralmente só para a contraditoriedade – todavia profundamente embasada – entre desenvolvimento da capacidade e desenvolvimento da personalidade. O desenvolvimento da personalidade também depende de muitas maneiras da formação superior de cada uma das capacidades. De fato, se não olharmos exclusivamente para os atos de trabalho singulares, mas tivermos em vista a divisão social do trabalho, ficará claro que temos de vislumbrar nesta um momento importante da gênese da personalidade. Com efeito, a divisão social do trabalho incumbe o homem de múltiplas tarefas, com muita frequência extremamente heterogêneas entre si, cuja execução correta exige dele e, por essa via, desperta nele uma síntese das suas capacidades heterogêneas. Unilateralmente, vistas apenas do ponto de vista da atividade social, essas capacidades parecem poder existir paralelamente, independentemente umas das outras. Porém, visto que ontologicamente o homem singular constitui um polo fundamental do ser social – o que há muito já sabemos –, exatamente no plano ontológico é inevitável que essa simultaneidade de tarefas heterogêneas adquira em cada homem singular a tendência para a sua uniformização, para a sua unificação, para a sua síntese.

A inevitabilidade ontológica de tal síntese resulta do simples fato de que cada homem só é capaz de viver e atuar como essência irrevogavelmente unitária. Uma consideração unilateralmente diferenciadora pode até tentar acomodar os seus atos práticos singulares em rubricas totalmente distintas e na aparência independentes umas das outras, mas para a sua vida pessoal eles formam uma unidade inseparável, encontram-se nela em interações recíprocas indissolúveis, exercem, em sua execução e em suas consequências, em suas repercussões sobre o próprio homem, uma influência irrevogavelmente uniformizadora, ainda que essa influência seja posta em marcha de modo individualizado no plano imediato. Não se deve esquecer que todos eles são atos de alienação do mesmo homem. Essa formação simultaneamente objetiva e subjetiva da personalidade mediante a influência concreta de tais sínteses de formações de capacidades em si multiplamente heterogêneas em consequência da divisão social do trabalho já se manifesta bem cedo. Basta apontar para o modo como os perfis diferenciados de personalidade são, já em Homero, por exemplo, em figuras como Hermes, Ares, Ártemis, Hefesto etc., projeções daqueles desenvolvimentos da personalidade produzidos pela divisão social do trabalho. E essa diferenciação avança de modo socialmente inexorável. Quando surge, por exemplo, na Antiguidade tardia, a categorização social do privado, ela tem como consequência, em todos os âmbitos da vida, uma mudança essencial na forma e no conteúdo do ser da personalidade. Esses desenvolvimentos sociais produzem, portanto, o único campo de ação real de possibilidade para a constituição e atuação da individualidade humana – promovendo ou inibindo, tanto para bem como para mal.

O devir do homem enquanto homem é, como processo global, idêntico à constituição do ser social enquanto tipo particular de ser. No estado gregário inicial, o homem singular praticamente não se diferenciava da mera singularidade que existe e atua em toda parte na natureza inorgânica e orgânica. Porém, o salto que faz – ainda que durante um extenso período de tempo – de um mero ser da natureza um ser da sociedade vai se impondo desde o princípio, mas paralelamente ao desenvolvimento, tanto extensiva como intensivamente de modo cada vez mais intenso na relação do singular com o universal (com a totalidade dos complexos existentes, com as leis que determinam seus processos). Uma disparidade também predomina na natureza entre as leis do movimento de totalidades e os modos do movimento de singularidades. Na constatação da necessidade de apreensão estatística dos processos globais,

Boltzmann já apontou para essas diferenças. Estas, contudo, são determinadas por necessidades que revelam uma unicidade entre si; os modos específicos do movimento não as influenciam ou praticamente não as influenciam; até mesmo na natureza orgânica, em que, por exemplo, o surgimento ou o desaparecimento de gêneros mostra certos traços novos em comparação com os da natureza inorgânica, essa unicidade das leis universais não é invalidada.

O caso é diferente no âmbito do ser social. Visto que aqui, onde não pode haver nenhuma analogia com a natureza, trata-se de modo crescente do entorno autoproduzido das singularidades (dos homens singulares), visto que, por isso mesmo, o ponto de partida de todo processo social consiste num pôr teleológico, uma decisão alternativa, modifica-se também necessariamente a essência ontológica da necessidade que opera no plano universal. A necessidade, cuja essência reconhecemos em toda parte como uma conexão do tipo "se... então", torna-se efetiva na natureza com certo automatismo no comportamento dos objetos, das relações, dos processos etc. em questão. Isso se modifica no âmbito do ser social no sentido de que a necessidade só consegue impor-se ao provocar decisões alternativas, isto é, como Marx formula reiteradamente, torna-se efetiva como motivo de decisões "sob pena de ruína". Essa nova estrutura não é anulada pelo fato de os pores teleológicos colocarem constantemente em andamento cadeias causais, que se impõem com necessidades análogas às dos processos da natureza. Pois, todas as vezes que esses nexos causais entram em contato com as atividades humano-sociais, a decisão alternativa, a necessidade "sob pena de ruína" tem sua razão de ser, desencadeando, todavia, uma vez mais em toda parte cadeias causais "naturais". (Mostramos a seu tempo que essa estrutura já tem efeito determinante no âmbito dos atos de trabalho singulares.)

Ora, se com base na divisão cada vez maior do trabalho, como consequência dos problemas que esta põe ao homem singular, demandando uma resposta, a simples singularidade do homem singular se move cada vez mais na direção do desenvolvimento da personalidade – também nesse tocante uma necessidade "sob pena de ruína" exerce um efeito fundamental –, necessariamente se modificarão também as relações sociodinâmicas entre a necessidade econômica, social-universal, e o decurso dos processos de vida singulares, que vão se tornando cada vez mais individuais. A primeira assume tanto mais resolutamente o caráter de um sistema de leis, de um "reino da necessidade", quanto maior for a vigência do afastamento da barreira natural no metabolismo da sociedade com a natureza, ou seja, quanto mais puramente sociais forem se tornando as próprias categorias econômicas. Anteriormente, mostramos que esse processo mesmo torna-se um processo necessário, cada vez mais independente da vontade, dos desejos etc. dos homens singulares. No outro polo do ser social, no qual as decisões alternativas singulares influenciam essencialmente a vida dos indivíduos, acrescem-se ainda outras conexões e determinações complexas da práxis. Estas de modo algum são indiferentes do ponto de vista histórico-social, mesmo que não possam determinar diretamente aquilo que é necessário em termos socioeconômicos – nesse ponto, os atos dos indivíduos embutidos nessas conexões atuam apenas como momentos da singularidade no quadro das legalidades universais. Nossas considerações anteriores mostraram que aquilo que Marx e Lenin denominam o fator subjetivo no desenvolvimento, em sua expressão mais visível nas revoluções, tem suas raízes, em grande parte, nessa esfera. Quando falamos aqui do conflito entre o desenvolvimento das capacidades humanas pelas forças produtivas e a conservação (ou o esfacelamento) da personalidade humana, esse conflito dependerá igualmente da recém-exposta dupla constituição do desenvolvimento social. Tais conflitos desempenham no desenvolvimento da sociedade um importante papel, que pode se exteriorizar, por exemplo, na efetivação ou no fracasso do fator subjetivo; trata-se, portanto, de um fenômeno social de grande importância. Por outro lado, ainda assim, ele não pode ser concebido, como de muitas formas é costume hoje, como esquema exclusivo ou absolutamente central de conflito inerente ao desenvolvimento social. O estranhamento é apenas um dos conflitos sociais, ainda que sumamente significativo.

Portanto, se realmente quisermos compreender o fenômeno do estranhamento, sem ingredientes nem deformações mitológicos, jamais deveremos perder de vista que a personalidade, com toda a sua problemática, é uma categoria social. Obviamente, no plano imediato, o homem é de modo irrevogável um ser vivo, como todos os produtos da natureza orgânica. Nascimento, crescimento e morte são e permanecerão momentos irrevogáveis de todo e qualquer processo vital biológico. Contudo, o afastamento – afastamento incessante, mas jamais desaparecimento – da barreira natural é uma característica essencial não só do processo inteiro de reprodução da sociedade, mas, inseparável dele, também da vida individual. As suas expressões fundamentais, como os atos de alimentação e de multiplicação, podem se socializar em grande medida, ocasionando mudanças qualitativas, os motivos da socialização podem desempenhar neles um papel cada vez mais dominante, mas o seu chão biológico jamais poderá ser abandonado completamente. Por essa razão, uma avaliação incorreta das proporções dos momentos ativos nesse ponto – não importa se o biológico for superestimado ou subestimado – deverá levar igualmente a uma concepção falsa do estranhamento.

Assim sendo, Marx pode dizer com razão: "A *formação* dos cinco sentidos é um trabalho de toda a história do mundo até aqui"[13]. Portanto, o desenvolvimento do homem até chegar a uma autêntica generidade de modo algum é, como descrevem a maioria das religiões e quase todas as filosofias idealistas, meramente um simples desenvolvimento das assim chamadas capacidades "superiores" dos homens (pensamento etc.) com a simultânea repressão da sensibilidade "inferior", mas precisa expressar-se no complexo total da existência humana, portanto também – no plano imediato até: antes de tudo – em sua sensibilidade. Nas considerações com que Marx prepara e fundamenta a constatação recém--citada, a certa altura, ele passa a falar da perspectiva de que o homem venha a superar as barreiras deformadoras da vida presentes nas sociedades de classe e diz o seguinte sobre o ser do homem liberto que surgirá nesse estágio:

> A superação da propriedade privada é, por conseguinte, a *emancipação* completa de todas as qualidades e sentidos humanos; mas ela é essa emancipação justamente pelo fato de esses sentidos e qualidades terem se tornado *humanos*, tanto subjetiva quanto objetivamente. O olho tornou-se olho *humano*, do mesmo modo como o seu *objeto* se tornou um objeto social, *humano*, proveniente do homem para o homem. Por isso, imediatamente em sua práxis, os *sentidos* tornaram-se *teóricos*. Eles se comportam em relação à *coisa* em função da coisa, mas a própria coisa é um comportamento *humano objetivo* diante de si mesma e diante do homem e vice-versa. [...] A carência ou a fruição perderam, assim, a sua *natureza egoísta* e a natureza perdeu a o seu *caráter meramente utilitário*, na medida em que a utilidade se tornou utilidade *humana*.[14]

Ele mostra, ao mesmo tempo, que "o ter" representa, na vida dos homens enquanto indivíduos, uma força motriz determinante para o estranhamento[15].

---

[13] Idem, [*Ökonomisch-philosophische Manuskripte aus dem Jahre 1844,*] MEGA-1, v. III, p. 120; [MEGA-2, I/2, cit., p. 393]; MEW EB, v. 1, p. 541s [ed. bras.: *Manuscritos econômico--filosóficos*, cit., p. 110].

[14] Ibidem, p. 118; ibidem, p. 540 [ed. bras.: p. 109; com modif.].

[15] Idem; ibidem, p. 539 [ed. bras.: ibidem, p. 108].

Trata-se, nesse caso, igualmente do fenômeno básico que nos ocupa agora, ou seja, do conflito socialmente originado entre desenvolvimento e desdobramento das capacidades dos homens e a formação de sua personalidade enquanto homem. É muito importante compreender claramente que esse conflito se refere à esfera vital inteira do homem, portanto, também à vida dos seus sentidos. Para compreender corretamente essa conexão, não podemos operar com um conceito indiferenciado de natureza. O que com referência ao homem chamamos de sensibilidade tem como pressuposto e fundamento todo o desenvolvimento dos seres vivos, mas este só de modo imediato. Com efeito, no curso do surgimento das espécies animais superiores, certos fenômenos da natureza, por serem meras forças naturais diretamente estranhas à vida, param de influir sobre os seres vivos, por exemplo sobre as plantas, e são biologicamente assimilados, processados, de modo correspondente às condições de vida de tais seres vivos; as vibrações do ar, cada qual dentro de um determinado campo de ação, têm o efeito, por exemplo, de ruídos; as vibrações do éter, enquanto sinais de um mundo visível, enquanto cores etc., resultam em determinados processos químicos, propriedades químicas dos sentidos, como o paladar ou o olfato. Sem poder tratar mais detidamente dos problemas que surgem nesse ponto, deve-se constatar, por um lado, que nesse caso se trata de transformações biológicas e, por outro, que os modos de transformação aperfeiçoam a adaptação dos animais superiores ao seu entorno, promovendo a conservação e o desenvolvimento das espécies. Contudo, quando se reconhece o ser-em-si da natureza inorgânica em sua verdadeira legalidade, esses fenômenos da natureza devem ser apreendidos em seu ser-em-si correto, independentemente de tais transformações biológicas. Para isso, a ciência natural – desantropomorfizadora – foi elaborando no decorrer do desenvolvimento da humanidade os seus modos de conhecimento bem próprios.

Contudo, isso é apenas um resultado tardio do desenvolvimento desencadeado pelo trabalho, pela humanização, pela socialização do homem. O pôr teleológico no processo do trabalho, a necessidade de antecipar em pensamento os resultados do trabalho já antes de sua efetuação, significa uma transformação do homem inteiro, inclusive da sua sensibilidade original, de origem biológica. Ao examinar esse desenvolvimento, Engels ressalta claramente:

> A águia vê muito mais longe que o homem, mas o olho do homem vê muito mais nas coisas que o olho da águia. O cachorro possui um faro muito mais fino que o homem, mas ele não é capaz de diferenciar nem a centésima parte dos cheiros que

para este representam determinadas características de diversas coisas. E o sentido do tato, que mal existe no macaco em seus aspectos mais rudimentares, só chegou a tomar forma com a própria mão humana através do trabalho.[16]

Porém, aí já está contida também, sem que Engels julgasse necessário indicar para isso nessa passagem, a dupla possibilidade de ação no desenvolvimento dos sentidos, a possibilidade que o trabalho tem de provocar o surgimento de conflitos de estranhamento no âmbito que ocupa na vida humana. É óbvio que também na vida sensível dos homens o trabalho leva à formação de capacidades não só na origem, mas preserva essa tendência, incluindo a sua própria preponderância imediata, no decurso de todo o desenvolvimento; vista da perspectiva do homem, o surgimento da ciência desantropomorfizante também faz parte desse complexo. Contudo, disso de modo algum decorre que o desenvolvimento da personalidade que se desdobra paralelamente possa passar incólume por esse desenvolvimento dos sentidos. Analisando da perspectiva econômica a vida do trabalhador da sua época, Marx comprovou o estranhamento nas manifestações vitais mais elementares dos homens, nas que têm um fundamento sensível mais evidente. Ele detalha o seguinte:

> Chega-se, por conseguinte, ao resultado de que o homem (o trabalhador) só se sente como livre ativo em suas funções animais, comer, beber e procriar, quando muito ainda habitação, adornos etc., e em suas funções humanas só [se sente] como animal. O animalesco torna-se humano e o humano, animalesco. Comer, beber e procriar são também, é verdade, funções genuinamente humanas. Porém, na abstração que as separa da esfera restante da atividade humana e faz delas finalidades últimas e exclusivas, elas são animalescas.[17]

Nessa passagem, a metáfora bastante drástica do "animalesco" não é nem usada em sentido meramente retórico, nem pode ser tomada meramente no sentido literal. Corretamente entendida, ela designa, muito antes, com bastante exatidão a condição que certos estranhamentos do homem provocam nele: sua exclusão do complexo do ser do homem, que se tornou possível para ele por

---

[16] F. Engels, *Dialektik der Natur*, cit., p. 697; MEW, v. 20, p. 444.
[17] K. Marx, [*Ökonomisch-philosophische Manuskripte aus dem Jahre 1844,*] MEGA, v. III, p. 86; MEW EB, v. 1, p. 515 [ed. bras.: *Manuscritos econômico-filosóficos*, cit., p. 83; com modif.].

meio do gênero (do ser social, do ser personalidade), que é fundamentalmente possibilitado pelo estado da respectiva civilização – incluindo naturalmente o desenvolvimento das capacidades enquanto seu fundamento. O desenvolvimento das forças produtivas do trabalho, que forçosamente se efetua, cujas consequências foram aqui repetidamente definidas no sentido de que o tempo de trabalho socialmente necessário à reprodução do homem enquanto ser vivo diminui constantemente, tem como consequência, pela mediação do campo de ação do consumo economicamente possível em cada caso, que o peso econômico dos atos necessários à reprodução imediata da vida física perde o seu papel de início absolutamente dominante, que surgem necessidades e possibilidades para a sua satisfação que assumem uma posição cada vez mais distante da reprodução imediata da mera vida. Esse processo é simultaneamente extensivo e intensivo, quantitativo e qualitativo. Por um lado, surgem necessidades a serem satisfeitas que, em estágios iniciais, nem podiam ter existido; por outro lado, as necessidades indispensáveis à reprodução da vida recebem modos de satisfação que as alçam, em termos de vida, a um nível mais social, mais elevado, mais afastado dessa reprodução imediata da vida. Isso é visível especialmente na alimentação. É claro que, nas classes dominantes, pode ocorrer uma grande elevação desse tipo, que tem apenas uma ligação muito solta com o tipo universal de satisfação das necessidades na respectiva sociedade; porém, também na tendência histórica do desenvolvimento, inicia-se um movimento ascendente, que, por exemplo, eleva a fome, de efeito meramente fisiológico, à condição de apetite que já assumiu um caráter social. Um retrocesso nessa área pode, portanto, acarretar um retorno do simples e brutalmente fisiológico, ou seja, um tipo de estranhamento da sensibilidade humana em relação ao seu estágio social já alcançado na realidade. A isso Marx confere uma expressão certeira com o termo "animalesco".

Esse desenvolvimento se mostra de modo bem mais amplo e profundo na outra grande área da reprodução imediata do gênero humano, a da sexualidade. Fourier tem toda razão quando encara o desenvolvimento humano-social nessa área como parâmetro para o respectivo estado da civilização. Nessa questão, Marx sempre se atém estreitamente a essa formulação sociocrítica do problema por Fourier e fala da seguinte maneira dos estranhamentos que necessariamente surgem nesse ponto:

A relação imediata, natural, necessária do homem com o homem é a *relação* do *homem* com a *mulher*. Nessa relação genérica *natural*, a relação do homem com a natureza é imediatamente a sua relação com o homem, assim como a relação com o homem é imediatamente a sua relação com a natureza, a sua própria determinação natural. Nessa relação, *fica sensivelmente claro*, portanto, e reduzido a um *factum* visualizável, até que ponto a essência humana veio a ser natureza para o homem ou a natureza veio a ser a essência humana do homem. A partir dessa relação pode-se julgar, portanto, o completo nível de formação do homem. Do caráter dessa relação segue-se até que ponto o *homem* veio a ser e se apreendeu como *ser genérico*, como *homem*; a relação do homem com a mulher é a relação *mais natural* do homem. Nela se mostra, portanto, até que ponto o comportamento *natural* do homem se tornou *humano* ou até que ponto a essência *humana* se tornou para ele essência *natural*, até que ponto a sua natureza *humana* tornou-se *natureza* para ele. Nessa relação, também se mostra até que ponto a *carência* do homem se tornou carência *humana* para ele, portanto, até que ponto o *outro* homem como homem se tornou uma carência para ele, até que ponto ele, em sua existência mais individual, é, ao mesmo tempo, ser comunitário.[18]

Nessa passagem, encontram-se os momentos essenciais da transformação da relação natural – irrevogável – entre os sexos na relação da personalidade humana e, desse modo, simultaneamente em condução de uma vida humano-genérica, em realização do gênero não mais "mudo" por meio do real devir homem do homem. Uma vez mais, é próprio dos preconceitos subjetivistas idealistas pensar como se o homem pudesse tornar-se homem e até uma personalidade puramente por si só, puramente a partir de si mesmo. Assim como o tornar-se homem acontece objetivamente no trabalho e no desenvolvimento das capacidades produzidas subjetivamente por ele somente quando o homem não reage mais de modo animalesco ao mundo que o cerca, isto é, quando deixa de simplesmente se adaptar ao respectivo mundo exterior dado e, por seu turno, passa a participar de modo ativo e prático de sua remodelação em um meio ambiente humano cada vez mais social, criado por ele mesmo, assim também enquanto pessoa ele só pode se tornar homem se a sua relação com o seu semelhante humano assumir formas cada vez mais humanas, como relações entre homens e homens, e dessa forma se realizarem na prática.

A biologicamente mais imediata e mais irrevogável dessas relações é, como reconheceu Fourier corretamente, a relação entre homem e mulher. O processo de humanização nessa área se efetua, como em toda parte – aqui, contudo,

---

[18] Ibidem, p. 513; ibidem, p. 535 [ed. bras.: ibidem, p. 108].

de modo singularmente exacerbado –, por duas vias autônomas, mas de múltiplos modos entrelaçadas, da generidade, as quais ganha expressão a identidade última de humanização e socialização. Já falamos muitas vezes da generidade em si. Essa se desenvolve a partir do desenvolvimento do trabalho, da divisão do trabalho etc. até a estrutura de uma formação e também remodela ininterruptamente a vida imediatamente sensível dos homens. O matriarcado e seu desaparecimento estão entre os grandes efeitos aos quais esteve submetida a relação entre homem e mulher, e não há desenvolvimento, não há surgimento nem fenecimento de formações nas quais essa dinâmica de desenvolvimento não esteja ativa. As funções socialmente modificadas que surgem por essa via na relação entre homem e mulher como momentos da divisão social do trabalho ocasionam – independentemente das intenções, dos propósitos dos envolvidos – novas relações sociais sumamente importantes, sem, no entanto, produzirem necessariamente transformações profundas no plano imediato da relação humana entre homem e mulher, mas criando também reiteradamente campos de ação de possibilidade para tais transformações. Com efeito, está claro que, desde o declínio das formas matriarcais de vida, o domínio do homem e a opressão da mulher se converteram em fundamento permanente da convivência social dos homens. Engels diz o seguinte sobre isso:

> A derrocada do direito materno foi a *grande derrota do sexo feminino na história universal*. O homem tomou posse também da direção da casa, ao passo que a mulher foi degradada, convertida em servidora, em escrava do prazer do homem e em mero instrumento de reprodução. Esse rebaixamento da condição da mulher, tal como aparece abertamente sobretudo entre os gregos dos tempos heroicos e mais ainda dos tempos clássicos, tem sido gradualmente retocado, dissimulado e, em alguns lugares, até revestido de formas de mais suaves, mas de modo algum eliminado.[19]

Não é aqui o lugar para nem mesmo esboçar indicativamente a história desse período de opressão da mulher, ainda hoje não superado. Do ponto de vista do nosso problema está claro que, de modo geral, vista como um todo, ela representa um estranhamento dos dois sexos: pois já sabemos que o ato de estranhar outro ser humano necessariamente acarreta também o próprio estranhamento.

---

[19] F. Engels, *Der Ursprung der Familie*, p. 42; MEW, v. 21, p. 61 [ed. bras.: *A origem da família, da propriedade privada e do Estado*, cit., p. 67].

Porém, uma análise em termos tão gerais deve ser imediatamente complementada com a observação de que seria aistórico e, desse modo, desformador do objeto se de modo algum levássemos em consideração o momento subjetivo, a consciência dos estranhadores e dos estranhados. Desse modo, não se põe em dúvida a verdade da constatação universal de que todo o desenvolvimento rumo à civilização, incluindo a relação entre homem e mulher, costuma se efetuar por meio de formas estranhadas, ou seja, que uma série de formas de estranhamento são componentes necessárias do desenvolvimento até aqui e só poderão ser superadas no comunismo real. Contudo, tanto o fenômeno do próprio estranhamento como a importância social e humana das tentativas de superá-lo mudam muito significativamente de fisionomia dependendo de onde, como, com que intensidade etc. o ser-estranhado está vinculado com a consciência de que se trata de uma condição indigna do homem. Visto que nas considerações posteriores o aspecto humano-social dessa consciência desempenhará um papel importante, talvez seja útil lançar um olhar sobre ela já agora. O fato de os exemplos a seguir, extraídos da Antiguidade, se referirem predominantemente ao ser da mulher como escrava não muda substancialmente nada na essência da coisa: a escravidão e as instituições que se assemelham a ela (desde o *ius primae noctis* até a disponibilidade sexual da mulher em relação de serviço até os dias de hoje) sempre desempenham um papel importante na história do estranhamento da vida sexual. Pensemos, portanto, em primeiro lugar, na *Ilíada*. Briseide se torna escrava de Aquiles; depois da grande batalha, ele tem de entregá-la a Agamenon, mas por ocasião da reconciliação recebe-a de volta. Nesse processo todo, ela é um mero objeto "que fala", que igual a um objeto mudo passa da posse de um para a posse de outro. Em *As troianas*, de Eurípides, a violação da dignidade humana por essa práxis já é o tema central. Não há como mudar o fato de que elas têm de se tornar escravas dos vencedores, mas ele aparece associado simultaneamente à indignação humana contra ele – todavia, objetivamente impotente –, na qual só em alguns momentos faísca um anseio por resistência ativa, que permanece subjetivo. Na tragédia *Andrômaca*, também de Eurípides, essa resistência já adquire uma figura convertida em práxis individual: numa situação que atingiu o ponto crítico, Andrômaca age como se fosse uma pessoa tão livre quanto os seus adversários e – na realidade estilizada da tragédia – força um comportamento correspondente dos demais em relação a ela, contudo, também nesse caso, diante do pano de fundo que gera a tensão da trama, de que a sua condição irrevogável de escrava pudesse, a qualquer momento, acarretar sua eliminação física. Essa atmosfera dramática é tão interessante para a história do problema pela seguinte razão: nela ganha expressão o maior grau possível de oposição contra esse estranhamento na Antiguidade; todavia, sobretudo mais tarde entre os estoicos, ela ganha expressão como anulação interior, espiritual-psíquica do estranhamento, sem a menor possibilidade de poder tornar a sua anulação objetiva nem mesmo em termos de perspectiva em objeto de uma luta real.

Nesse processo, de qualquer modo, já aflora uma determinação importante do processo do estranhamento e da luta contra ele: a consciência da existência humana enquanto generidade para si já se manifesta de um modo socialmente indelével: o homem estranhado precisa preservar inclusive no estranhamento a sua generidade em si: escravista e escravo, esposo e esposa no sentido da Antiguidade já são categorias sociais e, até mesmo no estado extremo de estranhamento, elevam-se acima do mero ser natural da humanização inicial. (Com efeito, esta nem podia ainda ter conhecimento de estranhamentos do tipo social.) Portanto, nesse caso, o homem estranhado não é simplesmente privado do seu ser-homem social, do pertencimento à socialidade do gênero humano; ainda que a designação do escravo como "*instrumentum vocale*" aponte em termos jurídicos para tal privação, objetivamente, em si, também o escravo continua sendo um ser [Wesen] social, um exemplar do gênero humano. Tampouco é fato que aqui entraria em cogitação apenas o ser objetivo, pois a consciência, a reação consciente a todas as tarefas, exigências etc. sociais que necessariamente decorrem do ser social para cada homem são momentos não negligenciáveis na existência de cada homem vivo. Portanto, quando se fala da generidade para si, de sua efetividade ou de sua falta, é preciso ter em vista uma consciência de um tipo qualitativamente diferente, superior. Trata-se da diferença, aqui já exposta, entre o homem particular e aquele que é capaz de alçar-se conscientemente acima da sua própria particularidade. É impossível pôr em dúvida a realidade prático-social desse tipo de consciência; toda a história da humanidade, por estar repleta dos efeitos práticos de atividades desse tipo, não permite que aflorem tais dúvidas.

Por outro lado, a sua gênese social, a sua constituição ontológica devem ser cuidadosamente investigadas em termos críticos, caso não se queira ser vítima de fetichizações idealistas. A mais importante das concepções desse tipo para nós neste momento é a dissociação reificadora da consciência que se elevou acima da particularidade em relação ao homem inteiro normal em sua existência físico-social. Desde o surgimento das representações animistas, mas especialmente desde a grande crise da humanidade na Antiguidade tardia e sua culminação no cristianismo, essa concepção exerceu grande influência sobre a imagem ontológica do homem. E uma vez admitida a condição ontológica – expressa ou tácita – de todas essas doutrinas, a saber, a contraposição metafisicamente abrupta, reificadora nas duas direções, entre homem "físico" e homem "espiritual-psíquico", deparamo-nos novamente com a doutrina, ainda difundida em amplos círculos, da alma autonomamente existente e exclusivamente relevante. No caso do mero contraste entre "corpo" e "alma", nenhuma gnosiologia é capaz de afrontar com êxito esse dualismo. Assim sendo, até mesmo alguém como Ernst Bloch diz: a alma "está dada de forma fenomenologicamente autônoma", acrescentando apenas algumas observações irônicas sobre a impotência do "paralelismo psicofísico"[20]. E, de fato, quando a realidade é "posta entre parênteses" por força de um preceito fenomenológico, o sujeito do pôr teleológico já aparece em qualquer ato de trabalho como algo autonomamente existente perante o corpo que "executa" o pôr. Ao fazer isso, facilmente se esquece que é justamente o próprio método fenomenológico que reifica uma ilusão do mundo fenomênico imediato em substancialidade duplicada, que converte atos unitários dinâmicos do ser social e, assim, a socialidade primordial que não pode ser eliminada deles pela mera discussão num fato natural antropológico. No caso do problema do ser e da consciência humana particular e não particular, que nos interessa exclusivamente aqui, parece até que ocorre uma fissura, uma cisão, dentro de sua esfera "ideal": na elevação do homem acima de sua própria particularidade, esse movimento sempre pressupõe uma consciência já em grande medida socializada, no nosso caso, acima do ser social propriamente dado enquanto mulher, com todas as suas consequências reais no plano do ser. O ato da elevação consiste justamente nisto: perceber que esse tipo de ser definitivamente não corresponde à autêntica generidade do homem, pois, a despeito de toda a múltipla socialidade do homem, a sua generidade – no sentido da crítica de Marx a Feuerbach – acaba permanecendo muda. Ela, todavia, não o é no sentido da pura imediatidade. Com efeito, também o homem que permanece totalmente particular está sempre consciente de certo pertencimento ao gênero, a cada uma de suas

---

[20] E. Bloch, *Geist der Utopie* (Munique/Leipzig, 1918), p. 416; (Frankfurt, 1971), Bloch Gesamtausgabe, v. 16, p. 416.

formas fenomênicas dadas, podendo esse pertencimento até mesmo servir de motivação para as suas ações singulares. Desse modo, porém, a essência do gênero humano nem de longe está esgotada; de fato, ela está sendo visualizada meramente em seu modo de ser restrito à imediatidade. O gênero humano não reificado idealmente e, em correspondência, também não na prática possui a objetividade ontológica de um processo histórico, cujos primórdios, no entanto, escapam à memória do gênero, cujo desfecho igualmente só pode ser objetificado em perspectiva. Sendo tudo isso, porém, a generidade constitui um processo real, mais exatamente, um processo que não transcorre paralelamente aos indivíduos, o que os obrigaria a permanecer na condição de meros espectadores; a sua verdadeira processualidade consiste, muito antes, em que o processo não reificado da vida singular forma uma parte integrante indispensável da totalidade dinâmica. Só quando o homem singular apreende a sua própria vida como um processo que faz parte desse desenvolvimento do gênero, só quando ele, por essa via, experimenta e busca realizar a sua própria conduta de vida, os autocomprometimentos daí decorrentes, como pertencentes a esse contexto dinâmico, só então ele terá alcançado uma ligação real e não mais muda com a sua própria generidade. Só quando tiver a intenção de almejar ao menos seriamente uma generidade desse tipo em sua própria vida o homem conseguirá apropriar-se de sua própria elevação acima de seu ser-homem meramente particular – pelo menos como obrigação perante si mesmo.

Surgindo uma negação das contradições entre forças produtivas e relações de produção que se tornaram manifestas no ser social recém-surgido e adquirindo ele, em função disso, um caráter massificado, as vivências recém-descritas podem até mesmo se transformar num momento do fator subjetivo de uma revolução. Sabemos que todos esses conflitos são travados ideologicamente. Por isso, o caráter não ideológico do desenvolvimento social total, a sua necessária desigualdade, especialmente o modo como se manifestam as consequências ontológicas do processo total no âmbito do ser social e do destino dos homens singulares, muitas vezes necessariamente provocará conflitos, mesmo que ainda não tenha surgido uma massificação revolucionária, ou a constituição do objeto não tem como levar a que ele se torne fator subjetivo de uma revolução; tais conflitos – como todo conflito social – só poderão ser travados ideologicamente. Com efeito, nesse processo, evidencia-se com frequência que as decisões das alternativas postas socialmente que funcionam na vida cotidiana normal não podem ser respondidas a contento com uma simples obediência às normas tradicionais, habituais, jurídicas, morais etc. Os conflitos com que nos deparamos são travados precipuamente no plano individual em casos individuais. Nesse caso, permanece decisivo que, para o indivíduo, a necessidade de tal decisão alternativa individual é socialmente imposta. Ele pode responder a ela só com a sublevação ou a submissão (por exemplo, Nora e a senhora Alving, em Ibsen); a alternativa permanece a mesma em sua essência universalmente social, visto que ela nada mais é que a manifestação concreta de uma contradição no desenvolvimento social, no desenvolvimento do gênero, na vida de indivíduos singulares. Esse tipo de conflito se distingue da quantidade infinita de confrontos meramente individuais justamente por esse caráter socialmente fundado da escolha e de suas possibilidades de decisão. O sujeito atuante de modo algum precisa chegar sempre a uma clareza teórica de que – em última análise – quer realizar uma nova condição social quando se subleva pessoalmente contra os modos ideológicos dominantes de resolver certos conflitos. Contudo, é justamente nisso que se expressa a socialidade do conflito. O antagonismo entre o desenvolvimento das capacidades singulares do homem e suas possibilidades de desenvolvimento como indivíduos assoma, como foi mostrado, diretamente da produção, do desenvolvimento e, para a sociedade como um todo, permanece a figura, em última instância, determinante desse antagonismo. Porém, visto que toda mudança estrutural da sociedade provocada pela produção cedo ou tarde necessariamente terá um efeito transformador, mediante reviravoltas radicais ou mediante incremento gradativo, sobre todas as manifestações vitais dos homens, que, como sabemos, encontram-se num processo permanente de socialização cada vez maior, essa contradição fundamental deverá estar na base de todas as manifestações vitais dos homens.

Quanto mais mediada for a conexão entre uma atividade social ou uma relação dos homens singulares e o processo de produção, tanto maiores serão as modificações a que deverão estar sujeitas essas contradições fundamentais. É o caso aqui, na relação entre homem e mulher. Contudo, trata-se aí sempre também de uma identidade da identidade e da não identidade. A identidade que, em última instância, sintetiza as tendências discrepantes está fundada no fato de que o desdobramento da individualidade nunca é o resultado de um processo posto em marcha a partir de dentro, mesmo que seja só num primeiro momento. A razão disso é que o homem é um ser que responde; a sua individualidade mais ainda. Sem as sínteses pessoais do desenvolvimento das capacidades, sem a formulação de respostas pessoais para as perguntas, a cuja apropriação prática conduz o desenvolvimento das capacidades, jamais teriam surgido individualidades. No âmbito dessa identidade profundamente fundamentada na sociedade, o princípio divergente brota em toda parte, mesmo que muitas vezes de modos extremamente diferenciados, do fato de que as formas de consciência do gênero em si forçosamente são consequências do aumento das forças produtivas; sem ele, um progresso desses seria objetivamente impossível. Para a individualidade, a síntese dessas capacidades passa a ser também um processo que transcorre necessariamente, porque a ausência de toda síntese impossibilitaria igualmente um desenvolvimento, um tornar-se aproveitável, uma adaptação às necessidades mutantes da produção etc. A diferença é "apenas" que, no nível da generidade em si, é impossível que a personalidade atue senão no modo de uma realidade que se torna efetiva na prática, visando cumprir suas funções no processo da reprodução social, ao passo que a generidade para si é produzida pelo mesmo processo global meramente como possibilidade. Todavia, como ressaltamos em outros contextos, como possibilidade no sentido da *dýnamis* aristotélica, como algo real em estado latente, no qual o quando, como, em que medida etc. da realidade (incluindo diferenças de conteúdo, tendência etc.) sempre comporta um grande campo de ação de variação. Com efeito, a totalidade da sociedade e a personalidade humana estão inseparavelmente ligadas uma à outra, formando os dois polos de um e do mesmo complexo dinâmico, mas se diferenciam qualitativamente em suas condições de desenvolvimento no plano imediato do ser. No entanto, só na medida em que as formas diferenciadas de movimento que assim surgem possam, em última análise e apesar disso, permanecer intimamente interconectadas – mesmo que essa conexão seja a da contraditoriedade interior.

É justamente nessas disparidades que se expressa a interconexão. A generidade para si se exterioriza, num primeiro momento e na maioria das vezes, na vida cotidiana como insatisfação individual com a generidade em si predominante naquele momento, às vezes também como revolta direta contra ela. Portanto, no plano imediato, esse movimento contrário parte dos homens singulares como defesa de sua individualidade, mas a sua intenção fundamental, não importa o quanto ela se torne consciente, está direcionada – em última análise – para as formas da generidade para si que podem ser alcançadas em cada caso. Naturalmente, nesse ponto tampouco pode haver qualquer garantia interior de que serão de fato alcançadas. Nesse caso, também se trata de um pôr teleológico que pode passar ao largo não só de sua própria realizabilidade prática, mas também dos conteúdos essenciais daquilo que é almejado. Porém, visto que aqui se trata, ainda assim, de tentativas de resposta de um dos polos da totalidade social aos efeitos concretos do outro polo, visto que nessas "*dynámei*" está contido aquilo que almejam as intenções individuais do ponto de vista da personalidade, visto que ambas são possibilidades de um e do mesmo processo social global, nunca está totalmente impedida uma aclaração precoce do alvo ou do percurso de pores singulares. Como foi detalhado no capítulo anterior, essas intuições e antecipações do possível na continuidade do desenvolvimento do gênero, na continuidade da memória do gênero, podem ficar preservadas como momentos do surgimento do para-si – por exemplo, na forma de grande arte e filosofia, mas também como vida exemplar. Naquela ocasião, estávamos tratando de tentativas conscientemente objetivadas de antecipar a generidade para si, cujos sujeitos ponentes tiveram de e conseguiram elevar-se acima de sua própria particularidade para poderem efetuar tais pores. Aqui tivemos de apontar para essas conexões para vislumbrar mais claramente a gênese e o efeito de tais elevações também na vida cotidiana das pessoas. Entretanto, é preciso levar em consideração que os atos da vida cotidiana têm ontologicamente a prioridade. O eco obtido pelas simples objetivações [*Objektivationen*] e até a simples possibilidade de seu surgimento apontam claramente para o fato de que as decisões alternativas que ganham expressão em tais objetivações [*Objektivationen*], decisões nas quais são expostos de forma generalizada o caminho para a personalidade não mais particular, os seus conteúdos e objetos, as suas condições e consequências sociais, verbalizam, de acordo com o seu teor social, exatamente aquelas questões que movem profundamente uma parcela importante dos homens singulares em sua existência cotidiana. Se tal obra de arte, se tal filosofia realmente nada fossem além de produtos de uma assim chamada personalidade "genial", elas não poderiam se objetivar de um modo que passa a servir de modelo, assim como seria impossível o fato de uma situação objetivamente revolucionária desencadear num caso dado um fator subjetivo ativo sem ser precedido por um período relativamente longo, por uma massa relativamente grande de decisões singulares tomadas por homens singulares em sua vida cotidiana. Por mais intrincada e sem rumo que muitas vezes pareça ser essa vida cotidiana, é só nela que as corporificações fáticas e ideológicas podem maturar gradativamente até chegar à socialidade. De fato, na grande maioria dos casos, é possível perceber nitidamente que as barreiras ao conhecimento da ontologia da vida cotidiana de uma época voltam a aparecer também em suas mais elevadas objetivações [*Objektivationen*].

Essas conexões esclarecem o fato de importância decisiva no plano ontológico de que, antes de tudo, não pode haver estranhamento como categoria antropológica geral ou até supra-histórica, que o estranhamento possui sempre um caráter histórico-social, que ele é desencadeado de maneira nova em cada formação, em cada período, pelas forças sociais realmente atuantes. Isso obviamente não contradiz a continuidade histórica, mas esta se efetiva sempre de um modo concreto, de um modo contraditoriamente desigual: a superação econômica de uma situação social estranhada pode, com muita frequência, acarretar uma nova forma de estranhamento que supera aquela, diante da qual os meios de luta experimentados já de longa data passam a mostrar-se impotentes. Contudo, não estamos lidando aqui só com um fenômeno histórico-social para tirar dele todas as conclusões, mas também com um fenômeno cujo efeito precípuo atinge o homem singular enquanto homem singular. Num sentido generalizado, isso naturalmente se refere a tudo que acontece socialmente: somente em decorrência da soma social de atos singulares podem efetuar-se objetividades, processos etc. socialmente relevantes. No processo de produção, contudo, essa síntese somatória se dá de modo tão irresistivelmente espontâneo que o desempenho do homem singular, a sua peculiaridade expressa nesse desempenho, só adquire validade na totalidade econômica como modo de trabalho socialmente necessário, essencialmente só como média. Esse efeito da produção sobre as capacidades singulares dos homens é anulado no máximo em realizações científicas de ponta; nesse caso, no entanto, a ação das forças econômicas que pressionam para frente já é uma força mediada. Para a ontologia do ser social, porém, com esse conhecimento, é igualmente importante reconhecer que o efeito sobre a personalidade humana deve ser um efeito relacionado de modo direto, imediato e irrevogável com ela como tal. O que é evidenciado pela universalidade social, pelos efeitos de grandes objetivações [*Objektivationen*], não anula esse caráter individual. Pelo contrário. A factualidade, tão importante do ponto de vista social, de que a gênese e a ação da personalidade não mais particular só podem tornar-se efetivas por essa via confere a cada um desses posicionamentos individuais uma relação de possibilidade – ainda que esta muitas vezes desapareça na prática – com a história do gênero humano.

Justamente pelo fato de a personalidade não particular só surgir porque, nela, o autodesenvolvimento e a autoaclaração, em última análise, equivalem a um desenvolvimento e uma aclaração do gênero humano existente para si essa vinculação da personalidade não mais particular com a generidade para si é capaz de realizar a superação real da "mudez" do gênero.

Somente depois que esse vínculo irrompível entre personalidade não mais particular e generidade para si tiver se tornado claro o problema do estranhamento poderá ser concretizado ainda mais. Com efeito, só então ficará evidente, por um lado, que o estranhamento representa, antes de tudo, um obstáculo ao nascimento da não particularidade do homem. Não que uma elevação espiritual-moral acima da particularidade possa constituir um meio infalível de se proteger contra o estranhamento. Com efeito, não se pode esquecer que os componentes que agem no plano socioeconômico também podem exercer uma interferência deformadora na conduta de vida dos homens particulares. Para não falar de escravidão e servidão, seja lembrada apenas a questão do tempo de trabalho no capitalismo do século XIX. Esses estranhamentos podem até se tornar tão drásticos a ponto de relegar a segundo plano a resistência ideológica individual, mas sem jamais anular esta totalmente. A dialética peculiar do estranhamento evidencia-se, no nível mais elevado, também num fato, sobre o qual se tratará mais extensamente em contextos posteriores, a saber, que aspirações resolutas de ir além da particularidade, como a dedicação incondicional a uma causa de importância objetivamente social, podem levar a estranhamentos *sui generis*. (As problemáticas da época de Stalin, do velho prussianismo etc. estão estreitamente ligadas com isso.) Porque justamente tal dedicação incondicional – e com muita frequência acrítica – pode até levar a uma intensificação de certos aspectos da personalidade, mas ela também pode causar um estranhamento amplo ou até total. Em contrapartida, com certeza quanto mais particular um homem permanece, tanto mais impotente ele fica ao ser exposto a influências de estranhamento. A grande batalha da cultura moral da Antiguidade contra o domínio das paixões sobre o homem singular constitui objetivamente a sua defesa sociomoral – sem que, naquela época, o conceito do estranhamento como tal já tivesse ingressado no pensamento da humanidade. Todavia, isso se deu meramente sob as condições sociais especiais da pólis. Porque nesta a superação da particularidade consistiu ainda predominantemente na superação das paixões egoístas, meramente ligadas à pessoa; para a pessoa não mais particular, a moral do cidadão da pólis dava – tendencialmente – direção e sustentação. Por essa razão, não é nenhum acaso que só num estágio muito posterior e mais elevado do desenvolvimento global pôde surgir a ideia genial de Espinosa: "Uma emoção não pode ser superada nem inibida a não ser que o seja por uma emoção contrária e mais forte"[21]. Somente assim a personalidade não particular se converte num "microcosmo" social, ou seja, num polo oposto autenticamente efetivo do desenvolvimento da sociedade enquanto totalidade. Naturalmente, Espinosa representa um ponto de culminância tardio desse processo. A personalidade nesse sentido próprio mais elevado só surge quando a derrocada da vida regulada pelo ser na pólis aniquilou a condição de segurança e bem-estar sociais do eu não particular no âmbito da conduta de vida em conformidade com a cidadania da pólis. A crise daí decorrente tornou possível o cristianismo e seu prolongado domínio ideológico, dado que o eu não particular, que perdera o seu lar na Antiguidade, aparentemente acabou encontrando o chão para o seu desenvolvimento com a ajuda de um estranhamento religioso. (Sobre essa questão falaremos extensamente na próxima seção.) Somente a época da crise, que fez nascer a sociedade burguesa moderna com o afastamento nunca antes tão resoluto da barreira natural, com a célere intensificação da socialização de todo o social e, estreitamente ligada a ela, da personalidade em sentido próprio (associada à sua problemática específica), foi capaz de levar a tal concepção dialeticamente total da relação do homem com as suas próprias paixões a caminho de uma personalidade não particular.

Com tudo isso, aclara-se para nós o caráter histórico, processual do estranhamento e sua superação (subjetiva, consciente). Porém, compreender adequadamente esse fenômeno implica entender que estranhamento no singular representa apenas um conceito teórico puramente abstrato, noção que já está objetivamente implícita nela. Se quisermos penetrar intelectualmente até o seu ser autêntico, temos de chegar à compreensão de que o estranhamento como fenômeno real do ser social real só pode aparecer na forma da pluralidade. Isso não se refere só às diferenças individuais dentro desse fenômeno do ser, pois cada conceito geral tem como fundamento do seu ser tal diferenciação das singularidades individualmente distintas. Contudo, o modo pluralista de ser dos estranhamentos, indo muito além disso, equivale a complexos dinâmicos do estranhamento qualitativamente distin-

---

[21] B. Espinosa, [*Ethik*,] Sämtliche Werke, v. I, p. 180.

tos e a suas tentativas conscientes, subjetivas de superação. De fato, os estranhamentos singulares existem numa autonomia ontológica tão grande uns em relação aos outros que repetidamente há pessoas na sociedade que combatem influências estranhadoras num complexo do seu ser, enquanto aceitam outros complexos sem oferecer resistência, e até nem é tão raro que existe entre tais tendências de atividade antagônicas – do ponto de vista do estranhamento – um nexo causal que influencia fortemente a personalidade. Sem poder entrar agora detalhadamente nessa questão, apenas remeto ao caso que ocorre com frequência no movimento dos trabalhadores, a saber, que homens que combatem ardorosamente e também exitosamente o seu estranhamento enquanto trabalhadores na vida familiar causam um estranhamento tirânico a suas mulheres, o que os leva forçosamente a um novo estranhamento de si mesmos. Isso não é acaso, nem simplesmente uma "fraqueza humana". Já apontamos reiteradamente para a dinâmica qualitativamente diferenciada pela qual se impõe entre as pessoas o desenvolvimento de suas capacidades ou então o de sua personalidade. Daí decorre, em contraposição ao processo primário, espontaneamente necessário, ditado pelo desenvolvimento das forças produtivas (de modo algum se pretende negar as diferenciações dentro desse âmbito, mas elas só excepcionalmente têm uma ligação mais estreita com a nossa questão atual), no qual se trata sobretudo da formação, da reconfiguração etc. de capacidades singulares, que a intenção da atividade humana deve se dirigir à personalidade enquanto totalidade.

Para excluir toda simplificação deformadora, é preciso constatar que naturalmente deve se formar, no nível da particularidade, no decurso da expansão e do aperfeiçoamento da divisão social do trabalho, igualmente uma espécie de personalidade, mais exatamente, de modo tão social quanto é o transcurso do desenvolvimento das capacidades singulares. Há certa espontaneidade posta em marcha pela produção no modo como as capacidades singulares são harmonizadas entre si, como o trabalho socialmente realizado é harmonizado com a vida privada. A partir dessas interações surgem inquestionavelmente diferenciações individuais com traços pessoais que se tornam nitidamente visíveis, com jeitos pessoais de reagir aos contextos, com paixões acentuadamente subjetivas etc. Contudo, tudo isso se dá essencialmente no nível da generidade em si, o que já fica evidente pelo fato de algumas formas pronunciadas do estranhamento entre o homem e seu semelhante costumarem ser reconhecidas como peculiaridades pessoais. Basta pensar em homens que seguem uma rotina burocraticamente petrificada, em carreiristas e arrivistas, em tiranos domésticos etc., que não só aprovam essas suas qualidades como partes integrantes de sua personalidade, mas também são respeitados como personalidades pelo seu ambiente, em virtude de suas qualidades e não apesar delas. O surgimento de personalidades dessa espécie naturalmente é um fato histórico-social de suma importância, porque essas primeiras sínteses de personalidades espontâneas, imediatas, muitas vezes amplamente estranhadas compõem a base social do ser, a única da qual pode se originar o indivíduo não mais particular. Com efeito, nesse tocante, nunca se poderá esquecer que os princípios ordenadores da vida social (da tradição até o direito e a moral) são armas ideológicas para dirimir conflitos sociais e que, por isso, constituem-se, em muitos casos, como portadores do progresso social. A sua influência sobre os pores teleológicos dos homens singulares, que é amplamente característica do nível ora em pauta do desenvolvimento da personalidade, de modo algum deve, portanto, ser concebida simplesmente como negativa, como exclusivamente causadora de estranhamento. Visto que a generidade em si sempre cria um espaço de possibilidade para a generidade existente para si, a relação entre elas também deve evidenciar tais conexões. Isso significa objetivamente a possibilidade de um existir e agir latente de tendências direcionadas para uma generidade para si, para uma individualidade não particular. Todavia: só a possibilidade, mais exatamente, uma que sempre pode reverter em seu oposto, tanto em termos gerais como nas decisões singulares. No plano subjetivo, pode surgir exatamente dessa certeza apodítica com que tais princípios ideológicos de regulação costumam entrar em cena uma petrificação interior, uma acriticidade etc. dos homens envolvidos. Portanto, na consideração das relações entre esses dois sistemas, devemos considerar faticamente não só os múltiplos fenômenos de transição entre personalidades particulares e não particulares, mas ao mesmo tempo procurar apreender teoricamente também a necessidade social de que brotem do mesmo chão da realidade social. Nesse tocante, a fração de classes dessas sociedades naturalmente desempenha um papel decisivo, sobretudo no que diz respeito ao rumo para o qual se orientam os homens singulares também como homens singulares na vida cotidiana. É interessante observar que esse problema já foi identificado muito cedo na Antiguidade. Entre as mais importantes inovações dramatúrgicas de Sófocles está a de ter identificado claramente, na contraposição de Antígona e Ismene, de Electra e

Crístemis, esse antagonismo socialmente fundamental como fato decisivo; é verdade que não o formulou teoricamente, mas o reconheceu na conformação da práxis das pessoas.

Esse longo excurso foi necessário para levar até o fim de modo concretizado as nossas recém-iniciadas considerações sobre o estranhamento na relação entre homem e mulher. Com efeito, só agora se tornou possível visualizar a vinculação indissolúvel e simultaneamente a contraditoriedade humano-prática das determinações sociais e individuais do campo do estranhamento. Naturalmente, todas as condições de vida nessa relação são socialmente determinadas; até mesmo a aspiração individual de ir além do que está socialmente dado no plano imediato tem aí a sua fonte. Por essa razão, repetidas vezes a tendência básica do desenvolvimento social cria formas estreitas e estranhadas para essa relação, mas essas mesmas tendências de desenvolvimento encontram caminhos espontâneos para, não obstante, satisfazer de algum modo as necessidades de ordem superior. Talvez seja suficiente lembrar o matrimônio grego da época do florescimento da pólis, cuja monogamia converte a mulher numa espécie de escrava doméstica estranhada; contudo, o impulso socialmente irresistível para uma relação entre os sexos num nível humanamente superior conquista para si espontaneamente um campo de satisfação no heterismo, no qual se "desenvolveram as únicas figuras femininas gregas que, por seu talento e por seu gosto artístico, destacaram-se do nível geral da mulher do mundo antigo [...]"[22]. O fato de tais mulheres conseguirem conquistar essa sua elevação acima do seu estranhamento "normal" só através da prostituição, ou seja, através de outro estranhamento de si, mostra como naquela época eram estreitos os limites objetivos traçados para a humanidade tanto interior quanto exterior nesse campo. Ideologicamente, todavia, o desenvolvimento da tragédia grega demonstra que um direcionamento claro para a generidade para si também é capaz de passar por cima dessa realidade que na vida é intransponível.

Nos últimos séculos, o desenvolvimento econômico no nível da generidade em si produz progressos imensos: as possibilidades de existência economicamente autônoma das mulheres são realizadas socialmente de modo crescente, e mulheres importantes (basta pensar em madame Curie) revelam claramente a falsidade da afirmação de sua inferioridade intelectual em relação ao ho-

---

[22] F. Engels, *Der Ursprung der Familie*, p. 50-1; MEW, v. 21, p. 67 [ed. bras.: *A origem da família, da propriedade privada e do Estado*, cit., p. 74].

mem. Porém, isso chegou a resolver realmente o grande problema, levantado desde Fourier até Marx, do estranhamento fundamental na relação entre homem e mulher, do estranhamento de si de ambos nessa relação, do seu recíproco estranhar-se e ser estranhado? Ninguém pode afirmar isso. Pelo contrário, em amplos círculos, torna-se cada vez mais manifesta a situação de crise. Em outros contextos, ocasionalmente fizemos alusão ao fato de que muitos dos atuais movimentos sexuais até estão direcionados para a libertação da mulher de seu estranhamento na relação com o homem, mas que, medidos pelo critério ideológico do movimento revolucionário dos trabalhadores enquanto luta de libertação contra o estranhamento socioeconômico, encontram-se apenas no nível do ataque às máquinas, portanto, num nível extremamente primordial em termos objetivos. Neles se enfatiza com razão que o progresso meramente econômico, enquanto fundamento para a autonomia econômica na conduta de vida da mulher, enquanto implosão econômica das tradicionais formas sociais de estranhamento, até agora contribuiu bem pouco para a verdadeira solução dos problemas, para a imposição da igualdade *de facto* das mulheres no trabalho e na vida familiar. A igualdade deve, portanto, ser conquistada sobretudo no terreno específico de sua confiscação, no terreno da própria sexualidade. A sujeição sexual da mulher certamente constitui uma das bases mais fundamentais de sua sujeição em geral, tanto mais que as atitudes humanas que lhe correspondem não só desempenham um papel importante no mundo de representações e paixões dos homens, mas no decorrer de milênios penetraram profundamente na própria psicologia da mulher e se incrustaram ali. Por isso mesmo, a luta de libertação da mulher contra esse seu estranhamento não é, portanto, ontologicamente apenas uma luta voltada contra as aspirações de estranhamento que partem do homem, mas deve também visar a própria autolibertação interior. Nesse aspecto, o moderno movimento sexual possui um cerne decididamente positivo, progressista. Está contida nele – consciente ou inconscientemente – uma declaração de guerra contra a ideologia do "ter", que, como vimos em Marx, constitui uma das bases fundamentais de todo estranhamento humano, impossível de ser superado também nesse campo sem um cancelamento radical da sujeição sexual da mulher.

No entanto, apesar de toda a sua importância fundamental, trata-se apenas de um momento, por mais importante que seja, da libertação real, da libertação total. Por mais amplo que seja o afastamento da barreira natural, o homem permanece de modo irrevogável uma espécie de ser da natureza e, por isso mesmo, a confiscação, a atrofia de sua existência natural forçosamente deforma a sua vida inteira. Ao mesmo tempo, jamais se pode esquecer que o afastamento da barreira natural, o processo em que o seu ser natural se torna sempre mais social, constitui, na mesma proporção, o fundamento de sua existência enquanto homem, enquanto ser genérico humano, enquanto indivíduo. Portanto, é impossível que uma libertação sexual isolada por si só proporcione uma solução autêntica para a questão central da humanização das relações sexuais. Aqui existe o perigo de que tudo o que o desenvolvimento conquistou em termos de humanização social da pura sexualidade (erótica)[23] seja novamente perdido. Somente quando os homens descobrirem relações mútuas que os unam inseparavelmente enquanto seres naturais (que se tornaram sociais) e simultaneamente enquanto personalidades sociais o estranhamento poderá realmente ser superado na vida sexual. A ênfase exclusiva no momento puramente sexual nessa luta – justificada e importante – por libertação pode muito facilmente substituir, ao menos temporariamente, os estranhamentos à moda antiga por estranhamentos à moda atual. Com efeito, a sexualidade, por exemplo, segundo a expressão da comunista Kollontai, enquanto "copo d'água" também tem um importante componente, que corresponde em grande medida à sexualidade masculina com o qual os homens estranharam as mulheres durante milênios, estranhando, contudo, simultaneamente a si mesmos. A frequente reversão de tais movimentos para o filistinismo à moda antiga, que, acobertando-se numa excentricidade pornográfica, pode levar à glorificação de um masoquismo real, da submissão incondicional e voluntária da mulher, evidencia claramente, no exemplo dado, esse perigo, essa barreira ao processo de libertação. Portanto, o fator subjetivo desse campo do estranhamento ainda está muito longe de poder aproveitar aquele campo de ação de possibilidades que o desenvolvimento econômico já criou para a generidade em si no plano social. Porém, esse terreno é extraordinariamente instrutivo para a compreensão da conexão dialética entre generidade em si e generidade para si e simultaneamente para a dinâmica contraditória dos fatores objetivo e subjetivo do desenvolvimento social da humanidade – justamente por causa de sua constituição extrema. Porque,

---

[23] Infelizmente, nosso conhecimento desse campo é extremamente limitado e incerto. Sabemos bem pouco, por exemplo, sobre as proporções dos diferentes tipos de solução para essa questão. E não só a respeito da dimensão da abrangência fática do movimento de libertação, mas também da dimensão da participação de soluções autenticamente humanas nele.

assim como as conquistas sociais na esfera objetiva da generidade em si criam as condições indispensáveis para a superação dos estranhamentos, elas também podem passar amplamente sem exercer influência sobre a sua realização de fato. Isso a esfera das relações sexuais mostra com a mais nítida plasticidade, pois nela a realização real, a eficácia real do fator subjetivo só pode chegar à realização na forma de uma práxis individual inevitável. A relação autêntica entre homem e mulher, a plena aplicação à vida da unidade de sexualidade e existência humana, existência como personalidade, só pode manifestar-se no plano real em cada relação individual entre um homem concreto e uma mulher concreta. O conhecido dito de Engels de que, a despeito da generalidade de toda práxis social, a importância dos homens singulares nunca é igual a zero recebe aqui uma confirmação na forma de uma intensificação qualitativa, que mostra claramente que o polo do homem singular, oposto ao da totalidade social, constitui um componente do processo social global que não deve ser subestimado e que muitas vezes é decisivo.

Essa refutação de um desenvolvimento social "puramente objetivo" – sempre totalmente distanciado de Marx –, ligado a uma completa exclusão do homem singular realmente vivo, pode contribuir também num aspecto mais amplo com a ontologia e o devir do ser social fiéis à realidade. Marx tratou os problemas humanos do comunismo sempre de modo bastante reservado, mantendo-se intencionalmente num plano abstrato. Com toda razão, já que em princípio é impossível depreender, do ponto de vista do respectivo tempo presente, numa determinidade minimamente concreta, as formas e os conteúdos de reações humanas futuras, mesmo que seja por períodos relativamente curtos do processo social, inclusive nos casos em que os componentes econômicos já estão predeterminados com grande probabilidade. Por isso, Marx se limitou – conscientemente em gritante contraste a todo utopismo – aos princípios mais gerais, muitas vezes às condições objetivas das mudanças necessárias na essência dos homens singulares. Esse evitar crítico de toda atitude utópica permite tirar, a partir das perspectivas do processo total, determinadas conclusões humanamente concretas, que são apropriadas para harmonizar as precondições humanas de uma sociedade comunista com movimento econômico que leva ao encontro dela. Interessa-nos, nesse contexto, sobretudo o problema do estranhamento e, dentro deste, exatamente seus efeitos sobre o homem enquanto ser social [*Gesellschaftswesen*] sensível. Anteriormente, já citamos a constatação bastante significativa de Marx de que a superação social do "ter", enquanto categoria básica da relação entre os homens estranhados e a realidade que os cerca, pode levar a que, "imediatamente em sua práxis, os sentidos se tornem teóricos". Para o homem mediano da sociedade de classes, isso expressa algo que – no plano imediato – soa bastante utópico. De fato, todo um processo de vida se encontra em gritante contraste com isso, e isto não só na época da atuação de Marx, na qual a miséria material dos obreiros impossibilitava tal uso dos sentidos, mas também e até mais ainda em nosso tempo do bem-estar manipulado em termos capitalistas. Ora, se quisermos vislumbrar uma espécie de utopismo no fato de Marx considerar superável no plano social esse comportamento da esmagadora maioria dos homens, pensemos, antes de tudo – mas apenas provisoriamente –, num fenômeno social tão antigo e hoje ainda efetivo quanto a arte. Ao fazer isso, todavia, temos de partir de uma consideração imparcial da arte como atividade social dos homens na sociedade, não de teorias deformadoras que vislumbram nela um comportamento puramente contemplativo – que, na realidade, não existe em lugar nenhum – ou que absolutizam da mesma forma absurdamente uniforme a tomada de partido que sempre estará contida nela.

A arte enquanto práxis social (ideológica) só pode ser entendida, em última análise, a partir do modelo desse território do trabalho. Tivemos oportunidade de constatar a seu tempo que todo ato prático de trabalho deve ser precedido de um espelhamento ideal – que corresponda o mais precisamente possível à verdade – do processo teleológico e do seu mundo objetal. Esse entrelaçamento de pôr teleológico-prático e consideração verídica da realidade passa a caracterizar também a relação criativa na arte e – *mutatis mutandis* – igualmente a receptividade diante dela. Naturalmente, o antagonismo de práxis material e ideológica produz simultaneamente diferenças importantes e até antagonismos entre elas. A diferença mais importante para nós neste ponto é que a reprodução verídica da realidade de fato constitui, em ambas as áreas, o pressuposto do êxito (do valor do produto), mas, no processo do trabalho, trata-se, em primeiro lugar, da confecção de um objeto útil à realização de tarefas concretas, e a apreensão da realidade está voltada exclusivamente para a maneira de tirar dele o melhor proveito possível, ao passo que o objeto da arte deve ser toda a realidade atinente ao homem (incluindo o metabolismo com a natureza). Em segundo lugar, trata-se de que, em cada estágio concreto da produção, o valor do produto do trabalho se distingue nitidamente de acordo com o critério de sua utilidade ou inutilidade imediata, ao passo que, na criação artística, o campo, a possibilidade de valor ou não valor, é extraordinariamente dilatado e dificilmente pode ser determinado de antemão. Em terceiro lugar, o valor do trabalho é rigidamente ligado ao tempo, cada passo da produtividade pode, por exemplo, degradar à completa ausência de valor algo que até ali era sumamente valioso, ao passo que para os produtos significativos da arte torna-se possível um efeito que pode perdurar por milênios.

Tudo isso tem como consequência que o produto do trabalho se confronta com o estranhamento de modo predominantemente indiferente; do supremo estranhamento no processo do trabalho podem surgir produtos da maior utilidade social, fato que expressa justamente essa neutralidade. Em contrapartida, a obra de arte, quando realmente se trata de uma, possui um direcionamento permanente, imanente contra o estranhamento[24]. É impossível que uma simples reprodução da realidade, por mais "fotograficamente" fiel que fosse, causasse tais efeitos. Foi e é a tarefa da arte ir em busca dos caminhos para chegar à desfetichização; aqui podemos e devemos nos restringir ao problema ontológico. A resposta sempre é simplesmente esta: quando o artista contempla o mundo com os olhos da autêntica individualidade, que engloba uma profunda e enérgica intenção voltada para a generidade para si, para o homem e seu mundo, pode surgir de sua mera existência, na mimese artística, um mundo que combate o estranhamento e um mundo libertado dele, de modo totalmente independente das concepções subjetivo-particulares do próprio artista. (É que os sentidos se tornaram teóricos, como exige Marx.) Os clássicos do marxismo (o próprio Marx já em *A sagrada família*, Engels falando sobre Balzac, Lenin sobre Tolstoi) apontaram de modo inequivocamente claro para esse fundamento ontológico no surgimento das obras de arte. A antiga formulação de Marx ainda tem o seguinte teor simples e lapidar: "Eugène Sue elevou-se acima do horizonte de sua estreita concepção de mundo". Engels e Lenin já fornecem análises detalhadas sobre como e onde tal elevação concreta poderia ter lugar[25]. O ponto comum e significativo do pon-

---

[24] G. Lukács, [*Ästhetik I:*] *Die Eigenart des Ästhetischen*, GLW, v. 11, p. 696s.
[25] K. Marx e F. Engels, [*Die heilige Familie oder Kritik der kritischen Kritik*,] MEGA, v. III, p. 348; MEW, v. 2, p. 181 [ed. bras.: *A sagrada família*, cit., p. 194; com modif.]; V. I. Lenin [*Werke und Schriften von Ende 1910 bis Mitte 1912*,] Sämtliche Werke, v. XV, p. 127-31; LW, v. 17, p. 33-7.

to de vista ontológico reside em que, em todos os casos, por mais díspares que sejam, trata-se de como o respectivo artista possui em si um mundo pessoal que brota espontaneamente de sua generidade em si e que ele usa no processo de criação, visando à superação consumada na práxis de sua própria particularidade (aceitação acrítica da respectiva generidade em si), e como ele, desse modo, enquanto criador, se torna uma personalidade não mais particular. Assim Balzac, um homem com simpatias reacionárias de cunho monarquista, torna-se o grande crítico sintético da civilização capitalista; assim Tolstoi, um aristocrata que nutre simpatias sentimentais pelos camponeses, torna-se porta-voz de um humanismo democrático-plebeu e, em consequência disso, chega a uma crítica demolidora da sociedade de classes. Essa concepção fundamental para o papel histórico-universal da arte é compartilhada, em seus traços essenciais, por muitos grandes artistas, especialmente em sua práxis, mesmo que terminologicamente muitas vezes se expressem de modo bem diferente – quando de fato chegam a abordar esse problema teoricamente e não o realizam apenas na práxis.

Essa questão naturalmente não pode ser tratada aqui em sua devida amplitude. Para fazer com que sua relação direta com o nosso problema, o dos sentidos enquanto teóricos, transpareça de modo bem claro, sejam apenas lembrados alguns posicionamentos de grandes artistas. Ao fazer isso, não abordaremos com maiores detalhes as doutrinas da inspiração miticamente reificadas, muitas vezes projetadas para a dimensão supraterrena. Mais importante do que isso é o modo como artistas modernos, para os quais é natural que a sua subjetividade particular constitua a base da reprodução sensível da realidade em suas obras, ainda assim contrastam nitidamente o eu, que está na base da consumação da obra, exatamente com a sua própria particularidade. Bem conhecida é a exclusão desdenhosa do autor quanto à sua particularidade por parte de Flaubert. Tolstoi faz uma autocrítica muito severa por causa do seu comportamento subjetivo-particular bastante recorrente para com algumas figuras singulares. Cézanne considera a sua própria pessoa particular como um bom aparelho de registro da realidade, mas quando ela interfere na reprodução da realidade ele rejeita radicalmente essa atividade da "miserável", visto que ela turva e perturba o essencial que ele exige da obra de arte, a saber, conferir constância à natureza nas mudanças fenomênicas de seu ser-em-si. O antagonismo entre personalidade particular e elevações acima dela poderia ser comprovado com numerosas outras confissões desse tipo; independentemente de como ele é formulado, esse antagonismo está recorrentemente na base do entendimento que os grandes artistas autênticos têm de si mesmos.

Em toda receptividade adequada à sua essência, desenrola-se um processo semelhante em muitos aspectos. O fato muito raramente registrado pela história da arte (em seu sentido mais amplo), a saber, de que só as obras naturalistas (reprodução do mundo do ponto de vista do homem imediato-particular) ficam rapidamente envelhecidas, ao passo que a apreensão artística da elevação acima dela, ao mundo da generidade para si, pode perdurar ativamente por milênios, é um sinal da realidade e significância social dessa constelação ontológica. Nisso aflora mais um traço sumamente importante do desenvolvimento do gênero, a saber, que a disseminação espontaneamente social da generidade em si, na maioria das vezes, de fato costuma deter-se, em muitos homens, no nível da particularidade, mas que ela, de modo igualmente espontâneo, sempre produz campos de ação de possibilidade para a generidade para si. Permanecendo por enquanto no campo da arte, mais precisamente no campo de suas objetivações [*Objektivationen*] essencialmente sensíveis, foi lançada na Hungria pelo compositor Zoltán Kodály, amigo e colega de Bela Bartók, a iniciativa para um movimento pedagógico muito bem-sucedido e ademais muito promissor. Ele teve origem na convicção de Kodály de que não existe pessoa que não seja musical, mas apenas pessoas que receberam uma má educação musical. Partindo dessa concepção básica, surgiram planos de aula que em parte foram realizados, segundo os quais até agora já foram capacitadas amplas massas para não só praticar uma recepção adequada do mais elevado nível musical, de Bach a Bartók, mas também reproduzi-la adequadamente até uma determinada altura. Por outro lado, o fenômeno de massa dos desenhos infantis surgidos espontaneamente, repletos de sensibilidade artística original, mostra que essas possibilidades existem e são efetivas de modo geral. O fato de que essas capacidades visuais originárias das crianças costumam fracassar diante do problema da reprodução verídica da realidade mostra apenas os limites gerais de tal espontaneidade, mas não constitui uma refutação da tese de que a simples atitude sensível-particular perante o mundo abriga dentro de si a possibilidade de crescer para o não particular.

Essas poucas indicações já mostram que a superação da particularidade como possibilidade de todos os homens nas mais diversas esferas da vida é constantemente existente de modo latente. A diferença entre esse modo da práxis social e seu desenvolvimento para um patamar superior e a práxis puramente econômica da generidade em si consiste justamente em que esta se impõe, por sua essência, independentemente do saber e querer dos homens, ao passo que naquelas as intenções dos pores teleológicos influem direta e decisivamente sobre os resultados, mesmo que não sejam necessariamente acompanhadas de uma consciência correta. E isso, conforme sua natureza, de um modo mais contraditório, mais desigual do que as tendências pura ou predominantemente econômicas. Ambas de fato se baseiam diretamente em pores teleológicos dos homens singulares. Porém, as tendências econômicas se impõem de uma maneira tal que propõem tarefas aos homens singulares que estes, sob pena de ruína, só podem solucionar de modos bem determinados, economicamente prescritos. Vimos, todavia, que a superestrutura diretamente ativa de cada estrutura econômica já mostra desigualdades bem significativas (por exemplo, recepção ou não recepção do direito romano) nos campos das ideologias que as complementam de modo imediato (direito etc.). Essas desigualdades, contudo, podem se tornar efetivas a partir dos sujeitos quando os pores teleológicos dos homens singulares se condensam num fator subjetivo socialmente relevante da respectiva ordem. Portanto, a despeito de certos desvios da práxis puramente econômica, a constituição de sua efetividade deve, ainda assim, possuir alguns traços nada irrelevantes de seu caráter como fundamento da sua própria realidade social.

As objetivações [*Objektivationen*] no nível da pura ideologia naturalmente também estão sujeitas às necessidades gerais do desenvolvimento da história da humanidade. Elas se diferenciam das mencionadas anteriormente, antes de tudo, pelo fato de que sua objetivação [*Objektivation*] e realização adquirem novas nuanças de sentido. Esse novo aflora na questão do peso que possui a alienação dentro de sua unidade indivisível com a objetivação. É claro que objetivamente aquela não pode ser eliminada de nenhum pôr teleológico realmente efetuado; todavia, se ela se torna consciente ou até chega a ser um problema, pode às vezes até ser negligenciado no plano imediato da sociedade, como no caso do trabalho escravo; mas exatamente nesse ponto evidencia-se – no plano objetivamente econômico – que a soma social desses componentes individuais ignorados ganha expressão como razão última para sua inferioridade, para o grau diminuto de sua produtividade. Sobre o outro polo deve ser dito que a tendência interior para a alienação, para expressão da individualidade humana, permanecerá simples propensão desprovida de fisionomia, uma possibilidade abstrata, indeterminada, caso não seja capaz de encontrar para si uma objetivação de que espécie for. A unidade indivisível, a despeito de todas as divergências internas dos dois componentes, no ato do pôr teleológico contém uma crítica clara e irrefutável a todas as concepções que atribuem à individualidade humana espiritualmente isolada (à "alma") um ser *sui generis*, que pudesse existir independentemente do ser social do homem. Por exemplo, a validade para todos os seres racionais, na qual a ética de Kant presume fundamentar essa independência em relação à sociedade, não resiste a uma crítica ontológica. Com efeito, o imperativo categórico, com o auxílio do qual Kant quer chegar ao homem não particular, de fato o isola imediata e aparentemente do mundo das particularidades, mas não é capaz de oferecer nenhum critério real para as objetivações e alienações nele contidas. Porque tanto esse imperativo mesmo como seu campo único de validade (seres racionais) nada mais são do que uma abstração que se restringe à lógica que desfigura logicamente o fundamento do ser, uma abstração do mundo social propriamente dito de todas as suas tendências para a generidade para si. A logicização transporta esses atos para um espaço socialmente vazio, e a ausência de contradição daí deduzida, enquanto generalização abstrativa, leva a antinomias insolúveis em todas as questões concretas essenciais. (Pense-se no exemplo bem conhecido do depósito, já mencionado aqui.) Com efeito, por meio dessa estrutura logicista, por um lado, o imperativo categórico é alçado abstrativamente para fora da esfera histórico-social, sendo privado do caráter ontologicamente original e decisivo desta, que responde concretamente aos acontecimentos da realidade; por outro lado, o mundo racional postulado aqui tem de ser um mundo fundamentalmente isento de contradições, o que faz com que esses fenômenos fundamentalmente éticos, como o conflito dos deveres, deixem de ser objetos da ética etc.

Portanto, se realmente quisermos nos acercar dessa constelação decisivamente importante para a compreensão do estranhamento, devemos pôr de lado todas as tentativas idealistas de isolar a ética individual de seu chão histórico-social, ontológico real, e concentrar-nos exclusivamente na dialética real da objetivação e alienação (desenvolvimento das capacidades e da personalidade). Há pouco já descrevemos o surgimento e o desdobramento espontaneamente necessários da objetivação. Para compreender a peculiaridade da alienação, tivemos de remeter brevemente ao antagonismo entre o que se quer dizer aqui e a dessocialização idealista da individualidade. Com efeito, trata-se de um comportamento cuja gênese e cujo efeito são histórico-socialmente determinados em seu grau mais profundo possível, ainda que seu modo fenomênico imediato muitas vezes revele antagonismos à necessidade espontânea das formas de objetivação em seu respectivo modo fenomênico normal. Nesse processo, a unidade objetivamente indivisível de objetivação e alienação obviamente permanece, embora em sua estrutura interior estejam ocorrendo mudanças importantes. A mais importante delas é certa preponderância objetiva da alienação na objetivação [*Objektivation*] consumada dos pores teleológicos. Essa preponderância, todavia, não deve ser entendida de modo demasiadamente literal, nem de modo demasiadamente direto. Com efeito, nas constatações feitas por Marx e seus seguidores importantes, nas confissões, por exemplo, de Cézanne, pudemos ver que a superação da subjetividade particular constitui o pressuposto decisivo precisamente da autêntica objetivação [*Objektivation*] (portanto da autêntica objetivação [*Vergegenständlichung*]). Esta, porém – em todos os casos de êxito autêntico –, não é simplesmente uma objetivação, mas, inseparável dela, simultaneamente uma alienação do sujeito não mais particular. Em contraposição, portanto, às objetivações [*Objektivierungen*] da generidade em si, nas quais a adequação da alienação do sujeito nada ou pouco tem a ver de decisivo com o êxito ou fracasso objetivo da objetivação, nesse caso, torna-se impossível uma objetivação adequada sem uma alienação precisamente desse tipo, ou seja, que expresse de modo adequado justamente o sujeito não particular. Surge, portanto, uma forma elevada da subjetividade puramente dissolvida na objetivação [*Objektivation*], embora ou justamente porque a intenção do pôr estivesse direcionada exatamente para a eliminação da subjetividade (todavia, da particular). Essa estrutura se mostra em todas as formas elevadas da ideologia, incluindo obviamente a práxis autenticamente ética dos indivíduos, tema que aqui infelizmente não poderá ser tratado de modo correspondente.

Desse modo, naturalmente, foram caracterizados apenas os dois polos das objetivações [*Objektivationen*], correspondendo às suas relações estruturais dinâmicas internas mais importantes. Se lançarmos agora um olhar para os princípios das transições entre eles, devemos tomar como ponto de partida, como fizemos até agora, que o estranhamento é só um dos fenômenos da socialização. Por maior que seja a sua importância, ele jamais deverá ser considerado como a única objetivação [*Objektivation*] do processo social. Tal concepção seria apenas um renascimento socialmente transformado do erro de Hegel, a saber, da identificação universal de estranhamento e objetividade (objetivação). As formas de transição entre as objetivações [*Objektivationen*] da generidade em si e da generidade para si, em sua conexão com a personalidade particular e a personalidade não mais particular, revelam em sua dinâmica dois tipos de orientações. Em primeiro lugar, o simples fato da objetivação [*Objektivation*] recém-descrita com a preponderância da alienação de modo algum garante a vitória da generidade para si sobre a generidade em si, do suprapaticular sobre o particular. Uma vez surgidas as formas ideológicas para dirimir tais conflitos, os pores teleológicos que aqui têm lugar podem acarretar tanto objetivações [*Objektivationen*] da generidade em si como da generidade para si. A história mostra até que grande quantidade das obras de arte, das filosofias, das decisões éticas da vida – segundo a sua forma – não só não se eleva acima do nível da generidade em si, da particularidade na vida individual, mas até apoia de modo consciente a sua superioridade humano--social. Pense-se tão somente na "*action gratuite*" de Gide como princípio do agir humano. Evidencia-se, portanto, de imediato que, quando se vai atrás de tendências no âmbito do ser social, deve-se julgá-las sempre e sobretudo quanto ao seu teor e direcionamento, não quanto ao campo formal ao qual elas, todavia, necessariamente pertencem. A única exceção a isso é a esfera da economia pura, na qual determinadas tendências acabam se impondo, em última análise, forçosamente, ainda que muitas vezes de modos diferentes quanto ao ritmo, quanto ao ser-propriamente-assim concreto. Em todos os campos ideológicos, é possível observar, como caracterização fundamental, sobretudo perguntas socialmente postas e respostas alternativas a elas. Esse caráter alternativo não se refere só às questões suscitadas pelo respectivo ser social – pense-se em contrastes como Descartes-Pascal, Hegel-Kierkegaard etc. –, mas também, em nível, direcionamento, intenção etc. das respostas, às possibilidades, portanto, de que as formas ideológicas supremas não sirvam para tornar consciente a generidade para si, para desdobrar a personalidade humana autêntica, para combater o estranhamento presente nelas, mas, ao contrário, não só percebam a generidade em si como única forma possível de existência, mas também estejam direcionadas de modo mais ou menos consciente para a promoção do desencaminhamento, do rebaixamento da personalidade a mera particularidade, da consolidação do estranhamento.

Naturalmente, sempre é possível constatar também um contramovimento ideológico. Só na *Ética* será possível aclarar exatamente como as diferentes formas ideológicas que regulam a práxis humana no plano imediato de fato se convertem ininterruptamente uma na outra, necessitando continuamente uma à outra como fundamentação, complementação etc. Essa constituição de sua dinâmica tem como consequência para o presente problema que muitos modos ideológicos de exteriorização, que, sob condições formais, costumam promover a formação, a consolidação etc. da generidade em si, podem desempenhar funções importantes, muitas vezes até decisivas no desenvolvimento do seu ser-para-si. A possibilidade de uma mudança de função desse tipo naturalmente é condicionada histórico-socialmente em cada caso. Por essa razão, tal mudança deverá mostrar, nas diferentes formações, não só conteúdos, formas, direcionamentos etc. muito diferenciados, mas até mesmo os diferentes campos adquirem no decorrer do desenvolvimento da humanidade significados bastante contrastantes, que só um sociologismo formalista é capaz de colocar sob um denominador comum. Pense-se, por exemplo, nas funções da tradição que conservam uma condição social. No estágio do desenvolvimento social, que caracterizamos em outros contextos, acompanhando Marx, no sentido de que sua reprodução econômica, num determinado estágio, atinge uma otimização que só poderá ser destruída pelo desenvolvimento ulterior das forças produtivas, surgiu, por exemplo, a arte antiga. Nela, a cidadania da pólis político-moralmente intacta adquire uma tendência resoluta para a generidade para si possível naquela época, ao passo que o processo de dissolução necessariamente levará à destruição desse ser e das tradições que dela emergem – a despeito da multiforme progressividade em outros aspectos –, à privatização de toda a vida, à degradação do para-si no simples em-si da generidade. Bem diferente é o caso das formações completamente socializadas, nas quais o desenvolvimento das forças produtivas não suscita contradições desse tipo. O papel conservador da tradição pode, portanto, em caso de modificação na estrutura econômica, apresentar uma tendência para o para-si ou uma tendência para o em-si. Marx, como vimos, advertiu com razão para não se superestimarem tais realizações "tacanhas", considerando-as como modelos para o tempo presente. Mas, ao mesmo tempo, ele caracterizou como "vulgar"[26] a autossatisfação em nossa sociedade assim constituída, e em outra passagem demonstrou que até a glorificação, baseada num mal-entendido, dos homens da pólis foi ideologicamente necessária para dar à transformação do absolutismo feudal em sociedade burguesa o necessário impulso histórico-universal.

---

[26] K. Marx, *Rohentwurf*, cit., p. 387-8; MEW, v. 42, p. 395s [ed. bras.: *Grundrisse*, cit., p. 399s].

É tarefa do historiador constatar os mal-entendidos nessas ideologias. Contudo, ao fazerem desses mal-entendidos um veículo para dirimir tais conflitos antagônicos que marcaram época, as ideologias se tornaram, na prática, promotoras da luta pelo ser-para-si genérico na história da humanidade. Todavia, para a caracterização concreta dessa – e de qualquer outro tipo de – continuidade é preciso saber que o meio que intermediou a difusão e a imposição dessa reviravolta não foi a tradição, mas o direito (a constituição). Ora, no cotidiano social normal, o direito é predominantemente um instrumento para fixar validamente o respectivo *status quo* econômico, visando que seu funcionamento se dê sem atritos; nesse plano, ele não tem, portanto, nenhum tipo de direcionamento para a generidade existente para si dos homens. No entanto, também é importante ver claramente aqui que igualmente está presente no direito a intenção voltada para o ser-para-si como possibilidade, que esta ocasionalmente pode se expressar explosivamente. Pense-se, por exemplo, no caso Dreyfus. Este naturalmente foi, em primeira linha, uma luta meramente política pelo poder em determinada ocasião, mas a intervenção, muito importante também em termos práticos, de Jaurès, Zola, Anatole France e outros foi guiada e imbuída dessas intenções, e não foi pequena a contribuição do efeito dessas intenções para o desfecho do caso. É preciso ver claramente, portanto, que a desigualdade, altos e baixos nos órgãos ideológicos de resolução de conflitos da sociedade, tanto na forma do enaltecimento como na da degradação, constitui um fenômeno social geral, e que nenhum dos extremos é capaz de anular, no que se refere à missão das ideologias superiores, a sua continuidade na linha tendencial histórico-universal. Porém, a investigação socialmente concreta das transições típicas e excepcionais previne uma concepção petrificada dessa missão. Permanece decisivo onde, como e quando sucede de fato uma atuação exemplar a favor da generidade para si, a favor da personalização autêntica dos homens, contra o seu estranhamento.

As últimas considerações, entretanto, transcenderam o fenômeno do estranhamento; porém, temos de reiterar também nesse ponto que o estranhamento constitui apenas uma forma importante no processo de opressão do ser do homem, mas nem de longe é a única. Ora, quando protestamos contra certas absolutizações unilaterais, a intenção não é levar a conceber o estranhamento como um campo especial, situado à parte, do edifício social, muito menos como uma eterna *"condition humaine"* que pudesse estar além das lutas de classe em virtude de seu caráter universalmente humano. Pelo contrário. Sem alterar nossa posição fundamental, podemos dizer o seguinte: não existe luta de classes em que o pró e o contra perante cada forma importante do estranhamento não tenha importância direta ou indireta, decisiva ou episódica. Ademais, é preciso precaver-se de simplificações formalistas, sendo o meio mais eficaz contra isso o conhecimento mais exato possível da respectiva situação histórica em seu ser-propriamente-assim social, o que obviamente só ocorre quando não se permite que essa situação se petrifique idealmente num estado de coisas estático, mas quando se procura compreendê-la em sua dinâmica concreta, em seu "de onde?" e "para onde?". Se abordarmos os fenômenos do estranhamento com esses métodos, de imediato fica visível que uma parte muito grande de seus modos fenomênicos é extremamente apropriada para exercer essas funções positivas do ponto de vista da consolidação de um domínio econômico e político. E isto, justamente enquanto estranhamento, poder-se-ia dizer, em grande medida independentemente de se a ideologia estranhada parece se orientar idealmente para frente ou para trás. Isso é visível exatamente hoje em dia, quando os sistemas de ideias e sentimentos do estranhamento moderno mais fortemente orientados para a conformidade alegam, em sua expressão imediata, que são hipermodernos, que rejeitam todo passado, toda tradição etc. É claro que, nesse processo, o estranhamento tem objetivamente funções auxiliares essenciais, mas, por um lado, estas não são desprovidas de significado e, por outro lado, os estranhamentos mais importantes têm estreita ligação com as relações contemporâneas de exploração. Pense-se nas lutas pelo tempo de trabalho. Em sua brochura *Salário, preço e lucro*, dedicada essencialmente à luta de classes sindical, Marx fala sobre o tempo de trabalho exatamente do mesmo modo com que ele, em sua juventude, nos *Manuscritos econômico-filosóficos*, desmascara o tempo de trabalho predominante na atualidade como forma marcante do estranhamento: "O tempo é o espaço para o desenvolvimento humano. Um homem que não dispõe de tempo livre, cujo tempo de vida é todo tomado pelo trabalho para o capitalista, excetuando as interrupções meramente físicas para dormir, tomar as refeições etc., é menos que um animal de carga"[27]. Percebe-se como a luta de classes prática do momento está inseparavelmente ligada à situação economicamente determinante. Quer um trabalhador, digamos, no século XIX,

---

[27] Idem, *Lohn, Preis und Profit* (Berlim, 1928), p. 58; (Dietz, 1971), p. 60; MEW, v. 16, p. 544.

considerasse a jornada de doze horas como um destino humano universal, quer um trabalhador de hoje considere a sua manipulabilidade pela organização megacapitalista do consumo e das prestações de serviço como um estado de bem-estar humano finalmente alcançado, esses dois modos do estranhamento – tão diferentes quanto à forma – correspondem exatamente às respectivas finalidades socioeconômicas do grande capital. Nesse tocante, está claro que quanto mais intensamente o estranhamento se apoderar de toda a vida interior do trabalhador, tanto mais desimpedidamente poderá funcionar a dominação do grande capital. Portanto, quanto mais desenvolvido for o aparato ideológico do capitalismo, tanto maior será a sua disposição de fixar mais firmemente tais formas de estranhamento nos homens singulares, ao passo que, para o movimento revolucionário dos trabalhadores, para o despertamento, a promoção e a maior organização possível do fator subjetivo, desmascarar o estranhamento enquanto estranhamento, a luta consciente contra ele, constitui um momento importante (todavia: apesar disso, apenas um momento) da preparação para a revolução.

Sem fazer qualquer alusão ao estranhamento como tal, Lenin faz uma análise completa dessa situação em *O que fazer?*, escrito oriundo da fase inicial de sua atuação. Como se sabe, o antagonismo entre simples espontaneidade e estado consciente constitui um tema central na luta de classes dos trabalhadores. Porém, esse antagonismo, da perspectiva metodológica, nunca é simplesmente psicológico, mas possui sempre um conteúdo social: a questão referente a que momentos da exploração capitalista determinam essencialmente o comportamento dos trabalhadores que se sublevam contra ela. A espontaneidade é a reação imediata ao ser e devir econômicos. A mera luta por salários maiores, por redução da jornada de trabalho não abalam essencialmente a relação fundamental entre capitalista e trabalhador; está claro que, por exemplo, a redução da jornada de trabalho de doze para onze horas e meia pode ser uma conquista de fato dos trabalhadores, mas ela raramente atinge de modo decisivo a função da jornada de trabalho como meio do estranhamento. Conforme a terminologia aqui adotada por nós, a consciência que surge disso permanece no nível de uma generidade em si. Quando Lenin passa a contrapor essa espontaneidade – que ele, seja dito de passagem, reencontra também na resistência individual contra o tsarismo (terrorismo) daquela época – a um estado consciente, este significa a apreensão pelo pensamento e simultaneamente o combate prático do sistema capitalista enquanto totalidade.

Por essa razão, é impossível que esse estado consciente surja espontaneamente na classe trabalhadora; ele precisa ser trazido "de fora" até ela, convertendo-se, desse modo, no entanto, em "autoconhecimento" da classe[28]. É coerente com isso que, em tal estado consciente, as diferenças de classe quanto à origem dos que se tornaram revolucionários não tenham mais qualquer importância.

O leitor que acompanhou nossas discussões anteriores não terá dificuldade em reconhecer o nível que designamos como generidade para si; o fato de Lenin ter examinado todo esse complexo de questões exclusivamente do ponto de vista da atividade política é justamente uma confirmação de nossa constatação de que o estranhamento não constitui algo para si, não sendo algo totalmente autônomo em termos humano-sociais, mas constitui um elemento do processo de desenvolvimento social, no qual ele, dependendo das circunstâncias, parece desaparecer por completo ou então preserva manifestamente a sua peculiaridade. E o fato de Lenin, na sua análise, aparentemente não partir da pessoa singular, cujos pores consolidam ou combatem o estranhamento próprio de cada uma, igualmente não muda nada no fato de que, em suas explanações, estejam objetivamente contidas também as nossas. Nós também expusemos a relação entre o homem singular e a totalidade das determinações sociais como o fundamento de toda generidade para si, e das exposições de Lenin ressalta claramente que o caminho que vai da espontaneidade à consciência deve ser percorrido pessoalmente por cada homem singular.

O caráter típico de determinado estranhamento, por mais marcante que seja, jamais deverá encobrir seu devir historicamente essencial. O estranhamento é um modo histórico-social da vida humana. Nesse ponto, naturalmente é impossível tentar fazer uma exposição, por mais esquemática que seja, desse processo. Só o que se pode fazer é indicar uma vez mais que as duas grandes etapas da socialização da sociedade, caracterizadas por nós em conexão com Marx, têm consequências muito importantes também para essa sua constituição interior. Se lembrarmos aquelas sociedades nas quais a ultrapassagem econômica de seu próprio *optimum* social necessariamente produziu tendências desagregadoras (a economia escravista do tipo da pólis e o feudalismo, este, todavia, com muitos traços novos), é característico de ambas que a posição do homem na sociedade desde o seu nascimento permaneça determinada de modo

---

[28] V. I. Lenin, *Was tun?*, Sämtliche Werke, v. IV/II, p. 159, 190-1, 205-6, 212; LW, v. 5, p. 435s [ed. bras.: *Que fazer?*, cit., p. 144s].

social-natural. A consequência disso para o nosso problema é, por um lado, a impossibilidade de que a generidade para si possa se expressar numa forma mais pura, mais evoluída, oniabrangente, mas que, por outro lado e simultaneamente, a sua forma possível naquela época pudesse ter um fundamento social – relativamente – firme. Isso também sucede com o cidadão da pólis em formas mais puras do que com o membro dos estamentos. O direcionamento para uma generidade para si está posto sobre um fundamento social sólido (uma consecução tacanha, segundo Marx). A superação econômica dessas condições seguras, palpáveis, firmes, ainda que bastante restritas, por parte desse sistema social só pode começar com a dissolução da pólis, com o surgimento da personalidade enquanto homem privado. Toda estratificação estamental já tem, por sua vez, como pressuposto esse processo de dissolução; de fato, o cristianismo deve sua vigência mundial exatamente à sua capacidade de ter encontrado uma resposta de efeito socialmente satisfatório ao novo estranhamento dos homens privados – resposta que, todavia, leva a um novo estranhamento. (Só na próxima seção poderemos falar sobre os problemas concretos que emergem daí.) Contudo, igualmente faz parte do destino social do cristianismo o fato de ter trabalhado duro para chegar da inicial neutralização radical de toda edificação social objetivada ("dai a César o que é de César") a uma ideologia de edificação e suporte da estratificação estamental da sociedade. Marx caracteriza da seguinte maneira a estrutura que surgiu disso:

> *A feudalidade*. A sociedade burguesa antiga possuía um caráter político imediato, isto é, os elementos da vida burguesa, como, p. ex., a posse ou a família ou o modo do trabalho, foram elevados à condição de elementos da vida estatal nas formas da suserania, do estamento e da corporação. Nessas formas, eles determinavam a relação de cada indivíduo com *a totalidade do Estado*, ou seja, sua relação *política* [...].[29]

E, em outra passagem, ele chama essa forma de sociedade de "*democracia da não liberdade*"[30]. Essa sucinta caracterização, na qual a problemática dessas sociedades não tem como ganhar expressão (mas sim na exposição geral de Marx), reveste-se de importância para o nosso problema agora somente como contraste à moderna sociedade burguesa construída sobre o fundamen-

---

[29] K. Marx, [*Zur Judenfrage*,] MEGA, v. I/1, p. 596; MEW, v. 1, p. 368 [ed. bras.: *Sobre a questão judaica*, cit., p. 51].
[30] Ibidem, p. 437; ibidem, p. 233 [ed. bras.: ibidem, p. 52].

to capitalista, sobretudo ao modo como ela surgiu das tempestades da grande Revolução Francesa.

Recorremos novamente à concepção de Marx. Correspondendo às formulações das constituições revolucionárias, ele considera como especificidade decisiva o seguinte:

> Por fim, o homem na qualidade de membro da sociedade burguesa é o que vale como o homem *propriamente dito*, como o *homme* em distinção ao *citoyen*, porque ele é o homem que está mais próximo de sua existência sensível individual, ao passo que o homem *político* constitui apenas o homem abstraído, artificial, o homem como pessoa *alegórica*, *moral*. O homem real só chega a ser reconhecido na forma do indivíduo *egoísta*, o homem *verdadeiro*, só na forma do *citoyen abstrato*.[31]

A partir daí, torna-se compreensível a nova constituição estrutural da consciência, produzida pela nova economia do capitalismo, pela socialização intensificada da sociedade, que é tão decisivamente característica do nosso problema, do moderno modo de ser do estranhamento. O fundamento material da vida social adquire também na consciência individual do homem singular, do "*homme*" das constituições, aquela prioridade do ser material, que existe naturalmente – de modo objetivo – em cada sociedade. Quando se fala aqui de consciência, não se tem em mente teorias, concepções de mundo etc. – qualquer que seja a sua estruturação gnosiológica –, mas a consciência que regula as ações práticas do homem singular na vida cotidiana. É aí que existe, em decorrência da necessidade "sob pena de ruína" que nesse ponto forçosa e espontaneamente ganha expressão, essa prioridade ontológica da vida econômica enquanto base de toda existência na sociedade. É a manifestação pura da generidade em si, ao passo que tudo que vai além disso só pode ganhar existência numa forma ideal.

É sumamente importante, se quisermos aquilatar corretamente a forma de ser moderna da socialidade, partir desse antagonismo e ver claramente que tal idealismo constitui algo essencialmente novo em termos históricos e obviamente também diante das concepções de mundo idealistas que – *grosso modo* – desde Platão desempenham seu papel na vida espiritual da humanidade. Considerado em termos negativos, esse idealismo do *citoyen* em seu antago-

---

[31] Ibidem, p. 598; ibidem, p. 370 [ed. bras.: ibidem, p. 53].

nismo ao materialismo social do *"homme"* nada tem a ver com o antagonismo de "corpo" e "alma", por exemplo, das religiões; os dois pares antagônicos cruzam-se com muita frequência na vida e no pensamento sem jamais chegarem a uma relação realmente clara. A virada em termos de concepção de mundo que as teorias de Marx efetuam no pensamento humano está apoiada justamente em que ele, por um lado, já bem cedo estabelece uma conexão ontológica entre esse novo materialismo social e o antigo materialismo da ciência natural (pense-se na ciência unitária da história em *A ideologia alemã*, bem mais tarde na relação com Darwin etc.); e em que ele, por outro lado, compreende ontologicamente o ser, o papel, a função etc. dos motivos idealistas da ação a partir da ontologia do ser social. Engels tenta validar essa linha de pensamento já no *Feuerbach* e, mais tarde, nas cartas que escreveu em seus últimos anos de vida. No essencial, sem qualquer êxito digno de menção. As teorias dominantes no período da Segunda Internacional eram uma mistura de materialismo mecanicista no campo do puramente econômico com uma dependência igualmente mecanicista de todo o campo não econômico ou com uma espécie de voluntarismo subjetivo (influência de Kant etc.). Lenin, todavia, como foi mostrado anteriormente, restaurou teoricamente as proporções das conexões corretas. Contudo, sob Stalin o marxismo voltou a ser deformado numa mescla inorgânica de necessidade mecanicista e voluntarismo (manipulação grosseira).

Essas proporcionalidades corretas do marxismo precisam ser restauradas, caso queiramos abordar o fenômeno do estranhamento de modo metodologicamente correto. Antes de tudo, é preciso compreender que a personalidade não mais particular do homem, que aqui é tão importante, é um processo que se desenrola diretamente no plano ideal, mas inseparavelmente dele constitui um momento significativo do ser social – exatamente como um ser objetivo. Com efeito, embora a transição da particularidade para o elevar-se acima dela se efetue no plano imediato sempre de modo puramente ideal como movimento dentro da consciência de um homem singular, a essência de ambos é um componente socialmente produzido, socialmente efetivo do ser social, visto que eles dão ensejo a pores teleológicos socialmente significativos e efetivos. A isso corresponde que o princípio da dissociação entre consciência particular e consciência não mais particular está baseado no conteúdo social dos diferentes estágios da práxis. Esse conteúdo, começando no primeiríssimo ato do trabalho, é sempre social; Marx diz que o trabalho é "a *objetivação da vida genérica do homem*"[32]. No desdobramento constante, mas constantemente irregular, do ser social, essa vida genérica experimenta de modo simultâneo, mas igualmente desigual, uma intensificação tanto objetiva como subjetiva, tanto extensiva como intensiva. Já se falou repetidamente de ambas. O ponto em comum indissociável é a socialização sempre crescente da sociedade (afastamento da barreira natural) e, desse modo, a maturação do gênero humano como um gênero não mais mudo, que é como são e terão de ficar os gêneros biológicos objetivamente existentes e que se desenvolvem dentro de certos limites. A superação dessa mudez baseia-se na consciência humana como seu meio necessário, sendo que jamais se pode negligenciar o fato de que essa consciência, em decorrência de sua ancoragem indissolúvel no âmbito do ser social, possui um caráter irrevogável de uma resposta. Guiados por esses pontos de vista, já tratamos anteriormente o copertencimento e simultaneamente a contraditoriedade de generidade em si e generidade para si em sua conexão e em seu antagonismo de desenvolvimento das capacidades humanas e da personalidade humana no decurso desse processo de socialização. Em todos os seus estágios evolutivos, em todos os seus modos de exteriorização, em toda sua tendência, dinâmica e estrutura, a personalidade é, portanto, uma categoria social do ser: "O indivíduo *é o ser social*. Sua manifestação de vida – mesmo que ela não apareça na forma imediata de uma manifestação *comunitária* de vida, realizada simultaneamente com outros – *é*, por isso, uma exteriorização e confirmação da vida social"[33], diz Marx. Já mostramos igualmente que, justamente do ponto de vista do ser social, estão ativas aqui de muitas formas tendências de desenvolvimento de outra ordem, como nas expansões, elevações, intensificações etc. das capacidades singulares. Contudo, isso jamais poderá significar que essas forças sociais fundamentais, pura e simplesmente fundantes, possam estar absolutamente dissociadas umas das outras; só o que se evidencia é que, quanto mais distanciada estiver um tipo de práxis humana de sua origem e do seu modelo no trabalho, tanto maiores serão as modificações que o modelo deverá apresentar na realidade da práxis.

Trata-se, quanto a isso, sobretudo da importância cada vez mais determinante do acaso na vida dos homens. Ao passo que, no próprio processo do trabalho, em decorrência do surgimento do trabalho médio enquanto deter-

---

[32] Idem, [*Ökonomisch-philosophische Manuskripte aus dem Jahre 1844,*] MEGA-1, v. III, p. 89; [MEGA-2, I/2, cit., p. 241]; MEW EB, v. 1, p. 517 [ed. bras.: *Manuscritos econômico-filosóficos*, cit., p. 85; com modif.].

[33] Ibidem, p. 117; [MEGA-2, ibidem, p. 267;] ibidem, p. 538s [ed. bras.: ibidem, p. 107].

minação do ser decisiva nesse ponto, a casualidade costuma aparecer apenas como valor limítrofe na probabilidade estatística das legalidades, ela passa a ser uma qualidade essencial do ser – dependendo do caso, de valência positiva ou negativa –, das conexões do ser social que surgem desse modo. Reportamo-nos ao dito de Marx de que, em cada caso dado, sempre depende do acaso quem está à frente de um movimento dos trabalhadores. Isso não se refere só à esfera da política, mas ao quadro completo de toda atividade ideológica. Obviamente temos de precaver-nos aqui igualmente de absolutizar a categoria do acaso em termos lógico-gnosiológicos, assim como devemos estar empenhados em não permitir que o seu suposto polo oposto, a necessidade, fique cristalizada num fetiche. A casualidade de que, por exemplo, uma guerra revele um líder militar talentoso possui um amplo quadro de determinação social, está profundamente inserida num campo de ação histórico-social de possibilidade. Pense-se em que – fato já observado por Bismarck –, por exemplo, o desenvolvimento antidemocrático alemão é sumamente desfavorável ao desdobramento de capacidades estratégicas que não têm possibilidade de tomar forma sem um entendimento político também quando a educação, a disciplina etc. elevam as capacidades táticas a um nível muito alto. Naturalmente atuam, muitas vezes de modo a promover talentos diversamente, nos mais diversos campos, em correspondência a eles, diversas tendências, questões que estão presentes no ar que respiramos em decorrência do respectivo estado e da constituição do desenvolvimento socioeconômico, isto é, questões que se tornam componentes permanente e fortemente ativos da ontologia da vida cotidiana. Portanto, a casualidade de modo algum é absoluta; ela até pode brotar de modo tão evidente do encadeamento social dos fatos que muitas vezes tendemos – todavia: *post festum* – a vislumbrar nisso apenas os momentos da necessidade. Porém, essa casualidade, apesar disso, é irrevogável; ela desce até as disposições fisiológicas de uma dada práxis ideológica e até o autêntico talento para ela. (Ouvido absoluto e talento musical.)

Abordamos um pouco mais extensamente esse entrelaçamento social de acaso e determinidade geral porque, com relação ao fenômeno do estranhamento, imperam, quanto a esse aspecto, preconceitos extremamente polarizados, mas igualmente equivocados. Por um lado, a ontologia da vida cotidiana com frequência desenvolve representações da constituição "fatal" insuperável do estranhamento. É óbvio que as ideologias das classes dominantes estão interessadas na fixação psicológica dos estranhamentos como "dados da natureza" e ininterruptamente agem propagandisticamente em favor disso. Ela foi ao menos conscientemente apoiada de modo involuntário e arbitrário por aquelas fetichizações do marxismo que dominaram amplos e influentes círculos da Segunda Internacional, em cuja concepção mecanicista o estranhamento desapareceu quase por completo atrás dos seus fundamentos econômicos; por outro lado, assume-se, de modo igualmente fetichista e mecanizante, que a transição para o socialismo *ipso facto*, ou seja, de modo puramente mecânico, necessariamente eliminará do mundo, com o capitalismo, também as suas consequências ideológicas; houve inclusive concepções segundo as quais até mesmo a ciência da economia se tornaria supérflua com o surgimento do socialismo. O stalinismo, a seu tempo, até chegou a assumir verbalmente a crítica polêmica de Lenin às teorias da Segunda Internacional, mas em sua práxis (e nas "teorias" que surgiram para justificá-la) igualmente sustentaram o ponto de vista de que a simples introdução do socialismo traria consigo o fim do estranhamento.

Ora, se quisermos apreender corretamente a essência do estranhamento contra essa falange de preconceitos, devemos recorrer também nesse ponto às teorias do próprio Marx, que já foram tratadas de várias maneiras nas explanações que fizemos até agora. Sobre isso, é preciso dizer à guisa de síntese: em primeiro lugar, todo estranhamento é um fenômeno socioeconomicamente fundado; sem uma mudança decisiva da estrutura econômica, nada de essencial poderá ser modificado nesses fundamentos por meio de alguma ação individual. Em segundo lugar, sobre essa base, todo estranhamento é, antes de tudo, um fenômeno ideológico, cujas consequências prendem a vida individual de todo homem envolvido de maneira tão multifacetada e firme que a sua superação subjetiva só poderá ser realizada na prática como ato do indivíduo envolvido em cada caso específico. Portanto, é perfeitamente possível que homens singulares sejam capazes de discernir teoricamente a essência do estranhamento, mas em sua conduta de vida permaneçam estranhados e até, dependendo das circunstâncias, estranham-se ainda mais. Com efeito, todo momento subjetivo do estranhamento só pode ser superado por meio de pores corretos na prática por parte do indivíduo envolvido, mediante os quais ele modifica de fato e na prática o seu modo de reagir aos fatos sociais, ao seu comportamento perante sua própria conduta de vida, perante seus semelhantes. O ato individual, direcionado para si mesmo, constitui, portanto, o pressuposto incontornável de uma superação [*Aufheben*] real (e não apenas verbal) de todo estranhamento no que se refere ao ser social de cada homem singular. Em terceiro lugar, como também já foi ressaltado anteriormente, no âmbito do ser social há somente estranhamentos concretos. O estranhamento é uma abstração científica, todavia indispensável à teoria, portanto uma abstração razoável. Nesse tocante, está claro que todas as formas de estranhamento que se tornam atuantes num determinado período estão fundadas, em última análise, na mesma estrutura econômica da sociedade. Portanto, a sua superação objetiva pode – mas não deve – ser implementada mediante a transição para uma nova formação ou mediante um novo período estruturalmente distinto da mesma formação. Por isso, certamente não é nenhum acaso que, em toda crítica radical, revolucionária, a um estado da sociedade, que tenha em mira reais revoluções ou pelo menos uma reforma profunda, existem tendências de derivar teoricamente de sua raiz social comum os diferentes modos de estranhamento, visando arrancá-los com essa raiz.

Bem diferente é a situação na maioria dos casos de superação subjetivo-individual do próprio estranhamento. Nesse caso, é perfeitamente possível e também ocorre frequentemente na realidade que pessoas combatam com fervor um dado estranhamento que mais as oprime e, simultaneamente, em outros campos, não deem nenhuma atenção a outros estranhamentos. De fato, particularmente nos casos em que a pessoa se percebe como objeto que sofre um dos estranhamentos, enquanto, no outro, ela é mediadora ativa – socialmente desencaminhada – de seu ser objetivo no caso real do homem singular, ela pode, a despeito de todo o ódio profundamente convicto contra o primeiro estranhamento, continuar a desempenhar um papel ativamente estranhador no segundo. No seu famoso romance *E agora, Zé Ninguém?**, Fallada descreveu certeiramente como pai e filho, sendo ativistas sinceros e convictos da libertação dos trabalhadores (portanto, militantes contra o estranhamento), em relação à esposa e à filha continuam opressores e exploradores da pior espécie pequeno-burguesa (portanto, forças estranhadoras e autoestranhadoras). Nesse ponto, em que, para nós, o problema ontológico do estranhamento permanece no centro do interesse, devemos contentar-nos com uma simples descrição desses fatos importantes. Os problemas concretos que brotam dessa situação, do pluralismo ontológico do estranhamento, só na *Ética* pode-

---

* H. Fallada, *E agora, Zé Ninguém?* (Lisboa, Dom Quixote, 2011). Título original: *Kleiner Mann was nun?* (N. T.)

rão ser tratados de um modo que faça jus à sua importância. Trata-se, nesse caso, de um dos maiores obstáculos ao devir homem, à personalização autêntica do homem. Por isso, nesse ponto, a ontologia do ser social só poderá constatar o problema de que a necessidade de superar o próprio estranhamento para si próprio pela via subjetiva sob nenhuma circunstância propõe um subjetivismo, uma contraposição de personalidade e socialidade, como supõem as diversas orientações filosóficas ou psicológicas da atualidade, que estão habituadas a abordar essas questões com seu aparato ideal usual. Não pode haver uma personalidade que seja ontologicamente independente da sociedade em que vive e, em consequência disso, essa tão difundida contraposição de personalidade e sociedade constitui uma abstração vazia. Quanto mais profundamente uma questão do estranhamento atinge e move um homem no plano pessoal em sua individualidade autêntica, tanto mais social, tanto mais genérico ela própria é. De modo correspondente, tais atos estão tanto mais fortemente voltados em sua intenção para a generidade para si quanto mais profundamente pessoais eles tiverem se tornado, não importando o quanto isso ficou claro ou devidamente consciente.

Aqui não é o lugar para falar da origem e da natureza dessa contraposição, que partindo das manifestações idealistas de dissolução do hegelianismo (Bruno Bauer e Stirner), passando por Kierkegaard, pelo "*das Man*" [o impessoal] de Heidegger e indo até a "inteligência livre-flutuante" de Mannheim, dominaram amplamente o pensamento burguês. Não seria muito difícil encontrar os fundamentos ontológicos dessas contraposições abstratas na situação social de uma determinada camada da inteligência burguesa. Mais importante que isso é ver que essa atitude – quando é executada com coerência, o que raramente acontece – necessariamente leva ao empobrecimento e à deformação dos problemas mais importantes exatamente da vida pessoal. Não é difícil observar isso em Heidegger, nos primórdios de Sartre, e com certeza não é nenhum acaso que justamente neste último esteja em curso um empenho ininterruptamente reforçado de descobrir o conteúdo social nos problemas das decisões individuais. E é justamente a história da literatura de maior importância que fornece, nesse ponto, uma profusão de refutações de fato dessa contraposição abstrata: de Homero até Thomas Mann, todos os grandes conflitos do ser estão fundados, em seu teor mais profundo, nas tentativas de dar resposta às contradições da sociedade. Sempre que surgem tentativas práticas de abstração – não importa se estamos falando de Huysmans ou Gide ou de alguma celebridade atual –, surge forçosamente um decaimento fático ao nível mais ordinário e cotidiano possível de um filistinismo exacerbado, de um burguês tacanho embriagado, como diz Gottfried Keller. Inclusive os assim chamados excêntricos, aos quais muitas vezes se apela nesse ponto, quando não são simples bufões patológicos, são *outsiders* concretos confrontados com tendências sociais concretas, em Cervantes não menos que em Dickens, Dostoiévski ou Raabe. Cremos, portanto, ter o direito de enfatizar a socialidade primordial (intenção para a generidade para si) em todo problema de ameaça à personalidade, no de sua defesa, em cada uma de suas derrotas, em cada estranhamento e em cada luta contra ele. Não é por acaso que, com muita frequência, exatamente aqueles ideólogos que, em sua própria práxis, degradam a personalidade humana faticamente a mera particularidade são os que, em sua crítica ao marxismo, acusam este de ter reconhecido insuficientemente ou de nem ter tomado conhecimento da importância histórica dos homens e da personalidade.

Não podemos dar por concluídas estas observações gerais e introdutórias ao estranhamento como fenômeno do ser social sem tocar brevemente num dos seus traços mais importantes do ponto de vista ontológico, a saber, a sua processualidade. Constatamos anteriormente que só existem estranhamentos no plano do ser (e que o estranhamento enquanto conceito geral no singular é apenas uma abstração praticamente indispensável no campo científico); do mesmo modo, precisamos chegar agora à constatação de que, na realidade social, os homens levam a si mesmos e também os seus semelhantes ao estranhamento, combatem esse estranhamento em favor de sua própria pessoa e em favor de outras etc., que o processo decorrente desses atos da vida social, dos da totalidade objetiva da sociedade e dos da personalidade singular, é a única forma existente daquilo que podemos chamar teoricamente de estranhamento. Portanto, ontologicamente o estranhamento nunca é um estado, mas sempre um processo que se desenrola dentro de um complexo – a sociedade como um todo ou então a individualidade humana singular. Essa processualidade, como em toda parte na sociedade em que o pôr teleológico do homem singular perfaz o seu fundamento essencial, consiste necessariamente, por um lado, desses pores e, por outro, das cadeias causais que eles põem em marcha. Visto que essas inter-relações dinâmicas entre pores teleológicos e cadeias causais estão em constante atividade, visto que, no caso dado, a pergunta decisiva para o indivíduo é como o complexo desses movimentos age ou retroage enquanto complexo sobre ele, é possível ver claramente que, nesse processo, tudo tem de transcorrer de modo desigual, carregado de contradições, em constante movimento. Já a reflexividade sobre a própria personalidade tem por consequência que, com muita frequência, as decorrências dos pores resultam bem diferentes do que foram conscientemente pretendidas, que elas, via de regra, não podem ter a racionalidade planejada dos atos do trabalho. Apesar disso, naturalmente as leis gerais dos movimentos dessa espécie continuam em vigor. Em particular a da diferença entre circunstâncias que colocam no centro uma decisão radical, um sim ou não diante dos fatores estranhadores, e entre fases, sejam elas favoráveis ou desfavoráveis, que, segundo palavras de Churchill, caracterizamos como períodos das consequências. A reorganização de conteúdo, direção etc. naturalmente é muito mais difícil no último caso, e, na prática, este acarreta, numa grande quantidade de casos, uma fixação definitiva das tendências de vida – a aparência de um estado. (Ações que se tornaram rotina.)

Todavia, a situação se complica nesse caso por que toda tendência estranhadora está objetivamente enraizada no plano social, ou seja, está permanentemente ativa, influenciando os motivos dos pores, ao passo que a luta contra esses processos de estranhamento exige do indivíduo resoluções sempre novas e a sua implementação na práxis. A adaptação pressupõe apenas um deixar-se levar pela correnteza geral, a vontade de oferecer resistência pressupõe resoluções sempre renovadas, repensadas de maneira nova (ou pelo menos profundamente vivenciadas) e, quando necessário, trazidas combativamente à existência. Assim, o homem das sociedades de classe sempre está inserido desde o nascimento como complexo dentro de um complexo, cujas tendências de ação se movem espontaneamente no sentido de levar esse homem ao estranhamento. Contra essa pluralidade de forças ativas ele teve de mobilizar ininterruptamente as suas próprias forças para se defender. De cada personalidade, de cada etapa de seu desdobramento se pode dizer, portanto: ela é o produto de uma atividade própria, ponto de partida de um desenvolvimento contínuo. Porém, nenhum papel, por mais intenso que seja, desempenhado pelas próprias forças no processo que leva à emancipação do ser estranhado jamais levará o homem à anteriormente mencionada contraposição abstrata à sociedade. Pelo contrário. O que chamamos de forças próprias de fato tem suas raízes na personalidade original (porém, desenvolvida nas inter-relações com a sociedade) do homem em questão, mas a sua progressão ou regressão se dá num processo ininterrupto de apropriação dos resultados passados e presentes do desenvolvimento da sociedade. A convicção (que, todavia, também pode ser apenas sensação ou intuição), que se tornou conteúdo próprio de vida, essa convicção da realidade da generidade para si é a arma mais potente de que o homem pode dispor contra o tornar-se estranhado. Essas lutas, seus altos e baixos, perfazem o modo de ser do estranhamento; seu caráter imediato de estaticidade é mera aparência.

2. Os aspectos ideológicos do estranhamento

RELIGIÃO COMO ESTRANHAMENTO

As considerações da primeira seção mostraram que o estranhamento é, em grande medida, também um fenômeno ideológico, que em particular a luta individual-subjetiva de libertação do estranhamento possui um caráter essencialmente ideológico. Essa situação do ser torna necessário que voltemos nossa atenção primeiramente para os momentos desses processos que possuem um caráter especificamente ideológico. Só depois de tomar conhecimento deles, só sobre a base desse conhecimento (muitas vezes, todavia, em distinção a ele) teremos condições de apreender concreta e adequadamente o próprio fenômeno em toda a sua figura. Veremos que, nesse tocante, o elemento imediatamente fundante é aquele que, em considerações anteriores, denominamos a ontologia da vida cotidiana. Com efeito, das exposições feitas até aqui restou claro o seguinte: o estranhamento de todo homem singular brota diretamente de suas inter-relações com a sua própria vida cotidiana. Esta é, no todo como nos detalhes, produto das relações econômicas imperantes em cada caso, e obviamente são estas que exercem as influências em última análise decisivas sobre os homens, também nos campos ideológicos. Porém, o fato de que o *medium* que faz a mediação entre a estrutura econômica geral da sociedade e o homem singular envolvido seja justamente esse ser da vida cotidiana não está em contradição com isso; pelo contrário, esse fato só concretiza os conteúdos e as formas atuais em cada caso. Portanto, se a intenção for investigar um fenômeno ideológico em sua essência, em sua atualidade, em suas mudanças de orientação etc., não há como passar ao largo dos problemas da ontologia da vida cotidiana. Assim como a estrutura e o desenvolvimento econômicos da sociedade fornece a base objetiva dos fenômenos, assim a ontologia da vida cotidiana fornece aquele *medium* versátil da imediatidade, que no caso da maioria dos homens é a forma que os coloca concretamente em comunicação com as tendências espirituais do seu tempo. Pessoas que são atingidas direta e continuamente pelas exteriorizações ideológicas propriamente ditas, aquelas mais claras e mais elevadas do seu tempo, e, em sua práxis, sempre reagem diretamente a elas figuram entre as exceções. Porém, mesmo no caso delas, os impactos da ontologia do cotidiano continuam atuantes. Por isso, jamais poderemos negligenciar esse campo de mediação.

Isso, todavia, não significa que teríamos de considerar essa imediatidade tão influente como o único dado social, que poderíamos negligenciar de alguma forma as grandes batalhas ideológicas de um período em que as tendências espirituais dominantes são modeladas como conceito continuamente ativo ou como figura permanente. Só a conexão de todos os três complexos produz a totalidade social de cada período, as suas proporcionalidades, a qualidade particular do espírito que neles impera. Por essa razão, a análise do nosso complexo de problemas deve começar com a dissolução do hegelianismo, com o aparecimento de Feuerbach, com a crítica de Marx a este e a seus adeptos que ficaram presos ao idealismo. A avaliação da filosofia hegeliana indubitavelmente está no centro dessa discussão. Nessa filosofia, em contraposição ao Iluminismo, com o qual ela de resto está mais íntima e precocemente ligada do que geralmente se assume, não se contrasta a religião com a filosofia como antagonismo excludente, mas, pelo contrário, empreende-se a tentativa de integrar cabalmente a religião no sistema da filosofia. Isso ainda não seria algo radicalmente novo, antes representaria uma continuidade da linha geral do desenvolvimento filosófico-idealista alemão (Kant), caso essa integração feita por Hegel não tivesse adquirido características específicas. Em primeiro lugar, Hegel não reúne um paralelo de posicionamentos humanos sobre o mundo exterior e o mundo interior numa unidade de base gnosiológica, como fez Kant, em relação ao qual Hegel fala criticamente do "saco da alma" [*Seelensack*]*. A integração ocorre, muito antes, como descrição do processo de desenvolvimento do espírito (da humanidade), no qual a religião ocupa o penúltimo lugar: um ponto alto no caminho para o autodesdobramento do espírito, que só é ultrapassado pela própria filosofia, mediante uma superação, entretanto, que não altera nada de essencial nos conteúdos decisivos, visto que

---

* Referência a uma passagem crítica a Kant em G. W. F. Hegel, *Vorlesungen über die Geschichte der Philosophie* (Frankfurt, Suhrkamp, 1979), Werke in 20 Bänden, v. 18, p. 351. (N. T.)

os conteúdos são alçados tão somente do nível da mera representação (religião) para o do conceito (filosofia). Em segundo lugar, esse processo é simultaneamente o do estranhamento, em consequência do pôr da objetividade em geral (a determinação hegeliana da alienação) e da superação de todo estranhamento por meio da autorrealização do espírito, por meio da realização do sujeito-objeto idêntico, portanto, em diferentes estágios da consumação plena, na religião e na filosofia.

A oposição materialista de Feuerbach à ideia sistêmica central de Hegel, a tentativa de sua refutação materialista tem, portanto, o estranhamento como um dos seus temas principais. Para Feuerbach, a religião não é uma forma preliminar [*Vorform*] no processo de superação do estranhamento, mas, pelo contrário, a forma originária [*Urform*] do estranhamento. Nesse contexto, Feuerbach recorre – justificadamente no plano imediato, mas só no plano imediato – a antigas tradições da crítica materialista da religião, ou seja, em última análise, à constatação de Xenófanes:

> Mas se mãos tivessem os bois, os cavalos e os leões e pudessem com as mãos desenhar e criar obras como os homens, os cavalos semelhantes a cavalos, os bois semelhantes a bois desenhariam as formas dos deuses e os corpos fariam tais quais eles próprios têm. Os etíopes dizem que os deuses têm nariz chato e são negros, os trácios, que eles têm olhos azuis e cabelos louros.[34]

O motivo decisivo para nós nesse tocante é que Feuerbach não só dispensa a integração hegeliana da religião no processo do autodevir do espírito (da humanidade), mas chega a invertê-la e desmascara todo o idealismo como uma teologia contraditória que se tornou mundana:

> Assim como a teologia *cinde* e *aliena* o homem para, a seguir, de novo com ele identificar a sua essência alienada, assim Hegel multiplica e cinde a *essência simples, idêntica a si*, da natureza e do homem para, em seguida, de novo reconciliar à força o que fora violentamente separado.[35]

---

[34] H. A. Diels, *Fragmente der Vorsokratiker* (6. ed., Berlim, 1951), v. 1, p. 49; Xenophanes, p. 15-6 [ed. bras.: *Os pré-socráticos: vida e obra*, São Paulo, Nova Cultural, 1996, p. 70-1; com modif.].
[35] L. Feuerbach, *Vorläufige Thesen zur Reform der Philosophie [und Grundsätze der Philosophie der Zukunft]*, Sämtliche Werke, v. II, p. 248; FW, v. 3, p. 226 [ed. port.: "Teses provisórias para a reforma da filosofia", em *Princípios de filosofia do futuro*, trad. Artur Mourão, Lisboa, Edições 70, 1988, p. 21].

Porém, isso nem de longe significa a autêntica crítica materialista da concepção hegeliana do estranhamento; é apenas um veredito sumário de que toda a filosofia hegeliana é igualmente uma variante do estranhamento. O caminho até lá é aberto pela gnosiologia materialista extremamente simples de Feuerbach. Visto que, de acordo com ela, só o ser imediato, sensível, é realidade autêntica, toda concepção de mundo baseada em ideias (em abstração) já é *ipso facto* estranhamento:

> Abstrair significa pôr *a essência* da natureza *fora da natureza*, a essência do homem *fora do homem*, a essência do pensamento *fora do ato de pensar*. Ao fundar todo o seu sistema nesses atos de abstração, a filosofia hegeliana *estranhou o homem de si mesmo*. Sem dúvida, identifica de novo o que separa, mas apenas de um modo que *comporta novamente a separação e a mediação*. À filosofia hegeliana falta a *unidade imediata, a certeza imediata, a verdade imediata*.[36]

Esse apelo à imediatidade sensível faz com que toda a problemática do estranhamento presente em Hegel, e que Marx pouco depois submeteria a uma crítica ampla e profunda nos *Manuscritos econômico-filosóficos*, simplesmente ainda fique mais à esquerda no aguardo da crítica. Isso tem para a compreensão teórica do fenômeno primeiramente a seguinte consequência: não é tanto o mundo da religião em seu conjunto nem a imagem de mundo de Hegel que são contrastados com a própria realidade, mas a crítica da religião que se afunila numa crítica gnosiológica da teologia e, desse modo, a crítica feita é não tanto a da religião real e mais a de sua figura diluída e generalizada em filosofia da religião. Esse método, entretanto, possui uma longa tradição. O antagonismo de teologia e filosofia – nova, real – desempenha um importante papel já nos séculos XVII e XVIII. A estigmatização de Hegel como criptoteólogo de fato acabou tendo sua importância na dissolução continuada do hegelianismo.

Assim, Feuerbach pôs a rolar uma pedra bastante pesada; sem a sua intervenção a dissolução da escola hegeliana facilmente teria se convertido numa querela entre docentes e literatos sem que levasse a avanços filosóficos essenciais em relação a Hegel. Marx viu isso com muita clareza. Não é para menos que ele afirma nos *Manuscritos econômico-filosóficos*: "*Feuerbach* é o único

---

[36] Ibidem, p. 249; ibidem, p. 227 [ed. port.: ibidem, p. 522].

que tem uma relação *séria*, uma relação *crítica* com a dialética hegeliana e o único que fez verdadeiras descobertas nesse domínio, sendo em toda linha o verdadeiro triunfador sobre a velha filosofia"[37]. Porém, isso não impediu que ele e Engels, que inicialmente ainda se mostrava entusiasmado com Feuerbach, vissem claramente que a simples conversão das mediações idealistas de Hegel para uma imediatidade materialista deixa totalmente sem solução os problemas realmente essenciais da reforma da dialética hegeliana, que Feuerbach em parte passa ao largo dos problemas decisivos dessa reviravolta filosófica radical sem lhes dar atenção, em parte trata de muitas questões importantes da dialética com uma imediatidade tão simplificada que o que tinha intenção progressista se converte numa absurdidade retrógrada. Para começar, seja citada a observação de Marx extraída da *Ideologia alemã*: "Na medida em que Feuerbach é materialista, nele não se encontra a história e, na medida em que toma em consideração a história, ele não é materialista. Nele, materialismo e história divergem completamente [...]"[38]. E Engels, por seu turno, critica assim as exposições de Feuerbach sobre a relação entre essência e fenômeno em anotações feitas mais ou menos na mesma época:

"O ser não é um conceito geral, separável das coisas. Ele é uno com aquilo que é... O ser é a posição da essência. O *que é minha essência é meu ser*. [...] Apenas na vida humana distinguem-se ser e essência, *mas apenas em casos anormais, infelizes* – pode ocorrer que onde se tenha seu ser não se tenha sua essência, mas justamente por causa dessa separação não é verdade que não se esteja com a alma lá onde se está realmente com o corpo. Somente onde está o teu coração, *estás tu*. Mas todas as coisas estão – *com exceção de casos contra a natureza* – com muito gosto onde estão e são com muito gosto o que são." [...] Um belo panegírico ao existente. Exceção feita a casos contra a natureza e alguns poucos casos anormais, terás muito gosto em ser, desde os sete anos de idade, porteiro numa mina de carvão, permanecendo catorze horas diárias sozinho, na escuridão, e porque lá está o teu ser, então lá está também tua essência. [...]. Tua "essência" é estar submetido a um ramo de trabalho.[39]

---

[37] K. Marx, [Ökonomisch-philosophische Manuskripte aus dem Jahre 1844,] MEGA, v. III, p. 151; MEW EB, v. I, p. 569 [ed. bras.: *Manuscritos econômico-filosóficos*, cit., p. 117; com modif.].
[38] K. Marx e F. Engels, [*Die deutsche Ideologie,*] MEGA, v. V, p. 34; MEW, v. 3, p. 45 [ed. bras.: *A ideologia alemã*, cit., p. 32].
[39] Ibidem, p. 540; ibidem, p. 543 [ed. bras.: ibidem, p. 80s].

A postura crítica que Marx teve desde o princípio em relação à filosofia de Feuerbach não o impediu, como vimos, de enxergar claramente que a sua atuação deu o impulso decisivo para superar realmente a filosofia de Hegel, para moldar a partir do materialismo filosófico uma visão de mundo autêntica e abrangente que teria condições de tornar-se o fundamento teórico da revolução de fato, não apenas política, mas também social. Já em 1843 ele vê a situação assim: "A crítica da religião é o pressuposto de toda a crítica". Contudo, antes dessa frase verifica-se a seguinte constatação: "No caso da Alemanha, a *crítica da religião* chegou, no essencial, ao seu fim". Portanto, ele vai além de Feuerbach, em primeira linha, por expandir o problema para o ser e devir social-material dos homens. A constatação de Feuerbach de que não é a religião que faz o homem, mas o homem que faz a religião é complementada por Marx, por conseguinte, de modo tal que amplia o estranhamento religioso e seu desmascaramento teórico para um complexo sociopolítico geral de problemas da história da humanidade:

> A religião é de fato a autoconsciência e o sentimento de si do homem que ou não se encontrou ainda ou voltou a se perder. Mas o *homem* não é um ser abstrato, acocorado fora do mundo. O homem é *o mundo do homem*, o Estado, a sociedade. Esse Estado e essa sociedade produzem a religião, *uma consciência invertida do mundo*, porque eles são *um mundo invertido*. A religião é a teoria geral desse mundo, o seu resumo enciclopédico, a sua lógica em forma popular, o seu *point-d'honneur* espiritualista, o seu entusiasmo, a sua sanção moral, o seu complemento solene, a sua base geral de consolação e de justificação. É a *realização fantástica* da essência humana, porque a *essência humana* não possui verdadeira realidade. Por conseguinte, a luta contra a religião é, indiretamente, a luta contra *aquele mundo*, cujo *aroma* espiritual é a religião.[40]

Essa ampliação do problema, essa ultrapassagem resoluta da problemática alemã provinciana ajustada para um Estado que ainda não havia passado por nenhuma revolução burguesa, na qual, todavia, já haviam sido objetivamente tangenciadas as principais inter-relações entre religião e vida cotidiana na sociedade capitalista, estabelece a relação correta do complexo de questões que envolve religião e estranhamento com as tendências revolucionárias universais

---

[40] K. Marx, [*Zur Kritik der Hegelschen Rechtsphilosophie: Kritik des Hegelschen Staatsrechts,*] MEGA, v. I/1, p. 607; MEW, v. 1, p. 378 [ed. bras.: *Crítica da filosofia do direito de Hegel*, cit., p. 145].

da época. Enquanto Bruno Bauer ainda medita sobre uma questão estreitamente provinciana, composta de três quartos de teologia e, por isso, insolúvel do ponto de vista objetivamente social, a saber, como a emancipação política, a igualdade de direitos civis, dos judeus poderia ser filosoficamente coadunada com a sua própria emancipação interior (emancipação do envolvimento religioso no judaísmo, do estranhamento humano pela religião judaica), a compreensão histórico-política superior de Marx põe de lado todos os pseudoproblemas ligados a essa questão. Ele explicita:

> [...] o Estado cristão consumado não é o assim chamado Estado cristão que confessa o cristianismo como seu fundamento, como religião do Estado, e, em consequência, comporta-se de modo excludente para com as demais religiões; o Estado cristão consumado é, antes, o Estado *ateu*, o Estado *democrático*, o Estado que aponta à religião um lugar entre os demais elementos da sociedade burguesa.[41]

Segue-se a isso, de modo coerente, uma análise extensa da emancipação em suas formas clássicas já realizadas na França e nos Estados Unidos.

A diferenciação entre o *citoyen* "idealista" e o *homme* verdadeiramente social é o ponto de partida socialmente ontológico. Os direitos humanos que surgem daí se originam da constituição econômica da sociedade burguesa, que vislumbra "nos demais homens, não a *realização*, mas antes o limite" da liberdade do homem. Os direitos humanos nas constituições clássicas da época revolucionário-burguesa formulam, portanto, os direitos desse *homme*. Em termos extremos, apenas um pouco paradoxais, pode-se formular a sua relação com o nosso problema da seguinte maneira: eles concedem ao homem a plena liberdade de estranhar-se à vontade em termos sociais e, naturalmente, também em termos ideológicos. Sem, no entanto, tocar diretamente o problema específico do estranhamento nesse ponto, Marx formula da seguinte maneira a situação que assim surge e que corresponde aos direitos humanos:

> Portanto, nenhum dos assim chamados direitos humanos transcende o homem egoísta, o homem como membro da sociedade burguesa, a saber, como indivíduo recolhido ao seu interesse privado e ao seu capricho privado e separado da comunidade. Muito longe de conceberem o homem como um ente genérico, esses di-

---

[41] Idem, [*Zur Judenfrage,*] MEGA, v. I/1, p. 387; MEW, v. 1, p. 357 [ed. bras.: *Sobre a questão judaica*, cit., p. 42].

reitos deixam transparecer a vida do gênero, a sociedade, antes como uma moldura exterior ao indivíduo, como limitação de sua autonomia original. O único laço que os une é a necessidade natural, a carência e o interesse privado, a conservação de sua propriedade e de sua pessoa egoísta.[42]

A questão da emancipação religiosa, portanto, tanto é resolvida como não é resolvida por tais revoluções: a mudança se evidencia essencialmente do mesmo modo em todos os âmbitos da vida: "Consequentemente o homem não foi libertado da religião. Ele ganhou a liberdade de religião. Ele não foi libertado da propriedade. Ele ganhou a liberdade de propriedade. Ele não foi libertado do egoísmo do comércio. Ele ganhou a liberdade de comércio"[43].

A solução real para o estranhamento religioso, assim como para todas as formas da vida humana secular, só poderá ser trazida pela revolução social que subverte fática e radicalmente os fundamentos reais da vida social dos homens:

> Mas a emancipação humana só estará plenamente realizada quando o homem individual real tiver recuperado para si o cidadão abstrato e se tornado *ente genérico* na qualidade de homem individual na sua vida empírica, no seu trabalho individual, nas suas relações individuais, quando o homem tiver reconhecido e organizado suas *"forces propres"* ["forças próprias"] como forças *sociais* e, em consequência, não mais separar de si mesmo a força social na forma da força *política*.[44]

Com tudo isso, contudo, não surge apenas uma grande perspectiva histórico--universal para a superar [*Aufhebung*] do estranhamento religioso, mas simultaneamente uma significativa imagem de conjunto de todos os estranhamentos socialmente produzidos. Isso de modo algum faz com que a religião deixe de ser uma das formas importantes de estranhamento humano; o que acontece é que ela é inserida dentro do contexto social global de todos os estranhamentos. Os fundamentos econômicos desse complexo universal do estranhamento, historicamente necessário, bem como todas a implicações filosóficas dele decorrentes, foram analisados detidamente por Marx em sua obra seguinte, nos *Manuscritos econômico-filosóficos*. Correspondendo à essência do problema assim visado da sociedade como um todo, a ênfase prin-

---

[42] Ibidem, p. 595; ibidem, p. 366 [ed. bras.: ibidem, p. 50].
[43] Ibidem, p. 598; ibidem, p. 369 [ed. bras.: ibidem, p. 53].
[44] Ibidem, p. 599; ibidem, p. 370 [ed. bras.: ibidem, p. 54].

cipal foi dada no desvelamento e na análise dos estranhamentos dos homens na sociedade produzidos pela economia capitalista. Essa obra considera principalmente o estranhamento do trabalhador no capitalismo. Contudo, Marx considera o estranhamento como uma peculiaridade universal do capitalismo. Na obra que segue diretamente à recém-mencionada, ou seja, em *A sagrada família*, o estranhamento no capitalismo é descrito como um fenômeno universal, que submete a si a burguesia e o proletariado do mesmo modo, demonstrando, no entanto, simultaneamente a sua contraditoriedade, que tem como consequência uma reação totalmente antagônica nas classes hostis por ele atingidas:

> A classe possuidora e a classe do proletariado representam o mesmo estranhamento de si. Mas a primeira classe se sente bem e aprovada nesse estranhamento de si, sabendo que o estranhamento é *seu próprio poder* e nele possui a *aparência* de uma existência humana; a segunda, por sua vez, sente-se aniquilada nesse estranhamento, vislumbrando nela a sua impotência e a realidade de uma existência desumana.[45]

Contudo, esse conhecimento da universalidade nas mais diferentes formas fenomênicas do estranhamento está muito longe de simplesmente estender a sua existência social em termos quantitativos. O conhecimento marxiano expõe, muito antes, as generalizações estruturais qualitativas, histórico-sociais reais, que resultam dessa universalidade do estranhamento. Já acompanhamos o primeiro momento desse processo: o surgimento e a constituição econômica de estranhamentos sociais, que, como mostrado anteriormente, embora compartilhem historicamente em muitos aspectos o destino dos estranhamentos religiosos, constituem, em seu tipo de ser social, poderes brutal e maciçamente reais da vida, e não simplesmente deformações ideológicas da imagem humana do mundo, como na concepção originária de Feuerbach. Trata-se, portanto, já da perspectiva puramente teórica, de muito mais que de uma confrontação entre teologia e visão de mundo fiel à verdade ou mais que da confrontação da teologia com o idealismo hegeliano. Para apreender, mesmo que apenas teoricamente, a universalidade dos estranhamentos existentes, faz-se necessária uma teoria da sociedade, bem como a sua nova metodologia.

---

[45] K. Marx e F. Engels, [*Die heilige Familie oder Kritik der kritischen Kritik,*] MEGA, v. III, p. 206; MEW, v. 2, p. 37 [ed. bras.: *A sagrada família*, cit., p. 48; com modif.].

Porém, Marx, de modo consequente, tampouco se detém nesse ponto. Visto que os estranhamentos decisivos constituem situações reais de vida, são resultados de processos socioeconômicos reais, é impossível que a sua autêntica suplantação, a sua verdadeira superação tenha um caráter meramente teórico, por mais desenvolvido que seja. As realidades na sociedade sempre são resultados de uma práxis, não importando o quanto esta seja consciente e intencional. Por essa razão, a sua superação, caso queira realmente ser uma superação, deve ir além da compreensão meramente teórica; ela própria deve se tornar práxis, objeto de uma práxis social.

Nessa conclusão teórica plena da universalidade desses conhecimentos pela sua implementação numa práxis da humanidade, o estranhamento necessariamente perde a sua posição privilegiada isolada no cosmo dos fenômenos sociais. Na simples teoria, por exemplo, o estranhamento do trabalhador se manteve – justificadamente – como fenômeno particular no âmbito das inter-relações de sua exploração capitalista. Assim que esse conhecimento reverte em práxis social, a condição privilegiada do estranhamento desaparece dentro do ato prático universal conjunto de acertar as contas com a exploração. (Esse desaparecimento da autonomia do estranhamento já foi evidenciado como necessário na perspectiva ontológica geral. Mas a própria práxis mostra que a sua autonomia ontológica não cessa totalmente: após cada uma dessas superações ou remodelações radicais do mundo econômico, o novo ser social suscita constante e espontaneamente a seguinte pergunta: com essa mudança desapareceu também o estranhamento ou ele acabará retornando, eventualmente, em novas formas?) Decisiva em vista de tudo isso é a compreensão de que o ser social só pode ser transformado em um outro ser pela práxis humana. A partir de um Hegel derivado de Fichte, da elaboração aprofundada dos limites e das debilidades teóricas de Feuerbach, os hegelianos de esquerda carpintejaram uma teorização geral e abstrata desse complexo de problemas, segundo a qual compreender, discernir, desmascarar etc. um estranhamento já representaria a sua superação. Seja dito neste momento apenas de passagem que não se trata aí de uma peculiaridade especificamente ideológica dos anos 1840; se fosse assim, praticamente nem valeria a pena ocupar-se com ela hoje ainda. Ao contrário, essa atitude continua viva, justamente sob as formas da constatação, do combate, do desmascaramento do estranhamento; essa supremacia do puramente teórico, essa exclusão aberta ou tácita da práxis permaneceu ativa até hoje; o fato de que isso não mais tramita numa terminologia hegeliana deturpada, mas dependendo do caso traz rótulos como derrelição, desideologização, provocação, *happening* etc., não muda absolutamente nada na essência da coisa. Em sua polêmica contra os hegelianos de esquerda, Marx toma como ponto de partida a "autoalienação da massa". Ele polemiza da seguinte maneira contra essa posição:

> Por isso a massa volta-se contra os *seus próprios* defeitos ao voltar-se contra os *produtos* de sua *auto-humilhação*, aos quais atribui uma existência independente, do mesmo modo que o homem, ao se voltar contra a existência de Deus, volta-se contra a *sua própria religiosidade*. Mas, como aquelas autoalienações *práticas* da massa existem no mundo real de uma maneira exterior, a massa tem de combatê-las também *exteriormente*. Ela de modo algum pode considerar esses produtos de sua autoalienação tão só como fantasmagorias *ideais*, como simples *alienações da autoconsciência*, e querer destruir o estranhamento *material* apenas mediante uma ação *espiritualista interior*. [...] A *Crítica absoluta* [Bruno Bauer e seu círculo, G. L.], no entanto, pelo menos aprendeu da *Fenomenologia* de Hegel *a* arte de transformar as cadeias *reais e objetivas*, existentes *fora de si*, em cadeias existentes dotadas de uma existência *puramente ideal*, puramente *subjetiva*, que existem apenas *dentro de mim*, transformando, portanto, todas as lutas *externas* e sensíveis em lutas puramente mentais.[46]

Vimos que o debate em torno das perguntas "o que é estranhamento religioso?" e "como ele pode ser superado?" afastou-se muito das provocações de Feuerbach que as estimularam e já permite vislumbrar com toda nitidez os primeiros contornos mais gerais do novo materialismo marxiano, da sua filosofia desenvolvimento histórico-social da humanidade. O ponto de partida da religião enquanto estranhamento, enquanto tipo do estranhamento predominantemente ideológico, de modo algum se evidencia como mais do que um momento determinante nessa imagem universal. A dimensão ideológica se revela – e assim foi dado o passo decisivo para a sua decifração – como um produto, como um derivado do processo material de autorreprodução da humanidade. Desse modo foi indicado com precisão o lugar metodológico para responder as perguntas levantadas por Feuerbach, mas essa retificação mesma foi muito além da iniciativa de Feuerbach. Nos *Manuscritos econômico--filosóficos*, Marx mostra os contornos gerais decisivos da solução concreta e

---

[46] Ibidem, p. 254; ibidem, p. 87 [ed. bras.: ibidem, p. 99-100; com modif.].

real dessa questão suscitada por Feuerbach ainda de modo ideológico abstrato: para que cesse a projeção estranhadora da essência da vida humana para o transcendente, o homem deve compreender a sua própria gênese, a sua própria vida como momento de um processo no qual ele próprio sempre é um participante ativo, o qual, por isso mesmo, é seu próprio processo real de vida. Nesse tocante, Marx aponta para os resultados científicos da geognosia e, em correspondência ao estado da ciência daquela época, para a *generatio aequivoca* como a "única refutação prática da teoria da criação". Ao fazer isso, ele vê muito claramente as dificuldades sociais da difusão generalizada dessa teoria, mais precisamente, na dependência generalizada por parte da vida humana das forças que lhe são estranhas em seu tempo presente. Ele diz: "A criação é, portanto, uma representação muito difícil de ser eliminada da consciência do povo", ainda que todas as questões da vida cotidiana humana que exigem a criação como resposta à gênese do homem sejam simplesmente produtos de falsas abstrações. Essas questões só podem ser respondidas realmente mediante o desenvolvimento da humanidade no socialismo, e desse modo Marx retorna à perspectiva que já expusemos. Ele diz:

> Mas, na medida em que, para o homem socialista, *toda a assim denominada história universal* nada mais é que o engendramento do homem mediante o trabalho humano, que o devir da natureza para o homem, ele tem, portanto, a prova visível, irresistível, do seu *nascimento* por si mesmo, do seu *processo de gênese*. Na medida em que a *essencialidade* do homem e da natureza se tornou prática, sensível, visível; na medida em que o homem se tornou prático, sensível, visível para o homem enquanto existência da natureza e a natureza para o homem enquanto existência do homem, a pergunta por um ser *estranho*, por um ser acima da natureza e dos homens – uma pergunta que implica a confissão da inessencialidade da natureza e do homem – tornou-se impossível na prática.[47]

O ateísmo meramente teórico é mera abstração diante dessa refutação concreta do Deus criador a partir da perspectiva histórico-universal. No decorrer do desenvolvimento posterior de Marx, esse complexo de problemas se concretizou essencialmente. É fato que, nos nossos dias, a ciência chegou mais

---

[47] K. Marx, [*Ökonomisch-philosophische Manuskripte aus dem Jahre 1844,*] MEGA-1, v. III, p. 124; [MEGA-2, I/2, cit., p. 398;] MEW EB, v. 1, p. 546 [ed. bras.: *Manuscritos econômico-filosóficos*, cit., p. 113-4; com modif.].

perto da gênese da vida orgânica num nível bem diferente do conhecimento da realidade, mas Marx presenciou pessoalmente e elaborou teoricamente as teorias de Darwin, a dedução da gênese do homem enquanto homem a partir do seu próprio trabalho, sem precisar rejeitar fundamentalmente esse esboço de sua juventude. A prioridade ontológica do processo genético pela humanização, do processo da autoatividade perante todo e qualquer estranhamento, permanece, como logo veremos, o fundamento teórico de toda crítica autêntica da religião.

Entretanto, os importantes problemas atinentes a detalhes do estranhamento humano na religião e através dela esmaeceram à sombra das grandes perspectivas histórico-mundiais registradas por Marx, sem que ele pudesse mostrá-los concretamente em seu ser-propriamente-assim concreto. A consequência disso foi que, com o desaparecimento gradativo da compreensão para o jeito dialético específico que Marx tinha de abordar teoricamente grandes processos, foi caindo cada vez mais no esquecimento, no período da Segunda Internacional, até mesmo entre os melhores teóricos, como Plekhanov, a por nós já mencionada crítica a Feuerbach, que representou um avanço, e a peculiaridade original limitada deste voltou a ter influência metodológica; de fato, em não raras ocasiões aconteceu que a influência de Feuerbach ocupou o centro do interesse teórico mais que o aprofundamento crítico de Feuerbach por Marx. Desse modo, a crítica do estranhamento religioso voltou a estreitar-se no sentido de uma crítica meramente teórica da teologia, de sua confrontação com os novos resultados bem determinados da ciência natural. A relação social real da religião com o homem da sociedade atual, o seu fundamento ontológico, a sua relação com os complexos concretos do ser social e com os seus reflexos ideológicos – aquilo que nós costumamos designar aqui de ontologia da vida cotidiana – foram negligenciados quase completamente. E, visto que justamente na atual crise da religião – um ponto que logo teremos de tratar com mais detalhes – esses problemas adquiriram importância central, foi inevitável que tenha surgido uma desproporção entre o marxismo (tanto na sua forma dogmático-stalinista como em sua forma revisionista) e crítica convincente e efetiva da religião.

Hoje, na retrospectiva histórica, não é muito difícil reconhecer as causas que levaram a isso. Não se pode esquecer que os escritos do jovem Marx foram elaborados na década de 1840, na véspera da revolução europeia. E também a derrota desta nunca conseguiu riscar completamente da ordem do dia do movimento dos trabalhadores o problema da aproximação de novas revoluções. Houve a Comuna de Paris, houve a lei sobre os socialistas de Bismarck, houve o período das greves de massas, da revolução russa de 1905, da Primeira Guerra Mundial, da Revolução de 1917 e da onda revolucionária desencadeada por esta na Europa Central. A consequência disso foi que, em círculos intelectuais de cunho progressista que foram muito além dos reais revolucionários, disseminaram-se muitas variantes de opiniões que visavam ao fenecimento gradativo ou crítico da religião. Em vista de sua postura global em relação à história alemã, certamente não será possível chegar à interpretação de que Treitschke teria simpatizado com o desenvolvimento geral dos radicais pré-revolucionários. Assim, à guisa de retrato de correntes da época, é característico que ele tenha escrito sobre o ministro prussiano Altenstein, muito influente na década de 1830: "Em sua mesa hospitaleira, era por vezes discutido, com frieza, se o cristianismo ainda duraria vinte ou cinquenta anos"[48]. Isso parece contradizer a imagem que Feuerbach tinha de Hegel. Mas não se pode esquecer que foi justamente ele que caracterizou a filosofia hegeliana da seguinte maneira: "A filosofia especulativa enquanto a concretização de Deus é simultaneamente *a posição, simultaneamente a superação ou negação de Deus, simultaneamente teísmo, simultaneamente ateísmo*"[49]. E não é por acaso que o jovem Marx teve participação nas brochuras escritas por Bruno Bauer apresentando Hegel como um ateísta esotérico, que Heinrich Heine, em suas lembranças de Hegel, o qual ele ainda conhecera pessoalmente, reiteradamente aludiu a essa sua ambiguidade "esotérica" quanto ao tema "religião". Sem poder tratar aqui mais detidamente a relação do próprio Hegel com a religião, é preciso dizer, no entanto, que ao menos as suas anotações não destinadas à publicação mostram sinais claros dessa ambiguidade. Assim, por exemplo, do período de Iena:

> *Existe um partido* quando ele se desagrega em si mesmo. Assim o protestantismo, cujas diferenças se pretende fazer desabar agora em tentativas de união – uma prova de que ele não mais existe. Porque é na desagregação que a diferença interior se constitui como realidade. No surgimento do protestantismo, todos os cismas do

---

[48] H. von Treitschke, *Deutsche Geschichte im neunzehnten Jahrhundert* (Leipzig, 1927), p. 401.
[49] L. Feuerbach, *[Vorläufige Thesen zur Reform der Philosophie und] Grundsätze der Philosophie der Zukunft*, Sämtliche Werke, v. II, p. 285; FW, v. 3, p. 264 [ed. port.: "Teses provisórias para a reforma da filosofia", cit., p. 51].

catolicismo haviam cessado. Agora a verdade da religião cristã é provada o tempo todo, não se sabe para quem; com efeito, não estamos às voltas com os turcos.[50]

A integração teórica do teor espiritual da religião na filosofia de Hegel – teor idêntico na religião no nível da representação, na filosofia de Hegel no nível do conceito – também comporta, em última análise, uma ambiguidade filosófica, a saber que, por um lado, a religião é privada de qualquer autonomia de conteúdo, mas, por outro, ela tem de ser simultaneamente integrada filosoficamente* como fator importante da vida social.

Desse modo, surge uma penumbra ontológica de ser e não ser. Característico do espírito de todo esse período é que as tendências intelectuais visando à redenção da autonomia interior e da integridade da religião – quanto mais coerentes, tanto mais resolutas – não procuram lhe dar um conteúdo novo que brota das necessidades da vida social, mas, pelo contrário, vislumbram a dimensão religiosa originária no plano da pura irracionalidade pensada coerentemente até as últimas consequências. O exemplo mais claro disso é Kierkegaard. Já na sua obra *Temor e tremor*, escrita na fase inicial (ela foi publicada em 1843, no mesmo ano em que foram redigidos os *Manuscritos econômico-filosóficos*), ele remete à tragédia a solução dos autênticos conflitos sociais e, por conseguinte, racionais, ao passo que concebe o contato religioso dos homens com Deus como totalmente irracional. Enquanto o sacrifício de Ifigênia por Agamenon constitui um ato ético (e, portanto, social), totalmente racional, compreensível para qualquer pessoa, a ordem de Deus a Abraão para que sacrifique o seu filho Isaac constitui uma "uma suspensão teleológica da dimensão ética", algo que de maneira nenhuma se consegue compreender racionalmente. O herói trágico, em contraposição a Abraão, não estabelece nenhuma relação pessoal privada com Deus. Ora, se só a relação exclusivamente pessoal, destituída de qualquer aspecto social, do homem singular com Deus passa a ser reconhecida dessa maneira tão radical como a única relação religiosa, então fica evidente para Kierkegaard a impossibilidade de que a igreja de fato existente possa ter algo a ver com a pregação de Cristo, com a religião autêntica. Nos seus últimos opúsculos, ele formula essa antinomia com uma franqueza brutalmente grotesca:

---

[50] K. Rosenkranz, *Hegels Leben* (Berlim, 1844), p. 537-8.
* Acréscimo manuscrito: "no sistema da vida socioestatal (em Hegel: espírito objetivo)". (N. E. A.)

Dessa maneira é possível introduzir com êxito toda religião no mundo; e o cristianismo, introduzido dessa maneira, desafortunadamente é o exato oposto do cristianismo. Ou será que, nesses nossos tempos tão geniais, qualquer jovem não entenderia que, após algumas gerações, a crença de que a Lua é feita de queijo esverdeado seria a religião dominante no país (pelo menos em termos estatísticos), caso o Estado tivesse a bela ideia de introduzi-la nesses termos, oferecendo com esse propósito mil salários para um homem com família e lhe desse a perspectiva de rápida ascensão salarial – se ele executasse o seu plano de modo coerente?[51]

A formulação de Kierkegaard evidencia, a despeito de todos os entretons satíricos, a conversão de um grotesco antagonismo, sobre o qual ainda haveremos de falar, em algo absurdo. Porque, na dialética concreta, socialmente determinada do desenvolvimento religioso, a vida secular dos adeptos da igreja pode aparecer como um absurdo arbitrário do ponto de vista dos realmente crentes, mas um comportamento que se tornou generalizado não poderia permanecer em vigor ou funcionar – nem em termos religiosos, nem em termos seculares – em sociedade nenhuma, se não satisfizesse uma necessidade real da sociedade, por mais errôneas que sejam as suas fundamentações. Não é de se admirar, portanto, que Karl Jaspers, cuja filosofia no fundo aceita a religião sem de fato criticar as suas tendências de estranhamento, diz o seguinte sobre a posição de Kierkegaard: "Se ela fosse verdadeira, isso significaria [...] o fim da religião bíblica"[52]. Os antagonismos sociais realmente existentes dentro da religião cristã foram descritos bem mais profundamente e bem mais próximos da realidade pelos escritores dessa época do que pela maioria dos teóricos, e isso de modo amplamente independente de se e como eram eles próprios pessoalmente religiosos. Pense-se antes de tudo no episódio do grande inquisidor no livro *Os irmãos Karamasov*, de Dostoiévski. Seu conteúdo último – e a este temos de nos restringir aqui – é que o seguimento da conduta de vida de Jesus levaria a Igreja e, com ela, toda a civilização à destruição. Em sua fase tardia, Tolstoi, o grande antípoda de Dostoiévski, não se limitou a proclamar como doutrina o problema do antagonismo, mas também tentou adaptar a sua própria vida ao modelo de Jesus. Além dos seus diários, nos quais ganham expressão as tragicomédias pessoais daí resultantes, ele descreveu no drama *A luz brilha na escuridão* a amplitude das consequên-

---

[51] S. Kierkegaard, [*Der Augenblick*] (Iena, 1909), Gesammelte Werke, v. 12, p. 43.
[52] K. Jaspers e R. Bultmann, *Die Frage der Entmythologisierung* (Munique, 1954), p. 36.

cias catastróficas e ridículas que necessariamente surgem quando essa conduta de vida é confrontada na prática com a realidade burguesa. Ou pense-se na poesia de Baudelaire sobre a negação de Jesus por Pedro. Cito apenas a estrofe final:

– Certes, je sortirai, quant à moi, satisfait
D'un monde où l'action n'est pas la sœur du rêve;
Puissé-je user du glaive et périr par le glaive!
Saint Pierre a renié Jésus... il a bien fait![53]

Esse tema não cessa de ocupar os mais importantes escritores da segunda metade do século XIX e do início do século XX. Talvez seja suficiente se eu lembrar *A terra prometida*, de Pontoppidan, e *Emanuel Quint*, de Gerhart Hauptmann. Contudo, os personagens grotescos tragicômicos que assim surgem nunca se prestam a descrever a realidade humano-social, na qual a ética de Jesus se transforma em algo tragicomicamente grotesco, como um mundo em que a concepção de mundo ateísta se torna socialmente predominante. Pelo contrário. Este é, como em Kierkegaard, o mundo do cristianismo presente. Outro escritor importante, J. P. Jacobsen, mostra em *Niels Lyhne* como o ateísta constitui uma espécie de *outcast* [pária] na sociedade "cristã". Visto que não estamos escrevendo uma história da literatura, mas tentando apreender as obras mais significativas dela como reprodução da realidade, como expressão de suas mais profundas tendências vitais reais, podemos dizer, em resumo – o que, aliás, corresponde exatamente ao conteúdo literário do romance de Dostoiévski –, que justamente a sociedade cristã é que expulsaria Jesus do seu meio, qual corpo estranho, se ele voltasse.

No entanto, o que agora foi indicado constitui um recorte muito pequeno, embora não insignificante, da realidade social que temos em mente. Quando anteriormente caracterizamos a crítica teológica e filosófico-religiosa do estranhamento religioso em Feuerbach como demasiado limitada, como demasiado estreita, estávamos pensando – no plano diretamente histórico-filosófico – em que Hegel trata a religião como estágio intermediário do espírito absoluto e,

---

[53] C. Baudelaire, *Œuvres*, v. 1, p. 136. ["Por certo eu sairei, quanto a mim satisfeito/ Deste mundo em que ao sonho a ação não é associada:/ Possa eu usar da espada e morrer pela espada!/ – Pedro negou Jesus... e foi muito bem feito!", em *As flores do mal*, trad. Jamil Almansur Haddad, São Paulo, Difusão Europeia do Livro, 1964, p. 282-3. – N. T.]

ao fazer isso, não percebe nem como sistemático que as verdadeiras raízes da religião, o seu real surgimento e fenecimento, encontram-se na esfera propriamente dita do ser social, na esfera que Hegel designa como espírito objetivo, na qual ele trata da sociedade, do direito e do Estado. Nesse tocante, como foi mostrado, é preciso enfatizar particularmente que a religião compartilha com os principais modos fenomênicos do espírito objetivo também aquelas formas de organização que conferem a estes, sem suprimir a sua constituição ideológica, igualmente as marcas características da superestrutura (o aparato de poder para combater as crises ideológicas). Sem poder tratar essa questão com a amplitude devida, basta um olhar para a realidade histórica para ver que a religião é um fenômeno universalmente social; que, no início – e, em muitos casos, também muito tempo depois –, ela foi um sistema regulador da vida social em seu conjunto; que ela, antes de tudo, satisfaz a necessidade social de regular a vida cotidiana dos homens, mais precisamente, numa forma que, de algum modo, seja capaz de influenciar diretamente a conduta de vida de todos os homens singulares implicados. (Essa tarefa geral naturalmente assume formas extremamente diferenciadas nas diferentes sociedades.) Na época do florescimento da pólis, tal influência sobre os escravos nem era pretendida; no feudalismo, em contraposição, ela desempenha um papel amplo e importante entre os servos da gleba, na atividade artesanal citadina etc.

Isso produz em toda religião certa tendência para a universalidade dos meios de influência; da tradição até o direito, a moral, a política etc., não há nenhum campo ideológico socialmente influente que a religião não tenha tentado dominar. Porém, enquanto os modos ideológicos de regulação necessariamente formam – tanto mais, quanto mais desenvolvida uma sociedade – tendências para generalizações abstrativas, para autonomizações ideais (pense-se, por exemplo, no desenvolvimento do direito), na religião, caso ela queira cumprir as suas funções sociais, jamais se poderá perder o contato muitas vezes organizado de modo bastante complexo com os destinos específicos dos homens singulares enquanto homens singulares da vida cotidiana. O modo como se impõe na prática esse paralelismo entre condução ideológica secular e condução ideológica religiosa apresenta, por sua vez, formas extraordinariamente variadas, dependendo do patamar do desenvolvimento socioeconômico de uma sociedade, dependendo do estado, das formas, dos conteúdos etc. das lutas de classe. A única coisa que se pode afirmar com certeza é que, mesmo no caso de total convergência dos preceitos e das proibições que os dois grupos se empenham por fazer vigorar, os meios para isso têm de ser extraordinariamente variados. O direito quer, por exemplo, dominar a vida cotidiana dos homens no interesse de uma determinada classe, num determinado estágio de desenvolvimento econômico, sobretudo mediante a ameaça geral de punições; a simples observância ampla desses preceitos e dessas proibições pela maioria das pessoas é plenamente suficiente para que essa finalidade seja cumprida. Ora, é perfeitamente possível e, na maioria dos casos, corresponde à realidade que a regulação religiosa pretenda resolver os mesmos problemas e – em última análise – do mesmo modo que o direito. Porém, os seus meios receberão acentos qualitativos específicos que muitas vezes ultrapassarão em muito a esfera do possível de ação do direito. Pense-se, por exemplo, na Primeira Guerra Mundial. O direito pode explicitar à pessoa a sua legitimidade nos termos do direito dos povos, pode indicar que, na extensa série de assassinato, homicídio etc., não consta o ato de matar o inimigo cometido pelo soldado. Tudo isso não deixa de ter importância. Contudo, quando as diversas confissões vieram a público para dizer que o homem salva a sua alma, permanece fiel às sagradas tradições da humanidade cristã etc. quando cumpre cabalmente os seus deveres para com a pátria, elas promoveram o interesse de classe que naquele tempo era central para as classes dominantes com uma intensidade bem diferente e uma eficácia bem mais profunda do que o direito jamais poderia conseguir. É fácil de compreender que esses efeitos só poderão ser obtidos quando os pores teleológicos que se tornam realidade estiverem baseados em ricas experiências relativamente ao que o homem mediano considera verdadeiro, existente, importante etc. na vida cotidiana, que formas concretas tais representações sobre a realidade de seu meio ambiente despertam nele de modo geral em termos de realidade, em suma, como é constituída a ontologia da vida cotidiana num determinado momento para determinados tipos de pessoas.

Entretanto, essa diferença entre regulações religiosas e regulações "seculares" das ações humanas não pode ser vulgarizada nem simplificada, não pode ser reduzida ao antagonismo abstrato entre elaborado diretamente e construído idealmente. Para a religião também surge, paralelamente à diferenciação das relações sociais, a necessidade de fundamentar as suas decisões de modo conceitualmente sutil. O diabo é um lógico, é o que se constata no caso de Guido de Montefeltro em Dante. Porém, caso se pretenda que, como nesse caso em Dante, tais tendências para a sutileza jurídica preservem a evidência de um possível efeito de massa (efeito sobre uma massa de homens singulares na vida cotidiana), é preciso que se possa retransportá-las de modo diretamente evidente para a práxis da vida cotidiana. É o que ocorre em Dante nesse caso, quando diz que o arrependimento de nada vale para a salvação se não for convertido em práxis[54]. A concepção combatida por Lutero, a saber, a da absolvição do pecado como mercadoria, é um claro sinal de tais factualidades. O fato de esses meios de exercer influência às vezes até poderem funcionar perfeitamente por longos períodos de tempo não suprime esse antagonismo, mostrando tão somente que ele jamais tem um caráter absoluto, mas sempre só um caráter tendencial. Nos casos singulares, o que decide a respeito disso é a ontologia da vida cotidiana determinada pelo estado da estrutura de classes e da luta de classes. Basta lembrar a função e o papel das religiões nas guerras mundiais, que, todavia, não registram só êxitos dessas suas funções, mas também sublevações contra elas.

Contudo, antes de ter condições de empreender uma análise de certo modo concreta de um modo fenomênico concretamente histórico da ontologia da vida cotidiana, devemos investigar um pouco mais detidamente as determinações gerais e, em consequência da constituição da essência da vida social, sempre recorrentes que estão na base de todo pôr teleológico, de todo posicionamento prático ou teórico vinculado à práxis dos homens no cotidiano. A respeito disso, é preciso repetir, logo de saída, a nossa tese já frequentemente exposta: na base da vida cotidiana está uma relação imediata entre teoria e práxis. Essa imediatidade de fato precisa ser dispensada nos atos teóricos de preparação de todo trabalho – que ainda não se transformou em rotina. Nesse processo, com efeito, precisa ser compreendida de modo objetivamente correto a verdadeira constituição objetiva, existente independentemente da consciência, de meios de trabalho, do objeto do trabalho etc., caso se pretenda que o processo do trabalho leve a uma realização exitosa da finalidade do trabalho contida no pôr teleológico. (Por isso, não é nenhum acaso que a autonomização desse processo de preparação do trabalho tenha resultado na ciência e, desse modo, levado para além dessa conexão imediata entre teoria e práxis.) No entanto, essa reflexão sobre as possibilidades dos atos de trabalho planejados, essa reflexão direcionada para a objetividade só abandona essa imediatidade no que se refere à respectiva finalidade concreta do trabalho. Ela jamais poderá,

---

[54] D. Alighieri, *A divina comédia*, Inferno, canto XXVII.

portanto, revolucionar desde a base a ligação imediata geral de teoria e práxis no cotidiano. Inclusive em nossos dias, após o desenvolvimento de toda uma série de ciências que se tornaram autônomas, essa estrutura da vida cotidiana (inclusive para os próprios cientistas em sua existência cotidiana) se conservou funcionando essencialmente sem qualquer modificação.

O ato de libertar-se dessa supremacia universal da imediatidade na relação entre teoria e práxis possui um caráter amplamente individualizado em termos sócio-ontológicos. De fato, a forma imediata de manifestação dessa relação é a supremacia da particularidade humana no eu, a supremacia dos afetos nas reações à vida circundante, de modo que, para sua superação, é necessária uma reorganização interior e autocrítica da personalidade voltada para as relações que residem ou parecem residir nos objetos. Disso de modo algum resulta, contudo, que esse modo de conceber e elaborar o respectivo mundo circundante, que em sua totalidade objetivamente efetiva resulta em tal ontologia da vida cotidiana, tenha um caráter puramente subjetivo. Pelo contrário. Todas as forças, problemas, situações, conflitos etc. concretamente efetivos que compõem essa ontologia são fenômenos objetivos na maioria das vezes de caráter social puramente objetivo – não sempre, como ainda veremos. Contudo, depende do homem, que aqui como em toda parte é um ser que responde, se ele reagirá espontaneamente aos fatos que vêm espontaneamente ao seu encontro ou se reagirá elevando-se conscientemente acima da sua própria particularidade. Se as suas reações se detiverem no nível de tal espontaneidade, ou seja, se a sua práxis, se a continuidade do seu pôr teleológico forem determinadas só ou predominantemente por esse tipo de motivos, ele integra a si mesmo nesse mundo da vida cotidiana, este se torna para ele o meio ambiente irrevogável, definitivamente real, a cujos problemas ele correspondentemente reage de um modo correspondente à sua constituição imediata. Por isso, a soma dessas reações necessariamente irá perfazer um componente significativo da totalidade das tendências efetivas.

O que nos interessa agora é, sobretudo, a questão referente ao modo como dessa relação "sujeito-objeto" socialmente originada surge a representação de um motor transcendente de todos os atos tanto individuais como coletivos, de todas as tendências e situações resultantes na sociedade (incluindo o metabolismo com a natureza) como resposta dos homens a uma realidade assim constituída. Se passarmos a visualizar agora os motivos ontológicos mais importantes desse complexo, chama a atenção principalmente a situação, já tratada em outros contextos, que os homens jamais estão em condições de efetuar os seus pores teleológicos com o conhecimento adequado de todas as forças efetivamente ativas nesse processo. É imediatamente evidente que essa situação constitui um componente importante do trabalho; ela o é tanto no sentido positivo como no negativo. De fato, o desconhecimento de todas as determinações não só e nem sempre provoca um fracasso; os motivos desconhecidos podem, muito antes, dependendo das circunstâncias, produzir um aperfeiçoamento não intencionado do trabalho, a sua aplicabilidade a casos, campos etc. não previstos. O efeito dessa situação no restante do cotidiano é mais confuso ainda. Antes de tudo, surgem com muita frequência situações em que "sob pena de ruína" é preciso agir de imediato, sem que se possa nem ao menos fazer uma tentativa séria de obter uma visão geral sobre todos os fatores operativos. Porém, mesmo onde as circunstâncias permitem um campo de ação temporal para a reflexão, é muito frequente que haja barreiras intransponíveis a uma visão geral em termos de conhecimento. Tais barreiras existem constantemente já em relação às diversas forças socioeconômicas que dominam a vida cotidiana das pessoas. Mesmo que com o tempo elas se tornem cientificamente identificáveis e, desse modo, em princípio controláveis, não raro esse processo demanda milênios; pense-se, por exemplo, no papel do dinheiro na vida econômica, que pelo menos na Antiguidade e na Idade Média baixa preenche uma transcendência fatal e ainda hoje não raro preserva, na vida cotidiana do homem mediano, o seu caráter de fatalidade. Pense-se, por exemplo, nas ondas inflacionárias após a Primeira Guerra Mundial. Pela própria natureza do tema, não há como multiplicar os exemplos; por isso, limitamo-nos a apontar o fato de que só no contato constante com outros homens o homem do cotidiano é capaz de conduzir a sua vida, e que o conhecimento humano enquanto conhecimento da verdadeira constituição de um homem singular, enquanto antevisão do seu agir imediatamente futuro, jamais poderá alçar-se à condição de um saber real etc. Portanto, a práxis cotidiana está sempre envolta pelo amplo círculo do incognoscível, impossível de ser totalmente controlado. Acaso é de se admirar que, nessa situação de vida humana – na imediatidade do cotidiano –, sempre variada tanto qualitativa como quantitativamente, mas constante em seus traços básicos, a transcendência necessariamente coexista com a imanência do entorno apreensível, que ela seja percebida, em última análise, como uma realidade decisiva? E, em contrapartida, é fato que só um comportamento do homem capaz de ir além dessa imediatidade do particular poderá agir efetivamente contra o estranhamento na transcendência daí resultante. No nível da imediatidade simples, é evidente que o homem almeje controlar o que atualmente não está sob controle com os meios que se comprovaram eficazes na práxis precedente que fundamentaram a sua conduta de vida.

É de conhecimento geral que a primeira categoria da ordenação das ideias e do domínio sobre a realidade objetiva é a da analogia. Quando Hegel diz sobre o silogismo da analogia (com certeza uma forma posterior, mais desenvolvida, de sua aplicação na práxis) que seriam os limites da indução que levam ao procedimento analógico, trata-se, também no caso dele, objetivamente daquela infinitude das determinações que constatamos como limite da cognoscibilidade nos poros práticos. E consequentemente ele vê a analogia justificada no fato de que o "instinto da razão [...] faz pressentir" que as determinações empiricamente descobertas estão fundadas no gênero de um objeto e, desse modo, podem ser apropriadas como veículo para a expansão do conhecimento. Ele acrescenta, sem fazer qualquer tentativa de indicar critérios de correção, que as analogias podem ser superficiais ou profundas[55]. Desse modo, porém, Hegel evita a pergunta real. Do ponto de vista da sua metodologia orientada para a lógica isso é compreensível, porque de fato é impossível indicar critérios lógicos para quando uma analogia é superficial e quando ela realmente corresponde ao ser. Pois trata-se, nesse caso, de uma questão puramente ontológica: a sua solução depende do ser-propriamente-assim dos fenômenos que são postos em relação uns com os outros na analogia. Não pode haver nenhuma regra abstrata para isso: por trás de processos que parecem muito similares podem estar coisas completamente divergentes; por trás de processos que no plano imediato não revelam nenhum tipo de traço comum podem estar coisas muito parecidas. Por essa razão, a analogia não é, em última análise, nenhum meio autêntico de conhecimento, mas certamente o jeito natural e inerradicável de reagir a novos fenômenos e ordená-los no sistema daqueles já conhecidos. É por isso que ela se encontra – sem controle prévio possível – no início do processo de conhecimento da realidade; é por isso que ela é degradada pelo desenvolvimento do pensamento científico à condição de impulso subjetivo para hipóteses – a serem verificadas independentemente dela.

---

[55] G. W. F. Hegel, *Enzyklopädie*, § 190, adendo; HWA, v. 8, p. 343 [ed. bras.: *Enciclopédia das ciências filosóficas em compêndio*, v. I, cit., p. 325].

Essa situação ontológica permite compreender por que a analogia desempenha um papel extraordinário nos estágios iniciais do pensamento – e ainda muito tempo depois deles em sentido próprio –, por que o pensamento cotidiano ainda hoje se apoia nela em complexos de questões extremamente importantes na prática: assim, por exemplo, aquilo que na vida cotidiana costumamos chamar de conhecimento humano é, na maioria das vezes, uma generalização analógica mais ou menos ousada ou cheia de ressalvas de experiências passadas. Está claro que um complexo que funda a existência humana tão profundamente quanto o do trabalho forçosamente alcançaria uma importância central na formação de primitivos silogismos de analogia e em sua sistematização. A extensão das experiências do trabalho para a totalidade do ser mostra dois aspectos principais. Em primeiro lugar, o fato de um aparecimento teleológico de coisas, processos etc., o que, pela própria natureza da coisa, implica a inferência – que no trabalho mesmo é correta, mas fora dele é sumamente duvidosa em termos lógicos – de que os fatos que assim surgem teriam surgido como produtos de uma intenção que os põe concretamente, e isso inclusive quando se fala da própria natureza. Até mesmo num estágio desenvolvido, após muitas experiências negativas, tais tentativas de explicação da realidade emergem com uma espontaneidade aparentemente irresistível para preencher as lacunas do nosso saber, para penetrar no perímetro transcendente-desconhecido daquele mundo que dominamos na prática ao menos parcialmente e que na prática queremos dominar totalmente. Certamente não se pode pôr em dúvida que, na base das primeiras tentativas de dominar essa transcendência, na magia, está uma analogização desse tipo. Por isso, em sua estrutura abstrata, a magia possui muitas analogias formais com o trabalho e com o conhecimento inicial que ajuda a explicitá-lo e a desenvolvê--lo. Acreditamos que Frazer analisou esses fenômenos em muitos aspectos mais sobriamente, de modo menos manipulado do que muitas vezes ocorre em nosso tempo. Na base das tentativas mágicas de dominar faticamente o círculo não controlado da vida cotidiana estão visões de mundo inicialmente muito parecidas com as que estão na base do trabalho: com efeito, com elas se procurou colocar a serviço dos homens constelações, processos etc. impessoais, desconhecidos deles, tentou-se anular ou ao menos atenuar sua periculosidade para os homens. Todavia, visto que esses processos não podiam ser materialmente testados e controlados como os do trabalho, isso teve de ser compensado por elementos voltados para a consciência (fórmulas mágicas, cerimônias etc.), dependendo das circunstâncias também imitações miméticas dos processos que se tentava dominar na prática (pintura rupestre, danças etc.). É característico que muitos desses métodos tenham sido anexados aos primeiros processos do trabalho e que, por períodos muitas vezes bastante longos, não tenham sido eliminados deles, mesmo que mais tarde eles continuassem a existir muitas vezes só na forma de uma superstição – na qual se crê moderadamente.

A transição da magia para a religião, que, por sua vez, se efetuou de modo muito variado, em formas extraordinariamente diversificadas, consiste, em sua essência, em que o homem tenha se visto forçado a abandonar a intenção de dominar os processos naturais pela via mágica – análoga ao trabalho –, portanto, o modo direto de controle, e em que ele projeta por trás desses processos – uma vez mais analogicamente – potências que os põem (deuses, demônios, semideuses etc.) e passa a direcionar o seu esforço no sentido de obter o favor delas com o auxílio de diversos procedimentos, para que elas, por seu turno, regulem o curso dos acontecimentos em conformidade com os interesses humano-sociais do momento. Nesse processo, a analogia segue pela via da socialização. Quanto mais essas representações se desenvolvem, quanto mais se afastam da magia inicial, quanto mais espiritualizadas elas se tornam, tanto mais claramente ganha relevo nelas o modelo do trabalho humano, como é o caso, por exemplo, no relato mosaico da história da criação, que integra no quadro geral uma sequenciação, um procedimento planejado e até a necessidade do descanso do trabalhador. O fato de que, nessa história, o trabalho ganhe expressão como pôr espiritual dos produtos do trabalho, ou seja, o fato de que nela a resolução teleológica tomada leve à realização do objetivo de modo imediato, sem que haja um processo material de trabalho, constitui, por um lado, um legado da magia, mas, por outro, revela estágios mais desenvolvidos, mais espiritualizados, mais referentes à totalidade da sociedade no desenvolvimento de tais ideologias. Logo voltaremos a tratar a necessária espiritualização. Aqui seja mencionado apenas, à guisa de contraste, que, por exemplo, Hefesto ainda produz o escudo de Aquiles com o seu próprio trabalho manual.

Na base do Deus criador estão, portanto, bem diretamente as analogias das experiências de trabalho dos homens. Porém, nesse processo há ainda outras determinações que possibilitam a construção completa dessa forma de estranhamento tão universal e influente. Com efeito, à simples analogia com o processo associa-se o que Marx costuma chamar de reificação para dar início à significação desse modo de análise ontológica da coisidade. Embora a formação de um conhecimento mais abrangente e mais profundo da natureza leve cada vez mais decididamente a compreender os processos físico-químicos e os processos fisiológicos como o princípio autenticamente fundamental do ser na natureza, está claro que a existência das coisas de modo algum é mera aparência, nem mesmo um simples modo fenomênico, mas uma forma de ser que sob certas circunstâncias faz desaparecer na imediatidade os processos fundamentais da natureza. Ao constatar a processualidade como primária na natureza, Marx apontou corretamente para o desenvolvimento da Terra como processo. Contudo, de modo algum contradiz esse fato que, embora a Terra seja permanente, múltipla e qualitativamente modificada por esse processo, ela ainda assim preserve, em meio à mudança, uma determinada coisidade relativamente constante em sua objetividade. É isso que ocorre com a natureza descendo até o nível dos seixos. Em conformidade com isso, o trabalho – ele próprio um processo – pode em parte tornar um processo natural diretamente útil para o homem, em parte ele transforma uma coisa em outra coisa – uma vez mais, numa coisa útil – por exemplo, uma pedra em ferramenta.

Desse modo, nada ainda teria sido modificado na dualidade recém-descrita de processo e coisa mediante a sua socialização. Contudo, o que constitui uma diferença de graves consequências nesse ponto é a mudança no modo de ser do produto do trabalho, já ressaltada por nós em outros contextos: o fato de ele passar a ser não só um objeto, mas também uma objetivação, tendo como consequência que o seu ser-para-nós não seja mais só um produto do processo de conhecimento, como nos objetos da natureza, mas necessariamente exista também numa ligação orgânica com a sua constituição ontológica, com o ser-propriamente-assim de sua objetividade objetiva. Sobretudo, o fato de que esse ser-para-nós objetivo só consiga demonstrar e preservar o seu ser no processo econômico de reprodução. Marx descreve essa situação da seguinte maneira:

> [...] é geralmente por suas imperfeições que os meios de produção deixam entrever, no processo de trabalho, seu caráter de produtos de trabalhos anteriores. [...] Ao passo que, no produto bem elaborado, apaga-se o fato de que suas propriedades úteis nos chegam mediadas por trabalhos anteriores. Uma máquina que não serve no processo de trabalho é inútil. Além disso, ela se torna vítima das forças destrui-

doras do metabolismo natural. O ferro enferruja, a madeira apodrece. [...] O trabalho vivo tem de apoderar-se dessas coisas e despertá-las do mundo dos mortos, convertê-las de valores de uso apenas possíveis em valores de uso reais e efetivos.[56]

Essa determinação marxiana mostra claramente a essência de tal ser-para-nós que surgiu mediante o trabalho. Por um lado, ele só existe no trabalho bem-sucedido enquanto componente existente de um complexo existente. (O produto do trabalho malsucedido permanece natural, tendo um ser-para-nós natural, meramente pensado.) Por outro lado, o produto do trabalho não utilizado volta a submergir num ser meramente natural. Portanto, esse ser-para-nós enquanto ser real é uma categoria exclusiva do ser social.

Porém, também mediante essa vinculação indissolúvel do ser-para-nós objetivamente existente a uma determinada utilização (eventualmente ser-consumido) no processo econômico, esse ser social igualmente se revela como uma reificação. Antes de passar a expor com as palavras de Marx as determinações específicas dessa categoria, devemos apontar para o fato de que, no uso exclusivo de certas coisas como portadoras de funções rigorosamente diferenciadas para cada processo, aflora a tendência de validar o seu funcionamento de um modo puramente coisal. Quanto mais desenvolvidos forem os modos técnico-econômicos de trabalho de uma sociedade, tanto mais multiformes e resolutos serão. Nesse momento ainda não há nada que obrigue as forças que levam ao estranhamento a se tornarem operantes. Usa-se, por exemplo, uma lâmpada elétrica apertando um botão ao ligá-la ou ao desligá-la e normalmente a ninguém nem de longe ocorreria pensar que estaria pondo em movimento ou interrompendo um processo. O processo elétrico tornou-se uma coisa no quadro do ser cotidiano. É claro que a vida cotidiana está repleta de tais reificações espontâneas que não se tornam conscientes, e isso não em níveis altamente desenvolvidos. Poderíamos talvez dizer, generalizando: sempre que a reação a um processo, seja na produção ou no comércio ou no consumo, já não for mais consciente, mas for efetuada mediante reflexos condicionados, os processos que entram em cogitação são espontaneamente coisificados. As reações ao mundo exterior que daí surgem naturalmente também se referem à natureza; na vida cotidiana, o rio via de regra é tão coisificado quanto o bar-

---

[56] K. Marx, *Das Kapital*, cit., v. I, p. 145-6; MEW, v. 23, p. 198 [ed. bras.: *O capital*, Livro I, cit., p. 260].

co que nele navega. O quanto esse posicionamento prático-ideal em relação à realidade é indispensável mostra-se no fato de que a linguagem expressa em formas coisais – tanto mais intensamente quanto mais multifacetada ela for como meio social de comunicação – os processos aos quais ela confere expressão. (Essa tendência já é perceptível no papel mágico dos nomes e denominações.) O uso da linguagem em muitos campos ideológicos (direito, administração, mas também informação na imprensa etc.) reforça permanentemente essa tendência e influi nesse sentido sobre as conversações do dia a dia. Por exemplo, a luta constante da linguagem política contra a linguagem do desenvolvimento cotidiano mostra o quanto é modificado no sentido de coisificado o posicionamento interior das pessoas em relação aos acontecimentos imediatos de sua vida, em relação aos seus portadores e objetos.

Repetimos: os processos até aqui descritos ainda não têm, em sua essência, nenhum tipo de relação direta com as reificações que, como logo veremos, tornam-se um fundamento importante na ontologia da vida cotidiana para as reificações que levam em linha reta aos próprios estranhamentos. Só que as observações que fizemos anteriormente precisam ser complementadas em duas direções: por um lado, do ponto de vista do estranhamento em si, quando certos tipos de comportamento social "inocentes" penetram profundamente na vida cotidiana, eles reforçam a eficácia dos que já estão agindo diretamente nesse sentido; por outro lado, os homens singulares se tornam tanto mais facilmente suscetíveis a tendências de estranhamento – poderíamos dizer: se inclinam tanto mais espontaneamente para elas e são tanto mais incapazes de oferecer-lhes resistência – quanto mais as suas relações de vida forem abstrativamente coisificadas e quanto mais deixarem de ser percebidas como processos concretos e espontâneos. Isso significa que o processo civilizatório de fato produz ininterruptamente novos conhecimentos sobre a natureza e a sociedade, mas seria uma recaída nas ilusões do Iluminismo pensar que eles pudessem ser por si sós armas espirituais contra estranhamentos em geral, inclusive contra os religiosos. Quase poderíamos dizer: pelo contrário. Com efeito, quanto mais a vida cotidiana dos homens produzir modos e situações de vida coisificados – por enquanto ainda no sentido até aqui indicado –, tanto mais facilmente o homem da vida cotidiana se adaptará espiritualmente a elas enquanto "fatos da natureza" sem oferecer-lhes resistência espiritual-moral, e por essa via pode surgir em média – sem que, em princípio, isso vá necessariamente ocorrer – uma resistência atenuada contra autênticas reificações que produzem estranhamento. As pessoas se habituam a certas dependências reificadas e desenvolvem dentro de si – uma vez mais: possivelmente, em média, não de modo socialmente necessário – uma adaptação geral também a dependências que produzem estranhamento. Agora ficou claro que a reificação, a transformação da reação aos fatos cotidianos puramente por meio de reflexos condicionados, revela tendências ascendentes com o desenvolvimento das forças produtivas, com a socialização do cotidiano social: elas influenciam bem menos o comportamento pessoal, por exemplo, de um cocheiro de tempos passados do que o de um motorista de automóvel dos dias de hoje.

Tudo isso pressuposto, podemos passar para a determinação propriamente marxiana da reificação. Nas suas análises da estrutura da mercadoria, fundamentais para a ontologia do ser social, análises introdutórias à sua obra principal, ele denomina a forma de mercadoria como uma "objetividade fantasmagórica", nas quais os objetos concretos materialmente reais e os processos da produção de valores de uso se convertem numa "geleia de trabalho humano indiferenciado, *i.e.*, de dispêndio de força de trabalho humana, sem consideração pela forma de seu dispêndio"[57].

Sobre essa base, fundada sobre a essência dessa constelação que surge socialmente por necessidade espontânea, brota do intercâmbio de mercadorias, enquanto forma material-espiritual de reprodução da sociedade humana, a reificação propriamente dita, a reificação socialmente relevante. Marx determina a sua essência da seguinte maneira:

> O caráter misterioso da forma-mercadoria consiste, portanto, simplesmente no fato de que ela reflete aos homens os caracteres sociais de seu próprio trabalho como caracteres objetivos dos próprios produtos do trabalho, como propriedades sociais que são naturais a essas coisas e, por isso, reflete também a relação social dos produtores com o trabalho total como uma relação social entre os objetos, existente à margem dos produtores. É por meio desse quiproquó que os produtos do trabalho se tornam mercadorias, coisas sensíveis-suprassensíveis ou sociais. [...] É apenas uma relação social determinada entre os próprios homens que aqui assume, para eles, a forma fantasmagórica de uma relação entre coisas.

---

[57] Ibidem, p. 4; ibidem, p. 52 [ed. bras.: ibidem, p. 116].

E certamente não é nenhum acaso que ele recorde, em conexão direta com as palavras citadas por último, as marcas essenciais do estranhamento religioso: "Aqui, os produtos do cérebro humano parecem dotados de vida própria, como figuras independentes que travam relação umas com as outras e com os homens"[58].

Não nos encontramos em contradição com essa determinação de Marx quando separamos o que chamamos de reificações "inocentes" das reificações propriamente ditas e deslocamos a sua gênese para um período anterior à mercadoria e ao intercâmbio de mercadorias. A dedução ontológica marxiana da peculiaridade do ser social remete a dois pontos de partida genéticos. Por um lado, sempre é enfatizado de modo coerente que o trabalho é fundamento do devir homem, tanto em termos histórico-genéticos como por sua essência, constituindo força motriz decisiva e indispensável tanto da reprodução como do desenvolvimento para um patamar superior da existência humana. Por outro lado, em O capital, Marx introduz o quadro geral teórico-histórico do ser e devir da sociedade não com a análise do trabalho, mas com a da estrutura da mercadoria, da relação com a mercadoria. Trata-se aí de um estágio ontologicamente posterior do devir-homem e do ser do homem, um estágio que já abrange a gênese propriamente dita; isso fica evidente pelo fato de o trabalho (enquanto atividade concreta de criação de valores de uso) constituir um momento ininterruptamente presente, mas que simultaneamente sempre volta a ser suprimido, do complexo representado pela relação de mercadoria. A transformação do trabalho concreto em trabalho abstrato, os destinos sociais dessa forma do trabalho abstrato que voltou a ser objetivada perfazem justamente a essência da mercadoria em sua dinâmica no ser. Portanto, economicamente é evidente que o intercâmbio de mercadorias pressupõe o trabalho, ao passo que um trabalho, até mesmo um trabalho cujo desenvolvimento já leva à divisão social do trabalho, é perfeitamente possível antes da existência da mercadoria.

Se passarmos a examinar agora essa factualidade, tão óbvia a ponto de se tornar trivial, quanto à sua constituição sócio-ontológica, temos como resultado, num primeiro momento, que, no trabalho investigado por si só, desde seu início mais primitivo até suas realizações mais elevadas, é o metabolismo da sociedade com a natureza que constitui o momento preponderante. Na organização da divisão do trabalho, todavia, passam a vigorar de modo crescente as determinações puramente sociais, mas o processo em si, dirigido por essas determinações,

---

[58] Ibidem, p. 38-9; ibidem, p. 86s [ed. bras.: ibidem, p. 146 e 148].

jamais perderá esse conteúdo nem mesmo conseguirá atenuá-lo. Nesse aspecto, não há diferença ontológica entre amolar pedras no primevo e esmigalhar átomos nos dias de hoje. Ora, a consequência disso para o próprio processo do trabalho – em última análise, uma vez mais, independentemente de quanto conhecimento científico é abrangido pelo respectivo pôr teleológico – é que, em sua execução prática não pode ocorrer nenhuma reificação em sentido próprio. Na prática, o trabalhador tem de tratar cada coisa como coisa, cada processo como processo, para que o produto do trabalho realize adequadamente o objetivo teleológico. Essa absolutidade das funções do processo de trabalho que corrigem e controlam a consciência, contudo, refere-se exclusivamente às objetivações para as quais está diretamente direcionado o pôr teleológico daquele respectivo trabalho. Na objetivação assim alcançada, desaparece o processo da fabricação, ao passo que, em toda decisão prática equivocada, ele volta a se tornar relevante em termos sócio-humanos como negatividade. Marx diz:

> é geralmente por suas imperfeições que os meios de produção deixam entrever, no processo de trabalho, seu caráter de produtos de trabalhos anteriores. [...] Ao passo que, no produto bem elaborado, apaga-se o fato de que suas propriedades úteis nos chegam mediadas por trabalhos anteriores.[59]

Porém, nessas atividades deve ficar registrado inequivocamente que seu acerto é imediata e exclusivamente prático, relacionado à relação sempre concreta entre modos de ação bem determinados de processos e coisas concretos; o modo como a consciência subjetiva que se torna ativa nesse processo de resto se expressa (ou seja, reificando ou não), é indiferente nesse estágio e nesses contextos. A independência irrevogável dos objetos e processos da natureza em relação aos seus reflexos na consciência torna "inocentes" as reificações que daí emergem – naturalmente sob as condições recém-fixadas –, isto é, eles de modo algum precisam necessariamente acarretar estranhamentos ou facilitar o seu surgimento. O quanto isso é assim fica evidente no fato de que os fundamentos da linguagem (junto com suas generalizações reificantes), que perfazem parte considerável dos reflexos condicionados, surgiram a partir desse processo do metabolismo da sociedade com a natureza, sem que precisassem levar por si sós a estranhamentos na práxis humana.

---

[59] Ibidem, p. 145; ibidem, p. 197 [ed. bras.: ibidem, p. 260].

Em contraposição, a transformação do trabalho concreto em trabalho abstrato, do valor de uso em valor de troca, constitui um processo puramente social, um processo exclusivamente determinado pelas categorias do ser social. Portanto, a essência de tais processos não se limita mais à transformação de uma objetividade natural numa objetivação social, mas determina o papel social, a função social etc. das objetivações no complexo dinâmico dos processos socioeconômicos. Essencial é também que o homem não figura mais como único sujeito num contexto que em princípio ultrapassa o sujeito, como era no puro metabolismo da sociedade com a natureza; ele se converte, muito antes, em sujeito e objeto simultâneo das interações sociais que nele surgem. Desse modo tem início o afastamento da barreira natural, tão importante para o desenvolvimento do gênero humano, começa a socialização das relações sociais. Em diversos contextos já apontamos para o fato de que daí surgem processos cujos pontos de partida imediatos sempre são constituídos por pores teleológicos singulares de homens, mas que, em suas sínteses socialmente nascidas, têm uma constituição puramente causal, e também o seu percurso, a sua direção, o seu ritmo etc. nada têm a ver com teleologia. Essa realidade objetivamente não teleológica, o meio ambiente da práxis humana, é, portanto, uma realidade puramente social, e também o metabolismo com a natureza, com o qual teve início a própria socialização, é mediado socialmente desde o princípio, mas essa mediação cresce ininterruptamente, tanto quantitativa como qualitativamente, e domina cada vez mais toda a vida humana, tanto em seus conteúdos como em suas formas. Ora, como já sabemos, visto que os processos causais na sociedade só conseguem impor-se ocasionando decisões alternativas nos sujeitos da práxis, o caráter modificado desses pores, que se tornou social, também retroage necessariamente de maneira modificada sobre os seus sujeitos.

Se quisermos compreender essas mudanças ontologicamente, jamais devemos esquecer que a forma tanto primária como fundamental desse novo modo de ser do homem constitui a sua atividade econômica em sentido próprio. A nova forma objetiva "fantasmagórica" do valor de troca cria aqui – de maneira crescente com o desenvolvimento econômico – reificações cada vez mais incrementadas, cada vez mais universais, que, no seus estágios mais elevados, no capitalismo, já se convertem diretamente em estranhamentos, em autoestranhamentos de si. Basta indicar que, para o trabalhador, a sua própria força de trabalho se converte em mercadoria, em valor de troca, que ele é obrigado a vender no mercado como se faz com qualquer outra mercadoria. Da compra e venda do escravo enquanto *instrumentum vocale* parte um caminho necessário, em cuja investigação não se pode esquecer que ele, por um lado, traz consigo um claro progresso socioeconômico, mas, por outro lado e simultaneamente, também acarreta – pela modificação das formas econômicas – uma intensificação das reificações e dos estranhamentos para autorreificações e estranhamentos de si socialmente nascidos. O grau de radicalidade com que os processos se reificam é evidenciado pelo papel desempenhado pelo dinheiro na vida cotidiana (e não só nela, mas até os píncaros da práxis econômica generalizada, até a teoria econômica de Marx).

Exatamente nesse ponto fica visível como tais reificações podem reverter para o campo religioso. Neste, todavia, numa forma negativa (demonizada), como a *auri sacra fames*, na Antiguidade; contudo, o ato de demonizar enquanto forma ontológica do estranhamento em nada se diferencia da divinização "normal" senão pela clave negativa; em outros contextos indicamos que, no calvinismo, o manejo bem-sucedido do valor de troca se tornou efetivo como sinal divinamente determinado da *certitudo salutis*. Não é aqui o lugar para explanar detalhadamente como esse percurso necessário até o estranhamento de si extremo impregna todas as exteriorizações da vida social, até mesmo aquelas que não fazem parte diretamente da produção econômica; é suficiente apresentar um exemplo dessas ações. Em uma sociedade estamental, a conduta de vida tanto exterior quanto interior do homem singular é regulada por seu estamento. Portanto, só o que os espirituosos impostores dessa época tinham de fazer era transformar as exterioridades de seu modo de existência social em objeto de uma reificação estranhadora para poderem, como atores, usurpar pessoalmente as vantagens do pertencimento a um estamento superior. A atração que alguns deles ainda hoje exercem repousa sobre o fato de que para isso foi necessária a ativação espirituosa de sua própria personalidade. Hoje, numa época em que, como diz Marx, as relações das pessoas com o seu *status* social se tornaram puramente casuais, acontece um consumo de prestígio dirigido a aparentar uma condição mais elevada, que sob todas as circunstâncias forçosamente terá um efeito autoestranhador, que deforma e rebaixa o indivíduo.

Esse desenvolvimento do ser social também se evidencia no estranhamento religioso. O modo mais simples de caracterizá-lo em seus traços gerais, mas com muitos pontos de transição flutuantes e muitas desigualdades, é como a transição da magia para a religião. Frazer, totalmente sem contato com o marxismo, derivou essa transição corretamente do progresso da civilização humana, na medida em que justamente esse seu desenvolvimento despertou no homem o sentimento de impotência perante forças do ser que atuam desconhecidas e incognoscíveis para ele. Com esse desenvolvimento

> ele simultaneamente renuncia à esperança de guiar o curso da natureza com o auxílio de suas próprias fontes autônomas de recursos, isto é, com a ajuda da magia, e cada vez mais passa a levantar os olhos para os deuses como os únicos guardiões daquelas forças sobrenaturais que outrora o homem afirmava compartilhar com os deuses. Com o avanço do conhecimento, por conseguinte, orações e sacrifícios passaram a assumir o lugar principal no rito religioso e a magia, que outrora figurava em igualdade de condições, foi relegada gradativamente ao segundo plano e acabou sendo rebaixada à condição de arte negra.[60]

Digno de nota, nesse caso, é que Frazer, mesmo não tendo noção alguma do problema da reificação e do estranhamento, traz à tona claramente, pela descrição dos fatos, o seu estágio mais elevado no desenvolvimento da religião. O problema propriamente dito desse tipo de reificação começa, portanto, com o fenômeno do intercâmbio de mercadorias analisado por Marx. O essencial consiste no fato de que dali por diante a própria práxis do homem é reificada por ele mesmo. Naturalmente a universalidade, a constituição qualitativa da reificação que assim surge dependem da tendência do desenvolvimento e da peculiaridade da própria economia, já que a impregnação mútua das relações práticas entre os homens é determinada pelo modo como o intercâmbio de mercadorias influencia o seu funcionamento. Essa constatação também reforça a verdade do que foi exposto até aqui: o desenvolvimento na sociedade, o seu constante tornar-se cada vez mais social, de modo algum necessariamente reforça a compreensão que os homens têm da verdadeira constituição das reificações por eles efetuadas espontaneamente. Pelo contrário, evidencia-se uma tendência crescente de submeter-se acriticamente a esses modos de vida, de apropriar-se deles cada vez mais intensamente, de modo cada vez mais determinante da personalidade, como componentes irre-

---

[60] J. G. Frazer, *Der goldene Zweig* (Leipzig, 1928), p. 132 [ed. bras.: O *ramo de ouro*, trad. Waltensir Dutra, Rio de Janeiro, Zahar, 1982].

vogáveis de cada vida humana. Alguns antagonismos, algumas desigualdades do desenvolvimento evidenciam a sua essência quando são analisados nesse contexto. Pense-se, por exemplo, na crescente desumanização da existência do escravo na Antiguidade, no estranhamento de si dos escravizadores, que já está contida na designação de um homem como *instrumentum vocale*. Naturalmente, a escravidão já é em si um estranhamento, e o é para todos os envolvidos; mas ela atingiu a sua forma de ser objetiva, que retroage com os efeitos mais deformadores sobre as pessoas, depois que o escravo se tornou uma mercadoria universal e quando a essa exclusão "natural"-brutal da essência humana nessas relações entre homens ainda se somou o princípio reificante da transformação em mercadoria. (Algo parecido, contudo não idêntico, pode ser observado na transformação feudal da renda do trabalho e dos produtos e renda do dinheiro.)

O que se revela aí é um movimento duplo: por um lado, o desenvolvimento extingue certas formas da autorreificação, no entanto, na maioria dos casos, só de tal modo que também nesse caso a barreira natural afasta e uma reificação mais primitiva é substituída por uma mais refinada. Isso acarreta espontaneamente não só uma elevação da base econômica da vida para a maioria dos homens, mas simultaneamente também uma humanização e uma desumanização de tais autorreificações. Pense-se em como, por exemplo, a crueldade, que jamais é própria do animal, mas sempre é humano-social, simultaneamente aumenta e diminui; uma comparação entre Gengis Khan e Eichmann ilustra claramente esse movimento duplo simultâneo. Das relações de produção que necessariamente são revolucionadas no plano econômico surgem tipos de comportamento pessoais-sociais igualmente necessários que lhes correspondem e que provocam esses movimentos interiormente duplicados. Estes fazem desaparecer, em certos casos, determinadas formas de reificação como já incompatíveis com o desenvolvimento humano, mas criam simultaneamente formas novas, mais desenvolvidas, mais socializadas, às quais muitas vezes é inerente uma tendência ainda mais forte para novas reificações. Assim, todo o progresso até aqui alcançado se converte num retrocesso e toda teoria do desenvolvimento da sociedade que não for rigorosamente ontológica fracassará diante dessa desigualdade irrevogável, interiormente contraditória.

É impossível entender a reificação e o estranhamento no processo de desenvolvimento socioeconômico sem a compreensão de que cada uma de suas novas formas é sempre produto de um progresso econômico. As concepções mecanicistas vulgares do progresso se deparam impotentes diante da coação socioeconômica de substituir as reificações envelhecidas por reificações novas – e também mais completas quanto ao grau da reificação. Elas precisam tentar tirar estas do mundo sofisticamente pela via da discussão, como fizeram por muito tempo os apologistas literários do capitalismo, ou elas têm de perder a esperança no progresso humano. Uma exceção é constituída tão somente pelos sociólogos neopositivistas que, nas reificações bem manipuladas da atualidade, nos estranhamentos que delas brotam, vislumbram o ápice do progresso, o merecido e digno "fim da história". A crítica romântica do capitalismo, em contraposição, por vezes criticou com perspicácia as novas formas de reificação e estranhamento, todavia, para contrapor-lhes como saída e modelo estágios economicamente ultrapassados, as reificações e os estranhamentos mais primitivos, socialmente menos diferenciados. A dificuldade de superar as duas concepções tipicamente falsas deve-se ao fato de que cada uma delas contém simultaneamente um momento de acerto. A doutrina vulgar do progresso se apoia no inegável, tendencialmente ininterrupto desenvolvimento econômico para um patamar superior, geralmente em todos os três campos que já caracterizamos repetidamente. Esse desenvolvimento econômico indubitavelmente evidencia o progresso que se torna realidade em relação à generidade em si. No anticapitalismo romântico, em contraposição, o momento verdadeiro consiste em que sempre são possíveis em princípio avanços individuais da generidade em si para a generidade para si; e, sob circunstâncias que os favoreçam, mas que nem sempre estão dadas, eles podem até expandir-se e aprofundar-se como tendências socialmente relevantes. Portanto, para apreender corretamente com o pensamento a autêntica dialética, é necessário ter a compreensão da identidade de identidade e não identidade no interior do desenvolvimento humano rumo à generidade.

Vimos que a reificação que Marx descreve, no intercâmbio de mercadorias, como necessariamente inerente a ele, em termos ideológicos, na relação imediata e acrítica com ele, leva com certa obrigatoriedade à autorreificação do homem, dos seus processos vitais; por essa via, esse tipo de reificação, em contraposição à forma universalmente ontológica já exposta num momento anterior, adquire uma tendência interior de passar diretamente para o estranhamento. Quanto mais fortemente o domínio dessa última tendência estiver fundado na vida socioeconômica de uma sociedade, tanto mais disseminada se tornará também a tendência de configurar formas "inocentes" – do ponto de vista do estranhamento – de reificação como veículos do estranhamento. Por essa razão, toda tentativa de compreender o desenvolvimento ideológico deve ter como ponto de partida a sua desigualdade contraditória. Com efeito, se de um lado o desdobramento crescente do trabalho, o contínuo aperfeiçoamento da ciência daí decorrente e que paralelamente a ela se torna autônoma multiplicam e aprofundam a compreensão dos homens também quanto à sua própria práxis social, de outro lado é igualmente indubitável que o mesmo desenvolvimento econômico amplifica as reificações sociais na mesma proporção em que as ancora na vida ideal e emotiva do homem. Este último fato, uma vez mais, é um fato da ontologia da vida cotidiana, e exatamente nesse ponto é fácil perceber como essas experiências cotidianas não só são – parcialmente – criticadas e refletidas, mas também com muita frequência são embasadas e consolidadas com supostas fundamentações. Pense-se no famoso problema de corpo e alma, na assunção da possibilidade de esta ter uma existência independente daquele. As antigas cerimônias funerárias nada deixam transparecer de tal existência totalmente autônoma da "alma"; pelo contrário, elas contêm tipos mágico-cerimoniais de tratamento do corpo (morto), para dispor a alma favoravelmente para com os que ficaram ou evitar coisas que pudessem prejudicá-los. Para o pensamento ainda não socialmente reificado, portanto, justamente a morte constitui um testemunho no mínimo tão forte a favor da inseparabilidade última de corpo e alma como contra ela.

Uma prova decisiva – difícil de refutar no plano imediato – a favor da suposta existência e atividade autônomas e criativas do psíquico é trazida justamente pelo trabalho no qual, como até agora já foi repetidamente mostrado, o sujeito dos pores teleológicos aparece no plano imediato tanto como "criador" do produto do trabalho quanto como potência autonomamente existente que dirige a partir de si mesma a produção. Já tratamos da conexão entre a concepção do criador e a reificação e mostramos que a separação rigorosa, exata, metafísica, rompe o processo em funcionamento na realidade em entidades ativas e passivas "autônomas", independentes umas das outras, e justamente por isso só consegue explicar o devir do produto a partir de tal ato criador. Lancemos agora um olhar para o modo como a subjetividade criativa, contida imanentemente no trabalho, mas só elaborada em sua plena "espiritualidade" por meio do intercâmbio de mercadorias, é "aperfeiçoada" no ser de uma vida espiritual autônoma por meio da autorreificação do homem que se realiza plenamente nesse ser. Já vimos que o produto reificado exige essa criação por necessidade lógica. Ora, quando uma reversão imediata e sem transição do ideal para o material-real se torna realidade social geral no intercâmbio de mercadorias, isso leva à generalização e ao aprofundamento sociais da "objetividade fantasmagórica" da mercadoria[61]. Assim é sugerida a possibilidade de estilizar o momento ideal como "criador" de todo esse mundo em total dependência só de si mesmo. As ciências examinaram predominantemente apenas os processos concretos em sua imediatidade, sem nem mesmo tocar nessas questões. Em contraposição, as teorias científicas (metodologias, gnosiologias etc.), por sua vez – não por último também sob a pressão da ontologia da vida cotidiana –, partem justamente dessa constelação, considerando-a como fato irrevogável de toda existência, perante a qual só é permitida uma problematização kantiana, gnosiológica: como ela é possível? Sem poder abordar aqui mais detidamente a história de tais concepções, podemos, no entanto, constatar – em contraposição às visões hoje predominantes – que as gnosiologias em geral se defrontam de modo totalmente acrítico com a constituição verdadeiramente ontológica das estruturas de objetos, as quais alegam tomar como ponto de partida. Poderíamos acrescentar: tanto mais quanto mais "modernas" elas são. Com efeito, faz parte da essência do seu método – para permanecer no plano "puramente científico" – descartar cada vez mais resolutamente e tanto quanto possível a verdadeira questão do ser. Assim procedem os neokantianos em comparação com o próprio Kant, assim agiu o neopositivismo em seus primórdios resolutos. Diante disso, Carnap diz com muita clareza: "A ciência não pode tomar posição nem afirmativa nem negativamente quanto a questão da realidade, visto que a questão não faz sentido"[62]. Isso é dito aqui no sentido da glorificação da pura manipulação, da eliminação completa de todo e qualquer problema referente à realidade, porque, na fundamentação imediatamente subsequente, Carnap cita o exemplo de dois geógrafos que têm de decidir se na África realmente existe um determinado monte ou se ele é lendário. No que se refere à "realidade empírica", eles chegam ao mesmo resultado independentemente de como respondem à questão do ser. A questão se o monte realmente existe é, para Carnap, um pseudoproblema filosófico. Graças a tal manipulação do termo "realidade empírica", o neopositivismo evita toda autêntica questão relativa ao ser; porque está claro

---

[61] K. Marx, *Das Kapital*, cit., v. I, p. 4; MEW, v. 23, p. 52 [ed. bras.: *O capital*, Livro I, cit., p. 116].
[62] R. Carnap, *Scheinprobleme in der Philosophie* (Hamburgo, 1966), p. 61.

que cada um dos seus dois cientistas, ao ver o monte, subir nele, medi-lo etc. – não como filósofo, mas como simples homem do cotidiano –, está inabalavelmente convicto de que, por exemplo, o seu pé real está parado sobre um chão real etc.

Esse exemplo extremo mostra como se pode manipular gnosiologicamente o ser a ponto de tirá-lo do mundo. Isso tem consequências sumamente importantes para o nosso problema, porque nem sempre a intenção é deter-se em tal eliminação do problema do ser. Husserl, por exemplo, estipulou o "colocar entre parênteses" da realidade como precondição metodológica para a intuição da essência [*Wesenschau*]. Os seus sucessores, começando com Scheler e mais decididamente Heidegger, descobriram justamente aqui o ponto de partida para uma nova teoria idealista do ser. Ora, assim que a realidade é colocada entre parênteses, desaparecem justamente a complexidade, o processo, a interação etc. de todo grupo fenomênico, e até o próprio procedimento significa essencialmente uma reificação que isola o próprio fenômeno. É por isso que o "colocar entre parênteses" se tornou um método gnosiológico tão popular e moderno: não só para transformar o não existente em existente, mas também para, dependendo das circunstâncias – como ocorre diariamente tanto no existencialismo como no estruturalismo –, fazer do não existente um existente próprio e essencial. Uma vez que a subjetividade humana consciente foi reificada de componente processador e processual do ser social em substancialidade autoativa, o que idealmente era tão fácil de efetuar na Antiguidade tardia como o é no século XX, o processo de reificação não tem mais limites. Porém, nunca se deve esquecer – novamente em contraposição a toda compreensão gnosiológica – que o desenvolvimento da vida cotidiana da sociedade só produz a necessidade de tal ser e as condições para que ele seja pensado e vivenciado quando a ancoragem da essência do ser do homem em sua comunidade nativa tiver cessado de ser o princípio impulsionador, protetor, significante da vida singular, quando a vida essencial para ele tiver se convertido na vida do homem privado. No Hades de Homero, só o valor vital da vida como tal ganha validade perante o além e, bem mais tarde ainda, para os espartanos que tombaram nas Termópilas, e inclusive – *mutatis mutandis* – para Sócrates, notabilizar-se no serviço à pólis é a única coisa que confere à vida humana um centro, um sentido, um ser autêntico, é a única coisa que possibilita a continuidade da vida após a morte (na memória dos cidadãos da pólis). Foi a dissolução da cultura da pólis e a ascensão da vida privada à condição de modo exclusivo de existência do homem singular que suscitaram o problema do sentido ou da falta de sentido da vida puramente individual. O estoicismo e o epicurismo já estão embasados nessa condição universal, apelando às forças morais do homem singular, às forças que moldam individualmente a sua vida individual, para possibilitar-lhe – por suas próprias forças, a despeito do desfavor das circunstâncias sociais –, ainda assim, uma vida significativa e, desse modo, também uma morte significativa, uma morte que finaliza significativamente uma vida significativa (o problema da legitimidade do suicídio). Contudo, faz parte da essência do tema que essa via filosoficamente fundada só pudesse ser o caminho de uma aristocracia intelectual e moral dos sábios; a massa – inclusive a dos livres – estava, de antemão, fora de cogitação. Naturalmente, não se deve estilizar historicamente a ética da pólis, em si democrática, referente a cada cidadão. Basta lançar um olhar para as comédias de Aristófanes para ver quão pouco se pode falar de uma generalidade realizada na prática. Apesar disso, o dever-ser é dirigido aqui em princípio a todos, ao passo que a estoá se refere em princípio só ao sábio. E constitui uma diferença qualitativa, inclusive do ponto de vista social.

Por essa razão, essas formas, das quais se originou, como diz Hegel, a "consciência infeliz", jamais chegaram a ter uma validade geral real, ainda que, também na prática, dificilmente ela tenha sido observada de modo geral, como foi o caso da moral da pólis. Essa consciência infeliz assim surgida foi a consciência das discórdias que desencadeou no homem como existência normal cotidiana a existência que se tornou meramente privada. De acordo com a descrição correta de Hegel, a consciência funciona no homem "como essência duplicada e somente contraditória". A situação está baseada na contradição dentro do próprio homem entre o essencial e o inessencial; na pólis, sempre esteve claro de antemão o que fazia parte de um e o que fazia parte de outro. Nesse caso, aparece como essência – já formalmente e exigindo reificações para a sua concretização – "a [consciência] simples e imutável", como inessencial, a "mutável de várias formas", justamente a constituição particular, imediatamente dada, do homem. Enquanto na ética da pólis o bem do povo, enquanto princípio em última análise decisivo, estava, por um lado, projetado de antemão por si só para a concretização, para a atualização, e afastava, por outro lado, de antemão a exigência do ser da personalidade particular, os novos princípios da existência e práxis humanas se originaram da discórdia do homem com a sociedade na qual ele vive e, consequentemente, de sua discórdia interior. Nesse tocante, não se pode esquecer que essa discórdia é a primeira forma fenomênica ideológica do processo pelo qual surgem, de modo gradativamente pleno, a forma socializada da sociedade e a autêntica individualidade humana. É só na retrospectiva, e já existem rudimentos disso em Hegel, que podemos dimensionar o real significado dessa transformação. Enquanto as formas que brotaram da "consciência infeliz" (e de seu desdobramento na forma do cristianismo) foram concebidas como finalização e coroamento da essência humana, isso necessariamente levou a deformações, entre elas à impossibilidade de uma crítica da reificação relativa ao homem. A consequência disso é que os dois princípios têm de ser abstrativos e contraditórios. Hegel descreve essa forma de consciência de modo essencialmente correto, embora extremamente abstrato:

> Por ser ela inicialmente apenas a *unidade imediata* das duas [consciências-de-si], mas não serem as duas para ela a mesma consciência, e sim consciências opostas, então para essa [consciência infeliz] uma é como *essência*, a saber, a consciência simples e imutável; mas a outra, mutável de várias formas, é como o *inessencial*. *Para ela*, as duas são essências estranhas uma à outra; ela mesma, por ser a consciência dessa contradição, posiciona-se do lado da consciência mutável e é para si o inessencial. Mas, como consciência da imutabilidade ou da essência simples, deve ao mesmo tempo proceder a libertar-se do inessencial, quer dizer, libertar-se de si mesma. Pois, embora seja de fato *para si* exclusivamente consciência mutável, e o imutável lhe seja algo estranho, *ela mesma* é consciência simples e, portanto, imutável; por isso está cônscia dessa consciência imutável como sendo *sua essência*, mas de tal modo que de novo *ela mesma* para si não é essa essência.[63]

O essencial é ontologicamente irreal no plano imediato e só pode possuir um ser social como dever-ser abstrato, ao passo que o inessencial (a personalidade particular) possui ontologicamente a maior eficácia no plano imediato, embora deva passar a ser rejeitada pelo próprio homem como modo de ser que o domina.

No plano imediato, cada uma dessas contraditoriedades desenvolve, como solução e realização plena, uma autorreificação e postula o surgimento de um "criador" correspondente a ela. Visto que o essencial não é concretizado es-

---

[63] G. W. F. Hegel, *Phänomenologie des Geistes*, cit., p. 159; HWA, v. 3, p. 164 [ed. bras.: *Fenomenologia do espírito*, cit., p. 159s; com modif.].

pontaneamente a partir do ser social, ele necessariamente adquire um caráter abstrato; contudo, este não se torna problemático só em sua aplicação ao caso singular concreto (o que ocorre necessária e frequentemente também no caso de pores do direito e da moral), mas também em seu próprio ser-posto, visto que o princípio necessariamente geral da essência passa a poder realizar-se plenamente, no plano imediato, só como devir essencial do inessencial, só como via de salvação da alma individual. Mesmo que no decorrer do desenvolvimento sejam estipulados pelas religiões com demasiada frequência pores concretos como condições dessa salvação, sua ancoragem objetiva interna, tanto na salvação em geral quanto no direcionamento para a pessoa singular enquanto pessoa singular, é sempre contraditória, sempre problemática. O homem singular pôde (e pode) se tornar genérico, na medida em que ele aceita e procura realizar, no seu respectivo ser social, as determinações como a sua própria existência e essência que remete para além da particularidade. A salvação da alma como objetivo geral e único precisa omitir justamente essas mediações concretas da generidade e fazer uma ligação direta e, por isso, irrevogavelmente contraditória entre a consumação da vida individual e uma redenção – transcendente – do gênero humano em geral. Por um lado, a cada particularidade dada do homem sempre é objetivamente uma realização da respectiva generidade em si. Visto que esta, como vimos, sempre cria objetivamente o campo de ação concreto de possibilidade da generidade para si, de fato podem surgir das contradições daí decorrentes conflitos profundos e até insolúveis, chegando ao extremo da insolubilidade fática atual da tragédia, mas eles serão sempre conflitos no âmbito de um ser social concretamente histórico, ao passo que ideologicamente surge necessariamente uma abstração duplicada: a essência do homem se torna transcendente para ele próprio, ou seja, uma proclamação oriunda do além da vida humana (social); pois ele procura justamente no além a realização plena, a elevação acima da sua própria particularidade, que o seu próprio ser social, em consequência da reificação, não tem como lhe mostrar nem mesmo como possibilidade. A isso corresponde que a sua particularidade, o "inessencial instável" nele próprio, tem de passar igualmente por uma degradação reificante. Ela não é mais expressão de uma generidade em si, cuja elevação à condição de ser-para-si é dada nela mesma como campo de ação de possibilidade, mesmo que sua realização resulte num declínio trágico; ela tem de sofrer, muito antes, uma degradação, sendo reificada como o aspecto meramente criatural no homem, como a dimensão humana-sub-humana, como algo que só com ajuda transcendente poderá ser libertado dessa condição ao mesmo tempo natural e indigna do homem.

Sem abordar ainda a grande quantidade das relações "criador-criatura" permanentemente postas nessa constelação, voltaremos nossa atenção para as reificações que necessariamente têm de surgir em consequência da separação metafísica de alma e corpo. Enquanto em estágios anteriores a generidade em si e a generidade para si de fato designavam estágios de desenvolvimento dos homens, ambas determinavam igualmente e ao mesmo tempo as formas de vida dos homens como totalidade unificadora de múltiplas tendências, na qual o aspecto material e o aspecto da consciência estabeleciam interações vivas ininterruptas. Agora, contudo, a esfera do inessencial enquanto esfera da criatura se converte em uma espécie de cárcere corporal da alma, e só o ato de deixar essa prisão garante a existência significativa da alma. Essa construção já existe – permanecendo em terreno pagão – entre os neoplatônicos; ela domina a atividade essencial da concepção de mundo das diversas seitas etc. da privatização geral; no cristianismo incipiente, intensifica-se de modo bem coerente, todavia de modo radicalmente fantástico, esse anseio por deixar radicalmente para trás a dimensão de criatura e, livre dela, elevar-se à significância da vida, às imagens de desejo e sonho dos apocalipses, nos quais a bipartição radical do ser entre inessencial e essencial será definitivamente selada pelo juiz do mundo, pela qual é concedida e garantida pela divindade uma vida eterna, sem nenhum impedimento, no nível da alma que chegou a si mesma e que, ao chegar a si mesma, foi redimida. (Apesar das diversas variações mitológicas, o maniqueísmo também faz parte desse grupo.) Abstraindo do contraste entre imanência terrena e transcendência num além supraterreno, manifesta-se aí um antagonismo ontologicamente decisivo: o antagonismo entre a processualidade irrevogável, entre a respectiva interconexão de todas as condutas de vida terrenamente determinada, e a estaticidade definitiva, eterna, no ser das almas redimidas. Naturalmente, não se pretende ignorar aqui que, dentro desse antagonismo, oculta-se, tanto interna como externamente, um anseio humano nuançado de muitas formas, desde o mais ordinário até o mais sutil. Nem queremos falar aqui do ideal do aposentado, que gostaria de fixar o período da velhice, às vezes o da vida inteira, como um estado despreocupadamente imutável de desejos vitais que podem ser permanentemente satisfeitos. Mas, mesmo que se tenha em mente algo humano-moralmente mais elevado e até o sublime, não se deve ignorar o antagonismo decisivo nesse ponto entre duração que é produzida pela reprodução ininterrupta, entre duração como processo de autorrenovação permanente, e a estaticidade "eterna" como proteção para a permanência numa determinada elevação psíquica. Basear-se na reificação é, por necessidade ontológica interior, inerente a essa última intenção – por mais forte e profundamente que o seu conteúdo esteja direcionado para a eternização de valores autênticos. Toda propriedade humana, toda capacidade de realização, toda virtude etc. é imediatamente coisificada sempre que sua durabilidade não estiver baseada em pores singulares ininterruptos, sempre renovados, cuja continuidade perfaz a duração na reprodução; até mesmo uma reprodução que consiste na mera repetição dos atos ponentes pode se converter em reificação mais ou menos cristalizada pela via da rotina.

Não é difícil de ver que a realização plena de todo e qualquer anseio por redenção só pode efetivar-se em formas reificadas. Nenhuma espiritualidade, nenhuma paixão presente no projeto e nas tentativas de realização, mas sobretudo o sonho de satisfação, podem escapar a essa necessidade ontológica da reificação. Se tomarmos a *Divina comédia* de Dante, que é a encarnação poética máxima do anseio por redenção da personalidade humana, poderemos visualizar justamente no contraste entre a eficácia viva e sempre renovada do "inferno" e o sucesso considerável que o "paraíso" alcançou entre os eruditos que, no primeiro, os conflitos trágicos ou tragicômicos insolúveis refletem o processo da vida humana em sua autêntica processualidade ontológica, ao passo que, no paraíso, até mesmo virtudes autênticas se cristalizam na reificação, sendo que só movimentos aparentes – no fundo, lúdicos, na melhor das hipóteses, lírico-subjetivos – podem conferir às sombras a aparência de uma vitalidade não reificada. Isso não ocorre por acaso, mas decorre necessariamente do pôr da existência humana na forma da eternização de suas propriedades boas e na forma da extinção de suas propriedades ruins e até de suas simples debilidades. Não é só a personalidade que se reifica em totalidade cristalizada mediante o desaparecimento de sua reprodução processual, permanentemente em luta, mas também as propriedades singulares precisam se reificar até certo grau, para que, sendo quantitativamente mensuráveis uma pela outra, possam ser ordenadas na hierarquia supraterrena, para que suas lutas cessem de ser um processo catártico interior, de tal modo que, em casos extremos, até mesmo seja possível reificar pecado e culpa numa espécie de intercâmbio de mercadorias (questão das indulgências). Da parte dos idealistas costuma-se ouvir a crítica ao *Manifesto Comunista* por afirmar que a sociedade capitalista "fez da dignidade pessoal um simples valor de troca"[64] – mas o que foi feito da salvação da alma no cristianismo senão um valor de troca – ainda que mais espiritualizado? Há, é certo, a diferença de que a reificação mundana, o devir para mercadoria abertamente mercadológico das virtudes e vícios aparece cinicamente à luz do dia, podendo, desse modo, ser mais facilmente identificada do que era (e de muitas formas ainda é hoje) em suas formas teológico-transcendentes. O que importa aqui, sem que possamos tratar de detalhes históricos, é que o pôr de toda transcendência direcionada para a organização da própria vida pelos homens faz surgir uma série, um grupo e até um sistema de reificações cuja consequência ideológica é que as pessoas se deixam tomar pelo estranhamento com mais facilidade, sem oferecer tanta resistência, muitas vezes até com entusiasmo, que a luta ideológica contra o princípio degradante para o homem do estranhamento é inibida também interiormente, chegando a ser completamente suprimida.

Um importante momento ideológico desse poder aparentemente irresistível do estranhamento é constituído pelas formas de reificação que têm como ponto de partida a aceitação de uma existência substancial, absolutamente autônoma, do respectivo sujeito do pôr teleológico. Já acenamos para esse tema e agora importa concretizar melhor o motivo reificante deste tipo de pôr. E logo de início nos encontramos diante de uma encruzilhada significativa da ontologia: se esse sujeito que põe é produto do desenvolvimento, então a sua atividade necessariamente é processual do começo ao fim, não é nada além da unidade na continuidade da conduta de vida que se reproduz, que se autoconserva. Mas em uma unidade que é capaz de manter-se e renovar-se somente como processo, resoluções mil vezes tomadas significam apenas uma possibilidade (uma probabilidade) de que no milésimo primeiro caso a decisão seja a mesma. Uma vez que na realidade humana, quando não determinada em termos físicos ou puramente fisiológicos, somente uma necessidade se torna efetiva "sob pena de ruína", a repetição de um pôr, por mais frequente que seja, não oferece garantia absoluta que esse pôr volte a verificar-se em circunstâncias novas. E isso já é um fato fundamental objetivo na ontologia do ser social. A reificação descrita acima faz surgir uma aparência ideológica total-

---

[64] K. Marx e F. Engels, [*Manifest der Kommunistischen Partei*,] MEGA, v. VI, p. 528; MEW, v. 4, p. 465 [ed. bras.: *Manifesto Comunista*, cit., p. 42].

mente oposta, a qual, se as circunstâncias fizerem com que adquira eficácia no pensamento e na vida interior da maioria, torna-se parte integrante – aparentemente objetiva – daquilo que definimos como a ontologia da vida cotidiana, cujos efeitos são tais que se manifestam como ser objetivo na consciência das pessoas envolvidas. Desaparece assim, a interação entre sujeito e ambiente, o ato de resposta do sujeito às perguntas feitas a ele pelo movimento da realidade externa a ele. O seu agir torna-se ou uma consequência metafísica da sua natureza de sujeito ou o resultado mecânico de forças do ambiente. A reificação torna-se um fator social eficaz precisamente na medida em que tais convicções se disseminam e consolidam, de modo que ela – não obstante a sua constituição que, na realidade, é puramente ideológica – passa a influir sobre os homens da vida cotidiana como uma realidade e até como *a* realidade. No caso a ser discutido agora, no da existência autônoma do sujeito humano, no da sua independência ontológica tanto do ambiente social como das leis fisiológicas que governam o organismo, o que importa, sobretudo, é constatar que não somente o ser mas também o ser-propriamente-assim são criados. As formas concretas tanto dessas criações como da conservação inalterada da substancialidade criada na origem naturalmente variam na história, mas conservam os traços decisivos que lhes conferem estabilidade. No pecado original aparece de maneira mais evidente essa natureza da reificação, na qual a peculiaridade do ser do homem, com todas as suas contradições dinâmicas, é subordinada a uma reificação mecanicamente fixada e que só pode ser suprimida na transcendência. Mas esse todo reificado e substancializado precisa manter a sua estrutura nos detalhes: as propriedades singulares do homem, tanto as suas virtudes como os seus vícios, adquirem igualmente um modo de ser já fixado de tal maneira que, levado coerentemente às últimas consequências – o que aparece continuamente nos discursos religiosos –, com o ser-criado do homem, já contém em seu ser-propriamente-assim também a sua salvação ou a sua condenação transcendentes. Essa concepção naturalmente não predomina do mesmo modo em todas as etapas do desenvolvimento religioso, mas as possibilidades de que haja uma atividade do sujeito humano em relação a si mesmo igualmente têm, nessa esfera, um caráter reificante transcendente. A expressão mais cabal disso é a oração, que é um apelo ao poder transcendente para que realize em favor de nós algo importante para a nossa salvação; também a ascese é só na aparência um processo autenticamente ativo, já que nela determinadas partes do complexo "corpo-alma" são separadas, isoladas, reificadas e contrapostas, para interromper com tais operações a influência do corpo sobre a alma, sobre sua salvação. A autonomização reificante do sujeito leva, desse modo, a uma dilaceração prático-ideal do processo da vida, que ontologicamente é sempre unitário – mesmo que, na natureza, ele se movimente em meio a contradições e conflitos –, cujos componentes ativos se fixam, nessa remodelação, em reificações estáveis e de efeito permanente e "substancial". Toda a história das religiões está repleta de tais cristalizações dos momentos dinâmicos da vida e – compreensivelmente – de sublevações contra elas. A questão das seitas e das religiões, a ser tratada em seguida, é amplamente, ainda que não por completo, dominada por esses processos de reificação, de luta contra elas e de reificações novas que nascem sobre um novo terreno. Justamente esse fato da mudança histórico-social contínua de cristalizações e recristalizações de processos da vida humana mostra que, nesses casos, jamais se trata de coisas, jamais se trata de substancialidades ontológicas e muito menos eternas, mas apenas de reificações dos processos reais. Não há nada mais reificado que os dogmas, mas existem poucas coisas cuja essência e conteúdo estejam tão sujeitos a permanente mudança quanto costuma ocorrer com os dogmas.

Esses processos de reificação não estão, contudo, restritos à esfera religiosa. O intercâmbio de mercadorias, a economia capitalista, a manipulação que dela mais tarde se originou, os seus respectivos reflexos ideológicos naturalmente produzem todo dia e toda hora reificações em massa. A sua forma econômica originária foi descrita pelo próprio Marx, que não deixou de referir-se ao seu modelo original, ao tratar das suas formas fenomênicas mais complexas. Dentre a profusão de exemplos, menciono apenas um. Ao analisar o capital monetário, Marx escreve a propósito do caráter social da riqueza: "Essa sua existência social manifesta-se, portanto, como além, como coisa, objeto, mercadoria, ao lado e à parte dos reais elementos da riqueza social". Ele dá continuidade a essa análise ao tratar das crises monetárias, durante as quais parece vir à tona "que a forma social da riqueza existe como uma *coisa* fora dela". E ele mostra que a reificação que se reproduz continuamente é um momento importante no desenvolvimento da economia, indicando também que o desenvolvimento econômico objetivo para um patamar superior de fato produz o absurdo ontológico de tais reificações, mas, ao mesmo tempo, as reproduz continuamente no mundo fenomênico como momentos irrevogáveis e ideologicamente dominantes:

Isso o sistema capitalista tem de fato em comum com os sistemas de produção anteriores, na medida em que se fundam sobre o comércio de mercadorias e sobre o intercâmbio privado. Mas é nele que, pela primeira vez, isso se apresenta na forma mais contundente e grotesca da contradição absurda e do contrassenso, 1) porque, no sistema capitalista, a produção para o valor de uso imediato, para o uso direto dos produtores é abolida da forma mais completa possível, de modo que a riqueza existe somente como um processo social que se expressa no entrelaçamento de produção e circulação; 2) porque, com o desenvolvimento do sistema de crédito, a produção capitalista tende continuamente a suprimir essa barreira metálica, barreira ao mesmo tempo concreta e fantástica da riqueza e do seu movimento, mas continuamente bate a cabeça contra ela.[65]

No plano ideológico essa tendência para as reificações é claramente visível nos efeitos da divisão capitalista do trabalho sobre as ciências. O que revela mais claramente esse efeito não é a diferenciação derivada da divisão do trabalho. A diferenciação mesma é um pressuposto imprescindível do conhecimento exato da realidade, do domínio prático e teórico da realidade. A reificação só aparecerá – nesse caso, todavia, como fato geral e de massa – onde for concebida como um ser autônomo *sui generis* a autonomia de um ramo do saber compreendida (correta ou erroneamente) em termos práticos, sobre um fundamento espontâneo ou "sobre um fundamento gnosiológico". Também nesse caso desaparecem de tal modo tanto toda gênese real quanto todo processo real, que no plano do ser é sempre um processo total, que na sua constituição real nunca respeita esses limites traçados gnosiológica ou metodologicamente, mas cuja imagem cognitiva – violentada por tais teorias metodológicas e pela práxis correspondente – já aparece como um ser que pode ser manipulado à vontade. As consequências de tais entendimentos são visíveis já na práxis das ciências singulares, mas o lugar central do seu domínio é a síntese das ciências que se constitui em uma visão de mundo, em filosofia. Quase todas as crises do pensamento filosófico do nosso tempo nascem de tais constelações de reificação, não importando se esta se manifesta como ausência positivista da realidade e, por conseguinte, de ideias, como desideologização manipuladora ou como exasperado arbítrio subjetivista e, portanto, em última análise, como predomínio de algum irracionalismo.

---

[65] K. Marx, *Das Kapital*, cit., v. III/II, p. 112-3; MEW, v. 25, p. 589 [ed. bras.: *O capital*, Livro III, cit., p. 42s].

Essa reificação também penetra no pensamento a partir da vida e não o contrário, mesmo que também matize fortemente a ontologia da vida cotidiana da atualidade. Essa prioridade causativa da vida evidencia-se nas próprias objetivações [*Objektivationen*] da consciência: da linguagem aos motivos das ações, o processo reificatório impregna todas as expressões da vida dos homens atuais. Pense-se no modo como categorias que se pretendem ontológicas, produzidas em função de uma compreensão imanente do ser – por exemplo as categorias "meio" e "hereditariedade", compreendidas em termos mecanicistas –, reificaram completamente por certo tempo a totalidade das concepções de mundo voltadas para o progresso, para a libertação de preconceitos religiosos. A grande literatura geralmente tem uma tendência desfetichizante muitas vezes bem-sucedida; nesse período, porém, e isto vale até para escritores significativos como Zola ou Ibsen, essas reificações foram incorporadas nas obras literárias com os seus efeitos deformadores de pessoas e destinos, distorcendo-as quase com a mesma intensidade do estranhamento religioso. Obviamente, a relação do homem consigo mesmo e com as suas próprias ações, capacidades etc. não tem como ficar livre dessas influências. Tolstoi frequentemente zomba dos "cultos" por entenderem o talento artístico como algo que existiria de maneira autônoma, independentemente do restante da personalidade. E, antes de ele vir a público, Schopenhauer já tinha fornecido a prova mais contundente da justeza dessa polêmica, ao proclamar com orgulho e consciência que um filósofo não tinha obrigação de seguir a sua própria ética na vida, assim como, no mundo reificado, o proprietário de uma loja de departamentos tem todo o direito de mandar fazer seus ternos sob medida num alfaiate.

Tudo isso ainda se refere à etapa do desenvolvimento econômico, cuja tendência básica era libertar-se das alienações religiosas. É óbvio que os efeitos estranhadores das reificações tornam-se ainda mais fortes onde entram em cena movimentos ideológicos contrários, em especial do tipo que não aspira mais a renovações diretas e simples da ideologia religiosa, mas busca pôr os resultados das ciências modernas a serviço da reação sociopolítica. Temos em mente, em primeira linha, as teorias do século XIX sobre as raças, cujas relações com uma variante do darwinismo social são de conhecimento geral. Sabe-se igualmente que, por esta via, de Gobineau a Rosenberg-Hitler, passando por Chamberlain, todo o desenvolvimento histórico da humanidade foi transformado em permanência das características raciais supostamente originárias e essencialmente imutáveis. A explicitação coerente dessa ideia faz desaparecer da história e da essência do homem todo processo e todo desenvolvimento. O homem nada mais é que uma encarnação – dependendo da descendência – pura ou impura da sua essência racial, uma reificação, cuja gênese, todavia, permanece tão inexplicável como a criação divina do homem nas religiões. Quando essa ideologia reificadora se apodera da base econômica de um capitalismo monopolista imperialista, leva aos bem conhecidos estranhamentos dos sistemas fascistas. Contudo, por mais oposta que sejam a base econômica e a fundamentação teórica do socialismo, não se deve esquecer que a ideologia stalinista realizou a façanha de reificar o próprio marxismo. Se, de acordo com Marx, nos períodos de transição são possíveis diversas formas de estranhamento como herança do passado, então é evidente que a reificação, uma vez introduzida na teoria e na práxis, revitaliza, dá maior extensão quantitativa e profundidade qualitativa a tendências estranhadoras que de outro modo estariam condenadas à extinção. Também nesse campo evidencia-se a necessidade da ruptura radical com o método stalinista, exigência já com tanta frequência levantada a partir de outros pontos de vista.

Não foi por acaso que, já antes do período preparatório propriamente dito à formação daquelas correntes reacionárias de massa que chegariam à sua culminância no fascismo, tenha adquirido importância crescente a renovação do mito, a nostalgia pelo retorno a épocas criadoras de mitos. Com o darwinismo no mundo orgânico e com as pesquisas etnográficas iniciadas por Morgan surgia a base científica para conceber a pré-história e a história do devir homem como um processo histórico imanente, inerentemente necessário, que remete ao reino das fábulas todo apelo à transcendência e torna o homem compreensível como um ente criado pela natureza e pela sociedade – dito em termos humanos: autocriado. Por razões ideológicas, que só poderão ser tratadas no final desta seção, essas possibilidades desencadearam resistências abertas e veladas. As abertas são fáceis de entender, já que nas sociedades burguesas era extremamente raro acontecer uma ruptura realmente radical com a estratificação estamental, de modo que permaneceram vivas e efetivas – justa e especialmente na vida cotidiana – as tradições desse período (descendência etc.). Isso deu origem ao juízo de valor social espontâneo contrário à descendência humana do mundo animal e favorável à sua criação por Deus, no qual eram sentimentalmente realçados os resquícios de uma "concepção de mundo" que remontava às origens nobres (patrícias etc.). Se ainda acrescentarmos que o antigo *páthos* de libertação do ateísmo e do panteísmo esmaeceu em maior ou menor grau no século XIX, não mais surpreenderá a condição de pária reservada aos partidários dessas doutrinas na vida cotidiana da sociedade burguesa*. Porém, visto que, apesar de tudo, a verdadeira fé nas proclamações religiosas oficiais estava diminuindo em grande medida, é fácil de entender que não eram só as correntes reacionárias que nutriam simpatia pela renovação ideológica dos mitos, mas que estes também penetravam com força na vida cotidiana da classe intelectual, convertendo-se até mesmo em potências espirituais.

Essa força de atração espiritual dos mitos de fato está baseada, a rigor, em simples analogias, isto é, contém preponderantemente simples semelhanças arbitrárias, mas não é algo casual como necessidade social. De fato, os próprios mitos eram, em sua origem, fortemente determinados pela exigência de responder às perguntas relativas do "que fazer?" de uma sociedade primitiva com a descrição de sua gênese fictícia, de responder à pergunta pelo dever-ser com uma apresentação do ser reificadora da gênese. É claro que a forma pela qual se realizou essa transformação do processo de surgimento em um ser único, determinado como definitivo, como transcendente, varia extraordinariamente de acordo com o lugar e o tempo, de acordo com a constituição da respectiva comunidade. O que interessa para nós neste ponto – do ponto de vista dos problemas de hoje – é a duplicidade ideológica do ser posto e validado pelo mito: por um lado, a gênese transcendente do grupo humano em questão é apresentada e fixada ontologicamente com a certeza apodítica de uma revelação; por outro, essas revelações via de regra são expostas a um contínuo processo de transformação. Quando ocorre uma mudança da situação externa, da constituição interna e, por conseguinte, das necessidades materiais e ideológicas de tal sociedade, surge também a necessidade de reinterpretar os mitos da gênese, portanto, à medida que nos afastamos da origem temos a necessidade de mudar mais ou menos parcialmente e talvez até totalmente os conteúdos dos mitos. Não é este o lugar para examinar mais detidamente a natureza dessas mudanças, que deriva sempre da estrutura, dos problemas de crescimento da sociedade objeto de interesse naquele momento; e isso determina também os órgãos que operam ativa e criativamente essas transformações:

---

* Acréscimo manuscrito: "Em *Niels Lyhne*, Jacobsen descreve muito bem essa situação social". (N. E. A.)

os sacerdotes, os quais buscam conservar as formas originárias, os ideólogos, como na Hélade, que quase a cada geração produziram mudanças etc. Só o que nos importa é constatar que a necessidade social de fixar numa fé o ser da gênese e as suas consequências é antiquíssima. A sua elementaridade como momento da vida cotidiana fica evidente na diversidade das condições e de conteúdos e formas a elas correspondentes que dão início a essas reações reificadoras da vida cotidiana, à transformação reificadora do processo genético num ser que pareça apropriado para guiar e regular a práxis do momento, e na grande variação de modos com que satisfazem essas suas necessidades elementares.

Embora não tenhamos condições de esgotar nem aproximadamente a questão por sua própria natureza, detivemo-nos a examinar com tantos detalhes a ampla difusão no espaço e no tempo e os profundos efeitos da reificação como categoria mediadora do estranhamento sobretudo porque as conexões que vêm à tona nesse processo são apropriados para continuar concretizando a essência e a ação da esfera que definimos como a ontologia da vida cotidiana. Como vimos, o traço específico da situação que daí surge é que as reificações, mesmo que possuam caráter ideológico, agem sobre as pessoas como se fossem modos de ser. Obviamente isso não revoga a sua constituição ideológica, mas as diferencia de algumas outras ideologias, na medida em que estas, na maioria das vezes, exercem sua influência direta e explicitamente sobre as pessoas como ideologias, como meios espirituais para dirimir seus conflitos sociais. Em termos estritamente gerais, a reificação não é outra coisa senão um meio ideológico dessa espécie. Na vida cotidiana, devido à conexão imediata entre teoria e práxis, são possíveis dois diferentes tipos de função das ideologias: ou elas operam puramente como ideologias, um dever-ser que dá direção e forma às decisões do homem na vida cotidiana, ou a concepção de ser que nelas está contida aparece às pessoas da vida cotidiana como o próprio ser, como aquela realidade diante da qual somente reagindo adequadamente elas serão capazes de organizar a sua vida em conformidade com as próprias aspirações. Essa bipartição, sem dúvida alguma, está presente nos estágios mais avançados do desenvolvimento social. A mesma pessoa que, digamos, vê no pecado original um fato fundante da existência humana conceberá e cumprirá como um dever-ser o mandamento segundo o qual os filhos devem respeitar os genitores, sem sentir-se obrigada a explicar conceitualmente a diferença e nem mesmo a percebê-la no plano imediato; ela poderá ocasionalmente cumprir o mandamento sem ter a menor dúvida acerca do ser do pecado original e inclusive poderá explicar para si mesma um passo em falso exatamente com base na existência desse pecado. No caso dessa separação, porém, duas ressalvas se fazem necessárias. A primeira é que, também nesse caso, estamos lidando com um desenvolvimento histórico-social e não com uma "estrutura" supra-histórica da convivência humana. Por exemplo, o direito enquanto forma social marcante da efetiva separação entre dever-ser e ser para imediatidade da vida cotidiana é um produto relativamente tardio da divisão social do trabalho.

Em estágios primitivos, em contraposição, isto que ontologicamente corresponde ao dever-ser aparece como uma consequência direta do ser que vive na consciência dos homens do respectivo estágio. Certa separação entre dever-ser e ser é, portanto, no campo da ideologia (no trabalho imediato a diferença é sempre clara), uma consequência necessária da progressiva divisão social do trabalho, do afastamento da barreira natural na vida da sociedade. A isso pode e deve aliar-se a nossa segunda ressalva. Como sabemos pela análise do processo de trabalho, todo dever-ser surge da condução e regulação de pores teleológicos e de sua correta execução, obviamente em uma determinada situação do ser e com os consequentes conteúdos determinantes desses pores. Todo dever-ser pressupõe, portanto, tanto em seus pressupostos como nas consequências que se espera dele, determinadas formas de ser; a sua dissociação do ser e a sua validação como dever-ser nunca lhes poderá conferir, portanto, o *status* de independência total em relação ao ser, como pensaram, por exemplo, Kant e os seus seguidores ao falarem de um "pôr" absolutizante. Portanto, quando, ao tratar da ontologia da vida cotidiana, consideramos os efeitos da ideologia de acordo com o efeito que exercem sobre os homens, mais precisamente, se exercem esse efeito como (suposto) ser ou simplesmente como dever-ser, sempre só poderemos nos referir a uma diferença de funcionamento das ideologias e jamais a uma contraposição ontológica entre ser e dever-ser. Aquilo que nesse sentido se torna efetivo como ser na vida nunca deixa de ser ideologia, e inclusive o seu significado para a vida social se baseia em sua capacidade de dirimir conflitos sociais.

Portanto, do ponto de vista do agir imediato, está contido, nesse comportamento da práxis cotidiana, que não incorre na separação metafísica entre ser e dever-ser, um sentimento relativamente saudável. E este é reforçado ainda mais pela experiência prática de cada dia, sobretudo pelo fato de que os preceitos do dever-ser, via de regra, são impostos socialmente mediante sanções. Isso não ocorre somente com o dever-ser do direito, no qual, por sua própria natureza, a sanção desempenha um papel decisivo, fato habitualmente ilustrado a seu tempo por Max Weber com a expressão "virão homens com capacetes...". Porém, não se pode esquecer que, onde quer que a atividade cotidiana seja regulada por tradição, usos, costumes etc., essas sanções se revestem da maior importância prática, mesmo quando se exprimem unicamente na opinião pública do ambiente mais próximo, isto é, daquele ambiente que é extremamente importante para um funcionamento sem atritos da vida cotidiana. Essa opinião pública, mesmo não possuindo nenhum órgão, nenhuma fixação objetiva, envolve e impregna para o homem do cotidiano a vida no âmbito da qual as suas ações têm de desenvolver-se, tornando-se, desse modo, para ele, um componente e até um dos principais momentos determinantes da sua realidade cotidiana. Quer se trate da escola ou da casa paterna, do lugar de trabalho ou da família, de uma criança ou de um adulto, surge aqui um fator da vida cotidiana que se comporta como um tipo de ser. Esse caráter de ser se evidencia de modo marcante onde determinados imperativos procuram determinar as reações humanas. Na questão referente a se e em que medida esses imperativos são observados, o que desempenha um papel decisivo, não como dever-ser contrário, mas como propriedade da vida circundante, é o modo pelo qual se espera que a opinião pública reaja à submissão, à tentativa de evitar o preceito ou a sublevação contra ele. Sabemos, por exemplo, com base na nossa práxis cotidiana, que a transgressão de certas proibições jurídicas em alguns casos é recebida por essa opinião pública como ofensiva à honra e em outros casos como "delito cavalheiresco", e é fato universalmente notório que em geral costumam resultar dela reações totalmente diversas. Qual das fraudes deve ser considerada desonrosa e qual delas como sinal de habilidade é determinado, na maioria dos casos, sobre essa base. Além disso, este "ser" – permanecendo inalterada a vigência da regulação jurídica – sempre tem para as pessoas certa densidade ou frouxidão, certa impenetrabilidade ou porosidade etc. As variações no comportamento das massas em relação a determinadas instituições, eventos etc., que muitas vezes surpreendem os observadores, com muita frequência têm sua razão de ser no fato de que, num caso, essa "massa de ser" reificada incide nas pessoas como algo indestrutível, no outro, como algo maleável. E o que surpreende em tais situações não é o fato de esses modos de reagir ao ser cotidiano serem frequentemente frutos de visões equivocadas, mas o fato de com frequência exprimirem direta e corretamente a força ou a debilidade de um regime.

A incidência desse "ser" naturalmente não se limita à práxis dos homens cotidianos em sentido estrito. Essa práxis de fato também sempre está intimamente ligada às suas convicções acerca da essência da realidade enquanto tal. E o modo como a realidade existe na cabeça e no coração dos homens cotidianos é uma das mais importantes bases de determinação imediata também da sua conduta prática. E, no nível dessa imediatidade, a questão decisiva para a prática de modo algum é exatidão ou incorreção objetivas dessas convicções, mas, muito antes, a influência exercida por elas sobre a unidade imediata de teoria e práxis no cotidiano. Assim, pode ocorrer que constelações que ao observador imparcial parecem completamente absurdas funcionem por longos períodos sem provocar atrito, enquanto modos de proceder objetivamente racionais permanecem completamente fora desse horizonte da práxis, isto é, na prática nem mesmo entram em cogitação. Os nossos conhecimentos cada vez maiores, por exemplo no campo da etnografia, forneceram material sumamente interessante em profusão sobre tal estado de coisas, mas sem que dele tivessem sido tiradas as conclusões corretas quanto à ontologia do ser social em termos de imediatidade cotidiana. Sobretudo é uma autoilusão histórica crer que esse tipo de compreensão ideológica seja específica de situações econômicas e, portanto, cientificamente primitivas. Naturalmente, o desenvolvimento do trabalho, da divisão do trabalho, da economia em geral, a ampliação e o aprofundamento do saber sobre os eventos da natureza, sobre a sociedade e sobre a história produzem transformações qualitativas nos modos de exteriorização ideológicos que estamos examinando aqui.

Todavia, seria o mais puro ilusionismo progressista acreditar que o desenvolvimento tenha aqui a única função de destruir reificações na teoria e na prática. Os ilusionistas desse tipo, que ainda hoje existem em massa, deixam de perceber que, via de regra, tais desenvolvimentos, enquanto destroem velhas formas de reificação, criam novas, modernizadas, bem funcionais, inclusive se pode observar com bastante frequência que as reificações e os estranhamentos que delas se desenvolvem são fruto de progressos econômico-sociais mais que de estágios primitivos. Um caso deste tipo é descrito, por exemplo, por Marx quando analisa a passagem da renda fundiária à renda em dinheiro. Ele sintetiza assim o fundamental:

> As mediações das formas irracionais em que determinadas condições econômicas aparecem e praticamente se acoplam não importam nem um pouco aos portadores

práticos dessas condições econômicas em sua ação econômica diuturna; e já que eles estão acostumados a se movimentar no meio delas, não ficam nem um pouco chocados com isso. Uma perfeita contradição não tem nada de misterioso para eles. Nessas formas fenomênicas que perderam a coerência interna e que, tomadas em si, são absurdas, eles se sentem tão à vontade quanto um peixe na água.[66]

Uma vez que se trata aqui, antes de tudo, de transformações do próprio ser social, ainda que no plano da cotidianidade, elas não são apreensíveis com um aparato conceitual cujo método é determinado exclusiva ou precipuamente pela gnosiologia e pela lógica. É interessante notar como, por exemplo, no pragmatismo desenvolveu-se uma corrente de pensamento que era diretamente e acima de tudo orientada em tais complexos. Carecendo, porém, de uma real fundamentação ontológica, ele conseguiu produzir somente uma forma *outsider* do relativismo radical, muitas vezes fundado sobre observações acertadas.

Sobre a base assim construída, podemos agora retornar à análise do estranhamento religioso enquanto arquétipo de todos os estranhamentos mediados precipuamente pela ideologia. A função social primária de toda religião é a de regular a vida cotidiana da sociedade ou das sociedades, nas quais ela obtêm o domínio. Ela foi precedida de um período de magia. Mas também nesse período, uma questão vital para toda comunidade, por menor e mais primitiva que fosse, era a de regular no plano imediato de alguma maneira a convivência cotidiana, de conciliar a práxis cotidiana de cada homem singular com os interesses gerais, por mais diminuta que possa ter sido no início a esfera de conflitos. Antes do início de uma diferenciação em classes, antes que os homens singulares, até então diluídos na vida comunitária, começassem a desenvolver de maneira distinta as próprias necessidades pessoais, essa regulação podia funcionar de modo largamente espontâneo mediante a transmissão das experiências e os consequentes costumes, tradições, usos etc. Só num estágio mais desenvolvido, a sociedade tem de criar órgãos próprios para tal finalidade. Marx e Engels demonstram persuasivamente que o Estado (e nele o direito) só se torna uma necessidade social para a classe dominante com o surgimento de classes com interesses antagônicos, e só em correspondência com isso passa a dominar toda a sociedade. Contudo, é da natureza das instituições estatais que, ao defenderem os interesses gerais de uma sociedade (obviamente em

---
[66] Ibidem, p. 312; ibidem, p. 787 [ed. bras.: ibidem, p. 241].

correspondência com os interesses da classe dominante), em suas inevitáveis generalizações, transcendam, em termos abstratos e universalizantes, a vida imediata dos homens singulares na cotidianidade, para regular de maneira adequada, com o auxílio de um sistema de preceitos e proibições, aquilo que é relevante para elas. Naturalmente, a sociedade formula, de modo autônomo, desde os usos até a moral, correções complementares para impor, em conformidade com as suas necessidades, os interesses gerais de classe, inclusive intervindo profundamente na vida singular do cotidiano. Os desenvolvimentos sociais acontecidos até hoje mostram, contudo, que essas complementações tampouco são suficientes. Para que elas estejam em condições de ter um efeito social amplo e profundo, seria necessário que a maioria dos homens singulares se encontrasse num estágio cultural, num nível de cultura relativamente alto, o que até agora não foi alcançado por nenhuma cultura de classes. E as formas superiores da superestrutura espiritual, que gradativamente vão se tornando autônomas, como a ciência, a filosofia e a arte, são, por um lado – em princípio –, indispensáveis para a aclaração interior de uma sociedade, para a tomada de consciência de seu lugar histórico na continuidade entre passado e futuro e as tarefas humanas que daí surgem, mas, por outro lado, os seus produtos, via de regra, muito raramente conseguem imergir na vida cotidiana de modo suficientemente profundo para exercer sobre ela uma influência ao mesmo tempo ampla e decisiva. Portanto, facilmente se pode ver que todo esse sistema constituído pelas diversas formas ideológicas necessariamente tem grandes lacunas e fissuras justamente do ponto de vista da orientação dos homens singulares na cotidianidade.

Daí decorre diretamente a necessidade social da religião. Porém, a consequência disso é que nenhuma religião autenticamente ativa no plano social jamais poderá ser uma ideologia isolada e interiormente bem diferenciada, como são, por exemplo, o direito e a moral. Ela deverá constituir-se em uma configuração complexa, extraordinariamente articulada e multiforme, para lançar uma ponte entre os mais particulares interesses singulares dos homens do cotidiano e as grandes necessidades ideais daquela dada sociedade na totalidade do seu ser-em-si. Contudo, não se trata, nesse caso, simplesmente de um sistema de fatores ideológicos que complementam uns aos outros; muito antes, essa ponte deve produzir ao mesmo tempo também uma conexão vitalmente funcional entre a vida particular dos homens singulares e as questões gerais da sociedade, e de tal modo que o homem singular em questão perceba as soluções que lhes são propostas para os problemas gerais como resposta às questões com que ele lida em sua existência particular como tarefas indispensáveis de sua conduta de vida específica. Nesse tocante, tampouco se deve esquecer que essas finalidades da vida cotidiana são, por seu conteúdo, mundanas, imanentes. Ninguém desejaria pôr em movimento poderes transcendentes (isto é, não acreditaria na sua existência) se não esperasse receber delas uma ajuda para as suas finalidades terrenas e materiais. Esse pelo menos é o ponto de partida das necessidades religiosas. Max Weber sublinha isso logo no início da sua sociologia da religião, citando com esse fim as seguintes palavras da Bíblia: "Para que tudo te vá bem e tenhas longa vida sobre a terra"[67].

Tudo isso naturalmente resulta apenas em um quadro muito geral. No plano concreto, tanto a particularidade singular quanto a generalidade da concepção de mundo representam, em cada estágio da sociedade, algo qualitativamente diverso, de modo que naturalmente também os meios ideológicos para sua interconexão resultarão qualitativamente diferentes em cada formação. De qualquer modo, essa consideração esquematizante muito geral já revela uma particularidade no ser e na função de cada religião em comparação com todas as demais formas ideológicas. De imediato se revela, por exemplo, que comparar a teologia teórica com a ciência e a filosofia do mesmo período, ou seja, por exemplo, com o modo como Hegel tratou a religião no nível do Espírito Absoluto, força-a a transcender os seus problemas propriamente ditos, que são, em primeira linha, de cunho universalmente social, e tornar-se, assim, incapaz de atingir o cerne dos problemas reais. A comparação, a polêmica recíproca, a adaptação etc. naturalmente são fatos frequentemente de grande importância, mas não são pura e simplesmente decisivos para o destino social das religiões. Se um dogma formulado em termos teológicos permanece em vigor ou é prática e teoricamente retirado de circulação é algo que não depende primordialmente de tal coordenação de fatores, mas, muito antes, da medida em que ele é capaz de guiar na prática a vida cotidiana dos homens. De modo algum queremos afirmar com isso que os embates da teologia com os órgãos do conhecimento secular sejam indiferentes para o destino das religiões. Especialmente em sociedades relativamente desenvolvidas e, sobretudo, em períodos de revolução, elas podem desempenhar um papel

---

[67] M. Weber, *Wirtschaft und Gesellschaft*, cit., p. 227 [ed. bras.: *Economia e sociedade: fundamentos da sociologia compreensiva*, cit., v. 1, 2004, p. 281]. [Citação bíblica de *Êxodo* 20,12; *Deuteronômio* 5,16; *Efésios* 6,3. – N. T.]

importante no tocante à atitude dos estratos dirigentes de uma sociedade para com as religiões nela predominantes. Mas, por mais importante que isso possa se tornar, dependendo das circunstâncias, por maiores que possam ser os seus efeitos na dimensão secular de longas evoluções, também a influência dessas tendências pode impor-se somente se forem mediadas por transformações na vida cotidiana das pessoas. A descrença dos intelectuais se eleva a estado de ânimo de massa socialmente relevante, à potência social, somente quando as novas verdades começam a afirmar-se também na vida cotidiana, quando adquirem uma importância palpavelmente determinante para a práxis real que nela é exercitada.

A vida social real das religiões consiste, portanto, nessa sua universalidade, que está direcionada para dominar a totalidade da vida de cada homem singular da população total, de alto a baixo, das questões mais elevadas relativas à visão de mundo até as mais singelas relações cotidianas. E essa universalidade se exprime em um sistema – potencialmente – universal de enunciados sobre a realidade (incluindo a transcendência, é claro) e passa a fornecer, desse modo, as coordenadas coerentes que dela resultam para toda a práxis de cada homem singular, inclusive os pensamentos e sentimentos que a determinam e acompanham. Toda religião comporta, portanto, todos os conteúdos que, numa sociedade normal, estão frequentemente presentes no sistema global da superestrutura, que costuma conter todas as ideologias. Qual a relação que, nos casos histórico-sociais dados, existe entre todos esses complexos ideológicos é uma questão histórica das formações, que não há como tratar nesse ponto. O forte contraste entre Hélade e Israel justamente nessa questão, a despeito de paralelismos simultâneos, não carece de explicação e assim transmite uma noção das variações possíveis nesse ponto. Aqui, na medida em que conseguirmos tratar de pormenores concretos, teremos em vista sobretudo o cristianismo, visto que nele, em consequência da existência social do homem privado, que já no período do seu surgimento apresentava um desenvolvimento relativamente pronunciado, torna-se visível uma linha ainda mais nítida e mais claramente perceptível do que em outras religiões ligando-o aos problemas do estranhamento próprios da cultura atual.

Nesse tocante, reveste-se da máxima importância para o nosso conjunto de problemas a diferenciação interna que seguidamente se manifesta na história e que costumamos caracterizar como contraste entre seita e igreja. (Naturalmente, esse fenômeno existe também em outras religiões que reivindicam universalidade social e continuidade institucionalizada. Esse caráter contrastante igualmente apresenta, nos diversos desenvolvimentos religiosos, traços tanto semelhantes quanto diferentes. Nesse ponto, porém, só podemos indicar essas diferenças, mas não abordá-las com mais detalhes.) Visto que o nosso ponto de partida é o efetivo na vida cotidiana das pessoas, emerge de imediato o momento da imediatidade, que é tão determinante para toda a estrutura, para toda a realidade das religiões, quanto para a própria vida cotidiana. Trata-se de uma dupla imediatidade: em primeiro lugar, quem proclama alguma doutrina religiosa deve apresentar-se como porta-voz imediato do poder transcendente, isto é, deve reivindicar que a mensagem proclamada não é mera opinião, experiência, vivência pessoal nem resultado do seu próprio pensamento, mas revelação do poder transcendente, na qual se crê em cada caso ou que é anunciada de maneira nova. Deve-se acreditar nessa revelação simplesmente por ela ser uma revelação; nem provas intelectuais nem evidências sensíveis (como na arte) entram em cogitação como critérios primários da sua autenticidade. Somente por meio de tal fé o que é revelado pode converter-se em posse religiosa segura de uma comunidade.

Por isso, seita e religião não se diferenciam quanto a esses seus fundamentos. Ambas precisam apoiar-se sobre revelações a serem acreditadas. A diferença essencial consiste apenas no fato de que as seitas se atêm à imediatidade, ao efeito permanente e profundo das suas doutrinas e das consequências destas para a vida, só reconhecendo como seus adeptos as pessoas que aceitam essas doutrinas sem reservas como fio condutor da sua própria vida. Em contraposição, toda religião que tenha se tornado igreja está voltada para sua difusão universal; por essa razão, ela precisa, por um lado, institucionalizar o pertencimento de modo objetivamente organizado, mas é forçada, por outro lado, no âmbito dessa universalidade, a continuamente fazer grandes concessões aos próprios adeptos no campo da fé e sobretudo no da conduta de vida. Porém, essa confrontação drástica, por mais acertada que seja em sua generalidade, ainda assim falsificaria os verdadeiros fatos da relação entre seita e igreja se fosse rigidamente aplicada e levada às últimas consequências. Antes de tudo, certo elemento da fé sectária, no fundo, é indispensável para toda igreja, no interior de toda igreja. Toda igreja – assim como a maior parte dos movimentos de massa seculares – surge "de modo sectário", da revolta de uma minoria particularmente sensível no plano sociomoral em relação às contradições que existem no interior da sua própria formação. (Inclusive a primeira comunidade constituída em torno da proclamação de Jesus sem dúvida era uma seita; só com o apóstolo Paulo aparecem os primeiros contornos, ainda bastante incertos, frequentemente ainda sectários, de uma igreja.) Além disso, justamente do ponto de vista da essência histórico-social da religião, do ponto de vista da sua função social, seria errado pôr unilateralmente em primeiro plano a religiosidade "autêntica" das seitas em contraposição à rotina cristalizada, cristalizante e reificante das igrejas. É correto dizer que o caráter sectário figura no início de cada nova religião, como também que esta tem necessidade de impulsos desse gênero em todas as transições visando regenerar-se em correspondência com a renovação radical da vida cotidiana; todavia, só a Igreja é capaz de estender o direcionamento religioso à totalidade social, à conduta de vida de todas as pessoas. Max Weber diz que uma igreja é "uma instituição dispensadora de graça, que deixa sua luz brilhar sobre justos e injustos e quer conduzir precisamente os pecadores à observação dos mandamentos divinos"[68].

Deparamo-nos, portanto, com uma autêntica contradição histórico-social: de um lado, o nascimento e a renovação interior de uma igreja geralmente partem de tendências sectárias, mas, de outro, a vitalidade histórico-social de tal tendência só pode manter-se e desenvolver-se mediante a adequação às reais necessidades de vida da sua época, assim como estas se exprimem na vida cotidiana real das pessoas cotidianas, cujas aspirações mais relevantes são por ela transformadas em conteúdo essencial da própria renovação, do renascimento religioso, o que em geral é impossível sem pôr de lado – ou, melhor dizendo, sem diluí-los em compromissos sociais – exatamente os conteúdos da revelação que originalmente constituíram o conteúdo imediatamente arrebatador da renovação religiosa. Certamente, seria muito instrutivo analisar detalhadamente a história das transformações pelas quais a parúsia, o fim deste mundo no juízo final, foi deslocada para uma "atemporalidade" cada vez mais remota e descomprometida para a vida cotidiana e pelas quais a seita de Jesus surgida em Israel se transformou na igreja universal do cristianismo. Não havendo a possibilidade de acompanhar nem mesmo em seus grandes traços essa história bastante complexa e extremamente controvertida do adiamento da parúsia para uma indeterminação temporal absoluta, indiquemos apenas que também esse desenvolvimento comportou uma profunda contradição

---

[68] Ibidem, p. 812 [ed. bras.: ibidem, v. 2, p. 403].

social. Ao analisar os escritos pós-apostólicos, Buonaiuti se manifestou da seguinte maneira a respeito:

> Quando Deus um dia instituir no mundo o reino da justiça e da paz, como ele o fará: introduzindo uma igualdade e solidariedade verdadeiramente empíricas, baseadas na participação igualitária nos bens do mundo, ou o fará antes introduzindo a lei absoluta do amor e da fraternidade que não leva em conta as diferenças de casta e de classe, já que estas não onerariam o destino espiritual das pessoas? Estas duas correntes dominam a história do cristianismo no segundo século.[69]

Essa maneira de formular as perguntas mostra com toda clareza quais eram as esperanças sociais que os estratos inferiores associavam à proximidade da parúsia e por que somente o seu adiamento para uma data indeterminada poderia assegurar o predomínio religioso da dissociação entre a parúsia e a realização das esperanças sociais; por essa via naturalmente se atenuou também o sectarismo plebeu originário que deu lugar a um *modus vivendi* mais organizado com os possuidores de bens. Para simplificar, apenas faremos menção ainda à transformação da doutrina calvinista da predestinação. É do conhecimento geral que o movimento protestante voltou-se originalmente, em primeira linha, contra a institucionalização da salvação da alma, cujos efeitos reificantes já haviam levado, como vimos, a uma transformação da salvação em mercadoria, a um intercâmbio de mercadorias e dinheiro em torno dela. No entanto, para lograr essa renovação não bastava, do ponto de vista ideológico, o simples repúdio dos "abusos" cometidos; a velha e definhante ideia da salvação da alma precisava ser substituída por algo radicalmente novo, para dar às pessoas uma nova visão transcendente – correspondente aos novos tempos – do seu destino transcendente. Nesse tocante, Calvino foi de longe o mais radical. Ele negou que os homens tivessem qualquer possibilidade de reconhecer esse seu destino no interior da própria existência terrena. Max Weber diz o seguinte: "Ele rejeita, por princípio, como uma tentativa temerária de penetrar nos mistérios de Deus, a suposição de que seja possível reconhecer pela conduta dos outros se eles são eleitos ou condenados. Nesta vida, os eleitos em nada se distinguem exteriormente dos condenados". Entretanto, a disseminação do calvinismo levou, por uma necessidade social, a uma modi-

---

[69] E. Buonaiuti, *Geschichte des Christentums* (Berna, 1948), v. I, p. 63.

ficação decisiva. Para as pessoas da nova cotidianidade, em vias de se tornar capitalista, não só a velha e decrépita forma feudal da *certitudo salutis* [certeza da salvação] tornou-se intolerável, mas desejavam, ao mesmo tempo, um novo estatuto positivo mais correspondente às novas formas de vida em surgimento. Max Weber descreve esse processo de transformação que começou bem cedo:

> Com efeito, na medida em que a doutrina da predestinação não se altera, nem se atenua nem é fundamentalmente abandonada, surgem na cura de almas dois tipos básicos de aconselhamento, muito característicos e mutuamente relacionados. De um lado, tornar-se pura e simplesmente em dever *considerar-se* eleito e de repudiar toda e qualquer dúvida como tentação do diabo. [...] A exortação do apóstolo a se "segurar" no chamado recebido é interpretada aqui, portanto, como dever de conquistar na luta do dia a dia a certeza subjetiva da própria eleição e justificação. Em lugar dos pecadores humildes a quem Lutero promete a graça quando em fé penitente recorrem a Deus, criam-se dessa forma aqueles "santos" autoconfiantes com os quais toparemos outra vez na figura dos comerciantes puritanos da época heroica do capitalismo, rijos como aço, e em alguns exemplares isolados do presente. E, do outro lado, distingue-se *o trabalho profissional sem descanso* como o meio mais saliente para se *conseguir* essa autoconfiança.[70]

Como mostra em especial a história inicial dessa ideologia cuja primeira fase se estende até as vésperas de nossos dias, a atividade capitalista bem-sucedida se tornou, na vida cotidiana, a característica evidente, socialmente reconhecida por todos, da *certitudo salutis*. Esse movimento também mostra como as generalizações da igreja trazem consigo uma intensificação da reificação na estrutura da ideologia religiosa. A forma "assegurada" da *certitudo salutis* não somente requer duas reificações, a da conduta de vida terrena e a da salvação, mas é também uma intensificação da tendência reificante inclusive em comparação com a concepção original de Calvino, que era radicalmente transcendente e irracionalista.

Esses desenvolvimentos evidenciam não só o esmaecimento de pregações extremamente radicais. Aparece neles também uma dupla perspectiva de salvação de uma diferenciação no comportamento religioso que vai de um máximo exagerado até um mínimo que ainda assegura a salvação. Buonaiuti

---

[70] M. Weber, *Gesammelte Aufsätze zur Religionssoziologie* (Tubinga, 1920), p. 103 e 105 [ed. bras.: *A ética protestante e o "espírito" do capitalismo*, trad. José Marcos Mariani de Macedo, São Paulo, Companhia das Letras, 2004, p. 101-2].

mostra que a reviravolta decisiva na direção dessa diferenciação está estreitamente relacionada com a recepção constantiniana do cristianismo, com a sua elevação ao *status* de religião de Estado. Ele cita, a propósito, as observações de Eusébio de Cesareia sobre normalidade religiosa desse dualismo radical na conduta de vida. De acordo com isso, a conduta de vida cristã se pauta por duas normas bem distintas:

> Uma delas conduz para além da natureza e não tem nada a ver com o modo de vida habitual e normal. Ela não admite nem o matrimônio nem a geração de filhos. Não tolera a aquisição de propriedade. Transforma desde a base os hábitos vitais das pessoas e faz com que elas, incitadas pelo amor celeste, só sirvam mais a Deus. [...] Mas existe outra vida que não condena os direitos e deveres da vida estatal e social do gênero humano. Contrair matrimônio, gerar filhos, seguir a própria profissão, submeter-se às leis do Estado e cumprir os deveres de um normal cidadão em todos os seus aspectos são expressões de vida que se podem perfeitamente coadunar-se com a fé cristã, quando são ligadas ao firme propósito de manter a devoção e a dedicação ao Senhor.[71]

O aspecto decisivamente importante nisso tudo é que as duas normas de vida devem e podem coexistir como autenticamente cristãs. No tempo da proclamação do próprio Jesus, a expressão "dai a César o que é de César" evidenciava, na melhor das hipóteses, a completa indiferença religiosa em relação a tudo que fosse meramente terreno. Porém, quando a questão é a práxis moral, o jovem rico, que de fato cumpre conscienciosamente todas as leis, mas que não é capaz de repartir entre os pobres o seu patrimônio, é obrigado a afastar-se de Jesus envergonhado e não redimido. Porém, a recém-mencionada dupla generalidade do cristianismo passa a oferecer ao jovem rico a possibilidade de tornar-se membro pleno da igreja (ainda que de segunda classe, como a maioria das pessoas) sem ter de fazer tais sacrifícios. O talento organizador da igreja, que não tardou em manifestar-se, logrou integrar, em tempos de normalidade, as pessoas mais exigentes em termos de religião totalmente no seu sistema global, mediante as ordens monásticas. O destino de Francisco de Assis é a ilustração mais cabal de que até nesse campo foi preciso recorrer, por um lado, a compromissos, a reduções da religiosidade (sectá-

---

[71] E. Buonaiuti, *Geschichte des Christentums*, cit., v. I, p. 354.

ria) genuína ao que podia ser francamente integrado. Quando isso não foi possível, geralmente os movimentos sectários foram brutalmente reprimidos, como aconteceu ao longo de toda a Idade Média. Neles se exprime a conexão presente em toda parte entre as contradições vitais da cotidianidade e as necessidades religiosas espontâneas atuais.

Essas contradições se expressam sobretudo no fato de que a religiosidade das seitas com frequência coincidiu com as explosões da cotidianidade plebeia, com as suas necessidades materiais imediatas. Nos primórdios, as seitas originariamente plebeias pouco a pouco foram se dissolvendo em meio a muitas crises na igreja estatal constantiniana. Na Idade Média, elas se rebelaram com bastante frequência abertamente contra uma hierarquia social feudal pretensamente cristã. Foi só com o advento do capitalismo que surgiram formas totalmente novas, nas quais, contudo, repetiam-se – *mutatis mutandis* – transformações análogas da condição de seita para a condição de igreja. Quanto mais o capitalismo impregna toda a sociedade, submetendo toda a sua vida cotidiana às suas leis, tanto maior se torna a distância entre a fé religiosa subjetivamente sincera e o pertencimento à igreja. Infelizmente sobre este problema tão importante não existe praticamente nenhuma pesquisa de sociologia empírica que seja de algum modo confiável, razão pela qual sabemos pouca coisa concreta inclusive sobre o presente; pouco sabemos sobre a proporção dos realmente crentes dentro da igreja, sobre aquilo em que creem e do que duvidam os seus membros, por que ainda permanecem na igreja etc. Só para fazer uma alusão aos problemas que emergem nesse ponto, citarei algumas observações de Max Weber a respeito desse complexo, por exemplo sobre a religiosidade como esnobismo de intelectuais, "visando dotar o seu mobiliário interior com estilo, recorrendo a itens antigos garantidamente genuínos"[72]; ou sobre um caixeiro-viajante nos Estados Unidos que lhe explica durante a viagem de trem: "Senhor, por mim cada um pode acreditar ou deixar de acreditar no que bem entender; porém, quando vejo um fazendeiro ou um comerciante que não pertence a nenhuma igreja, para mim ele não vale cinquenta centavos: – *o que pode motivá-lo a pagar-me se não acredita em nada?*"[73]; ou ainda sobre um batismo batista que ocorreu porque o implicado

---

[72] M. Weber, *Gesammelte Aufsätze zur Religionssoziologie*, cit., p. 252. [Cit. extraída do ensaio "A ética econômica das religiões mundiais", de 1914. – N. T.]
[73] Ibidem, p. 209. [Cit. extraída do ensaio "As seitas protestantes e o espírito do capitalismo", de 1906. – N. T.]

queria abrir um banco, mais exatamente, numa região em que existiam pouquíssimos batistas. Contudo, em virtude do batismo, ele obterá a sua clientela, porque o rigoroso exame da sua conduta de vida que precede o batismo "vale como uma garantia tão absoluta das qualidades éticas de um cavalheiro, sobretudo das qualidades comerciais, que o implicado teria assegurados sem concorrência os depósitos de toda a circunvizinhança e um crédito ilimitado. Ele seria um 'homem bem-sucedido'"[74].

Os exemplos trazidos por Max Weber talvez sejam casos extremos, mas é certo que constituem um percentual não irrelevante da massa dos adeptos da igreja. A igreja de hoje, todavia, determina muito menos fenômenos do cotidiano da vida social do que determinava na Idade Média. Naquela época, era preciso, pelo menos na aparência, ser adepto fiel da igreja para poder exercer as suas funções vitais na hierarquia estamental, e a suspeita de ser um herege com muita frequência poderia pôr em perigo a existência social e até a existência física. No capitalismo, esse perigo foi atenuado, mas só atenuado, não desaparecendo totalmente, mesmo que não seja mais possível aplicar sanções do tipo inquisitorial. Porém, os tipos de comportamento mencionados por último por Max Weber exprimem uma mentalidade de massa, o que é evidenciado em nossos dias pelo exemplo do habilíssimo manipulador social-democrata Herbert Wehner, que visando pôr em execução o Programa de Bad Godesberg* se sentiu estimulado inclusive a fazer pregações em igrejas. Aos sólidos interesses materiais mencionados por Max Weber soma-se, portanto, a necessidade de, para ser julgados socialmente *comme il faut*, marcar publicamente certo pertencimento "crente" a alguma igreja. Nos séculos XVII e XVIII, foi necessário travar lutas ideológicas para tornar socialmente crível que a falta de religião e até o ateísmo podiam ser conciliados com uma vida moral. O ateísmo cortesão do século XVIII deu suporte a esses preconceitos em determinados círculos, inclusive progressistas no plano sociopolítico; pense-se em *Os bandoleiros***,

---

[74] Ibidem, p. 210.

* Lukács faz referência aqui ao Programa do Partido Social Democrata Alemão aprovado no ano de 1959, em um congresso realizado na cidade alemã de Bad Godesberg, no qual o partido abandona definitivamente as referências marxistas e se alinha à economia de mercado. Herbert Wehner (1906-1990) foi um dos principais propagadores do programa e se consagrou como um político de grande importância do Partido Social Democrata durante toda a segunda metade do século XX. (N. R. T.)

** Drama em quatro atos de Friedrich Schiller. Ed. bras.: *Os bandoleiros* (trad. Marcelo Backes, Porto Alegre, L&PM, 2001). (N. T.)

nos ataques de Robespierre ao "aristocratismo" presente no ateísmo. Só com a disseminação do ateísmo no movimento trabalhador revolucionário do século XIX, enquanto concepção de mundo que prevê a satisfação totalmente mundana, terrena, de todas as justas aspirações humanas, ele se converteu num vigoroso contramovimento que naturalmente também matizou o livre--pensamento burguês; de todas as maneiras, como foi mostrado, o destino de pária de um Niels Lyhne manteve certa tipicidade social.

Todavia, característico da contraditoriedade ideológica desse período é que a inconciliabilidade prática – concebida como tragédia – entre a pregação humano-ética de Jesus e a sociedade vigente foi repetida e expressivamente descrita por importantes autores; já citamos a propósito disso Dostoiévski e Tolstoi. A contradição por eles exposta é autêntica e por isso adequada para lançar uma nova luz histórico-social sobre a relação internamente contraditória, porém insuprimível, por nós recém-apontada. Estamos nos referindo à fascinação indestrutível que há quase dois milênios irradia da personalidade do Jesus neotestamentário. Não faria muito sentido esmiuçar aqui as contradições grosseiras, nas quais encontramos lado a lado desde a milagraria mágica até a pregação de uma atividade puramente humana de alto valor. Com efeito, os diversos períodos interpretaram esse material tão díspar de maneira sempre diversa, de acordo com as necessidades prementes do momento, e a longa vitalidade da figura de Jesus nada mais é que a continuidade social – sujeita a grandes mudanças internas – dessas interpretações. Na vitalidade dessa imagem se exprime o duplo caráter da religiosidade sectária: simultaneamente a sua força e a sua debilidade. A força deriva do fato de que as seitas autênticas, capazes de mobilizar fortemente e muitas vezes de abalar profundamente a sociedade, partem das contradições reais que mobilizam fortemente grupos humanos maiores e mais despertos, buscando para eles uma saída humanamente digna, que detonam as reificações e os estranhamentos predominantes. Disso resulta, como ficou muito bem ilustrado na atuação de Jesus, a sua orientação precipuamente plebeia, porque inclusive nos casos em que as formulações centrais da doutrina de uma seita procederam no plano imediato de intelectuais (Thomas Münzer), o ponto de partida, a direção do pensamento e a finalidade têm um caráter plebeu. Isso é muito fácil de entender. Uma forma social pode encontrar-se em estado de dissolução; contudo, esse fato é vivenciado como abalo de todas as bases da existência, sobretudo pelos estratos inferiores, enquanto os estratos superiores que se aproveitam desse processo podem ser atingidos de modo relativamente menos intenso (pense-se, por exemplo, no efeito que teve sobre os cidadãos da pólis em Atenas e Roma a destruição da igualdade original e relativa do parceleiro). Mas também em cada caso de aumento da desigualdade, mesmo que não evolua para uma crise social aguda, as reações no plano social deverão ser análogas. Ninguém afirmará que uma oposição plebeia de cunho religioso ideológico que parte desses fatos sempre deva reportar-se incondicionalmente a Jesus, mesmo que, em sua ação, pela própria natureza das coisas, tenha na Bíblia o seu ponto de partida. Pense-se nos versos já citados por nós em outros contextos: "Quando Adão capinava e Eva tecia, onde estava então o nobre?".

Porém, é igualmente evidente que a expulsão dos vendilhões do templo, o diálogo com o jovem rico, o sermão da montanha etc. podiam fornecer em larga escala pontos de contato desse gênero, como efetivamente aconteceu. Dependendo da necessidade do momento, das finalidades do momento, da situação de classe dos que faziam as escolhas etc. surgem imagens extremamente diversificadas de Jesus. Certamente, nem todos os tratados sobre o seguimento do seu exemplo de vida visavam diretamente à subversão; não obstante, eles têm uma intenção comum contrária aos efeitos reificantes e, por isso mesmo, estranhadores das interpretações bíblicas cultivadas na teoria e na prática pelas instâncias eclesiásticas. Mestre Eckhart, por exemplo, certamente foi um revolucionário no sentido social imediato. No entanto, numa de suas pregações, que não por acaso tinha como objeto a expulsão dos vendilhões do templo, ataca as assim chamadas boas obras como reificações e estranhamentos, como desvios do verdadeiro seguimento de Jesus:

> Olhem, queridos filhos e queridas filhas, todos esses aí são *negociantes*: eles evitam os pecados grosseiros e gostariam de ser boas pessoas, fazendo as suas obras para honrar a Deus, obras tais como jejuar, velar, rezar e o que quer que seja, toda sorte de boas obras: mas as fazem com a intenção de que Nosso Senhor lhes dê algo em troca ou faça aquilo que lhes agrada. São todos negociantes! No sentido mais tosco do termo.[75]

Ora, uma vez que os homens da vida cotidiana estão em contato imediato com aquilo que, no respectivo nível de desenvolvimento econômico, os aliena

---

[75] Mestre Eckhart, *Schriften und Predigten* (Iena, Diederichs, 1917), v. II, p. 144.

e degrada, os coloca em perigo e assim destrói a sua existência humana, essas pregações que estimulam a reagir de modo direto, pessoal, humano contra o estranhamento têm necessariamente sobre eles o efeito de elevá-los e entusiasmá-los. Esses afetos – interpretados subjetivamente e motivados precisamente nesses termos em cada caso subjetivo singular – induzem a olhar além da cotidianidade usual, eles impelem, já no plano afetivo, e ainda mais quando são alçados ao plano do pensamento, para além da particularidade imediata e, enfim, a sua intenção última – dada a presença do próximo, que aqui está sempre em primeiro plano através do entrelaçamento entre a via de escape pessoal e o destino dos demais homens – está definitivamente orientada para a generidade para si; em vista disso, não é nenhum acaso que figuras como a de Jesus, em sua pregação e com ela, exercem uma influência de longo prazo só comparável à das realizações supremas da arte e da filosofia. Não é por acaso que, nos últimos dois mil anos, essa influência da pessoa de Jesus seja comparável somente à de Sócrates; sendo que, no que se refere aos efeitos imediatos e não só os que Sócrates teve sobre o desenvolvimento intelectual e ideal, a pessoa de Jesus naturalmente foi muito mais poderosa que a de Sócrates. E sem dúvida é uma deficiência da crítica marxista da religião não ter dado atenção suficiente a esse aspecto do complexo. Por isso, Kolakóvski tem toda razão em levantar esse problema em estudo próprio. Ele só se engana ao generalizar erroneamente esse fenômeno e opinar que Marx igualmente teria acolhido e desenvolvido esse motivo que tem "suas raízes em Jesus, que está presente no cristianismo moderno, geralmente na heresia, com extrema raridade na igreja"[76].

É correto, mas não basta entender essa intenção dirigida diretamente para a generidade para si pela pessoa singular da vida cotidiana e reconhecer o seu valor – de modo algum insignificante, mas, mesmo assim, sumamente problemático – na luta contra o estranhamento. O que importa é procurar compreender corretamente e tentar aquilatar de modo correspondente a essência e a função de tais intenções na luta da humanidade pela sua própria generidade. Se quisermos, portanto, voltar a considerar, a partir ponto de vista alcançado até aqui, a relação entre seita e igreja, chegaremos, em termos bem gerais, ao seguinte resultado: a igreja, enquanto organização abrangente, voltada para a validade universal, encontra-se na mais estreita ligação possível com cada ge-

---

[76] L. Kolakowski, "Jesus Christ prophet and reformer", *Tri-Quarterly*, v. 9, 1967, p. 73.

neridade em si obtida, realizada ou em vias de realização pelos homens. (Pense-se na evolução do calvinismo, cuja forma tardia não mais sectária da relação entre a atividade terrena bem-sucedida e a salvação da alma se transformou na expressão sumamente coerente e influente da generidade em si pré-capitalista.) Sob esse aspecto a igreja sempre é, como vimos, um complexo social paralelo ao Estado, cujas histórias permanecerão para sempre indissoluvelmente entrelaçadas nas formas mais diversificadas e complexas. As duas organizações conectam-se ao respectivo estágio já alcançado ou prestes a ser alcançado pela sociedade, pertencendo, portanto, à superestrutura da respectiva estrutura econômica alcançada, ou seja, das tendências econômico-sociais que produzem esta última e que dela se originam. Quando protestamos contra o fato de Hegel ter tratado a religião como uma etapa no desenvolvimento do espírito absoluto, estávamos embasados justamente nesses fatos. Todos os esforços da igreja no sentido de fixar os posicionamentos – inevitáveis na prática – sobre essas questões, de estabilizá-los e torná-los funcionais por meio de generalizações ideais (ou seja, de dogmas, de sua interpretação e fundamentação teológicas etc.) são determinados por essas tentativas de controlar a vida cotidiana e não o inverso. E visto que, como também já foi demonstrado, a igreja sempre considerou como sua primeira atribuição a de regular e conduzir a vida cotidiana dos homens, descendo até o nível do homem singular, ela pode com muita frequência incorrer numa relação de concorrência e até de conflito com o Estado, ainda que a aspiração fundamental de ambos seja a de promover, consolidar e assegurar o estágio da generidade em si já alcançado (ou a ser alcançado) em cada caso concreto.

Aqui começa, então, o paradoxo contraditório da influência das seitas sobre as igrejas. Quando falamos anteriormente da permanente fascinação irradiada pela figura, pelas palavras e pelos feitos de Jesus, tínhamos em mente precisamente esse problema. A dominação ideológica da vida cotidiana do homem singular raramente é possível de outro modo que não o de dar visibilidade a ideais sublimes, cuja realização prática pode, com boa consciência, ser negligenciada. Portanto, a religiosidade explosivamente patética (começando por Jesus) foi tão necessária quanto a já aludida postergação simultânea da parúsia para o dia de São Nunca [*Sankt-Nimmerleinstag*]. Somente com essa ideologia, que, todavia, modifica-se com frequência em termos de conteúdo, estrutura etc., a igreja tem condições de administrar com êxito a cotidianidade média, de cumprir na prática as suas funções organizativas – paralelas às do

Estado. Neste ponto, reveste-se de importância central para nós o momento ideológico desse complexo. A sua intenção prática é sempre a de conservar o respectivo *status quo* econômico, social e político, isto é, quando a questão é posta em termos ideológicos, a intenção é a de dar suporte à generidade em si do momento. Acreditamos que a história das ideologias das igrejas se torna compreensível e evidente assim que visualizamos essa intenção como o mandato central que a norteia.

Totalmente diferente é o caso da religiosidade das seitas, que consideraremos primeiramente em sua peculiaridade e não em relação à sua função na religiosidade das igrejas. Nesse caso, procura-se e aparentemente se encontra um ideal de homem, um modelo de conduta humana, mais precisamente, um que apela para a individualidade do homem singular – com muita frequência e até na maioria das vezes rejeitando as leis reificadoras em vigor ou descartando-as como inessenciais –, contudo, de tal modo que o homem singular implicado deve experimentar, comprovar o seu chamamento para a salvação por meio de um comportamento prático em relação aos seus semelhantes. Em mandamentos do tipo "Fazei aos outros o que quereis que eles vos façam", ou "Ama o teu próximo como a ti mesmo" etc., exprime-se inquestionavelmente uma intenção que aponta para muito além da mera generidade em si, que está voltada para a generidade para si como a única constituição psíquica digna do homem. No capítulo anterior, falamos longamente sobre o papel que desempenham as assim chamadas ideologias puras superiores, a arte e a filosofia, na aclaração, na conscientização desse nível humano, para o qual o desenvolvimento econômico e a correspondente generidade em si produzem apenas o campo de ação de possibilidade – certamente indispensável –, mas cuja realização só pode consistir num ato dos próprios homens. Essas ideologias fazem isso – cada uma com os seus meios específicos e partindo em cada caso do estado real da sociedade e do estado da generidade em si que lhe corresponde – na medida em que tentam concretizar as formas pelas quais uma generidade para si pode assumir uma figura na vida social daquele momento, as mediações de que terá de valer-se e os conflitos que suscitará. Ora, ao suscitar tais problemas, a autêntica religiosidade das seitas, subjetivamente genuína, voltada para objetivos análogos, indubitavelmente se enquadra nessa ordem de aspirações humanas; nesse sentido, Hegel as tratou de modo parcialmente correto, ao lado da arte e da filosofia, como espírito absoluto, mas cometendo o erro já realçado de que não é a religião como um todo, mas somente essas correntes específicas dentro dela que podem ter intenções desse tipo; desse primeiro erro decorre o abandono do caminho certo que leva forçosamente a deixar inteiramente de abordar a problemática específica dessas tendências dentro do conjunto das religiões.

Essa peculiaridade, porém, é justamente a questão que nos parece importante para a constatação dos fatos decisivos nesse ponto. As comparações entre teologia e filosofia, entre religião e poesia naturalmente não são coisa nova, mas até agora elas trouxeram à luz – no plano do ser – bem pouco de essencial. A comparação com a poesia já emerge em Feuerbach, mas apenas num ponto ele toca o problema real e até neste o faz por puro acaso, de modo que não tira dele as consequências reais. O que ocorre é que Feuerbach se defende da acusação de que a sua filosofia, intencionando desmascarar o estranhamento religioso, destruiria a poesia da realidade. Ele se defende disso de uma maneira que do ponto de vista ontológico é totalmente equivocada. De fato, a eliminação de toda tendência antropomorfizante da práxis humana, a eliminação de todos os elementos teleológicos da imagem da natureza (e também da imagem objetiva da sociedade) representa um progresso enorme, sem o qual uma real superação do estranhamento religioso seria impossível. Nesse ponto, a imagem de mundo de Feuerbach permanece confusa em muitos aspectos. Ele diz: "Eu não suprimo a arte, a poesia, a fantasia, pois suprimo a religião só *na medida em que* não é poesia, mas prosa vulgar". Nesse ponto, todavia, emerge uma argumentação sadia, que pode muito bem ser aprofundada, a saber: "A religião é poesia. Ela de fato o é, mas com a diferença em relação à poesia, à arte em geral, de que a arte apresenta as suas criações como aquilo que são, nada mais que criações da arte; a religião, porém, apresenta seus seres imaginários como seres *reais*"[77]. A possibilidade fecunda está embutida na negação, na constatação de que o pôr artístico (e a sua recepção) acontece sob o pressuposto de que o objeto por ele posto não é um objeto realmente existente, mas um objeto mimeticamente reproduzido, ao passo que as revelações religiosas levantam a pretensão de ser não só uma realidade autêntica, mas até mesmo *a* realidade, a realidade propriamente dita, a realidade verídica. Essa diferença de fato não escapa a Feuerbach, mas ele se limita simplesmente a constatá-la, a contrapor as duas coisas num plano em alguma medida gnosiológico e, portanto, consegue apenas demonstrar que a

---

[77] L. Feuerbach, *Das Wesen der Religion*, Sämtliche Werke, v. VIII, p. 233.

concepção poética da realidade não precisa ser degradada à condição de prosa pela objetividade não real dos objetos religiosos.

Mas o que está em jogo aí, justamente no plano ontológico, é muito mais que isso. De fato, precisamente ao reproduzir mimeticamente a realidade objetiva e não aspirar a outra coisa além dessa mimese, a poesia consegue criar um *medium* homogêneo da representabilidade [*Abbildlichkeit*], no qual as tendências operantes na vida podem adquirir outras proporções, outros acentos, outras disposições etc. diferentes das que elas tinham na vida cotidiana, sem, desse modo, violar por sua essência a grande verdade histórica do desenvolvimento global. Isso naturalmente não equivale a uma rejeição da realidade concreta do *hic et nunc* histórico. Pelo contrário. É exatamente este último que a criação artística pretende preservar enquanto processo, no seu movimento global, não, porém, enquanto imagem generalizada e postulada (como na filosofia), mas enquanto princípio dinâmico, pelo qual alguns destinos individuais são organicamente vinculados ao curso do gênero humano. Toda grande arte tem, como vimos, a tendência de mostrar por meio de destinos humanos individuais, se necessário por meio de conflitos trágicos, o percurso que leva os homens da generidade em si dada naquele momento rumo a uma generidade para si possível a partir daí – mesmo que, naquela época, ela ainda não estivesse empiricamente realizada e eventualmente nem fosse realizável em termos sociais universais. Portanto, do ponto de vista de um empirismo vulgar ou, falando em termos estéticos, do ponto de vista do naturalismo toda grande arte parece possuir em si algo de utópico. No entanto, trata-se meramente de uma aparência empírico-naturalista. De fato, quando em tal âmbito é representado o movimento dos indivíduos em direção à sua generidade para si historicamente e individualmente determinada, não se tem uma antecipação utopista nem de uma condição social nem de um tipo humano, mas no existir concreto de homens concretos em situações sociais concretas vêm à luz aquelas energias humano-sociais, aquelas determinações concretas da vida, das quais em uma determinada sociedade pode desenvolver-se e realizar-se – com muita frequência só em termos trágicos –, a partir da generidade concreta existente-em-si, a generidade para si inerente a ela como possibilidade. Essa força dinâmica, presente nos homens particulares, que os impulsiona a ir além da própria particularidade, é representada pela grande arte de maneira não utópica em termos socio-ontológicos. Trata-se de um fato elementar que desempenha certo papel na vida de muitos homens, mesmo que na cotidianidade esses impulsos com muita frequência permaneçam simples desejos, simples sensações de um mal-estar indistinto em relação à sua própria existência interior e não conduzem nem mesmo a tentativas reais de realização prática. A essência típica dos conflitos cotidianos que brotam desse terreno denuncia a sua própria constituição. A elevação do homem singular acima da sua própria particularidade é um ato que, inextricavelmente, é ao mesmo tempo profundamente pessoal e objetivamente social em suas determinações decisivas. Ninguém poderá elevar-se acima da sua própria particularidade humana se não estiver decidido a, se for preciso, entrar em conflito com a generidade em si vigente e a encarar esse conflito. É impossível que a simples e pura interioridade, que evita essas provas e deseja permanecer puramente interiorizada, consiga provar a sua própria autenticidade, permanecendo, portanto, mesmo para quem a vivencia de uma maneira bem profunda, uma simples possibilidade abstrata sem potência formativa para o homem. Ora, visto que a grande poesia põe como conteúdo central exatamente essas transições do homem particular para a sua não-mais-particularidade [*Nichtmehrpartikularität*], as suas criações podem até resultar fantasiosas, discordantes da existência empírica da sua época, mas elas possuem uma verdade histórica mais profunda, que nada tem a ver com utopias e que, muito antes, torna visíveis as mais elevadas tendências, nem sempre realizadas, mas inerentes ao processo histórico como possibilidades reais.

Tivemos que expor esse aspecto da grande arte um pouco mais detalhadamente para poder aclarar o importante contraste ontológico entre a "irrealidade" da grande arte e a "realidade" das mais autênticas vivências religiosas. Não há dúvida de que as pregações das personalidades religiosas significativas visem sempre ao homem não mais particular, à sua generidade para si. E do fato de muitas vezes fazerem isso de maneira intransigente, sem concessões, advém a fascinação que exercem tanto sobre os seus contemporâneos como também – mas só às vezes – sobre épocas posteriores. Nesse sentido, portanto, Feuerbach parece ter razão com o seu paralelismo que constitui quase uma equiparação. A real diferença ontológica, que emerge numa comparação voltada para a realidade, parece, à primeira vista, apenas uma diferença insignificante, uma diferença de nuança, uma diferença no modo de se expressar, mas, quando examinada com maior exatidão, traz consequências de alcance extraordinariamente vasto. A essência dessa diferenciação pode ser formulada assim: a pregação religiosa, o apelo religioso à superação do homem particular, omite – na maior parte dos casos, conscientemente – o momento social desse movimento, entendendo o processo que assim surge como puramente interior à alma (eventualmente com um pano de fundo cósmico), como vitória do princípio transcendente, divino, presente no homem sobre os seus momentos meramente criaturais, terrenos, carnais-sociais. Ao tratar disso, deixaremos de lado por ora os momentos ascéticos. ("O espírito está pronto, mas a carne é fraca", diz Jesus no jardim do Getsêmani.) Fazemos menção a eles apenas porque, já nesses momentos, se verifica um deslocamento de ênfase em relação à arte: nesta, vemos a superação da particularidade em seu todo, no homem total, físico e social; naquela, ao contrário, ocorre a cisão do homem integral numa parte espiritual e numa física, numa parte que deriva da transcendência e nela está domiciliada e noutra parte que permanece acorrentada ao seu âmbito de vida sociobiologicamente determinado. (O conflito ético-terreno, por exemplo, entre a dedicação corajosa a uma causa e a fuga covarde diante dela nada tem a ver com esse contraste; a covardia é um afeto que diz respeito ao homem em sua globalidade, tanto quanto o seu oposto, a coragem, não podendo ser algo suprabiológico e muito menos suprassocial.)

Com tal contraposição transcendente, porém, as intenções voltadas para o supraparticular perdem a sua ancoragem, a sua vinculação com o respectivo ser histórico-social concreto. Por mais intimamente que o caminho da alma desejante de dissociar-se da sua própria particularidade esteja entrelaçado com os destinos dos seus semelhantes, a elevação não obstante se efetua num vácuo social que, na melhor das hipóteses, é totalmente indiferente para a essência desses atos. É por isso que somente à sombra projetada por uma parúsia iminente, esperada como real, o "dai a César o que é de César" pode levar, no plano ideal-emotivo, para além do momento privado e particular estritamente individual. E também nesse caso apenas se for transfigurado subjetivamente por emoções suscitadas pela expectativa do fim do mundo. Quando a parúsia perde essa atualidade, todas as tendências que subjetivamente almejam superar a particularidade têm de ser integradas, em termos de práxis e por isso também em termos éticos reais, de algum modo na generidade em si que existe naquele momento, perdendo precisamente a força motriz autêntica necessária à superação da particularidade, cuja imagem fidedigna é a marca distintiva justamente da mimese artística. Portanto, na autenticidade imediata da religiosidade das seitas, a intenção de ir além da particularidade do homem pula por cima da generidade em si e não almeja chegar, em interação dinâmica e justamente por isso contraditória, ao supraparticular da personalidade na generidade para si; justamente por isso, essa intenção pode ser incorporada com tanta facilidade pelas igrejas no seu sistema de defesa e conservação da generidade em si.

Essa reintegração dos movimentos e concepções religiosos que almejam ir além da particularidade é seguidamente efetuada pelas igrejas, numa afirmação definitiva da generidade em si na prática, em confronto com as intenções das seitas, isso quando estas não são simplesmente erradicadas de forma violenta. (Pense-se na história das ordens monásticas, sobretudo no destino de Francisco de Assis e do seu movimento ou mesmo no desenvolvimento do calvinismo.) O interesse da religiosidade mediana das igrejas é incorporar no seu próprio cânone de fé oficial todas as iniciativas humanamente significativas e elevadas das seitas, provocando com o auxílio delas, tanto quanto possível, sentimentos de aprovação; tudo isso, porém, de tal maneira que não seja possível tirar daí nenhum tipo de consequências práticas que venham a perturbar o *status quo* social, de tal maneira que a generidade em si continue a ordenar e dirigir *de facto* as ações dos homens na vida cotidiana sem sofrer contestação. Assim sendo, emanações religiosas como o sermão da montanha nunca serão declaradas inválidas. Pelo contrário: elas integram o cânone de fé eclesiástica. O que resulta daí é um acordo muitas vezes tácito no interior da igreja, no sentido de que ninguém deve ter a brilhante ideia de vislumbrar nelas um dever a ser realmente realizado na vida. (Pense-se em Tolstoi.) As investidas sectárias na direção da generidade para si, que em sua própria esfera poderiam conduzir, quando muito, a "realizações limitadas", a becos sem saída ético-utópicos, resultam, por essa via, num pano de fundo moral decorativo para a adaptação incondicional ao momentaneamente vigente. Assim, quanto mais avança o desenvolvimento capitalista, tanto mais se alteia, também na religião, a generidade em si enquanto barreira intransponível de todo agir: o *status quo* econômico, social, político e ideológico.

A potência dessa barreira pode ser facilmente estudada em Max Weber. Dentre todos os seus contemporâneos, ele talvez seja o que investigou mais a fundo a diferença e o contraste entre seita e igreja, e, como evidenciaram as passagens anteriormente citadas por nós, não nutriu nenhum tipo de ilusão sobre a religiosidade dos adeptos das igrejas do seu tempo. Apesar disso, a ética do sermão da montanha manifesta-se para ele como o Outro absoluto e delimitador de toda atividade política. Max Weber quer demonstrar que a política pode agir somente no campo da generidade em si, que, na prática, as tendências revolucionárias – de fato, nem sempre – também se movem nesse nível e operam preponderantemente com os mesmos meios (violência etc.), não se distinguindo, em termos político-ideológicos, em nada da *Realpolitik* e possuindo um único antípoda ideal: precisamente o sermão da montanha. Assim, para ele, a práxis humano-social se depara com uma única alternativa: *Realpolitik* ou sermão da montanha, sendo que ele sabe perfeitamente – e até mesmo dá a esse seu saber um toque irônico-demagógico – que o sectarismo ético não é capaz de exercer nenhuma influência real sobre a ação social dos homens, acabando sempre por converter-se em uma caricatura reacionária: "Quem quiser agir segundo a ética do evangelho abstenha-se das greves – pois elas constituem coerção – e inscreva-se nos sindicatos amarelos*"[78]. Ao colocar o peso da questão sobre a violência (*Realpolitik*) e sua rejeição por princípio (sermão da montanha), Weber torna a polêmica mais fácil para si mesmo. No plano teórico, ele chega ao mesmo falso dilema a que chegam as religiões, enquanto no plano pessoal ele adquire tons seculares e céticos: na realidade, as pessoas só podem lutar pelas formas da generidade em si; tudo o que vai além disso permanece subjetivo e socialmente irreal. Manifesta-se nisso uma cisão trágica de sua personalidade, o que, no entanto, não podemos tratar aqui.

Nesse ponto, Weber é para nós um mero representante de tendências dominantes da época. O desenvolvimento do capitalismo em extensão e profundidade comporta uma tendência para a eliminação de todas as aspirações que buscam ultrapassar socialmente a generidade em si e pessoalmente a particularidade do homem singular. No século XIX, ainda ocorreram tentativas de amplo espectro de ir ideologicamente além, as quais, todavia, se deram precipuamente dentro dos limites da religiosidade sectária; pense-se, nesse tocante, sobretudo em Tolstoi, no qual, porém, seguidamente irrompe a sua atitude instintivamente poética e, portanto, crítico-ontológica, ao proporcionar extraordinárias criações trágicas e tragicômicas em que se tornam visíveis as consequências humanas que se manifestam quando, na busca pela generidade para si, pula-se por cima da generidade em si. Contudo, o desenvolvimento geral leva a uma glorificação e canonização da particularidade do homem.

---

* "Sindicatos amarelos" são aqueles constituídos no século XIX na França e na Alemanha, normalmente formados ou financiados pelos patrões com o objetivo de defender seus próprios interesses, causando a divisão dos trabalhadores. Eles são contrários à greve e adotam posição conciliadora. A qualificação de "amarelos" vem da fama de fura-greves dos orientais no século XIX na França. (N. T.)

[78] M. Weber, *Gesammelte politische Schriften*, cit., p. 440. [Cit. extraída do ensaio "Política como profissão", de 1919. – N. T.]

A acomodação filisteia com a situação vigente no momento não é nenhuma novidade. A única coisa nova é que a intelectualidade subjetivamente revoltosa, subjetivamente proclamadora do progresso e do antifilistinismo, acaba – objetivamente – por defender a particularidade, considerando-a não somente como o único modo real de existir, mas também como o único adequado, o único autêntico para o homem. Talvez seja suficiente mencionar a luta de André Gide que culmina na glorificação da *action gratuite*, na qual o homem é considerado como "autêntico", como "livre", como "ele mesmo" só quando segue de maneira espontânea e acrítica os seus impulsos momentâneos, isto é, quando não faz nenhuma tentativa, nem mesmo interior, de elevar-se acima da sua própria particularidade momentânea, quando, pelo contrário, esse ficar retido na particularidade é elevado, em termos ideais e poéticos, à condição de verdadeira existência humana. Se considerarmos as consequências ontológicas dessa tendência, veremos que Gide não assumiu uma postura solitária, mas exprime, muito antes, uma tendência geral da cultura capitalista no período imperialista. Não é este o lugar para deter-nos nessa questão. Não vale a pena expor detalhadamente, nas mais diversas orientações ideológicas temporariamente predominantes, desde o dadaísmo até os *happenings*, passando pelo surrealismo, em seus modos de manifestação efêmeros mais extremados, o momento da *action gratuite*, que figura como o pôr única e insuperavelmente real da particularidade humana. Citarei somente, como exemplo complementar oposto, oriundo do lado religioso-eclesiástico, algumas ideias de Paul Claudel. Em carta endereçada justamente a Gide, ele toma posição, no conflito formulado por Dostoiévski, resolutamente a favor do Grande Inquisidor contra Jesus, isto é, a favor de definitividade fundamental da generidade em si, da particularidade do homem singular.

> Aliás, em seu diálogo em *Os irmãos Karamazov*, Dostoiévski apercebeu-se da grandeza da igreja, mesmo sendo mesquinho a ponto de negar a fé ao Grande Inquisidor. Este tem toda razão contra aquele falso Cristo que, imiscuindo-se de modo ignorante e presunçoso, quer pôr em desordem o grandioso plano da redenção. Igreja significa ser uno. "Quem comigo não ajunta espalha"*. Quem não age como membro da Igreja, só pode agir em seu próprio nome; ele é um pseudocristo e um *dissipador*.[79]

---

* Citação bíblica de Mt 12,30; Lc 11,23. (N. T.)
[79] P. Claudel e A. Gide, *Zweifel und Glaube: Briefwechsel* (Munique, 1965), p. 89.

Exemplos desse tipo poderiam ser enumerados à vontade, por exemplo, no catolicismo político da França contemporânea.

Com tudo isso, aproximamo-nos bastante do período de manipulação do tempo presente imediato. Mas antes de dar uma rápida olhada nos temas fundamentais dos estranhamentos determinados pela religião nesse período, seja-me permitido caracterizar brevemente o posicionamento por nós recém-indicado como característico no exemplo de uma significativa figura de transição, a saber, de Simone Weil. Ela certamente está entre as figuras mais marcantes e nobres da religiosidade sectária, e isso já porque, para ela – apesar de sua grande perspicácia e vasta erudição –, a tradução das suas ideias na prática, por mais difícil e penosa que fosse, sempre foi mais importante do que a expressão literária delas. Em correspondência, a participação nos problemas existenciais dos homens socialmente menos favorecidas constituiu uma das questões centrais para a sua conduta de vida. Contudo, no caso dela, esse posicionamento prático está associado a uma rejeição brusca e fundamental do significado religioso da salvação de toda esfera social de sua atividade. Ela diz:

> A armadilha das armadilhas, a armadilha quase inevitável, é a armadilha social. Em toda parte, sempre, em todas as coisas, o senso social consegue produzir uma imitação perfeita, isto é, totalmente enganadora, da fé. [...] É quase impossível distinguir a fé da sua imitação social. [...] No presente estado de coisas, talvez seja uma questão de vida ou morte para a fé recusar a imitação social.[80]

Ou em outra passagem:

> O vegetativo e o social constituem dois domínios onde o bem não penetra. Cristo resgatou o vegetativo, não o social. [...] Um rótulo divino aplicado ao social: mistura inebriante que encerra todo e qualquer desregramento. Diabo disfarçado. A consciência é enganada pelo social. A energia suplementar (imaginativa) está, em grande parte, suspensa do social. É preciso soltá-la. É a libertação mais difícil.[81]

Ela explica que esse aspecto sedutor do social é evidente nos comunistas: "Assim, podem, sem ser santos – é preciso sê-lo verdadeiramente – suportar

---
[80] S. Weil, *Das Unglück und die Gottesliebe* (Munique, 1961), p. 212-3.
[81] Idem, *Schwerkraft und Gnade* (Munique, 1954), p. 270-1 [ed. port.: *A gravidade e a graça*, trad. Dóris Graças Dias, Lisboa, Relógio D'Água, 2004, p. 159s].

os perigos e os sofrimentos que, pela justiça, só um santo suportaria"[82]. Essa linguagem, como sempre em Simone Weil, é clara, privada da diplomacia manipuladora própria da maioria dos seus contemporâneos movidos por propósitos religiosos. Pode-se dizer que ela pôs no centro, de maneira inequívoca, como princípio de sua teoria e práxis, a tendência por nós anteriormente caracterizada como objetivamente sempre presente na base da intenção religiosa das seitas dirigida para a generidade para si, tendência de modo algum sempre explicitamente enunciada de pular por cima da generidade em si. E visto que a atual dominação geral da manipulação universal de cunho econômico, social, político e cultural é pouco favorável ao surgimento de seitas autenticamente religiosas – assim que estas se tornam mais ou menos capazes de sobreviver, transformam-se muito rapidamente em empreendimento parcial ou inteiramente comerciais –, esse posicionamento teórico-prático de Simone Weil sobre o social se reveste de grande importância sintomática: ele expressa o conteúdo ontológico-social central de todos os movimentos sectários autênticos, ou seja, o estar direcionado exclusivo, totalmente imediato, para uma elevação puramente individual do homem acima da particularidade. Evidencia-se aí com toda clareza que não há nenhuma tendência paralela às aspirações seculares de elevar-se acima da particularidade do homem, de almejar uma generidade em si, mas o que há é a sua negação estrita – justamente no sentido da socialidade ontológica.

Se traçarmos um panorama do período posterior a 1945 do ponto de vista desses estranhamentos, o que faremos na próxima seção, o resultado será uma tendência que abrange toda expressão social no sentido de amarrar o homem à sua particularidade, de fixá-lo definitivamente nela, de glorificar esse nível de ser como o único realmente existente e simultaneamente o único desejável enquanto grande conquista social. A oniabrangente manipulação refinada enquanto portadora dessa concepção do ser tem a sua base econômica na sujeição quase completa da indústria dos bens de consumo a serviço do grande capital. A importância de um consumo de massa nesse campo cria um aparato ideológico muito extenso, que domina os órgãos da opinião pública, cujo ponto central de motivação é o consumo de prestígio, que toma forma como meio de criar uma "imagem", como indução a ela; ou seja, a pessoa se veste, fuma, viaja, tem relações sexuais não por causa dessas coisas em si e por

---

[82] Ibidem, p. 275 [ed. port.: ibidem, p. 162].

si, mas para aparentar no ambiente em que se vive a "imagem" de certo tipo de pessoa que é apreciada enquanto tal. É evidente que, nesse caso, a "imagem" é uma reificação explícita do fazer da própria pessoa, da sua própria condição, do seu próprio ser. Fica igualmente claro que a difusão e o predomínio universais dessas reificações da vida cotidiana fazem do estranhamento uma base tão fundamental da vida cotidiana que contra ela costumam no máximo levantar-se protestos bem abafados (descontentamento com o tédio no tempo livre etc.). Certos acontecimentos às vezes até chegam a provocar reações explosivas, mas justamente esse seu caráter de *happening*, que permanece puramente no plano imediato, impede uma crítica mais aprofundada, que toque no ponto essencial da reificação e do estranhamento imperantes. Essa oposição crítica pressuporia a ruptura com as concepções de mundo manipuladoras cientificamente dominantes (sobretudo com o neopositivismo); ela teria de voltar-se contra o sistema, contra o império da manipulação (inclusive da democracia manipulada). Falaremos disso mais extensamente na próxima seção.

O que está no centro dos nossos interesses aqui é a questão da religião, do estranhamento que dela deriva e por ela é permanentemente mediado. Em relação a isso é necessário ressaltar um momento de modo especial: com o afastamento da barreira natural, com a socialização de tudo que é social terminou definitivamente o período que teve início pelo reconhecimento constantiniano do cristianismo como religião de Estado. Sempre constituiu de muitas formas uma ilusão pensar que, por exemplo, a forma feudal da sociedade tivesse correspondido às doutrinas do cristianismo; de qualquer modo, um processo contínuo de adequação das formas dominantes na teoria e na prática às concepções dos homens da vida cotidiana daquela época pôde suscitar a crença de que efetivamente havia essa correspondência e sobre essa base a igreja conseguiu tornar-se um poder social real, que por vezes logrou inclusive submeter o Estado. Não precisamos tratar aqui detalhadamente quanto durou o período de transição, quando ele começou exatamente e por quais etapas ele passou. O que se pode afirmar com segurança, e isso é reconhecido cada vez mais resolutamente também por parte da teologia, é que esse estado de coisas terminou definitivamente, que o período constantiniano do cristianismo pertence ao passado. Na Conferência das Igrejas Europeias em Nyborg [Dinamarca] (1959), o professor P. Burgelin disse:

No centro das atenções está o fato novo de que a partir de agora a igreja cristã é questionada em sua condição de fundamento da ordem social. Nesse sentido, a era constantiniana está encerrada. E, em contrapartida, a religião só é aceitável ainda em conexão com uma política que edifique um mundo novo, porque a política reivindica para si os sentimentos mais profundos e os ideais mais ansiados dos homens. Ela promete a salvação nesta terra e assume assim a posição de uma religião.[83]

Para nós, os momentos mais importantes nesse processo têm a ver com o fato de que o Estado e a sociedade praticamente não precisam mais do auxílio da Igreja para dominar a vida cotidiana do homem, pelo menos a proporção deslocou-se nitidamente para o lado das máquinas seculares. E há toda uma série de problemas cotidianos (por exemplo, o divórcio, o controle de natalidade etc.) nos quais os meios ideológicos da igreja foram ultrapassados em muito pelo padrão das reais motivações do agir das pessoas na vida cotidiana. Para as igrejas, o fim da era constantiniana significa, portanto, adequar-se às exigências de uma sociedade capitalista universalmente manipulada e não mais ser, como antes, o fundamento da manipulação da cotidianidade. Isso nem parece ser algo tão difícil de fazer. De fato, manter-se dentro do *status quo* da atual generidade em si é algo que já é proclamado pelo aparato econômico e social com grande eficácia prática. Portanto, as igrejas só precisam aliar-se a esse movimento, podendo até manter seus lineamentos anteriores sem modificações essenciais, devendo apenas modernizar de modo correspondente o seu modo de expressar-se.

Nesse processo, emergem tarefas que de modo algum são insolúveis. Referimo-nos reiteradamente à palavra de ordem ideológica central do nosso tempo, a da desideologização. Ela surgiu como generalização social do neopositivismo; visto que, segundo este último, a cientificidade, a manipulação científica dos fatos, riscou toda pergunta pela realidade do dicionário das pessoas cultas como indigna delas, naturalmente tampouco poderia haver, para essa doutrina, conflitos reais a serem ideologicamente travados na vida social. Teoria e práxis concordam em que não podem existir conflitos sociais que não possam ser solucionados satisfatoriamente com o auxílio de compromissos manipuladores. O fato de também o conceito de realidade ter sido afastado de todo enunciado com pretensões científicas naturalmente também ampliou

---

[83] *Nyborger Konferenz Europäischer Kirchen 1959*, p. 71.

o campo de ação espiritual dos ideólogos religiosos. Com efeito, enquanto a ciência pretendeu reproduzir idealmente a própria realidade, inevitavelmente ocorriam confrontos permanentes e extremamente incômodos entre os fatos por ela constatados e os fatos declarados como reais pelas religiões. A eliminação do simples conceito do ser, que cada qual podia compreender de imediato, de toda reflexão mais elevada sobre o mundo provocou um caos nas imagens de mundo, visto que o único critério de verdade que resta é o da utilidade no interior de um complexo de conhecimento concreto e verificável na prática. Dessa maneira, porém, de modo algum foi superado o caos na concepção de mundo, porque, assim como foi possível organizar o tráfego naval regular mediante a aplicação da astronomia ptolemaica, assim também é possível hoje converter o espaço curvo em base para os conhecimentos físicos corretos. Portanto, a partir desse caos não se pode criar nenhuma base para a imagem da realidade. Ele permite tão somente, servindo-se de silogismos analógicos pseudocientíficos, relativizar a realidade a tal ponto que podemos atribuir-lhe qualquer significado que se queira. E é óbvio que são sobretudo as religiões que tiram proveito disso. Não quero falar aqui de *clowns* [palhaços] da concepção de mundo como Pascual Jordan, que, como vimos, acoplou, numa linha bem neopositivista, a entropia ao pecado original, valendo-se da analogia. Mas até um teólogo tão profundamente honesto e sério como Karl Barth se viu na situação de deixar registrado por escrito o seguinte:

> O Credo diz: "*Criador do céu e da terra*". Pode-se e certamente se deve dizer que, nesses dois conceitos, "céu" e "terra", em separado e em seu conjunto, deparamo-nos com o que se poderia chamar de a doutrina cristã da criatura. Esses dois conceitos, porém, não representam um equivalente ao que hoje costumamos chamar de *imagem de mundo*, ainda que de fato se possa afirmar que neles se reflete algo da antiga imagem de mundo. Porém, não é assunto nem da Sagrada Escritura, nem da fé cristã [...] defender uma determinada imagem de mundo. A fé cristã não está vinculada nem a uma imagem de mundo antiga nem à moderna. A confissão cristã passou, no curso dos séculos, por mais de uma imagem de mundo. [...] A fé cristã é fundamentalmente livre em relação a todas as imagens de mundo, isto é, em relação a todas as tentativas de interpretar o existente segundo os parâmetros e com os meios da ciência predominante no momento.[84]

---

[84] K. Barth, *Dogmatik im Grundriss* (Berlim, 1948), p. 62 [ed. bras.: *Esboço de uma dogmática*, trad. Paulo Zacarias, São Paulo, Fonte, 2006, p. 79s; com modif.].

Aqui não se diz abertamente – a pressão geral da "concepção de mundo" manipuladora neopositivista é tão forte que nem mesmo um Barth se apercebeu da formulação – que, desse modo, é rompida toda ligação entre religião e realidade. Não se pode esquecer que todas as divergências de opinião precedentes no campo teológico-dogmático julgavam estar se referindo à realidade. Quando Agostinho contrapôs ao pelagianismo de um lado e ao maniqueísmo de outro um *tertium* católico, ele buscou validar, entre duas tendências, a da mundaneidade voltada para a dimensão terreno-antropológica e a de um dualismo rispidamente excludente em termos metafísicos, a concepção cristã do ser que une a realidade terrena (humana, social, histórica) com a realidade do envio de Cristo (parúsia etc.), entendendo-as como, em última instância, unitárias. Assim sendo, a *civitas terrena* não era, ao lado da *civitas dei*, mera aparência, fruto da imaginação, uma "teoria", mas havia, a seu ver, uma realidade (divina, transcendente), em última instância, unitária, em cujo âmbito a realidade terrena e subordinada deveria ser entendida como tal. Essa é a fundamentação ontológica de toda imagem de mundo religiosa cristã, dos primeiros Padres da Igreja até Calvino.

Não é possível expor essas teorias aqui; seja dito apenas que, nesse caso, o ser não precisa adquirir "propriedades" que de nenhum modo lhe competem realmente (como perfeição, hierarquia etc.), mas que depois visam conferir caráter específico ao conhecimento associado ao respectivo ser. De qualquer modo, surgiu daí uma esfera do ser coesa em sua existência, que só se esfacelaria teoricamente quando o desenvolvimento inicial das ciências naturais fez emergir a teoria da assim chamada dupla verdade. Nela surgiu então uma cisão do ser, mediada por uma contraditoriedade interna da origem ideológica. Enquanto até aquele momento o objetivo de toda atenção dedicada ao ser estava em superar, em termos teológicos, todos os problemas da realidade em seu conjunto, passa a figurar ao lado dela – em forma de concorrência conspirativa – a busca por dominar idealmente a própria realidade objetiva, enquanto base da práxis humana, assim como ela é em si, num primeiro momento, sobretudo, no campo do metabolismo da sociedade com a natureza, independentemente dos complexos de problemas eclesiástico-ideológicos. O crescimento irresistível das tendências que levaram ao capitalismo teve a sua primeira culminação, o seu primeiro grande conflito no período de Galileu, quando a ontologia religiosa, forçada a ficar na defensiva – em termos de história universal –, faz com o cardeal Belarmino o seu primeiro recuo: ao conhecimento da realidade, reduzido à mera utilidade pragmática, era subtraída toda valência ontológica, enquanto as verdades da teologia, independentemente dos resultados do conhecimento objetivo da realidade, deveriam conservar a sua validade ontológica no sentido da igreja. Desse modo, o cardeal Belarmino se tornou o progenitor de um positivismo ontológico-agnóstico, o que foi constatado já por Duhem.

Nesse ponto, o mais importante para as nossas considerações atuais é constatar que esse posicionamento de tão graves consequências foi de fato uma batalha visando a um combate à retaguarda teórico: foi uma reação defensiva da teologia diante do fato de que, em consequência do desenvolvimento social e da ciência, do modo de viver etc. que dele se originaram, a realidade não podia mais ser dominada com as categorias ontológicas da religião. Aqui não é o lugar para descrever nem mesmo esquematicamente como se deu esse desenvolvimento. Quem acompanha a adequação à manipulação neopositivista e procura entender na perspectiva ontológico-social os esforços modernos para "demitologizar" a Bíblia não terá dificuldade para ver que as explanações recém-citadas de Barth constituem o polo oposto, embasado na continuidade histórica, ao do cardeal Belarmino. Abandona-se o caráter de realidade de todo conhecimento do mundo para salvar teoricamente o império ontológico absoluto da ideologia religiosa, renuncia-se a toda realidade da pregação da igreja (incluso da Bíblia) para salvar de qualquer maneira o sonho, a aparência da sua validade mediante uma dissociação radical de toda a conexão com a realidade. Também aqui existe, portanto, uma espécie de dupla verdade, mas já de maneira a exprimir – involuntariamente – o fato de que nem a realidade da natureza nem a do desenvolvimento histórico-social podem objetivamente ter qualquer tipo de contato com as pregações religioso-eclesiásticas sobre elas. Porém, isso representa uma autodestruição dos próprios fundamentos. De fato, as pregações da Bíblia fizeram os seus enunciados sobre os homens e a sua história, sobre a constituição da natureza e sobre as relações tanto interiores como exteriores dos homens com ela, no sentido mais literal possível, como enunciados sobre a realidade como esta realmente é. O desenvolvimento que processa aí significa a capitulação diante da crítica ontológica hostil à religião, mesmo que ela – diplomaticamente – assuma a forma de uma reedição modificada da dupla verdade. Essa capitulação é facilitada, não no plano do fato objetivo, mas no plano da manipulação, pelo fato de as correntes filosóficas hoje predominantes procurarem desvalorizar ontologicamente aquilo que é cognoscível em termos objetivamente científicos.

Jaspers, por exemplo, não é nenhum neopositivista em sentido direto, mas, para conseguir conferir à sua própria metafísica a aparência de uma fundamentação, ele é igualmente obrigado a participar afirmativamente da eliminação neopositivista da realidade do âmbito do conhecimento científico:

> Não existe uma imagem de mundo científica. Pela primeira vez na história temos hoje, por obra das ciências mesmo, plena clareza sobre isso. Antes existiam imagens de mundo que conseguiam dominar o pensamento de épocas inteiras, códigos admiráveis que hoje ainda nos atraem. A assim chamada imagem de mundo moderna, em contrapartida, fundamentada num modo de pensar representado por Descartes, resultado de uma filosofia praticada como pseudociência, não possui o caráter de um código para a existência, mas o de um aparato mecânico e dinâmico para o intelecto.[85]

Também para Jaspers, as categorias da realidade decisivas para a religião conservam algo existente, algo aceito como tal e, ao mesmo tempo, objetivamente não obrigatório. Em consequência da sua filosofia, a qual não nos é possível tratar nesse ponto, ele não pode e não quer analisar as categorias religiosas (por exemplo, revelação) quanto ao seu conteúdo ontológico; ele não as nega, mas retira delas toda validade autenticamente objetiva. Ser cristão torna-se assim uma faticidade empiricamente histórica (envolta pela aura que ela conferiu a si própria no decorrer do processo histórico):

> Por isso nós, ocidentais, podemos acreditar que vivemos da religião bíblica, admitir muitas formas, modos, princípios de tal vida, mas recusar a posse dela a qualquer grupo, qualquer igreja. Um teólogo pode até afirmar com desprezo: quem lê a Bíblia ainda não é cristão. Eu respondo: ninguém e nenhuma instância sabe quem é cristão; nós somos todos cristãos (pessoas que creem biblicamente) e é preciso acatar quando alguém afirma ser cristão. Não precisamos deixar que nos ponham para fora da casa que há um milênio pertence aos nossos pais. O que importa é como alguém lê a Bíblia e o que alguém se torna procedendo assim.

E Jaspers prossegue com coerência:

---

[85] K. Jaspers, *Der philosophische Glaube angesichts der Offenbarung* (Munique, 1962), p. 431.

Visto que a tradição é ligada a uma organização, e a da religião bíblica é ligada a igrejas, comunidades e seitas, aquele que, como ocidental, se sabe ligado a esse solo pertencerá a uma dessas organizações (seja ela católico-romana, judaica, protestante etc.), para que a tradição aconteça e o lugar permaneça a partir do qual possivelmente o *Pneuma* chegue aos povos quando ele retomar a sua atividade.[86]

Também nesse caso, portanto, o pertencimento à religião é, com todas as suas consequências, vinculado à igreja, embora Jaspers veja com clareza os negativos aspectos de poder desse complexo, a saber, "que tudo que é eclesiástico, enquanto organização de poder e possível meio operacional do fanatismo e da superstição, merece a mais profunda desconfiança, embora seja indispensável no mundo para a tradição"[87]. Está claro que, desse modo, é "filosoficamente" aniquilado todo e qualquer conteúdo objetivo do ser da religião, toda possibilidade de diferenciação entre fé autêntica e superstição.

Sem nos deter em outros defensores apolegetas modernizantes da religião, podemos constatar que o neopositivismo forneceu o mais importante fundamento gnosiológico para a apologética de todos eles. Possivelmente, algum historiador futuro atribuirá, por exemplo, a Carnap, certa importância teórica para a ideologia religiosa dessa época semelhante àquela que teve Tomás de Aquino para a Alta Idade Média. Naturalmente, há entre os apologetas de relevo da Igreja católica também os tomistas, por exemplo Maritain, mas o seu defensor que atualmente goza de maior prestígio entre os intelectuais, Teilhard de Chardin, é decididamente determinado em termos metodológicos pelo neopositivismo. No caso dele, essa conexão assume formas ainda mais diretas e manifestas do que em muitos apologetas extraeclesiásticos. Para Teilhard de Chardin, o neopositivismo significa a liberdade de projetar na natureza qualquer conexão arbitrária fantástica que pareça dar suporte às suas intenções apologéticas, retendo no plano verbal uma expressão científica e até própria das ciências da natureza, dando a aparência de uma cientificidade exata (corroborada pela notoriedade de suas próprias realizações científicas, só que em campos totalmente diferentes). Assim sendo, ele diz o seguinte sobre a estrutura interna da matéria:

---

[86] Ibidem, p. 53-4.
[87] Ibidem, p. 90.

Suponhamos que toda energia é essencialmente de natureza psíquica. Mas acrescentemos que, em cada partícula elementar, essa energia fundamental se divide em dois componentes distintos: uma *energia tangencial* que torna o elemento solidário com todos os elementos que, no universo, pertencem à mesma ordem (isto é, que possuem o mesmo grau de complexidade e a mesma "centração") e uma *energia radial*, que o impulsiona para diante, rumo a um estado cada vez mais complexo e cada vez mais centrado.[88]

Obviamente não pode ser nossa intenção aqui acompanhar os detalhes dessa estruturação sistemática dessa concepção puramente imaginária da natureza. Limitemo-nos a constatar que, no ápice dessa nova interpretação do conhecimento natural, acaba aparecendo Cristo – numa terminologia científica "exata" – como o "ponto ômega" do cosmo[89]. Teilhard de Chardin expõe o seu conteúdo cósmico da seguinte maneira: "Dinâmica própria, ação onipresente, irreversibilidade e, por fim, transcendência: estes são os quatro atributos de ômega"[90]. Se com base nessa "dedução filosófico-natural" a Igreja católica apresenta-se inteiramente em conformidade com os preceitos ou se o faz de modo parcialmente heterodoxo, é assunto interno da Igreja, que pouco tem a ver conosco. Para nós, a única coisa que importa é constatar que surge aqui uma concepção do cosmo, cujo procedimento fantasista faz a mais famigeradamente subjetiva filosofia da natureza do romantismo parecer um modelo de exatidão científica. Porém, também deve estar claro para nós que nem mesmo nesse caso chega a ocorrer uma confrontação em termos de ética de vida entre a figura e a doutrina de Jesus, de um lado, e a realidade capitalista, de outro. Também nesse caso o fenômeno fundamental da religiosidade continua sendo a igreja, isto é, a consagração religiosa conservadora que a igreja sempre se esforça por conferir à generidade em si. Teilhard de Chardin não se inquieta com o desaparecimento *de facto* da parúsia, como ao menos ocorre no caso de alguns teólogos protestantes. Esse fato também se encaixa sem esforço no evolucionismo cosmicamente manipulado da sua teoria. Ele chega até a falar com ironia – benevolente – da "pressa um tanto infantil e do erro de perspectiva que fez com a primeira geração cristã acreditasse num retorno iminente de Cristo". Também isso contribuiu para a desilusão e a

---

[88] P. Teilhard de Chardin, *Der Mensch im Kosmos* (Munique, 1959), p. 40.
[89] Ibidem, p. 247s.
[90] Ibidem, p. 265.

desconfiança dos crentes. E ele considera que o interesse humano pelo advento (indeterminado) da parúsia como oriunda: "Do reconhecimento de que existe *uma conexão íntima* entre a vitória de Cristo e o sucesso da obra que o esforço humano procura edificar aqui embaixo"[91]. Como ocorre nas prosaicas fantasmagorias "futurológicas" em moda sobre o tempo vindouro, assim também, no seu caso, os resultados da manipulação exitosa levam diretamente à redenção da humanidade.

Quando ideólogos religiosos tão díspares em termos de personalidade, conteúdo do pensamento, método, convicções etc. convergem tão decididamente quanto às bases ontológicas, isso deve ter razões que remetem a questões de fundo do presente ser social. Essa base é, como sempre, a vida cotidiana da era da manipulação. Aqui entram em cogitação exclusivamente aqueles momentos dessa vida cotidiana que contribuem para produzir no homem a reificação da consciência e, mediada por ela, o estranhamento. Esses momentos da cotidianidade de hoje já foram descritos muitas vezes e ainda serão descritos com frequência. Certamente desapareceram muitas coisas que, nos tempos passados, produziram reificações e estranhamentos. Sobretudo – pelo menos nos países civilizados – desapareceu a predominância da miséria brutal e do sobretrabalho antropofágico com o auxílio dos quais Marx há mais de cem anos deu evidência aos problemas do estranhamento. Porém, os estranhamentos que passaram para o segundo plano foram substituídos por novos, a brutalidade manifesta daqueles atenuou-se, mas apenas para dar lugar a uma brutalidade aceita "voluntariamente". Não foi por acaso que pusemos entre aspas a palavra "voluntariamente", porque trata-se, nesse tocante, essencialmente de uma acomodação a uma situação, no plano imediato na maior parte das vezes incômoda, que o desenvolvimento econômico impingiu aos homens como "presente", por assim dizer pelas costas deles, independentemente de sua consciência. O fato de que, em geral, não era comum haver consciência da problemática da nova situação tem motivos complexos. A seu tempo, Marx descreveu com precisão a reificação e o estranhamento humano dela decorrente no trabalho capitalista, tomando como ponto de partida a função do tempo de trabalho:

> Ele [o trabalho, G. L.] supõe que os trabalhos se equipararam pela subordinação do homem à máquina ou pela divisão extrema do trabalho, que os homens se

---

[91] Idem, *Der göttliche Bereich* (Olten/Freiburg im Breisgau, 1962), p. 191 e 193.

apagam diante do trabalho, que o pêndulo do relógio se tornou a medida exata da atividade relativa de dois trabalhadores, do mesmo modo que o é da velocidade de duas locomotivas. Então, não se deve dizer que uma hora (de trabalho) de um homem equivale a uma hora de outro homem, mas antes que um homem durante uma hora vale tanto quanto outro homem durante uma hora. O tempo é tudo, o homem já não é nada; é, quando muito, a carcaça do tempo.[92]

A redução do tempo de trabalho não pode em si eliminar essa relação, a não ser que ela seja o resultado de uma luta na qual e mediante a qual o homem é capaz de transformar a fundo a sua relação social e desse modo a si mesmo. Isso não aconteceu no caso em questão. Pelo contrário. A debilidade presente desde o início na relação dos trabalhadores com o capitalista, quer dizer, a concorrência entre os trabalhadores singulares, não sofreu nenhuma alteração decisiva, não obstante algumas "atenuações" exteriores.

Antes, essas "atenuações" do caráter de luta introduziram na consciência social um completo sistema de novas reificações, que vão desde o "papel" que o homem aprende a desempenhar visando à sua própria promoção, passando pela formação da sua "imagem" no embate com a concorrência e indo até o consumo de prestígio, que também é proveniente das mesmas fontes; essas reificações têm a tendência de deformar toda a vida, incluindo o tempo livre. De acordo com isso, todos os estranhamentos têm de ampliar-se e reforçar-se continuamente. A opinião pública que objetivamente se forma e aquela que na vida cotidiana espontaneamente se difunde, como vimos no caso das religiões, não só operam a fim de que a particularidade do homem se torne algo de insuperável e até profundamente desejável, mas também a estilizam, na vida cotidiana, como fetiche, como tabu que não pode ser criticado. O efeito disso tudo é a desmobilização da resistência humana contra o seu próprio estranhamento. (O desenvolvimento da social-democracia e a decepção com o socialismo, provocada de muitas maneiras pelo período stalinista, acabaram reforçando essas tendências, tornando os trabalhadores em grande medida espiritualmente impotentes perante a desideologização.) Talvez não seja exagerado afirmar que o *status quo* da generidade em si, com todas as reificações e estranhamentos que dela fazem parte, jamais construíra para si uma defesa

---

[92] K. Marx, *Das Elend der Philosophie*, p. 27; MEW, v. 4, p. 185 [ed. bras.: *A miséria da filosofia*, cit., p. 52; com modif.].

ideológica tão compacta como a que temos em nossos dias. Começando com o conformismo da vida política e social, no qual nem mesmo as "oposições" querem renunciar à postura conformista correta, passando pela ciência e pela filosofia, as quais, como vimos, concentram os seus principais esforços em expulsar da cabeça dos homens todo pensamento sobre o ser – que o único controle intelectual eficaz das reificações e dos estranhamentos –, e pela arte, que representa o estranhamento como insuperável condição natural do homem, não importando se o considera como estado ideal ou como *condition humaine* sombria e pessimista, constrói-se – incluindo os críticos não conformistas – um sistema aparentemente inexpugnável de ideias e sentimentos que apresenta essa condição como definitiva para os homens, como passível de aperfeiçoamento somente pelo desenvolvimento imanente.

Naturalmente, essa perfeição e estabilidade, como ensina toda a história universal, não passam de um fenômeno transitório. E, de fato, hoje, após décadas de aparente estabilidade inabalável, aparecem com frequência e força cada vez maiores as contradições internas e externas – até então negadas –, por enquanto, todavia, só como rachaduras na superfície polida do conformismo bem manipulado. Sem entrar ainda nos pormenores – dos quais falaremos mais adiante –, devemos, no entanto, dizer aparentemente que nos encontramos no início do período de dissolução desse sistema compacto aparentemente tão inabalável da manipulação universal. O fato de que os movimentos contrários por hora tenham um caráter em geral confuso, abstratamente ideológico, nada prova contra a possível perspectiva prático-social de seu desenvolvimento futuro. Em primeiro lugar, no início de cada ciclo importante emerge acima de tudo a sua problemática ideológica: a superação da concorrência entre os trabalhadores singulares, a do ataque às máquinas etc. necessariamente foram concebidas e conduzidas de maneira forte e muitas vezes até predominantemente ideológica abstrata. Em segundo lugar – e este é um traço específico muito importante da transição atual –, não há como eliminar justamente desse movimento contrário o aspecto ideológico como momento importante. De fato, não se trata de reduzir a qualidade de vida alcançada no consumo e nos serviços, de desmantelar a divisão do trabalho complexa e diferenciada etc., mas de sua reestruturação, da eliminação das tendências ao estranhamento do homem em relação a si mesmo, de sua transformação numa base do ser na qual ele descubra e se desenvolva. O fundamento teórico para isso só poderá consistir num retorno autêntico ao marxismo, mas tal modo que inspire vida nova ao aspecto indestrutível do seu método, que seja capaz de restituir-lhe de novo as possibilidades de proporcionar conhecimento mais profundo e mais verdadeiro do processo social do passado e do presente.

O tema das nossas considerações é predominantemente a reificação e o estranhamento. (O renascimento do marxismo naturalmente abrange um campo muito mais vasto, no mínimo a totalidade do processo de desenvolvimento no mundo do ser social.) Ao tratar esse tema, já mencionamos ininterruptamente o problema ontológico central. Toda realidade – o ser social no seu modo mais desenvolvido – é um processo que se efetua nos complexos singulares e nas suas interações dentro de sua respectiva totalidade. O ser, como sabemos, é um processo que conserva ou reproduz a si próprio. Na reificação enquanto momento ideológico do ser social em processo também se cumpre uma das leis fundamentais deste último, a saber, o afastamento da barreira natural. Vimos que originalmente a reificação estava ligada a fenômenos da natureza, sendo que só bem mais tarde o desenvolvimento das forças produtivas acarretou uma crescente socialização dos objetos. Contudo, associada a isso está uma importante questão metodológica, isto é, a de que aqui (por exemplo, na circulação das mercadorias, no dinheiro etc.) não se trata mais de uma forma fenomênica natural dos objetos que, dependendo das circunstâncias, poderia tornar-se ponto de partida de conhecimentos corretos, mas trata-se já de um processo socialmente condicionado com os seus espelhamentos na cabeça dos homens que, em consequência da própria reificação, impedem o acesso até as possibilidades de um conhecimento verdadeiro. Portanto, quanto mais desenvolvida uma sociedade for se tornando, quanto mais socializada for a sua estrutura, tanto mais decididamente a reificação afasta do verdadeiro conhecimento dos fenômenos, sem, todavia, frustrar desse modo necessariamente as suas manipulações técnicas. Com efeito, em todos os campos da natureza e da sociedade o desenvolvimento do conhecimento científico consiste, ao menos tendencialmente, em revelar e aclarar, nos fenômenos dados objetivamente em sua fenomenalidade imediata, os processos que de fato perfazem o seu ser, na medida em que o conhecimento da processualidade for importante na prática. Encontramo-nos, assim, diante da estranha contradição: o desenvolvimento ascendente da socialidade, de um lado, em parte desenvolve e em parte erradica a reificação no campo do conhecimento; de outro lado, na própria vida, desde a cotidianidade até as formas ideológicas mais elevadas, produz e reproduz a reificação constantemente em dimensões sempre maiores.

Nessa contraditoriedade, evidentemente o segundo momento constitui o fundamento do paradoxo: é preciso revelar, na vida social, as razões que levam os homens a considerar os objetos de seu ambiente de uma maneira que contradiz de muitas formas a sua práxis de resto já consolidada. Já apontamos para o fato de que, por trás do antagonismo entre complexos reificados ou complexos processuais, está a seguinte alternativa: ou o objeto foi criado por um poder que se encontra fora da sua essência existente, isto é, provavelmente por um poder transcendente, ou então ele, enquanto ser processual, é o produto de transição do seu próprio processo de reprodução. Esse deslocamento generalizante da alternativa só conseguirá aproximar-nos da possibilidade de responder corretamente a essa questão caso seja possível ver que se trata de uma questão prática socialmente relevante e não de um modo de consideração puramente teórico. Não é difícil encontrar esse momento prático: trata-se de uma insegurança fundamental, tanto exterior como interior, quanto ao destino humano, quanto às consequências dos atos humanos, tanto isoladamente quanto, sobretudo, em sua totalidade, que volta a repercutir sobre o próprio agente. Essa insegurança possui uma base ontológica irrevogável: sabemos que ninguém jamais pôde e nunca poderá realizar nem mesmo uma só ação com um conhecimento adequado de todas as circunstâncias de seu agir. E até mesmo quando esses atos se baseiam em cálculos teleologicamente determinados no maior grau de consciência possível, a análise até mesmo do trabalho mais simples já mostra que, nas cadeias causais por ele postas em funcionamento, sempre está contido algo mais que mais cedo ou mais tarde acabará se impondo à realidade, algo que não podia estar conscientemente presente na intenção projetada.

São os atos teleológicos singulares do homem que necessariamente constituem o início. Por isso, já desde o início o âmbito do incognoscível se expressa como esperança de êxito e como temor diante das consequências do insucesso de tais pores singulares. Essas emoções tão elementares, que impregnam a cotidianidade de todo o desenvolvimento da humanidade até hoje, ainda que enriquecidas ideologicamente de muitas formas, levaram à manipulação mágica dessa esfera do incognoscível. Nela, a reificação emerge com clareza como potência socioideológica, inconscientemente criada pelo homem e que, todavia, tem sobre ele um domínio prático-objetivo. Essas reificações, porém, não acarretavam ainda estranhamentos, porque naquele tempo a personalidade humana ainda não havia surgido ou se encontrava em estágios de tal maneira iniciais que, por ainda não funcionar positivamente, tampouco podia estranhar-se. Essa gênese a partir da primitividade não implica, porém, que as manipulações mágicas enquanto tentativas de dominar a transcendência de todo complexo considerado concretamente como incognoscível tenham sido totalmente extintas. Na maioria das vezes, elas de fato se conservaram de muitas formas apenas como superstição em parte lúdica, mas ainda há, inclusive dentro do mundo civilizado, povoados em que, por exemplo, o repicar dos sinos é tido como meio para afastar a chuva de granizo. Por um lado, a história das religiões está repleta de batalhas contra os resquícios mágicos (iconoclastia, sacrifícios, sacramentos etc.), mas, por outro lado, eles se conservam em formas frequentemente até bastante primitivas.

Quando consideramos a transição da magia para a religião, fica claro (como já reconheceu Frazer[93]) que o passo essencial consiste ademais em estabelecer uma relação entre o homem como um todo, o homem como ente social, como personalidade, e os atos que devem levar os poderes transcendentes a cumprir o que se espera e a frustrar o que se teme. Não é preciso tratar aqui até que ponto isso resulta necessariamente numa personificação desses poderes; o aspecto importante é que tal efeito retroativo sobre os homens como entes sociais, como personalidades tem lugar também quando se trata de satisfazer um desejo individual. Quando, por exemplo, no passado a intenção era simplesmente impedir que a "alma" "liberada" de um falecido prejudicasse os sobreviventes, tratava-se de coisa essencialmente diversa – precisamente sob esse aspecto – do caso em que o homem se preocupa com o destino da salvação da própria alma após a morte. Por trás disso está a constatação de que o horizonte desses atos se ampliou tanto em relação ao sujeito como em relação ao objeto do pôr. A unidade do sujeito é um fato fundamental do ser social que surge gradualmente, e quanto mais ela se desenvolve tanto mais ricos e variados tornam-se os seus momentos funcionais, tanto mais incisivas e abundantes tornam-se ao mesmo tempo as determinações sociais que os unem numa personalidade. É fato bem conhecido que o mundo objetivo do homem amplia tanto qualitativa como quantitativamente o campo dos seus pores teleológicos e dos seus efeitos; só o que ainda se precisa registrar em relação a esse fato é que ele produz simultaneamente um desdobramento autonomizado das várias capacidades humanas e de sua tendência tanto para a união na personalidade como para a relação contraditória umas com as outras.

---

[93] J. G. Frazer, *Der goldene Zweig*, cit. [ed. bras.: *O ramo de ouro*, cit.].

A base ontológica objetiva de todas as contraditoriedades que assim surgem consiste, como vimos, em que todos os atos, cujas interações provocam a mobilidade do ser social, são pores teleológicos, mas seu conjunto deve permanecer de caráter puramente causal, privado de qualquer determinidade teleológica. A polarização do ser social em totalidade social objetiva num dos polos e um sem-número de condutas de vida individuais no outro tem por consequência que essa dialética dos pores teleológicos e das cadeias causais por elas provocadas necessariamente assuma uma figura diferente em cada um dos polos. Vimos que, em determinados momentos decisivos do ser social, as cadeias causais se impõem independentemente do pensamento e da vontade humanas, mas que de um modo objetivamente indissociável disso as suas respectivas formas fenomênicas concretas só conseguem realizar-se pela mediação do que, a seu tempo, chamamos de fator subjetivo. Portanto, a constituição concreta de toda sociedade é um produto da atividade humana, possuindo, ao mesmo tempo, uma realidade independente, um crescimento autônomo perante ela.

No outro polo, aparece como fato diversificante, sobretudo, o vínculo imediato e indissolúvel do ser social humano com a sua constituição biológica, com a inescapabilidade de seu destino biológico. Desse modo, está dado, de um lado, para cada vida humana um complexo de vinculações que ela própria não é capaz de revogar; de outro lado e ao mesmo tempo, todo esse complexo constitui um campo de tarefas. Exatamente o seu mais rudimentar ser-propriamente-assim o transforma em campo das mais imediatas, mais decisivas atividades criativas do homem, na medida em que os dados biológicos, que no ser social podem figurar no máximo como possibilidades, como inclinações para algo, são plasmados em realidades, em capacidades autênticas e ativas. O quadro formado pelo fim irrevogável da reprodutibilidade orgânica da própria vida não faz surgir, desse modo, só uma barreira, mas também a tarefa de atingir o máximo, de chegar à otimização dessas transformações, mais exatamente como processo ininterrupto que permeia o inteiro curso da vida e o direciona para um propósito.

Esta é a segunda diferença importante entre os dois polos do ser social: o problema da possibilidade de conferir aos diferentes pores teleológicos, com as suas cadeias causais, certo direcionamento teleológico, um sentido para a vida pessoal do homem. O modelo geral, como em toda parte no ser social, também aqui é o trabalho. Como vimos, só numa projeção gnosiologicamente reduzida ele também aparece como um único ato de pôr teleológico e a sua "execução"; no plano do ser, trata-se de todo um processo de atos de pôr teleológico, sendo que só a sua ação conjunta planejada e frequentemente corrigida possibilita a realização do fim. Quanto mais desenvolvida se tornar a divisão social do trabalho, tanto mais resolutamente essa diferenciação passa a ocupar o primeiro plano. Sendo assim, a relação entre os dois polos é a de uma vinculação indissolúvel. Só no interior desta se mostra novamente o antagonismo, sobre o qual anteriormente já falamos detidamente e que nos reconduz ao nosso problema propriamente dito. O desenvolvimento da divisão social do trabalho atua diretamente sobre o desenvolvimento da capacidade humana. Contudo, quando se trata da sua síntese na personalidade do homem singular que age realmente, cada uma das duas linhas de desenvolvimento necessárias para o devir homem do homem pode originar contraditoriedades insolúveis. Com efeito, os antagonismos que assim surgem expressam-se de modo tanto mais incisivo e profundo quanto mais esses desenvolvimentos são pressuposto necessário um do outro. E não resta dúvida quanto a que essa contraditoriedade emerge tanto mais decididamente quanto mais elevado for o patamar galgado pela divisão social do trabalho e com ela a civilização. De fato, desse modo, surgem para os homens, de um lado, tarefas totalmente objetivadas, inteiramente coisais, e, de outro, as capacidades correspondentes, cuja síntese na personalidade vai perdendo gradativamente a obviedade original – que era o fundamento das chamadas realizações tacanhas. A consequência disso é que o momento subjetivo e o momento objetivo na relação do homem com a sociedade tendem cada vez menos a uma convergência imediata. O destino determinado pelo desenvolvimento das capacidades humanas pode fazer à pessoa exigências completamente opostas àquelas que promovem o desenvolvimento de sua personalidade.

    A primeira consequência direta – reificada – dessa situação é o aparente contraste imediato e, nessa sua imediatidade, ilusório e até enganador entre indivíduo e sociedade. Nele já está claramente demarcado o caminho que leva às formas de estranhamento normalmente presentes nas sociedades civilizadas industriais. A confusão ideológica que surge desse fato revela a sua natureza ao despir-se o caráter direto dos estranhamentos próprio de estágios mais primitivos, como a que está presente na existência do escravo, e isso tanto para o escravo como para o escravizador. Contudo, quando a aspiração de formar a própria personalidade a partir do complexo das capacidades desenvolvidas socialmente se faz ideologicamente autônoma e identifica o adversário a ser vencido apenas na objetivação social do sujeito, ela desloca – mediante reificação – o seu campo de atividade fora do domínio da realidade e, desse modo, é forçada a estranhar de alguma maneira a irrealidade da sua própria atividade. Ela é forçada a atribuir o domínio sobre a sua própria atividade e sobre suas consequências a poderes não existentes, imaginários (e, por isso, pensados, por sua essência, como transcendentes). A já descrita peculiaridade da religiosidade sectária de em princípio pular por cima da generidade em si e voltar as próprias intenções, sem a mediação dela, para uma generidade para si independente da socialidade é uma consequência típica de tais entendimentos. Essa peculiaridade também aparece – com todas as suas consequências estranhadoras –, por exemplo, nas tendências ideológicas que, em *A destruição da razão*, caracterizei como ateísmo religioso, apresentando, nesse caso, apenas uma forma ideológica externa modificada, mas que, por sua essência, é assemelhada. É óbvio que, tanto o sujeito individual arrancado de todas as suas conexões reais quanto a sociedade que se contrapõe a ele como totalmente "estranha e hostil" precisam ser reificados em vários aspectos para que possam constituir uma base espiritual para essa atividade estranhada e estranhadora.

Porém, tudo isso ainda não nos fez avançar até a principal razão desse fenômeno. Pelo contrário, num primeiro momento, é como se tanto a reificação como o estranhamento fossem apenas produtos de um modo de pensar incorreto sobre o próprio homem e sobre as possibilidades de suas atividades. Contudo, se uma falsa consciência da realidade funciona por muito tempo para a maioria dos homens como base da própria práxis, é inevitável levantar a pergunta "por quê?". Aqui entram em cena as emoções do temor e da esperança anteriormente mencionadas[94]. Ambas já estão presentes no período mágico, e todas as maquinações da magia no sentido de regular as atividades singulares dos homens e o mundo externo em conformidade com os seus desejos têm obviamente um efeito retroativo imediato sobre essas emoções.

---

[94] O fato de que, em certos estágios do desenvolvimento da vida social, a emoção do temor se diferencie também daquela da angústia e que muitas vezes esta momentaneamente pareça suprimi-la por inteiro, especialmente na nossa época, não afeta a essência da coisa. A angústia é simplesmente um temor sem objeto claramente definido ou mesmo não definível, uma emoção para a qual as possibilidades são determinantes (sobretudo as possibilidades oriundas de atividades inibidoras da nossa parte ou da parte de pessoas estranhas a nós).

As religiões transformam essa relação somente na medida em que deixam a técnica da execução a critério dos "poderes superiores", tentando exercer influência sobre eles com meios morais ou mágico-morais (sacrifícios etc.). Do ponto de vista do ser social, portanto, resulta daí a seguinte situação: o homem que não consegue vislumbrar, ou pelo menos não consegue vislumbrar completamente, as possibilidades de desfecho do seu fazer apela para o auxílio desses poderes transcendentes visando garantir seu êxito. Por mais que esses apelos e as suas condições sejam sublimados em termos teológicos ou teológico-morais, as emoções que movem o homem carente de religião continuam sendo o temor e a esperança relacionados com os resultados de uma ação singular ou de suas séries, isto é, da totalidade da vida. Na civilização, a reificação e o estranhamento aos poderes transcendentes apenas modificaram amplamente a sua disposição mágica original, mas não a suprimiram totalmente. É por isso que uma igreja que deseja unificar na fé as massas reais, que em princípio não são selecionadas de modo diferenciado, tão raramente consegue superar os próprios resquícios mágicos. Mas essa é apenas uma questão secundária. Mais relevante é que toda igreja precisa basear a sua influência no fato de que grandes massas humanas não estão dispostas nem são capazes de realizar as tarefas práticas da sua vida unicamente com base numa relação correta com a realidade; mais relevante é que as emoções do temor e da esperança as impelem a deixar a decisão quanto ao desfecho da sua própria atividade a critério de poderes transcendentes e, desse modo, a reificar o seu comportamento para com a realidade, para com a natureza e (de modo crescente) para com a sociedade, acabando por estranhar a sua própria atividade por intermédio dessas reificações. E, nesse tocante, não se deve esquecer que toda religiosidade sectária que se reporta a ditos de Jesus, como aquele sobre os lírios do campo, e rejeita esse tipo de desejo de dispor de tal ajuda transcendente igualmente efetua, em sentido ontológico, esse estranhamento – só que com sinal invertido.

Mas essa ainda é a forma original, primitiva, das reificações e dos estranhamentos. O problema propriamente dito só nasce do surgimento social da personalidade, mais precisamente, no estágio em que já havia sido destruído pelo desenvolvimento da sociedade o domicílio imediato da personalidade na cidadania da pólis. É verdade que até aquele momento tratava-se de um enredamento nos laços armados por um destino incontrolável, mas o homem ainda podia incorporar isso – apesar de tudo – na própria conduta de vida como ato próprio e assim escapar ao estranhamento (Édipo); tratava-se sobretudo da demência – enviada pelos deuses – que estranha o homem de si próprio em sentido literal, que o torna um "outro" (Ájax, Hércules etc.), mas o estranhamento do sujeito podia ser superado interiormente também com o suicídio de Ájax ou com o comportamento posterior de Hércules.

Foi só com a dissolução da pólis e da sua ética, em termos positivos com o despontar do cristianismo, que a personalidade, percebendo-se sem pátria e sem rumo, busca um suporte transcendente também para si mesma, para o conjunto da sua própria existência, e não somente para os seus atos singulares. Na *Carta aos romanos* já aparece a reificação da existência humana em seu conjunto por obra do pecado original e, em conexão transcendente com esse fato, a salvação dessa situação sem saída por meio do ato sacrificial de Cristo. Desse modo, contrapõem-se de modo inconciliável duas concepções – mutuamente excludentes – da vida humana e da personalidade humana: o homem como produto da sua própria atividade e o homem como criado por Deus, cujo destino, em última análise, é conduzido pelas mãos de Deus. No ser social, o ser homem é um processo *par excellence*. Hoje, como um dos resultados da própria história humana já são conhecidos em seus traços gerais os contornos do percurso que levou ao ser homem, a saber, a história da Terra, a gênese da vida, o desenvolvimento dos seres vivos até a possibilidade do devir homem, a autocriação do homem através do seu próprio trabalho. E como marxistas sabemos também que, nesse processo, encontramo-nos ainda na pré-história do ser homem. O homem trabalhador consumou a adaptação ativa às circunstâncias da vida, plasmando-as cada vez mais por meio da atividade social, e, desse modo, converteu o homem em homem, imediatamente social, alçado acima do reino animal.

Porém, o devir homem do homem nesse estágio do seu desdobramento é ainda, em grande parte, o resultado de um processo de desenvolvimento social espontâneo, objetivo, independente da atividade dos homens singulares. Embora esse processo nada seja além de um processo peculiar de síntese dos atos teleológicos singulares – ainda que em resposta a questões levantadas no plano econômico-social – dos homens, o seu transcurso é, em seu conjunto, inteiramente causal, sem qualquer teleologia, independente das intenções que deram vida aos atos teleológicos singulares, independente do saber e da consciência dos homens que os puseram e acompanharam. "Eles não o sabem, mas o fazem" foi a frase de Marx que citamos repetidamente. E, nesse processo surge igualmente com necessidade espontânea a personalidade humana enquanto resultado desse crescimento; ela surge, de um lado, como mera necessidade de reunir de forma unitária na práxis as capacidades humanas heterogêneas socialmente surgidas e, de outro lado e ao mesmo tempo, como configuração, como definição da polarização do ser social, da qual já falamos repetidamente. Em si, o homem singular constitui, desde o início, um dos polos do ser social enquanto complexo processual, mas a nova forma de generidade da humanidade que surge desse movimento polar de começo conseguiu ir só um pouco além do "mutismo" da vida pré-humana. A generidade humana se empenha constantemente por superar o mutismo animal, o que, em conformidade com a estatura originária desse ser, está fundado no fato de que a adaptação humana ativa ao ambiente, isto é, a transformação deste através do trabalho cada vez mais eficiente, cujo órgão é o crescimento quantitativo da divisão do trabalho, cria pela transformação da natureza, fazendo recuar as barreiras naturais, um mundo cada vez mais determinado socialmente, isto é, direcionado para o homem. Esse processo elementar de humanização sofre uma mudança qualitativa com o nascimento da personalidade humana. Essa novidade qualitativa que aqui entra em cena significa, todavia, todo um complexo de contradições essencialmente novas de tipo mais elevado, cuja característica comum consiste, antes de tudo, em que elas – coincidindo com as demais contradições sociais nesse ponto – jamais são completamente dissociáveis do terreno social do qual surgem, ainda que o transcendam em aspectos importantes. No plano imediato, essas contradições ganham expressão na questão já tratada da relação entre o desenvolvimento das capacidades humanas singulares e o desenvolvimento da personalidade humana para um patamar superior. Não há como separar o último do primeiro, mas com muita facilidade e frequência pode ocorrer que o primeiro dificulte o desdobramento do último.

    O fundamento ontológico desse fato, que é notório e pode ser observado continuamente desde cotidiano até as suas objetivações [*Objektivierungen*] ideológicas supremas, consiste justamente em que a personalidade humana, uma vez surgida em termos histórico-sociais, apresenta algo que se tornou – relativamente – autônomo de sua gênese: o polo oposto conscientemente humano da totalidade social objetiva, o órgão que gradativamente foi se formando, mediante o qual o gênero humano pode deixar o seu mutismo definitivamente para trás e no qual a sua generidade, que vai crescendo na forma da autoconsciência, começa a alçar-se na direção da plena articulação, na direção da generidade para si. Nas determinações já citadas de Marx referentes à transição da humanidade para a sua história real, ele fala do verdadeiro reino da liberdade como situado "além" do reino da necessidade, como o mundo em que começa "o desenvolvimento das forças humanas que se considera como fim em si mesmo", mas que, acrescenta Marx, "só pode florescer sobre aquele reino da necessidade como sua base"[95]. A oposição entre o desenvolvimento das capacidades singulares do homem e o desenvolvimento da sua personalidade é o primeiro prenúncio histórico-social dessa oposição, sendo que nela se prepara, no interior da consciência do homem, o fator subjetivo que será capaz de abrir o caminho para o reino da liberdade, no momento em que soar a hora da superação do reino da necessidade mediante a sua realização plena. Enquanto esse momento não chega, dita tendência só conseguirá manifestar-se esporadicamente; em parte, quando, no contexto de grandes revoluções, a mudança do ser social impele por si espontaneamente nessa direção e, em parte, como expressão ideológica de contradições sociais que, em termos históricos, acompanham de modo – relativamente – permanente o desenvolvimento social geral, desde as manifestações espontâneas da vida cotidiana até as objetivações [*Objektivationen*] ideológicas mais elevadas. (Essa questão foi tratada no capítulo anterior.)

Parece tratar-se puramente de uma questão de consciência, ou seja, uma questão de visão, teoria, concepção etc. Contudo, de acordo com a essência ontológica, há aqui também um problema da práxis, ou seja, a intenção do homem, nem sempre clara e plenamente consciente, de plasmar sua personalidade com as próprias forças e de preservar do mesmo modo sua integridade suscita toda uma série de problemas relativos ao seu comportamento em relação à própria vida, em relação à vida dos seus semelhantes, em relação à sociedade, que, sem exceção, só podem ser respondidos adequadamente por meio de ações. É claro que, como em toda atividade humana, também nesse tocante revestem-se de grande importância os conhecimentos que se tem sobre si mesmo, sobre o seu próprio ambiente etc., mas a sua relação sempre é determinada, em última instância, pela práxis, pelos impulsos interiores para a ação, pelas próprias ações. Não obstante todas as interações – muito importantes – entre teoria e práxis, a prioridade fica com as necessidades da práxis

---

[95] K. Marx, *Das Kapital*, cit., v. III/II, p. 355; MEW, v. 25, p. 828 [ed. bras.: *O capital*, Livro III, cit., p. 273].

orientada pela interioridade. Isso se evidencia – e quem compreendeu isso melhor do que ninguém até agora foi Goethe – exatamente no assim chamado autoconhecimento: se este não for um autoexame prático, ele tampouco possuirá um conteúdo real e concreto enquanto conhecimento, permanecendo necessariamente uma possibilidade incompreensível. E, no entanto ou exatamente por isso, na base do autoconhecimento realmente produtivo, na prática, existe um componente decisivo de natureza teórica: a autoapreensão como processo. Só quando a personalidade humana se entender também a si mesma como ente processual e não como estável, dada de uma vez por todas, ela conseguirá preservar-se no processo da sua autorrealização, reproduzir-se em um plano superior, como permanentemente nova para si mesma. Contudo, tal personalidade existente como ente-processual deve – e esses são os outros inevitáveis fundamentos teórico-práticos do seu ser –, por um lado, realizar dentro de si mesma a decisão constantemente reiterada de reagir aos eventos do mundo externo de maneira sempre nova e, ao mesmo tempo, sempre conservando-se neles; por outro lado, para conseguir isso, ela deve conceber a si mesma e também o próprio ambiente como um processo. Tal concepção do mundo tanto subjetivo como objetivo é, portanto, o pressuposto teórico da autoconservação prática da personalidade num mundo igualmente processual, mas que se move de maneira independente dela; todavia, ela só pode alçar-se a essa automobilidade como resultado de uma capacidade interior de decisão.

Como nesse caso o comportamento teórico e o comportamento prático só em sua junção indissolúvel, ainda que muitas vezes contraditória, conseguem assegurar o surgimento e a preservação da personalidade, assim também a unidade do pessoal e do social, estreitamente ligada àquela, faz parte da essência do tipo de comportamento que torna possível a personalidade. Todas as formas de regulação do comportamento social, desde o costume, a tradição e os hábitos até o direito e a moral, necessariamente têm um caráter generalizante diretamente direcionado para a socialidade existente em cada caso concreto: reagindo aos seus preceitos, às suas proibições, os homens são integrados na respectiva sociedade existente (na sua generidade existente em si). Nessa ordenação, contudo, ainda não está contido nenhum tipo de aprovação ou reprovação diretas da personalidade. Só quando esta última vislumbra num preceito uma obrigação que a toca fundo e só quando age impelida por esse motivo (o mesmo naturalmente vale também para o caso negativo da rejeição individual de um preceito ou de uma proibição), ou seja, só quando a personalidade, independentemente da intensidade com que isso aconteça, estiver direcionada de modo teoricamente consciente para uma mudança melhoradora (eventualmente para uma conservação melhoradora) do *status quo* existente naquele justo instante, só então a ação que surge desse modo poderá ter uma real repercussão – positiva ou negativa – sobre a edificação ou sobre a decadência da personalidade. Portanto, a autonomia relativa já ressaltada do desenvolvimento da personalidade não perde jamais o seu caráter de resposta às perguntas suscitadas pelo respectivo ser social. Ela se afirma exatamente quando os seus atos, respondendo a essas perguntas, suspendem a sua despreocupação em relação a ser ou não ser da personalidade humana, fazendo-o do ponto de vista desta, e, desse modo, orientando-se objetivamente, isto é, independentemente do grau de consciência ou da clareza de consciência da ação e da personalidade, para uma generidade para si, para um modo de ser da sociedade, no qual esse problema seja parte integrante do seu ser social.

Somente em virtude dessas interações emaranhadas de muitas formas entre homem singular e sociedade pode surgir a personalidade como realmente existente, isto é, existente como processo. Tão certo como a singularidade organicamente determinada constitui a sua base natural, tão impossível é que a sua socialização simples e imediata possa acarretar a personalidade. Assim como a unicidade das suas impressões digitais não é capaz de alçar o homem à condição de personalidade, tampouco o fazem as suas formas de expressão social permanentemente particulares, não importando se for um "tom pessoal" na escolha de suas gravatas ou dos adjetivos que emprega. O homem singular só poderá elevar-se acima da sua própria particularidade quando, nos atos que compõem a sua vida, não importando o grau de sua consciência ou da justeza desta, cristalizar-se o direcionamento para tal relação entre homem singular e sociedade que abrigue dentro de si elementos e tendências da generidade para si, cujas possibilidades estejam conectadas, mesmo que só abstrata ou até contraditoriamente, com a respectiva generidade em si, mas que só possam ser desencadeadas – contudo, com frequência apenas idealmente – mediante atos pessoais desse tipo. Os atos de vida que almejam – subjetivamente – o caráter de personalidade, mas ficam presos no nível da particularidade ou tentam saltar por cima da generidade em si, querendo dar vida à personalidade diretamente, como num passe de mágica, sem mediações sociais, em geral não são capazes de levar a nenhum real desenvolvimento da personalidade, embora o segundo grupo e algumas tentativas de superar a generidade existente mediante atos pessoalmente direcionados às vezes possam alcançar as formas da personalidade que, em relação a outras conexões, a saber, as conexões objetivamente sociais, denominamos realizações limitadas. Esta última possibilidade não deve ser superestimada (como fez, por exemplo, Tolstoi), particularmente nos dias de hoje, ainda que realçá-la como possibilidade não seja desprovido de relevância geral. Com efeito, só assim se manifesta, nesse ponto, a identidade de identidade e não identidade entre o desenvolvimento social e o desenvolvimento individual. Nisso se manifesta logo também a universalidade social desse complexo: esta se estende do cotidiano mais simples e comum até as objetivações [*Objektivationen*] sociais e ideológicas mais elevadas. Quando disse que "O mais humilde dos homens pode ser completo"[96], Goethe apontou corretamente para a universalidade social desse complexo de fenômenos, mesmo que tenha fixado os critérios dessas realizações em termos demasiadamente gerais e formais.

Visto que a nossa exposição visou tão somente aos momentos ontológico-sociais mais importantes da superação ideológica do estranhamento – e isso é o desenvolvimento da personalidade, ainda que o seu conteúdo positivo seja mais abrangente que essas negações –, não sendo possível deter-nos nem mesmo indicativamente em sua dialética positiva e concreta, que faz parte da ética, restou necessariamente tanto demasiadamente extensa como demasiadamente abstrata e geral. Se, porém, sobre essa base, lançarmos um olhar retrospectivo para os problemas do estranhamento, pode surgir daí um ponto de partida para a aclaração dos contramovimentos ideológicos. A época de Goethe de fato ainda não conhecia o termo "estranhamento", mas ainda assim ele se ocupou de maneira sumamente intensa com o problema enquanto tal, chegando a identificar claramente inclusive o seu ponto de partida na necessidade que o homem tem de agir sem conhecer todas as circunstâncias da sua práxis. Ele fala sobre isso nos seus aforismos: "O homem deve perseverar na crença de que o incompreensível seja compreensível; do contrário, ele não pesquisaria. – Compreensível é toda coisa particular que pode ser aplicada de algum modo. Assim, o incompreensível pode tornar-se útil"[97]. E, na mesma linha, como postulado poeticamente expresso, consta na segunda parte do *Fausto*: "Mas os espíritos

---

[96] J. W. Goethe, [*Gedichte 1756-1799*] (Stuttgart, 1863), Sämtliche Werke, v. I, p. 241.
[97] Ibidem, p. 289.

dignos de olhar em profundidade/ passam a confiar infinitamente na infinitude". Tal rejeição das conclusões ideológicas que a maioria das pessoas extraiu desse irrevogável pressuposto objetivo da práxis tem em Goethe um sólido fundamento científico-filosófico e correspondentemente consequências de amplo alcance. Quanto à questão da fundamentação ideal desse complexo de problemas mencionaremos apenas que Goethe, enquanto cientista natural, quis substituir, no campo terminológico, expressões estáticas como "*Gestalt*" [figura], que abstrai da mobilidade, por expressões mais inequívocas nesse aspecto, como "*Bildung*" [formação], nas quais aquilo que foi produzido aparece como algo em processo de devir produzido. Quanto à questão das consequências mencionaremos apenas que ele – enquanto seguidor e aprimorador intelectual de Espinosa – designa as emoções que surgem espontaneamente na maioria dos homens e que dominam a maioria das vidas humanas, isto é, o temor e a esperança, como "dois dos maiores inimigos do homem" e as expõe acorrentadas no cortejo das máscaras do *Fausto* para, desse modo, evidenciar a todos o caminho da redenção para a conduta de vida do homem. Essa estreita ligação com as tendências libertárias do autêntico ser homem em Espinosa emerge nas tendências mais profundas da obra criadora de Goethe. A correção que Espinosa fez na antropologia filosófica grega, a saber, que o domínio do homem sobre as suas próprias emoções não é o da razão sobre os instintos (o que ainda pode ser reificado em fato transcendente, como de fato aconteceu no cristianismo), mas o das emoções mais fortes sobre as mais débeis[98], é a realização plena da dependência única e exclusiva de si mesmo por parte do homem, uma dependência processual terreno-imanente. Na forma como Goethe plasma o homem, esse modo de viver converte-se – por si só, à parte de qualquer programa – em princípio dominante.

Essa postura em relação às questões práticas centrais da conduta de vida constitui, ao mesmo tempo, um ataque frontal resoluto e fundamental a toda a autorreificação do homem, da qual e de cujas estreitas relações com o estranhamento já tratamos extensamente. Não nos esqueçamos que – mesmo sem se valer também em Goethe dos termos "reificação" e "estranhamento" – o ponto central ideal da fatídica "aposta" entre Fausto e Mefistófeles constitui uma declaração de guerra à autorreificação psíquica:

---

[98] B. Espinosa, *Ethik*, Sämtliche Werke, v. I, p. 181.

Se para o instante alguma vez eu disser:
Demora eternamente! És tão lindo!
Com correntes podes então me prender,
Aceito, nesse caso, ser lançado ao fundo.*

Depois de tudo o que expusemos parece claro que o "Demora eternamente..." é, em última análise, um ato de reificação da alma e, nesse aspecto, somente no nível terreno, um ato bastante aproximado à bem-aventurança cristã, que visa cristalizar as máximas realizações interiores de um homem num estado permanente, fixado em definitivo. Para Goethe, tais autorrealizações plenas asseguradas pela transcendência nem mesmo entravam em cogitação. Contudo, ele identificou com lucidez secular que também uma vida conduzida puramente em termos terrenos abriga dentro de si, como um grande perigo, as possibilidades de surgirem tais autocristalizações, autorreificações, e que exatamente a rejeição brusca e sem rodeios de todos os pseudoacabamentos plenos desse gênero é capaz de constituir o pressuposto para um real e permanente desenvolvimento processual, limitado tão somente pelas barreiras da própria vida. Por isso, ao término da tragédia, Fausto, mesmo exprimindo o desejo "Demora eternamente...", não abandonou nenhum dos seus princípios da conduta de vida humana não reificada. Pelo contrário. É só na sua última visão do futuro que a vida como processo e só como processo adquire propriamente o seu perfil social autêntico: "Só é merecedor da liberdade e da vida/ quem tem de conquistá-las de novo todos os dias". Essa aparente contradição resolve-se precisamente no plano social: "Pisar um solo livre junto com um povo livre" significa que a processualidade da vida pessoal nasce da socialidade geral e nela desemboca. Quão profunda e corretamente Goethe sentiu essa sua ligação com o desenvolvimento social precisamente no que se refere aos seus melhores resultados mostra-nos um de seus últimos colóquios com Eckermann, no qual, de maneira aparentemente paradoxal, é dito que não é possível decidir se alguém obtém algo autonomamente ou o hauriu da sociedade do seu tempo:

No fundo, não passa de insensatez querer ver se alguém possui algo a partir de si mesmo ou de outros, se ele exerce influência por si mesmo ou por meio de outros:

---

* Aqui em tradução livre. (N. T.)

o essencial é que se queira algo grande e que se tenha a habilidade e a perseverança para executá-lo; tudo o mais é indiferente.[99]

Não é preciso comentar que, desse modo, igualmente foi afastado do caminho do real desenvolvimento da personalidade toda reificação da subjetividade pessoal como "substância" autônoma.

"Caindo o manto púrpura, deve cair também o duque", diz o Verrina de Schiller ao matar Fiesco, e essas palavras se aplicam sem esforço à relação entre reificação e estranhamento. Todavia, uma vez mais se diga: não no sentido gnosiológico, no qual é fácil separá-las, mas no sentido da ontologia da práxis social: só quem, movendo-se neste último terreno, tiver a sensatez, a determinação e a coragem de rejeitar toda tendência para a reificação será capaz de vislumbrar e realizar o problema propriamente dito do ser-homem como problema que diz respeito à sua existência pessoal e que aponta o caminho social até ela. Com esse olhar imparcial sobre o exterior e o interior do próprio ser, ele apreenderá na prática que tudo o que é natureza, incluindo aí a sua própria base biológica, encontra-se em permanente movimento, enquanto processo sem início e sem fim, independentemente do seu ser ou não-ser, do seu bem-estar ou da sua dor, do seu êxito ou infortúnio. Em seu detalhe variado, na totalidade imutável em sua mudança, essa realidade é o objeto da sua práxis, da qual ele não deve esperar nada que não esteja em condições de tirar dela com sua própria força (social). E aquilo em que ele é mais direta e decisivamente ativo, ou seja, no ser social, constitui de modo indissolúvel no plano imediato uma "segunda natureza" que não se preocupa com o homem, mas que constitui, ao mesmo tempo, o húmus de todo positivo e negativo que possa manifestar-se nas suas ações.

O homem torna-se personalidade mediante o desenvolvimento das forças produtivas sociais, mas pode também ser estranhado de si mesmo por força desse mesmo movimento. Por essa razão, progresso social e estranhamento humano estão acoplados no ser social de dois modos: por um lado, o estranhamento brota do progresso social; a sua primeira forma extremamente brutal, a escravidão, representou do ponto de vista econômico igualmente um progresso, uma consequência necessária do desenvolvimento das forças produtivas, e poder-se-ia dizer que todo período que traz coisas essencialmente novas

---

[99] J. W. Goethe, *Goethes Gespräche mit J. P. Eckermann* (Leipzig, 1908), v. II, p. 418.

que abrem novas possibilidades, tanto interiores como exteriores, para o devir da personalidade também faz emergir novas formas do seu estranhamento. Por outro lado, as abstrações instintivas e conscientes dos homens são, tanto isolada quanto coletivamente, as forças fundantes dos movimentos que, seja nas evoluções gradativas, seja nas revoluções provocadas por crises, contribuem para produzir o fator subjetivo que procura tanger na direção do seu próprio para-si a generidade em si que surgiu espontaneamente. Esse movimento se estende dos fatos diários da cotidianidade às máximas objetivações [*Objektivationen*] ideológicas; ele é a tendência ascendente mais invisível e mais espetacular do desenvolvimento do homem para o ser-homem. Precisamente nesse ponto, em que a socialização desempenha um papel pura e simplesmente determinante, pode-se mencionar o dito de Engels, segundo o qual os atos singulares de um indivíduo jamais devem ser considerados iguais a zero. Essa verdade geral adquire aqui uma ênfase especial, porque os estranhamentos e as lutas contra eles acabam por desenrolar-se primordialmente na vida cotidiana. O significado das objetivações [*Objektivationen*] ideológicas superiores se mede, em termos histórico-universais, exatamente por sua capacidade de agir, influenciando positiva ou negativamente, dando exemplos etc. sobre o comportamento cotidiano do homem. Neste, cada homem singular, enquanto homem singular, precisa decidir-se a favor ou contra o seus estranhamentos em contato direto com outros indivíduos. É por isso que se reveste de importância decisiva o fato ontologicamente fundado da consciência – que brota da práxis e determina a práxis – referente a se o próprio homem, em última análise, no círculo da sua socialidade, cria a sua própria vida, a sua própria personalidade, ou se ele atribui a poderes transcendentes a decisão sobre esse complexo vital.

No plano ideológico, reveste-se de suma importância, como foi demonstrado, a aprovação ou a reprovação das reificações produzidas no decurso do desenvolvimento social. Em termos individuais é extraordinariamente diferenciado se esse discernimento crítico é produzido pela resistência contra os estranhamentos da própria pessoa ou se inversamente é ele que a produz, mas isso não anula a inseparabilidade prática dos dois comportamentos. A unidade prática entre entendimento e resolução na cotidianidade continua sendo a base ontológica de toda luta ideológica que almeja desvencilhar-se do jugo do estranhamento. Por isso, em sua obra principal, Marx pode sintetizar o problema do estranhamento religioso da seguinte maneira:

O reflexo religioso do mundo real só pode desaparecer quando as relações cotidianas da vida prática se apresentam diariamente para os próprios homens como relações transparentes e racionais que eles estabelecem entre si e com a natureza. A figura do processo social de vida, isto é, do processo material de produção, só se livra de seu místico véu de névoa quando, como produto de homens livremente socializados, encontra-se sob seu controle consciente e planejado. Para isso, requer-se uma base material da sociedade ou uma série de condições materiais de existência que, por sua vez, são elas próprias o produto natural-espontâneo de uma longa e excruciante história de desenvolvimento.[100]

E não será possível enfatizar suficientemente que Marx fala aqui da "vida prática do trabalho", ou seja, do que costumamos designar aqui de cotidianidade. Nem que ele considera como pressuposto óbvio para a possível superação do estranhamento "uma longa e excruciante história de desenvolvimento". Temos diante dos nossos aqui o ponto em que, na sua ontologia do ser social, Marx foi além de Feuerbach e todo feuerbachismo; o ponto em que fica claro, ademais, que para o marxismo não é admissível nem alimentar a ilusão de que grandes esclarecimentos científicos, grandes discussões teóricas possam realmente superar essa forma de estranhamento, isto é, superá-la na vida, nem alimentar a ilusão de que as mudanças sociais da consciência religiosa eliminem automaticamente o seu caráter estranhado.

As grandes linhas do desenvolvimento social manifestam-se naturalmente em todos os fenômenos da vida pública e privada de uma época, mesmo que isso não ocorra de modo tão direto e unívoco como pensam os vulgarizadores do marxismo. O que se revela com muita clareza também em todos os problemas ideológicos do estranhamento e nas tentativas de superá-lo é que o nosso período seja dominado pela contraposição entre capitalismo e socialismo, não no nível dos eventos cotidianos isolados, mas no plano histórico-universal. O momento socialmente novo nesse tocante é que, no tempo presente – as exposições da próxima seção mostrarão as razões disso pormenorizadamente –, somente as aspirações orientadas para o futuro, isto é, em última análise, para o socialismo, possuem a capacidade de combater com verdadeira eficácia a reificação e o estranhamento. O fato de que também o atual socialismo, enquanto

---

[100] K. Marx, *Das Kapital*, cit., v. I, p. 46; MEW, v. 23, p. 94 [ed. bras.: O *capital*, Livro I, cit., p. 154].

herança não liquidada do período stalinista, possa realmente produzi-las ou conservá-las até mesmo sob novas formas constitui viva contradição dinâmica no ser-propriamente-assim da nossa etapa de desenvolvimento. Em contraposição, todas as tendências "conservadoras" precisam, querendo ou não, preservar e até reforçar as reificações e os estranhamentos existentes, dar vida a outros etc. Esse fato, que a ciência oficial do período da manipulação obviamente contestará, aparece com total evidência nos atuais movimentos religiosos.

A consequência do caráter da época, em cuja base está a referida contradição de fundar tudo em última instância, é que, como reiteradamente mostramos (fim da era constantiniana, inversão da dupla verdade etc.), a vida cotidiana dos homens ostente uma crescente resistência passiva diante de todas as tentativas de dominá-la mediante categorias religiosas. Há hoje dois tipos fundamentais de reação a isso. O primeiro é a adequação às tendências tanto teóricas como práticas de manipulação, é a "modernização" da teologia tendo como base um neopositivismo com roupagem religiosa. Teilhard de Chardin talvez seja o representante mais marcante dessa corrente. No outro polo, evidencia-se que só muito raramente poderia tornar-se efetiva hoje uma renovação interna da religião, como ocorria no passado, fomentada por um movimento sectário que mais tarde seria adequadamente integrado. Jaspers, que em todas as questões mostra-se benevolente com as religiões históricas, é suficientemente realista para dizer o seguinte sobre a doutrina da figura religiosa que de longe é o mais significativo do sectarismo moderno, a saber, de Kierkegaard: "Se ela fosse verdadeira, parece-me que a religião bíblica estaria acabada"[101]. Essa afirmação de Jaspers é confirmada pelo destino de Simone Weil, que justamente por suas profundas convicções e sua perspicácia nunca conseguiu se decidir a ingressar pessoalmente na igreja cristã e que, apesar de toda a sensação inicial provocada pelos seus escritos, não exerceu nenhuma influência.

Naturalmente, há posicionamentos tanto filosófico-religiosos como teológicos que julgam identificar como sinal dos tempos o fato de que um movimento religioso vital só seja possível sobre a base de guinada social resoluta para a esquerda, da integração de ideias socialistas na perspectiva religiosa. Esse modo de ver as coisas assoma repetidamente desde o *Thomas Münzer* de Bloch e do Tillich da década de 1920. Todavia, quando realmente se levam a sério e avançam até a concepção de que essa dissociação da vida em relação às suas inter-

---

[101] K. Jaspers e R. Bultmann, *Die Frage der Entmythologisierung*, cit., p. 36.

pretações religiosas também deve ser aplicada ao próprio Deus, as suas aspirações reformistas radicais suprimem a própria religião. Assim, o bispo inglês Robinson cita com aprovação as seguintes exposições de Bonhoeffer:

> O homem aprendeu a dar conta de si mesmo em todas as questões importantes sem apelar para a "hipótese de trabalho: Deus". Nas questões científicas, artísticas e éticas isto se tornou uma obviedade que dificilmente alguém ainda ousaria questionar; mas, desde cerca de 100 anos isso vale, de modo crescente, também para as questões religiosas; fica evidente que tudo também funciona sem "Deus", e tão bem quanto antes. [...] Embora já se tenha capitulado em todas as questões mundanas, restam ainda as chamadas "questões últimas" – morte, culpa – às quais apenas "Deus" pode dar uma resposta e por causa das quais ainda se necessita de Deus, da igreja e do pastor. Portanto, de certa maneira nós vivemos dessas chamadas questões últimas dos homens. Mas o que acontecerá se um dia elas não mais existirem como questões desse tipo, ou seja, se também elas forem respondidas "sem Deus"?[102]

Com a "morte de Deus" foi possível introduzir no mundo filosófico, de Nietzsche até o existencialismo, um ateísmo religioso que não gera qualquer comprometimento; contudo, em torno do Deus morto, dificilmente se erguerá algum movimento religioso com alguma influência, por mais sectário que seja. As igrejas se adaptam de forma ampla, mediante a manipulação política, ao novo estado da cotidianidade humana, mas os fundadores de seitas, por mais sinceros e coerentes que sejam, não são mais capazes de acarretar uma renovação dos sentimentos religiosos[103].

Essas tendências não devem ser nem supervalorizadas nem subestimadas. O que nos protege da supervalorização é o reconhecimento das proporções efetivas dessas ideologias no âmbito da sociedade vigente. Trata-se de pequenos grupos, frequentemente apenas indivíduos sem influência maior sobre as massas. Os seus limites estão estabelecidos pela fixação manipulada do homem à sua particularidade, cujo âmbito se estende das valorizações no campo do

---

[102] A. T. Robinson, *Gott ist anders* (Munique, 1964), p. 44-5. [A referida citação de Dietrich Bonhoeffer consta em *Resistência e submissão: cartas e anotações escritas na prisão*, trad. Nélio Schneider, São Leopoldo, Sinodal, 2003, p. 434-6. – N. T.]

[103] Naturalmente, isso não quer dizer que as aspirações reformistas oriundas da situação global, tais como o direito ao divórcio, os matrimônios mistos, a revogação do celibato etc., sejam socialmente indiferentes. O que ocorre é que os posicionamentos assumidos em relação a elas nada têm a ver com essa base – eles se desenrolam no plano político.

consumo e dos serviços até os ideólogos dominantes, não tendo, nesse tocante, nenhuma importância decisiva se essa fixação definitiva da particularidade ocorra por meio de *slogans* publicitários ou por meio de obras de arte de grande renome que, com o auxílio de uma fé (ou de uma descrença) ou mesmo de sexo, sadismo e masoquismo, glorificam a particularidade estranhada como fatalmente irrevogável. Portanto, a particularidade estranhada pela manipulação parece estar momentaneamente postada em terreno sólido em escala maciça. Ainda assim, compreender o porquê da impotência das oposições sectárias também evita que incorramos numa subestimação. Isso mostra que o caminho no sentido da superação autêntica, ideologicamente séria, da reificação e do estranhamento encontra-se hoje – em termos de perspectiva – mais aberto do que nunca. Quanto menor for a força interior de autorrenovação ideológica das religiões, tanto maiores serão – uma vez mais: em termos de perspectiva – as chances de que cada vez mais pessoas reconheçam que, no âmbito da necessidade social (sob pena de ruína), o processo da sua vida é mesmo, em última instância, a sua obra mais própria, dependendo delas mesmas se querem viver de maneira reificada e estranhada ou se querem realizar a sua verdadeira personalidade com o seus próprios atos. Mas a compreensão dessa constituição ontológica do ser social do homem, constituição que nega toda transcendência e toda reificação que a põe, não leva a nada sem a resolução de posicionar-se ativa e pessoalmente perante suas consequências para o homem. Por outro lado, toda decisão de libertar a si mesmo será cega se não se apoiar em tais compreensões. A reificação e o estranhamento têm hoje um poder que talvez seja maior do que jamais tiveram. Contudo, eles nunca estiveram ideologicamente tão ocos, tão vazios, tão pouco entusiasmadores. Portanto, está dada socialmente a perspectiva de um processo de libertação de longo prazo e cheio de contradições e retrocessos. Não vislumbrar nada dela é sinal de cegueira, assim é ilusão a esperança de realizá-la imediatamente por meio de alguns *happenings*.

3. A base objetiva do estranhamento e da sua superação

A FORMA ATUAL DO ESTRANHAMENTO
Analisamos detalhadamente as formas ideológicas do estranhamento, na medida em que isso é possível no terreno de uma ontologia geral. A investigação iniciou por esse aspecto porque, como nossas exposições demonstraram, sem

a mediação das formas ideológicas, nenhum estranhamento, por mais maciça que seja a determinação econômica de sua existência, jamais se desenvolverá adequadamente e, por essa razão, não pode ser superada de maneira teoricamente correta e praticamente efetiva. Porém, essa ineliminabilidade da mediação ideológica não significa que o estranhamento pudesse ser examinado, sob qualquer aspecto, como fenômeno puramente ideológico; quando se tem essa aparência, isso sempre ocorre por faltar a percepção da fundação econômica objetiva também dos processos que, na aparência, possuem um decurso puramente ideológico. De início, lembramos a esse respeito, por assim dizer à guisa de introdução, a determinação geral de ideologia da parte de Marx, segundo a qual ela é o instrumento social com cujo auxílio os homens travam, em conformidade com os próprios interesses, os conflitos que nascem do desenvolvimento econômico contraditório. Portanto, desde o início, nunca se fala de uma separação asséptica de esferas, mas, pelo contrário, de muitos processos complexos de interação, nos quais o ser social, determinado precipuamente pela economia, leva os homens a resolverem com o auxílio da ideologia os conflitos que dela surgem. Conteúdo, espécie, intensidade etc. desses processos de solução de conflitos passam a ter, portanto, uma dupla fisionomia social: ou simplesmente regulam a vida pessoal dos homens singulares, sendo que os fundamentos econômicos ainda continuam a existir e operar objetivamente num primeiro momento, isto é, a mudança é real somente nas reações dos homens singulares a tais fundamentos, ou então da integração social de sublevações singulares surgem movimentos de massa com força suficiente para travar com êxito o combate contra os fundamentos econômicos dos respectivos estranhamentos humanos. Depois de tudo que expusemos até agora, é evidente que o primeiro modo de comportamento costuma constituir, do ponto de vista social, uma preparação tanto subjetiva como objetiva para o segundo. Portanto, as contraditoriedades que se verificam na práxis imediata de cunho subjetivo-pessoal da vida cotidiana jamais devem ser absolutizadas em termos aistóricos. Por exemplo, na medida em que combateram os estranhamentos absolutistas feudais, os iluministas do século XVIII foram precursores sociais da Revolução Francesa; o fato de que a maioria deles tenha rejeitado no plano teórico a revolução como meio para destruir aqueles estranhamentos nada altera nessa relação social objetiva.

Ora, se quisermos examinar mais detidamente em termos sócio-ontológicos a constituição essencial desses fundamentos objetivos do estranhamento, devemos antes de tudo tirar do caminho alguns preconceitos muito difundidos. Comecemos com o contraste inteiramente insustentável entre economia e violência, isto é, com o sofisma segundo o qual a primeira, nas sociedades até hoje existentes, teria desenvolvido o seu papel fundante de forma "pura", completamente separada da violência e do uso da força. Naturalmente se pode formular sem contradição, no plano do pensamento abstrato, um conceito do puramente econômico, e a elaboração desse conceito inclusive se reveste de importância decisiva para a teoria, visto que só assim é possível lançar luz sobre as forças motrizes essenciais dentro de certa formação ou de um dos seus períodos. A possibilidade significativa de uma análise e uma generalização desse tipo não significa, contudo, que alguma vez pudesse ter existido uma sociedade de classes em que os princípios econômicos nela imperantes tivessem obtido validade sem o emprego da força, por sua pura dialética intrínseca. Até mesmo a propósito de um caso limítrofe metodologicamente tão relevante como o da distinção teórica entre a "acumulação originária" e a própria economia capitalista que aflorou da sua realização plena, Marx formula com grande precisão histórico-teórica da seguinte maneira:

> [...] a coerção muda exercida pelas relações econômicas sela o domínio do capitalista sobre o trabalhador. A violência extraeconômica, direta, continua, é claro, a ser empregada, mas apenas excepcionalmente. Para o curso usual das coisas, é possível confiar o trabalhador às "leis naturais da produção", isto é, à dependência em que ele mesmo se encontra em relação ao capital, dependência que tem origem nas próprias condições de produção e que por elas é garantida e perpetuada.[104]

A verdade ontológica pela qual, no âmbito do ser social, a necessidade nunca é espontânea e automática como na natureza, mas se impõe com a sanção ontológica "sob pena de ruína" como motor das decisões teleológicas humanas, se manifesta de dois modos: em primeiro lugar, a necessidade puramente econômica funcionando normalmente da economia capitalista se apresenta como "coerção muda" à qual o trabalhador pode ficar entregue "para o curso usual das coisas"; em segundo lugar, o uso da "violência imediata, extraeconômica", não é contestado de modo absoluto nem mesmo por essa

---

[104] K. Marx, *Das Kapital*, cit., v. I, p. 703; MEW, v. 23, p. 765 [ed. bras.: *O capital*, Livro I, cit., p. 808-9].

situação normal, mas entra em cogitação apenas como "exceção". Portanto, justamente no ponto em que Marx diferencia dois períodos exatamente a partir do ponto de vista da necessidade do uso da violência imediata, evidencia-se a vinculação ontologicamente irrevogável de economia e violência em toda sociedade anterior ao comunismo.

Obviamente a sua cooperação intrinsecamente necessária nas formas sociais pré-capitalistas está fundada na essência das respectivas estruturas econômicas, estando presente numa ligação ainda mais íntima. Deixando de lado a escravidão, seja mencionada apenas a economia da renda fundiária. Na análise econômica da renda do trabalho, Marx ressalta este aspecto como essencial: "Sob essas condições, o mais-trabalho só pode ser extraído deles em favor do proprietário nominal da terra mediante coerção extraeconômica, qualquer que seja a forma que esta assuma"[105]. A situação é a mesma no outro extremo do surgimento e do funcionamento das formações econômicas, no caso de fenômenos que poderiam dar a aparência (que frequentemente também leva a teorias erradas) de que neles impera uma prioridade da violência perante a "pura" economia, quando se trata, também nesse caso, de uma interação entre esses complexos de componentes do desenvolvimento social indissociáveis na realidade. Na introdução teoricamente tão importante ao primeiro grande esboço do seu sistema econômico, Marx analisa as diversas possibilidades que podem surgir realmente de uma conquista e demonstra, também nesse caso limítrofe – aparentemente extremo –, a indissociabilidade desses componentes na sua interação real:

> Em toda conquista há três possibilidades. O povo conquistador submete o conquistado ao seu próprio modo de produção (por exemplo, os ingleses neste século na Irlanda e, em parte, na Índia); ou deixa o antigo [modo de produção] subsistir e se satisfaz com tributo (p. ex., turcos e romanos); ou tem lugar uma ação recíproca, da qual emerge algo novo, uma síntese (em parte, nas conquistas germânicas). Em todos os casos, o modo de produção, seja o do povo conquistador, seja o do conquistado, seja o que resulta da fusão de ambos, é determinante para a nova distribuição que surge. Apesar de aparecer como pressuposto para o novo período de produção, essa própria distribuição, por sua vez, é um produto da produção, e não apenas da produção histórica em geral, mas da produção histórica determinada.[106]

---

[105] Ibidem, v. III/II, p. 324; ibidem, v. 25, p. 799 [ed. bras.: ibidem, v. III, p. 251s].
[106] Idem, *Rohentwurf*, cit., p. 18-9; MEW, v. 42, p. 32 [ed. bras.: *Grundrisse*, cit., p. 51-2].

Ligada estreitamente com essa concepção universal encontra-se a inferência seguinte, que enquadra também o complexo da guerra, que aparenta ser o extremo oposto da "pura" economia, no contexto geral do processo (econômico-)social de reprodução da humanidade. A luta pela existência das sociedades que existem isoladamente, luta que culmina na guerra, não é simples pressuposto e consequência do seu crescimento econômico. Marx aponta com muita propriedade que, na organização bélica, as categorias mais específicas da economia podem realizar-se de forma pura antes de poder fazê-lo na esfera propriamente econômica da vida. Na mesma introdução, ele expõe assim os princípios fundamentais desse nexo:

> A *guerra* desenvolvida antes da paz; modo como, pela guerra e nos exércitos etc., certas relações econômicas, como trabalho assalariado, a maquinaria etc., se desenvolveram antes do que no interior da sociedade burguesa. Do mesmo modo, a relação entre força produtiva e relações de intercâmbio, especialmente clara no exército.[107]

Não há como supervalorizar a importância metodológica dessas observações e a sua capacidade de aclarar a história. Isso deve ser ressaltado enfaticamente em relação ao estágio atual do capitalismo, porque é na indústria bélica como também no próprio exercício da guerra que as tendências econômicas do capitalismo monopolista cada vez mais manipulado se manifestam talvez em sua plasticidade mais pura. Ainda voltaremos a tratar de determinadas fases desse complexo em outros contextos. Aqui só foi possível e necessário apontar em seus traços básicos a dependência recíproca indissolúvel, a indissociável cooperação entre economia e violência. Por isso, nas considerações a seguir falaremos sempre só da totalidade do complexo reprodutivo objetivo da sociedade e, via de regra, não abordaremos mais as diferenciações feitas em cada caso específico de acordo com a proporção, tanto quantitativa como qualitativa, de violência e economia.

O afastamento da barreira natural e a crescente socialização da sociedade produzem alterações qualitativas, dinamicamente operantes, em sua estrutura, das quais temos de nos ocupar agora sucintamente – pelo menos em seus traços mais gerais. Quando nos dedicamos anteriormente a esse complexo de

---

[107] Ibidem, p. 29; ibidem, p. 43 [ed. bras.: ibidem, p. 61].

problemas, tivemos de apontar para a grande guinada que o surgimento do capitalismo provocou no modo de desenvolvimento da sociedade. Naquela ocasião, realçamos a base econômica dessa diferenciação, a saber, que tanto a sociedade antiga como a medieval-feudal tiveram ótimos estágios de desenvolvimento, nos quais – e somente neles – o modo de produção se encontrava em consonância com a estrutura social e com a distribuição no sentido marxiano, sendo que as consequências disso foram que o desenvolvimento das forças produtivas necessariamente tivesse funções desagregadoras da própria formação, que o desenvolvimento criou problemas em princípio insolúveis para aquela sociedade, tangendo-a para um beco sem saída. O tipo superior do ser socializado que caracteriza economicamente o capitalismo faz desaparecer toda barreira desse gênero que obstaculiza o desenvolvimento econômico para um patamar superior; esse ser socializado parece ter adquirido um caráter totalmente ilimitado. Esse conjunto de problemas nos interessa nesse ponto somente quanto ao aspecto das bases objetivas do estranhamento. Nesse tocante, evidencia-se um traço recém-apontado na imagem desses dois tipos: enquanto nas formações sem possibilidades parece haver para uma parte dos homens singulares, ao menos nos estágios iniciais, vias abertas para escapar ao estranhamento geral, sobretudo ao decorrente do estranhamento de outros homens, nas sociedades mais desenvolvidas isso está totalmente excluído: o estranhamento dos espoliados tem o seu contraponto exato no estranhamento dos espoliadores. No *Anti-Dühring*, Engels descreve esse fenômeno de modo inequívoco e estabelece sua conexão com a divisão social do trabalho evoluída:

> E não só os trabalhadores, mas também as classes que direta ou indiretamente espoliam os trabalhadores são escravizadas pela ferramenta de sua própria atividade: o burguês cabeça-oca, por seu próprio capital e por sua sanha de lucro, o jurista, por suas concepções jurídicas fossilizadas que o dominam como poder autônomo, os "estamentos cultos" em geral, pelas mais variadas estreitezas e unilateralidades provincianas, por sua própria miopia física e intelectual, por seu aleijamento decorrente de uma educação moldada para uma só especialidade e pelo acorrentamento vitalício a essa mesma especialidade – inclusive quando essa especialidade é a mais absoluta inatividade.[108]

---

[108] F. Engels, *Anti-Dühring* [*Herrn Eugen Dührings Umwälzung der Wissenschaft*], MEGA Sonderausgabe, p. 304; MEW, v. 20, p. 272 [ed. bras.: *A revolução da ciência segundo o senhor Eugen Dühring*, cit.].

Essa questão foi formulada de modo ainda mais incisivo e fundamental décadas antes por Marx em *A sagrada família*:

> A classe possuinte e a classe do proletariado representam o mesmo estranhamento de si. Mas a primeira classe se sente bem e aprovada nesse estranhamento de si, sabendo que o estranhamento é *seu próprio poder* e nele possui a *aparência* de uma existência humana; a segunda, por sua vez, sente-se aniquilada nesse estranhamento, vislumbrando nele a sua impotência e a realidade de uma existência desumana.[109]

Nas sociedades desenvolvidas, o estranhamento é, portanto, um fenômeno social universal, que predomina entre os opressores assim como entre os oprimidos, entre os exploradores assim como entre os explorados. A possibilidade de realizações limitadas, isto é, de escapar de possibilidades de estranhamento que se limitam ao plano individual é, em principio, bem mais restrita no capitalismo.

Naturalmente, isso não se refere ao comportamento individual (ideológico) para com os próprios estranhamentos pessoais, dos quais falamos na seção anterior. A intenção não é anular a sua importância, ainda que seja necessário constatar que até mesmo o tipo mais consequente e até mais heroico dessa luta costuma deixar totalmente intactos os estranhamentos sociais ontologicamente mais fundamentais. Na luta contra o estranhamento, a práxis social real tem prioridade absoluta. Não há como enfatizar isso com suficiente ênfase, e na época da atuação de Marx, na época dos debates sobre Feuerbach, essa questão teve de ser deslocada para o ponto central com particular determinação, porque existiam então importantes correntes idealistas que se contentavam com o desmascaramento contemplativo, puramente espiritual, da condição de estranhamento. Por essa razão, os escritos juvenis revolucionários de Marx, que justamente por essa via revolucionaram também a filosofia, estavam direcionados, portanto, em primeiro lugar, exatamente para a práxis real, tanto social como política:

> Mas, como aquelas autoalienações *práticas* da massa existem no mundo real de uma maneira exterior, a massa tem de combatê-las também *exteriormente*. Ela de modo algum pode considerar esses produtos de sua autoalienação tão só como

---

[109] [K. Marx e F. Engels, *Die heilige Familie oder Kritik der kritischen Kritik*,] MEGA, v. III, p. 206; MEW, v. 2, p. 37 [ed. bras.: *A sagrada família*, cit., p. 48; com modif.].

fantasmagorias *ideais*, como simples *alienações da autoconsciência*, e querer destruir o estranhamento *material* apenas mediante uma ação *espiritualista interior*. [...] Mas para levantar-se não basta levantar-se em *pensamento*, deixando que sobre a cabeça *real* e *sensível* permaneça pairando o jugo *real* e *sensível*, que nós não logramos fazer desaparecer por encanto através das ideias.[110]

Essa prioridade da práxis social é tão nítida que, sendo levada a cabo resolutamente na prática, ela pode – mas, como vimos e logo veremos de novo, até certo grau – arrancar, em termos ideológico-individuais, o indivíduo atuante da sua condição de estranhamento mesmo quando ele dirige as suas ações de modo consciente exclusivamente contra as formações sociais que se tornaram objetivamente insustentáveis e mesmo quando quer eliminar, unicamente mediante a destruição dessas formações, igualmente os estranhamentos objetivos. Marx diz, por exemplo, nos *Manuscritos econômico-filosóficos*, com toda razão que o modo de trabalhar no sistema econômico do capitalismo do seu tempo estranhava o trabalhador dos produtos do seu próprio trabalho, transformando-os num meio de coerção e degradando, desumanizando o homem a ponto de sentir-se "livre e ativo" somente em suas "funções animais"[111]. Era óbvio que os trabalhadores com o tempo necessariamente se sublevassem contra isso. E em virtude da massividade dessa condição era igualmente óbvio que a sublevação assumisse formas não simplesmente coletivas de modo geral, mas também formas cada vez mais desenvolvidas, cada vez mais aperfeiçoadas tanto no aspecto organizativo como no ideológico, de tal modo que os trabalhadores, que no início constituíam apenas uma classe social em si ("classe perante capital"), pouco a pouco se converteram numa "classe para si mesma"[112]. No plano imediato, não parecia ser uma questão decisiva determinar em que medida o propósito de destruir as bases econômicas do estranhamento ou pelo menos – como objetivo parcial nessa campanha secular – de minimizar os seus efeitos imediatos sobre a existência material dos trabalhadores (jornada de trabalho, salário, condições de trabalho etc.) estava conscientemente vinculado à superação dos estranhamentos.

---

[110] Ibidem, p. 254; ibidem, p. 86s [ed. bras.: ibidem, p. 99-100].
[111] K. Marx, [*Ökonomisch-philosophische Manuskripte aus dem Jahre 1844*,] MEGA-1, p. 85-6; [MEGA-2, I/2, cit., p. 367;] MEW EB, v. 1, p. 514s [ed. bras.: *Manuscritos econômico-filosóficos*, cit., p. 83].
[112] K. Marx, *Das Elend der Philosophie*, p. 162; MEW, v. 4, p. 181 [ed. bras.: *A miséria da filosofia*, cit., p. 154].

Repetimos também aqui que o estranhamento jamais deve ser considerado um fenômeno autônomo ou mesmo imediato, ontologicamente central, na vida social dos homens. Sob todas as circunstâncias, ele se originou da estrutura econômica total da respectiva sociedade, está inextricavelmente entranhado nesta e jamais poderá ser dissociado do estágio de desenvolvimento das forças produtivas, do estado das relações de produção. (Quando se tenta fazer isso puramente no plano da consciência, e isto é uma das tendências predominantes na filosofia do nosso tempo, aterrissa-se inevitavelmente na sua deformação conceitual.) Por isso, na prática é perfeitamente possível que um modo do estranhamento seja socialmente eliminado sem que essa eliminação tenha formado o conteúdo espiritual dos atos pelos quais ela foi real e praticamente efetuada. Esse tipo de ser objetivo, socioeconomicamente determinado, dos estranhamentos chega a ponto de, quando se modifica essa base real, uma das formas de estranhamento se extinguir e ser substituída por outra, muitas vezes de natureza bem diferente, e isso sem provocar nenhum abalo crítico, seja ele objetivo ou subjetivo; tudo acontece, por assim dizer, de modo puramente evolutivo. Riesman descreve, por exemplo, bem corretamente quanto à sua essência, a transformação da consciência do estrato social nos EUA que, como indicamos na seção anterior, embasou a sua existência moral em seu crescente bem-estar, entendendo-o como "*certitudo salutis*"; essa consciência se transformou na hoje imperante dos que usufruem do consumo de prestígio[113].

Por mais corretas que possam ser constatações factuais desse tipo, é preciso precaver-se de tirar delas consequências unilaterais de tipo oposto àquele representado pelas concepções subjetivistas sobre o estranhamento e sua correspondente superação, ou seja, como se a dialética puramente imanente do desenvolvimento econômico fosse capaz de eliminar automaticamente do mundo não só tipos particulares de estranhamento, mas também, no final das contas, o próprio fato da existência estranhada. Contra essas ilusões de um "economicismo" que, todavia, não só foi e é adotado por marxistas oportunistas e, depois deles, por marxistas dogmáticos, mas que outrora também sonhou que o livre comércio trouxesse a "redenção" do mundo na forma de liberdade geral e que atualmente espera a solução de todos os possíveis con-

---

[113] O acerto da observação de Riesman é muito pouco afetado pelo uso de uma terminologia diferente, psicologizante.

flitos da vida humana de uma manipulação aperfeiçoada e onipotente (se possível ciberneticamente conduzida), contra esse "economicismo" devemos trazer à memória uma das nossas constatações anteriores, muitas vezes repetida. A saber, que a necessidade interior ao desdobramento da economia pode até reduzir cada vez mais a quantidade de trabalho socialmente requerido para a reprodução da existência humana, fazer recuar cada vez mais as barreiras naturais, fazer aumentar cada vez mais tanto extensiva como intensivamente a socialidade da sociedade e inclusive elevar a patamares cada vez mais elevados as capacidades humanas singulares, mas tudo isso, como foi repetidamente exposto, produz apenas um campo de ação de possibilidade para a generidade para si do gênero humano, ainda que seja campo real, inevitável e indispensável. Porém, aos olhos de Marx, a generidade para si não é um resultado mecânico, de origem espontânea e obrigatória, do desenvolvimento econômico. No plano social, a consequência disso é que cada movimento que procure fazer avançar, fazer crescer essa tendência – não importando se por evolução ou revoluções – não pode nem deve confiar no mero automatismo do desenvolvimento econômico, mas é forçado a mobilizar a atividade social também de outras maneiras. Quando, na passagem recém-citada de *A miséria da filosofia*, Marx fala do desenvolvimento do proletariado em classe para si, ele acrescenta a título de esclarecimento: "Mas a luta de classe contra classe constitui uma luta política"[114].

O nosso interesse essencial está voltado aqui para o estranhamento, mas visto que há muito já sabemos que ele não é um fenômeno social que existe isoladamente e que, portanto, jamais poderá ser pensado de modo isolado, será impossível examinar corretamente as bases objetivas do seu surgimento e desaparecimento sem ao menos olhar de relance para o modo como as demais atividades, que não são mais apenas espontaneamente econômicas, podem incidir sobre essas bases objetivas. Trata-se, nesse caso, antes de tudo, dos sindicatos e dos partidos políticos. A necessidade da gênese dos sindicatos e a eficácia ampla e fecunda da sua atividade têm fundamentos econômicos objetivos, que Marx descreveu com precisão. Em contraposição à aparência dada no período inicial do capitalismo, que levou, por exemplo, Lassale a formular a representação totalmente errônea de uma "lei de bronze

---

[114] K. Marx, *Das Elend der Philosophie*, p. 162; MEW, v. 4, p. 181 [ed. bras.: *A miséria da filosofia*, cit., p. 154; com modif.].

dos salários"*, da essência específica da mercadoria força de trabalho resulta um caráter específico de sua determinação prática na vida econômica real. Marx descreve do seguinte modo a legalidade econômica então vigente: o caráter universal da troca de mercadorias não determinaria por si só nenhum limite à jornada de trabalho, ao mais-trabalho. Todavia

> a natureza específica da mercadoria vendida implica um limite de seu consumo pelo comprador, e o trabalhador faz valer seu direito como vendedor quando quer limitar a jornada de trabalho a uma duração normal determinada. Tem-se aqui, portanto, uma antinomia, um direito contra outro direito, ambos igualmente apoiados na lei da troca de mercadorias. Entre direitos iguais, quem decide é a força.[115]

A determinação do preço dessa mercadoria está baseada, portanto, em termos puramente econômicos – pressupondo um estágio desdobrado do capitalismo –, no uso da força, que, no entanto, dependendo das circunstâncias, pode ser meramente latente. As nossas explanações anteriores sobre a força como "potência econômica"[116] se veem mais uma vez confirmadas por esse caso. O capitalismo, funcionando normalmente segundo as próprias leis econômicas, depois de ter deixado para trás em princípio o prevalecimento da força extraeconômica com o término da acumulação originária, vê-se assim economicamente forçado a reconhecer, inicialmente *de facto* e depois também *de jure*, como economicamente legítima uma força que se contrapõe a ele diariamente. Esse é o momento inicial da atividade social dos sindicatos enquanto unificação sistematizadora das sublevações individuais contra o capitalismo, constituindo-se em um dos fatores subjetivos de sua limitação enquanto poder. Por sua natureza, não é este o lugar para analisar essa atividade. O importante é apenas ver claramente que tal movimento, que no seu ser imediato parece um modelo exemplar de organizatividade consciente e resoluta, na sua realidade social representa um processo de integração que tem início nas reações espontâneas singulares ao próprio ser econômico imediato e desemboca em ações conscientes, reguladoras da sociedade como um todo.

---

* Sobre essa questão e a crítica de Marx à concepção de Lassale, cf. *Crítica do programa de Gotha*, cit., p. 37s. (N. T.)

[115] K. Marx, *Das Kapital*, cit., v. I, p. 196; MEW, v. 23, p. 249 [ed. bras.: O *capital*, Livro I, cit., p. 309].

[116] Ibidem, p. 716; ibidem, p. 779 [ed. bras.: ibidem, p. 309].

Nesse ponto culminante da generalização, todavia, ocorre a reversão em fato político. Marx descreve esse processo assim:

> [...] a tentativa de forçar os capitalistas singulares, numa fábrica isolada ou mesmo numa profissão singular, mediante greves etc., a conceder uma redução da jornada de trabalho é um movimento puramente econômico; em contraposição, o movimento visando forçar a aprovação de uma *lei* de oito horas etc. é um movimento *político*. E, desse modo, brota em toda parte dos movimentos econômicos esparsos dos trabalhadores um movimento *político*, isto é, um movimento de *classe* para impor os seus interesses de forma geral, de uma forma que possua uma força geral socialmente vinculante.[117]

A gênese humano-social dos processos que surgem desse modo constitui o interesse principal do jovem Lenin na sua primeira tentativa de determinar a natureza das atividades humanas que subvertem (ou pelo menos modificam) a sociedade. Seu ponto de partida também é a espontaneidade das reações da classe trabalhadora ao capitalismo, mas as considera no seu desenvolvimento histórico e, ao fazer isso, constata nelas logicamente certa relatividade em termos de consciência, e pensar as generalizações históricas assim obtidas até as últimas consequências leva-o à constatação que vislumbra na espontaneidade em geral a *"forma embrionária* do fim consciente"[118]. Desse modo, está dada uma tendência dinâmica ontológica extremamente importante desse complexo de ativação: a antítese entre espontâneo e consciente perde a sua rigidez gnosiológica e psicológica; sem suprimir o caráter antitético como tal, Lenin vislumbra nele um processo que normalmente se desenvolve na cabeça dos homens como reação aos acontecimentos econômicos, políticos e sociais de uma sociedade, sobretudo quando elas se unem para agir. Estreitamente ligada a essa processualidade está também a questão se essas uniões ficam restritas a determinadas ações singulares ou se consolidam em organizações. Contudo, a importância desse estado de coisas seria totalmente mal entendida e até mesmo deformada se ele fosse absolutizado, se fosse entendido como um caminho único, retilíneo, obrigatório, que, por exemplo, leva da mera espontaneidade imediata à consciência política. Em contraposição a tais simplificações meca-

---

[117] Idem, *Briefe an Sorge* (Stuttgart, 1906), p. 42; MEW, p. 327.
[118] V. I. Lenin, *Was tun?*, Sämtliche Werke, v. IV/II, p. 158; LW, v. 5, p. 385 [ed. bras.: *Que fazer?*, cit., p. 88].

nicistas, Lenin reconheceu claramente que essa "forma embrionária" do consciente, desencadeada pelos fatos e processos econômicos, cruza-se na realidade social continuamente com a consciência de que ela pode converter-se, em estágios muito diversos do desenvolvimento, num consciente político, cuja dimensão, cuja capacidade para a síntese sociopolítica etc., entretanto, jamais ultrapassa o nível objetivo do que foi espontaneamente adquirido; ao contrário, apenas fixa e ordena no plano da consciência política o que foi espontaneamente alcançado. Lenin mostra polemicamente, tomando como exemplo a orientação dos "economistas" que então ocupava o primeiro plano, como em princípio é perfeitamente possível que os movimentos espontâneos existentes em dado momento possam ser espontaneamente convertidos em lemas políticos, que sem dúvida nesse processo possa surgir a partir deles uma política, só que uma política com conteúdos e objetivos meramente sindicais, isto é, espontaneamente econômicos, que fundamentalmente leve à adequação da atividade do proletariado ao quadro do *status quo* burguês e que, portanto, no plano ideológico, no momento de dirimir os conflitos, não permita que o movimento dos trabalhadores ultrapasse o ponto de vista momentâneo da burguesia[119]. Esse reconhecimento da dialética realmente existente e operante é complementado e completado pela constatação de que, não obstante toda a processualidade espontânea do desenvolvimento da resistência dos trabalhadores que passa da sublevação espontânea individual para lutas econômicas espontâneas coletivas e para formas políticas de pensamento e organização, é só por meio de um salto que o processo pode alcançar o seu estágio ontologicamente adequado. Lenin determina o conteúdo desse salto da seguinte maneira:

> A consciência política de classe pode ser trazida ao trabalhador *somente a partir de fora*, isto é, de fora da luta econômica, de fora da esfera das relações entre trabalhadores e empresários. O único campo do qual se pode haurir esse saber é o das relações de *todas* as classes e todos os estratos da população com o Estado e com o governo, é o campo das inter-relações de *todas* as classes.[120]

Com esse "de fora" se forma uma duplicidade decisiva e irrevogável da ideologia da atividade concretamente social. Na exposição feita por Lenin – e

---

[119] Ibidem, p. 163s.; ibidem, p. 383s [ed. bras.: ibidem, p. 92s].
[120] Ibidem, p. 216; ibidem, p. 436 [ed. bras.: ibidem, p. 144].

também no conjunto da sua práxis –, assoma aí um autêntico ponto de virada: nesse ponto, a atividade social é pela primeira vez direcionada concretamente para a transformação mais profunda da realidade. Uma política proletária no sentido desse "de fora" nunca se satisfaz com a transformação da generidade em si que, em dado momento, de qualquer modo já está madura para acontecer; essa generidade em si naturalmente constitui o inevitável ponto de partida de todo fazer ativo, especialmente do fazer revolucionário. Ora, correspondendo à sua essência, esse fazer passa a voltar-se também para a realização do campo de ação de possibilidades a ele associada da generidade para si. Isso resulta rigorosamente das explanações de Lenin e também comprovou ser verdadeiro em 1905 e 1907. Os eventos posteriores, contudo, mostraram que, também neste caso – como em toda parte no ser social –, não se trata de uma necessidade rígida de via única, mas de uma cadeia de alternativas, na qual a retroflexão do princípio que, por sua essência, impulsiona para um patamar superior de volta para o princípio da simples reprodução modificadora da generidade em si sempre continuará como uma possibilidade real do agir (inclusive quando as fundamentações ideológicas contêm indicações teóricas ou apenas verbais ao existente-para-si).

Desse modo, o desenvolvimento do fator subjetivo mais elevado possível a partir de ações individuais socialmente progressistas aparece em Marx e Lenin na sua dialética autêntica. Com relação ao nosso problema, o do estranhamento, esse fator revela, em toda linha, tendências ativas de superação desse. Obviamente essas tendências jamais perfazem o conteúdo central desses atos, assim como, quando o próprio desenvolvimento econômico elimina formas de estranhamento objetivamente existentes, isso não constitui em cada caso o seu objeto explicitamente direto. Contudo, nesse ponto, há a importante diferença de que uma atividade social cuja finalidade não é simplesmente suprimir [*Aufhebung*] ou transformar instituições ultrapassadas, mas no conjunto da sua práxis tem em vista também as consequências indignas do homem, ou seja, também os estranhamentos correspondentes, deve necessariamente tornar-se, também no plano puramente prático, bem mais efetivamente operante em todos os campos do que aquela que de antemão se limita a uma reforma meramente institucional dentro do respectivo sistema vigente, que nem mesmo deseja ultrapassar o nível da generidade em si. As experiências feitas com as revoluções mostram que, quando se tem intenções gerais definidas em termos ideologicamente mais elevados, também a obra de reforma institucional costuma ser levada a cabo de modo mais coerente. Portanto, também nesse caso é preciso constatar que a superação [*Aufhebung*] do estranhamento necessariamente permanece, inclusive na práxis social revolucionária, uma espécie de subproduto; não obstante, ela constitui um fator codeterminante – em sentido positivo – do tipo de eficácia dessa atividade. Isso se refere naturalmente, antes de tudo, às atividades declaradamente revolucionárias, isto é, às atividades que, por seu conteúdo social, devem ser caracterizadas como políticas. Mas até os movimentos meramente espontâneos – reconhecendo plenamente o salto caracterizado pelo "de fora" de Lenin – têm dentro de si pelo menos a possibilidade da linha espontânea, igualmente apontada por nós, de um movimento ascendente da consciência social rebelde. Quanto a esse aspecto, vimos com que clareza Marx separa a atividade sindical da atividade política. Mas exatamente no discurso dedicado a esse objeto, ele introduz a diferenciação da luta sindical pela jornada de trabalho com as seguintes palavras: "O tempo é o espaço para o desenvolvimento humano. Um homem que não dispõe de tempo livre, cujo tempo de vida é todo tomado pelo trabalho para o capitalista, excetuando as interrupções meramente físicas para dormir, tomar as refeições etc., é menos que um animal de carga"[121]. E também a história do movimento dos trabalhadores mostra que, nas suas lutas heroicas – sejam elas sindicais ou políticas –, muitas vezes foi enfatizada energicamente essa tendência da atividade proletária que transcendia o plano prático meramente institucional.

Após haver considerado os movimentos ativos na sociedade pelo seu aspecto tanto objetivo como subjetivo, o que importa agora é verificar como o próprio movimento social está vinculado, na sua totalidade objetiva, com os fundamentos objetivos do ser dos estranhamentos. Não é difícil apreender o ponto central dessa relação em sua generalidade. Visto que, como pudemos constatar repetidamente, o desenvolvimento objetivo do ser social produz não só novidades quantitativas e qualitativas, mas também formas e conteúdos objetivamente superiores da vida social, não é muito difícil perceber que cada novo tipo de estranhamento é um produto dessa progressividade do próprio desenvolvimento objetivo. Esse traço característico, basilar para a caracterização da sua constituição ontológica, evidencia novamente as peculiaridades do ser social já bem conhecidas nossas. No plano imediato, o que talvez caia na vista do modo

---

[121] K. Marx, *Lohn, Preis und Profit*, cit., p. 58; MEW, v. 16, p. 103-52 e 144.

mais crasso possível é a desigualdade do desenvolvimento. O fato de que este último possa realizar-se somente criando continuamente novas formas de estranhamento certamente constitui um modo fenomênico clássico da desigualdade como marca predominante do progresso no próprio desenvolvimento. Mas também nesse ponto é preciso cavar mais fundo para apreender o fenômeno em sua verdadeira característica. Com efeito, precisamente nesse ponto, fica totalmente evidente que, embora cada ato real que constitui o desenvolvimento social, que o põe em movimento e que o mantém ou detém nessa mobilidade constitua um pôr teleológico, a ele próprio, enquanto processo global como tal, não pode inerir nenhum tipo de momento teleológico, sendo, antes, de tipo puramente causal. Precisamente por isso, os momentos progressistas em si objetivamente articulados entre si e produzidos necessariamente do ponto de vista do ser social em seu conjunto não só precisam evidenciar, em seu decurso, forçosamente desigualdades em seus fundamentos, mas também devem ser constituídos de modo interiormente contraditório em sua natureza interior, em termos tanto subjetivos como objetivos.

Essa situação é manifesta se pensarmos no primeiro grande estranhamento objetivo no ser social, na escravidão. Obviamente representa um progresso que os inimigos aprisionados não mais fossem massacrados ou devorados, mas transformados em escravos. E até mesmo a escravidão maciça em plantações, minas etc., de feitio sumamente bárbaro, que se tornou necessária com o desenvolvimento das forças produtivas, com o surgimento – sobre a base da pólis – de formações sociais maiores, constitui, no quadro de tal contraditoriedade geral, algo indispensável para o progresso então possível. O fato de que, no capitalismo, essa progressividade se manifeste de maneira mais direta que em formações anteriores é decorrente de razões econômicas que foram repetidamente tratadas aqui. Desse modo, naturalmente a própria contraditoriedade de modo algum foi suprimida, e nem mesmo atenuada; só o que acontece é que, após importantes guinadas econômicas, ela se apresenta numa constituição qualitativamente diferente. Está claro que o que entra em cogitação nesse tocante é, antes de tudo, o fato histórico-social objetivo, imutável na sua objetividade. Por isso, toda ação direcionada para a transformação toma sempre, não importando se acompanhado de consciência errônea ou correta, a contraditoriedade objetiva que resulta desse processo. Mas está igualmente claro que para o tipo dessas atividades sociais de maneira alguma é indiferente o modo como elas se posicionam em termos de consciência perante as factualidades dadas. Por isso, exatamente por estarmos diante de uma peculiaridade fática, de cunho histórico-social, objetivamente irrevogável, do estranhamento, somos confrontados igualmente com um importante problema ideológico que de fato surge das contradições histórico-sociais objetivas bem gerais, mas que exerce uma influência decisiva sobre todo o posicionamento ideológico perante o desenvolvimento do capitalismo; dentro desse quadro, é impossível omitir esse problema inclusive no caso do comportamento em relação ao fenômeno do estranhamento.

Naturalmente, é preciso deixar registrada, também neste ponto, a constatação já muitas vezes reiterada por nós de que o estranhamento jamais é algo isolado, dependente de si mesmo, mas, no plano objetivo, é um momento de cada desenvolvimento econômico-social e, no plano subjetivo, é igualmente um momento das reações ideológicas das pessoas ao *status*, à tendência do movimento etc. do conjunto da sociedade. Isso obviamente não deve acarretar nenhum tipo de negligência quanto à problemática específica do estranhamento. Pelo contrário, a sua essência específica adquire contornos tanto mais definidos quanto mais ela é considerada um momento – claro que um momento com traços específicos – da totalidade social. Primeiramente, portanto, em termos gerais: na ideologia burguesa, a contraditoriedade do progresso não é entendida pelo que ela é, ou seja, como marca intrínseca de todo e qualquer movimento de avanço da sociedade, mas se petrifica, muito antes, numa única antinomia simplificada, no assentimento mais ou menos incondicional, de um lado, e numa negação essencialmente cabal, de outro. Parece-nos supérfluo apresentar um panorama da história das ideias a esse respeito. Uma das séries vai da época das ilusões do livre comércio até a glorificação do capitalismo moderno, a outra vai, por exemplo, de Schopenhauer até o niilismo atual, passando por Spengler. A análise dessas duas tendências nada traria de proveitoso para o nosso problema, para o estranhamento.

Por conseguinte, parece-nos mais correto iluminar mais de perto as contraditoriedades que surgem aqui, valendo-nos de algumas singulares questões centrais em que se pode tornar claramente visíveis a vinculação tanto com a totalidade histórico-social quanto com as questões concretas do estranhamento. Comecemos com a questão fundamental que já mencionamos repetidamente, visando apreender o fenômeno do estranhamento em geral: a questão do antagonismo entre o despertar e o elevar das capacidades humanas singulares, produzidos espontaneamente pelo desenvolvimento econômico, e o autopôr e autopreservar da personalidade humana, cuja possibilidade produz o mesmo desenvolvimento, só que de tal modo que ininterruptamente são postos obstáculos no caminho do seu desenvolvimento. Quanto mais perto chegarmos, por essa via, do fenômeno originário social, ou seja, do trabalho, tanto mais claramente se evidencia essa contradição, até mesmo no âmbito do desenvolvimento das capacidades. Pense-se em determinados tipos, por exemplo, de confecção de móveis. O artífice da Idade Média tardia e da Renascença alçou o seu modo de trabalhar a níveis que beiravam a arte, criou valores de uso para cuja produção não bastava apenas ter habilidades, experiências etc. singulares, que pressupunham uma visão unitária, direcionada para proporções visuais. (Abstrairemos agora do conhecimento, igualmente requerido para essa tarefa, da peculiaridade qualitativa das diversas matérias-primas, da capacidade de valorizá-las etc. de um modo que às vezes chegava às raias da arte escultórica.) Se compararmos esse estágio do trabalho com aquele que o substituiu, a saber, o da manufatura, na qual o trabalhador se converteu em "especialista" unilateral vitalício de um só movimento repetido à exaustão, temos claramente diante dos olhos o caráter desvalorizador do homem, próprio do progresso econômico. Marx diz, com razão, o seguinte sobre o trabalho no período manufatureiro:

> Ela [a manufatura] aleija o trabalhador, converte-o numa aberração, promovendo artificialmente sua habilidade detalhista [...]. Não só os trabalhos parciais específicos são distribuídos entre os diversos indivíduos, como o próprio indivíduo é dividido e transformado no motor automático de um trabalho parcial.[122]

Visto que, nesse tocante, interessa-nos em primeira linha o estranhamento do homem, mencionaremos apenas de passagem que, nesse desenvolvimento que vai da manufatura até a produção com o uso da máquina, o produto enquanto valor de uso qualitativo também necessariamente experimentará uma degradação em termos de qualidade. Na primeira metade e em meados do século XIX, o progresso do desenvolvimento foi submetido a uma dura crítica cultural a partir dessas constatações. É suficiente lembrar Ruskin para constatar a importância desse anticapitalismo romântico, cujos juízos singulares quase sempre foram acertados no seu sentido imediato.

---
[122] K. Marx, *Das Kapital*, cit., v. I, p. 325; MEW, v. 23, p. 381 [ed. bras.: *O capital*, Livro I, cit., p. 434].

Contudo, vemos justamente nesse ponto que o anticapitalismo romântico também travou as suas maiores batalhas contra o capitalismo em campos pura ou preponderantemente objetivos, embora a sua luta contra os estranhamentos capitalistas fosse e permanecesse algo central para ele próprio. Pense-se sobretudo em Sismondi, que com a sua teoria da reprodução foi o primeiro a identificar a crise econômica como algo inevitável para o capitalismo, e em Carlyle, para o qual, no entanto, os problemas do estranhamento começam a desempenhar um papel importante. E à guisa de confirmação do recém-exposto, mencione-se tão somente que até mesmo Ricardo, sendo um pensador honesto, foi obrigado a corroborar as observações de Sismondi, que lhe serviram de suporte para sua teoria das crises – que em sua totalidade é falsa; mencione-se ainda que o jovem Engels, justamente quando se encontrava prestes a fundamentar teoricamente, com Marx, a grande guinada rumo à perspectiva da revolução socialista, enquanto única superação possível das contradições do capitalismo, deu razão a Carlyle em alguns pontos essenciais da sua crítica dos tempos atuais[123]. O desenvolvimento global da ideologia burguesa, em contraposição, foi obrigado a aferrar-se à antinomia rígida e falsa decorrente dessa posição. Evidencia-se também nesse ponto como é socialmente complexa a determinação dos efeitos de correntes ideológicas. O momento decisivo do efeito não é o teor de verdade de constatações singulares, mas a função que o seu teor fundamental como um todo é capaz de exercer para os homens vivos enquanto personalidades totais no sentido de travar determinados conflitos. Isso, porém, no fundo, sempre é algo socialmente prático – sem despir-se desse caráter fundamental. Nesse caso, justamente o fato de se travar um conflito a favor ou contra o capitalismo. Nesse contexto, inclusive uma crítica pertinente do capitalismo que contenha muitos detalhes corretos pode converter-se, todavia, numa apologia indireta a ele. Pense-se no antagonismo entre cultura e civilização, que por décadas dominou o pensamento burguês, para acabar alcançando o seu ponto culminante grotescamente reacionário no contraste formulado por Klage entre espírito e alma etc. Se considerarmos as tendências ideológicas e as concepões de mundo que assim surgem sob o prisma de como elas influem sobre o comportamento subjetivo em relação ao estranhamento, de como elas fomentam ou inibem o posicionamento individual dos homens

---

[123] [F. Engels, *Umrisse zu einer Kritik der Nationalökonomie*,] MEGA, v. II, p. 419; MEW, v. 1, p. 537-8.

singulares na cotidianidade e para além dela, podemos visualizar, num exemplo negativo tão marcante, quão profundamente esses atos, que no plano imediato aparentam ser puramente pessoais, estão vinculados com o curso objetivo da história, com as concepções históricas sobre ele.

Nesses contextos, os elos pessoais de mediação existentes em cada caso são, por sua natureza, infinitamente variados. Neles, só um momento, constante por sua essência, permanece inalterado: a pessoa que, mediante decisões individuais, quiser romper o seu próprio estranhamento precisa, a fim de conseguir realizar subjetivamente essa ruptura, possuir uma perspectiva, em última análise – todavia só em última análise – de cunho social, orientada, ainda que tragicamente, para algum modo fenomênico da generidade para si; unicamente tal perspectiva lhe permitirá alçar-se interiormente de modo efetivo acima da sua própria particularidade impregnada de estranhamentos, enredada em estranhamentos. Exatamente isto, ou seja, o pôr de uma perspectiva social vinculante para o indivíduo, é dificultado até os limites da irrealizabilidade pelo domínio ideológico da antinomia rígida, aparentemente insolúvel, entre cultura e civilização. De fato, nessa antinomia é destruído interiormente justo o valor humano da socialidade. Ao fazer com que o progresso – segundo tais concepções – possa efetuar-se só em campos que praticamente nada têm a ver com o caminho do homem enquanto homem e que até mesmo se confrontam com ele de modo hostil e destrutivo, a aspiração ao ser-homem é relegada aqui ao campo de uma "pura" subjetividade privada do aspecto social. Por essa via, não só se degrada como indigna do homem toda atividade na sociedade mesma, mas também os modos superiores de expressão ideológica (arte, concepção de mundo) adquirem como substância, mediante a rejeição de toda socialidade, um subjetivismo de tal modo "purificado" que, justamente nesse desviar-se de tudo o que poderia degradar o sujeito, nada resta além do modo específico de expressão de uma particularidade dada de maneira única, sumamente acentuada em sua unicidade.

A consequência óbvia, facilmente fundamentável nesse terreno, da dissociação fundamental, metafisicamente rígida, de cultura e civilização é que as realizações plenas só podiam ser identificadas no passado. Não estamos pensando, pelo menos não em primeira linha, no academicismo destituído de espírito que dominou por longo tempo a arte e a filosofia oficiais. É preciso confrontar com esse complexo de problemas até mesmo a mais sincera aspiração por autenticidade. Bem antes de a antinomia ideológica de cultura e civilização poder se disseminar universalmente, Marx formulou da seguinte maneira o problema histórico-social presente aqui:

> Na economia burguesa – e na época de produção que lhe corresponde –, esse estranhamento total do conteúdo humano aparece como completo esvaziamento; essa objetivação universal, como estranhamento total, e a desintegração de todas as finalidades unilaterais determinadas, como sacrifício do fim em si mesmo a um fim totalmente exterior. Por essa razão, o pueril mundo antigo, por um lado, aparece como o mais elevado. Por outro, ele o é em tudo em que se busca a forma, a figura acabada e a limitação dada. O mundo antigo representa a satisfação de um ponto de vista limitado; ao passo que o moderno causa insatisfação, ou, quando se mostra satisfeito consigo mesmo, é *vulgar*.[124]

Quando se repensa essa importante constatação, vale a pena deter-se um momento sobretudo nessa última expressão "vulgar" como característica de toda satisfação com a atualidade capitalista. Enganosa é a primeira aparência imediata, à qual alguns sucumbiram, como se aqui se pudesse falar de um paralelismo interior entre Marx e o anticapitalismo romântico. O conceito da satisfação de um ponto de vista limitado não só já resulta num antagonismo excludente, mas também para os expoentes dentre os anticapitalistas românticos, como Sismondi ou o jovem Carlyle, o estágio caracterizado por Marx como limitado representa algo a que o capitalismo desenvolvido deveria e poderia recorrer. Portanto, o seu protesto contra o capitalismo parte do passado, de certo modo, como de um modelo de solução para as suas atuais contradições. Para Marx, em contraposição, não só todo passado é irrecuperavelmente passado; também quando, na imediatidade, uma forma de existência passada parece se "conservar", sempre se trata, para ele, na realidade de novas formas de reprodução e de novas condições de reprodução, cuja raiz deve ser procurada e encontrada na economia atual em cada caso (pense-se na renda fundiária). Porém, o passado é ademais simultaneamente e até antes de tudo a continuidade dinâmica do próprio desenvolvimento social. E, desse modo, o movimento histórico real põe de lado a pseudoantinomia do anticapitalismo romântico, colocando em seu lugar as contradições fecundas reais da história real, duplicadas na realidade. Em primeiro lugar, cada produto desse desenvol-

---

[124] K. Marx, *Rohentwurf*, cit., p. 387-8; MEW, v. 42, p. 304 [ed. bras.: *Grundrisse*, cit., p. 400].

vimento é um existente único, que só pode mesmo se tornar existente sob as condições reais de sua gênese e de sua reprodutibilidade; não existe transplantação no âmbito do ser social. Em segundo lugar, porém, justamente um ser assim constituído, enquanto produto imediato das suas próprias condições de reprodução, das forças sociais que possibilitaram a sua reprodução (incluindo o metabolismo com a natureza), constitui um momento da continuidade histórica; o seu destino, mesmo que se trate de aniquilação, extinção, exerce influência, de modo imediato ou mediado, sobre aquele futuro que se toma forma justamente a partir do fato de o passado tornar-se passado. Porém, essa continuidade nada tem a ver com exemplaridade imediata, com imitabilidade imediata. Em outros contextos já dissemos que Marx concebe a poesia homérica, por um lado, como "modelo inalcançável" e, por outro, como "estágio que não volta jamais" da "infância histórica da humanidade"[125]. A partir desse fundamento duplamente contraditório, o efeito ideológico da continuidade histórica que se tornou operante no passado pode fornecer impulsos indispensáveis, fecundos para a práxis da atualidade, para a preparação do futuro. Porém, isso só quando – e nisso a continuidade opera como força social real – entre a memória e a perspectiva se torna efetiva e visível, de modo imediato ou mediado, uma ligação prática que aponta para o futuro.

Ora, o modo com que a ideologia burguesa buscou resolver as contradições do seu ser capitalista com o auxílio da antinomia de cultura e civilização destruiu exatamente toda a continuidade desse tipo, especificamente o seu direcionamento para o futuro, para uma práxis que encontra, tanto no plano social como no plano do singular humano, o seu fundamento na continuidade. Não é por nada que, nessa época, fez-se ouvir ininterruptamente a seguinte queixa: o historicismo seria algo meramente relativizante, seria, em última análise, infrutífero. Com efeito, todas as tentativas de revelar a história resultam ou num relativismo sem vida ou no aceno ideológico para contentar-se com o presente. Este, porém, havia sido desvalorizado tanto em termos humanos como em termos culturais, exatamente pelo anticapitalismo romântico; porém, toda nova recuperação de algum passado tinha de converter-se simultaneamente, quando relacionado com a práxis, numa utopia vazia. A partir daí, o olhar prospectivo em direção ao futuro estava encerrado numa total ausência de perspectiva. Com efeito, nesse caso, o futuro logicamente só poderia ser

---

[125] Ibidem, p. 31; ibidem, p. 44s [ed. bras.: ibidem, p. 63s].

algo ainda mais capitalista e, portanto, algo ainda mais estranhado e estranhador. A ideia da substituição da sociedade capitalista pelo socialismo só podia ser pensada até as últimas consequências como rompimento com a própria classe. Por isso, provar a impossibilidade do socialismo era um dos principais interesses de toda concepção de mundo burguesa. É óbvio que, para cumprir esse propósito, foi mobilizado tudo o que era concebível, desde a incompatibilidade com a religião até a impossibilidade da realização no campo econômico. E é natural que, no centro desses raciocínios, figurava o argumento de que exatamente o estranhamento só poderia ser intensificado pela revolução social. Ocasionalmente, Marx trouxe à tona esse aspecto autocrítico – inconscientemente – destrutivo no capitalismo nessas refutações apologéticas do socialismo: "É muito característico que os mais entusiasmados apologistas do sistema fabril não saibam dizer nada mais ofensivo contra toda organização geral do trabalho social além de que ela transformaria a sociedade inteira numa fábrica"[126]. Está expresso aqui de modo inconsciente, mas de modo extremamente lúcido, que a organização capitalista do trabalho é concebida pela ideologia burguesa como o pior mal que pode atingir os homens, como o perigo que mais ameaça a sua permanência como homens. Nossas explanações posteriores mostrarão que o nível atual de desenvolvimento do capitalismo tirou de circulação essa imagem intimidadora. O ordenamento da vida cotidiana tornou-se por demais empresarial para isso. Todavia, essa mudança só se mostra pelo lado negativo; a vida cotidiana manipulada deve continuar vigorando ideologicamente como um mundo da liberdade no plano da individualidade.

Não é possível nem mesmo indicar toda a profusão de tentativas complexas de solução que a ideologia que defende o capitalismo põe em marcha para proteger seus novos tipos de estranhamento. Porém, nesse tocante, é importante constatar, uma vez mais, que não há como suprimir objetivamente os estranhamentos que têm origem na nova economia sem uma derrubada econômica ou pelo menos uma reconstrução radical da formação econômica. A autodefesa do sistema volta-se, portanto, quando se fala dos estranhamentos, diretamente sobretudo contra as tendências que estão direcionadas para a sua supressão subjetiva na vida dos homens singulares. A disseminação, riqueza, diferenciação etc. desses movimentos de defesa mostram a dimensão da importância social

---

[126] K. Marx, *Das Kapital*, cit., v. I, p. 321; MEW, v. 23, p. 377 [ed. bras.: *O capital*, Livro I, cit., p. 430].

que podem assumir essas tendências direcionadas no plano imediato simplesmente para o comportamento singular dos homens singulares. Aqui tampouco se trata de que o perigo da transformação de sublevações humanas singulares em fator subjetivo de resistência contra o sistema seja reconhecido conscientemente como tal e refutado ideologicamente de modo correspondente. Também nesse ponto os homens, impelidos pela necessidade social, fazem coisas diferentes e às vezes até mais do que as suas intenções conscientes contêm diretamente. O poder ideológico da classe dominante, o fato de que, em cada sociedade, origina-se da dominação econômico-política uma supremacia da ideologia que está a seu serviço, que domine pelo menos no aspecto quantitativamente organizacional, verifica-se, nesse caso, tanto mais quanto mais espontâneas, convictas, forem tais ideologias em conformidade com a sua origem subjetiva.

Contudo, justamente esse modo espontâneo de sua gênese expõe seus limites dentro da dinâmica ideológica da sociedade como um todo. É uma obviedade dizer que os ideólogos dos estratos sociais que estão em maior ou menor grau insatisfeitos com o *status quo* assumem uma posição mais ou menos clara de oposição também em tais questões. Nossas exposições até aqui deixam claro que, em tais críticas predominantemente econômicas, sociais e políticas do sistema dominante também estão contidos os estranhamentos criados por essa sociedade e, assim, desempenham certo papel nela, claro que predominantemente no contexto das questões objetivas que têm importância mais urgente em termos de classe. A principal influência dos ideólogos que defendem o sistema sobre as oposições muitas vezes mais ou menos ambíguas consiste, sobretudo, no fato de distraírem a atenção do reconhecimento dos fatos fundamentais reais da sociedade, impingindo-lhes os seus próprios esquemas de pensamento como barreiras e levando-as a deixarem tais descaminhos – de modo algum sempre conscientemente provocados – e a se concentrarem exclusivamente no homem singular em sua dependência de si mesmo aparentemente isolada, ou seja, a se concentrarem na sua particularidade fixada como irrevogável. Nessa influência indireta da crítica, a ideologia da classe dominante mostra-se no mínimo tão evidentemente clara quanto a ideologia dominante em seus posicionamentos intelectuais diretos. Essas influências indiretas, cujo campo principal para a defesa ideológica dos novos estranhamentos consiste em que a sublevação contra eles permaneça restrita às revoltas ontologicamente sem qualquer perspectiva dos homens singulares isoladamente particulares, ainda são reforçadas pelo fato de a ideologia dominante, por um lado, ter sido capaz de exercer influência sobre seus principais adversários, sobre os adeptos do marxismo (movimentos revisionistas dos mais variados tipos), e de, por outro lado, ter embutido em sua ciência e concepção de mundo certos elementos do marxismo com as correspondentes reinterpretações*; por essa via, as tendências já descritas deram a impressão de adquirir um fundamento eficaz, aparentemente mais aprofundado e mais exato.

Vê-se que a extrema complexidade e contraditoriedade dos efeitos e contraefeitos ideológicos origina-se exatamente do caráter não teleológico de formações sociais em movimento vital. Começando com a bipolaridade irrevogável de todo e qualquer complexo possível nesse plano (a dinâmica de sua própria totalidade num dos polos, a dinâmica do homem singular que forma o complexo no outro polo) e indo até a estrutura classista econômica e historicamente determinada e sua dinâmica, na qual essa bipolaridade igualmente permanece operante, há em toda a sociedade infinita multiplicidade de reações ao seu processo econômico de reprodução e só os seus complexos cruzamentos, as suas sínteses, interações etc. proporcionam uma imagem aproximadamente confiável das tendências fundamentais do movimento ideológico de certo nível de desenvolvimento. Aqui naturalmente não é o lugar para fazer uma análise detida do século XIX. Queremos apenas apontar – por causa de sua importância em princípio grande, mas geralmente subestimada – brevemente para o problema da arte como ideologia. Está claro que a sua orientação básica foi sustentada, desde a Renascença até a Revolução Francesa, pelo movimento socioeconômico ascendente da burguesia, que com o término da grande revolução teve início um novo período, cujos traços essenciais decisivos temos de examinar brevemente aqui, já porque eles evidenciam um antagonismo muito nítido – muitas vezes mal entendido, geralmente equivocadamente julgado – em relação ao atual estado de coisas, que ainda deverá ser abordado.

Já dissemos que essas circunstâncias foram desfavoráveis ao correto desdobramento da dimensão artística. Deixaremos de lado tudo que foi dito sobre isso a partir de pontos de vista acadêmicos ou romanticamente anticapitalistas. O esboço que fizemos do desenvolvimento ideológico já evidencia que estava em ação um momento desfavorável ainda mais grave: a tendência geral de rebaixar todos os problemas da existência humana ao nível da particularidade.

---

* Acréscimo manuscrito: "(por exemplo, já a sociologia alemã de Toennies até Simmel, passando por M. Weber, Sombart etc.)". (N. E. A.)

(As múltiplas e influentes correntes naturalistas na arte encontram nisso, em grande medida, uma fundamentação espiritual-estética.) É digno de nota, porém, que a grande arte do século XIX acabou se impondo com suas excelentes produções, apesar do desfavor das situações. De Beethoven até Mussorgski e o Liszt tardio, de Constable até Cézanne e Van Gogh, de Goethe até Tchekhov, estendem-se as cadeias de píncaros compostas de grandes obras de arte que, apesar de todas as diferenças e até antagonismos tanto espirituais como estéticos, possuem uma coisa em comum: um ataque apaixonado ao estranhamento do homem. Ao passo que desde a dissolução do hegelianismo, desde o aparecimento da concepção de mundo marxista, a filosofia burguesa no essencial se acomodou cada vez mais (apesar de oposições aparentes) à ideologia universalmente dominante, na arte a revolta contra os estranhamentos e seu desmascaramento espiritual permaneceu inerradicável. O que possibilita esse combate de guerrilha contra o estranhamento é um momento imediato – e que também ultrapassa a simples imediatidade – no seu funcionamento social, um momento que de resto também é desfavorável para a arte: a mudança no modo como a sociedade exerce uma pressão diretamente estimuladora ou inibidora sobre o surgimento das obras de arte singulares, sobre a atividade criativa dos artistas singulares. Na esmagadora maioria dos casos, essas tendências produzem, como vimos, uma ideologia do artista puramente relegado a si mesmo, que se tornou estranho e solitário na sociedade e, desse modo, provoca a redução da criação artística à figuração do homem particular e de seu mundo.

Entretanto, a duplicidade das tendências sociais, o seu efeito natural de confrontar os homens singulares com decisões teleológicas, pode levar também a consequências diametralmente opostas. Foi isso que ocorreu na arte do século XIX. A sua essência enquanto arte se mantém na medida em que as suas figurações são destinadas a travar conflitos sociais; mas o fato de, em contraposição às ideologias projetadas para terem eficácia imediata, elas não precisarem esgotar-se na causação de pores teleológicos no plano prático imediato cria para elas um campo de ação amplo de possibilidades de exercer influência sobre a receptividade dos homens, esfera que justamente libera – em meio às circunstâncias de resto mais desfavoráveis possíveis – a crítica apaixonada e profunda de todo estranhamento essencial. Portanto, por mais que o artista, como todo homem, seja determinado ideologicamente pela base econômica própria de sua classe, ele também pode, como todo homem, em termos abstratos, voltar-se contra ela. O modo de ação recém-apontado da arte, o tipo de figuração concreto que está na sua base, que parte do homem e está enraizada no homem, cria um campo de ação extremamente concreto de possibilidade de resistência contra os estranhamentos dominantes em cada caso. A arte é obrigada a formular de modo não teórico esse antagonismo como antagonismo, bastando que ela crie figuras humanas que se movem de modo diferente, na direção contrária à da média normal; em vista disso, o seu campo de ação é bem mais amplo, qualitativamente mais livre do que em qualquer outro modo de expressão, e isso justamente com referência à situação geral, à essência do homem. Assim sendo, o artista não contrapõe uma ideologia formulada de certo modo a outra ideologia igualmente formulada de certo modo, mas "apenas" confronta o homem que supera a sua particularidade, que luta contra os seus estranhamentos, com outros homens, com a sua conduta de vida e a sua ideologia. Com a ajuda desse apelo figurado ao homem que busca ultrapassar a sua própria particularidade, a arte pode, dependendo das circunstâncias, tornar-se pioneira da generidade para si, livre da pressão de uma ideologia oposicionista política ou social – francamente declarada. Desse modo, ela concretiza algo que, sem ela, teria ficado em grande medida impronunciado; ao fazer isso, contudo, ela sempre concretiza algo que poderia estar contido de modo latente, como possibilidade, em cada decisão alternativa de cada homem, geralmente oculto dele próprio.

Como vimos, Marx e Engels já bem cedo se deram conta dessa possibilidade. No entanto, os enunciados dessa ordem feitos por eles constituem sempre ditos de ocasião sobre algum assunto em princípio de suma importância. Por essa razão, em toda parte sempre é enfatizado somente o problema central: a possibilidade de uma exteriorização ideológica significativa que contradiz estritamente a direção ideológica fundamental da classe a que pertence o seu autor. Do ponto de vista da teoria marxista da ideologia isso é algo simultaneamente paradoxal e fundamental. Só o que interessa aqui é tirar disso as conclusões necessárias para o papel da arte na luta contra o estranhamento, razão pela qual o problema precisa ser concretizado ainda mais nesse ponto. Pense-se em Tolstoi. A sua luta contra o estranhamento é conhecida; nenhuma expressão do estranhamento foi ou é tão assustadora e incitadora à luta quanto, por exemplo, a de *A morte de Ivan Ilitch*. Porém, a concepção de mundo da qual Tolstoi se move para combater o estranhamento na civilização é aquela da perspectiva de uma ética do sermão da montanha interpretada do ponto de vista plebeu-camponês. Assim, à maneira de uma seita religiosa, a sua oposição movida pelo desprezo também teve de pular por cima da generidade em si e deter-se nas antinomias infecundas dessas posições ideológicas. Isso também ocorre constantemente em seus enunciados diretamente atinentes à concepção de mundo. Mas ao narrar, por exemplo, já relativamente cedo, a conversão de Pierre Bezukhov (em *Guerra e paz*), motivada pela convivência com o camponês Platão Karajatev, em cuja figura tomou forma a utopia evangélica de Tolstoi, este descreve a guinada na vida daquele como o percurso feito por um aristocrata profundamente descontente, mas que se manteve parasitário até se tornar o precursor espiritual da revolta dezembrista. E quando a sua esposa repentinamente lhe pergunta se Platão Karajatev agora estaria de acordo com ele, ele responde, após breve reflexão, com um não resoluto. Nesse ponto, ingressou na concepção de mundo religiosa rebelde de Tolstoi a "vitória do realismo" de Engels: involuntariamente e até condenado por afirmações diretas, emerge no figurador Tolstoi o homem que supera o seu estranhamento da luta contra a mera generidade em si, visando transformá-la num ser-para-si. E quem souber ler verá que, também na obra tardia *A ressurreição*, a real conversão de Maslova para uma vida não estranhada não é consumada pelo ainda amado Nekliudov, mas pelos revolucionários igualmente exilados com os quais ela compartilhou os seus cuidados. E no fragmento dramático póstumo intitulado *E a luz brilha na escuridão*, aparece até uma crítica feita pela própria vida real à sua própria concepção de mundo, ao beco sem saída humano ao qual ela necessariamente leva. Mas não só em Tolstoi seria possível comprovar uma luta semelhante – ainda que se apresente de modo diferente em cada grande artista.

Mas o ponto em questão aqui não é Tolstoi, nem diretamente a dimensão estética. Só o que se pretendeu mostrar aqui é o modo elementar como a grande arte, caso queira permanecer grande arte, consegue abrir caminhos nas situações mais desfavoráveis, como ela está capacitada para despedaçar – em favor do indivíduo no nível da sua própria conduta de vida e de sua ideologia – por necessidade socialmente elementar os fetiches mais petrificados do estranhamento. O fato fundante da vida social, a saber, que a confrontação fecunda com o próprio ser social, os atos de vislumbrá-lo e apreendê-lo, levam à práxis autêntica – "Eles não o sabem, mas o fazem", diz Marx –, repete-se aqui no plano mais elevado da luta ideológica por libertação, da luta pelo devir homem do homem em sua generidade para si. Naturalmente, não se pode reduzir os dois movimentos "sociologicamente" ao mesmo denominador. Contudo, a enorme semelhança estrutural – apesar de todas as dessemelhanças que chegam até o antagonismo – é indicativa justamente do quanto é fundamental o caráter teleológico do trabalho, da práxis humana e da confrontação, inseparavelmente ligada a ele, com o ser em sua figura verdadeira, embora, como vimos, as confrontações no metabolismo com a natureza tenham estrutura, dinâmica etc. muito diferenciadas, a exemplo do que ocorre nas factualidades puramente sociais. Onde o dirimir de conflitos deixam de ser diretamente práticos, os complexos aqui descritos podem passar para o primeiro plano. Eles de fato estão contidos de modo latente em todas as decisões práticas próprias e essenciais e podem, dependendo das circunstâncias, vir à tona com força explosiva, por exemplo, em eventos revolucionários, mas, no caso em apreço, eles estão via de regra subordinados às perguntas e respostas práticas do dia a dia. Contudo, a sua ação como componentes de um todo comprova que eles se originaram do ser social e que a sua vocação é promover (ou inibir) o avanço desse ser social. A generidade para si, num dos polos, e, no outro, o homem não mais só particular, o homem que está superando a sua particularidade (e, com esta, o seu estranhamento) constituem, portanto, realidades sociais e não meras imagens ideais de cunho ideológico-utópico.

E o fato importante analisado por Marx, Engels e Lenin no seu nível ideológico mais elevado, o nível da arte: a confrontação dos modos de vida e das ideologias procedentes da constituição vigente da sociedade com o próprio ser social como ele realmente é, o esfacelamento das ideologias não verdadeiras na realidade desse ser social, a fecundidade desses desmoronamentos para o conhecimento correto da realidade ascendendo até a generidade para si que pode se elevar dela em cada caso, esse fato não está restrito à arte enquanto forma elevada da ideologia. Pelo contrário. Ele só pode provocar efeitos amplos e profundos porque os seus fundamentos humanos reais constantemente emergem em dispersão, sem objetivações [*Objektivationen*], sem poderem nem precisarem alcançar um nível elevado de posição da questão, às vezes transformando fundamentalmente, na vida cotidiana, a conduta de vida de algum homem singular, às vezes desaparecendo sem nenhuma consequência. Porém, eles igualmente podem se desdobrar quantitativa e qualitativamente numa corrente relevante para a prática social. Nesse caso, também se trata da confrontação entre a própria vida até ali conduzida espontaneamente e a realidade social, que então aponta aos homens a importância de sua imediatidade espontânea na própria práxis, na ideologia construída sobre ela e que a fundamenta ou em ambas, e que confere à sua atividade um direcionamento para a superação da própria particularidade, para a superação dos estranhamentos a ela associados. Quando movimentos políticos ou sociais são capazes de ascender ao *páthos* radical de mudanças profundas e, desse modo, são capazes de desencadear nos homens ondas de abnegação entusiástica, na maioria das vezes eles têm como base uma aglutinação de atos singulares desse tipo em determinado momento do fator subjetivo, o entrar em vigor, em termos práticos, das respectivas possibilidades superiores da generidade humana no polo da vida humana individual. Portanto, para conseguir apreender adequadamente o seu fenômeno, a análise marxista do estranhamento deve simultaneamente estar ciente de que os estranhamentos, por um lado, são produtos de leis econômicas objetivas de cada formação concreta, podendo, portanto, ser aniquilados somente pela atividade objetiva – espontânea ou consciente – das forças sociais, mas que, por outro lado, a luta dos homens singulares para suprimir os seus próprios estranhamentos pessoais não precisa permanecer no plano de uma mera atividade pessoal singular socialmente irrelevante, mas pode converter-se numa atividade, cuja influência – potencial – sobre o movimento da sociedade como um todo pode adquirir, sob certas condições, um peso objetivo considerável.

Essa constatação metodológica geral possui grande importância para a apreciação marxista do tempo presente. Porque, por um lado, o problema do estranhamento – justamente em sua forma direta e declarada abertamente – ainda não havia alcançado tal grau de disseminação e, por outro lado, dificilmente houve um período de elevada socialidade em que a sublevação autêntica, a sublevação prática contra o sistema econômico dominante e contra a sua ideologia, tivesse sido tão fraca e inefetiva quanto justamente no passado mais recente. Já falamos repetidamente sobre os traços mais gerais do capitalismo dominante. É suficiente, portanto, indicar brevemente as suas peculiaridades mais importantes, mais destacadas, mais específicas para o nosso ponto: a expansão da produção capitalista em larga escala para todo o âmbito do consumo e dos serviços, mediante a qual estes influenciam a vida cotidiana da maior parte dos homens num sentido bem diferente, direto, ativamente dirigido, bem mais intensamente do que isso jamais fora possível em formas econômicas anteriores. Naturalmente, as privações radicais provocadas por via econômica em tempos passados necessariamente tiveram forte influxo sobre o sentimento e o pensamento, a vontade e a ação de massas humanas. Porém, justamente a imediatidade, a positividade com que atualmente essas tendências impregnam o conjunto da conduta de vida de todo homem cotidiano, evidencia-se como algo qualitativamente novo em relação a épocas mais antigas: no caso atual, uma escapatória ou mesmo uma esquiva são extremamente raras. Para as massas trabalhadoras, o consumo manifestou-se antigamente numa forma essencialmente privada, como uma limitação de suas possibilidades de vida que deveria ser combatida, ao passo que, nos dias atuais, numa grande parcela predomina a aspiração de continuar elevando um nível de vida que é avaliado como essencialmente positivo. O recurso amplo a serviços de todos os modos é radicalmente novo. A penetração de novas categorias burguesas, como consumo de prestígio, na vida dos trabalhadores, em todo caso, é algo novo. O interesse diretamente econômico do capitalismo nos âmbitos por ele dominados do consumo e dos serviços parece restringir-se, no plano imediato, a aumentar as vendas e, desse modo, o lucro. Contudo, para impor eficazmente esse objetivo torna-se necessário pôr em marcha um aparato que não se contenta mais só com a exaltação objetiva das mercadorias, mas exerce sobre o consumidor uma pressão moral cada vez maior. O consumo vai se transformando, de acordo com a expressão de Veblen, cada vez mais numa questão de prestígio, de "imagem", que o homem conquista ou preserva por meio daquilo que ele demanda para o seu consumo. Portanto, o consumo – analisado em primeiro plano e em escala maciça – não é dirigido tanto pelas reais necessidades, mas mais por aquelas que parecem apropriadas a proporcionar ao homem uma "imagem" favorável para a sua carreira. E visto que, como igualmente já sabemos, esse desenvolvimento está associado a uma redução do tempo de trabalho e com um aumento do tempo livre, essas tendências igualmente se orientam pelas necessidades anteriormente descritas. Portanto, na medida em que o homem subordina o seu fazer e deixar de fazer no cotidiano à produção de sua "imagem", é bem claro que, dessa elevação do nível de vida, deverá surgir um novo estranhamento, um estranhamento *sui generis*. O salário mais alto substitui o salário mais baixo, o tempo livre mais longo substitui o mais curto. Porém, esse desenvolvimento só aniquila alguns estranhamentos antigos, substituindo-os por uma nova espécie de estranhamentos.

Como sempre acontece na sociedade, não se trata, nesse caso, de um processo isolado, restrito à economia. O fenômeno dos novos estranhamentos surge em decorrência de um movimento do conjunto da sociedade. Esse movimento brotou do solo em que se desdobrou o capitalismo e ganhou expressão sociopolítica cada vez mais intensa no crescente antagonismo entre as formas de dominação capitalistas (incluindo nelas a chamada democracia burguesa) e a democracia. Em vista das análises feitas até agora, é suficiente se indicarmos que as grandes crises ocorridas após a Primeira Guerra Mundial impuseram à burguesia do Ocidente novas formas de dominação, cujo ponto culminante, no sentido da práxis, consistiu em preservar formalmente todas as formas exteriores da democracia, aproveitando-as polemicamente tanto contra o fascismo como contra o socialismo, mas anulá-las faticamente por meio de seu novo conteúdo organizacional e ideológico, na medida em que as massas foram excluídas de toda real participação nas decisões econômica ou politicamente importantes.

A história do desdobramento intelectual dessas tendências tampouco cabe neste contexto, embora certamente fosse muito instrutivo trazer à luz não só a história do próprio novo capitalismo universal e universalmente manipulado, mas também história de sua ideologia. Vamos nos restringir a algumas indicações sumárias. Como sempre, a ideologia brotou objetivamente do desenvolvimento econômico, mas subjetivamente ele se impôs mediante uma falsa consciência que naturalmente também é determinada por esse movimento. Antecipando um ponto a ser tratado posteriormente, cito o exemplo do livro *Homem e sociedade na era da reconstrução*, de Karl Mannheim, escrito e publicado ainda durante a Segunda Guerra Mundial. Mannheim propõe um programa muito claro para a ideologia sociopolítica do período subsequente: "Nossa atual ordem social necessariamente ruirá se o controle social racional e o autocontrole não acompanharem o desenvolvimento tecnológico". O maior perigo que essa nova ideologia deveria afastar era a "democratização fundamental da sociedade", considerada economicamente inevitável[127]. Os métodos concretos sugeridos por Mannheim ainda eram extremamente ingênuos e, por isso, há muito já foram ultrapassados. Importante é a ruptura – que de muitas formas há muito já se preparava – com a imagem liberal da sociedade, com a ideia de que o processo de reprodução econômica do capital produziria por si só reiterada, direta e espontaneamente o tipo de homem de que ele precisa para funcionar, reproduzir-se e aperfeiçoar-se. Todavia, continuamente houve tendências contrárias a isso, sintomaticamente sobretudo na Alemanha; porém,

---

[127] K. Mannheim, *Mensch und Gesellschaft im Zeitalter des Umbaus* (Leida, 1935), p. 16 e 19.

elas eram representadas essencialmente pelo lado conservador e, por essa razão, continham fortes elementos pré-capitalistas. Agora elas se apresentam, obviamente modificadas de modo correspondente, querendo ser progressistas, como programas de planificação do tipo humano burguês, uma planificação que não pode mais contentar-se com as intervenções espontâneas do processo econômico na vida dos homens e quer transformar em objeto de um processo específico, conscientemente conduzido, a sua adaptação às necessidades de um capitalismo monopolista mais desenvolvido.

Como sempre ocorre na história, esse questionamento prático de como o homem se torna membro ativo de uma sociedade é igualmente produto do próprio desenvolvimento sócio-histórico. O primeiro tipo pelo qual esse novo questionamento dirigido ao modo de vida, à essência prática do homem veio ao mundo foi a revolução socialista inflamada pelos acontecimentos da guerra mundial, sobretudo o seu triunfo na Rússia. Fala-se muito, nesse tocante, dos antagonismos políticos e sociais que, no interior do movimento trabalhador, confrontaram os seus adeptos com os seus adversários. O momento mais importante nesse processo, tendo em vista o problema que agora nos ocupa, é que, naquela época, a social-democracia se ateve ao homem espontaneamente criado pela economia capitalista e que espontaneamente se transforma, ao passo que a ala radical considerou a mudança do homem no fluxo da história, ao mesmo tempo, como consequência da sua própria práxis auto-organizada, realizada de maneira consciente (como resposta consciente). Já tocamos nesse antagonismo quando, a seu tempo, fizemos menção da teoria leniniana, segundo a qual a autêntica consciência de classe é trazida aos trabalhadores "de fora", isto é, a partir de fora do seu ser imediatamente econômico. Não é necessário, portanto, detalhá-lo novamente neste ponto. Bastará reafirmar o que já ficou claro até o momento, a saber, que Lenin, ao repensar a determinidade econômico-social do homem de uma maneira tão consequente como ninguém havia feito desde Marx, concebe o processo de desenvolvimento que desse modo se tornou visível simultaneamente como processo de devir homem, de autocriação do homem. No início, naturalmente há a gênese factual do humano mediante o trabalho. O desdobramento deste (divisão do trabalho etc.) acarreta um processo permanente de afastamento da barreira natural, de emersão cada vez mais nítida da essência humana (social) do homem. Esse processo, porém, jamais deve petrificar-se numa valoração abstrata: a perspectiva histórica de Marx não é o ser do homem utopicamente realizado de forma plena, mas meramente o fim da sua pré-história, isto é, o início da sua história propriamente dita como homem, o qual encontrou e realizou a si mesmo nesse processo.

Essa concepção implica uma dupla dialética: a formação do homem pela sociedade, à qual a teoria marxiana confere uma conceituação sumamente precisa, não é um processo apenas espontâneo e passivo, mas contém como possibilidade inafastável a busca ativa e a autodescoberta – efetuada com consciência falsa ou correta – do homem; uma atividade que é inimaginável sem a sua participação nas organizações que revolucionam a sociedade. Numa perspectiva abstrata, essa forma já bem cedo se tornou realidade nos partidos revolucionários. Contudo, a diferença que leva ao nível qualitativo é que, segundo Marx, é possível tentar realizar a sublevação de toda a sociedade vigente até agora, partindo do fundamento econômico corretamente identificado (e não, como fizeram os jacobinos, de um ideal abstrato). Nas bem conhecidas explanações de Marx sobre a atividade revolucionária da classe trabalhadora, consta que: "Eles não têm nenhum ideal a realizar, mas sim querem libertar os elementos da nova sociedade dos quais a velha e agonizante sociedade burguesa está grávida"[128]; nessas palavras, efetiva-se em relação aos jacobinos um duplo contraste: por um lado, uma revolução proletária conduzida conscientemente dirige-se, na nossa terminologia, diretamente para a nova generidade em si em surgimento; por outro lado, aparece, por mediação desta, a generidade para si como perspectiva da práxis, como realização plena real dos próximos passos que darão início à formação continuada dessa generidade em si. Desse modo, a forma superior da atividade humana no ser histórico-social torna-se consciente e objetiva: a entrega à causa do socialismo revela aqui a sua essência com referência tanto ao próprio agente humano como à sociedade que ele visa com a sua práxis.

Visto que estamos tratando aqui primordialmente da questão do estranhamento e considerando as generalizações que a transcendem só em função de sua concretização, devemos pelo menos olhar de relance para o fenômeno sociocrítico da entrega eventualmente incondicional a uma "causa". A suposição de que tal entrega tenha de levar diretamente ao estranhamento dos seus sujeitos já é equivocada e inclusive só pode ser concebida no quadro de um indivi-

---

[128] K. Marx, *Der Bürgerkrieg in Frankreich* (Leipzig) p. 59-60; MEW, v. 17, p. 343 [ed. bras.: *A guerra civil na França*, trad. Rubens Enderle, São Paulo, Boitempo, 2011, p. 60].

dualismo tão abstratamente deformado como o que hoje impera. Muito pelo contrário. Sem a entrega à "causa" de cunho social, por mais insignificante que esta seja, o homem permanece detido no nível de sua particularidade e fica exposto sem defesa a toda tendência de estranhamento. Porém, por mais que a entrega a uma "causa" seja um princípio de elevação acima da sua própria particularidade, ela jamais opera como princípio universal, como em-si abstrato, mas aquilo que ela é capaz de fazer do indivíduo é o resultado de uma dialética duplicada: quão intensa, pura, abnegada etc. é a entrega do homem à "causa" e simultaneamente (de modo indissociável, apesar de toda a contraditoriedade) o que essa "causa" representa realmente no desenvolvimento social. Uma análise concreta dos problemas daí decorrentes, pela própria natureza do assunto, só poderá ser feita na *Ética*. Neste ponto, devemos nos restringir à constatação genérica de que, nessa dialética de dupla face – a entrega a uma "causa" progressista também pode assumir, nas pessoas que a defendem, formas humanamente estranhadas, e inversamente é excepcional, mas em si bem possível, um comportamento puro em termos humano-subjetivos na defesa de uma causa prejudicial à sociedade –, de fato cabe ao momento social a função de momento preponderante. Isso se evidencia já no âmbito do comportamento individual, na medida em que o caráter socialmente retrógrado da "causa", precisamente no caso de uma entrega autêntica e incondicional, tem de levar a um emaranhado de contradições em princípio completamente insolúveis. Na literatura, a dialética desse tipo de constelação recebe forma poética exemplar em Dom Quixote, sobretudo no fato de que, ao ser preservada integralmente a pureza subjetiva do herói na entrega à sua "causa", necessariamente expressa-se a sua impropriedade na forma da comicidade drástica. Porém, essa dualidade puramente contrastante constitui uma expressão generalizante – profundamente verdadeira no plano interior – da factualidade social real que está em sua base. (De modo geral, os grandes produtos da arte deveriam ser levados em conta mais do que o usual na investigação das relações sócio-ontológicas. Muitas vezes eles são documentos extremamente importantes de relações ontológicas gerais e de suas mudanças, exatamente em consequência do senso apurado de realidade com que captam e expõem as inter-relações entre a interioridade humana e as objetividades do ser.) O que Cervantes apresentou na forma de imponente comicidade expressa-se no cotidiano (e também na política) de tal modo que o conteúdo social objetivo e a mentalidade subjetiva que guiam a práxis são continuamente refutados e convertidos em seu contrário.

Trata-se da interação de componentes qualitativamente diferentes, mas no nosso caso de uma interação em que a resultante ganha expressão imediatamente no sujeito do homem que age. Disso resulta que o modo específico da entrega à "causa" – por exemplo, capacidade de discernimento ou limitação, exaltação ou persistência etc. – desempenha um papel muito importante. Isso se torna visível de modo especialmente claro no caso da tão frequente entrega entusiasta dos jovens a uma "causa" que, do mesmo modo, pode acabar tanto em lealdade (sábia ou limitada) como em mudança de lado, assim como também em perda de toda capacidade de entrega. Nesse ponto, o momento subjetivo parece ser o momento pura e simplesmente determinante. Porém, isso é um equívoco, pois justamente nesse caso manifesta-se o peso decisivo da "causa" que provoca a entrega; os movimentos jovens tão frequentes no último meio século mostram-no da maneira mais cabal possível; tanto mais quanto mais eles acentuam a própria juventude como valor central. Isso já evidencia que, na entrega a uma "causa", é precisamente esta que desempenha o papel determinante mais importante, mas, para ser corretamente entendida, ela jamais poderá ser concebida em termos apenas formais. O aspecto não formal externa-se nisto: se e em que medida uma entrega é capaz de provocar a elevação do homem acima de sua particularidade e de inflamar uma paixão duradoura. Com efeito, não se pode esquecer que os homens podem realizar "com paixão" muitas coisas totalmente inessenciais. A manipulação moderna empenha-se – com tremendo êxito em muitos aspectos – em cultivar esses *hobbies* e que sejam do tipo mais intenso possível. Porém, é indiferente se a atividade for a de colecionar selos, andar de automóvel, viajar pelo mundo etc., é impossível que mesmo a "paixão" mais frenética possa produzir uma elevação acima da particularidade. O mesmo se dá com a entrega profissional. Naturalmente, há soldados, juristas, funcionários públicos etc. imbuídos desde o mais singelo cumprimento do dever até a mais intensa ambição. Também nesse caso, porém, da simples entrega não surge nenhuma elevação do homem acima de sua particularidade, mas, quando muito, um atrofiamento apaixonado da personalidade na entrega especificada à particularidade singular, que só na imaginação do sujeito é uma "causa" no sentido dado por nós ao termo: o próprio sujeito atrofia, na maioria das vezes, na grande escala que se estende da especialização à excentricidade.

Portanto, antes de levantar a pergunta referente ao efeito da constituição da "causa" sobre o sujeito que se entrega a ela, é preciso constatar que esta, em última análise, só pode se converter em "causa" em virtude do seu conteúdo social, que só nesse nível se pode de fato perguntar se se trata de uma "causa" boa ou ruim. (Não faz nenhuma diferença saber de que esporte alguém é entusiasta.) A dialética complexa que surge daí só poderá ser tratada adequadamente na *Ética*. Neste ponto, é preciso satisfazer-se com a indicação de que, quando uma "causa" autenticamente progressista em termos sociais provoca no sujeito uma entrega autêntica, ela atua no sentido de que ele, também enquanto indivíduo, é capaz de estabelecer um vínculo orgânico com as grandes questões do desenvolvimento do gênero humano, mediante o qual – não obstante todos os fenômenos da problemática ética analisáveis aqui – necessariamente também se torna possível tomar um caminho rumo à superação da particularidade. Portanto, nesses movimentos de interação entre pessoa singular e gênero está contido um direcionamento para a supressão do próprio ser estranhado, sem, todavia, excluir o surgimento de novas espécies de estranhamento. Em contraposição, uma causa fundamentalmente retrógrada necessariamente conterá em si tendências de manutenção dos velhos estranhamentos, pois o que ela quer objetivamente é conservar as velhas formas de espoliação e opressão – com ou sem "reformas" correspondentes à sua época. Ora, a entrega, por mais sincera que ela seja subjetivamente, pode até arrancar o indivíduo da sua particularidade normal, mas as ações que lhe são impostas por essa via forçosamente voltarão a comprimi-lo dentro de velhos e novos estranhamentos. O caso-limite literário do Dom Quixote expressa essa dialética num nível em que o antigo só se manifesta numa forma extremamente sublimada em termos espirituais e morais, provocando emoções cômicas. Por essa via, porém, surge um caso-modelo que, ao levar um momento sócio-ontológico à sua culminância com grande veracidade, costuma ser relativamente raro na realidade. Quando, por exemplo, Balzac (*Cabinet d'antiques*, *Beatrice* etc.) quer introduzir os dom quixotes do *ancien régime* na realidade do período da restauração, ele é forçado, para acompanhar a verdade social, a retratá-los num nível humano mais baixo do adotado por Cervantes, ou seja, como totalmente imbuídos dos velhos estranhamentos numa luta desigual contra os novos estranhamentos.

Ora, se considerarmos essa entrega das pessoas a uma "causa" simultaneamente como sua entrega à "causa" da humanidade, o socialismo assume uma posição peculiar nesse complexo de problemas. Naturalmente, sabemos que isso contradiz frontalmente o método mecanicamente formal, nivelador e manipulador da ideologia burguesa; pois, por exemplo, durante longo tempo, apresentar o socialismo sob Stalin como equivalente até mesmo à Alemanha de Hitler era o grande modismo. (Todavia, não se deve esquecer que, nesse tocante, ideólogos burgueses realmente inteligentes e conhecedores da vida como Thomas Mann nunca incorreram nesse absurdo.) Na medida em que o conhecimento científico da realidade é convertido em princípio da práxis, na medida em que a restauração real do homem a partir de suas deformações socioeconomicamente causadas se torna o objetivo e, desse modo, determina a conduta de vida dos homens que assumem tais objetivos como seus, a tendência de superar a sua própria particularidade – não importando em que medida isso acontece de modo consciente – é mais forte nesses homens do que na média geral. Naturalmente, essa postura não protege nem os homens singulares nem os seus grupos de erros teóricos, de descaminhos morais etc. Contudo, enquanto pelo menos alguns elementos da postura básica em relação à causa ainda assim permanecerem vivos, surgirão formações ideais e comportamentos que, apesar de todos os desvios da imagem correta do socialismo marxiano, restarão humano-socialmente superiores tanto ao irracionalismo burguês como à manipulação burguesa; mais precisamente, serão superiores, vistos da perspectiva do nosso atual problema, sobretudo do ponto de vista da "causa", mas também quando considerados a partir do agente humano.

No que se refere à "causa", deparamo-nos com o fato de que uma sociedade socialista em sua essência encontra-se em construção, por mais problemática que ela tenha se tornado em alguns aspectos. A sabedoria burguesa, que desde o princípio contou com uma rápida derrocada e desde a NPE [Nova Política Econômica] reiteradamente esperou um retorno ao capitalismo, passou por um fiasco vergonhoso nessa questão principal. Aqui não é o lugar para abordar mais detalhadamente essa problemática, que, na convicção deste autor, é objetivamente superável. O único fato importante é que – a despeito de toda problemática – está sendo gestada uma nova sociedade, com novos tipos humanos. A problemática mesma foi muitas vezes explanada, inclusive por este autor: trata-se da manipulação brutal do período stalinista e das tentativas atuais, muitas vezes ainda problemáticas, de superá-la. A partir do nosso modo de formular a questão, resulta a seguinte situação: por um lado, a "causa", o caminho marxiano para o socialismo teve de sofrer, tanto no conteúdo quanto na forma, muitas deformações, sem jamais perder totalmente a sua essência mais íntima, ou seja, a construção de uma nova sociedade progressista.

Essa tendência do desenvolvimento do ser social também determina aqueles problemas que aqui são determinantes para nós. E isso a despeito de todo reconhecimento do fato de que o período stalinista, ao lado das deformações de muitos que outrora foram revolucionários, levou a uma burocracia brutalmente manipuladora, à criação de um estrato de reais burocratas e manipuladores, ainda assim jamais abandonou totalmente a entrega à causa do socialismo. Stalin, muitos dos seus adeptos, de seus opositores, muitas de suas vítimas permaneceram socialistas convictos, o que, do ponto de vista do nosso problema, tem como consequência que a transformação dos homens da sociedade de classes em homens que sentem e agem de modo socialista, apesar de todas as inibições, desacelerações, deformações etc. provocadas pela manipulação brutal, continuou a avançar, enfraquecida e desconcentrada, é certo, mas de alguma forma também de modo objetivamente inexorável. É óbvio que a manipulação brutal forçosamente também produziu, no decorrer desse desenvolvimento extremamente contraditório, novos estranhamentos de tipo específico nos homens. Nesse tocante, é digno de nota que, também em muitos desses adeptos e executores deformados pela manipulação passiva e ativa, no seu estranhamento em vias de se disseminar-se e aprofundar-se, ainda assim muitas vezes ficaram preservados ao menos subjetivamente impulsos vivos e eficazes da entrega a uma grande causa. Se não fossem esses fenômenos, as dificuldades postas pela tão necessária superação de todos os resquícios do período stalinista talvez não fossem tão grandes. Justamente porque a práxis stalinista deformou o socialismo com uma convicção subjetivamente socialista e estranhou de si mesma os deformadores, justamente porque estes às vezes contrapõem às reformas necessárias uma mentalidade socialista subjetivamente convicta, ainda que objetivamente falsa, o retorno ao marxismo, à democracia proletária leniniana muitas vezes se torna extraordinariamente mais complicado. Naturalmente, trata-se em última análise de uma luta pelo poder; mas já o embate ideológico torna-se em grande medida mais complicado em virtude dessa constituição dos importantes combatentes conservadores. E essa dificuldade é intensificada ainda mais pela outra parte: em muitos casos, há reformadores que de fato defendem, com igual convicção subjetivamente sincera, uma tendência revisionista em seu empenho, percebido como honesto, por renovar o marxismo, por despertá-lo para uma nova vida: na medida em que querem integrar as experiências do desenvolvimento econômico e ideológico transcorrido até agora, o que a partir de uma perspectiva abstrata é objetivamente justificado, a sua crítica dos métodos stalinistas muitas vezes é revertida em ausência de criticidade diante das tendências e dos preconceitos burgueses, e até mesmo das modas burguesas. Nesse ponto, uma entrega subjetivamente sincera à "causa" também pode obter um conteúdo ideologicamente falso em toda linha, ou seja, o da importação de estranhamentos puramente burgueses na – vã – tentativa de superar radicalmente os estranhamentos antigos.

Não nos propusemos aqui a descrever as lutas ideológicas que surgem daí, nem as suas tendências e chances. O ponto que nos interessava era pelo menos indicar como a crise interna que brota da inevitabilidade de superar a ideologia stalinista, e isso tendo o atual capitalismo como entorno, torna visíveis determinados aspectos constantes na entrega pessoal à causa do socialismo e, portanto – justamente do ponto de vista do estranhamento –, evidencia uma imagem totalmente diferente da que de modo geral é disseminada pela "sovietologia" ocidental sobre essa situação. Só a compreensão desse – em última análise – direcionamento para a grande causa do futuro da humanidade permite destacar a coisa certa de modo mais claro e mais próximo à realidade, em contraste com as tendências burguesas contemporâneas. Por isso, encontramos nesse socialismo, que está buscando o seu caminho mais próprio, dois tipos heterogêneos de estranhamento que surgiram no próprio terreno do socialismo em decorrência da manipulação brutal e aqueles que despontam, na forma de incidências do estado geral das forças produtivas atuais, com certa inevitabilidade em toda sociedade de algum modo industrialmente desenvolvida, caso as tendências contrárias não sejam suficientemente fortes. Isso torna extremamente complexo o problema da superação. Por um lado, porque, como já foi observado anteriormente, a superação ideológica da manipulação brutal, da concepção de mundo sectária conservadora suscita problemas muito complexos, na medida em que as tendências sociais objetivamente socialistas exigem que as pessoas que nelas tomam parte ultrapassem a sua particularidade imediata. Portanto, o estranhamento de tais homens que permanecem entregues a uma "causa" autêntica ou que pelo menos pretendem isso subjetivamente não surge no terreno de uma simples particularidade, mas no terreno de uma que deformou a si mesma em particularidade mediante um direcionamento falso. Por outro lado, surge também porque as formas que correspondem ao atual estranhamento capitalista não só se constituem espontaneamente a partir do desenvolvimento econômico, mas não raro estão imbuídas da pretensão ideológica de serem formas autênticas de superação da manipulação brutal, do que igualmente surge uma superação aparente da particularidade.

Trata-se, nesse caso, previsivelmente de um processo demorado e desigual, cujos caminhos concretos ainda não podem ser divisados com clareza. Só um momento específico deve ser ressaltado também em relação a isso: o papel qualitativamente novo dos problemas ideológicos. Já constatamos que, para o homem singular, a superação do seu estranhamento pessoal necessariamente será um problema predominantemente ideológico. Esse componente reclama seus direitos em qualquer situação social. Contudo, quanto mais a transformação dos homens é operada não mais de modo essencialmente espontâneo, mas pela práxis social consciente ou por sua caricatura em forma de manipulação, tanto mais significativa se torna a função da ideologia também para os fundamentos sociais objetivos do estranhamento. De toda análise, por mais superficial que seja, das tendências de estranhamento na época stalinista conclui-se forçosamente o seguinte: é impossível que qualquer espécie de manipulação que tende a se afastar do marxismo possa ser simplesmente eliminada pela via administrativa; essa eliminação pressupõe a crítica das deformações do marxismo derivada de princípios, pressupõe a restauração metodológica do marxismo, porque um posicionamento basicamente diferente em relação à sociedade, ao seu desenvolvimento, ao papel que o homem singular desempenha nele (incluindo o seu próprio comportamento pessoal) constitui o pressuposto irrenunciável de que a manipulação seja superada na realidade e não apenas formalmente. As tendências remanescentes nos homens no sentido da construção de uma realidade socialista constituem as forças fáticas de engajamento em favor de uma transformação autêntica. E está claro que elas também pode se tornar efetivas quando despertadas, ajustadas e depuradas de resquícios distrativos por meio de um processo ideológico. Essa necessidade também experimenta uma intensificação pelo fato de que, no período stalinista, as formas do pensamento marxiano tenham sido reestruturadas amplamente em termos de conteúdo, quanto às suas falsas intenções, mas praticamente não tenham sido modificadas formalmente (sobretudo verbalmente). Por isso, devolver às expressões falsamente usadas o seu sentido real extraviado, mas exclusivamente autêntico, é uma tarefa ideológica, tanto quanto a mudança, por radical que seja, dos *slogans* que norteiam a práxis, com a diferença de que esse processo apresenta exigências maiores, justamente de cunho ideológico, à produtividade intelectual e à receptividade catártica autêntica que leva a mudanças, exigências maiores em comparação com a transformação ideológica que se processa normalmente numa sociedade burguesa.

A publicística burguesa, muitas vezes autodenominada científica, usa desde a década de 1930 a expressão "totalitarismo", com a qual pretende atingir certeira e mortalmente o parentesco tanto social como espiritual entre fascismo e comunismo. Na realidade, não se pode imaginar antagonismo tão excludente quanto o do sentido desses dois sistemas; trata-se, todavia, de um antagonismo que emergiu da contraditoriedade das respostas a processos de crise social parcialmente similares. A esperança de muitos de que o ano de 1917 pudesse ter sido o prelúdio para uma revolução de dimensões europeias já se desfizera no ar em meados da década de 1920. Ela tivera fundamento autenticamente social, o que se evidenciou primeiramente na Europa Central no fato de que a continuidade de uma existência essencialmente inalterada nas antigas formas de vida não pareceu mais possível e, desse modo, surgiu o anseio ideológico por uma nova forma de reação social. A revolução que deixara de acontecer, o temor não totalmente infundado de que ela continuasse a agir de modo latente e eventualmente voltasse a eclodir converteu as classes dominantes da Europa Central em adeptas e apoiadoras do fascismo e as classes dominantes das democracias ocidentais, enquanto foi possível, em espectadoras benevolentes. Por conseguinte, amplos e entusiásticos movimentos de massa em favor da redenção, da salvação, da expansão do capitalismo imperialista tiveram autênticas raízes no desenvolvimento precedente. No meu livro *A destruição da razão*, tentei mostrar como aquilo que é chamado de a concepção de mundo do hitlerismo constituiu o produto gradativamente amadurecido de um desenvolvimento socioideológico reacionário secular. Ele se converteu em força de choque política, em ideologia no sentido literal do termo: meio para dirimir um conflito socioeconômico vital dessa formação, quando foi bem-sucedido em conferir ao ideário pronunciadamente reacionário a aparência de uma revolução. Nesse processo, a tendência conservadora de todos os momentos retrógrados da sociedade – sobretudo da alemã – unificou-se com os do novo imperialismo, cuja preparação econômica se deu, por assim dizer, de modo subterrâneo no período de transição marcado pela crise. Portanto, o aspecto "revolucionário" consistiu, por um lado, na retomada mais forte e conscientemente barbarizada das aspirações irracionalistas de dominação mundial oriundas da Primeira Guerra Mundial e, por outro lado, numa antecipação espontânea e pouco consciente de certas tendências mediante as quais a economia capitalista daquela época estava prestes a deixar para trás a sua crise pós-guerra.

Bastante característico dessa transição espiritual é o fato de que o próprio Hitler, em sua obra programática, ilustrou a essência da sua propaganda política propriamente dita usando como modelo uma peça publicitária persuasiva de um sabonete[129]. Ainda mais característico é que, assim que a crise foi mais ou menos superada, o tempo de lazer organizado de modo a corresponder ao sistema foi transformado em importante questão social. Portanto, Hitler não devolveu simplesmente o domínio ao capitalismo imperialista monopolista anterior, mas também lhe imprimiu alguns traços novos e importantes, que só conseguiram chegar ao seu verdadeiro desdobramento nos EUA após a Segunda Guerra Mundial. Por isso, nesse ponto também emerge a tendência da transformação socialmente consciente dos homens. Em conexão com a passagem recém-citada, Hitler fala da constituição "feminina" das massas, expressando, assim, tanto a sua vontade de formá-las de acordo com a sua vontade, de acordo com os seus fins, quanto a convicção de que elas são apropriadas para isso. Essa transformação, porém, sempre é – em contraposição brusca ao socialismo, inclusive em suas etapas estranhadas – apenas um ato de determinar e dirigir o homem particular em sua particularidade mais extrema, simultaneamente subjugada e desenfreada. Justamente para entender corretamente o fenômeno do hitlerismo do ponto de vista sócio-histórico, é importante ter sempre em mente que as formas conservadoras e, sobretudo, as formas pronunciadamente reacionárias de entrega do indivíduo ao que ele percebe como sua "causa", de acordo com a sua tendência principal, seguram e fixam os homens no nível da sua particularidade e não desencadeiam um movimento nele visando à superação dela. Quando se considera, por exemplo, a história prévia dessa entrega no militarismo prussiano (e a maior parte dos funcionários, juízes etc. alemães era, em sua postura humana básica, pessoal militar vestido à paisana), a sua caracterização mais certeira é formulada pelo enunciado cínico de Frederico II de que o soldado deveria temer mais o seu oficial superior do que o inimigo. O período de Hitler leva essa postura de vida ao seu florescimento máximo: ele libera em seus asseclas e subordinados todos os maus instintos da particularidade, também e sobretudo aqueles que,

---

[129] A. Hitler, *Mein Kampf* (Munique, 1934), p. 200.

no cotidiano normal, costumam ser reprimidos pelo homem particular mediano. A sua realização social efetiva consiste meramente em que essa "libertação" seja canalizada para os rumos designados pelo hitlerismo enquanto unidade de pisar e ser pisado, de brutalizar outros e o temor de ser brutalizado. A mistura predominante que surgiu desse processo tinha de ser a da crueldade desenfreada com a irresponsabilidade covarde, ou seja, foi visado e alcançado o estágio mais baixo da particularidade, o que hoje sabe toda pessoa que não tem razões sociais ou egoístico-pessoais para apagar esses fatos da memória dos homens.

Quanto mais resolutamente um sistema tende a fazer com que os homens associados a ele, se possível, nunca abandonem o nível de sua particularidade, tanto maior e mais criticamente desimpedido é o campo de ação que ele possui, visando aos conteúdos imediatos de suas finalidades e à fundamentação ideológica destes. O período de Hitler representa, nos dois aspectos, o ponto alto alcançado até o momento da irracionalidade que não foi freada por nenhum pensamento. Não só o império mundial alemão enquanto fim a ser alcançado não correspondeu, em momento algum, às reais relações de poder, mas igualmente a ideologia, com o auxílio da qual deveriam ser resolvidos os problemas que iam surgindo, sobretudo a teoria racial oficial, representa o rompimento mais brusco imaginável com os métodos científicos de concepção da realidade até ali alcançados pela humanidade. A absurdidade inerente a tal ideologia é dupla: por um lado, ela representa o rompimento mais brusco imaginável com os métodos de uma elaboração ideal da realidade que já havia se tornado universalmente possível; por outro lado, nas suas funções puramente ideológicas, ela se converte em meio de pensamento para dirimir um conflito que de antemão é insolúvel, ou seja, torna-se justamente aquilo que ela orgulhosamente professou ser: um mito. O apego das pessoas envolvidas à sua particularidade sistematicamente humilhada e deformada ao nível da amoralidade recebe, portanto, um suporte ideológico em concepções sobre o curso do mundo precisamente em consequência de sua inverdade drástica, na medida em que essa imagem de mundo se encontra em consonância plena com os estranhamentos que o regime de Hitler almejava impor de modo geral como mudança dirigida dos homens. Resultou daí, entre os contemporâneos, de um lado, uma veemente rejeição moral e intelectual de todo esse sistema e, do outro, uma adesão relativamente sólida de massas, entre as quais as deformações humano-morais de sua particularidade posta como invencível julgaram encontrar um suporte "sólido" naquela imagem de mundo fantasticamente inverídica.

Anteriormente, reportando-nos a Mannheim, tivemos a oportunidade de constatar que também os adversários burgueses de Hitler conceberam a necessidade de uma transformação dirigida, não mais meramente espontânea, do homem como fundamento necessário da sociedade democrática moderna. No plano social, é natural que essa oposição burguesa contra o fascismo estivesse direcionada primordialmente contra o socialismo na União Soviética. Isso se manifestava já na concepção do totalitarismo, que estava ideologicamente vocacionada para suscitar a impressão de que, nos dois casos, tratava-se do combate espiritual e político de um só e do mesmo fenômeno social. Portanto, os antagonismos fundamentais por nós apontados foram por princípio anulados na fundamentação da nova ideologia burguesa, sendo que formas fenomênicas puramente exteriores deveriam, na melhor das hipóteses, revitalizar empiricamente essa igualdade essencial posta *a priori*. O dilema ideal, interior, nessa ideologia é a exata expressão espiritual do dilema inerente ao seu pôr político: a contradição reside em que, no caso das potências imperialistas, cujo desejo mais forte era derrubar a União Soviética com o auxílio de Hitler (Munique etc.), só a inescrupulosidade absoluta de Hitler na busca pelo império mundial obrigou-as à intervenção bélica contra ele e à aliança sempre cheia de ressalvas com a União Soviética.

Esse complexo de problemas é do nosso interesse aqui predominantemente por constituir a base real da nova ideologia dominante no mundo imperialista, e esta interessa sobretudo em suas relações com as novas formas de estranhamento. Interessa-nos sobretudo a continuação, em sua variação idealmente racionalista, politicamente democrática – e nisso se evidencia [a contradição]* fundada sobre a base capitalista-imperialista –, das importantes tendências neoimperialistas que tiveram início no fascismo. (Isso obviamente não significa que a orientação sociopolítica básica desse desenvolvimento seja simplesmente fascista. Ela é, muito antes, antagônica a ele – ainda que de modo parcial, mas não irrelevante –, representando um estado peculiar das formas exteriormente democráticas. Porém, Sinclair Lewis reconheceu isso muito cedo, e o período de McCarthy, os adeptos de Goldwater etc. mostraram claramente que essa

---

* Suposição para *Gegensatz*. No original, falta o conceito correspondente. Poderia ser também *Zustand* (situação, estado de coisas). (N. T.)

possibilidade enquanto tendência real de fato é inerente – ainda que sob formas exteriores diversas – à economia imperialista e, em consequência, à sua superestrutura política.) Todavia, a superfície visível é dominada por um antagonismo brusco. O mito fascista enquanto forma ideal de uma ideologia é rejeitado com desprezo. Essa rejeição, como pudemos ver muitas vezes, é generalizada num sentido que visa levar à rejeição por princípio de toda ideologia, à desideologização como princípio. A intenção disso é precipuamente difamar de antemão toda ideologia, todo dirimir de conflitos sociais com o auxílio de ideologias. Os homens singulares devem agir de modo "puramente racional", assim como as suas formas de integração social; nesse caso, não haveria mais nenhum conflito autêntico, nenhum campo de ação para ideologias; diferenças puramente "fáticas" poderiam ser reguladas de modo puramente "fático" por meio de acordos racionais, por meio de compromissos etc. A desideologização equivale, portanto, à manipulabilidade e manipulação ilimitadas de toda a vida humana.

Por essa razão, a postura em relação à realidade por princípio só toma conhecimento da existência dos homens particulares. Assim como o mercado de mercadorias converte-se na forma universal objetiva de desenrolamento de toda atividade cultural, assim também, na vida privada dos homens, a particularidade deve dominar de modo absoluto o ser do homem, mediada pela manipulação consumada de todas as manifestações vitais. Desse modo, parece ter sido encontrado o antagonismo ideológico em relação à ideologia fascista dos mitos, com a vantagem de que, com isso, simultaneamente pode ser degradado à condição de ideologia mítica também todo o socialismo científico e de que o pseudorracionalismo da manipulação geral passa a governar toda a vida de todos os homens. O rechaço vitorioso na guerra às aspirações e aos métodos de Hitler, cuja liderança natural no Ocidente coube aos EUA, substituiu um império mundial pelo outro; à manipulação brutal é contraposta uma mais refinada. A consequência disso é que nela, ainda mais intensamente do que no caso do próprio Hitler, a publicidade de negócios se converte em modelo da propaganda política, do sugestionamento da ideologia "desideologizada" com o propósito de dominar; isso se dá, no entanto, de um modo que aparenta ser incomparavelmente mais livre, pois se pretende que justamente o método de manipulação simule para o homem manipulado a aparência consciente de sua liberdade plenamente realizada.

Da ironia produzida pelo caráter não teleológico, sempre contraditório, do movimento do ser social faz parte que nem mesmo essa desideologização, tão completamente manipulada do começo ao fim, consiga passar, em última análise, sem ideologia; é a ideologia da liberdade enquanto "valor-chave redentor" de todas as questões da vida; nos casos em que a precariedade das próprias manipulações poderia levantar dúvidas nos homens, por exemplo, quanto à sua onipotência certeira para tudo ordenar, entra em cena o fetiche da liberdade. Esse conceito – sumamente ideológico – da liberdade, precisamente por causa dessa sua função de resolver problemas universalmente, significa ao mesmo tempo tudo e nada. Toda manipulação do imperialismo dos EUA, como o império de um governo marionete totalmente desenraizado no Vietnã do Sul, é defendido em nome dessa liberdade: a liberdade interna dos EUA estaria correndo perigo, caso o povo do Vietnã não queira saber desse seu governo. E assim por diante, de Santo Domingo até a Grécia. Porém, compreenderíamos mal a estrutura básica dessa democracia manipulada se acreditássemos que o fetiche sumamente ideológico, de cunho genérico, da liberdade serve apenas para dirimir – ideologicamente – conflitos espontaneamente surgidos. Naturalmente, isso também acontece em muitos casos. Mas o fetiche da liberdade se transforma numa divindade com poder real: é a CIA que, valendo-se de tal manto ideológico-desideologizado, dirige *de facto* esse imperialismo mundial neocolonial dos EUA, defendendo essas tendências também na política interna, e atua como poder, se necessário também como poder brutal, quando a simples ideologia se mostra incapaz de levar a um tal dirimir de conflitos. Até hoje as reais circunstâncias do assassinato de J. Kennedy nem de longe foram desvendadas, mas o material que já veio a público mostra um quadro diante do qual as providências do caso Dreyfus para inibir as tentativas de trazer à tona os verdadeiros culpados parecem um idílio inocente. (O assassinato de M. L. King e de Kennedy, bem como aquilo que se tornou público sobre a investigação de suas causas, evidenciam que nesses casos se trata de um sistema.)

Foi necessário indicar tudo isso pela seguinte razão: é só em vista dessas conexões que é possível deixar totalmente claro o verdadeiro caráter estranhador dessa manipulação universal. A formação humana mediante a redução econômica e ideológica organizacional, se possível, de todos os homens singulares ao limite da particularidade que lhes parece irrevogável é, ao mesmo tempo, fim e consequência do sistema dominante. Em conformidade com as nossas determinações gerais, esse estranhamento só poderá ser suprimido por meio de uma revolução sociopolítico-econômica fundamental de todo o sistema enquanto fenômeno universal e objetivo de massas. Todavia, repetidamente indicamos que todo indivíduo, não obstante, pode ter a possibilidade e – do ponto de vista do seu próprio desenvolvimento rumo a uma individualidade real – o compromisso interior de superar por si mesmo o seu próprio estranhamento, como quer que este tenha surgido e se desdobrado. É óbvio que, ao fazerem isso, os homens singulares terão de superar ideologicamente difíceis obstáculos ontológicos na ideologia oficial – por mais não conformista que esta seja por sua pretensa aparência externa. Essa situação, vista em termos abstratamente generalizados, ainda não constitui nada específico; o particular nela parece-nos consistir em que o papel da ideologia na superação dessa conduta de vida estranhada talvez nunca tenha sido tão grande quanto justamente no período da manipulação refinada desideologizada dos homens.

Nosso esforço até agora foi no sentido de iluminar adequadamente, em termos tanto econômicos como ideológicos, os traços especificamente novos do atual estranhamento. A intenção dessas análises é continuar a concretizar essa situação. Contudo, para poder proporcionar-lhes uma base histórico-ontológica efetivamente real, parece-nos inevitável, primeiramente indicar, mesmo que de modo bem sucinto, os traços mais gerais possíveis que se evidenciam como fundamentos elementares em todas as manifestações dos estranhamentos capitalistas (ou, pelo menos, ontologicamente influenciados pelo capitalismo). De fato, as diferenças e os antagonismos autênticos adquirem uma figura que corresponde às suas formas objetivamente existentes no espelhamento ideal adequado só quando são analisados no quadro ontológico-histórico da identidade de identidade e não identidade. Esses traços comuns a todo e qualquer estranhamento dentro do capitalismo podem ser claramente visualizados já em suas primeiras formulações por Marx, nos *Manuscritos econômico-filosóficos*, embora ou justamente porque ali todas as formas fenomênicas exteriores estão em nítido contraste com as formas atuais. Marx evidencia o estranhamento já nos atos mais imediatos de trabalho, a saber, na relação entre o trabalhador e os produtos do seu trabalho: "Porém, o estranhamento não se mostra apenas no resultado, mas também, e principalmente, no *ato da produção*, dentro da própria *atividade produtiva*"[130]. Está claro que essas determinações – todavia, só em sua generalidade mais elementar –, ao

---

[130] K. Marx, [*Ökonomisch-philosophische Manuskripte aus dem Jahre 1844,*] MEGA-1, v. III, p. 85; [MEGA-2, I/2, cit., p. 365]; MEW EB, v. 1, p. 514 [ed. bras.: *Manuscritos econômico-filosóficos*, cit., p. 82; com modif.].

produzirem também hoje estranhamentos, caracterizam o processo do trabalho, a posição do trabalhador nele, e ocorre inclusive – sobre o que logo mais falaremos – que, quando analisamos mais detidamente certos traços específicos do atual processo desenvolvido de trabalho, esses sinais do estranhamento se mostram de um modo ainda mais intensificado. Essa identidade dos princípios do ser decisivos na vida humana se mostra ainda mais evidente quando se analisa mais de perto as relações fundamentais entre os homens assim estranhados e o ambiente de sua conduta de vida. Marx resumiu da seguinte maneira essa última consequência do estranhamento na forma do predomínio da categoria do ter na vida humana:

> A propriedade privada nos fez tão cretinos e unilaterais que um objeto somente é o *nosso* [objeto] se o temos, portanto, quando existe para nós como capital ou é por nós imediatamente possuído, comido, bebido, trazido em nosso corpo, habitado por nós etc., enfim, *usado*. [...] O lugar de *todos* os sentidos físicos e espirituais passou a ser ocupado, portanto, pelo simples estranhamento de *todos* esses sentidos, pelo sentido do *ter*.[131]

Não há necessidade de comentar que existe tal princípio comum entre presente e passado da conduta de vida capitalista. O que importa é que, desde que as linhas acima citadas foram registradas por escrito, o capitalismo fez enormes progressos na universalização do ter. Exatamente a importância extremamente intensificada do consumo e dos serviços no intercâmbio global de mercadorias deixa isso imediatamente evidente. Na vida cotidiana do trabalhador, o poder do ter não se mostra mais como um simples carecer, como influência sobre a vida normal de não ter os meios mais importantes para a satisfação cotidianamente necessária das necessidades, mas, pelo contrário, como o poder do ter direto, como a competição com outros homens e grupos, na tentativa de aumentar o valor pessoal pela quantidade e qualidade do ter. Portanto, depois de mais de um século, a sentença de Marx nada perdeu de sua validade imediata, mas, pelo contrário, ganhou muito. Em outros contextos já falamos sobre a concepção marxiana da superação humano-social da onipotência mentirosa do ter. Naqueles contextos, indicamos que a libertação do homem da servidão do ter leva a que também os seus sentidos, na medida

---

[131] Ibidem, p. 118; ibidem, p. 540 [ed. bras.: ibidem, p. 108].

em que são capazes de reagir de modo humano-coisal aos objetos, devem se tornar "teóricos". Eles se relacionam "com a *coisa* por causa da coisa, mas a coisa mesma é um comportamento *humano, objetivo*, consigo mesma e com o homem, e vice-versa. [...] A carência ou a fruição perderam, assim, a sua natureza *egoísta* e a natureza perdeu a sua mera *utilidade*, na medida em que o proveito se tornou proveito *humano*"[132]; assim sendo, apontamos a partir de um ponto de vista específico para a questão central em termos ontologicamente humanos da libertação do fascínio do estranhamento: cada passo da libertação leva o homem para além da sua própria particularidade imediatamente dada em termos fisiológico-sociais, enquanto todas as tendências humano-sociais, tanto subjetivas como objetivas, que o prendem a ela são simultaneamente fomentadoras de sua exposição ao estranhamento. Essa caracterização sumamente genérica da atualidade capitalista mostra que todas as manipulações econômicas, sociais e políticas dominantes se convertem em instrumentos mais ou menos conscientes para acorrentar o homem à sua particularidade e, desse modo, ao seu ser estranhado.

O modelo social disso é a publicidade moderna: não foi para menos que Hitler, como vimos, já comparou a propaganda política correta com uma peça publicitária de sabonete que ele tomou como modelo. Se considerarmos essa publicidade num país capitalista altamente desenvolvido em sua totalidade social, ela pressupõe, por um lado, como Hitler já havia constatado, uma influenciabilidade quase ilimitada dos homens, da crença de que qualquer coisa lhes poderá ser sugerida, desde que se descubra o método correto de fazê-lo. Isso também está estreitamente ligado à particularidade dos homens. Aquilo que o homem considera, nesse nível, como a sua personalidade, via de regra, é apenas a sua singularidade que assumiu feição social. Em sociedades cimentadas pela tradição essa singularidade constituía um princípio estabilizador; hoje trata-se do princípio da influenciabilidade extrema. Por trás de ambos está a insegurança interior do homem meramente particular quanto à questão referente ao que faz dele propriamente uma pessoa. As formas fenomênicas da estabilidade ou da labilidade correspondem às necessidades dos modos de produção reinantes em cada caso. O fato de, não obstante, existirem certos limites para a sugestionabilidade universal na realidade social, no âmbito do ser social dos homens, pouca coisa muda no caráter dessa ten-

---
[132] Ibidem, p. 119; idem [ed. bras.: ibidem, p. 109; com modif.].

dência enquanto tendência – quase – universalmente reinante. No caso da sugestão, o que importa é, antes de tudo, influenciar de tal maneira o desejo dos homens de serem tidos como personalidades que eles o satisfaçam justamente com a compra do objeto de consumo ou do serviço que constitui o objeto da publicidade. Portanto, o efeito sobre o homem está direcionado primordialmente para que ele acredite que a aquisição das respectivas loções capilares, gravatas, cigarros, automóveis etc., que frequentar determinados balneários etc. faz com que ele seja considerado como personalidade autêntica, reconhecida pelo seu entorno. Nesse caso, a questão primordial não é, portanto, a exaltação das mercadorias, como ocorria originalmente na exaltação pelos anúncios publicitários, mas o prestígio pessoal que será proporcionado ao comprador por sua aquisição. A partir da perspectiva social, há uma tendência dupla na base disso: por um lado, a orientação de influenciar, de formar os homens num determinado sentido (mais uma vez, seja lembrada a tese de Hitler sobre o caráter feminino das massas) e, por outro lado, a intenção de aprimorar o cultivo da particularidade dos homens, reforçar neles a ilusão de que justamente essa diferenciação superficial da particularidade adquirida no mercado das mercadorias seria o único caminho para o homem tornar-se uma personalidade, isto é, para conquistar prestígio pessoal. Não é preciso comentar que, em tudo isso, a velha categoria do ter, ressaltada por Marx, desempenha o papel fundamentador: também nesse caso, pretende-se que o ter determine o ser.

Quando esse modelo da publicidade de mercadorias é transposto para a cultura, tem início o papel ativo da ideologia contida apenas implicitamente no modelo, a saber, da ideologia da desideologização como poder mediador: pretende-se que as formações culturais também rompam com os antigos preconceitos da ação ideológica (dirimir de conflitos). Desse modo, desaparece, por um lado, todo conteúdo dessas objetivações [*Objektivationen*] culturais. A manipulação da forma sem conteúdo converte-se em parâmetro exclusivo do valor. Ninguém quer se dar conta que, por essa via, necessariamente ocorrerá um nivelamento por baixo, ou seja, ao nível da particularidade, também no que se refere ao comportamento criativo, a saber, que, no final das contas, por exemplo, a escolha de um adjetivo bizarro como garantia da personalidade do autor não precisa se elevar acima da particularidade, não mais que a aquisição de uma gravata igualmente bem individual na vida cotidiana. Esse nivelamento é exatamente o confisco de todas as forças e de todos os conflitos da vida humana que buscam elevar-se acima da particularidade. Por exemplo, Dürrenmatt – que com certeza é um escritor não só sumamente talentoso, mas que também deve ser levado a sério – procura ilustrar o direito do poeta de determinar os destinos dos seus personagens conforme seu arbítrio (portanto, no final das contas: manipulá-los), valendo-se, para isso, do exemplo do Capitão Scott, ou seja, dizendo que este pereceu como herói trágico na tentativa de explorar o Ártico, mas que também poderia muito bem imaginar que ele teria sido trancado por acaso numa câmara fria e, que coisa esquisita, morrido nela; nessa relativação, tudo o que é humanamente essencial é eliminado tacitamente do caso Scott. A tão importante escolha do tema, na qual tantas vezes o poeta autêntico é escolhido pelo tema mais do que ele o escolhe, é transformada numa manipulação soberana e arbitrária. A casualidade artística que surge daí, o absurdo que está presente em profusão, por exemplo, no caso do Capitão Scott morrendo dentro de uma câmara fria, fixa tudo, em última análise, no nível da simples particularidade enquanto base e forma fenomênica irrevogáveis de toda existência humana.

As razões sociais dessa compreensão brotam justamente das diferenças entre o capitalismo mais antigo e o capitalismo mais recente. Indubitavelmente, a luta de classes do proletariado no século XIX de modo algum estava diretamente voltada para a destruição do estranhamento. Com efeito, o seu conteúdo genericamente predominante resultou espontaneamente das questões candentes do momento, de aumentos de salário (ou então do impedimento de reduções de salário), de reduções da jornada de trabalho (ou então da luta contra o seu aumento), mas visto que estas questões constituíram a base material para os estranhamentos operantes naquela época, foi inevitável que também a luta de classes travada em prol de exigências econômicas imediatas do momento contivesse de modo objetivo e ininterrupto elementos de uma luta contra os estranhamentos. E a consequência inevitável dessa vinculação, por sua vez, foi que esse direcionamento contra os estranhamentos necessariamente exercesse uma influência decisiva sobre a ideologia dessas lutas de classes, mesmo que não fosse sobre todos os envolvidos. Sem poder abordar com mais detalhes aqui esse complexo de questões, observemos apenas que, nesse tocante, particularmente a redução do tempo de trabalho, a conquista de um tempo livre mais adequada ao desenvolvimento humano, foi de grande relevância. Já no *slogan* muito difundido "saber é poder" está contida implicitamente a reivindicação do ócio para estudar. Porém, repetidamente ela adquiriu uma figura ideológica clara quando se declarou a vinculação indissolúvel de uma vida humana significativamente conduzida com tempo livre suficiente. Talvez baste lembrar os versos outrora famosos e populares de Richard Dehmel: "[...] falta-nos só um detalhe, (para sermos livres como os pássaros,) apenas tempo". Esse vínculo espontaneamente objetivo entre a luta de classes diária em prol de fins econômicos imediatos e as grandes questões referentes a tornar significativa a vida humana para todos os homens certamente foi um dos componentes que conferiu ao movimento dos trabalhadores naquela época uma irresistível força de atração – também fora do proletariado.

Lutas em torno de questões dessa natureza obviamente existem também na sociedade atual, faltando-lhes apenas, na maioria esmagadora dos casos, justamente esse *páthos* do movimento dos trabalhadores mais antigo, e isto justamente porque, para uma parte considerável dos trabalhadores nos países capitalistas desenvolvidos, os objetos em disputa nas condições atuais não possuem mais uma importância tão diretamente determinante para a sua conduta elementar de vida. A melhoria das condições de salário e de tempo de trabalho, em contraposição, suscitou naquela época como grande problema vital a questão referente a qual seria o efeito da jornada de trabalho reduzida sobre a vida das grandes massas trabalhadoras, e não só dos trabalhadores. Hoje já há uma literatura não insignificante sobre como se poderia transformar o tempo livre possibilitado pela economia atual em ócio fecundo. Essa literatura com muita frequência desvenda o aspecto negativo na situação atual com grande quantidade de material muito útil, apontando muitas vezes com conhecimentos autenticamente históricos para investidas bem-sucedidas mais antigas – todavia sempre sumamente parciais – na direção de uma solução favorável. Em seus traços básicos, contudo, ela permanece no plano de uma crítica abstrata romântico-utópica, porque ela só é capaz de contrastar o tempo presente com períodos passados, "mais felizes", com "realizações limitadas", mas não é capaz de abordar os fundamentos econômicos contemporâneos e, por conseguinte, não é capaz de tratar ontologicamente da ligação e separação entre particularidade e sua superação no plano tanto do homem singular como da sociedade. Quando, ao tratar da redução do tempo de trabalho pela máquina em O *capital*, Marx menciona Aristóteles e o poeta Antípatro, que haviam sonhado que a invenção da máquina traria uma libertação do trabalhador[133], ele não está glorificando nenhuma espécie de utopia. Pelo contrário: os insuspeitos gregos tinham intuído corretamente que ao trabalho com máquinas em si é inerente uma redução do tempo de trabalho socialmente necessário, e só no contexto econômico do capitalismo ele se transforma em motor do aumento desse tempo[134]. Só desse modo surgem sob uma luz verdadeira as categorias especificamente econômicas, cuja essência só pode expressar-se nas relações de produção concretas. Marx diz o seguinte: "As máquinas são tão pouco uma categoria econômica como o boi que puxa o arado. As máquinas são apenas uma força produtiva. A fábrica moderna, que se baseia na aplicação das máquinas, é uma relação social de produção, uma categoria econômica"[135]. Ora, o tempo de trabalho socialmente necessário à reprodução da força de trabalho só pode ser entendido como consequência da ação conjunta de categorias ("formas de ser, determinações da existência") econômicas. A questão da transformação do tempo livre em ócio, que já transita para o campo da ideologia, sempre pressupõe as relações entre as categorias econômicas, a despeito de toda a importância do fator subjetivo, do desenvolvimento desigual etc.

Obviamente os homens particulares e suas tentativas de superar a particularidade, tanto no plano social objetivo como no plano humano subjetivo, só podem se tornar visíveis sobre esse fundamento. A análise ontológica justamente dessas conexões é uma questão central da cultura do nosso tempo. Naturalmente, essa luta da particularidade com a sua superação é um fato tão evidente que ela ocupa um lugar central em praticamente toda filosofia do passado; todavia, cada período considera a separação oriunda de suas condições específicas como a única possível e determinante tanto fática como idealmente; ainda não se produziu uma autêntica história dessas transformações. Está claro, porém, que, para a Antiguidade clássica, o supraparticular no homem (livre) equivalia à sua condição de *citoyen*. Da dissolução da pólis emergiu o sábio, o herdeiro da pólis reduzido – de modo espiritualmente aristocrático – ao indivíduo enquanto personagem central do não particular. Quando esse movimento de desaparecimento da pólis enquanto forma de vida dominante

---

[133] Idem, *Das Kapital*, cit., v. I, p. 353; MEW, v. 23, p. 430 [ed. bras.: O capital, Livro I, cit., p. 480-1].
[134] Ibidem, p. 407; ibidem, p. 464s [ed. bras.: ibidem, p. 512].
[135] Idem, *Das Elend der Philosophie*, p. 117; MEW, v. 4, p. 149 [ed. bras.: *A miséria da filosofia*, cit., p. 120; com modif.].

se democratizou para todos os homens, e também para os espiritualmente "pobres", o não particular recebeu cada vez mais uma superestrutura ontológico--transcendente em forma de imortalidade bem-aventurada de almas singulares, ao passo que, seguindo a tendência principal, todas as excrescências da particularidade recebiam nas penas do inferno o atestado transcendente de seu pouco valor. Essa bipartição apareceu de modo tão crasso que a própria igreja teve de prover soluções intermediárias, por mais incoerentes e autocontraditórias que estas necessariamente resultassem. A contraditoriedade não solucionada passou também para os movimentos antitranscendentes de oposição, nos quais o antagonismo central entre o além rejeitado e o aquém afirmado, por sua rigidez metafísica, dificultou enormemente a determinação correta da relação entre a particularidade e sua superação real no plano terrenal. Também foi impossível para os movimentos idealistas até Kant e depois de Kant tomar suas decisões corretamente a partir dessa base ontológica.

O ponto interessante nisso tudo é que justamente Schopenhauer tenha chegado a um inventário ontológico conceitualmente mais claro ao menos de um aspecto desse problema, sem todavia conseguir chegar a uma efetiva formulação do problema em virtude da generalidade abstrata da formulação da questão, da sua incapacidade de captar ontologicamente o específico no ser histórico-social no âmbito de sua concepção geral. Ele diz sobre isso:

> O fato de que por trás da *necessidade* resida de imediato o *tédio*, que acomete até mesmo os animais mais inteligentes, é consequência de que a vida não possui um *conteúdo verdadeiro, autêntico*, mas se mantém em *movimento* simplesmente pela carência e pela ilusão: mas, assim que estas estancam, vêm à tona toda a monotonia e vacuidade da existência.[136]

A dogmática equivocada em Schopenhauer consiste em negar ao próprio ser qualquer significância, valorando-o *a priori*, sem perceber que o ser na natureza não tem como ser significativo nem privado de sentido, visto que nela o sentido nem pode emergir ontologicamente, que, só no âmbito do ser social, nos poros teleológicos, em suas combinações e sequências, podem crescer formações, às quais – sobretudo à vida humana – podem ser aplicadas de modo correspondente as categorias da significância, enquanto peculiarida-

---

[136] A. Schopenhauer [*Parerga und Paralipomena*] (Leipzig), Sämtliche Werke, v. V, p. 301.

de desse ser. A generalização abstrata e inadmissível de Schopenhauer enfraquece a correção de sua observação de que o tédio tem de surgir no homem, sobre um terreno vital destituído de sentido, necessariamente como emoção dominante, mais precisamente – nesse ponto, Schopenhauer mostra grande discernimento – como produto necessário do ser particular, assim que cessa sua condição de ser ameaçado, ou seja, como consequência de uma constelação sócio-ontológica concreta e não como propriedade meramente psicológica dos homens ou de certos tipos de homens. Um ser social sintonizado predominantemente, e potencialmente muitas vezes de modo exclusivo, com as carências da particularidade necessariamente produzirá o tédio maciçamente por necessidade ontológica, exatamente quando parecer que suas carências estão supridas. Inquestionavelmente, esse é um dos fenômenos ideologicamente mais importantes da vida atual nos países capitalistas desenvolvidos. A sede insaciável de sensações, que passa pela moda dos *happenings*, do voyeurismo sexual etc. e leva ao culto às drogas, à admiração e mesmo à prática de assassinatos "imotivados" etc., indubitavelmente constitui um produto da vida cotidiana manipulada do começo ao fim, de sua aparente despreocupação, do tédio que necessariamente decorre desse modo de vida e é sentido de modo cada vez mais opressivo. Esse estado de coisas, por sua natureza, só pode aparecer no plano imediato e precipuamente como fator determinante da vida individual. Por essa razão, embora poucas vezes seja corretamente identificado, ele desempenha um papel importante nas revoltas individualmente imediatas contra o próprio estranhamento pessoal.

Porém, o próprio fenômeno é tão maciçamente disseminado e às vezes leva a comunicados e até sínteses tão fortes que emerge também como modo fenomênico social da situação atualmente vigente, como embrião de uma ideologia do fastio generalizado com o estranhamento na vida manipulada. Nesse aspecto, todavia – *rebus sic stantibus* –, é preciso avaliar com grandes ressalvas a sua importância como motor de uma revolução social. Sobretudo por causa do caráter puramente negativo do simples tédio. Em sua novela *Mário e o mágico*, Thomas Mann desvendou e descreveu com perspicácia os limites da pura negatividade no agir individual, na resistência individual, dando relevo sobretudo ao fato de que "não se pode viver psiquicamente do não querer"; "não querer fazer algo não constitui, no longo prazo, um conteúdo de vida". Essa observação acerta com muita perspicácia os limites dos protestos individuais hoje predominantes; porém, esses limites de fato mostram a sua razão de ser quando os atos pessoais querem se sintetizar socialmente, aglutinar-se em fator subjetivo de uma mudança social. É compreensível que as antigas lutas contra o estranhamento, ideologicamente mais indiretas, sobre as quais acabamos de falar, necessariamente tivessem um impacto imediato bem mais direto e bem mais forte. Por essa razão, não se deve superestimar os efeitos duradouros de *happenings* de protesto, por mais explosivos que sejam, cientes, todavia, de que hoje a crítica mais profunda e certeira do sistema geralmente costuma não ser levada ao conhecimento do grande público, enquanto uma explosão com algum efeito muitas vezes consegue forçar alguma publicidade. Isso, naturalmente, não quer dizer que todos esses movimentos sejam socialmente irrelevantes. A principal função social da manipulação da vida cotidiana – justamente no âmbito do domínio absoluto da desideologização – consiste justamente em apresentar às pessoas do cotidiano a sua vida "normal" subjetivamente como o melhor dos destinos possíveis, objetivamente como destino inescapável. A crescente disseminação do tédio pode até solapar em grande medida no sujeito a primeira tendência, desenraizando-o socialmente, mas ela só poderá se tornar um fator social real quando os fundamentos gerais da vida conduzida dessa maneira começarem a perder a sua aparente imperturbabilidade, quando de dentro de sua homogeneidade compacta despontarem as contradições insolúveis latentes nela. Por essa razão, todavia, a insatisfação com o tipo de conduta de vida imposto pela manipulação, que até ali havia se externado apenas como tédio, ou seja, apenas negativamente, poderá igualmente transformar-se num componente ativamente operante do fator subjetivo.

Uma oposição contra o atual estranhamento do homem nesse sistema, uma oposição que seja manifestamente correta, que vise à essência do ser humano, à essência da generidade para si atualmente possível, está condenada, pelo menos por enquanto, até certo ponto à impotência. A impotência prática está em grande medida relacionada com a impotência teórica. Trinta anos de estagnação do marxismo produziram a vergonhosa situação de que hoje, quase um século desde que começaram a atuar, os marxistas ainda não são capazes de fornecer uma análise econômica nem mesmo mais ou menos adequada do capitalismo atual. Sob essas circunstâncias, ou seja, na falta de uma crítica marxista autêntica e influente das situações e das tendências da realidade social e em vista da grande difusão de sua interpretação pelos defensores oficiais e voluntários do sistema, os êxitos da manipulação econômica e política puderam ser celebrados entre as massas como o auge do desenvolvimento final e definitivamente alcançado em sua essência, mesmo que, nos pormenores, sobretudo tecnológicos, ele se encontre em constante aperfeiçoamento. O curso exterior da história pareceu confirmar esse aspecto. No primeiro momento, ainda não é necessário abordar mais de perto os detalhes do caráter aparente dessa aparência. Em vista do nosso problema do estranhamento, é preciso ressaltar como motivo importante e às vezes até determinante que a aparente onipotência da manipulação que produziu esses estranhamentos em todas as áreas da vida só em casos isolados permitiu que os sintomas iniciais de desconforto recém-descritos por nós maturassem num protesto ideológico individual. Esses protestos, com muita frequência silenciados ou criticamente "triturados" pela maquinaria publicitária da manipulação, ficaram substancialmente sem efeito. Esse gigantesco aparato, funcionando primorosamente do ponto de vista técnico, combateu cada iniciativa de sublevação em parte – e sobretudo – mediante a satisfação das carências imediatas de bem-estar cotidiano norteado pelo prestígio, em parte mediante a exaltação ideológico--desideologizada deste como único modo de vida apropriado e humanamente digno, em parte – e também esse momento tem muito peso – mediante exposições científicas, mas, na maioria das vezes, pseudocientíficas manipuladas, da falta de perspectiva apriorística de qualquer tentativa de sublevar-se contra a onipotência desse sistema. Só um exemplo sirva para ilustrar a técnica dessa manipulação: jamais é discutida seriamente na imprensa a relação entre os países capitalistas e países outrora colonialistas. Basta apenas que as palavras "colônia", "colonialismo" etc. sejam impressas entre aspas. Por essa via, cada leitor "sabe" que, se quiser fazer parte do grupo "in" e não do grupo "out", deve descartar essas questões com um sorriso irônico. A combinação dessas influências produziu não só numa incapacidade de resistir aos apelos sedutores da particularidade (sendo que os apelos sedutores da "*publicity*" obviamente devem ser considerados como modos de manifestação modernos da particularidade reinante em geral), mas também modos novos e específicos de adaptação intelectual e moral a correntes sociais, cuja periculosidade para o cerne humano de uma vida humana é por vezes sentida mais ou menos claramente pelos que se adaptam. O conformismo não conformista, isto é, o apoio fático a formas de dominação social, a respeito de cuja periculosidade não se tem interiormente qualquer dúvida, constitui o comportamento de um estrato relativamente amplo, no qual o desconforto em relação aos poderes dominantes já faz germinar os rudimentos de uma rejeição teórica, que, no entanto, costuma exprimir essa sua convicção – muitas vezes também para si mesma, muitas vezes só para o público – em formas de expressão que não podem nem pretendem perturbar de nenhuma maneira o funcionamento livre de dificuldades do mecanismo de manipulação. Por isso, esses conformistas não conformistas, apesar de suas publicações contendo fortes críticas verbais e fazendo oposição, conseguem se manter como colaboradores de fato respeitados da manipulação universal.

Esse sistema de dominação fática do mundo inteiro pelo "*american way of life*" [modo de vida norte-americano], o suposto estado final do desenvolvimento da humanidade, cuja solidez inabalável pareceu garantir a duração eterna das formas manipuladas, desde a filosofia até os modismos sexuais, está apresentando, nos últimos anos, fissuras preocupantes cada vez mais nítidas. Também nesse ponto não é nossa tarefa proporcionar uma imagem concreta de conjunto. Basta mencionar que todas as ilusões "*roll back*" [de restauração] da "guerra fria", baseadas na necessidade de rechaçar uma ofensiva soviética – que jamais foi planejada –, constituem atos há muito já cobertos pela poeira da história; que os diversos "milagres econômicos" (sobretudo o alemão) – em contraposição às teorias da manipulação – evidenciaram-se como períodos de restauração já transcorridos[137]; que a teoria da escalação, proclamada como grandiosamente segura, viu-se confrontada no Vietnã com uma contraofensiva totalmente inesperada e desmoronou na prática; que, nos próprios EUA, a questão dos negros assumiu, com inesperada subitaneidade, dimensões semelhantes às de uma guerra civil; que o dólar enquanto "moeda mundial" igualmente viu o seu valor repentinamente abalado etc. Em todos esses acontecimentos, interessa-nos apenas o abalo prático (e, por conseguinte, também o teórico) do sistema universal de manipulação. Ele se reveste de tanta importância porque, dali em diante, os movimentos de protesto, antes totalmente isolados, capazes de se expressar apenas em *happenings*, começam a adquirir certas bases nas massas e, dependendo das circunstâncias, a converter--se inclusive em fatores políticos. Trata-se naturalmente de um processo extremamente demorado, cuja base nas massas e cujo impacto sociopolítico hoje de modo algum podem ser superestimados. Porém, tomando todo o cuidado quanto às perspectivas concretas, é possível constatar dois importantes momentos da mudança que começa a acontecer. Em primeiro lugar – e, visto em pers-

---
[137] F. Jánossy, *Das Ende der Wirtschaftswunder* (Frankfurt, 1966).

pectiva, sobretudo –, parece estar começando a se formar uma base social para movimentos reais de oposição. Todavia, não se deve subestimar, nesse tocante, a capacidade de resistência institucional do sistema manipulador. Por exemplo, com exceção da Itália e da França, foi extraordinariamente dificultada a possibilidade de que um movimento de oposição que ainda não cresceu a ponto de ter uma grande difusão entre as massas consiga obter uma representação parlamentar. (A importância de ter uma representação mínima em tempos de crise foi evidenciada internacionalmente pelo exemplo de Liebknecht na Primeira Guerra Mundial.) E as primeiras reações à incipiente crise do sistema manifestam-se nas tentativas de reduzir ainda mais fortemente tais possibilidades no plano institucional. (Questão da lei eleitoral majoritária na Alemanha na forma de elevação do limite de 5% para a representação parlamentar.)

Porém, em termos de conteúdo, esse crescente autodesmascaramento dos métodos econômico-políticos de manipulação às vezes vai muito além do simplesmente metodológico. Mais tarde veremos como esse desmascaramento também é importante. Porém, do ponto de vista dos movimentos sociais decisivos, o simples fracasso de um método e o reconhecimento disso não bastam. Só quando ele ganhar expressão na vida econômica ou na vida política, ou em ambas, como consequência necessária da falsidade do seu conteúdo, ele poderá se converter em ponto de partida para atividades sociais de relevância. Enquanto as massas julgarem que as falhas no desempenho são simples deficiências nas formas de execução, simples fenômenos singulares, elas podem provocar críticas, inclusive veementes, mas a correção das falhas será deixada a cargo do estabelecimento que as cometeu. Uma crise sistêmica só pode surgir quando se revela um vínculo necessário entre o aspecto falho dos métodos de execução e os conteúdos mais importantes da vida social, quando, em consequência disso, as pessoas tomam consciência de que a sua atividade até aquele momento não só foi conduzida por falsos métodos, mas também foi direcionada para fins falsos que não correspondem aos seus autênticos interesses, que os métodos dali por diante tidos como condenáveis foram simplesmente meios para impor falsos conteúdos de vida aos homens e submetê-los ao seu domínio. Só quando a compreensão crítica se elevar até esse estágio ou se aproximar dele ficará claro para os homens que a base de sua vida até ali foi uma base inadequada, que eles devem organizar as principais áreas de sua vida de maneira nova, na realidade reconhecida como nova (ou, na maioria das vezes: a ser reconhecida como nova nesses termos).

Ora, um sinal essencial de que as contradições mais profundas do ser social no capitalismo atual começam a amadurecer a sua visibilidade é que, de modo gradativo e às vezes convulsivo, emergem à superfície explosivamente e invadem o centro da existência atual as consequências de demorados desenvolvimentos precedentes, dos quais, na maioria das vezes, não se tomou e não se quis tomar conhecimento. É suficiente ter em mente como os atuais ingleses estão sendo forçados pelo curso da história a perceber que têm de viver num pequeno reino insular na periferia da Europa, em vez de no centro europeu de um império mundial. A derrocada fática do "*Commonwealth*", manipulado para ser o substituto político-ideológico que ocuparia o lugar vago do império mundial perdido, traz à tona uma importante factualidade reprimida há muito tempo, e o necessário acerto de contas do povo inglês com essa manipulação de que foi objeto começa a colocar em xeque todas as questões atinentes ao seu ser social. Apesar de toda a disparidade histórico-social, a crise alemã contém momentos análogos, todavia só em termos sumamente genéricos, na medida em que o fracasso da política do "*roll back*" de Dulles, que foi considerada apta a fazer desaparecer manipulativamente o problema fundamental do imperialismo alemão – as consequências de duas tentativas irreais e absurdas de conquistar o império mundial, conservando de modo reacionário o atraso social da Alemanha, as consequências das tentativas malogradas de fazer a revolução democrática –, agora começa a trazer à tona gradativamente todo o passado não elaborado. (Essa manipulação reduziu, por exemplo, a superação ideológica do período de Hitler a uma compensação material em Israel da injustiça cometida contra os judeus.) O que não se admitiu nem jamais se admite abertamente é que, por trás disso, ocultava-se o sonho de uma retomada dos antigos fins. Todavia, a parte correta nessa negativa é que – *rebus sic stantibus* – nenhuma pessoa relativamente sensata pensa em restabelecer as fronteiras sob Hitler, fazer da Alemanha uma potência nuclear etc. Apesar disso, a política oficial considera tais finalidades como realmente possíveis sob a perspectiva de que ocorram determinadas mudanças nas circunstâncias da política externa. Por essa razão, surge na manipulação política alemã a quadratura do círculo: um reconhecimento oficial-formal das condições posteriores à Segunda Guerra Mundial formulado de tal forma que, no momento em que ocorresse um deslocamento das relações de poder, ele deveria desaparecer imediatamente e ceder a um imperialismo revanchista agressivo – como continuidade da política praticada até aquele momento. A manipulação ideológica do passado alemão, as formas manipuladoras da política, jurisdição etc. atuais colocam-se, portanto – sem que isso seja publicamente admitido –, a serviço da seguinte perspectiva: preservar a "antiga" Alemanha com o seu estrato reacionário burocrático-"autoritário", com suas tendências expansionistas, hoje todavia um tanto amenizadas, dentro de formas modernas, democrático-manipuladas, do modo mais intacto possível para o futuro. Os sinais de crise cada vez mais visíveis estão enraizados, portanto, nas questões decisivas referentes ao destino do sistema alemão de poder da Era Moderna. Por fim, ainda seja mencionado brevemente que Charles de Gaulle foi bem-sucedido em manipular na prática, sobre a base da crise ainda em grande medida latente da política do *"roll back"*, um espaço de grande potência do imperialismo francês, na qualidade de *"Führer"* de uma "Europa" unida e independente dos EUA. O reconhecimento em si correto de que nunca ocorrerá uma ofensiva soviética contra a Europa, forneceu a De Gaulle o campo de ação para uma manipulação de grande potência sem base na política do poder, para uma ditadura política interna que evitou habilmente todos os problemas socioeconômicos mediante a manipulação retórica. Nesse ponto também se evidenciam os sinais da crise, colocando em movimento massas cada vez maiores.

Esse contexto fundamental manifesta-se de modo ainda mais marcante nas contradições que caracterizam os últimos anos do desenvolvimento nos EUA. Tem início a crise da *"pax americana"* que, após a destruição de Hitler, apresentou-se com a pretensão de ser tida como o modo de vida de todo o mundo civilizado. A singela franqueza de uma desideologização geral deveria tomar o lugar dos caóticos excessos do "totalitarismo" que violentaram o mundo pensante; a liberdade econômica e a democracia política deveriam substituir a violência da privação de direitos e da aniquilação patrocinada pelos alemães. E visto que a Segunda Guerra Mundial acarretou o desmoronamento do antigo colonialismo em escala mundial, essa nova forma da dominação democrática deveria colocar todos os povos mais ou menos atrasados no rumo da civilização. O único inimigo pareceu ser a "obsessão conquistadora" da União Soviética; o monopólio atômico inicial deveria servir para rechaçar de modo aniquilador a agressão tida como certa, para assim estabelecer a *"pax americana"* que traria felicidade a todos na forma de império mundial pacífico e livre. Não é preciso descrever aqui quando, onde e como essa concepção se evidenciou faticamente como *slogan* publicitário de uma monumental manipulação imperialista. Apenas em função das inverdades amplamente difundidas seja mencionado que jamais pôde haver um rechaço das agressões soviéticas, pelo simples fato de que não havia nem mesmo a intenção de levá-las a cabo. Depois do impasse atômico, as alianças construídas pelos EUA se mostraram tão obviamente disfuncionais que o início do processo de sua dissolução se tornou inevitável. (Como única exceção pode ser vista a República Federal da Alemanha, onde não são poucos os que ainda sonham com o retorno dos tempos áureos do "*roll back*".) Assim como na política externa foi possível eliminar até o momento os incipientes sinais de crise pela via da manipulação, assim também se conseguiu fazer o mesmo na política interna, embora seja certo que tanto a questão dos negros quanto as manipulações, por exemplo, em torno do assassinato de Kennedy são indícios de que o sistema como um todo foi abalado. Todos esses complexos, que lançam luz apenas sobre determinados momentos principais do equilíbrio abalado de hoje, deixam transparecer, em última análise, uma linha unitária na insegurança cada vez maior dos fundamentos do próprio sistema.

Ainda não se sabe quando nem como tais momentos, assim como alguns outros que hoje ainda não se tornaram manifestos, desencadearão crises agudas nos países capitalistas mais importantes. Porém, muitos sintomas indicam que eles podem se tornar o ponto de partida para uma crítica social de amplo espectro do sistema de manipulação, para a formação ideológica e depois também organizacional de um movimento de oposição de massas e fundado sobre princípios, ou seja, um movimento que poderá ir muito além do nível dominante até agora. Uma vez que tal movimento esteja seriamente prestes a surgir, será inevitável que toda a problemática do sistema seja publicamente tematizada em seus contextos vivenciados, que as insatisfações hoje silenciadas ou que silenciaram espontaneamente, reprimidas a partir de fora e de dentro, os descontentamentos dos homens com o seu ambiente social e com a conduta de vida que lhes foi impingida se façam ouvir e sejam articulados no plano da sociedade. Somente em movimentos oposicionistas que cresceram dessa maneira o atual desconforto latente conseguirá encontrar o seu conteúdo autêntico, a sua verdadeira voz, constituir-se como fator subjetivo de uma mudança de sistema.

Ressaltamos anteriormente a impossibilidade de que a simples crítica do sistema executivo, a crítica do pensamento e da ação, bem como dos métodos que os determinam, tornem-se espontaneamente fundamentos de movimentos de massa politicamente significativos. Isso indubitavelmente é correto, porque os homens, sobretudo as massas de homens, são movidos diretamente e mais fortemente por seus próprios conteúdos vitais imediatos. A refutação dos métodos só adquire um peso decisivo nessas conexões. A história de muitas revoluções pode confirmar a entrada em vigor de tais conexões. Desse modo, porém, não se pretende afirmar que a crítica dos métodos – no nosso caso, dos da manipulação – seja algo irrelevante em termos político-ideológicos. Igualmente já dissemos em momento anterior que um desconforto abafado, causado pelo tédio da vida cotidiana manipulada do começo ao fim, está muito disseminado no nível das sensações. Porém, a significância tanto individual como social desses estados de ânimo, enquanto factualidade puramente pessoal e enquanto momento do processo de como o respectivo homem singular se posiciona em relação ao seu próprio estranhamento, será muito diferenciada, dependendo de como as pessoas confrontadas com decisões enxergam, em cada caso concreto, as causas do seu desconforto, de seu tédio, do seu estranhamento, no contexto global da existência conforme percebido por elas. Se a validade, tanto social como teórica, da manipulação parecer inabalável, facilmente pode ocorrer que – apesar do desconforto vivenciado, apesar do tédio profundamente sentido, largamente disseminado etc. – a sublevação contra o estranhamento não só não obterá nenhuma generalidade socialmente consciente, mas até o entorno das revoltas puramente individuais contra ele se limitará a casos excepcionais. Com efeito, o reflexo ideológico de uma manipulação que aparenta ter um fundamento social sólido também pode transformar para o indivíduo, para a sua atividade puramente pessoal, o seu próprio estranhamento num fato irrevogavelmente fundado da vida humana em geral ou, pelo menos, da vida numa sociedade civilizada. Nesse caso, parece ser possível só um embate trágico (ou mesmo tragicômico e até puramente cômico) contra o próprio estranhamento; as sublevações individuais fáticas convertem-se em casos limítrofes isolados ou surge a convicção – a comicidade da sublevação e o seu caráter absurdo iniciam a transição para essa fase – de que somente a adaptação aos estranhamentos poderia corresponder às condições reais da vida humana. A muito frequente postura intelectual-crítica perante o estranhamento assume, então, em muitos casos, a forma do conformismo não conformista, interiormente hipócrita e, por isso mesmo, aprofundadora do estranhamento fático.

Diante disso, torna-se visível que a tentativa individual de anular o próprio estranhamento constitui uma atividade social autônoma, imediatamente distinta da luta social contra o fenômeno social do estranhamento, que, contudo, não só o campo de ação de possibilidade de seu aparecimento, mas também a sua constituição qualitativa, tanto de conteúdo como de forma, é determinada em grande medida histórico-socialmente. Primando pela exatidão, seja lembrado mais uma vez que, dependendo das circunstâncias, os movimentos sociais direcionados contra o estranhamento podem pôr em marcha com espontaneidade social também processos individuais dessa espécie. Por isso, a autonomia relativa, mas necessariamente existente, dessas atividades individuais muitas vezes diferencia de modo bem amplo o caráter social desse processo em seu todo, mas jamais poderá provocar uma separação limpa entre atos individuais e atos sociais. Como ocorre em toda parte, também aqui não há como dissociar ontologicamente o individual do social, embora necessariamente leve a uma vulgarização mecanicista assumir a existência de dois campos precisamente separados, totalmente independentes um do outro, ou uma unidade total que chega até a subordinação completa dos dois tipos de ação. A gênese ontológica do estranhamento a partir do efeito retroativo socialmente condicionado das próprias alienações do homem sobre as possibilidades interiores de desenvolvimento de sua personalidade provoca essa interligação na disparidade, essa autonomia no âmbito dessa ligação indissolúvel.

Com efeito, a alienação enquanto momento subjetivo relevante do trabalho e, irradiando a partir dele, de todas as atividades humanas necessariamente é, em correspondência a seu caráter existente, ao mesmo tempo um momento indispensável de toda atividade humana, um dos motores mais influentes que alçou a particularidade originalmente simples do homem gregário à condição de particularidade do individual, e, em toda a sua complexidade de forma e conteúdo, ela possui do começo ao fim um caráter social. A constituição do homem como essência que responde ganha expressão aqui da maneira mais nítida possível: todas as questões vitais às quais o homem reage com o seu trabalho, assim como as suas demais atividades (alienações), são sociais por sua natureza; as respostas que ele dá a elas, já no plano imediato as que ele dá visando conservar e reproduzir a sua própria vida, só podem se originar diretamente de sua constituição interior. Por isso, na alienação expressa-se a contraditoriedade no interior dessa unidade inseparável de socialidade e individualidade do homem: a alienação que responde individualmente às questões postas pela sociedade pode tanto levar o homem – de um ponto de vista abstrato – a se tornar uma personalidade como despersonalizá-lo. Essa base contraditória determina o caráter contraditório duplo – social-individual – tanto do estranhamento como da possibilidade duplamente contraditória de combatê-lo. Para determinar de modo ainda mais marcante essa inseparabilidade carregada de contradições do pessoal e do social, seja lembrado também que a alienação constitui um ato inseparável da atividade objetiva na práxis, que a sua diferença, que pode escalar até o antagonismo objetivo, consiste meramente em que esta expressa o efeito do ato teleológico sobre o objeto e aquele efeito retroativo do próprio ato sobre o sujeito atuante. Também quanto a esse aspecto, o trabalho é o modelo de todas as atividades sociais. Tomando um exemplo bastante distante do trabalho, pense-se na criação poética: nela, cada palavra e cada frase são simultaneamente objetivação (composição) e alienação (expressão da personalidade poética). Ora, é igualmente evidente que as mesmas junções de palavras portadoras simultaneamente tanto da composição como da expressão, que a característica, a importância, o sentido, o valor de ambas podem ter, no ato unitário da arte da palavra, caráter distinto e até antagônico.

Esse olhar retrospectivo para o fundamento ontológico geral do estranhamento foi necessário, antes de tudo, visando entender melhor o fato e o modo do efeito da crise sistêmica sobre as tentativas individuais e as tentativas sociais de livrar-se do atual jugo opressivo dos estranhamentos. No caso de tipos de comportamento social, como o culto ao absurdo, como o conformismo não conformista etc., pudemos constatar a grande influência que pode ter a avaliação genérica dos métodos reinantes de manipulação sobre a decisão do homem singular nas situações problemáticas particulares atinentes à sua própria vida individual. Em muitos casos, essa influência possui um caráter generalizante, poderíamos dizer até ideológico. A ressalva necessária com referência à última determinação visa apontar para a concretização que ora segue: no caso da ação do *establishment* no sentido de eliminar todas as resistências já existentes ou as que se encontram em gestação, não se trata absolutamente de algum temor quanto às consequências reais da referida decisão, pelo menos não só. Se alguém, residindo num bairro nobre norte-americano, obriga-se a adotar um comportamento que interiormente considera detestável ou que o mantém afastado de ocupações, atividades, passatempos etc. que interiormente o atraem, trata-se, na maioria dos casos, certamente do temor direto de alguma pressão da opinião pública do entorno, que com certeza não deixa de exercer sua influência sobre o bem-estar pessoal. Contudo, trata-se também, e não são poucos os casos, de que essa influência assume um caráter mais espiritual; acredita-se que a realidade seja justamente assim como é apresentada pela manipulação geral e, por isso, na condição de homem singular racional, não há como se contrapor à generalidade, negando-a peremptoriamente, sem defender interiormente posições equivocadas: não seria possível dar aos próprios humores e pareceres meramente individuais mais peso do que à realidade como ela é, como ela é proclamada, de modo diverso, mas, em última análise, aparentemente concordante, pelos famosos cientistas, filósofos, artistas etc. do nosso tempo. Nessas constelações, o afastamento de modo algum precisa ser só uma expressão de covardia, disposição de acomodar-se, desistir de si mesmo etc. E embora também nesse ponto o papel determinante seja desempenhado predominantemente por sentimentos e humores, nem sempre por raciocínios racionalmente pensados até as últimas consequências, em termos sócio-ontológicos certamente não é infundado caracterizar tais impactos sobre o indivíduo como concepções de mundo. (Pode-se colocar a palavra "concepções de mundo" entre aspas.) De fato, trata-se dos efeitos reiteradamente renovados de uma imagem de mundo sobre os sentimentos, sobre os pensamentos, sobre as atividades, sobre a consciência etc. dos homens singulares. A corrente não científico-racional socialmente encarregada da difusão dessas concepções de mundo pode por vezes tornar-se tão caudalosa que se converte num dos motores do fator subjetivo e pode vir a se revestir de uma importância que não deve ser subestimada nas grandes revoluções sociais. Portanto, a concepção de mundo é, como já sabemos de considerações anteriores, simultaneamente um produto e um fator do desenvolvimento social. No caso do estranhamento, as incidências particulares – em alguns aspectos, direcionadas para o homem singular como tal – podem até modificar esse contexto genérico em suas singularidades, mas não são capazes de mudar totalmente o seu caráter geral.

Nas considerações precedentes, evidenciamos as fissuras que hoje já se tornam visíveis no sistema de manipulação; em vista disso, é preciso indicar agora que os procedimentos científicos e (e pseudocientíficos) que influenciam profundamente esse sistema, os métodos filosóficos (e pseudofilosóficos) que lhe servem de fundamento teórico, podem e devem revelar, por necessidade social, as suas debilidades e fragilidades internas e a irrealidade dos seus fundamentos. Cito apenas um exemplo. Por muitos anos, o termo "escalação" exerceu, na política e na condução da guerra, um poder de sugestão, quase que se poderia dizer, mágico-religioso. Assim como os homens da alta Idade Média aceitaram a disciplina diária baseada em deduções do tomismo numa atitude de obediência crente instintiva, assim os homens dos nossos dias viram na escalação uma aplicação irresistivelmente vitoriosa da verdadeira cientificidade à política e à guerra. Como, de acordo com a fé de muitos milhões, a superioridade técnica pareceu exercer um poder irresistível – pois ela se comprovou eficaz em todas as áreas da vida cotidiana, desde o avião e a *frigidaire* [geladeira] até os biquínis e as "pílulas" –, o mesmo deveria acontecer necessariamente com o planejamento último e supremo dos acontecimentos mundiais. Os poucos que tiveram uma visão clara das coisas, a exemplo do perspicaz Wright Mills, já falecido, em vão falaram de uma "irresponsabilidade mais ou menos organizada" na condução da economia, da política e da guerra, em vão caracterizaram os pontos comuns a esse comportamento de "racionalismo sem razão"[138]; sob essas circunstâncias, bem poucos estavam dispostos a ouvi-los. Visto que a acusação de heresia não faz parte da regulação linguística típica da manipulação neopositivista, esses eruditos sensatos foram, na medida do possível, cerceados em sua influência mediante adjetivos como "não científico" ou "cientificamente ultrapassado".

A ampla e profunda importância ideológica do desmoronamento da escalação no Vietnã consiste sobretudo no fato de que foi possível abalar ou pelo menos lançar sérias dúvidas sobre a crença maciça na infalibilidade de uma manipulação tanto organizacional como técnica (por exemplo, que utiliza a cibernética). Esse movimento obviamente mira nas áreas em que atualmente há um fracasso real. Porém, é inevitável que ele se volte aos poucos também para o próprio método. Em singularidades da sua vida cotidiana, da sua reflexão sobre as questões concretas suscitadas por elas, muitos já se depararam com coisas inverídicas, com momentos em que a manipulação fracassou e até com a aplicação fraudulenta de teorias supostamente científicas. Essas observações certamente têm efeitos muito diferenciados, dependendo da situação global aqui esboçada. No período em que o sistema de manipulação ainda não sofrera abalos (no período da crença geral na inabalabilidade desse sistema), passa-se ao largo delas dando de ombros como se fossem reclamações de alguns excêntricos. Contudo, quando o abalo assume dimensões de crise, elas podem

---

[138] C. Wright Mills, *Die Konsequenz* (Munique, 1959), p. 13 e 236.

se converter em pontos de partida para tentativas de desconstrução mais amplas e generalizantes dos métodos prático-técnicos, intelectuais etc. da manipulação. Para fins de ilustração, menciono alguns exemplos do passado mais recente. O *slogan* de efeito de cunho "científico" da manipulação é o aumento ilimitado das forças produtivas. Um economista tão prudente como J. K. Galbraith escreve sobre a indústria automobilística, sumamente importante nesse aspecto,

> que o único propósito de parte considerável do trabalho de pesquisa – um exemplo típico é a indústria automobilística – é arquitetar modificações que possam se tornar objeto de publicidade. No centro do programa de pesquisa se encontra a tarefa de descobrir "perspectivas de venda" e "*slogans* publicitários" ou de promover a obsolescência "planejada".[139]

Ou o sociólogo W. H. Whyte criticou o preconceito geral, universalmente disseminado, de que o planejamento do progresso científico deveria ser organizado nos moldes do modelo testado e aprovado do progresso tecnológico. Ao fazer isso, ele aponta para os momentos singularmente necessários desse campo, que – por princípio – devem oferecer resistência a um método puramente manipulador. Ele diz: "Uma descoberta [científica, G. L.] tem, por sua natureza, uma qualidade casual. [...] Se racionalizarmos a curiosidade antes do tempo, nós a mataremos"[140]. Os exemplos poderiam ser multiplicados infinitamente. Portanto, nunca faltou totalmente até agora o discernimento de homens singulares pensantes quanto à falsidade, ao fracasso necessário da manipulação, tanto na prática como na teoria, em questões isoladas importantes para o bem-estar dos homens na vida cotidiana.

Porém, a nova situação muito facilmente pode se ampliar e aprofundar para dentro do campo ideológico-político se os grandes abalos fáticos do sistema despertarem em muitos homens a coragem de julgar casos vivenciados e observados de fracasso realmente como sintomas de um fracasso generalizado do método. Para isso, os atuais eventos político-militares-sociais oferecem um amplo campo de ação intelectual-moral, e isso em dois aspectos; por um lado, como coragem crescente de um número cada vez maior de homens singulares

---

[139] J. K. Galbraith, *Gesellschaft im Überfluß* (Munique/Zurique, 1963), p. 158s.
[140] W. H. Whyte, *The Organisation Man* (Utrecht, 1961), p. 193.

de posicionar-se contra o seu próprio estranhamento e, por outro lado, como crescimento gradativo de agrupamentos decididos a e capazes de agir, que estão decididos a realizar na prática no mínimo uma profunda reforma do domínio mundial do "*american way of life*".

Bem indicativas dessa situação são as revoltas estudantis, que – paralelamente aos acontecimentos políticos descritos – cresceram a ponto de se tornarem um movimento internacional de massas. Aqui não é o lugar para analisar as diferenças e as convergências das suas reivindicações, dos seus programas etc. Porém, deve estar claro para cada observador mais ou menos imparcial que seu ponto de partida original foi o desconforto espiritual-moral da juventude com a divisão do trabalho manipulada do saber, cuja consequência seria a sua educação para um "idiotismo especializado". Na medida em que o desconforto de indivíduos (ou pequenos grupos) se condensa num movimento de massas, cresce também o discernimento de que, nesse caso, de modo algum se trata de uma consequência necessária do desenvolvimento científico, mas apenas da ancoragem ideológica de uma manipulação livre de dificuldades. Nas próprias ciências cresce objetivamente a intensidade e a quantidade das "ligações transversas", mediante as quais campos isolados uns dos outros pela divisão do trabalho (que se supunha totalmente separados uns dos outros) se interpenetram e influenciam reciprocamente. Por exemplo, em termos objetivamente científicos, há um século a fronteira entre física e química podia ser traçada de modo mais nítido que hoje; em contraposição, no plano da manipulação, os complexos singulares de problemas no âmbito das duas ciências estão hermeticamente isolados de modo mais rigoroso do que nunca "em termos de divisão do trabalho". E não é muito difícil reconhecer que ontologicamente história, economia, sociologia, politologia, demografia etc. formam um complexo inseparavelmente unitário (o que naturalmente não só admite como também exige pesquisas especializadas), contudo só o fazem – sob pena de ficarem petrificadas – em caso de um ater-se prático metodologicamente fundado à unidade ontológica do próprio complexo real. Independentemente de quanto os programas estudantis avançaram até agora na direção do discernimento teórico claro dessas conexões, a vivência da arbitrariedade dessas exigências de manipulação e de seu efeito humilhante-estranhador sobre os homens em crescimento está recrudescendo. E é certo que os desmoronamentos políticos dessas atividades baseadas na manipulação têm condições de aprofundar espiritualmente esses movimentos, torná-los resolutos, fazer deles um bem comum dos homens. Naturalmente, é impossível, a partir dos sintomas iniciais que até agora se tornaram visíveis, tirar conclusões quanto a conteúdo, intensidade etc. de um movimento que ainda não se desenvolveu sociopoliticamente. Tampouco faz parte do conjunto de tarefas a que se propuseram estas investigações, que estão direcionadas para os fundamentos universalmente ontológicos da atividade humana, sobretudo no embate em torno de um fenômeno social com particularidades fortemente desenvolvidas, como é o do estranhamento, antecipar idealmente tendências de desenvolvimentos futuros. As contradições socioeconômicas que têm origem na problemática do passado há muito desvendada (como a integração do negros na sociedade dos EUA) inquestionavelmente continuarão a se desenvolver com certa necessidade espontânea. Contudo, o modo como se reage a essa problemática, bem como a outros modos fenomênicos da problemática que se tornou evidente, já suscita uma série de questões ideológicas, cuja grande importância na presente situação mundial já foi reiteradamente apontada por nós. Naturalmente, toda crise do sistema é, em maior ou menor grau, também uma crise ideológica. Na determinação leniniana da situação revolucionária, a saber, que as classes dominantes não querem mais ser governadas da maneira como são, estão presentes, com relação aos respectivos envolvidos, os traços mais gerais de uma crise ideológica. Entretanto, na realidade histórico-social, os modos fenomênicos concretos e, em consequência disso, o campo de ação de reação teleológico-causais que surgem concretamente são tão variados que a noção meramente geral dos princípios mais fundamentalmente gerais só poderá adquirir uma forma apreensível em termos teórico-práticos sobre a base da "análise concreta da situação concreta" (Lenin). Com efeito, naturalmente cada sistema de dominação, para poder funcionar, precisa elaborar um método que tenha certa generalidade, podendo, no entanto, ser fundamentado em termos amplamente transcendentes, como nas sociedades feudais ou nas sociedades que operam com muitos resquícios feudais, portanto, nas quais apela-se para saltos mais ou menos irracionais a fim de estabelecer as conexões entre princípios e ações singulares; esses sistemas podem ser projetados desde o princípio nos moldes da *Realpolitik* sem justificativa ideal, como na Alemanha de bismarckiana e pós-bismarckiana etc.

Porém, o caráter das reações ideológicas é determinado, em grande medida, não só pelas finalidades que elas próprias se propõem, mas também pelos métodos de dominação aos quais elas reagem de modo reformista ou revolucionário. O peso dos momentos puramente ideológicos nos respectivos movimentos de resistência, a sua constituição, tanto de conteúdo como de método, só podem ser compreendidos em conexão com a "pergunta" social à qual têm de dar uma "resposta" social. Visto que o sistema de manipulação se apoia ideologicamente de modo imediato na onipotência de um determinado método (neopositivista), declarado como o único científico – a ideologia da desideologização é a formulação mais estrita dessa situação –, é inevitável que uma luta social contra o sistema enquanto realidade social faça uma abordagem ideológico-crítica dessa pretensão de onipotência das ideologias dominantes. A influência universalmente prática dessa compreensão, que vai do consumo cotidiano até a grande política e a condução da guerra, evidencia que não se trata de modo algum só de questões puramente espirituais, imanentemente metodológicas de cunho científico, mas de conflitos sociais reais que, no entanto, só podem ser travados e resolvidos dessa maneira. Contudo, disso não resulta de modo algum que as funções ideológicas, que a sua crítica ideológica sejam indiferentes ou tenham importância apenas secundária para a constância ou o abalo do sistema dotado dessa base espiritual. Pense-se no século XVIII; o próprio terremoto de Lisboa, o poema de Voltaire sobre ele, a sua crítica ao "melhor de todos os mundos" no *Cândido* etc. com certeza não tiveram diretamente nenhuma relação com a política, a administração etc. do absolutismo francês. Contudo, a crítica ideológica de importantes fundamentos da concepção de mundo desse sistema de modo algum foi irrelevante para abalá-lo na prática. (O fato de que essa influência foi superestimada, em muitos aspectos, tanto em termos quantitativos como de relação direta, por muitas exposições burguesas nada muda na própria factualidade real.) Porém, para a situação atual justamente esse caráter direto na conexão entre o fundamento ideológico e a práxis social constitui uma marca específica. Por essa razão, foi possível afirmar, acreditamos que com razão, que aos fatores puramente ideológicos cabe um papel qualitativamente mais relevante nas revoluções atuais do que foi o caso nas revoluções mais antigas. Com efeito, o enredamento em representações religiosas de fato constituiu um importante esteio ideológico da monarquia absoluta, mas o ataque a elas e até mesmo o seu abalo ainda não atingia diretamente a práxis decisiva da monarquia no seu ponto central, que movia tudo faticamente. As teorias científico-filosóficas, em contraposição, das quais constantemente se fala aqui, constituem justamente uma potência faticamente condutora e concretamente norteadora de toda a atividade social dominante. Portanto, a crítica objetivamente abrangente a ela pode atingir, ferir e destruir a base e o método filosóficos, assim como acarretar a desconstrução dos fundamentos espirituais da própria práxis social. Os campos singulares só aparentam estar hermeticamente fechados um para o outro, embora a divisão do trabalho manipuladora pareça condenar cada um à incompetência e à ignorância no que se refere ao campo imediatamente adjacente. De fato, muito antes, todos os campos se encontram vinculados da forma mais estreita possível tanto "em cima", no plano da metodologia, como "embaixo", no plano de sua aplicação material. Por essa razão, aplicam-se a cada dúvida crítica resoluta, na práxis não menos que na ideologia, as palavras da senhora Alving, em *Fantasmas*, de Ibsen: "Minha intenção era soltar um único nó; mas depois que abri *este*, toda a história se soltou".

Se considerarmos agora, em seu contexto dinâmico, as ideologias que combatem o estado de coisas vigente, constatando qual a unidade que atua no âmbito do ser social como campo de ação de possibilidade das alternativas singulares, de modo que estas, sem anular a sua unidade histórica como tal, possam apresentar grandes diferenças concretas umas em relação às outras, veremos que do centro real na práxis cotidiana dos homens faz parte não só o método, como o abordamos (uma vez mais: dos *slogans* publicitários até a filosofia universitária), mas também a perspectiva que costuma pairar mais ou menos claramente diante dos olhos do homem singular no momento em que toma suas decisões. Naturalmente a perspectiva também é, antes de tudo, uma categoria da vida cotidiana. Dificilmente haverá um conflito em cuja solução a representação de um estado de coisas no mínimo melhorado, quando não modificado desde a base, tenha grande importância para as decisões alternativas a serem tomadas em cada caso. A pluralidade empírica de tais perspectivas possui, na vida cotidiana imediata, um caráter enraizado na vida privada concreta, diretamente relacionado com o indivíduo atuante. Apesar disso, com certeza é extremamente raro ocorrer que, nessa imediatidade sumamente concreta, embora muitas vezes permanecendo inconsciente, não atue também a representação de princípios gerais que costuma fazer com que um estado de coisas universalmente desejável se torne o substrato motivador da decisão. (Naturalmente, nesses casos, o polo oposto de valor negativo está incluso como fundamento da negação.) Só porque na práxis cotidiana coagem tais princípios, torna-se possível que essas perspectivas que afloram em muitas pessoas adquiram uma generalidade social, que elas se tornem partes integrantes do fator subjetivo da história. Em épocas de transição ideologicamente exacerbadas, que muitas vezes se transformam em preparativos para revoluções, os aspectos positivos e negativos das perspectiva geralmente entram em cena simultaneamente: a perspectiva de uma mudança geral das formas de vida, associada em sua imediatidade espontânea ao bem-estar pessoal, na maioria das vezes constitui, na mesma cotidianidade, também uma negação do estado de coisas vigente (ou de determinadas formas do vigente) e o desejo de novos tipos de um modo de vida modificado. Há pouco indicamos os motivos que hoje impelem na direção da negação, e a partir dessa análise é possível vislumbrar claramente que, no ato de negar a manipulação e seus embasamentos teóricos, também estão embutidos momentos de uma perspectiva positiva: o anseio por uma democracia não manipulada, cuja imagem é pintada também com as cores e as formas fornecidas por fatos do próprio passado. Obviamente um passado – por mais atrativo e até arrebatador que ele seja em si e especialmente nas representações do desejo – jamais poderá ser realizado de fato, de modo concretamente novo, num ser profundamente modificado em termos econômicos. O decurso histórico de feitio social não é menos irreversível que o próprio tempo. Ainda assim, é perfeitamente possível que essas representações de uma perspectiva possam desempenhar em tempos de crise um papel positivo, obviamente com as reorganizações apropriadas ao momento. Naturalmente, nesse tocante, é preciso ter sempre em mente que o desenvolvimento social, em escala global, é um desenvolvimento desigual. Disso resultou, em muitos casos de formação de perspectivas, a exemplaridade do país mais desenvolvido para o país socialmente mais atrasado. Pense-se no impacto da Inglaterra pós--revolucionária sobre a França pré-revolucionária no século XVIII etc.

Hoje é inevitável que a existência dos países socialistas exerça certa influência sobre as perspectivas de revolução dos países capitalistas. No entanto, essa influência, pelo menos nos dias de hoje, é muito dicotômica. Por um lado, é impossível que uma crítica de princípio da ideologia da manipulação possa simplesmente passar ao largo desse complexo de problemas; o interesse cada vez maior pelo marxismo e por seus problemas é um sinal evidente disso. Por outro lado, o modo de vida socialista e o sistema que o sintetiza, coordena e organiza desde o desdobramento da manipulação brutal por Stalin perderam decisivamente em termos de capacidade de atração, de capacidade de servir de perspectiva para a superação da manipulação capitalista. O modo como até agora se tentou superar o método stalinista nos países socialistas pouco contribuiu para mudar essencialmente esse quadro. Pela natureza do processo, o desenvolvimento econômico, o nível de vidas etc. desempenham certo papel nisso. Acreditamos, contudo, que, nesse caso, não se trata de um papel efetivamente determinante. A favor disso fala não só a grande influência ideológica na época de Lenin, quando o hiato entre os níveis materiais era muito maior. O aspecto decisivo é que a crise sistêmica incipiente no capitalismo por enquanto ainda não constitui uma ameaça aguda ao bem-estar alcançado: por conseguinte, a proteção deste não desempenha um papel decisivo na determinação do conteúdo da ideologia voltada contra a manipulação. Todavia, permanece o fato de que o nível de vida mais baixo nos países socialistas contraria a sua exemplaridade, a avaliação do seu ser como perspectiva para a cotidianidade do capitalismo. Contudo, bem mais importante é que, no modelo da manipulação stalinista, perdeu-se ou pelo menos esmaeceu-se a unificação ontológica de liberdade e necessidade significativa na conduta de vida, do ser pessoal em conexão indissociável com a socialidade. Por isso, após o desmascaramento da ilusão de que a atual manipulação capitalista possa se tornar um órgão de liberdade e individualidade, só o que costuma surgir é um vácuo de vida, preenchido, quando muito, com sonhos de renovação de uma democracia pré-imperialista, de um socialismo puramente utópico, mas o socialismo que ainda não superou realmente a manipulação stalinista dificilmente entra em cogitação como momento da elaboração de perspectivas de efeito frutífero na prática. A consequência disso é, por um lado, a intensificação ampla e profunda da desorientação geral, por outro, a disseminação influente de ideologias de caráter puramente idealista-utópico; a ideologia de uma revolução abstrata, que repetidamente aflora em nossos dias, tem sua origem imediatamente objetiva, como vimos, no fato de minorias lograrem conquistar para si mesmas certa repercussão pública nos sistemas manipulados de dominação mediante ações ao estilo de *happenings*, mas ela se deve principalmente a isto: enquanto os resquícios do período stalinista não forem realmente superados na teoria e sobretudo na prática, nem a superioridade do método marxista no plano do pensamento, nem a do modo de vida socialista real no âmbito do ser social conseguirão assumir uma figura autêntica, visível para o mundo todo, que influencie decisivamente as suas perspectivas.

Essas considerações não foram escritas com a pretensão ou a intenção de fazer previsão política. Só o que se pretendeu foi mostrar que forças heterogêneas e independentes umas das outras, pelo menos no plano imediato, entram em cogitação para a formação de um complexo dinâmico, forças que, dependendo das circunstâncias, são capazes de trazer à vida uma nova etapa no desenvolvimento da humanidade. Porém, elas só conseguirão provocar condições e decisões de cunho político caso se convertam em totalidades dinâmicas reais. Ainda não há como tratar cientificamente hoje uma parte extremamente importante desses efeitos, em consequência do desenvolvimento equivocado do marxismo sob Stalin. Visto que esse desenvolvimento, como foi repetidamente ressaltado, simplesmente eliminou do marxismo as relações asiáticas de produção, visto que, em consequência, ele, por décadas, não tomou conhecimento delas e muito menos as aprofundou cientificamente, não sabemos praticamente nada que tenha base científica sobre os fundamentos econômicos dos desenvolvimentos asiáticos. Todo político obviamente sempre tem de contar com eles, reagir a eles em termos político-ideológicos, não importando o quanto ele é capaz de intuir das legalidades que o movem. A necessária falta de fundamentação teórica e histórica dessa parte tão importante do desenvolvimento concreto é, com todas as suas consequências, igualmente um componente importante do complexo, cuja dinâmica determinará o destino do gênero humano por certo período. O fato de o marxismo até agora ter feito muito pouco para recuperar essa negligência do último meio século é igualmente um momento daquela sua debilidade que o atrapalha na elaboração de uma perspectiva para a determinação concreta de finalidades sociopolíticas. Sem essa constatação crítica negativa, um quadro do ser social dos nossos dias seria incompleto a ponto de se tornar inverídico. Nesse tocante, não se pode esquecer que a falta desse momento no conhecimento marxista do ser atual igualmente contribuiu para diminuir a parcela do marxismo nas tendências autenticamente socialistas no fator subjetivo atualmente em formação.

Uma ontologia autêntica, sobretudo uma de cunho marxista, precisa restringir-se, diante de tais condições, tanto subjetivas como objetivas, à constatação – cheia de ressalvas – das determinações mais gerais possíveis. Ao fazê-lo, evidencia-se, por um lado, que, nesse estágio, o estranhamento aparece bem menos vinculado a momentos singulares do processo econômico do que no passado. Os processos sociais que o causam geralmente aparecem como microcosmos dentro do processo total, nos quais, porém, se mantêm em atividade as suas determinações essenciais. Só isso já remete à nossa constatação anterior de que as nossas formas do estranhamento, via de regra, constituem modos de manifestação de um progresso, de desenvolvimento para um patamar superior no nível da generidade em si. Porém, pelo fato de esta se tornar independente do seu ser-para-si de uma maneira nova e até gerar formas fenomênicas cuja dinâmica interior parece estar francamente direcionada para uma anulação desse ser-para-si, para uma substituição completa dele por um ser-em-si que reivindica a condição de um ser-para-si, não só surge um ambiente mais complexo, mais multifacetado do estranhamento. Este mesmo, apesar de toda a unicidade na questão principal, converte-se, justamente por essa via, numa força extremamente multiforme, que, por assim dizer, desagrega a personalidade dos homens por todos os lados. Nesse tocante, todavia, não se pode deixar de ver que o antagonismo dialético entre a generidade em si e a generidade para si gera, na dimensão da sociedade global, uma contradição análoga àquela que havia entre o desenvolvimento das capacidades humanas e o desenvolvimento da personalidade humana no nível da vida individual. Naturalmente, aqui tampouco há uma simples analogia entre macrocosmo social e microcosmo individual. Justamente por ambos serem produzidos pelos mesmos processos sociais, eles possuem formas autônomas do ser tanto ao conservar-se como ao serem suprimidos. A autolibertação do indivíduo de seu próprio ser estranhado pressupõe, nas circunstâncias descritas, um entendimento crítico mais desenvolvido desses complexos, que agem de forma mais intrincada do que necessariamente ocorria em tempos passados. Isso naturalmente não significa que doravante essa luta tenha se transformado num assunto puramente intrapessoal e muito menos numa tendência em que a assim chamada individualidade pura se liberta das tendências de estranhamento de uma socialidade em geral. Em fenômenos como o do conformismo não conformista, já pudemos observar que essas últimas tendências só enredam o homem singular ainda mais fundo em seu estranhamento.

A consequência de tudo isso é uma intensificação do momento ideológico na autolibertação, mas aponta simultaneamente com ênfase para o seu caráter de fundo irrevogavelmente social. A relação do capitalismo com as objetivações [*Objektivationen*] ideológicas mais elevadas evidencia com muita clareza essa situação. Enquanto em estágios evolutivos passados do capitalismo tanto a arte ruim ordinária como a assim chamada arte oficial-acadêmico-esquemática se encontravam de modo direto ou controladamente mediado a serviço das tendências de estranhamento dominantes, e o progresso artístico – também no sentido puramente estético – era representado por tendências rebeladas contra as primeiras, o grande capital da atualidade tentou colocar a serviço da ancoragem ideológica do ser estranhado justamente as tendências dominantes da arte considerada progressista em termos artísticos; muitas vezes com êxito. Naturalmente, houve correntes apologéticas também na arte do passado; contudo, é sintomático que elas, em sua maioria, não só trivializaram a grande arte em seu conteúdo, mas também arrastaram as significativas renovações por ela introduzidas no mundo das formas para os lugares rasos do *kitsch* pseudoartístico. Contudo, a penetração da influência do grande capital em parcelas consideráveis da produção artística vanguardista é um fenômeno do nosso mundo de manipulação. E, do ponto vista ideológico, que nos ocupa aqui primordialmente, é um órgão de consolidação dos estranhamentos, tanto na sociedade como nos indivíduos singulares que a compõem.

Não faz parte deste contexto verificar em que medida e em qual dos dois lados essas aproximações são conscientes; aqui não se publica votos referentes aos motivos. Por sua origem, estes podem ser críticos e até rebeldes, que rejeitam bruscamente o estado de coisas vigente. Porém, quando os ideólogos, movidos pela indignação sincera contra Auschwitz, contra a bomba atômica etc., esboçam uma imagem de mundo caracterizada pela ausência de esperança *a priori* para qualquer sublevação contra os novos estranhamentos, eles, ainda assim – independentemente da sua intenção –, apoiam, em sua práxis, o sistema do estranhamento manipulador[141]. As conexões, as interações entre tendências individuais de sublevação contra o estranhamento próprio e o posicionamento ideológico diante da situação social global (ou de um dos seus complexos importantes) são, portanto, extraordinariamente complexas e, desse modo, produzem um campo de ação também para aquilo que Engels chamou de "triunfo do realismo" na arte: para a possibilidade da reversão de uma tendência falsa e até retrógrada no nível da consciência subjetiva em progressividade objetiva, numa tentativa prática de desconstrução do estranhamento. (Naturalmente que também a possibilidade contrária é real.) Porém, é característico da constituição complexa e causadora de desenvolvimentos desiguais de tais conexões que o momento muitas vezes mencionado do peso reforçado da ideologia na resolução de complexos de estranhamento tem um

---

[141] Naturalmente, um ponto de partida como este, por exemplo a rejeição a Auschwitz, à bomba atômica etc., não leva obrigatoriamente a uma posição dessas; remeto tão somente a G. Anders como exemplo contrário.

efeito polarizador: visto que o componente direcionado para a ideologia (para o "dirimir") aumenta em comparação com o componente predominantemente formador, o "triunfo do realismo" pressupõe um estado consciente bem mais reforçado do que o do século XIX, as suas chances em média muitas vezes se aproximam do ponto zero; todavia há também tipos bruscos, veementes de reversão. Contudo, como sempre no método marxiano, a constatação dessa conexão sumamente generalizada não significa nem uma variabilidade ilimitada das soluções, nem uma sequência causal prescrita legalmente de modo unívoco e rigoroso. Essas formulações permanecem sendo determinações de condições gerais, isto é, de campos de ação de possibilidade dentro do seu âmbito, em que os fatores concretos da práxis operantes em cada caso – pessoas ou grupos – podem ganhar validade em seu respectivo ser-propriamente-assim. O decurso fático sempre contém, portanto, elementos de casualidades irrevogáveis. Quanto a isso, o leitor das explanações que fizemos até aqui saberá que tais casualidades são precisamente elementos do ser-propriamente-assim de cada processo em cada complexo do ser e de forma particularmente marcante no âmbito do ser social, e saberá também que a sua irrevogabilidade se consolida ou se esvanece de acordo com a importância que assumem os atos puramente pessoais no respectivo processo. E nesse ponto se falou principalmente das chances sociais que o indivíduo tem de autolibertar-se do seu próprio estranhamento.

Por essa razão, as casualidades dessa espécie atuam também no processo social da supressão das bases socioeconômicas dos estranhamentos. Ora, nesse processo surge um deslocamento de tais proporções que elas aparecem de imediato praticamente como uma alteridade. Com efeito, as casualidades – nesse caso, inclinações, posicionamentos, capacidades, bases de formação etc. dos homens singulares – são, no caso recém-tratado, propriedades de indivíduos, cuja existência mesma, cuja mescla nas personalidades em questão, necessariamente possuem, da perspectiva do acontecimento social, um caráter predominantemente chamativo. Em contraposição, quando se fala do próprio acontecimento social, surgem espontaneamente grupos típicos objetivos, cuja dimensão, composição etc. já evidenciam constituições e direcionamentos sociais dominantes no plano imediato e objetivo, nos quais o embasamento social já se expressa na questão referente a quão grande costuma ser a probabilidade de sua existência mesma, do seu patamar de desenvolvimento etc. Essa probabilidade existe objetivamente no âmbito do ser social, não havendo, porém, como "testá-la", nem a possibilidade de calcular probabilidades estatísticas exatas de tais "testes" eventualmente realizados. De fato, justamente nesse ponto fica evidente que toda viravolta na luta do desenvolvimento possui caráter qualitativo. Quem comparar entre si as relações econômicas básicas das formações singulares facilmente perceberá isso. Os pontos de partida para isso naturalmente estão objetivamente presentes *in statu nascendi* também na passagem de uma para a outra, no entanto, bastante difíceis de constatar com exatidão científica; ademais, até o momento elas foram muito pouco pesquisadas. (Por exemplo, muito pouca coisa exata e determinada sabemos sobre o período situado entre a dissolução da economia escravista e a formação do feudalismo.) No caso dos tipos humanos que assumem a liderança em certa etapa, a questão é ainda mais complexa. Mais ou menos desde Pareto, a sociologia moderna empreendeu investigações sobre as chamadas "elites"; contudo, por mais que uma sociedade já relativamente formada saiba bem certo na prática de que "elite" ela necessita e, por isso mesmo, trate de formá-la, os conhecimentos assim adquiridos praticamente não permitem uma aplicação às transições para novas formas. Com efeito, o fracasso de uma formação ou das formas de uma de suas etapas expressa-se de modo notável justamente na incapacidade das suas "elites" de dar conta no plano da ideologia e da prática da nova realidade em formação, isto é, de perceber corretamente tanto os autênticos conflitos quanto os métodos corretos para travá-los e resolvê-los. O fato de nos encontrarmos no início de uma virada desse tipo mostra-se com muita clareza justamente nesse campo. Já há – e não só entre os revoltosos – uma quantidade de críticos cada vez mais numerosa e representativa que tem como objeto de sua crítica a insuficiência não só de indivíduos, mas também das posturas metodológicas que estão na base da atual dominação, desde a práxis cotidiana até a metodologia das ciências e até os seus fundamentos "na concepção de mundo"[142].

Os acontecimentos da política mundial anteriormente mencionados revestem-se de grande importância para essas questões sobretudo porque revelam, em questões vitais decisivas, os limites da práxis até agora tida como cientificamente fundamentada e infalível. O fato de, na vida cotidiana, esses fatos geralmente ainda serem considerados como falhas individuais de polí-

---

[142] Sobre essa questão há também na América do Norte uma bibliografia muito disseminada. Até agora o crítico mais importante do sistema da manipulação é de longe C. Wright Mills.

ticos singulares indica o estágio em que nos encontramos: o encontro da crítica ideológico-científica com a crítica ideológico-espontânea que se ergue da insatisfação da vida cotidiana ainda não teve lugar em grande escala. Nem se discute que os acontecimentos significativos descritos não só dão fortes impulsos às duas tendências, mas também podem acelerar e intensificar o encontro de ambas. Não só porque a incapacidade das classes dominantes e de suas "elites" de reagir aos eventos de modo diferente do costumeiro já ficou objetivamente clara nesse estágio, mas também porque, nesse período de transição, é extraordinariamente grande a probabilidade de que a problemática dos fundamentos venha à tona de modo ainda mais geral e multifacetado. Mesmo que se leve em consideração que, em consequência do nosso muitas vezes descrito atraso na aplicação da economia marxista ao presente, nos faltem em grande medida aqueles pressupostos claros de que Marx podia dispor para a sua própria época em razão do seu método e das suas pesquisas, não é preciso ser nenhum utopista para estar convicto de que nem todos os desenvolvimentos equivocados do passado já vieram à tona como formas de uma problemática aguda no presente. Basta pensar na questão dos negros, cujas raízes chegam até a época da importação dos escravos, que, no entanto, só se tornou explosiva em nossos dias, com o Vietnã, com a quebra do neocolonialismo, da política exterior conduzida pela CIA. Gradativamente, vai se tornando visível também que se trata de conflitos, nos quais a irresistibilidade objetiva no surgimento da generidade em si (na questão dos negros: a integração) pode contrapor-se à generidade para si capaz de realmente resolver o conflito no plano humano-social. O antagonismo sempre latente só se transforma em antagonismo agudo num estágio altamente desenvolvido. Quem garante que contas semelhantes não serão apresentadas já amanhã ou depois de amanhã com base no legado que até aqui pareceu glorioso? A alusão a tais possibilidades tampouco é pretendida como prenúncio, porque com os métodos hoje em uso só se pode administrar o que de alguma forma poderia funcionar também espontaneamente. Assim que uma realidade heterogênea se mostrar no âmbito da manipulação "extrapoladoramente" homogênea, a sabedoria de sua manipulação terá de fracassar tanto na teoria como na prática – pelo menos em muitos casos de grande importância.

Desse modo, aparece o seguinte centro teórico (e que um dia se tornará prático) da própria crise e da saída para ela: a falsa posição dos homens com relação à realidade em consequência do sistema de manipulação e de sua superação. Trata-se de uma característica comum de autênticas revoluções que os posicionamentos com relação à realidade que se converteram em obstáculos à conduta de vida humana adequada sejam ideologicamente destroçados e substituídos por posicionamentos novos e por novas objetivações [*Objektivationen*] correspondentes. As nossas análises concretamente sociais mostraram que a nossa afirmação inicial de que Carnap (e o neopositivismo) desempenha na ideologia da atualidade o mesmo papel que Tomás de Aquino desempenhou na alta Idade Média não foi exagerada em sua essência. É característico da situação ideológica posterior à Segunda Guerra Mundial que um estudioso tão capaz como o próprio A. Gehlen, no ano de 1961, ainda ousava conceber essa situação ideológica como conquista definitiva do desenvolvimento da humanidade e proclamar o fim da história, ao menos no que se refere à ideologia. Ele acha que a inferência seria

> menos surpreendente se eu disser que, no plano da história das ideias, nada mais há a esperar, mas que a humanidade deve se instalar no círculo agora disponível das grandes representações norteadoras, naturalmente incluindo na reflexão a multiplicidade de todo tipo de variações. Tão certo como a humanidade depende dos grandes tipos de doutrinas da salvação há muito tempo integralmente formuladas, ela também está fixada em sua autocompreensão civilizatória. [...] Exponho-me, portanto, com o prenúncio de que a história das ideias está concluída e que chegamos à pós-história. [...] Assim sendo, na mesma época em que a Terra se torna totalmente visualizável em termos ópticos e informacionais, em que não poderá mais suceder sem ser observado nenhum acontecimento de maior importância, ela também se torna sem surpresas no referido aspecto. As alternativas são conhecidas, assim como no campo da religião, e elas são definitivas em todos os casos.[143]

Dificilmente será possível glorificar de maneira mais clara a realização absoluta e a definitividade da manipulação universal. E, por essa razão, o estranhamento do homem aparece aqui – algo que raramente foi proclamado de modo tão claro – como situação definitiva enfim alcançada do desenvolvimento da humanidade.

Essa definitividade habilmente falsificada está agora prestes a esfacelar-se, e isso em todos os países em que ela dominou a ideologia. Independentemen-

---

[143] A. Gehlen, *Studien zur Anthropologie und Soziologie* (Neuwied/Berlim, 1963), p. 322-3.

te do quanto já avançou esse estrondo no plano social objetivo, ele se tornou tão ruidoso que muitos que ontem ainda estavam surdos ou se faziam de surdos prestaram atenção e até já parecem dispostos a passar adiante o que ouviram. Isso significa que todas as tentativas de sublevação contra os estranhamentos que até o momento estavam isoladas e, por isso, geralmente condenadas à mudez agora podem começar a se manifestar em voz alta. É preciso saudar esse começo como ponto de partida para novas possibilidades de desenvolvimento, mesmo que objetivamente sejamos obrigados a constatar que as sublevações individuais, as puramente teóricas, as sociopolíticas contra o estranhamento ainda estão muito longe de sintetizar-se num fator subjetivo que assume contornos práticos. É tarefa impossível para uma investigação filosófica como a nossa querer antecipar em pensamento o "como?", o "onde?" e o "quando?" de tal movimento; ela nem sequer pode pretender dispor dos meios para de algum modo prever tal movimento com alguma probabilidade determinável. Em termos filosóficos, só o que se vê – e isso não é pouco – é que todo autêntico voltar as costas para a manipulação, todo autêntico voltar-se para a sua superação abriga dentro de si, como essência, um direcionamento espiritual ou prático para a própria realidade, para o ser social enquanto fundamento de todo o pensar e fazer que pode levar a pores teleológicos na teoria e na práxis. Uma confrontação – socialmente – surgida dessa maneira e cada vez mais exacerbada do ser social com as tentativas e os métodos de manipulá-lo previsivelmente constituirá o conteúdo mais profundo das lutas espirituais por virem, suprindo o centro mais ou menos consciente também das lutas sociopolíticas. Portanto, o que caracterizará o movimento de libertação da manipulação em todos os âmbitos da vida é o retorno ao próprio ser social enquanto fundamento irrevogável de toda práxis humana, de toda ideia verdadeira. Essa tendência fundamental como tal pode ser prevista filosoficamente. A impossibilidade de princípio de determinar previamente, com os meios da filosofia, o ser-propriamente-assim concreto de movimentos que surgem desse modo não equivale a uma impotência do pensamento marxista diante de tais qualidades concretas dos processos reais. Pelo contrário. Justamente porque o marxismo é capaz de reconhecer, também em sua generalidade, a essência formadora de princípios de um movimento simultaneamente com a peculiaridade de processos singulares, mas numa visão distinta, ele igualmente é capaz de captar adequadamente e fomentar concretamente o aflorar de tais processos à consciência. O marxismo petrificado em stalinismo necessariamente fracassará diante de toda tarefa desse gênero. Se, no decorrer da atual crise da manipulação, paralelamente às tentativas de desvendar saídas efetivas para as sociedades e para o homem singular, o marxismo realmente se encontrar, este pode se tornar o seu chamamento à realidade. Na troca de correspondências (1843) que introduz os escritos da juventude de Marx nos *Anais Franco-Alemães*, consta em termos programáticos: "A reforma da consciência consiste *unicamente* em deixar o mundo interiorizar sua consciência, despertando-o do sonho sobre si mesmo, *explicando-lhe* suas próprias ações"[144]. Visando despertar um método com esse feitio e que torne possível essa explicação, este livro procura oferecer estímulos que propiciem a indicação de um rumo a seguir.

---

[144] K. Marx, MEGA, v. I/1, p. 575; MEW, v. I, p. 346 [ed. bras.: "Cartas dos *Anais Franco--Alemães*", em *Sobre a questão judaica*, cit., p. 72].

Lukács em meio às suas notas a *Para uma ontologia do ser social*.

Índice onomástico

A
Adler, Max, 357
Agostinho, 108, 110, 720
Alighieri, Dante, 124, 136, 655, 656, 680
Altenstein, Karl Sigmund von, 620
Anders, Günther, 825
Antípatro, 800
Aristófanes, 676
Aristóteles, 47-8, 51-4, 67-70, 74-5, 280, 289, 369, 379, 440, 461, 546, 800
Arquimedes, 456

B
Bach, Johann Sebastian, 617
Bacon, Francis, 462-3
Balzac, Honoré de, 120, 615-6, 784
Barth, Karl, 719-21
Bartók, Bela, 617
Baudelaire, Charles, 653
Bauer, Bruno, 185, 280-1, 283, 634, 643, 647, 650
Beethoven, Ludwig van, 773
Bentham, Jeremy, 110
Berkeley, George, 462
Bernal, John Desmond, 60
Bismarck, Otto von, 506, 631, 650
Bloch, Ernst, 458, 530, 600
Boisguillebert, Pierre, 378
Boltzmann, Ludwig, 453, 590
Bonaparte, Napoleão, 270, 508

Bonhoeffer, Drietich, 747
Bruno, Giordano, 541
Brutus, Marcus Junius, 124-5
Bukharin, Nikolai Ivanovich, 41, 362
Bultmann, Rudolf, 652, 746
Buonaiuti, Ernesto, 698-700
Burgelin, Pierre, 717
Burke, Edmund, 566

C
Calvino, João, 698-9, 720
Carnap, Rudolf, 674, 723, 829
Cervantes, Miguel de, 635, 782, 784
Chamberlain, Houston Stewart, 561, 685
Childe, Gordon, 59, 473, 496
Churchill, Winston, 72, 363
Claudel, Paul, 714
Clausewitz, Carl Phillip Gottlieb von, 270, 306
Condorcet, Marie Jean Antoine Nicolas, 566
Constable, John, 773
Copérnico, Nicolau, 96, 148
Curie, Marie, 610

D
Darwin, Charles, 50, 51, 93, 459-60, 467, 478, 562, 629, 649
Delbrück, Hans, 263
Descartes, René, 132, 574, 621, 722
Dickens, Charles, 635
Diels, Hermann, 639

Dostoiévski, Fiodor Mikhailovich, 635, 652-3, 703, 714
Dreyfus, Alfred, 623, 794
Duhem, Pierre, 96, 149, 452, 721
Dühring, Eugen, 45, 260
Dürrenmatt, Friedrich, 799

E
Eckermann, Johann Peter, 742
Eichmann, Adolf, 671
Einstein, Albert, 95, 453-4, 457-8
Engels, Friedrich, 45-6, 50, 64, 110, 127, 134-5, 143-5, 147-8, 162, 179-80, 183, 186, 188, 192, 195, 216, 218, 230-1, 256, 259-61, 264, 266-8, 270-1, 276-9, 282-3, 296-7, 308, 313, 322, 324, 332, 348, 401, 414, 430-1, 459, 470, 479-82, 487, 489, 498-501, 503, 516, 519, 521, 532, 535, 549, 560, 562-3, 571-4, 581, 585, 587, 593-4, 597, 610, 613, 615, 629, 641, 645, 681, 692, 744, 753-4, 766, 774-6, 825
Epicuro, 133, 155
Espinosa, Bento de, 109, 132, 155, 541, 563, 607, 741
Ésquilo, 126, 555
Eurípides, 598
Eusébio de Cesareia, 700

F
Fallada, Hans, 633
Ferguson, Alex, 582
Feuerbach, Ludwig, 63-4, 88, 173, 256, 292, 414, 569, 600, 638-42, 645-50, 653, 708, 710, 745, 754
Fichte, Johann Gottlieb, 240, 499, 646
Flaubert, Gustave, 616
Fourier, Charles, 175, 530, 595-6, 611,
France, Anatole, 623
Francisco de Assis, 700, 712
Frazer, James George, 660, 670, 730
Frederico Guilherme, 790

G
Galbraith, John Kenneth, 816
Galilei, Galileu, 541, 562,
Gaulle, Charles de, 809
Gehlen, Arnold, 65-6, 829
Gengis Khan, 671
Gibbon, Edward, 566
Gide, André, 537, 621, 634, 714
Giordano Bruno, 541

Gobineau, Joseph Arthur Comte de, 685
Goethe, Johann Wolfgang von, 173, 293-5, 392-3, 395, 422, 443, 446, 738, 740-3, 773
Gogh, Vincent van, 773
Goldwater, Barry, 792
Gorki, Maksim, 460,
Gramsci, Antonio, 464-5
Gundolf, Friedrich, 284, 423, 559

H
Hartmann, Nicolai, 49, 53-4, 67-8, 70, 80, 308, 369, 456-9, 463
Hauptmann, Gerhart, 653
Hebbel, Friedrich, 139, 177, 285
Hegel, Georg Wilhelm Friedrich, 47-8, 51-2, 54-5, 57-8, 88, 99, 102-3, 110-1, 115-6, 143-5, 147, 166, 188, 190, 197, 214, 240, 253, 264, 281, 285, 307-9, 322, 365, 369, 385-9, 395, 418, 420-2, 435, 447, 455-6, 459, 488, 490, 499, 538-9, 541, 569, 578-9, 621, 638-42, 646-7, 650-1, 653-4, 659, 676-7, 694, 706-7
Heidegger, Martin, 423, 634
Heine, Heinrich, 556, 650,
Heisenberg, Werner, 453, 457
Hesíodo, 126
Hitler, Adolf, 241, 340, 436, 507, 574, 685, 785, 790-3, 797-8, 808-9
Hobbes, Thomas, 109, 459, 462
Homero, 135, 312, 353, 589, 634, 675
Horácio, 537
Husserl, Edmund, 675
Huxley, Julian, 213-4,
Huysmans, Joris-Karl, 634

I
Ibsen, Henrik, 602, 685, 820

J
Jacobsen, Jens Peter, 653, 687
Jäger, Werner, 232, 565-6
Jánossy, Ferenc, 806
Jaspers, Karl, 652, 722-3, 746,
Jellinek, Georg, 237, 241
Jesus, 350, 545, 652-3, 697, 700, 703-6, 711, 714, 724, 734
Jordan, Pascual, 454, 577, 719

K
Kant, Immanuel, 49-52, 99-103, 155, 196-7, 236, 240, 282, 350, 435, 455, 480, 553, 619, 629, 638, 674, 689, 802

Kautsky, Karl, 357, 553
Keller, Gottfried, 502, 635
Kelsen, Hans, 237, 240, 242
Kennedy, John F., 339, 794, 810
Kepler, Johannes, 148
Kierkegaard, Søren, 621, 634, 651-3, 746
King Jr., Martin Luther, 794
Koch, Ludwig, 213
Kodály, Zoltán, 617
Kolakóvski, Leszek, 705
Kollontai, Alexandra, 175, 612
Kugelmann, Ludwig, 271, 460, 584

L
Lange, Friedrich Albert, 460, 632
Laplace, Pierre-Simon, 370, 490
Lassalle, Ferdinand, 118, 235, 569, 574
Leibniz, Gottfried Wilhelm von, 48, 296,
Lenin, Vladimir Ilitch, 196, 218, 258-9, 335, 448, 452, 457, 460, 463, 505, 522-4, 541, 570-4, 591, 615, 625-6, 629, 632, 759-62, 776, 780, 786, 818, 822
Leonardo da Vinci, 57
Lewis, Sinclair, 149, 792
Licurgo, 232, 551
Liebknecht, Karl, 574, 807
Liszt, Franz, 773
Lorentz, Hendrik Antoon, 95
Loustalot, Elisée, 185
Lucano, 120
Luís Filipe, 508
Lutero, Martinho, 224, 273, 656, 699
Luxemburgo, Rosa, 340

M
Mac Mahon, 508
Malthus, Thomas Robert, 459-60
Mann, Thomas, 178, 634, 785, 803
Mannheim, Karl, 634, 779, 792
Maquiavel, Nicolau, 136, 462, 513, 566
Maritain, Jaques, 723
Marx, Karl, 42, 44-7, 50-2, 58, 60, 63-4, 75, 79-80, 88, 95, 105-7, 110, 112-9, 147, 154, 156, 164, 16, 168, 172-3, 175-6, 179-80, 183-6, 188, 192, 194-5, 197-9, 217-18, 238, 243-5, 248, 255-7, 260-2, 264, 266, 268, 270-1, 276, 278, 280-6, 289, 292, 297, 299, 305, 307-9, 311-20, 324-25, 327-35, 337-46, 348-9, 352-5, 359-66, 376-82, 389, 394-5, 397-8, 400, 403, 414-5, 418-9, 422, 426-31, 437, 439-40, 444, 451, 456, 459-460, 463-4, 470-1, 478-82, 487-92, 494,

496, 503-4, 511-6, 519-23, 528-32, 534-5, 548-9, 552-5, 559, 561, 571-5, 578-87, 590-2, 594-5, 600, 611, 613-5, 620, 622, 624, 626-32, 638, 640-50, 662-3, 665-7, 669-70, 672, 674, 681, 683-4, 686, 691-2, 705, 725-6, 735, 737, 744-5, 749-52, 754-5, 757-9, 761-2, 765-6, 768-70, 774-6, 780-1,795-6, 798, 800-1, 828, 831
McCarthy, Joseph, 792
Menênio Agripa, 170
Mill, John Stuart, 362-3
Mills, Charles Wright, 581, 815, 827
Moisés, 551
Moleschott, Jacob, 105
Molière, Jean-Baptiste Poquelin, 98, 218, 557
Morgan, Lewis Henry, 686
Münzer, Thomas, 703, 746
Mussorgsky, Modest, 773

N
Newton, Isaac, 50
Nietzsche, Friedrich, 370, 561, 747

P
Pareto, Vilfredo, 827
Pascal, Blaise, 452, 621
Paulo, 697
Pavlov, Ivan Petrovich, 66
Planck, Max, 453
Platão, 174, 379, 507, 555, 566, 574, 628, 775
Plekhanov, Georgi, 357, 383, 649
Poincaré, Henri, 96, 452
Pontoppidan, Henrik, 653
Prantl, Karl, 80
Proudhon, Pierre Joseph, 238, 305, 569, 574

R
Raabe, Wilhelm, 635
Rafael, 147
Ranke, Leopold von, 271, 510, 566, 568
Ricardo, David, 482-3, 564, 580, 766
Riemann, Bernhard, 458
Robespierre, Maximilien de, 703
Robinson, Arthur Thomas, 168, 260, 747
Roosevelt, Franklin Delano, 339
Rosenberg, Alfred, 685
Rosenkranz, Karl, 651
Ruskin, John, 765

S
Santo Agostinho, ver Agostinho
Sartre, Jean-Paul, 156, 196, 634

Scheler, Max, 308, 675
Schelling, Friedrich Wilhelm Joseph, 50
Schiller, Friedrich von, 702, 743
Schopenhauer, Arthur, 685, 764, 802-3
Scott, Robert Falcon, 799
Shakespeare, William, 554
Simmel, Georg, 772
Sismondi, Jean Charles, 563, 580, 766, 768
Sócrates, 155, 236, 545, 555, 675, 705
Sófocles, 609
Sólon, 232, 551
Sombart, Werner, 772
Spann, Othmar, 170
Spencer, Herbert, 468
Spengler, Oswald, 454, 764
Stalin, Josef, 340, 383, 463, 553, 573-4, 606, 629, 785-6, 821, 823
Stirner, Max, 634
Sue, Eugène, 615

T
Taine, Hippolyte, 284
Talleyrand, Chales Maurice de, 232
Tchekhov, Anton, 773
Teilhard de Chardin, 454, 723-4, 746
Thierry, Augustin, 566
Ticiano, 556
Tökei, Ferenc, 314, 316
Tolstoi, Liev Nikolayevich, 615-6, 652, 685, 703, 712-3, 740, 774-5

Tomás de Aquino, 723, 829
Treitschke, Heinrich von, 650
Trotski, Leon, 574
Tucídides, 565-6

U
Uexküll, Jacob von, 202

V
Veblen, Thorstein, 778
Vogelweide, Walther von der, 226
Voltaire, François Marie, 819

W
Weber, Max, 121, 124, 136, 238, 268, 321, 333, 434, 567-9, 690, 694, 697-9, 701-2, 712-3, 772
Wehner, Herbert, 702
Weil, Simone, 715-6, 746
Welskopf, Elisabeth Charlotte, 135
Windelband, Wilhelm, 559
Wolzendorff, Kurt, 235

X
Xenófanes, 639

Z
Zasulich, Vera, 585
Zola, Émile, 623, 685

Referências bibliográficas

ADLER, Max. *Grundlegung der materialistischen Geschichtsauffassung*. Viena, Europa Verlag, 1964.
AGOSTINHO. *Die Bekenntnisse des heiligen Augustin*. Munique, Georg Müller, 1911 [ed. bras.: *Confissões*. Trad. J. Oliveira Santos e A. Ambrósio de Pina. São Paulo, Nova Cultural, 1996].
ALIGHIERI, Dante. *Die göttliche Komödie*, Hölle. Stuttgart, E. Klett, 1949 [ed. bras.: *A divina comédia*, Inferno. São Paulo, Editora 34, 1998].
ARCHIV Marksa i Engelsa. Moscou, 1933, 2 v. In: *Resultate des unmittelbaren Produktionsprozesses*. Frankfurt, Neue Kritik, 1969.
ARISTÓTELES. *Metaphysik*. Berlim, Aufbau, 1960.
_____. *Poetik*. Paderborn, Ferdinand Schöningh, 1959.
BACON, Francis. *Neues Organon*. Berlim, L. Heimann, 1870 [ed. bras.: *Novum organum*. São Paulo, Nova Cultural, 1997].
BARTH, Karl. *Dogmatik im Grundriss*. Berlim, Evangelische Verlagsanstalt, 1948 [ed. bras.: *Esboço de uma dogmática*. São Paulo, Fonte, 2006].
BAUDELAIRE, Charles. *Œuvres*, v. 1. Paris, La Girouette, 1948 [ed. al.: *Die Blumen des Bösen*. Berlim/Neuwied, Luchterhand, 1955] [ed. bras.: *As flores do mal*. Trad. Jamil Almansur Haddad. São Paulo, Difusão Europeia do Livro, 1964].
BERNAL, John Desmond. *Science in History*. Londres, Watts & Co., 1957 [ed. al.: *Die Wissenschaft in der Geschichte*. Darmstadt, Progress, 1961].
BLOCH, Ernst. *Differenzierung im Begriff Fortschritt*. Berlim, Akademie, 1956.
_____. *Geist der Utopie*. Munique/Leipzig, Duncker & Humblot, 1918 [outra ed. consultada: *Geist der Utopie (Erste Fassung)*. Frankfurt, Suhrkamp, 1971. Ernst Bloch Gesamtausgabe, v. 16].
_____. *Tübinger Einleitung in die Philosophie*. Frankfurt, Suhrkamp, 1970. Ernst Bloch Gesamtausgabe, v. 13.
BUONAIUTI, Ernesto. *Geschichte des Christentums*, v. 1. Berna, A. Francke, 1948.
BURGELIN, Pierre. *Nyborger Konferenz Europäischer Kirchen 1959*. Zurique, Gotthelf, 1959.
CARNAP, Rudolf. *Der logische Aufbau der Welt*: Scheinprobleme in der Philosophie. 2. ed. Hamburgo, F. Meiner, 1966.
CHARDIN, Pierre Teilhard de. *Der göttliche Bereich*. Olten/Freiburg im Breisgau, Walter, 1962.
_____. *Der Mensch im Kosmos*. Munique, Beck, 1959.
CHILDE, Gordon. *Man Makes Himself*. Londres, Watts & Co., 1937 [ed. al.: *Der Mensch schafft sich selbst*. Dresden, Verlag der Kunst, 1959] [ed. bras.: *A evolução cultural do homem*. 5. ed. Trad. Waltensir Dutra. Rio de Janeiro, Zahar, 1981].
CLAUDEL, Paul; GIDE, André. *Zweifel und Glaube*: Briefwechsel. Munique, Dt. Taschenbuch, 1965.
DELBRÜCK, Hans. *Geschichte der Kriegskunst im Rahmen der politischen Geschichte*, v. III. Berlim, Georg Stilke, 1923.

DIELS, Hermann Alexander. A. *Fragmente der Vorsokratiker*, v. 1. 6. ed. Berlim, Weidmann, 1951.
DUHEM, Pierre. *Essai sur la notion de la théorie physique de Platon à Galilée*. Paris, Hermann, 1908.
ENGELS, Friedrich. *Der deutsche Bauernkrieg*. Berlim, Internationaler Arbeiter, 1930 [outra ed. consultada: Berlim, Dietz, 1960. Marx-Engels Werke (MEW), v. 7].
_____. *Herrn Eugen Dührings Umwälzung der Wissenschaft – Dialektik der Natur*. Moscou/Leningrado, Verlagsgenossenschaft ausländischer Arbeiter in der UdSSR, 1935. Marx-Engels Gesamtausgabe (MEGA), Sonderausgabe [outra ed. consultada: *Herrn Eugen Dührings Umwälzung der Wissenschaft*. Berlim, Dietz, 1962. Marx-Engels Werke (MEW), v. 20] [eds. bras.: *A revolução da ciência segundo o senhor Eugen Dühring*. Trad. Nélio Schneider. São Paulo, Boitempo, no prelo; *Dialética da natureza*. São Paulo, Paz e Terra, 1979].
_____. Umrisse zu einer Kritik der Nationalökonomie. In: *Werke und schriften bis Anfang 1844 nebst Briefen un Dokimenten*. Org. David Rjazanov. Moscou/Leningrado, Verlagsgenossenschaft ausländischer Arbeiter in der UdSSR, 1930. Marx-Engels Gesamtausgabe (MEGA), v. II [outra ed. consultada: Berlim, Dietz, 1976. Marx-Engels Werke (MEW), v. 1].
_____. *Der Ursprung der Familie, des Privateigentums und des Staats*. Org.: Ladislaus Rudas. Moscou/Leningrado, Verlagsgenossenschaft ausländischer Arbeiter in der UdSSR, 1934 [outra ed. consultada: Berlim, Dietz, 1962. Marx-Engels Werke (MEW), v. 21] [ed. bras.: *A origem da família, da propriedade privada e do Estado*. 2. ed. Trad. Ciro Mioranza. São Paulo, Escala, s/d].
ESPINOSA, Bento de. *Ethik*. Leipzig, Meiner, 1950. Sämtliche Werke, v. I [ed. bras.: *Ética*. Belo Horizonte, Autêntica, 2007].
FERGUSON, Adam. *Abhandlung über die Geschichte der bürgerlichen Gesellschaft*. Iena, Gustav Fischer, 1904.
FEUERBACH, Ludwig. *Vorläufige Thesen zur Reform der Philosophie und Grundsätze der Philosophie der Zukunft*. Leipzig, O. Wiegand, 1846-1866. Sämtliche Werke, v. II [outra ed. consultada: Stuttgart, Frommann/Günter Holzboog, 1959. Feuerbach Werke (FW), v. 3] [ed. port.: *Teses provisórias para a reforma da filosofia*. Trad. Artur Mourão. Lisboa, Edições 70, 1988].
_____. *Das Wesen der Religion*. Stuttgart, Frommann, 1960. Sämtliche Werke, v. VIII.
FRAZER, James George. *Der goldene Zweig*: das Geheimnis von Glauben und Sitten der Völker. Leipzig, C. L. Hirschfeld, 1928 [ed. bras.: *O ramo de ouro*. Trad. Waltensir Dutra. Rio de Janeiro, Zahar, 1982].
GALBRAITH, John Kenneth. *Gesellschaft im Überfluß*. Munique/Zurique, Droemer Knaur, 1963.
GEHLEN, Arnold. *Der Mensch*: seine Natur und seine Stellung in der Welt. Frankfurt/Bonn, Athenäum, 1950.
_____. *Studien zur Anthropologie und Soziologie*. Berlim/Neuwied, Luchterhand, 1963.
GOETHE, Johann Wolfgang von. *Gedichte 1756-1799*. Stuttgart, J. G. Cotta, 1863. Sämtliche Werke, v. I.
_____. *Goethes Gespräche*. Leipzig, Biedermann, 1910. Gesamtausgabe, v. IV.
_____. *Wilhelm Meisters Wanderjahre* (Cotta Jubiläumsausgabe). Stuttgart/Berlim, Cotta, 1907. Werke, v. XIX-XX [ed. bras.: *Os anos de aprendizado de Wilhelm Meister*, Livro II. São Paulo, Editora 34, 2006].
GRAMSCI, Antonio. *Il materialismo storico. La Filosofia di B. Croce*. Turim, Einaudi, 1949 [ed. al.: *Philosophie der Praxis*. Org. Christian Riechers. Frankfurt, S. Fischer, 1967].
HARTMANN, Nicolai. *Philosophie der Natur*. Berlim/Leipzig, W. de Gruyter, 1950.
_____. *Teleologisches Denken*. Berlim/Leipzig, W. de Gruyter, 1951.
_____. *Zur Grundlegung der Ontologie*. Meisenheim am Glan, A. Hain, 1948.
HEGEL, Georg Wilhelm Friedrich. *Enzyklopädie der philosophischen Wissenschaften*. Berlim, Duncker & Humblot, 1932-1945. Georg Wilhelm Friedrich Hegel's Werke, Vollständige Ausgabe durch einen Verein von Freunden des Verewigten, v. 6-7 [outra ed. consultada: Frankfurt, Suhrkamp, 1969-1971. Hegel Werke Ausgabe (HWA), Werke in 20 Bänden, v. 8-10] [ed. bras.: *Enciclopédia das ciências filosóficas em compêndio*, v. I: A ciência da lógica, e v. III: A filosofia do espírito. Trad. Paulo Meneses. São Paulo, Loyola, 1995].
_____. *[Rechtsphilosophie], Grundlinien der Philosophie des Rechts*. Orgs.: Georg Lasson; Johannes Hoffmeister. Leipzig, F. Meiner, 1913. Sämtliche Werke, v. VI [outra ed. consultada: Frankfurt, Suhrkamp, 1969-1971. Hegel Werke Ausgabe (HWA), Werke in 20 Bänden, v. 7] [ed. bras.: *Filosofia do direito*, São Leopoldo, EdUnisinos, 2010].

_____. *Jenenser Realphilosophie*. Orgs. Georg Lasson; Johannes Hoffmeister. Leipzig, F. Meiner, 1931. Sämtliche Werke, v. II.
_____. *Phänomenologie des Geistes*. Leipzig, F. Eckardt, 1909. Sämtlich Werke, v. II [outra ed. consultada: Frankfurt, Suhrkamp, 1969-1971. Hegel Werke Ausgabe (HWA), Werke in 20 Bänden, v. 3] [ed. bras.: *Fenomenologia do espírito*. Trad. Paulo Meneses. Petrópolis/Bragança Paulista, Vozes/USF, 2002].
_____. *Philosophische Propädeutik*. Org. Hermann Glockner. Stuttgart, Frommann, 1949. Sämtliche Werke, v. III [outra ed. consultada: *Nürnberger und Heidelberger Schriften*. Frankfurt, Suhrkamp, 1969-1971. Hegel Werke Ausgabe (HWA), Werke in 20 Bänden, v. 4].
_____. *Schriften zur Politik und Rechtsphilosophie*. Leipzig, F. Meiner, 1923 [outra ed. consultada: *Frühe Schritten*. Hegel Werke Ausgabe (HWA), Werke in 20 Bänden, v. 1].
_____. *Vorlesungen über die Geschichte der Philosophie*, t. II. Org. Hermann Glockner. Stuttgart, F. Frommann, 1928. Sämtliche Werke, v. XVIII [outra ed. consultada: Frankfurt, Suhrkamp, 1969--1971. Hegel Werke Ausgabe (HWA), Werke in 20 Bänden, v. 19].
_____. *Wissenschaft der Logik*. Berlim, Duncker & Humblot, 1841. Werke, Originalausgabe, v. III e IV [outra ed. consultada: Frankfurt, Suhrkamp, 1969-1971. Hegel Werke Ausgabe (HWA), Werke in 20 Bänden, v. 5-6].
HEINE, Heinrich. *Die romantische Schule*, Livro I. Org.: Ernst Elster. Leipzig, Bibliographisches Institut, 1890. Sämtliche Werke, v. V.
HEISENBERG, Werner. *Das Naturbild der heutigen Physik*. Hamburgo, Rowohlt, 1955 [ed. bras.: *A imagem da natureza na física moderna*. Trad. J. I. Mexia de Brito. Lisboa, Livros do Brasil, 1962].
HITLER, Adolf. *Mein Kampf*. Munique, Franz Eher Nachfolger, 1934.
HOBBES, Thomas. *Leviathan*, v. 1. Zurique/Leipzig, Rascher, 1936 [ed. bras.: *Leviatã ou a matéria, forma e poder de um Estado eclesiástico civil*. Trad. João Paulo Monteiro e Maria Beatriz Nizza da Silva. São Paulo, Nova Cultural, 1988].
HUXLEY, Julian; KOCH, Ludwig. *Animal language*. Nova York, Grosset & Dunlap, 1964.
JÄGER, Werner. *Paideia:* Die Formung des griechischen Menschen, v. I. Berlim, Walter de Gruyter, 1959 [ed. bras.: *Paideia*: a formação do homem grego. Trad. Artur M. Parreira. São Paulo, Martins Fontes, 2003].
JÁNOSSY, Ferenc. *Das Ende der Wirtschaftswunder*: Erscheinung und Wesen der wirtschaftlichen Entwicklung. Frankfurt, Neue Kritik, 1966.
JASPERS, Karl. *Der philosophische Glaube angesichts der Offenbarung*. Munique, R. Piper, 1962.
JASPERS, Karl; BULTMANN, Rudolf. *Die Frage der Entmythologisierung*. Munique, R. Piper, 1954.
JELLINEK, Georg. *Allgemeine Staatslehre*. Berlim, J. Springer, 1922.
JORDAN, Pascual. *Der Naturwissenschaftler vor der religiösen Frage*. Oldenburgo/Hamburgo, G. Stalling, 1963.
KANT, Immanuel. *Grundlegung zur Metaphysik der Sitten*. Leipzig, Dürr'schen, 1906. Philosophische Bibliothek, v. 41 [outra ed. consultada: Kant Werke (KW), v. 5] [ed. port.: *Fundamentação da metafísica dos costumes*. Trad. Paulo Quintela. Lisboa, Edições 70, 2007].
_____. *Kritik der praktischen Vernunft*. Leipzig, Dürr'schen, 1906. Philosophische Bibliothek, v. 38 [outra ed. consultada: Kant Werke (KW), v. 6] [ed. bras.: *Crítica da razão prática*. Ed. bilíngue. Trad. Valerio Rohden. São Paulo, Martins Fontes, 2003].
_____. *Kritik der Urteilskraft*. Leipzig, Dürr'schen, 1902. Philosophischen Bibliothek, v. 39 [outra ed. consultada: Kant Werke (KW), v. 8] [ed. bras.: *Crítica da faculdade do juízo*. Trad. Valério Rohden e Antônio Marques. Rio de Janeiro, Forense Universitária, 2008].
_____. *Metaphysik der Sitten*. Leipzig, Dürr'schen, 1907. Philosophische Bibliothek, v. 42 [outra ed. consultada: Kant Werke (KW), v. 7] [ed. bras.: *A metafísica dos costumes*. 2. ed. Trad. Edson Bini. Bauru, Edipro, 2008].
KAUTSKY, Karl. *Materialistische Geschichtsauffassung*, v. II. Berlim, Dietz, 1927.
KELSEN, Hans. *Aufsätze zur Ideologiekritik*. Berlim/Neuwied, Luchterhand, 1964.
_____. *Hauptprobleme der Staatsrechtslehre*. 2. ed. Tubinga, Mohr, 1923.
_____. *Recht und Logik*. *Forum*, n. 142, out. 1965; n. 143, nov. 1965.
KIERKEGAARD, Søren. *Der Augenblick*. 2. ed. Iena, E. Diederichs, 1909. Gesammelte Werke, v. 12.
KOLAKOWSKI, Leszek. Jesus Christ prophet and reformer. *Tri-Quarterly*, v. 9, 1967.
LENIN und Gorki (Dokumente). Berlim/Weimar, 1964.

LENIN, Vladimir I. *Der imperialistische Krieg:* Imperialismus und Revolution, 1916-1917. Viena/ Berlim, Verlag für Literatur und Politik, 1930. Sämtliche Werke, v. XVIII-XIX [outras eds. consultadas: *August 1914-Dezember 1915.* Berlim, Dietz, 1960. Lenin Werke (LW), v. 21; *Dezember 1915-Juli 1916.* Berlim, Dietz, 1971. LW, v. 22].

_____. *Materialismus und Empiriokritizismus.* Org.: Vladimir Adoratskij. Viena/Berlim, Dietz, 1927. Sämtliche Werke, v. XIII [outra ed. consultada: Berlim, Dietz, 1962. Lenin Werke (LW), v. 14] [ed. port.: *Materialismo e empiriocriticismo.* Lisboa, Estampa, 1975].

_____. *Die Revolution von 1917:* die Vorbereitung des Oktober. Viena/Berlim, Verlag für Literatur und Politik, 1931. Sämtliche Werke, v. XXI [outra ed. consultada: *September 1917-Februar 1918.* Berlim, Dietz, 1961. Lenin Werke (LW), v. 26].

_____. *Die theoretischen Grundlagen des Marxismus.* Moscou/Leningrado, Verlagsgenossenschaft Ausländischer Arbeiter in der UdSSR, 1938. Ausgewählte Werke in 12 Bänden, v. XI [outra ed. consultada: *Juni 1906-Januar 1907.* Berlim, Dietz, 1958. Lenin Werke (LW), v. 11].

_____. *Über proletarische Kultur.* In: *Das Jahr 1920, Strategie und Taktik der proletarischen Revolution.* Viena/Berlim, Verlag für Literatur und Politik, 1931. Sämtliche Werke, v. XXV [outra ed. consultada: *April-Dezember 1920.* Berlim, Dietz, 1966. Lenin Werke (LW), v. 31].

_____. *Vom Kriegskommunismus zur neuen ökonomischen Politik:* 1920-1921. Viena/ Berlim, Verlag für Literatur und Politik, 1940. Sämtliche Werke, v. XXVI [outra ed. consultada: *Dezember 1920-August 1921.* Berlim, Dietz, 1972. Lenin Werke (LW), v. 32].

_____. *Was tun? Brennende Fragen unserer Bewegung.* Stuttgart, Dietz, 1902. Sämtliche Werke, v. IV/II [outra ed. consultada: Berlim, Dietz, 1966. Lenin Werke (LW), v. 5] [ed. bras.: *Que fazer? Problemas candentes do nosso movimento.* São Paulo, Expressão Popular, 2010].

LUKÁCS, G. *Eigenart des Ästhetischen.* Berlim/Neuwied, Luchterhand, 1963, v. 11-2.

_____. *Der junge Hegel und die Probleme der kapitalistischen Gesellschaft.* Berlim/Neuwied, Luchterhand, 1963. Georg Lukács Werke (GLW), v. 8.

MANNHEIM, Karl. *Mensch und Gesellschaft im Zeitalter des Umbaus.* Leida, A. W. Sijthoff, 1935.

MARX, Karl. *Der achtzehnte Brumaire des Louis Bonaparte.* Viena/Berlim, Verlag für Literatur und Politik, 1927 [outra ed. consultada: Berlim, Dietz, 1960. Marx-Engels Werke (MEW), v. 8] [ed. bras.: *O 18 de brumário de Luís Bonaparte.* Trad. Nélio Schneider. São Paulo, Boitempo, 2011].

_____. *Briefe an Kugelmann.* Berlim, Vereinigung Internationaler Verlags-Anstalten, 1924 [outras eds. consultadas: *Januar 1868-Mitte Juli 1870.* Berlim, Dietz, 1965. Marx-Engels Werke (MEW), v. 32; *Juli 1870-Dezember 1874.* Berlim, Dietz, 1966. MEW, v. 33].

_____. *Briefe an Sorge.* Stuttgart, J. H. W. Dietz Nachf., 1906 [outra ed. consultada: *Januar 1891-Dezember 1892.* Berlim, Dietz, 1961. Marx-Engels Werke, v. 38].

_____. *Briefwechsel zwischen Marx und Engels 1854-1860,* v. 2. Org.: David Rjazanov. Moscou/Leningrado, Verlagsgenossenschaft ausländischer Arbeiter in der UdSSR, 1930. Marx-Engels Gesamtausgabe (MEGA), Dritte Abteilung, v. II-III [outra ed. consultada: *Briefe*: Januar 1856-Dezember 1859. Berlim, Dietz, 1963. Marx-Engels Werke (MEW), v. 29].

_____. *Der Bürgerkrieg in Frankreich.* Leipzig, Franke, 1920 [outra ed. consultada: Berlim, Dietz, 1962. Marx-Engels Werke (MEW), v. 17] [ed. bras.: *A guerra civil na França.* São Paulo, Boitempo, 2011].

_____. *Deutsch-Französischen Jahrbüchern.* In: *Werke und Schriften bis Anfang 1844 nebst Briefen und Dokumenten.* Org.: David Rjazanov. Moscou/Leningrado, Verlagsgenossenschaft ausländischer Arbeiter in der UdSSR, 1927. Werke und Schriften, t. 1, v. 1 [outra ed. consultada: Berlim, Dietz, 1959. Marx-Engels Werke (MEW), v. 1] [ed. bras.: Cartas dos *Anais Franco-Alemães.* In: *Sobre a questão judaica.* Trad. Nélio Schneider. São Paulo, Boitempo, 2010].

_____. *Dissertation.* In: *Werke und Schriften bis Anfang 1844 nebst Briefen und Dokumenten.* Org.: David Rjazanov. Moscou/Leningrado, Verlagsgenossenschaft ausländischer Arbeiter in der UdSSR, 1927. Werke und Schriften, t. 1, v. 1 [outra ed. consultada: Marx-Engels Werke (MEW) EB, v. I].

_____. *Das Elend der Philosophie.* Stuttgart, Dietz, 1919 [outra ed. consultada: *Mai 1846-März 1848.* Berlim, Dietz, 1959. Marx-Engels Werke (MEW), v. 4] [ed. bras.: *A miséria da filosofia.* Trad. Paulo Roberto Banhara. São Paulo, Escala, 2007].

_____. *Grundrisse der Kritik der politischen Ökonomie (Rohentwurf) 1857-1858.* Moscou, Marx-Engels-Lenin Institut, 1939-1941 [outra ed. consultada: *Oktober 1857-Mai 1858.* Berlim, Dietz, 1953. Marx-Engels Werke (MEW), v. 42] [ed. bras.: *Grundrisse:* manuscritos econômicos de

1857-1858 – Esboços da crítica da economia política. Trad. Mario Duayer e Nélio Schneider. São Paulo, Boitempo, 2011].
_____. *Das Kapital I:* Kritik der politischen Ökonomie: Der Produktionsprozess des Kapitals. 5. ed. Hamburgo, O. Meissner, 1903 [outra ed. consultada: Berlim, Dietz, 1963. Marx-Engels Werke (MEW), v. 23] [ed. bras.: Karl Marx, *O capital:* crítica da economia política, Livro I: o processo de produção do capital. Trad. Rubens Enderle. São Paulo, Boitempo, 2013].
_____. *Das Kapital II:* Kritik der politischen Ökonomie: der Zirkulationsprozess des Kapitals. 2. ed. Hamburgo, O. Meissner, 1893 [outra ed. consultada: Berlim, Dietz, 1963] [ed. bras.: *O capital:* crítica da economia política, Livro II: o processo de circulação do capital. Trad. Rubens Enderle. São Paulo, Boitempo, no prelo].
_____. *Das Kapital III:* Der Gesamtprozess der kapitalistischen Produktion. Hamburgo, O. Meissner, 1922 [outra ed. consultada: Berlim, Dietz, 1953. Marx-Engels Werke (MEW), v. 25] [ed. bras.: *O capital,* Livro III. Org. Friedrich Engels. Trad. Régis Barbosa e Flávio R. Kothe. São Paulo, Abril Cultural, 1983].
_____. *Kritik des Gothaer Programms.* Moscou/Leningrado, Verlagsgenossenschaft ausländischer Arbeiter in der UdSSR, 1933 [outra ed. consultada: Berlim, Dietz, 1962. Marx-Engels Werke (MEW), v. 19] [ed. bras.: *Crítica do Programa de Gotha.* Trad. Rubens Enderle. São Paulo, Boitempo, 2012].
_____. *Lohnarbeit und Kapital.* Berlim, Internationaler Arbeiter, 1931 [outra ed. consultada: Berlim, Dietz, 1959. Marx-Engels Werke (MEW), v. 6].
_____. *Lohn, Preis und Profit.* Berlim, Internationaler Arbeiter, 1928 [outra ed. consultada: Berlim, Dietz, 1973. Marx-Engels Werke (MEW), v. 16].
_____. *Ökonomisch-philosophische Manuskripte aus dem Jahre 1844.* Moscou/Leningrado, Verlagsgenossenschaft ausländischer Arbeiter in der UdSSR, s/d. Marx-Engels Gesamtausgabe (MEGA)-1, v. III [outra ed. consultada: Berlim, Dietz, 1968. Marx-Engels Werke (MEW), v. 40, Ergänzungsband (EB), volume suplementar, Primeira Parte] [ed. bras.: *Manuscritos econômico-filosóficos.* Trad. Jesus Ranieri. São Paulo, Boitempo, 2004].
_____. *Resultate des unmittelbaren Produktionsprozesses.* Frankfurt, Neue Kritik, 1969.
_____. *Theorien über den Mehrwert,* v. II. Stuttgart, Dietz, 1921 [outra ed. consultada: Berlim, Dietz, 1963. Marx-Engels Werke (MEW), v. 26/2 e 26/3].
_____. *Zur Judenfrage.* Moscou/Leningrado, Verlagsgenossenschaft ausländischer Arbeiter in der UdSSR, 1927. Marx-Engels Gesamtausgabe (MEGA), v. I/1 [outra ed. consultada: Berlim, Dietz, 1968. Marx-Engels Werke (MEW), v. 1] [ed. bras.: Karl Marx. *Sobre a questão judaica.* Trad. Nélio Schneider. São Paulo, Boitempo, 2010].
_____. Zur Kritik der Hegelschen Rechtsphilosophie: Kritik des Hegelschen Staatsrechts. In: *Artikel:* Literarische Versuche bis März 1843. Moscou/Leningrado, Verlagsgenossenschaft ausländischer Arbeiter in der UdSSR, 1975. Marx-Engels Gesamtausgabe (MEGA), v. I/1 [outra ed. consultada: Berlim, Dietz, 1968. Marx-Engels Werke (MEW), v. 1] [ed. bras.: Karl Marx. *Crítica da filosofia do direito de Hegel.* Trad. Rubens Enderle e Leonardo de Deus. São Paulo, Boitempo, 2005].
_____. *Zur Kritik der politischen Ökonomie.* Ed.: Karl Kautsky. Stuttgart, J. H. W. Dietz, 1919 [outra ed. consultada: *Januar 1859-Februar 1860.* Berlim, Dietz, 1964. Marx-Engels Werke (MEW), v. 13] [ed. bras.: *Contribuição à crítica da economia política.* 2. ed. Trad. Florestan Fernandes. São Paulo, Expressão Popular, 2008].
MARX, Karl; ENGELS, Friedrich. *Ausgewählte Briefe.* Moscou/Leningrado, Verlagsgenossenschaft ausländischer Arbeiter in der UdSSR, 1934 [outras eds. consultadas: *Januar 1888-Dezember 1890.* Berlim, Dietz, 1967. MEW, v. 37].
_____;_____. *Briefwechsel.* Moscou/Leningrado, Verlagsgenossenschaft ausländischer Arbeiter in der UdSSR, 1975. Marx-Engels Gesamtausgabe (MEGA), Dritte Abteilung, v. II e III [outras eds. consultadas: *Januar 1852-Dezember 1855.* Berlim, Dietz, 1963, Marx-Engels Werke (MEW), v. 28; *Januar 1856-Dezember 1859.* Berlim, Dietz, 1963. MEW, v. 29; *Januar 1860-September 1864.* Berlim, Dietz, 1964. MEW, v. 30].
_____;_____. *Die deutsche Ideologie.* Moscou/Leningrado, Verlagsgenossenschaft ausländischer Arbeiter in der UdSSR, 1932. Marx-Engels Gesamtausgabe (MEGA), v. V [outra ed. consultada: *1845-1846.* Berlim, Dietz, 1969. Marx-Engels Werke (MEW), v. 3] [ed. bras.: *A ideologia alemã.* Trad. Rubens Enderle, Nélio Schneider e Luciano Cavini Martorano. São Paulo, Boitempo, 2007].

_____; _____. *Die heilige Familie oder Kritik der kritischen Kritik*. Org.: Vladimir Adoratskij. Moscou/Leningrado, Verlagsgenossenschaft ausländischer Arbeiter in der UdSSR, 1932. Marx-Engels Gesamtausgabe (MEGA), v. III [outra ed. consultada: *September 1844-Februar 1846*. Berlim, Dietz, 1972. Marx-Engels Werke (MEW), v. 2] [ed. bras.: *A sagrada família*. Trad. Marcelo Backes. São Paulo, Boitempo, 2003].

_____; _____. *Kritiken der Sozialdemokratischen Programm-Entwürfe*. Berlim, Internationaler Arbeiter, 1928 [outra ed. consultada: *März 1875-Mai 1883*. Berlim, Dietz, 1962. Marx-Engels Werke (MEW), v. 19].

_____; _____. *Manifest der Kommunistischen Partei*. *Werke und Schriften von Mai 1846 bis März 1848*. Org.: Vladimir Adoratskij. Moscou/Leningrado, Verlagsgenossenschaft ausländischer Arbeiter in der UdSSR, 1933, Marx-Engels Gesamtausgabe (MEGA), v. VI [outra ed. consultada: Berlim, Dietz, 1974. Marx-Engels Werke (MEW), v. 4] [ed. bras.: *Manifesto Comunista*. Trad. Álvaro Pina. São Paulo, Boitempo, 2005].

MESTRE Eckhart. *Schriften und Predigten*, v. II. Iena, Diederichs, 1917.

MILLS, Charles Wright. *Die amerikanische Elite*: Gesellschaft und Macht in den Vereinigten Staaten. Hamburgo, Holsten, 1962.

_____. *Die Konsequenz*: Politik ohne Verantwortung. Munique, Kindler, 1959.

PLEKHANOV, Georgi Valentinovitch. *Die Grundprobleme des Marxismus*. Stuttgart, J. H. W. Dietz Nachf., 1910.

POINCARÉ, Henri. *Wissenschaft und Hypothese*. Leipzig, B. G. Teubner, 1906 [ed. bras.: *A ciência e a hipótese*. 2. ed. Brasília, UnB, 1988].

RICKERT, Heinrich. *Der Gegenstand der Erkenntnis*. Tubinga, J. C. B. Mohr (P. Siebeck), 1928.

ROBINSON, John Arthur Thomas. *Gott ist Anders*. Munique, C. Kaiser, 1964 [ed. bras.: *Resistência e submissão*: cartas e anotações escritas na prisão. Trad. Nélio Schneider. São Leopoldo, Sinodal, 2003].

ROSENKRANZ, Karl. *Georg Wilhelm Friedrich Hegels Leben*. Berlim, Duncker und Humblot, 1844.

SCHOPENHAUER, Arthur. *Parerga und Paralipomena*. Leipzig, Philipp Reclam, s/d. Sämtliche Werke, v. V.

STALIN, Joseph. *Die ökonomischen Probleme des Sozialismus in der Sowjetunion*. Moscou, Verlag für fremdsprachige Literatur, 1952.

TÖKEI, Ferenc. *Az äzsiai termelesi möd*. Budapeste, Kossuth Könyvkiadó, 1965 [outra ed. consultada: *Zur Frage der asiatischen Produktionsweise*. Berlim/Neuwied, Luchterhand, 1969].

TREITSCHKE, Heinrich von. *Deutsche Geschichte im neunzehnten Jahrhundert*. Leipzig, S. Hirzel, 1927.

WEBER, Max. *Gesammelte Aufsätze zur Religionssoziologie*. Tubinga, J. C. B. Mohr, 1920 [ed. bras.: *A ética protestante e o "espírito" do capitalismo*. Trad. José Marcos Mariani de Macedo. São Paulo, Companhia das Letras, 2004].

_____. *Gesammelte Aufsätze zur Sozial- und Wirtschaftsgeschichte*. Tubinga, J. C. B. Mohr, 1924.

_____. *Gesammelte politische Schriften*. Munique, Drei Masken, 1921.

_____. *Wirtschaftsgeschichte*. Munique/Leipzig, Duncker & Humblot, 1924.

_____. *Wirtschaft und Gesellschaft*. Tubinga, J. C. B. Mohr, 1921 [ed. bras.: *Economia e sociedade*: fundamentos da sociologia compreensiva, v. 1. Trad. Regis Barbosa e Karen Elsabe Barbosa. Brasília/São Paulo, UnB/Imprensa Oficial do Estado de São Paulo, 2000].

WEIL, Simone. *Schwerkraft und Gnade*. Munique, Kösel, 1954 [ed. port.: *A gravidade e a graça*. Trad. Dóris Graças Dias. Lisboa, Relógio D'Água, 2004].

_____. *Das Unglück und die Gottesliebe*. Munique, Kösel, 1961.

WELSKOPF, Elisabeth Charlotte. *Probleme der Muße im alten Hellas*. Berlim, Rütten & Loening, 1962.

WHYTE, William H. *The Organization Man*. Londres, Penguin, 1960 [ed. al.: Utrecht, 1961].

WOLZENDORFF, Kurt. *Staatsrecht und Naturrecht in der Lehre der Monarchomachen*. Breslau, M. & M. Marcus, 1916.

Sobre o autor

Nascido em 13 de abril de 1885 em Budapeste, Hungria, György Lukács é um dos mais influentes filósofos marxistas do século XX. Doutorou-se em Ciências Jurídicas e depois em Filosofia pela Universidade de Budapeste. No final de 1918, influenciado por Béla Kun, aderiu ao Partido Comunista e no ano seguinte foi designado Vice-Comissário do Povo para a Cultura e a Educação. Em 1930 mudou-se para Moscou, onde desenvolveu intensa atividade intelectual. O ano de 1945 foi marcado pelo retorno à Hungria, quando assumiu a cátedra de Estética e Filosofia da Cultura na Universidade de Budapeste. *Estética*, considerada sua obra mais completa, foi publicada em 1963 pela editora Luchterhand. Já seus estudos sobre a noção de ontologia em Marx, que resultariam oito anos depois no *Para uma ontologia do ser social*, iniciaram-se em 1960. Lukács faleceu em sua cidade natal, em 4 de junho de 1971.

Obras do autor publicadas no Brasil*

Ensaios sobre literatura. Coordenação e prefácio de Leandro Konder, tradução de Leandro Konder et al. Rio de Janeiro, Civilização Brasileira, 1965 [2. ed.: 1968].
    Reúne os seguintes ensaios: "Introdução aos escritos estéticos de Marx e Engels", "Narrar ou descrever?", "Balzac: *Les Illusions perdues*", "A polêmica entre Balzac e Stendhal", "O humanismo de Shakespeare", "Dostoiévski", "O humanismo clássico alemão: Goethe e Schiller" e "Thomas Mann e a tragédia da arte moderna".

---

* Os títulos contidos nesta bibliografia, baseada em pesquisa de Carlos Nelson Coutinho, estão dispostos por ordem cronológica de publicação da primeira edição no Brasil. (N. E.)

Existencialismo ou marxismo? Tradução de José Carlos Bruni. São Paulo, Senzala, 1967 [2. ed.: São Paulo, Ciências Humanas, 1979].

Introdução a uma estética marxista. Tradução de Carlos Nelson Coutinho e Leandro Konder. Rio de Janeiro, Civilização Brasileira, 1968 [3. ed.: 1977].

Marxismo e teoria da literatura. Seleção e tradução de Carlos Nelson Coutinho. Rio de Janeiro, Civilização Brasileira, 1968 [2. ed.: São Paulo, Expressão Popular, 2010].
Reúne os seguintes ensaios: "Friedrich Engels, teórico e crítico da literatura", "Marx e o problema da decadência ideológica", "Tribuno do povo ou burocrata?", "Narrar ou descrever?", "A fisionomia intelectual dos personagens artísticos", "O escritor e o crítico", "Arte livre ou arte dirigida?" e "O problema da perspectiva".

Realismo crítico hoje. Tradução de Ermínio Rodrigues, introdução de Carlos Nelson Coutinho. Brasília, Coordenada, 1969 [2. ed.: Brasília, Thesaurus, 1991].

Conversando com Lukács. Tradução de Giseh Vianna Konder. Rio de Janeiro, Paz e Terra, 1969. Entrevista concedida a Hans Heinz Holz, Leo Kofler e Wolfgang Abendroth.

Ontologia do ser social. A verdadeira e a falsa ontologia de Hegel. Tradução de Carlos Nelson Coutinho. São Paulo, Ciências Humanas, 1979.

Ontologia do ser social. Os princípios ontológicos fundamentais de Marx. Tradução Carlos Nelson Coutinho. São Paulo, Ciências Humanas, 1979.

Lukács. Organização de José Paulo Netto, tradução de José Paulo Netto e Carlos Nelson Coutinho. São Paulo, Ática, 1981. Grandes Cientistas Sociais (série "Sociologia"), v. XX.
Reúne o ensaio "O marxismo ortodoxo", extratos de *Para uma ontologia do ser social*, do ensaio "Marx e o problema da decadência ideológica" e do capítulo "A sociologia alemã do período imperialista" de *A destruição da razão*, parte do prefácio a *História do desenvolvimento do drama moderno*, o texto "Nota sobre o romance" e um excerto de *Introdução a uma estética marxista*.

Pensamento vivido: autobiografia em diálogo. Tradução de Cristina Alberta Franco. São Paulo/Viçosa, Ad Hominem/Universidade Federal de Viçosa, 1999. Entrevistas concedidas a István Eörsi e Erzsébet Vezér.

A teoria do romance. Tradução, posfácio e notas de José Marcos Mariani de Macedo. São Paulo, Editora 34/Duas Cidades, 2000.

História e consciência de classe: estudos sobre a dialética marxista. Tradução de Rodnei Nascimento. São Paulo, WMF Martins Fontes, 2003.

O jovem Marx e outros escritos de filosofia. Organização, apresentação e tradução de Carlos Nelson Coutinho e José Paulo Netto. Rio de Janeiro, Editora UFRJ, 2007 [2. ed.: 2009].
Reúne "Concepção aristocrática e concepção democrática do mundo", "As tarefas da filosofia marxista na nova democracia", "O jovem Hegel: os novos problemas da pesquisa hegeliana", "O jovem Marx: sua evolução filosófica de 1840 a 1844", "A responsabilidade social do filósofo" e "As bases ontológicas do pensamento e da atividade do homem".

Socialismo e democratização: escritos políticos 1956-1971. Organização, apresentação e tradução de Carlos Nelson Coutinho e José Paulo Netto. Rio de Janeiro, Editora UFRJ, 2008 [2. ed.: 2010].
Reúne "Meu caminho para Marx", "A luta entre progresso e reação na cultura de hoje", "O processo de democratização", "Para além de Stalin" e "Testamento político".

Arte e sociedade: escritos estéticos 1932-1967. Organização, apresentação e tradução de Carlos Nelson Coutinho e José Paulo Netto. Rio de Janeiro, Editora UFRJ, 2009 [2. ed.: 2010].
Reúne "A estética de Hegel", "Introdução aos escritos estéticos de Marx e Engels", "Nietzsche como precursor da estética fascista", "A questão da sátira", "O romance como epopeia burguesa", "A característica mais geral do reflexo lírico" e "Sobre a tragédia".

Prolegômenos para uma ontologia do ser social. Tradução de Lia Luft e Rodnei Nascimento, prefácio e notas de Ester Vaisman e Ronaldo Vielmi Fortes, posfácio de Nicolas Tertulian. São Paulo, Boitempo, 2010.

O romance histórico. Tradução de Rubens Enderle, apresentação de Arlenice Almeida da Silva. São Paulo, Boitempo, 2011.

Lênin: um estudo sobre a unidade de seu pensamento. Tradução de Rubens Enderle, apresentação e notas de Miguel Vedda. São Paulo, Boitempo, 2012.

Para uma ontologia do ser social I. Tradução de Carlos Nelson Coutinho, Mario Duayer e Nélio Schneider, revisão da tradução por Nélio Schneider e revisão técnica por Ronaldo Vielmi Fortes, com a colaboração de Ester Vaisman e Elcemir Paço Cunha. Apresentação de José Paulo Netto. São Paulo, Boitempo, 2012.
Reúne "Neopositivismo e existencialismo", "O avanço de Nicolai Hartmann rumo a uma ontologia autêntica", "A falsa e a autêntica ontologia de Hegel" e "Os princípios ontológicos fundamentais de Marx".

Este livro, publicado um ano e um mês após o falecimento de Carlos Nelson Coutinho, um dos maiores estudiosos da obra de Lukács no Brasil, foi composto em Revival565 BT, corpo 10,5/14,2, e reimpresso em papel Pólen Natural 70 g/m² na gráfica Rettec, para a Boitempo, em julho de 2024, com tiragem de 1.500 exemplares.